人口学事典

ENCYCLOPEDIA OF POPULATION SCIENCE

日本人口学会 編

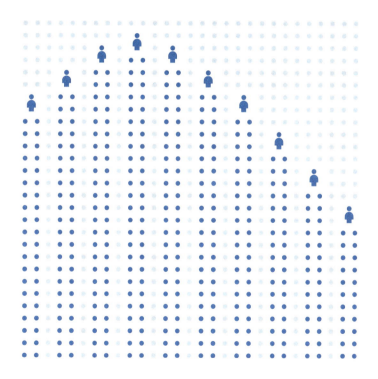

丸善出版

刊行にあたって

　日本の総人口は2008年の1億2808万人をピークに減少期に入ったが，国勢調査の結果として減少が確認されたのは2015年の1億2709万人であり，前回調査から5年間で96万人，0.8％の減少となった．わずか5年ほどで100万都市一つ分に近い人口が消滅したことになる．生産年齢人口（15～64歳）のピークは1995年の8716万人であり，2015年の7629万人まで，すでに1000万人以上，率にして12.5％減少している．この人口減少は急速な少子高齢化を伴うものであり，若年人口の構造的な進学・就業流出が続く地方では，すでにはるかに深刻な状況が生まれている．

　人口学者の間では，このような事態は久しく予見されていたことであり，これまでも少なからぬ研究者が抜本的な政策対応の必要性を訴えてきた．しかしながら，この種の問題では政治的・社会的関心が長く続くことはなく，遠からず目先の社会経済問題へと移っていくのが常であった．

　しかし，2014年5月，日本創成会議・人口減少問題検討分科会が「ストップ少子化・地方元気戦略」を発表．『消滅可能性都市』のリストから『地方消滅』の危機が叫ばれ，同年末までには「まち・ひと・しごと創生法」が施行された．そして「まち・ひと・しごと創生長期ビジョン，総合戦略」として，希望子ども数の実現により，出生力を1.8程度に，また2040年頃までには置換水準の2.08まで回復し，2060年に1億人程度の人口を確保する方針が打ち出され，各市町村も一斉に地方版の「人口ビジョン」・「総合戦略」の策定に向かった．

　本書は，このような人口状況を踏まえ，大学・大学院生などの初学者はもとより，新たに人口や人口問題に関心をもつようになった方々（他の分野の研究者，小中学校・高等学校の先生，自治体関係者，企業人など）を対象に，人口について関心をもった事柄を自ら調べ考える手助けとなる，わかりやすく使い勝手のよい事典を目指したものである．

　そのため1項目を見開き2ないし4ページに抑え，興味を引きわかりやすい読み物風の解説で執筆する中項目主義を採用した．またこの特性を活かし，理論編と実践編の2部構成とし，第Ⅰ部「現代の人口問題」では，今後10年をめどに，重要性を増すと思われるテーマを厳選しトピック形式で解説した．また第Ⅱ部の「人口学の方法」では第Ⅰ部のトピックをより深く理解し，自ら調べ考える上で

役に立つ，人口学の基礎知識や分析手法などを体系的に紹介した．読者が関心のある項目をピックアップし，第Ⅰ部と第Ⅱ部を相互参照することにより，問題に対するより深い理解と，実践的で具体的な知識を得られるようにした．また読者の関心をさらに深め広げる仕組みとして，各項目には「さらに詳しく知るための文献」「クロスレファレンス（本文中は☞印で表示）」を可能な限り掲載した．

　日本人口学会は，すでに1998年の創設50周年を記念し『人口大事典』（培風館，2002年6月刊）を出版しており，体系的・網羅的な専門研究の貴重な手引きとなっている．また人口問題に関連する専門用語や概念を辞書形式でわかりやすく正確に解説したものとしては人口学研究会編『現代人口辞典』（原書房，2010年1月刊）があり，必要に応じ，これら先行する優れた事典・辞典も併用されることをお勧めする．

　本書は，日本人口学会第67回大会（椙山女学園大学：愛知県名古屋市）総会（2015年6月9日）において提案・承認され，当時の会長・副会長・理事全員を中心に人口学事典編集委員会を組織し，事典の構成，項目出し，執筆者の人選，原稿依頼，担当の章の編集・校正を行い刊行に至った．基本的な編集方針として，学術的議論を通じ学会の公式見解をまとめるのではなく，日本の人口研究者が今，提供できる知識や情報を，可能な限り速やかに多くの人々に伝えることを目指した．このため専門用語の統一は行わず，複数の表現があれば索引にも掲載するかたちとした．迅速を旨とした結果，網羅し切れなかった項目や刊行直前になり浮上したテーマなど至らぬ点も多々あるが，人口関係の専門家が可能な限りの知識や情報を提供したという意味で，その使命は十分果たせたと考えている．

　快く執筆をお引き受けいただいた116名もの執筆者の方々，ご多忙の中，本書の内容確認，項目の関連づけなどに最後までご努力いただいた編集委員の方々，また無事に出版に至るまで編集作業をご支援いただいた丸善出版株式会社企画・編集部の小林秀一郎氏，安部詩子氏，加藤祐子氏に心よりの感謝を申し上げる．なお，第67回大会大会実行委員長として，総会での本書の刊行提案・承認をサポートされ，編集委員としても第7章「労働力と雇用」の企画にご尽力をいただきながら，本書刊行を待たずに惜しくも逝去された故吉田良生先生（椙山女学園大学）のご冥福を心よりお祈りする．

　本書が「日本の人口問題を議論するための羅針盤」となることを願っている．

平成30年10月

人口学事典編集委員長
日本人口学会理事
原　　俊　彦

■編集委員一覧 (五十音順)

編集委員長
原　　俊彦　札幌市立大学　名誉教授

副編集委員長
津谷　典子　慶應義塾大学経済学部　教授

企画編集委員
安藏　伸治　明治大学政治経済学部　教授
稲葉　　寿　東京大学大学院数理科学研究科　教授
髙橋　重郷　明治大学政治経済学部　兼任講師
中澤　　港　神戸大学大学院保健学研究科　教授
和田　光平　中央大学経済学部　教授

編集委員
新田目　夏実　拓殖大学国際学部　教授
石井　　太　国立社会保障・人口問題研究所人口動向研究部　部長
井上　　孝　青山学院大学経済学部　教授
岩澤　美帆　国立社会保障・人口問題研究所人口動向研究部　第1室長
金子　隆一　明治大学政経学部　特任教授
黒須　里美　麗澤大学外国語学部　教授
小池　司朗　国立社会保障・人口問題研究所人口構造研究部　部長
鈴木　　透　国立社会保障・人口問題研究所　副所長
林　　玲子　国立社会保障・人口問題研究所国際関係部　部長
水落　正明　南山大学総合政策学部　教授

＊所属・肩書は2018年10月現在

執筆者一覧 (五十音順)

阿藤　誠	国立社会保障・人口問題研究所 名誉所長
阿部　隆	宮城学院女子大学 名誉教授
新田目　夏実	拓殖大学
安藏　伸治	明治大学
飯島　渉	青山学院大学
飯塚　健太	デロイトトーマツ税理士法人
五十嵐　由里子	日本大学
井川　孝之	PwCあらた有限責任監査法人
池　周一郎	帝京大学
池上　清子	長崎大学
石井　太	国立社会保障・人口問題研究所
石川　義孝	帝京大学
泉田　信行	国立社会保障・人口問題研究所
稲垣　誠一	国際医療福祉大学
稲葉　寿	東京大学
井上　孝	青山学院大学
岩澤　美帆	国立社会保障・人口問題研究所
梅崎　昌裕	東京大学
江崎　雄治	専修大学
大泉　嶺	国立社会保障・人口問題研究所
大塚　柳太郎	一般財団法人自然環境研究センター
大友　篤	元 日本女子大学 教授
大橋　慶太	国連人口基金
大橋　順	東京大学
大林　千一	元 帝京大学 教授
逢見　憲一	国立保健医療科学院
岡田　あおい	慶應義塾大学
小川　直宏	東京大学
小谷　真吾	千葉大学
梯　正之	広島大学
加藤　彰彦	明治大学
加藤　久和	明治大学
金子　隆一	明治大学
金子　能宏	日本社会事業大学
鎌田　健司	国立社会保障・人口問題研究所
釜野　さおり	国立社会保障・人口問題研究所
河合　勝彦	名古屋市立大学
川口　洋	帝塚山大学
鬼頭　宏	静岡県立大学
工藤　豪	埼玉学園大学 非常勤講師
黒須　里美	麗澤大学
小池　司朗	国立社会保障・人口問題研究所
河野　稠果	麗澤大学 名誉教授
小崎　敏男	東海大学
小島　克久	国立社会保障・人口問題研究所
小島　宏	早稲田大学

執筆者一覧

小杉 礼子	労働政策研究・研修機構 研究顧問
小西 祥子	東京大学
小山 泰代	国立社会保障・人口問題研究所
是川 夕	国立社会保障・人口問題研究所
近藤 共子	国土交通省
齋藤 安彦	日本大学
斎藤 修	一橋大学 名誉教授
早乙女 智子	公益財団法人ルイ・パストゥール医学研究センター
坂井 博通	埼玉県立大学
嵯峨座 晴夫	早稲田大学 名誉教授
作野 広和	島根大学
佐々井 司	国立社会保障・人口問題研究所
佐藤 龍三郎	中央大学 客員研究員
清水 浩昭	日本大学 名誉教授
清水 昌人	国立社会保障・人口問題研究所
新谷 由里子	白鷗大学
菅 桂太	国立社会保障・人口問題研究所
菅原 友香	上智大学
杉田 菜穂	大阪市立大学
杉野 元亮	九州共立大学 名誉教授
鈴木 江理子	国士舘大学
鈴木 透	国立社会保障・人口問題研究所
鈴木 俊光	内閣府経済社会総合研究所
仙波 由加里	お茶の水女子大学
高岡 裕之	関西学院大学
髙橋 重郷	明治大学 兼任講師
高橋 眞一	神戸大学 名誉教授
髙橋 美由紀	立正大学
玉置 えみ	学習院大学
近貞 美津子	創価大学
津谷 典子	慶應義塾大学
寺村 絵里子	明海大学
友部 謙一	一橋大学
中川 雅貴	国立社会保障・人口問題研究所
中里 英樹	甲南大学
中澤 港	神戸大学
中島 満大	県立広島大学
中須 正	チュラーロンコーン大学
永瀬 伸子	お茶の水女子大学
中谷 友樹	東北大学
西村 教子	公立鳥取環境大学
林 玲子	国立社会保障・人口問題研究所
早瀬 保子	日本貿易振興機構アジア経済研究所 名誉研究員
原 俊彦	札幌市立大学 名誉教授
東川 薫	四日市看護医療大学
樋口 美雄	慶應義塾大学
平井 晶子	神戸大学
平井 誠	神奈川大学
廣嶋 清志	島根大学 名誉教授
福田 節也	国立社会保障・人口問題研究所
布施 香奈	国立社会保障・人口問題研究所
別府 志海	国立社会保障・人口問題研究所

堀内 四郎	ニューヨーク市立大学	
増田 幹人	駒澤大学	
松浦 司	中央大学	
松倉 力也	日本大学	
松田 茂樹	中京大学	
松谷 明彦	政策研究大学院大学 名誉教授	
丸山 洋平	札幌市立大学	
三澤 健宏	津田塾大学	
水落 正明	南山大学	
守泉 理恵	国立社会保障・人口問題研究所
森木 美恵	国際基督教大学
森田 陽子	名古屋市立大学
山内 昌和	早稲田大学
山神 達也	和歌山大学
山極 壽一	京都大学
余田 翔平	国立社会保障・人口問題研究所
李 青雅	東海大学
和田 光平	中央大学

＊所属・肩書は2018年10月現在

目　次

第Ⅰ部　現代の人口問題

第1章　人口成長――増加と減少 [編集担当：中澤　港・林　玲子]

- 人類史としての人口史 ……………… 6
- 世界の人口2000年史 ………………… 8
- 世界人口の将来 ……………………… 10
- 日本の人口史 ………………………… 12
- 現代日本の人口減少 ………………… 14
- アフリカの人口増加 ………………… 18
- スペイン風邪と人口減少 …………… 20
- ペストと人口減少 …………………… 22
- 種痘と人口 …………………………… 24
- ワクチン接種と乳幼児死亡率低下 … 26
- 類人猿とヒトの増加 ………………… 28
- 遺伝子と人口 ………………………… 30
- 災害と人口 …………………………… 32
- 歴史上のカタストロフと人口危機 … 34
- リプロダクティブ・ヘルス／ライツと人口増加 ………………………… 36
- 食料資源と人口 ……………………… 38
- 人口爆発と資源危機は現実か ……… 40
- 宗教と人口成長 ……………………… 42
- 経済成長には人口増加が必須か …… 44

第2章　人口の性・年齢構造の変化 [編集担当：林　玲子・原　俊彦]

- 性比の不均衡 ………………………… 50
- 出生性比と男児選好 ………………… 54
- 出生性比と女児選好 ………………… 56
- 遺伝学からみた性 …………………… 58
- 性比と結婚・出生 …………………… 60
- 性比と人口移動 ……………………… 62
- 人口高齢化 …………………………… 64
- 世代間移転と国民移転勘定 ………… 68
- 人口ボーナスと人口オーナス ……… 70
- ユースバルジ ………………………… 72
- ベビーブームとベビーバスト ……… 74
- 丙午と性年齢構造 …………………… 76
- 人口と世代 …………………………… 78

第3章　長寿と健康 [編集担当：髙橋重郷・石井　太]

- 寿命の歴史的伸長と疫学的転換 …… 86
- 寿命の性差 …………………………… 90
- 寿命の国際比較 ……………………… 94
- 健康寿命（余命） …………………… 96
- 寿命の将来 …………………………… 98
- 寿命の地域差 ………………………… 100
- 長寿化の帰結 ………………………… 102
- 社会経済階層と死亡・健康 ………… 104
- 生活習慣と死亡・健康 ……………… 106
- 健康格差 ……………………………… 108
- 医療技術の進歩と死亡・健康 ……… 110
- 長寿リスク …………………………… 112
- 死亡率の将来的な上昇リスク ……… 114
- 生物学的寿命 ………………………… 116

第4章　出生率の変化 [編集担当：津谷典子・中澤　港]

出生力転換をめぐる理論 ……………… 124	生殖テクノロジーの発展 ……………… 146
戦後日本の出生率低下 …………………… 128	婚前妊娠と婚外出生 ……………………… 148
欧米先進諸国の少子化 …………………… 132	少子化の経済的背景 ……………………… 150
東アジアの少子化 ………………………… 136	少子化と日本の社会保障制度 ………… 152
発展途上地域の出生率低下 …………… 138	出生力と文化 ……………………………… 156
性行動と避妊 ……………………………… 142	教育と出生力 ……………………………… 158
自然出生力と妊孕力 ……………………… 144	現代日本の「妊娠のしやすさ」をめぐる議論 …160

第5章　結婚とパートナーシップ [編集担当：津谷典子・岩澤美帆]

結婚とパートナーシップ ……………… 166	現代日本の国際結婚 ……………………… 182
前近代日本の結婚・離婚・再婚 ……… 168	前近代ヨーロッパの結婚パターン …… 184
現代日本の結婚行動 ……………………… 172	欧米諸国のパートナーシップ形成 …… 188
離婚と再婚 ………………………………… 176	アジアの結婚行動 ………………………… 190
現代日本の結婚の地域性 ……………… 178	LGBT ……………………………………… 192
現代日本の夫婦と家族 …………………… 180	結婚と家族をめぐる価値意識の変化 … 196

第6章　家族と世帯の変化 [編集担当：鈴木　透・黒須里美]

世帯と家族 ………………………………… 204	家族と世帯の地域性 ……………………… 216
世帯規模 …………………………………… 206	家族周期の変化 …………………………… 218
世帯構造 …………………………………… 208	国勢調査以前の家族と地域性 ………… 220
離家 ………………………………………… 210	家族とライフコースの歴史的変化 …… 222
世帯形成 …………………………………… 212	ヨーロッパの伝統的家族と世帯 ……… 224
高齢者の居住状態 ………………………… 214	東アジアの伝統的家族と世帯 ………… 226

第7章　労働力と雇用 [編集担当：和田光平・水落正明]

若者と雇用 ………………………………… 232	失業問題 …………………………………… 248
高齢者の雇用 ……………………………… 234	学校から仕事へ …………………………… 250
男女雇用機会均等法と女性の就業 …… 236	労働市場の流動化 ………………………… 252
非正規雇用問題 …………………………… 238	地域再生と雇用創出 ……………………… 254
医療・介護マンパワーの不足 ………… 240	日本的雇用システムと労働市場 ……… 256
外国人労働者問題 ………………………… 242	長時間労働の解消とワーク・ライフ・バランス … 258
企業内教育と雇用 ………………………… 244	多様化する雇用形態と働き方の見直し … 260
経済のグローバル化と雇用 …………… 246	震災復興と雇用 …………………………… 262

第8章　人口分布と地域人口 [編集担当：原　俊彦・鈴木　透]

- 歴史からみた過密と過疎……………… 268
- 教育の地域差…………………………… 270
- 経済の地域差…………………………… 272
- 財政力の地域差………………………… 274
- 社会基盤と地域人口…………………… 276
- 外国人の移動と分布…………………… 278
- 地方消滅………………………………… 280
- 人口分布と国土計画…………………… 282
- 地域人口とコンパクトシティ………… 284
- 世界の都市化とメガシティ…………… 286

第9章　人口移動 [編集担当：井上　孝・和田光平]

- 国際人口移動の新潮流………………… 292
- 途上国の過剰都市化…………………… 296
- 中国の戸籍制度と国内人口移動……… 298
- 日本の国際人口移動…………………… 300
- 日系移民………………………………… 304
- 日本の国際結婚移動…………………… 306
- 東京圏への一極集中…………………… 308
- 過疎化と人口減少社会………………… 310
- 戦後日本のUターン移動……………… 312
- 居住経歴と生涯移動…………………… 314
- 郊外化の終焉…………………………… 316
- 高齢人口移動…………………………… 318
- 結婚の地域的ミスマッチ……………… 322
- 東日本大震災と人口移動……………… 324

第10章　人口政策 [編集担当：安藏伸治・原　俊彦]

- 人口問題と人口政策…………………… 330
- 出生促進政策と出生抑制政策………… 332
- 国際人口移動をめぐる日本の政策…… 334
- 戦前の人口政策と家族政策…………… 336
- 戦時下の人口政策……………………… 340
- 戦後の人口政策………………………… 342
- 人口減少と財政問題…………………… 344
- 人口高齢化と年金制度改革…………… 346
- 人口高齢化と医療・介護……………… 348
- 少子化と家族形成支援………………… 350
- 第二次ベビーブーム以降の人口政策… 352
- 次世代育成支援対策と子育て………… 356
- 結婚・出産・子育てをめぐる近年の政策… 358

第Ⅱ部　人口学の方法

第11章　学際科学としての人口学 [編集担当：中澤　港・新田目夏実]

- 人口経済学……………………………… 368
- 人口地理学……………………………… 370
- 人口人類学……………………………… 372
- 数理人口学……………………………… 374
- 感染症の人口学………………………… 376
- シミュレーション人口学……………… 378
- 生物人口学……………………………… 380
- 医療人口学……………………………… 382
- 考古人口学……………………………… 384
- 社会人口学……………………………… 386
- 歴史人口学……………………………… 388
- 人口と開発……………………………… 390

環境人口学・生態人口学 …………… 392
家族人口学 ……………………………… 394
労働人口学 ……………………………… 396
農業と人口 ……………………………… 398
人口政策学 ……………………………… 400
宗教人口学 ……………………………… 402

第12章　人口統計 [編集担当：安藏伸治・髙橋重郷]

人口の概念 ……………………………… 408
人口静態統計 …………………………… 410
人口動態統計 …………………………… 412
人口学的方程式 ………………………… 414
住民基本台帳人口 ……………………… 416
期間率の概念と生存のべ年数 ………… 418
人口成長率 ……………………………… 422
人年人口 ………………………………… 424
レキシス・ダイアグラム ……………… 426
コーホート率の概念 …………………… 428
現在推計人口 …………………………… 430
国際人口移動統計 ……………………… 432
世帯統計 ………………………………… 434
人口センサス …………………………… 436
人口調査 ………………………………… 440

第13章　死亡と寿命の分析 [編集担当：髙橋重郷・石井　太]

死亡の測定 ……………………………… 448
死亡率の標準化 ………………………… 450
平均寿命と生命表 ……………………… 452
死亡データベース ……………………… 456
死亡率の数理モデル …………………… 458
死亡率の経験モデル …………………… 460
リレーショナルモデル ………………… 462
リー・カーター・モデル ……………… 464
寿命の差の要因分解 …………………… 466
死亡の小地域推定 ……………………… 468
生命表と死因分析 ……………………… 470
健康の生命表分析 ……………………… 472
将来生命表 ……………………………… 474
多相生命表 ……………………………… 476
死因分類 ………………………………… 478

第14章　結婚と出生の分析 [編集担当：津谷典子・稲葉　寿]

結婚と出生の基礎統計 ………………… 484
結婚の年齢パターンの分析 …………… 486
出生率変化の分析 ……………………… 488
妊娠と出産の数理モデル ……………… 492
結婚の生命表 …………………………… 494
結婚と出生の経済学的分析 …………… 498
結婚と出生の歴史人口学的分析 ……… 502
出生力の近接要因 ……………………… 506
自然出生力と抑制された出生力 ……… 508
結婚と出生の人類生態学的分析 ……… 510
出生意欲の分析 ………………………… 512
家族形成プロセスの分析 ……………… 514

第15章　人口再生産の分析 [編集担当：稲葉　寿・金子隆一]

人口再生産 ……………………………… 522
人口成長と相互作用 …………………… 524
安定人口モデル ………………………… 526
離散時間人口モデル …………………… 528

多状態人口モデル	530	人口動態事象モデル	542
非線形人口モデル	532	ライフコースの分析	544
確率論的人口モデル	534	人口高齢化とテンポ効果	546
両性人口モデル	536	人口モメンタム	548
人口再生産指標	538	人口転換の数理モデル	550
基本再生産数	540		

第16章　人口分布の分析　[編集担当：小池司朗・原　俊彦]

人口分布に関する統計	556	産業別・職業別人口の分析	570
人口分布の分析指標	560	人口性比の分布の分析	572
人口の集中度の測定	562	人口ポテンシャル	574
都市化の測定	564	人口の空間的拡散モデル	576
都市の規模別分布の分析	566	GISと地域人口分析	578
都市内人口密度分布の分析	568		

第17章　人口移動の分析　[編集担当：井上　孝・和田光平]

人口移動統計	584	移動スケジュール	596
移動理由	586	人口移動の重力モデル	598
人口移動の分析指標	588	ハリス＝トダロ・モデル	602
センサス間生残率法	590	地域間移動行列	604
移動効果指数	592	多地域人口成長モデル	606
移動選択指数	594		

第18章　人口と世帯の将来推計　[編集担当：鈴木　透・石井　太]

将来人口推計	612	地域将来人口推計の出生仮定	630
将来人口推計の方法	614	地域将来人口推計の死亡仮定	632
全国将来人口推計	616	地域将来人口推計の人口移動仮定	634
全国将来人口推計の出生仮定	618	地域将来人口推計の応用	636
全国将来人口推計の死亡仮定	620	地域将来人口推計の国際比較	638
全国将来人口推計の国際人口移動仮定	622	世帯数の将来推計	640
全国将来人口推計の応用	624	世帯数の将来推計の方法：全国	642
全国将来人口推計の国際比較	626	世帯数の将来推計の方法：都道府県	644
地域将来人口推計	628	世帯数の将来推計の応用	646

第19章　人口学の応用　[編集担当：安藏伸治・和田光平]

応用人口学……………………………………… 652
マクロデータとミクロデータの連結…… 654
GISとビッグデータの応用………………… 656
人口学的属性と人間行動…………………… 658
属性別人口の推計：教育と労働力状態… 660
属性別人口の推計：人種と言語・宗教… 662
属性別人口の推計：健康状態…………… 664
世代会計分析………………………………… 666
エージェント・ベース・モデル………… 668
公営施設の立地と公共サービス………… 670
人口変動と予算配分政策………………… 672
人口学の政策的・法的応用……………… 674
人口学の公共政策への応用……………… 676
人口学の自然災害対策への応用………… 678
人口学のマーケティング分析への応用… 680
人口学のアクセシビリティ分析への応用… 682
人口学の商圏分析への応用……………… 684
人口減少と市場規模……………………… 686

付　録

【付録1】　大都市圏および非大都市圏の人口分布……………………………………… 690
【付録2】　行政区分と人口分布（都道府県）………………………………………… 696
【付録3】　行政区分と人口分布（市区町村）………………………………………… 701
【付録4】　人口統計の入手方法…………………………………………………………… 708

見出し語五十音索引………………………………………………………………………… xv
和文参考・引用文献………………………………………………………………………… 719
欧文参考・引用文献………………………………………………………………………… 741
事項索引……………………………………………………………………………………… 765
人名索引……………………………………………………………………………………… 795
執筆者名索引………………………………………………………………………………… 799

見出し語五十音索引

■アルファベット

GISと地域人口分析　578
GISとビッグデータの応用　656
LGBT　192
Uターン移動，戦後日本の　312

■あ

アクセシビリティ分析への応用，人口学の　682
アジアの結婚行動　190
アフリカの人口増加　18
安定人口モデル　526

遺伝学からみた性　58
遺伝子と人口　30
移動効果指数　592
移動スケジュール　596
移動選択指数　594
移動理由　586
医療・介護，人口高齢化と　348
医療・介護マンパワーの不足　240
医療技術の進歩と死亡・健康　110
医療人口学　382

疫学的転換，寿命の歴史的伸長と　86
エージェント・ベース・モデル　668

欧米諸国のパートナーシップ形成　188
欧米先進諸国の少子化　132
応用人口学　652

■か

外国人の移動と分布　278
外国人労働者問題　242
介護，人口高齢化と医療　348
介護マンパワーの不足，医療　240
開発，人口と　390

確率論的人口モデル　534
過剰都市化，途上国の　296
過疎化と人口減少社会　310
家族形成支援，少子化と　350
家族形成プロセスの分析　514
家族周期の変化　218
家族人口学　394
家族政策，戦前の人口政策と　336
家族，世帯と　204
家族と世帯の地域性　216
家族と地域性，国勢調査以前の　220
家族とライフコースの歴史的変化　222
家族をめぐる価値意識の変化，結婚と　196
学校から仕事へ　250
過密と過疎，歴史からみた　268
環境人口学・生態人口学　392
感染症の人口学　376

期間率の概念と生存のべ年数　418
企業内教育と雇用　244
基本再生産数　540
教育と出生力　158
教育と労働力状態，属性別人口の推計　660
教育の地域差　270
居住経歴と生涯移動　314

経済成長には人口増加が必須か　44
経済のグローバル化と雇用　246
経済の地域差　272
結婚・出産・子育てをめぐる近年の政策　358
結婚・出生，性比と　60
結婚と家族をめぐる価値意識の変化　196
結婚と出生の基礎統計　484
結婚と出生の経済学的分析　498
結婚と出生の人類生態学的分析　510
結婚と出生の歴史人口学的分析　502
結婚とパートナーシップ　166

結婚の生命表　494
結婚の地域的ミスマッチ　322
結婚の年齢パターンの分析　486
結婚・離婚・再婚，前近代日本の　168
健康格差　108
健康寿命（余命）　96
健康状態，属性別人口の推計　664
健康の生命表分析　472
現在推計人口　430
現代日本の結婚行動　172
現代日本の結婚の地域性　178
現代日本の国際結婚　182
現代日本の人口減少　14
現代日本の「妊娠のしやすさ」をめぐる議論　160
現代日本の夫婦と家族　180

公営施設の立地と公共サービス　670
郊外化の終焉　316
公共政策への応用，人口学の　676
考古人口学　384
高齢者の居住状態　214
高齢者の雇用　234
高齢人口移動　318
国際人口移動仮定，全国将来人口推計の　622
国際人口移動統計　432
国際人口移動の新潮流　292
国際人口移動をめぐる日本の政策　334
国際人口移動，日本の　300
国勢調査以前の家族と地域性　220
国土計画，人口分布と　282
国民移転勘定，世代間移転と　68
戸籍制度と国内人口移動，中国の　298
子育て，次世代育成支援対策と　356
コーホート率の概念　428
雇用，企業内教育と　244
雇用，経済のグローバル化と　246
雇用，震災復興と　262
雇用創出，地域再生と　254
雇用，若者と　232
婚前妊娠と婚外出生　148
コンパクトシティ，地域人口と　284

■さ

災害と人口　32

再婚，前近代日本の結婚・離婚　168
再婚，離婚と　176
財政問題，人口減少と　344
財政力の地域差　274
産業別人口・職業別人口の分析　570
死因分析，生命表と　470
死因分類　478
市場規模，人口減少と　686
次世代育成支援対策と子育て　356
自然出生力と妊孕力　144
自然出生力と抑制された出生力　508
失業問題　248
死亡仮定，全国将来人口推計の　620
死亡仮定，地域将来人口推計の　632
死亡・健康，医療技術の進歩と　110
死亡・健康，生活習慣と　106
死亡データベース　456
死亡の小地域推定　468
死亡の測定　450
死亡率の経験モデル　460
死亡率の将来的な上昇リスク　114
死亡率の数理モデル　458
死亡率の標準化　450
シミュレーション人口学　378
社会基盤と地域人口　276
社会経済階層と死亡・健康　104
社会人口学　386
社会保障制度，少子化と日本の　152
宗教人口学　402
宗教と人口成長　42
住民基本台帳人口　416
出産・子育てをめぐる近年の政策，結婚　358
出産の数理モデル，妊娠と　492
出生意欲の分析　512
出生仮定，全国将来人口推計の　618
出生仮定，地域将来人口推計の　630
出生性比と女児選好　56
出生性比と男児選好　54
出生促進政策と出生抑制政策　332
出生の基礎統計，結婚と　484
出生の経済学的分析，結婚と　498
出生の人類生態学的分析，結婚と　510
出生の歴史人口学的分析，結婚と　502
出生率低下，戦後日本の　128

出生率低下，発展途上地域の　138
出生率変化の分析　488
出生力，教育と　158
出生力転換をめぐる理論　124
出生力と文化　156
出生力の近接要因　506
種痘と人口　24
寿命の国際比較　94
寿命の差の要因分解　466
寿命の将来　98
寿命の性差　90
寿命の地域差　100
寿命の歴史的伸長と疫学的転換　86
生涯異動，居住経歴と　314
少子化，欧米先進諸国の　132
少子化と家族形成支援　350
少子化と日本の社会保障制度　152
少子化の経済的背景　150
少子化，東アジアの　136
将来人口推計　612
将来人口推計の方法　614
将来生命表　474
食料資源と人口　38
女児選好，出生性比と　56
女性の就業，男女雇用機会均等法と　236
人口移動仮定，地域将来人口推計の　634
人口移動，性比と　62
人口移動統計　584
人口移動の重力モデル　598
人口移動の分析指標　588
人口移動，東日本大震災と　324
人口学的属性と人間行動　658
人口学的方程式　414
人口学のアクセシビリティ分析への応用　682
人口学の公共政策への応用　676
人口学の自然災害対策への応用　678
人口学の商圏分析への応用　684
人口学の政策的・法的応用　674
人口学のマーケティング分析への応用　680
人口経済学　368
人口減少，現代日本の　14
人口減少社会，過疎化と　310
人口減少，スペイン風邪と　20
人口減少と財政問題　344
人口減少と市場規模　686
人口減少，ペストと　22

人口高齢化　64
人口高齢化と医療・介護　348
人口高齢化とテンポ効果　546
人口高齢化と年金制度改革　346
人口再生産　522
人口再生産指標　538
人口人類学　372
人口政策学　400
人口政策，戦後の　342
人口政策，戦時下の　340
人口政策，第二次ベビーブーム以降の　352
人口政策と家族政策，戦前の　336
人口静態統計　410
人口成長，宗教と　42
人口成長率　422
人口性比の分布の分析　572
人口センサス　436
人口増加，アフリカの　18
人口増加，リプロダクティブ・ヘルス／ライツと　36
人口調査　440
人口地理学　370
人口転換の数理モデル　550
人口動態事象モデル　542
人口動態統計　412
人口と開発　390
人口と世代　78
人口の概念　408
人口の空間的拡散モデル　576
人口の集中度の測定　562
人口成長と相互作用　524
人口爆発と資源危機は現実か　40
人口分布に関する統計　556
人口分布と国土計画　282
人口分布の分析指標　560
人口変動と予算配分政策　672
人口危機，歴史上のカタストロフと　34
人口ポテンシャル　574
人口ボーナスと人口オーナス　70
人口モメンタム　548
人口問題と人口政策　330
震災復興と雇用　262
人種と言語・宗教，属性別人口の推計　662
人年人口　424
人類史としての人口史　6

数理人口学　　374
スペイン風邪と人口減少　　20

生活習慣と死亡・健康　　106
性行動と避妊　　142
性差，寿命の　　90
生殖テクノロジーの発展　　146
生存のべ年数，期間率の概念と　　418
生態人口学，環境人口学　　392
性年齢構造，丙午と　　76
性比と結婚・出生　　60
性比と人口移動　　62
性比の不均衡　　50
生物学的寿命　　116
生物人口学　　380
生命表，結婚の　　494
生命表と死因分析　　470
生命表分析，健康の　　472
生命表，平均寿命と　　452
世界人口の将来　　10
世界の人口2000年史　　8
世界の都市化とメガシティ　　286
世代会計分析　　666
世代間移転と国民移転勘定　　68
世帯規模　　206
世帯形成　　212
世帯構造　　208
世代，人口と　　78
世帯数の将来推計　　640
世帯数の将来推計の応用　　646
世帯数の将来推計の方法：全国　　642
世帯数の将来推計の方法：都道府県　　644
世帯統計　　434
世帯と家族　　204
世帯の地域性，家族と　　216
世帯，東アジアの伝統的家族と　　226
世帯，ヨーロッパの伝統的家族と　　224
前近代日本の結婚・離婚・再婚　　168
前近代ヨーロッパの結婚パターン　　184
全国将来人口推計　　616
全国将来人口推計の応用　　624
全国将来人口推計の国際人口移動仮定　　622
全国将来人口推計の国際比較　　626
全国将来人口推計の死亡仮定　　620
全国将来人口推計の出生仮定　　618
全国，世帯数の将来推計の方法　　642

戦後日本のUターン移動　　312
戦後日本の出生率低下　　128
戦後の人口政策　　342
センサス間生残率法　　590
戦時下の人口政策　　340
戦前の人口政策と家族政策　　336
属性別人口の推計：教育と労働力状態　　660
属性別人口の推計：健康状態　　664
属性別人口の推計：人種と言語・宗教　　662

■た
第二次ベビーブーム以降の人口政策　　352
多状態人口モデル　　530
多相生命表　　476
多地域人口成長モデル　　606
多様化する雇用形態と働き方の見直し　　260
男児選好，出生性比と　　54
男女雇用機会均等法と女性の就業　　236

地域間移動行列　　604
地域再生と雇用創出　　254
地域差，教育の　　270
地域差，経済の　　272
地域差，財政力の　　274
地域差，寿命の　　100
地域将来人口推計　　628
地域将来人口推計の応用　　636
地域将来人口推計の国際比較　　638
地域将来人口推計の死亡仮定　　632
地域将来人口推計の出生仮定　　630
地域将来人口推計の人口移動仮定　　634
地域人口，社会基盤と　　276
地域人口とコンパクトシティ　　284
地域人口分析，GISと　　578
地方消滅　　280
中国の戸籍制度と国内人口移動　　298
長時間労働の解消とワーク・ライフ・バランス　　258
長寿化の帰結　　102
長寿リスク　　112

東京圏への一極集中　　308
都市化の測定　　564
都市内人口密度分布の分析　　568
都市の規模別分布の分析　　566

■な

途上国の過剰都市化　296
都道府県,世帯数の将来推計の方法　644

日系移民　304
日本的雇用システムと労働市場　256
日本の政策,国際人口移動をめぐる　334
日本の国際結婚移動　306
日本の国際人口移動　300
日本の人口史　12
乳幼児死亡率低下,ワクチン接種と　26
妊娠と出産の数理モデル　492
妊孕力,自然出生力と　144

年金制度改革,人口高齢化と　346

農業と人口　398

■は

発展途上地域の出生率低下　138
パートナーシップ形成,欧米諸国の　188
パートナーシップ,結婚と　166
ハリス＝トダロ・モデル　602

東アジアの少子化　136
東アジアの伝統的家族と世帯　226
東日本大震災と人口移動　324
非正規雇用問題　238
非線形人口モデル　532
ビッグデータの応用,GISと　656
避妊,性行動と　142
丙午と性年齢構造　76

夫婦と家族,現代日本の　180
分析指標,人口分布の　560

平均寿命と生命表　452
ペストと人口減少　22
ベビーブームとベビーバスト　74

法的応用,人口学の政策的　674

■ま

マクロデータとミクロデータの連結　654

メガシティ,世界の都市化と　286

■や

ユースバルジ　72

予算配分政策,人口変動と　672
余命,健康寿命　96
ヨーロッパの伝統的家族と世帯　224

■ら

ライフコースの分析　544
ライフコースの歴史的変化,家族と　222
リー・カーター・モデル　464
離家　210
離婚・再婚,前近代日本の結婚　168
離婚と再婚　176
離散時間人口モデル　528
リプロダクティブ・ヘルス／ライツと人口増加　36
両性人口モデル　536
リレーショナルモデル　462

類人猿とヒトの増加　28

歴史からみた過密と過疎　268
歴史上のカタストロフと人口危機　34
歴史人口学　388
レキシス・ダイアグラム　426

労働市場,日本的雇用システムと　256
労働市場の流動化　252
労働人口学　396

■わ

若者と雇用　232
ワクチン接種と乳幼児死亡率低下　26
ワーク・ライフ・バランス,長時間労働の解消と　258

第Ⅰ部

現代の人口問題

1. 人口成長
——増加と減少

　人類は約20万年前にアフリカで誕生し，1万年前までに全世界に移住・拡散し，世界人口は数百万人に達していた．農耕の開始を経て紀元元年には2〜3億人に達した世界人口は，それから局地的・一時的には減少するなど変動しつつも，現在では70億人を超え，2050年には100億人近くに達すると予測されている．この間の人口成長には，環境や資源の制約，スペイン風邪やペストなどの感染症によるパンデミック，自然災害や紛争，あるいは近年の先進国における少子化といった抑制的な要因と，新たな技術開発やワクチン接種を含む衛生・医療の発展による死亡率低下など加速的な要因の両方が関与してきた．宗教や経済との相互作用もあった．これらのプロセスを経て，総体としてみれば世界では人口転換が起こり，多産多死から少産少死に至った地域が多いが，個別にみれば人口成長には大きな時空間的な多様性があった．

［中澤　港・林　玲子］

第1章

人類史としての人口史 …………………………… 6
世界の人口2000年史 …………………………… 8
世界人口の将来 …………………………………… 10
日本の人口史 ……………………………………… 12
現代日本の人口減少 ……………………………… 14
アフリカの人口増加 ……………………………… 18
スペイン風邪と人口減少 ………………………… 20
ペストと人口減少 ………………………………… 22
種痘と人口 ………………………………………… 24
ワクチン接種と乳幼児死亡率低下 ……………… 26
類人猿とヒトの増加 ……………………………… 28
遺伝子と人口 ……………………………………… 30
災害と人口 ………………………………………… 32
歴史上のカタストロフと人口危機 ……………… 34
リプロダクティブ・ヘルス／ライツと人口増加 … 36
食料資源と人口 …………………………………… 38
人口爆発と資源危機は現実か …………………… 40
宗教と人口成長 …………………………………… 42
経済成長には人口増加が必須か ………………… 44

人類史としての人口史
population history as human history

☞「世界の人口2000年史」p.8
「出生力転換をめぐる理論」p.124「自然出生力と妊孕力」p.144

　現生する人類は，すべてがホモ属サピエンス種のヒトである．約20万年前にアフリカで誕生したヒトは，二足歩行・器用な手・大きな脳・雑食性・優れた発汗能などの身体特性に加え，高度な文化を発達させたことにより，自然界の動物では起こり得ないレベルに個体数（人口）を増加させてきた．多くの要因が関わったが，例えばヒトが火を用いて調理し消化しやすくした食物を赤ん坊に与えることは，授乳期間を短縮し妊娠の機会を増加させ潜在的な妊孕力を上昇させたと考えられる．また，ヒトは1万年以上前までに地球上のほぼ全域に移住・拡散し，多様な環境に狩猟採集民として適応してきた．人口考古学者のハッサン（F. A. Hassan）によれば，世界人口は1万年以上前に500〜800万人に達し，自然界の動植物だけを食物とする生き方の限界に近づいたようである（Hassan 1981）．

●定住生活と農耕の開始　ヒトの最初の定住生活は，食物になる野生動植物が豊富な西アジアのメソポタミアで約13000年前に始まり，人々は3000〜4000年かけてムギ類農耕を完成させた（西秋編 2008）．中国の長江中下流域では9000〜8500年前から約3000年かけて水田稲作が確立されている．定住生活は怪我や事故を減らし死亡率の低下と出生率の上昇をもたらし，結果として生じた人口増加と農耕への依存がフィードバックしながら進行した．特に生産性と貯蔵性に優れるムギ類かイネの農耕が伝播した地域で人口が顕著に増加した．西アジアでは多くの地域の発掘調査で明らかにされた住居址の面積の増大などから，年人口増加率が約0.1％に達したと推定される．西アジアと中国以外のいくつかの地域でも農耕が開始されたが，根茎類やトウモロコシなどの主作物の生産性・貯蔵性がムギ類やイネほど高くなく，人口増加への寄与も小さかった（Bellwood 2005）．

●文明の進展と地域による多様化　今から5000年前頃，ユーラシア大陸を中心に地球上の約半分の地域で農耕が行われていた．その中で，文明が発展し人口が顕著に増加したのは地中海地域を中心とするヨーロッパと中国・インドを中心とするアジアであり，紀元元年頃，2〜3億人の世界人口の約半数がこの両地域に居住していた．ところが紀元1世紀に巨大帝国であった西ローマ帝国と漢王朝が滅亡し，長期にわたる社会的混乱により人口が減少し，世界人口も停滞あるいは減少した．その後も戦争に伴う社会的混乱や感染症の流行は起きたものの，多くの地域で農業をはじめとする産業が進展し，世界人口は5〜6世紀頃から増加に転じ，10〜11世紀からは増加速度が増した．1000年以降，年人口増加率がヨーロッパとアジアで0.3〜0.5％になり，アフリカなどの他地域でも0.1％程度になった．ところがアジアでは13世紀にモンゴル帝国の建国と領土拡張に伴う社会的混乱

により，ヨーロッパでは14世紀に黒死病（ペスト）の流行により人口が激減した．世界人口は1400年頃に3.5億〜4億人であり，その後は概ね増加を続け1750年には7億人を超えた．古代文明の発祥以来，生活様式や人口動態の地域差が拡大したが，文明の進展が遅れた地域では人口密度が低く人口が緩やかに増加する傾向が強く，文明が進んだ地域では人口密度が高く，高い人口増加率が続くことが多かったものの，広域化・長期化する戦争に伴う社会的混乱や感染症の大流行などに起因する人口の停滞・減少もみられた．

●**人口転換と人為的な人口のコントロール**　18世紀半ばにヨーロッパ諸国で始まった人口転換とは，粗死亡率と粗出生率の変化をモデルとして表すと，200年近くかけて高死亡率・高出生率の「多産多死」から，死亡率だけが低下する「多産少死」を経て，出生率も低下する「少産少死」に移行したことである（河野2000）．死亡率の低下は食料生産性の向上や衛生的な行動の普及に，出生率の低下は晩婚・非婚や出産抑制という行動の変化によるところが大きかった．人口転換の「多産少死」期に人口が急増し，ヨーロッパの1750年から1900年における年人口増加率は0.5〜0.8%に達した．なお，18〜19世紀には南北アメリカ大陸に約5000万人のヨーロッパ人が移住し，約1000万人のアフリカ人が奴隷として強制移住させられた．19世紀には南北アメリカ大陸とオーストラリア・ニュージーランドで，ヨーロッパ人移住者が多数を占め先住民はマイノリティになった．

ヨーロッパで人口転換が終わるのと入れ替わるように，アジアとラテンアメリカでは19世紀後半から，アフリカでは20世紀前半から人口転換が始まった．途上国の人口転換では当初から粗出生率が粗死亡率を大きく上回り，年人口増加率が2%前後に達していた．途上国の人口の急増を反映し，世界人口は1900年の16.3億人から1950年には25.3億人に，そして2000年には61.2億人に増加した．増加率のピークは20世紀後半で，1965〜70年に年平均人口増加率は2%を超えた．世界人口は，今世紀に入っても1年間に約8000万人が増加し，2015年には73.5億人に達している（UN 2015a）．

人類史からみると，人口転換以降の最大の特徴は，死亡のみならず出生も人為的にコントロールできるようになったことで，近年では不妊手術，IUD（子宮内避妊具），経口避妊薬（ピル），コンドームなどが広く普及している．出生が生物学的な要因に影響されるとはいえ，配偶・家族・居住・人間関係・価値観などの社会文化的要因との関わりで決定される側面が強くなっている．　　［大塚柳太郎］

📖 さらに詳しく知るための文献

Livi-Bacci, M., 2011, *A Concise History of World Population*, 5th ed., John Wiley & Sons.（速水 融・斎藤 修訳，2014，『人口の世界史』東洋経済新報社．）
大塚柳太郎，2015，『ヒトはこうして増えてきた—20万年の人口変遷史』新潮社．
河野稠果，2000，『世界の人口 第2版』東京大学出版会．

世界の人口 2000 年史
2000 years of world population growth

☞「人類史としての人口史」p.6 「ペストと人口減少」p.22「歴史上のカタストロフと人口危機」p.34「人口爆発と資源危機は現実か」p.40

　近代以前の世界人口を推計するという大胆な試みをした研究者が何人かいる．図1はその一人ビラバン（Biraben 1980）の推計を国連人口統計にリンクした系列である．

　それによれば，紀元前400年の世界人口は1.5億人，紀元元年までに約1億人の増加があったが，第一千年紀に入ると減少を経験し，第二千年紀が始まる頃にようやく元の水準に戻った．1500年は4～5億人の水準であったが，1900年に16.3億人，1950年25.3億人，2000年には61.3億人となった．21世紀の終わりには112.1億人になると予測されている（UN 2015a）．

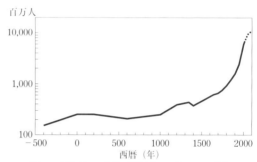

図1　世界人口の推移（紀元前400年～2100年）
[Biraben（1980）およびUN（2015a）より作成．点線は国連人口部による予測]

　図1は縦軸を対数目盛にしている．そのグラフ上では勾配が成長率を表すので，絶対値をみていたのではわかりにくい成長の波動が識別できる．最初の人口成長期は紀元前の数世紀間であり，次いで1000年から1200年，ヨーロッパが中世盛期を迎え，中国は宋代に目立った人口増加が起きた．18世紀以前では最も人口増加率の高かった時代であった．しかしその後，ヨーロッパは黒死病によって人口の3分の1を失った．減退傾向はユーラシア大陸の他の地域でも生じ，インドや中国も人口減少を経験した．16世紀になると次の波が立ち上がる．この時代，世界の大洋が西欧人に開かれたことによって，ジャガイモ，サツマイモ，トウモロコシなど新大陸産の食料作物が旧大陸各地に伝えられ，人口増加の一因となった．それとともに病原体の大陸間伝播も起きた．大洋を越えたその拡散はいまだ免疫をもたない地域の人々に壊滅的な打撃を与え，この時期以降，新世界の人口史は旧世界であるユーラシア大陸とは対照的な途をたどることとなった．旧大陸では17～18世紀に一度減速を経験した後に，産業革命とともに未曾有の人口増加を迎えた．個々の地域をみれば人口成長の開始期に違いはある．しかし2000年の時間軸で考えるならば，これは近代の人口増加サイクルが世界中の地域を巻き込んでゆく過程であり，その結果，世界人口の増加率は20世紀後半に最大速度を記録した．21世紀に入った今，ようやくその増加テンポに陰りがみえ始め

ている．

●**人口増加と経済成長**　人類社会は長いこと「マルサスの罠」から抜け出せなかったが，産業革命が生産力を人口の軛から解き放ったといわれる（Clark 2007）．図2によって，この見解が妥当かどうかを検討しよう．

描かれているのは，マディソン（A.Maddison）推計による，1500年以降における年平均の人口増加率と1人あたり国内総生産（GDP）増加率の推移である．英国で産業革命が終わろうとしていた1820年を境に，1

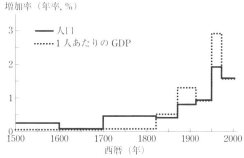

図2　人口増加率と1人あたり国内総生産（GDP）増加率
（1500〜2003年）
［Maddison（訳2015）より作成］

人あたりGDPの増加率がまず上昇した．それ以降，経済成長が加速し，時として人口増加率を上回るようになった．ただ全体としてみれば，人口と経済の成長率の間には正の相関があった．他方，それ以前においては，経済成長率が人口増加率よりも低位にあった．飢饉や流行病が発生し，大量死を招くという死亡危機が何度も訪れた．産業革命が起こるまでは人口増加が人々の生活水準の上昇テンポよりも速く，それが経済を圧迫していたのであろうか．

しかし，1500年から1820年の経済成長率もゼロではなかった．年率0.05％前後のきわめて低い増加率で，数世代ではその恩恵を実感できない程度であったが，1820年には1500年と比べて人々の生活水準が18％改善されていた．前近代の経済成長は緩慢ではあったが累積的であった．とりわけ1700年以降は成長率が0.05％前後から0.07％へと上向いた．人口面でも改善が起き，人口危機の頻度が低下した．ヨーロッパでは18世紀中に飢饉の数が減少，類似の現象は明治以前の日本でもみられた．ただ，それは人口増加率を押し上げたので，産業革命直前の世紀には人口増加が経済成長率の緩やかな加速を大きく上回ったのである．

中短期の時間軸で考えれば，人口と経済の関係はマルサス（T. R. Malthus）が考えていた以上に複雑であった．しかし千年紀を単位としてみると，人口も経済も1500年頃から始まった成長サイクルの上に乗っていたこと，21世紀の現在，そのサイクルの最終局面に入りつつあることが理解できよう．　　　　　［斎藤　修］

□　さらに詳しく知るための文献

河野稠果，2000．『世界の人口　第2版』東京大学出版会，第1章．
斎藤　修，2013．「T・R・マルサス『人口論』」日本経済新聞社編『世界を変えた経済学の名著』日経ビジネス人文庫，pp.148-163．

世界人口の将来
future of the world's population

☞「世界の人口 2000 年史」p.8
「人口爆発と資源危機は現実か」p.40

世界人口の見通しについては世界のいくつかの機関が推計しているが，ここでは最も一般的な国連人口部（UN 2015）による世界人口推計の最新版（2015 年改訂版）の結果をみてみよう．

●世界人口の見通し　国連は，合計出生率（TFR）の仮定値によって高位，中位，低位の3本の推計を公表している．中位推計（各国別に設定されたTFRの将来値に基づく世界全体のTFRが，2100 年にほぼ人口置換水準に低下すると仮定した推計）によれば，1970 年代以降減速傾向にある世界人口の増加は今後も徐々に勢いを弱め，今世紀末にはゼロ成長に近づくものの，世界人口は 2015 年の 73 億人から，2050 年の 97 億人を経て，2100 年の 112 億人に増加する（図1）．開発水準別にみると，先進地域の人口は今後ほとんど増えないため，世界人口の増加のほぼすべてが今日の途上地域で起こることになる．ただし高位推計（中位のTFR＋0.5 を仮定）では，今世紀末の人口増加率はなお年率 0.8% を維持し，2100 年の世界人口は 166 億人に膨れ上がり，逆に低位推計（中位のTFR−0.5 を仮定）では 21 世紀半ばにはマイナス成長に転じ，2100 年の世界人口は 73 億人に留まる．

世界人口の見通しを主要地域別にみてみよう（図1）．最大のアジア人口（2015 年に 43.9 億人）は 2057 年の 52.9 億人をピークに減少を始め，2100 年には 48.9 億人となる．またラテンアメリカ・カ

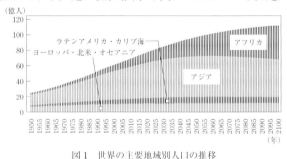

図1　世界の主要地域別人口の推移
注）　図は medium variant（中位推計）による．
[United Nations Population Division,
World Population Prospects: The 2015 Rivision より作成]

リブ海の人口（2015 年に 6.3 億人）も 2061 年の 7.9 億人をピークに減少時代に入る．それとは対照的に，アフリカの人口は 2015 年の 11.9 億人から急激に増加を続け 2100 年には 43.9 億人に達し，アジアの人口に急接近する．アジアの人口動向は多様であり，最大の南アジアの人口（2015 年に 18.2 億人）は 2069 年（25.0 億人）まで増加を続けた後，緩やかに減少過程に入るのに対し，東アジアの人口は 2027 年にピークに達し，その後大きく減少する．東南アジアの人口趨勢（2065 年の 8.0 億人がピーク）は南アジアに類似しているが，西アジアの人口（2015 年

2.5億人)は今世紀末まで増加を続けるとみられる.
　先進地域のうち,ヨーロッパの人口(2015年に7.4億人)は早くも2020年には減少を開始し,2100年には6.5億人となる.それとは対照的に北アメリカの人口(2015年に3.6億人)は2100年の5.0億人まで増加を続ける.
●**年齢構造と出生率**　世界は前世紀の人口爆発の時代を経て,今世紀は人口高齢化の時代を迎える.世界人口のメディアン(中位数)年齢は1970年に上昇を始め2015年に29.6歳となったが,今後も上昇を続け2100年には41.7歳になる.先進地域はすでに相当高齢化が進んでいるが(2015年のメディアン年齢は41.2歳),今後さらに高齢化が続く(2100年に46.6歳).開発途上地域の人口はまだ若いが(2015年で27.8歳),今後の高齢化は著しい(2100年に41.1歳).地域別には,アフリカの人口構造はなお著しく若く,2015年に年少人口割合が41.0%を占め,当面はユース・バルジが大きな問題となる.アジア,ラテンアメリカでは当面,生産年齢人口割合の高い人口ボーナス期が続くが,その後は急速に高齢化が進み先進国同様の人口オーナスの時代を迎える.
　世界人口の規模ならびに年齢構造の推移と将来動向の決め手は出生率である.第二次世界大戦後の合計出生率(TFR)の動き(1950/55～2010/15年)をみると,世界全体(ならびに開発途上地域)のTFRは1970年頃を境にしてほぼ5.0(ならびに6.0)の水準から大きく低下を始め,現在2.5(ならびに2.6)まで低下し,人口置換水準までもう一歩のところまできている.これは途上地域のうちアジアのTFRが1970年頃から急激に低下してきたからであるが,ラテンアメリカのTFRもほぼ同様の大幅低下を示してきた(現在はともに2.2).途上地域の中ではひとりアフリカのみが取り残されており,TFRは現在でも4.7と高水準である.世界(ならびに開発途上地域)の出生動向に決定的影響を及ぼしたのは巨大人口国中国の動きである.中国のTFRは6.0を超える水準から70年前後に急落し,「一人っ子政策」の効果もあり90年代には人口置換水準を下回り,現在では超少子化国並みの1.55に低下している.国連の中位推計は,すべての地域のTFRが今世紀末にはほぼ人口置換水準に収斂するとみて,前述のとおり世界人口が静止人口に向かうと想定しているが,このシナリオはサハラ以南のアフリカの出生率が想定どおり順調に低下するか,もう一つの巨大人口国インドの出生率がいつ人口置換水準に到達するか,中国の「一人っ子政策」放棄による出生率のリバウンドがどれほどあるかなどにかかっている.　　　　　　　　　　　[阿藤　誠]

📖 さらに詳しく知るための文献
阿藤　誠.2016.「世界の人口爆発再来か?」『統計』.67(6):2-7.
阿藤　誠・佐藤龍三郎編著.2012.『世界の人口開発問題』原書房.
United Nations Population Division, 2016, *World Population Prospects: The 2015 Rivision*. https://esa.un.org/unpd/wpp/

日本の人口史
Japan's population history

☞「人類史としての人口史」p.6
「世界の人口2000年史」p.8
「現代日本の人口減少」p.14
「食料資源と人口」p.38「人口爆発と資源危機は現実か」p.40

　日本列島に人が住むようになったのは 4 万年前に遡るとされる．それ以降のさまざまな人口集団が，いくつものルートを経て住み着いたと考えられる．旧石器時代の遺跡は全国各地に存在するが，人口規模は明らかではない．

　縄文時代早期まで遡って日本列島の総人口を推計した結果を図 1 に示した．日本列島の人口は過去 1 万年間に，4 回の大きな増加とそれに続く減少を繰り返してきた．人口の波動的変化の背景には，環境変動とともに文明システムの転換があったと考えられている．

●日本列島の人口推計　縄文，弥生時代の人口に関しては，住居址の分布から小山（小山 1983）により，現在の都道府県別に推計されている．ただし，北海道と沖縄は含まれていない．縄文中期（4300 年前）は 26 万人，弥生時代（1800 年前）は 60 万人と推計されている．

　8 世紀から 10 世紀にかけての推計人口（国別）は，8 世紀は律令制下の地方行政組織である郷の数に一定の人口を乗じた推計（451 万人），9 世紀は成人男子に賦課される税（出挙稲）を基準に，戸籍断簡から判明する年齢別人口比率を手掛かりとした推計（551 万人），10 世紀，12 世紀は水田面積に基づく推計（644 万人，684 万人）である（鬼頭 1996）．

　鎌倉時代（1280 年：570～620 万人）については，13 の国に関し

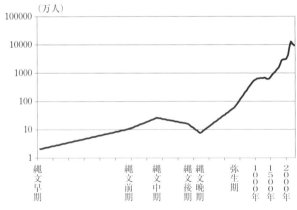

図 1　日本列島における人口の推移（縄文時代～2100 年）

注）1600 年以前は蝦夷（北海道），琉球（沖縄）を含まず，1600～1846 年は蝦夷（北海道）を含み，琉球（沖縄）を含まない．

［鬼頭 宏『図説 人口で見る日本史』PHP（2007）表 1 より作成］

て残されている図田帳に記録された水田面積．室町時代（1450 年：960～1050 万人）については，室町幕府と一部の守護大名の家臣団の規模から推定された（Farris 2006）．

　1600 年の人口については，戦前には太閤検地の総石高に基づいて 1800 万人と

する吉田東伍の説が一般的に受け入れられていた（吉田 1919）．しかし石高と人口規模との関連に疑義があるので，ここでは速水融の調査による信州諏訪地方の人口増加パターンを利用した国別推計（1227万人）を採用している（社会工学研究所 1971）．なお，最近，江戸時代につながる人口増加がより早い時期に始まったと仮定して，全国人口を 1700 万人とする推計が出されている（斎藤 2018）．

江戸時代中期の 1721 年（3128 万人）～1846 年（3230 万人）については，幕府調査人口に依拠した．ただし武士階級などの除外人口があるので，ここでは国別調査人口に一律 2 割を上乗せした推計値を掲げている（社会工学研究所 1971）．

国勢調査開始以前の明治・大正期については戸籍人口に基づくが，戸籍人口そのものではなく内閣統計局が登録遅れなどを調整した推計を利用している．1920年以後は国勢調査人口，2015 年以降は国立社会保障・人口問題研究所の平成 29 年推計（中位）を示した．

●**長期波動**　人口推計は過去 1 万年にわたって，日本列島の人口が 4 回の増加と減少を繰り返してきたことを示している．増加期は縄文早期～中期，縄文晩期～平安時代，鎌倉時代～江戸前期（18 世紀初期），そして幕末～21 世紀初期である．人口増加期は，それぞれ縄文文化，水稲農耕社会化，市場経済による経済社会化，そして工業化という大きな生活様式の転換期だった．これに続く縄文時代後半，平安・鎌倉時代，江戸中・後期，21 世紀が人口減少期である．

自然災害や疫病が大きな人的被害をもたらした証拠は，枚挙にいとまがないが，持続的な人口増加や減少の背後には，むしろ人間社会に根本的な原因があった．

人間は道具を用い，機械，建物，さらには慣習や法律などの装置を用いて生活を成り立たせてきた．これら人間がつくり出した装置群と人間との関係を文明システムと呼ぶ（梅棹 1981）．そしてそれぞれの時代を支配する文明システムには固有の人口収容力が備わっている．したがってある文明システムのもとで人口は増加しても，やがて人口収容力の上限に接近すると人口増加は停止する（マルサス［T. R. Malthus］の人口原理）．人口の潜在的な増加率が高い人口増加局面では，環境要因が人口に影響を与えたとしても，それは短期間に回復する．反対に，人口が人口収容力の上限に近づき，人口増加率が低下させられた局面では，環境要因の影響は長引き，長期的な人口減少が引き起こされやすい．すなわち文明システムが社会に普及し尽くして，量的拡大が困難な成熟局面は，人口停滞ないし減少期となる．

逆説的ではあるが文明成熟期の人口増加が困難な時期は，技術革新が引き起こされる時代でもあった（ボゼラップ［E. Boserup］の技術革新論）．新しい資源・エネルギー，新しい技術や制度の開発あるいは外部文明からの導入が，再び人口を増加の軌道に乗せたのである．すなわち，人口の波動的増加の歴史は，文明システム転換の歴史として理解することができるのである．　　　　　［鬼頭　宏］

現代日本の人口減少
population decline in contemporary Japan

☞「人口高齢化」p.64「出生力転換をめぐる理論」p.124「戦後日本の出生率低下」p.128「日本の国際人口移動」p.300「第二次ベビーブーム以降の人口政策」p.352

　日本は長く続いた人口増加から2005年に減少に転じた．その後2010年まで小幅な上下動を繰り返したが，2011年以後は減少の一途をたどっている．国勢調査によれば，日本人口は1970年に1億人を超え1億372万人となった．2000年には1億2692万6000人に増加し，2010年に1億2805万7000人とピークに達した．しかし，2015年には1億2709万5000人と96万2000人縮減している．減少はその後も続き，国立社会保障・人口問題研究所の将来推計によれば，21世紀の半ばには1億人を下回る予想である．現在の人口減少は1970年代半ばに始まった少子化に由来する．1950年代の半ばまでに多産多死から少産少死の人口転換を終えた後，1970年代前半までの約20年間，合計特殊出生率（女性の年齢別出生率の合計値で，1人の女性が一生の間に産む平均の子ども数）は人口置換水準，すなわち人口が世代を越えて維持されるために必要な値の2.1周辺で安定した時期が続いた．しかし，そこで終りではなく，1974年に出生率は再び低下を始める．それはきたるべき人口減少の予兆でもあった．日本は1970年代半ばからポスト人口転換期に入ったといえよう．そして1990年代に起きたバブル崩壊後，出生率はさらに低下し2005年には1.26までになり，以後わずかに回復したが1.5以上になることはなかった．バブル崩壊後は経済が低迷し「失われた20年」として現在まで続くが，それは概ねこれまでの出生率1.5未満の超少子時代と重なる．ポスト人口転換期の新しい人口レジームを説明するものとして，ヴァン・デ・カー（D. J. van de Kaa）とレスタギ（R. Lesthaeghe）の第二の人口転換（second demographic transition）の考え方は有力である（Lesthaeghe 1995）．彼らの描く「第二の人口転換」は主として結婚・出生に関するもので，特に脱工業・脱物質主義社会における個人の価値観の変化を強調し，晩婚，非婚，同棲，離婚などの増加とともに人口置換水準以下の低出生率の恒久的持続を説き，含蓄に富む．ただし，この第二の人口転換論は日本には適合しないところもあり，またこの理論は，置換水準以下の出生率の持続によって，十分な移民を受け入れない限り当然起こる人口減少社会の見取り図を示していない．

●**人口減少における出生・死亡と年齢構造の影響**　図1は日本人口の総数および人口3区分の15歳未満，15～64歳，65歳以上人口の1884年から2060年までの推移を表す．2015年より後は将来推計である．日本人口の増加率は戦後すぐのベビーブーム期には2%を超えていたが，その後1975～76年までは大体1%以上を保っていた．しかし以後1%を下回り，減少が続く．総人口は2010年を過ぎて減少を始めるが，減少がすべての年齢グループで起きているわけではない．15

歳未満人口は 1980 年以後，15〜64 歳人口は 1995 年を過ぎてすでに縮小が始まっているが，65 歳以上人口は 2015 年現在，依然増加を続けている．人口減少の要因は，出生数の減少，死亡数の増加，国際人口移動における入国超過の縮減あるいは出国超過の増加である．その中で，国際人口移動はその規模が小さいので，出生と死亡の動向によってほぼ人口の動向が決定される．しかし，男女年齢別死亡率は戦後継続的に低下し，平均寿命は

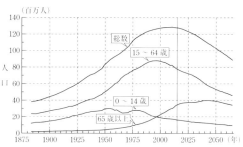

図1　総人口および年齢3区分別人口の趨勢：1884〜2060 年
［総務省統計局国勢調査および国立社会保障・人口問題研究所『日本の将来推計人口（平成 29 年推計による）』］

延び続けているので，理論的に考えると日本の人口減少は，人口置換水準以下の低出生率による出生数の減少が根本の要因である．ただし，最近起きている実際の人口減少をみると，高齢者の死亡数増加の効果が大きいことは興味深い．2010 年から 2015 年までの出生数減少と死亡数増加を比較すると，死亡数増加の人口減少に及ぼす効果の方が大きいという結果になっている．この死亡数の増加は近年の急激な人口の高齢化を反映している．つまり総人口の中でも元来死亡率の高い高齢者が増加しているからである．総人口に占める 65 歳以上の高齢者割合は 2000 年には 17.4%であったが，2015 年には 26.6%に増加している．また 2015 年の総死亡数のうち 65 歳以上人口の死亡数の比率は 89%である．さらに，図 2 の 2015 年人口ピラミッドによって明らかなように，日本は第二次世界大戦中から戦

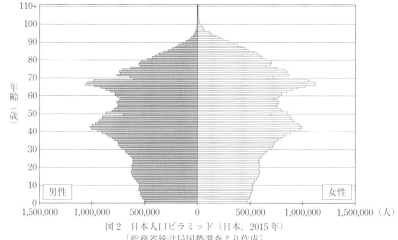

図2　日本人口ピラミッド（日本，2015 年）
［総務省統計局国勢調査より作成］

後にかけて激しい人口変動を経験し，それによる非常に不規則な年齢構造のかたちを示している．戦後のベビーブーム期に生まれた年間 270 万人に及ぶ巨大な団塊の世代が次第に高齢化して大量の死亡数を生じ，人口減少を招来するという，不規則な年齢構造の時代的推移の影響がある．2015 年を過ぎて，団塊の世代は死亡率がより高い 75 歳以上の後期高齢者に次第に移行するので，以上述べた状況はさらに続くであろう．

●人口モメンタム　一方，1974 年以後すでに日本の出生率は人口置換水準 2.1 以下にあったのに，なぜ 2004 年までの 30 年の長きにわたり出生数が死亡数よりも多かったのか．それは日本人口の年齢構造が近年まで比較的若く，出生率が低くても子どもを産める年齢の女性が相対的に多かったためである．また，戦後から 1970 年くらいまでは平均寿命の著しい減少は乳児死亡率激減によるところが大きく，それは事実上出生率上昇と同じ効果を持ったと考えられる．特筆すべきは，1947 年から 84 年まで，出生数から死亡数を引いた自然増加数が死亡数を上回り，また 1975 年くらいまでは自然増加率が年間 1% を上回っていたことである．このような大きな自然増加はいわば人口貯金となって，やがて起こるべき人口減少を先延ばす結果となった（河野 2007）．過去に生じた高い出生率と低い死亡率が長く続いた結果，若い人口に蓄積された増加ポテンシャルはプラスの人口モメンタムである．しかし，今や増加のモメンタムは尽き果て，マイナスの減少モメンタムに転換している．計算によると実際の人口減少よりも早く，1996 年に減少のモメンタムが始まっている（石井 2010）．

●人口減少のメリットとデメリット　元来日本は国土が狭く，人口が多すぎると考えられ，居住する住宅はウサギ小屋のように狭小で，交通渋滞，遠距離通勤の悲劇が叫ばれてきた．人口減少によって人口過剰は解消され，より多くの生活空間を得て，今までになかった多彩な土地利用を行うことができる．また人口が減っても，技術革新によって国民 1 人あたりの生活水準が上昇する可能性も考えられる．必要は発明の母であり，人口減少・高齢化はイノベーションの宝の山だという見方もある．また元来，環境問題，食糧供給にとって人口減少は常に歓迎される要件である．さらに人口が減り，適当な低密度になれば出生率が回復する可能性もあるといわれる（Lutz & Qiang 2002）．しかし，人口減少は決して持続可能ではない．人口減少が進むと国民は心理的に落ち込み，将来に不安を抱く．未来が不透明なときに多くの人々は子どもを持とうとは思わないであろう（大淵 2002）．大都市から離れた地方では人口が激減し消滅する．そして日本の国際政治での発言力は低下するであろう．さらに日本の人口減少は高齢化を伴っている．1970 年に 15～64 歳人口は 69% であり，65 歳以上の高齢人口は 7% にすぎなかったが，2015 年には生産年齢人口は 61% に縮小し，高齢人口は 27% に拡大した．前述の将来推計によれば，21 世紀の半ばに生産年齢人口は 50% を少々上回るだ

けの程度になり，65歳以上人口は40％近くになると予想される．この膨大な高齢人口のための社会保障を支えることは容易ではない．新しい発想，改革が求められる．

●**人口減少の対策**　日本の人口減少を収束させるためには，出生力を回復させ出生数を増加させるか，あるいは外国からの移民を増加させることしかない．健康長寿化による死亡数の減少は，出生率が置換水準以下にあるときには，人口減少を遅らせる効果はあっても，減少そのものを食い止めることはできない．出生力を回復するための政策についてはここでは詳しく論じない．ただ，出生率の比較的高いスウェーデン，フランス，英国などの北西ヨーロッパの国々に比べ，日本においては出産育児のための財政的援助の対GDPの比率が低く，社会における女性の育児と就業両立支援体制も弱い．低出生力が続けば人口構造が高年齢にシフトして，出産可能年齢の女子人口が縮小し出生数が減少するという少子化の罠に陥る（Lutz et al. 2006）．さて人口学的には，日本の近年の出生力低下の主因は夫婦の出生率低下よりも未婚・晩婚・非婚である（岩澤 2015）．バブル崩壊後1990年代後半になり，非正規就業が特に若い結婚適齢期の男女に顕著となった．このため，賃金が低く不安定雇用の非正規の男性は結婚が難しくなり，少子化の大きな要因になっている（山田 2007；松田 2013）．2015年の国勢調査抽出速報結果によれば，15～34歳男子雇用者の21.7％は非正規就業者である．この経済的劣化の一つの要因として，ほとんどの場合新規学卒者しか正規の職業に就けず，それに漏れた人々にセカンドチャンスを保証する仕組みもないという日本の雇用制度，社会制度の硬直性があり，これらに対する適切な対策が望まれる．一方，外国移民の受け入れの拡大について，少し資料が古いが国連人口部の補充移民（replacement migration）の考え方がある．国連は2000年に先進諸国におけるシナリオ別の補充移民の規模を計算した．日本に対しては，1995年の総人口，生産年齢15～64歳人口，そして65歳以上人口に対する15～64歳人口の比率を維持するためには，2000～2050年にかけての50年間にそれぞれ1714万人，3233万人，5億2354万人，年平均にしてそれぞれ34万人，65万人，1047万人の補充移民を受け入れる必要があるとしている（UN 2000）．法務省在留外国人統計によれば，日本における中長期滞在外国人は，最近増加したといっても2015年に223万人，総人口の2％にすぎない．日本の外国人移民受入れについての需要・供給状況を考えると，国連の補充移民の数字はいささか機械的な計算で，現実的ではない．しかし，人口減少が止まらない日本にとって，この補充移民の数字は興味深い参考資料になり得る．　　　　　　　　　　　　　　　［河野稠果］

📖 さらに詳しく知るための文献

河野稠果．2007．『人口学への招待―少子・高齢化はどこまで解明されたか』中公新書．
佐藤龍三郎・金子隆一編．2016．『ポスト人口転換期の日本』原書房．

アフリカの人口増加
population growth in Africa

☞「リプロダクティブ・ヘルス／ライツと人口増加」p.36「出生力転換をめぐる理論」p.124「発展途上地域の出生率低下」p.138

　アフリカの56か国・地域では，現在も人口増加が急速に進んでいる．世界の人口は1950〜55年の25億2000万人から2010〜15年までに73億4000万人と2.9倍になったのに対して，アフリカの人口は同時期に2億2000万人から11億8000万人と5.5倍に増加している．世界人口に占めるアフリカの割合は，1950〜55年から2010〜2015年までの間に9%から16%へと著しく高まっている（UN 2015a）．ただし，アフリカでは北アフリカ（7か国・地域）とそれ以外のサブサハラアフリカ地域（東部，南部，西部，中部の49か国・地域）とでは，歴史・文化的背景が異なり，人口増加の傾向も大きく異なる．北アフリカでは，その他の中東アラブ地域と同様，1980年代後半以降急速に出生率低下が進み，現在までに人口転換過程の最後の段階である少産少死に近づいている．

　他方，サブサハラアフリカ地域でも出生率の低下は，1990年代以降進んでいるがその速度は緩やかで，人口転換過程の初期である多産少死の状態が依然続いている（Bongaarts & Casterline 2013）．1950〜55年から2010〜15年までに北アフリカの人口は，4900万人から2億2300万人と4.5倍になっているのに対して，サブサハラアフリカ地域では，1億7900万人から9億6200万人と5.3倍に増加している．

●**アフリカの死亡率と出生率の推移**　アフリカの死亡率低下は，先進国からの医療・公衆衛生技術移転と国際援助の増加により1950年代以降急速に進み，多くの国で人口転換過程の多産多死から多産少死の段階に移行した．このことは急速な人口成長につながり，1970年代以降の年平均人口増加率は継続的に2.5%を超えている．アフリカの多くの国は，第二次世界大戦後，特に1960年代に独立したが，国の人口規模や人口増加速度はほとんど知られていなかった．というのも，多くの国では旧宗主国による植民地統治時代，国勢調査や出生率および死亡率を計測する人口調査などはほとんど行われていなかったからである．国際社会の援助を得て，アフリカの国々が国勢調査を始めたのは主に1960年代からで，1970年代になってようやく自国の人口規模や出生率，死亡率の水準を把握できるようになった．また，国際社会は開発途上国の高死亡率や高出生率の現状を知るにつれ，国際援助により高死亡率や高出生率を削減する協力を強化し始めた．

　北アフリカでは，死亡率は先進国の水準に近づきつつあり，乳児死亡率は1950〜55年の出生1000対201から2010〜15年までに30まで減少しており，中進国平均の35を上回り，先進国平均の5へと近づいている．出生率は，1960〜65年の6.90をピークに下がり始め2010〜15年までに3.27と出生力転換過程の

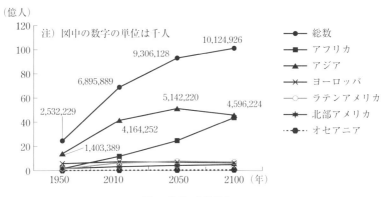

図1 世界の地域別人口

[United Nations, 2015, *World Population Perspectives: The 2015 Revision* を要約,グラフ化]

最後の段階である人口置換水準の出生率2.07に近づいている.一方,サブサハラアフリカでも死亡率の低下は1950年代以降始まっているが,その速度は北アフリカに比べて緩やかである.それでも乳児死亡率は,1950〜55年の出生1000対183から2010〜15年までに64と大きく減少している.

1980年代以降,南東部アフリカを中心にHIV/エイズの急増による一時的な死亡率低下の停滞が起こったが,今ではHIV/エイズに対する治療薬も開発・提供され,死亡率抑制にも一定の成果をもたらしている.出生率は1970〜75年の6.75をピークに減少に転じたが,その低下速度は他の途上地域に比べると緩やかであり,2010〜15年には5.10に留まっている.よって,多くのサブサハラアフリカ諸国では,人口転換の初期段階である多産少死の段階が長く継続し,人口置換水準の出生率に達するのは2100年以降と予測されている.

●**将来予測** 世界人口は,2050年までに(中位予測)97億2000万人まで増加すると推測されている.一方,アフリカの人口は24億7000万人まで増加し,世界人口に占める割合は25%まで上昇する.2100年までには,世界人口112億1000万人の39%である43億8000万人まで増加する.その頃のアジアの人口は,2015年の43億9000万人から48億8000万人まで増えると予想されており,世界人口の43%となり,アジアとアフリカが世界人口に占める割合はほぼ同じ水準に達することになる.アジアの伸びが緩やかなのは,出生率が人口置換水準またはそれ以下に到達し,2060年以降人口減少に転じると予測されているからである(図1). [大橋慶太]

□□ さらに詳しく知るための文献

早瀬保子.1999.『アフリカの人口と開発』アジア経済研究所.

スペイン風邪と人口減少
Spanish influenza and population decrease

☞「日本の人口史」p.12「歴史上のカタストロフと人口危機」p.34「医療技術の進歩と死亡・健康」p.110「人口動態統計」p.412

　「スペイン風邪」は，1918年から20年にかけて世界的規模で発生したインフルエンザのパンデミック（大流行）に対する日本での呼称である．このパンデミックは英語圏でもSpanish Influenza（Spanish Flu）と呼ばれるが，その発生源は後述するように米国が端緒とされスペインではない．また，「風邪」あるいは「かぜ」は種々のウイルスが上気道（鼻や喉）に感染して起こる病気の総称であり，Influenza（flu）の訳語として適当ではない．このように，「スペイン風邪」は二重の意味で誤解を招く呼称であるが，ここでは事典としての性格上，見出し語にはこの呼称を用い，以下ではパンデミックの語を用いる．このパンデミックの最初の患者は，1918年3月に米国カンザス州の駐屯地で発生したとされるが（Crosby 2003），本格的な流行は同年の春から夏にかけて第一次世界大戦における欧州の西部戦線の兵士の間で広まった．最終的に全世界で約6億人が感染し，少なくとも2500万人以上が死亡するに至った．また，内務省衛生局が1922年に編集・発行した『流行性感冒』によれば，日本の内地では約2358万人が感染し38万5000人あまりが死亡したとされる．これらの数値は，当時の世界の総人口が約18億人，日本内地の人口が約5500万人であり，第一次世界大戦の戦死者が約1000万人とされていることを考えれば，相当に大きなものである．このパンデミックによる死亡数は，一つの感染症によるものとしてはむろん，他の天災，人災を含めても人類史上最悪の規模である（速水2006）．

●超過死亡概念を用いた死亡数の推定　超過死亡とは，「ある感染症が流行した年の死亡数を求めるに際し，その病気やそれに関連すると思われる病因による平常時の死亡水準を求め，流行年との差をもってその感染症の死亡数とする考え方」である（速水2006）．速水は，上述の日本の死亡数38万5000人は相当な過小評価であると主張し，超過死亡概念を用いて死亡数の推定を行った．この推定の際にパンデミックの病因としたのは，『日本帝国死因統計』の中分類のうち流行性感冒など8項目である．また，推計にあたってはパンデミックを二つの流行期，すなわち「前流行」（1918年10月～19年5月）と「後流行」（1919年12月～20年5月）に分けて死亡数をそれぞれ算出した．その結果，このパンデミックの日本における死亡数は，前流行が約26万6000人，後流行が約18万7000人，合計約45万3000人となり，上記の数値をかなり上回るかたちとなった．図1はこの計算結果を月別に示したものである．図1によれば，前流行は1918年11月のピークのほか1919年2月に弱いピークがあり，後流行は1920年1月にピークがあることがわかる．同じ計算結果を用いて男女年齢階級別死亡率（前流行と後流行

の合算値）もわかるが、その値によれば、男子では30～34歳階級、女子では25～29歳階級にピークが現れており、通常の死亡率に比べて若い世代の死亡率の高さが際立っている。こうした傾向は日本以外の国でも現れており、このパンデミックの大きな特徴となっている。こうした傾向の原因については、若い世代のサイトカインストーム（過剰な免疫反応の一種）によるとの説もある（速水2009a）。

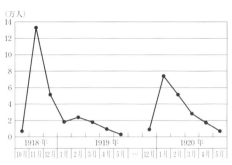

図1　月別インフルエンザ死亡数（1918～20年）
[速水（2006）]

一方、ジョンソン（Johnson 2006）はやはり超過死亡の考え方を用いて世界の死亡数の推定を行っており、前述した値2500万人を大きく上回る4880万人～1億人との結果を導いた（速水2009a）。

●日本の死亡数と人口に与えた影響　このパンデミックによって日本の死亡総数と総人口にどのような影響が生じたか、厚生労働省政策統括官（2017）の資料に基づいて考察する。パンデミック期前後の5年間における死亡総数と粗死亡率（千人あたり）は、1917年：120万人（22.2‰）、1918年：149万人（27.3‰）、1919年：128万人（23.3‰）、1920年：142万人（25.4‰）、1921年：129万人（22.7‰）である。特に1918年と1920年の数値は、その前後の1917年と1921年に比べて相当に大きく、また、全国人口が当時の2倍以上ではるかに高齢化が進んだ2015年の129万人（10.3‰）をも上回り、第二次世界大戦期を除き、1872年以降における年間死亡総数の1、2位を占める。一方、日本の総人口は、戦前期において一貫して増加し続け、1917～21年の5年間だけをみても、5413万人から5667万人へ250万人以上増加した。これは明らかに出生数の大きさが影響している。出生数と死亡数の差である自然増加数をみると、1917年から1918年にかけて61万3000人から29万9000人に減少するが、1921年には70万2000人と1917年を上回る。以上のことから、このパンデミックによる死亡数は確かに相当の規模であったが、総人口の減少をもたらすほどではなく一過性のものであったと結論づけることができる。

[井上　孝]

📖 さらに詳しく知るための文献

井上孝，2010，「スペイン・インフルエンザによる死亡の拡散過程」高橋眞一・中川聡史編『地域人口からみた日本の人口転換』古今書院．pp.77-98．
加地正郎，2005，『インフルエンザの世紀―「スペインかぜ」から「鳥インフルエンザ」まで』平凡社．

ペストと人口減少
pest and population decrease

☞「世界の人口2000年史」p.8
「歴史上のカタストロフと人口危機」p.34「感染症の人口学」p.376

　ペストは，ペスト菌が引き起こす感染症で，腺ペスト，敗血症ペスト，肺ペストに区分される．腺ペストは，ケオピスノミがペスト菌に感染したネズミやリスなどのげっ歯類を吸血した後，ヒトを吸血して感染し，発症する．リンパ腺が腫れ，激しい痛みを感じるためこの名前がある．リンパ腺を侵すことなくはじめから敗血症を起こすのが敗血症ペストであり，肺ペストは肺炎を起こした腺ペスト患者の血痰などに含まれるペスト菌を吸い込んで感染する．

●ペストの発見　1894年香港で腺ペストが流行する中で，ペスト菌発見の栄誉を担ったのはパストゥール研究所から派遣されたイェルサン（A.Yersin）であった．ここに，疫病や黒死病として人々の命を奪ってきた感染症が腺ペストであることが確認された．これらはペストの歴史において画期的出来事であったが，逆にいえば，それ以前の熱病や黒死病の流行はそれをペストであると確認することができないということでもある．

　ペストは20世紀後半には，いくつかの山岳地帯での発生はみられるものの，ほぼ抑制が効いていた．しかし，2017年8月から，マダガスカルで2348人の患者，202人の死者を出しており，肺ペストの患者も多く報告された．このことは，ペストが依然として過去のものではないことを示している．

●ペスト・パンデミックの世界史——第一次流行　天然痘，コレラや結核などと並んで，ペストは人類史に決定的な影響を与えた感染症の一つである．その衝撃は，死亡率の高さと人口動態への影響の大きさによる．歴史上，ペストの大流行は3回あった．第一次流行は6〜8世紀に起こり，東ローマ帝国での流行は「ユスティニアスヌスのペスト」と呼ばれた．ペストは，エジプトのアレクサンドリア，パレスティナからシリアを経てコンスタンティノープル（542年）へと広がり，北アフリカ，シチリア島，イタリア半島，バルカン半島，スペイン，フランスからイングランドに達した（549年）．患者や死者の数を正確に知ることは困難だが，このとき，人口の半分にあたる3000万〜5000万人が死亡したとされる（宮崎2015）．

●第二次流行と黒死病　第二次流行は黒死病の流行として知られる．14世紀から300年ほどの間に大小の流行があった．その起源は中央アジアとする説が有力だが，マクニール（W. H. McNeill）は『疫病と世界史（*Plagues and Peoples*）』の中で，モンゴル帝国がその伝播に大きな役割を果たしたというグローバルな仮説を提示している（McNeil 1976, 訳 1985；2007）．黒死病は，パミール高原からインドへ，サマルカンドからペルシアへ，1347年にコンスタンティノープルやア

レクサンドリア，その後，ダマスカスからアレッポへも広がった．黒死病はヨーロッパ全域にも広がり，ベネチア，パリ，ロンドン（1348年），ウィーン（1349年），モスクワ（1352年）などで，ユダヤ人への虐殺事件が発生した．ユダヤ人がカトリック教徒の井戸や泉に毒物を投入したため黒死病が起きたとされたからである．黒死病の流行は人口動態に大きな影響を及ぼした可能性が高く，ヨーロッパ人口の3分の1の約2000万～3000万人が死亡したと推定される．なお，歴史学的な知見の示す死者数には幅がある．当時のヨーロッパの総人口を8000万人とし，黒死病の死者を5000万人とする説や，1340年に7350万人であった人口が1350年に5000万人へと減少したとする説がある．そして，18世紀になるとヨーロッパではペストの流行は終息に向かった（宮崎2015）．人口の減少は，ヨーロッパの社会，特に荘園制などの社会構造を動揺させた．なお，黒死病という表現が用いられるのは，単なるペストの流行とは考えられないという指摘があるからである．ネズミの死亡がなかったことから，炭疽菌との混合的な流行の可能性も指摘されている．

●第三次流行と感染の抑制　第三次流行は，1894年香港での流行が起点となった．その起源が雲南にあり，19世紀後半に広東省全域で流行していたことはほぼ確実である．その後，中国沿海地域，台湾，日本や東南アジア，インド，ハワイから米国西海岸などにも広がった．日本にペストが入ったのはこのときである．1896年に横浜で中国人船客が死亡した．また，1899年に台湾から帰国した日本人が広島で発病して死亡し，その後，長崎，神戸，大阪，横浜などで腺ペストが発生した．その背景には，中国や台湾，インドとの貿易があった．腺ペストの死亡率はきわめて高かったが，患者数・死者数とも総計で数千人に留まり，人口動態への影響はほとんどなかった．これは，天然痘，コレラ，結核などの感染症とは異なった特徴である．しかし，ペストは，当時の人々に大きな恐怖を与え，検疫制度や公衆衛生制度の確立にも大きな影響を与えた．朝鮮半島ではペストの流行はみられなかったが，その理由は明らかではない．中国の状況は日本に比べると深刻で，腺ペストは20世紀前半，沿海地域を中心として発生したが，人口動態に大きな影響を及ぼすものではなかった．また，シベリア起源の肺ペストが1910年から11年に満洲で大流行を起こし，5万人を超える死者を出し，肺ペストの流行としては特筆すべき事件となった（飯島2000）．第三次流行で特徴的なのは，インドでは20世紀半ばまでに総計で約1300万～1500万人の死者を数えたことである（春日1977）．

[飯島　渉]

□さらに詳しく知るための文献

飯島　渉．2000．『ペストと近代中国』研文出版．
春日忠善．1977．「日本のペスト流行史」『科学』47（11）：687-700．
永島　剛ほか編．2017．『衛生と近代―ペスト流行にみる東アジアの統治・医療・社会』法政大学出版局．

種痘と人口
population and vaccination against smallpox

☞「日本の人口史」p.12「ワクチン接種と乳幼児死亡率低下」p.26「医療技術の進歩と死亡・健康」p.110「感染症の人口学」p.376

　天然痘（痘瘡，variola）は，高熱を発し，水泡性の発疹が顔から全身に広がることを主症状とする感染力や致命率の高い感染症である．患者の飛沫などによって感染することが多く，水泡液や痂蓋の接触によって感染する場合もある．
　日本で天然痘が流行した最古の記録は735年に遡る．飛騨国大野郡の寺院過去帳によれば，1771〜1852年に記録されている死者6489人の13%が天然痘によるもので，病名が判明する死因の1位を占める．82年間の年平均天然痘死亡率は，345（対10万人比）と推計される．5〜7年ごとに流行した天然痘による死者のうち，数え歳2歳までの乳児が3割を占め，10歳までの小児を加えると9割を超える（須田1992）．種痘の普及に伴い患者数が減少して，1955年に国内最後の患者が発生した．1980年5月8日，WHOは天然痘の根絶宣言を発表した．
　種痘は天然痘に対する免疫を得る方法である．弱毒化した痘痂を磨り潰し，子どもの鼻腔に挿入する管から吹き込む中国式人痘種痘法，天然痘患者の膿疱から採取した痘漿を皮膚の創傷に注入するトルコ式人痘種痘法，ジェンナー（E. Jenner）が1798年の論文で発表した牛から人間に感染した牛痘の痘疹から採取した痘漿を子どもの腕に継代接種する牛痘種痘法などがある．牛痘種痘法の普及に命を捧げた桑田立斎が1849年に刊行した『牛痘発蒙』には，自然痘では6人に1人，中国式の種痘噴鼻法では30人に1人，トルコ式の種人痘刺法では300人に1人が死亡したのに対して，牛痘種痘法で死亡した者はいないと説明されている．

●種痘の伝播と人口転換　トルコ式人痘種痘法は，中国式人痘種痘法より遅れて1721年にロンドンで接種が始まり，西欧諸国に伝播していった．日本では，清国人李仁山が1744年に長崎で中国式人痘種痘法を伝え，オランダ商館医ケルレル（A. L. B. Keller）が1793年に長崎でトルコ式人痘種痘法の接種に成功したが，いずれも普及しなかった（添川1987）．牛痘種痘法は，1798年の論文出版直後から西欧諸国で翻訳と追試が始まり，痘苗は10年以内に欧州を超えて，南北アメリカ，フィリピン，マカオ，ジャワ島，レユニオン島，モーリシャスなどの西欧列強の植民地に伝苗された（Jannetta 2007）．
　1749年から人口統計が整備されているスウェーデンでは，天然痘をめぐって人口転換と疫学転換との関係が議論されている．同国では，1756年に導入されたトルコ式人痘種痘法は普及せず，1801年に導入された牛痘種痘法が急速に普及して，1816年から初種接種が義務づけられた．牛痘種痘法の普及に伴い，天然痘死亡率は1796〜1801年の211（対10万人比）から1816〜20年の12に急減

した．18世紀末以降の人口転換期に，天然痘死亡率の減少は粗死亡率の低下に大きく寄与した（Sköld 1996）．

● **19世紀の日本における牛痘種痘法の普及**　幕末期に天然痘ワクチンの原苗となった痘痂がバタヴィアから長崎に活着して，オランダ商館医モーニッケ（O. G. J. Mohnike）により佐賀藩主鍋島直正の侍医楢林宗建の三男に接種された1849年は，持続的人口増加の開始期にあたる．牛痘種痘法の導入に伴う天然痘死亡率の低下は，人口増加の開始要因として検討すべき課題の一つである．

　文部省医務局（局長：長与専斎）は，1874年6月，東京に牛痘種繼所を設けて再帰牛痘苗の生産を始め，各府県に配分した．同年10月に種痘規則を布達して，府県の認定する種痘医と内外科医以外の種痘接種を禁じ，毎年2度，府県から文部省に種痘接種者数を報告するよう求めた（井口1929）．種痘規則を受けた足柄縣は，1875年1月に天然痘豫防心得を布達して種痘接種状況の報告を求め，各村が種痘人取調書上帳を作成した．足柄上郡7か村では，種痘接種を義務づけた天然痘豫防規則に1年先行して，1875年5月末に種痘未接者が年少人口の3%に減少し，再種の接種が本格化した（Kawaguchi 2014）．1875年上半期の各府県における種痘医数，初種・再種・三種接種者数，人口に占める種痘接種者の構成比を記載した『内務省衛生局雑誌』2, 1876年所収の「明治八年自一月至六月種痘一覧表」は，府県別種痘接種者数を遡及できる一番古い資料である．

　1875年6月，医務局は内務省に移管されて，衛生局と改称された．当初，内務省衛生局は種痘課，製表課，売薬課，庶務課を設け，種痘の普及を衛生行政の中核に据えた．1882年調査の『衛生局第八次年報』は，全国共時的に種痘接種率を遡及できる一番古い資料である．数値が記載されていない府県を除き，本州・四国・九州における15歳以下の種痘済人員は79%に達した（川口2015）．

　1880年7月の傳染病豫防規則により，医師が天然痘を含む6種傳染病を診断した場合，24時間以内に患者所在の町村衛生委員会に通知することを義務づけた．そのため衛生局年報には府県単位に，府県統計書には郡区市街単位に天然痘患者数・死亡数が記録されている．国内の患者数は1885～87年，1892～94年，1896～97年，1908年および1946年に1万人を超えた．しかし，両資料に記載された各府県の天然痘患者数・死亡数が一致する年次は20世紀初頭まで少ない．19世紀末まで，天然痘罹患率・死亡率の低下は全国一様ではなく，府県統計書から，都市村落間に大きな格差がみられたことが確認されている（川口2015）．

［川口　洋］

📖 さらに詳しく知るための文献

添川正夫．1987．『日本痘苗史序説』近代出版．
Jannetta, A., 2007, *The Vaccinators−Smallpox, Medical Knowledge, and the "Opening" of Japan*, Stanford U. P.（廣川和花・木曾明子訳，2013，『種痘伝来―日本の〈開国〉と知の国際ネットワーク』岩波書店．）
Sköld, P., 1996, *The Two Faces of Smallpox−A Disease and its Prevention in Eighteenth- and Nineteenth-Century Sweden*, Umeå University.

ワクチン接種と乳幼児死亡率低下
vaccination and decrease under-five mortality

☞「種痘と人口」p.24「リプロダクティブ・ヘルス／ライツと人口増加」p.36「医療技術の進歩と死亡・健康」p.110

1798年，英国の医師エドワード・ジェンナー（E. Jenner）は，牛の病気である牛痘を用いてヒトの天然痘を予防する種痘（Vaccination）を発表した（項目「種痘と人口」参照）．ワクチンの名もラテン語で雌牛を意味する「Vacca」に由来する．種痘により乳幼児の死亡率は大きく低下したと考えられる（Jannetta et al. 1991）．

● 20世紀前半までの医療技術と乳幼児死亡率低下　しかし，それ以外の治療法については，20世紀前半にかけては有効なものがみられず，欧米では瀉血や浣腸，水銀やアンチモンの服用といった有害無益な治療法が行われていた．英国の社会医学者マキューン（T. McKeown）は，18世紀以降の英国の死亡率は有効な医療技術の登場以前に低下しており，死亡率低下の大部分は医療技術の進歩からは説明できない，というマキューン・テーゼ（McKeown Thesis）を世に問うた（McKeown 1976）．同様の結果は米国（McKinlay et al. 1977）や日本（西田 1986a，1986b）でもみられ，いずれも有効な医療技術の登場以前に死亡率は大きく低下していた（図1）．もっとも，マキューンが死亡率低下の要因として食料供給増大・栄養状態改善といった経済的要因をあげたことに対しては，米国の若き人口学者であったプレストン（S. Preston）が20世紀前半の世界各国の平均寿命延長に経済水準の向上が十数％しか寄与していないことをプレストン・カーブ（Preston Curve）として後に有名になる図を用いて示した（Preston 1975）．現在マキューン・テーゼに対しては，種痘の効果を無視している，19世紀の公衆衛生運動を無視している

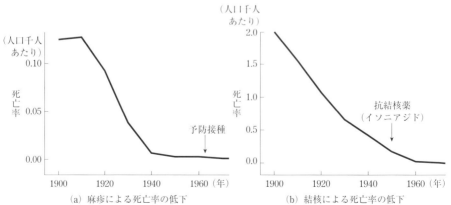

図1　20世紀前半における麻疹と結核の死亡率低下とワクチン接種・治療技術の登場
[McKinlay et al. (1977)]

などの反論もあり，そのままのかたちでは支持されていない．しかし，20世紀前半までの乳幼児を含む死亡率の低下に，予防接種・医療技術は，種痘以外にはほとんど寄与していないことが，これらの論争から逆説的に示された．プレストンの議論が示唆しているように，乳幼児を含む死亡率の低下は，経済成長や栄養状態の改善ばかりでなく，上下水道などの環境衛生，乳児用ミルクをはじめとした食品衛生の改善，人々の教育水準の向上，乳幼児保護思想の普及などが相乗して生じたのではないかと考えられる．

● 20世紀後半以降の予防接種と乳幼児死亡率低下　20世紀後半以降に目を転じても，同様の構図がみてとれる．世界全体の乳児死亡率は1950〜55年には出生1000あたり約160であったものが1970〜75年には100を下回り，1995〜2000年には約60まで低下していたが，WHOによる拡大予防接種計画（Expanded Programme on Immunization：EPI）が開始された1974年時点での予防接種率は5％に満たなかった（Keja et al. 1988）．つまり，20世紀後半の乳児死亡率低下の60％に対して，ワクチン接種は明らかに寄与していなかったことになる．

　しかし，その後，WHOは上述のEPIを推進し，UNICEFは1984年にUCI（Universal Child Immunization）を立ち上げている．世界全体のジフテリア・百日咳・破傷風の三種混合ワクチン（DPT）接種率は，1984年には28％であったが，1986年には46％となった（Keja et al. 1988）．1990年には，国際機関や各国政府そして民間組織が共同して，ワクチンと予防接種のための世界同盟（Global Alliance for Vaccines and Immunization：GAVI）が発足した．DPT接種率は1986年には59％（推計し直したため，上述とは異なる），1990年には65％，2006年には74％となった（Lim et al. 2008）．

　ワクチン接種の役割は，接種した個々人に特定の疾病への免疫をもたせることだけに留まらない．接種を通じて，保健活動全体を理解し，知識を身につけ，信頼を醸成し，行動を変容するという，より大きな効果もある．実際，上記プレストン（Preston 1975）の方法を拡大した研究では，1990年から2010年の幼児死亡率低下に対する予防接種の寄与は20％弱であり，残りの要因は1人あたりGDP，出生率，水などの衛生，教育，都市化などであった（Bishai et al. 2016）．

　ワクチン接種それ自体は，種痘を除けば，過去に大きく乳幼児死亡率を低下させてはおらず，現代においても数ある低下の要因の一つというにすぎない．しかし，ワクチン接種は，我々が手にした疾病に対する最初の予防的医療技術であり，現代においても保健活動の確実かつ不可欠な構成要素なのである．　　［逢見憲一］

□□　さらに詳しく知るための文献
ローゼン，G., 小栗史朗訳, 1974,『公衆衛生の歴史』第一出版．
シュライオック，R. H., 大城功訳, 1974,『近代医学の発達』平凡社．
マキューン，T., 酒井シヅ・田中靖夫訳, 1992,『病気の起源─貧しさ病と豊かさ病』朝倉書店．

類人猿とヒトの増加
increase of apes and humans

☞「人類史としての人口史」p.6 「遺伝子と人口」p.30 「食料資源と人口」p.38 「自然出生力と妊孕力」p.144

　現在，世界で70億人を超えるヒトは，この体サイズの哺乳類としては異例の繁栄を遂げている．もちろん，それは1万2000年前の農業革命と18世紀に起こった産業革命による文明のおかげである．特に栄養条件の改善と医療の進歩は人口の増加に大きく貢献した．しかし，そもそもヒトは700万年にわたる進化の当初から，条件さえ変えれば急速に数を増やす能力をもっていたのである．それは，最近になってヒトに比較できる類人猿の繁殖や成長の実態が把握されたことで明らかになった．ヒトは多産能力を向上させ，類人猿が生息できなかった環境で長らく生き延びたのである．

●**類人猿の増加能力**　実は，ヒトに系統的に近い現生の類人猿（オランウータン，ゴリラ，チンパンジー）は，アジアとアフリカの熱帯雨林にしか生息していない．サバンナや寒冷地にまで分布域を広げたサルに比べると，環境に対する適応力はずっと劣る．今から約2000万年前の中新世の初期には熱帯雨林が広く分布し，多種類の類人猿が生息していた．しかし，1000万年前ぐらいから地球規模の寒冷・乾燥の気候が到来し，熱帯雨林は小さく分断されて草原が広がった．類人猿は断片化した森林に留まるか，草原に出て行くかという選択を迫られた．ここで台頭してきたのがオナガザル科のサル類で，熱帯雨林を出て分布域を広げる種が現れた．現在，類人猿は6種しか生き残っていないのに，オナガザル科のサルは100種を超える．

　サルが類人猿に優るのは消化能力と繁殖能力である．サルは胃や腸内に大量のバクテリアを共生させ，植物繊維の多い成熟葉や毒性のある未熟な果実を消化できる．類人猿は柔らかい葉や完熟果実しか食べられず，食物が不足する．また，サルに比べて出産間隔が長く，成長が遅いので，いったん数が減ると回復に時間がかかる．オランウータンは7〜9年，ゴリラは4〜5年，チンパンジーは5〜6年に一度しか出産できないし，成熟に達するのにも10〜15年かかる．サルの出産間隔は普通2年で，毎年産むこともある．成熟まで長くても5年である．類人猿の出産間隔が長いのは，授乳期間が長く，その間はホルモンによって排卵が抑制されるためである．だから，類人猿は少子であり，一生の間にせいぜい4〜6頭しか産めない．これではなかなか数を増やせない．今，類人猿が絶滅の危機にあるのは，ヒトとの接触によって密猟や病気の感染によって数を減らし，少子のために数を回復するのが難しいからである．

●**ヒトの増加能力と将来のリスク**　ヒトの祖先も，熱帯雨林に暮らしている頃は類人猿と同じ特徴をもっていたと考えられる．それが，熱帯雨林の外へ出て行く

と特徴を変える必要性に迫られた．ヒトがチンパンジーとの共通祖先から分かれて最初に獲得した特徴は直立二足歩行である．これは草原をゆっくりした速度で広く歩き回って食物を集め，それを安全な場所まで手で運んで，仲間といっしょに食べるために発達したと考えられている．ヒトの祖先はサルのように消化能力を変えたのではなく，移動様式と食べ方を変えたのである．

　もう一つが多産能力である．熱帯雨林で類人猿たちは危険を感じると樹上へ逃れる．しかし，樹木のない草原では地上性の肉食獣から逃れるのは難しい．餌食になる動物たちは，一度にたくさんの子どもを産むか，1 頭の子どもを何度も産むかという多産の能力を身につけている．草原へ出て肉食獣の脅威にさらされたヒトの祖先は後者の道を歩み，出産間隔を縮めるために離乳を早めたと考えられる．現在，ヒトの子どもは 2 歳以下で離乳するが，6 歳までは乳歯のままである．おそらく柔らかい果実などの乳歯でも食べられる食物を与えて赤ん坊をお乳から離し，母親の排卵を回復させて次の妊娠を可能にさせたのである．これによって手に入れた多産能力が肉食獣に襲われて上昇した死亡率を補完する役割を果たし，ヒトは新しい環境で生き延びることができたのである．

　ただ，捕食される哺乳類の子どもの成長が早いのに対し，ヒトの子どもの成長は類人猿と比べても遅い．これは，約 200 万年前に脳が大きくなり始めたせいである．それまでに直立二足歩行を完成させていたヒトは，骨盤のかたちを皿状に変形させていて，産道の大きさを広げることができなかった．そのため，小さな脳の子どもを産んで，生後急速に脳を成長させる道を選んだ．脳の成長には多大のエネルギーが必要なので，身体の成長を遅らせて脳にエネルギーを回したのである．その結果，ヒトは頭でっかちの成長の遅い子どもをたくさん抱えることになった．親だけでは子どもを育てられず，共同保育が不可欠になって，複数の家族を含む共同体が生まれた．この社会性こそが，その後ヒトの人口を増加させる原動力になったと考えられる．

　しかし，これまで登場した 20 種に及ぶ人類は苛酷な環境で絶滅し，生き残ったのは 20 万年前に現れたホモ・サピエンスだけである．この人口もわずか 10 万人を超える小規模なもので，その後の気候変動などによって人口が急激に減るボトルネックを経験している．このため，繁殖に寄与して現在の子孫に遺伝子を伝えられた有効個体数はわずか 1 万人程度だったと見積もられている．現在の生息数 30 万頭のチンパンジーや 10 万頭のゴリラでも，ヒトの 5 倍から 10 倍の有効個体数をもっている．現代人の遺伝的多様性が低い原因はここにあり，アルツハイマー，ぜんそく，子宮内膜症，心筋梗塞，熱帯性マラリア，HIV など類人猿がかからない病気にヒトがかかるのも，有効個体数が小さいために自然淘汰より遺伝的浮動が強く働いたためだと考えられている．これは将来，途方もなく大きな人口を抱えた人類の弱点になるだろう． ［山極壽一］

遺伝子と人口
gene and population

☞「類人猿とヒトの増加」p.28
　「遺伝学からみた性」p.58

　保全生態学や集団遺伝学から人口にアプローチする際に，有効集団サイズの概念は重要である．有効集団サイズはみかけ上の集団サイズとは異なり，その集団の遺伝的多様性の程度によって定義される．遺伝的多様性が高いということは有効集団サイズが大きいことを，多様性が低ければ有効集団サイズが小さいことを示している．遺伝的多様性の指標には，遺伝子の頻度変化や同祖確率などが用いられる（Hartl & Clark 2006）．

　遺伝子の頻度変化と有効集団サイズの間には次のような関係があることが知られている．サイズが N の任意婚を行っている二倍体集団において，ある遺伝子座に二つの中立な対立遺伝子 A と a が存在し，それぞれの頻度を p と $1-p$ とする．世代ごとにすべての個体が入れ替わるような離散的な世代交代が起こると，次世代の $2N$ 個の遺伝子コピー中に A が i 個含まれる確率は

$$\binom{2N}{i} p^i (1-p)^{2N-i}$$

で与えられる．このとき，次世代における A の頻度は $i/2N$ となる．1世代の経過に伴う A の頻度変化の期待値は

$$E\left[\frac{i}{2N} - p\right] = \frac{E[i]}{2N} - E[p] = \frac{2Np}{2N} - p = 0$$

であり，分散は

$$V\left[\frac{i}{2N} - p\right] = \frac{1}{4N^2} V[i] = \frac{1}{4N^2} \times 2Np(1-p) = \frac{p(1-p)}{2N}$$

である．実際に観察される対立遺伝子頻度変化の分散は，理論上期待される $p(1-p)/2N$ よりも大きい．これは，すべての個体が次世代に自身の遺伝子コピーを伝えるわけではなく，集団サイズ N よりも少ない個体が次世代の遺伝子プールに寄与するからである．対立遺伝子頻度の機会的浮動に寄与する実際の個体数 N_e を有効集団サイズという．

●**同祖確率を用いた定義**　同祖確率 F の変化から有効集団サイズを定義する方法もある．同祖とは，集団中から選んだ2個の遺伝子コピーが共通祖先に由来していることである．すべての遺伝子コピーは共通の祖先を有しているため $F=1$ であるが，過去のある時点までに共通祖先が存在している確率と考えると，$F<1$ である．有効集団サイズが大きければ，この確率は低くなる．世代 $t-1$ における集団サイズを N_{t-1}，同祖確率を F_{t-1} とすると，次の世代 t における同祖確率 F_t は

$$F_t = \frac{1}{2N_{t-1}} + \left(1 - \frac{1}{2N_{t-1}}\right) F_{t-1} \qquad \text{式 (1)}$$

という漸化式によって記述することができる．右辺第1項は，世代 t において選んだ2個の遺伝子コピーが世代 $t-1$ の同一遺伝子コピーに由来する（世代 $t-1$ で合祖する）確率であり，右辺第2項は，世代 t において選んだ2個の遺伝子コピーが世代 $t-1$ の同一遺伝子コピーには由来しないが，それ以前の世代に共通祖先を有する確率である．式 (1) を変形すると

$$1-F_t = (1-F_{t-1})\left(1-\frac{1}{2N_{t-1}}\right) = (1-F_0)\prod_{i=0}^{t-1}\left(1-\frac{1}{2N_i}\right) \quad \text{式 (2)}$$

となる．もし集団サイズ N が一定であれば，式 (2) は

$$1-F_t = (1-F_0)\left(1-\frac{1}{2N}\right)^t \quad \text{式 (3)}$$

と表すことができる．式 (2) 右辺と等しい式 (3) 右辺の N を有効集団サイズ N_e とすると，集団サイズ N は十分に大きいので

$$\frac{1}{N_e} = \frac{1}{t}\left(\frac{1}{N_0}+\frac{1}{N_1}+\cdots+\frac{1}{N_{t-1}}\right) \quad \text{式 (4)}$$

と近似することができる．

●**性比が異なる場合の有効集団サイズ** 次に，男と女を区別して考える．男の個体数を N_m，女の個体数を N_f とする．式 (1) と同様に考えると，漸化式は

$$F_t = \left(\frac{1}{4}\frac{1}{N_m}+\frac{1}{4}\frac{1}{N_f}\right)\frac{1}{2}+\left\{1-\left(\frac{1}{4}\frac{1}{N_m}+\frac{1}{4}\frac{1}{N_f}\right)\frac{1}{2}\right\}F_{t-1} \quad \text{式 (5)}$$

で与えられる．世代 t において選んだ2個の遺伝子コピーが，ともに世代 $t-1$ の男から伝わる確率は1/4，女から伝わる確率は1/4であり，それが同一の男から伝わる確率は $1/N_m$，同一の女から伝わる確率は $1/N_f$，同一個体の同一遺伝子コピーに由来する確率は1/2であることから，式 (5) の右辺第1項が得られる．式 (5) を解くと，

$$1-F_t = (1-F_0)\left\{1-\left(\frac{1}{4}\frac{1}{N_m}+\frac{1}{4}\frac{1}{N_f}\right)\frac{1}{2}\right\}^t \quad \text{式 (6)}$$

である．式 (3) と式 (6) を比較することにより，有効集団サイズ N_e は

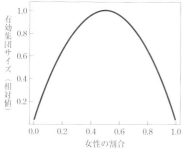

$$N_e = \frac{4N_m N_f}{N_m+N_f}$$

となる．$N_m = N_f = N/2$ であれば $N_e = N$ である．図1は，集団サイズ (N_m+N_f) を一定とした場合の，女性の割合と有効集団サイズの関係を示したものである（$N_m=N_f$ の場合を1としてある）． ［大橋 順］

図1 女性の割合と有効集団サイズの関係

災害と人口
disasters and population

☞「人口高齢化」p.64「東日本大震災と人口移動」p.324

　災害と人口についてこれまでどのような研究がなされ，どのような課題があるのか．まず基本的に人がいなければ災害にならないという前提を押さえておかなければならない．例えば，国連国際防災戦略（UNISDR）は，natural hazards と disasters と分けて定義している．すなわち，自然現象と災害を区別しているが，例えば，地震という自然現象が起こってもそこに人がいなければ災害とはならないことからも自明のことであろう．以上をふまえた上で，これまでの災害と人口に関する研究について俯瞰すると，大きく社会変動および指標研究が研究上重要な役割を果たしてきたといえる．

●災害と人口研究の系譜　社会変動に関する研究は，古典的には，災害のコミュニティに与える影響を比較的長期的な視点で研究するもので，人口変化の検討が大きな役割を果たしてきた．ベイツ（L. Bates）らは，災害は災害前のコミュニティの状態を加速させると指摘しており，具体的な事例として，米国のハリケーン・オードリーによって黒人コミュニティが消滅していく過程を考察している（Bates et al. 1963）．一方，広瀬も，北海道洞爺湖の温泉街の復興について，有珠山による火山災害がトリガーとなって，急激に人口減少が進みコミュニティが衰退していく状況を分析している（Hirose 1982）．特に，2005年のハリケーン・カトリーナ災害以降は，気候変動を含めて災害と人口変化について語られるようになり，2007年の世界人口白書では，沿岸都市部への急速な人口集中に対する警鐘が鳴らされた（UNFPA 2007）．例えば，バングラディシュでは，沿岸部の災害リスクの高い地域に，低所得者層が住居を求めて集中することにより，1991年のサイクロンの襲来によって約14万人の死者・行方不明者を出している．一方，指標研究では，リスク指標，社会的脆弱性指標，レジリエンス指標が中心課題となっている．指標研究の基本は，ワイズナーら（Wisner et al. 2004）の災害の増圧と減圧モデル（Pressure and Release（PAR）Model）が理論的な下敷きになっている．それはリスクを，R（リスク）＝H（ハザード）×V（脆弱性）で考え，ハザードと脆弱性の重なった部分ととらえる．人口に関するデータはこの脆弱性に組み込まれる．

　指標研究では，主に統計データが適用されるが，GIS（地理情報システム）などの技術の進歩とともにこれらの結果が地図上に落とし込まれ地域ごとのリスク，社会的脆弱性，レジリエンスが可視化されてきた．これらの指標研究の発展に大きな役割を果たしたのは，サウスカロライナ大学のカッターら（Cutter et al. 2003）に代表される社会的脆弱性研究であり，どの地域が脆弱性が高いかなど具

体的に明らかになるため実用的な研究として現在も多くの防災・災害研究者が取り組んでいる．世界レベル，国レベル，自治体レベル，コミュニティレベルがあるが，特に世界レベルでは，国連大学等の世界リスク指標（UNU-EHS & BEH 2017）など各国の災害リスクを比較した研究が行われている．ただ，国や地域により，災害や各種統計データの整備状況に大きな格差があることが課題で，東北大学における災害統計グローバルセンターの設立など国際的な努力と同時に，ロックフェラー財団によるシティレジリエンス指標など，ウェブサイトを利用することによって，世界の都市が独自に地域のレジリエンスを自己評価できる枠組みを提供する先進的な取組みもなされている（Rock Rockefeller Foundation 2016）．

●**災害に関する人口研究の重要性**　ベルギーにある災害研究の中核機関であるルーバン・カトリック大学災害疫学研究所（CRED）は，人口変化や経済開発の観点からの災害研究が，気候変動の影響による研究より必要であると指摘している（CRED 2015）．現実問題として，前述した将来の気候変動による災害については，多くの研究が主に自然科学者などにより実施されているが，ある程度，予測可能な人口変化による将来への影響に関する研究は，十分なされていない現状にあり，重要な研究課題となっている．

●**アジア地域および日本の災害リスクと人口学**　アジア防災センター（ADRC）によれば，1986年から2015年におけるアフリカ，アメリカ，アジア，ヨーロッパ・オセアニアに分類した世界全体の地域別自然災害のうち，アジアの占める割合は，死者数で61%，影響人口89%，経済損失48%に及ぶ（ADRC 2015）．一災害に対する死者および影響人口も最も高い．これはアジア地域が，ハザードの発生しやすい自然・地理的条件に，中国やインドをはじめとする大規模な人口と同時に多くの低所得層を擁する社会・経済的な条件が重なっていることによる．また，将来の災害リスクについても，アジアは，少子・高齢化が著しく進んでいる国を多く抱えている地域でもある（大泉 2007）．以上からも，アジアにおける自然災害に対する脆弱性は今後ますます高まるといっても過言ではない．特に日本では，予測が困難な地震をはじめ，ハザードの側面と，急速に進む少子・高齢化など脆弱性の側面，両面からのリスクが今後さらに増加する傾向にある（内閣府編 防災白書 2016）．それらのリスクへの対応として，ハザードすなわち自然現象からのアプローチは多くなされているが，脆弱性という意味での少子・高齢化などによる災害リスクへの影響に関する研究は，現状では十分なされているとはいえない．以上から災害研究に対する人口学による貢献は，今後の災害対策を考える上でもますます重要性が増してくると考えられる．　　　［中須　正］

📖 さらに詳しく知るための文献

内閣府編．2016．『平成28年度版　防災白書』．
国際連合人口基金編．2007．『世界人口白書　拡大する都市の可能性を引き出す』．

歴史上のカタストロフと人口危機
catastophe and population crisis in history

☞「世界の人口 2000 年史」p.8
「スペイン風邪と人口減少」
p.20「ペストと人口減少」
p.22「類人猿とヒトの増加」
p.28「災害と人口」p.32

　カタストロフ，つまり人口を大きく減少させるような地震などの災害・天変地異，飢饉，戦争や大規模な感染症の蔓延は，歴史上少なからず起こっている．通常，カタストロフは大量の死亡というかたちをとるが，社会不安による出生率の低下，また大規模な移動を伴うこともある．天変地異といえばもっぱら自然現象であるが，カタストロフの中には戦争や虐殺など人為的なものも含まれる．

●**古代のカタストロフ**　長い人類の歴史の中で，繁栄していた人口集団が忽然と姿を消すことは少なからずあった．例えばインダス文明最大の都市とされ，現在のパキスタン南部に位置するモヘンジョダロは，最盛期である紀元前2400～2200年には人口4万人の規模となっていたが（Modelski 2003），紀元前1800年頃におそらく洪水による被害を受けて衰退した．また現在のトルコにあたる地域に紀元前18世紀から王国を築いたヒッタイトは，最盛期にはその首都ハットゥシャに6万人程度の人口が居住していたとされているが，紀元前1177年に「海の民」の侵入，内紛，地震や気候の変動による飢饉により滅亡したとされる（Cline 2014）．その他，都市が廃墟となるような例は少なからず見受けられるが，洪水や地震，他民族の侵入といった突発的な事象と並行して，環境や経済基盤の悪化という長期的な要因の双方が理由としてあげられることが多い（ダイアモンド2012）．また，都市や王国が消滅したといっても，その人口すべてが死亡した，という証拠はなく，残された人々は他の地に移動していったということも考えられる．

●**中世のカタストロフ**　よりデータの残る中世においても，カタストロフによる大規模な人口減少事象は少なからず存在する．14世紀の大規模なペスト（黒死病）の流行はその一つであるが，スペイン人の侵略による南北アメリカの人口減少も著しいものであった．1492年にコロンブス（C. Colombus）がアメリカに到達して以来，南北アメリカ大陸の先住民人口は1500年の4200万人から1700年の1200万人へ（Biraben 1979），あるいは1億人からその4～5％へ（Dobyns 1966）とさまざまな推計があるが，大きく減少したことは間違いない．アステカ王国を侵略したコルテス，インカ帝国を侵略したピサロをはじめとした征服者（コンキスタドール）による中南米住民の虐殺・虐待といった直接的な要因以外に，現地女性の拉致・社会的混乱による先住民の出生率低下は，子ども人口の割合低下という事象から確認される（リヴィーバッチ2014）．さらに最も篤大な人口減少を引き起こしたのは，新大陸に存在していなかった天然痘，チフス，インフルエンザ，ジフテリア，麻疹といった感染症がスペイン人によりもたらされたことであり，その死亡数は多大で，人口は絶滅に近い状態となった（Mann 2006）．

また別の大規模な人口減少としては，モアイ像で有名な太平洋に浮かぶイースター島の事例もある．この島では，人口増加，食糧不足と環境破壊によりコミュニティーが消滅したとされている（ダイアモンド 2012）．

●**近現代のカタストロフ**　近現代においても，カタストロフによる大量死亡は枚挙にいとまがない．第一次世界大戦の死者は軍人・一般市民合わせて1800万人に上ったが，第一次世界大戦を終わらせたともいわれる1918年に蔓延したスペイン風邪による死亡者数は5000万人と，戦争による死亡よりもはるかに多い犠牲者を出した．さらに第二次世界大戦の戦死者は7000万～8500万人と推計され，これは1939年の世界人口の3.0～3.7％にあたる（Wikipedia 2017）．この中には，ナチス・ドイツによるホロコーストの被害者1700万人（うちユダヤ人600万人，ポーランド人，ウクライナ人，ソビエト戦争捕虜がそれぞれ300万人），広島・長崎への原爆投下による21万人の死者も含まれている．戦争，感染症のみならず，20世紀には大規模な飢饉も起こった．その中で被害が一番重篤であったのは，1960年前後「大躍進」政策を実施していた中国においてであり，飢饉による死亡者数は1700万人から4500万人と推計されている（林 2016）．この飢饉は干ばつなどの自然災害の影響もあったが，それよりも政策・制度に起因するところが大きく，同様に1932～1933年のソビエト連邦，特にウクライナを中心に起こった飢饉は240万～400万人の命を奪った．いずれも共産主義革命により建国してから10年後くらいに大飢饉が発生している．

●**将来のカタストロフ**　20世紀の大規模な飢饉は，総人口自体が大きいために死亡者数が大きく，また近代より前は飢饉が起こることが常態化していたためカタストロフとしてとらえられていないという面もあるが，2017年に国連がイエメン，ソマリア，ナイジェリア，南スーダンにおける飢饉の脅威をアピールしたように，今後アフリカで続く人口増加に応じて飢饉の危機は収まるどころか拡大しているといってもよい．1980年に天然痘根絶宣言が発され，人類が感染症に打ち勝ったと思われた後に，エイズは3500万人の命を奪った（UNAIDS 2017）．国際的な人の移動が拡大する中，SARS，新型インフルエンザなど，パンデミック（致死率の高い感染症の大規模な蔓延）の脅威は常にそこにある状態である．歴史上のカタストロフを乗り越え70億人まで人類は増殖したが，遺伝的多様性が低いことも考えれば，今後のカタストロフをいかに予防し対処するかはまさに地球規模課題であるといえよう．　　　　　　　　　　　　　　　　　　［林　玲子］

📖 さらに詳しく知るための文献

リヴィ―バッチ，M.，速水 融・斎藤 修訳，2014．『人口の世界史』東洋経済新報社．
ダイアモンド，J.，楡井浩一訳，2012．『文明崩壊―滅亡と存続の命運を分けるもの』草思社文庫．

リプロダクティブ・ヘルス／ライツと人口増加
reproductive health / rights and population increase

☞「発展途上地域の出生率低下」p.138「性行動と避妊」p.142

　リプロダクティブ・ヘルス（reproductive health）は「性と生殖に関する健康」と訳されることが多い．「女性の（およびカップルの）生涯にわたる健康，特に次世代を生み育てることに関わる健康」を指す．社会学的な概念であり，生殖が意味するような「生物学」的な意味合いはない．この概念が国際的な文書に表されたのは，1994年国際人口開発会議（International Conference on Population and Development：ICPD）の最終成果文書「行動計画」である（国連人口基金 1995–2018）．「行動計画」第7章で，定義されている内容は女性（およびカップル）の生涯にわたる健康，特に次世代を産み育てることに関連する健康である．具体的には，子どもの生存，母子保健，思春期保健，家族計画，人工妊娠中絶，不妊への取り組み，HIV/AIDS を含む性感染症，更年期障害，女性の健康に害のある風習（女性性器切除 [female genital mutilation：FGM]，産科ろう孔（fistula）など）である．このため，女性やカップルが，いつ，どこで，誰と，何人の子どもを出産するのかなどを決める権利と密接な関係がある．この権利は，リプロダクティブ・ライツ（性と生殖に関する権利）と呼ばれる．具体的指標としては，結婚・離婚・相続・財産所有に関する権利，法的結婚年齢，家族計画実行率，出産休暇，女性の就学率，乳児死亡率，妊産婦死亡率，合計特殊出生率（TFR），訓練を受けた出産介助人が立ち会った出産率，15〜19歳の出生率（若年出産），労働力に占める女性の割合などがあり，幅広く，女性やカップルが自己決定するために必要な社会的・法的・保健医療的・教育的な指標を含む．21世紀になる頃からはセクシャルがついて，セクシャル・リプロダクティブ・ヘルス／ライツ（sexual and reproductive health/rights）と呼ばれることが多い．日本語訳ではすでに性的な意味が含まれているが，セクシャルがついたのは性的志向の選択自由や性的マイノリティの権利などを含むより広い範囲をカバーする「性」に関する意味が付加された．

　リプロダクティブ・ヘルスが1994年に提唱されたICPDの会議では，人工妊娠中絶について，宗教的・政治的な対立があった．これは生命尊重派（プロライフ）と選択尊重派（プロチョイス）の対立である．プロライフはキリスト教（特にカトリック）の教義に基づいて，人の命とは受胎と同時に始まるものなので中絶は命を絶つことにつながるという考え方であり，一方，プロチョイスは，例えば強姦の結果，女性が望まない妊娠をした場合など，女性の意思で中絶は可能であるという立場である．リプロダクティブ・ヘルスは安全な中絶を含んでいるが，これは中絶が合法的な国において可能となる．また，思春期保健を推進する上で

は「寝た子を起こすべきではない」という反対がある．これは不要に性に関する興味を若い人たちにもたせかねないという指摘である．しかし，正確に情報を得て若い人たちが人生設計を可能とする点からは，包括的な性教育を実施する必要性が高いことも事実である．

●人口とリプロダクティブ・ヘルス　人口学的には，この概念に二つの評価がある．まず，人口を数としてみる人口学のマクロ的な観点からは，人口動態，人口推計などの人口学的な分析にはそぐわないという批判である．もう一つは，一人ひとりが希望する子どもを産み育てることにより，人口増加を急増から安定に導くことが可能となるという評価である．留意すべき点は，家族計画は，1960年代にいわれたような人口急増を抑制するための手段ではなく，希望するときに希望する子どもを出産する人生設計の手段という再確認である．

　生活の質が向上し，乳児死亡率などが下がり，健康維持のための医療アクセスが保障され，自己決定ができる社会になれば，人口安定（開発と人口のバランスがとれる）につながる．社会全体が豊かになれば多くの子どもを産んで老後に備える必要はなくなり，乳児死亡が少なくなれば希望する子ども数より多く子どもを産む必要もない．医療（特に家族計画サービス）へのユニバーサルアクセスが確保されれば女性やカップルは，出産間隔をあけて人生を自分らしく設計することができる．この流れは，ミレニアム開発目標（Millennium Development Goals：MDGs）に明示され，2015年に国連で採択された持続可能な開発目標（Sustainable Development Goals：SDGs）の目標3（保健医療）と目標5（ジェンダー平等）に引き継がれている．持続可能な開発目標は開発途上国のみならず，先進国にも適用する点が新しい．

●現代の課題　このようにリプロダクティブ・ヘルス／ライツはまだ新しい概念であり，今後もさまざまな内容を含み変容していく可能性がある．男女産み分けが起きている中国，インドやベトナムなどでは人口ピラミッドがいびつになり，男女のバランスを欠くという課題が起きている．男児が多いままで成人期を迎えると結婚できない男性が増えるだけでなく，バランスを欠く人口構成は社会不安の原因ともなり得る．また，先進国を中心に高度な生殖医療技術が不妊治療に応用されている．代理出産や第三者の精子・卵子を用いた出産，それに伴う子どもが親を知る権利などの諸問題に，社会として議論し判断し対応していく必要がある．また，性の選択の自由，性的マイノリティ（LGBT）の権利なども大きなテーマである．

　リプロダクティブ・ヘルス／ライツは，一人ひとりのライフサイクルからみた生涯の健康促進であると同時に，政治的・宗教的・科学技術的な議論となる考え方を含み，貧困削減と開発さらには女性のエンパワーメントの領域にも関与する現代的な概念でもある．

[池上清子]

食料資源と人口
food resources and population

☞「人類史としての人口史」p.6「類人猿とヒトの増加」p.28「人口爆発と資源危機は現実か」p.40

　食料資源と人口の関係は農耕開始前の時期，すなわち人類が自然生態系の一員として他の生物種との捕食-被食関係の中で生存していた時期と，農耕が始まってからの時期に分けて整理することができる．農耕開始前の時期，人類は野生の動物や植物を食料とする狩猟採集民としてアフリカ大陸から地球上に拡散し，それぞれの地域での生存を模索した．農耕が始まると人類は他の生物を管理し，生態系を自分たちの都合のよいように改変した．そしてその傾向は，産業革命によってそれまでとは比較できないほどに本格化した．

●**自然生態系の一員としての人類**　人類がアフリカ大陸を出て，地球上のさまざまな場所に移動するプロセスで困難だったことは，自分たちの生存を可能にする十分な量の食料を確保することだったであろう．環境が異なれば，そこに生きる動物や植物の種類も異なる．自分たちが進化したのとは異なる環境で食料となる動物と植物を見分け，それを集めることは簡単ではなかったはずである．

　十分な食料を確保できなかった人類のグループはどうなったのだろうか．人類に限らず，生物の生存には生命を維持するために必要なエネルギー（基礎代謝量）に加えて，狩猟や採集など日常的な活動のためのエネルギーが必要である．生存に必要なエネルギー量よりも食料から摂取するエネルギーが少ない状態がいわゆる飢餓である．生物は飢餓状態になると，体内に貯蔵されていた脂質やタンパク質をエネルギー源として使うようになる．その結果，筋肉の減少などにより身体活動能力は低下し，出産・育児などの再生産活動に費やすことのできるエネルギーが不足することで出生力が低下する．そのような状況が継続すれば生命の維持が困難になり，死亡率が上昇し，人口は減少する．

　一方，エネルギーが十分に確保できる環境であっても，いわゆる必須栄養素を十分に確保することができなければ，私たちは生きていくことができない．人類史の中では生存のために必要なエネルギーと栄養素を含む食料を十分確保することができず，絶滅した集団は珍しくなかったであろう．

　以上のことをふまえれば，現在の地球に生きる私たちは，地球上のさまざまな環境に適応することのできた人類集団の子孫であることがわかる．幸運にも食料資源が豊富な環境に移住し，そこで十分な量の食料を確保できた人類の集団は，その人口を増加させただろう．例えば，およそ1万4000年前に南アメリカ大陸に到達した人類の人口は，同時期のユーラシア大陸の人類の10倍の率で増加したと推定されている（Goldberg et al. 2016）．

　人口の増加によってその食料需要が増加すると，人類の存在が食料となる動物

と植物の生存に影響を与えるようになる．再生産が終わる前の動植物を人類が食料として利用すると，その動植物の再生産が阻害されて，動植物の個体数は減少する．食料が不足すると，人間の死亡率が上昇し出生率が減少することによって人口が抑制される．このような人口調整のメカニズムは，被食－捕食関係にある生物の種間に一般的に成立するものである．それぞれの環境において生存する人口は時間とともに一定の数に収束していくと期待され，その人口を環境の人口支持力という．上記の南アメリカ大陸の例では，当初，急速に増加した人口は5000年ほどで人口支持力に達したと考えられ，それから新たな技術革新が起こるまでの4000年ほどの間，人口の増えない時期が続いたと推定されている．

●**農耕の始まり，産業革命と人口増加**　およそ1万年前に始まった農耕・牧畜によって，人間による生態系の人為的な改変は本格化した．農耕・牧畜とは，人間にとって都合のよい植物種および動物種を人間の管理下で育て，人間が優先的に確保することができるようにするシステムである．植物の植え付けから収穫まで，動物の妊娠から出産・成長までの再生産プロセスを人為的に管理することで，安定した食料の確保が可能となった．農耕の対象とならなかった植物は，もともとの生息ニッチを耕作地や牧草地として奪われ，耕作地に生えたとしても除去されることで，相対的に個体数を減少させた．家畜を補食する動物あるいは家畜と餌をめぐる競合関係にある動物も，人間による駆除の対象となった．農耕開始前と開始後を比較すると，推定される人口増加率は農耕の開始後の方が高い．農耕により安定的な食料の確保が可能になり，それが人口増加につながったのは間違いないだろう．一方で，農耕が始まる以前から人口はある程度は増加しており，人口増加に対応する必要に迫られて農耕が始まったとするとらえ方もある（Boserup 1965）．

　産業革命によって，化学肥料の生産，耕作機械の導入，水利システムの整備などが進むと，農耕はそれまでとは比較にならないインパクトを生態系に与えるようになった．生態系の再生産能力を超えた食料の生産と十分なエネルギーと栄養素の摂取が可能になったことで人口は爆発的に増加した．人口規模は地球レベルの「環境問題」を引き起こすほどになり，それは地球レベルの人口支持力に近づいたとする見方もある．しかしかつての予想に反して，先進国をはじめとする世界各国で人口は減少トレンドに転じており，おそらく地球レベルでみてもそう遠くない将来，人口は減少を始めるだろう．人口の増減は食料資源に影響されるものではなく，産業革命によって生まれた技術，経済，医療などの体系を人類がどのように使うかということに影響されるものとなったのである．　　　　［梅﨑昌裕］

　　さらに詳しく知るための文献
Cohen, J. E., 1995, *How Many People Can the Earth Support?*, W. W. Norton.（重定南奈子ほか訳，1998，『新「人口論」―生態学的アプローチ』農山漁村文化協会．）

人口爆発と資源危機は現実か
population explosion and resource crisis: is it real?

☞「人類史としての人口史」p.6「日本の人口史」p.12「食料資源と人口」p.38「人口と開発」p.390「環境人口学・生態人口学」p.392

地球の人口増加の歴史をたどると，急速な増加と相対的な停滞を繰り返してきたことに気づく．現在から何年前かという年数と世界人口を両対数でプロットすると，提唱者の名前からディーヴィー（E. S. Deevey Jr.）の階段と呼ばれている変化がわかる（図1）．20万年前から5000年前までの最初の停滞期が定住と農耕牧畜の開始によって打ち破られ，1500年ほど前から300年前までの次の停滞期が化石燃料の使用や科学・技術の進歩とともに起こった産業革命によって打ち破られたことは広く知られている．産業革命以来の急増期はすでに終わり，現在は停滞期にある．

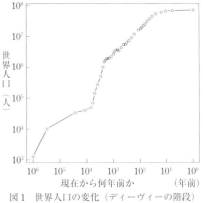

図1　世界人口の変化（ディーヴィーの階段）
［コーエン（1998）のデータより］

●人口の環境負荷　しかしマルサス（T. R. Malthus）の著書『人口論』で人口が幾何級数的に増加するのに対して使える資源は算術級数的にしか増えないため，人口増加が続けば資源の危機が訪れると指摘されて以来，世界人口が増加を続ける限り，石油や水などさまざまな資源が枯渇することは，さまざまな形で予測されてきた．特にアーリック（P. R. Ehrlich）が著書『人口が爆発する』で予測したI＝PATという式が成立するならば，人口（P），豊かさ（A），技術（T）の発展は相乗的に環境にインパクト（I）を与えることになるので（Ehrlich & Ehrlich 1990），資源危機が国際社会の大きな懸念事項となった．化石燃料など地下資源の使用による温室効果ガスの排出増加によって地球温暖化が進むという問題もあって，再生可能エネルギーへのシフトが課題となった．

●エコロジカル・フットプリント　地球がどれくらいの人口を支えられるかについて，エコロジカル・フットプリントを使った予測は，もし経済活動のあり方を変えないなら2030年には地球が2個分必要になると指摘している．多くの環境収容力の推計からのメタアナリシスによれば，世界中の人々が現在の米国の生活水準を享受しようとすると，地球が支えられる人口の推定値は77億人，その95％信頼区間の下限は6億5000万人にすぎず（Jeroen & Rietveld 2004），すでに世界人口はそのレベルを大きく超えている．1992年の地球サミット以降に国連諸機関が発表してきた，さまざまな人口環境得点表によれば，耕作可能地，淡水，

水産資源，湿地帯，サンゴ礁，森林，生物多様性のすべてが劣化を続けている．
●ボゼラップ説とロンボルグ論争　一方，ボゼラップ（E. Boserup）は，人口増加と技術変化が連鎖反応を起こし，それが人口移動をもたらし，地球規模の人口増加の継続を可能にしたと唱えた．（Boserup 1981）近年では，デンマークの統計学者ロンボルグ（B. Lomborg）が発表し，2001 年に英語版が出版され，日本語訳も 2003 年に発行されて大きな論争となった著書『環境危機をあおってはいけない—地球環境のホントの実態』に書かれているように（ロンボルグ 2003），技術開発によってそれまで使えなかった資源が使えるようになる速さは衰えないようにみえるし，人口増加はすでに停滞期に入っていることから，資源危機の問題は誇張されすぎているとする議論も増えてきたように思われる．ロンボルグの著書に対しては Scienific American が特集を組んで多方面から強い批判を寄せた中で，ボンガーツ（J.Bongaarts）が人口増加を軽視しすぎているという意見を展開しているし（ロンボルグも再反論しているが，水が不足するという指摘には答えていない），研究者の多くは資源危機の問題を無視できないと考えている．また，人口増加が停滞期のままなのか，あるいは減少フェーズに入るのか，それとも次の階段があって急増期に入るのかは不明であり，実際に到来するシナリオ次第で予測は大きく変わりうる（Lee 2011）．
●水資源の危機　乾燥地帯では降水によって帯水層に水が再充塡される速度よりも農業や工業のために水がくみ上げられて使用される方が速いため，20〜30 年で水が涸渇すると予想されている．すでに 11％の国が，1 人あたり利用可能な水が年間 1000 トン未満の水不足の状態であり，2050 年までに多ければさらに 31 億人が水不足になるという予測もある（Gosling & Arnell 2016）．
●国連の持続可能な開発目標が格差縮小を実現した場合の帰結　それに加えて，世界には大きな生活水準の格差があり，ボンガーツによるロンボルグへの批判の中でも指摘されているように，生活水準の低い地域で人口増加率が高いという現状がある．国連の持続可能な開発目標の中では格差を減らすことが提唱されているので，人口増加率の高い地域で生活水準を引き揚げることが必要になる．もしそれが実現すれば，より多くの人口がより多くの資源を消費するライフスタイルに移行することになり，その相乗作用で資源危機に陥る可能性は低くないと考えられる．　　　　　　　　　　　　　　　　　　　　　　　　　　　　［中澤　港］

　□　さらに詳しく知るための文献
コーエン，J. E., 重定南奈子ほか訳．1998．『新「人口論」—生態学的アプローチ』農山漁村文化協会．
大塚柳太郎．2015．『ヒトはこうして増えてきた—20 万年の人口変遷史』新潮選書．
Rodell, M. et al., 2018, "Emerging trends in global freshwater availability", *Nature*, 557 (7707) : 651-659.

宗教と人口成長
religion and population growth

☞「リプロダクティブ・ヘルス／ライツと人口増加」p.36「宗教人口学」p.402「属性別人口の推計：人種と言語・宗教」p.662

「産めよ，増えよ，地に満ちよ」は旧約聖書の一節（創世記9章1節）であり，イスラム教（イスラーム）は一夫多妻を容認しているなど，世界宗教であるキリスト教，イスラム教には多産的なイメージがある．実際，2015年に米国のシンクタンクであるPew Research Centerが発表した世界の宗教別人口推計によれば，2010年に22億人のキリスト教人口は2050年には29億人に増加，同じ期間にイスラム教人口は16億人から28億人に増加するという．世界人口自体も増加するので，その割合をみると，キリスト教人口は2010年，2050年いずれも世界人口の31.4%で不変であるが，イスラム教人口の割合は2010年の23.2%から29.7%に増大する．一方，無宗教，ヒンドゥー教，民間宗教の人口数は同じ期間に増大するが割合は減少，仏教にいたっては人口も割合も減少する．割合の減少幅が一番大きいのは無宗教であり，次いで仏教である（図1）．このような宗教別に異なる人口動向は，出生，健康・死亡，人口移動，改宗によりもたらされる．

●**宗教別の出生力** 世界全域についての宗教別出生率を2010〜2015年における合計出生率でみると，イスラム教徒が3.1で一番高く，次いでキリスト教徒2.7，ヒンドゥー教徒2.4，ユダヤ教徒2.3，民間宗教1.8，無宗教1.7，そして仏教徒が1.6と一番低い．つまり，出生率が一番高いイスラム教徒と一番低い仏教徒の差は1.5にも及ぶ．キリスト教徒の高い出生力は，前述したような聖書の出産奨励的な価値観があることに付け加え，避妊，中絶（人工妊娠中絶）に対して一定の規範を設けていることが影響しているのだろう．特にキリスト教徒の半分程度を占めるカトリックでは避妊，中絶を禁じて

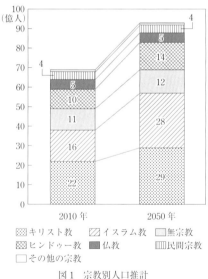

図1 宗教別人口推計
[Pew Research Center (2015)]

おり，人の命は受胎から始まるため，中絶はすなわち殺人とみなされ，HIV/AIDSの予防のためにコンドームを使うことも認めず，一番重要なのは「禁欲」であるとしている．実際にはより緩やかな方策がとられているとはいえ，例えば

アジアにおいてフィリピンの合計出生率が2010〜2015年で3.04と飛び抜けて高いのも，カトリック教の強い影響によるものであると考えられる．イスラム教においては，生命の始まりは受胎後120日とされ，母体に死の危険がある場合以外は中絶は容認される．避妊については「性交中止」はコーランで認められているなどキリスト教カトリックと比べれば明示的な避妊の制限はないともいえるが，それよりも初婚年齢制限がないこと，一夫多妻を許容するといった，結婚の奨励により出生力が高まることが考えられる．しかしそれらはイスラム教によるものというよりはイスラム教が広がる地域の文化的背景が影響している．

●宗教と健康・死亡　世界の国別に宗教が非常に重要だと考える人の割合と平均寿命の関係をみると，宗教心が強い国の方が寿命が短い傾向があるが，これは宗教が寿命を短くするわけではなく，社会全体の文化的コンテクストによるものであろう．一方，宗教による慣習，例えば男性割礼はエイズの罹患率を大幅に低下させる，逆に女性性器切除は多大な健康被害をもたらすなど，一定の健康に対する影響も認められる．また予防接種に対する宗教的な反発が，ポリオなどの蔓延・再燃をもたらすこともある．自殺を禁じる宗教規範が死亡率を低下させる効果もあるだろう．しかし，人口数の差をもたらすほどの宗教別の死亡率の違いを見出すことは難しい．

●移民による宗教別人口の変化　国際人口移動，つまり移民により宗教別人口割合が変化することが，特に移民の多い欧米，湾岸アラブ諸国で顕著である．例えば欧州では，今後移民の受け入れが続くと，移民がないと仮定した場合と比べ2010年から2050年にかけてイスラム教徒割合が1.8％増え，キリスト教徒割合が1.5％減ると推計されている．割合としてはわずかであるが，宗教が違う移民が増えることに対して，社会的な反発も大きく，移民による宗教人口の変化は過大に取り扱われる傾向がある．

●布教と改宗　改宗によっても宗教別の人口は変動する．キリスト教において，あらゆる国の人々を弟子とすることは神の命令とされ，イスラム教においては非イスラム教徒にイスラム教を呼びかけること（ダアワ）が義務となっている．これらの布教に熱心な宗教は，その人口も今後大きく増加すると推計されている．改宗に関する調査データに基づき推計した結果によれば，改宗による宗教別人口数の変化はイスラム教徒では2010年から2050年までの間に322万人増加するが，キリスト教徒は6605万人減少するとされる．減少する大部分はキリスト教徒として育ったが，その後無宗教となる人が多いことによる．　　　　　［林　玲子］

📖 さらに詳しく知るための文献

早瀬保子・小島 宏編著，2013，『世界の宗教と人口』原書房．
Pew Research Center, 2015, *The Future of World Religions：Population Growth Projections, 2010-2050*.

経済成長には人口増加が必須か

Is population growth essential for economic growth?

☞「世界の人口2000年史」p.8「人口減少と財政問題」p.344「人口経済学」p.368

　人口減少高齢社会では，経済成長ではなく，1人あたり国民所得の増大が肝要となる．GDP（国内総生産）は，労働者数と労働生産性の積で表すことができるから

　　経済成長率＝(1＋労働者数の増加率)×(1＋労働生産性の上昇率)－1
　　　　　　　≒労働者数の増加率＋労働生産性の上昇率

であり，例えばその年の労働者数の増加率が－1％，労働生産性の上昇率が2％であれば，経済成長率は概ね1％である．つまり，人口減少高齢化のもとでの経済成長の可能性およびその成長率については，労働者数の減少幅と労働生産性の上昇幅の綱引きということになる．

●**労働生産性と生産年齢人口**　労働生産性の上昇は，生産の効率化や新製品の開発などの技術進歩によってもたらされるものであるが，技術開発のグローバル化によって，近年では先進各国の生産性上昇率はほぼ同水準に収斂している．一方，国際連合および国立社会保障・人口問題研究所の人口推計によれば，日本は生産年齢人口が減少する数少ない国であるだけでなく，その減少率も際立って大きい．そして，労働力率（労働力人口が15歳以上の総人口に占める割合）が徐々に上限に近づきつつあることから，労働者数の増加率は，中長期的には，生産年齢人口の増減率に近接する．これらから，日本の経済成長率が先進国の中で最も低くなること，そして一般的に，新興国・途上国の経済成長率は先進国より高いのだから，世界の中でも最も低くなることはほぼ確実な予測であるといえる．

　その場合の具体的な成長率については，予測期間が超長期にわたることから，経済構造の変化，世界的な技術進歩の速度など不確定要素が多く，一義的な予測は困難である．しかし，近年の先進各国の生産性上昇率は0.9％程度である（OECD Annual National accounts）ことから，日本の人口動向や経済構造が今後さほど変化しないとすれば，生産年齢人口の減少率が0.9％を超えて拡大を続ける2020年以降は，恒常的なマイナス成長となる可能性が高いものと考えなければならない．

●**経済成長率**　今後の経済政策や企業行動などによる成長率向上の可能性，およびその適否に関しては，以下の観点からの客観的かつ厳密な考察が必要とされる．

　(1) 上記の数式は，「労働者を増加させ，あるいは生産工程の一層の効率化(process innovation)によって労働生産性を向上させれば，経済成長率は向上する」ことを必ずしも意味しない．労働者の増加や生産工程の機械化は確実に生産

能力を高めはする．しかしそれがGDPの増加に結びつくには，その製品が市場で売れなければならない．そして現在の日本経済にあっては，国際競争力の急激な低下が進行中なのであるから，外国人・女性・高齢者の就労促進といった労働者の増加策やprocess innovationのための設備投資促進政策によって成長率が向上する可能性は低いと考えられる．

（2）国際競争力低下の直接の要因は途上国・新興国のキャッチアップ，すなわち1980年代以降，日本製品と同種・同等の製品を大幅な低価格で供給する国々が続々と市場に参入してきたことにあるが，より根本的な要因は日本経済自身の構造改革の遅れにある．

例えば，製造業ではコストの7割が人件費なのだから，そもそも途上国・新興国と同種の製品で国際競争力を維持することは難しい．日本経済は戦後，欧米先進国からの技術輸入で急速な成長を遂げたが，そのため日本製品は，今もそのほとんどが欧米先進国で開発された製品であり，その点は途上国・新興国の経済構造と変わるところはない．

日本経済にとっての焦眉の急は，技術輸入型の後進国経済から製品開発型の先進国経済への転換であるが，製品開発（product innovation）競争の世界では，その国のproduct innovationの水準とは，その国の地理的エリアにおける水準であって，それに携わる研究者・技術者や企業の国籍は問わない．すなわち世界中の優秀な研究者・技術者や企業を集めた経済が勝者となる．例えば，米国では研究者・技術者や企業の半数以上が外国人・外国企業である．今後の日本経済が目指すべき方向といえよう．

（3）人口高齢化の主因は長寿化であり，個々人の人生における高齢期間の割合の増加が，社会にあっては人口高齢化をもたらす．そして長寿化は個々人を貧しくさせる．寿命の伸びほどには就業可能期間は伸びないからである．すなわち高齢化に伴う財政や社会保険の収支の悪化を招く基本的要因は，長寿化によって個々人のいわば「人生の収支」が悪化するところにある．

したがって高齢社会にあって，人々の豊かさを増進し，財政や社会保険の収支を改善する有効な手段は，時間あたり生産性の向上とその結果としての時間あたり賃金水準の向上である．人々が豊かになり，財政や社会保障の負担能力が増せば，政策形成ははるかに自由度を増す．その観点からも，欧米先進国の70％程度（OECD Annual National accounts）という低い労働生産性とその結果としての低い賃金水準は，早急に改善される必要がある．目標とすべきは，労働者・労働時間の増加あるいはprocess innovationによるGDPの拡大ではなく，先進国経済への転換，すなわちproduct innovationの推進による1人あたり国民所得の増大を目標とするものでなければならない．　　　　　　　　　　　［松谷明彦］

2. 人口の性・年齢構造の変化

　人口を変化させる要因は出生・死亡・移動であるが，それらの要因に変動をもたらすと同時に，それらから影響を受けるのが性別・年齢別の人口，すなわち基本的人口構造である．出生性比が一定であることを発見したことは人口学の端緒の一つであるが，生まれる子どもの性を人為的に選ぶことも古来から，また現在も行われている．男女の死亡率に差があるために年を重ねるにつれ人口性比は変化し，さらに社会的な要因により男女で異なる地域間移動は人口性比を変化させる．年齢構造は出生率，死亡率のバランスで決定し，世界的にみても出生率・死亡率の低下は人口の高齢化をもたらしている．出生率が変動すると生まれる子どもの数，つまり出生コホート規模が変化し，さらに次の世代の人口規模にも影響する．各コホートを取り巻く社会環境の違いがそれぞれ特徴的な世代を形づくるが，その世代間のバランスと関係性は社会全体に影響を及ぼす．　　［林　玲子・原　俊彦］

第2章

性比の不均衡……………………………………50
出生性比と男児選好……………………………54
出生性比と女児選好……………………………56
遺伝学からみた性………………………………58
性比と結婚・出生………………………………60
性比と人口移動…………………………………62
人口高齢化………………………………………64
世代間移転と国民移転勘定……………………68
人口ボーナスと人口オーナス…………………70
ユースバルジ……………………………………72
ベビーブームとベビーバスト…………………74
丙午と性年齢構造………………………………76
人口と世代………………………………………78

性比の不均衡
imbalance of sex ratio

☞「遺伝学からみた性」p.58「性比と結婚・出生」p.60「性比と人口移動」p.62「寿命の性差」p.90「LGBT」p.192

性比は通常，女性100に対する男性の数で表される．性比が100であれば男女同数，それよりも高ければ男性が多く，低ければ女性が多いことになる．性比は出生性比，死亡率および移動率の男女差により変動する．性別は年齢とともに人口構造を決定する重要な要因である．

●出生性比の不均衡　ヒトの性別は23対の染色体のうちの一つである性染色体によって決定され，性染色体がXX型であれば女性，XY型であれば男性となる．卵子と精子が受精するときに性別は決定し，X型の卵子にX型の精子が受精すれば女性に，Y型の精子が受精すれば男性となる．生まれる子どもは男児または女児であるが，集団としてみると出生性比は105前後でほぼ一定である．この法則はグラント（J. Grant）によって指摘され，人の数（人口）の挙動の法則性を体系化した人口学の基礎的事実の一つとなった．その後ジュースミルヒ（J. P. Süssmilch）はこの出生性比の一定性を「神の秩序」と表現した．しかし20世紀に入り，この出生性比の均衡は神ではなく進化論的に合理的であるためだと説明されている（Fisher 1930）．つまり，生殖年齢に達する頃までに男子，女子が同じ数になれば子孫を残すために最適であるので，親はそのように資源を配分するよう行動し，出生性比が一定となるというメカニズムである．

日本の出生性比をみると，概ね105前後であった出生性比は1970年にかけて緩やかに上昇しその後また緩やかに低下の傾向を示し，近年では105近傍に落ち着いている（図1）．また1906年と1966年に大きな上昇がみられるのは，これら「丙午」の年に生まれた女性は夫を焼き尽くす，という「迷信」によるものである．

世界的にみると，東アジア，南アジアの出生性比がそれぞれ115，110と非常に高くなっている（図2）．両地域，特に中国，インドでは男児選好意識が強く，1970年代頃から超音波診断（エコー）が広く用いられるよ

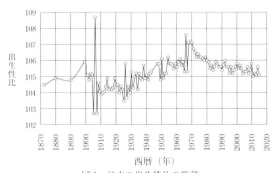

図1　日本の出生性比の推移
[国立社会保障・人口問題研究所「人口統計資料集」，厚生労働省「人口動態統計」より作成]

うになり，胎児の性別を判別し，女児を中絶することによってこのような高い出生性比となった（Guilmoto 2009）．東アジア，南アジア地域の人口は世界人口の半分近くを占めるため，その影響を受けて世界全体の出生性比も107と高くなっている．

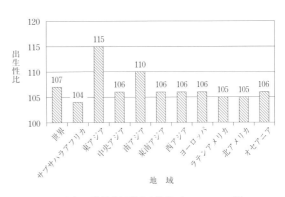

図2　世界地域別出生性比（2010～2015年）
［UN（2015a）］

●死亡率と人口性比　ヒトでは男性の死亡率の方が女性よりも高い．遺伝学的に男性は性染色体がXY型，女性はXX型であり，女性はどちらかのX染色体に異常があっても，もう片方のX染色体によりカバーされるが，男性の場合はXもしくはY染色体に異常がある場合カバーするものがなく，病気が発現しやすいという．生物学的には，エストロゲンなどの女性ホルモンはコレステロールを減らし心臓疾患を予防するが，テストステロンなどの男性ホルモンは暴力的になることで死亡率を高めるとされる（Desjardins 2004）．これらの要因以外に，社会的な要因も作用していると考えられる．現在，世界のほとんどの国で，女性の平均寿命は男性を上まわり，世界全体の平均寿命では女性が男性より4.5歳ほど長い．しかし，この傾向は，女性の寿命が男性よりも12.3年長いシリアから，逆に女性の寿命が男性よりも1.2歳短いスワジランドまで，地域別，国別に異なっている（UN 2015a）．つまり，男女の平均寿命の格差は人間という種に固有のものではなく，国別の社会要因が死亡率の男女差に影響を与えていることは明らかである．

　年齢別にみても死亡率は女性の方が低く，女性の方がより長生きするため，高齢になるに従って人口性比は低くなる（図3）．2015年の日本の場合，出生時に104.3であった人口性比は50歳で100.5となり，その後70歳から大きく低下しはじめ，80歳では72.9，100歳では17.2となる．つまり100歳では男性1人につき女性は5.8人いる，ということになる．このように人口高齢化は人口性比が低くなる要因である．日本の場合は，65歳以上の割合が1920年で

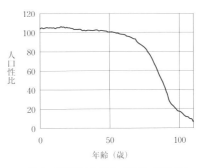

図3　年齢別人口性比（日本，2015年）
［総務省統計局国勢調査より作成］

5.3%，1975年で7.5%，2015年で26.7%と人口高齢化が進行するにつれて，総人口の性比は1920年の100.4から1975年の96.9，2015年では94.8と少しずつ低下している．一方，世界に目を転じれば，高齢人口割合が多い地域では人口性比も低い傾向があるものの，例えば高齢人口割合が低いアフリカよりもアジアの人口性比は高く，高齢人口割合が同様のアジアと中南米は，人口性比はかなり異なる水準である（図4）．アジアの高い人口性比は，前述したような高い出生性比が影響していると考えられる．一方，中南米の低い人口性比は，死亡率の男女差が他の地域に比べて大きいことも理由の一つであるが，国際人口移動による男性の流出の影響も考えられる．

●**移動と人口性比**　男女別に異なる移動率により人口性比が変化することも多い．移動性向は20～30歳代で高いため，この年齢層の人口性比は移動に大きく影響される．日本の場合は，東京特別区および政令指定都市の20～30歳代の人口性比は，1960～70年代に大きく上昇しその後逓減，2000年以降は100を下回っている．これを転入・転出に分解してみると，1960～

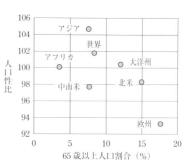

図4　世界地域別65歳以上割合と人口性比（2015年）
　　　　　　　　　　　　　　　　[UN（2015a）]

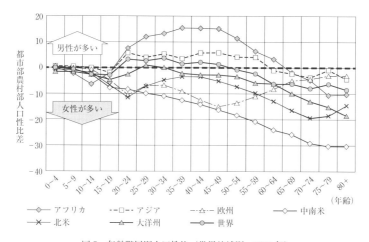

図5　年齢階層別人口性比（世界地域別　2015年）
注）都市部農村部人口性比差は，都市部人口性比から農村部人口性比を差し引いた値．この値が高ければ都市部に男性が多く，低ければ女性が多いということになる．　　　　[UN（2014a）]

70年代には都市に若い男性が集中したが，2000年以降は若い女性が都市に滞留していることによるものであることがわかる．（林 2015a）．世界的にみても，アジア，アフリカ地域は20歳代から50歳代の生産年齢層で都市部に男性が多いが，それ以外の欧州，中南米，北米，大洋州地域では都市部に女性が多い（図5）．経済水準の向上に伴い，都市部への人口集中が男性から女性にシフトする傾向が認められる．性比が100から乖離する，すなわち男性と女性の数が極端に違うと，男女が1対1で行う結婚が難しくなることが報告されており（原 2009），移動が出生にも影響を及ぼすことになる．

　国内人口移動と比べ，国際人口移動は移動者数が限られており，総人口の性比に与える影響は限定的ではあるが，移動者の性比をみると世界全体では107と男性の方が若干多くなっており，その分人口性比に影響を与えることになる．地域別にみると，移民の性比が一番高いのはアジアにおける移民の138であり，特に湾岸アラブ諸国を含む西アジア地域における移民の性比は181と非常に高い．次いで高いのがアフリカで移民性比は117である．一方，それ以外の欧州，中南米，北米，大洋州の性比は100未満であり，女性の移民の方が多い（UN 2015b）．日本における在留外国人の性比は90であり（2016年6月），欧州，北米のように「移民の女性化」状態になっているが，これは在留外国人の83%を占めるアジア出身者の低い性比（82）に起因している．アジアからの在留外国人は20歳代では男性が多く性比は114であるが，30歳以降の性比は66と女性が多い．特に40〜50歳代の性比は55と，女性が男性の倍程度と非常に多い．

●ジェンダー統計およびトランスジェンダー　男女共同参画，女性の活躍のために男女別の統計，つまりジェンダー統計を作成し，現状を正しく把握することが推奨されている．ジェンダー統計では出生数や地域別人口のみならず，就業者数，議員数，首長数などの性比が重要視されており，日本においてはそれぞれ134（2010年国勢調査における就業者数性比），958（2014［平成26］年12月14日執行衆議院議員総選挙における当選者性比），7346（2015年県知事・市・特別区・町村長数性比）などと非常に高い性比，つまり男性が女性に比べて多いことが問題視されている．

　一方，自分は男でも女でもない，トランスジェンダーであると認識する人を疎外しないために，また男女の固定的な役割を強化しないために，人間を男女に二分するべきではないという議論もある．インドの2011年センサスでは質問票の性別に，男，女，その他という三つの選択肢が用意された．　　　　［林　玲子］

□　さらに詳しく知るための文献
United Nations, Department of Economic and Social Affairs, 2015, *The World's Women 2015–Trends and Statistics*.
男女共同参画統計研究会，2015，『男女共同参画統計データブック 2015—日本の女性と男性』ぎょうせい．

出生性比と男児選好
sex ratio at birth and son preference

☞「性比の不均衡」p.50「出生性比と女児選好」p.56

　出生性比は，出生女児100人に対する出生男児の数として表記される．その値は，日本をはじめとする人口統計の整備された国・地域でかなり正確に算出されており，概ね102から109の間に収まっている．日本において，1899年から2009年までの出生性比の最大値は1906年の108.7であり，最小値は1905年および1907年の102.7である（厚生労働省2010：25）．世界29か国における1950年から1997年までの出生性比を比較した研究では（Parazzini 1998），最大値は1950年から1954年までのギリシアにおける108.3であり，最小値は1990年から1994年までのメキシコにおける102.0である．このように，出生性比は100に近い値を示すが，男児が若干多く生まれる傾向も普遍的であると考えられる．

　一方，出生前の性比については，統計資料に表れないことから人口学的な研究はほとんどなされていない．妊娠2か月において151，3か月において132という臨床データに基づいた古典的な研究がある一方（Kukharenko 1970），精子の性染色体含有率が101：100であることから一次性比（受精時性比）もほぼ100であると予測する実験的研究もある（Lobel 1993）．

●**出生時性比の生物学的研究**　出生時性比は，理論的には100になることが進化生物学において予想されている．近親交配がなく，男児および女児に対する親からの投資が同等の有性生物においては，出生時性比をどちらかに偏らせる遺伝子は淘汰されるというFisherの仮説（Fisher 1930）は，現在の進化生物学においても支持されている．近親交配が観察される一部の昆虫類で大きな性比の偏りがみられることや，子どもと親の間で資源に対する競争が起こる一部の鳥類や哺乳類において若干の性比の偏りがみられることは，逆にその仮説の正しさを示すと考えられている．人間においても，出生時性比を進化生物学的に考察する試みは人類学者や生物学者によってなされているが（Sieff 1990），遺伝子だけではなく文化・社会的要因によって「投資」などの意思決定や行動がなされることを考えると，その実証には困難が伴うことが予想される．

●**男児選好**　出生時性比，および死亡率の男性における高さは，信頼できる統計資料を比較する限りほぼ一定であると考えられる一方，ある地域，ある時期によっては出生時性比，および死亡率性差に顕著な偏りがみられることがある．その顕著な偏りについて，男児選好（son preference）をその主な要因の一つであるとする研究が，特に南アジアの事例に対して蓄積している．生まれてくる子どもあるいは養育する子どもについて男児を望むことを男児選好，女児を望むことを女児選好（daughter preference），両者を総称して性別選好（sex preference）と呼ぶ．

2. 人口の性・年齢構造の変化　しゅっしょうせいひと
　　　　　　　　　　　　　　　　　　　　　　　　　　だんじせんこう

　性別選好を問う項目を人口統計に関する調査票に含めることは，人口増加率を推定するために理想子ども数を知る必要があることに付随して，1970年代から1980年代にかけて各国で行われるようになり，日本でも「出産力調査」（現在は「出生動向基本調査」）において1982年から行われている．また，出生率とそれに関係する変数の分析を目的としたWFS（World Fertility Survey）において，既婚の女性に対して生まれてくる子どもに男児，女児どちらを望んでいるかを聞いた上でその比を算出し，性別選好の国際比較が試みられた（Creland et al. 1983）．
　南アジアにおいて，40歳代以下の世代で女性の死亡率が男性の死亡率より高く，集団全体の性比も110を超えることがしばしばあることが知られており，一方，人類学的および社会学的調査から，非定量的ではあるが上昇婚制度に伴う男児選好の存在が示唆されていた（Miller 1981）．国際比較を試みたWFSによって南アジアの男児選好の傾向が定量的に明らかになると同時に，その傾向が死亡率性差に及ぼす影響について，世帯内食物分配における差別，および男児，女児に対する親の治療行為の差別を分析した疫学的調査も行われた（Chen et al. 1981）．それ以後，南アジアにおいて，男児選好が性比を含む人口学的現象に与える影響についての実証的研究が進んでいる．一人っ子政策下の中国など，南アジアと同様に男児選好の傾向が顕著な地域においても，男児選好と死亡率性差の関連を追究する研究が行われている（Ren 1996）．しかし南アジアのデータに比べて，他の地域における疫学的データは限られたものであり，多様な分野の研究者の参入とデータの一層の充実が，南アジア以外の地域で求められている．
　一方の性の胎児に対する選択的人工中絶は，性別選好が関わっていると考えられる問題の一つである．1970年代以降広まった羊水穿刺および超音波診断による性別判定が選択的人工中絶を誘発するという問題提起は，性別判定が導入された国々で早くからなされていた．南アジアにおいて，男児選好による女児に対する選択的人工中絶を問題視する研究が蓄積しており，インドにおける出生前診断技術法の制定にも結びついているが，問題の解決には至っていないという報告もある（George 2006）．父系制血縁集団の紐帯を重視する，韓国，中国などにおいても，男児選好に関わる選択的人工中絶に対する問題提起が行われている（Cho et al. 1996）．ただし，選択的人工中絶が性比を含むマクロな人口統計にどの程度の影響を及ぼすかについて明らかになっていない部分が多く，産科医療における大規模な統計が人口統計と統合されることが期待される．　　　［小谷真吾］

📖 さらに詳しく知るための文献

小谷真吾, 2010,『姉というハビトゥス—女児死亡の人口人類学的民族誌』東京大学出版会.
Parazzini, F., 1998, "Trends in Male: Female Ratio among Newborn Infants in 29 Countries from Five Continents", *Human Reproduction*, 13 (5): 1394 - 1396.
Sieff, D. F., 1990, "Explaining Biased Sex Ratio in Human Populations", *Current Anthropology*, 31 (1): 25-48.

出生性比と女児選好
sex ratio at birth and daughter preference

☞「性比の不均衡」p.50「出生性比と男児選好」p.54「性比と結婚・出生」p.60

　出生性比（sex ratio at birth）は国によって差はあるものの，女児より男児の方が多く生まれており，先進国における出生性比は104から107程度，発展途上国においては103から108程度であるのが一般的である（Waldron 1998）．親が子どもの性別に対してもつ関心を性別選好といい，出生性比が一般的な範囲から逸脱する国においては，性別選好が間接的に出生性比に関与していることがある．特に男児選好は性別判断後の妊娠中絶を促すなど，出生性比に影響を及ぼすことが報告されている．図1は国連の *World Population Prospects* から，出生性比が一般的な範囲を超えている，下位国と上位国を示したものである．低い出生性比はアフリカ圏の一部で，高い出生性比は主に男児選好が根強く存在するアジア諸国などでみられる．

●女児選好はどのように研究されてきたか　性別選好の中でも，女児を欲することを女児選好という．男児選好に比べ女児選好が確認されている国や文化は少なく，認知度が低い．男児選好は偏った出生性比や乳児死亡性比をもたらすなど，人口指数に反映されることがあり，社会問題や人権問題として取り上げられているが，女児選好がそのような極端な影響を及ぼす事例は報告されておらず，研究対象としてあまり着目されていない．

　女児選好はマクロ指数に反映されにくいため，個人の女児選好意識や夫婦の出生行動を追究した研究が主流である．例えば，子どもの性別の組み合わせに対する理想を直接質問したり，夫婦の既存の子どもの性別構成別に追加出生意欲や追

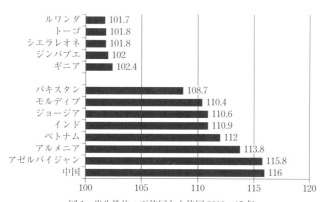

図1　出生性比：下位国と上位国 2010〜15年
[United Nations, 2015a, *World Population Prospects: The 2015 Revision* より作成]

加出生行動を分析するなどの方法で研究されている．その他，質的研究や人類学的アプローチによって特定の集団における女児選好を追究した研究が行われている．

●**世界における女児選好**　主に発展途上国を対象に，人口や健康について大規模な調査を実施している Demographic and Health Surveys では，2000 年代には大半の調査実施国において，理想の子どもの性別の組合せについて質問されるようになった．

　質問が取り入れられた 50 か国の発展途上国の対象女性の回答の集計結果によると，ボリビア以外の南米とカリブ諸国（コロンビア，ドミニカ共和国，ハイチ，ホンジュラス，ニカラグア，ペルー），東南アジア（カンボジア，インドネシア，フィリピン），東欧のウクライナにおいて，男児選好より女児選好の割合が高かった．サハラ以南のアフリカ地域では，28 か国中 12 か国において，男児選好より女児選好の割合が高かった（Fuse 2012）．母系制（matrilineal）や母親中心的（matrifocal）な集団においては女児選好が優勢であり，カリブ諸国の母親中心的社会では女児が優遇されていることが，人類学的研究によって報告されている（Sargent & Harris 1992：Quinlan 2006 など）．

　性別選好は男女の社会的地位，父系・母系社会を取り巻く社会環境や社会制度，男児・女児それぞれに備わった価値などによって形成される．また，男性は男児を選好し，女性は女児を選好する傾向がみられる（Williamson 1976）．

●**日本における女児選好**　日本では 1980 年代から 90 年代以降，女児選好が定着しており，東アジアでは異色であるといえる．出生動向基本調査の独身者調査と夫婦調査の結果から，希望する・理想とする子ども数における男女児の構成について，結婚意思のある未婚女性と夫婦において，女児を多く望む傾向にある（国立社会保障・人口問題研究所 2016a）．また，夫婦の既存の子どもが男児のみの場合において次子をもうける意欲が高い（守泉 2008a）という研究報告からも近年の意識上の女児選好がみて取れる．

　他の先進国と比べ，女性の社会的・経済的地位が低いにもかかわらず女児選好が定着している要因としては，日本では性別役割意識が強いことから，主に女児が将来的に担うジェンダー役割（母親との交遊や家族の介護など老後の支え）を期待し，女児が比較的魅力的と認識されているためではないかと考察されている（Fuse 2013）．　　　　　　　　　　　　　　　　　　　　　　　　［布施香奈］

□　さらに詳しく知るための文献
Fuse, K., 2012, "Variations in Attitudinal Gender Preferences for Children Across 50 Less-developed Countries", *Demographic Research*, 23：1031-1048.
United Nations, Department of Economic and Social Affairs. 1998, *Too Young to Die: Genes or Gender?*, United Nations.
Williamson, N. E. 1976, *Sons or Daughters: A Cross-Cultural Survey of Parental Preferences*, Sage Publications.

遺伝学からみた性
sex through genetics

☞「遺伝子と人口」p.30「性比の不均衡」p.50

ヒトの体細胞の核内には，22対の常染色体と1対の性染色体，計46本の染色体が含まれる．ヒトの性は，性染色体と呼ばれるY染色体とX染色体の組合せによって決まる．男性はX染色体とY染色体をもち（X：Y），女性はX染色体を二つもつ（X：X）．母親は子どもに必ずX染色体を伝えるため，父親が子どもにY染色体を伝えれば男に，X染色体を伝えれば女になる．つまり，性を決定（睾丸形成などに関与）する重要な遺伝子はY染色体上に存在している．ヒトを含めた哺乳類の性染色体は2～3億年前に誕生したが，その特殊性から常染色体とは異なる進化上の力が作用してきた．Y染色体もX染色体も1000個以上の機能的なタンパクコード遺伝子を有する同一の常染色体に由来するが，Y染色体上の機能的な遺伝子の数は劇的に減少した（ヒトのX染色体上には800個の遺伝子が存在するが，Y染色体には78個の遺伝子しか存在しない）．

●**有害変異の蓄積** Y染色体上の遺伝子数が減少した理由として，末端の偽常染色体領域を除いてY染色体は交叉を起こさないことがあげられる．交叉が起きなければ組換えが起こらず，組換え染色体（組換え体）が次世代に伝わることはない．そのことで三つの不利益が生じると考えられる（Bachtrog 2013）．第一に，有害変異が蓄積する点である．交叉が起これば，有害変異をもつ遺伝子（領域）ともたない遺伝子（領域）とを交換して有害変異をもたないY染色体をつくりだし，有害変異をもたな

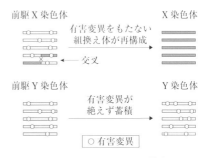

図1　マラーのラチェットの模式図
有害変異をもたない組換え体の再構成（X染色体）と有害変異の蓄積（Y染色体）

いY染色体を集団中に維持することができるが，組換えが起こらなければY染色体には徐々に有害変異が蓄積していく（図1）．これをマラーのラチェットという（Muller 1932）．Y染色体に起こる有害突然変異率をu，個々の有害変異の選択係数をsとし，有害変異をi個もつ個体の適応度を$(1-s)^i$とすると，突然変異による新たな有害変異の誕生と負の自然選択による集団中からの除去が釣り合った状態では，m個の有害変異を有するY染色体頻度f_mは，

$$f_m = \frac{\left(\frac{u}{s}\right)^m \exp\left(-\frac{u}{s}\right)}{m!}$$

となる（Haigh 1978）．有害変異を一つももたない Y 染色体の頻度は，上式の m に 0 を代入して $f_0 = \exp(-u/s)$ で与えられるが，この値が十分小さい（すなわち，突然変異率が高く，有害度が低い）と，機会的浮動によって有害変異を一つももたない Y 染色体が失われる可能性が高いことを意味する．

　復帰突然変異（有害変異を元に戻す突然変異）が起こる可能性はほぼないため，有害変異を一つももたない Y 染色体が一度失われると，Y 染色体が有する有害変異数は不可逆的に増加する．第二の不利益は，有利な変異とともに有害変異が固定してしまう点である．Y 染色体上の遺伝子に生存上有利な変異が生じると，その有利な変異は集団中で固定する（集団頻度が 100％に到達する）が，その Y 染色体上にあるすべての有害変異も同時に固定してしまう．第三に，X 染色体よりも純化選択が働きやすい点である．Y 染色体上に生存上わずかに有利な変異が生じても，同じ Y 染色体上に不利な変異が生じればその Y 染色体は集団中から失われてしまう．以上の三つの機構により，遺伝子に有害変異が蓄積することで遺伝子の機能が失われ，そのような遺伝子は Y 染色体から除かれてきたと思われる．

● **Y 染色体消滅説**　オーストラリア国立大学のグレーブス（J. M. Graves）は，Y 染色体上の遺伝子数が激減していることから，このまま Y 染色体上の遺伝子は減り続け，500 万年後には Y 染色体は消滅するという説（Y 染色体消滅説）を提唱した．Y 染色体が絶滅するとはにわかに信じられないが，げっ歯類のキイロモグラレミングの一種は，性別は存続しているが Y 染色体をもっていない．

　「Y 染色体消滅説」の妥当性を検証するために，米マサチューセッツ工科大学ホワイトヘッド生物医学研究所などの研究チームが，約 2500 万年前に分岐したアカゲザルとヒトの Y 染色体を比較したところ，分岐後に失った遺伝子の数はアカゲザルが 0 個，ヒトが 1 個であることが判明した（Hughes et al. 2012）．また，ヒトとチンパンジーが分岐した 600 万年以降は，ヒトの Y 染色体が失った遺伝子はない（Hughes et al. 2005）．この観察結果から，Y 染色体上の大規模な遺伝子消失は進化的にかなり古くに起こったことであり，それ以来 Y 染色体は安定していると結論した（Hughes et al. 2012）．2500 万年間も安定であり続けていることから，「Y 染色体消滅説」はヒトに対しては当てはまらなそうである．

[大橋 順]

□□ さらに詳しく知るための文献

Engelstädter, J., 2008, "Muller's Ratchet and the Degeneration of Y Chromosomes: A Simulation Study", *Genetics*, 180：957–967.

Gordo, I. and Charlesworth, B., 2000, "The Degeneration of Asexual Haploid Populations and the Speed of Muller's ratchet", *Genetics*, 154：1379–1387.

性比と結婚・出生
sex ratio and marriage / birth

☞「性比の不均衡」p.50「性比と人口移動」p.62「丙午と性年齢構造」p.76「人口性比の分布の分析」p.572

　すでに 18 世紀ドイツの人口学者ジュースミルヒ（J. P. Süssmilch）は，出生時に女児より多い男児の数が，相対的に高い死亡率により減少し再生産年齢に達する頃には男女がほぼ同数になることを発見し，その巧妙さに感動して『神の秩序（die göttliche Ordnung）』という本を著している．つまり，子どもは男女のペアから生まれると考えれば，性比の不均衡により発生する男女の数の差分だけペアが少なくなり，結婚や出生が制約されることになる．

　このため人口学では，結婚期人口（あるいは結婚可能人口）の性比不均衡から結婚難（Marriage squeeze）が生じ，結婚や出生に変動をもたらす可能性が研究されてきた．具体的には，数が多い方の性がパートナー選択上不利になり，生涯未婚率の上昇，婚姻率の低下，平均初婚年齢の上昇，社会経済属性的に下位の選好相手との婚姻増加などが起きると考えられる．

　このことは直感的には自明に思えるが，実際に性比と結婚・出生間の影響関係を定量的に把握することは容易ではない．結婚期の年齢（特に男女の年齢差）をどう設定するかで性比は変わる．また有配偶・離別・死別者が結婚する確率は非常に低いので，主要な結婚可能人口の比には未婚性比（未婚男女の人口比）をとらねばならないが，この性比自体が結婚難の結果であり同時に原因にもなるという同時性が生じる．しかも未婚は結婚だけでなく未婚者の死亡や移動によっても増減するため，単に結婚難のみが未婚性比を左右するとは限らない．また人口学的要因に加え，学歴や所得などの社会経済的特性も含めた性比を対象とする場合には，時代や社会状況によりパートナー選択の幅が適応的に変化することもある．したがって，因果関係の定量的把握には常に注意深い検討が必要とされる．

　小島によれば，海外の実証分析としては，第一次世界大戦での男子の戦死が戦後女子の結婚に与えた影響を考察したフランスのアンリ（L. Henry 1966/1975）の研究が知られている（小島 1984）．戦前生まれの女子生涯未婚率は，戦死による性比の変化から予想される 5 倍近い水準ではなく，年齢差の拡大（年上や年下の男性）や再婚者・外国人との結婚の増加から，実際には 2 倍程度に留まったこと，また戦争による出生数の変化から生じた結婚期性比の一時的な不均衡が生涯未婚率に与える影響はあまりないが，数の多い方の性で平均初婚年齢をわずかに高め，男女の結婚年齢の組合せに大きく影響したとしている．また米国のエイカーズ（D. S. Akers）は 1959～66 年の婚姻率と平均初婚年齢（中央値）の変化の大部分が未婚性比の変動で説明できるとしている．一方，より精密な測定方法を用いたショーン（R. Schoen）の 1950～90 年の研究では，性比の不均衡がもたらす結婚

難が毎年の婚姻率に与える影響はきわめて小さいが，1970年代の女子の結婚難から平均初婚年齢が男子で低下女子で上昇し，結婚年齢の幅を女子では広げ，男子で狭めたと報告されている．

●日本の場合　一般に初婚年齢は男子が女子より高く，女子は3年ほど早く結婚可能年齢に入る．このため第二次世界大戦後に日本で起きた第一次ベビーブームのように，出生数が急激に増加した世代が結婚可能年齢に達すると性比の不均衡が生じる．安藏（1988）は，ショーンの方法を用いて1950年から2000年までの結婚期人口の性比の変化と男女の未婚率を分析した．日本では，戦争による男子人口の欠落や第一次ベビーブーム世代の女子が1968年頃から結婚適齢期に入り始めたことにより，戦後長らく女子の結婚難が続いたが，男子のベビーブーム世代が結婚適齢期に入り始めた1972年を境に形勢が逆転し，1975年以降，今度は男子の結婚難が続いた．同様の動きが規模は縮小されるものの，第二次ベビーブーム世代の女子が結婚期に入り始めた1980年代後半から1990年代にかけ繰り返されると予測した．全国的な結婚難は地域ごとに異なる形で現れる．鈴木（1989）は1980年と1985年の都道府県データを用いて，1980年代では北海道・青森を除く東日本で男子の結婚難が深刻化する一方，西日本では比較的穏やかであったことを示した．また原（2009）は政令指定都市の中で最も少子化が進む札幌市を対象に1950年から2005年までの時系列に沿った分析を行い，大学卒業後の男女の人口移動率の格差が25～29歳の性比の低下を招き，これが25～29歳から30～34歳にかけて女子のコーホート未婚初婚率を低く抑えていること，人口移動による性比の変化が結婚や出生に影響する可能性を示唆した．

このように性比は男女の数量的比率という形でペアができる確率を左右し結婚や出生に影響を及ぼす．日本については今後も出生数の減少が続く限り，相対的に女子より男子の結婚難が続く．仮に出生数の増加が始まれば，その20年後ぐらいに女子の結婚難が始まる．しかし，平均初婚年齢の上昇が続き男女の結婚年齢差が小さくなるとすれば性比の影響は小さくなる．現在の日本ではなお男女1組の初婚ペアの形成が出生に決定的な役割をもっているが，結婚と出生の分離，同性同士の結婚の増加などが進めばやはり性比の影響は小さくなるであろう．一方，性比の格差を伴う地理的，経済的格差や，教育上の格差が深刻化していけば，それがペアの結婚や出生に影響を与える可能性も否定できない．国際人口移動が活発化することで，外国人や日本人の転入転出が性比を変化させるとすれば日本全体や地域の結婚・出生動向に影響することも考えられる．　　　　〔原　俊彦〕

□ さらに詳しく知るための文献
安藏伸治．1988．「婚姻に関する将来推計―性比尺度と一致性モデル」『政経論叢』56（3・4）：147-150．
小島　宏．1984．「性比不均衡と結婚力（Nuptiality）変動―その研究動向」『人口学研究』7：53-58．
原　俊彦．2009．「札幌市の少子化―人口移動と性比の変化」『人口学研究』45：21-33．

性比と人口移動
sex ratio and migration

☞「性比の不均衡」p.50「性比と結婚・出生」p.60「人口性比の分布の分析」p.572

　性比は，通常，男子人口の女子人口に対する比として計算され，女子人口100に対する男子人口の対として表される．人口移動は人口の空間移動（地理的移動）のことを指し，地域（集団）の性比は，出生・死亡の動向や人口移動の年齢・男女差によって左右される人口事象である．性比と人口移動の研究は，二つの人口事象間における相互連関を考察する一つの研究領域である．

　日本の人口学における性比研究は，出生性比と死亡性比を中心にして展開されてきた．したがって，性比と人口移動との相互連関については，人口移動，性比研究の分野で大きな関心が寄せられていなかったが，1980年代に人口移動理由の男女差に着目した研究が契機となって開始された．この研究は，マクロ（日本の全体状況を把握するために全国・都道府県を研究対象にする）的な視点とミクロ（課題解明にふさわしい都道府県・市区町村を研究対象にして地域的状況を把握する）的な視点からの分析によって進められている．

●マクロ的な視点からの研究成果　人口移動論の中で女子の人口移動に関する研究は軽視されることが多いが，女子人口移動の動向と特徴は日本の全体状況，府県間・府県内移動数，府県間移動パターン別移動数，三大都市圏の移動数について分析されている（内野1984）．その結果，①女子人口の移動数は男子人口より少ない．②長距離移動（県間移動）は女子が男子より少ないが，短距離移動（府県内移動）では男女差がほとんどみられない．③規模の大きい大都市圏ほど転入人口では男子が女子より多く，東京大都市圏では顕著である．しかし，中京大都市圏では男女差が少ない．④大都市圏への転入人口をその送出地域でみると著しい男女差があり，中京大都市圏への転入人口の転入前地域をみると北東北，山陰，南九州からの女子の転出が男子を圧倒的に上回っている．⑤大都市圏への転入後の女子の定着性は男子より高いことが明らかになっている（内野1984）．これは性比と人口移動に焦点をあてた分析を試み，新たな研究成果を提示したことになる．

　さらに国立社会保障・人口問題研究所「第4回人口移動調査」（1996年）によれば，人口移動と地域人口分布の男女差は，①結婚前後に非大都市圏から大都市圏へ移動する女子が多い．②結婚後は大都市圏と非大都市圏の性比はほぼ均衡する．③結婚に関わる人口移動による男女差是正のされ方はコーホートによって異なり，1930年代までの出生コーホートでは結婚時の女子人口の大都市圏への移動が，それ以降の出生コーホートでは就職から結婚の間における男子の大都市圏から非大都市圏への移動が人口分布の男女差の是正に大きく寄与していることが

明らかになっている（中川2001：25）．しかし，女子の還流については「全国レベルの人口分布変動を重視して，個人レベルの意思決定プロセスには踏み込めなかったが，イエ継承，親との同居，親の介護」（中川2001：39）等々，今後検討すべき課題が残されている．

●ミクロな視点からの研究成果　マクロ的な視点からの研究成果をふまえてミクロ的な視点から性比と人口移動の関係も明らかにされつつある．

　2005年の政令都市における出生動向を分析した結果，性比と女子の未婚初婚率の間に強い正の相関がみられ，出生パターンは四つに類型化でき，その一類型（「超低出生型」）である札幌市では「1980年代以降は男子の大卒就職移動が（道内・道外ともに）転出超過となる一方，逆に女子は高卒就職者や短大・大学卒業就職者のUターンなど道外からの転入超過が強まり，これが25～29歳性比の一層の低下と女子未婚初婚率の低下となって現れている」とされている（原2009：31）．この結果より，未婚化・晩婚化の動向の地域性についても分析が進んでいる．

　男子の未婚率が高い岩手県と女子の未婚率の高い長崎県を対象にして，日本社会に内在する未婚化・晩婚化の地域性を性比と人口移動の視点から調査したところ，岩手県の男子は家継承意識が強いため県外流出を阻止する要因が働いているが，女子は跡取り意識が希薄で県外流出に歯止めがかかりにくいことがわかった（工藤2011）．

　この男女の人口移動性向の差異が性比のアンバランスをきたし，男子未婚化の要因となった．一方，長崎県は，親は自分の老後の世話や介護を女子に託したいとの考え方が強い．しかし，男子には家継承意識が希薄である．このことが県外流出を阻止する要因が男子には働きにくい．

　このような家族をめぐる価値観の差異が性比のアンバランスをもたらし女子の未婚化を招来したと分析している．工藤は，このように文化人類学や家族社会学が展開してきた家族構造の地域性と人口学的研究を統合して未婚化・晩婚化（結婚）の地域性を性比と人口移動の視点から解き明かした（工藤2015）．

　このような研究成果をみると，性比と人口移動の研究はさらなる研究の展開が期待される人口学研究の新領域であるといえよう．　　　　　　　［清水浩昭］

□　さらに詳しく知るための文献

紀平英作編．2007．『グローバル化時代の人文学—対話と寛容の知を求めて（下）共生への問い』京都大学学術出版会．
高橋眞一・中川聡史編．2010．『地域人口からみた日本の人口転換』古今書院．
石川義孝ほか編．2011．『地域と人口からみた日本の姿』古今書院．

人口高齢化
population ageing

☞「寿命の歴史的伸長と疫学的転換」p.86「長寿化の帰結」p.102「人口高齢化と年金制度改革」p.346「人口高齢化と医療・介護」p.348

　人口高齢化とは，特定の時点における人口に占める高齢者の割合が高くなることをいい，その割合のことを人口高齢化率，あるいは単に高齢化率という．高齢化率は人口の年齢構造を示す係数であり，その値が人口高齢化（または高齢化）の程度を表すことになる．一般に，高齢化率は人口に占める65歳以上の人口の割合をもって示される．ここでは，65歳以上の人を高齢者であると定義していることになる．高齢化という言葉は，もともと英語のエイジング（ageing）に対応しており，人が歳をとることを意味している．したがって，高齢化は人口高齢化とは異なった意味，つまり個人の加齢の意味に用いられることがあるので注意を要する．また，人口高齢化は，高齢者の人口（高年齢人口ともいう）の割合が高くなれば進み，その割合が減少すれば低下する．前者が人口高齢化であり，後者は人口若年化と呼ばれる．このように，個人の加齢は不可逆的であるが，集団としての人口の場合には高齢化とは逆の若年化も起こりうる．

●**高齢者の定義**　人口高齢化の程度を表すには，まず高齢者を定義することが必要である．高齢者とは，人生の高齢期にある人のことだから，ここで高齢期とは何かが問題になる．高齢期を年齢以外の基準，例えば定年後あるいは引退後の時期とか，最初の孫が生まれた時期などのような社会的，制度的な基準で区分する方が，より具体的な意味づけができるので望ましいとする考え方がある．しかし，これらの基準をすべての人に当てはめることは難しい．通常，便宜的な区分として高齢期を年齢（暦年齢）によって定義する．現在，最もよく用いられている年齢区分として「65歳以上」がある．つまり，65歳以上の人生段階を高齢期として，その人たちのことを高齢者と定義することになる．高齢者の定義において65歳を区切りにすることは，1950年代の中頃から国連などの研究において採用されてきた．日本でも，その頃からこの定義が広く用いられてきた．国連では，世界各国の人口に占める65歳以上人口の割合を検討した結果，1950年代の欧米の先進諸国ではその割合が7%を超えていることが明らかとなり，以来，今日に至るまで7%が基準点とされてきた．20世紀の中頃は，まだ欧米の先進諸国以外では高齢化はあまり進んでおらず，「65歳以上人口が人口の7%を超えるかどうか」の基準でみて，高齢化の進んだ国，すなわち高齢化社会に達した国としたのである．ちなみに，1950年頃の日本は高齢化率は5%前後であり，高齢化社会には到達していなかった．日本の高齢化率が7%に達したのは1970年のことであった．

　日本の場合，2015年の国勢調査では65歳以上人口は3346万人，人口の26.6%にも達しており，これをひとくくりで高齢者として扱うには大ざっぱすぎて適

当でないといえる.近年,日本では従来の高齢者の定義を変更する試みもなされてきている.例えば,65歳以上高齢者を,前期高齢者(65〜74歳)と後期高齢者(75歳以上)と2分する区分がある.これは,2008年から導入された後期高齢者医療制度に対応する年齢区分である.また,65歳以上の基準を,70歳以上に,あるいは75歳以上に,さらには80歳以上に変更することもある.2015年の国勢調査では,70歳以上人口は2382万人(18.7%),75歳以上人口は1612万人(12.8%),80歳以上人口は984万人(7.7%)と多数の人がこの年齢区分に該当していて,日本の高齢化が高年齢の人口の増加を伴って進行していることがわかる.

●人口高齢化の原因と結果　1920年から2015年に至る間の20回にわたる国勢調査における年齢3区分の人口とその割合をみると,日本の高齢化率は,戦前から1960年までは4〜5%台の低水準にあったのが,1970年には7.1%に達し,1995年には14.6%と倍増し,さらにその20年後には26.6%と急速な上昇を示したことがわかる.日本の高齢化が戦後このように急速に進んだ結果,21世紀に入ると日本は世界一の高齢化大国となった(図1).このような高齢化をもたらした人口学的な要因として出生,死亡,移動の三つの人口動態の変化をあげるこ

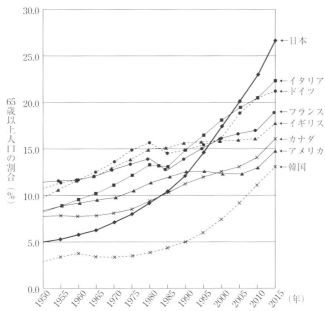

図1　65歳以上人口の割合の推移—諸外国との比較(1950〜2015年)
　　　[United Nations, "World Population Prospects, The 2015 Revision" による.
　　　ただし,日本は国勢調査の結果による]

とができる．出生は，0歳人口の増減を通じて人口の年齢構造に影響を与える．日本の人口高齢化が進んだ最大の要因は，出生率の低下であった．特に戦後のベビーブーム（1947～49年）の後の10年ほどの間に出生率は半減し，その後も21世紀にかけて低下し続けた．1990年代には出生率の低下が想定を超えて続き，高齢化にさらに拍車がかかった．この頃から出生率の急速な低下による高齢化の新たな状況のことを「少子高齢化」と呼ぶようになった．日本の人口高齢化は，戦後から1980年代にかけてもっぱら出生率の低下，つまり若年人口の相対的減少によるところが大きかったが，1980年代以降になると65歳以上人口の増加が顕著になり始めた．これは，この頃から死亡率低下の効果が高年齢の人口階層に現れてきたことによる．すなわち，死亡率の低下が高年齢人口の寿命の伸長をもたらし，高年齢人口の絶対数を増加させる結果となった．65歳以上の高齢者の数は，1980年には1000万人を超え，2015年には3346万人を超えるまでに増加した．なお，2012年からはベビーブーマーが65歳以上に達することになり，この面からも高齢化が加速することになった．

　人口移動は日本の場合，今のところ流入も流出も大きくないので高齢化に与える影響は少ない．日本一国の人口は，国際人口移動による影響が少ない閉鎖人口（封鎖人口ともいう）とみなすことができるので，高齢化の観点からの分析では出生と死亡の二つに着目すればよい．むしろ移動は，地域人口の高齢化にとって重要な役割を果たす．流入人口あるいは流出人口の年齢構造が若い人口や高年齢人口に偏っている場合には，その地域人口にとって人口高齢化を抑制したり，あるいは促進したりする．1960年代の高度経済成長期に起こったいわゆる過疎問題は，地域人口の高齢化と密接に関連していた．一方，若い人口が大量に大都市に流入したため過密問題が生じ，都市部での高齢化は一時的に緩和された．しかし，その結果として50年後の今日，大都市での高齢化が急激に進むことになった．このように，日本の高齢化は人口動態の変化によってもたらされたものである．この人口動態の変化は人口転換としてよく知られている．

　人口高齢化がもたらした結果についてみると，一国の政治，経済，社会，医療など広範にわたる高齢化問題群を構成していることがわかる．その例として，人口減少，労働力人口の高齢化，世帯構成の変化とりわけ1人住まい高齢者の増加，退職と年金問題，医療・福祉負担の増大，介護問題，高齢者のライフスタイルの変化などがあげられる．

●**人口高齢化に関連する指標**　ここまでは，主に高齢化の程度をはかる指標として人口に占める65歳以上人口の割合を用いてきたが，その他の関連指標についても説明する．高齢者を年齢で区分する仕方として70歳以上，75歳以上，80歳以上，85歳以上など必要に応じて定義することもある．また，100歳以上の人をセンテナリアン（百歳老人ともいう）と呼び，その人数を長寿化の指標とするこ

ともある．日本の100歳以上人口は，1970年には310人であったが，2015年には6万人を超えており，長寿化が急速に進んだことを物語っている．人口高齢化の様子を視覚的に示す方法として，男女・年齢別のデータを人口ピラミッドに描くこともある．このほかに平均年齢や中位数年齢を用いて高齢化をはかることもあるが，この二つの指標は年齢構造の変化をあまり敏感に示さない．また，人口を年少人口（0～14歳），生産年齢人口（15～64歳），老年人口（65歳以上）に3区分したものを使って指数化することもある．その一つとして，老年人口と年少人口の比（65歳以上人口/0～14歳人口×100）は老年化指数と呼ばれる．年齢3区分を用いた人口構造指数として，ほかに生産年齢人口を分母として計算する年少人口指数（0～14歳人口/15～64歳人口×100），老年人口指数（65歳以上人口/15～64歳人口×100）がある．この二つは，生産年齢人口100人あたりの年少人口と老年人口を意味しており，年少人口および老年人口それぞれの扶養負担の程度を近似的に示している．この二つを合計したものを従属人口指数と呼び，人口全体でみた扶養負担を表す．従属人口指数の動きを人口転換の過程と対応づけてみると，この指数は高出生の時期には高い水準で推移するが，出生率の低下につれて低下し始め40～50年間続き，その後，低出生の世代が生産年齢に移ってくると老年人口の増加とともに指数は上昇に転じ，再び高い水準で推移する．このように，従属人口指数は高齢化の進行とととも にV字型の推移をたどる．国連では，この指数の低下の時期は一国の発展にとって有利であるというので人口ボーナスと名づけている．

●**人口高齢化の将来展望**　人口高齢化は20世紀の中頃から先進諸国において進み始めた．日本も，戦後になって出生率の低下と死亡率の低下により欧米諸国よりもやや遅れて高齢化の波に乗り始めた．日本の場合，少産少死への転換のスピードが速かったために高齢化が加速した．現在，戦後のベビーブーム世代が高齢期に入り，続いてその子どもたちの世代も高齢期に近づいている．このような歴史的な趨勢を伴って，日本人口の高齢化の進行は将来もさらに続くものと予測されている．国連の世界各国の人口将来推計は，発展途上諸国，とりわけアジア諸国においても高齢化が，日本ほどではないにしても進行することを示している．すでに，日本の人口は減少し始めているが，それは主として年少人口と生産年齢人口の減少によるものである．その中で65歳以上人口は増勢を続け，2015年の3346万人（26.6％）を超えて，25年後の2040年には3800万人（36.1％）とピークに至ると見込まれている．その後も人口減少が続くため，高齢化率はさらに上昇を続け2060年ころには40％に近づくとされている．　　　　　　　　　［嵯峨座晴夫］

📖 さらに詳しく知るための文献

嵯峨座晴夫，2012．『人口学から見た少子高齢社会』俊成出版社．
浜口晴彦ほか編，1996．『現代エイジング辞典』早稲田大学出版部．

世代間移転と国民移転勘定

intergenerational transfer and National Transfer Accounts

☞「世代会計分析」p.666

人類史のいかなる時代や社会においても世代間移転は人間生活を維持するために重要な機能を果たしてきている．通常，社会を構成する人口をライフサイクルの各ステージによって年少人口，生産年齢人口，高齢人口の三つのグループに分けることができる．生産ができず，経済的に自立できない年少人口は生産年齢人口が生み出す経済的リソースの世代間移転に大きく依存し，高齢世代の厚生レベルは生産年齢人口が中心的役割を果たす家族やコミュニティの支援ネットワークや社会のさまざまな公的プログラムを通じての世代間移転によって決まってくる．したがって，年齢構造が変化すると世代間移転のパターンや各世代におけるリソースの流入量・流出量に変化が生じることになる．そのような世代間の移転の変化により，資産の保有・分配に変化が生じ，世代間の不平等問題が深刻化し，経済成長にも重大なインパクトを与えている．経済学の分野では，このような人間生活の維持・存続に影響をもつ世代間移転に関する研究はこれまで行われてきており，特に最近の40年間では，世代間移転の測定，そのメカニズムに関するモデル化，そして変化がもたらす経済的影響についてミクロ・マクロレベルの両面における研究が進められている．

●国民移転勘定　1980年代以降，多くの国では出生率低下と長寿化の結果として高齢化率が急上昇し，年齢構成変化による世代間移転問題が深刻化した．世代間移転に関する研究は確実な進歩が認められるものの，世代間移転に関する分析フレームワークの開発は完成までほど遠かった．このような高齢化問題のグローバル化に着目した米国国立高齢化研究所（US National Institute on Aging）は，従来の高齢化分析の手法とはまったく異なる新しい分析の手法の確立を目的として2003年にカリフォルニア大学バークレー校に資金援助し，国民移転勘定（National Transfer Accounts：NTA）の開発が始められた．NTAシステムの構築には世代間移転に関する数多くの研究が影響を与えてきているが，サミュエルソン（Samuelson 1958）やウィリス（Willis 1988）が行った先駆的な研究をベースに，リー（R. Lee）および彼の研究グループが行った移転に関する理論的フレームワークが大きな影響を与えている．また，同時期に世代間公的移転に関する長期的な分析フレームワークとなる世代会計（generational accounting）が数多くの国々に適用されており，NTAの構築にも有益な理論的ベースを提供している．

　NTAを構築する主な目的は，その国において各年齢で起こるリソース（財および用役）の過不足は年齢間で再配分して調整される必要があり，そのフローの量をマクロ・ミクロレベルで測定することである．各年齢における1人あたりの経済

的リソースの過不足は各個人の労働所得と消費の差に相当する．その値はライフサイクル・ステージによって（プラス）となったり，（マイナス）となったりする．図1の上図にはわが国の1人あたりの労働所得と消費（私的消費と公的消費の合計）の年齢プロフィールが示され，年齢別労働所得不足のパターンが図1の下図に示されている．この図では，この不足分（濃い色の部分）が公的移転と私的移転で補われ，もしそれでも不足していれば資産を取り崩し，不足を埋め合わすという関係が示されている．この不足部分をどのように補っているかを明示化したものがNTAシステムである．

NTAシステムには，いくつかの特徴があるが，特に重要な点の一つが国民経済計算をベー

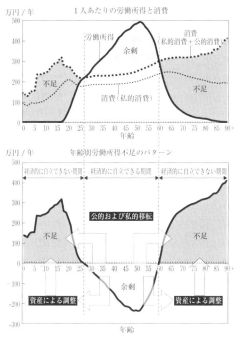

図1　NTAで最も重要なグラフ（年齢別の1人あたり平均労働所得と平均消費［2009年］）
［全国消費実態調査などにより筆者推計］

スとして推計されており，GDPのように国際比較が可能になっている．第二の点は，世代会計が公的部門を主に分析しているのに対して，NTAは公的部門のみならず，私的（家族）部門における変動も取り込んでいる．第三の点は，NTAでは年齢構造変化が世代間移転に与えるインパクトをマクロ・ミクロの両面で明示的にとらえており，図1で示されているように，年少世代や高齢世代は消費が所得を上回り，その不足分は生産年齢世代からの再配分に依存しているが，NTAでは消費，労働所得，移転，資産のそれぞれのコンポーネントごとに年齢プロフィールが推計されており，年齢間の経済的な再配分のためのさまざまなフローが推計され，マクロとミクロが人口数を通して整合的に統合されている．

NTAの推計方法については国連がそのマニュアルを出版し（UN 2013），2018年2月現在ではNTA参加国は94か国となり，グローバル・プロジェクトとなっている．しかし，まだ発展段階にあり，遺産などを推計するNTAのストック会計や，性別，教育，居住地タイプ別NTAの推計などの理論的フレームワークの構築が各国の研究者により行われている．　　　　　　　　　　［松倉力也］

人口ボーナスと人口オーナス
population bonus and population onus

☞「世代間移転と国民移転勘定」p.68「世代会計分析」p.666

人口学の分析において，

$$\frac{(年少人口\ 0\sim14\ 歳)+(高齢人口\ 65\ 歳以上)}{(生産年齢人口\ 15\sim64)}\times100$$

で表される従属人口指数は長年にわたり使われ続けている．この指数を使って，1980年代以降において経済学者を中心とする多くの研究者が年齢構造の変化と経済成長率との関係を議論するようになった．特に「アジアの4頭の虎（シンガポール，香港，台湾，韓国）」が世界中で脚光を浴び始めた1990年代では，研究者らはこの従属人口指数の値が減少する段階を「人口ボーナス」（population bonus）期と呼び，この段階で生産年齢人口に対して経済的負担となる年少人口・高齢人口が減少することにより経済成長率を押し上げるポテンシャルが生み出されることを指摘した．対照的に，この値が上昇する段階は「人口オーナス」（population onus）期と呼ばれ，経済成長力が阻害されるとしている．

その後，年齢構造転換と経済成長の研究が活発化するにつれて，従属人口指数の値が50以下である期間を人口ボーナス期と定義している研究論文や，従属人口指数を

$$\frac{(年少人口\ 0\sim14\ 歳)+(高齢人口\ 60\ 歳以上)}{(生産年齢人口\ 15\sim59)}\times100$$

と変更し，その指数の値が66以下であれば，人口ボーナス期とする研究論文も発表されたが，これらの変更は研究者の恣意的な考えに依存しているところが大きい．さらに人口ボーナスという用語そのものにも変化が起こり，この用語にとって代わり，1990年代後半にハーバード大学のブルーム（D. Bloom）は「人口ギフト」（demographic gift），「人口配当」（demographic dividend）を，そして人口オーナスにとって代わり「人口負担」（demographic drag），「人口悪夢」（demographic nightmare）を使っており，特に人口配当は最近でも世界中で広く研究論文で使われている．これらのほかに，"window of opportunity" などの数多くの用語がこれまでに生み出されている．

●人口ボーナス・オーナスから第一次人口配当へ　ここまで紹介した研究は基本的に従属人口指数をベースにしているが，この指数では分子の年少人口と高齢人口は年齢にかかわらず，子どもも高齢者もまったく同じウエイトで数え，分母の生産年齢人口も同様である．このような単純な仮定のもとに計算された従属人口

指数の変化に基づき，経済成長力の変動にどのようなインパクトを与えているかを議論することには大きな問題点がいくつかある．例えば，年齢別の労働生産性（労働所得）や年齢別消費量には極めて大きな格差が存在するのであり，さまざまな年齢の人々を同じ1というウエイトのもとに計算すると経済的には大きな誤差を生み出すことになる．

この問題点を解決する手段として最近使われることが多くなっているのが「第一次人口配当」(first demographic dividend)である．この用語は，カリフォルニア大学のリー（R. Lee）とハワイ大学のメイソン（A. Mason）を中心として2000年代初頭から開発が始まった国民移転勘定（NTA：National Transfer Accounts）を使ったアプローチである．NTA に参加している各国で"NTA で最も重要なグラフ"をベースに，それぞれの国の将来人口推計または国連人口推計を使って第一次人口配当の期間を計算している．第一次人口配当は消費人口に対して労働力人口が相対的に増加するときに生み出されるのであり，NTAではこれらの消費人口と労働人口との関係を取り込んだ指数として経済扶養比（ESR：economic support ratio）が使われており，数式的には次のように表される．

$$経済扶養比(ESR) = \frac{有効労働力}{有効消費人口} = \frac{\sum pop(x)yl(x)}{\sum pop(x)c(x)}$$

ただし，$pop(x)$はx歳における人口数，$yl(x)$はx歳における1人あたり労働所得，$c(x)$はx歳における1人あたり消費量を表している．計算された ESR が時系列的に上昇していれば，その経済でプラスの第一次人口配当が創出されていることが示されており，逆に減少していれば，第一次配当がマイナスとなっていると解釈される．

アジアにおける10か国（中国，インド，ベトナム，タイ，フィリピン，マレーシア，韓国，インドネシア，台湾，日本）について，各国の最新の「最も重要なグラフ」をベースに，2015年国連人口推計から得られる各国の人口推計値を使い，1970〜2050年について第一次人口配当を計算してみると，10か国中で，最初に日本が1996年に，その後，韓国が2010年，台湾が2011年，中国が2013年，タイが2015年に第一次人口配当期を終え，人口高齢期に突入している．これらの国々は1990年代以降に起こったアジアのめざましい経済成長をリードした国々であり，顕著な年齢構造変化（ESR の低下）によってもたらされた第一次人口配当が効率的に利用され，経済成長の推進力になったことを示唆している．

［小川直宏］

□ さらに詳しく知るための文献

Lee, R. D. and Mason, A., 2011, *Population Aging and the Generational Economy: A Global Perspective*, Edward Elgar.

ユースバルジ
youth bulge

☞「人口ボーナスと人口オーナス」p.70「若者と雇用」p.232「人口問題と人口政策」p.330「出生促進政策と出生抑制政策」p.332「人口と開発」p.390「人口政策学」p.400

　「ユースバルジ」は，1990年代半ばにつくられた，人口の年齢構造の変化を指す言葉である．2010年以降，中東や北アフリカのアラブ地域で，若者を中心に「アラブの春」による民主化運動を契機に，注目されるようになった．ドイツの社会学者ハインゾーン（G. Heinsohn）が唱えている仮説であるが，ユースバルジとは，人口ピラミッドの若年層（ユース）がボートのオールを支えている部分（バルジ）のように大きく膨らんでいる状態を指す（図1）．

　このユースバルジは，出生率が低下し始めた頃，特に0〜9歳年齢の人口減少により，人口ピラミッドにおいて，10〜24歳の若年人口が大きく膨らんでみえるとより顕著である．特に15〜29歳の若者が人口に占める割合が高くなると（30%を超える場合），社会が不安定化しやすくなり，政変，戦争やテロリズムに結

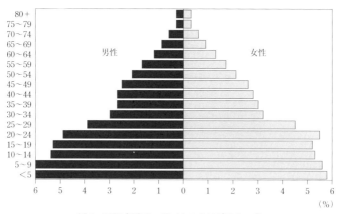

図1　2008年時のエジプトの人口ピラミッド
［Egypt Demographic and Health Survey 2008 より作成］

びつきやすいとしている．また，全人口に占める割合ではなく，むしろ15歳以上の人口に占める割合でみた方がユースバルジを過小評価しないという主張もある（Urdal 2006）．さらに男性は，社会変革のためには暴力的手段に訴えることをいとわない傾向が高く，16世紀以降のヨーロッパ諸国による世界の植民地支配，20世紀のファシズム，さまざまな民族紛争や近年のテロリズムの増加などもユースバルジにより説明でき，ユースバルジに関する研究は，非暴力的な抗議を行うデモンストレーションやストライキと，暴力的暴動やテロリズムや政治的内戦のような武力紛争もその対象としている．

●**若者の増加と政治的不安定**　ユースバルジは，しばしば政治的暴力の可能性の増加と結びつけて考えられる．しかし，政府が増加する若年層によりよい教育と雇用機会を与えることにより，社会不安のある反面それを緩和することができる可能性も示している．すなわち質の高い教育と十分な雇用機会が若者に与えられた場合には，少子多産から少子少産に移行する人口転換の中後期過程で，生産年齢人口が従属人口を大きく上回り，十分な労働力人口が経済成長を促す人口ボーナスを享受できることになるからである．

例えば，1960年代半ば以降の東アジア・東南アジア諸国の急速な経済成長は，人的資本の蓄積により，豊富で廉価な労働力が高まる労働需要に対応できたユースバルジの成功例である．

一方，若者に十分な教育機会を与えることができても，十分な雇用創出が伴わない場合には，逆に若者の失業率を悪化させ社会不安を引き起こす可能性もある．家族もいない未婚の若者は，仕事によりキャリアを追求することもできなければ，社会的責任も少なく，現状を打破するために武力紛争という過激な道を選ぶこともある．

もちろん「ユースバルジ」だけが社会不安を引き起こす要因ではなく，政治的腐敗，民族や宗教の違いによる軋轢，貧困といったさまざまな要因も絡んでくる．イスラム教は，近年世界各地で起こっているイスラム原理主義や過激派によるテロリズムの増加により，しばしば暴力的な宗教だと考えられがちであるが，他のいかなる宗教と比べて，暴力に結びつく点で大きな差異があるわけではない．むしろ，ユースバルジによる若年層の増加という人口学的要因の方が，より社会を不安定にする可能性が高いと考えられている（Urdal 2012）．

●**世界の若者の将来予測**　若者による暴力は，1990年代までは低い教育レベルとの相関性が高いと考えられていた（Alfy 2016）．しかし，ユースバルジという近年の人口学的要素を考慮に入れた視点は，むしろ高い教育を受けた若者が，貧困や失業により暴力的手段に訴えることでアラブ地域の例などを実証している．このことは，これから人口転換が進みユースバルジを経験する開発途上国，特にアフリカ地域で，社会政治的不安要素が拡大される可能性を示唆している．社会経済開発が十分な雇用を若年層に与えられない場合，若者に残された道は海外移住，対外侵略，テロリズム，革命，内戦といったものになりうる．地域の不安定化に対する紛争予防という観点からは，国際関係への影響にも計り知れないものがある．

［大橋慶太］

📖 さらに詳しく知るための文献

ハインゾーン，G.，猪俣和夫訳，2008．『自爆する若者たち―人口学が警告する驚愕の未来』新潮選書．

ベビーブームとベビーバスト
baby boom and baby bust

☞「出生力転換をめぐる理論」p.124「戦後日本の出生率低下」p.128「欧米先進諸国の少子化」p.132

　ベビーブームとは，それ以前の数年間に比べて出生数が一時的に増加することをいう．その原因としては，再生産年齢の女性の増加によるものと，出生リスクの上昇によるものがある．前者により引き起こされた出生数増大は，人口学において「エコー効果」と呼ばれる．一方，ベビーバストは出生数が急減する状況を示す言葉である．欧米先進諸国や日本では，第二次世界大戦前から長期的に出生率の低下が始まっていたが，大戦終結後，急激なベビーブームとベビーバストを経験した．

●**第二次世界大戦後の欧米先進諸国の経験**　第二次世界大戦後，欧米先進諸国でベビーブームが起こり，出生数・出生率が増加した．多くの国で一時的現象というには長すぎるほど持続的に高い出生率がみられ，米国やカナダでは約20年にわたる長いブームとなった．1950年代後半～1960年代前半に各国ともベビーブーム期における合計特殊出生率の最高値を示し，その欧米18か国平均は3.10であった（Campbell 1974）．各国でベビーブーマーは前後の世代と比較して大きな出生コーホートを形成し，例えば米国では，1946～64年の間に生まれたベビーブーマーは約7500万人に達する．

　この時期の出生率上昇は，主に結婚・出産が全体的に若い年齢にシフトし，完結出生児数も増加したことにより生じた（Campbell 1974；Ryder 1980）．特に第一子・第二子を生む女性が増え，かつその出産年齢が若年化したことが生涯に持つ子ども数の増加にもつながった．こうした結婚・出生行動の変化について，イースタリン（R. A. Easterlin）はコーホートサイズに着目した「相対所得仮説」により説明を試みたが（Easterlin 1987），この時期の出生率上昇は特定のコーホートのみならず全年齢での一斉性がみられ，時代効果が大きかったとされる．河野は，その時代的な要因として，戦後の経済的繁栄，性別役割分業を肯定する価値観の復活，長く続いた経済不況や大きな戦争の終結がもたらした世相の開放感や高揚感などをあげ（河野 2005），こうした特別な背景のもとで長期的なベビーブームが出現したのではないかと述べている．

　そして1960年代後半からベビーバストが始まったが，これは古典的人口転換論では想定していなかった置換水準以下への長期的な出生率低下につながり，一時的なものとしては終わらなかった．このベビーバスト期には，ベビーブーム期とは逆に結婚・出産が高い年齢にシフトする「結婚・出産の先送り」が起こり，また第三子以降の高順位児の出生が減ったことが出生率低下の主要な原因となった．こうした先送り行動を引き起こした要因については，「第二の人口転換」仮

説が有名であるが，社会学，経済学をはじめさまざまな視点から多くの研究がなされている．

●戦後日本のベビーブームとベビーバスト　日本では1947〜49年にベビーブームが起こったが，これは戦争による結婚・出産の延期が一気に取り戻されたことが原因であった．戦争終結に伴い，出征していた男性が大量に帰還し，結婚ラッシュ，出産ラッシュが起こったのである．1947年の合計特殊出生率4.54をピークに，1947〜49年の3年間で約800万人が生まれた．日本では，戦前の1920年代から出生率は低下を始めており，このベビーブームによる出生率回復は一時的な現象で終わったが，その結果生み出された出生コーホートは巨大であった．この世代は一般に「団塊の世代」とも呼ばれ，後の日本社会に大きな影響を及ぼすこととなった．

敗戦により大きな社会・経済的打撃を被った日本では，ベビーブームは3年ほどしか続かなかった．1950年以降は，人工妊娠中絶の急増とその後の家族計画の普及により夫婦出生力が低下してベビーバストが始まったが，1960年代に入る頃には合計特殊出生率は置換水準前後で安定した．このベビーバストにより日本の出生力転換は完了した．

その後，1960年代末〜1970年代前半には，戦後すぐのベビーブーマーが結婚・出産適齢期に入り，エコー効果で第二次ベビーブームが起こった．団塊の世代はコーホート規模が大きい上にライフコースが画一的で，ほとんどの人が結婚し子どもを持ち，かつその時期も20歳代に集中した．そのため，明確な出生数増加が生じたが，同時期の出生率はあがっていない．1971〜74年には年間200万人を超える出生があり，この時期に生まれた人々は「団塊ジュニア」と呼ばれた．4年間の累積で800万人に及ぶこの世代も，日本社会にさまざまな変化をもたらした．

第二次ベビーブームが終わると，日本では「第二のベビーバスト」ともいえる出生数・出生率低下期に入った．1974年に合計特殊出生率が置換水準を下回ってから，その状態は長期に維持されている．1970年代半ば以降の日本の低出生率は，欧米先進諸国と同じく結婚・出産の先送りが主な原因となっている．しかも日本では，晩婚化・晩産化が進んだものの，その先送り分が高年齢で十分に取り戻されず，完結出生児数の持続的低下を伴う出生行動の変化が続いている．こうした流れの中で，いわゆる「団塊ジュニア」と呼ばれる第二次ベビーブーマーにおいては，全体として結婚や出産の経験率が低下し，かつそれらの経験年齢も分散が大きくなったことから，第三次ベビーブームは生じなかった．　　　　［守泉理恵］

📖 さらに詳しく知るための文献

Morgan, P. S., 2003, "Baby Boom, Post-World War Ⅱ", Demeny, P. and McNicoll G. eds., *Encyclopedia of Population*, (1): 73-77.

丙午と性年齢構造

Hinoeuma and sex-age structure

☞「戦後日本の出生率低下」p.128

　丙午は十干と十二支に五行（木火土金水）を配した組合せの一つの干支であり，60年周期でめぐってくる．丙と午はいずれも「火」に関係することから火災が多く起こると信じられた中国から伝わり，江戸時代には住民の意識の中に定着したといわれている．また，江戸時代にこの年に生まれた女子は夫を食い殺すという迷信も生まれたと考えられている．そのため，この年の女児の出産を忌避する傾向があった．

●**近年および近代の丙午**　直近の丙午1966年には，前年の出生数182万人から丙午の136万人と25%も大きく減少し，合計特殊出生率も1.58と最も低くなった．しかし，翌年には194万人と出生数が戻り，丙午の年と比べて42%と大きく増加した．ちなみに，1989年には，少子化を示す言葉「1.57ショック」が生まれたが，それも丙午の出生率1.58を基準としたものだった．女100に対する男の数を示す出生性比は，丙午前後の年にかけて105.3から107.6そして105.3と大きく上下した．当時の出生性比は105台で安定して推移していたが，それを破る値であった．そして，丙午の高い出生性比はそれ以降更新されていない．

　では，どのように丙午前後の年に出生数や出生性比が変化したのであろうか．1965年から1967年にかけて婚姻や死産の大幅な増減はみられず，丙午翌年にはもとのトレンドに戻ったため，出生数の増減は，日本人の間に広く普及した避妊によるものであるとされる．出生性比の変動はもっぱら届け出時期の調整によると考えられている．前年の1965年12月の出生性比は101ときわめて低く，1966年丙午1月の出生性比は111と外れ値といってよいほど高くなっている．同時に丙午の12月には117，翌年1967年1月は99と低くなっている．つまり，女児が丙午生まれとなることを忌避し，出生届をずらしたのである．また，丙午3月の出生性比は104と前後20年で最も低くなっていると同時に4月の出生性比は107と高く，夫婦が学年暦を考慮し，女児を前年度の学年になるように操作したことがうかがわれる．

　さらに，日本にいる外国人，特に韓国・朝鮮籍，中国籍の出生もその数や性比に同様の影響がみられている（坂井1995）．

　また，1906年の丙午には4%，1846年には12%の出生数の減少があったといわれるが，当時は避妊が普及しておらず主に届け出の操作によったことが知られている．1846年には結婚を遅らせたり，堕胎・間引きのほか，女児に特化した差別的子育てがあったと考えられる．

●**丙午後の人口への影響**　このような大きな出生数の減少は，年齢各歳や単年単位で人口を観察するときの攪乱要因となる（坂井1998）．例えば，2か年次の出

生率を比較すると合計では，出生率がわずかであるが上昇しているが，すべての年齢各歳別の出生率は低下している（表1）．社会学では「シンプソンのパラドックス」といわれている．

表1　10代女子の年齢別出生率（1970，1985年）

年齢	1970年			1985年		
	出生数	女子人口	出生率(‰)	出生数	女子数	出生率(‰)
15歳以下	96	822,778	0.1	121	929,941	0.1
16歳	263	827,036	0.3	689	916,706	0.8
17歳	1,342	882,465	1.5	2,232	896,189	2.5
18歳	4,958	933,981	5.3	4,835	902,628	5.4
19歳	13,518	993,794	13.6	10,000	705,156	14.2
合計	20,177	4,460,054	4.5	17,877	4,350,620	4.1

注）15歳以下の女子人口は，5歳のみの女子人口である．
［国勢調査と人口動態統計のデータから算出］

そのメカニズムははっきりしないが，国勢調査により男女同年齢の夫婦関係の組合せをみると，夫婦どちらからみても1966年丙午生まれを含む年齢同士の割合が前後の動向と異なり小さな割合になっている．人々が丙午同士の婚姻を意図的に避けた結果であるかはわからないが，丙午が婚姻の男女別構造に変化を与えているのは事実である．

また，日本では干支に関する男女構造への影響では五黄の寅も知られている．五黄の寅生まれは気が強いといわれ，この年に女子が産まれることを忌む俗習がある．五黄の寅は36年に1回訪れ，戦後は1950年，1986年，次回は2022年である．1950年前後は，出生性比が104.8→106.1→104.9と，1986年前後は，105.6→105.9→105.8とその年の女児生まれを若干届け出で避けた影響がうかがえる．

そして，海外でも干支にまつわる人口迷信行動が観察されている．例えば，シンガポールでは，表2のように辰年による大きな影響が現在でもみられる．その他，台湾や韓国でも辰年に出産数が増加する同様の現象がみられている．

表2　シンガポールの近年の「辰年」前後の出生数

	辰年			
	1976	1988	2000	2012年
前年	39,948	43,616	43,336	39,654
辰年	42,783	52,957	46,997	42,663
後年	38,364	47,669	41,451	39,720

［シンガポール統計局のデータから作成］

［坂井博通］

□　さらに詳しく知るための文献
坂井博通，1995，「昭和41年「丙午」に関連する社会人口学的行動の研究」『人口学研究』18:29-38.
坂井博通，1998，「第3章　全体と部分のあやしい関係」『少子化への道』学文社，pp.123-127.

人口と世代
population and generation

☞「家族周期の変化」p.218

　ある地域の「人口」(population)を分析する場合の最も基本的な分類法は，性・年齢によるものである．そして，ある人口集団をいくつかの年齢階層によって分類して，それぞれの年齢階層を「世代」(generation)と呼ぶことがある．

　世代は，明確な年齢幅によって規定されていないという点においてやや抽象的な概念であり，人口学よりも社会学などとのなじみが深い．また，昨今では経済学においても「世代間格差」などを問題とするときに用いられる．少子高齢化が問題とされる現代日本社会で，高齢者と年少者との交流が好ましいとされる場合に，「世代間交流」というように使われることもある．

●**世代の概念**　世代という概念の定義を歴史的に考察すると，ドイツの哲学者ディルタイ(W. Dilthey)による考察に行きあたる．彼は，感受性の強い時期に受けた共通の刺激が強く残存しその人生に影響を与えている人々の集団として世代をとらえた．また，ハンガリーの社会学者マンハイム(K. Mannheim)の世代の問題(1928, Das Problem der Generationen, *Kölner Vierteljahrshefte für Soziologie*, 7)では，①世代の状況(Generationslagerung)，②世代の関連(Generationszusammenhang)，③世代の統一(Generationseinheit)の三つの観点から，世代の社会的・歴史的重要性が指摘された（長浜 1970）．

　このような考え方に共通するのは，世代を単なる年齢階層による集団としてとらえるのではなく，一定の年齢階層集団に属し，共通に経験した社会現象などにより特定づけられる人々としてとらえていることである．例えば，戦争体験がそのライフコースにおいて大きな意味をもつ人々を「戦争（体験）世代」と呼ぶ場合などである．

　世代と類似の概念としてコーホート（同時出生集団）がある．世代とコーホートとの関係については，世代を連続コーホートとしてとらえ，「歴史的社会的属性のゆえに前後から識別された，接続する複数の各年コーホートをまとめて世代という」と説明される（森岡 1990, p.9）．そして，そのような世代が全国的かつ全階層規模で成立するためには，近代国家および近代諸制度が必要とされるという．この近代諸制度の中には，満年齢の採用も含まれる．それによって，同一コーホートが社会的にある年齢に同じ社会的イベント（入学・兵役など）を経験し，ある一定の世代として確定され分類される．

●**日本でみられる世代分類**　現在における日本の人口集団に関して用いられている世代の呼び名を，人口の年齢別構成との関係で確認しておく（図1）．世代の呼び名には，生まれた時期や人口の状況を冠したものもあれば，その世代が青年

期などに過ご
した時代背景に
よるものもある.
また，各世代が
画然と分類され
ているわけでは
なく，重なり合
う場合もある.
さらに，世代に
含まれるコーホ
ートも区分者に
よって異なる場

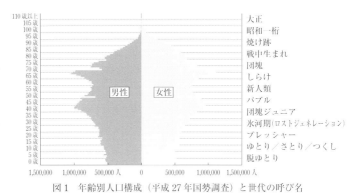

図1　年齢別人口構成（平成 27 年国勢調査）と世代の呼び名
　　　　　［データ　e-Stat］

合があり，一様ではない．それらをふまえた上で，2016 年の日本人口を対象として年代の上の世代からみていく．

　まず，「戦争（体験）世代」がある．これは 1945 年 8 月の敗戦以前に生まれた世代であるが，戦争体験を自己の記憶として語ることができるという意味では，もう少し上の世代と定義されるだろう．「大正世代」（1912～26 年生まれ）や「昭和一桁世代」（1926～34 年生まれ）は，単純に彼らが生まれた時代によって名づけられている．「焼け跡世代」（1935～39 年生まれ）は，野坂昭如が自称に用いていた「焼け跡闇市派」からの命名であり，太平洋戦争中に小学校に入った世代を指す．社会的に重要な出来事である戦争によって世代が区切られていることがわかる．「戦中生まれ世代」または「プレ団塊の世代」（1941～45/46 年生まれ）と呼ばれるのは，第二次世界大戦中あるいはその直後に生まれた世代である．
　「団塊の世代」（1947～49 年生まれ）は，人口問題と社会問題の両者に関してよく聞かれる世代名である．「団塊の世代」は，堺屋太一の小説『団塊の世代』（1976）以降に用いられるようになった．彼らの生まれた時期は第一次ベビーブーム期と呼ばれ，このときの粗出生率は 33‰ を上回り，合計特殊出生率も 4.3 を超えていた．他世代に比して人口ボリュームが大きいために社会的発言力も大きい．そして，彼らが現役を退き高齢者グループへと移行する現状において，社会的な負担の増加が懸念されている．「全共闘世代」（1941～49 年生まれ）は，「戦中生まれ世代」と「団塊の世代」のうちの大学に進学した世代である．
　「しらけ世代」（1950～64 年生まれ）は，学生運動が下火になったときに成人を迎え，政治に関心がないとされた世代である．「ポスト団塊世代」，また当時流行した雑誌名から命名された「ポパイ・JJ 世代」とも重なる．続く「新人類世代」（1961～70 年生まれ）は栗本慎一郎による造語で，従来では推し量れない価値観を有するとされた世代であり，「バブル世代」（1965～69 年生まれ）とされるバ

ブル期（1986年12月～1991年2月）に就職した世代を含む．

「団塊ジュニア世代/いちご世代」（1971～74年生まれ）は，団塊世代の子ども世代である．また，「いちご世代」は15歳という意味であり，三田誠広（1990）『いちご同盟』により名づけられた．彼らは年齢別人口構成において他世代よりも多く（図1），彼らの生まれた時期は第二次ベビーブーム期と呼ばれる．ただし，合計特殊出生率では1971年が2.16，1974年が2.05であり，1975年からの2.0を割り込んだ数値と比較するとやや高くは感じるものの，「団塊の世代」のときの4.3という数値にはまったく及ばない．団塊ジュニア世代の人口ボリュームの大きさは，あくまで団塊世代の人口の多さとその出産年齢の幅が狭かったことによる．また，団塊ジュニア世代が親世代に達するときに第三次ベビーブームが起こるのではないかと予想されていたが，これは実現しなかった．その理由として，出産年齢の上昇・出産年齢の幅の広がりの影響があった．このため，団塊ジュニア世代が30歳代後半に達した2007年には，40歳までに子どもを持とうとする駆け込み需要などから，それまで1.3を割り込んでいた合計特殊出生率が若干上昇して1.32となった（厚生労働省人口動態統計）．

「氷河期世代（ロストジェネレーション）」（1970～82年生まれ）は，バブルが崩壊し，経済の氷河期に就職時期を迎えた世代である．「氷河期世代」と「ゆとり世代」に挟まれて，「プレッシャー世代」（1982～87年生まれ）がある．これは，ブログからの命名であり，幼い頃から不景気が続く中で，多感な時期に阪神・淡路大震災やオウム真理教事件（ともに1995年）などさまざまなプレッシャーを経験してきた世代である．プレッシャー世代とゆとり世代の両方にまたがる新人類世代の子世代を「新人類ジュニア世代」（1986～95/96年生まれ）と呼ぶこともある．

「ゆとり世代/さとり世代/つくし世代」（1987年4月2日～2004年4月1日年生まれ）は，小中学校で2002年度の学習指導要領による「ゆとり教育」を受けた世代である．「ゆとり教育」の影響を強く受けた世代という意味では，2000年生まれくらいまでを考えた方が適切かもしれない．「ゆとり世代」と同じ世代を指す言葉に「さとり世代」がある．「さとり世代」は，2010年1月にネット掲示板で山岡拓の『欲しがらない若者たち』についてのスレッド上に書き込まれたことに端を発し，2013年に朝日新聞でとりあげられて広まった．「ゆとり世代」は当該世代の外部からの命名であるのに対し，「さとり世代」は内部からの命名である．この世代は恋愛にも淡泊と考えられ，未婚率の上昇，ひいては合計特殊出生率の低下が懸念されている．なお，「さとり世代」は「ゆとり世代」と同じ世代を指す場合と「ゆとり世代」より後の世代を指す場合とがある．最近，「ゆとり世代」や「さとり世代」に代わり，「つくし世代」という名称も用いられてきている．また，「ゆとり世代」より後に生まれた世代は，「脱ゆとり世代」と呼

ばれている．

●**少子高齢化社会と世代**　世代には，共通となる社会的現象を背負った人口集団を表すという使い方以外に，家庭内の続柄による「親世代」「子世代」のような用いられ方や，ライフコース上の立場や社会的役割からの「子育て世代」「育休世代」「サラリーマン世代」「現役世代」「退職世代」「高齢者世代」などの呼び方もある．

　昨今，社会経済的な場面において，世代間格差が問題にされることが多い．年金などの社会保障費の負担が，少子高齢化の進展とともに胴上げ型から騎馬戦型さらには肩車型になるといわれている．現役世代への負担増の背景には世代ごとの人口数の相違が存在する．このような中で，国民移転勘定（項目「世代間移転と国民移転勘定」参照）を用いて，公的側面と私的側面との両面から世代間格差を明らかにする研究が進められている．公的側面においては，社会保障費の負担から受益を減じて生涯所得で除した生涯純負担率が計算されている．それによると，2005年に75歳以下の世代からは生涯純負担率が正となり，年齢が下になるにつれて，その比率が増大することが示され，世代間公平性の必要性が説かれている（加藤 2011）．

　最近では，三世代のあり方について論じた研究も多い．国勢調査にも三世代世帯に関する調査項目があり，人口減少対策としての三世代同居の推奨も行われている．国土交通省は，「希望出生率 1.8 の実現に向けて，親世代が子育て世代の育児等を支援するための三世代同居を良質な住宅において可能とするため，三世代同居に対応した良質な新築住宅の取得を支援する」ことを目的として，2015年12月に三世代同居木造住宅建設への支援を行った（国土交通省 2015）．

　血縁関係の有無に限らず，高齢者世代と子ども世代との世代間交流が促進される傾向もある．高齢者の認知症予防，子どもの知識獲得，そして現役世代は子どもを預けて働くことができ，少子化を是正することにつながる可能性もある．多方面に有益な点があると考えられることから，研究も多い（林谷・本庄 2012）．

　近代以前の社会では，三世代同居が一般的であったように論じられることが多いが，必ずしもそうではない．たとえ三世代同居が規範でも，その実現にはある程度の寿命の長さが必要であった．歴史人口学では，前近代社会の研究を行っているが，東北地方の一部地域では，19世紀に世帯規模の拡大が確認されている（髙橋 2005）．この理由は，非血縁同居者の増加および祖父母と孫とを含むなどの三世代にまたがる同居世代数の増加にある．粗出生率が上昇したこととともに，孫とともに生存する祖父母も増加したのである．　　　　　　　　［髙橋美由紀］

📖 さらに詳しく知るための文献

加藤久和．2011．『世代間格差―人口減少社会を問いなおす』ちくま新書．
森岡清美．1990．「ライフコース研究におけるコウホートと世代」『成城文藝』131：1-15．

3. 長寿と健康

　本章では，死亡率の低下と寿命の改善によって生じてきた長寿化過程の人口学的ならびに社会・経済学的諸側面について，関連テーマごとに項目を編成し，論じる．長寿化過程とその採来については，寿命の歴史的伸長と疫学的転換の研究ならびに寿命と生命表モデル研究から得られた寿命の将来動向に関する概念と知見について論述する．また，寿命には男女差や地域による違いがあり，これらの観点から日本における寿命の男女差，寿命の国際比較研究，さらに日本の寿命の地域差（都道府県比較や市区町村別比較）の研究がまとめられている．

　近年の寿命研究は，健康を定量的に把握する健康格差の研究や死亡と健康の社会経済的階層研究へと発展してきており，このような研究に加えて長寿リスクというアクチュアリーの観点についても論じる．そして，その基礎となる生物としての人間の寿命や生活習慣と死亡・健康に関する基本的な研究について解説を行う．

［髙橋重郷・石井　太］

寿命の歴史的伸長と疫学的転換 …………………… 86
寿命の性差………………………………………………… 90
寿命の国際比較………………………………………… 94
健康寿命（余命）……………………………………… 96
寿命の将来……………………………………………… 98
寿命の地域差…………………………………………… 100
長寿化の帰結…………………………………………… 102
社会経済階層と死亡・健康………………………… 104
生活習慣と死亡・健康……………………………… 106
健康格差………………………………………………… 108
医療技術の進歩と死亡・健康……………………… 110
長寿リスク……………………………………………… 112
死亡率の将来的な上昇リスク……………………… 114
生物学的寿命…………………………………………… 116

寿命の歴史的伸長と疫学的転換

longevity extension and epidemiologic transition in history

☞「寿命の国際比較」p.94 「寿命の将来」p.98「生物学的寿命」p.116

　人類の歴史において，人間の寿命は著しい伸長を遂げた．狩猟採集時代の人々の平均寿命は，採掘された人骨の推定年齢の分布などから，15年から20年前後くらいであったろうと推定されているが，現在の世界全体では，男女合わせての平均寿命が71歳に達し，経済先進諸国では20以上の国で80歳を超えている．特に女性の平均寿命は日本，フランスなど数か国で85歳以上の水準に達した．この著しい伸長の大部分は，ヨーロッパなどの先進国では過去二世紀にわたって達成されたが，経済発展途上国の多くは，第二次世界大戦後に，寿命の急激な上昇を経験した．図1では，スウェーデンとインドを例として，寿命伸長の歴史が先進国と途上国で大きく異なっていたことが示されている．さらに人類は，少なくとも3回にわたる疾病・死亡パターンの根底的長期的な転換を経験してきた．

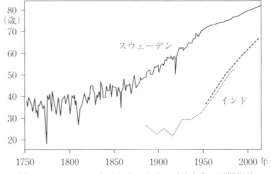

図1　スウェーデンとインドにおける平均寿命の長期趨勢
（点線はBhatによる推計．破線は国連人口推計を表す）
[Bhat (1989), Human Mortality Database 2016; World Population Prospects 2015 より作成]

● 農業の開始と感染症の増加

過去数千年の間，細菌，ウイルスおよび寄生虫による病気は，産業革命以前の農耕社会に蔓延していた．農耕以前の狩猟採集経済の時代にも感染症は主要な健康問題であった．しかし農耕社会で多くの人命を奪った感染症の中には，人口密度が低くて居住地の移動が頻繁な狩猟採集経済の社会では稀であったと考えられている病気が少なくない．

　農業は1万年から1万2000年前に始まり，紀元前8000年から4000年に広く普及し，それに伴って生活習慣，居住環境，そして健康状態も大きく変化した．狩猟採集から農業への移行は食料生産と人口を増大させたが，同時に感染症の発生と伝播を促進した．より多くの人間が近接して住み，同じ場所に長期に定住し，食料を長く貯蔵し，家畜を飼うようになったためである．都市の発生と拡大は病原体の伝播をさらに容易にした．これに加えて食生活も変化した．狩猟採集経済の時代には多様な種類の動植物を食べていたが，農耕社会では主として農作物を食べるようになった．土地あたりの食料カロリー量は増加して人口増加を可能に

したが，狩猟採集経済の時代に比べて食物の種類が限定されて栄養が偏り，病原体への抵抗力が弱まった．

しかし，狩猟採集から農業への移行によって，感染症による死亡が増大して死因パターンは大きく変わったであろうが，食糧供給の安定化や狩猟に伴う外傷の減少などは，死亡リスクを低める効果があったと思われる．狩猟採集時代には，猛獣との遭遇，毒蛇や有毒な昆虫・植物との接触，狩猟対象の動物の抵抗による外傷，転落・溺死その他の（特に狩猟中の）事故，ほかの部族（とりわけ狩猟採集の地域を競合している部族）との衝突など，直接または間接に外的傷害に起因する死亡率が高かったと推測され，凶器または猛獣による致命傷ないし重傷の痕跡を残す発掘人骨も少なくない．したがって，農耕社会への移行が直ちに平均寿命に大きな変化をもたらしたかどうかは必ずしも明らかではない．

●**疫学的転換** 18世紀のヨーロッパ諸国の平均寿命は，国によって大きく異なっていたが，ほぼ25歳から40歳の範囲にあったと推計されている．その後平均寿命は著しく上昇し，20世紀中盤にはヨーロッパ全体の平均が65歳近くまで達した．とりわけ，20世紀前半における上昇は急激であった．これは主として細菌，ウイルスおよび寄生虫による感染症死亡率の下降によってもたらされた．主なものはコレラ，チフス，赤痢，結核，ジフテリア，百日咳，猩紅熱，破傷風，ポリオ，天然痘，麻疹，梅毒などである．また妊娠・出産の合併症，新生児の疾患，栄養不良などに起因する死亡も大きく減少した．

この転換は，さらに二つの段階に分けることができる．第1段階では，死亡率の突発的上昇の頻度が下がった．19世紀までのヨーロッパでは，ペストやコレラなどの伝染病の流行や凶作のための飢饉によって死亡率が急上昇することが稀ではなかったが，19世紀後半になると減少した．1918年のスペイン風邪の世界的大流行は，このような種類の死亡率急上昇の，ヨーロッパにおける最後の事例となった．第2段階では，主として19世紀後半から平常時の死亡率が漸進的に下降し，とりわけ20世紀前半には急落した．この段階は，さらに乳幼児死亡率の低下を中心とする段階と，青壮年の結核死亡率の低下が顕著であった段階に分けることができる．

このような感染症死亡率の下落は，抗生物質などの主要な医学的発見に先んじて始まった（McKeown 1979）．したがって，経済発展に伴う生活水準の向上，特に栄養状態の改善，水道・下水・ゴミ処理を含む公衆衛生の充実，衛生習慣の変化，防寒防暑の機能を含む家屋設備の改善などが大きく貢献したものと思われる（Riley 2001）．衛生習慣の変化の背景として，細菌理論の提唱・普及も見逃してはならない．細菌についての一般的な概念が人々の間で広まり，食事の前に手や食器を洗う，湯を沸かすなど衛生習慣が改善された．さらに抗生物質の発見やワクチンの開発などの医学的進歩が多くの感染症の征服を決定的なものにしたこ

とはいうまでもない．感染症による死亡率の低落はアジア，アフリカ，ラテンアメリカの経済発展途上国にも波及し，第二次世界大戦後の世界的な人口爆発を引き起こした．

感染症による死亡率が低下したことで，主な死因は心臓病，脳卒中，がん，糖尿病，慢性肝臓病，慢性腎臓病などの退行性疾患へと推移した．

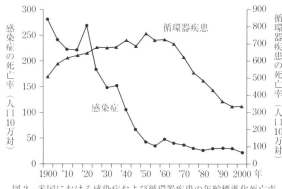

図2 米国における感染症および循環器疾患の年齢標準化死亡率
[Cutler et al. (2006)]

退行性疾患による死亡率は，年齢が上がるにつれて急速に高くなる傾向を示すので，死亡が高年齢に集中するようになった．このような死亡の原因・年齢パターンの変換は疫学的転換（epidemiologic transition）と呼ばれている（Omran 1971）．

●高齢生存の延伸　1960年頃までの平均余命の上昇は，主として乳幼児，学齢期の子どもおよび青壮年の感染症死亡率の下降によるものであった．成人の死亡率の相対的な低下は高年齢ほど小さいという傾向がみられ，老年における死亡率の低下は顕著なものではなかった．多くの国で若年の死亡率が，すでにかなり低い水準に達していたため，平均寿命の伸長は近い将来に実質的な限界に達するであろうとの見解が支配的になった．

しかし，このような予想を裏切って，20世紀後半の経済先進諸国では老年における慢性疾患・退行性疾患，特に循環器系の病気（主として心臓病と脳卒中）による死亡率の顕著な低下が始まった．循環器疾患の死亡率は1950年代および1960年代には緩やかに下降していたが，1970年代に入って急落し始めた．図2は，米国を例として，感染症による死亡率と循環器疾患による死亡率低下の主要期間がまったく異なっていたことを示している．がんの死亡率は胃がんや子宮頸がんなどで低下していたが，上昇傾向のがんもあって，がん全体の死亡率は1970年代・1980年代ではそれほど大きな変化がみられなかった．しかし1990年頃から，多くの先進国でがん全体の死亡率も低下してきている．老年の死亡率の低下は高齢者の人口を増大させ，出生率の低水準とともに，年齢分布の高齢化を促進した．

老年における生存期間が伸長した一因は，医療技術の進歩によって病気の高齢者をより長く延命させることが可能になった点にある．しかし，多くの先進国において健康寿命（生涯の中で傷病や障害のない期間）の上昇も著しく，高齢者の健康状態の改善が寿命伸長の主因であったことを示唆している．高齢における健康・生存

の改善には,医学の基礎知識や医療技術の進歩に加えて,健康保険制度の発足と発展,病院・医療施設・医師数の増加,救急医療システムの発達,定期的健康診断の普及などが貢献し,食習慣の変化,特に塩分の摂取量の減少と生鮮食料品の供給の増加,青壮年期における長時間の過酷な肉体労働が少なくなったこと,さらに教育水準向上などの要因も寄与したと考えられる(Costa 2005; Cutler 2006).

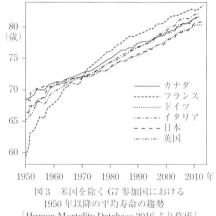

図3 米国を除くG7参加国における1950年以降の平均寿命の趨勢
[Human Mortality Database 2016 より作成]

●寿命伸長が鈍化する兆候はみられるか　高齢における生存の伸長は1970年頃から顕著となったが,人間の寿命には生物学的限界があるので,近い将来には停滞するはずであるという論議も展開されている(Carnes & Olshansky 2007).しかし図3にみられるように,多くの先進国における1970年頃からの平均寿命の伸長は,20世紀前半の疫学的転換による急上昇ほどの早い速度ではないが,ほぼ4～5年の期間に寿命が1歳増えるというペースでの直線的上昇を継続している(日本では1950年代・1960年代の急上昇の後,1980年頃からこのようなペースで上昇を続けている).さらにこれらの国々では,100歳以上の高齢者人口が年に10%近くあるいは10%を上回るという,きわめて高い成長率で増大している.

　なお,旧ソビエト連邦および東ヨーロッパの多くの国では1970年代・1980年代に平均寿命の伸長が鈍化し,1990年前後の政治変革の後でも,ロシアなどいくつかの国で平均寿命の停滞や一時的な下降もみられた(Watson 1995).また経済水準のきわめて高い国々の間でも,1980年頃からの米国の寿命伸長がほかの国々に比べて明らかに遅くなってきていることが注目されている(Crimmins et al. 2011).しかし,このような鈍化・停滞においては,40代を中心とする中年死亡率の上昇が強く影響している場合が多く,経済格差の拡大など社会的な要因が大きいと指摘されている.現在のところ,平均寿命が高水準にあって継続的に上昇している国々の多くでは,特に伸長鈍化の明瞭な兆候はみられない.たとえ人間の寿命に生物学的限界があるとしても,まだその限界は近くないのかもしれない.

[堀内四郎]

📖 さらに詳しく知るための文献
堀内四郎,2001.「死亡パターンの歴史的変遷」『人口問題研究』57 (4): 3-30.
ウィルモス,J. R., 石井 太訳,2010.「人類の寿命伸長」『人口問題研究』66 (6): 32-39.

寿命の性差
sex difference in longevity

☞「寿命の歴史的伸長と疫学的転換」p.86「寿命の国際比較」p.94「寿命の将来」p.98「長寿化の帰結」p.102「平均寿命と生命表」p.452

　動物の個体には，その誕生から死亡までの間に生存期間があり，無限に生存することはできない．その生存期間は有限で，またこの生存期間には個体差がある．この生存期間を寿命（longevity あるいは life span）と呼び，個体の集団について，観察した寿命を出生時の平均寿命（life expectancy at birth）という．

　一般に，寿命の限界を考察する場合には，生態学的寿命と生理学的寿命を区別して考える必要がある．生理学的寿命とは，動物個体の生存が飢えや事故などの環境から脅威にさらされない場合の寿命である．一方，生態学的寿命とは，現実の自然界での生息場所で周囲の環境と相互交渉をもちながら生存している場合の寿命である．

　現実的にはすべての動物は環境との相互交渉をもっていることから，寿命とは生態学的寿命を意味することになる．人類の場合は，特に先進国において，近年，生態学的寿命が生理学的寿命に近づいているとみることもできる．

●**寿命の計測**　人口集団の寿命水準を計測するには，観察しようとする期間の年齢別人口と年齢別死亡数を用いて，出生から各年齢の間の死亡確率を求め，出生数10万（これを生命表の基数という）が年齢の上昇とともに減少する過程を表形式で示した生命表（life table）を用いる．生命表は，いくつかの生命表関数によって構成される．それらには生存数（l_x），死亡確率（$_nq_x$），死亡数（$_nd_x$），定常人口（$_nL_x$），平均余命（$\mathring{e}_x$）などがあり，それらの関数は数理人口学的に連関している．年齢別平均余命のうち，0歳時の平均余命（$\mathring{e}_0$）を人口集団全体の平均寿命（life expectancy at birth）と呼び，その社会の寿命水準を表す指標として用いられる．

●**生命表の歴史**　近代的な生命表理論に基づく生命表は，生物統計学の創始者として知られるグラント（J. Graunt）が17世紀のロンドンについて作成したものに始まるとされる．1693年にハレー（E. Halley）がドイツ（現ポーランド）のブレスラウの死亡記録に基づいて，死亡年齢の統計的解析を行った（Halley 1693）．この研究は保険数理学の発展に貢献し，人口統計学の歴史における重要な出来事とみなされている．

　日本における最初の生命表は，1888年に藤澤利喜太郎が学術誌に掲載した生命表に始まるとされる．その後1912年に内閣統計局が第1回生命表（観察期間1891～98年）と第2回生命表（同1899～1903年）ならびに第3回生命表（1903～13年）を公表している（山口ほか編著 1995）．しかし第3回までの生命表は，国勢調査以前の基礎人口に人口の漏れが多くあり，平均寿命が高めに推計されて

3. 長寿と健康　じゅみょうのせいさ

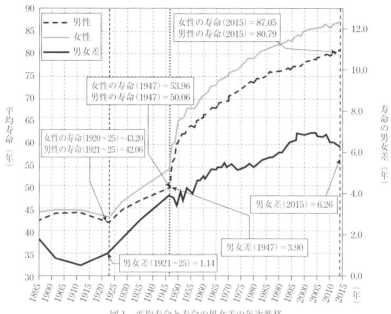

図1　平均寿命と寿命の男女差の年次推移
[厚生労働省統計情報部「完全生命表」および「簡易生命表」による]

いることが指摘されている．水島は第1〜3回の生命表に対して生命表の改訂を行っている（水島1963）．その研究によれば第1回生命表の平均寿命が男性42.8年，女性44.3年とされていたのに対し，改作生命表では35.29年，36.86年と推定されている．国勢調査が開始されて以降の第4回生命表の平均寿命は，1921〜25年の男性42.06年，女性43.20年を示し，それ以前の水島改作生命表の寿命水準に近いことが明らかにされている．戦前期には乳幼児死亡率が低下し始め，徐々に平均寿命は改善していった．戦後の1947年に作成された第8回生命表によると平均寿命は男性50.06年，女性53.96年であった．その後の厚生労働省が作成した生命表によれば，寿命改善は著しく，男女の平均寿命は1950年頃に相次いで60年を超え，1960年に女性の平均寿命は70年に達し，遅れて1971年に男性の寿命も70年を超えた．そして，1984年に女性の平均寿命は80.18年に，男性の平均寿命も2013年に80.21年に達し，男女とも人生80年時代を迎えた（図1）．

● **生命表の作成方法**　生命表の作成方法には，作成の元になるデータの違いから「完全生命表」（completed life table）と「簡易生命表」（abridged life table）の2種類がある．前者の生命表は，国勢調査の実施年について作成されるもので，生命表の作成には暦年集計された人口動態統計と国勢調査に基づく人口から死亡率

が計算される.ところで国勢調査は国勢調査年次の10月1日現在の事実について調べられた人口数であるため,死亡数の観察期間（1月1日から12月31日）に対応した死亡発生母集団人口（年間の生存のべ人口）との間にズレが生じることになる.そのため,母集団人口と死亡数のズレを解消するため,国勢調査では出生の月別の人口,すなわち男女年齢各歳別出生の月別人口が集計・提供され,また人口動態統計では男女年齢各歳別出生年別出生月別死亡数が提供されていることから,これらの人口統計から,死亡率と死亡確率が計算され,生命表が作成されている.このように精緻な計算によって作成されているのが完全生命表である.一方,国勢調査が実施されない年次については,毎年公表される10月1日現在の推計人口に基づいて,簡易的に年央人口を逆進推計した年央人口を用いて生命表が計算される.これを簡易生命表と呼ぶ.

なお,生命表の利用にあたって留意しなければならない点として,通常作成される生命表は,ある一定の期間,通常は1年間に観察される死亡数を用い計算される期間生命表（period life table）であることである.一方,出生コーホートを観察単位として作成される生命表はコーホート生命表（世代生命表）と呼ばれる.しかし,コーホート生命表を作成するには100年以上の観察期間を必要とするため,実際に計算される例は少ない.また,国際間や国内の地域間の人口移動が頻繁な地域や国について作成する場合は注意を要する.日本の全国の生命表を作成する場合は,死亡数や人口は日本における日本人の統計から作成されている.

●**寿命の改善** 日本が経験した寿命の改善は,20世紀以降,世界中の国々でもみられる.寿命改善に貢献した年齢別死亡率にみられる特徴として,乳幼児死亡率から青年期死亡率の低下,そして中高年死亡率の低下へと変化してきたことがあげられる.特に,この年齢別死亡率の低下は,長期間にわたる人口転換・疫学的転換の過程で,主たる死亡原因が感染性から死亡年齢が高い成人の慢性疾患・退行性疾患へと変化し,死亡年齢の高年齢化（ageing of mortality）と呼ばれる現象を生じ,寿命の伸長をもたらした（Preston 1976）.

この寿命の伸長を女性生命表の死亡数の比較からみると（図2）,1921～25年生命表および1947年生命表では0～4歳の生命表死亡数は,それぞれ22.9%,13.9%を占めていた.しかし1980年と2010年の生命表では,それぞれ0.9%,0.3%と乳幼児死亡の占める割合が小さい.それとは逆に,65歳以上の死亡数は,1921～25年生命表および1947年生命表では,それぞれ35.0%,49.1%であったが,平均寿命が改善した1980年に88.5%,2010年に93.6%と,近年の死亡の発生のほとんどが65歳以上の高齢期に集中している.

一般に寿命水準は平均寿命をみるが,0歳時の生存数10万が死亡によって減少し,生存数が半数に達する年齢を寿命中位数年齢と呼ぶ.1921～25年生命表では,男性の平均寿命が42.06年,寿命中位数年齢は50.29年であり,女性の平

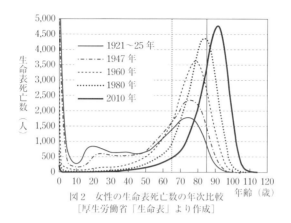

図2　女性の生命表死亡数の年次比較
[厚生労働省「生命表」より作成]

均寿命が43.20年，寿命中位数年齢は49.10年であった．つまり寿命と中位数年齢に大きな開きがあった．しかし両者の開きは徐々に縮小し，2010年の生命表では，男性の平均寿命が79.55年，中位数年齢は82.60年，女性の平均寿命が89.17年，中位数年齢は89.17年を示している．これらの数値が示すように，過半数の人々は平均寿命より長く生存し，現在では平均寿命より3年程度長命である．

●寿命の男女格差　20世紀に入って以降，寿命の男女差に拡大がみられるようになった．1921〜25年の男女の寿命差は1.14年にしかすぎなかったが，徐々に寿命差は拡大し，1947年の生命表ではこの差が3.90年へと広がった．その後，結核に代表される感染症による死亡率低下を反映し，寿命の男女差が拡大した．そして2005年の生命表では過去最大の男女差として6.97年を記録した．しかし，その後男女の平均寿命差は2015年現在で6.23年へと縮小傾向にある．こうした近年の男女差の縮小は多くの国々で観察されている．

このような男女差の拡大の主たる要因としては，男性の心血管疾患の増加，喫煙や飲食習慣などの生活行動やライフスタイル要因が女性よりも男性の方に強く影響を及ぼしていることが指摘されている（Glei & Horiuchi 2007；Beltran-Sanchez et al. 2015）．一方，近年の先進諸国にみられる男女の平均寿命格差の縮小傾向には，男性に多い喫煙が減少してきたことや女性の労働市場への進出を通じて，女性の生活行動やライフスタイルが変容し，寿命の男女差を縮小させる方向に作用してきたことが指摘されている．

［髙橋重郷］

📖 さらに詳しく知るための文献

山口喜一ほか編著，1995．『生命表研究』古今書院．
Preston, S. H., et al., 2001, *Demography: Measuring and Modeling Population Processes*, Blackwell Publishers.
Hiram Beltrán-Sánchez, et al., 2015, "Twenties Century Surge of Excess Adult Male Mortality", *PNAS*（Proceedings of the National Academy of Science of the United States of America）, 112 (29)．

寿命の国際比較
international comparison of longevity

☞「寿命の歴史的伸長と疫学的転換」p.86 「寿命の地域差」p.100 「生活習慣と死亡・健康」p.106

　国連の *World Population Prospects 2017 Revision*（UN 2017）によれば，2010～15年における世界全域の平均寿命は，男性では68.55年，女性では73.11年となっている（図1）．およそ60年前にあたる1950～55年における平均寿命が男性で45.51年，女性で48.50年であったことから，この間に男性で約23年，女性で約25年もの伸長があったことになる．ウィルモスによれば，人類の平均寿命伸

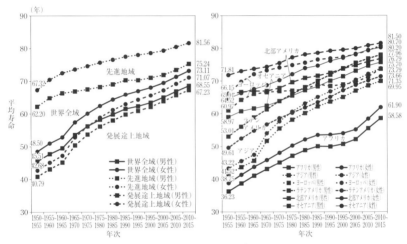

図1　世界の地域別平均寿命の推移
[United Nations, *World Population Prospects 2017 Revision* より作成]

長の約半分は20世紀に達成されたものであり，この平均寿命の延びの大半は疫学的転換による乳幼児死亡率の低下によるものとしている（ウィルモス 2010）．そして，特に20世紀後半については発展途上地域での平均寿命延伸が著しい．先進地域の平均寿命が1950～55年に男性62.20年，女性67.32年，2010～15年に男性75.24年，女性は81.56年で，男性で約13年，女性で約14年の延伸であったのに対し，発展途上地域では1950～55年に男性40.79年，女性42.68年，2010～15年に男性67.23年，女性は71.07年と，男性で約26年，女性で約28年の延伸となっている．リヴィ-バッチによれば，先進地域の死亡率が伝染病の制御に役立つ医学を中心とした知識の蓄積により緩やかに低下したのに対して，発展途上地域では20世紀半ばからこのような知識が先進地域から急速に移転されたため，劇的な死亡率低下を生じたとしている（リヴィ-バッチ 2014）．

●**地域別の寿命比較**　さらにこれを地域別に観察してみよう．まず先進地域に属する地域が多いヨーロッパ，北部アメリカ，オセアニアをみると，ヨーロッパでは1950～55年に男性60.97年，女性66.15年，2010～15年に男性73.66年，女性は80.70年，北部アメリカでは1950～55年に男性65.91年，女性71.81年，2010～15年に男性76.79年，女性は81.50年，オセアニアでは1950～55年に男性58.97年，女性64.52年，2010～15年に男性75.70年，女性は80.20年となっている．これらの地域では1950～55年時点ですでに一定程度の疫学的転換が進んでいた地域が多く含まれ，比較的緩やかな延びとなっている．

一方，寿命の延びが大きいのはアジアとラテンアメリカである．アジアでは1950～55年に男性41.52年，女性43.22年，2010～15年に男性69.95年，女性は73.79年と男性約28年，女性は約31年もの延びを示している．また，ラテンアメリカでは1950～55年に男性49.61年，女性53.01年，2010～15年に男性71.38年，女性は77.96年と，アジアほどではないものの男性約22年，女性は約25年の延びとなっている．これらの地域では，個別の国・地域によって違いはあるものの，この間に疫学的転換が進んだものと考えられる．一方，アフリカはこの期間に一定の延びを示しているものの，全体として低い水準に留まっている．

●**特徴のある地域**　2010～15年に男性で最も平均寿命が高いのはアイスランド（80.58年）でスイス（80.50年），香港（80.48年）がこれに続いている．女性では1位は日本（86.44年）で香港（86.40年），マカオ（86.19年）が続いている．一方，最も低いのは男性では中央アフリカ共和国（47.80年），女性ではシオラレオネ（50.74年）となっており，最も高い国・地域との差は男性で約33年，女性では約36年にも及んでいる．アフリカの平均寿命が低いのはサブサハラアフリカにおけるHIV/AIDSによる影響も大きい．最も深刻な影響を受けている南アフリカの寿命は，1990～95年に男性で58.46年，女性で65.64年であったが，2000～05年には男性50.67年，女性55.84年まで減少している．しかしながら，2010～15年には男性55.96年，女性62.73年まで回復しており，HIV/AIDSによる影響は和らぎつつあるといえよう．また，このような一時的な平均寿命の減退を経験した地域として，このほかにソビエト連邦解体後の東欧諸国があげられる．特に顕著に平均寿命が減少したのがロシアの男性で，1985～90年に63.86年であったものが2000～05年に58.63年まで減少している．世界全域でみると，20世紀後半の平均寿命は着実な上昇基調にあったものの，個別の国や地域ごとには多様な特徴が観察される．

［石井　太］

□　さらに詳しく知るための文献

United Nations, 2017, *World Population Prospects : The 2017 Revision*, United Nations Population Division.
ウィルモス，J.R., 石井 太訳，2010.「人類の寿命伸長―過去・現在・未来」『人口問題研究』66（3）：32-39.

健康寿命（余命）
healthy life expectancy

☞「寿命の国際比較」p.94「健康格差」p.108「医療技術の進歩と死亡・健康」p.110「健康の生命表分析」p.472

　健康寿命とは，ある健康状態で生きる人生の長さを表した指標である．健康状態別寿命とも呼ばれるように，平均寿命を健康な期間と不健康な期間に分け，それぞれの状態で生きられる長さが健康寿命であるが，一般的には健康な状態で生きられる人生の長さを示す指標として使われる．なお，出生時の健康で生きられる長さが健康寿命，ある年齢まで生存した人のその後の健康で生きることのできる人生の長さが健康余命と定義されるため，本章では二つの表現を適宜使い分ける．

●健康寿命の概要　疫学的転換（Omran 1971）の結果，急性の感染症に代わって悪性新生物，心疾患，糖尿病などの慢性疾患が拡大したことを背景に，平均寿命ではかる人生の長さに加え，健康状態を加味した人生の質が重要視されるようになった．そうした議論の結果として生まれたのが，「あと何年健康な状態で生きられるのか」という健康寿命の考え方である．健康寿命の推定には，性・年齢階級別の死亡率と健康度に関する情報が必要となる．健康の定義には，主観的健康観（healthy life expectancy），日常生活動作能力における障害の有無（disability-free life expectancy）に加え，心疾患，糖尿病，脳卒中などの特定の疾病の有無（disease-free life expectancy）など，さまざまな健康に関する尺度が使われ，用いられる指標によって健康寿命の呼び名が異なる．算出には一時点におけるある健康状態の罹患率に基づくサリバン法が広く使われ，そのほかにも健康状態別の生命表を作成する多相生命表，マイクロシミュレーションなどの手法が考案されている．このように計算方法の前進と社会調査の進展で健康の尺度に関する情報が入手可能になったことで健康寿命の推計が進み，国民の健康状態を表す包括的な指標の一つとして広く採用されるに至った．

●国際的な健康寿命の比較　健康指標を統一する動きが進み，健康寿命の国際比較が行われるようになっている．例えば，世界保健機関（WHO）を含めた共同研究「世界の疾病負担研究（Global Burden of Disease, Injuries, and Risk Factors Study：GBD）2010」の一環として，1990年，2010年の世界187か国における健康寿命が公表された（Salomon et al. 2010）．この研究では1160に及ぶ症状の罹患率を推計し，数量化された疾病の負担率を使って健康な状態で生きられる人生の長さを国・性・年齢階級別に算出している．2010年の結果によると，日本が187か国中最高（男性70.6年，女性75.5年），ハイチが最下位（男性27.8年，女性37.1年）となり，世界における格差が浮き彫りになった．ヨーロッパ連合（EU）では，日常生活に制限のない期間（healthy life years）が公式人口統計の

一つとして2004年に採用された．EU加盟国を網羅した社会調査 the Statistics on Income and Living Conditions（EU-SILC）を使うことで，健康寿命の推定と国を超えた比較が可能となった．2010年の結果では，東欧の新規加盟10か国と西欧の旧来の15か国加盟国との間で50歳時点の健康余命に男性で4.2年，女性で3.2年の差があることがわかった（Fouweather et al. 2015）．また，健康寿命の算出が進んだことで，差を生んでいる要因の特定が新たな研究課題となっている．例えば，ヨーロッパでは1人あたりGDP，高齢者福祉支出，物質的に困窮する世帯の割合などの社会・経済変数が50歳時点の健康余命と関係していることが報告されている（Fouweather et al. 2015；Jagger et al. 2008）．こうした研究を通じ，世界各地で広がる健康寿命の格差のメカニズムが明らかになることが期待される．

●日本における取り組み　2013年，日常生活に制限のない期間にみる日本人の健康寿命は男性で71.19年（不健康期間9.02年），女性で74.21年（不健康期間12.4年）となった（図1）．割合でみると，男性は平均して88.75％，女性は85.68％の生存期間を日常生活に制限のない状態で生きられることになる．女性の方が健康寿命の絶対値は長いものの，健康で生きられる人

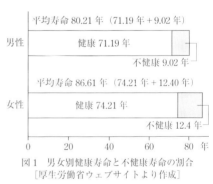

図1　男女別健康寿命と不健康寿命の割合
[厚生労働省ウェブサイトより作成]

生の割合は男性よりも低いことが注目される．国民の健康増進を目指した「21世紀における第二次国民健康づくり運動（健康日本21・第二次）」の中で，健康寿命が中心課題の一つに設定された．具体的には，2013〜2022年の間で，平均寿命の延伸を上回る健康寿命（日常生活に制限のない期間）の増加を達成し，さらに2010年の時点で男性2.79年（愛知県71.74年，青森県68.95年），女性2.95年（静岡県75.32年，滋賀県72.37年）となった都道府県間の格差を今後10年で縮小することが目標に掲げられている．また，健康寿命の考え方は介護政策とも関係しており，日常生活に介護を要しない期間（自立期間），介護を要する期間（要介護期間）に関する研究も進められている．日本でも慢性疾患が死亡要因の上位を占める現在，人生を長さと質の両面からとらえる健康寿命の考え方はますます重要になっている．　　　　　　　　　　　　　　　　　　　　　　　　[菅原友香]

　　📖　さらに詳しく知るための文献

齋藤安彦, 1999,『健康状態別余命』日本大学人口研究所研究報告シリーズ No. 8.
厚生労働省,『健康日本21（第二次）』http://www.mhlw.go.jp/stf/seisakunitsuite/bunya/kenkou_iryou/kenkou/kenkounippon21.html

寿命の将来
longevity in future

☞「寿命の歴史的伸長と疫学的転換」p.86「長寿リスク」p.112「死亡率の将来的な上昇リスク」p.114「将来生命表」p.474

国連の World Population Prospects 2017 revision（UN 2017）によれば，1950～55 年における世界全域の平均寿命が男性で 45.51 年，女性で 48.50 年であったのに対して，2010～15 年には男性で 68.55 年，女性で 73.11 年と男性で約 23 年，女性で約 25 年もの延伸を経験してきた．人類の平均寿命伸長の約半分は 20 世紀に達成されたものとされるが（ウィルモス 2010），このように驚異的な延伸を遂げてきた人類の寿命の将来はどのようになるのであろうか．

●**寿命に関する仮説**　人類の平均寿命や最大寿命がどこまで延びうるのかという「寿命の限界」に関しては，これまで専門家の間でもさまざまな議論が行われてきた．フリーズ（Fries 1980）は，最高死亡年齢などが変化をしていないことから最大寿命には限界があること，一方，それまでの平均寿命の延伸は新生児死亡などの早期死亡率の低下によるものであり，高齢死亡率の改善はみられないことから生存数曲線が矩形化してきており，これが続けば平均寿命も限界に達すると論じた．また，これ以外にも，死力などの生命表関数には超えられない極限分布があり，これに近づくと平均寿命が限界に達するという主張もある．このような議論をウィルモスは (1) 生存期間の限界仮説，(2) 死亡分布集中化・生存数曲線矩形化仮説，(3) 分布の限界仮説の三仮説に定式化し，それぞれの問題点を論じている（Wilmoth 1997）．最大寿命に関する (1) の仮説については，スウェーデンの長期にわたる最高死亡年齢の推移が確実に上昇傾向にあること，特に 1970 年頃からこれが加速度的に延びており，フリーズ（Fries 1980）が論拠とした最高死亡年齢の変化がみられないという主張については問題があるとしている（Willmoth et al. 2000）．また，平均寿命の限界に関わる (2)，(3) について，(2) は 19 世紀から 20 世紀前半にかけては疫学的転換による若年死亡率低下が先進諸国の寿命延伸に寄与したが，最近では中高年死亡率低下の寄与が顕著となっており矩形化の傾向が続いているとは必ずしもいえないこと，また (3) は，もし死亡率が限界に近づいているとすればその改善速度が落ちてきていると考えるのが自然であるが，欧州や日本の 1950～80 年代のデータをみると高齢死亡率改善は速まっており，死亡率が一定の下限に近づいているという主張を裏づける人口学的な事実はみられていないと論じている．

このように，近年，最大寿命や平均寿命に関する限界はない，あるいは存在するかもしれないが，現時点でまだ我々の目に入る範囲にはないのではないかという説を裏づける証拠が多く提示されるようになってきた．もちろん，これらは寿命の限界の有無に決着をつけるものではないが，少なくとも現時点で人類の寿命

は限界に達したとはいえず，今後も一定程度延びていくと考えるのが自然である．
●平均寿命の将来推計　人口学において将来推計を行う場合，最も標準的な手法は人口学的投影手法である．これは過去から現在に至る人口学的データの趨勢が今後も続くとの考え方に基づき，外挿などにより推計を行う方法であるが，将来の平均寿命の推計に関しては，死亡率の将来動向が過去の推移に似ているだろうという前提で推計を行うことに相当する．ウィルモスは，過去2世紀にわたる寿命延伸は，基本的には人々が死因を「認識」し，その死因を回避または遅らせる方法を探すことにより「対応」し，それがすべての年齢層にわたる死亡率を「低下」させてきたという社会的な現象であるとしている．そしてこの「認識（Recognition）／対応（Reaction）／低下（Reduction）」というパターンは，さまざまな時代の，また感染症，心臓血管病，がん，自動車事故などのさまざまな死因に関する死亡率低下のプロセスを適切に特徴づけるものとして，死亡率低下に関する「トリプルR理論」と呼ぶことを提唱している（ウィルモス 2010）．例えば，日本では戦後，結核死亡率の低下に対して，脳血管疾患死亡率の上昇がみられた．しかし，この死亡率上昇が認識され，脳卒中予防対策などの対応がはかられた結果として脳血管疾患死亡率は低下に転じた．さらにこの後，悪性新生物死亡率も上昇するが，がん対策などによって現在では低下が始まっている．

　このように，我々が重視する取組みの対象は時代によって変化するものの，認識された対象への対応を行って死亡率を低下させるという現象は将来も変わることはない．したがって，今後も一定程度の寿命延伸が期待される状況下において，その将来推計には投影手法が望ましいということができる．国連の投影手法に基づく将来推計によれば，世界全域の平均寿命は今後も延伸が見込まれ，2045〜50年に男性で74.70年，女性で79.27年，2095〜2100年に男性で80.67年，女性で84.60年になるものと推計されている．

　日本の平均寿命も20世紀後半に著しい延伸を遂げ，現在，国際的にトップクラスの水準であるとともに，今後もさらなる延伸が見込まれている．このような日本特有の死亡動向は諸外国からも高い関心が寄せられているが，その要因などについては必ずしもよくわかっていない部分も多く，急速に増加する高齢者によってもたらされる超高齢層の死亡データの活用などを通じた，さらなる詳細な分析が求められている分野でもある．このように国際的にみて高い水準を維持し続けている日本の長寿メカニズムの解明を進めることにより，人類の寿命の将来やその限界の議論に資する知見がもたらされる可能性が期待される．　　［石井　太］

📖 さらに詳しく知るための文献

United Nations, 2017, *World Population Prospects : The 2017 Revision*, United Nations Population Division.
ウィルモス，J.R.，石井 太訳．2010，「人類の寿命伸長―過去・現在・未来」『人口問題研究』66（3）：32-39.

寿命の地域差
regional difference in longevity

☞「平均寿命と生命表」p.452「死亡の小地域推定」p.468「地域将来人口推計の死亡仮定」p.632

　寿命はある特定の年齢別死亡率のパターンに期待される生涯の長さを示す指標である．日本の寿命の地域差を調べるための基本的な資料には厚生労働省が作成する「都道府県別生命表」ならびに「市区町村別生命表」がある．いずれも5年ごとの国勢調査のたびに作成されており，都道府県別生命表は1965年以来2010年までに10回，市区町村別生命表は2000年以来2010年に3回目のものが作成されている．作成の基本的な考え方は国勢調査が実施された年に観察された当該地域の年齢別死亡率（前後3年間の平均的水準）をもとにする期間の指標であり，死亡は人口移動とは統計的に独立に発生する（したがって当該地域で生まれた人と転入者の年齢別死亡確率が同じ）と仮定されている．

●都道府県別にみた寿命の差　都道府県別生命表によると，1980年から2010年にかけて，全国の平均寿命は男性73.6年から79.6年（6.0年の伸長），女性は79.0年から86.3年（7.3年の伸長）に伸長している．この間，すべての都道府県で男女とも平均寿命は概ね一貫して長くなってきた．1980年の時点で平均寿命が最も長い県と短い県の間には，男性の神奈川県（74.5年）と青森県（71.4年）で3.1年，女性の沖縄県（81.7年）と栃木県（78.1年）で3.6年の差がある．2010年についても，男性の長野県（80.9年）と青森県（77.3年）で3.6年，女性の長野県（87.2年）と青森県（85.3年）で1.9年の差があった．全国的に10～15年間で起こった平均寿命の変化程度の較差が，各時点の都道府県レンジにあったことになる．また，平均寿命の標準偏差を平均で除した変動係数を男女別にみると，1980年は男性0.0094と女性0.0074，1995年は男性0.0074と女性0.0057，2010年は男性0.0079と女性0.0049に変化している．若干の上下動があるものの，全国的な死亡水準の低下の中で，やや地域格差を縮小しながら寿命は伸長してきた．

　このような地域差には比較的安定した地理的なパターンがみられる．男性では，最長寿なのは1990年以降長野県で，逆に青森県は1980年以降一貫して最も寿命が短い．女性では，1980～2005年を通し沖縄県が最長寿で，1995年以降は青森県の寿命が最も短い．また，1980～2010年の間に作成された7回の生命表のうち上位5番目までの長寿県になった回数をみると，男性では福井県（6回）や神奈川県（5回），女性では島根県（6回）や熊本県（6回），長野県（5回）が多い．逆に，下位5番になった回数をみると，男性では秋田県（5回），女性では栃木県（7回）や大阪府（6回），茨城県（6回）が多い．1980年と1985年など，t-5年とt年の平均寿命の時系列相関係数をみると，男性では0.9354～0.9581，女性は0.9037～0.9546であり，ほぼ線型の相関関係がみられる．

●**市区町村別にみた寿命の差**　市区町村別生命表は国勢調査の翌年末現在の市区町村境域での自治体別に作成されているが，ここでは2013年3月1日現在の境域（1730市区町村および12政令市の128区）に集計した生命表による平均寿命の地域差を示す．なお，2000年と2005年は国勢調査の前後3年間について2次医療圏の平均的な死亡水準を考慮した生命表が作成されたのに対し，2010年については単年のデータを用いて都道府県の平均的な死亡水準を考慮した生命表が作成されている．このため2010年は2005年以前と質的にやや異なる（菅 2018）．

　市区町村別生命表による2000～10年の平均寿命の推移をみると，概ね9割以上の自治体で平均寿命は伸長している．平均寿命が最も長い自治体と短い自治体をみると，男性については，2000年は横浜市青葉区（80.3年）と大阪市西成区（71.5年）の間に8.8年，2005年は横浜市青葉区（81.7年）と大阪市西成区（73.1年）の間に8.6年，2010年は長野県松川村（82.2年）と大阪市西成区（72.4年）の間に9.7年の差があった．女性については，2000年は沖縄県豊見城市（89.2年）と長野県天龍村（80.9年）の間に8.3年，2005年は沖縄県北中城村（89.3年）と東京都奥多摩町（82.8年）の間に6.5年，2010年は沖縄県北中城村（89.0年）と大阪市西成区（83.8年）の間に5.2年の差があった．市区町村別平均寿命には，都道府県別にみた場合の2倍以上のレンジがあることになる．ただし，都道府県単位の平均寿命のレンジを外れるのは，男性で7.9～10.0％の自治体，女性で14.2～18.0％の自治体で，概ね9割程度の自治体は都道府県単位でみたレンジ内での変動である．また，平均寿命の標準偏差を平均で除した変動係数を男女別にみると，2000年は男性0.0125と女性0.0091，2005年の男性0.0128と女性0.0085，2010年の男性0.0117と女性0.0078に変化している．男性については明瞭な時系列変化のパターンを見出せないが，女性については市区町村別にみても地域較差をやや縮小しつつ寿命は伸長してきたことになる．

　地理的なパターンについては，市区町村のような小地域を対象とすると偶発的な変動幅が大きくなり明瞭なパターンを見出すことが難しくなる．しかしながら，男性では例えば横浜市青葉区は2000年と2005年は最も長寿，2010年は7番目に長寿な自治体であった．女性については，沖縄県豊見城市（2位，1位，1位）や北中城村（1位，4位，7位），北海道壮瞥町（4位，8位，3位）が長寿である（括弧内は2000年，2005年，2010年の順位）．逆に，大阪市西成区の寿命は男性では2000年以降一貫して顕著に短く，女性でも2010年は最も短い（2000年は下から5番目，2005年は下から4番目）．2000年と2005年，2005年と2010年の平均寿命の時系列相関係数は男性で0.8503と0.7561，女性で0.7250と0.6369で一定の相関が認められる．特に小規模の自治体で変動が大きく，人口30万人以上の市区町村（76自治体）に限定した相関係数は男性で0.9328と0.8901，女性で0.8717と0.8647という高い相関関係を示す．　　　　　［菅 桂太］

長寿化の帰結
consequence of longevity extension

☞「人口高齢化」p.64「人口ボーナスと人口オーナス」p.70「寿命の歴史的伸長と疫学的転換」p.86「人口転換の数理モデル」p.550

　男女の寿命が延びることによって，人口動態の変化や人口の年齢構造への変化，さらにそれが社会経済的諸側面に影響を及ぼす．さらに，寿命の伸長は人々の生存期間の拡大を通じてライフサイクルの変化をもたらすとともに，一般的に長寿化は生存期間の男女差を伴うために，人口の男女性比にも影響を与える．

●人口転換への影響　人口転換の初期の段階では，高い出生率のもとでの乳幼児死亡率の低下によって生存子ども数の増加がもたらされる．日本の1921〜25年の女性生命表の生存数をみれば，乳幼児期の生存数が急激に減少し，満10歳に到達する割合は75％，満20歳の割合は69.4％であった（図1）．その後，日本では乳幼児死亡率が

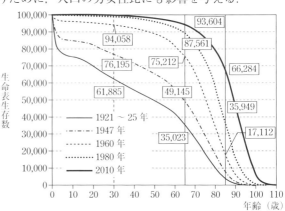

図1　女性の生命表生存数の年次比較
[厚生労働省「生命表」より作成]

大きく改善し，1920年頃の出生1000件に対する1歳未満の死亡数は170件近くあったが，1940年代には90件弱に低下した．その結果，生存子ども数やその後の成人に達する人々がもたらされる．さらに，この段階の高い出生率のもとで，爆発的な人口成長がもたらされる．時間の経過とともに，爆発的に増加した若年人口は，加齢により青年期人口の増加をもたらし，1970年代以降になると65歳以上の高齢者人口の増加，すなわち人口高齢化をもたらす．

●経済社会への影響　人口の長寿化と1970年代半ばから急速に進行した少子化，すなわち人口置換水準以下への出生率低下は，1970代半ば以降の出生数の減少をもたらし，生産年齢（15〜64歳）人口の縮小をもたらしてきている．労働力人口の確保をはかるには，非労働力人口が比較的多い女性人口や定年年齢後の高齢者人口，ならびに外国人人口の労働市場への参加が必要となるが，それらを通じて，年金・医療・介護など，社会保険制度の持続可能性を高めることも課題である．現在の日本の社会保険制度は主に賦課方式となっており，現役世代の働き手（労働力人口）本人と雇用主の保険料，ならびに税からの，社会保険への拠出

によって成り立っている．そのため，若年労働力の減少によって保険料収入を減少させる．その一方，人口高齢化に伴って受給者人口は増加し，社会保険制度の持続可能性に問題が生じることとなる．このため，基礎年金国庫負担割合の引き上げを通じた安定的な財源確保，年金の支給開始年齢の引き上げ，年金のマクロ経済スライド（現役人口の減少や平均余命の延びに合わせて，年金の給付水準を自動的に調整する仕組み）などによって，社会保険制度の持続可能性を高めることが課題となる．

経済の成長，すなわち国民総生産力は，生産技術・労働力人口・生産設備を含む資本ストックの総和によって生み出されるが，長寿化・少子化による人口減少は労働力人口の減少を引き起こす．この人口減少の罠から抜け出すには，AI 技術の開発と普及を通じて生産性を高めることなどが必要とされる．

● ライフサイクルに及ぼす影響　長寿化により結婚から配偶者の死亡までの期間は長くなる．平均寿命が伸長する一方，初婚年齢が一定で，離婚率が低ければ，単純に結婚期間の長期化がもたらされる．つまり夫婦がともに暮らす期間が増加することとなる．しかしながら，男女の結婚年齢の上昇や離婚率の上昇が結婚期間の縮小をもたらすため，ライフサイクルに多様性を生み出す．

また平均寿命には男女差があり，長期的には寿命の延びに従って男女差が拡大してきた．その結果，男女の寡婦・寡夫期間に違いをもたらすことになる．すなわち，配偶関係からみると，高齢期の女性の死別人口割合が多く，男性が平均的に女性より早く亡くなるため男性の有配偶人口割合が少なくなる．

● 人口性比に及ぼす影響　男女の寿命の違いは，長寿化によって人口全体では，男女の人口性比の違いをもたらし，人口に占める女性人口割合を増加させる．すなわち，人口の女性化である．国勢調査によってみると，1920 年の男女性比は 100.4％（男性人口を女性人口で除した比率），1970 年のそれは 96.4％，そして 2015 年では 94.8％と女性 100 人に対する男性比の低下が起きている．

もともと出生時の男女性比は女児 100 人に対して，男児の比率は 105〜106 人程度で比較的に安定しているが，寿命に男女差があるため，男性人口の方が女性人口より若い年齢で死亡が多く発生する．そのため，寿命の男女格差が拡大してきたことにより人口全体の人口性比は縮小してきている．また，2015 年国勢調査の結果によって年齢別に人口性比をみると，20 歳未満では 105％前後であるが，65 歳では 94.7％，85 歳で 57.5％へと低下し，高年齢期の性比が大きく縮小する．すなわち，寿命の性差が高齢期人口の女性化をもたらす．

[髙橋重郷]

📖 さらに詳しく知るための文献

United Nations, 1986, "Consequences of Mortality Trend and Differentials", *Population Studies*, (95).

社会経済階層と死亡・健康
socioeconomic disparity in health and mortality

☞「寿命の歴史的伸長と疫学的転換」p.86「寿命の地域差」p.100「健康格差」p.108「医療技術の進歩と死亡・健康」p.110

　人の寿命や疾病頻度は遺伝子，行動など生物学的な側面のみならず，より根本的には生まれ育った家庭環境や属している社会経済階層によって決まる面が大きい．本稿では社会経済階層と死亡・健康との関係に焦点を絞る．

　既存研究によると，低所得者は高所得者に比べて，社会経済的地位の低い者は社会経済的地位の高い者に比べて健康状態が悪く，死亡率は高い．そして，社会経済階層と死亡・健康をつなぐ経路は，医療資源へのアクセス機会の多寡，健康行動，劣悪な生活環境（環境曝露），心理的ストレスなどである．

●**社会と健康に関する研究の歴史**　社会が人々の健康に影響するという考え方は工業化と都市化が急速に進展した19世紀初頭にすでに存在していた．当時，フランスのヴィレルメ（L. R. Villermé）やドイツのウィルヒョウ（R. L. C. Virchow），英国のチャドウィック（E. Chadwick）らは貧困層と富裕層の健康格差に注目して研究を進め，その結果をもとに健康格差改善のための教育，経済，政治上の改善を提唱している．

　社会と健康の関係に関しては社会学，公衆衛生学，疫学，経済学，心理学などの諸科学においてそれぞれの立場から研究が進められてきた．経済学では，1970年代に人的資本モデルを拡張した健康投資モデルが経済学者のグロスマン（M. Grossman）により開発され，健康の社会経済要因を説明するための理論的土台が提示された．同モデルは個人の健康状態を人的資本の一部分をなすものとして考え，健康資本という概念を取り入れている．健康資本は年齢とともに減少するが，健康投資を行えば増加することも可能である．しかし，健康投資には医療費をはじめ諸コストがかかり，加えて，労働時間を犠牲にしなければならないという機会費用が生まれる．これは健康投資が予算制約の影響を受けることを意味し，その結果，貧困は健康状態の悪化を招く（Grossman 1972）．

　医学，公衆衛生学では，1990年代に健康・疾病の社会的決定要因を探求する一分野として社会疫学が発展し，「社会階層と健康との関係を研究する際の強力な手法」（川上ほか 2015：5）が提供された．社会疫学でしばしば用いられる多重レベル分析という分析手法は性，年齢など個人要因の影響を除去した上で社会的・経済的要因の影響を特定するという利点があり，集団や地域環境への介入による健康増進または健康改善をはかろうとする公衆衛生施策に精度の高い判断材料を提供する．一方，心理学研究では社会階層と健康を結ぶ心理学的なメカニズムに関する研究が行われている．

●**社会経済階層間の死亡・健康格差**　経済学では健康に影響する社会経済要因と

して貧困や所得階層に注目する．低所得層は予算制約により医療資源へのアクセス機会が制限されるので健康が損なわれる．そして，所得格差はそのまま健康格差に直結する．社会学や社会疫学では社会経済的地位と健康の関係に焦点があてられている．教育・所得水準，職業階層などに代表される社会経済的地位は「社会経済資源へのアクセスに関する情報を提供する指標」として（Duncan et al. 2002：1151），死亡率や疾病罹患率と密接な関係にある．例えば，低い社会階層に属する者は脳血管疾患，心血管疾患，高血圧，関節炎，糖尿病，がん，認知症，高齢者の転倒・骨折，低栄養など疾病の罹患率も死亡率も高いことが観察されている．

社会経済的地位と死亡・健康をつなぐ媒介は，上述の医療資源へのアクセス機会以外に，健康行動，環境曝露，心理的ストレスなどがあげられる（Adler & Newman 2002）．高カロリー・高エネルギーの食生活や運動不足，飲酒・喫煙など健康に好ましくない行動をとる確率は社会経済的地位の低い層が高く，それゆえ生活習慣病の罹患率，そして死亡率も高い状況にある．また，社会経済的地位の低い層は鉛やアスベスト，炭酸ガスなど健康によくない物質に接触しやすい環境や高速道路沿い，工業地の近くに住居を構えており，このような環境曝露によっても健康が損なわれる．

ウィルキンソン（R.G.Wilkinson）は先進国において所得格差が大きい国ほど健康状態が悪いことをあげ，これは精神的な経路が健康に影響する物理的・社会的要因の中で特に重要な役割を果たしている可能性を示唆すると指摘した（Wilkinson 1997）．社会経済的地位が低い層は社会的排除や自尊心の喪失，失業などのリスクの上昇に直面するので，心理的ストレスを抱えやすく，健康が損なわれる．

一方で，健康の社会経済要因については懐疑的な意見もみられる．堀内（2010）は日本において社会経済的指標と平均余命または死亡率との相関が比較的弱いことを指摘する．健康・寿命の社会経済的差異が他の先進諸国ほど明瞭で一貫していない理由として，日本社会が「タテ社会」であることをあげている．

「タテ社会」では異なる社会階層間での文化面・コミュニケーション面での平等性が高く，このような社会では「社会経済的地位の低い階層における不満感疎外感を緩和して，健康について無関心・投げやりな態度になるのを防ぎ」「新しい医療サービスの利用や，新しい健康情報・生活習慣が比較的速やかに社会全体に普及して，医療・健康面でのイノベーションの効果が死亡率・平均余命などの指標に反映されやすい」と指摘する．しかしながら，上述の結論は都道府県（市町村）レベルの集計データや小規模疫学調査を用いた既存研究によるところが多く，個人レベル特にパネル調査を用いた大規模追跡調査を用いた分析が望ましいことを指摘している． ［李 青雅］

生活習慣と死亡・健康
life style effect on health and mortality

☞「寿命の歴史的伸長と疫学的転換」p.86「寿命の性差」p.90「健康格差」p.108「生命表と死因分析」p.470

環境と健康の関係について，オムラン（A. R. Omran）は疫学的転換が進むと，主要な健康問題が乳幼児期の不衛生や低栄養に起因する感染症から中高年期の慢性疾患に移行し（Omran 1971），それとともに生活習慣が死亡や健康に与える影響が大きくなると述べている．もちろん感染症も生活習慣と無縁ではなく，トイレの後や食事の前に手洗いをするかどうかは下痢と関連しているし，外出から帰宅したときにうがい・手洗いをするかどうかは呼吸器系感染症と関連している．そのため WHO や UNICEF や米国 CDC は，手洗い推奨キャンペーンを頻繁に行っている（CDC 2016）今後，地球温暖化に伴ってマラリアや住血吸虫症などの感染症を媒介する節足動物や貝の分布域が温帯地域にも拡大し，温帯の住民が生活習慣を変えないとしたら，思わぬ感染症のアウトブレイクが起こる可能性もある．しかし一般には，感染症罹患には個人の生活習慣以上に上下水道の整備など，社会の衛生水準やワクチンの定期接種など予防医学政策の影響が大きい．

●**社会環境の健康影響**　これに対して，慢性疾患には個人の生活習慣の影響が大きいと考えられており，その意味で厚生労働省は，それまで「成人病」と呼ばれていた多くの慢性疾患に対し，1996 年に公衆衛生審議会成人病部会が答申した「生活習慣病」という名称を採用し，生活習慣の改善による健康水準の上昇を目指した．しかし近年は，いくら個人が生活習慣を改善したくても，運動できるような時間や場所がない，受動喫煙が防止されていない，注がれた酒は文化的慣習として断れない，長時間労働のために生活時間が不規則になるなど，社会環境に問題がある限り改善が不可能であるため，個人の責任追及になりがちな「生活習慣病」よりも「社会環境病」と呼ぶべきであるとする意見もある．公衆衛生学では，主として個人の疾病予防について，適度な運動や睡眠を十分にとることなど一般的な健康増進や予防接種を受けることで疾病罹患を防ぐことを一次予防，健診や検診を通した早期発見・早期治療によって早期治癒や死亡率低下につなげることを二次予防，リハビリテーションなどにより社会復帰を促進することを三次予防と呼ぶ．それらを可能にするための社会環境整備を根本的予防（primordial prevention）あるいはゼロ次予防と呼び，慢性疾患対策におけるその役割は今後重要度を増すと考えられる（AFMC 2017）．

●**健康の前提条件**　社会環境整備は，WHO により開催された健康増進のための国際会議で承認されたオタワ憲章が掲げる「健康のための前提条件」にも含まれている（WHO 1986）．八つの条件のうち，平和，教育，安定した生態系，持続可能な資源，社会正義と公平性の五つは，広い意味での社会環境といえる．これ

らが確保されていなければ健康な生活習慣も不可能なので，当然といえる．

●二重負荷と三重負荷　途上国では感染症による死亡が低下しきらないままに慢性疾患も増加する「二重負荷」が疾病構造上の問題となっており（Bygbjerg 2012），例えば世界の糖尿病患者は4億人以上，毎年150万人が糖尿病によって死亡しているが，患者の4分の3は低・中所得国の住民である（IDF 2015）．それに加えて都市部では交通事故などによる外傷による死亡が増加し「三重負荷」と呼ばれている．

●健康な生活習慣　現在の日本の主要死因は，がん，心疾患，肺炎，脳血管疾患という順になっており，どれも生活習慣の影響が大きい．高齢者の肺炎は感染症だが，インフルエンザ罹患時の対処が不十分あるいは遅れた場合の合併症として，あるいは誤嚥（ごえん）によって起こることが多いので，生活習慣の影響はある．厚生労働省が21世紀の健康目標として提示した健康日本21では，ブレスロー（L. Breslow）の七つの健康習慣として，適正な睡眠時間，喫煙をしない，適正体重を維持する，過度の飲酒をしない，定期的にかなり激しい運動をする，朝食を毎日食べる，間食をしない，が推奨されている（Belloc & Breslow 1972）．このうち喫煙についてはWHOのたばこ規制枠組み条約に調印したことと健康増進法の施行から，受動喫煙を強く規制することになったが，諸外国からは対策が不十分であると指摘されている．過度の飲酒の規制については，WHOの指針を受けたアルコール健康障害対策基本法の施行によって対策が進んでいるが，これも十分に進んでいるとは言いがたい．運動については長時間の座業が慢性疾患のリスクを高めることはわかっており，その対策は可能だが，定期的にかなり激しい運動となると社会環境が不十分といわざるを得ない．一方，国立がんセンターは「日本人のためのがん予防法」として，「たばこは吸わない．他人のたばこの煙を避ける」「飲むなら，節度のある飲酒をする」「食事は偏らずバランスよくとる．塩蔵食品，食塩の摂取は最小限にする．野菜や果物不足にならない．飲食物を熱い状態でとらない」「日常生活を活動的に」「体形は適正な範囲に」「肝炎ウイルス感染検査と適切な措置を．機会があればピロリ菌検査を」をあげている（国立がん研究センター 2016）．これらのリスク因子は欧米とは若干異なっており，日本人について十分な科学的根拠があるものだけがあげられている．肝細胞がん，子宮頸がんなど，多くのがんがウイルス感染と強い関連をもつことが知られるようになり，最近は，これまで以上にワクチン接種などによってウイルス感染を予防することの重要性が主張されるようになっている．逆に，肥満は日本人ではがんとそれほど強い関連がなく，むしろ痩せすぎると脳出血による死亡リスクが高まることも知られるようになったので，「適正な範囲に」という推奨になっている．

［中澤 港］

健康格差
health inequality

☞「寿命の国際比較」p.94「寿命の地域差」p.100「社会経済階層と死亡・健康」p.104「生活習慣と死亡・健康」p.106

　健康格差とは，社会経済的要因による集団および地域間の健康状態の差である．「公衆衛生」の概念が欧州において誕生したとされる18世紀初頭より，貧困や欠乏に起因する疾病や高死亡率の克服はその主要な課題であり，社会経済的状況がどのように個人ならびに集団の健康や疾病の分布に影響するのかという問題は，公衆衛生の古典的命題の一つとなっていた（Berkman & Kawachi eds. 2000；Honjo 2004）．20世紀に入ると，疫学的転換を経た多くの国では，疾病構造の変化に伴い，絶対的貧困や物質的欠乏による疾病や死亡への影響が低下したものの，社会階層や経済的格差と健康の関連についての関心が高まった．平均寿命の伸長が続き，全体的な健康水準の上昇が続く先進国における健康格差が顕在化する中で，1980年代以降の欧米諸国では，「健康の社会的決定要因」（social determinants of health）を分析対象とする学問領域が確立された．社会疫学（social epidemiology）と呼ばれるこの学問領域では，所得水準や学歴・職業といった社会経済的要因が，死亡率をはじめ抑うつなどの精神疾患の有病率を含む種々の健康指標に与える影響や，そのメカニズムについての研究が蓄積されている．特に米国や英国，オーストラリアといった社会疫学先進国では，大規模データと高度な統計分析手法に依拠した最先端の研究成果により，低所得による物質的な制約や医療へのアクセス制限，生活習慣および行動，心理的ストレスといった個人的要因に加えて，人間関係の乏しさやサポート資源の欠如といった社会関係に関する要因が健康格差の背景に存在することが確認されている．

●健康格差分析の視角と方法　米国の人口学者プレストン（S. Preston）によって示された国別の一人あたり所得水準と平均寿命の非線形関係は，社会経済状況の違いを背景とした集団間の健康状態の差を示す基本的な例である（Preston 1975）．プレストン・カーブ（Preston curve）としても知られるこの非線形性は，所得水準の上昇が平均寿命の伸長に与える影響の逓減性を含意するものであるが，特に先進国間の平均寿命の差に関する社会経済的規定要因については1990年代に入り，英国の社会疫学者ウィルキンソン（R. G. Wilkinson）が各国における国内所得分布の平等さと平均寿命との相関関係を提示した（Wilkinson 1992）．所得分布の不平等度が高い国ほど平均寿命（の延び）が短いとするウィルキンソン仮説（Wilkinson hypothesis）は，集団内における所得格差や相対的な豊かさが，人々の行動や意識に影響を与え，健康状態の差にも反映されるというメカニズムを含意する．ウィルキンソン仮説が「相対所得仮説」（Relative income hypothesis）とも呼ばれるのはこのためである．このウィルキンソン仮説は，特

に所得再分配政策が人々の健康に好ましい影響を与えるという強い政策的インプリケーションをめぐって論争を巻き起こすことになった．一方で，所得分配の不平等に示される経済的格差が人々の健康に影響を与える機序に関しては，社会心理的ストレスへの曝露や社会的凝集性の毀損を媒介要因とするものをはじめ，さまざまな仮説が検証され，今日の健康格差研究にとっての主要な分析課題へとつながっている．また，国レベルでの集計値のみを用いた相関分析（エコロジカル分析）に依拠したウィルキンソン仮説については，当初より個人の所得水準による影響と集団内の所得分布の影響が峻別できていないという方法論的批判が存在した．このような方法論的課題を克服するために，2000年代以降の健康格差分析では，特に地域環境や集団特性の影響といった「文脈効果」の識別および検証を目的としたマルチレベル・モデルが導入され，ミクロ（個人）とマクロ（集団・地域）といった異なるレベルの要因の効果を同時にモデル化するアプローチが主流になっている．こうしたマルチレベル分析手法の導入により，個人の属性や行動，意識に加えて，社会関係を含む社会経済的環境や地域特性といった集団的・空間的な要因の影響を考慮した多層的な分析をより精緻に行うことが可能になっている．

●健康格差の縮小を目指して　これまで欧米諸国に比べて，同質的で社会経済的格差が小さいとされてきた日本でも，1990年代後半以降の格差の拡大を背景とした「健康の社会格差」の存在が指摘されるようになった．こうした状況の中，2012年に7月に公表された厚生労働省の『健康日本21（第二次）』では，「健康増進法」に基づく今後10年間の健康政策および関連施策の基本的な方針の一つとして，「健康格差の縮小」が含まれた．また，「健康を支え，守るための社会環境の整備」を促進するために，「ソーシャル・キャピタルの向上」に取り組むことが明記された．ソーシャル・キャピタルとは，「人々の協調行動を促すことにより社会の効率性を高める働きをする信頼・規範・ネットワークといった社会組織の特徴」（Putnam 1993）と定義される．生活習慣の改善や早期検診の奨励など個人の属性や行動といったミクロ的要因に加えて，こうした地域環境や集団特性へのアプローチを通じて集団的な健康リスクを下げようとする公衆衛生的な取り組みをポピュレーション・アプローチという．『健康日本21（第二次）』の基本的な方向として強く志向されることになったポピュレーション・アプローチは，多分野にわたる地域社会の資源の活用やコミュニティの機能の強化を通じて住民の健康を促進することを目指すという特徴をもっている．　　　　　　　［中川雅貴］

📖 さらに詳しく知るための文献
川上憲人ほか編, 2015,『社会と健康―健康格差解消に向けた統合科学的アプローチ』東京大学出版会.
近藤克則, 2010,『「健康格差社会」を生き抜く』朝日新聞出版.
Siegel, J. G., 2012, *The Demography and Epidemiology of Human Health and Aging*, Springer.

医療技術の進歩と死亡・健康
medical advancement on health and mortality

☞「寿命の歴史的伸長と疫学的転換」p.86「社会経済階層と死亡・健康」p.104「生活習慣と死亡・健康」p.106「健康格差」p.108

　医療技術とは，健康増進，予防，疾病の診断・治療，リハビリテーション，または慢性期ケアに関わるあらゆる介入を指す．これらには医薬品，医療機器，手技，そして医療に利用される組織されたシステムを含む．これは医療技術の評価を行うThe International Network of Agencies for Health Technology Assessment (INAHTA) が与えた定義であり，厚生労働省の審議会である中央社会医療協議会費用対効果評価専門部会の資料中で用いられている．一般的に医療技術は医薬品，医療材料および医療者などの技術の3分野に関わる技術と考えられており，現に上記の中医協でも技術評価をその3分野について行うこととしている．

　健康についての定義は代表的なものとしてWHOによる"Health is a state of complete physical, mental and social well-being and not merely the absence of disease or infirmity"がある．平成26年度版の厚生労働白書では「健康とは，肉体的，精神的及び社会的に完全に良好な状態であり，単に疾病又は病弱の存在しないことではない」と訳されている．

　そのほかにも健康には2001年5月にWHO総会で採択された国際生活機能分類をはじめ非常に多様な定義がある．ここでは医療技術の進歩と死亡率の低下で測定した健康との関連に限定する．

●**医療技術の進歩と死亡率の低下をめぐる素朴な議論**　医療技術の進歩が死亡率の低下にどの程度影響するかについて解明する国内での試みは西田により行われた（西田 1986b）．彼はまず1920〜80年までの死亡率の低下は11の死因によること，その3分の2は微生物が原因（感染症）によるものであったことを示した．その上で，各死因による死亡率と新しい医療技術（ほぼ薬剤である）の導入時期との対応関係を吟味することにより，1920年代以降の日本における死亡率低下は感染性疾患の死亡率低下が主となって引き起こされたが，それに対する化学療法の貢献の割合は低いことを示した．

　西田の研究は一部が彼の引用にもあるマキューン（T. Mckewon）らによる一連の研究の射程上にある．例えば，マキューンとブラウン（McKeown & Brown 1955）は死亡率の低下に関連し得る要因として，外科的治療，助産師の役割，医薬品，病院と薬局，予防，環境調整をあげている．これらの技術について18世紀に利用可能になったものもあるが，効果的な利用がなされたかという点などを批判的に検討し，結果として環境の改善（栄養の改善）が死亡率の改善の最も許容できる説明であるとしている．

●**素朴な議論に対する反論**　マキューンらの一連の議論に対して，シュルター

(Szreter 1988) はマキューンらの研究における実証的根拠の解釈について批判し, 社会的介入の貢献の重要性を指摘している. シュルターの説明では, マキューンらの議論は死因をまず病原体由来のものとそれ以外に分けている. それ以外にはがんや心疾患が含まれる. その上でマキューンらは 1) 病原体の毒素の低下, 2) 病原体への曝露の減少, 3) 病原体への曝露後の抵抗力の増大を死亡率低下の要因としている. 3) の一要因として栄養状態の改善が含まれるのであるが, 他の要因について批判的に検討して除外した残余として死亡率低下のもっともらしい要因としている. シュルターはこの点を批判し, 栄養状態の改善が実際に死亡率を低下させたかについては証拠がないと批判した. 彼は, マキューンらのデータは産業化による都市の過密化に対し, 公衆衛生活動などの社会的介入の重要性を示唆するという別の解釈の可能性を指摘している.

●**現在の議論** より最近の研究では, 池田らが 1950～2010 年の日本の平均寿命の伸びの約 4 割が 1950 年代から 1960 年代前半に達成されており, 5 歳未満の子ども, 60 歳未満の成人の死亡率の大幅な減少によるとしている (池田ほか 2011). 母親教育, 安全な飲料水へのアクセスの確保, 1952 年に無償化された胸部 X 線検査や結核の薬剤治療, 脳卒中については降圧剤服用率の上昇, 塩分摂取量の低下を含む生活様式の改善, さらに健康診断を含む一次予防と二次予防の提供の義務づけを要因として指摘している. 米国については, マッギニスら (McGinnis et al. 2002) が死亡に影響を与える要因を, 遺伝, 社会状況, 環境条件, 人間の行動, 医療に分類した上で, 先行研究の推定値などに依拠しながらそれぞれの早死に対する貢献について 30％, 15％, 5％, 40％, 10％とする推計値を示している. これらの研究は日本と米国の違いはあるが, シュルターの指摘とも整合的であり, 人間の行動に対する社会的介入が健康 (死亡など) の改善の重要な要因であることを示しているといえよう.

●**議論の射程** このように先行研究は医療技術の進歩よりも, 健康への社会的介入の重要性を示唆している. 健康への社会的介入が医学的な知識に基づくとすれば, 広い意味では医療技術の進歩が死亡率を低下させたとみなすこともできる. 他方で, 堀内が指摘するように (堀内 2010), 格差社会化が寿命延伸を鈍化させる可能性もあり, 背後にある個人の行動や社会介入の有効性などについては今後も検討される必要がある. [泉田信行]

□ さらに詳しく知るための文献

堀内四郎, 2010.「日本人の寿命伸長—要因と展望」『人口問題研究』66 (3):40-49.
池田奈由ほか 2011.「1. なぜ日本国民は健康なのか」『ランセット日本特集号—国民皆保険達成から 50 年』pp.29-43.
McGinnis, J. M. et al., 2002, "The case for more active policy attention to health promotion," *Health Affairs*, 21 (2):78-93.

長寿リスク
longevity risk

☞「平均寿命と生命表」p.452「リレーショナルモデル」p.462「リー・カーター・モデル」p.464「将来生命表」p.474

長寿リスクとは，期待した寿命より長生きすることにより生じる社会経済生活上のリスクをいう．例えば，ある人が平均寿命より長生きした場合に，老後の生活資金である金融資産が枯渇してしまうリスクが該当する．公的年金の財政見通しにおいては，将来推計人口に基づきあらかじめ将来の死亡率の低下による寿命の伸長を織り込む実務が行われているが，見通しより寿命が伸長すると予想していたより多くの年金給付を支払わねばならず，年金財政上の長寿リスクが内包される．終身年金を提供する企業年金や保険会社の年金商品においても，長寿リスクが存在する．

日本の平均寿命は，表1のとおり男女とも伸長して推移している．5年ごとに将来推計人口の前提となる将来生命表が作成されており，1992年に厚生省人口問題研究所が算出した標準化死因別死亡率補外法による将来生命表では，平均寿命は2000年に男77.30年，女83.77年，2010年には男77.82年，女84.47年と推定されていたが，実際はそれを上回る年数であった．このことは長寿リスクが存在しているこ

表1　日本の完全生命表による平均寿命の推移

	男（年）	女（年）
第8回（1947年）	50.06	53.96
…	…	…
第17回（1990年）	75.92	81.90
第18回（1995年）	76.38	82.85
第19回（2000年）	77.72	84.60
第20回（2005年）	78.56	85.52
第21回（2010年）	79.55	86.30
第22回（2015年）	80.75	86.99

[厚生労働省．2017.『第22回生命表』厚生労働統計協会]

とを示している．なお，国立社会保障・人口問題研究所（以下，社人研）では，2002年の将来推計人口の前提である将来生命表の作成から，リレーショナルモデルの一つであり世界的に広く用いられているリー・カーター・モデル（Lee-Carter model）(Lee & Carter 1992)をベースとした死亡率モデルを利用している．

●**長寿リスクの評価**　上述の長寿リスクを把握するため，少数種類のパラメータによるリレーショナルモデルなどの死亡率モデルが利用される．対象となる保険集団の死亡データに死亡率モデルを適用することなどによりパラメータ推定し，その結果に基づき将来の死亡率変動に関わる不確実性を感応度分析や確率的評価により定量化する．代表的な死亡率モデルには上述のリー・カーター・モデルのほか，死亡率のロジットに対し規定されるケアンズ・ブレーク・ダウド・モデル（Cairns-Blake-Dowd model），コーホート効果を考慮した年齢・期間・コーホートモデル（Age-Period-Cohort model）やレンショウ・ヘイバーマン・モデル（Renshaw-Haberman model）などがある．これらの死亡率モデルの詳細につい

てはケアンズら（Cairns et al. 2009）などを参照されたい．金融市場において長寿リスクを取引きするため，死亡率モデルを確率微分方程式で表現したモデルが利用されることもある．

社人研が作成している将来推計人口の前提となる将来生命表には，中位推計のほか低位と高位の推計がある．これらは長寿リスクを低位と高位の場合の相違により表しているものであり，感応度分析の一種といえよう．企業年金を実施する会社の年金債務とリスクを測定し表示・開示するため，国際財務報告基準 IAS 第 19 号『従業員給付』では，死亡率の前提に将来改善の見込みを織り込み，死亡率が年金債務に重要な影響を及ぼす場合は，死亡率の変動による年金債務の感応度分析を実施して開示することが要求されている．

グローバルに事業活動を行う多国籍企業が国際財務報告基準に基づき財務諸表を作成する場合，各国や各地域の寿命の伸長を推計しその変動を考慮した上で，それぞれの国や地域の年金債務の感応度分析を実施し開示する実務が行われている．長寿リスクは，日本以外の国においても存在しており，後述の長寿リスクの管理のため，複数の国の長寿リスクを合算して取り扱うこともある．

金融市場で取引きされる長寿リスクの価格づけには，上述の確率微分方程式を利用したリスク中立評価などが用いられる．高度な数学を用いた金融工学と関係する内容であり，詳細について関心のある読者はケアンズら（Cairns et al. 2006）などを参照されたい．

●**長寿リスクの管理手法**　年金基金における長寿リスク管理の手法として，長寿リスクを一定の対価を支払うことにより外部へ移転する年金バイアウト，年金の加入者や受給権者の長寿リスクに関わる年金保険を購入する年金バイイン，生存率の指標に応じて資金が支払われる長寿債券の購入などがある．保険会社においては，生命保険商品に関わる死亡リスクと年金商品に関わる長寿リスクが死亡率の変動に伴い逆方向に変動することを利用したナチュラルヘッジ，生命再保険や死亡リスクスワップなどのリスク管理手法が利用されている．これらは金融の専門的な手法となるため，詳細について関心のある読者はバーゼル銀行監督委員会などで構成されるジョイントフォーラムの市中協議書（Joint Forum 2013）などを参照されたい．

なお，上記のような手法による長寿リスクの分散には限界があり，長寿化が想定以上に進行し，年金給付原資が不足する場合には高齢者の就労促進や給付の調整などの別の方策も必要となろう．　　　　　　　　　　　　　　　　［井川孝之］

📖 さらに詳しく知るための文献

日本アクチュアリー会．2015．「将来死亡率推計と年金アクチュアリー」『2014 年度年次大会報告集』．

死亡率の将来的な上昇リスク

☞「寿命の歴史的伸長と疫学的転換」p.86「寿命の将来」p.98

future risk of mortality increase

1970年代までは高年齢での死亡率があまり低下していなかったことから，平均寿命は近く限界に到達すると考えられていた（Bourgeois-Pichat 1978；Bongaarts 2006；Gavrilov & Gavrilova 1991；Oeppen & Vaupel 2002；河野 2000）．しかし，いくつかの国における現在の平均寿命は当時示された平均寿命の限界をはるかに超えており，近年では平均寿命は今後も伸びていくとする見方が強まっている（Bongaarts 2006）．

その主な根拠としては，1）これまで幾度となく提示されてきた限界をそのたびに超えてきており，限界は従来考えられていたよりもはるかに高いと考えられること，2）医療技術の進歩や社会制度の拡充など生活環境にさらなる改善が期待できること，3）現在の平均寿命が限界寿命（種としての生存期間の上限）に遠く及ばないこと，4）その限界寿命も医療の進歩などにより伸びる可能性があること，5）先進国，とりわけ日本人女性の高年齢の死亡率改善が衰えをみせていないことなどが挙げられている（堀内 2001；Horiuchi & Wilmoth 1998；Manton et al. 1991；Oeppen & Vaupel 2002；Wilmoth 1997；ウィルモス 2010）．

●寿命の決定要因　寿命は死亡によって決定されるが，その死亡を決定する要因は大きく4つの領域に分けられる．すなわち，1．生物学的要因，2．医学的要因，3．社会経済的・制度的要因，4．ライフスタイル要因である（金子 2010）．

それぞれの要因は次のようなものである．生物学的要因は，ヒトは必ず死亡すること，寿命には種固有の限界点（限界寿命）があるとされること，死亡の年齢パターンなどが該当する．医学的要因は，公衆衛生に代表される死亡の予防と，疾病等への治療の二面がある．社会経済的・制度的要因は，経済水準の上昇や保険制度などの整備等の影響が前述の医学的要因を経由して発現すると考えられる．最後のライフスタイル要因は，過度の飲酒，喫煙，過労，肥満といった生活習慣の乱れである．

現実の死亡率・寿命の変動は，これらの要因が複雑に変化し絡み合った結果である．

●平均寿命が短縮化する可能性　他方，寿命は近く限界に到達する，あるいは短縮する可能性も指摘されている．

1）主な根拠の一つが限界寿命の存在である．客観的に証明されたヒトの長寿記録は122歳であり，その後，世界的に高齢者が増加しているにもかかわらずこの記録が破られる気配がない．もっとも，寿命は延びていくと考える研究者の中には限界寿命はもっと高年齢である，もしくは高年齢へ移動可能であると考える

ものもいる.

2) 根拠の二つ目は，相次ぐ新型感染症の流行である．近年でも後天性免疫不全症候群（Acquired Immunodeficiency Syndrome：AIDS）や重症急性呼吸器症候群（Severe Acute Respiratory Syndrome：SARS），豚／鳥インフルエンザなどのような新しい感染症の流行が続いている．また従来の抗生剤が効きにくい耐性菌も登場している．これら新しい感染症が流行すると世界的に死亡率が大きく上昇する可能性がある．この他にも死亡率上昇のリスクファクターとして，開発途上国における飲酒・喫煙習慣や食生活の変化による糖尿病等の広がりによって死亡率を押し上げるような生活習慣病が地球規模で広がる可能性，生き甲斐の喪失による自殺の増加等があげられている（Bourgeois-Pichat 1978；Lopez 1999；Olshansky et al. 1998；WHO 2007）．

3) また，世界的に政治が不安定化しており，アフリカや中東を中心に相次ぐ内戦やテロの危険性は増している．こうした影響から，一部の国・地域では平均寿命が短縮しているとされている（UN 2017）．

ただし，今後の寿命の動向については，いわゆる悲観論者も含め，長寿化の傾向がしばらく続くという点では一致しており，意見の相違は以前ほど大きくなくなっている（Bongaarts 2006a）．

4) また生活習慣病との関連が深い煙草とアルコールは，政策により動向が大きく変化するため，これらに関する政策によって寿命動向も変動し得る（Lopez 1999）．また，過度の飲酒，喫煙，過労，肥満といった生活習慣の乱れは悪性新生物や糖尿病，高脂血症，高血圧など生活習慣病の罹患率を押し上げる効果が大きい．こうした生活習慣は，世界的な経済発展に伴い開発途上国にも広がっており，今後は生活習慣の乱れに起因する死亡率が上昇する可能性がある．

●今後の平均寿命　国連人口部の推計によれば，世界人口の平均寿命は現在（2015〜20年）の71.95年から2050〜55年に77.62年，2095〜100年には82.59年になるとされている（UN 2017）．近年の平均寿命はこれまで人類が経験したことがないほどの勢いで伸びているが，特に先進国では若年齢における死亡率はほぼ低下しきっており，平均寿命の伸長はその多くが高年齢部分の死亡率低下に起因している．

こうした中で，ヨーロッパ諸国で女性の平均寿命の伸びが鈍くなってきていることを理由に，平均寿命の限界は近いという解釈もある．一方で，日本の女性の平均寿命は世界一の長さでありながら依然として大きく伸びていることから，平均寿命の限界はいまだ遠いとも考えられる．

ともあれ，この日本人女性における平均寿命の著しい伸びが例外的で一時的なものなのか，それとも人類の先頭に立つものであり，さらなる伸びを示すのかは，今後の世界の寿命動向を見通す上で大きな注目を集めている．　　　　　［別府志海］

生物学的寿命
biological longevity

☞「寿命の歴史的伸長と疫学的転換」p.86「寿命の将来」p.98「社会経済階層と死亡・健康」p.104「医療技術の進歩と死亡・健康」p.110「生物人口学」p.380

　不老不死は物語の中にしか存在せず，人には寿命がある．否，人に限らずすべての生物個体には寿命がある．しかもその寿命には生物種間で差があり，同種の生物でも環境によって差がある．50年生きるマウスはいないが，50歳より前に亡くなる人は現在の日本では早死である．織田信長の時代は人生50年であったし，現在でもサハラ以南のアフリカでは50歳より前に亡くなる人は珍しくない．つまり，寿命には時空間多様性があるといえる．さらにいえば，個体レベルの生存時間は同種同所の生物でも多様である．寿命という概念には，事故死や病死による終了を含む実際の集団の平均的な生存時間と，特別な要因がなかったときに，その種は最大でどれくらい生きられるのかという時間の両方が含まれる．前者を代表する指標が平均寿命であるのに対して，後者は特性最高年齢またはライフスパン，最大寿命と呼ばれる．

　しかし寿命の単位を個体レベルにすることをやめれば，すべての生物は同種の生物から生まれるので，生命の一部が次世代に引き継がれていくのも事実である．その意味では生命は永遠である．このことを生物学では生殖質は連続であると呼ぶ．裏を返せば，生殖質を体細胞と切り離すことで，体細胞は生殖質を次世代に受け渡すための使い捨てになったとも考えられ，それが生命に寿命がある理由だとする考え方（体細胞廃棄説）さえある．

　生物学的寿命というテーマについて論じるには，このように平均寿命，特性最高年齢，それらの時空間多様性，その理由について考える必要がある．なお，植物や菌類までを考えると生殖質だけが連続ではなくなってしまい，話が拡散するので，ここでは動物の寿命に限定して考えることにする．

●**特性最高年齢とアロメトリー**　特性最高年齢から始めよう．哺乳動物の世界を見渡すと，代謝の速さと特性最高年齢の間には逆相関に近い関係があり，身体が大きい動物ほど代謝が遅いことが知られている．このアロメトリーという研究分野で有名なのは，身体の大きさを横軸，特性最高年齢を縦軸にとった両対数の散布図を描くと，ほぼ右上がりの直線上にさまざまな動物が並ぶという関係である（本川1992）．人類はこの関係性をやや逸脱していて，身体の大きさから予想されるよりも特性最高年齢が高い．ヒトは体重あたりのSOD（スーパーオキサイドディスムターゼ：マンガン，銅または亜鉛をもつ抗酸化酵素）がチンパンジーの2倍あり，活性酸素を除去する能力に優れているが，後述するようにこのことが長寿に寄与しているかもしれない．他の動物でも家畜化すると特性最高年齢が野生状態より長くなるので，ヒトの長寿を自己家畜化の帰結とする意見もある．

哺乳動物でこのような直線関係が成り立つ理由は，以下のように説明される．小さい動物は大きい動物に比べ，体重あたりの体表面積が大きいため，熱を失いやすい．したがって，身体の小さな動物は体温を保つために，相対的に大きなエネルギーを消費して酸素呼吸を行う必要がある．そのため，一般に身体の小さな動物の方が体重あたりの酸素消費量が大きくなり，生命活動が速く行われるので寿命が短くなるという理由づけである．進化が突然変異と自然淘汰（と中立な遺伝的浮動）の結果であることを考えれば，そのような代謝特性を獲得した生物だけが現在まで生き残ってきたともいえる．今では例外も多いことがわかっているが，一つの合理的な説明といえる（瀬名・太田 2000）．

●酸化による遺伝子損傷が老化の本体と考える雪崩モデル　ここで登場した酸素呼吸は，動物の寿命を考える上できわめて重要な要因である．食物として摂取し，消化管で酵素によって分解し，吸収した他の生物由来の有機物を酸化するという酸素呼吸は，大きなエネルギーが得られるのは利点だが，副産物として活性酸素や過酸化脂質が生じるリスクを避けることができない．動物が生存を続けるためには一生のあいだ細胞分裂を繰り返す必要があるが，細胞分裂のときには遺伝子が複製される必要があり，活性酸素や過酸化脂質が存在するとこの複製にエラーが起こるリスクが上昇する．言い換えると細胞に損傷が起こる．このような細胞の損傷こそが老化の本体であると考えたのは，旧ソ連から米国に亡命したガブリロフ夫妻であった．彼らは死亡の数理モデルとして他のモデルとはまったく異なる「雪崩モデル」を提唱した．雪崩モデルの基本的な考え方は「老化が損傷の蓄積であり，それまでに蓄積した損傷が大きいとより損傷を蓄積しやすくなる」ことと，「老化が進めばそれだけ死亡しやすくなる」ことである．このモデルは高齢になると死亡速度が指数関数的に増加していくという現象（ゴンペルツ則）と符合するばかりでなく，損傷の蓄積を確率的な現象としたことから生じる分岐プロセスによって，老化に個人差が出現する理由も説明してくれる（Gavrilov & Gavrilova 1991）．

　雪崩モデルの考え方は分子生物学の知見とも整合性がある．ウェルナー症候群（早老症）は40歳くらいになると外見が80歳くらいにみえ，老人性の病気に罹りやすくなる遺伝性の疾患だが，DNAを修復する遺伝子（ヘリカーゼ）の変異が原因であることがわかっている．mev-1という遺伝的に短命な線虫は，ミトコンドリアの呼吸鎖酵素の複合体IIを構成するタンパク質の遺伝子（この遺伝子自体は核にある）が変化していて，電子伝達が正常に行われず，活性酸素が過剰に放出され，同時に核の遺伝子にどんどん損傷が増えていくこともわかっている．逆に遺伝的に長寿の線虫では，ミトコンドリアの電子伝達系で電子を受け渡すユビキノンの量が少ないため，電子を受け渡す頻度が低下して活性酸素発生が低下するために遺伝子損傷が起こりにくいと考えられている．

雪崩モデルの改良版として，先天異常の影響を考慮してゼロ歳から故障蓄積が起こっている部分集団を仮定し，蓄積した損傷に「応じて」死亡が起こる関係を線形でなくS字曲線と仮定することで，多くの集団の年齢別死亡率にほぼ完全に適合するモデルも開発されている（Mori & Nakazawa 2003）．

●カロリー制限の寿命延伸効果　ミジンコ，グッピー，ラットなど多くの実験動物は低エネルギー摂取状態にした方が長生きする．年をとったマウスの筋肉組織で発現している遺伝子をDNAチップで調べたところ，ストレス応答遺伝子群が活性化していること（傷ついたミトコンドリア遺伝子のために活性酸素など内因性ストレスが生まれ，そこから細胞を守るために起こる現象）と，カロリー制限下ではその遺伝子群の反応が少なくなっていることがわかった．カロリー摂取を制限すると活性酸素など内因性ストレスの発生が少なくなるか，外因性ストレスに対する感受性の低下か，あるいはグルコースやピルビン酸が枯渇して酸素呼吸自体が低下し副産物である活性酸素も減るというメカニズムが想定されていたが（白澤 2002），その後の研究によって，それだけではないこともわかってきた．アカゲザルの研究では，7～14歳のときから30%のカロリー摂取制限をして20年間飼育した群で，制限なし群よりも明らかに若々しく，がんや心血管疾患や糖代謝異常で死亡する確率が有意に低かった（Colman et al. 2009）．ただし，この研究に対しては制限なし群が甘い物を過剰摂取していたという批判があり，米国の国立加齢研究所が行った同様の研究では，がんの罹患率は低下し糖尿病や高血圧の発症は遅れるが心血管疾患罹患率は上昇し，結果として生存時間には有意な差がなかったため，寿命と疾病罹患に関する影響を別に考えなくてはいけないといわれている（Mattison et al. 2012：2017）．東京都老人総合研究所による小金井研究（柴田 2000）や，ハワイで行われたHonolulu Heart Programの結果によれば，脂質摂取量と死亡率の関係をみると，脂質摂取が少なすぎる高齢者は血漿コレステロールレベルが低くなりやすく，死亡率が有意に高くなることが示されている．したがって，寿命を延ばすために食事制限するという短絡には問題がある．

●長寿遺伝子　ヒトでも長寿者に多いミトコンドリア遺伝子型があり，活性酸素がつくられにくいと考えられている．岐阜大学の田中雅嗣らが37人の百寿者と一般ボランティア252人のミトコンドリアDNAを比べ，5178番目の塩基がAの人の頻度が百寿者群に多いこと（一般では45%，百寿者では62%）を見出した．長寿姉妹として有名だった，きんさん・ぎんさんも5178Aをもっていた（瀬名・太田 2000）．また，同じグループのその後の研究により，10398番目の塩基がGの人も百寿者で79%，若年ボランティアで67%と差があり，逆に10398番目の塩基がAだとミトコンドリアの機能が変化しやすいため，アルツハイマー病，パーキンソン病，双極性気分障害などの罹患リスクが高まると考えられた．このことから過酸化脂質を取り除くことができれば老化が遅くなり，寿命を200歳と

か300歳まで延ばせると主張する研究者もいる．雪崩モデルを提唱したガブリロフ夫妻は，もし60歳以降の老化を止めることができたら，どういう人口学的帰結がもたらされるのか計算し，「寿命の中央値が男性134歳，女性188歳まで延伸し，人口は増加する」と予測している（Gavrilov & Gavrilova 2010）．

ミトコンドリアだけでなく核内の遺伝子でも，サーチュインや成長ホルモンなど，さまざまな遺伝子が長寿と関連することが指摘されている．レスベラトロールなどサーチュイン発現を増加させる物質が多く商品化されているし，石垣島の長寿の家系とされる人々を対象とした研究から，ボタンボウフウという植物を食べることとサーチュイン発現の関連が示唆されたため，ボタンボウフウ抽出物のアンチエイジング商品化を目指す企業が殺到しているが，ヒトにおいてそれらの物質摂取で実際に長寿になるというエビデンスは存在しない．

●ヒトの長寿の進化的理由　ヒトがなぜほかの動物に比べ長寿になったのかについては，すでに触れた体細胞廃棄説の間接的な証拠となる研究がある．17世紀から19世紀の英国貴族の家系データにより，死亡年齢別の子ども数を集計したところ，60歳までは長生きした人ほど子ども数が多かったが，70歳，80歳と死亡時の年齢が高いほど子ども数が減っていた．このことは体細胞のエラーを減らす傾向が強いほど，妊孕力が低いことを示唆する（Westerndorp et al. 1998）．しかし，なぜ再生産期間終了後も長生きするのかは進化的に大きな謎であった．もし閉経後の生存が次世代の生存に寄与しないなら，遺伝的な影響はないことになるので，閉経ぎりぎりまで体細胞がもつように振り分けをコントロールするのが進化的な最適戦略と思われる．しかし，現在の先進諸国では閉経後もかなり生存するのが普通であり，平均寿命も延び続けている国が多い．これはなぜなのだろうか．

もっともらしい説明の一つは祖母仮説である（Hawkes et al. 1998）．ヒトの場合は子どもが再生産年齢に達するまでの養育コストが大きいので，孫や曾孫を育てるというかたちによる閉経後の家系の生存への寄与は無視できない，ということに着目したユタ大学のホークス（K.Hawkes）は，チンパンジーと再生産期間はそれほど変わらないのにヒトの再生産完了後の生存年数が長いのは母（子にとっては祖母）が忙しい娘の子育てを手伝うためである，という説を唱えた．ヒトの社会では母子間の食物の共有という行為が広くみられるが，それによって年をとった女性が娘の出生力を高め，老化に対抗する淘汰圧を大きくした可能性がある．この仮説は我々の成熟が遅いことや離乳時の身体が小さいこととも整合性がある．　　　　　　　　　　　　　　　　　　　　　　　　　　　　　　［中澤　港］

□□ さらに詳しく知るための文献

Hawkes, K., 2003, "Grandmothers and the evolution of human longevity", *American Journal of Human Biology*, 15：380-400.

4. 出生率の変化

　わが国では出生率が人口置換水準以下の低水準に落ち込む少子化が長期間続いている．この少子化は1990年代以降加速し，その結果，日本の人口は急速に高齢化し，2010年代に入り人口減少が本格化している．開始時期や速度および変化の大きさは異なるが，少子化はすべての先進諸国で起こっており，近年多くの東アジアと東南アジアの国々をはじめとする中所得国でも少子化が進行している．少子化に代表される出生率の変化にはさまざまな要因があり，その決定構造は複雑かつ多面的である．また，急速な出生率変化は経済発展や社会制度に大きな影響を与える．本章では，出生率変動をめぐる理論を紹介し，日本を含む世界の国々や地域における出生率の変化のトレンドとパターンについて説明し，出生力に影響を与える主要な人口学的，生物学的および社会経済的要因を検討し，出生率と社会・経済との関係を考察する．　　　　　　　　［津谷典子・中澤　港］

出生力転換をめぐる理論……………………124
戦後日本の出生率低下………………………128
欧米先進諸国の少子化………………………132
東アジアの少子化……………………………136
発展途上地域の出生率低下…………………138
性行動と避妊…………………………………142
自然出生力と妊孕力…………………………144
生殖テクノロジーの発展……………………146
婚前妊娠と婚外出生…………………………148
少子化の経済的背景…………………………150
少子化と日本の社会保障制度………………152
出生力と文化…………………………………156
教育と出生力…………………………………158
現代日本の「妊娠のしやすさ」をめぐる議論………160

出生力転換をめぐる理論
theories of fertility transition

☞「戦後日本の出生率低下」p.128
「欧米先進諸国の少子化」p.132
「東アジアの少子化」p.136「発展途上地域の出生率低下」p.138「生殖テクノロジーの発展」p.146

多産多死から少産少死への人口転換(demographic transition)は,多産から少産への出生力転換(fertility transition)と,多死から少死への死亡力転換(mortality transition)からなる.ここで出生力(fertility)とは,人口において出生(birth)という事象が発生する水準を数量的に示す人口統計学上の包括概念である.ある人口が「多産」あるいは「少産」といわれるのは,出生力が「高い」あるいは「低い」といわれることに対応する.出生力の尺度や指標には種々あるが,特に一定期間における出生の頻度を発生率として示す指標は「出生率」と総称される.出生率(birth rate または fertility rate)には,分母(人口)と分子(出生数)の取り方によって,粗出生率,年齢別出生率,合計特殊出生率(TFR)などがある.このように「出生力」は概念,「出生率」は指標という違いがあるが,日常的には両者は同義語として用いられることが多い.出生力転換は,出生力が,女性1人あたりの出生数が5人あるいはこれを超えるような高い水準から,それがほぼ2人の人口置換水準,あるいはそれを下回る水準まで低下する過程を長期的にとらえる見方である.それは経済や社会の近代化と軌を一にしており,近代以降の人類の歴史を理解する上で欠かせない概念といえる.ただし,出生力転換の起こり方(いつ,どのように出生力は低下してきたのか)は,世界の国や地域によって大きく異なっている.本章では続く項目において,日本,先進諸国,東アジア,発展途上地域に目を向ける.その上で,このような出生力の変動の要因とそれがもたらす影響について,医学生物学,心理・行動,セクシュアリティ,ジェンダー,社会経済,文化・価値観などさまざまな側面から説明する.総論にあたる本項目では,まず出生力決定要因の体系的な枠組みについて述べ,次に歴史的視点から出生力転換をめぐる主要な説明理論を取り上げる.

●**出生力決定要因の体系的な枠組み** 出生力水準に影響を及ぼす要因は多数あるが,①直接影響を及ぼす近接要因群,②子どもに関する意識および近接要因に関する意識,③出生力に間接的に影響を及ぼす背景要因群の3段階からなる包括的モデルが組み立てられている(佐藤 2008).近接要因という概念は,デーヴィス(K. Davis)とブレーク(J. Blake)が概念化した媒介変数(intermediate variables)を嚆矢とするが(Davis & Blake 1956),ボンガーツ(J. Bongaarts)によって簡明な近接要因モデルが構築された(Bongaarts & Potter 1983).近接要因には,妊孕力(初経・閉経年齢が目安となる妊娠可能期間,不妊率,流産・死産率など),結婚期間,性交頻度,避妊,人工妊娠中絶,産後不妊期間(産後禁欲,母乳哺育)が含まれるが,特に結婚と避妊の説明力が大きい.近接要因は,出生が

起こるまでの生物学的な過程に沿って想定される要因群であるが，生物学的側面に限定されるものではない．結婚や出生調節（避妊，人工妊娠中絶）は人間の行動であり，むしろ社会経済的に規定されることが大きい．②のうち「子どもに関する意識」とは，子どもの数，生む時期などに関する意識である．ここで「意識」とは，広く規範，価値観，知識，態度，理想・希望，選好，意図などを含む．また「近接要因に関する意識」とは，結婚の意欲，避妊法の選好，人工妊娠中絶に対する態度（倫理的に許容するかどうか）といったことである．③の背景要因群とは，個人をとりまく社会経済構造であり，人口構造，環境，保健・教育・所得水準，文化，制度，政策などを指している．この出生力決定の体系的モデルでは，背景要因群が個人やカップルの「意識」に作用し，「意識」が近接要因を介して出生力を規定する．

●出生力転換の説明理論　なぜ，どのように出生力転換は起こったのか．出生力はどのような水準に帰着するのか．ここで出生力転換を高出生力から人口置換水準へという第1段階（第一の出生力低下）と，人口置換水準から低出生力へという第2段階（第二の出生力低下）に分けてとらえる．以下，第一，第二の出生力転換と呼ぶことにする．TFRの長期的推移をみると，日本では1950年代半ばから1970年代半ばまで約20年にわたって人口置換水準の近傍にあった時期があり，この2段階がきわめて明瞭である．しかしこの点で日本はむしろ例外であり，多くの国では第1段階から第2段階への移行は連続的にみえる．

●第一の出生力転換（高出生力から人口置換水準へ）の説明理論　人口転換が始まる前の人口動態は多産多死で釣り合っていたが，近代人口論の端緒となったマルサス人口論は，多産多死の均衡に着目した理論ともいえる．マルサス（T. R. Malthus）は1798年に『人口の原理』初版を著したが，ここでは男女両性間の情欲（passion）の強大不変が前提とされている．マルサスは避妊などの出生調節に強く反対したが，マルサス人口論の刺激を受け，避妊の普及をはかる新マルサス主義運動が起こり，さらに20世紀になって産児調節や家族計画の運動や理念に引き継がれることになった．

　出生力転換の開始時期は必ずしも明瞭ではないが，先進諸国では一般に19世紀以降，社会や経済の近代化に伴い第一の出生力低下が起こった．開発途上国においても20世紀の後半に至り，経済開発に伴って第一の出生力低下がみられるようになった．このことは，経済発展が一定程度進むと必然的に出生力低下が始まるという見方を生むことになり，この見方は現在においても出生力転換の説明理論の主軸をなしている．とりわけノートスタイン（F. W. Notestein）は，近代化すなわち工業化，都市化，家族の機能の縮小あるいは世俗化といった変化が出生率低下をもたらしたと考えた．またライベンスタイン（H. Leibenstein），ベッカー（G. S. Becker），イースタリン（R. A. Easterlin）に代表される「出生力の

経済学」と呼ばれる一連の研究が生じた．コールドウェル（J. C. Caldwell）の富の流れ理論では，「子から親へ」の富の流れが「親から子へ」に逆転したことが出生率低下をもたらしたとみる．しかし経済や社会の発展が単純に出生力転換を導くということではない．出生力低下は経済的な発展水準より，むしろ文化的共通性を通して起こるという見方もあり，プリンストン大学のコール（A. J. Coale）を中心とした「ヨーロッパ出生力研究」プロジェクトは，出生抑制の考え方とその具体的方法が同じ言語・宗教の地域に伝播・拡散したことを指摘した．また経済発展が死亡率低下と出生率低下の双方に影響した（前者が後者に先行するというタイムラグはあるものの）という見方がある一方，死亡率とりわけ乳幼児死亡率の低下が出生率低下の第一の基本条件であるという主張もデーヴィスなどによってなされている．

　さらに見落としてならないのは，技術的側面（出生調節の方法）と政策的側面である．先進諸国では1910年代に米国のサンガー（M.Sanger）や英国のストープス（M.Stopes）によって産児調節運動が起こり，1920年代には日本にも波及した．当時は実のところさほど有効な避妊法は用いられておらず，どれほどの出生力低下作用をもったのか不明であるが，日本の出生率が1920年頃を境に持続的な低下を開始したことをみても，少なくともこの運動が広まる素地があった（夫婦の子ども数制限の意欲が高まっていた）ことは確かである．産児調節は第二次世界大戦をはさんで家族計画へ発展し，1960年代には経口避妊薬（ピル）が普及し「避妊革命」をもたらした．欧米先進国の多くで人工妊娠中絶が合法化されたのは1970年代のことである．発展途上地域では1950年代以降，家族計画プログラムが国家プロジェクトして実施され，さらに中国では「計画生育」と呼ばれる強力な人口政策が実施された．1994年の国際人口開発会議（カイロ会議）以降は，家族計画はリプロダクティブ・ヘルスに包含され，女性のエンパワーメントを含めたフェミニスト・アプローチが発展途上地域における人口開発問題への取り組みの基本理念となった．

●**第二の出生力転換（人口置換水準から低出生力へ）の説明理論**　人口転換理論は人口転換完了後の出生率と死亡率の水準を明示していないが，人口動態が少産少死で均衡を取り戻すということは，出生率が人口置換水準に回帰することを暗示している．しかし，20世紀後半に至り先進国の出生率は人口置換水準を割り込み，さらに発展途上国でも新興工業国を中心に多くの国で人口置換水準を下回る低出生力（少子化）が出現した．この第二の出生力転換の動きは，新たな説明理論を要することとなり，まず西ヨーロッパ諸国における1960年代半ば以降の変化に対して，ヴァンデカー（D. J. van de Kaa）とレスタギ（R. Lesthaeghe）は「第二の人口転換（SDT：Second Demographic Transition）」論を打ち出した（van de Kaa 2003；Lesthaeghe 2010）．SDT論は，出生率低下とともに，晩婚化，未

婚者の性行動の活発化（性革命），同棲の増大，晩産化，人工妊娠中絶・婚外出生・離婚の増大を一括りの現象としてとらえ，「自己実現要求の優位化」，「世俗化＝個人主義化」，「脱物質主義」への転換といった根本的な価値観変化がその背後で起こっているとみる（阿藤 2010）．SDT の状況のもとでは，人口置換水準を下回る低出生率が恒常化するため自然増加はマイナスとなるが，入移民による補充も含めて定式化している．ところで，近年すべての先進国および韓国，台湾など東アジアの新興工業国は出生率が人口置換水準を下回る「少子化」の状態にあるが，興味深いのは TFR 1.5 ないし 1.6 を境に，比較的緩やかな少子化の国と非常に厳しい少子化の国に分かれる傾向を示していることである．前者は「緩少子化（moderately low fertility）」の国，後者は「超少子化（very low fertility）」の国と呼ばれる（Caldwell & Schindlmayr 2003；Suzuki 2013）．韓国，台湾の出生率は日本や欧州の超少子化国のそれよりも一段と低く，もう一つのグループを形成しているようにもみえる．超少子化と緩少子化の地理的・文化的なディバイド（分割線）は明瞭であり，このようなパターンがみられることは経済システムの違いだけでは説明がつかず，文化的・歴史的背景を探ることの重要性が示唆される．

●出生力転換のゆくえ（説明理論の課題）　欧州諸国の低出生力に関してルッツ（W. Lutz）らは，出生力がいったんある水準（例えば TFR が 1.5）を下回ると，自動的かつ不可逆的な自己減退過程に入り，元の水準に回復することが難しくなるという「低出生力の罠（少子化の罠）」仮説を唱えている（Lutz et al. 2006）．低出生力の先進諸国では出生力上昇を期待する政策（pro-natal policies）が家族・労働・ジェンダー政策のかたちをとって実施あるいは志向されてきたが，人口置換水準への回復の見通しは立っていない．ポストモダンともいわれるポスト工業社会における超少子化の原因論と政策論を深めるには，従来の理論を超えるより広範な視点が求められる．著しい未婚化に加え，セックスレス傾向，同性愛など性的少数者（sexual minority）の顕在化など，近年の性（セクシュアリティ）と家族の多様化の動きは，両性間の情欲は不変というマルサス以来の人口論の前提にも疑問を投じている．他方，サハラ以南アフリカなど，第一の出生力転換がなおも未完の地域では，家族計画プログラムの出生力低下効果に限界がみられ，新たなアプローチが模索されている．　　　　　　　　　　　　　　　　［佐藤龍三郎］

　　さらに詳しく知るための文献
日本人口学会編，2002，「13. 生殖能力と出生力」『人口大事典』培風館．pp.477-513.
河野稠果，2007，『人口学への招待―少子・高齢化はどこまで解明されたか』中央公論新社（特に第 4, 5, 6, 7 章）．
岩澤美帆ほか，2016，「ポスト人口転換期の出生動向」佐藤龍三郎・金子隆一編『ポスト人口転換期の日本』原書房，pp. 55-90.
早瀬保子・大淵寛編，2010，『世界主要国・地域の人口問題』原書房．

戦後日本の出生率低下
fertility decline in postwar Japan

☞「出生力転換をめぐる理論」p.124「欧米先進諸国の少子化」p.132「東アジアの少子化」p.136「現代日本の結婚行動」p.172

　戦後の日本には二つの出生率低下期がある．第一の低下は第二次世界大戦終了直後の約10年間に起こった急速な低下であり，第二の低下は1970年代半ば以降の置換水準以下への継続的な低下，つまり少子化である．置換水準の出生率とは人口再生産がまっとうされる水準の出生率であり，ある世代の女性が等しい数の次世代の女性を生み残す水準を指す．具体的には，置換水準の出生率とは純再生産率（Net Reproduction Rate：NRR）が1.00の状態であり，これを最も広く使われている出生率の指標である合計特殊出生率（Total Fertility Rate：TFR）に換算すると，女性1人あたり約2.1人弱の水準に相当する．出生率が置換水準で推移し続ければ人口は一定規模で安定するが，それが長期間割り込み続ければ人口は早晩減少を開始する．この置換水準以下の低水準に出生率が継続して落ち込む現象が少子化であり，多くの欧米先進諸国は1960年代～80年代に少子化を経験した（阿藤編1996）．また，韓国や台湾などの東アジアの国や地域でも近年急激な少子化が起こっている（鈴木2012）．

●**戦後日本の出生率の動向**　女性1人あたりのTFRの推移（図1）から，戦後日本には二つの出生率低下期があることがわかる．第一の出生率低下は，第二次世界大戦終了直後の1947年以降の約10年間に起こった高水準から置換水準への急激な低下である．1947年に女性1人あたり4.54人であったTFRは，1957年には2.07となり，出生率水準はこの10年強で半減以上の低下をみた．その後，出生率は1966年の丙午の年の一時的急落を除きほぼ置換水準で推移したが，1970年代半ば以降再び低下を始めた．1975年には女性1人あたりのTFRが1.91となり置換水準を割り込んだが，その後も出生率の低下は続き，1980年代には女性1人あたりのTFRはおよそ1.7～1.8となった．1990年代に入ると，TFRは女性1人あたり約1.4～1.5へとさらに低下し，2000年

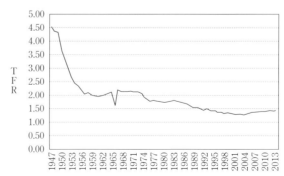

図1　日本の女性1人あたりのTFRの推移（1947～2015年）
［国立社会保障・人口問題研究所『人口統計資料集2016』による］

代以降は約1.3〜1.4という超低水準で推移している．この1970年代半ば以降に起こった置換水準以下という低水準への出生率の継続的な低下が少子化であり，「第二の出生率転換」とも呼ばれている．

戦後まもなく起こった高水準から置換水準への「第一の出生率転換」は，その後のわが国のめざましい経済発展を可能にした一因であったという意味で，マクロ経済的観点からみても望ましいことであった．しかしそれとは対照的に，速度はずっと緩やかであるとはいえ，「第二の出生率転換」である1970年代半ば以降進行する少子化は，若い労働力人口の減少や消費市場の縮小など深刻な社会経済的影響が懸念されるものである．少子化は過去40年にわたり続いており，2010年代に入り超少子化に歯止めがかかり低位安定傾向が認められるとはいえ，出生率水準に明確な回復傾向はみられない．

その結果，日本の人口は急速に高齢化したのみならず，2010年以降減少が本格化している．人口減少は少なくとも今世紀半ばまで加速して続いていくと予想され，もし今後TFRが女性1人あたり1.3〜1.4で推移し続けると仮定すると，2060年のわが国の人口はおよそ3分の1減少することになる（国立社会保障・人口問題研究所2012）．少子化はまた，総人口に占める老年人口割合の増加であるところの人口高齢化の直接的要因であり，75歳以上の後期高齢者人口の割合の増加に代表される超高齢化が進行している．今世紀前半を通じて超高齢化はさらに加速すると予想され，年金・医療・介護などの社会保障費用などの国民の負担がさらに増大することが懸念される．

●**出生の年齢パターンの変化** 出生率水準の代表的指標である合計特殊出生率（TFR）は15〜49歳の出産可能年齢の女性の年齢別出生率を合計したものであり，年齢別出生率の推移から，出生の年齢パターンの変化をみることができる（図2）．戦後初期の高水準から置換水準への出生率の急低下が起こった時期の期首（1947年）と期末（1960年）を比べると，出生率はすべての年齢で低下したが，特に30歳以上の女性の出生率の低下が大きい．30歳以上の出生率は，

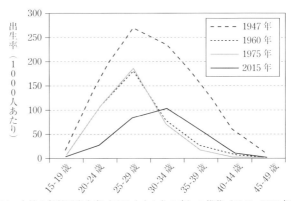

図2　女性の年齢別出生率（1000人あたりの率）の推移（1947〜2015年）
［国立社会保障・人口問題研究所『人口統計資料集2016』による］

1947年には加齢とともに緩やかに低下するという典型的な「閉経開始までの引き続く出産」のパターンをみせていたのに対し，1960年には高年齢でえぐれたようなかたちとなっている．ここから，戦後日本の「第一の出生率転換」は，主に30歳以上の結婚している女性の避妊や中絶などによる意図的な出生力抑制の結果起こったことがわかる．

　一方，少子化の開始期（1975年）と2015年の年齢別出生率を比べると，それまで最も高かった（出産のピーク年齢であった）25～29歳の女性の出生率が大きく低下する一方，30歳代の女性の出生率が増加している．ここから，1970年代半ば以降，出産開始が遅れること，つまり晩産化が顕著に進行しており，それが「第二の出生率転換」の主要な直接的要因となっていることがわかる．事実，「人口動態統計」によると，第一子出生時の女性の平均年齢は，1975年の25.7歳から2014年の30.6歳へと大きく上昇している（厚生労働省2016a：10）．2000年代に入り，増加を続ける30歳代の女性の出生率は25～29歳の女性の出生率を超え，晩産化傾向はより顕著になってきている．とはいえ，30歳代の女性の出生率の上昇は20歳代後半の女性の出生率の大きな落ち込みを埋め合わせるには至っておらず，その結果，女性1人あたりのTFRが1.3～1.4という超少子化が起こっている．

●結婚の年齢パターンの変化　日本を含む多くの東アジアの国々では，出生のほとんどが結婚している女性（夫婦）によりもたらされている．わが国の全出生に占める婚外出生の割合は1960年以降約1～2%で推移しており（国立社会保障・人口問題研究所2016a：67），結婚しないと子どもを生まない傾向の強い日本のような社会では，出生率（TFR）の変化は，①15～49歳の出産可能年齢の女性の結婚の年齢パターンの変化，②結婚している女性（夫婦）の出生率の変化という二つの人口学的要因に分解することができる．戦後の急速な出生率低下期にほぼ相当する1950～60年のTFRの低下は，約9割が夫婦の出生率の低下によるものであり，残りの約1割が女性の結婚の減少（つまり未婚化）によるものであった．一方，1975年以降の少子化はほとんどすべて女性の未婚化によるものである．

　そこで，女性の結婚の年齢パターンの変化をみると，2000年以降晩産化傾向が顕著になるまでは最も出生率の高かった25～29歳の女性の未婚者割合は，1970年代半ばを境として急速な増加に転じたことがわかる．1975年以前は約20%で安定的に推移していた25～29歳の女性の未婚者割合は，1990年には40%，そして2000年には54%となった．2005年以降，未婚者割合はおよそ6割でほぼ横ばいである．30～34歳の女性の未婚者割合は1980年以降急速に増加した．1980年まで，この年齢層の女性の未婚者割合は8～9%で推移していたが，1990年には14%，そして2000年には27%と増加は加速した．その後増加のテンポは緩やかになり，2005年以降およそ3割強で推移している．35～39歳の女性の未

婚者割合は1980年代半ばから増加に転じ，それ以前はわずか6～7%であった未婚者割合は，2000年には14%，そして2010年には23%となった．

このように，25～39歳の女性の未婚者割合は1970年代半ばから1980年代半ばに急速な増加局面に入った．2005年以降急速な未婚化は沈静化してきているが，従来「生み盛り」の年齢であった20歳代後半の女性の未婚者割合は，2010年には実に60%に達し，30歳代前半の女性でも約35%となっている．わが国の少子化は，このような急速な未婚化と強く結びついていることは明らかである．

●**夫婦出生率の変化**　次に，出生率低下のもう一つの直接的要因である結婚している女性（夫婦）の出生率の変化をみてみたい．前述したように，1970年代半ば以降の少子化は主に女性の結婚の減少によって引き起こされているが，夫婦の出生率にも低下のきざしがみられ，それが1990年代以降の超少子化の一因となっている．『出生動向基本調査（結婚と出産に関する全国調査）』によると，わが国の夫婦の出生率は1990年頃を境に減少に転じ，その後低下傾向はより顕著になってきている．結婚後5～9年が経過した夫婦の平均出生子ども数は，1987年には1.97人であったが，2015年には1.59人に減少している（国立社会保障・人口問題研究所2016b：23）．結婚後10～14年が経過した夫婦では，1992年に2.16人であった平均出生児数は，2015年には1.83人になっている．また，結婚後15～19年が経過した（つまりほぼ子どもを生み終えた）夫婦の平均出生児数は，2002年までは約2.2人で安定していたが，2015年には1.94人に低下している．

さらに，これらの数値を（妻が回答した）「自分たち夫婦にとっての理想子ども数」の平均と比べると，結婚年数にかかわらず平均理想子ども数は実際の子ども数の平均を上回っている．例えば，結婚後10～14年の妻の平均理想子ども数は1992年の2.76人から2015年の2.30人に低下しているが，これを平均出生児数の変化と比較すると，実際の子ども数は理想子ども数より平均0.5～0.6人少ない．理想と実際の子ども数のギャップは，結婚後5～9年の妻では平均0.7～0.8人とさらに大きく，結婚後15～19年が経過した妻でも，実際の子ども数は理想子ども数より平均0.4～0.5人少ない．もしこの差が出産・子育てのコストにより生じているのならば，妻1人につき平均0.4～0.8人の子どもの「潜在需要」があると考えることもできる．出産・子育てをめぐるさまざまな負担を軽減することを目的として，生みたい数の子どもを生むことができないでいる妻や夫婦を対象とした支援を効果的に行うことが，わが国の少子化対策，そして社会全体に求められているといえよう．　　　　　　　　　　　　　　　　　　　　　　　［津谷典子］

📖 さらに詳しく知るための文献

佐藤龍三郎・金子隆一編著，2016，『ポスト人口転換期の日本』原書房．
津谷典子・樋口美雄編，2009，『人口減少と日本経済』日本経済新聞出版社．
Rindfuss, R. R. and Choe, M. K. eds., 2016, *Low and Lower Fertility: Variations across Developed Countries*, Springer.

欧米先進諸国の少子化
fertility decline in Western countries

☞「出生力転換をめぐる理論」p.124「戦後日本の出生率低下」p.128「東アジアの少子化」p.136「欧米諸国のパートナーシップ形成」p.188

19世紀後半から20世紀半ばにかけて，欧米先進諸国の多くは世界に先駆けて出生力転換を経験し，一部の国では1930年代に一時的に少子化状況（合計出生率（TFR）が人口置換水準以下に低下・停滞する状態）に陥った．欧米先進諸国では，第二次世界大戦直後にTFRが上昇しベビーブームが長く続いたが，1960年代前半にTFRは再び低下を始め，1970年代には今日までほぼ40年間続く少子化状況に入った．以下，欧米先進諸国の近年の少子化状況について，その動向，人口学的要因，社会経済的背景，政策対応などに分け，地域グループ別に説明する．なお地域区分としては，人口学的動向の類似性という観点から，まず欧州諸国を西欧（旧市場経済圏諸国）と東欧（旧共産圏諸国）に分け，西欧を北欧諸国，南欧諸国，その他に分ける．さらに，主要言語の違いも加味して，その他の西欧諸国をフランス・BNL（いわゆるベネルックス3国）圏諸国，ドイツ語圏諸国，英語圏諸国に分け，最後の英語圏に米国などの非欧州の英語圏先進国を加えることとする．

●少子化の地域別動向　欧米先進諸国中最も早く（1960年代前半に）少子化が始まった北欧諸国のTFRは，一部の国で一時女性1人あたり1.5前後に低下したが，比較的高水準を維持し続け，2010年代は1.7～2.0の水準にある（図1）．また，英語圏諸国の少子化は北欧諸国よりもやや遅れて1970年代に始まったが，TFRはその後（カナダを例外として）北欧諸国並みの高水準を維持し，2010年代は1.8～2.0である．フランス・BNLは1970年代前半に少子化状況となり，TFRは一時1.5～1.7程度まで低下したが，その後全体的に回復して2010年代は1.7～2.0である．

他方，ドイツ語圏諸国は1970年代初めに少子化状況に入り，TFRは1980年代に女性1人あたり1.5を下回った．それ以降出生率は1.5以下で低迷している．また，南欧諸国のTFRは1980年前後に人口置換水準を

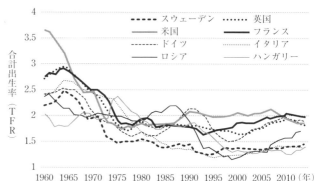

図1　欧米諸国の合計出生率（TFR）の動向
[OECD (2016)]

割り込み，1990年代半ばに1.2前後で底を打った．TFRはその後やや回復傾向をみせたものの，2010年代に入っても1.2〜1.4と低迷している．最後に，東欧諸国のTFRは1980年代までは比較的高水準（1.6〜2.4）を維持していたが，1990年代初めの社会主義独裁体制崩壊後に急低下し，2000年頃には1.1〜1.4に達した．しかし，その後は回復傾向にあり，2010年代にはその多くが1.5を超えている（東欧諸国については，多様性が大きい上に，1990年前後の体制転換による歴史の断絶と混乱がその後の人口動向に大きな影響を与えており，西欧諸国と同列に論じるのは難しいため，以後の説明では割愛する）．なお，TFRが比較的高水準にある北欧諸国，英語圏諸国，フランス・BNLを緩少子化国，それとは対照的に低水準にある南欧諸国，ドイツ語圏諸国，東欧諸国を超少子化国と呼ぶことがある．

●少子化の人口学的要因　欧米先進諸国の少子化は，人口学的には主に高年齢への「出生の先送り」により起こった．多くの欧米先進諸国では，少子化に先立つ出生力転換はもっぱらコーホート完結出生力の低下（女性の出生子ども数が平均5人から2人に減少）によって起こった．しかるに少子化は，（少なくとも当初は）子ども2人を生むタイミングを遅らせるかたちで始まった．このことは，少子化が続いていた時期に，すべての欧米先進諸国で年齢別出生分布が高年齢にシフトし，女性の平均第一子出生年齢が急上昇したことにより裏づけられる（INED 2016）．

　では，緩少子化国と超少子化国の違いをもたらした人口学的要因は何であろうか．一つは，前者は後者に比べ女性の20歳代での出生の先送りが比較的少なく，その後30歳代での「出生の取り戻し」が大きかったことである．結果として，緩少子化国では完結出生力はそれほど変化せず，超少子化国では完結出生力も大きく低下した（INED 2016）．もう一つは，同棲の広がりと婚外出生の増大の程度の違いである．2010年代の調査によれば，青年層（20〜34歳）人口のうち同棲中のカップルの割合が20%を超えるのはすべて緩少子化国であり，10%未満の国はすべて超少子化国である（OECD 2016：東欧を除く）．また，婚外子割合は1970年代以降北欧諸国を皮切りに上昇を続け，今日，緩少子化国の多くで40%を超える．それに対して，超少子化国の多くでは1990年代までは婚外子割合は低水準に留まり，その後上昇したものの2010年代でも30%を下回る国がある（OECD 2016）．いくつかの例外はあるものの，同棲が広く普及し，婚外子割合が高まった国ほど20歳代の女性の出生率が高く，それがさらに30歳代での出生の「取り戻し」にも寄与したものと考えられる．

●少子化の社会経済的背景　少子化，あるいは出産の高年齢への先送りの社会経済的背景は何であろうか．これに関しては多くの議論があるが，以下四つの有力な考え方を紹介する（阿藤2005）．

第一に，欧米先進諸国では1960年代に経口避妊薬（ピル）が市販され始め，それを契機に出生率が低下した．ピルは従来の避妊法に比して避妊効率が格段に高いばかりでなく，女性主導であり，しかも使いやすさの点で優れていた．これに加えて，1970年代には西欧諸国の多くで人工妊娠中絶が女性の権利として合法化された．これらによる望まない妊娠・出生の回避が出生率低下につながり，就学・就業継続に関する女性の自主的選択が容易になり，女性の社会進出の起爆剤ともなった．さらに，女性の自己決定権が増したことが同棲の広がりを促進した．

　第二に，1960年代の急速な経済成長により多くの国で物質的に豊かな社会が到来し，女性の高学歴化が進んだ．さらに，上述したピルによる女性の自己決定権の向上，フェミニズム思想の浸透，サービス経済化・ソフト化など女性労働の供給・需要両面の変化が重なり，女性の労働市場への進出が進んだ．この動きの最先端にあった北欧諸国では，1980年代には15〜64歳の女子人口の労働力率は7割を超えた．また英語圏諸国でも2000年代には7割を超えた．これらの国にドイツ語圏，フランス・BNL諸国が続いているが，南欧諸国の動きは最も緩慢である．欧米先進諸国では全般的に，女性の労働力率が高まるにつれ，いわゆる「仕事と子育ての両立」が困難となり，それが出生率の低下につながったと考えられる．しかし，今日の時点に立ってみると，女性の社会進出がより早く進んだ北欧諸国や英語圏諸国の方が最も遅い南欧諸国よりも出生率が高い．これについては，後述する各国の少子化への政策対応の違いに着目する必要がある．

　第三に，1960年代の欧米先進諸国の若者の間で価値観の転換が起こり，それが少子化を促したという主張がある．これは「第二の人口転換」と呼ばれている(van de Kaa 1987)．この価値意識の転換は，異なった論者により「世俗化による個人主義化」「自己実現価値の優位」「子ども中心社会の終焉」などと呼ばれているが，要は若者がキリスト教と結びついた旧来の家族観を否定し，結婚・離婚や出生・子育てを個人の自己実現を基準として判断するようになり，それにより同棲や離婚の容認，人工妊娠中絶の増大，出生の先延ばしとそれによる少子化が起こったとする考え方である．ただし，この仮説は欧米先進諸国におけるライフスタイル全般の変化を説明するためには有用であるとしても，出生・子育てが個人の自己実現価値に叶うとすれば出生率の回復につながることになり，必ずしも少子化とは結びつかないという批判もある．

　第四に，欧米先進諸国の中で北欧諸国・英語圏諸国・フランス・BNL諸国が比較的高いTFRをもち，一方で南欧諸国・ドイツ語圏諸国のTFRが1.5以下で長期に低迷していることについては，前者がより個人主義的，男女平等的な価値観をもつのに対して，後者がより家族主義的，性別役割分業的な価値観をもつためであるとの見方がある．先行研究によると，先進国社会では教育・労働など公的領域では男女平等的価値観が共通に浸透しやすいが，南欧諸国や東アジア諸国

のように家族やジェンダー関係などの私的領域で性別役割分業的価値観が強い社会では，女性にとって仕事と子育ての両立が困難となり超少子化に陥りやすい（McDonald 2000）．また最近の歴史人口学的研究では，このような価値観の違いが前近代の西欧社会の家族・世帯形成のあり方にまで遡れることが示唆されている（Lundh et al. 2014）．

●少子化に対する政策対応　最後に，少子化に対する政策対応（子育て支援策）について概観しておこう（阿藤 2011）．スウェーデンを筆頭とする北欧諸国においては，男女平等政策を基調として，先進国中最も手厚い「仕事と育児の両立」施策（とりわけ育児休業制度と保育サービス）が推進され，それが女性の高い労働力率・管理職割合と高い出生率の両立に寄与している（OECD 2016）．北欧諸国では，子育ての直接的経済支援は比較的小さいものの，教育に関する公的支援は最も大きく，それが出生率の下支えに寄与している．フランスは欧米先進諸国の中では例外的に，戦後一貫して出生促進政策を続けてきた．その主要手段は子育ての経済支援（中心は3子家族を優遇する家族手当と税制）であり，現在でも子育て経済支援ならびに教育費の公的支出の水準は最も高い国の一つであり，それが高出生率につながっている．近年フランスでも「仕事と子育ての両立」支援が強化されており（現在保育サービスは北欧に肩を並べる），女性の労働力率はあまり高くないが，女性の管理職割合は北欧に次いで高い．

　英語圏諸国では，子育ての経済支援については直接的支援も間接的支援としての教育支援もフランス語圏と同程度であるが，両立支援については全体として南欧諸国並みの低水準である．それにもかかわらず，女性の労働力率・管理職割合が高く出生率も高いのは，全体的に雇用制度が最も柔軟であること（この点はオランダも類似）（山口 2009），そしてベビーシッターも含めた保育サービス市場の発達によるものと考えられる．

　ドイツ語圏は，子育ての直接的経済支援はフランス語圏並みに手厚いが，仕事と子育ての両立施策（特に保育サービス）が南欧諸国並みに乏しい一方で，英語圏ほど雇用の柔軟性がなく保育サービス市場も発達していない．そのため，女性の労働力率・管理職割合は英語圏並みに高い一方で超少子化状況が続いている．南欧諸国は，超少子化状況に対応した出生促進政策を標榜しているものの，子育ての直接的経済支援も両立支援も，また教育を通じた間接支援も欧米先進諸国中最低水準である．このように，南欧諸国では両立支援施策が弱い一方で，雇用の柔軟性，保育サービス市場の発達も欠けており，子育て支援を子どもの祖父母に頼る傾向が強い．そのため，女性の労働力率・管理職割合も出生率も欧米先進国中最低水準に留まっているものと考えられる．　　　　　　　　　　［阿藤　誠］

📖 さらに詳しく知るための文献

阿藤　誠ほか編，2011．『少子化時代の家族変容—パートナーシップと出生行動』東京大学出版会．

東アジアの少子化
low fertility in Eastern Asia

☞「戦後日本の出生率低下」p.128
「アジアの結婚行動」p.190

　日本の合計出生率（TFR）は1970年代半ばから持続的に低下し，2005年には女性1人あたり1.26の最低値を記録した．ところが韓国と台湾の出生率は，21世紀に入って日本を追い越して人類史上最低の水準を示すに至った．中国の正確な出生率は不明であるが，人口置換水準以下であるのは確かで，経済発展段階に比べて低い水準にあると考えられる．この状態が続けば，数十年後には世界で最も高齢化した国の上位を東アジア諸国・地域が独占することになる．

●**韓国・台湾**　図1は韓国・台湾の合計出生率の推移を日本と比較したものである．日本のTFRが2.0付近に15年間ほど留まったのに対し，韓国・台湾の第一次出生力転換（高水準からの出生率低下）の到達点は日本より低く，1.5〜1.8の範囲に約15年間留まった．2000年のミレニアム・ベビーブーム後に韓国・台

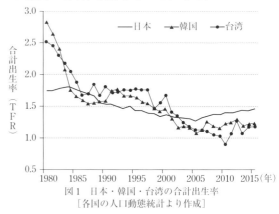

図1　日本・韓国・台湾の合計出生率
［各国の人口動態統計より作成］

湾の合計出生率は驚くべき急低下を示し，韓国は1.08（2005年），台湾は0.895（2010年）の最低値を記録した．表1にみるように，これらは類例を見出しがたい低水準で，特に台湾の0.895は史上空前の低出生率といえる．

　香港とマカオは一国二制度のもとで中国本土と別に扱われることが多いため，表1でも個別地域として掲載した．ただしマカオは合計出生率の時系列データを公表していないので，2003年の値が最低値なのか確言はできない．いずれにせよ，香港やマカオのような大都市圏が低い合計出生率を示すのは自然で，東アジアでは韓国の釜山広域市が0.879（2005年），台湾の基隆市が0.685（2011年）を記録している．

　韓国・台湾の合計出生率は，1.3以下の水準に留まる期間も長引く可能性が高い．日本の合計出生率が1.3以下であったのは2003〜05年の3年間のみで，その後は1.46（2015年）まで回復している．ヨーロッパでは，イタリア（1993〜2003年），スペイン（1993〜2003年），チェコ（1995〜2005年），スロヴェニア（1995〜2005年）で11年間1.3以下の値が続いた．これに対し韓国は2001〜2015年の

15年間，台湾は2003～2015年の13年間1.3の水準を回復できていない．2015年の値は韓国が1.239，台湾が1.175となっている．

表1 欧米先進国と東アジアの合計出生率（TFR）の最低値

国	TFR	（年）	国	TFR	（年）	国	TFR	（年）
アイスランド	1.92	(1986)	カナダ	1.49	(2000)	イタリア	1.19	(1995)
ニュージーランド	1.89	(2002)	フィンランド	1.49	(1973)	スロバキア	1.19	(2002)
アイルランド	1.84	(1995)	オランダ	1.47	(1983)	スペイン	1.16	(1998)
米国	1.74	(1976)	スイス	1.38	(2001)	シンガポール	1.15	(2010)
オーストラリア	1.73	(2001)	ルクセンブルク	1.38	(1985)	チェコ	1.13	(1999)
フランス	1.66	(1993)	デンマーク	1.38	(1983)	ラトビア	1.10	(1998)
ノルウェー	1.66	(1983)	オーストリア	1.33	(2001)	ブルガリア	1.09	(1997)
英国	1.63	(2001)	エストニア	1.28	(1998)	韓国	1.08	(2005)
ベルギー	1.51	(1985)	日本	1.26	(2005)	香港	0.901	(2003)
スウェーデン	1.50	(1999)	ドイツ	1.24	(1994)	台湾	0.895	(2010)
			ギリシア	1.24	(1999)	マカオ[注]	0.837	(2003)
			ハンガリー	1.23	(2011)			
			リトアニア	1.23	(2002)			
			ポーランド	1.22	(2003)			
			ポルトガル	1.21	(2013)			
			スロヴェニア	1.20	(2003)			

注）2003，2005～15年のうち最低値．
[OECD, Eurostat, Statistics Singapore, Hong Kong Census and Statistics Department, Macau Statistics and Census Service, 台湾行政院主計總處より作成]

●中国　中国では，文化大革命中のイデオロギー闘争を経て，馬寅初の出産抑制策が最終的に勝利し，1979年から一人っ子政策が実施された．これは第二子以降の出生に強い制限を設け，違反者には罰金を科すものである．それでも1980年代には顕著な出生率低下はみられず，1990年人口センサスによる合計出生率は2.31であった．ところが2000年センサスでは1.22，2010年センサスでは1.19と驚くほど低い水準を示した．田は2000年の合計出生率を1.7以上と推定し（田 2007），国連人口部は2010～15年の合計出生率を1.55と推定した（UNPD 2015a）．しかし郭志剛と顧宝昌（Guo & Gu 2014）はセンサスの結果どおりでおかしくないとしており，合意は得られていない．

仮に中国の合計出生率が1.7付近だとしても，出生促進策に踏み切っていておかしくない水準であり，1.2付近ならば一刻の猶予もない．ところが中国政府は出生抑制策の緩和に慎重で，2014年に第二子出生の条件を緩和し，2015年にようやく無条件で第二子出生を認めることとした．こうして一人っ子政策は二人っ子政策に緩和されたが，第三子以上を制限している点で出生抑制策を維持していることに変わりはない．抑制緩和の影響は限定的と思われるが，そもそも統計が不正確であるため厳密な評価は難しい．

［鈴木　透］

発展途上地域の出生率低下
fertility decline in less developed regions

☞「リプロダクティブ・ヘルス／ライツと人口増加」p.36「人口問題と人口政策」p.330「人口と開発」p.390

　第二次世界大戦後の発展途上地域（「開発途上地域」ともいう．以下「途上地域」と略称）の急速な人口増加は「人口爆発」と形容され，世界的な人口問題への関心を惹起した．その後，途上地域でも出生力転換が進み，危機はとりあえず去ったかにもみえる．しかし，サハラ以南アフリカなど，途上地域の中でもさらに開発が後発の国々では依然出生率が高く，著しい人口増加が懸念されている（阿藤2016）．グローバルな人口問題において，途上地域の出生率の変化と行方は常に関心の的である．本項目では，戦後の途上地域の出生率の変化を概観し，そのメカニズムと背景について概説する．またリプロダクティブ・ヘルス／ライツとの関連についても述べる．

●途上地域の出生率の推移　国連の世界人口推計（2015年版）により1950年から2015年までの合計特殊出生率（TFR）の推移を概観すると，途上地域では1950～55年には6.08であり，1960年代後半までほとんど6という高水準にあったが，1970年代前半より急速に低下し，2010～15年には2.65にまで下がっている．この間，途上地域の中でも最も開発の遅れた後発開発途上諸国（least developed countries：LDCs）のTFRは，1965～70年の6.74をピークに低下傾向にあるが，2010～15年でも4.27という高水準にある．世界の6大主要地域別（大陸別）にTFRの推移をみると，地域による差が顕著である．この間，アジアとラテンアメリカ・カリブ海地域では大幅な低下がみられており，アジア（日本を含む，以下も）では5.82から2.20へ低下した．またラテンアメリカ・カリブ海地域では，1960～65年の5.94をピークに，2010～15年には2.15へ下がった．これらの動きに対し，例外的に終始高い出生率を保っているのがアフリカである．そのアフリカでもTFRは1960～65年の6.70をピークに持続的に低下しており，2010～15年には4.71にまで下がった（UNPD 2015a）．

●途上地域の出生率の現状　このように，途上地域の中でも著しい差異がみられており，2010～15年のTFRをみると，おおよそ，①すでに出生力転換が終わり，TFRが人口置換水準にあたる2前後あるいはそれを下回る地域，②TFRが人口置換水準をやや上回るものの2～3台にある地域，③TFRが4を上回る高出生力の地域に大別される．①には東部アジア（中国1.55，韓国1.26など）と南部アメリカ（ブラジル1.82，チリ1.78など）が含まれる．②には北部アフリカ（チュニジア2.16など），南部アフリカ（南アフリカ共和国2.40など），中部アジア（カザフスタン2.64など），南部アジア（バングラデシュ2.23，インド2.48など），南東部アジア（カンボジア2.70，インドネシア2.50など），西部アジア（サウジ

アラビア 2.85 など），カリブ海諸国（ハイチ 3.13 など），中部アメリカ（グアテマラ 3.30 など），メラネシア（3.67），ミクロネシア（2.84），ポリネシア（2.95）が含まれる．③には東部アフリカ（ケニア 4.44，ソマリア 6.61 など），中部アフリカ（ガボン 4.00，チャド 6.31 など），西部アフリカ（ガーナ 4.25，ナイジェリア 5.74，ニジェール 7.63 など）が含まれる．また 2010～15 年の思春期出生率（15～19 歳女性 1000 人あたりの出生数）は，先進地域の 19.2 に対し，途上地域は 49.8，LDCs は 96.9 という高率であり，とりわけ中部アフリカ（133.0），西部アフリカ（120.5）で高い（UN 2015a）．特に注目されるのはサハラ以南アフリカであり，出生力転換の遅れに加え，出生率低下の動きが止まる傾向も指摘されている（Bongaarts 2008；大橋 2016）．

●途上地域の出生率変動のメカニズム　出生率低下の原因は，①人口統計学的メカニズムと②背景要因に分けて論じるのが通例である．前者では，近接要因ともいわれる結婚，出生調節行動（避妊，人工妊娠中絶），産後不妊期間（母乳哺育，産後禁欲）などが出生率に直接影響を与える．国連の報告書（UN 2011a）により，静態平均初婚年齢（SMAM）をデータの得られた世界 77 か国についてみると，先進諸国の女性の SMAM の中央値が 1970～79 年の 22.3 歳から 2000～08 年の 29.4 歳へ上昇しているのに対し，開発途上諸国（LDCs を除く）と LDCs のそれは，さほど変化しておらず，2000～08 年に各々 23.5 歳，20.7 歳に留まっている．途上地域では児童婚すなわち 18 未満での結婚が問題となっている．国連の統計（2015 年時点）によると，避妊実行率すなわち結婚あるいはカップル関係にある再生産年齢（15～49 歳）女性のうち何らかの避妊を実行している女性の割合は，世界全体では 63.6％ であるが，アジア（67.8％），ラテンアメリカ・カリブ海地域（72.7％）と比べて，サハラ以南アフリカ（28.4％）ではとりわけ低い（UN 2015c）．他方，家族計画の未充足ニーズすなわちカップル関係にある再生産年齢（15～49 歳）女性で，これ以上の子どもを欲しない，あるいは次回出産を延期したいと欲しているにもかかわらず，避妊を実行していない女性の割合は，アジア（10.2％），ラテンアメリカ・カリブ海地域（10.7％）に対し，サハラ以南アフリカ（24.2％）で格段に高い（UN 2015c）．1970 年代に比べ世界の避妊実行率は上昇しており，なおかつ近代的避妊方法の使用率が高まっている．先進地域のみならず，途上地域でも近代的避妊法の使用が急速に広まったことは，この間の出生力低下に大きく寄与したとみられる．しかし近代的避妊法の実行率は 2015 年でも，アジア（61.8％），ラテンアメリカ・カリブ海地域（66.7％）に対し，サハラ以南アフリカ（23.6％）は格段に低い水準に留まっている（UN 2015c）．

●途上地域の出生率低下の背景要因　出生率低下の背景要因には社会経済構造，文化的要因，政策などが含まれる．これまでの経験的な考察から，出生力転換には，①社会経済の発展と各年齢の死亡率低下（とりわけ乳幼児死亡率低下），②

家族計画プログラムなど政府による政策介入という2大要因が関与していると考えられている (Bongaarts 2006b). すなわち, 工業化, 都市化, 所得水準の上昇, (とりわけ女性の) 教育水準の向上に伴って, 子どもの死亡率が低下するとともに, 子どもを持つことの便益 (効用) は減少し, 費用 (不効用) は増大する. そこで希望子ども数が減少し, 出生調節への需要が高まるわけである. とりわけ女性の地位向上は重要であり, ジェンダー・家族システムがより平等であることが出生力転換を促進することが認められている. ある地域でいったん出生力低下が始まると, 同一の言語や文化をもつ隣接の地域で出生力低下が続いて起こる現象もみられ, 伝播・拡散 (diffusion) により出生力低下が加速化されるという見方もある (Bongaarts 2006). また家族計画プログラムは, 途上地域において, 避妊実行率上昇を介して, 出生率低下に重要な役割を果たしてきた. ただし, 途上地域においても政策介入は多面的な意味づけによってなされている. 出生力に関連した政策の型としては, 大別すれば, ①明示的な人口政策 (中国など), ②家族計画プログラム, ③その他の関連政策 (母子保健, 性感染症対策, ジェンダー平等, 性暴力対策, 性教育, 人口開発教育など) がある. ①以外は, 人口に作用する (出生力を下げる) 意図が必ずしも明示的に示されているわけではない. 1994年の国際人口開発会議 (カイロ会議) 以降, ②と③の多くは「リプロダクティブ・ヘルス／ライツ」プログラムとして包括されている (後述).

●途上地域の出生率の将来見通しと政策課題　国連の世界人口推計 (2015年版, 中位推計) における将来の出生率の仮定をみると, 途上地域のTFRは2015〜20年の2.58から2045〜50年の2.30へと低下する. LDCsのTFRは, 途上地域全体のそれよりも常に高い水準にあり, 同期間において3.98から2.91へと低下する (UN 2015a). 世界の6大主要地域のTFRの将来の動きをみると, ラテンアメリカ・カリブ海地域とアジアで, 21世紀半ばに人口置換水準をやや下回る水準まで低下する. 他方, 2015〜20年時点でも4.41と他地域に比べて格段に高いアフリカのTFRは, 継続的に低下するものの, 2045〜50年でも3.11という高さにある. サハラ以南アフリカのTFRは, この間4.75から3.23に低下する見通しである (UN 2015a). サハラ以南アフリカのTFRが高水準を維持している背景には「家族計画に対する需要」の低さと「供給」の弱さの両面が関係しているとみられている (阿藤 2016). すなわち希望子ども数が多いことに加え, 家族計画サービスが行き届かないことがネックとなっている.

●リプロダクティブ・ヘルス／ライツ　リプロダクティブ・ヘルス／ライツ (性と生殖に関する健康／権利) の語は, リプロダクティブ・ヘルスとリプロダクティブ・ライツを合わせたものである. 両者は不可分の関係にあり, 内容も重複することから一括してそのように呼ばれる (近年 sexual and reproductive health といわれることも多く, これも含めて, 以下 RH/RR と略称). この考え方が広く

国際的に認められるようになったのはカイロ会議においてであり，RH/RR は今日，国連を中心とした国際社会における人口開発問題に対する取り組みの最も重要なキーワードの一つとなっている。RH/RR の内容は，母子保健，思春期と青年期の若者の保健，家族計画，HIV/AIDS を含む性感染症の予防，更年期における医療ケアの充実から，女性の健康と尊厳を害する慣習とりわけ女性性器切除の根絶運動までを含む広範囲に及ぶものである。それは，性・生殖に関連した保健・福祉・人権プログラムの包括化という見方もできよう（佐藤 2005）。

そこで，途上地域における RH/RR の現状と課題を概観すると，母子保健の面では，とりわけ妊産婦死亡率（maternal morality ratio：MMR）の高さが顕著である。MMR とは出生 10 万あたりの妊産婦死亡数であり，国連機関の推計によれば，2015 年の MMR は，先進地域の 12 に対し，途上地域は 239，サハラ以南アフリカは 546 である（WHO 2015）。2015 年の乳児死亡率（出生数 1000 対）は先進地域 4.1 に対し，途上地域 34.5，サハラ以南アフリカ 56.3，同年の 5 歳未満児死亡率（出生数 1000 対）は先進地域 4.8 に対し，途上地域 46.4，サハラ以南アフリカ 83.1 と推計されている（IGME 2015）。また人工妊娠中絶（以下「中絶」と略称）は，女性の健康と権利にとって大きな関心事の一つである。グットマッカー研究所の推計によると，2010 年代前半に世界全体で 1 年間に 5630 万件の中絶が実施されたが，このうち 4060 万件は途上地域で実施されており，15～44 歳女性 1000 人あたりの中絶率は先進地域（27）より途上地域（37）の方が高い（Guttmacher Institute 2016）。これは，途上地域で家族計画の未充足ニーズが高率であることと関連している。また途上地域では非合法かつ「安全でない中絶（unsafe abortion）」が多く行われており，健康面でのリスクが懸念されている。RH/RR と出生率との関連でいえば，家族計画の指標とりわけ避妊実行率と家族計画の未充足ニーズが重要である（前述）。RH/RR は，出生率に作用することを直接の目的とするものではないが，高出生率の国では，家族計画の普及により意図しない妊娠・出生が抑制されることに加え，女性が政治的にも経済的にも，また家庭内でも力をもつこと（女性のエンパワーメント）により，低年齢での結婚や，性交の強要，避妊の不実行といったジェンダーの不平等とも関わる問題が解消の方向へ向かうことから，出生力低下作用が期待される。ただカイロ会議以降，従来の家族計画プログラムが「リプロダクティブ・ヘルス」プログラムへと拡張されたことにより，資金や人材の拡散も懸念されている（阿藤 2016）。

［佐藤龍三郎］

さらに詳しく知るための文献

佐藤龍三郎・池上清子．2012．「出生力転換とリプロダクティブ・ヘルス／ライツ」阿藤 誠・佐藤龍三郎編著『世界の人口開発問題』原書房．pp.137-174．

性行動と避妊
sexual behavior and contraception

☞「欧米先進諸国の少子化」p.132「発展途上地域の出生率低下」p.138「生殖テクノロジーの発展」p.146「少子化と日本の社会保障制度」p.152

　性行動とは，性的存在として自己を認識し，性的欲求に基づいて性欲を満たす行動である．ヒトの生殖には基本的にオスの精子とメスの卵子が必要であり，男女の性行動は求愛や生殖行為として単純化されてきた．しかし，妊娠したくない場合にも性行動が起こりうるため避妊という方法がとられることがある．

●**性の多様性**　性の認識には，生物学的性や社会的性別役割認識および性同一性などがあり，そもそも①生物学的性，②性腺の性，③染色体の性，④性自認は必ずしも一致せず多様性がある．

　WHOではSOGI（Sexual Orientation and Gender Identity：性指向と性自認）としており，そのあり方にはバリエーションがある．LGBT（Lesbian, Gay, Bisexual, Transgender）は性的マイノリティといわれ，性指向や性自認のパターンを示すが，ほかにもAsexual（無性）やFluid（流動的）などの表現もあり，単純に男女二つに区分することは人権配慮上，困難になっている．

　最新の生殖医療では，国によって扱いは異なるものの，代理母提供卵子，提供精子，子宮移植を含めると，あらゆる人あらゆる組合せで子どもを持つことが可能な時代となっている．

●**性と避妊**　性（sexuality）には生殖，愛情，快楽の側面がある．性行動の中でも性交（sexual intercourse）は元来生殖行為であり，妊娠や性感染症罹患の可能性を伴う．しかし，挿入を伴う性行動が常に妊娠を望んでいる行動であるとは限らない．避妊とは性行為があるにもかかわらず妊娠したくないときに妊娠を避ける方法であり，特に妊娠する側である女性の人権と健康を守るために重要である．

　避妊の方法としては，日本では入手しやすいバリア法である男性用コンドームが広く使用されている．コンドームは避妊と性感染症予防が同時にでき，入手しやすく視覚的にわかりやすい点で優れている一方で，現代の避妊法の中では避妊効果が低い伝統的な方法に分類される．（UN 2016）日本の避妊実行率は44％で，世界の平均57％を下回っており，使われている避妊方法の数も限られている（UNPD 2016）．しかし，避妊にはもっとさまざまな方法があり，個人のニーズに合わせて選べるようにすることが望ましい．

●**リプロダクティブ・ヘルス／ライツと避妊**　妊娠・流産・出産・不妊・避妊・人工妊娠中絶などのリプロダクティブ・ヘルス／ライツに関わることは，女性の健康課題として等しく扱われるべき事項である．妊娠を期待しているとき以外の性交では避妊が必要であり，結婚前や出産後に出産間隔をあけるとき，子どもを産み終えた後，妊娠を望まない相手との性交時など，女性の妊娠可能期間の約

30年間のうち，妊娠・出産期間を10年とすれば残りの20年間は避妊が必要となる．つまり，「出産をする女性」と「中絶をする女性」がいるのではない．不妊治療でようやく妊娠しても，出生前検査の結果を理由に人工妊娠中絶を選ぶケースもあり，不妊と中絶でさえ一人の女性に連続的に起こりうる事象である．また，男性のリプロダクティブ・ヘルス／ライツは，生殖への関与が間接的であるために可視化しにくいが，男性の性の健康は国内ではあまり顧みられていないのが現状である．可視化されていない性の課題には障がい者の性の健康やその権利もある．

●避妊の国際的動向と日本　近年，先進国ではLARC（Long Acting Reversible Contraception，長期間作用型可逆的避妊法）の考え方が推奨されており，IPPF（国際家族計画連盟）によれば，第一の選択として，年齢にかかわらずIUS（intrauterine systems，子宮内避妊システム）や皮下埋込法が勧められている．米国産婦人科学会では，産後の退院時に次の妊娠を防ぐためにIUSを挿入することを推奨し始めており，若い女性の避妊方法としてもIUSを第一選択としている．日本国内でも，2007年から避妊用として，2014年からは保険の効く治療用として使用されているが，妊娠したことのない女性はその対象ではない．第二の選択として，日本では認可されていない注射法パッチ法や腟内リングなどがあり，第三の選択としては，コンドームや低用量経口避妊薬（ピル）があげられている．その他，不可逆的方法として男性の精管結紮，女性の卵管結紮などがある．

男性の避妊は，精子形成・放出の仕組みが女性の排卵とは異なるため，国際的にも可逆的な方法がなかなか普及しない．男性用コンドームは薬局やコンビニエンスストアなどで手軽に購入できることから，日本では避妊のほとんどがコンドームで行われているが，コンドームによる避妊の失敗は年間約2%であり，受け皿としての人工妊娠中絶，または妊娠先行型結婚へと直結している．理想的な使用では，IUSの失敗率は0.2%であり，コンドームとは効果に実に10倍の差がある（Trussell 2007）．避妊は妊娠を防ぐ方法だが，コンドーム破損，ピルの飲み忘れなど妊娠したかもしれないときに使用するのが緊急避妊法であり，いわゆるモーニングアフターピルである．2018年現在，国内では産婦人科で処方される．また，もはや避妊ではないが，国際社会では避妊の反応が陽性になってから服用して流産を起こさせる「中絶ピル」が使用されるのが一般的になっている．日本では，避妊を目的とした低用量経口避妊薬の承認は1999年であり，国連加盟国の中で最後の11か国に残るなど，避妊に関しては後進国である．また健康保険制度としても，若者や低所得層には避妊薬などを無料で供給する先進国が多い中で，日本は自費扱いで公費負担がないことなど，リプロダクティブ・ヘルス／ライツという観点からみて日本の保健政策には改善の余地が大きい．

［早乙女智子］

自然出生力と妊孕力
natural fertility and fecundity

☞「生物人口学」p.380「医療人口学」p.382「妊娠と出産の数理モデル」p.492「出生力の近接要因」p.506「自然出生力と抑制された出生力」p.508

　自然出生力とは避妊や人工妊娠中絶など，近代的出生調節が意図的に行われていない社会における出生力のことをいう．アンリ（Henry 1961）が集めたデータによれば，自然出生力には地域差が存在し，記録されている自然出生力で最も高いのは，米国やカナダに居住するプロテスタント宗派のハテライトの有配偶女性の平均11人である．ハテライトは19世紀終わりにロシアから北米へ移住し，キリスト教の教えにより避妊や人工妊娠中絶を行ってこなかった．さらに，ハテライトは結婚が早くまた皆婚で，栄養状態がよく，医療ケアも充実していたことから，1930年頃のハテライトの有配偶女性は生涯で平均して約11人の子どもを産んでいた．図1は20世紀初めのハテライトと2010年現在の日本の年齢別有配偶出生率を示したものである．現代日本では意図的な出生調整が広く行われているため，20歳代から30歳代前半においてハテライトよりも出生力の下がり具合いが急なことがわかる．

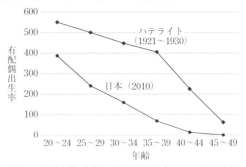

図1　有配偶女性の年齢（5歳階級）別出生率：ハテライト，日本 [Henry（1961），国立社会保障・人口問題研究所（2016d）]

　自然出生力が実際に観察された出生の発生に関するものであるのに対し，妊孕力（fecundity）は生産児の出産（live birth）を可能にする生物学的な能力のことを指す．さらにfecundabilityは受胎確率と呼ばれ，健康な男女が避妊をせずに性交を行い，1回の月経周期中（または1か月のあいだ）に妊娠する確率のことをいう．なお，受胎確率は卵巣機能の低下や造精機能障害など男女の生理学的要因だけでなく，性交の頻度やタイミングなど行動的要因によっても変化する概念である．

　またウッド（Wood 1994）は，妊娠初期の化学的流産などにより女性が気づかない妊娠を除いた受胎確率を，見かけの受胎確率（apparent fecundability）と呼び，平均的な見かけの受胎確率はおよそ0.14から0.32のあいだと推定している．見かけの受胎確率はその定義からも，初期流産や妊娠判定後の流産および死産の可能性は考慮されていない．流産・死産を除いた出生に至る受胎確率は有効受胎確率（effective fecundability）と呼ばれる．

　また，日本産科婦人科学会は，妊娠を希望する健康な男女が避妊をせずに性交

をしているにもかかわらず，1年以上妊娠しない場合を不妊症としているが，不妊の状態も大きく二つに分けて考えることができる．つまり，身体的な理由で妊娠や出産ができない状態（sterility または infecundity）と，何らかの理由で生産児が生まれていない状態（infertility）の二つである．この分類によると，infertility は sterility によるものと，妊娠・出産は可能だが，意図的にあるいは偶然，子どもを出産していない状態にあるものの両方を含むことになる．

●妊孕力に関連する分析枠組み　女性にとって出産が可能な時期は，一般的に初経に始まり閉経で終わると考えられている．この人口再生産期間に出生に至るには，以下のすべての生物学的段階が必要となる．すなわち，受精が可能な卵子と精子の存在，受精，受精卵の着床（妊娠），そして胎児の発育である．この過程において，妊孕力を低下させる要因がいくつか指摘されている．例えば，淋病やクラミジアなどの性感染症は卵管炎による卵管閉塞や尿道炎による無精子症を引き起こし，妊孕力低下の原因となることがある．また，初経後と閉経前，分娩直後と母乳哺育中，そして流産，人工妊娠中絶，死産後の女性は一時的に無排卵・無月経の状態になる．加えて，環境ホルモンなど環境汚染物質による精子の減少も議論されている．さらに，強いストレスや栄養状態の著しい劣化，極度の運動は排卵調節に必要なホルモン分泌を低下させ，妊孕力の低下に影響を及ぼすことがわかっている．そのほかに遺伝要因なども妊孕力の低下につながるといわれている．また，妊孕力を直接測定することは不可能だが，加齢とともに，見かけの受胎確率が落ちることは知られている．ウッド（Wood 1994）がまとめたシミュレーションでは，性交頻度が一定であると仮定した場合の見かけの受胎確率は，20歳代をピークに緩やかに低下し，40歳代で急激に下がることが示されている．

●妊孕力と近接要因　社会における，実際の出生率は生物学的要因と社会的要因が複雑に絡んでおり，その分析モデルの一つとして，近接要因があげられる．例えばボンガーツ（Bongaarts 1976）は，集団の妊孕力（total fecundity rate）に結婚，避妊，人工妊娠中絶，母乳哺育による産後不妊の要因が加わることで，合計特殊出生率（TFR）に至るとしている．近年の日本では，特に晩婚化・晩産化に伴う加齢による妊孕力の低下が懸念されている．人口動態統計によると，1955年から2010年に女性の初婚年齢は23.8歳から28.8歳に上昇し，第一子出産時の母親の年齢は25.1歳から29.3歳に上昇している．1955年は第三子誕生時の母親の平均年齢が29.9歳であったのに対し，2010年では第一子誕生時の母親の平均年齢は29.3歳，第三子では32.7歳となっており，特に第二子以降を希望するカップルの妊孕力低下が懸念されている．

［玉置えみ］

📖 さらに詳しく知るための文献

Wood, J. W., 1994, *Dynamics of Human Reproduction: Biology, Biometry, Demography*, Aldine de Gruyter.
日本人口学会編，2002，「13．生殖能力と出生力」『人口大事典』培風館，pp.477-513．

生殖テクノロジーの発展
development of reproductive technology

☞「自然出生力と妊孕力」p.144
「現代日本の「妊娠のしやすさ」
をめぐる議論」p.160

　生殖テクノロジーとは，主に生殖に関連する医療技術を指し，以下の三つに分類することができる．一つ目は不妊手術や人工妊娠中絶など望まない妊娠を回避するための技術，二つ目は生殖補助技術や不妊治療といわれる，妊娠・出産を希望しながらもそれがかなわないカップルや女性の妊娠成立を補助する技術，三つ目は出生前検査を含む命の質の選別に関わる技術である．近年，これらの医療技術が日本の出生の動向にも影響を与えるようになってきている．

　日本でも晩婚化・非婚化が進み，出生率に影響を及ぼしている．2010年，日本のシングル女性で出産している人の割合は2.11％で，ほとんどの子どもが婚姻関係にある両親の間に生まれている．また晩婚化に伴い，日本女性の平均出産年齢も2014年には30歳を超えた．女性は年齢が高くなると生殖機能や卵子の質が低下し，妊娠しにくくなる．

●晩産化と生殖テクノロジー　日本では，女性の晩産化が進む中，表1に示すように近年不妊治療を受ける患者の数も増加し，それに伴い治療で生まれる子どもの数も増えている．

表1　高度生殖補助技術（ART）による出生児の割合

年	治療周期総数(人)	ART出生児数(人)	総出生数(人)	総出生児数に占めるART児の割合(％)
2008	190,613	21,704	1,062,530	2.04
2009	213,800	26,680	1,070,035	2.49
2010	242,161	28,945	1,071,304	2.70
2011	269,659	32,426	1,050,806	3.09
2012	326,425	37,953	1,037,231	3.66
2013	368,764	42,554	1,029,816	4.13

［人口動態統計（厚生労働省）「体外受精・胚移植等の臨床実施成績及び登録施設名」
『日本産科婦人科学會雑誌』2015〜2010各年の論文から］

　本来，若年女性がん患者の将来の妊娠の可能性を残すために確立された卵子凍結保存技術が，近年，生殖能力には何の問題もない20歳代や30歳代前半の一般女性にも利用されるようになってきている．婚姻の機会に恵まれないが将来的に挙児を希望する女性や，自らのキャリア確立のために今は妊娠を希望しない女性たちが，卵子の老化を避け将来の妊娠に備えるためにこの技術を利用する．女性がん患者の妊孕性維持を目的とする凍結を医学的理由による卵子凍結というが，一般女性が卵子の老化を避けるための凍結を社会的理由による卵子凍結という．米国の大手企業であるGoogleやFacebookは，女性従業員の社会的理由による

卵子凍結の費用を負担し，日本でも千葉県浦安市が少子化対策の一環として，一定条件のもと卵子凍結保存にかかる費用の公費からの助成を開始して，2016年5月にその第1例目が実施された．社会的理由による卵子凍結の実施施設は国内にも増えつつあるが，卵子凍結には採卵が不可欠であり，採卵による女性の身体への侵襲は大きい．また，検査や採卵には30万〜50万円ほどの費用がかかり，毎年凍結保存料も発生する．しかし，凍結保存によって確実に妊娠が保障されるわけではない．凍結卵子で妊娠するには必ず体外受精・胚移植が必要であり，年齢が高くなれば移植あたりの妊娠率も低くなる．日本産科婦人科学会の報告によれば，2013年の体外受精の移植あたりの妊娠率は20.8％であり（斎藤2015），2013年の米国ARTレポートをみても，新鮮卵を使った場合で移植あたりの妊娠率は35歳未満で54.5％，35〜37歳で47.3％，38〜40歳で38.3％，41〜42歳で27.3％，43〜44歳で15.9％，44歳以上で6.9％であった（CDC 2015）．凍結卵子を使う場合には，これよりも妊娠率が下がり，加えて年齢が高くなれば，流産率が上昇することも忘れてはならない．これらを鑑みれば，社会的理由での卵子凍結を少子化対策として取り入れても，大きな効果は期待できないと推測される．

　このほかにも，夫婦の少なくとも一方の生殖機能が損失していて挙児を得られない場合，第三者から提供してもらった精子や卵子，受精卵，代理母を使って妊娠を試みることがある．こうした技術により，すでに多数の子どもたちが誕生しているが，第三者の介入する生殖は社会的・倫理的・法的問題を多く含む．技術的に可能であっても，子やドナーの福祉・利益の確保や社会的な合意，技術提供のための情報管理や心理的サポートのシステムなどの確立が不可欠である．

●出生前検査　女性の妊娠時の年齢が高くなるに伴い，胎児に染色体異常などが出現する確率も高くなる．近年，胎児の障害の有無を知る出生前検査の技術も進歩し，女性の初産年齢が高くなる傾向もあって，検査のニーズが増えている．妊婦検診の際に行われる超音波検診も感度が上がり，妊婦が胎児検診であるという認識をもたぬまま胎児の障害が検出されることもある．また妊婦の血液検査だけで胎児の染色体異常を高い確率で検出する新型出生前検査（NIPT）も登場し，日本では2013年4月に出産時35歳以上の妊婦を対象に臨床研究として導入された．女性の晩産化が進めばこうした技術の利用はさらに増えることだろう．しかしこれは優生思想に結びつく技術であり，安易な技術提供や利用について倫理的観点からも賛否両論がある．　　　　　　　　　　　　　　　　　［仙波由加里］

□　さらに詳しく知るための文献

柘植あづみ，2005，「第7章　生殖補助医療に関する議論から見る「日本」」『現代生殖医療　社会科学からのアプローチ』世界思想社，pp.138-158．
利光惠子，2012，『受精卵診断と出生前診断　その導入をめぐる争いの現代史』世界書院．
シリーズ生命倫理学編集委員会編，2012，『シリーズ生命倫理学6．生殖医療』丸善出版．

婚前妊娠と婚外出生
premarital pregnancy and nonmarital childbearing

☞「欧米先進諸国の少子化」p.132 「性行動と避妊」p.142 「前近代日本の結婚・離婚・再婚」p.168 「欧米諸国のパートナーシップ形成」p.188 「アジアの結婚行動」p.190

　多くの社会で子どもは社会的に承認された夫婦の間で生まれ育つ．しかし特定のオスとメスがつがいになって子どもを産み育てるという種は哺乳動物の中でも決して主流ではない．つまり，男女が結婚後に性生活を開始し妊娠・出産に至るという人間社会で「標準」とみなされてきた家族形成パターンは，生殖の仕組みに規定されているというよりは，人間特有の社会維持のために編み出された行動様式であるといえる．こうした行動は通常宗教的あるいは社会的規範（常識）として内面化され，人々の行動を誘導するが，こうした規範自体も社会の変化に伴い変わりうる．また上記「標準」パターンを逸脱した行動，例えば結婚前の妊娠（婚前妊娠）や出生（婚外出生）が人々の積極的選択の結果なのか，他の状況に依存して生じた消極的な結果なのかによっても，脱標準化が個人や社会に与える影響は異なる．

●近代以前から近代へ　歴史人口学の成果によれば，1900 年以前の西欧社会では，未婚女性の妊娠が嬰児殺しに結びつく記録はあるものの，婚外出生は珍しいものではなかった．近代以前の日本社会においても，地域によっては婚前性交渉が配偶者選択過程の一部となっていたり，婚外子（かつての私生児，非嫡出子よりも差別的ではない）が相当数存在していた（落合 2004）．しかし近代化，都市化に伴い配偶者選択の場が地域社会から学校・職場を中心としたものに移ると，とりわけ女性にとって婚前性交渉は避けるべきとの規範が定着していく．届出統計が整備された戦後の日本の状況をみると，全国的に結婚が 20 代前半に集中し，ほどなくして出生が起こるパターンが確立し，全出生に占める婚外出生割合は 1970 年代，80 年代を通じて 1％を下回った．実際には 1970 年代の初婚の 1 割弱は妊娠判明後の結婚であったとみられるが（岩澤・鎌田 2013），生殖は結婚した夫婦によって行われるべきとの考え方は定着していたとみてよい．

●ポスト近代における結婚と出生　こうして現れた戦後の「標準的」パターンは，同時期に現れた性別役割分業を基盤とした近代家族の特徴の一角をなすものであったが，その後の晩婚化の進展とともに変化していく．まず，高学歴化が進み，ある年齢までに結婚すべきとの結婚年齢規範が緩むことで初婚年齢が上昇すると同時に，婚前性交渉を忌避する規範が緩んだ．一方で，若年層において経口避妊薬のような効果的な避妊手段が普及していないため，若い未婚女性の妊娠リスクが高まった．日本では婚前妊娠が婚外出生に至ることは少なく，人工妊娠中絶による停止か，結婚が後追いする婚前妊娠結婚の増加を招いた（Hertog & Iwasawa 2011）．ほとんどが未婚である 10 代の女性の人工妊娠中絶率は上昇傾向にあり，

20代前半の出生に対する人工妊娠中絶比も1970年代に比べ高く推移している．他方，初婚や第一子出生に占める婚前妊娠の割合も高まった．女性が生涯に婚前妊娠結婚を経験する確率に換算すると2000年代で15%程度と推計され，第一子の4分の1ほどが初婚前に妊娠している．しかしこれは，未婚者が婚前妊娠結婚を積極的に選択したというよりも，未婚期間の長期化で結果的に婚前妊娠結婚を経験する機会が増えたと解釈できる（岩澤・鎌田2013）．出生に占める婚外出生割合は2010年代で2%台であるが，0歳時点で3分の1程度の婚外出生児が父親と同居していたとみられる（岩澤2017）．出生数に占める婚外出生割合の上昇は婚内出生数の減少にも起因するが，婚外出生の発生率でみると10代，20代前半と30代後半で上昇している．意識面では「結婚せずに子をもつこと」を容認する割合は2015年時点で3割程度存在するが，結婚の利点に「子をもてること」をあげ，子育てに適した資質を配偶者に望む人の割合は増加している（国立社会保障・人口問題研究所「出生動向基本調査」）．さらに，結婚意欲と出生意欲には高い相関関係がみられるなど，日本においては妊娠と結婚の分離は進んだものの出生と結婚の結びつきは依然強いといえる．

●**諸外国における結婚と出生**　欧米においても，婚前性交渉の広がりとともに妊娠が先行する結婚が一時的に増えたが，その後は婚外出生が増加している．地域的特徴をみると，北欧やフランスでは婚外出生の割合が過半数に達するほど高いとともに比較的安定した同棲カップルの間で生まれる傾向にある．英国や北米でも婚外出生割合は高いが，父親が同居していないことが多い．オランダやドイツでは同棲の普及に比べ婚外出生は少ない．南欧諸国は同棲も婚外出生も少なく，日本に近いとみられていたが，近年は増加傾向にある．東アジア諸国は欧米社会に比べ同棲も婚外出生も一段と少ないが，さらに韓国では日本ほど婚前妊娠結婚がみられず，これが低出生率の一部を説明する（Suzuki 2005）．

　婚前妊娠結婚や婚外出生は10代の若い年齢層や社会経済的に恵まれない層で経験されやすく，貧困と結びつきやすい（Raymo & Iwasawa 2008）．婚外出生に至る要因としては，婚外出生の機会費用が低いこと，結婚市場における結婚に適した相手の欠如，社会的承認の低い未成年者が親になることで精神的充足を得やすいといった側面が指摘されている．一方で，女性の稼得能力の向上や子育てに関する社会的サポートの充実が子育てに結婚を要件とせず，婚外出生を促す側面もある．婚外出生はいずれの社会でも増加傾向にあり，それに伴って親の婚姻関係にかかわらず権利を等しくすることや，婚姻関係にない父親の養育義務の強化などが法的な制度にも反映されつつある．　　　　　　　　　　　　　　［岩澤美帆］

📖 さらに詳しく知るための文献

Wu, L. and Wolfe, B. eds., 2001, *Out of Wedlock: Causes and Consequences of Nonmarital Fertility*, Russell Sage Foundation.

少子化の経済的背景
economic background of low fertility

☞「戦後日本の出生率低下」p.128
　「欧米先進諸国の少子化」p.132
　「人口経済学」p.368

　1970年代中盤以降，わが国の合計特殊出生率は2.0を下回り，それ以降傾向的に低下を続け，2005年には1.26にまで下がった．この間，経済状況は高度経済成長から安定成長，さらには「失われた20年」の時代を経て今日に至るなど大きな変化を遂げており，また雇用機会均等法の施行や育児休業制度の普及など女性を取り巻く就業環境も改善している．このような経済社会の変化と少子化（出生率の人口置換水準以下への継続的低下）との関係を探ることは不可欠である．

●**少子化の経済分析**　子どもを経済学的な視点から財（耐久財）とみなせば，子どもに対する需要は家計の所得と子どもの価格（コスト）から説明可能である．子どもが上級財であれば所得の増加は子どもに対する需要を高め，コストの上昇は需要を低下させる．出生率の低下は子どもに対する需要が低下した結果であるととらえるなら，1970年代半ば以降の経済社会環境の変化とどのように関連づけられるのだろうか．

　戦後の実質経済成長率を計算すると，高度経済成長にあたる1955～73年では年平均成長率は9.2%であったが，第一次石油危機による高度経済成長の終焉（1974年）以降，バブル経済の萌芽が明らかになる1985年にかけては3.8%へと大幅に低下し，さらに1986～95年では2.9%となり，1996～2014年では0.6%に留まる．こうした経済成長の鈍化が賃金，所得上昇を鈍らせ，子どもに対する需要に影響を及ぼしていると考えられる．ただし，この場合の家計の所得については現在もしくは過去の所得ではなく将来の期待所得が子どもに対する需要に影響を与えていると考えられる．イースタリン（R.Easterlin）の相対所得仮説など，人口経済学では将来所得の動向（期待所得）が子どもを持つかどうかに影響を与えると考える．なぜなら，子どもに対する需要は短期的なものではなく長期的な性質をもち，したがって将来にわたって家計の所得がどうなるかという視点が必要になる．経済成長率が長期的に低下を続けている場合，家計は将来所得に期待が持てず，子どもを持つことに対して消極的になると予想される．

　所得そのものではないが，若年層の雇用環境も同様な影響を与えると考えられる．高度経済成長以降の日本型雇用システムが変貌しつつある中で，終身雇用や年功賃金といった仕組みが失われ，同時に若年層を中心とした失業率の上昇や非正規就業者の増加などが，将来の期待所得を低下させる方向に働き，この点から子どもに対する需要を低下させ，少子化に結びついたと考えられる．加えて，結婚行動についても非正規の者ほど有配偶率が低い（内閣府2014）など，若者の雇用環境が少子化に影響を与えていることは間違いないであろう．

●子どものコストと少子化　子どものコストの点からも少子化の動向を探ることが可能である．子どものコストには大きく分けて直接コストと間接コストがあるが，直接コストは生活費や教育費などであり，間接コストは子どもを持つことで失う所得（機会費用）を指す．まずは直接コストであるが，そのうち子どもに対する需要に大きな影響を与えているのは教育費であろう．やや古い統計であるが，2009（平成 21）年度の文部科学白書によれば，大学卒業までに各家庭が負担する平均的な教育費は，公立の幼稚園から高校まで在学し国立大学に進学した場合が約 1000 万円，すべて私立の場合は約 2300 万円になるという．授業料などの上昇や大学などへの進学率の上昇などを考慮すれば子どもに対する直接コストの上昇は顕著であり，子どもに対する需要を引き下げていると考えられる．

子どものコストに関しては間接コストの方が重要であるかもしれない．具体的な間接コストは，女性が育児と就業継続の両立が難しい環境にある場合，子どもを持つことで失う所得（逸失所得，すなわち機会費用）を指す．内閣府の試算によれば，大卒の女性が 28 歳で第一子出産を機に退職し育児などに専念し，31 歳で第二子を出産し，出産後 1 年を経過して非正規雇用で復職した場合，得られる生涯所得は 4913 万円であり，就業を中断することなく 60 歳まで働いた場合の生涯所得 2 億 7645 万円と比べると，逸失所得はそのおよそ 82％にあたることになる（内閣府 2005）．1970 年代半ば以降，女性の労働市場への進出が進み，また大学などの高等教育機関への進学率も上昇している．こうした側面から，逸失所得の上昇が少子化に影響を与えていたと考えることができる．

こうした子どものコストを抑制することが出生率低下に歯止めをかけるためには重要である．直接コストについて児童手当などの給付による経済支援が行われている．一方，間接コストの上昇を抑制するためには，育児休業制度の活用などが重要である．女性の育児休業取得率をみると 1996 年の 49.1％から 2005 年には 72.3％に上昇し，さらにこれ以降取得率は増えて 2014 年では 86.6％に達している．加えて保育所の整備や男女共同参画の推進など，就業と出産・育児の両立支援を行うことが間接コストを低下させるため不可欠である．

合計特殊出生率は 2005 年の 1.26 を底に，2015 年では 1.46 までやや回復してきた．近年の合計特殊出生率の回復は，（完全ではないものの）デフレ下の低成長からの脱却，アベノミクスによる成長戦略など将来への期待が見え始めたことなどによる所得要因の上昇や，女性活躍の推進や育児休業取得率の上昇など間接コスト抑制の効果が現れ始めたことなどがその背景にあると考えられる．

［加藤久和］

📖 さらに詳しく知るための文献

加藤久和．2007．『人口経済学』日経文庫．
阿部正浩ほか．2016．「政府はどのような少子化対策を行ってきたのか？」阿部正浩編『少子化は止められるか？』有斐閣．pp. 21-45.

少子化と日本の社会保障制度
fertility decline and social security system in Japan

☞「戦後日本の出生率低下」p.128「少子化の経済的背景」p.150「人口減少と財政問題」p.344「人口高齢化と年金制度改革」p.348

　日本では少子化が進展しているが、その一つの理由として、子どもを持つことによる世帯の負担が大きく、その結果、子どもを欲しくても持つことをためらっている世帯が多いことがあげられる。直接子育てに要する養育費だけでも、子どもを育てるには追加的な衣食住費がかかり、莫大な保育費および教育費を必要とする。育児のために仕事をやめたり休んだりせざるを得ないとすれば、こうした機会費用も莫大な額に上る。子どもを持つことによるメリットが縮小する中、子どもの数を増やすには、こうした費用を個人負担にするのではなく、社会として負担すべきではないかとの世論が強まり、社会保障に対する期待が高まっている。以下、日本の少子化と社会保障の現状について説明する。

●少子化の現状　日本では、近年生まれてくる子どもの数が減少している。図1は第二次世界大戦終了以降の出生数と合計特殊出生率（TFR）の推移を示している。大戦直後の1947～49年の第一次ベビーブーム期には年間270万人近くの子どもが生まれたが、その後子どもの数は急速に減少し、1960年代は160万人から190万人台で推移していた。他方、TFRはその後も2.1台でほぼ横ばいであったが、1971～74年の第二次ベビーブーム期になると、第一次ベビーブーム期に生まれた人たちが20歳代中頃になり、子どもを生む親が増えた結果、出生数も年間200万人を越えるようになった。だがその後、出生率、20歳代～30歳代女性の数がともに一貫して減少するようになり、わが国では第三次ベビーブーム期はみられなかった。他方、TFRは2005年の1.26まで下がったが、この年を底に、以降若干の上昇をみた。ただ、依然としてその水準は低く、20歳代～30歳代の女性の数が減り続けている結果、生まれてくる子どもの数も減少を続け、近年は

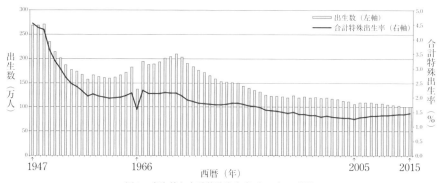

図1　出生数と合計特殊出生率（TFR）の推移
[厚生労働省『人口動態調査　人口動態統計』より作成]

100万人を切るまでに減っている．

　人口学における「少子化」とは，出生率が人口置換水準を長期間にわたって下回る状態を意味することが多い．しかし，一般的にはいくつかの解釈があり，出生数が減少すること，あるいは人口に占める子どもの割合が低下することを指す場合もある．いずれにしても日本で少子化が進展していることは間違いない．

●**少子化の経済的背景**　出生率が低下を続けてきた理由として，晩婚化，未婚化の進展をあげることができる．近年，結婚したいと考える人が減り，結婚してももちたいと思う子どもの数が減ることにより，希望出生率が低下していることに加え，さらにこれを現実の出生率が下回っていることがあげられる．こうした背景にはさまざまな要因が考えられるが，主な経済的阻害要因をあげると，①教育費や住居費など，子どもを育てる上で必要となる費用が高い一方，かつてのように子どもが将来大人になっても，仕事を手伝ってくれる労働力として期待されるわけでも，また親への仕送りなどが期待されるわけでもなく，子どもの費用と便益から考えて子どもを持たなくなっていることである．そして②所得が低下し，経済的理由により結婚や希望する子どもの数を持つことを諦める人が増えていることもあげられる．さらには③保育所の待機児童問題にみられるように，子育てに対する社会サービスが欠如していること，また④夫の労働時間が長く，家事や育児に時間が割けないために，子育ての負担が妻に偏りすぎていることなどが理由としてあげられている．

●**従来の経済的支援と社会保障**　従来日本では，国民の生活基盤の安定は，右肩上がりの経済成長と低失業率，それらを背景とした企業の長期雇用慣行，公共事業など雇用の創出・維持の諸施策などにより，男性世帯主の勤労所得の安定によるところが大きかった．そして，どちらかといえば，社会保障はこれを補完する役割を担ってきた．その結果，他の先進諸国と比較すると，わが国の社会保障関係の全体支出は規模の点で小さく，そのために必要となる負担も抑制されてきた．他方，近年，社会保障の支出面で大きく増加してきたのは，高齢者人口の増加に伴い人々が職業生活を退いた後の公的年金給付や高齢者医療費などである．男性世帯主が仕事に専念する一方で，子どもを生み育てるのは家庭の責任と考えられる傾向が強く，子育てや介護については，家庭内での家族によるケアへの依存度が高く，特に専業主婦の奮闘によるところが大きかった．家庭が外部のサービスにあまり頼らず，育児や介護に関するニーズを自ら充足してきたため，これらに対する政府支出は比較的低水準に抑えられてきた（厚生労働省 2015a, p.36）．

●**近年の少子化対策**　子育てに対する社会的支援の重要性が認識され，近年，少子化対策が求められるようになった．特にそのきっかけとなったのは，1989年の「1.57ショック」の影響が大きい．この年に合計特殊出生率が1966年の「丙午（ひのえうま）」の年を下回り，当時戦後最低の1.57を記録した．これを契機に「ゴール

プラン」がつくられ，続いて1994年に「エンゼルプラン」と「緊急保育対策等5か年事業」が策定され，1999年には「少子化対策推進基本方針」が決定され，「新エンゼルプラン」が策定された（内閣府 2015a, p.17）．それ以降も，2003年に「次世代育成支援対策推進法」「少子化対策基本法」および「少子化社会対策大綱」が策定され，「子ども・子育て応援プラン」に基づき，国が地方公共団体や企業などがともに計画的に取り組む必要がある事項について，具体的な施策内容と目標が掲げられた．さらに，2006年に「新しい少子化対策について」，2007年に「子どもと家族を応援する日本」重点戦略，そして2010年には「少子化社会対策大綱（子ども・子育てビジョン）」が策定された．さらに，2013年には「待機児童の解消に向けた取り組み」と「少子化危機突破のための緊急対策」が策定された．2014年に「選択する未来」委員会が組織され，「放課後子ども総合プランの策定」と「地方創生の取組」が決められ，「子どもの貧困対策推進法」がつくられた（内閣府 2015, pp.17-20）．そして2015年には「新たな少子化社会対策大綱」が策定され，総合的かつ長期的な少子化に対する施策の指針が示され，地域における結婚に対する取り組みの支援や少子化対策への社会全体の機運醸成などの具体的施策が示されるなど，毎年のように少子化に対する対策が講じられ，強化されている．2016年には「子ども・子育て支援法」が改正され，子どもの貧困に対する対策も講じられつつある（内閣府 2015, p.20）．

●わが国の家族関係の社会保障支出　社会保障が，個人的リスクである病気・けが・障害・死亡・老化・失業などの生活上の問題について，貧困を予防し，貧困者を救い，生活を安定させるために国家または社会が所得移転によって所得を保障し，社会的サービスを給付する制度であるならば，少子化対策に伴う具体策の多くもこの社会保障制度に含まれる．例えば，子ども手当（児童手当）の給付や社会福祉であるところの特別児童扶養手当，児童扶養手当，保育所運営費，協会健保や組合健保，国保による出産育児諸費，出産育児一時金，各種共済組合による育児休業給付，雇用保険による育児休業給付，生活保護による出産扶助，教育扶助，就学援助制度，就学前教育費など多くの手当や給付がこの支出に含まれる．このほか，教育に対する財政支出も公的な人的投資であるのと同時に，広い意味では少子化対策のための支出とみなすこともできる．

このようにわが国においても，現在では各種の制度は設けられるようになったが，それでも他の先進諸国に比べて，家族関係施策に対する政府支出は少ない．図2には先進各国のGDPに対する家族関係社会支出割合が示されている．わが国の社会保障費はもともと欧州諸国に比べそれほど大きくない．それに加え，その4～5割は高齢者関係給付によって占められている．わが国でも家族関係社会保障支出のGDPに占める割合は近年引き上げられてきているが，それでも依然として低い水準にある．例えば2013年の数字をみると，英国がGDPの3.8%，

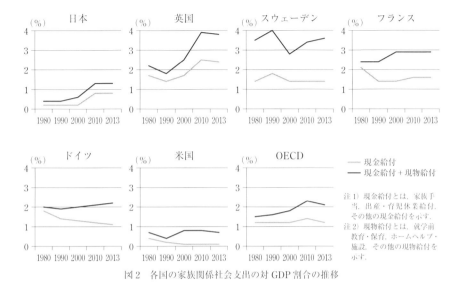

図2 各国の家族関係社会支出の対 GDP 割合の推移

スウェーデンは3.6%，フランスは2.9%，ドイツは2.2%を家族関係に支出しているのに対し，日本は1.3%に留まっている．さらにその内訳をみると，家族手当や出産・育児休業給付，その他の現金給付に代表される現金給付は，わが国では0.8%であるのに対し，英国では2.4%，フランスでは1.6%，スウェーデンでは1.4%，ドイツでは1.1%と高い．また就学前教育・保育，ホームヘルプ・施設，その他現物給付に対する支出割合も，日本が0.5%であるのに対し，スウェーデンは2.2%，英国は1.4%，フランスは1.3%と高い（内閣府 2015）．このように日本における子育てに対する社会的負担は少なく，税金の控除はあっても，個人あるいは世帯による私的負担が大きいといえる．

子育ては個人の責任だけではなく，社会で育てるといった考えも強まってきており，「幼児教育・高等教育の無償化」も実施されるようになった．

少子化が続くと人口は減少し，社会的にも規模の経済性が利用できなくなり，経済が競争力を失う危険性がある．特に若者人口が減り，社会が活力を失い，労働力人口の減少によって，潜在成長率は低下する．さらには，少子高齢化の進展は財政収入を減らし，公的サービスを維持できなくなる可能性もある．

今後，社会保障費総額が膨らんでいくことが予想される中で，出生率上昇の社会的効果を考え，家族関連支出をどのように増やしていくのか．そして特にどこに支出することがより効果的であるのか．格差是正の問題も合わせ，検討していく必要がある．

[樋口美雄]

出生力と文化
fertility and culture

☞「宗教と人口成長」p.42「人口人類学」p.372「宗教人口学」p.402

　文化は，宗教・言語・民族・価値観などを含み，計量しにくく，その違いによる出生率への影響をみることは簡単ではない．「中国文化圏」に属する国々は，経済体制・発展水準のいかんにかかわらず，出生率低下が始まると一気に下がったが，それには同質性が高くアイデアの伝搬が容易であることや教育水準の高さが起因している．一方，「インド文化圏」に属する国々は，出生率低下が緩慢で，宗教，言語，カーストなど異質性の大きさが要因と考えられる（河野 2000：88, 109, 117-119）．

　文化の諸要素は，相互に密接で不可分な関係にあるが，地域や国により多様で複雑に交錯する様相が認められる．例えば中国では，漢民族と55の少数民族が居住しており，そのうち朝鮮族，ウイグル族などは民族固有の言語（母語）を話すが，回族や満族は漢民族との同化が進み漢語を話す者が多数を占める．一方，宗教においてはウイグル族や回族はイスラム教徒が大部分であるが，漢族などその他民族では仏教，道教，キリスト教など多宗教が共存している．また，中国特有の一人っ子政策では，少数民族優遇策など民族により異なる人口政策が実施されたため，民族，宗教による出生力格差を観察することは容易でない．このように宗教，民族，言語などの文化的側面は，世界の多くの国や地域においても交錯する様相があることから，ここでは文化的側面を宗教に限定し，出生力における宗教の役割を紹介する．

　宗教は，人の行いに指針を与える道徳的規範について，他の社会制度と比べてはるかに入念につくられており，その中には性行動や男女の役割，社会における家族の役割など各種の規範が含まれる．宗教の出生行動への影響については，避妊の是非に関する宗教的規制に留まらず，上述の規範に関連する価値観の考察も重要である．宗教の人口行動への関与には概して出生奨励志向があり，避妊の実行など生殖への人為的な介入を批判する立場をとる傾向がみられるが，社会経済発展により変化している．特に1960年代以降，避妊革命ともいわれるピルをはじめとする近代的避妊手段の普及により，宗教による出生力格差は縮小している．

●宗教と人口政策　1994年にカイロで開催された国際人口開発会議において，「リプロダクティブ・ヘルス／ライツ」および女性の地位の向上とプロ・チョイス（子どもを産むか産まないかの選択の自由を尊重する考え方）の概念を含む「行動計画」が採択された．各国の行動計画への対応は経済発展の水準や社会規範・宗教により多様であるが，出生力低下は宗教のいかんを問わず浸透している．さらに，国連の2010年の世界の避妊実行に関する統計によると，1980年から

2009年に世界の避妊実行率は49％から63％へ，先進地域では69％から72％へ，そして途上地域では44％から61％へ上昇し，宗教にかかわらず避妊の普及が進んでいる（UN 2011b）．また国連の2011年の世界の人工妊娠中絶政策に関する統計によると，中絶を合法化していない国はカトリック教徒やイスラム教徒が多い国が多数を占めるが（UN 2011c），トルコなどイスラム教徒が多い国でも中絶を許可している国もあり，宗教による規制は国により異なっている．

●**宗教からみた出生行動規範**　宗教には世界の4大宗教（キリスト教，イスラム教，仏教，ヒンドゥー教）のほか，儒教，道教，古代からのアニミズムなど多数あり，各宗教はカトリック，プロテスタント，福音派，正教，シーア派，スンナ派，小乗仏教，大乗仏教など数多くの宗派に分かれている．ここでは宗教別にみた出生行動規範について，4大宗教に焦点をあてて説明する．

まずキリスト教は，性の目的は快楽ではなく種の再生産を重視し，特にローマカトリック教会は公的な教義として，リズム法（オギノ式・基礎体温法）など自然の摂理による以外の避妊手段の大部分，そして中絶につながるすべての行為を禁止している．キリスト教は生命尊重（プロライフ）の立場から，人工妊娠中絶には強力な反対を表明しているが，避妊には次第に寛容になってきている．プロテスタントは基本的にはカトリックと同様の出生行動に対する教義をもつが，近代的避妊の実行を容認しており，中絶も一部の保守的なプロテスタントを除き容認する立場をとっている．

イスラム教には避妊や出産制限を禁じる聖句はなく，家族計画の是非はコーランやハディース（預言者ムハンマドの言行録）から多様に解釈されるため，出生行動への指針は多様である．避妊は多くのイスラム諸国で認められているが，中絶や不妊手術はトルコ，チュニジアなど一部の国を除き，法的な制限がある．

ヒンドゥー教と仏教では出生行動に対する明確な規範はなく，中絶に対する明確な禁止はない．インドや東アジアでは出生抑制のための避妊や中絶が急速に普及したが，これに対していかなる宗教的制限も課されていない．

●**宗教をめぐる価値意識**　2004～08年に実施された「世界価値観調査」による世界70か国の宗教の重要性に関する意識をみると，宗教が非常に重要と思う人の割合（Religion Important：RIMP）は，先進国に比べ途上国で高い傾向がみられる．出生率とRIMPは正の相関を示しており，RIMPが高いほど出生率が高い傾向がある（早瀬 2013）．宗教の重要性への認識が低い日本とドイツでは，RIMPは前者が7％，後者が11％で，出生率はそれぞれ1.32と1.36と低い．今後の社会経済発展と女性の就学率の向上により，宗教が出生行動に与える影響は縮小し，宗教間の出生力格差も低下することが予想される．　　［早瀬保子］

📖 さらに詳しく知るための文献

Derosas, R. and van Poppel, F. eds., 2006, *Religion and the Decline of Fertility in the Western World*, Springer.

教育と出生力
education and fertility

☞「戦後日本の出生率低下」p.128
「欧米先進諸国の少子化」p.132
「現代日本の結婚行動」p.172
「出生意欲の分析」p.512

　教育と出生力の関連を明らかにする実証研究はこれまで数多く積み重ねられており，教育は出生力転換の開始や人口内部の出生力格差を説明する上で重要な要因の一つとされている（守泉 2005）．教育と出生に関する研究は，主として出生転換前の発展途上国における教育の普及が出生動向に与える影響などを中心に発展してきたが，1980 年代以降は，教育が出生力に及ぼす影響の経路などそのメカニズムへの関心が高まり，近年では子どもへの教育内容と親の出生力の関連など世代間の研究なども注目されるようになった．

●**教育と出生力の関係**　実際，経済発展の程度にかかわらず，世界の多くの国において教育を受けた女性ほど，出生数が少ないことはこれまで多くの研究により観察・実証されている．また，出生力低下の要因として教育を分析している研究によると，教育の普及，特に女性の教育水準の上昇は出生力低下を引き起こし，教育と出生力の間には負の関係があると結論するものは多い．

　教育と出生力研究の仮説としては，小家族を強調する西欧的価値観を理念とする近代的学校教育の普及により子どもの価値観や需要が変化し出生力が低下するというもの（Caldwel 1980, 1998），また教育は避妊知識の普及，避妊実行率を高め子ども数の減少に寄与するというもの，その他，近代化が進んだ先進国においては，教育が女性に家庭外の就労など出産以外の地位達成を可能とし，そのため出産の相対費用（機会費用）が上昇することにより子どもの需要を低下させるというものなどがあげられる（Becker 1991）．

　しかしその一方で，教育と出生力の間に正の相関がみられる場合がある．例えば，女性の教育向上の初期には教育が出生子ども数の上昇を促す場合があり，要因の一つとして，教育が伝統的育児で行われてきた母乳保育実行率の低下やその期間の短縮化がもたらす再生産期間の拡大などが，出生率の上昇の要因として指摘されている（早瀬 1994）．また地域や国別の関連研究からは，アラブ諸国（ヨルダン，アラブ首長国連邦，クウェート，サウジアラビア）やフィリピンなどで，女性の教育水準が上昇したにもかかわらず出生率は低下せず，他方，バングラディシュでは女性の教育が低いままであるにもかかわらず出生率の急激な低下がみられたとする事例研究も報告されている．

　さらに先進国における近年の研究学会（EDURUP 2015）では，教育水準と出生力の関連について，現状では教育水準の高い女性ほど出生力が低いという傾向が欧米でも大勢を占めているものの，一方で希望子ども数の達成については，教育水準の高い女性ほど有利な状況にあるという国も出てきている．今後このよう

な傾向が強化・拡散されていくのであれば，女性の教育と出生力の関係も変化しうる可能性が指摘されている．これらの知見からも教育の普及・教育水準の上昇が必ずしも出生力低下を引き起こすとはいえない．国や地域における教育体制や社会経済的，文化的背景を考慮しながら注意深く分析し，解釈する必要がある（守泉 2005）．

●**日本における研究** 日本における教育と出生力の研究については，公教育の普及・拡大と出生力との関連を分析したものは数少ない．「人口動態統計」でみるとわが国の出生率低下は 1920 年に始まったが，それは比較的緩慢なものであり，第二次世界大戦を挟んで乱高下したものの人口置換水準に到達したのはベビーブームの数年後である．総じて戦後しばらくは女性の教育水準も低い状態（初等教育程度）のままであったため，その関係はあまり注目されなかったとされる（小川 2007）．国勢調査のデータにより戦前の教育と出生力の動向を明らかにした河邊によると，明治期以降の日本の初等教育の普及は急速ではあったものの，出生力には強いインパクトを与えるものではなかったことが指摘されている（河邊 1981）．

一方，1950 年代中期以降の急速な経済成長期より女性の高校進学率は急上昇し，1973 年には男女ともに 90％にまで達した．また同時期に，短大，大学進学者も急増し，女子の高等教育進学率は 3 割を超え，90 年代に入ると女性の大学進学率は短大と逆転して現在まで上昇し続けている．このような戦後の女性の高学歴化は，1990 年以降の少子社会への注目とも相まって，教育と出生力の研究の重要性を高めつつある．近年の研究では，松村が国勢調査のデータに同居児法を適用し，1976 年から 1990 年における女性の教育水準別合計特殊出生率の推計したものがある（松村 2000）．その結果によると，同時期の中学校卒業と大学卒業の女性の教育別出生率の差が大きくなったことが明らかとなり，1980 年代の大学卒の女性の増加が 1980 年代の出生率低下の主要な要因であったと指摘している．また，横断的調査（SSM 調査）をもとにしたコーホート分析（白波瀬 1999）からは，米国とは異なり日本では，結婚や出生に対し教育水準よりも年齢が重要な決定要因であることを結論づけている．今後，教育と出生力の関連の研究は，その動向の把握と同時に因果関係のメカニズムの解明がますます重要となるであろう．

［新谷由里子］

□□ さらに詳しく知るための文献

守泉理恵．2005．「少子化時代の教育と家族形成」大淵 寛・兼清弘之編『少子化の社会経済学』原書房，pp.107-132．

早瀬保子．1994．「女性の教育水準と出生力の国際比較分析」河野稠果『発展途上国の出生力―人口保険調査の国際比較』アジア経済研究所（IDE-JETORO）．

ロバート・D・ラザフォードほか．2004．「日本における教育別出生力の推移（1968〜2000 年）」日本大学人口研究所，East-West Center，総務省統計研修所．

現代日本の「妊娠のしやすさ」をめぐる議論
debates on "possibility of pregnancy" in contemporary Japan ☞「自然出生力と妊孕力」p.144「生物人口学」p.380

　2015年8月，文部科学省が保健体育の副教材に取り入れたグラフをきっかけに，現代日本における「妊娠のしやすさ」をめぐる大きな議論が巻き起こった．この顛末を振り返ると，出生という現象に対して医学，生物学，社会学など，さまざまな側面からのとらえ方の違いと人口学への無理解が浮かび上がる．

●議論の経緯　上記の副教材が出る前年，日経ビジネスオンライン2014年7月4日号に掲載されたジーン・トウェンギ（J.Twenge）教授へのインタビュー記事（広野 2014）をめぐっても同様な議論があった．記事の主旨は，妊娠しづらくなる年齢は世間一般で思われているより遅いので，30歳代が悲観する必要はないということだったが，「それを信じて妊娠・出産を遅らせた人が結果的に妊娠できなかったらどうするのだ」という批判が相次いだ．トウェンギ教授は30歳代で妊娠しづらくなるというデータは古いから信用できないというスタンスだったが，現代フランスの多施設調査でも，受胎確率は30歳未満に比べて31～35歳で低下し，35歳以上では急速に低下していたデータが示されており（Wood 1994），デンマークで行われた研究でも，35～39歳の女性の受胎確率が20～24歳の女性の77%であったことが示されていて（Rothman 2013），事実に基づいた議論になっていなかった．

●「妊娠のしやすさ」の指標　ここで注意しておくべきは「妊娠のしやすさ」を適切に示す指標値は何かということである．「妊娠のしやすさ」は専門用語ではない．ジニ（C. Gini）は「一切の出産抑制がない既婚女性の1か月あたりの妊娠確率」を受胎確率（fecundability）と定義した．しかし，特に途上国では女性が気づかないうちに流産してしまうことも多く，尿検査で自覚前の妊娠を判定して計算される総受胎確率と，女性が妊娠を自覚したケースのみに基づいて計算する見かけの受胎確率を区別することも必要になる．また，その妊娠が生産に至る場合のみ計算した値を有効受胎確率と呼ぶ．どれもある意味では生物学的な「妊娠のしやすさ」である妊孕力（fecundity）を表現する指標だが，そのための研究をしなくては推計値が得られない．かつての北米のハテライトのように宗教的な理由ですべてのカップルが最大限に子どもを欲しがるならば自然な出産間隔から推定できるが，多くの社会では避妊も行われているし，意図的な避妊をしなくても社会的な制約やストレス，産後授乳による無月経，栄養不良などから，実際の受胎確率は生物学的な最大値より低いかもしれない．データとしては，意図的な出産抑制をしていない既婚女性が，子どもを欲してから自覚した妊娠までの月経周期数の逆数を，月あたりの「見かけの受胎確率」とするのが普通である．

●議論の核心　2015年8月の高校生向け副教材の問題に戻る．教材に掲載されていたグラフ（グラフA）は縦軸が「妊娠のしやすさ」とされ，22歳をピークに妊娠のしやすさは急速に右下がりになっていた．副教材には出典としてオコナー（K.A.O'Conner）らの論文（O'Conner et al. 1998）が示されていたにもかかわらず，当該論文に掲載されているグラフ（グラフB）よりも22歳以降の低下が顕著に見えるようにずれた誤った作図であることが，まずインターネット上で問題になった．この誤りは文部科学省も認め，グラフBに差し替えられたが，縦軸は修正されなかった．そもそも当該グラフはオコナーらの研究成果ではなく，別の論文からの引用なので，引用元として適切ではないし，本来の縦軸は「見かけの受胎確率」とするべきである．引用元をたどると，16～24歳は台湾，25歳以上は北米ハテライトという二つの出産抑制をしていない集団における出産間隔データから推定された，見かけの受胎確率のモデル値としてウッド（J.W.Wood）の本に載っているものであった（Wood 1994）．元の本には，仮に性交頻度が低下しなかったら最大限の見かけの受胎確率はどうなるかというシミュレーション結果のグラフ（グラフC）も掲載されているが，あくまで仮想的な最大値であって，現実の「妊娠のしやすさ」とはまったく異なる．

　筆者は2015年8月末に毎日新聞から取材を受け，上記問題点を伝えたが，同年9月2日の紙面には縦軸書き換えが最大の問題点であるというコメント主旨は掲載されず，逆にグラフCが真の生物学的な妊娠のしやすさであるかのような説明が掲載されていた．即座に修正を求めるコメントを送ったが掲載されなかった．この問題については社会学者やジェンダー研究者が注目し，教材は女性の年齢による「妊娠のしやすさ」の低下を誇張していて，「専門家」がお墨付きを与えることで世論や政策に影響が出ることを批判している（例えば，西山・柘植 2017）．しかし，日本生殖医学会が2015年9月7日に理事長名で発表したコメントは，グラフAが生殖医療の現場で長年用いられてきたグラフであってまったく問題はないとするもので（苛原 2015），批判に答えていないだけでなく，どちらも人口学的な概念が歪むという本質を無視している．もし高校生向け副教材に取り上げるなら，現代日本について調査された「見かけの受胎確率」のデータを示すべきと考えるが，信頼できるデータが存在しない．そうであるならば，最低限，縦軸ラベルは正しく表示し，その意味を正確に説明すべきと考える．

[中澤　港]

□ さらに詳しく知るための文献

Larsen, U. and Vaupel, J. W., 1993, "Hutterite Fecundability by Age and Parity: Strategies for Frailty Modeling of Event Histories", *Demography*, 30(1): 81-102.

Tanaka, S., 2017, "Another Science War: Fictitious Evidence on Women's Fertility and the "Egg Aging" Panic in 2010s Japan", Demos, V. and Segal, M. T. eds., Gender Panic, Gender Policy（Advances in gender research vol.24） Emerald Publishing Ltd., pp. 67-92.

5. 結婚とパートナーシップ

　結婚は個人を社会に結びつけ強化するとともに，生殖の場として人口の再生産を支えてきた．近代以前の社会では共同体に基づく緩やかで多様な結婚形態がみられたが，その後，宗教組織や国家による制度化が進んだ．北西欧から始まった近代化の波は，先進的な社会システムとともに愛情と性別役割分業に基づく近代的夫婦像を世界に拡散した．権威主義的な特徴を有していた日本の結婚・婚姻制度も戦後は民主化され，経済発展に伴う全国的な皆婚パターンおよび死別と離婚が共に少ない安定的パートナー関係は人口置換水準の出生率の実現に貢献した．しかしその後の個人化の進展は，他の先進諸国と同様に結婚の減少を引き起こしている．晩婚化，非婚化とともに離再婚が増加しているが，結婚に代わり同棲が普及し婚外出生が人口再生産を支えている欧米社会とは異なり，パートナーシップ形成そのものが低迷する日本を含む東アジアでは，人口再生産が抑制され，その結果として人口の減少に直面している．　　　　　［津谷典子・岩澤美帆］

第5章

結婚とパートナーシップ……………………166
前近代日本の結婚・離婚・再婚……………168
現代日本の結婚行動…………………………172
離婚と再婚……………………………………176
現代日本の結婚の地域性……………………178
現代日本の夫婦と家族………………………180
現代日本の国際結婚…………………………182
前近代ヨーロッパの結婚パターン…………184
欧米諸国のパートナーシップ形成…………188
アジアの結婚行動……………………………190
LGBT……………………………………………192
結婚と家族をめぐる価値意識の変化………196

結婚とパートナーシップ
marriage and partnership

☞「前近代日本の結婚・離婚・再婚」p.168「現代日本の結婚行動」p.172「前近代ヨーロッパの結婚パターン」p.184「欧米諸国のパートナーシップ形成」p.188「結婚と家族をめぐる価値意識の変化」p.196

　多くの社会で結婚は世代の再生と個人を社会に結びつけて強化する役割を果たしている．生殖に男女両性が関わること（配偶）は哺乳動物に共通するが，特定の両性が生殖時にかかわらず性的・社会的関係を続け，共に子どもに対し相当な時間的・資源的投資を行う点はヒトの結婚を特徴づける．これはヒトが相対的に未熟な状態で生まれ，他方で高度に複雑化した社会で生きなければならない事情による．長らく人類は同族集団あるいは共同体における緩やかな取り決めに従った結婚制度を確立していたと思われるが，次第に教団や国家といった高次の組織による厳格な統治が進むと教義の一角をなす結婚や法律婚（婚姻）が登場した．近代化を経て成熟した今日の社会では一転して結婚の個人化が進んでいる．今日では宗教的あるいは法的に承認されていない親密な共棲（事実婚，同棲）も含めてパートナーシップ（あるいはユニオン）と呼ばれ，特に出生力の近接要因として結婚に着目する場合，こうした広義の結婚をとらえることが有効である．

●**機能・利点と規定要因**　具体的な結婚の形態は環境や文化によって多様であるが，長らく多くの社会にみられた機能をあげれば，男女関係の社会的承認，性・生殖と子育て・子の社会化の場，生産・消費および資源の世代内／間の再分配といった経済活動の場，成人地位の付与，居住形態の規定，家族内・男女間での役割や権威づけの場，といったものになろう．結婚は夫婦だけでなく，双方の親族をも結びつけるネットワークの要となる．また経済学的な見方をすれば，夫と妻は生活に必要な労働を特化でき，生活を共にすることによる規模の経済性を享受し，単身では対応困難な不確実性に対する保険として互いに機能する．実際に経済的福祉や身体的・精神的側面で有配偶者は単身者よりも有利であることが知られている（Waite & Gallagher 2000）．一方，結婚はしばしば抑制される．一夫一婦制社会では適齢期の男女人口に著しい不調和があると結婚難が起きる．経済不況や住宅の不足など結婚生活に必要な条件が揃わないときも先送りされる．さらに当事者にとっての結婚の望ましさも作用する．結婚すべきとの強い社会規範や社会的圧力が緩和したり，結婚の利点が他のライフスタイルで補完できる，あるいは結婚と競争する生き方（進学や就職など）が優先される場合，結婚は抑制される．なお個人の結婚への移行は同時期の状況だけでなく，祖父母・親世代の経験や若年期の経験など多世代・ライフコースの累積的な影響を受ける（Thornton et al. 2008）．

●**近代以前の多様な結婚**　文化人類学や歴史学の成果により近代化以前の家族システムがきわめて多様であったことが示されている（Todd 1999）．家族システム

は親の権威の強さや女性の地位，世代のつながりの特徴（父系／母系／双系），単婚か複婚か（一夫一妻制かどうか），外婚か内婚か（近親縁を避ける度合い），兄弟姉妹の平等性などにより類型化できるが，日本はドイツとともに権威主義的な家族に分類され，相対的な傾向として早婚・皆婚であり，夫婦・兄弟姉妹は不平等で親の権威は強く配偶者選択にも関与する．ただし実際の徳川社会の結婚は初婚年齢や生涯未婚，離再婚の発生などについてきわめて地域性が大きいことが知られている．

これに対し近代以前の北西欧社会では，早期の離家，核家族，成熟した若者自身による配偶者選択，経済的自立を前提とした結婚（晩婚）と高い生涯未婚，といった特徴を示す．このような地域では経済状況によって結婚発生が左右され，資源の有限性が低い開拓民社会や経済発展下では結婚が大いに促進される．

●結婚の黄金時代から結婚離れへ　北西欧社会に始まった近代化は伝統的結婚を変容させた．経済成長と都市化による国内移動は若者の自立を促し，前時代にみられた親や共同体の関与を緩めた．代わって国家による結婚の管理や権利・義務に関する法的整備が進む．初婚年齢は低下し皆婚化が進み，少数派の独身者の地位は低くみられた．産業化によって生産と労働の場が家族から離れると，雇用者である夫による稼得役割と主婦である妻による家事・育児役割というかたちの分業が進んだ．死亡率の改善により死別が減り有配偶期間が伸長した．日本はこうした結婚の黄金期を1960～70年代に迎え，権威的な明治民法に基づく前時代の制度的結婚は，民主的な戦後民法に基づき夫婦の情緒的つながりが重視される友愛的な結婚へと変貌を遂げた．二子を標準とする規範が定着し，再生産の面でも人口置換水準の出生率を実現した．

しかしながら1960年代後半の北西欧社会を皮切りに，先進国では結婚離れが進んだ．晩婚化，生涯未婚率の上昇，離再婚の増加に加え，婚前性交渉，婚前妊娠，婚前同棲，婚外出生など，かつて結婚内に限られていた行動が結婚外で経験されるようになった．欧米を中心に同性婚の容認も進んでいる．日本については著しい晩婚化と非婚化が進んでいるが，婚前同棲や婚外出生の増加は緩慢である．結婚の構造的変化でいえば，見合い結婚や職場結婚，片働き夫婦，拡大家族が減少し，共働き夫婦，婚前妊娠結婚が増加している（岩澤 2013）．

ポスト近代の結婚は，前時代の夫婦・親役割を重視するものから，総じて個人化しており，個人の自由や自立が重視されるため成立しにくくまた解消しやすい．ただし，そこに現れた社会は，結婚に代わる安定的なユニオンによって再生産が維持されている北西欧文化圏，結婚が地位の象徴であり続けながら現実には不安定で多くの再生産がひとり親の元でなされている英語圏，ユニオン形成が再生産に結びつかないドイツ語圏，そしてユニオン形成そのものが低迷し再生産が大きく抑制されている日本を含む東アジアなど多様な姿を示している．　　［岩澤美帆］

前近代日本の結婚・離婚・再婚
marriage, divorce, and remarriage in pre-modern Japan

☞「離家」p.210「国勢調査以前の家族と地域性」p.220「家族とライフコースの歴史的変化」p.222「歴史人口学」p.388「結婚と出生の歴史人口学的分析」p.502

　前近代（特に江戸時代後期から明治初期）の結婚は，歴史人口学の成果によりさまざまな特徴が明らかになっている．前近代の結婚を知るために中心的に使われる史料は，ミクロのレベルでは江戸時代の宗門改帳・人別改帳，マクロのレベルでは明治初期の統計である．史料の性格と残存状況に制約を受けながらも，前近代の結婚には少なくとも四つの特徴をあげることができる．(1) 地域差を伴った初婚年齢，(2) 皆婚と柔軟な結婚市場，(3) 頻繁な離婚と再婚，(4) 幕末に向けての晩婚化である．

　家族と世帯の地域類型（速水 2009b）でも「結婚」は重要な変数であり，より多くの地域に関する検証が待たれるとともに，近年では初婚・再婚の国際比較研究（Lundh et al. 2014）も展開されている．

●**初婚年齢と地域性**　歴史人口学において結婚へのアプローチの基準となったのが，初婚年齢と生涯未婚率（50歳または45歳時において1度も結婚を経験していない割合）であり，晩婚で未婚者の多い西ヨーロッパ型結婚パターン（Hajnal 1965）であった．その基準からすると，宗門改帳・人別改帳から算出された日本の庶民の結婚年齢はかなり低いが，アジアの基準からするとそれほど早婚ではない．ただし地域差は大きく，平均初婚年齢は女性で14～25歳，男性で17～32歳と開きがある．

　明治初期県別統計の結婚年齢の中央値から，速水融は地質学上のフォッサ・マグナと一致する境界線（富山－長野－静岡）より東の早婚，西の晩婚という類型を導き出した（項目「国勢調査以前の家族と地域性」参照）．この傾向は20世紀初頭の統計にも表れているほか，江戸時代後期の村落レベルのデータでも確認され，東北地方で早婚傾向，中央・西南地方では晩婚傾向がみられた．これらの地域性は離婚・再婚の頻度の違いにも影響した．また，それぞれの地域の社会経済的階層差をみると，一般的に，上層ほど結婚が早いこともわかっている．しかし，結婚と出生との関連については，早婚ゆえに若くして出産するということはなく，前近代西欧のように結婚と出生は直結していない（Lundh et al. 2014）．

　初婚年齢の地域差・階層差に関しては奉公慣行の影響が大きい．奉公経験があり，またその経験が長いほど初婚年齢は高くなる．これは都市と農村という経済発展度の差異だけではなく，地域性も関係していた．例えば，奉公が結婚後に（既婚者により）行われる東北農山村では初婚年齢は低い．人口流出の多かったこの地域において，結婚が人口を維持する（人口流失を避ける）安全弁であったことを示す．また，法的な登録や宗教的な儀式としての結婚式がなかった明治初

期までの日本は，史料から得られる結婚に関する情報にも，地域差が生じる．前近代の結婚はプロセスであり，地域性については「性・労働・相続と結婚との関係や婚姻圏の広さ，離婚と再婚のあり方などがセットになった，システムとしての違い」を考慮する必要性が指摘されている（落合 2014）．

●**皆婚社会**　江戸時代後期は初婚年齢の著しい地域差があったにもかかわらず，誰もが1度は結婚する皆婚社会であった．個人，親族そして村落共同体にとって結婚が重要であったことを示している．それ以前は，次三男／女が「オンジ」「オンバ」と呼ばれ未婚のまま世帯に残る慣習もみられた．江戸時代後期には，誰もが世帯をもてるような経済環境と，結婚という機能を通して，世帯（家）を継続するという意識が強くなったともいえよう．さらに，皆婚慣行の背後には，結婚相手の選択に対する寛容性とマッチング機能（若者組，見合いなど）の存在があげられる．庶民の間では，年齢，出身（村内外），初婚・再婚など，パートナーの条件にはかなり寛容であったこともうかがえる．地域によっては村外婚が大きな割合を占め，結婚市場は奉公などの労働市場と連動し大きな空間的広がりをもっていた．

　結婚はたいていの場合，嫁や婿が世帯の中に取り込まれるかたち（父居制・母居制）で行われ，結婚による新しい世帯の形成（新居制）がなされないことが前近代日本の結婚の特徴であった．一世代に一人のみが跡取りとして残る直系家族システムにおいて，結婚は継承者を決定する重要なイベントである．このため，跡取りの配偶者がその世帯に入ると，その前後に跡取りの兄弟は皆，離家しなくてはならない．この単純なルールは家屋の土地と財産を世代から世代へと受け継がせ，村の中で世帯が永続的に続くことを可能にするために不可欠であった（Smith 1977：134-135）．そのため，性別や出生順位は，結婚の順番にも大きく関わっていた．さらに，死亡率が高かった社会において，結婚は最適な世帯規模を維持させ，また農業労働に必要な男女数を調整する装置でもあった．

●**離婚と再婚**　前近代日本における皆婚社会では誰もが結婚するものの，その結婚は長くは続かなかった．前近代社会は洋の東西を問わず，予測できない飢饉，疫病や妊娠時の危険性などによって死亡率が高かった．つまり配偶者の死によって結婚が解消しやすい．しかし，前近代日本の特徴は，かなりの結婚が離婚によって終了したことにある．離婚率にも地域差はあるが，離婚が結婚後の短期間に起こるという点に東西の違いがないことは注目に値する（坪内・坪内 1970）．結婚直後に起こる頻繁な離婚は明治初期まで続き，離婚率は東高西低の地域性を示す．フース（H. Fuess）は特に東北地方で頻繁な離婚を，結婚相手を定める「試験的結婚制度」ととらえた（Fuess 2004）．その後，明治民法制定とともに離婚はしにくくなり，どの地域でもその発生率は激減した．社会学的理論によれば，近代化とともに個人化が進み，離婚率は高くなるはずであるが，日本では明治期

の近代化から現代に至る1960年代まで離婚率が減少を続けたことは特筆すべきである．ただし，東南アジア諸国においても同様の現象がある．

現代社会において離婚は家族の崩壊の象徴とされることが多い．しかし，前近代における離婚は，家の，また家産継承のための戦略的行為であったとみることができる（項目「家族とライフコースの歴史的変化」参照）．江戸時代の「三行半」という離縁状には明らかな理由は示されず，離婚したいという文言と，その後，誰と再婚してもよいという再婚許可の文言が含まれていた（高木1987）．また三行半は男性から女性に渡されるために，男性優位で「嫁追い出し型」の離婚が多かったとのイメージが強いが，実際は女性からも男性に三行半を書かせることもあったという．これを裏づけるように，東北農村のイベントヒストリー分析（Kurosu 2011）では，さまざまな条件をコントロールした上でも，嫁取婚よりも婿取婚の方が離婚の確率が高かったことが示された．さらに一般的に離婚のリスクは地域の経済状況が厳しくなったときや，水呑や持高の少ない下層農民層で高かった．このことは現代の離婚の原因にも通底する．良い伴侶を見つけることは，良い家族構成員により，農業・商業の経営体でもある世帯をより盤石なものとする機能を果たしていた．東北農村ではそのために試験的結婚が行われていた．これは嫁も婿も同様である．しかし婿には家，親族，また村という共同体から，より厳しい評価がなされたかもしれない．

ここで重要なのが再婚の機能である．社会的な差別や偏見を受けることなく再婚できるからこそ，離婚もしやすかった．宗門改帳・人別改帳を利用した東北・中央・西南農漁村3地域の分析（黒須編2012：第1章）によると離死別を経験し，その後村内にいた女性の25～70％が50歳になるまでに再婚していた．特に東北農村の再婚率は現代と比べても，また同時代の西欧社会と比べても非常に高く，高い再婚率が男性だけでなく，女性にも当てはまるということが特徴である．これは同時代の多くの西欧社会においては離婚が認められておらず，再婚が死別によるものであったのに対して，日本の場合は離死別者ともに再婚が頻繁に行われていたためである．

再婚は死別よりも離別者において高かった．黒須他（Lundh et al. 2014: Chapter 6）の5か国の比較によると，再婚確率（死別者のみを対象）は女性より男性，年齢が若ければ若いほど，また子どもが小さく世話が必要なほど高いという点はすべての国に共通していた．しかし，再婚に代わる福祉制度があるかどうか，法的・宗教的・税制度的制約があるかどうかで事情は異なる．日本の場合は，成長した子どもがいる，戸主またはその妻という位置にいる（嫁・婿に対して），また社会階層の高い女性で再婚確率は低かった．直系家族世帯の中で，その地位を確立している者，あるいは再婚をしなくてもその世帯で生存していける者たちである．つまり日本の場合，法的・宗教的規制はないが，直系家族システ

ムのルールが重要だった．これは，離別者たちが元の家に戻ることもできず，次の所属世帯を探すという点で再婚は重要だった．また中央日本の農村の研究では，長子が戸主を譲り受けるような年齢に達しているかが，寡婦の再婚の決め手になっていた．再婚は直系家族世帯のルールに基づく家の継承戦略であったといえよう（黒須編 2012：第3・4章）．

●**長期的にみた結婚・離婚・再婚** 18世紀後半から幕末に向かって，結婚年齢の上昇がさまざまな地域で確認されている．その傾向は男性よりも女性で顕著である．結婚年齢上昇の理由には，例えば殖産興業政策の結果として養蚕業が盛んになり，労働需要が増えたという経済的要因があげられる．幕末に向かって結婚パターンの均質化も起こったとされる．晩婚化に象徴される時代的変化は，労働形態の変化や女子労働力の需要拡大とともに，婚姻出生率の上昇や女児の生存確率の上昇などとも関連している．再婚確率の低下や死亡率の低下も併せてみることで，斎藤修が指摘するように人口学指標間の関連を明らかにするとともに，その特徴から日本型の「家族形成システム」を再考することも可能であろう（黒須編 2012：第8章）．さらに時代を現代に近づけて観察すると，法制度的変化や規範の変化も見逃せない．先にあげたとおり，明治民法とともに起こった離婚率の激減は明らかであるが，その中でも皆婚慣行は脈々と継続していた．

あえて現代との対比で前近代の結婚をみた場合，いくつかの特徴があげられる．まず，19世紀に各地で起こった晩婚化の鍵となったのは女性の労働である．現代の晩婚化もそうであるように，女性労働力の価値と社会的地位が上がったときに結婚が先送りされたことは興味深い．次に，皆婚社会が江戸時代半ばから少なくとも300年にわたって続いてきたことを鑑みれば，現代における未婚率の急上昇は「皆婚」社会からの大きな変革とみられる．阿藤（1997）は「早婚＝皆婚」パターンが，戦後「晩婚＝皆婚」に変わり，今や「晩婚＝非皆婚」社会への岐路にさしかかっていると述べたが，日本の家族は大きな変化を迎えている．また，死亡率が高く不確定要素の多かった前近代の皆婚社会は離死別・再婚を通して家族員が頻繁に交替し，現代以上に多様な家族形態であった．戦後は家族員が限定され，死亡率の改善とともに結婚継続性の規範が均質化した．現代は歴史上初めて人口学的制約からも社会規範からも解放された結婚の選択が可能になったともいえる．このように江戸時代から明治初期，戦前までを視野に入れて結婚行動をとらえ直すことで，前近代との連続性に気づき，またそれを理解することで，現代の私たちの結婚と家族のかたちを見直すこともできるだろう． ［黒須里美］

📖 さらに詳しく知るための文献

黒須里美編, 2012,『歴史人口学から見た結婚・離婚・再婚』麗澤大学出版会.
Fuess, H., 2004, *Divorce in Japan: Family, Gender, and the State, 1600-2000*, Stanford University Press.
Lundh, C. et al., 2014, *Similarity in Difference: Marriage in Europe and Asia 1700-1900*, MIT Press.

現代日本の結婚行動
marriage behavior in contemporary Japan

☞「戦後日本の出生率低下」p.128
「結婚とパートナーシップ」p.166
「若者と雇用」p.232「結婚の年齢パターンの分析」p.486

　わが国は，伝統的に人口再生産年齢の終りである50歳までに大部分の男女が結婚するという皆婚社会であった（Kurosu et al. 1999）．しかし，1970年代半ば以降20歳代〜30歳代の男女の急速な未婚化が進行し，50歳時の未婚者割合により示される生涯未婚率も近年顕著な増加傾向をみせている．20歳代〜30歳代の女性の未婚化は，出生率の人口置換水準以下への継続的低下である少子化とほぼ同時期に起こっており，結婚しないと子どもを生まない傾向の強いわが国では，出産のピーク年齢にある女性の未婚化は少子化の最大の直接的要因となっている（津谷 2009）．

●結婚の年齢パターンの変化　戦後のわが国の年齢別未婚者割合の推移から，1970年代半ばを境として，20歳代〜30歳代の女性の未婚化が急速に進行していることがわかる（図1）．1955〜75年には約7割で推移していた20〜24歳の女性の未婚者割合は，1980年代になると明確な増加傾向を示した．1990年代には速度は緩やかになったが増加は続き，2010年には90％となった．およそ2割で安定していた25〜29歳の女性の未婚者割合も，1970年代半ば以降増加に転じ，1975年の21％から2010年の60％へと大きく上昇している．また，1970年半ばまでは8〜9％であった30〜34歳の女性の未婚者割合は，2010年には35％とほぼ4倍に急増している．このように，出産のピーク年齢である25〜34歳の女性の未婚者割合が，少子化の始まった1970年代半ば以降急速に増加していることは注目に値する．ここから，わが国の未婚化と少子化はいわば表裏一体で進行していることがうかがわれる．さらに，1960年代〜80年代にはわずか5〜7％であ

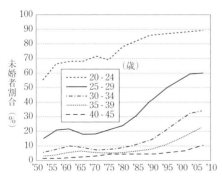

図1　女性の年齢別未婚者割合の推移
（1950〜2010年）

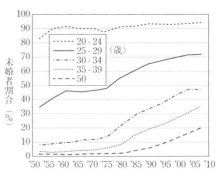

図2　男性の年齢別未婚者割合の推移
（1950〜2010年）

った35〜39歳の女性の未婚者割合も1990年代に入り急増を始め，2010年には23％と約4倍になっている．

未婚化は男性でも（むしろ女性より）急速に進行している（図2）．約46〜48％で推移していた25〜29歳の男性の未婚者割合は1970年代半ばに増加し始め，2010年には72％となった．30〜34歳の男性の未婚者割合も1975年を境に増加に転じ，1975年の14％から2010年には47％と3倍以上に急増した．さらに35〜39歳の男性の割合も同時期に6％から36％へと6倍に激増している．

このように，いわば「玉突き状態」で若い男女の未婚化が進行した結果，50歳時の未婚者割合である生涯未婚率も，1970年代半ば以降急速に上昇している．戦後初期には生涯未婚率は男女とも1〜2％とほぼ全員が50歳になるまでに結婚していたが，1970年代に入って生涯未婚率は増加を始め，その後増加は加速している．その結果，2010年には女性の生涯未婚率は11％，男性では実に20％となり，わが国の伝統である皆婚パターンからの急速な乖離が進んでいる．わが国の社会制度，中でも公的年金や介護保険などの社会保障制度は，ほぼすべての男女が結婚して家庭を持つことを想定して構築されている．この近年の生涯未婚率の急増は，自分の配偶者や子どもを持たない中高年層が今後，急激に増加することを示唆しており，これが社会保障・福祉制度に与える影響は深刻である．

●高学歴化の進行　なぜこのように未婚化が急速に進行しているのだろうか．全国調査の個票データを用いて多変量解析を行った実証研究によると，短大・大学といった高等教育は初婚の確率を低下させる主な社会経済的要因である（津谷2006）．戦後の進学率の推移をみると，短大・大学への進学率は1960年代に入り男女とも大きく増加した．1959年にはわずか5％であった女性の進学率は，1964年には約12％とわずか5年で2倍以上に急増した．同時期に男性の進学率も15％から28％に大きく増加した．その後，男性の進学率は1960年代後半に一時的に低下したが，女性の進学率は増加を続け，1975年には33％と3人に1人が高等教育機関に進学するようになった．男性の進学率も1970年代に入ると再び増加を始め，1975年には44％に達した．急速な未婚化が始まった1975年以前の15年間に，男女の高等教育機関への進学率が急増したことは注目に値する．

その後，1970年代半ば〜80年代半ばの約10年間，女性の短大・大学進学率はほぼ横ばいであったが，1980年代後半以降再び増加傾向を示し，2010年代には55〜57％となっている．一方，男性の短大・大学進学率は1970年代半ばから1990年代半ばまでの約20年間低下傾向を示したが，その後増加に転じ，2010年代には55〜58％と女性とほぼ同水準で推移している．その結果，1980年代末以降，短大と大学を合計した高等教育機関進学率における男女差はほぼ解消された．大学進学率に絞ると，2010年代の女性の率は45〜47％，男性は54〜56％とまだ男性の方が高いが，男女差は急速に縮まっている（文部科学省 2016：48-53）．

このような高等教育機関への進学率の上昇は，若い年齢層の男女に占める短大・高専・大学・大学院を含む高等教育機関卒業者の割合の劇的な増加に反映されている．1960年にはわずか4％にすぎなかった25〜34歳の女性の高等教育卒業者割合は，1990年にはおよそ4割，そして2010年には60％に達している（津谷2015）．同年齢層の男性の高等教育卒業者割合も，1960年の14〜15％から1990年の43〜44％へと大きく増加し，2010年には52〜53％とさらに増加している．ここから，1960年代に始まった若い男女の高学歴化は，1980年代以降本格化したことがわかる．

●**若い男女の就業パターンの変化**　若い男女の就業パターンの変化，特に学校卒業後の高学歴女性の賃金雇用の増加と男性の非正規雇用の増加もまた未婚化の重要な要因である．短大・大学の新規卒業者の就職率（卒業後1年以内に経常的な収入を得る仕事についた者で短期のパート・アルバイトや派遣などを除く）の推移から，1960年代には大きかった大卒者の就職率の男女差は，1970年代〜80年代に女性の就職率が急速に増加したことにより縮小し，1990年には81％と男女同一の高水準になったことがわかる．また，女性の相当部分を占めた短大卒業者の就職率も，1950年代〜80年代に急速に増加した．1990年代に入ると，バブル経済の終焉とそれに続く経済不況により短大・大学卒業者の就職率は大きく低下したが，目立った男女差はみられない．2000年代以降短大・大学卒業者の就職率は回復しているが，女性の回復は男性に比べてはるかに急速である．言い換えれば，このことは1990年代に若い男性が非正規雇用に就く割合が増加し，2000年代に入り労働市場が回復した後も，正規雇用の職に就く割合が若い女性に比べてかなり低くなっていることを意味している．事実，総務省の労働力調査によると，25〜34歳の就業者の男性に占める非正規雇用者の割合は，1990年の約3％から2010年の13％へと大きく増加している（総務省統計局2016）．そして，全国調査の個票データを用いて多変量解析を行った実証研究によると，学卒後の初職が非正規雇用であることは男性の初婚確率を大きく低下させる（津谷2006）．したがって，若い高学歴女性が学校卒業後に安定的な雇用と経済力を得る傾向は，絶対水準においても，また男性との比較においても1970年以降強くなっていること，その一方で1990年代以降若い男性の非正規雇用が増加していることがわが国の未婚化の主な要因の一つとなっていることが示唆される．

●**若者のライフスタイルの変化**　1970年代半ば以降未婚化が進み，従来は結婚し家族形成を始めていた20歳代後半から30歳代前半の年齢層で未婚人口が急増した．増加する未婚者のライフスタイルについてさまざまな研究が行われているが，中でも注目を集め社会に浸透したのが，山田が提唱した「パラサイト・シングル」である（山田1999）．パラサイトは「寄生虫」，シングルは「独身」を意味しており，パラサイト・シングルは「学校卒業後も親と同居し，基礎的生活条

件を親に依存している未婚男女」と定義されている．前述したように，1980年代末のバブル経済の終焉とその後の不況のもとで若者の非正規雇用が急増し，さらに結婚が社会経済的必然から個人の選択の対象へとシフトする中で，若い男女の「パラサイト・シングル」が増加したと考えることができる．

表1　20～34歳の未婚男女の親との同居割合（％）の推移（1994～2009年）

	年次	20～24歳	25～29歳	30～34歳	総数	(N)
女	1994	86	84	87	86	(194)
	2000	85	87	88	86	(793)
	2004	86	84	74	83	(555)
	2009	85	85	81	84	(426)
男	1994	80	75	82	79	(201)
	2000	83	82	78	82	(840)
	2004	82	79	78	80	(527)
	2009	81	81	71	79	(482)

そこで，1990年代半ばから2000年代末までに実施された四つの全国調査のデータを用いて，20～34歳の未婚男女の親との同居割合の推移をみると（表1），女性の親との同居率はおよそ85％と非常に高く，また明らかな年齢差はみられず，さらに1994年から2009年までほとんど変化していないことがわかる．男性では，親との同居率はおよそ80％と女性の率より若干低いが，その絶対水準は高く，女性と同様に明らかな年齢パターンや時系列変化もみられない．全国調査の個票データを用いた多変量解析によると，若い未婚男女の親との同居は結婚の遅れと減少につながっており（Raymo 2003），それは親との同居が未婚男女のもつ結婚の便益をめぐる意識とマイナスに結びついていることによるのではないか．例えば，親と同居する20歳代の未婚男女は，そうでない未婚者と比べて，（結婚後の）生活水準ややりたいことをやる自由，および心の安らぎなどの物心両面において，結婚による便益を認知する確率が低い（Tsuya et al. 2004）．このように，若い未婚男女が親と同居することにより，従来結婚によって得られた便益（少なくともその一部）を享受することができる一方で，結婚の必然性に関する伝統的社会通念は弱まり，その結果，結婚がさらに遅れ減少するという状況を生み出しているのではないか．

以上でみたように，未婚化は1970年代半ば以降急速に進行しており，それには高学歴化と若い女性の雇用労働力化に伴う経済力の向上，および若い男性の非正規雇用の増加などの社会経済的変動，そして結婚についての社会通念の変化のもとでの若者男女のライフスタイルの変化が影響を与えている．未婚化が今後の日本社会にもたらす影響はきわめて重要である．　　　　　　　　　　［津谷典子］

📖 さらに詳しく知るための文献
阿藤　誠ほか編，2011，『少子化時代の家族変容―パートナーシップと出生行動』東京大学出版会．
阿藤　誠・津谷典子編著，2007，『人口減少時代の日本社会』原書房．

離婚と再婚
divorce and remarriage

☞「前近代日本の結婚・離別・再婚」p.168「現代日本の夫婦と家族」p.180「結婚の生命表」p.494

未婚者は（1）初婚を経験することで有配偶者に移行する。そして有配偶者は，（2）配偶者の死，（3）離婚のいずれかの事象によって結婚が解消されることで，既婚無配偶者（死別者，離別者）に移行する。さらに，離死別者の一部は，（4）再婚を通じて再び有配偶状態に移行する。このように，人々の婚姻歴は「無配偶」と「有配偶」という二つの状態間の移行の繰り返しとしてとらえることができる（図1）。以下では，後期近代社会において増加傾向にある離婚とそれに伴い増加する再婚について解説する。

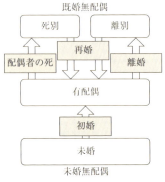

図1　配偶関係状態と動態事象

●**離婚・再婚動向の人口学的把握**　離婚および再婚発生の動向の把握には，出生や初婚と同様に動態率が用いられる。その際，分母人口の限定の仕方によっていくつかの指標に分けられる。最も単純な指標は，全人口を分母にした粗離婚率および粗再婚率である。これらは当該人口における単位時間（通常は1年）あたりの離婚や再婚の発生頻度を示す。離婚が有配偶人口からしか発生し得ず，同様に再婚のリスクをもつのは離死別者であることに着目する場合，有配偶人口を分母人口にした有配偶離婚率，離死別者人口を分母人口にした離死別者再婚率を用いる。しかしながら，分母となる国勢調査の有配偶者人口には事実婚が含まれている一方で，分子となる人口動態統計による離婚では法律婚の解消がとらえられているなど，データの制約が存在する。

●**結婚解消理由の変容：死別から離婚へ**　先進諸国では第一の人口転換期に死亡率が大幅に低下したことで死別（配偶者の死）による結婚の解消リスクが縮小してきた。一方で，離婚による結婚解消リスクは高まっている。例えば，日本における15歳以上の有配偶人口に対する離婚率は，1970年には男女とも2.29‰であったのに対し，2015年には男性5.03‰，女性5.07‰と2倍以上の水準に上昇している。さらに，離婚の増加に伴い再婚も増えている（余田 2014）。なお，結婚が配偶者の死亡と離婚そして自身の死亡によって減少していく過程は多重脱退生命表によってモデル化が可能で，結婚生命表と呼ばれる。結婚生命表の作成には，結婚持続期間別の夫妻それぞれの死亡確率と離婚確率が必要になる。

●**離婚・再婚と子ども**　離婚・再婚は当事者個人のライフコースだけでなく，子どものいる夫婦の離婚，あるいは子をもつひとり親の再婚が存在することから，

子どものライフコースにも影響を及ぼす．子どもの存在によって離再婚が抑制される側面はあるものの，一般的に離再婚が増加すれば，初婚継続以外の定位家族で育つ子どもが増えることになる．子どもが親の離再婚を経験する実態を既存の官庁統計で把握することは難しいが，西欧17か国の標本データ用いたヒューヴェライン（P. Heuveline）らによれば，15歳までにひとり親を経験する子どもの割合は，米国では50％を超え，その他7か国では3割を上回ると推定されている（Heuveline et al. 2003）（いずれも1970年代後半から1990年代前半の仮設コーホート）．さらに，離婚や再婚が子どもの発達に及ぼす影響に関する欧米諸国の研究蓄積によれば，離再婚の生起には社会経済的地位による差異があるものの，そうしたセレクションの影響を考慮してもなお，親の離再婚を経験した子どもはそうでない子どもと比較して心理的ウェルビーイングや成人後の社会経済的地位達成度が低い（McLanahan et al. 2013）．

●結婚解消の出生力への影響　日本のように婚外出生が例外的である社会では，再生産年齢における無配偶期間が長くなるほど，出生を経験するリスクにさらされる期間が短くなる．そのため，離婚による無配偶期間の伸長は出生力に対して負の影響をもつ．反対に，離婚後に再婚して有配偶者となれば，追加出生の機会を得て出生力にプラスの効果をもたらすと予想される．

　国立社会保障・人口問題研究所の全国将来推計人口では，離婚と死別および再婚変動による効果を加味して将来出生率が仮定されている（国立社会保障・人口問題研究所 2017b）．コーホート合計出生率は三つの要因──（1）女性の50歳時未婚者割合，（2）初婚夫婦の完結出生児数，（3）離死別再婚効果係数──の積で表現され，（1）と（2）の積は仮に離死別再婚がまったく生じなかった場合に期待されるコーホートの完結出生率となる．しかし，実際には離婚・死別・再婚が発生するため，既婚女性全体の完結出生児数は初婚同士夫婦のそれよりも抑制される．この抑制の度合いを表現したのが離死別再婚効果係数であり，二つの要素の積和として表される．一つは妻50歳時の初婚同士夫婦の完結出生児数を基準（=1）とした際の他の配偶関係にある女性の完結出生児数の相対値（①），もう一つは，50歳時女性の配偶関係構造（②）である．すなわち，離死別再婚効果係数とは，既婚女性全体における，②で重みづけされた①の加重平均である．1964年出生コーホート女性の離死別再婚効果係数は0.959であった．これは，離婚・死別・再婚の発生によって，既婚女性の完結出生児数は，仮にすべての女性が初婚を継続した場合に比べ95.9％に引き下げられることを意味している．

［余田翔平］

📖 さらに詳しく知るための文献

McLanahan, S. and Sandefur, G. D., 1994, *Growing Up With a Single Parent: What Hurts, What Helps*, Harvard University Press.

現代日本の結婚の地域性
regionality of marriage in contemporary Japan

☞「性比と結婚・出生」p.60「性比と人口移動」p.62「前近代日本の結婚・離婚・再婚」p.168「家族と世帯の地域性」p.216「結婚の地域的ミスマッチ」p.322

　結婚の地域性に関する研究は，1950年代から民俗学や社会人類学の分野を中心として活発に展開されてきた．結婚は家族・親族・村落との関連で取り上げられ，日本社会の構造や隣接諸民族との文化史的関連性を明らかにしようとする考察が行われてきた．その中では，婚姻習俗や婚姻形式などが地域的多様性の視角から分析され，特に東北日本地域を基盤とする「嫁入婚」と西南日本地域を基盤とする「婿入婚」の対照性が，家族慣行や家族構造などとの連関性の中で追究されてきた．

　1990年代に入ると人口学や地理学の分野を中心とした研究が展開されてきた．それは，日本において1970年代後半から始まった未婚化の影響によるところが大きい．その中では，地域別の初婚年齢や未婚率などが地域的多様性の視角から分析され，日本の未婚化が全国一律に起きているのではなく，地域的な差異を伴いながら生じているという実態が明らかにされた．また，近年では，歴史人口学の分野において，伝統日本（江戸時代後半から明治大正期）の結婚の地域性に関する研究も蓄積されている．

●どのような研究目的・方法があるのか　現代日本の結婚の地域性に関する研究の具体的な目的・方法としては，大きく分けて三つのアプローチが存在する．第一に，結婚動向の地域的パターンを把握するというものである．人口動態統計を用いて平均初婚年齢の地域差を，国勢調査を用いて未婚率の地域差をとらえ，その時代的推移を考察することや地図化することで結婚パターンの地域的差異を空間的に把握しようとする研究である．

　第二に，結婚の地域性がどのような現象や条件と関係しているのかについて統計的手法から接近するというものである．前述の平均初婚年齢や未婚率の地域差に対しては，都市化・学歴・女性の就業などの指標を説明変数に用いて重回帰分析を行い，結婚における地域格差の要因を追究しようとする研究である．

　第三に，結婚の地域性をもたらす要因について質的手法から接近するというものである．平均初婚年齢や未婚率の地域差について類型化を行い，その類型間での比較分析という視点からヒアリング調査などを行い，結婚における地域差の要因を追究しようとする研究である．

●どのような研究成果があるのか　第一のアプローチを用いたものとして，渡邊吉利の研究がある．渡邊は，平均初婚年齢（SMAM）と生涯未婚率を都道府県別に算出し，1920年から1990年までの変化を追いながらその特徴を把握しようと試みている．その結果，男女の初婚年齢間の相関が1920年には強かったが

1990年には弱くなっているとともに，生涯未婚率は西高東低のパターンが持続していることを明らかにした（渡邊 1993）．

また由井義通は，2000年の年齢別・男女別未婚率について，大都市圏地域・大都市圏郊外地域・非大都市圏地域という視点から特徴をとらえようと試みている．その結果，大都市圏地域では男女とも若年・中年ともに未婚率が高くなっていること，大都市圏郊外地域では女性において若年の未婚率は高いが中年の未婚率は低くなっていること，非大都市圏地域では女性において四国・九州地域で中年の未婚率が高く，男性において農村地域で中年の未婚率が高くなっていることを明らかにした（由井 2007）．

第二のアプローチを用いたものとしては，国土庁計画・調整局の研究がある．ここでは平均初婚年齢と生涯未婚率から地域差をとらえ，この地域差に影響を及ぼしている要因を追究している．その結果，同じ就業している女性でも地域によって結婚行動に違いがあり，地域差は都市化や女性労働力率といった全国一律の説明変数では説明できないが，この地域差は安定したものであり，地域に固有の生活様式や価値観を反映している可能性があるとしている（国土庁計画・調整局 1998）．

そして第三のアプローチを用いたものとしては，工藤豪の研究がある．工藤は，2000年の年齢別・男女別未婚率における30歳代での地域差に着目し，男性未婚率が高い東日本と女性未婚率が高い西日本という地域差の要因を追究している．その中で，男性未婚率が高い東日本では人口性比が高い，すなわち男性が過剰で，女性未婚率が高い西日本では逆に人口性比が低い，すなわち女性が過剰という適合的関係をとらえ，典型的地域として岩手県と長崎県の比較分析を行った．その結果，長崎県では就業環境に起因する男性の流出傾向や親の意向などによる女性の地元志向が人口性比を低くしているのに対し，岩手県では男女で異なる跡取り規範が人口性比を高くしていることがわかった．こうした状況が長崎県の女性と岩手県の男性にとって結婚相手を得にくい環境をつくっていると説明する（工藤 2012）．

以上のように，現代日本の結婚の地域性がなぜ生じているのかについてさまざまなアプローチからの解明が試みられているが，十分に明らかになっているとは言いがたい．また，北陸から近畿，東海にかけての地域において相対的に未婚率が低くなっていることも注目に値するが，こうした地域に関する考察はほとんど行われていないなど課題が残されている． ［工藤 豪］

📖 さらに詳しく知るための文献

石川義孝．2003．「わが国農村部における男子人口の結婚難」石原 潤編『農村空間の研究（下）』大明堂．
工藤 豪．2015．「文化人類学的視点からみた結婚の地域性と多様性」髙橋重郷・大淵 寛編著『人口減少と少子化対策』原書房．pp.153-178.

現代日本の夫婦と家族
married couple and family in contemporary Japan

☞「結婚とパートナーシップ」p.166
「現代日本の結婚行動」p.172
「結婚と家族をめぐる価値意識の変化」p.196「結婚・出産・子育てをめぐる近年の政策」p.358

　現代日本の夫婦や家族の様相は，第二次世界大戦後から10年あるいは20年ごとに変容してきた．日本社会の法制度や人口構造，社会経済的変化，それに伴う価値観の変化が結婚行動や家族のあり方に大きく影響している．以下では，わが国の夫婦と家族について戦後の時間軸に沿って考察していく．

●戦前の家族から民主的戦後家族へ　第二次世界大戦以前の日本では，夫婦間での避妊の実践はほとんどなく，有配偶女性は再生産年齢期間を通して，子どもを4〜5人産んでいた．世帯内の人口圧力が高く，長男以外の男性は進学や就職により自立し，女性は結婚により離家する時代であった．なお，封建時代の家父長制を受け継いだ明治民法の影響下で，家長が子の配偶者選択に権限をもっていたほか，原則として長男のみが資産を継承した．しかし第二次世界大戦後の民法改正により，きょうだい，男女の法的平等が達成されると，それまで家と家との結びつきとみなされていた結婚は，次第に当事者が自由に相手を選び，情愛に基づく夫婦関係を築くものと理解されるようになった．

●核家族化，二子規範，主婦化　1950年代は日本の経済が急速に発展した時代である．好景気の中，きょうだい数が多い世代の多くが地元を離れて都市部に移り住み核家族を形成した．世帯収入が上昇し，生活水準が改善されると，数少ない子どもを質の高い育児・教育環境で育てようとする機運が高まり，子どもは2人とする二子規範が普及した．高順位出生の人工妊娠中絶あるは避妊によって少産が達成された．有配偶女性のうちサラリーマン世帯の専業主婦である割合は1955年に29.9％であったが，高度経済成長に伴い上昇し1970年には36.4％となり（内閣府『平成13年度国民生活白書』）．夫が主たる働き手で，妻が専業主婦という性別役割分業が実践された．また寿命の伸長により死別が減り，離婚率も低い中で結婚の安定性が高まった．

●戦後家族の変化　1960年代からの高度経済成長を背景に結婚も出産も促進されたが，列島改造ブームによる地価高騰などでインフレが進んでいた日本経済は，1973年のオイルショックにより「狂乱物価」といわれる状況に陥った．それまで日本経済を支えてきた「重厚長大」型の産業に代わり，ハイテク産業やサービス産業が台頭すると，熟練性や年功を要しない労働が可能となり，男性の相対的経済地位は低下し稼得能力も低下した．こうした状況のもと，既婚女性が家計補助を目的として，成長するサービス産業の労働市場に参入し，パートタイム就労を行うようになった．労働統計上はパートタイム就労という労働力でありながら，所得税控除や家族扶養手当が受給できる範囲内での雇用調整を行い，家庭内では

専業主婦としての役割も同時に担う「準専業主婦」であった．サラリーマン世帯の専業主婦は1980年には有配偶女性の37.1%を占めていたが，その後減少に転じ，2000年に26.5%にまで低下している（内閣府『平成13年度国民生活白書』）．

こうした産業構造の変化の中で，女性の高学歴化も進んだ．1970年から75年の間に女子の短大進学率は11.2%から20.2%に，大学学部への進学率は6.5%から12.7%へと上昇した（文部科学省『学校基本調査』）．また，1985年には男女雇用機会均等法が制定され，女性の就業機会が一層拡大していった．経済的に自立が可能であっても，少子社会ゆえに家庭内の人口圧力もなく，親との同居が許される時代となっていき，成年子たちは結婚相手選択のために十分に時間をかけることが可能になった．親類や仕事関係者を介する見合いの利用が減少し，学校や職場，交友関係などの生活の場で相手を見つけることが主流となっていく．また交際していた男女が妊娠を機に結婚に移行する婚前妊娠結婚も増加した．

●**両立の困難と低成長による非婚化**　1985年に男女雇用機会均等法が制定されたにもかかわらず，日本では女性が結婚し，妊娠，出産すると就業を継続することが難しい．学部卒業後，90%の女性が就業するが，結婚後に約30%が離職し，出産後にさらに約40%が離職する．経済の低迷で所得水準が上昇せず，結婚後の就業継続が難しい状況では結婚を躊躇するしかない．ただし2010年代以降，出産後の妻の離職が減るなど，共働き夫婦の子育て環境に改善の兆しもみられる．育児休業制度や保育所の利用が進むとともに，夫妻の親，とりわけ妻方の親から子育て援助を受ける割合が高まっている（国立社会保障・人口問題研究所2017a）．

1980年代後半になると不動産や株式などの資産価格が投機などによって異常に上昇したバブル経済の時代が到来した．高等教育進学者の更なる増加，大企業による新卒者の大量採用，大幅な賃金の上昇が起こった．その結果，未婚化はさらに大きく進展していくこととなった．バブル経済が崩壊すると，1990年代ならびにその後の10年は「失われた20年」とも言われる経済の長期低迷期に入り，企業は正規雇用者を削減し，契約社員やパート社員といった非正規労働者に切り替えることで業績の回復をはかった．こうした不況は結婚形成を阻害するとともに，結婚の安定性にも作用し，離婚の増加を招いた．今日では，こうした両立困難，低成長の一方で，男女問わず結婚相手に稼得能力と家事能力を求めるなど，期待水準は高く維持されており，結果的に夫婦，家族形成が停滞している．

［安藏伸治］

📖 さらに詳しく知るための文献

落合恵美子，2004，『21世紀家族へ—家族の戦後体制の見かた・超えかた』有斐閣選書．
筒井淳也，2016,『結婚と家族のこれから—共働き社会の限界』光文社新書．
国立社会保障・人口問題研究所，2017,『現代日本の結婚と出産—第15回出生動向基本調査（独身用調査ならびに夫婦調査）報告書』．

現代日本の国際結婚
intermarriage in contemporary Japan

☞「アジアの結婚行動」p.190「日本の国際結婚移動」p.306

　国際結婚とは異なる二つの国籍の男女の結婚を指し，配偶者の一方が日本人で，もう一方が外国人であるケースが該当する．同じ日本人同士の結婚は内婚，国際結婚は外婚にあたる．

●国際結婚件数の推移　日本の国際結婚の概況は『人口動態統計』から判明する．図1は，1970年以降における国際結婚の趨勢を，夫外国人と妻外国人の件数別に示したものである．国際結婚の件数は，1970年代には5000〜7000件と安定していたが，労働力が不足し，外国人の流入が急増したバブル経済期の

図1　国際結婚の推移
[『人口動態統計』より作成]

1980年代後半に急速に増えた．ちなみに，2014年における国際結婚数は，日本における結婚総数の3.3%を占める．これを外国人の性別でみると，1970年代前半には妻日本人・夫外国人のカップルが国際結婚カップルの半数以上を占めていたが，それ以降は夫日本人・妻外国人のカップルの割合が急増した．ちなみに，2014年には国際結婚の総件数のうち，夫日本人・妻外国人のカップルがほぼ7割（外国人の主な国籍は中国，フィリピン，韓国・朝鮮），妻日本人・夫外国人のカップルがほぼ3割（外国人の主な国籍は韓国・朝鮮，米国，中国）を占める．つまり，現代日本における国際結婚の多くは，日本人の夫とアジア出身の妻からなるカップルである．

　国際結婚が生じる基本的な原因としては，内婚の規範性の弱体化，人口の男女比の不均衡，異人種・異民族への魅力，物理的・社会的近接の四つが考えられる（竹下 2000）．

●既存研究の流れ　国際結婚に関する研究は，図1に示された国際結婚件数の推移を反映しつつ進んできた．これを国際結婚関連の図書の刊行状況からみると，国際化が進展し国際結婚が急増した1980年代には，戦争花嫁や沖縄の混血児の問題，農村の男子の結婚難とアジア人花嫁を扱った書籍が出版されるとともに，国際結婚を考える会が組織された．さらに，グローバル化と国際結婚の一般化が

進展した1990年代以降になると国際結婚と出版点数が急増し，農山村の結婚難と国際結婚，国際結婚斡旋業と業者婚，戦争花嫁の再評価と現代的意義が論じられるとともに，体験的な比較文化論を扱った書籍が目立っている（矢ケ﨑 2010）．

国際結婚が大きな注目を集めたのは1980年代後半である．このときに，農家の後継ぎ男子の嫁不足の打開策として，山形県内の自治体主導で，フィリピンなどからの外国人花嫁の受け入れがみられたからである．こうした背景から1990年代末頃までは，アジア人妻は「農村花嫁」という名称にイメージされる「アジアからのかわいそうな花嫁」として描かれることが多かったが，2000年代に入ると「結婚移住女性」という名称を用いて，主体的な行為者としての可能性を取り入れた，より豊かで多様性に富んだ存在ととらえる研究が増加している．すなわち，アジア人妻に対する見方が大きく変わった．なお，国際結婚は現在では，山形県など東北以外，とりわけ三大都市圏でも多くみられる．ちなみに，特に東京圏（埼玉県・千葉県・東京都・神奈川県）での件数が多く，2014年では全国の43.7%を占めている．

国際結婚には課題もある．夫婦のエスニックな背景がしばしば大きく異なるため，ストレスや不和から離婚が生じやすい．また国際結婚は，一定期間の恋愛関係の結果としてではなく，仲介業者の斡旋によって実現することも多い．ちなみに，夫日本人・妻外国人というカップルについては，少なくとも3分の1が業者婚であるという推計もある（Ishikawa 2010）．特に取締りが強化された2007年以前には，悪質な業者の暗躍が国際結婚の全般的評価を下げることもあった．

●**近年における件数の減少**　図1に明らかなように，2007年からは国際結婚件数が減少傾向にある．

国際結婚の件数は，1980年代から2006年（4万4701件）までほぼ一貫して増加してきた．しかし，2007年からは減少に転じ，2014年にはピーク時の47.3%にあたる2万1130件にまで減少している．この減少に関しては，法務省が2006年から歌手やダンサーなどに対する在留資格「興行」の発給を厳格化したこと，警察庁が2007年から偽装結婚を斡旋する悪質な国際結婚仲介業者の摘発を強化したこと，近年におけるアジア諸国の経済成長や日本における2008年以降の不況の三つが原因として考えられる（Takeshita 2016）．しかし，図1をみる限り，国際結婚件数は2013〜14年にわずかに減少したにすぎず，今後は増加に転ずると推察される．

人口減少時代を迎えた日本にとっては，国際結婚による外国人の流入および当該のカップルからの子どもの誕生は，人口減の緩和に貢献する存在である．こうした重要性を念頭におくと，彼らの社会的統合を促す国や地方自治体による政策的支援が望まれる．
　　　　　　　　　　　　　　　　　　　　　　　　　　　　［石川義孝］

前近代ヨーロッパの結婚パターン
pre-modern European marriage pattern

☞「前近代日本の結婚・離婚・再婚」p.168「ヨーロッパの伝統的家族と世帯」p.224「東アジアの伝統的家族と世帯」p.226「歴史人口学」p.388

　近代以前のヨーロッパにおける結婚パターンが，レニングラード（現ペテルブルク）からイタリア東端のトリエステへと結んだ線によって東西二つの異なった類型に区分できることを示したのはヘイナル（J. Hajnal）であった（Hajnal 1965）．その東側は皆婚社会で，女性は若くして結婚するのが一般的であったのに対して，西側では19世紀以前であっても生涯未婚率が高く，女性の初婚年齢も高かった．結婚が少なければ，実際に生まれる子どもの数がそうでなかった場合よりも少なくなるので，この発見は出生力転換以前であっても高出生率と低出生率の人口レジームが存在していたことを示唆する．それゆえ，マルサス（T. R. Malthus）の積極的制限か予防的制限かという図式でいえば，前者よりも後者を重視する実証研究の登場とともに，その後の歴史人口学に大きな影響を与えることとなった（Saito 1996）．

　ヘイナルはその後に，結婚パターンの2類型を世帯形成システムの2類型として再定式化した（Hajnal 1983）．西ヨーロッパは北西ヨーロッパと地域的に限定され，その世帯形成システムには核家族システムが対応し，東ヨーロッパの世帯形成システムには結合家族システムが対応すると明示された．そして，核家族をかつてのように産業革命と工業化の産物と考えるのではなく，西ヨーロッパでは近代以前からすでに支配的な家族形態であったこと，結合家族システムは東ヨーロッパだけではなく，インド・中国といったアジアの国々でもみられたことが強調された．すなわち，結婚を通じた人口調整メカニズムの有無という人口学的な議論が，ヨーロッパの枠を超えた家族システムの類型学との関連において論じられたのである．

●**ヘイナル図式**　ヘイナルがいう工業化以前の時代における北西ヨーロッパ型の家族世帯形成システムは，次の三つの特質からなる（Hajnal 1983）．
　(1) 男女とも晩婚で，男子の平均初婚年齢が26歳以上，女子は23歳以上．
　(2) 結婚とともに夫婦は独立の世帯を形成する，すなわち新郎が新しい世帯の世帯主となる．
　(3) 結婚前の一定の期間，男女とも親の世帯以外のところで過ごすのが一般的で，そのための制度——徒弟制や奉公制度——が存在した．

　第一はHajnal（1965）の再確認であるが，それ以降の，教区簿冊を活用した歴史人口学研究の進展を反映して，初婚年齢の規準が数値によって明示された．なお，ここに生涯未婚率ないしは既婚率への言及はないが，これは教区簿冊から家族復元をすることによって発展した歴史人口学では教区の全人口を対象とした静

態統計を作成することができないからであって，高い生涯未婚率も北西ヨーロッパの特質の一つという主張が撤回されたわけではない．
　第二は社会学的な側面である．家族社会学者は，ここで述べられた家族世帯の形成規準をネオローカリズム（新居制）と呼ぶ．この原理のもとでは，子どもは結婚すると同時に親の世帯から独立するので，核家族以外の形態が出現するのは例外的な状況においてのみとなる．実際，ケンブリッジ・グループが収集した1650年から1821年のデータによれば，イングランドの世帯が親・孫を含む親族世帯員と同居している確率は住込奉公人がいる確率よりも低位であった．この原理のもとでの世代間関係は，ロシアやバルカンでのそれとは本質的に異なり，個人主義的である．そしてこの個人主義的な家族世帯形成原理が，平均初婚年齢を世帯形成指標の代理変数とみなすことを保証している．実際，センサス・タイプのデータによって年齢階層別に既婚率と既婚者が世帯主である割合との関係をみると，興味深い対照を描くことができる．既婚率も既婚世帯主割合も年齢とともに上昇するが，北西ヨーロッパ諸地域ではどの年齢層でも二つのグラフが近接する．例えば1801年のデンマークでは両グラフの差が数ポイントにすぎなかったのに対し，他の世帯形成原理のもとにあった社会では，20歳代，30歳代においては最大20ポイント以上も離れ，二つのグラフが接近するのは40歳代後半になってからであった．
　第三は，この社会経済的状況に関わる命題である．第二の特質であるネオローカリズムが機能していると，初婚年齢が傾向的に低下しているときは新しい世帯が数多く形成された時期なので，それを可能とした社会経済的な状況を想起できる．工業化以前の北西ヨーロッパ社会の特徴は，実に多くの青年男女が住込徒弟や奉公人として存在していたところにある．他人の世帯に雇われるのは貧しいがゆえということはあったかもしれないが，イングランドの場合，奉公に出ることがライフサイクルの一環であったといえるほど，就業者における徒弟と奉公人の割合が高かった．16世紀から19世紀にかけてのデータから15〜24歳を対象年齢として計算すると，10人に6人近くは少なくとも一度は他人の世帯で徒弟あるいは奉公人として過ごした経験をもったことになるという．それゆえ，人口学の視点からみると，ネオローカリズムのもとにおける徒弟・奉公制度の機能は新しい家族世帯を形成するための資金づくりにあったという解釈が可能となる．資金づくりが必要のない資産を有する家族の子どもは初婚年齢が低く，その必要がある労働者家族や貧農世帯の子どもは高くなる傾向が生ずる．また，後者においても，労働市場において賃金率が高いときには結婚が早まり，逆に低賃金の場合は結婚年齢が上昇する．そして，この結婚年齢の上下動を通じて出生率が賃金率に反映された経済状況の変化に調節されることになるであろう．事実，ケンブリッジ・グループの再構築した1541年から1871年のイングランド人口史は，まさ

にこのような関係が実質賃金・結婚・再生産率の間で作動していたことを示しているのである (Wrigley & Schofield 1981；Saito 1996).

●ヨーロッパ内の地域類型　ヘイナル図式において西ヨーロッパが北西ヨーロッパと限定されたことは，西ヨーロッパ内の地域類型について明示的な議論をしなければならないことを意味した．ヘイナル自身がその問題を論ずることはなかったが，ラスレット（P. Laslett）は，ペテルブルク－トリエステ線の東側と北西ヨーロッパに加えて，中央ヨーロッパと地中海世界とを独立の地域とした4地域モデルを提唱している（Laslett 1983）．そこで，地中海地域と中央ヨーロッパについてみてみよう．

東ヨーロッパを西ヨーロッパから区別するペテルブルク－トリエステ線は，ローマ・カトリックおよびそこより派生したプロテスタント諸教会の世界と，東方正教会とその流れをひく諸教会の世界との境界線でもある．すなわち，世帯形成様式は社会文化の基層に根ざしたものだといえよう．一般に，社会文化は経済より変化しにくいといわれ，その中で家族のあり方は最も変わりにくい社会文化的要因の一つであろう．この議論をペテルブルク－トリエステ線の西側にも適用することができる．ヘイナルのいう北西ヨーロッパ型の家族世帯形成原理は，一方では労働市場のあり方と密接に関連し，他方より深いレベルでは個人主義といった価値規準の問題とも関わっていた．その点で，このシステムが東側だけではなく，地中海地域とも区別できるということについては大方の合意がある．アルプスの南では平均的世帯の親族構成が複雑で，東欧に近く，しかもネオローカルな世帯形成は普遍的ではなかった．実際，イタリア・トスカーナ地方のデータによれば，年齢別既婚率のカーブと既婚者世帯主割合のカーブは，北西ヨーロッパ地域の場合とは異なる乖離パターンであった．しかし初婚年齢をみると，東欧のように男女とも低年齢とはいえず，男子の相対的に高い年齢と女子の相対的に低い年齢が組み合わさったパターンであった（Hajnal 1983）．

これに対して，ドイツ語圏を中核とする中央ヨーロッパの位置づけは微妙である．北西型よりは複雑な親族構成を示し，直系家族世帯の割合がヨーロッパのどの地域よりも高い．直系家族とは，跡とり一人だけが結婚後も親の世帯に同居し，ほかの子どもはすべて他出することによって家が再生産される仕組みをいう．けれども，この地域では跡とりの結婚と同時に親は隠居し，隠居後の生活について両者が正式な契約を交わすのが一般的であり，日本においてみられた直系家族とは構造的な相違があった（Saito 1998）．この場合，結婚した跡とりが新しい世帯の世帯主となるので，ヘイナルのいう核家族型システムの第二規準と抵触しない．彼自身，隠居制をとるドイツ・オーストリアの直系家族に言及し，その結婚行動がネオローカルである限り，北西ヨーロッパ型世帯形成システムと矛盾しないと明言していた．直系家族は西ヨーロッパの他の地域，例えばピレネー山地でもみ

られたという．ただ，その家族システムがドイツ・オーストリアの隠居制をもつ直系家族と同一であったという保証はない．今後の解明が期待される．

●**新たな実証研究へ** このヘイナル図式は実証的にどこまで支持されているのであろうか．非ヨーロッパの歴史人口学からみたとき，修正すべきところはないのであろうか．1990年代に始まった国際共同研究ユーラシア・プロジェクト（EAP）は，西ヨーロッパと東アジア5地域の歴史人口について集計分析とミクロ分析の二つの手法によって興味深い観察を提示してきたが，その結婚に関するモノグラフによれば（Lundh et al. 2014），ユーラシア5地域の初婚年齢，年齢別生涯未婚率をみる限り，イタリアを含め西ヨーロッパの諸地域はヘイナルの命題の正しさが確認された．しかし，結婚パターンに影響を与えた要因に関するミクロ分析からは，家族構成，世帯主の職業や土地保有，社会的規範や制度の影響がアジアに限らず——効果の強弱はあるものの——東西を問わずどこでもみられた．想定とは異なった結果が得られたのである．北西ヨーロッパにおいてすら，他の地域と同様，結婚をしようとしている個々人の意思決定に関わる要因はかなり複雑であったといえる．

EAPのもう一つの貢献は再婚を明示的に分析対象として取り上げたことである．ユーラシア5地域のどこでも再婚がみられたが，再婚率は大きく異なり，男女で再婚率が最高であったのも最低であったのも東アジアであり，西欧内における偏差もまたそれに劣らずに大きかった．集計データは初婚のパターンと合致せず，またミクロ分析によってもヨーロッパと非ヨーロッパで截然と区別できるような要因は見出されていない（Lundh et al. 2014）．ただ，再婚率はかなりの程度死亡率の水準を反映する．そこで，集計データによって死亡率が低下したときにどのくらい迅速に再婚率が低下するかをみることにより，死亡率以外の要因——特に再婚を抑制させる文化的・制度的要因——が働いていたか判断することが可能で，それによる限り北西ヨーロッパの核家族社会は結合家族社会とも直系家族社会とも異なっていたと判断できる（Saito 2005）．

ヘイナルの議論は単なる結婚パターンの類型学に留まらず，人口行動に関するいくつかのメカニズムが想定されていた点で優れた図式であった．リグリィとスコフィールド（Wrigley & Schofield 1981）の観察結果はそれに一つの有力な解釈を与えるものであったが，再婚をも併せ考え，かつミクロ分析の結果をふまえて判断すれば，結婚パターンを予防的制限の作動に関連させて論ずるにはさらなる実証研究の蓄積が必要だということであろう． ［斎藤 修］

□ **さらに詳しく知るための文献**

Plakans, A., 2003, "Family: History", Demeny, P. and McNicoll, G. eds., *Encyclopedia of Population*, Macmillan Reference, Vol. I, pp. 343-348.
Saito, O., 1996, "Historical Demography: Achievements and Prospects", *Population Studies*, 50(3) : 537-553. （中里英樹訳，2003，「歴史人口学の展開」速水 融編『歴史人口学と家族史』藤原書店．）

欧米諸国のパートナーシップ形成
partnership formation in Western countries

☞「出生力転換をめぐる理論」p.124「婚前妊娠と婚外出生」p.148「結婚とパートナーシップ」p.166「結婚と家族をめぐる価値意識の変化」p.196「家族形成プロセスの分析」p.514

　1950～60年代のベビーブームと「結婚の黄金期」を経て，欧米諸国では婚姻率の低下，離婚率の上昇，そしてしばしば婚外出生を伴う同棲や同居を伴わないカップル関係を示すLAT（living apart together）の増加など，パートナーシップのあり様が大きく変容した（Sobotka & Toulemon 2008）．欧米諸国はパートナーシップの多様化という点は共通するものの，その進行具合や背景は大きく異なる．以下では，欧米諸国においてこのようなパートナーシップ形成の多様化がもたらされた背景とその説明，および国別の差異をもたらす諸要因について述べる．

●パートナーシップ多様化の背景　結婚が減少し，離婚・同棲・婚外出生が増加した背景は，欧州と米国でやや異なる（Kalmijn 2011）．

　欧州では価値観の変化や世俗化に着目した「第二の人口転換理論」による説明が有力である．1960年代以降，北西欧諸国を先駆けとして生じた伝統的な制度・価値観からの離反と個人主義を中心とする新たな価値観の伝播により，個人のライフコースの多様化・脱伝統化がもたらされた．一方，米国においては，女性の経済的自立や男性の雇用不安といった経済的要因が背景として注目されている．女性の経済的自立を要因とする仮説では，ジェンダー革命によって女性の経済的地位が向上し，従来の性別役割分業に基づく結婚の効用が低下し，結婚が選択されなくなり，代わりに離婚や同棲が増加したとみる．

　これに対し，男性の雇用不安を重視する説では，1980年代以降，経済のグローバル化に伴う雇用の非正規化に着目する．男性の雇用不安は，将来の結婚生活に対する不確実性を増すため，雇用不安の影響を受けやすい若年・低学歴・低スキルの男性とその結婚相手である女性との結婚が抑制される．また，交際相手の将来が不確実な場合，結婚よりも試行的な側面を持つ同棲が選択されやすくなる．あるいは結婚しても経済的に不安定であるために離婚しやすい．米国における実証研究では，結婚がすでに性別役割分業型から共働き型へとシフトしていることもあり，結婚の減少あるいは離婚・同棲・婚外出生の増加については，女性の経済的自立を説明要因とする仮説よりも男性の雇用不安を説明要因とする仮説が支持される傾向にある．

●パートナーシップ形成と社会階層　脱物質主義的な価値観は高学歴層において受容されやすいことから，第二の人口転換理論に依拠すれば，同棲や婚外出生，離婚といった新たな行動様式は高学歴女性によって主導されたとの仮定が成り立つ．一方，男性の雇用不安による若者の将来の不確実性を説明要因とする仮説においては，不況や雇用不安にさらされやすい低学歴・低スキルの男女ほど，同棲

や婚外出生，離婚を経験しやすいと仮定される．この点について，米国では女性の学歴は結婚と正の関係を示すものの，同棲，婚外出生および離婚については負の関係を示している（Carlson & England 2011）．欧州においては，学歴と同棲経験率との関係はそれほど定かではなく，国によっても大きく異なる．ただし，男性の雇用との関係においては，概ね雇用が安定的であるほど同棲よりも結婚が選択される傾向があった（Kalmijn 2011）．同棲カップルにおける第一子出生，すなわち婚外出生についてみると，1980年代頃まではオランダやフランスなどの一部の国では高学歴女性の方が同棲関係内で子どもを持ちやすい傾向があったが，1990年代以降の西欧諸国では，低学歴女性の方が同棲関係内での出生を経験しやすいという結果が得られた（Perelli-Harris et al. 2010）．女性の学歴と離婚については，北西欧諸国における最近のコーホートでは，米国と同様負の関係がみられたものの，その関係性は比較的最近のものであり，中・東欧では異なる傾向もみられるようである（Perelli-Harris & Lyons-Amos 2016）．総じて，欧米諸国におけるパートナーシップ形成の多様化の背景には，伝統的な社会規範の衰退という要素も一部の国であるものの，1980〜90年代に進んだ雇用環境の悪化による将来の不確実性の増大も無視できない要因となっている（Perelli-Harris et al. 2010）．

●国別の相違と含意　今日の欧米諸国においては，出生の近接要因としての結婚の意義は低下している．しかし，同棲や婚外出生の増加が，主として若者の将来に対する不確実性の帰結として出現している面を考慮すると，それは必ずしも社会制度としての結婚の衰退を意味するのではなく，むしろ結婚に至る過程におけるパートナーシップや家族の形成期の長期化・複雑化として理解できるかもしれない．ただし，パートナーシップ形成の多様化の進度や階層間の差異は，欧米諸国間でも大きく異なる．その背景には，国家による福祉政策のあり方や成人子と親との結びつきの強さ，宗教をはじめとする社会における伝統的価値観の強さ，同棲と結婚に対する法的な扱いの違いなどのさまざまな国別の事情が作用している（Perelli-Harris & Lyons-Amos 2016）．こうした国別の差異が収斂していくのか，あるいは差異として残存するのかは，欧米諸国におけるパートナーシップ形成の動向を占う上で重要な問いとなるだろう．　　　　　　　　　　　　　[福田節也]

□　さらに詳しく知るための文献

Buchholz, S. et al., 2009", Life Courses in the Globalization Process: The Development of Social Inequalities in Modern Societies," *European Sociological Review*, 25：53-71.
Perelli-Harris, B. and Gassen, N. S., 2012", How Similar Are Cohabitation and Marriage? Legal Approaches to Cohabitation across Western Europe," *Population and Development Review*, 38（3）：435-467.
van de Kaa, D.J., 2001, "Postmodern Fertility Preferences: From Changing Value Orientation to New Behavior", *Population and Development Review*, 27（Supplement）：290-331.

アジアの結婚行動
nuptiality in Asia

☞「出生性比と男児選好」p.54「東アジアの少子化」p.136「現代日本の国際結婚」p.182「東アジアの伝統的家族と世帯」p.226「日本の国際結婚移動」p.306

18世紀後半以後,トリノ=サンクトペテルブルク線より西のヨーロッパ諸国では,女性の晩婚・稀婚を特徴とするヨーロッパ型結婚パターンが広く普及した.ヘイナル(J. Hajnal)が示した表では,1900年頃の西ヨーロッパ諸国で20〜24歳女性の未婚者割合は55〜86%と高く,45〜49歳でも10%以上が未婚だった.これに対し1920〜40年代のアジアは早婚・皆婚のパターンを示しており,20〜24歳の未婚者割合は最も高い日本(1920年)でも31%で,45〜49歳ではいずれも3%以下だった(Hajnal 1965).

スミス(P.C. Smith)によると,第二次大戦以後に多くのアジア諸国で晩婚化が進行した.1970年代の状況を地域別にみると南アジアは早婚で,スリランカ(24.1歳)を除いて女性のSMAM(センサスの年齢別未婚者割合から求めた平均初婚年齢)は20歳未満だった.一方東アジアは晩婚で,女性のSMAMは最も若い台湾でも23.3歳だった.東南アジアはその中間に位置づけられた(Smith 1980).

表1 アジア諸国の女性のSMAMと45〜49歳未婚者割合

国	SMAM 1970年代 歳(年次)	SMAM 2010年代 歳(年次)	45〜49歳未婚者割合 1970年代 %(年次)	45〜49歳未婚者割合 2010年代 %(年次)
日本	24.3 (1975)	29.7 (2010)	4.8 (1975)	12.6 (2010)
韓国	23.7 (1975)	30.2 (2010)	0.2 (1975)	3.3 (2010)
台湾	23.3 (1975)	30.7 (2010)	0.8 (1975)	9.9 (2010)
中国		24.7 (2010)		0.4 (2010)
シンガポール	24.4 (1970)	27.9 (2010)	3.1 (1970)	12.8 (2010)
タイ	22.0 (1970)	27.4 (2010)	3.0 (1970)	9.5 (2010)
ミャンマー	19.3 (1953)	23.6 (2014)	7.8 (1953)	12.9 (2014)
インド	17.1 (1971)	20.9 (2011)	0.4 (1971)	1.2 (2011)

[1970年代はSmith(1980),2010年代は直近のセンサスによる]

表1ではスミスが取り上げた国・地域のうち,2010年以後のセンサスから未婚者割合が得られた国のSMAMと45〜49歳未婚者割合を示した.スミスは中国を取り上げなかったが,ここでは2010年センサスの結果のみ示した.表によると東アジアが晩婚なのは変わっておらず,特に韓国・台湾は日本を上回るに至った.45〜49歳未婚者割合も,日本を含め10%を超える国が増えている.韓国の45〜49歳未婚者割合はまだ低いが,2010年時点で25〜29歳まで日本を上回

っているので，2030年には45〜49歳でも日本を上回る可能性が高い．中国の晩婚化・未婚化は，日本・韓国・台湾ほどには進んでいない．

●**儒教圏の結婚**　中国・朝鮮・台湾などの儒教圏は父系制（patrilineal）で，男女とも生涯父親の血縁集団に所属し，結婚しても夫妻とも姓を変えない．また原則として父系集団内での結婚は避けられ（同姓不婚），一方で養子縁組は父系集団内で行うべきとされた（異姓不養）．出生性比の歪みにみられる男児選好の強さも，息子にしか父系血統の継承権がないことによる．中国・韓国・台湾では1980年代から違法な胎児の性別鑑定と女児に対する選択的中絶が行われ，不自然に男児が多い状態が続いた．このため2000年代から20歳代の性比が上昇し始め，今後は男性の結婚難が深刻化する一方となる．したがって男性の晩婚化・未婚化は女性よりはるかに急激に進行し，結婚できない男性が大量に発生するだろう．中国における出生性比の歪みはとりわけ著しく，3000万人の男性が生涯結婚できないともいわれる．特に農村部の貧困な男性が結婚できなくなることで不公平感を募らせ，暴力犯罪や女性の人身売買の増加が懸念される（Beardson 2013）．

●**アジアの国際結婚**　一般的に国際結婚では，富国の夫と貧国の妻の組合せが多い．特に経済発展が進んだ日本とアジアNIEs（韓国，台湾，香港，シンガポール）では，女性の地位が向上するにつれ結婚が必要不可欠でなくなり，低所得層の男性の結婚難が深刻化した．死亡率低下により出生性比がそのまま結婚適齢期まで維持されること，出生数減少により年下のコーホートはますます小さくなることなど，人口学的要因も男性の結婚難を加速させる．儒教圏ではこれに出生性比の歪みが加わる．

　日本では1980年代に山形県でフィリピン人農村花嫁の紹介事業が始まり，中国人，タイ人，南米出身の日系人などとの結婚も増えた．外国人夫との結婚も含む国際結婚が全婚姻に占める割合は2006年の6.5%まで上昇したが，以後は低下傾向にある．韓国では国際結婚の割合は2000年代に急激に上昇し，2005年に13.5%に達して以後は低下している．外国人妻の国籍は中国（朝鮮族を含む）が圧倒的に多く，ベトナム，フィリピン，日本がそれに次ぐ．台湾では中国大陸・香港・マカオ出身者を含む越境結婚（cross-border marriage）の割合が，2003年に31.9%に達した．越境者の圧倒的多数は大陸出身花嫁だった．韓国・台湾とも取締りが強化され手続きも厳格化されたため，国際結婚はピーク時の半数程度まで減少している．

　中国は日本やアジアNIEsに対しては花嫁の送出国だが，ベトナムなどの東南アジア諸国に対しては受入国である．送出国では，農村部の貧困世帯が花嫁の供給源になることが多い．ベトナムでは南部メコンデルタ地帯の貧困に加え，儒教圏としての中国・台湾・韓国との文化的親和性，孝の重視と老親扶養規範などが娘を海外に嫁がせる背景になっている（Yang & Lu 2010）．　　　　〔鈴木　透〕

LGBT
Lesbian, Gay, Bisexual, Transgender

☞「結婚と家族をめぐる価値意識の変化」p.196

　LGBTはレズビアン（Lesbian 女性同性愛者），ゲイ（Gay 男性同性愛者），バイセクシュアル（Bisexual 両性愛者），トランスジェンダー（Transgender 性別越境者）の頭文字を並べたもので，性的指向（sexual orientation）と性自認／性同一性（gender identity）の非典型的なあり方の総称として用いられる．「LGBT」という表記については，性的指向と性自認のあり方を一括りにし，ほかのセクシュアリティを含めていないとの異議もある．LGBTのあとに，インターセックス（Intersex 性分化疾患）のI，Questioning（自身の性的指向や性自認に疑問や迷いをもつ人・状態），Queer（クィア，性的指向や性自認のすべてを超えた存在の総称）のQ，Asexual（アセクシュアル，性的・恋愛感情を抱かない無性愛）のA，Pansexual（パンセクシュアル，相手の性別にこだわらない全性愛）のPなどをつけて性の多様性を網羅する試みもあるが，収拾がつかないため，「LGBTs」とまとめる場合もある．なお，インターセックスとは，遺伝子・解剖学的性が，典型的とされる男性・女性の枠に当てはまらない状態にあることを指す医学用語である．性自認は本人がとらえる自分の性別を指し，それが生物学的特徴に基づいて出生時に割り当てられた性別と同じならシスジェンダー（cisgender），その性別に違和感があり，それとは異なる性別として生きたいと望む人をトランスジェンダーという．出生時の性別が男で性自認が女の場合はトランス女性またはMTF（Male-to-Female），逆の組合せはトランス男性またはFTM（Female-to-Male）という．X（エックス）ジェンダーは男でも女でもない，あるいは分類されたくないという立場をとる（出生時は女性とされたFTX，男性とされたMTXがある）．性同一性障害は出生時の性別とは異なる性別に同一感をもつために社会生活で困難を抱える状態に対する医学上の診断名であり，ほかに性別違和が用いられる．SOGI（sexual orientationとgender identityの頭文字，ソジ）は，性的指向と性自認をマイノリティに限定せず，すべての人に関連する属性としてとらえる概念である．

● **LGBTに関する法律・制度**　世界各国で同性愛，同性間の性行為，性的指向・性自認に基づく差別の禁止，同性パートナーシップ，名前・性別の変更に関する法律の整備が進んでいる（ILGA：International Lesbian, Gay, Bisexual, Trans and Intersex Associationによる情報が詳しい）．日本では2004年に「性同一性障害者の性別の取扱いの特例に関する法律」（GID特例法）が施行され，2016年末までに6906人が戸籍の性別を変更したが，生殖機能を欠くなどの変更要件の緩和を求める議論もある．欧米を中心に展開されている同性カップルの保障の仕組みは，

①手続き不要な事実婚（法律婚していない異性カップルを事実婚として保護する制度や判例を同性間に適用），②同性カップル対象のパートナーシップ登録制度（異性間のみで可能な法律婚に近い権利義務を同性カップルに保障），③同性・異性カップル対象のパートナーシップ登録制度（法律婚より少ない権利義務を保護），④同性婚（異性のみに認められていた法律婚を同性間に適用）に大別でき，2017年7月現在，25か国で同性婚が認められている．法律婚とパートナーシップ登録との区別は国によって異なるが，後者では教会での挙式，遺産の相続，（共同で）養子をもらう，生殖補助医療の利用などが制限されることが多い．同性カップルに対する法的保障がない日本では，養子縁組によって戸籍上親子になることが法的家族として扱われうる唯一の方法である．2015年の渋谷区を皮切りに，証明書の交付などで同性パートナーシップを認証する自治体も出てきたが，異性間の法律婚や事実婚のような法的保障が得られるものではない．

● LGBT 人口　人口学においては，人の性的指向や性自認のあり方（トランスジェンダー・シスジェンダーの別）をどうとらえるかが課題である．性的指向については，社会調査で本人にたずねて特定することが多い．人口の代表性を確保した2000年半ば以降の欧米における調査（NHIS：National Health Interview Survey 全国健康面接調査，GSS：General Social Survey 総合的社会調査，NLC：Norwegian Living Conditions ノルウェー生活実態調査，APS：Annual Population Survey 英国年次人口調査）（Gates 2014）に基づけば，18歳以上人口に占めるLGB割合は1～3％台とみられ，若年，人種・民族のマイノリティ，都市部在住でLGBと回答する割合が高い傾向がある．両性愛の割合は女性の方が男性よりも高く，女性では同性愛よりも両性愛の方が多く，男性ではその逆である．性的指向は複雑で，異性愛者と自認する人や同性愛者の自認がない人が同性との性的接触を経験する，同性愛と自認する人が異性との性的接触の経験を有する，性的指向にかかわるアイデンティティをもたない人が両性に恋愛感情をいだくなど，アイデンティティ，行為，感情の間にずれがあるほか，調査結果は調査方法，質問文と選択肢，設問の位置，調査テーマなどの影響を受けやすい．性関係をもつ相手や性的魅力を感じる相手の性別についての回答からそれを読み取ることもある．性自認をとらえてトランスジェンダー人口の割合を調べることは，性的指向の特定以上に難しい．診断や介入を求めて医療機関にかかった人や性別変更を届け出た人のデータはあるが，多様なトランスジェンダーの層をとらえることはできない．医療や登録データに基づく推計では，大半の国でMTFがFTMより多いが（1.4～6.2倍），日本ではFTMがMTFの1.7倍である（Meier & Labuski 2013）．また日本精神神経学会の発表では2015年末までの延べ診断数2万2000人のうちFTMが約1万5000人であった．近年では社会調査で出生時の性別と現在の性自認やトランスジェンダー自認の有無をたずねるものもあり，米国では，自らをトランスジェン

ダーだと回答した割合は0.52％であった（Flores 2016）．LGBTいずれかの自認の有無をたずねた2016年の調査（Gallup Daily Tracking）では4.1％があると回答したが，その割合は社会経済的属性によって異なり，若い世代，人種・民族のマイノリティ，低所得層，無信仰層で高めである．日本では，木原らによる「日本人のHIV／STD関連知識，性行動，性意識についての全国調査」（1999年）で同性との性経験割合が男性1.2％，女性2.0％と報告されている．なお性的指向と性自認の実態を全国規模で量的に把握できる調査は，一般化が難しいモニター対象のウェブ調査を除いて2017年時点では実施されていない．

●同性カップル世帯の数　同性カップル数の把握も容易ではない．調査で当事者が表明をためらう，同性カップルに適切な選択肢がない，性別を誤回答した異性カップルが同性カップルに計数されるといった理由がある．調査で特定する方法には，法律婚，パートナーシップ登録，同棲などの関係性と個人の性別の回答からその関係性が同性間か異性間かを判断するもの（米国）と，性別と関係性を組み合わせた選択肢でとらえるもの（異性の夫・妻，異性の事実婚パートナー，同性の配偶者，同性の事実婚パートナーなど）がある（カナダ・ニュージーランド）．米国の人口センサスでは，過去には同性の夫と妻の世帯が，強制的に異性間の結婚として処理されることがあったが，同性婚が認められる州の増加に伴い，2010年調査では，同性の「夫・妻」も，同性の「結婚していないパートナー」も，そのまま集計されている．名前などから判断して異性間である可能性のあるカップルを除外して集計すると，米国の同性カップル数は約65万組（婚姻13万1279組，同棲51万4735組）で，同国の全世帯の0.5％，カップルの1％にあたる（Gates 2015）．スウェーデンのようにパートナーシップ登録を含めたデータを統計局で蓄積している場合，数のみでなく，同性・異性間のカップル形成と解消，子の有無などの人口学的分析ができる．日本の国勢調査では，同性カップルの存在が明示的に想定されておらず，同性の配偶者をもつ回答の集計段階での処理が不明であるほか，適切な選択肢がないために「他の親族」や「その他」と回答されたり，調査自体に回答されなかったりする場合もある．

●未成年の子のいる同性カップル世帯　米国の複数のデータに基づくとLGBを親にもつ18歳未満の子は200～370万人で，うち20万人が同性カップルによって育てられていると推定される．同性カップルが養子をとったり生殖技術で子をもつことは増えているが，近年ではレズビアンやゲイが早い年齢で自身の性的指向を自認するため，異性との関係で子をもうけるケースが減少し，結果的に子をもつ同性カップルの割合は2006年以降減っている（Gates 2015）．2011年のAmerican Community Surveyによると，18歳未満の子のいる同性カップル世帯は，女性27％，男性11％である．日本では異性との関係を介して産んだ子を，一人または女性パートナーと育てるレズビアンマザーに加え，2000年半ば以降は海

外で養子をとり日本で育てる，あるいは医療機関や個人で精子提供を受けて妊娠・出産し子育てしているレズビアンカップルが可視化しつつある．ただし親役割を果たしていても，生物学的な母親でない方の女性は子との法的関係がない．

●**性的指向と性自認がもたらす差異**　性的指向や性自認は個人の経済力や健康に関連している．米国の収入をみると，レズビアンは異性愛女性より高めで，ゲイは異性愛男性より低めであるが（釜野 2012），最近ではゲイの方が高めとの結果もある．American Community Survey によれば，異性婚カップルに比べ，同性カップルは貧困に陥りやすいことが示されている．健康状態では，異性愛者に比べ，LGB にうつ状態，不安感，アルコール・タバコ・不法薬物使用，自殺企図・未遂などが多いこと，また健康の主観的評価が低い，各種疾患が多いなど，全般に健康状態はよくなく，医療機関の受診率も低い．その主要因としてマイノリティであることによるストレスや生きづらさがあげられている（Lick et al. 2013）．同性カップル（世帯）のパートナーシップ形成や継続，家事分担など関係の実態やその質，出生意欲，親になる経験，子育て，子のウェルビーイングなどの研究や，カップルのタイプ（同性・異性間，男性・女性間，同棲か法律婚か）による比較も蓄積されている（Goldberg & Allen 2013）．トランスジェンダーに関しては人口の代表性を確保した上での研究は限られているが，自認する人は自認がない人に比べ，年齢，人種・民族を考慮しても失業率と貧困率，喫煙率が高いことが示されている（Conron et al. 2012）．日本の 1999 年のインターネット調査では，同・両性愛等男性の 15％ が自殺未遂経験，83％ がいじめ被害経験，71％ が不安感，13％ がうつ状態を有していた（Hidaka & Operario 2006）．また，日高らの 15〜24 歳の街頭調査によると，同・両性愛等男性の自殺未遂経験割合は，異性愛男性の約 6 倍である．

●**SOGI に関する量的調査**　人口学において性的指向や性自認を量的に把握することは，セクシュアル・マイノリティ（性的少数者）の可視化に寄与し，施策やサービスのニーズの把握に役立つ．一方で複雑で，連続的，可変な側面を分類する困難さや，差別や偏見のある社会における回答の信頼性など，量的把握の妥当性や有効性には批判的な見解もある．日本においても各種調査における SOGI の扱いを検討し，ウェブ調査などの有意抽出調査のみならず，無作為抽出による大規模調査に基づいた知見の蓄積が期待されている．　　　　　　　　　　［釜野さおり］

📖 さらに詳しく知るための文献

Baumle, A. K., 2013, *International Handbook on the Demography of Sexuality*, Springer.
針間克己・平田俊明編著，2014，『セクシュアル・マイノリティへの心理的支援——同性愛，性同一性障害を理解する』岩崎学術出版社．
杉浦郁子ほか編，2016，『プロブレム Q & A　パートナーシップ・生活と制度——結婚，事実婚，同性婚　増補改訂版』緑風出版．

結婚と家族をめぐる価値意識の変化
value change on marriage and family

☞「欧米先進諸国の少子化」p.132「東アジアの少子化」p.136「東アジアの伝統的家族と世帯」p.226

　価値意識は人々に世の中の成り立ちや仕組みを理解させ，善悪の判断基準を示す．人々はそれをもとに行動に対する動機をもち，目的に到達するために最適な手段を選ぶ．ゆえに，近代以降に世界的に進んだ結婚や家族の変化を理解する上で，価値意識は政治や経済，科学技術と並んで欠かせない側面である．その影響過程を総括すれば，西欧啓蒙思想に由来する自由や平等，自己決定を重んじる考え方が世界的に広まり，時にその社会に固有の文化と衝突し修正されながら，以前とは異なる家族パターンの形成に寄与してきたといえる．今日，我々が標準とみなす一夫一婦制，成熟した男女が恋愛を経て自らが決断する結婚，家族計画に基づく出産などは，近代的価値観の浸透なしには定着し得なかったと考えられる．

　こうした西欧社会の価値観や制度を理想的な手本とみなす「開発主義」(developmental idealism)(Thoronton 2005)は，学識者や政治指導者，国際機関，マスメディア等を通じて世界中に拡散し，さまざまな領域で民主的な体制を確立させるとともに家族をも変容させた．ただし家族をめぐる変化は概ね2段階の変遷を示したとみてよい．産業化とともに権威的，制度的だった家族が，民主的で情緒的集合体に変わった第1段階と，世俗化，個人主義化が進み，高次の欲求の追求により現れた第2段階である．さらに既存の文化との組合せ次第で，現れた家族像は多様であり，とりわけ人口再生産の面ではドイツ語圏を除く北西欧および英語圏社会がその機能を比較的堅固に維持しているのに対し，それ以外の地域では再生産が大きく抑制され人口高齢化および人口減少問題に直面している．

●**西欧社会における第一の価値意識変化——制度から友愛へ**　英語圏を含む北西欧社会において開発主義がもたらした最初の変化は，20世紀半ばに米国で観察されバージェス（E. W. Burgess）が指摘した制度的結婚から友愛的結婚への変化に象徴される（Amato 2012）．制度的結婚は農業社会に典型とされ，法や社会規範，宗教に厳格に規定され，共同体とのつながりが強く，家族の維持・安定が個人よりも重視される．良縁には恋愛感情よりも現実的な利益が優先され，親の許諾を要した．離婚も制限され，とりわけ女性に不利であった．結婚年齢が高く，生涯独身も多く，同棲や婚外出生が頻繁に起きていたことも1900年以前の欧州の特徴といえる．

　しかし産業化に伴い人々の移動が活発になると，若者は親や宗教から解放され，結婚は共同体や宗教に対する義務ではなく，夫婦の情緒的結びつきに基づくべきとの価値観が広がることとなった．こうした変化は子どもの価値に対しても生じ，アリエス（P. Ariès）やコールドウェル（J. C. Caldwell）が歴史・文化研究で示し

たように，子どもは労働力ではなく，愛情と経済的投資の対象との見方が広がっていく．なお，子どもを少なく産んで大事に育てる考え方はすでに普及していたが，効果的な避妊法がないために望まない出生も少なからずあり，再生産は過剰分を残していた．

しかしこの時代の価値意識の変化は，制度的側面からの完全な脱却を意味するものではない．つまり，さまざまな組織を通じた連帯は重視されており，夫婦は共同体における家族の維持という共通目的のために，稼ぎ手，主婦，親という役割義務を果たしていた．したがって，男女が結婚し子をもつことは当然とされ，家父長的性格は弱まったものの，夫は妻よりも格上とされる不平等性も残っていた．離婚は当事者の合意だけでは認められず，不義などの客観的事由のもとでのみ容認された．同棲や婚外出生は宗教的，世俗的両面から望ましくないものとされ，20世紀前半には減少する．この時期，結婚機能は強化され黄金期を迎えた．

●西欧社会における第二の価値意識変化──友愛から個人化へ　その後に登場したのは，あらゆる権威に対抗するかたちで生まれた個人主義的結婚である．こうした結婚は宗教社会学者のベラー（R. N. Bellah）が指摘した「表出的個人主義」，すなわち精神的満足を重視する価値観（Cherlin 2009）や，マズロー（A. H. Maslow）が欲求段階説で示した自己実現や自己充足を重視する価値観に支えられる（Lesthaeghe & Williams 1999）．個人主義的結婚においては，自己の成長こそが結婚の目的となり，結婚生活も個人化する．「良い離婚は悪い結婚よりまし」との論理で個人的充足が得られない結婚の解消が進んだ．また，性革命によって性交渉が夫婦の生殖を目的としたものに限られなくなり婚前性交渉が広がった．その結果，婚前妊娠結婚が一時的に増加したが，経口避妊薬など避妊効果が高い手法が普及すると，子どもが欲しい時期まで出産を延期することが容易となった．またジェンダー革命は，女性が生殖に関する自己決定権を認識し，中絶禁止の緩和を求める動きにつながったとみられる．1960年代後半以降，個人主義的価値観の浸透と世俗化を背景に，結婚年齢の再上昇と婚姻率の低下がみられ，自立的な共働き夫婦，離婚，同棲（婚前，離婚後），無子，婚外出生，同性婚が増加した．古典的人口転換を実現させた共同体（親族，国家，宗教）に基づく規範的行動は，個人の選択の自由を最優先に掲げたレジームに取って代わられた．そしてこのような社会の多くで出生率が人口置換水準を下回るようになり，近代化による出生率と死亡率の均衡と人口規模の安定を想定していた古典的人口転換理論は，その普遍性が揺らいでいる．

　自由や平等，自己決定を重視する思想や高次の欲求を求める態度は，西欧社会を越えて広がり家族を変容させている．以下で述べる日本の家族も，前述の開発主義が浸透する過程で，制度的家族から情緒，役割重視の家族を経て，個人主義的なものに変容しているが，英語圏を含む北西欧文化圏の家族に比べ親子紐帯が

強いことに象徴される家族主義の存在が，独自のパターンを形成している．
●日本人の価値意識——前近代から明治民法を経て戦後近代家族へ　近代化以前の日本の家族については，父系よりは双系的な特徴をもち，農村部では性に緩やかな生活や同棲，婚外出生，離婚が少なくなかったことなどが記録されているが（落合 2004），現代の日本人が「伝統的」と感じる家族像は明治民法がモデルとした家父長制的家族であろう．これは近世以前の武士の家族がモデルとされ，「家」を中心とし，儒教に由来する直系の重視，戸主の権威性，長子相続，男女の分離，妻の貞節と服属といった特徴をもつ．しかし戦後民法が改正されるとともに，夫妻，兄弟姉妹は平等との考え方が広まった．他の先進国と同様，経済発展の中でジェンダー役割は強化されたが，家族の情緒的結びつきは重視されるようになった．見合い結婚は 1980 年代まで配偶者選択の主要な方法ではあったが，恋愛性は重視された．ただし，直系家族や長男を特別視する価値観自体は維持されてきたことは特筆すべきであろう．核家族化が進んだものの，それは戦後の夫婦あたりの子ども数の増加が三世代家族の割合を減少させたという構造的要因によるものであり，意識の上での変化は緩慢で，親子の同居志向は諸外国と比べて高く維持された．つまり，戦後の近代家族では，戸主の圧倒的権威や子世代の配偶者選択への影響はかなり薄れたものの，子（長男）の親に対する介護義務などは法的のみならず規範としても存続した（Atoh 2008）．

　また兄弟姉妹の数が多く親元に留まりにくい時代の性別分業夫婦モデルは，男女ともに結婚が生活の手段となるため，結婚意欲を高め，皆婚化に寄与した．高学歴化による教育コストの上昇と社会保障制度の充実によって，もはや子どもは労働力や老後の支えとはみなされず，愛情と投資の対象に変化した．20 世紀後半には男児選好が薄れ，男女 1 人ずつの子どもにできるだけ高い教育を与えたいという理想が定着する中，1950 年代後半から 70 年代前半まで，日本の合計出生率は人口置換水準周辺で安定的に推移していた．
●ポスト近代家族の価値意識——文化デバイドの出現　1960 年後半から北西欧および英語圏で生じた家族をめぐる意識の変化は，70 年代後半以降日本でも確認できる．戦後の日本の家族観の変化は，政府の世論調査（内閣府）や研究機関の大規模意識調査で定量的にたどることができる（統計数理研究所「日本人の国民性調査（1953 年〜）」，NHK 放送文化研究所「日本人の意識調査（1973 年〜）」，毎日新聞社人口問題調査会「全国家族計画世論調査（1950〜2000 年）」，国立社会保障・人口問題研究所「出生動向基本調査（1992 年〜）」「全国家庭動向調査（1993 年〜）」など）．総じて，社会規範に対する緩みが拡大し，個人の自立や自己充足を重視する考え方が支持されるようになっている．婚前性交渉，生涯独身，子どものいない夫婦，離婚が容認され，結婚においても自己目標を大切に考えている．夫妻の性別役割分業や母親が育児に専念すること（3 歳児神話）に対して

も不支持が増えている．

　注目すべきことは，日本では北西欧社会と同様に晩婚化，非婚化が進み，離婚は増加傾向にあるが，同棲と婚外出生，男性の家事参加は欧米の水準をはるかに下回っているほか，出生率に関しては，低調な男女交際とパートナー形成不全を背景にきわめて深刻な少子化を経験していることである．実はこうした超低出生率の出現は，日本だけではなく，ドイツ語圏・南東欧，旧ソ連圏，東アジアに広く共通するものであり，このような文化圏による家族パターンの格差（文化デバイド）は，開発主義を伴う西欧型システムが浸透するメカニズムにより説明することができる．開発主義は社会経済的システムとは親和性が高くいち早く導入されるが，家族に関わるシステムへの浸透は相対的に緩慢で，時に対立する．その結果，社会経済システムが一定の開発段階に達したとき（例えば職場でのジェンダー平等の達成），旧来の特性を残した家族システムが併存することになる（家庭内ではジェンダー不平等が存続）．この公的部門と家族部門との不調和こそが家族形成を阻害する主要因と考えられ，家族主義が強い社会ほどこの乖離が大きいと指摘されている．

　社会経済的開発と家族システムとの間に最も大きな不調和を抱えて，超低出生率を経験しているのが東アジアの儒教文化圏である．日本も含まれるが，祖先礼拝や子孫繁栄（孝）を最重視する韓国・台湾・中国よりも封建的主従関係（忠・恩）に影響を受けた家族観が色濃く認められ，日本はむしろ南欧に近いとの見方もできる（鈴木 2012）．例えば韓国，台湾にみられるような極端な男児選好は日本ではみられず，非血縁養子にも寛容であるといった特徴を示す．

　システム間不調和の著しさゆえに極度の未婚化，離婚増，低出生率を経験しているのが台湾である．台湾は日本や韓国よりもジェンダー・エンパワーメント指数が高く，公的部門におけるジェンダー平等が進んでいる．しかし他方で伝統的な家族主義的価値観を肯定する態度は日韓中よりもむしろ強い．また，近代化が時間的にも空間的にも極端に圧縮されたかたちで起こった韓国では，異質な歴史的・社会的要素が共存する複雑で不安定な社会システムを構築している（落合編 2013）．先行して進む近代的経済社会システムと家族を含む生活レベルでの価値体系の乖離が，とりわけ若者のライフコース選択に負担を強いている点は，台湾と同種のメカニズムであると解釈できる．

　豊かな個人と社会発展を目指す開発主義の世界的浸透力は相当に強力であるが，その浸透のスピードや既存の文化のあり様によっては，公的部門，家族領域などのシステム間に緊張や不調和を生み，家族形成や再生産に抑制的に作用することが明らかになっている．

［岩澤美帆］

📖 さらに詳しく知るための文献

Jayakody, R. and Thornton, A., 2008, *International Family Change: Ideational Perspectives*, Routledge.

6. 家族と世帯の変化

　産業化によって経済生産の場としての家族の重要性は低下しても，人口再生産の場としての家族の重要性はほとんど変わらない．それでも同棲，婚外出生，離婚・再婚，独居などの増加から性的少数者の権利拡大に至るまで，家族の多様化をもたらす変化は不断に続いている．家族は夫婦・パートナー関係と親子関係によって形成される親族集団のファジーな部分集合と考えることができ，その範囲は主観的に認知される．人口学はその性格上，明確に定義し数えることができる世帯を対象とし，規模・構造といった形式的側面を分析することで，家族研究の基礎を固める役割を果たす．歴史人口学においてもミクロ・マクロの史料から国勢調査以前の世帯と家族の姿を明らかにすることができる．もちろん世帯規模・構造の変化を理解し説明するためには，出生・死亡・移動はもちろん，結婚と離婚，離家と親元への戻り，老親との再同居など，世帯の形成と解体に影響する行動を研究する必要があり，この面では他の社会科学との共同作業となる．

〔鈴木　透・黒須里美〕

第6章

世帯と家族……………………………………204
世帯規模………………………………………206
世帯構造………………………………………208
離家……………………………………………210
世帯形成………………………………………212
高齢者の居住状態……………………………214
家族と世帯の地域性…………………………216
家族周期の変化………………………………218
国勢調査以前の家族と地域性………………220
家族とライフコースの歴史的変化…………222
ヨーロッパの伝統的家族と世帯……………224
東アジアの伝統的家族と世帯………………226

世帯と家族
household and family

☞「世帯統計」p.434

　国連統計部は2人以上の世帯の定義として2種類を提示している（UN 2008）．一つは同一家屋への共住に加えて食事などの基本的側面の共同を基準とするもので，家事概念（housekeeping concept）と呼ばれる．日本の国勢調査も住居に加え生計を共にしていることを条件としており，家事概念の一例である．日本以外に英国，ドイツ，ベルギー，オランダ，スイスなど多くの国がこの定義を採用している．もう一つの定義は，生活の実態にかかわらず一つの家屋に住む者をすべて一つの世帯の成員とみなすもので，世帯家屋概念（household-dwelling concept）と呼ばれ，米国，カナダ，フランス，スウェーデンなどのセンサスで採用されている．

　世帯と家族の違いについては，まず1人で世帯は形成できるが，1人を家族とはいわないという当然の違いがある．親族世帯または世帯内の親族成員を家族とみなす考え方もあるが，同別居にかかわらず親族集団の一定の範囲を家族とみなすことの方が多いだろう．自分が生まれ育った家族を定位家族（family of orientation）と呼び，多くの人は結婚・出産によって生殖家族（family of procreation）を形成する．定位家族で長期間同居した両親や兄弟は別居後も家族とみなされることが多いが，息子の妻，娘の夫，孫などは同居経験がなくても家族と考える人が多いだろう．

　マードック（G. P. Murdock）は夫婦とその子から成る核家族（nuclear family）の普遍性と重要性を強調した（Murdock 1949）．核家族に対しては，小家族（small family），単純家族（simple family），夫婦家族（conjugal family），生物学的家族（biological family）など同義語・類義語が多い．親族世帯の類型としては，「夫婦と子」に加え「夫婦のみ」「男親と子」「女親と子」も核家族世帯（family nucleus）に含まれる．日本を含め多くの国のセンサスでは，「夫婦」は婚姻届出の有無を問わず，同棲カップルを含むとされる．

●世帯形成の規範　新婚夫婦がどの親族と同居するのが望ましいとされるかによって，各社会の世帯構造は影響される．核家族以外の親族世帯がほとんどみられない北西欧や英語圏先進国は，新居制（neolocal）の規範に従っているといえる．夫の親との同居（同じ敷地や隣接する家屋での近居も含む）を志向する社会は父居制（patrilocalまたはvirilocal），妻の親との同居・近居を志向する社会は母居制（matrilocalまたはuxorilocal）の規範に従っているといえる．マードックはこれ以外に，新婚時は妻の親と同居・近居し，その後夫の親の元に移る母居・父居制（matri-patrilocal），どちらかの親との同居・近居が望ましいとされる双居制（bilocal），夫の母の兄弟との同居・近居を志向するオジ方居住制（avunculocal）

の存在を指摘した.

　日本の国勢調査では，核家族以外の親族世帯を最も若い世代の夫婦を基準に分類している．国連統計部は，核家族以外の親族が加わった世帯を拡大世帯 (extended household)，非親族が加わった世帯を複合世帯 (composite household) と呼んでいる．歴史人口学で用いられる Hammel-Laslett 分類では，核家族に類似する単純家族 (simple family household) よりも複雑な世帯として，拡大家族世帯 (extended family household) と多核家族世帯 (multiple family household) の2水準を区別する．後者は二つ以上の核家族から成る世帯である (Laslett 1972)．合同家族 (joint family) は，中国・インドのように複数の息子夫婦が親との同居・近居を志向する制度を指し，日本のように1子のみが結婚後も親と同居を続ける直系家族 (stem family) と対比される．

●家族変動　家族変動に関する言説・理論は人口学的データによって検証・反証されることもあり，多くの人口学的研究を刺激してきた．古くはル・プレ (P. G. F. Le Play) が直系家族から不安定家族 (核家族) への移行に伴う社会的秩序の崩壊を憂慮した (Le Play 1875-79；Wall 2010)．パーソンズ (T. Parsons) らは，アメリカ家族は孤立核家族となり「子供の基礎的な社会化」「成人のパーソナリティの安定化」の2機能の遂行に特化したと論じた (Parsons & Bales 1955)．これに対しリトウォク (E. Litwak) は，別居する親子間でもコミュニケーションやサービスの交換は頻繁で，アメリカ家族は修正拡大家族 (modified extended family) と呼ぶべき状態にあるとした (Litwak 1960)．グード (W. J. Goode) は産業化とともに，自律性と平等性を特徴とする夫婦家族が世界中に普及すると論じた (Goode 1963)．ラスレット (P. Laslett) らは，欧米でも日本でも 17〜19 世紀の平均世帯規模は5人前後だったことを示し，産業化以前の家族は大規模・複雑だったという神話を粉砕した (Laslett 1972)．ワクター (K. W. Wachter) らは SOCSIM によるマイクロシミュレーションによって，産業化以前のイングランド人が新居制を志向していたことを示した (Wachter et al. 1973)．ショーター (E. Shorter) の二つの性革命論によると，打算的で冷淡な夫婦関係から恋愛感情に基づく主体的な配偶者選択への転換が 18〜19 世紀に生じ，20 世紀後半以後は結婚と性交渉が切り離され婚外交渉と婚外出生が増えた (Shorter 1975)．第二人口転換の理論 (van de Kaa 1987) は，家族形勢の遅滞と減少，同棲・婚外出生・離婚の増加といった一連の家族変動を，世俗化・個人主義化という価値変動によって説明した．ベッカー (G. Becker) は 20 世紀後半の家族変動の主因は女性の経済力向上で，これが出生力低下と離婚・婚外出生・母子世帯の増加等をもたらしたとした (Becker 1991)．トッド (E. Todd) は親子関係・兄弟関係・結婚制度から成る精緻な家族類型を提示し，世界史の流れを再解釈した (石崎編 2001)．

　　　　　　　　　　　　　　　　　　　　　　　　　　　　［鈴木　透］

世帯規模
household size

☞「世帯構造」p.208「家族と世帯の地域性」p.216

　国勢調査においては，世帯は「一般世帯」と「施設等の世帯」の2種類に大別されている．一般世帯は，（ア）「住居と生計を共にしている人の集まり又は一戸を構えて住んでいる単身者」，（イ）「（ア）の世帯と住居を共にし，別に生計を維持している間借りの単身者，又は下宿屋などに下宿している単身者」，（ウ）「会社・団体・商店・官公庁などの寄宿舎，独身寮などに居住している単身者」，と定義されている（総務省統計局 2017）．一方の施設等の世帯は，「寮・寄宿舎の学生・生徒」「病院・療養所の入院者」「社会施設の入所者」「自衛隊営舎内居住者」「矯正施設の入所者」「その他（定まった住居を持たない単身者や陸上に生活の本拠を有しない船舶乗組員など）」を指す．平成27年国勢調査（2015年）によれば，わが国の世帯総数は5344万9000世帯であるが，このうち一般世帯が5333万2000世帯，施設等の世帯が11万7000世帯で，世帯のほとんどは一般世帯である．なお，施設等の世帯については，建物1棟を1世帯とするなど，一般世帯とは異なった世帯の単位が用いられている．

　世帯を構成する各人を世帯員と呼ぶ．世帯は1人あるいは2人以上の世帯員から成り，世帯規模（household size）は，それぞれの世帯を構成する世帯員の人数（世帯人員）で表される．

●**平均世帯人員と世帯主率**　一般世帯に分類される世帯の世帯員数を一般世帯人員という．わが国では世帯のほとんどが一般世帯であることから，人口のほとんどは一般世帯人員で，平成27年国勢調査では一般世帯人員は総人口の97.8%を占めている．一般世帯人員を一般世帯総数で除した数（＝一般世帯人員／一般世帯総数）は，一般世帯1世帯あたりの世帯人員を表す．これを平均世帯人員（または平均世帯規模）という．

　わが国の一般世帯の平均世帯人員は，国勢調査では1960年から比較可能であるが（1965年を除く），1960年の4.14人から一貫して減少傾向が続いており，2015年には2.33人まで低下して，45年間で1.81人，44%の減少となった．平均世帯人員には地域差があり，東北から中部および西日本の日本海側で高く，東京・大阪などの大都市圏や北海道などで低いという傾向がみられる．さて，一つの世帯に1人の世帯主を定めると，一般世帯総数は一般世帯の世帯主総数と等しい．ここで平均世帯人員の逆数（＝一般世帯総数／一般世帯人員）を考えると，一般世帯の世帯主総数を一般世帯人員総数で除した数（＝一般世帯の世帯主総数／一般世帯人員）と言い換えることができる．これは一般世帯人員に占める世帯主の割合を表し，世帯主率と呼ばれる．平均世帯人員が減少しているということは，

世帯主率が増加していることを意味する.

●**世帯数と世帯規模** 図1にあるように,一般世帯数の増加率は人口の増加率より高く,人口が2005〜10年の期間に減少を開始しているのに対し,一般世帯数はまだ増加している.これは,平均世帯規模が縮小を続けているためである.世帯数と世帯人員総数の増加率の間には,世帯数の増加率=(世帯人員総数の増加率−平均世帯人員の増加率)÷(1+平均世帯人員の増加率)という関係が成り立っている.一般世帯人員総数は総人口にほぼ等しいから,ここで世帯人員総数を人口とみなせば,平均世帯人員が減少すれば,世帯数の増加率は人口の増加率より高くなることがわかる.

図1からはまた,1975〜80年以降,世帯員が1人の単独世帯の増加率が一般世帯数のそれを上回る状態が続いていることがわかる.さらに世帯規模別にみると(図2),1985〜90年以降は,4人世帯と5人以上世帯はマイナスの状態にあり,2010〜15年には,3人世帯もマイナスに転じている.2010〜15年に増加しているのは単独世帯と2人世帯のみであるが,2人世帯も1990〜95年以降には増加率に低下傾向がみられる.つまり,世帯規模がより大きな世帯は減少し,より小さな世帯が増加していることが,平均世帯人員の低下をもたらしている.未婚化や少子化の進行,離婚の増加,長寿化および男女の平均寿命の差といった人口事象は,人口減少や高齢化をもたらすとともに,世帯規模の小さな世帯,とりわけ単独世帯を増加させ,世帯規模にも大きな影響を及ぼしていることがうかがえる. [小山泰代]

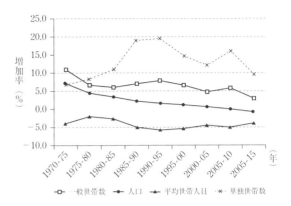

図1 一般世帯数,一般世帯人員,平均世帯人員,単独世帯数の増加率
[国勢調査をもとに作成]

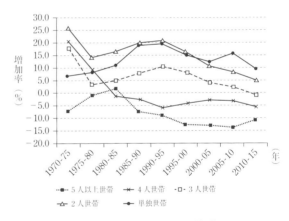

図2 世帯規模別世帯数の増加率

世帯構造
household structure

☞「世帯と家族」p.204「世帯規模」p.206

　世帯は同一家屋に居住する（生計を共にする）1人以上の集団であり，規模および世帯主と同居者の続柄の組合せを分類した家族類型が最も基本的な属性である．マードック（Murdock 1949：1章）によれば典型的には一組の夫婦とその子から成る核家族が普遍的な集団とされ，これを基礎的な単位としてより複雑な家族類型が構成される．親子関係によって二組以上の夫婦が同居するものを拡大家族と呼び，特に親夫婦と一組の子夫婦（典型的には長男夫婦）から構成されるものを直系家族と呼ぶ．国勢調査では親族の中で最も若い世代の夫婦とその他の親族世帯員との関係によって家族類型を分類しており，夫婦のみ，夫婦と子，男親もしくは女親と子から成る世帯を核家族世帯としている．また，世帯主との続柄が祖父母，父母（配偶者の父母を含む），世帯主（および配偶者），子（子の配偶者を含む）および孫の直系世代のうち，三つ以上の世代が同居している世帯（それ以外の世帯員がいるか否かを問わない）を3世代世帯としており，直系家族に含まれる．

●**家族類型別世帯数の推移**　1980年国勢調査によると，核家族世帯は約2159万世帯で，一般世帯3582万世帯の60.3％を占めていた．その内訳は夫婦と子が1508万世帯（42.1％），夫婦のみが446万世帯（12.5％），ひとり親と子が205万世帯（5.7％）であった．また，単独711万世帯（19.8％）とその他の712万世帯（19.9％）は拮抗していた．1980年のときは，一般世帯5世帯のうち，3世帯が核家族で夫婦と子が2世帯，単独とその他がそれぞれ1世帯ずつを占めていた．

　一方，2010年国勢調査によると，核家族世帯は約2921万世帯で，一般世帯（5184万世帯）の56.3％を占めていた．単独は1679万世帯（32.4％）で3世帯に1世帯，夫婦と子は1440万世帯（27.9％）で4世帯に1世帯，夫婦のみは1024万世帯（19.8％）で5世帯に1世帯，その他は577万世帯（11.1％）で9世帯に1世帯，ひとり親と子は452万世帯（8.7％）で11～12世帯に1世帯になった．

　1980年代以後，単独，夫婦のみ，ひとり親と子の世帯は増加したが，夫婦と子およびその他の世帯は減少しており，一般世帯に占める核家族やその他の世帯の割合は低下している．一般世帯に占める核家族の割合の増加を核家族化とするなら，核家族化は1970年代には終了し，1980年代以後は核家族の割合は一貫して低下している．また，単独世帯の増加は著しく，一般世帯に占める単独世帯と夫婦と子世帯の割合は2005年では29.5％と29.9％であったが，2010年には32.4％と27.9％になり単独世帯の割合が最も大きくなった．

　なお，その他の世帯には夫婦と子供とひとり親から成る世帯や，夫婦・子供と

両親から成る世帯，夫婦・子供・親とその他の親族から成る世帯などが多い．その他の世帯の中で夫婦と親を含む拡大家族は少なくとも1980年には599万世帯で一般世帯の16.7%，1995年は557万世帯（12.7%），2010年は385万世帯（7.4%）であり，その他の世帯よりも減少が著しくこれらの世帯が単独世帯と核家族を除く一般世帯に占める割合は1980年の84.1%から1995年の80.0%を経て2010年は66.9%になっている．3世代世帯については，1995年は524万世帯で一般世帯の11.9%を占めていたが，2010年は366万世帯（7.1%）になっていた．したがって，かつては拡大家族世帯はその他の世帯の8割以上，3世代世帯は4分の3を占めていたが，これらの世帯の減少はその他の世帯の中でも著しい．その他の世帯が1980年以後一貫して減少する中で，2010年では拡大家族世帯はその他の世帯の7割，3世代世帯は3分の2ほどを占める．

　1980～2010年の間の増加が著しかった単独世帯を除いて，2人以上の一般世帯に占める核家族世帯の割合をみると，1980年の75.2%から2010年の85.4%に上昇している．一方，夫婦と子世帯は1980年には核家族の69.8%を占めていたが，2010年は49.4%で夫婦のみとひとり親と子世帯が核家族世帯の過半を占めるようになった．2人以上の世帯に占める核家族の割合が増加するという意味での核家族化は現在も進行しているが，その実態はより小規模な世帯の増加にある．2010年の単独世帯と夫婦のみ世帯を合わせると52.1%であり，親や子と同居していない単世代の世帯が半分以上になっている．

●家族類型別にみた世帯の将来　日本の総人口は2009年から減少しているが，世帯の小規模化によって一般世帯総数は2020年の5305万世帯まで増加してから2035年の4956万世帯へと減少する．家族類型別にみると，今後も大規模で複雑な世帯は減少する一方，小規模な世帯は一定程度増加する見込みである（国立社会保障・人口問題研究所2013a）．核家族世帯は2020年の3019万世帯をピークに2035年の2768万世帯に減少し，単独世帯は2030年の1872万世帯まで増加した後，2035年には1846万世帯へ減少する．その他の世帯については1980年以後一貫して減少してきたが，今後も減少を続け2035年には342万世帯になる．核家族世帯の内訳をみると，夫婦と子が2035年の1153万世帯へ一貫して減少するのに対し，夫婦のみは2020年の1104万世帯まで増加して2035年の1050万世帯に減少する．一方で，ひとり親と子は1980年以後増加してきたが，今後も2035年の565万世帯まで一貫して増加する．

　2035年の一般世帯の家族類型割合は，核家族世帯は55.9%，単独世帯は37.2%，その他の世帯が6.9%になると推計されている．核家族世帯の内訳は夫婦と子が23.3%，夫婦のみが21.2%，ひとり親と子が11.4%である．単独世帯は，夫婦と子およびひとり親と子を合わせた親と子から成る世帯（34.7%）よりも多くなる．

〔菅　桂太〕

離家
home-leaving

☞「結婚とパートナーシップ」p.166 「世帯と家族」p.204 「世帯形成」p.212 「家族とライフコースの歴史的変化」p.222 「家族人口学」p.394

「自分が生まれ育った親の世帯を離れ，別の世帯に居住するようになること」を離家という．人口学的には，離家は世帯の変動要因ならびに人口移動の要因の一つである．

一方で，離家は若者の自立や世帯形成についての社会規範ならびにパートナーシップ形成と密接な関わりをもつことから，さまざまな学問領域において異なる見地から離家の研究が進められてきた．例えば，社会学においては「成人期への移行過程」におけるイベントとして（Goldscheider & Goldscheider 1999），経済学においては家計内生産モデルの枠組みにおける分析対象として（Danziger & Rouse 2007），そして歴史人口学や比較家族研究においては家族の継承過程，すなわち家族制度を反映するイベントとして（van Poppel et al. 2004）の研究蓄積がみられる．以下では，現代における離家について，主に人口学と社会学の観点から解説を行う．

●**離家の分類と測定**　離家がライフコースにおいてもつ意味やその規定要因は，離家が生じたタイミングや状況により異なる．そのため，離家研究においては目的に応じて離家を分類した上で分析を行っている．例えば，離家を理由別に分類する，離家した後の居住形態により分類する，あるいは経済的な自立を伴う離家とそうではない離家を区別するなどの方法がある．

離家は他のライフイベントと同様に，社会調査などを通じて測定が行われるが，その測定にはいくつかの注意が必要である．例えば，何歳からの世帯分離を離家とするのか，どれくらいの期間，親と別の世帯に居住した場合を離家とするのか，離家が複数回に及ぶ場合はどの時点の離家について回答するのかという問題がある．そのため，離家についての測定を行う場合は，あらかじめ調査者の側で離家の定義を明確にしておく必要がある．さらに，離家について詳細な分析を行う際には，離家の発生年月や理由などの事項も把握しなければならない．

●**日本における離家の動向と要因**　国立社会保障・人口問題研究所（以下，社人研）が行った『第7回世帯動態調査』の結果によると，男性は1940年代出生コーホートから，女性は1950年代出生コーホートから離家年齢が上昇しており，1970～74年出生コーホートにおける平均離家年齢は，男性21.8歳，女性23.1歳に達している（社人研 2014）．現代日本では男性の方が女性よりも早く離家する傾向がみられる．これは男性の方が女性よりも進学や就職などの理由により結婚前に離家する割合が高いためである．男性の離家は7割以上が結婚前に生起しているのに対し，女性の離家の半数以上は結婚時に生起している．この傾向は

1940年代出生コーホートからほぼ一貫している。男性の離家の遅れの要因としては，コーホートに占める都市出生者割合の増加により進学・就職による離家が減ったことや高学歴化による就職タイミングの遅れ，晩婚化などがあげられる。一方，女性の離家の遅れは，晩婚化によって説明される部分が大きいが，近年の出生コーホートでは結婚以外の離家が増加傾向にある。近年における非婚化の伸展や教育におけるジェンダー格差の縮小あるいはシェアハウスなどの新たな居住形態の出現が，今後日本の離家傾向にどのような影響を与えるのか注視していく必要があるだろう。

●若者の自立と離家　家族社会学者の山田昌弘は，成人後もなお親と同居し，豊かな生活水準を享受する若者を「パラサイト・シングル」と名づけ，彼らが結婚しないことが今日の未婚化・晩婚化の主要な要因であると論じた（山田 1999）。パラサイト・シングル論の登場により，日本でも若者の自立が居住形態と関連づけて論じられることとなった。しかし，日本において離家を経験することがライフコースにおいてどのような意味をもつのかについては，データや方法論上の制約もあり，いまだ十分な検証が行われているとはいえない。

国際的な視点でみると，離家と若者の自立との関連は，親子同居に関する社会的規範による影響を受けている。核家族を基本とする米国や北ヨーロッパ諸国では，子が成人後に親元を離れて自立した生活を送ることは，標準的なライフコースとして認識されている。一方，拡大家族の伝統をもつ日本や南欧諸国では，離家と自立との関係が曖昧である。一般に，前者の社会では成人子の親との同居割合は低く，後者では高いという傾向がみられる。成人子とその親との同居割合は，親子の紐帯の強さ，すなわち世代間の互酬性の強さを測る指標であるともいわれ，家族を巡る歴史的な展開や福祉国家のあり方とも密接に関係している。

グローバル経済の伸展とともに，先進諸国では若者の経済環境が厳しさを増しつつある。若者が経済的に自立し，家族を形成していくまでのプロセスは長期化・複雑化する傾向にあり，離家の遅れや一度親元を離れたものの，失業や生活難から再び親元に戻る若者の増加がみられる。日本の離家研究は，これまで最初の離家のみを分析対象としてきたが，今後は離家後の再同居や複数回にわたる離家も含めて分析を行うことで，現代における離家の意義と実態により深く迫ることができるものと思われる。

［福田節也］

□ さらに詳しく知るための文献

Fukuda, S., 2009, "Leaving the Parental Home in Post-War Japan: Demographic Changes, Stem-Family Norms and the Transition to Adulthood," *Demographic Research*, 20（30）: 731-816.

Sandberg-Thoma, S. E. et al., 2015, "Exiting and Returning to the Parental Home for Boomerang Kids", *Journal of Marriage and Family*, 77（3）: 806-818.

Leopold, T., 2012, "The Legacy of Leaving Home, Long-Term Effects of coresidence on Parent-child Relationships", *Journal of Marriage and Family*, 74 : 399-412.

世帯形成
household formation

☞「世帯と家族」p.204「世帯構造」p.208

世帯形成とは人々が誰とどれだけ一緒に世帯を形成しているか，つまり同居しているかの傾向を指す．その特性は，特に結婚後に自分や配偶者の親との同居に現れると考えられている．結婚した子が親と同居しない習慣を新居制，そうでなく夫方あるいは妻方の親と同居するのを夫方居住制，あるいは妻方居住制という．新居制は核家族世帯を，そうでない場合，直系家族世帯を形成することになる．そこで，以下では子の結婚後の親子同居を考える（廣嶋 1983, 1984, 1988, 2017）．

●同居率　少子化（出生率低下）が世帯形成に及ぼす影響を考えるためには，現実の統計とつなげられるよう，安定人口より具体的なモデルで考える．全人口を親世代とその子世代との組合せで構成されているものと考え，例えば，親世代と子世代が30歳離れているものとして，65～69歳人口と35～39歳人口の組合せなどとする．まず，子世代からみると，結婚後親と同居している人口 P_c が既婚の同世代の人口全体 P に占める割合 P_c/P を子からみた同居率とし，世帯形成の傾向を示す一つの指標とすることができる．同様に親世代からみた子との同居率も定義できる．しかし，親子の同居の成立には，まず同居する相手が存在することが前提となる．つまり，同居していない場合には同居すべき相手がいなくて同居できない場合も含まれているので，同居率は同居を選択する傾向そのものを表すには不備があるといえる．そこで，同居できる相手が存在する状態を同居可能であるとして，同居可能な人口 P_a が同世代人口に占める割合を同居可能率 P_a/P とすることができる．そこで，同居可能な人口 P_a の中で実際に同居している人口 P_c の割合を同居実現率 P_c/P_a とすることができ，これが純粋に同居を選択する傾向を表す指標といえる．この同居実現率 P_c/P_a は同居率 P_c/P を同居可能率 P_a/P で割った比でもあり，したがって同居率 P_c/P は同居可能率 P_a/P と同居実現率 P_c/P_a の積で表せる．

●同居可能率　親からみて，子どもとの同居可能率は息子か娘かにこだわらないとして，子が1人以上生存している確率といえる．ただし，ここに子の配偶者の親との同居と競合による減少が生じる．これに対して子からみると，同居可能率は親の生存，つまり父または母の少なくとも一方の生存している確率であるが，日本の場合，同居は一組の子夫婦とのみ同居すると考えてよいから，子の間でだれが同居するかという競争が生じ，子にとっての同居可能性はそのきょうだい数に反比例する．また結婚後，配偶者の親との可能性が生じるのでそれを含めると親との可能性は2倍になる．したがって，子世代の親との同居可能率はきょうだい組数に関する平均のきょうだい数（つまり親からみた平均子ども数）G に反比例し，$2/G$

で表される．ただし，子どものいない親については子どもからみる同居の問題というのは存在しないから，平均子ども数 G は子ども数 0 の人を除いて計算される．

●**少子化の影響** 少子化は，子からみた場合，きょうだい数の減少として自分の親に関しては競争の低下をもたらし親との同居の可能性は高まる．しかし，配偶者の親についてはそのきょうだい数減少から同居の可能性が高まり，自分の親との同居に対して競合の度合いが高まる．このように自分の親との同居可能率には上昇と低下の相反する傾向が生じるが，両方の親とのどちらかと同居する可能性としては結局，上昇するといえる．つまり，直系家族世帯形成の傾向が強まる．

一方，親からみた場合は自分の子について子ども数の減少は少なくとも1人が生存する確率を低下させるが，死亡率は低くなっているので大きな影響はないと考えられる．しかし，子がその配偶者の親と同居する可能性があり，そのきょうだい数の減少はその同居可能性を上昇させ，競合の程度を上昇させるので，子との同居可能率を低下させる．

ただし，以上のような少子化による同居可能率の上昇と低下の程度には，子の結婚によって形成されるきょうだい数の組合せが影響する．つまり，結婚において配偶者のきょうだい数がどの程度考慮されているか，例えば，一人っ子との結婚を避けるなどの傾向の強さの影響である．このようなきょうだい数を配慮しない結婚が多いほど，上記の傾向は子の平均数 G から計算される同居可能率よりも変化が大きくなる．

少子化は，同居可能性について子世代には上昇，親世代については低下という相反する傾向をもたらす．子世代と親世代を合計した全人口における状況は，子世代と親世代の傾向の加重平均になる．親世代と子世代の量的比率は，少子化によって子世代の比率の低下をもたらしており，また，死亡率の低下によっても親の比重が増すから，全人口では基本的には親世代の傾向，つまり同居可能率の低下の傾向になっていくといえる．とはいえ，少子化が0子や1子の割合の増大による場合，また，結婚におけるきょうだい数の組合せが上記のような傾向がある場合，その方向に進むとはいえない場合もありえる．

一方，同居を選択する行動特性を表す同居実現率は，少子化によって子ども数が減少した場合，同居を実現する上でさまざまの要因が障害となる度合いが強くなるので低下するといえる．また親世代の有配偶率が女性で上昇すること，男女とも健康度が上昇することも同居実現率を下げる．歴史的にみて同居を選ぶ傾向は低下し続けていてその方向が逆転することはないだろう．以上の2要因によって，少子化が続けば，子の結婚後の親子同居率は低下し続けるだろう．国勢調査によると65〜69歳女性の既婚子との同居率は1995年の28.2％から2010年の13.1％に低下した． ［廣嶋清志］

📖 さらに詳しく知るための文献

廣嶋清志．1989．「低出生力化は核家族化を促進するか？」『人口問題研究』189：42-46．

高齢者の居住状態

living arrangement of the elderly

☞「世帯数の将来推計」p.640

2015年に実施された国民生活基礎調査（厚生労働省）によると，65歳以上の高齢者のいる世帯は2372万世帯で，全世帯（5036万世帯）の47.1％を占めており，うち一人暮らしの世帯は624万世帯であった．高齢化率は，26.7％（2015年）であるが，一人暮らしが多いため，半数近くの世帯に高齢者が居住していることとなる．今後の超高齢社会を考えていく上で，高齢者がどのような世帯に居住しているかを表す統計はますます重要になっていくと考えられる．このような統計は，このほかに国勢調査や住宅・土地統計調査（総務省）でも集計されており，世帯の定義が必ずしも同じでないため直接的な比較はできないが，2015年国勢調査では高齢者のいる世帯が2171万世帯，うち一人暮らしは593万世帯と集計されている．

●居住状態の分類　国民生活基礎調査では，高齢者がどのような家族と同居しているかについても詳しく集計されている．「家族形態」と呼ばれるもので，一人暮らし（高齢者全体の18.0％）のほか，夫婦のみ（同38.9％），子夫婦と同居（同12.5％），配偶者のいない子と同居（同26.5％），その他（同4.1％）に区分されている．総務省が「住宅」に着目していることに対して，厚生労働省では「同居家族」に着目した集計になっているが，これは高齢者に対する社会保障施策などを所管している厚生労働省では，高齢者の同居家族の状況を詳しく把握しておく必要があるからであろう．

一般に，世帯調査は，世帯を調査単位として調査が行われる．したがって，世帯に関して集計する場合は，世帯人員別，世帯構造別（単独世帯，夫婦のみ世帯，核家族世帯，三世代世帯などの別，国勢調査では「家族類型別」と呼んでいる），世帯主の年齢別，住宅の建て方別など，世帯に着目した分類項目で行うことが一般的であり，世帯員が誰と同居しているかに着目した集計は少ない．国勢調査や住宅・土地統計調査も，誰と同居しているかというよりは，世帯の類型によって集計されている．

老人ホームなどの施設に入居している高齢者については，国民生活基礎調査や住宅・土地統計調査の対象外であり，こうした施設に居住する高齢者の状況については，国勢調査か社会福祉施設等調査（厚生労働省）の結果を分析する必要があるが，近年この比率が高齢化ともに上昇しており，かつてのように一般世帯だけの状況を観察していればよいという状況にはなっていない．

●居住状態の将来見通し　高齢者の居住状態の将来見通しは，政府の公式推計では，国立社会保障・人口問題研究所が5年ごとに公表している日本の世帯数の将

来推計によることとなる.ただし,この将来見通しは,先に述べたように,世帯の分類に着目した将来推計であるため,高齢者が世帯主でない場合には限定的な結果しか得ることができない.例えば,子と同居している高齢者数などは推計されていない.しかしながら,高齢者の単独世帯や夫婦のみ世帯など世帯主が高齢者である世帯は詳しく推計されており,その利用価値は高い.

しかしながら,鈴木・小山・菅は,世帯主以外の高齢者の居住状態の推計の重要性に鑑み,この世帯数の将来推計結果を基礎として,世帯主以外の高齢者の居住状態の推計を試みている(鈴木ほか 2012).これにより,すべての高齢者の居住状態の将来推計結果が示されたことになり,行政的にも学術的にも幅広く活用されることが望まれる.

このようなコーホートを基礎としたシミュレーションに対して,世帯の分類にとらわれず,個人単位で推計を行う方法にダイナミック・マイクロシミュレーションモデルがある.これはモンテカルロ法によって,個人単位で同居別居や結婚・出産などのライフイベントを現実社会に沿ってシミュレートする方法であり,配偶関係のみならず,いったん別居した子どもとの同居など,さまざまなライフイベントを考慮することのできるモデルである.このアイデアは 1950 年代にはオーカットによって考案(Orcutt 1957)されていたが,大規模なデータと高性能の計算機を必要としたため,現実に応用されたのは 1970 年代後半からであり,1990 年代からようやく現実的な推計が行われるようになった.

日本では 1981 年に,人口問題研究所長岡崎陽一を主査とした世帯モデル研究会が設置され,このマイクロシミュレーションモデルの研究を始め,その成果が青井・岡崎らによって取りまとめられている(青井ほか 1986).1980 年から 45 年間にわたるシミュレーションであるが,例えば,2025 年における世帯数は 4518 万世帯,うち 65 歳以上の者のいる世帯は 1947 万世帯(43.1%)と推計されており,その後の予想外の出生率や婚姻率の低下,寿命の延びなどを勘案すれば,当時としてはかなり精度の高い推計であったといえる.

稲垣は,このモデルをさらに発展させ,単身世帯の一貫した増加,夫婦のみや配偶者のいない子と同居している高齢者については,2030 年頃までの増加とその後の減少,子夫婦と同居している高齢者の一貫した減少を描いている(稲垣 2007).

[稲垣誠一]

📖 さらに詳しく知るための文献

稲垣誠一,2007,『日本の将来社会・人口構造分析—マイクロシミュレーションモデル(INAHSIM)による推計』日本統計協会.
鈴木 透ほか,2012,「高齢者の居住状態の将来推計」『人口問題研究』8(2):37-70.
Orcutt, G., 1957, "A new type of socio-economic system", *Review of Economics and Statistics*, 39(2):116-123.

家族と世帯の地域性
regionality of family and household

☞「現代日本の結婚の地域性」p.178「世帯と家族」p.204「国勢調査以前の家族と地域性」p.220「家族人口学」p.394

　日本の家族・世帯構造が21世紀の現在においても顕著な地域性を示すことは，一般にはあまり知られていない．家族と世帯の地域性研究は，1970年代までは社会学や民俗学によって精力的に進められていたが，1980年代以降は急速に衰退した．都市化の進展とともに核家族化論が学界の主流となり，こうした研究は過去の研究とみなされるようになったからである．しかし今なお，家族に関わるさまざまな地域差を確認できることから，近年再び地域性への関心が高まっている．

●拡大家族の単世帯型と複世帯型　国勢調査データを用いて「核家族以外の世帯（その他の親族世帯）」への所属率を算出して都道府県別の統計地図に描くと，図1に示すように顕著な地理的パターンが表れる．そのほとんどが三世代的な世帯（一部成員が他出しているケースを含む）なので，拡大家族世帯あるいは直系家族世帯と言い換えてもよい．一見して明らかなように，この指標値は東日本で高く西日本で低い東高西低の分布となる．特に東北・北陸・山陰で高く，1960年の時点において県人口の半数以上が拡大家族世帯で暮らしていた．それから50年を経過した2010年においても，これらの地方では県人口の35％以上がこのタイプの世帯に属している．全体として2割程度低下したことになるが，この間の経済変動の大きさ，特に人口の過半数が自営層であった社会から総雇用者社会へと変化したことを考えれば，むしろ低下幅の小ささに注目すべきであろう．

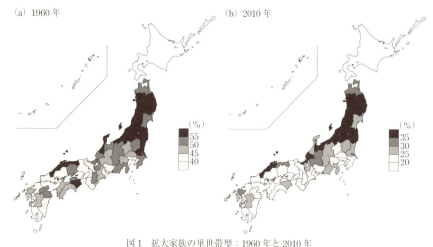

図1　拡大家族の単世帯型：1960年と2010年
注）「核家族以外の世帯」（旧分類「その他の親族世帯」）への所属率．国勢調査による．

このように三世代で一つの世帯を形成する単世帯型の拡大家族は，東北・北陸・山陰地方に集中的に分布してきた．一方，西日本および東海・関東の太平洋沿岸部ではこれとは異なり，親夫婦と子夫婦が同じ敷地内の別棟や近隣に世帯を分けて住む複世帯型の拡大家族が伝統的である．複世帯型の居住形態は，かつては一見してそれとわかる母屋と隠居屋に分居するタイプが目立ったが，今日では核家族世帯向きの住宅二棟や分離型の二世帯住宅に分居するパターンが多い．

●世帯統計の限界　複世帯型の拡大家族は，図1のような世帯統計では2戸の核家族世帯とカウントされてしまうため，その分布を知ることはできない．しかし国民生活基礎調査の資料の中に，それをうかがい知ることのできる統計が存在する．これを用いて，高齢者と子どもとの近居率（家屋内・敷地内・近隣での分居）を都道府県別に算出すると図2のようになる．子どもには既婚子だけでなく未婚子を含むが，西高東低の分布は明瞭であり，図1の単世帯型の薄い地域をちょうど埋め合わせるかのような傾斜をもつ分布になっている．既婚子と親との居住関係に限定しても，同様の分布傾向を示すことが，全国レベルの家族調査により確認されている（加藤 2009, 2010）．

　従来の人口学では，もっぱら世帯統計に基づいて拡大家族の衰退を論じる核家族化論が主流を占めてきた．しかしながら，家族と世帯の地理的分布に注目すると，それとは異なる説明の可能性がみえてくる．すなわち，図1に示された拡大家族世帯への所属率の低下は，拡大家族の衰退を単純に意味するのではなく，単世帯型（同居）から複世帯型（近居）へと拡大家族がシフトとする現象として理解することもできる．

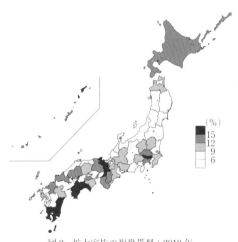

図2　拡大家族の複世帯型：2010年
注）子どものいる65歳以上高齢者が子どもと同一家屋，同一敷地，近隣地域（町内会の範囲）で別居している割合．子どもには既婚子と未婚子を含む．国民生活基礎調査による．

家族と世帯の地域性は，家族人口学的研究の最前線の課題といえよう．

[加藤彰彦]

📖 さらに詳しく知るための文献

加藤彰彦．2009．「直系家族の現在」『社会学雑誌』26:3-18．
熊谷文枝．1997．『日本の家族と地域性（上）（下）』ミネルヴァ書房．
清水浩昭．2013．『高齢化社会日本の家族と介護—地域性からの接近』時潮社．

家族周期の変化
change of family life cycle

☞「家族とライフコースの歴史的変化」p.222

　家族周期（family life cycle）とは，家族が誕生してから消滅するまでの一連の変動を指す．家族周期論における基本的な家族は，夫婦家族単位（夫婦および夫婦と未婚の子どもからなる，conjugal family unit：CFU）である．家族周期論が登場・発展した米国の家族世帯（家計を一にする同居家族集団）の中心は，CFUが一つのみ含まれる核家族世帯（nuclear family household）であった．
　結婚から始まる核家族世帯は，子どもが誕生し，成長し，教育を受けた後に自立し巣立っていき，やがて二人に戻った夫婦の一人が死亡して消滅する．
　この周期に関係する変数は，初婚年齢，第一子出産年齢・末子出産年齢・出産回数・出産間隔，子どもの教育に要する時間などである．例えば，20歳で結婚した女性が23歳で出産し，育児期を経てすべての子どもが独立し，70歳で配偶者の死を迎えるとすると，この家族の存続期間は50年である．
　都市と農村とではライフコースが異なることから，家族がたどる段階も異なる．そのため，それぞれの地域の家族の行路に則して，複数の段階が設定された．家族はいくつかの段階を経て盛衰する．
●ライフサイクル　ライフサイクル研究の先駆者は，英国の経済学者ラウントリーである．彼は，19世紀末のヨークにおける農場労働者世帯の収入は，加齢とそこに所属する家族の変化に応じて，児童期・壮年期・老年期の3度，肉体を維持するのに必要とされる最低水準にも満たない「第一次貧困線」を下回ることを示した（Rowntree 1901）．すなわち，彼の研究以降，個人や家族を一時点で静的にとらえるのではなく，時間変化という動的な視点を加えて観察するという，ライフサイクル分析の必要性が認識された．このような視点をもつ代表的な研究として，ロシアの経済学者チャヤノフによる農民家族の研究（Tschajanow 1923）や米国の社会学者ソローキンの研究があげられる（Sorokin 1931）．また，友部謙一はチャヤノフ理論を援用して日本の農村を分析した（友部 1931）．
　家族周期を用いた研究では，対象とする社会の中心的な家族世帯に関する周期を分析することによって，その社会の特徴を知ることができるとされる．しかし，地域や時代によって，社会で中心的な家族世帯は異なる．そして，家族世帯が異なれば，家族周期や観察に必要な期間も異なる．
　日本では直系家族世帯が中心的な家族世帯と考えられ，直系家族世帯の家族周期に関する研究が行われた．鈴木榮太郎は，1942年に「日本人家族の世代的発展における周期的律動性について」（戸田・鈴木 1942）において直系家族の周期を59年としている（光吉ほか 1986）．また，小山隆は甲斐国山梨郡山崎村の宗

門改帳（1790〜1867年）を用いて家族周期の研究を行った．彼は，家族形態を7つに分類して移行形態を分析し，観察上で核家族世帯に属する家族世帯が最も多く現れたとしても，それは直系家族世帯の移行の一時期的な形態に過ぎない可能性があることを示した（小山1959）．

　直系家族では，家族は永続するように方向づけられることが多く，家族周期の始まりと終わりとが明確ではない．直系家族で長男が家を相続する場合には，長男の嫁取りにより新しいCFUが形成されるが，長男は独立して新世帯を形成するわけではない．親の家族世帯の終わりを長男の結婚開始時期ととらえることも可能だが，戸主権の委譲を一つの家族世帯の区切りとみなすこともできる．

●ライフコース　家族周期の内部で家族世帯の移行がどのような順序で生起するかは，人口学的変数と密接に関連する．前近代社会においては，子どもの出産と同時に母親が亡くなることも多かった．その場合には，再婚が行われて夫婦が新たに再生されなければ，子どもの独立とともに家族は終了した．近年，先進諸国においては，平均初婚年齢や平均出産年齢が高くなり，また，子どもが教育を受ける期間が長くなったにもかかわらず，寿命の伸長や子ども数の減少により，子どもが巣立った後の夫婦のみの家族世帯時間—空の巣が長くなっている．

　このように，現代社会における家族世帯の多様化とともに，ある社会において一定の家族周期を導き出すことは困難になった．例えば，近年では同性婚，単独世帯の増加などにより，家族周期を中心として社会を論じることは難しくなってきている．このような流れの中から，家族研究においても1980年代から家族周期を論じるのではなく，個人の人生行路に着目する，ライフコースを扱う研究が多くなっていった．

　もっとも，前近代社会を対象とする歴史人口学では，ライフコース研究とともに家族周期の分析も有用である．歴史人口学で家族周期を論じた研究に，木下太志による出羽国村山郡山家村の研究（木下2002）や岡田あおいの修正ハメル・ラスレットモデルを用いて家族世帯の変遷を考察した陸奥国会津地方の研究（岡田2006）がある．岡田によれば，研究対象社会は，直系家族世帯を規範としているが，観察の一時点の見え方は必ずしも直系家族世帯ではない．典型的なサイクルは，直系家族世帯（CFUを複数含むが同一世代おいては一つ）→拡大家族世帯（CFUは一つで，CFUから上向的あるいは下向的につながる家族を含む）→単純家族世帯（夫婦および夫婦と未婚の子ども）を循環するもので，その循環年数は平均して32.61年とされている．

　　　　　　　　　　　　　　　　　　　　　　　　　　　　［髙橋美由紀］

📖 さらに詳しく知るための文献

岡田あおい，2006，『近世村落社会の家と世帯継承—家族類型の変動と回帰』知泉書館．
友部謙一，2007，『前工業化期日本の農家経済』有斐閣．
光吉利之ほか，1986，『伝統家族』（リーディングス日本の社会学3）東京大学出版会．

国勢調査以前の家族と地域性
family and regionality in pre-census period

☞「家族と世帯の地域性」p.216「家族とライフコースの歴史的変化」p.222

　歴史人口学において，国勢調査以前の家族と地域性研究の端緒となったのは，速水融による結婚年齢の地域性に関する研究であった（速水 1986）．速水は 1886 年の『日本帝国民籍戸口表』を主たる資料として，道府県別・男女別の平均結婚年齢を推計し，「早婚の東日本型」と「晩婚の西日本型」の二つの地域類型を検出した．また両者を分ける境界線（富山 − 長野 − 静岡）は，偶然にも地質学上のフォッサ・マグナと一致することから，「もうひとつのフォッサ・マグナ」と呼ばれている．

　同じく『日本帝国民籍戸口表』からは，地域別にみた 1 世帯あたりの夫婦組数が東日本では多く，近畿地方では少なく，西南日本は東日本と近畿の中間であるといった傾向も観察されている（速水 2009b）．このほかにも地域別離婚率（1883 〜87 年）からは，離婚の地域性（東へ行くほど離婚率が高く，西へ行くほど離婚率が低くなる）が導出されている（坪内・坪内 1970）．

　2 類型で構成された結婚年齢の地域性の議論は，その後，徳川時代における宗門改帳や人別改帳を使用した村落単位の歴史人口学的研究と合流し，展開していく．まず明治時代で発見された結婚年齢の地域性が，徳川時代の村落においても初婚年齢の地域性というかたちで観察された（黒須ほか 2012）．次に当初，2 類型として構築されていた地域類型が，西南日本村落研究（肥前国彼杵郡野母村，肥後国天草郡高浜村など）の進展により，東北日本型，中央日本型，西南日本型の三つの地域類型に再組成された．最後に地域性を構成する指標に結婚年齢だけでなく，出生や世帯構造，人口趨勢など徳川時代における歴史人口学の知見が組み込まれた．

　速水融は，民族学をはじめとする地域性研究を土台とし，明治時代における地域別統計を利用したマクロな観察と，徳川時代における宗門改帳や人別改帳を利用したミクロな研究とを結合させることで，家族と世帯構造に関する東北日本型，中央日本型，西南日本型（東シナ海沿岸部）の 3 地域類型を構築した（表 1 参照）．速水融の 3 地域類型は，ともすれば半永続的に引き延ばされやすい地域性の性質を，計量的に実証できる時代と項目に限定した点に特徴がある．

●3 地域類型の検証へ　速水融の 3 地域類型を仮説としてとらえ，検証・整理した家族社会学者の落合恵美子は，各項目を村落単位のデータを用いて数値化すると同時に新たな指標を加え，再検討を行い，最終的に直系世帯形成システム（東北日本型，中央日本型，西南日本型）に関する地域性の特徴を提示した（落合 2015）．この中に新たに追加された項目の一つに生涯独身率がある．婚姻革命

表1 東北日本・中央日本・西南日本（東シナ海沿岸部）の家族・世帯構造の特徴

項　目	東北日本	中央日本	西南日本 （東シナ海沿岸部）
主な家族形態	直系家族	直系または核家族	直系，核，合同家族
相続パターン	単独相続	単独／不平等相続	単独／平等相続
継承パターン	長男子／長子継承	長男子継承	長男子／末男子相続
世帯規模	大	小	大
初婚年齢	低	高	高
第一子出産年齢	低	高	中
出産数	少	多	多
最終出産年齢	低	高	高
婚外子	少	少	多
女子の社会的地位	低	高	高
奉公経験	少	多	少
奉公経験の時期	結婚後	結婚前	結婚前
都市化	低	高	低
出生制限	高	低	低
人口趨勢	減少	停滞	増大

［速水（2009b）］

以後，皆婚社会であったという前提をもう一度見直し，西南日本型では未婚者が多いことがこの類型では示されている．また落合は，速水の3地域類型において，東北日本の奉公経験が「少」となっている点について，中央日本よりは少ないものの，東北日本村落の4割近くの人々が奉公を経験していることを根拠として，修正されるべき点ではないかと主張している．このように歴史人口学における地域類型は，個別の事例に対して枠組みを提供する一方で，新たな研究の蓄積によって，絶えず検証・更新されている．

●「複数の日本」から「標準化された日本」へ　国勢調査以前の人口と家族の地域性研究は，前近代社会に「複数の日本」が存在していることを示してきた．けれども近年，徳川時代後期において，人口と家族の地域性の収斂が起きているのではないかという議論がある（落合2015；中島2016）．つまり人口学的多様性に富んだ各地域が，それぞれ異なる経路をたどり，人口と家族の「標準」へと向かう過程が析出されつつある．国勢調査以前の地域性研究は，前近代社会における人口と家族の地域的多様性を指し示すだけでなく，近代移行期に地域性が収斂し，「複数の日本」から「標準化された日本」が立ち上がってくるプロセスを描き出す方へ舵を切っているといえる．　　　　　　　　　　　　　　　　［中島満大］

📖 さらに詳しく知るための文献

落合恵美子編著，2015，『徳川日本の家族と地域性　歴史人口学との対話』ミネルヴァ書房．
中島満大，2016，『近世西南海村の家族と地域性―歴史人口学から近代のはじまりを問う』ミネルヴァ書房．
速水　融，2009，『歴史人口学研究　新しい近世日本像』藤原書店．

家族とライフコースの歴史的変化
historical change of family and life course

☞「歴史人口学」p.388
「ライフコースの分析」p.544

　日本では，伝統家族である家に注目し，家の本質をめぐる議論から家族の歴史社会学がスタートした．その中心は，家を生活保障の場（経営体）ととらえる有賀，家長的家族ととらえる戸田，直系家族とみなす鈴木の家論であった（有賀1965；戸田1937；鈴木1940）．当時，家の本質が問われたため3者の違いが強調されたが，基本的な家認識は共通していた．すなわち，家は，①世代を越えて永続するもの，②家業・家産を維持するもの，③単独相続されるもの，④直系家族世帯を希求するもの，である（平井2008）．

　では，このような家はいつ登場したのか．まず貴族社会で12世紀後半に誕生し，鎌倉時代から戦国時代にかけて武家社会に広がり，徳川時代に庶民に浸透した（笠谷1999）．徳川期における庶民の家族は地域や階層でその特質が異なるため，家の確立時期やメカニズムの全体像がみえにくかった．しかし，2016年，比較家族史学会監修の『家と共同性』が編まれ，中世末から近世末にかけて，各階層，各地域に広がる過程が実証的に描き出され，日本の庶民社会に家が定着していくプロセスが鳥瞰できるようになった（加藤ほか編著2016）．

　このように伝統家族をめぐる研究には，家を不変的存在ととらえその本質を問う家不変論と，家的でない家族から家的な家族への変化を実証的に解明する家変動論があり，両者が相互に補完しながら家理解を深めてきた（なお，ここでの家は明治民法の「家（家制度）」以前の人々に生きられた家であることに留意されたい）．

●ライフコースと歴史人口学　ライフコース論は1970年代に米国のグレン・エルダー（G. Elder）らにより提唱された分析視角であり，家族を集団とみなす既存の枠組みを解体し，個人の生活史や経歴から家族関係を読み解く点にその特徴がある．社会的出来事と密接に関わる個人の経験に注目するライフコース論は常に歴史的変化に注目してきた．当初は近代社会を考察する手法であったが，近代人口統計以前を扱う歴史人口学が発展すると歴史的研究にも応用されるようになった．

　日本では1995年に始まるユーラシアプロジェクト（ユーラシア社会の人口・家族構造比較史研究［代表：速水融］）の誕生によりライフコースの歴史的研究が本格化し，新たな近世像を提示してきた．中でも近世末から近代初頭にかけての変化は興味深い．例えば結婚では，東は早婚，西は晩婚と，初婚年齢の地域差が大きかったが，近世末期から東西の差が縮まり均質化し始めた（中島2016）．また，徳川社会は「お試し婚」が一般的で離婚／再婚が多かった（黒須編著

2012）が，近世末期には離婚までの期間（お試し期間）が短くなるなど，明治期の離婚率低下の萌芽がみられた（平井2015a）．出生率では，20世紀の本格的な産業化・都市化を待たず幕末から上昇を始めたこと，などである．

●近世における家の確立とライフコースのパターン化　上述のように，家は庶民の暮らしに初めから備わっていたものではなく，徳川期に確立した．例えば，畿内農村では18世紀前半（大竹1982）に，東北農村では19世紀前半（平井2008）に家的特徴が一般化した．その背景には，①村請制など村を運命共同体とする社会制度の存在や，家を村の単位とする行政システムの存在（長谷川ほか1991），②人別改や宗門改など戸口調査の厳格化による家的認識の浸透（平井2015b），③市場経済化の進展による家産観念や継承意識の強化（大藤1996）などがあげられる．

では，家が確立する前と後で家族やライフコースがどのように変化したのか，東北農村の事例でみてみる（平井2008）．

家確立以前の村落は，単独相続が確立しておらず，財産分割や分家が珍しくなかった．分家が多い一方，継承されない／継承することのできない家（絶家）も多く，家そのものが「多産多死」であった．分家が容易であったためか，継承者がパターン化されておらず，長男が多いものの，長男がいても長女（婿養子）／次男が継承するケースも少なからず観察された．また，家が容易に消滅する不安定な存在であったため，日々の暮らしは「カップル」を軸に成り立っており，有配偶率が高く維持された．離婚も死別も多かったが，そのつど再婚しカップルが再結成された．

19世紀前半，家産が単独で継承されるようになると，絶家もしない代わりに分家も少ない，家の「少産少死」社会が到来した（家の確立）．家は安定したが，人口転換以前であることには変わりなく，死亡率が高く継承者の確保は容易ではなかった．そこで，長男を早々に継承者と定め，余った男子は継承者不在の家に養子に出すことがパターン化され始める．家を単位に継承者を確保するのではなく，村や地域が協力して「次世代再配分システム」を構築していったのである．人口学的制約が大きい時代，家を継承するには，家にふさわしい生き方，継承を可能にする戦略的なライフコースが求められた．ただし，家が確立し，ライフコースが規範化されようとも，死亡や離婚は多く家成員の流動性は高かった．つまり，安定した家における流動性の高い個人，これが近世の家であった．

［平井晶子］

📖 さらに詳しく知るための文献

落合恵美子編著, 2006,『徳川日本のライフコース―歴史人口学との対話』ミネルヴァ書房.
黒須里美編著, 2012,『歴史人口学からみた結婚・離婚・再婚』麗澤大学出版会.
平井晶子, 2008,『日本の家族とライフコース―「家」生成の歴史社会学』ミネルヴァ書房.

ヨーロッパの伝統的家族と世帯 ☞「世帯と家族」p.204
family and household in European history

1970年代前半から1980年代にかけて開花したヨーロッパの家族史研究は，過去の家族の姿を一新させたばかりでなく，社会学にも大きな影響を与えた（二宮1986：184-232；岡田1995）．

●**家族史研究の二つの潮流** この家族史研究は，大きく分けて二つの潮流がある．一つはアナール学派の家族史研究に代表される定性的研究，もう一つは歴史人口学に代表される定量的研究である．この二つの潮流の源泉には，ル・プレ（P. G. F. Le Play）の先駆的研究がある（Le Play 1884）．

●**定性的研究** 定性的研究の先駆者アリエス（P. Ariès）は，家族の成員が感情や生活様式によって結びつけられるのは近代以降のことだと主張した（Ariès 1960, 訳1980）．アリエスの研究は，アリエス・ショックといわれるほど刺激的であった．その理由は，それまで射程外に置かれていた人間の主観に属する心性（mentalité）を家族研究に包摂したことによる（Ariès 1978, 訳1983）．アリエスのこの研究は，アナール学派のフランドラン（J.-L. Flandrin），セガレン（M. Segalen）あるいはショーター（E. Shorter），ストーン（L. Stone）らによって補強された（Flandrin 1976, 訳1993；Segalen 1980；訳1983, Shorter 1975, 訳1975；Stone 1979, 訳1991）．ロマンティック・ラブと異性間の結婚が結びつき，子どもを大切に育てる愛情は普遍的なものではなく，近代以降に家族が獲得した機能（近代家族）であることが発見された．しかし，家族の心性研究にはアンダーソン（M. Anderson）が「あるひとつの証拠事実については，しばしばひとつ以上の解釈が成り立ち得る」（Anderson 1980：40, 訳1998：55）と述べているように資料解釈の多義性の問題が積み残されている．

●**定量的研究** 定量的研究は，ルイ・アンリ（L. Henry）を創始者とする歴史人口学の潮流である．歴史人口学は，小教区帳簿（registre paroissial）を資料として人口指標の分析を主に行うが，ケンブリッジ・グループ（Cambridge Group for the history of population and social structure）の創始者であるラスレット（P. Laslett）は，住民台帳を多数収集し，世帯研究を行った（Laslett & Wall 1972；Hammel & Laslett 1974）．その結果，16～19世紀の間イングランドでは夫婦とその子どもからなる単純家族世帯（simple family household）が支配的であり，拡大家族世帯（extended family household）や多核家族世帯（multiple family household）は例外にすぎなかった，と述べる．また，1世帯あたりの平均世帯規模は4.75人であり，これは1985年においても変わらないことを論証した（ラスレット 1988）．ラスレットのこの論証は，過去の家族は傍系親族を含む複雑な

構成であったが工業化の進行とともに家族規模は縮小し,家族構成も単純な核家族になったという家族社会学の通説を否定するものであった.ミッテラウアー(M. Mitterauer)は,ラスレットの提示した現象はイングランドに限るものではなく,ウィーンの1世帯あたりの平均世帯規模は1890年までは4.68人であり,1910年まで4人を切ることはなく,世帯規模の縮小と工業化の過程とは直接結びつかないことを明らかにした(Mitterauer & Sieder 1977).

しかし,ラスレットの論証に対する批判もある.バークナー(L. K.Berkner)は,オーストリアの資料を用いて核家族が優位であるとみられる場合でも家族周期(family cycle)を考慮に入れると直系家族(stem family)を析出する可能性があることを実証した(Berkner 1972).また,コロン(A.Collomp)は18世紀のオート・プロヴァンス地方の結婚契約書を分析し,単純家族世帯をヨーロッパの典型的な世帯構成とすることはできないと主張した(Collomp 1972).

●**家族システムの類型** 家族システムの類型については,ヘイナル(J. Hajnal)の2地域仮説から説明する必要がある.ヘイナルは,1965年の論文で,サンクト・ペテルブルクからトリエステに至る区分線により対照的な「ヨーロッパ型結婚形態」と「東ヨーロッパ型結婚形態」が存在することを明らかにした(Hajnal 1965).1982年の論文で,婚姻パターン(marriage pattern)と世帯構造(household structure),そして奉公制度のルールを組み合わせ,(1)男女ともに晩婚である,(2)結婚後親から独立して世帯を構える,(3)結婚前に奉公に出る,というルールに基づく単純世帯システム(simple household system)と,(1)男女ともに早婚(平均初婚年齢は男性25歳以下,女性21歳以下)である,(2)結婚後も親夫婦の世帯に同居する(妻が夫の世帯に入る),(3)複数の夫婦からなる世帯はいくつかの単位に分割されることがある,というルールに基づく合同世帯システム(joint household system)という二つの世帯形成システム(household formation system)があることを提示した(Hajnal 1965).これに対して,ラスレットは,ル・プレの3類型に,地中海類型を付け加え4類型を主張した(Laslett 1983).この家族システムの類型は,トッド(E. Todd)によりさらなる展開をみせている.トッドは,親子間の関係を律する価値と兄弟間の関係を律する価値という二つの価値の二分法的変数を組み合わせ,ヨーロッパの家族制度の4類型を提示した(Todd 1990).トッドのこの研究は決定論論争を招いた(石崎 2001).

[岡田あおい]

☐ さらに詳しく知るための文献

二宮宏之ほか編,2010.『〈新版〉家の歴史社会学』藤原書店.
速水 融ほか編,2003.『歴史人口学と家族史』藤原書店.
姫岡とし子,2008.『ヨーロッパの家族史』山川出版社.

東アジアの伝統的家族と世帯 ☞「歴史人口学」p.388

family and household in East Asian history

　東アジアの伝統家族と世帯を論じるにあたって，「伝統」をどのようにしてとらえるか．まず，調査時点で伝統を多く残していると考えられる地域の慣習を，聞き取りや現存する家屋の構造などを通して把握し，伝統的な家族や世帯のあり方を推定しようとする研究がある．主に民俗学，人類学，農村社会学などがこれにあたる．一方，過去の資料を用いて，その時代の家族のあり方と変化をとらえようとする研究もある．歴史学（特に家族史），歴史社会学，歴史人口学，歴史人類学などがこれにあたる．

　次に世帯と家族をどのようにとらえるかについて，類型化の中心的な基準として用いられてきたのは，世帯構成すなわち同居する親族の人数と続柄，そして戸主の地位の継承や財産の相続のあり方である．その世帯や家族関係の形成の重要なきっかけになる「結婚」も，年齢や結婚相手の範囲を中心に，世帯・家族の類型論の重要な要素となってきた．さらに，東アジアについて論じる際には，祖先祭祀の担い手も戸主の地位の継承と別に類型を比較する指標として取り上げられることがある．

●**中国・日本・韓国の伝統家族と世帯**　東アジアの伝統家族については，中国・日本・韓国という三つの社会の世帯の形成や相続・継承に関する規範について，次のような差異の存在が広く認識されてきた．すなわち，中国は親が健在の間は結婚した兄弟が同居する父系合同家族制，日本と韓国はいずれも，一人の子どもだけが結婚後も親夫婦と同居する直系家族制だが，韓国で父系の原則がより強く，日本においては，娘が婿を取って後を継ぐケースが多くみられるなど，継子の選定により柔軟性がある，というものである．もちろん，人口学的な制約などから，いずれの社会でも合同家族世帯や直系家族世帯が多数を占めるわけではなく，核家族世帯の方が多くみられる．しかし，可能な条件下では，それぞれ上記のような形を志向するということである（李1978；佐藤2004など）．

●**地域的多様性と時代による変化**　一方で，人類学的研究の地理的拡大や，歴史研究とりわけ歴史人口学的研究の進展によって，これ以外の東アジアの国や地域の状況，さらにそれぞれの国の中における地域的多様性や，時代による変化に関する認識も高まってきている．

　例えば，明朝が賦役徴収のために作成した記録簿（黄冊）を用いた歴史人口学的研究（落合ほか2004）においては，17世紀初頭の南方中国家族について実際の世帯構成の多様性が浮き彫りになっている．別の研究からは，父系の原則から外れる婿入り婚などによる妻方居住の存在も明らかになっている（Lee & Wang

1999).台湾については，トッド（E. Todd）が，馬淵東一らの戦前からの調査データに基づいて，合同家族（父方同居，母方同居），直系家族，一時的同居を伴う核家族など，先住民の家族システムの地域（民族集団）ごとの多様性を明らかにしている（Todd 2011, 訳 2016）.

韓国については，本土と済州島との違いや，さらに本土内部，済州島内部での地域差が示されてきた（佐藤 2004；津波 2004）.また，17 世紀末から 19 世紀半ばの五つの時期の大邱府下の戸籍資料の分析から，既婚の息子と同居する割合が増加し，さらに幅のある選択から長男との同居が多数を占めるようになっていくという変化が示された（嶋 2010）.

日本については，農村社会学や家族社会学などの伝統家族研究において，長男子相続・姉家督・末子相続・選定相続など地域による相続・継承慣行の多様性が明らかにされてきた．例えば前田は，北関東および東北地方の村落の戸籍簿および除籍簿の情報をもとに，明治の初期には弟がいながら姉に婿を迎える初生子相続（姉家督）の事例が多くみられたこと，その後このような事例が減少し，長男子相続の事例が増加したことを明らかにした（前田 1992）.一方，宗門改帳・人別改帳など徳川時代の資料を用いた歴史人口学的研究においては，徳川期から明治期にかけての地域的多様性の存在がより具体的になるとともに（速水 2009b），単独相続と一人の既婚子との同居を規範とする直系家族制の一形態である「家」が庶民の中で徳川期の後半に一般化していく過程の分析も進められている（平井 2008；中島 2016）.

●東アジアの伝統的家族・世帯の類型化　このような東アジアの世帯と家族形成の多様な規範・システムを類型化するにあたって，トッドによる 15 の区分は有用である．同居者の構成の複雑さと父方居住か母方居住か双方向かという二つの次元の組合せを軸にした類型で，「一時的同居（もしくは近接居住）を伴う核家族」「追加的な一時同居を伴う直系家族」や，同じ屋敷地での複数世帯居住を伴う「統合核家族」の区別をも含んでいる点が特徴的である．このような類型を実証的な比較に生かすには，データの発見と整理がきわめて重要である．「ユーラシア人口・家族史プロジェクト（The Eurasia Population and Family History Project：EAP）」およびその後継プロジェクト EAP II によって，これまでデータの少なかった韓国を含めて，中国，台湾，日本の大規模な時系列データベースの構築が進められている（Dong et al. 2015）ことから，今後さらに精緻な分析が可能になることが期待される． 　　　　　　　　　　　　　　　　　　　　　　　　　　　　　　　［中里英樹］

📖 さらに詳しく知るための文献

佐藤康行ほか編，2004，『変貌する東アジアの家族』早稲田大学出版部．
速水　融，2009，『歴史人口学研究—新しい近世日本像』藤原書店．
Todd, E., 2011, *L'origine des systèmes familiaux, Tome I: L'Eurasie*, Gallimard.（石崎晴己監訳，2016，『家族システムの起源 I（上）（下）ユーラシア』藤原書店．）

7. 労働力と雇用

　経済の供給面としての生産活動には資本，労働，技術進歩が主な要素となるが，人口変動はとりわけ労働に直接的な影響を及ぼし，高齢化や人口減少は直ちに労働力の高齢化や減少を引き起こす．そこで日本では，その労働力の供給不足や生産性向上のためには，多才な人材を確保するとともに効率的な働き方を進め，人的資源をさらに強化する必要がある．しかし，雇用も多様化が進み，若者や高齢者，女性，外国人など労働者個人の属性に関わる問題や，労働市場のグローバル化や流動化など労働や雇用をめぐるマクロ的な問題もさらに複雑となっている．また正規，非正規就業状態の格差是正，長時間労働の是正，さらにワーク・ライフ・バランスの推進など労働参加や生産性向上の施策も進められよう．本章では，これらの問題を簡潔かつ的確にとらえており，今後の労働，雇用問題を考える一助となるであろう．　　　　　　　　　　　　　　　　　［和田光平・水落正明］

第7章

- 若者と雇用……………………………………232
- 高齢者の雇用…………………………………234
- 男女雇用機会均等法と女性の就業……………236
- 非正規雇用問題………………………………238
- 医療・介護マンパワーの不足…………………240
- 外国人労働者問題……………………………242
- 企業内教育と雇用……………………………244
- 経済のグローバル化と雇用……………………246
- 失業問題………………………………………248
- 学校から仕事へ………………………………250
- 労働市場の流動化……………………………252
- 地域再生と雇用創出…………………………254
- 日本的雇用システムと労働市場………………256
- 長時間労働の解消とワーク・ライフ・バランス……258
- 多様化する雇用形態と働き方の見直し…………260
- 震災復興と雇用………………………………262

若者と雇用
youth employment

☞「少子化の経済的背景」p.150
「高齢者の雇用」p.234「労働人口学」p.396

　日本の若年者の労働市場は近年，大きく変化した．バブル崩壊以前は，多くの労働者は学校卒業直後に企業に入社して，離職率は比較的低いことが一般的であった．特に大卒の男性の場合はそれが顕著であった．しかし，1990年代以降若年者層の失業率や非正規就業率が上昇した．ただし，若年者失業率は他の世代と比較して相対的に高いが，他の先進国と比較すると低い．図1は諸外国と比較した日本の若年者層の失業率である．ここから，90年代以降の日本の若年者層の失業率は諸外国と比較すると低く，2015年では先進国の中で最低である．

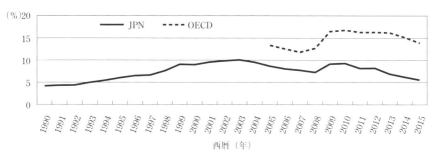

図1　若年失業率の推移
[OECD Stat より　若年は15歳～24歳と定義される]

●**若年者失業の問題とは**　しかしながら，日本の若年失業率の問題として，不況期に就職活動に直面する新卒世代はその後，景気が回復しても失業状況が続く傾向があることがあげられる．このことを世代効果という．近藤（Kondo 2007）は初職の就業形態が無職や非正規就業であると，労働者の質を考慮しても正規雇用になる確率が低下することを実証した．玄田ら（Genda et al. 2010）によれば不況期に卒業した世代の低学歴層は，米国と比較すると日本では賃金低下の効果が持続的である．

　若年者の失業や非正規化は結婚や出産に対して負の影響を与えているという研究も存在する．水落は女性では学卒直後の雇用形態は初婚時期に影響しないが，男性では学卒直後の雇用形態が正規雇用だと初婚時期が早くなることを実証する（水落 2006）．また，橋本・近藤（Hashimoto & Kondo 2012）は学卒時の景気がその後の出産に与える影響を分析し，景気が悪いと低学歴女性ではその後の子どもを持たない傾向があり，高学歴女性では逆に持つ傾向が観察されたとする．

　世代効果をもたらす要因に，若年者労働市場に存在する，新卒者を卒業時に一

括して正社員として採用する新卒一括採用の慣行がある．中途採用の労働市場が小さく，新卒時に正規職員に採用されないとその後の景気回復の影響を享受できないためである．ただ，この慣行は専門性のない新卒者への雇用機会をつくり若年者層の失業率を低下させる長所がある．

●**新卒者の離職** 厚生労働省の2012年3月に卒業した新規学卒者の3年後の離職状況に関する調査結果を図2に示す．大卒離職率が3割，高卒離職率が5割，中卒離職率が7割ということから，俗に7・5・3離職といわれるが，だいたいその傾向が観察される．企業規模別では，5人未満の企業では離職率が大卒59.6％，高卒68.4％だが，1000人以上の企業では大卒22.8％，高卒21.6％で，企業規模が大きくなると離職率は低下する．

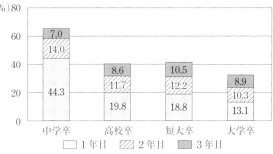

図2 2012年3月新規学校卒業者の離職率
[厚生労働省（2015b）]

さらに産業別でみると，離職率が高い産業は大卒・高卒ともに上から，宿泊業・飲食サービス業，生活関連サービス業・娯楽業である．伊藤（2013）はこれらの産業はいずれも近年雇用が伸びている産業であり，雇用の受け皿になっている一方で，離職率の高さから労働条件や職場環境の問題があることを指摘している．

離職を左右する要因として労働組合の存在が考えられる．厚生労働省「平成27年労働組合基礎調査」によると，労働組合組織率は生活関連サービス業・娯楽業，宿泊業・飲食サービス業で低い．また，企業規模が小さいほど労働組合組織率が低い．労働組合と離職率の研究として，松浦・野田は中小企業では非同族企業で労働組合が離職率を低下させる効果を確認している（松浦・野田 2013）．

●**若年者雇用対策** 戦後，長らく労働問題といえば，中高年層の男性労働者の失業対策であった．若年者層の労働需要は大きく，問題視されることが少なかった．しかし，近年では若年層の労働問題が深刻化し，政府も若年者雇用の問題に着目するようになった．

一例として，2016年3月から運用が始まった若者雇用促進法である．この法律では，①企業に離職者数や平均勤続年数，労働時間といった職場情報を提供するよう求めている．ただし，努力義務である．②一定の労働関係法令違反があった事業所の新卒求人を一定期間受けつけない仕組みを創設した．③若者の雇用管理の状況などが優良な中小企業を「ユースエール認定企業」として認定する制度を創設した（2015年10月施行）． ［松浦 司］

高齢者の雇用
employment of the elderly

☞「非正規雇用問題」p.238「企業内教育と雇用」p.244「失業問題」p.248「日本的雇用システムと労働市場」p.256「多様化する雇用形態と働き方の見直し」p.260

　高齢者の雇用問題は，日本の人口減少による労働力人口の減少と年金財政問題および高齢者の貧困問題が背景にある．国勢調査によれば，わが国の総人口は2015年から，生産年齢人口は2000年以降減少している．今後もその傾向は持続すると予測されている．以上の背景のもとで高齢者の雇用問題を考察する．

●**定年制と高齢者雇用**　労働力不足の観点から定年制を考察することにしよう．労働不足対策として，定年制の延期問題を考える前に，定年制の合理的説明を行ったラジアー（Lazear 1979）によるエージェンシーモデルを紹介する．図1のように，労働者の生涯の価値生産性を$V^*(t)$（以下生産性と呼ぶ）とし，賃金率を$W^*(t)$とする．勤続年数$t<t^*$では労働者は労働生産性以下の賃金を受け取り，$t^*<t$では労働者の生産性以上の賃金率を受け取ることになる．T時点での賃金パス（勤続年数の支払賃金総額）は，

$$\int_0^T W^*(t)e^{-rt}dt = \int_0^T V^*(t)e^{-rt}dt \tag{1}$$

ただし，tは時間，rは利子率を表している．

　賃金率が右上がりの勾配をもつシステムは，労働者を高い生産性へと導くと考えられている．その理由は，より急勾配なパスは労働者が怠たり，不正を行うインセンティブを減らし，時間あたりの産出量に影響を与えると考えられるからである．こうしたシステムのもとでは，労働者はT時点で強制的退職制度，つまり定年制が必然的に発生することになる．

　定年制を延期すれば，式（1）で満たされている等号が賃金>生産性となり，企業主による高齢者の雇用を維持するインセンティブが生まれない．そこで，高齢化時代に即した雇用システムの変革が必要となる．第一は，定年のT期以後，賃金と生産性を等しくすること．第二は，定年の年齢を延期すると同時に定年までの生涯賃金のパスの勾配を緩くして，定年延長期間を含めて生涯賃金（W^*）と労働の生産性（V^*）を等しくすることが求められる．

●**高年齢者雇用安定法**　2000年3月に成立した

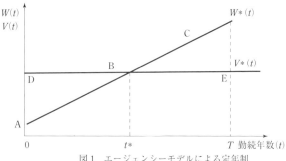

図1　エージェンシーモデルによる定年制
[Lazear（1979）を一部修正]

「年金制度関連法案」(2013年度実施)により,老齢厚生年金(報酬比例部分)の支給開始年齢が引き上げられた.男性は2013年度から2025年度にかけて,女性は2018年度から2030年度にかけて3年ごとに1歳ずつ60歳から65歳へ段階的に引き下げられるため,労働者が無年金・無収入状態にならないために,「高年齢者雇用安定法の改正」が2013年4月1日から施行された.それにより,就業意欲のある高年齢労働者を65歳まで継続雇用することが企業に義務づけられた.

●年齢差別禁止法　2013年の「改正高年齢者雇用安定法」施行以前に,2001年4月に「雇用対策法の改正」(2001年10月1日から施行)で労働者の募集・採用にあたって,労働者の年齢を理由に,募集または採用の対象から当該労働者を排除しないよう努めることが要請されている.さらに2007年「雇用対策法の一部改正」により,労働者の募集・採用における年齢制限は原則禁止となっている.

●高齢者の貧困　2014年の総務庁統計局「家計調査」によれば,高齢夫婦無職世帯(夫65歳以上,妻60歳以上の夫婦のみの無職世帯)の実収入をみると,20万7347円で,可処分所得が17万7925円となっている.一方,消費支出は23万9485円で,不足分は月6万1560円となっている.高齢単身世帯(60歳以上の単身世帯)の実収入は11万2207円で,可処分所得が10万1746円となっている.一方,消費支出は14万3263円で,月4万1516円の不足となっている.

厚生労働省「生活保護の被保護者調査(2016年3月分の概数)」によれば,被保護実数は216万4154人である.被保護世帯数は163万5393世帯となっており,その中の82万6565世帯(50.8％)が高齢者世帯であり,その内訳の46％にあたる74万7957世帯が高齢者単身世帯となっている.

●生涯現役社会　社会は高齢者に仕事の機会を十分に提供しているとはいいがたい.2016年の1～3月の完全失業者数は213万人である.そのうち55歳以上が50万人と4分の1を占めている.その50万人にうち,4割程度の19万人が「求人の年齢と自分の年齢が合わない」ことを理由にあげている.高齢者雇用で年齢が大きな障害となっていることがわかる(総務省統計局(2016)「労働力調査詳細」).労働政策研究・研修機構(2012)「高年齢者の継続雇用等,就業実態に関する調査」によれば,いつまで働くかに関して,60～64歳層のものは「65,66歳で引退するつもり」(34.8％)が最も多く,「70歳まで」(12.3％)や「70歳を超えて働ける限り働きたい」(8.3％)を合わせると2割を超える.また,働き方に関しては,高齢者の7割がパート・アルバイトの非典型労働の働き型を望んでいることを考えると,短時間労働の雇用・就業機会の提供が重要である.

[小﨑敏男]

□ さらに詳しく知るための文献

Lazear, E., 1979, "Why Is There Mandatory Retirement?", *Journal of Political Economy*, 87(13):1126-1184.

男女雇用機会均等法と女性の就業
Equal Employment Opportunity Law and female employment

☞「長時間労働の解消とワーク・ライフ・バランス」p.258
「多様化する雇用形態と働き方の見直し」p.260

　日本では戦後，雇用者として働く女性が増大し，すでに1970年代には雇用労働者の約3分の1を女性が占めるまでになった．しかし，性別役割分業意識が根強かった当時においては，女性労働者は男性労働者の補助的業務を担うという位置づけが一般的で，採用・配置・昇進・退職・賃金のいずれも男女で異なる待遇であることが多かった．また，ライフコースの面でも，多くの女性は結婚とともに退職して家庭に入り，子育てが一段落した後にパート労働者として再び働くという家庭優先の生き方を選択した．このため，日本の年齢別女性労働力率は多くの女性が結婚・子育て期に入る25～34歳を谷とする明確なM字型カーブを描くとともに，女性労働者は平均勤続年数が短く，典型的な統計的差別として男女分業型の雇用管理を行うことが企業にとって合理的とされた．

●**男女雇用機会均等法制定の背景と概要**　一方，国際的には1970年代は女性の地位向上を目指す機運が高まった時期で，「国際婦人年」（1975年）や，「国連婦人の10年」（1976～85年）が定められ，1979年には国連総会で「女子差別撤廃条約」が採択された．日本でも女子差別撤廃条約批准に向けて国内関連法の整備が必要となり，その一つの成果が男女雇用機会均等法であった．

　勤労婦人福祉法を改正して1986年に施行された「雇用の分野における男女の均等な機会及び待遇の確保等女子労働者の福祉の増進に関する法律」は，男女の雇用機会・待遇の均等推進に初めて法的根拠を与えた．施行当時は募集・採用，配置・昇進について女性を差別しないことを努力義務としていたが，1997年の法改正でこれらは禁止規定となった．1997年法では，法律名も「雇用の分野における男女の均等な機会及び待遇の確保等に関する法律」に改められ，新たにセクシャルハラスメント防止の配慮義務，ポジティブアクション（男女の機会均等を目指す積極的取り組み）の規定化なども定められた．

　均等法はさらに2006年に改正され（2007年施行），女性だけでなく男女双方に対する差別の禁止やセクハラ防止の措置義務，間接差別の禁止，妊娠・出産等を理由とする不利益取扱いの禁止等が盛り込まれた．間接差別の禁止事項は厚生労働省令で定められ，2014年の改正を経て，合理的理由なく労働者の募集・採用において身長，体重，体力要件を設けることや，さらに昇進，職種変更まで含めて転勤の応諾や経験を要件とすることが禁止された．また，2016年の法改正（2017年施行）では，妊娠・出産・育児休業等を理由とする不利益取扱い（いわゆるマタハラや，育休や時短勤務などを利用する男性社員への嫌がらせを指すパタハラ）について，禁止するだけでなく防止措置を行う義務も新たに追加された．

●**女性の就業と両立支援** 両立支援は出生率低下への危機感を背景に，少子化対策の柱の一つとして拡充されてきた．しかし同時に，家事労働やケア労働（育児・介護）の担い手が女性に偏っていることが女性の就業継続やキャリア形成の障害となり，それが統計的差別を助長して女性労働者の均等待遇を阻むという構図において，均等推進策と併せて両立支援策を拡充することは，女性の退職リスクを減らし，こうした悪循環を断ち切るためにも重要である．

両立支援の筆頭にあげられる育児・介護休業制度は，1992年（介護休業制度は1995年）の法律制定以降，その取得が男女労働者の権利となった．同法はこれまで数度にわたり法改正され，取得の期間延長や回数制限の柔軟化，有期雇用者への取得権利拡大などが行われてきた．さらに同法は子の看護休暇や介護休暇，3歳未満の子をもつ労働者の短時間勤務制度等の措置義務化なども定めている．

2005年には10年の時限立法で「次世代育成支援対策推進法」が施行され，国・地方自治体・企業に職員の両立支援に関わる行動計画策定を義務づけ，一定基準以上の実績を達成した企業には厚生労働大臣の認定を行う制度も創設された．同法は，2014年の法改正でさらに10年延長された．また，エンゼルプラン以降，5年ごとに策定されてきた少子化対策や，2001年から断続的に行われている待機児童対策によって，保育サービスの多様化や定員拡大も行われている．

●**女性の就業に関する課題** 女性の就業をめぐる環境は，均等法施行後30年を経て確実に改善されてきたが，今なお低い女性の管理職比率，男性と比べて短い平均勤続年数，第一子を出産した有職女性の約5割が退職する状況，男女賃金格差の残存など，課題も多く残っている．また，配偶者控除制度や社会保険料をめぐる「130万円の壁」など，女性の就業を抑制する効果をもつ諸制度もまだ存在する．女性の雇用機会や待遇の均等化は，両立支援の拡充，長時間労働の是正，男女共同参画の推進，非正規雇用者の地位向上など多岐にわたる政策分野の連携をもって初めて実効的な効果をもちうる．例えば，女性の就業をめぐる問題には男女の性別役割分業意識が深く関わっており，均等推進・両立支援と同時に男女共同参画政策を推し進めることが不可欠である．長時間労働が常態化している職場環境も女性の退職リスクを高めるため，労働時間の短縮や規制といった政策も重要だ．2000年代以降「働き方改革」が進められているが，各分野の政策の方向性一致や連携を意識した取り組みを行うことが重要である． ［守泉理恵］

□□ さらに詳しく知るための文献

松浦民恵．2017．「企業における女性活躍推進の変遷—3つの時代の教訓を次につなげる」佐藤博樹・武石恵美子編『ダイバーシティ経営と人材活用—多様な働き方を支援する企業の取り組み』東京大学出版会．pp.83-103．
山口一男．2010．『ワークライフバランス—実証と政策提言』日本経済新聞出版社．
脇坂明．2011．「均等法後の企業における女性の雇用管理の変遷」『日本労働研究雑誌』615：38-51．

非正規雇用問題
issue of non-regular employment

☞「若者と雇用」p.232「失業問題」p.248「労働市場の流動化」p.252「日本的雇用システムと労働市場」p.256「多様化する雇用形態と働き方の見直し」p.260

　非正規雇用は統計調査ごとに定義が異なり，事業所における呼称もさまざまな用語が用いられているが，代表的な定義方法として，正規雇用を定義することにより，それ以外の雇用を非正規雇用と位置づけるというものがある．厚生労働省などでは，正規雇用とは以下の三つの条件，①労働契約の期間に定めがない，②所定労働時間がフルタイムである，③直接雇用である，をすべて満たすものと定義されている（厚生労働省 2012a）．すなわち，非正規雇用とはこれらの3条件を満たさない働き方すべてを含む．加えて，職場や事業所での呼称をもとに非正規雇用とすることもある．実際の雇用形態もパート，アルバイト，派遣労働者，契約社員，嘱託など多岐にわたる．

　図1は『労働力調査』による正規・非正規雇用者数と，非正規雇用者の雇用者全体に占める割合の推移である．

　非正規雇用者数は1984年には約600万人であったのが年々増加し，2016年には約2000万人まで増加している．非正規雇用者の割合も1984年には15.3%であったのが2016年には37.6%まで上昇し，雇用労働者の約4割を占めるまでになっている．

●非正規雇用問題の背景　非正規雇用自体は以前から製造業における臨時工や専業主婦によるパートなどとして存在していたが，近年，非正規雇用問題として注目を集めるようになった背景には，労働市場における非正規雇用者の規模が年々増加してきたこと，若年者の非正規雇用が増加したことで若年者の労働問題としてとらえられるようになったこと，1986年に労働者派遣法が施行されたことなどがあげられる．特に労働者派遣法は1999年のポジティブリス

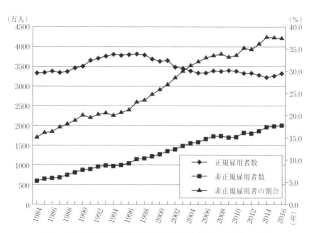

図1　正規・非正規雇用者数と非正規雇用者の割合の推移
［総務省統計局「労働力調査特別調査」（2月調査）（1985〜2001年），「労働力調査（詳細集計）」（1〜3月期平均）（2002〜2016年）をもとに作成］

ト（派遣可能な業務の指定）からネガティブリスト（派遣できない業務を指定，その他はすべて自由化）への転換，2004年の製造業派遣の解禁など，派遣労働を拡大する方向で改正されてきた．その中で，2008年に起きたリーマン・ショックにより多くの派遣労働者が解雇されたことも非正規雇用問題が社会的に注目された理由である．

●**非正規雇用増加の要因**　非正規雇用の増加の理由として，需要と供給の両サイドからの要因が指摘されている（浅野ほか 2011）．需要側の要因として，IT化やグローバル化による競争圧力の上昇により人件費の抑制を強いられてきたこと，雇用調整が正規雇用者と比較して容易であるということがあげられる．その背後には，非正規雇用と正規雇用との間の賃金水準や雇用保障の格差がある．また，IT技術の進展により業務の画一化が進み，非正規雇用者が担当可能な業務が増加したこともある．

他方，供給側の要因としては，労働者の職業観や人生観が変化し，正規雇用に対する傾倒が弱まったこと，女性労働者の増加や高齢化により非正規雇用としての労働供給が増加したことなどがある．

●**非正規雇用問題の論点**　非正規雇用問題の労働市場における主な論点は以下のようなものがある．まず，正規雇用者と非正規雇用者との間の賃金水準，雇用保障の格差の改善である．ここでは同一価値労働同一賃金の原則を遵守することが一つの争点となっている．

次に，非正規雇用者を，自ら希望して非正規雇用を選択している者と，正規雇用を希望しているが非正規雇用をしている者（不本意型非正規雇用者）に分けて考えるべきだという議論である．非正規雇用者の中でも不本意型に焦点をあてた就労支援がより重要であると指摘されている．このことは，非正規雇用者の正規雇用への移行支援のあり方，特に若年期に非正規雇用者となった者が技能形成の機会を失い，中高年期になっても正規雇用に移行できないという問題とも表裏一体である．

さらに，正社員の多様性にも議論が及んでいる．一般的に日本の正規雇用者には勤務地や就業時間などを労働者自身が自由選択できない無限定正社員であるという特徴がある．これに対し，勤務地や就業時間を限定した限定正社員（多様な正社員）を正規雇用と非正規雇用の中間的な存在として位置づけた新たな働き方が提案されている．　　　　　　　　　　　　　　　　　　　　　　　　［森田陽子］

📖 **さらに詳しく知るための文献**

鶴光太郎ほか，2011．『非正規雇用改革 日本の働き方をいかに変えるか』日本評論社．
労働政策研究・研修機構，2010．「非正規社員のキャリア形成―能力開発と正社員転換の実態」労働政策研究報告書（117）．
労働政策研究・研修機構，2013．「特集 非正規労働と「多様な正社員」」『日本労働研究雑誌』（636）．

医療・介護マンパワーの不足
shortage of medical and care workforce

☞「外国人労働者問題」p.242「人口高齢化と医療・介護」p.348「属性別人口の推計:健康状態」p.664「人口学の公共政策への応用」p.676

「団塊の世代」が75歳以上の後期高齢者となり,医療・介護需要が増加することによる医療・介護マンパワーの不足を「2025年問題」と呼ぶ.

● 2025年問題　厚生労働省社会援護局福祉基盤福祉人材確保対策室「2025年に向けた介護人材にかかる需給推計（確定値）」によると,2025年度における介護人材の需要見込みは253万人であるのに対し,同年度における介護人材の供給見込みは215万人であり,その需給ギャップは約37.7万人の労働力不足が発生すると推定されている（図1）（厚生労働省 2015）.また看護師については現在（2016年6月),厚生労働省において2025年に向けた需給推計を検討中であり,ここでは厚生労働

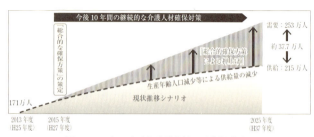

図1　2025年に向けた介護人材の需給推計結果
［厚生労働省社会援護局福祉基盤課福祉人材確保対策室　2015年6月24日公表「2025年に向けた介護人材にかかる需給推計（確定値）」より］

省社会保障改革推進本部社会保障改革に関する集中検討会議「第10回参考資料　医療・介護に係る長期推計（主にサービス提供体制改革に係る改革について）」で示された推計値を示す.それによると2025年時点で「現状投影シナリオ」の場合,172万人から181万人の看護職員が必要とされる.また一般病床の機能分化,在宅医療・介護の強化などからなる2種の「改革シナリオ」が想定され,一般病床の機能分化の進展度想定の違いによる「改革シナリオ」パターン1の場合,195万人から205万人が必要とされ,また一般病床の機能分化がパターン1より進む想定である「改革シナリオ」パターン2の場合,184万人から192万人が必要とされている（厚生労働省 2011）.なお,これは改革プランであるので,需要と供給の区別はなされていない推計である.医師についてはやや事情が異なる.「厚生労働省医療従事者の需給に関する検討会医師需給分科会　中間取りまとめ」によると,医師の需給はその需要が大きい場合,2033年頃に約32万人で医師の需給が均衡し,2040年には医師の供給が約1.8万人過剰となる.同様に標準的な需要の場合,2024年頃に約30万人で医師の需給が均衡し,2040年には医師の供給が約3.4万人の過剰となる.同様に需要が小さい場合,2018年頃に約28万人で医師の需給が均衡し,2040年には医師の供給が約4.1万人過剰となる見通しで

ある(厚生労働省 2016b).

医療・介護マンパワー不足に対する外国人労働力などの利用可能性について，厚生労働省社会援護局福祉基盤課福祉人材確保対策室「外国人介護人材受入れの在り方に関する検討会報告書」によると，2国間による経済連携協定（Economic Partnership Agreement：EPA）に基づく介護福祉士の受入れ拡大，および外国人技能実習制度の介護分野への拡大に留まり，特に当実習制度に対しては，「技能実習」であるという制度の趣旨と，「就業」というべき実態との乖離が指摘されている（厚生労働省 2016）．また，介護ロボットなどの利用可能性については，経済産業省製造産業局産業機械課ロボット革命実現会議「ロボット新戦略　ビジョン・戦略・アクションプラン」によると，2020年に介護ロボットの国内市場規模を500億円に拡大し，移乗介助などによる介護者の腰痛の発生をゼロにすることを目標として掲げている（経済産業省 2015）が，その実現可能性は不明である．

●医療・介護マンパワー不足の原因と対策　2025年に向けた医療・介護マンパワー不足の原因は，先述した医療・介護需要の増大と相反して，医療・介護マンパワーの供給では，まず介護マンパワーの場合，低賃金とそれによる人手不足から生じる過重労働があげられる．また看護マンパワーの場合，過重労働と慢性的人手不足の悪循環がある．医療・介護マンパワー不足の社会的影響としては，人口高齢化に対応した日本の医療・介護の根幹となる「地域包括ケアシステム」を整備していく障害となり，必要な医療・介護サービスの供給ができないおそれがある．また経済的影響としては，家族の介護を理由とした離職による労働力の減少，世帯収入の低下などの影響がある．医療・介護マンパワー不足への対策としては，介護保険制度の見直しによる介護マンパワーの賃金水準の向上，子育てにより退職する看護師の離職防止・復職支援による人手不足解消と過重労働の悪循環の改善，看護師養成数の増大，外国人医療・介護マンパワーの広範な受入れ，介護ロボットの本格的導入が考えられる．

●医療・介護システムとの関係　高齢化に対応した日本の医療・介護の根幹となる「地域包括ケアシステム」の構築上，医療・介護のマンパワー不足はその障害となる．これまでも施設中心の介護から在宅中心の介護への転換を「日本型福祉」として推進してきたが，これは家庭内の女性の介護力に依存したものであるとの批判もなされてきた．しかし2016年6月，「ニッポン一億総活躍プラン」を閣議決定し，その中で「介護離職ゼロ」の目標実現を掲げたように，女性の家庭内介護力にのみ期待することはできない．今後，医療・介護マンパワーの需給の均衡を実現していくことが重要となる．

[東川　薫]

□□ さらに詳しく知るための文献

厚生労働省，2015，『平成27年度版　厚生労働白書——人口減少社会を考える』厚生労働省．

外国人労働者問題
issue of foreign workers

☞「外国人の移動と分布」p.278
「国際人口移動の新潮流」p.292
「日本の国際人口移動」p.300
「日系移民」p.304「日本の国際結婚移動」p.306「ハリス＝トダロ・モデル」p.602

　かつて送り出し国であった日本が受入れ国になり，外国人労働者問題に直面したのは1980年代後半である．中小零細企業を中心とした深刻な労働力不足といった受入れ国側である日本のプル要因，プラザ合意を契機とした周辺アジア諸国との経済格差の拡大や代表的な外国人労働者受入れ国である中東産油国の不況といった送り出し国側のプッシュ要因などにより，工場や建設現場，飲食店などで働く外国人が増加した．そのほとんどが「不法」就労者であり，バックドアからの外国人労働者である．

●いわゆる単純労働者は受け入れない　外国人労働者をめぐる討議の結果，専門的・技術的労働者は受け入れ，いわゆる単純労働者は受け入れないという閣議決定（「第六次雇用対策基本計画」1988年6月）に基づき，「出入国管理及び難民認定法」が改定された（1989年12月制定，翌90年6月施行）．しかし，現実の労働市場が求め，かつバックドアから供給されていた労働力は，いわゆる単純労働に分類された労働者であった．その一方で，日本人との家族的つながりを根拠とした日系人（日本人移民の子孫）の優遇的受入れや，途上国への技能などの移転を目的とした研修制度の拡大によって，サイドドアからの単純労働者の供給が可能となった．

　就労に制限のない安定的な法的地位を付与された日系南米人は，1989年改定入管法の施行を機に急増し，製造業が集積する特定地域に集住した．間接雇用の割合が高い日系南米人労働者は，90年代以降，生産需給に応じて調整可能な柔軟な労働力として活用された．一方，受入れ地域は，文化や習慣の違いから生じる生活トラブルや子どもの教育といった「生活者」としての外国人問題に直面することになった．2008年秋のリーマンショックの際には景気停滞の中，職を失い帰国を選択せざるをえない者もいたが，ピーク時には30万人以上の日系南米人が日本で生活していた（入管協会 2009）．

　研修制度は，家族の帯同や一定期間を超える滞在を認めない還流型受入れである．早くから国際貢献という制度の目的と実態との乖離を批判する声があったにもかかわらず，技能実習制度の創設，最長滞在期間の延長，技能実習移行対象職種の拡大など，安価な労働力供給を求める雇用主にとって都合のよい改変が重ねられ，それに伴って受入れ人数も増大した．2010年7月からは，国際貢献という建前を維持したまま，非実務研修のみの研修制度と実務研修を行う技能実習制度が分離され，単純労働者供給源としての機能を後者が担うこととなった．さらに，16年11月には技能実習法が制定され（翌17年11月施行），「適正化」を担保に，

最長滞在期間が再び延長され，受入れ人数枠も拡大された．

これに対して，非正規滞在者（「不法」就労者）は，1989年改定入管法が施行されて以降も一定程度その存在が放置・黙認され，90年代は20万人以上が単純労働者として働いていた（法務省入国管理局 2001）．しかし，次第にバックドアからサイドドアへの労働力の置き換えが進行し，2003年12月の半減計画を契機に，その数は激減した．

2000年代に入って急増した留学生もサイドドアからの貴重な労働者である．留学生は，原則週28時間の就労が認められており，日本学生支援機構の調査によれば，私費留学生の7割以上がアルバイトをしている（日本学生支援機構 2016）．一方で，留学生は高度人材の潜在的予備軍としても期待されており，近年では毎年1万人以上の留学生が日本で就職している．

●**人口減少下で拡大する外国人労働者** 第二次安倍内閣発足以降，人口減少下で持続可能な経済成長を目指して「外国人材」の活用が加速している．建設・造船分野での時限的受入れ，国家戦略特区を活用した家事労働者や農業就業者の受入れなど，主に還流型の単身労働者の受入れが導入されている．

超高齢社会を支える介護士については，2008年から経済連携協定の枠組みを活用した看護師・介護福祉士候補生の受入れが開始されているが，日本語による国家試験受験という壁ゆえ，十分な供給源となっていない．そのため，留学生からの就職（在留資格「介護」の創設）や技能実習制度の活用によって，介護士の受入れ拡大が進められている．

外国人雇用状況の届出によれば，2017年10月末現在の外国人労働者は約128万人で，過去最高を記録したが（厚生労働省 2018），国内労働力の逼迫を背景に，経済団体や各業界からは，さらなる受入れ拡大を求める声が高まっている．

2018年6月，政府は，深刻化する労働力不足への対応として，新たな外国人労働者のフロントドアからの受入れを表明し，就労を目的とした在留資格を創設することを閣議決定した（経済財政諮問会議 2018）．ただし，新たな受入れは，在留期間の更新や家族の帯同が認められている専門的・技術的労働者（定住型）とは異なり，在留期間の上限が設定された単身者（還流型）であり，一定の要件を満たせば定住型への移行が可能となる．「移民政策ではない」ことが再三強調され，受入れ社会の総意が問われることがないまま，労働市場の需要を満たすために，なし崩し的に外国人労働者の受入れ拡大が進行している．　　　［鈴木江理子］

□□ さらに詳しく知るための文献
梶田孝道ほか，2005，『顔の見えない定住化』名古屋大学出版会．
鈴木江理子，2009，『日本で働く非正規滞在者』明石書店．
宮島 喬・鈴木江理子，2014，『外国人労働者受け入れを問う』岩波書店．

# 企業内教育と雇用
corporate education and employment

☞「非正規雇用問題」p.238「経済のグローバル化と雇用」p.246「労働市場の流動化」p.252「日本的雇用システムと労働市場」p.256

　民間企業においては，従業員の企業内教育訓練は生産性を高める重要な経営課題の一つである．具体的には，企業が従業員のスキルや知識を高めるために従業員に職業能力開発を行うことを人材育成という．一方，職業能力開発は個人が仕事に役立つ技能や知識を身につけるために行う活動を指す（原 2014）．さらに，前者の人材育成は企業内教育訓練として行われる OJT（on-the-job training）とその他の訓練である Off-JT（off-the job training）に分類される．入社後も従業員は公私ともに教育により能力を磨き，高い成果を達成することが求められている．このほか，社内資格や職位の同一の従業員に対して行われる階層別教育や特定の職務に求められる技能・技術・知識の獲得を目指す職能別教育などがある（渡辺 2004）．

●企業内教育訓練制度と雇用　ベッカー（Becker 1993）は，人の能力を企業における資本ととらえ，人的資本と名づけその計測を試みた．中でも重要とされる企業内教育訓練制度を（企業）特殊訓練と一般訓練の二つに分類した．特殊訓練とはある企業内においてのみ生産性を大きく増大させる訓練を指し，一般訓練とは訓練を行う企業のほかに多くの企業にとって有用なものである訓練を指す．守島によれば，日本企業では企業特殊的スキルは主に内部労働市場内での OJT を中心とした人材育成によって形成されてきた（守島 2006）．この背景として，特に日本の大企業においては，人材管理の特徴として能力やスキルといった評価に曖昧性が伴う指標を重視しており，この評価のために長期的かつ内部労働市場での評価を重視してきたことがあげられる．

　これらの人材育成，訓練は日本の労働市場では主に正規雇用者に対し実施され，非正規雇用者に対しては教育訓練の機会が少ないことが知られている．厚生労働省『能力開発基本調査』（2005～2011年，従業員30人以上の企業対象）によれば，非正規雇用者に対して教育訓練を実施した企業は20～30%程度であり，正規雇用者に対して50～60%実施した企業に比べ半数程度にすぎない．また，正規雇用者の中でも選抜を実施し，限られた者だけが訓練を受けることもある．具体的には，企業からみて高い収益がもたらされると期待される男性，若年者，高学歴者，役職者の訓練受講確率が高いことが示された（原 2014）．ただし，教育訓練対象者の範囲を，選抜した労働者から労働者全体に拡張する動きが広がっており，正規雇用者でみれば2006年では7%であったものが2010年には20%に上昇している．

　雇用形態と性別に着目した場合，非正規雇用者や女性であることが教育訓練の

機会を得られにくいことが明らかになっている．企業内で多様な人材活用が求められる時代となり，2015年の第三次安倍改造内閣で提唱された，あらゆる場で誰もが活躍できる一億総活躍社会政策のもと，労働市場に再度参入する人材も増加すると考えられる．企業内訓練だけでは対応できないこれらさまざまな属性をもつ人材の教育訓練制度の整備も求められよう．

●**人的資源管理の変化と雇用** 人的資源管理は重要な経営課題の一つである一方，対象である「人」が個別の意思や価値観をもった存在であることから，マネジメントが難しい側面も持ち合わせている（高木 2004）．多様な人材に対応するため同一企業内に複数のキャリアコースが併存する複線型雇用管理制度も浸透し，個人の適性に合ったキャリア形成を行える人事制度が導入されるようになった．例えば，コース別人事管理制度では，総合職と一般職などの呼称により職務の範囲などを分け，賃金や昇格，教育訓練まで異なる体系をとり，人材活用を行っている．

これに伴い，人材の評価制度にも変化が現れた．目標管理による人事管理・評価方法が一般化し，個人の目標と企業の経営戦略の双方をふまえた人事評価が行われるようになった．これらの業績管理制度の中でも，1990年代以降に進んだ成果主義導入の評価は一様ではない（今野・佐藤 2002）．また，日本的雇用慣行についても慣行の枠組みは維持されつつ，長期雇用および年齢・勤続に応じた処遇システムに関するHRM（Human Resources Management；人的資源管理）制度の多様化が進行しているとの見解が主である（一守 2016）．多くの経営者と労働者が，日本型雇用慣行を基本的に維持することを支持すると考えられている（守島 2006）．

このように，企業内の中核となる人材の教育育成および評価は安定的である一方，増加する非正規雇用の活用については多くの課題が残されている．流動性のある労働市場に対応した，長期雇用を前提としない人材の評価方法など，労働市場の変化に対応した雇用システムの確立が急がれる．さらに，急速に進展する人口高齢化から，民間企業においては改正高齢者雇用安定法により65歳までの定年の引上げ，65歳までの継続雇用制度の導入，定年の廃止のいずれかの措置（高年齢者雇用確保措置）が実施されている．増加する高齢労働者に対応した教育訓練制度という新たな視点も求められるだろう． ［寺村絵里子］

□□ さらに詳しく知るための文献
今野浩一郎・佐藤博樹，2002，『人事管理入門』日本経済新聞出版社．
守島基博，2006，「ホワイトカラー人材マネジメントの進化」伊丹敬之ほか編著，『組織能力・知識・人材』有斐閣，第10章．
原ひろみ，2014，『職業能力開発の経済分析』勁草書房．

経済のグローバル化と雇用
economic globalization and employment

☞「外国人労働者問題」p.242「労働市場の流動化」p.252「日本的雇用システムと労働市場」p.256「多様化する雇用形態と働き方の見直し」p.260

　グローバル化とは一般に，他国間の貿易取引，労働移動，金融取引などが活発化することととらえられている．世界銀行は，グローバル化を「個人や企業が他国民と自発的に経済取引を始めることができる自由と能力」と定義し，より具体的には，資本や労働といった生産要素の移動に障害がなく，貿易や知識の交換を通して，世界統合が進展することとしている（Millanovac 2002）．以下においても同様の文脈でグローバル化という言葉を用いる．

●グローバル化と産業空洞化　日本においてグローバル化は進む趨勢にある．1980年代後半と90年代前半に進行した円高に代表される貿易投資環境の変化は，海外直接投資を増大させ，企業の海外生産展開を拡大させた．90年代後半には，為替レートが円安に転換したが，アジア通貨危機後，再び円高が進展し，輸出関連企業などの企業収益環境を悪化させた．企業における収益環境の悪化は人件費抑制の必要性を高め，輸送用機械，電気機械を中心とした製造業における人件費が相対的に低い東アジア地域への垂直分業の進展に伴う投資を促した．

　図1をみると，製造業全体の海外生産比率は6.0％から24.3％と4倍程度上昇しており，海外従業員比率も9.3％から31.8％と約3倍の規模に増加している．業種別にみると，輸送機械業において海外生産比率，海外従業員比率ともに高く，一貫して海外進出傾向が確認できる．電気機械・情報通信業において2000年代初めまでは海外生産比率，海外従業員比率ともに高かったが，2000年代中頃から上昇傾向が鈍化し，代わって中国向けの建設機械などを生産する一般機械業の海外比率が堅調に伸びている．

　グローバル化が国内雇用に与える影響については，いわゆる産業空洞化の懸念が指摘されてきた．産業空洞化とは「国内の生産拠点が海外へ移転することによって，国内の

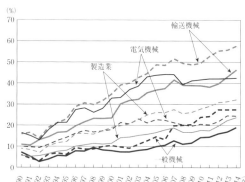

図1　海外生産比率と海外従業員比率の推移
注）海外生産比率＝（海外現地法人売上高）÷（海外現地法人売上高＋国内法人売上高）．
海外従業員比率についても同様の計算式で求めている．
実線は海外生産比率，点線は海外従業員比率である．
［経済産業省「海外事業活動基本調査」，財務省「法人企業統計年報」より作成］

雇用が減少し，国内産業の技術水準が停滞すること」とされる（桜・岩崎 2012；内閣府 2013）。グローバル化が産業空洞化を促しているかどうかについては，対外直接投資や海外生産が輸出を代替することにより，大半の産業では就業者数が減少しているものの，国内生産や生産性は減少傾向とはいえず，1990年代，2000年代に空洞化が進展したとは必ずしもいえない，と指摘している（内閣府 2013）。

●グローバル化と雇用形態の多様化　グローバル化は雇用機会だけでなく，雇用形態にも影響を及ぼす。日本経営者団体連盟（1995）は，国際的な市場競争が激化する中で，経営環境の変化に対応した雇用管理制度の枠組みとして，雇用のポートフォリオという体系的な人事管理方針を提言した。

具体的には，人件費負担適正化のために長期蓄積能力活用型（長期継続雇用の正規社員），高度専門能力活用型（専門的能力を有する短期社員），雇用柔軟型（柔軟な雇用を求める非正規社員）の3タイプの雇用を組み合わせた人事管理方針を指す。グローバル化に伴う多国籍企業間での取引は技術革新を進展させ，企業特殊的な生産技術の陳腐化を早める。このことは長期蓄積能力活用型である正規社員の労働需要を減少させ，専門的能力を有する短期社員の労働需要を増加させることにつながる。また，グローバル化に伴う市場競争の激化は人件費負担低減の必要性を高めることから，社会保険料や解雇費用の面で費用負担が低い非正規労働者などの労働需要を高めることにもつながる。

●グローバル化とダイバーシティーマネジメント　ダイバーシティーマネジメントについて，経済産業省経済社会政策室ホームページでは「多様な人材を活かし，その能力が最大限発揮できる機会を提供することで，イノベーションを生み出し，価値創造につなげている経営」と定義している。グローバル化に伴う企業の海外進出の進展により，現地企業との交渉や海外子会社の経営管理などを行う外国人人材の活用の重要性が高まることはいうまでもないが，海外における多様な市場ニーズの把握と対応といった面で，性別，身体状況，人種，民族，宗教，世代にとらわれない人材活用の重要性も高まることになる。同時に，少子高齢化が進展する中で，そのような多様な人材が働きやすいように勤務場所や勤務時間，休業制度などといった労働条件を整備し，就業規則を見直すことは，海外から国内への労働移動を促すとともに，育児や介護と仕事との両立可能性を高めるため重要な政策課題であり，積極的な政策対応が求められる。　　　　　　　　　　　［鈴木俊光］

📖 さらに詳しく知るための文献

阿部正浩．2011．「雇用ポートフォリオの規定要因」『日本労働研究雑誌』61：15-27．
伊藤恵子．2013．「企業活動のグローバル化と国内労働市場」『日本政策金融公庫論集』18：41-62．
深尾京司・天野倫文．2004．『対内直接投資と日本経済』日本経済新聞出版社．

失業問題
unemployment problem

☞「労働人口学」p.396

　本項では必要最小限の用語を解説しながら，現在の失業問題を考察する．特に2016年に入り，全国で有効求人倍率が1を上回る状況となり，人手不足の対策が求められている．その対策と関連するミスマッチ失業と潜在失業を取りあげる．

●**完全失業者**　総務省統計局『労働力調査』によれば，①仕事がなく調査週間中に少しも仕事をしなかった，②仕事があればすぐに就くことができる，③調査週間中に，仕事を探す活動や事業を始める準備をしていた．以上の三つの条件を満たす者を完全失業者と定義している．なお，同調査では，仕事を探し始めた理由によって，完全失業者を「非自発的離職者」「定年・雇用契約の満了者」「勤め先等の都合者」「自発的離職者」などに区分している．

●**日本の完全失業率の動向**　図1は，日本の失業率の動向を示したものである．それによれば，失業率はバブルがはじけた1991年の2.1％から2002年の5.4％まで上昇し，その後3.9％(2007年)まで低下したが，2008年のリーマンショックにより再び上昇し，2010年には5.1％まで上昇している．その後低下し，2015年では3.4％となっている．2015年の日本の完全失業者は222万人である．

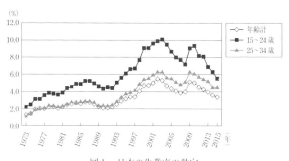

図1　日本の失業率の動向
〔総務省統計局「労働力調査」より作成〕

以上が年齢計の失業率の動向である．それとほぼ同じ動きの15～24歳，25～34歳の失業率が示されているが，いずれも年齢計より失業率が高くなっている．特に15～24歳の失業率が高く，若者の失業問題は深刻である．しかし，若者の失業率も確実に減少してきていることが見てとれ，ピークの2003年の10.1％から2015年には5.5％までに低下してきている．

●**UV曲線**　UV曲線とは，雇用失業率(U)と充足されない求人数の割合を示す欠員率(V)の関係を表したものである．ベバリッジ曲線とも呼ばれる．一般的には雇用失業率が増加すれば欠員率が低下するので，二つの変数の関係は右下がりで示される．図2は横軸に欠員率をとり，縦軸に雇用失業率のデータをとり，むすんだものである．右上がりの45度線が描かれている．この直線上に雇用失

業率と欠員率がある場合は，労働需給が均衡していることを示している．直線より右下に位置している場合は，欠員率（需要指標）＞雇用失業率（供給指標）の状態で，需要が供給を上回っていることを示している．左

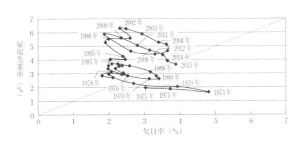

図2 わが国の雇用失業率と欠員率（1970～2015年）
注）データは四半期データで季節調整済み．使用した値は各年の4半期の値でプロットしている．
[労働政策研究・研修機構「ユースフル統計」より作成]

上に位置している場合は逆となる．図2から，2015年では需要が供給を上回っていることが理解される．また，雇用失業率と欠員率が等しい均衡失業率が近年上昇している．例えば，需給がほぼ等しい1988年，2014年の雇用失業率が3.1%から3.9%と上昇している．このことはミスマッチ失業の拡大を意味し，今後，労働市場の構造改革，職業訓練等が重要となる．

●**不完全就業者・潜在失業者** 不完全就業者とは，就業者の中の潜在失業者を指して使用される．その代表的な事例は，他の産業に比べ労働の限界生産力が相対的に低い人々で構成されている産業の「過剰就業」である．また，就業意識を基準として，追加就業希望者や転職希望者で潜在失業者を測定する方法もある．このような場合は，何らかの基準（労働時間の長短，就業意識，所得など）を設けない限り，特定の個人を潜在失業者と特定することは困難である．一方，顕在失業は，ハローワークや求職活動を観察することにより，誰が失業者か容易に特定できる．上述された潜在失業者は職を失った人々ではなく，就業中の人々を指している（小野 1994）．

一方，非労働力人口の中で，就業を希望しているが求職活動を行っていない人々を指して潜在失業者と呼ぶこともできる（小野 1994）．わが国の2015年の非労働力人口は，4467万人でそのうち約1割程度の412万人が就業希望者である．この412万人は潜在失業者とみなすことができる．412万人のうち，「適当な仕事がありそうにない」121万人，「仕事があればすぐに就くことができる」43万人，「調査期間中には仕事を探す活動をしなかったが過去1年間に仕事を探す活動をした」28万人となっている． [小﨑敏男]

🔲 さらに詳しく知るための文献
小野 旭．1994．『労働経済学』東洋経済新報社．

学校から仕事へ
school-to-work transition

☞「現代日本の結婚行動」p.172
「労働人口学」p.396

　親などに扶養されて学校で学ぶ生活から，多くの時間を就業にあてて収入を得る生活に変わる過程が学校から仕事（職業生活）への移行である（OECD 2000）．多くの国において，若年失業問題の焦点はこの移行期にある．この過程で失業する若者の多さゆえである．

　OECD（2000）では，教育機関在籍率が50%を切る年齢から就労率が50%を超える年齢までを「学卒後の移行期」として算出し，17の加盟国の平均期間を約3.2年としている．この定義を4年制大学進学率が50%を超えるわが国の現状に当てはめるとすれば，移行期がごく短期となることは明らかである．わが国は，学校から職業生活への移行が円滑な国だといえる．この移行を支えてきたのが，大企業や官公庁を中心とした学校卒業時に合わせた新人採用，すなわち新規学卒採用の慣行である．ところが1990年代後半からの景気停滞期には，新卒採用は大幅に絞り込まれ，学校を卒業しても就業できなかったり，アルバイトなど不安定な雇用に就かざるを得なかったりする者が増えた．このことが非婚化・晩婚化，そして少子化につながり，人口減少の一つの要因となっている可能性がある．

●**日本型雇用と職業教育**　わが国の新規学卒採用は，多くの場合，特定職務に限定した採用ではなく，「事務系」といった大きなくくりで行われる一括採用である．それは職務を限定した雇用契約ではなく，長期勤続を前提に職務や職種の変化が織り込まれた雇用だといえる．それだけに，採用後の職業能力開発に力を注ぐ企業は少なくない．こうした雇用管理が日本型雇用の特徴の一つである．

　高度成長期の後半以降，入職後の企業主導の職業能力開発が充実する一方で，企業外や入職前の職業能力開発は縮小に向かった．すなわち，公的職業訓練や高校における職業教育はその比重を軽くしていき，また大学教育は，専門職養成課程を除き，職業との関係が希薄なまま拡大していった．企業の新規学卒採用に対応して，学校は就職支援の仕組みを充実させ卒業生の失業を防いできたが，他方，教育内容においては職業との直接的関係は小さくなった．

　こうしたわが国の学校から職業生活への移行を支えるシステムは，新卒者が日本型雇用慣行をもつ企業に正社員として採用される限り，効果的な仕組みだといえよう．しかし，新卒採用は卒業見込みの者のみを対象にした仕組みであることから，既卒者や学校中退者などはその対象から外れてしまう．企業は新卒採用ばかりでなく中途採用も行うが，それは多くの場合，他社でのキャリアを前提とした採用であるか，訓練を要しない職務でキャリアの発展が望めない雇用であったりする．日本型の移行システムは，学校中退などで新卒採用の入口に立てない者

や最初の就業先を早期に離職した者には厳しい仕組みでもある．不況などのために新卒採用の入口が強く絞られてしまうと，より多くの若者をキャリアの入口でつまずかせることになる．

●**非正規雇用の課題** 1990年代初めのバブル経済の崩壊以降，アルバイトやパートなどの正社員以外の雇用形態で働く若者は急増し，15～24歳層（在学中を除く）の非正規雇用者比率は1991年の男性8.0％，女性10.8％から，2005年にはそれぞれ28.5％，39.8％までになった（総務省統計局「労働力調査」）．学校を離れてから就いた仕事が非正規であることはどのような問題を生むのか．

第一に非正規雇用は不安定で，景気の後退局面では雇用調整の対象となりやすい．第二に低賃金で，年齢・勤続による賃金上昇も少ないなど，経済的自立が困難である．第三に能力開発機会が乏しく，また培った能力が社会的に評価されにくいため，正社員への移行などのキャリア形成が難しい．このほか，職場の労働組合への加入資格がない場合が多く，企業の福利厚生や時には社会保障の枠組みから抜け落ちてしまうこともある（厚生労働省職業安定局 2012）．

こうした不安定，低賃金で，先の見通しがもてない状況は，若年期の家族形成に大きく影響するだろう．図1は，30～34歳の男性について，就業状況別および年収別に有配偶率を求め，これが2002年から2012年の間にどのように変化したかをみたものである．非正規雇用であったり無業であったりすれば，結婚している者は少なく，さらにその傾向は近年ほど顕著である．年収別にも明らか

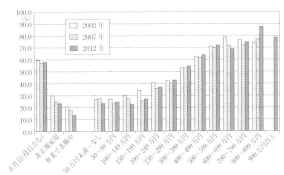

図1　30～34歳男性の就業状況別・年収別有配偶率の変化
注）900万円以上は，2002年，2007年は区分が異なるので掲載を省いた．

［労働政策研究・研修機構（2014）］

に低収入であれば結婚している人は少ない（なお，女性の場合は，結婚後に非正規雇用を選択する行動があるため，男性のようなはっきりした傾向はみられない）．

新規学卒採用慣行は，学校から仕事への移行における整備された経路であるが，ここから外れても安定的な就業につながる他の経路が併せて必要である．

［小杉礼子］

📖 **さらに詳しく知るための文献**
小杉礼子，2003，『フリーターという生き方』勁草書房．

労働市場の流動化
fluidization of labor market

☞「若者と雇用」p.232「非正規雇用問題」p.238「日本的雇用システムと労働市場」p.256「多様化する雇用形態と働き方の見直し」p.260

　市場経済では，企業は財・サービスの売上げに応じ，労働や資本の量や価格といった費用を調整する必要がある．労働費用の調整方法としては，労働者数，労働時間，賃金という三つの調整方法が存在する．

●**日本の雇用調整**　従来は，一般的に残業時間の調整による労働時間の調整，ボーナス制度による賃金の調整が中心で，リストラなどを用いた雇用調整は最終手段と考えられていた．村松によれば，日本は労働時間で調整し，米国と比較して雇用調整速度は速くない．ただし，二期連続で企業が赤字になると解雇が発生しやすいとする（村松 1995）．さらに，内閣府「平成21年度経済財政白書」では，雇用調整速度の各国比較が行われ，OECD各国のうち1980～94年では日本が最も低く1995～2007年では多くの国が調整速度を高めたが，日本は低いグループに属する．また，実質GDPが変化しても失業率はほとんど変化しない．

　山本は縦軸を名目賃金変化率，横軸を失業率としたフィリップスカーブを用いて，80年代の日本のフィリップスカーブは垂直だが，90年代以降は水平化した要因を分析している．分析の結果，80年代は名目賃金による調整が機能したものの，90年代にはインフレ率は低下したにもかかわらずそれに伴った賃金低下が生じなかったために，名目賃金による変化が機能せずに雇用量の調整が行われることで，失業率が上昇したことを示した（山本 2010）．

　一方，日本の雇用調整速度の低さは失業率の低さをもたらすが，いったん大きなショックが発生すると失業をもたらし，その失業は長期的に持続することが指摘された．例えば，水野は労働市場のフロー分析を用いて，日本の失業率は諸外国と比較して相対的に低いものの，長期失業者の割合が低くないという結果を示している（水野朝夫 1992）．

●**終身雇用制度の現在と雇用の二極化**　戦後の日本の雇用慣行として，アベグレンは終身雇用制度，年功序列型賃金，企業別労働組合をあげ，特に大企業男性正社員はいわゆる終身雇用制度によって雇用が保証されているとされた（アベグレン 1958）．一方で，90年代以降はバブル崩壊，グローバル化の進展などで日本的雇用慣行が変化したとの指摘もある．

　終身雇用制度に関しては次のような研究がある．小野（Ono 2010）は，終身雇用制度は日本の労働者の20%程度をカバーし，日本社会で一般的とまではいえないが，他の先進国と比較して日本の仕事の流動性は低いという．さらに90年代の不況期には50～59歳層の勤続年数は上昇したが30～39歳層の勤続年数の低下を実証し，若年雇用への負の効果を示す．

神林・加藤（Kambayashi & Kato 2017）は，1982年から2007年の5年ごとの長期データで日米の在職率（＝10年間同一企業在籍割合）の推移を計測した．この結果，勤続年数5年以上の大卒男性は米国では在職率が低下しているが，日本では30～34歳，35～39歳，40～44歳ともに，10年後の在職率はバブル崩壊前後でまったく変化がない．一方，勤続年数5年未満の在職率は低下傾向である．さらに米国と違い，日本では1997年，2007年とも女性の方が男性よりも失業する傾向がある．
　これらの結果から，終身雇用制度は一定の限定された層（勤続年数が5年以上かつ大卒男性の30～44歳層）には残っているが，女性や20歳代は終身雇用が保証された企業に採用されにくくなった．このように中高年の雇用を保証するために企業が新卒採用を抑制する行動を取る置換効果の研究として玄田（2004）がある．

●労働市場の流動化と法制度　終身雇用制度は長期的な視点をもつことができること，労働者が雇用を保障されることで「企業特殊的人的資本」（＝当該企業では役に立つが，それ以外の企業では役に立たない技能に投資すること）が可能になるという理由で日本企業の強さの要因と指摘されることもある．
　一方で，①生産性の低い部門で労働者が過剰に存在することで労働者のミスマッチが起こる，②企業にとってはインサイダーである，在職年数の長い中高年層の雇用を守るために若年者層の雇用を抑制する置換効果が発生する，③雇用ではなく労働時間で労働力を調整することで過剰な残業が発生する，また企業内の配置転換で雇用調整をはかるため，時として労働者の意向に反した転勤命令が下されるといった問題点も指摘される．
　雇用の安定性に関しては，整理解雇の四要件が判例法理としてある．留意すべきは，整理解雇とは会社の経営内容が悪化したための人員整理で，会社の要因による解雇であり，普通解雇や懲戒解雇とは異なる．整理解雇の四要件とは，会社が整理解雇をするためには，①人員整理の必要性，②解雇回避努力義務の履行，③被解雇者選定の合理性，④手続の妥当性の四つが必要となる．ただし，会社が従業員を解雇することに対する法的規制は厳しいが，その反面，会社が行う従業員の選抜，残業の決定，配置転換に対する裁量は大幅に認められる傾向がある．これに対して，奥平が示すように解雇無効の判決が就業率を低下させ，失業率を上昇させる（奥平 2008）という批判も存在する．　　　　　　　　　　［松浦 司］

📖 さらに詳しく知るための文献

濱口桂一郎．2009．『新しい労働社会―雇用システムの再構築へ』岩波新書．
鶴光太郎ほか編．2009．『労働市場制度改革』日本評論社．
神林 龍．2017．『正規の世界・非正規の世界』慶應義塾大学出版会．

地域再生と雇用創出
regional revitalization and job creation

☞「若者と雇用」p.232「教育の地域差」p.270「経済の地域差」p.272「地方消滅」p.280

　地域経済については，人口減少や高齢化に伴い，労働力の供給不足と生産性の低下が懸念されており，その根本的な解決には生産年齢人口，特に若年の労働力人口の地域からの流出を抑制し，むしろ地方への労働力の流入を促進するような労働力移動政策が必要である．そのためには若者雇用の創出が不可欠である．

●**地方から東京圏への移動**　高度経済成長期以降，三大都市圏の中でも名古屋圏では転出入はほぼ均衡，大阪圏ではやや転出超過の状態で推移している中，東京圏においては，バブル崩壊後の一時期を除いては，一貫して転入超過で推移している．総務省『住民基本台帳人口移動報告 平成29(2017)年』によれば，2017年中，東京圏へは約12万5000人の転入超過であり，東京一極集中の傾向が今なお継続している．その相対的な関係にある地方圏では全体的に転出超過で推移しており，2017年中の人口移動でも東京圏の4都県と愛知，大阪府，福岡県以外の府県ではすべて転出超過であった．さらに図1に示されるように，そのほとんどが20歳代を中心とした若者が地方から東京圏へ移動している．

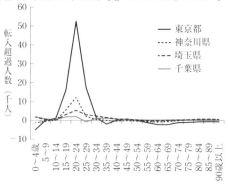

図1　東京圏の転入超過数（2017年）
[総務省『住民基本台帳人口移動報告 平成29(2017)年』]

●**地方への移住と雇用創出**　内閣府『東京在住者の今後の移住に関する意向調査』(2014)によると，東京都在住者の約4割が東京都から移住する予定，または移住を検討したいと思っており，関東（1都6県）以外の出身者に限定すれば，それが5割近くにもなる．他方，移住する上での不安・懸念点として，複数回答であるが，働き口が見つからないことが4割を超えて最も多く，地方への移住には地方における雇用の創出が重要であるし，地方出身者が地元に定着するためにも必要であろう．地方における雇用創出のための地域政策としては，①地方にあっても先端的技術により地域経済を主導する中核的な企業の財政的な支援，②訪日外国人旅行者によるインバウンド消費や，旅行関連消費支出割合の高い高齢者の増加を背景にして，地域の観光資源を生かした観光業の強化，③いわゆる6次産業化などによる農林水産業の展開があげられる．さらに，地方へ労働力を流入させるプル要因として，①中央省庁や企業の本社機能を地方へ移転して政府や企業

の地方拠点機能を強化すること，②地方にあっても特色ある大学の設置や，逆に東京23区にある大学の定員抑制などによる地方での修学促進，ならびに卒業後も地方における就職の促進をはかることなどがあげられる．

さらには，地方における若者の定住や流入のためには，雇用はもちろんのこと，地方生活の魅力を高めてそのブランドを強く発信し，UIJターンを促進するとともに，地方でも安心して結婚，出産，育児ができるような生活環境の整備も並行して必要である．そのためにも，地方においては特に就職支援や正社員化支援といった若者への就労支援，また幼児教育の無償化や待機児童の解消などの出産・子育て支援，さらに近隣都市間の交通インフラネットワークの整備などの地域連携も重要である．

●**地域再生が進まない問題点**　このような地域再生の政策が進まない問題点もある．例えば，中央省庁で唯一全面移転が決定して，中央官庁による地方移転の象徴的事例としてあげられている文化庁であるが，文化財の保護を主たる業務の一つとしている文化庁が，文化財の多く存在している京都に移転することは合理的であり，地域再生が検討される以前からこの移転は計画されていた．さらには移転先も京都市中心部にあり，雇用が少なかったり地域活性化が遅れたりしているような地域ではない．消費者庁のサテライトオフィスを徳島県に，また総務省の統計データ利活用センターを和歌山県に移転したが，あくまで一部機能の移転で雇用創出の効果は低い．また民間企業についても，新たなオフィス建設費を損失とみなして法人税負担を軽減する特別償却や，雇用増に伴う税額控除などの支援のほか，国の税制優遇措置の適用が現在，東京都と神奈川県を除く全道府県において導入されており，本社機能を移転した企業に対する地方税として，長野県は法人事業税を3年間95%，富山，石川両県は90%減額する．

とはいえ，日本経済団体連合会が2015年に実施した『本社機能の地方移転に関する緊急アンケート』によると，「地方への移転を検討」または「検討していないが，将来的に移転の可能性がある」とした企業は7.5%しかなく，地方移転を阻む主な理由としては「現時点での拠点で機能・利便性に支障がない」や「取引先や官庁等の関係者が東京に集中」を指摘する企業が多い．移転費用のコストや本社機能の分散による社内業務の効率性の低下，また東京圏における企業集積の交通や取引上のメリットを考えると，税制上の優遇だけでは移転の実現は困難であろう．都市圏からの機能移転を期待するよりも，地方における大学教育の向上により，それぞれの地方で高水準の人材を確保できるようにし，地方独自の成長産業の醸成をはかることが長期的には有効であろう．　　　　　　　　　　［和田光平］

📖 **さらに詳しく知るための文献**

内閣府まち・ひと・しごと創生本部．『まち・ひと・しごと創生総合戦略（2017改訂版）』．
吉田良生，廣嶋清志編，2011．『人口減少時代の地域政策』原書房．

日本的雇用システムと労働市場 ☞「高齢者の雇用」p.234

Japanese employment system and labor market

　日本的雇用慣行とは,「年功賃金制度」「終身雇用（長期雇用）」「企業別組合」と呼ばれる制度慣行のことである．一般に，この三つを合わせて日本的雇用慣行の三種の神器と呼ばれている．ここでは「年功賃金制度」と「終身雇用（長期雇用）」慣行の変遷が，1991年以降のバブル崩壊によって大きく変化したことを考察する．

●**日本的雇用システム**　吉田は，日本的雇用システムを狭義の日本的雇用システムと広義の日本的雇用システムに分けて整理している（吉田2011；2012）．狭義の日本的雇用システムとは，大企業を中心とした中核労働者を企業内部で育成する雇用システムのことである．日本では新規学卒一括採用方式がとられている．一度採用した人材には，必要な技術や技能を社内で教育・訓練を施す．企業が必要とする技能は企業内部で習得させる内部育成型雇用システムを採用している．企業内部で必要な技能習得への人的投資の一部は企業が負担している．人的資本に投入された費用を企業が長期にわたり回収することから終身雇用（長期雇用）が生まれる．

　また，内部育成型雇用システムは，企業内で必要な職務を遂行する能力を修得するために教育訓練を施すシステムである．教育訓練は，新入社員教育から始まり，専門職能教育，監督者教育，管理者研修，幹部研修など，年齢あるいは勤続年数を基準にしながら段階的に行われる．人的資本の蓄積は勤続年数とともに蓄積され，質が高くなり，勤続年数ないし年齢とともに生産性が上昇する．その結果として，勤続ないし年齢とともに賃金が上昇する年功型賃金システムが生まれる．

　以上のような狭義の企業内雇用システムのみでは，労働市場がうまく機能しない．企業外の労働市場，外部労働市場，例えば失業した場合の職探しや定年退職後の生活など賃金収入以外の生活保障の仕組みが，うまく社会システム化されていなければ，企業内の雇用システムもうまく機能しない．外部労働市場の雇用システムを広義の雇用システムと呼んでいる（吉田　2011；2012）．以下では，狭義の日本的雇用システムを考察する．

●**年功賃金制の変化**　図1は，2005年と2015年の年齢別の時給比較を行ったものである．日本的雇用慣行が大企業で採用されていることから，ここでは規模1000人以上の大学・大学院卒の男性の賃金（時間あたりの現金給与総額）を比較することにする．少なくとも，次の2点を指摘できる．第一に，60歳未満まで賃金が年齢とともに上昇している．第二に，若年労働力人口の減少を反映して，20～

29歳までの賃金が2005年と比べ2015年で上回っている．50～54歳を除き，30歳以上の賃金は2005年前より低下している．特に55歳以降の賃金低下幅が大きい．賃金プロファイルが10年前より若年を除き，低下してきている．

図2は，2005年を基準として，2015年の年齢階級別雇用者比率の増加分を示したものである．それによれば20～24歳がわずかに増加し，25～44歳階級までの雇用者比率が減少している．この年代の大卒・大学院卒の男性労働者は日本的雇用システムの恩恵を受けている人々の比率が減少している．逆に，45歳以上の人々の雇用比率の増分が増加している．労働力人口の高齢化と高齢者雇用安定法な

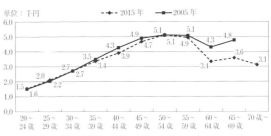

図1 年齢階級別時間あたり賃金率の比較（大卒・大学院卒，男性，2015年と2005年，規模1000人以上）
［厚生労働省「賃金構造基本統計調査」より作成］

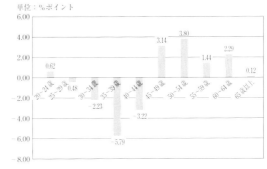

図2 年齢階級別雇用者比率の増加分（大卒・大学院卒，男性，2015年と2005年，規模1000人以上）
［厚生労働省「賃金構造基本統計調査」より作成］

どの影響を受けて高齢者雇用が促進されている．しかし，65歳以上はわずか0.12％ポイントの増加に留まっている．さらなる高齢労働者の活用が大企業で望まれる．

最後に，勤続年数の動向を調べると，30歳から60歳未満までの労働者の勤続年数が短い．特に35～44歳層で顕著に短い．一方，60歳以上の年齢の勤続年数が増加している．賃金，勤続年数，雇用者比率の増分のどれを考察しても，1990年以降のバブル崩壊の影響を受けた1971～81年生まれの世代（ロストジェネレーション世代）の就職氷河期の影響が日本的雇用システムにも顕著に現れている．最近の働き方改革で，わが国の残業時間の多さと女性の昇進・昇格比率の少なさに関して，日本的雇用慣行との関連が指摘されている． ［小﨑敏男］

📖 さらに詳しく知るための文献

吉田良生．2011．「会社組織」小﨑敏男ほか編『キャリアと労働の経済学』日本評論社．pp.97-118.
吉田良生．2012．「若者の雇用多様化と雇用システム」小﨑敏男・牧野文夫編著『少子化と若者の就業行動』原書房．pp.47-74.

☞「生活習慣と死亡・健康」p.106「多様化する雇用形態と働き方の見直し」p.260「結婚・出産・子育てをめぐる近年の政策」p.358

長時間労働の解消とワーク・ライフ・バランス
long-hours work and work-life balance

　長時間労働問題が近年深刻化している現状をふまえ，政府も各種の対策に着手している．2016年には「働き方改革担当大臣」が新設され，厚生労働省から『過労死等防止対策白書』が新たに刊行されるに至っている．さらに，2018年5月には働き方改革関連法案が衆議院で可決され，2019年4月からさまざまな制度が導入される見込みである．具体的には，残業規制や同一労働同一賃金などが導入される一方で，「高度プロフェッショナル制度」と呼ばれる高度な専門知識をもつ人を対象とした，労働時間規制の除外制度が導入される見込みとなっている．

　こうした改革には，長時間労働の是正や柔軟な働き方のための環境整備，そして生産性の向上が目的としてあるが，その一方で，さらなる長時間労働の危険も指摘されている．ここでは，こうした長時間労働の現状とその弊害，さらに長時間労働の原因とその解消方策について解説する．

●**長時間労働の現状**　長時間労働とは労働基準法第32条に従えば，1週間で40時間，1日8時間という上限を超える法定外労働のことを指す（ただし，労働基準法第36条に基づく協定，いわゆる三六協定があれば，一定の時間外労働が認められている）．特に問題視されているのは，限度を超えた残業労働であり，過労死との関連が強いと評価される基準としては，厚生労働省の2001年の通達では「発症前1か月間におおむね100時間又は発症前2か月間ないし6か月間にわたって，1か月当たりおおむね80時間を超える時間外労働」とされている．

　このように長時間労働にはいくつかのとらえ方があるが，現状はどうなっているだろうか．図1に「労働力調査」（総務省）から月末1週間の就業時間が49

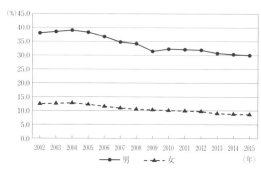

図1　1週間の就業時間が49時間以上の従業者比率（非農林業雇用者）
［「総務省労働力調査」より作成］

時間以上の従業者比率を示した．男女とも比率は減少傾向ではあるものの，男性では依然として3割の被雇用者が週49時間以上の就業状態にあることがわかる．

●**長時間労働の弊害**　長時間労働の弊害は，個人にとって利用可能な時間を労働に占められることによって生じるものである．つまり，長時間労働は個人のワー

ク・ライフ・バランスを破壊する．例えば，労働時間の増加は余暇時間を減少させる．適切な余暇時間は心身の健康を維持するために必要なものであるが，余暇時間の減少の結果，メンタルヘルスの不調，そして過労死に至ることもある．近年，このような事象が多く発生していることは周知のことであろう．また，長時間労働により心身の健康状態が悪化すれば労働生産性も低くなることが予想される．

さらに少し視点を変えると，長時間労働は，家庭にいる時間を減少させる．つまり，家事・育児などの家計内生産に投入する時間を減少させる．伝統的な家族形態（専業主婦世帯）が主流の社会であれば，こうした問題は表面化しなかった可能性もあるが，女性の社会進出による共働き化が進む中で男性の長時間労働は，男性の家庭役割を著しく低下させる．同様に，長時間労働が女性にも課されているとしたら，家事・育児を担うことができず，出産・育児か就業継続のいずれかをあきらめざるを得ない状況に陥ってしまう．これらは少子化の原因の一つとして考えられており，見過ごせない問題である．このように，長時間労働はワーク・ライフ・バランスを悪化させ，経済社会に負の影響を与える側面がある．

●**長時間労働の原因と解消方法**　それではなぜ長時間労働はなくならないのだろうか．内閣府（2013）が被雇用者に対して行った調査結果によれば，上司が残業している人をポジティブに評価している，と感じている人ほど残業時間が長くなることが指摘されている．また，1人あたりの仕事量が多い，突発的な仕事が生じやすいような職場の場合も，残業時間が長くなる．

長時間労働の解消という点から，前者については企業における評価システムあるいは慣習を改めていく必要がある．短時間に成果を出すことを評価するようにしたり，上司がそうした点をアピールしたりしていくことが考えられる．後者については，仕事の重要度を明確にし，重要度の低いものは切り捨てたり，誰でも突発的な仕事に対応できるようにしたりと，仕事の共有化を進める必要がある．こうした解消方法の実現には困難を伴うものの，その取り組みは必要である．もちろん，キャリア人生の各時点で常に最適なワーク・ライフ・バランスが保たれなければならないということではない．キャリア初期には多少の長時間労働になってしまうことは仕方のない部分もある．ただし，キャリア全体を通してのワーク・ライフ・バランスを保つよう意識する必要があることはいうまでもない．

［水落正明］

□□ さらに詳しく知るための文献

山口一男・樋口美雄．2008．『論争 日本のワーク・ライフ・バランス』日本経済新聞出版社．
山本 勲・黒田祥子．2014．『労働時間の経済分析』日本経済新聞出版社．

多様化する雇用形態と働き方の見直し
diversifying employment and work-style reform

☞「少子化の経済的背景」p.150「労働人口学」p.396

　多様な雇用形態のもとで働く就業者の増大が続いている．総務省「労働力調査」によれば，2015年において役員を除く雇用者の4割弱が正社員と呼ばれない働き方をしており，女性は6割弱，男性は2割強を占める．その内訳だが2015年で「パート」が半数を占め，2割が「アルバイト」，25%が「契約社員・嘱託社員」，そして「派遣社員」が6%である．

●**雇用形態と賃金・働き方**　正社員に比べて非正社員は明らかに低賃金である．経験による賃金上昇も小さい．35〜39歳層について，賞与を除く所定内給与の比較としても，正社員に対して非正社員フルタイムの賃金は67%，非正社員短時間の賃金は57%にすぎない（厚生労働省「賃金構造基本統計調査」）．

　非正社員の賃金が割安であればあるほど，企業は正社員雇用を非正社員雇用で代替できるように仕事を組み換え，コスト削減をはかるであろう．

　そして非正社員の拡大は低賃金労働者の拡大につながり，雇用の質の低下，世帯の経済水準の低下につながってきた．

　その一方で，正社員が働き方に満足しているとも限らない．長時間労働や残業が期待され，有給休暇さえ十分に消化できない者が少なくないからである．このように二極化した働き方のギャップを埋め，両者の差を解消することは，日本経済の喫緊の課題である．

　働き方の見直しは二つの側面がある．一つは「正規雇用」と「非正規雇用」との格差を縮小させるよう，雇用ルールや仕事の配分，評価のあり方を見直すことである．もう一つは，「正規雇用」の中での雇用ルールや評価のあり方の見直しである．時間の拘束性が強く労働時間の柔軟性が低い正社員について，その多様性を広げるという視点である．

●**働き方の国際比較と日本の現状**　週49時間以上の労働者の割合をみると，ILO（ILO Data Base）によれば，日本は2014年で男性30%，女性21%である．米国は男性22%，女性16%，ドイツは男性15%，女性10%に比べて高い．30歳代，40歳代の日本男性は週60時間以上の雇用者がフルタイム雇用者の5人に1人を占める．父親の帰宅時間が遅い中で，多くの日本の母親は結婚や出産を機に離職してきた．その多くは非正社員として再就職するが，年収は100万円未満が45%，100〜199万円が40%と低い．なお男性非正社員の年収も低水準に留まる（厚生労働省 2015c）．このように，いったん離職した女性が高い賃金を得られないことが，さらに父親の長時間労働に拍車をかけ，性別役割分業家族を定着させ，夫婦のワーク・ライフ・バランスをとりにくくしてきたともいえよう．

しかし人口減少，高齢人口の大幅な増大が見通される中で，女性が労働市場に参加しつつ子どもを育てることができるよう，それに加えて，高齢者人口が，これまでの経験を生かして仕事能力を発揮できるよう，働き方の改革が求められている．さらには非正規雇用で仕事を始めた若者たちが，不安定雇用に留まらずに仕事能力とキャリアを形成する仕組みが必要とされている．現実に第一子出産後の女性の就業継続が上昇しつつあり，働き方の見直しは徐々に進んでいる．

とはいえ働き方の改革は容易ではない．それは日本で形成されてきた正社員の働き方の根幹に関わるからでもある．日本の正社員の職場は長期雇用慣行が強く，海外と比べると，職務の範囲が明確でなく，チームワークによる仕事が多い．また「職」に就職するというよりは「就社」であり，若いときからの査定が積み重なり昇進につながる仕組みでもあるため長時間労働になりがちである．

●**法制度の改革** 法制変化も必要である．日本の労働時間規制は弱い．労働基準法で定められた法定労働時間は週40時間であるが，三六協定を結び，その中で特別条項を結べば，実質的には上限がなかったのである．月80時間以上を超える残業のある事業場では疲労の蓄積が高いことが知られるが，厚生労働省の「過労死白書平成28年」によれば，月80時間以上の残業のある企業は22.7%にのぼる．残業の明確な規制の法制化，あるいは1日の勤務を終えて次の勤務を始めるまでの連続した休みを法定化する勤務間インターバル規制，例えばEUでは最低連続11時間のインターバル規制が法定化されている．こうした中で，

①正社員の多様化を進める法制化も進みつつある．2010年（全面実施は2012年）から育児短時間勤務の義務化により，3歳未満児のいる労働者は原則週6時間の短時間勤務を請求できることとなり，短時間正社員が拡大した．また厚生労働省は勤務地，職務，時間限定正社員について事例紹介をしている．一方，有期雇用者については，2013年4月に改正労働契約法が施行され，契約が更新され通算5年となった雇用者は，無期労働契約への転換を申し込めるようになった．

②2018年7月に通称「働き方改革法」が成立した．目的の一つは残業規制の明示である．時間外労働の上限を月45時間，年360時間を原則とし，複数月80時間未満と設立された．また1日の勤務を終えて次の勤務が始まるまでの連続した休みを意味するインターバル規制の普及促進は努力義務となった．さらに同一企業内の正規労働者と短時間・有期雇用者との不合理な待遇の差が禁止された．職場の内容および配置の変更範囲が同一の場合は均等待遇・均衡待遇がとられるべきことも規定された．

③ただしこれらの改革だけではまだ不十分であろう．企業命令に応じて長時間労働や転勤ができるかどうかを新入社員時点で選ばせられ，それが早い昇進の条件であれば，やはり家庭と仕事の両立は容易ではない．働き方の見直しは，まだ多くの課題をもつ．

［永瀬伸子］

震災復興と雇用
reconstruction from the Great East Japan Earthquake and employment

☞「東日本大震災と人口移動」p.324

　ここでは，自然災害が地域労働市場に与える影響について先行研究を紹介した上で，東日本大震災が被災3県（岩手県，宮城県，福島県）の雇用状況に及ぼした影響について統計データにより確認する．その上で，被災地における労働力不足が震災復興に及ぼす影響について解説する．

●**自然災害が地域労働市場に与える影響**　自然災害が労働市場に与える影響は，地域や産業，労働者の状況次第で異なる（Belasen & Polachek 2009；太田 2015；鈴木ほか 2015）．

　ベラセンとポラチェク（Belasen & Polachek 2009）は，米国フロリダ州の郡ごとに集計されたデータを用いて，ハリケーン発生前後の雇用量や賃金の変化の差を比較し，被災地域では雇用が減少し，賃金が上昇する一方，隣接地域では避難者や失業者の流入などにより雇用が増加し，賃金が低下するとしている．

　被災地における人手不足は震災復興を遅らせる要因となる．被災地所在事業所を対象とした震災復興企業調査結果によると，2014年8月時点においても，建設業や運輸業といった復興特需に関連する産業では依然として正規従業員不足感が強く，地域別でみても被災3県ともに内陸部の事業所よりも沿岸部の事業所において正規従業員不足感が強くなっている（鈴木ほか 2015）．

　震災離職者のうち再就職していない者の割合は，男性より女性において高くなっており，その背景として復興関連の求人の多くは男性求職者が就職しやすい土木作業関連であるため，職業ミスマッチが男性よりも女性において起きる可能性が高く，女性が男性よりも積極的に求職活動を行わなくなるといえる（太田 2015）．

●**福島県における女性の人口流出と雇用減少**　東

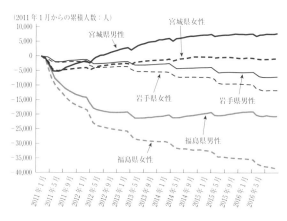

図1　被災3県における転入超過数（累積）の推移
注）転入超過数（累積）＝県内転入数−県外転出数．左軸の人数は，2011年1月時点からの累積人数を表す．
［総務省「住民基本台帳人口移動報告」より作成］

7. 労働力と雇用

日本大震災が被災地域の人口移動や雇用状況に与えた影響は，地域別，産業別，性別で異なっている．その背景としては，震災被害による事業所活動の縮小や労働供給の減少といった悪影響と復興需要拡大が同時並行的に起こったことにより，各地域で復興状況が異なっている点があげられる．

震災後の被災3県の人口流出入状況（図1）をみると，宮城県では県外からの被災者や復興事業関係者が都市部の仙台市をはじめとした内陸部へ流入することにより，男性では2012年6月を境に転入超過となっており，女性についてもここ2〜3年は転出入の差がほとんどない状態で安定的に推移している．一方，福島県は，東京電力福島第一原発事故の影響などもあり，他県と比べて最も転出超過傾向が強く，震災後約1年間で，男性では約1.8万人，女性では約2.4万人の転出超過となっている．震災後2年目以降は，転出超過傾向は鈍化し，男性においては歯止めがかかっているものの，女性の転出超過傾向は続いており，震災後5年目の2016年3月時点で約3.7万人の転出超過となっている．

以上のような人口移動の背景には，震災後の再就職に伴う労働移動も大きな影響を及ぼしているとみられるため，被災3県の就職件数の推移（図2）をみると，宮城県では他県と比べて，男女ともに高い水準となっており，震災時点の水準を一貫して上回っているため，雇用状況が比較的良好であることがうかがえる．岩手県や福島県の女性においては，2012年6月以降，震災時の水準かそれ以下の就職件数となっており，雇用面で男性より厳しい状況におかれている．

震災後，建設業における労働力不足による建設関連費高騰は，震災関連の公共工事の入札不調を招き，震災復興を遅らせる一因となった．住宅・道路などのインフラ整備の遅れは，被災地の人口減少をさらに加速化させ，ひいて

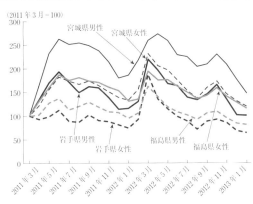

図2　被災3県における男女別就職指数の推移
[厚生労働省報道発表資料より作成]

はさらなる労働力不足や建設関連費高騰を招くという悪循環を発生させる恐れがあるため，建設業における労働力不足や人件費高騰に対する抜本的な政策対応が求められる．

[鈴木俊光]

📖 さらに詳しく知るための文献

内閣府．2012．『平成24年度年次経済財政報告―日本経済の復興から発展的創造へ』．
厚生労働省職業安定局．2016．『被災3県の雇用について―震災後5年を振り返って』．

8. 人口分布と地域人口

　地方における人口減少の克服や東京一極集中の是正がしばしば問題とされ，現状のまま推移すれば遠からず地方は消滅してまうのではないかと危惧されている．それは人口分布，つまり人口の空間的な配置の問題であり，日本全体の人口が，地域人口という形で日本列島の中にどのように分布してきたのか，どう分布しているのか，これからどうなるのか，それは世界的趨勢なのかといった視点からとらえることができる．

　この地域人口の過疎と過密には歴史があり，気候や地理的条件をベースに生活様式や文化・政治・経済的中心が変化したことにより変動してきたものである．その結果は大都市圏と非大都市圏という形に二極化し，教育，経済，財政力，社会基盤における地域格差として現れている．また東日本大震災や原子力発電所の事故を経験し，外国人人口の増加，東京一極集中と地方消滅の危機など，日本の人口分布と地域人口の未来，国土利用全体のレイアウトが問われ始めている．

[原　俊彦・鈴木　透]

第8章

歴史からみた過密と過疎 …………………………… 268
教育の地域差 ……………………………………… 270
経済の地域差 ……………………………………… 272
財政力の地域差 …………………………………… 274
社会基盤と地域人口 ……………………………… 276
外国人の移動と分布 ……………………………… 278
地方消滅 …………………………………………… 280
人口分布と国土計画 ……………………………… 282
地域人口とコンパクトシティ …………………… 284
世界の都市化とメガシティ ……………………… 286

歴史からみた過密と過疎
population concentration and depopulation in history

☞「日本の人口史」p.12「考古人口学」p.384「人口の集中度の測定」p.562

　日本列島における地域人口分布は時代とともに変化してきた（表1）．気候や地理的条件は人口分布を決定する基本的な条件であるが，生活様式（文明システム）の転換がもたらした，主要な資源・エネルギーの種類，文化・政治・経済的中心が変化したことが基本的な原因であった．

●地域別人口密度　縄文時代の地域別人口密度分布はきわめて特徴的である．早期（8100年前）から中期（4300年前）にかけて人口密度が最も高いのは南関東であり，東山（ここでは山梨・長野）がこれに次ぐ．全体的に東日本に人口が集中しており，西日本では希薄だった．この密度分布の原因として，主要食糧資源であるナラ，クリ，クルミ，トチなどの落葉広葉樹の堅果類と，河川を遡上するサケ，マスなどの魚類の生産量が，東日本で大きかったことがあげられる．縄文中期（4300年前）から晩期（2900年前）にかけて，気候寒冷化の影響で人口密度は大幅に低下した．人口密度の低下が大きかったのは北関東，南関東，北陸，東山である．この地域では環境の人口収容力の上限近くまで人口が増えていたた

(人／km^2)　表1　日本人口の地域別人口密度と集中指数（縄文早期～1873年）

地域	8100年前	5200年前	4300年前	3300年前	2900年前	1800年前	725年	800年	900年	1150年	1600年	1721年	1792年	1846年	1873年
東東北	0.04	0.31	0.71	0.79	0.60	0.62	4.41	3.97	7.96	6.97	15.67	50.27	40.16	41.18	49.21
西東北	0.01	0.23	0.68	0.37	0.57	0.22	3.89	4.00	9.44	13.97	16.88	52.52	48.88	54.60	59.74
北関東	0.13	0.67	1.27	0.89	0.21	2.08	19.68	24.90	40.46	39.16	39.40	121.91	93.57	87.93	91.82
南関東	0.54	2.27	5.36	2.61	0.29	4.48	31.03	38.13	53.44	65.48	95.75	289.03	254.30	273.90	260.97
北陸	0.02	0.17	0.97	0.62	0.20	0.82	10.00	18.26	21.23	28.04	34.20	102.36	103.99	120.35	130.95
東山	0.17	1.41	4.00	1.23	0.34	4.70	5.51	8.33	16.31	14.72	19.35	57.07	58.31	64.62	62.68
東海	0.09	0.21	0.55	0.32	0.27	2.33	25.31	21.44	21.92	22.48	56.00	136.84	133.92	151.27	146.17
畿内	0.01	0.04	0.04	0.11	0.08	2.98	60.25	76.89	68.63	65.85	301.00	355.70	320.53	316.01	268.36
畿内周辺	0.01	0.06	0.10	0.14	0.05	3.07	23.79	28.20	33.82	35.49	66.09	159.84	148.29	151.63	143.04
山陰	0.01	0.05	0.05	0.09	0.11	1.75	24.40	31.76	21.85	23.02	28.69	81.74	90.86	101.00	93.19
山陽	0.01	0.04	0.03	0.08	0.08	2.27	20.37	25.09	21.36	21.83	37.81	112.65	118.63	135.46	135.02
四国	0.01	0.01	0.02	0.01	0.14	1.60	14.69	17.85	16.23	17.06	33.30	97.95	105.98	124.22	131.01
北九州	0.04	0.08	0.08	0.13	0.17	2.28	19.13	23.73	27.28	27.15	44.82	134.03	134.79	143.21	160.56
南九州	0.05	0.17	0.16	0.32	0.14	2.66	9.94	12.51	13.48	13.84	21.31	59.33	67.77	73.36	97.30
全国	0.08	0.38	0.93	0.54	0.23	2.29	19.46	23.93	26.67	28.22	57.88	129.37	122.86	131.34	130.72
人口集中指数	0.489	0.474	0.477	0.367	0.320	0.244	0.282	0.261	0.230	0.223	0.233	0.284	0.217	0.208	0.214	0.193

注1）縄文・弥生時代（都道府県別），奈良（725年）～明治（1873年）（国別）で，地域区分の構成が異なっている．詳細については鬼頭（1996）を参照．
注2）国土面積は1935年調査．
注3）人口集中指数は地域人口割合と地域面積から算出したフーバー・インデックス（HI）．指数が1に近いほど，特定地域への集中が起きていることを示す．

めに環境変化の影響が大きく，減少幅が拡大したと考えられる．

　弥生時代（1800 年前）には中国大陸や朝鮮半島から人口の流入があり，水稲農耕が各地に伝播した結果，人口分布は激変した．畿内周辺および畿内への人口集中が起き，西日本全域で人口密度が高まった．ただし弥生時代においても，東山，南関東の人口密度は依然，畿内および畿内周辺よりも高かった．奈良時代（725 年）には律令国家の形成が人口配置の変化につながった．人口密度は宮都がおかれた畿内で最も高く，南関東，東海，畿内周辺，山陰，山陽がこれに次ぐ．注目されるのは，山陰の人口密度が高いことである．須田昭義は，出雲における文化的中心の存在を指摘している（須田 1952）．平安時代（900 年）には南関東，北関東の人口密度が畿内の水準に接近した．平安から鎌倉時代への移行期（1150 年）には南関東は畿内と肩を並べている．武士勢力の台頭が畿内の求心力を弱め，反対に開発が遅れていた東日本の人口増加に寄与したのだろう．9～12 世紀の温暖化・乾燥化の影響も西日本の人口増加に不利に，東日本には有利に作用したのではないかと推測される．

　室町時代から江戸時代にかけて，市場経済の拡散と浸透に伴い，全国で人口密度の上昇が起きた．1600 年の人口稠密地域は畿内および畿内周辺と南関東である．1721 年にはこれに東海と北九州が加わった．江戸後半（1721～1846 年）に人口密度が上昇したのは東日本では北陸・東山・東海，西日本では畿内，畿内周辺以外の地域である．18 世紀の寒冷気候化の影響が東東北・北関東で大きく，地方における農村工業化すなわち先駆的なプロト工業化の展開による畿内の経済的地位の低下が背景にあると思われる．

　近代になると大正から昭和期にかけて南関東，畿内の人口密度が一段と上昇した．第二次世界大戦後の復興期と高度成長期には南関東，畿内，東海，北九州の高さが目立つ．南関東への人口集中は，ほとんどの地域で人口減少が始まった21 世紀に入ってからも続いており，過密，過疎の対比は一層，鮮明になっている．

●人口集中指数　人口の特定地域への集中を示す人口集中指数（フーバー・インデックス）の歴史的推移は，興味深い（表 1 最下行）．縄文早期～中期（8100 年前～4300 年前），奈良・平安初期（725 年，800 年），江戸時代前期（1600 年）の，過去 3 回の人口増加期には高い集中度をみせ，その後の減少期に低下している．新しい文明システムの要素が特定の地域で展開すると，そこで最初に人口増加が引き起こされるが，それが普及，浸透するにつれて周辺部へと人口増加が波及したためと考えられる．

[鬼頭　宏]

　　さらに詳しく知るための文献

鎌田元一，1984，「日本古代の人口について」『木簡研究』6：131-154．
鬼頭　宏，1996，「明治以前日本の地域人口」『上智経済論集』41（2・3）：65-79．
鬼頭　宏，2007，『図説 人口で見る日本史』PHP 研究所．

教育の地域差
regional difference in education

☞「地方消滅」p.280「属性別人口の推計：教育と労働力状態」p.660

　日本国憲法第26条に定められた教育の機会均等は，今や先進諸国に共通する基本的権利の一つであるが，その実現の程度は国や地域により大きく異なる．日本は教育・進学に熱心な国として世界的にも知られてきたが，ヨーロッパから始まった幼稚園から大学・大学院までの教育の全面無償化・機会均等化の流れに大きく遅れている．しかし，少子高齢化・人口減少への対応から地方創生・一億総活躍社会の実現をめざすようになって，にわかに実現への機運が高まってきた．教育上の格差が個人はもとより国や地域の未来を左右する重要な要素となっている．

●**教育の地域差**　教育の機会均等については多様な指標があるが，ここでは比較が容易な文部科学省の学校基本調査に基づく大学進学率を取り上げる．2015年に高等学校を卒業した者のうち，大学・短期大学（通信教育部・別科を含む）・高専の専攻科に進学した者の割合は全国で54.6%．都道府県別では，最高が東京都の66.9%，最低が沖縄県の39.8%であった．したがって大学進学率の県間格差は最大27.1%と3割近い．標準偏差は±6.8%であり，県間の格差も平均で10%以上ある．この値は他県への進学も含むが，大学進学率が高いのは多数の大学が立地する政令指定都市を含む都道府県であり，地元で進学できる優位性が顕著に現れている．

●**経済格差への影響**　大学進学率は，主に高校を卒業した18歳人口が大学卒となる潜在的可能性を示すものであるが，卒業後，地元に就職し家族形成することにより，地域の高学歴人口の割合を高める．地域経済との関係は単に学歴による賃金格差から考えても明らかであり，例えば2015年の都道府県別の大学・短大進学率と1人あたり県民所得との間には+0.67の正の相関がみられる．日本ではこれまで高卒と大卒の賃金格差が米国ほど大きくなかったこともあり，地域の学歴格差が地域経済に与える影響が注目されることはあまりなかったが，米国では大学進学率が伸び悩むとともに地域間の学歴格差が拡大し，ラストベルトと呼ばれ斜陽化が進む重厚長大産業中心地域と，インターネットやコンピュータ，医療バイオ産業などで活況を呈するスマート産業中心地域への二極化が進んでいる（Moretti 2013）．大学の立地を核として新産業が発展し，高学歴人口が集まり，多様なライフスタイルと旺盛な消費需要が生まれ，その結果，さらに大学進学率が上昇する好循環が生まれるか否かが，地域人口の増減や地域社会の存亡を左右する時代が始まろうとしている．

●**人口移動への影響**　2015年の大学進学率と社会増加率との間には+0.65の正の相関がある（図1）．これは人口が大学進学率の高い地域に集中する一方，低

い地域からは流出することを示している．すでに人口高齢化が進み，全体の移動率は低下しているが，大学進学・卒業就職年齢の移動率のみは高いままであり，大学の立地を反映し，東京あるいは大都市圏への一極集中は今後も続き，大学教育の無償化が進めば，その傾向はさらに強まると予想される．

●**結婚・出生力への影響** さらに2015年の大学進学率と25～29歳の女子未婚率との間にも+0.69という正の相関がみられる（図2）．在学中の結婚は稀であ

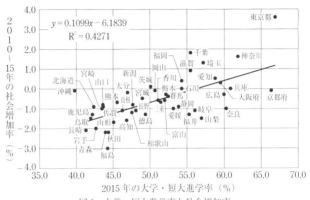

図1　大学・短大進学率と社会増加率

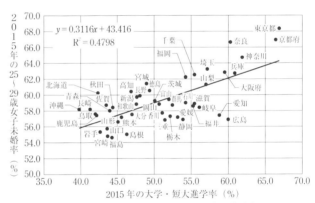

図2　大学・短大進学率と25～29歳女子未婚率

り，大学進学率が高い地域ではその分，初婚タイミングが高年齢にずれる傾向が生じる．大学進学率と女子の未婚初婚率では，20～24歳，25～29歳までは負の相関となるが，30～34歳以上では正の相関となり，特に大学進学率が高い大都市地域では35～39歳，40～44歳で正の相関が最も高くなり晩婚・晩産化が進んでいることが確認できる（原　2016a）．2015年の大学進学率と合計特殊出生率の間にも-0.51の負の相関がみられ，大学進学率の高い地域では出生力が低くなる傾向がみられる．国内はもとより，国際社会においても，教育の地域間格差をいかにして克服するかが重要な課題となっている．　　　　　　　　　　　[原　俊彦]

📖 **さらに詳しく知るための文献**

Moretti, E., 2013, *The New Geography of Jobs*, Mariner books, Houghton Mifflin Harcourt.
原　俊彦，2016，「日本の人口転換と地域社会の持続可能」『家族社会学研究』28（2）：11-25.

経済の地域差
regional difference in economy

☞「地域再生と雇用創出」p.254 「東京圏への一極集中」p.308 「農業と人口」p.398 「産業別人口・職業別人口の分析」p.570

　人口の地域格差がみられるように，経済においても地域差が観察される．富める地域と比較的貧しい地域といったように経済の地域格差が存在している．都市と地方の経済格差，賃金の高い都市部と低い地域での賃金格差は，都市部に人口を引きつけ，その結果，都市部と地域との人口の地域格差をもたらしている．経済の地域格差は，住民の地域移動や企業立地，地域の賃金格差や貧困，行政サービスの地域格差，健康，学力，ソーシャル・キャピタル，幸福など多様な側面と密接に結びついている（橘木・浦川 2012）．地域の経済格差の研究は地域経済の活性化や地域間格差の是正策を考える上で非常に重要である．

●**地域間の所得格差の動向**　経済の地域差をはかる尺度の一つとして，所得とその変動係数（＝標準偏差／平均値）がある．関東，中部，近畿で所得は総じて高いが，一方，北海道，東北，四国，九州では低い傾向にある．1990年代は，地域ブロックの1人あたり所得の経済格差は縮小傾向にあった（内閣府 2004）．2000年代に入ると関東地域などで高く，北海道などで低い傾向は持続しているものの，全国平均からの乖離幅の縮小傾向は一様ではなくなった．それでも都道府県別の1人あたり県民所得の変動係数は2005年をピークに減少し，都道府県間の所得格差は縮小傾向にある．

●**地域間の経済格差と人口分布**　図1は，わが国の総生産額に占める各都道府県の県内総生産額の割合と，東京を基準とした1人あたり県民雇用報酬額の値，地域の人口分布を表すわが国の総人口に占める各県の人口割合を示している．それによれば，第一に「県民経済計算」区分の関東地域の県内総生産額は，わが国の総生産額の4割を占めている．中でも東京だけで約2割近くを占める．中国，四国，九州地域で総生産額の割合が相対的に低い．とりわけ四国地域が低い．第二に東京を基準とした県民1人あたりの雇用者報酬は，秋田，佐賀，沖縄は東京の半分程度の値となり，地域により大きな格差が存在する．地域ブロック別では関東，近畿地方が相対的に高く，中部地方が相対的に低い．第三に人口分布は，生産額と同様に関東地域で35％程度を占めている．東京はわが国の総人口の1割を占める．人口分布と地域の総生産額の割合は，都道府県別データで高い正の相関（0.92）を示し，地域間経済と人口分布は密接な関係にある．

●**地域間の経済格差の原因**　地域間の所得格差は，地域間の生産性格差に起因しており，生産性格差は産業特性と人的資本に依存すると考えられる．製造業，サービス業などに従事する人の割合が高い地域ほど生産性が高い一方で，農林漁業，建設業などに従事する比率が高い地域ほど生産性が低い．また，その地域の中で

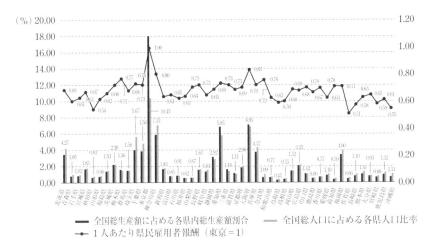

図1 都道府県の経済格差と人口比率（2013年）
注）1人あたり県民雇用者報酬（東京＝1）は，右側の軸．それ以外は左側の軸．
［内閣府「県民経済計算」より作成］

15歳以上に占める高等教育修了者の割合が高い地域は，生産性が高い（内閣府 2004a）．森川の研究によれば，個人の賃金分散のうち都道府県間格差で説明される部分は1割程度である．大部分は都道府県内の賃金格差の要因によるとしている．そして，賃金水準の高い関東地方と低い東北や九州の賃金格差の7〜8割が観測可能な個人特性（学歴・勤続・年齢・非正規など）や事業所特性（規模など）ならびに物価水準によって説明されるとしている（森川 2010）．

●都市と地方の賃金格差のメカニズムとその対策　都市の賃金（W_a）が地方の賃金（W_b）より高いと仮定すると（$W_a > W_b$），人々は高い賃金を求めて地方から都市へ労働移動するインセンティブをもつ．何ら労働移動の費用がかからないと仮定すれば，移動による期待収益と移動費用が等しくなるまで，つまり賃金格差がなくなる均衡賃金（W_c）に達するまで移動が行われる．しかし，現実には，労働移動費用や都市への人口集中により，集積の利益が働き，都市と地方の賃金格差が持続する．こうした地域間の賃金格差対策としては，地方への企業誘致や地域でのベンチャー企業の育成など，生産性をより高め，良質な職場提供を行うことが求められている． ［小崎敏男］

📖 さらに詳しく知るための文献

小崎敏男．2018．『労働力不足の経済学―日本経済はどう変わるか』日本評論社．
内閣府．2004．『平成16年度　年次経済財政報告』．
山田浩之・徳岡一幸編．2007．『地域経済学入門（新版）』有斐閣．

財政力の地域差
regional difference in financial strength

☞「社会基盤と地域人口」p.276
「人口の集中度の測定」p.562
「人口変動と予算配分政策」p.672

　財政力の地域差を考える場合，地方自治体の財政力を何で測るかが問題になる．地方自治体の財政力を測る指標としてまず考えられるのは歳入額である．歳入は，地方自治体のさまざまな税収，地方債，そして中央政府からの税源移転である地方交付税や国庫支出金などにより構成されている．地方自治体の財政力の格差はもっぱら各自治体の経済力によることになるが，中央政府からの移転も含めると必ずしもそうはならない．ちなみに，総務省の2014年のデータによれば，都道府県について地方交付税と国庫支出金が歳入額に占める割合は30％程度となり，中央政府からの移転の影響力の大きさを確認することができる．

●財政力の測定　このように歳入額には中央政府からの財源移転が含まれるため，経済力のみに基づく純粋な自治体の財政力を測ることはできない．経済力をベースとした財政力は，歳入額のうちの地方税収額をみる必要があるが，より一般的には財政力指数でみることができる．財政力指数は，基準財政収入額を基準財政需要額で除した数値の過去3年間の平均値として表す．基準財政収入額とは，地方自治体の標準的な地方税収額のことである．一方，基準財政需要額は，地方交付税の給付を受けるための基準となるもので，この額と基準財政収入額との差が大きい（財政力指数が1より小さい）ほど，より多くの地方交付税の給付を受けることになる．逆に財政力指数が高い（1より大きければ地方交付税の給付はない）ほど，中央政府に依存する必要性は低くなり，それだけ地方自治体の経済力が大きいことを意味する．

　地方自治体の財政力，すなわち経済力に対してはさまざまな要因が影響を与えていると考えられるが，主なものとしては各自治体の人口，資本，科学技術を考えることができよう．今日，多くの地方自治体では人口減少が進んでおり，将来的にも減少傾向は持続することが予想されている．人口が減少すれば，それだけ働いている人口（すなわち就業者）が減少するので，税収額が減り，財政力は縮小する（増田2011）．また，クズネッツ（Kuznets 1960）の考え方を援用すれば，人口減少は長期的には，他の生産要素である資本蓄積や技術進歩を停滞させる可能性もある．したがって，人口は地方自治体の財政力格差を決定する重要な要因となる可能性がある．

●人口と財政力の地域差　そこで，人口との関係から財政力格差をみてみよう．ここでは人口増加率と財政力指数との関係を示す．図1は1995年から2010年までの5年おきの都道府県別データを用い，対前年人口増加率と当年の財政力指数との相関係数（変数間の結びつきを示す0から1の間をとる係数であり，1に近

いほど結びつきが強い）の推移を示したものである．なお，例えば，2010年の財政力指数に対応する対前年人口増加率は2005年から2010年における人口増加率をとる．相関係数はすべての年次で＋0.6以上あり，人口増加率の高い地域ほど財政力が高いことを示している．また，年々相関係数は高まっており，このことから地域の財政力を決定する人口の影響力も高まっているといえる．

この傾向の背景要因には，人口の都市圏と地方圏への不均一な分布があると考えられる．わが国は，2005年から人口減少時代に突入し，今後人口減少は持続的に進んでいくと予想されている．しかし，地方圏では人口減少が顕著であるものの，東京をはじめとする都市圏では依然として人口増加が進んでいる．図2は，人口の地域間格差のジニ係数（格差を表す0と1の間をとる代表的な係数で，1に近づくほど格差が大きくなると解釈する）を，都道府県別データを用いて1995年から2010年について5年おきに示したものであるが，年々人口格差は拡大している．こうした状況においては，都市圏におけるプラスの人口増加はますます財政力指数を高め，地方圏におけるマイナスの人口減少はさらに財政力指数を低めることになり，上記の相関を強めていると考えられる．このことから，人口格差が財政力格差をもたらしている可能性があり，今後，都市圏と地方圏における不均一な人口分布が一層進んでいけば，この傾向はさらに強まっていくと思われる．

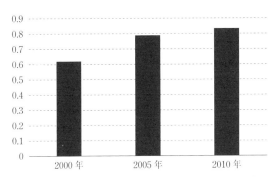

図1　都道府県別データを用いた対前年人口増加率と財政力指数の相関係数
［総務省「国勢調査」，「都道府県決算状況調」より計算］

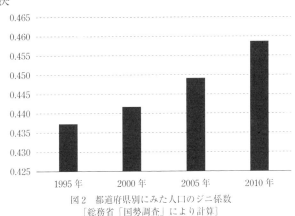

図2　都道府県別にみた人口のジニ係数
［総務省「国勢調査」により計算］

［増田幹人］

社会基盤と地域人口
social infrastructure and regional population

☞「財政力の地域差」p.274「人口の集中度の測定」p.562「人口変動と予算配分政策」p.672

　社会基盤の整備は，地方自治体が行わなければならない最も重要な事業の一つであり，地方公共財の供給としてとらえることができる．地方自治体は独自財源としての地方税収額や地方債，地方交付税や国庫支出金といった中央政府からの財源移転などをもとに社会基盤の整備を行っている．地方税収は，就業者が多いほど，また稼得所得が増加するほど増えるので，失業率を一定とするならば，人口の増加は自治体の税収額を増加させる．したがって，社会基盤整備にとって人口の増減は重要な影響要因となる．

●規模の経済と集積の経済　人口はまた財政効率の観点からも社会基盤整備に対して重要な要因となる．このことは規模の経済と集積の経済により説明することができる．

　規模の経済とは，生産量が増えることにより生産性が高まり，平均費用（生産量1単位あたりの費用）が逓減することを意味する．ここでいう生産量の増加は，人口増加に置き換えることが可能である．人口増加は，労働力の増加，生産量の増加などをもたらすとともに，発明のインセンティブになるなど，経済への正の効果をもつといわれている（山口 2001）．

　他方，集積の経済とは，都市的な地域に異業種の企業が集中して立地し，人口が集中することで生産性が高まり，平均費用を低める効果のことを意味する．規模の経済が，自治体における人口自体の増加により達成されるのに対して，集積の経済は必ずしも自治体の人口が増加する必要はなく，自治体における都市的な地域に人口が集中することにより達成される．例えば，中心市街地，郊外に人口

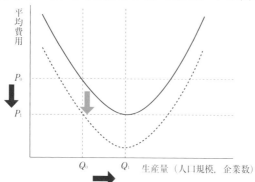

図1　規模の経済と集積の経済
［山田・徳岡（2007）をもとに作成］

が均一に分布していた状態から中心市街地に人口を集中させることにより，生産性の上昇を達成しようとするものである．

両者の関係性は，図1のように表すことができる．横軸は生産量，縦軸は平均費用であり，その間に示されているU字型の曲線は平均費用曲線である．上述の議論をふまえれば，横軸の生産量は人口規模や企業に置き換えることができる．規模の経済は，横軸の生産量が Q_0 から Q_1 へ増加することにより，平均費用が P_0 から P_1 へ低下することにより表される．ただし，臨界点が存在しており，平均費用曲線のU字の谷より右において平均費用はむしろ拡大することになるので，規模の経済の効果はU字の谷まで作用するととらえることができる．他方，集積の経済は，生産量が Q_0 に留まった状態における，平均費用曲線の下方へのシフトによる平均費用の P_0 から P_1 までの低下として表すことができる（山田・徳岡 2007）．

●**人口規模と財政効率，社会基盤整備** これらの効果は，社会基盤整備にも応用することができる．すなわち，ある程度以上の人口が自治体に集まり，効率的に分布していないと，効率的な財政運営に基づき地方公共財の供給すなわち社会基盤整備を行うことが難しいと考えることができる．ここでいう効率的な財政運営とは，社会基盤整備についての平均費用を可能な限り低くすることである．

地方自治体の財政に関する規模の経済は，市町村合併の効果の文脈でも用いられる．市町村合併とは自治体の人口規模の増加を意味するが，合併を進めることにより自治体の財政効率を改善できることが知られている．この場合の財政効率は人口1人あたり歳出額の低下としてとらえられるが，人口規模と人口1人あたり歳出額との間にも，平均費用曲線の場合と同様にU字型の曲線が描かれる．なお，都市における人口集中は，エネルギー効率の改善に対しても効果をもたらすといわれている．

今後，多くの地方自治体では人口減少が予測されているが，その場合，規模の経済を実現することは難しくなる．すなわち，もし人口規模が平均費用曲線のU字の谷よりも左側に位置しているならば，中心市街地と郊外に人口が均一に分布している場合，自治体の人口減少の分だけ平均費用は拡大することになる．その場合，効率的な社会基盤整備を行うことができなくなり，長期的には社会基盤整備が滞る可能性も出てくる．しかし，地方自治体の都市的な地域に人口を集中させることができれば，自治体の人口が減少したとしても，平均費用を低下させることができる．これはコンパクトシティの考え方にも通じるものである．

今後地方自治体において人口減少が進めば，財政力も縮小していくことが予想され，自治体の公共財の効率的な供給は難しくなる．こうした状況において，人口集中は重要な要素になりうる．このことは人口減少時代の主要な課題であるといえる．

[増田幹人]

外国人の移動と分布
migration and distribution of foreign nationals

☞「現代日本の国際結婚」p.182
「外国人労働者問題」p.242
「日本の国際人口移動」p.300
「日系移民」p.304

　日本は1990年代以降，ニューカマー外国人人口の急増を経験してきたが，その背景には国際移動転換を日本も経験したということがある．

●**外国人の移動**　一般的に外国人の移動性向は現地人と比較して高いことが知られている．これは，外国人の多くが経済的理由から外国に滞在しており，賃金水準などの経済的チャンスにより敏感であるためとされる．それ以外の要因としては，同胞人口が多く，エスニック・ネットワークが発達している地域を居住地として選択するといった特徴もみられる．

　日本では，1990年代以降，外国人人口の急増を経験する中で，外国人の国際移動についても研究が進められた結果，就労機会の多寡や同胞人口の規模といった要因に加え，国際結婚の機会が重要な役割を果たすことが明らかにされている．また，国籍による違いもみられ，ブラジル人は製造業が発達している地域に集まる傾向がみられる一方，中国，韓国・朝鮮，フィリピン人の間ではサービス業が発達している地域により多く移動する傾向が確認されている．

　なお，外国人の移動を考えるにあたっては，前住地が国外の場合（1次移動）と国内の場合（2次移動）で移動パターンは異なる点に注意する必要がある．一般的に，1次移動ではさしあたって大都市圏を志向する傾向が強くみられるが，2次移動では現地社会への適応が進んだ結果，郊外の住宅地やあるいは非大都市圏への移動がみられる場合も多い．こうした特徴は後述するように地域開発との関係では焦点となる．

●**外国人の分布**　外国人の分布は現地人と比較して大都市に集中する傾向が強いとされるが，日本でも同様の傾向が確認される（図1）．これは前述したように，外国人の居住地選択においては就業機会の多い大都市が選択されること，およびその結果として同胞人口の集積が一定程度みられることによるものであり，日本では東京に外国人人口のおよそ2割に相当する48万3538人（2017年6月末時点）が居住している．

　ただし，これは詳細な分布をみると異なった様相を示しており，同じ東京圏内でも中心区ではなく，郊外に分散する傾向がみられる．これは，入国当初は大都市インナーエリアに居住していた外国人が，その後，就職や家族形成を経る中で郊外の住宅地へと転居していったことに伴うものである．

　また，諸外国ではしばしば観察される，現地人と外国人の居住地域の住み分けやそれに伴うライフチャンスの格差といった問題は日本ではそれほど顕在化していないといえる．なお，在日コリアンが集住する大阪中心部や華僑が集住する横

浜や神戸の中華街，また近年では製造業で派遣労働者として働く日系ブラジル人が集住する東海や北関東の地方工業都市など，日本でも一定程度の外国人の集住がみられるものの，それ以外の地域では極端な日本人との居住地域の住み分けは確認されていない．

●**地域開発との関係** 現在，地方圏を中心に人口減少が進展しつつある日本では，地域開発において外国人の流入が注目されることも多い．しかし，これまで明らかにされてきたことによれば，外国人は日本人よりも大都市に集中する傾向がみられ，むしろ大都市 – 地方間の人口格差を拡大する可能性がある．

例えば，図1によれば東京の人口が日本全体に占める割合（占有率）は，日本人人口では10.6％であるが，外国人人口では21.1％となる．同様の傾向が，大阪，愛知，神奈川，埼玉，千葉といった日本人人口が集中する都道府県で確認されている．その一方，日本人があまり住まない都道府県では，外国人人口の占有率の方が高いところもあるものの，そうした地域では，外

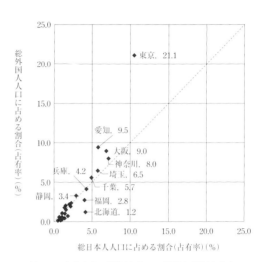

図1 日本人および外国人人口の都道府県別占有率
［人口推計（総務省），登録外国人統計（法務省）より］

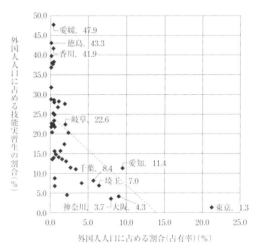

図2 都道府県別にみた外国人人口および技能実習生の分布状況
［人口推計（総務省），登録外国人統計（法務省）より］

国人人口の大半は技能実習生というケースも多く（図2），恒常的な人口増加にはつながらない点に注意する必要がある． ［是川 夕］

地方消滅
"disappearing" of regional population

☞「人口分布と国土計画」p.282「東京圏への一極集中」p.308「過疎化と人口減少社会」p.310「地域将来人口推計」p.628

　日本創成会議・人口減少問題検討分科会（座長 増田寛也元総務大臣）が公表した「ストップ少子化・地方元気戦略」（2014年5月），通称「増田レポート」は，これまで暗黙のうちに危惧されてきた「地方消滅」の可能性を正面から取り上げ全国に衝撃を与えた．

　人口減少は都道府県，市町村で画一的に生じるわけではなく，まず地方で進み，次いで東京圏などの都市部へとシフトする．2015年の国勢調査の結果では，東京圏では依然として人口が増加する一方，秋田県などでは人口減少が著しい．総人口だけではなく年齢構造も大きく異なる．

●人口移動と少子化・人口減少のメカニズム　増田レポートの新しい視点は，東京圏と地方との人口移動を全国規模の少子化および人口減少のメカニズムに組み込んだ点にある（図1）．これまでの人口移動の経緯をみると，地方から東京圏には過去から継続して若年層を中心とした人口流入があった．地方には若者が残らず，次世代を再生産する中心的年齢層である20～39歳の女性の人口も減少傾向にある．

　出生数は若年女性の人口に出生率を乗じて計算できることからわかるように，たとえ出生率が高まったとしても，もともとの女性人口が減ってしまえば出生数は減少する．地方の合計特殊出生率が高いといっても，それは東京圏との相対的な比較であり，実際には人口の置換水準を大幅に下回っているのであるから総人口の減少は避けられない．

　東京圏に転入してきた若者が家族形成を行い，子どもを持てる環境が東京圏にあるかといえば，そうはなっていない．混雑現象によって育児環境などが整わず，また未婚者比率も高い東京圏は超低出生率で，若者を地方から引き寄せても次世代の再生産ができない．そのため，地方も東京圏もこうした人口減少の負のスパイラルから抜け出せず，全国的な人口減少に拍車がかかることになる．その結果，東京圏は極点社会のように小さく縮小し，最終的にはブラックホールのように自己

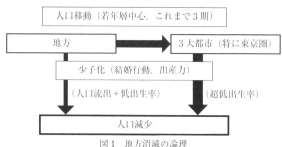

図1　地方消滅の論理
［日本創成会議・人口減少問題検討分科会，2014，「ストップ少子化・地方元気戦略」より］

の（人口）密度の大きさに押しつぶされてしまう，ペシミスティックな未来像が浮かんでくるのである．

● "消滅する" 自治体　こうした論理をもとに日本創成会議では，このまま若者の東京圏への人口移動が収束しない場合には多くの地方が消滅するということを示した．この点を少し説明しておく必要があろう．

都道府県や市町村の将来人口推計に関しては国立社会保障・人口問題研究所が2013年に『日本の地域別将来推計人口（平成25年3月推計）』を公表している．この推計において将来の人口移動の仮定は，2000年代後半の人口移動が収束し，将来的には都道府県間の人口移動は一定程度に収束するというものであった．

しかし近年，東京圏への人口流入は落ち着くどころか，さらに増加している．2020年には東京オリンピック・パラリンピックも控えており，雇用機会の所在が人口移動を促す要因であるなら，さらに東京圏への転入超過は進むと考えられる．そこで増田レポートでは，地域間の人口移動が将来も収束しないと仮定して，市町村ベースでの将来人口推計を行ったのである．その結果，"消滅する" 自治体が896に上る（これは福島県を除く全市町村の49.8%になる）という結果になった．これによって消滅自治体という言葉も生まれ，東京都豊島区も消滅自治体に含まれていることなどから，いくつかの誤解も生じた．

ここで "消滅" という言葉について説明を加えておきたい．増田レポートでは，20〜39歳の若年女性の人口が2040年までに半減することをもって消滅とした．若年女性が減少すればたとえ出生率が上昇したとしても出生数は増加せず，その地域の人口を維持することはできないからである．誤解の多くは地方の市町村が物理的に "消滅" するのか，ということであるがそういうわけではない．しかし高齢化もさらに進むことから，長期的には自治体としての機能を大きく失い実質的には消滅するといっても過言ではないだろう．

増田レポートが社会に衝撃を与えたのは，この896の市町村が消滅するという内容であった．地方消滅という言葉が社会に流布するとともに，その対応策を早急に打ち出さなければならないということなった．

こうした流れを受け，安倍政権は2014年秋に石破地方創生担当大臣を任命し，また「まち・ひと・しごと創生本部」を立ち上げて，2015〜19年度までの5年間の政策目標・施策を策定する「総合戦略」と，出生率を引き上げるなど2060年に1億人程度の人口を確保する中長期展望を示した「長期ビジョン」を公表した．さらに，各自治体においても地方版の総合戦略や長期ビジョンを策定することとしたのである．　　　　　　　　　　　　　　　　　　　　　　　　［加藤久和］

📖 さらに詳しく知るための文献

増田寛也編，2014．『地方消滅』中公新書．
加藤久和，2016．『8000万人社会の衝撃』祥伝社新書．

人口分布と国土計画
population distribution and national land planning

☞「地方消滅」p.280「地域人口とコンパクトシティ」p.284「東京圏への一極集中」p.308「過疎化と人口減少社会」p.310「高齢人口移動」p.318

　人口分布とも密接に関わる国土政策に関しては，「国土の均衡ある発展」を理念に，国土総合開発法（昭和25年法律第205号）に基づき五つの「全国総合開発計画（以下，全総計画）が策定され，国土を総合的に利用，開発，保全するため，土地・水利用，災害対策，都市・農村整備，産業立地，インフラ整備等省庁を超えた幅広い施策を方向づける長期目標が示されてきた．計画策定に際しては，将来人口推計をはじめ，労働力人口の不足，高齢化，少子化等中長期の人口動向が吟味され，計画の中では人口の大都市集中や過疎等地域間の分布に関わる解決策が示されてきた．2015年，国土総合開発法は国土形成計画法へと改正され，以降は国土形成計画（全国計画および八つの広域地方計画）が策定されている．

●都市も地方も人口が増加した時代　1950年代の課題は，過剰人口の収容，急増する労働力の完全雇用であった．一方，1960年経済計画「国民所得倍増計画」は，少産少死への移行，若年労働力不足を指摘し，また産業，生活基盤，国土保全施設の充実，地域格差に着目した．策定過程で，太平洋臨海工業地域に工業基地を建設する「太平洋ベルト地帯構想」が示されたが，その他の地域の反発を招き，後進的な地域の開発促進のため国土総合開発計画策定が課題となった．

　1962年，太平洋ベルト地帯への工業集中，過大都市，地域間格差に対処するため「地域間の均衡ある発展」を目指す全国総合開発計画が閣議決定され，全国に工業開発拠点を設け地域振興と格差是正を目指す「拠点開発方式」のほか，過密地域での工場等新設の抑制，計画的工場分散などが企図された．

●過疎と過密，労働力人口の大都市集中　高度成長期に入ると，若年労働力不足が顕著となり，過疎・過密など成長によるゆがみも際立ってきた．1969年の新全国総合開発計画は，新幹線，高速道路等大規模プロジェクトを構想したほか，情報化にも着目した．人口については，所得水準の向上などによる出生力回復，大都市人口の一層の拡大を予測する一方，過疎や集落再編などにも言及した．

　地価高騰や土地投機，過疎問題が深刻化する中，1972年高度成長による過疎と過密の同時解消を提言する「日本列島改造論」が発表された後，ニクソンショック後の過剰流動性を背景に，列島改造ブームによる土地投機が問題化した．国土の適正利用のための行政の総合的推進を目指して1974年，企画調整官庁として国土庁が設置され，2001年の中央省庁再編まで全総計画をとりまとめた．

　第一次石油危機などを機に安定成長へと移行した後，1977年の第三次全国総合開発計画は，自然環境，生活環境，生産環境の調和のとれた人間居住の総合的環境形成を目指し，大都市集中抑制，地方振興，過疎過密に対処しつつ新たな生

活圏の確立を目指す「定住構想」を提唱した．大都市圏以外の地域への若年層の定住を重視し，住民の意向が十分反映されうる計画上の圏域，定住圏を生活の基本的圏域と位置づけた．人口動向については，少産少死への急速な移行，生産年齢人口の中高年齢化，老年人口割合の急拡大などを指摘した．

　1980年代，金融，情報の国際化を背景に東京一極集中傾向が強まった中，1987年策定の第四次全国総合開発計画は，約30年後人口増は頭打ちとなるとし，人口増が常態であった時代とは異なる局面も視野に入れ，また高齢化社会の到来にも着目した．東京一極集中抑制と地方圏での定住促進のため，地域・国際間で相互に補完，触発し交流する多極分散型国土形成を目指し，その実現のため多極分散型国土形成促進法が制定され，国の行政機関などの都区部からの移転，振興拠点・業務核都市整備などがはかられた．

●都市も地方も人口減少と向き合う時代　1990年代に入ると「少子化」が着目されるようになり，1998年の「21世紀の国土のグランドデザイン」（以下，21GD）は，総人口の伸びは少子化を主因に急速に鈍化し，21世紀初頭に本格的人口減少局面に入り，また，中山間地域で地域社会の諸機能維持が困難な地域が増加するとした．21GDは「国土の均衡ある発展」の考え方の成果をふまえつつも，画一的な資源配分や地域の個性喪失を招いた面もあるとし，一極一軸型から，四つの国土軸による多軸型の国土構造への転換を提唱した．同時に国土総合開発法に基づく制度の抜本見直しを提起し，これを受け開発中心の同法は，国と地方の協働によるヴィジョンづくりを目指す国土形成計画法へと改正され，2008年7月，広域ブロックが自立的に発展する国土構築を目指す最初の国土形成計画全国計画が閣議決定された．地方の高齢化を重視した21GDに対し，この計画はわが国全体の高齢化，人口減少に着目した．また，市街地縮退が現実化する中，集約型都市構造への転換など「人口減少が衰退を意味しない国土づくり」を目指し，NPOなどの多様な主体「新たな公」を機軸に地域力を結集することも強調した．2009年8月には国土交通大臣が初の広域地方計画を決定した．

　東日本大震災を経て，2014年，国土交通省が公表した「国土のグランドデザイン2050」の考え方もふまえ再び国土形成計画が議論され，2015年8月全国計画の変更が閣議決定された．異なる個性の地域の連携によりイノベーションを促す「対流促進型国土形成」，これを実現する国土構造として「コンパクト＋ネットワーク」の考え方が示され，2016年3月には新たな広域地方計画も決定された．

　人口減少社会の先頭を走るわが国において，国土政策はこれからの時代にふさわしい「国土の均衡ある発展」を模索し続けていく．　　　　　　　　［近藤共子］

□□　さらに詳しく知るための文献
下河辺　淳，1994，『戦後国土計画への証言』日本経済評論社．

地域人口とコンパクトシティ
regional population and compact city

☞「地方消滅」p.280「人口分布と国土計画」p.282「東京圏への一極集中」p.308「過疎化と人口減少社会」p.310「高齢人口移動」p.318

　コンパクトシティとは，都市の経済活動に伴う移動コストを低減させ，また高齢社会に対応できるよう主要な都市機能を徒歩圏内に配置するなど，可能な限りコンパクトな市街地を目指そうとする考え方，あるいはそれに基づいて設計・整備された都市をいう．玉川によれば，コンパクトシティの言葉が最初に明示的に登場するのは，米国のオペレーションズリサーチの専門家であるダンツィクとサアティの著書（Dantzig & Saaty 1973）である（玉川編 2008）．しかし，1970年代の米国は都市域の拡大が急速に進んだ時期であり，コンパクトシティの概念が広く浸透することはなかった．これに対して，同時期の欧州ではローマクラブによる「成長の限界」の発表を機に都市の持続可能性について意識が高まり，その後，90年代に入るとコンパクトシティの考え方を実際に政策に取り入れるようになった（海道 2007）．90年代の欧州では，世界に先駆けて少子高齢化が進んだこともあり，コンパクトシティの概念は高齢者が住みやすく環境への負荷が少ない手法として急速に支持されていった．都市内を結ぶLRT（Light Rail Transitの略，次世代型路面電車システム）の導入や市街地への自家用車の乗り入れ規制などによって，モータリゼーションとそれに伴う無秩序な郊外化，すなわち都市のスプロール化を抑制しようとする施策は，その手法の一例である．

●**日本におけるコンパクトシティ政策**　日本では，2000年代に入ってからコンパクトシティの考え方が評価され始めた．日本においてこうした動きが現れた契機は，少子高齢化とそれに伴う人口減少，郊外型ショッピングセンターの進出やネットショッピングの普及による住民の消費行動の変化などにより，特に地方圏において都市の中心市街地が急速に衰退し始めたことであるといってよいだろう．すなわち，欧州のコンパクトシティ政策が環境への負荷の低減や都市の持続可能性に主眼をおいたのに対して，日本の政策は明らかに中心市街地の活性化に焦点が当てられている．この点は，2000年以降に刊行されたコンパクトシティに関する日本の書籍のほとんどが中心市街地活性化の議論に多くの紙面を割いていることをみても明らかである．さらに，市街地のコンパクト化が進まないまま人口減少が進んだ場合，税収不足によってこれまでと同様の行政サービスが維持できなくなるという強い危機感をほとんどの地方自治体が有している．影響を受ける行政サービスは，その供給範囲に応じて維持コストが増大するものであり，例えば下水道などのインフラの維持管理，要介護支援者への在宅サービス事業，降雪地域での除雪事業などである．こうして，現在日本では，都市への人口集中を緩和しようとした従来の政策から，むしろ市街地への人口流入を促進させてその活

性化をはかろうとする政策への転換が進められている．その一環として，1998年制定のまちづくり三法（改正都市計画法，大規模小売店舗立地法，中心市街地活性化法）のうち，都市計画法と中心市街地活性化法が2006年に改正された．これらの改正後に中心市街地活性化計画の第1号として認定されたのが富山市と青森市である．この2都市は，いずれもコンパクトシティの実現を市の重要政策に掲げてきておりその動向が注目されてきた．以下ではこの2都市の事例を紹介する．

●**富山市と青森市のコンパクトシティ政策** 富山市の政策の特徴は，前述のLRTを軸に市街地での公共交通機関の利便性を高め，これを誘因として市街地のコンパクト化と活性化を進めようという点にある．富山市では，公共交通を「串」，徒歩圏に収まる市街地を「お団子」にたとえてこの政策の意義を強調している．こうした政策の結果，LRT事業については高齢者の利用が大幅に増加したことなどから高い評価を受けている．さらに，富山市の資料によれば中心市街地では2007年，公共交通沿線地区では2011年から社会増に転じたとしており，人口流入に与えた効果についても一定の評価ができる．しかし，両地区以外にも2000年以降に大幅な社会増となった地区があることに加え，自然増減の情報がないこともあり，地域人口の点で本当に市街地のコンパクト化が進んだかを判断するにはさらなる検証が必要であろう．一方，青森市の政策の特徴は，市域をインナー，ミッド，アウターの3ゾーンに分けた上で，特にインナーにおいて複合商業施設やシニア対応型集合住宅の建設を通じて土地利用の高度化を進め，コンパクトシティの中核部を形成しようという点にある．これらの政策の結果，中心市街地において民間事業者による集合住宅建設が進み一時人口増がみられたが，その後の人口は停滞している．また，上述の複合商業施設については経営不振のため2017年にその大部分を公共施設として再生する方針が示された．以上のように，現時点において両市の政策は人口面で期待どおりの効果が上がっているとは必ずしもいえず，この点は自治体の努力だけでは克服できない，コンパクトシティ政策の限界であるとの見方もできる．一般に地方圏の場合，郊外の住宅の資産価値が低いため市街地への住み替えが困難であり，そうした住み替えを促進するためには誰かがその移動コストを負担しなければならず，財政がそれを支えるのは限界があるからである．こうした点から，饗庭（2015）をはじめコンパクトシティ政策の実効性に批判的な意見も少なくない．しかし，今後，少子高齢化と人口減少が急速に進む日本において，コンパクトシティが掲げる理念の方向に進まざるを得ないことは確かであり，長期的な視点での効果の検証と議論の継続が必要である． ［井上 孝］

📖 **さらに詳しく知るための文献**

鈴木 浩．2007．『日本版コンパクトシティ―地域循環型都市の構築』学陽書房．
松永安光．2005．『まちづくりの新潮流―コンパクトシティ・ニューアーバニズム・アーバンビレッジ』彰国社．

世界の都市化とメガシティ
global urbanization and megacity

☞「世界人口の将来」p.10「途上国の過剰都市化」p.296「都市化の測定」p.564「都市の規模別分布の分析」p.566

　世界の都市人口は増加し続けており，2010年には総人口の51.6%と半数を超え，その割合は2050年には66.4%，つまり3分の2まで上昇すると推計されている．世界の都市の数，そして都市の人口規模は拡大し続けており，1950年では人口100万人以上の都市数は77都市であったが，2015年には501都市となり，また1950年で世界最大であったニューヨークの人口は1234万人であったが，2015年で世界最大であった東京圏の人口は3800万人に増大している（UN 2014a）．

●メガシティの推移　ヒトが定住し，集落から都市に発達してきた歴史は長いが，都市の規模が10万人を超えたのは紀元前650年頃のニネヴェ，100万人を超えたのは19世紀の北京，江戸やロンドン，パリであった（Chandler 1987）．その後，都市は肥大していき，巨大を意味するメガという接頭語をつけた「メガシティ」は，人口1000万人を超える都市のことを指すようになった．メガシティは1950年ではニューヨークと東京の2都市であったが，2015年では29都市に増加し，さらに2030年には41都市になると推計されている（UN 2014a）．都市人口割合や都市数は経済水準の上昇に従って拡大する傾向があるが，2015年のメガシティ29都市のうち，欧米や日本など高所得国にあるのは8都市で，残りはアジア・ラテンアメリカ・アフリカの新興国に位置している．これは，高所得国では地方分権化や都市インフラの分散化が進んでいる，という要因もあるが，新興国ではメガシティに人を送り出す後背地人口，つまり国の総人口が大きく増加し

注）灰点は30万人以上の都市，星はメガシティ

図1　世界の都市とメガシティの分布（2015年）〔UN（2014a）より作成〕

たことも影響していると考えられる．例えば，メガシティを6都市要する南アジア（インド圏）では，1950年から2015年の間に総人口が3.7倍に膨張したが，ヨーロッパは同期間に1.3倍になっただけである．

●メガシティの特徴と課題　多くのメガシティは，その国の首都もしくは経済の中心地に位置しており，経済水準はその国のその他の地域よりも高い．メガシティ内での消費は，食糧であれエネルギーであれ外から持ち込まれるものがほとんどであるため，メガシティそのものは必然的に持続可能ではない（Sorensen&Okata 2011）．しかし集住による経済的効果，資源の節約効果も認められている．メガシティの人口集中は，周辺部からの人口流入によるものであるが，メガシティにおける出生による自然増もメガシティの人口増加に寄与しており（Chen et al. 1998），地元民の割合も半数以上であることが多く（Hayashi 2015），メガシティの歴史的経緯を無視することはできない．

●都市の定義とメガシティ　国連による「都市人口」は，各国政府が都市人口として報告したものを足し合わせたものであるが都市の定義は国により異なる．行政区画が「郡」や「村」ではなく「市」である人口を都市人口とする国もあれば，人口数が一定以上の自治体人口を都市人口とする国，さらにそれらに人口密度や農民割合，病院・学校・舗装道路の有無といった条件をつける国もある．何人以上いれば都市となるかの基準も，5万人以上の自治体を都市とする韓国から200人以上を都市とするデンマークまで大きな幅がある．自治体を越えて都市域が広がる場合，どのように都市圏を定義するかは国により，また時代により変化するものである．そのためにメガシティのリストは集計者により異なるものとなる．各国からの報告に基づく国連データでは上述のようにメガシティは29都市であるが，世界全域における$1km^2$ごとの人口密度メッシュデータを用いて都市域を定義した場合では，18のメガシティが抽出された（村松ほか編 2016）．

●未来のメガシティ　2015年から2030年までに世界のメガシティは12都市増加するが，そのうちの4都市は南アジアに，3都市はサブサハラアフリカに位置する．サブサハラアフリカは今後も激しい人口増加が続くこと，南アジア地域は高い人口密度を擁していることに起因するものであろう．これらの地域の都市インフラをどのように整備するのか，特に経済発展が緒についたばかりのサブサハラアフリカにおけるメガシティ化は，課題も多い．極端なメガシティの拡大は混雑の不経済を生み，より地方分権型の都市構造に移行する可能性もあるが，グローバル経済の進行により世界のメガシティ間ネットワークが緊密化し，さらにメガシティが拡大する可能性もある．　　　　　　　　　　　　　　　　　　　　　　　［林　玲子］

📖 さらに詳しく知るための文献

村松　伸．2016．『メガシティ2 メガシティの進化と多様性』東京大学出版会．
Sorensen, A. and Okata, J. eds., 2011, *Megacities - Urban Form, Governance, and Sustainability*, Springer.

9. 人口移動

　人々の移動は，地域間の移動である地理的移動と社会階層間の移動である社会的移動とに分けることができるが，人口移動という場合，通常前者を指す．人口移動は，常住地の変更を伴う移動とそうでない移動に大きく二分され，一般に，地理学ではその両方を対象とするが，人口学が対象とするのはほとんどが前者である．これは，人口学が主に依拠してきた公的な人口統計に，常住地の変更を伴わない移動が現れにくいからである．常住地の変更を伴う地域間の移動は，国境を越えるか否かによって国際人口移動と国内人口移動に分けられ，前者のうち永住を目的とした移動を特に移民と呼ぶことが多い．一方，後者は便宜的に長距離移動と短距離移動に分けられるが，日本の場合，県間移動が長距離移動，県内移動が短距離移動に相当する．一般に，長距離移動は何らかの身分の変更（進学，就職，結婚など）を伴う．本章では，こうした多様なスケールの人口移動を取り上げそれらの特徴について論じる．　　　　　　　　　　　［井上　孝・和田光平］

第9章

国際人口移動の新潮流……………………292
途上国の過剰都市化………………………296
中国の戸籍制度と国内人口移動…………298
日本の国際人口移動………………………300
日系移民……………………………………304
日本の国際結婚移動………………………306
東京圏への一極集中………………………308
過疎化と人口減少社会……………………310
戦後日本のUターン移動…………………312
居住経歴と生涯移動………………………314
郊外化の終焉………………………………316
高齢人口移動………………………………318
結婚の地域的ミスマッチ…………………322
東日本大震災と人口移動…………………324

国際人口移動の新潮流
new current of international migration

☞「日本の国際人口移動」p.300
「日系移民」p.304「国際人口移動をめぐる日本の政策」p.334

　国際人口移動の，近年の最大の関心事は非正規移民と難民である．そこで，ここではこの二つの移動現象に焦点をあて解説する．これらの移動に国際的な関心が集まる背景には，次のような認識の変化がある．すなわち，非正規移民と難民の問題は，国家安全保障への脅威であるよりも，むしろグローバルな不平等がもたらす「人間の非安全保障」の結果であるという見方への変化である（Castles et al. 2012）．また，その二つの移動が大きな身体的リスクを伴うことも問題とされている．なぜなら，国境警備の厳格化が難民と非正規移民の移動を抑制するよりも，むしろ危険に追い込み移動者の生存を脅かしているからである．さらに，難民とその他の移民の区別が困難な状況が問題となっている．しかし，それは複合的な要因によるからであり，移動も地域ごとに固有な他の問題領域と関連づけて理解される必要がある．以上が二つの移動を論じる意義として考えられる．

　移民についての一般的な定義は，国際移住機関によると当人の法的地位，自発性，移動動機，滞在期間にかかわらず，本来の居住地を離れて国境を越えるか，一国内で移動している，または移動したあらゆる人々とされる．次に，非正規（irregular）という呼び方であるが，「書類不備（undocumented）」の表現とともに，他の言い方,「非合法（illegal）」,「非認可（unauthorized）」,「不法（clandestine）」と比べてより中立的な表現であるとされている．難民の定義については後述するが，カースルズ（S. Castles）は，移民の非正規な状況について，在留許可をもたない外国人移住者と，就業許可をもたない外国人労働者に言及しているが（Castles et al. 2012），非正規移民という場合，前者を指すことが一般的である．

● 非正規移民の傾向
移民全体に占める非正規移民の推計値は10～15%とされている

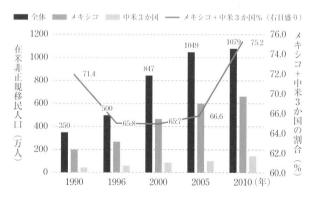

図1　メキシコと中米3か国の在米非正規移民人口と非正規移民全体に占める割合（1990～2010年）
注）中米3か国とはグアテマラ・エルサルバドル・ホンジュラスである．
[US Department of Homeland Security（www.dhs.gov/index.shtm），*Population Estimates* February 2011, Table 3 より作成]

が，正確な数値を示すことは困難である（Castles et al.2012）．ヨーロッパでは，在留資格をもたない違法滞在者が非正規移民とみなされ，推計値は空港や駅など市中の要所での検査や雇用主に義務づけられた報告を通して捕捉される．米国では，センサス局のアメリカン・コミュニティ・サーベイ（American Community Survey：ACS）で捕捉されるすべての外国出身者から，国家安全保障省（Department of Homeland Security：DHS）が管理する合法移民の数を差し引いたものが，非正規移民の推計値として扱われている．図1は米国の非正規移民人口の推移（1990～2010年）を示している．この図によれば，この間に同人口は約3倍に達し，その約4分の3をメキシコと中米3か国の出身者，すなわちヒスパニック人口が占め

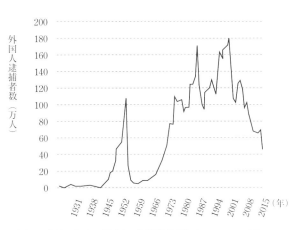

図2　米国における外国人の年間逮捕者数（1925～2015年）
[*The 2015 Yearbook of Immigration Statistics*, Table 33 より作成]

図3　米国国境地帯の越境に伴う年間死亡者数（1994～2009年）
[Jimenez M. *Humanitarian Crisis: Migrant Deaths at the U.S.-Mexico Border*, San Diego: ACLU and Imperial Counties & Mexico's National Commission of Human Rights, 2009 より作成]

る．1996年から2005年に彼らの割合が低下した背景として，第一に非正規移民の一部に対し，在留資格が認められると同時に，他方で強制送還が実施されたこと，第二に2001年の9.11同時多発テロ事件以降，国境警備と在米非正規移民への取り締まりが強化されたことがある．

●非正規移民のリスク　非正規移民が直面する二つの大きなリスクには逮捕・強制送還と越境に伴う死がある．図2は，米国における年間の外国人逮捕者数の推

移を示している．第二次世界大戦後の逮捕者の急増は，1955年のメキシコ人の大量強制送還を反映している．1980年以降の増加は麻薬密輸の取り締まり強化による．2001年以降の減少は，対テロ安全保障の方針に基づく国境と国内統制の一層の強化と，2008年のリーマンショック後の景気後退の影響を受け，非正規入国自体が減少したことによる．図3は越境に伴う死亡者数の増加を示している．2000年までの増加は，越境地点がよりリスクの高い内陸部に移動したことによる．リーマンショック直前までの増加は，2001年の米国同時多発テロ事件以後の国境警備の強化に対し，犯罪組織が関与する密航業者の誘導によって危険な越境を試みる者が増加したことによると考えられる．

●**難民の定義と種別**　国際法によると難民は迫害を受ける恐れがあるために国外に逃亡してきた人々とされる．「難民条約」（1951年）と「難民議定書」（1967年）に基づいて認定される難民を「条約難民（認定難民）」と呼ぶが，難民の認定と法的地位の付与は，それぞれ国連高等弁務官事務所(Office of the United Nations High Commissioner for refugees：UNHCR)と受入れ国政府が行っている．また，大量出国の状況から生じる「事実上の難民」は，大量の庇護（難民）申請者として他国に入国する．庇護申請者とは，保護を求めて国境を越えたが，難民の地位を求める申請の審査結果が確定していない者を指す．結果として難民の地位が付与されなくても，紛争難民や送還により危害が及ぶ可能性のある者に対しては，何らかの保護と在留許可が与えられる．このように庇護申請者であること，認定を受けた者（条約難民）であること，そして認定を拒否されたが当該地で何らかの保護を受けていることを「難民状況」にあるという．また，関連した移動現象として帰還民と国内避難民がある．前者は，1995年代以降の，ルワンダ，旧ユーゴスラビア諸国，アフガニスタンなどへの帰国があげられる．国内避難民については明確な法的定義はないが，学術的な定義によると，紛争や政治的迫害，災害によって「非自発的な移動を強いられている」が国境を越えていない人々を意味する．UNHCRの統計によると2015年時点で移動を強いられた人々，すなわち難民，国内避難民，庇護申請者を含めた総数は6530万人に達している．

●**難民の傾向**　図4は，世界における年間の難民，国内避難民，そして庇護申請者の人数を示す．まず，難民については，冷戦の影響を強く受けていることが示唆される．なぜなら，新たに難民となった者の増加が1992年にピークに達し，この年が冷戦終焉の時期と一致するからである．特に第三世界で，冷戦は直接(1)インドシナ難民とキューバ難民に影響を与えた．さらに，(2)独立闘争・部族対立によるアフリカ諸国からの難民，(3)中米地域での第二次冷戦による国外流出，(4)中東やアジアにおけるソ連侵攻や民族紛争を背景とする難民がこの時期に生じている．1992年以降の難民の減少は，紛争の解決がみられる一方で，難民認定に消極的な国が増えたことによる．次に，国内避難民は2005年以降に急増するが，これは国内強

制移住措置などにより「国内避難民」として分類される人口が大幅に増加したことによる（King et al. 2010）．続いて，帰還民については1972年に年間1000万人に達するが，これはバングラデシュ独立を反映している．最後に，庇護申請者の急増

図4　世界における難民，国内避難民，帰還民と庇護申請者の推移
[UNHCR Population Statistics(popstat.unhcr.org/en/overview)より作成]

（2011～15年）は難民と国内避難民の動きと軌を一にしていることがわかる．

●非正規移民と難民の問題解決に向けて　非正規移民の問題の一つはステレオタイプ化である．移民であること，特に不法・違法というイメージによって「犯罪者」としてみなされ，差別や暴力の正当化に結びつく．こうしたステレオタイプ化に対抗するために，介護やインフォーマル経済への貢献など非正規移民の実態の解明が急務とされる．また，非正規移民に関しては，難民の場合と異なり保護やその基準を設定する国際法や国際機関が存在しないことも課題として残る．例えば，労働力を輸入する国の多くが「移民労働者とその同伴家族の権利に関する協定」（1991年）の調印を拒否している．その結果，非正規移民の問題は政治的な課題として扱われてきた．他方，こうした状況を改善する試みとして（1）地域機構による対応，（2）市民組織団体の支援，（3）犯罪組織（人身売買と密入国）に対する起訴，（4）国際フォーラムの実施などがある（Castles et al. 2012）．難民については，難民状況の長期化に伴い，主要な難民の出身地と移住先が最貧国とその周辺に集中することが問題となり，支援負担の面で先進国への批判と要求が高まっている（中山 2014）．また，高齢者や障害者を含む，出身地から動けない人々の存在が指摘されるが，このような見えにくく，最も弱い立場の人々に対しても注意を払う必要がある（墓田 2016）．最後に，国民が依拠する憲法と外国人在留制度の違いにみられるように，国家の構成員と非構成員の区別がそのまま後者の人権保障の劣位を意味する状況の中で，国家安全保障へのリスクとみなされていた移民・難民の人権をいかに保障できるのかという課題が残る（錦田編 2016）．　　　　[三澤健宏]

　　📖 さらに詳しく知るための文献

Castles, S. et al., 2013, *The Age of Migration: International Population Movements in Modern World*, Macmillan.（関根政美・関根 薫訳，2011，『国際移民の時代』名古屋大学出版会．）
King, R. et al., 2010, *People on the Move: An Atlas of Migration*, Myriad Editions.
墓田 桂，2016，『難民問題―イスラム圏の動揺，EUの苦悩，日本の課題』中公新書．

途上国の過剰都市化
overurbanization in developing countries

☞「人口爆発と資源危機は現実か」p.40「世界の都市化とメガシティ」p.286「都市の規模別分布の分析」p.566

　一般に先進国では，19世紀以降の近代経済成長とともに都市化が進展したのに対し，発展途上国では産業化を上回るペースで都市化が進行した．このような「産業化なき都市化」の進展が「過剰都市化」である．途上国では，この過程で急増した都市人口に雇用機会や社会サービスを提供できなかったため，失業，不完全就業のような雇用問題や，都市スラムのような劣悪な居住地域が発生し恒常化した．過剰都市化論は，1950年代にデービスとゴールデン（Davis & Golden 1954）やホゼリッツ（Hoselitz 1954）らにより提唱され広まった．このような社会現象は，人口学に加え，経済学，社会学，政治学，地理学，都市計画・行政など，さまざまな理論的関心・行政上の必要性との関係で論じられてきた．以下，過剰都市化の背景，諸学との関連，概念上の問題についてさらに詳述する．

●人口学的背景　途上国の都市人口の急増の原因の一つが，農村から都市への向都移動である．ただし，途上国では第二次世界大戦後衛生観念や衛生環境の改善，さらには進んだ医療技術の導入に伴い急激に死亡率が低下し，その結果，短期間に急激な人口の自然増加が生じた．これが人口爆発である．途上国都市人口の急増の背景には，このような高い自然増加率があり，さらに，都市には若年層が集中するという年齢構造上のバイアスが存在する．そのため，途上国の都市人口の増加は，実際にはかなり自然増の影響が強い．途上国では，このように，もともと雇用問題や貧困人口の滞積がより激しく生じる可能性があったのである．

　過剰都市化論における都市化とは，本来，途上国における都市人口比率と経済成長率との関係の特殊性を問うものであったが，実際には特定都市への人口集中と巨大化に問題意識のある場合が多い．例えば途上国では，都市規模別に並べると序列第1位の都市が2番目以降の都市と比べ格段に大きくなる傾向がある．このような特徴に注目するのが首位都市化論である．それに対し，単なる序列ではなく，人口1000万人以上という人口規模に注目し，そこで生じる諸問題に注目するのがメガシティ論である．

●都市の雇用問題，貧困問題　過剰都市化の象徴とみなされる雇用問題や貧困問題について，さまざまな観点から研究が行われてきた．まず，都市部に貧困や失業問題が存在するのに労働移動が継続するのは非合理的にみえる．この点について，都市と農村の期待生涯所得の差の観点から説明したのがトダロー（Todaro 1976）である．しかし，より具体的に都市のインフォーマル・セクターの雇用吸収機能を指摘したのが，ILOによるインフォーマル・セクター論である．以上は経済学的理論であるが，多くの社会学的・人類学的研究は，都市スラ

ムは単純に犯罪,非行,政治不安の温床というわけではなく,社会的ネットワークを通じて,都市転入者に対して衣食住を提供していること,また住民の相互扶助が貧困下の生活を維持可能なものにしていることを指摘した.

●定義・計測上の問題点　過剰都市化概念の妥当性についてはさまざまな観点から疑義が提出されている.例えば,どのような指標を取り上げて過剰を定義するか(データおよび測定方法の問題),どのくらいのレベルになれば「過剰」といえるのか(基準の問題),過剰都市化は進行しているのか(傾向的変化),そもそも先進国の経験でもって途上国の経験をはかることが可能なのか(歴史性の問題,発展の初期条件の違い)などである.「過剰」ばかりが注目されるが,デービスとゴールデンは歴史的・自然的条件の違いに応じて,「過小」都市化の存在も指摘している.また,都市スラムやインフォーマル・セクターは,都市に集中した人口に対して,衣食住や雇用機会を提供しているという側面がある.都市計画的にいうと,スラムは劣悪な居住地域であるが,それは政府が提供できない住宅ストックの増加を意味している.規模・集積の経済という側面もある.その意味で過剰都市化は,向都移動者にとって合理的選択であり,また農村では得られないような社会的上昇の機会を意味しており,さらに都市・国家経済にとって効率的であるという解釈も成り立つ.

●過剰都市化の今後　途上国の過剰都市化は,現在再評価を迫られている.古典的過剰都市化論はもともと都市化と産業化の相関を前提にするものであったが,先進国の都市化は,現在サービス産業が主導している.アジア諸国においても,特に東アジア,東南アジア諸国については,急速な工業化の結果,過剰都市化は徐々に緩和傾向にある.低賃金,雑業的サービス部門ではなく,むしろ近代サービス産業との関連が強くなりつつある.空間的にみると,首位都市の中心部の人口増加率は低下し,拡大都市圏として再編が進みつつある.経済のグローバル化に伴い,世界都市システムの一部として位置づけられるようになっている.貧困問題は依然として深刻な状態にあるが,都市中間層の萌芽もみられる.何より,途上国の出生率は着実に低下しつつある.以上のような傾向が継続するならば,過剰都市化は徐々に解消されていく可能性もある.過剰都市化現象は,途上国の人口爆発期に特殊な一過性の現象であったのか,それともより一般的普遍的現象であるのか,長期的視点から再検討する段階にきているように思われる.

［新田目夏実］

　　□□ さらに詳しく知るための文献

新田目夏実,2007,「アジアの都市化の新局面」新津晃一・吉原直樹編『グローバル化とアジア社会―ポストコロニアルの地平』東信堂.pp.99-142.
生田真人,2011,『東南アジアの大都市圏―拡大する地域統合』古今書院.
Kasarda, J. D. and Crenshaw, E. M., 1991, "Third World Urbanization: Dimensions, Theories, and Determinants", *Annual Review of Sociology*, 17: 467-501.

中国の戸籍制度と国内人口移動
household registration system and internal migration in China

☞「食料資源と人口」p.38
「人口問題と人口政策」
p.330「出生促進政策
と出生抑制政策」p.332

　中華人民共和国（中国）は，社会主義体制のもと国民の生活水準の向上を目標に経済発展を目指してきた．中国の戸籍制度は，計画生育政策（母体保護，子どもの健全育成，家計の安定，生活水準の向上等を目的として行われる出産管理政策）と併せて経済発展を達成するための基盤として人口政策の一翼を担ってきた．
●「戸口」：中国の戸籍制度とは　中国には戸口と呼ばれる戸籍制度がある．戸口とは住戸および人口の総称で，日本における戸籍と住民登録の機能を併せもつ．「中華人民共和国戸口登録条例」が1958年に公布されて以降，中国国民の生活はこの法律のもとにある．出生登録を機に戸口がつくられ，就学や就職，結婚，住所地の変更，および死亡など，異動を伴うライフイベントが発生するたびに公的な登録機関への届け出が必要となる．戸口の登録内容と実態が異なると公的な施設やサービスの利用ができない．出産許可，学校等への入所・入学，通院・入院，住宅や食糧等の分配など，戸口所在地でなければ提供されない．日本の戸籍との大きな違いは，戸口上の登録内容の変更が自由にできないことにある．住所地の移動でいえば，戸口が農村にある者が都市に移転する場合，都市労働部門の採用証明書，学校の入学証明書，または都市における戸口登録機関の転入許可証明書を提示して，農村常住地の戸口登録機関に転出手続きをしなければならない．また，常住地の属する市・県の範囲外の都市に三日以上滞在（暫住）する場合，本人または暫住地の管理・責任者が公安で「暫住登録」をしなければならず，再び都市を離れるときは暫住登録を抹消するための申請をしなければならない．そのため，とりわけ農村に戸口をもつ者は都市に住むことはいうまでもなく，短期間滞在することさえ制限された．この厳格な規制により中国における人口移動は半強制的に抑制されてきた．このような条例ができた背景には，建国直後のいまだ発展途上の中国において無宿・無職者が都市にあふれることを防ぎ，逆に都市に十分な食糧と資源の供給ができるよう労働力を農村につなぎとめる必要性があったことなどがあげられる（若林 2005）．
●中国における人口移動の歴史　『中国統計年鑑』によれば，1949～57年は人口移動が急速に増加した時期とされ，この9年間に1665万人が農村から都市に流入したと推計されている．その後，1950年代後半から70年代にかけて「人民公社」の設立，「大躍進」「文化大革命」が展開されるなど，政策的に人口移動がコントロールされる時代を経る．そして，80年代に入り「改革開放」政策が展開されようになると都市と農村のあらゆる生活環境面での格差が顕在化し，農村でも「人民公社」が正式に廃止，都市では公的な許可がなくともお金さえあれば日

常必需品の多くが市場を通じて入手できるようになった（馮 2009）．そして，戸口制度にとらわれることなく農村から都市に移動する人口が急増した．統計上でも戸口所在地と実際の居住地が分離する人口の増加が確認されており，その多くが農村戸口のまま都市で単純労働に従事しているとみられる．現住地が登録と異なる人口は，1982年657万人，1990年2135万人，1995年8000万人，2000年1億229万人（若林・聶 2012），そして2010年には2億2100万人と推計されている（数値は人口センサス等の調査結果より）．政府の管理を超えて激増する人口移動は，80年代半ばに「盲流」（盲目的な人の流れ），90年代初期からは「民工潮」（出稼ぎ労働を目的とする農村から都市への大規模な人口移動）と呼ばれ，この現象に対する国内の評価にも変遷が読みとれる．

　都市問題の発生や戸口制度の形骸化などが懸念される中，中国政府は既存の厳格な農村・都市の二元的戸口制度を緩和しつつ法的な実効性は担保する方向で段階的に変更を加えている．都市と農村の中間的な位置づけの小城鎮（小都市）を中心に「郷鎮企業」（農村における非農業事業）の建設を促進し，農村住民の移住を誘導する政策もその一環ととらえることができる．

●人口流動化と戸口制度の課題　一方，都市戸口を取得しないまま都市で生活を続ける人口が増加することで新たな課題が生じている．都市戸口をもたない子どもは，乳幼児期の医療や生活保障などの行政サービスを受けにくく，公的に認可・認証された保育や教育を受ける資格ももたない．そのため，民間機関や個人が非公式に運営するサービスを利用することになる．現在，上海市や北京市などでは「民工子弟学校」の取り組みが注目を集めているが，根本的な解決策とは言いがたい．「黒孩子」と呼ばれる無戸口児童に至ってはさらに深刻な状況にあると考えられる．（両）親が都市に出て働き，子どもだけが農村の戸口所在地に他の親族等とともに暮らすといった「留守児童」世帯も報告されている．さらに，農村戸口しかもたない者は都市において社会保障を享受する権利をもたないことから，労働者であっても困難な生活を強いられるリスクが高い．他方，年老いた親を農村に残したまま子ども夫婦が都市に出てしまうことで，「空巣家庭」と呼ばれる，単身高齢者または高齢夫婦のみの世帯が農村において増加していることも社会問題視されている．

　移動の自由化が不可避の状況下で，戸口制度の形骸化は，既存の出産管理や今後新たに全国展開が見込まれる医療・年金・介護等の各種保険制度にも多大な影響を及ぼす．戸口制度によって人口移動をコントロールするという一種の人口政策は大きな転換期を迎えているといえる．また，地域間格差，とりわけ都市・農村間格差への対応は，地理的，歴史的に中国が抱えている特殊課題でもある．安定社会の構築に向けて今後の動向が注目される．　　　　　　　　　［佐々井　司］

日本の国際人口移動
international migration of Japan

☞「日系移民」p.304「日本の国際結婚移動」p.306「国際人口移動をめぐる日本の政策」p.334「人口移動統計」p.584

　人口移動とは,居住地の変更を伴う人の空間的流動を指す.人口移動は国境を越えるか否かという観点から,国際移動と国内移動に二分でき,ここで扱うのは国際移動である.

●**国際移動のとらえ方**　国内移動とは異なり,国際移動は移動先の国における住所や滞在先が一時的・暫定的なことも多く,居住地の明確な変更を伴っているかどうかの判断が簡単ではない.このため一般的に国際人口移動の研究では,居住地の変更がないと思われるような,短期間の空間的な流れも議論に含めることが少なくない.そこでまず,日本を舞台とした居住地変更を特に問題にしない人の流れと,変更があると想定しうる流れの二つのケースについて,それらの推移を概観する.日本の場合,これらの流れはフローベースのデータ(ある期間における移動者数)とストックベースのデータ(ある時点における移動者の累積数)としてそれぞれ把握できる.

　日本におけるフローベースの国際人口移動は,『出入国管理統計年報』から判明する.図1は,1975年以降における出国日本人と入国外国人の数を示したものである.出国日本人は1975年には約250万人を数えるにすぎなかったが,その後急増した.21世紀に入ってからは,2008年に生じたリーマンショックに起因する経済危機の影響もあり,その数が漸減している.一方,入国外国人の数は,1975年当時,出国日本人の4分の1程度に留まっていたが,1980年代から増加傾向が強まった.特に2010〜15年は,円安の効果や訪日ビザの発給条件の緩和によって,訪日外国人が急増した.フローベースのこれ

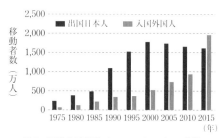

図1　国際人口移動(フローベース)の推移
[『出入国管理統計年報』より作成]

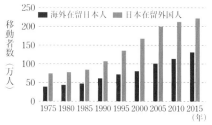

図2　国際人口移動(ストックベース)の推移
[『海外在留邦人数調査統計』および『在留外国人統計』より作成]

らの数の大部分は短期間の国際旅行者であり，長らく日本人の出国数が外国人の入国数を上回っていたが，2015年時点ではそれが逆転している．

また，図2は，ストックベースのデータとして，同じく1975年以降に関して，『在留外国人統計』に記載された日本在留の外国人と，『海外在留邦人数調査統計』に記載された海外在留の日本人の数をまとめたものである．ここでのデータは3か月以上の滞在予定のある，その意味で居住地変更を想定できる人だけを扱っているため，短期間の観光客が大多数を占めている図1より，数自体がかなり少ない．

海外在留日本人は，日本企業の海外展開がみられ始めた1970年代から徐々に増え，2015年において132万人に達している．それに対し，日本在留外国人の数は1975年から1985年までは安定していた．しかし，日本経済が好景気に沸いた1980年代後半に労働力不足が生じ，それを埋めるために外国人労働力が大量に流入することになった．1980年前半以前に外国人の流入が少なかったのは，国内の農村部に余剰労働力が大量に滞留しており，これが外国人労働力に代わる役割を担ったからと考えられる．1990年代以降，2008年の経済危機による外国人の一時的な減少がみられたが，5年単位でみると外国人は一貫して増加している．これは，外国人の出身国と日本との間に大きな賃金格差があるため，日本で就労するメリットが広く知られるとともに，いったん流入した外国人の間で社会的ネットワークができあがったためと考えられる．

●**国際移動の目的や理由**　国際人口移動の目的あるいは理由は多様である．現代世界において国際移動の中で大きな比重を占めるのは，途上国から先進国への労働を目的とした移動である．そのため国際人口移動に関する既存研究では，労働力移動，とりわけ未熟練ないしは半熟練労働力の移動に大きな関心が寄せられてきた．しかし，現代世界にはこれ以外の人の国際移動，例えば，専門職の移動，留学，難民，国際ツーリズム，国際結婚，引退移動など，多様なカテゴリーがある．これらのカテゴリーは，未・半熟練労働力の国際移動に比較し，研究が概して少ない．国際移動のこうした諸カテゴリーは互いに独立したものではなく，しばしば深く関連している．

国際人口移動の背景としては，航空交通の飛躍的発展による移動価格の低廉化が重要である．また，東西冷戦体制が崩壊した1990年頃から，それまでの世界秩序を支えていたイデオロギーの影響力が弱まった結果，移動先の国での就労を目的とした合法・非合法を含む労働移動が活発になってきた．人の移動を生む原因として，出発地から押し出すプッシュ要因と到着地に引きつけるプル要因があげられることもある．国際労働移動を念頭におくと，プッシュ要因としては失業・不完全雇用・低賃金，プル要因としては労働力不足・高賃金などが，具体的に該当する．途上国と先進国の間でみられる大きな賃金格差は，双方の要因が結びついた理由と考えられるし，経済のグローバル化による，国境を越えた物資・

資本・情報のフローの形成・発展も重要である．

国境を越える人の移動の中で，労働移動が重要な地位を占めているため，日本を舞台とした国際人口移動を，日本国内で就労している外国人，海外で就労している日本人を抜き出して，その推移を比較・検討することが可能である．かつては，流出する日本人が流入する外国人を上回る流出超過の状態にあった．しかし，今日では，流出日本人より流入外国人が多くなる流入超過の状態となった．流出超過から流入超過へのかかる変化を国際人口移動転換と呼ぶが，日本は 1990 年頃にこの転換を遂げたと考えられる（石川 2005）．なお，これは「第二の人口転換」論とも関連している．すなわち，「第二の人口転換」の時期には，置換水準を下回る出生率の大幅な低下が，国際人口移動の流入超過によって補完されるので，「第二の人口転換」の時期が具体的には国際人口移動の転換点から始まると考えられるからである．

●**日本国内の分布状況**　日本への国際移動によって流入した外国人は，日本国内のどこに多いであろうか．2016 年 1 月 1 日現在の住民基本台帳によれば，全国における外国人人口比率は 1.70% である．都道府県別比率をみると，サービス業をはじめとする多様な雇用機会に恵まれた三大都市圏を含む関東から近畿にかけての国土の中央部に位置する県で，全国平均を上回る比率を示す都府県が多い．

さらに，より下位の空間的スケールでの状況，すなわち外国人の都市内集住や，ホスト国のエスニックな多数派としての日本人とのすみ分けや混住の状況も重要な研究テーマである．一般的に，エスニックな少数派としての外国人の集住の理由は外部要因と内部要因からなる．外部要因とはホスト国における多数派による差別や偏見から余儀なくされる集住を指すのに対し，内部要因とは外国人が自らの防御，同胞の支援，自分たちの文化の維持，政治的な攻勢などの点から，集住のメリットを意識した自主的な集住を指す．

外国人の集住は多くの場合，都市内のインナーシティにみられる．ここは雇用機会に恵まれた都心部に近いため，徒歩や公共交通機関による通勤が可能である．また，市街地が形成された時期が比較的早く，建物の老朽化が進んでいることが多いため賃貸料が安く，日本人が敬遠しがちだからである．また，外国人が公営住宅に入居することも多い．外国人の都市内居住分化は，町丁・字という小地域単位で検討されているが，既往研究によると，外国人の多い都市であっても，住民のほとんどが外国人居住者によって占められるような町丁はきわめて乏しく，日本人との混住が多い．

●**ホスト国での定住化**　ホスト国に入国後，エスニックな少数派としての外国人の定住化は，具体的にどのように進むであろうか．実際には多様なケースがあろうが，例えば少数派としての外国人は，まず単身の出稼ぎ労働者としてホスト国である日本に流入し，「3k（汚い，きつい，危険）」と忌避される職種に就く段階，

次いで社会的ネットワークが形成されたり，家族が呼び寄せられる段階，さらに移動先の国で定着し，一部の人は永住権を取得したり帰化する段階というような段階を経ると考えられる．ホスト国における滞在期間が長くなるにつれ，外国人は次第にホスト国での生活に融け込んでいく．例えば，ホスト社会の言語・習慣・消費パターンに慣れたり（行動的同化），職業という点からみた社会経済的地位が上昇する（構造的同化）といった変化を想定しうる．

　こうした同化論は，エスニックな多数派と少数派の間の差異が単線的に収斂することを想定しており，経験的妥当性について現代では疑義がもたれている．すべての外国人が，こうした変化を同様にたどるとは限らないからである．例えば足川は，2010年の国勢調査における中国国籍とブラジル国籍の男性の個票データを使って，構造的同化論をふまえた職業達成の妥当性を検討した（足川 2015）．その結果，中国人男性の間でみられる高い達成は，高学歴者の間でのみみられ，低学歴者との間で二極化する傾向にあること，ブラジル人男性の達成の程度は総じて低いものの，日本人と結婚している場合のみ，相対的にその低さが緩和されることを明らかにした．この知見は，単純な同化論ではなく，移民政策のような制度的要因を始めとする諸要因の影響を受け，外国人の経験の多様性を認める分節化された同化という考えが有効なことを意味している．

●**海外在住の日本人**　海外在留の日本人も，日本を舞台とした国際人口移動の重要な一部であり，一定の成果がある．例えば，ロンドン・デュッセルドルフ・ロサンゼルス・シンガポールを対象とした報告（岩崎ほか編 2003）によれば，職業別にみて最大の割合を占める民間企業関係者のうち，大手企業から派遣される日本人およびその家族は，各都市における高級住宅地に位置する当該企業による借り上げ住宅や，その企業と関連の深い不動産業者によって紹介された住宅に住むことが多い．彼らにとって海外赴任はキャリア形成の一部であり，数年で日本に帰国する者が多い．地元の住民との交流は少なく，都市内の特定の地区に集住し，日本人コミュニティをつくっているという．以上のような，民間企業関係の日本人の多い都市では，大手企業の駐在員やその家族を中心に，強固な社会的ネットワークが形成されていることが多い．その一方，海外在住の日本人は移動先の国においてエスニックな少数派であるがゆえに，日本人以外との間にも，しばしば独特な社会的ネットワークがみられる（石川ほか編 2011: 36-42）．　　　　［石川義孝］

　□　さらに詳しく知るための文献
石川義孝．2014．「日本の国際人口移動—人口減少問題の解決策となりうるか？」『人口問題研究』70(3): 244-263.
吉田良生・河野稠果編．2006．『国際人口移動の新時代』原書房．
Ishikawa, Y. ed., 2015, *International Migrants in Japan: Contributions in an Era of Population Decline*, Kyoto University Press and Trans Pacific Press.

日系移民
Japanese immigrant

☞「国際人口移動の新潮流」p.292
「日本の国際人口移動」p.300
「国際人口移動をめぐる日本の政策」p.334

　日系移民とは，一般に日本国外に移住した日本人およびその子孫を指すが，狭義には19世紀後半から20世紀中頃までにハワイをはじめとする太平洋島嶼地域，北米および中南米に移民として渡り定住した日本人とその子孫のことをいう．19世紀後半から1941年の対米開戦までの期間に，約100万人の日本人が海外に移住したと推計される（Watanabe 1994）．しばしば「国策移民」ともいわれる戦前期の日本からの大規模な人口流出の背景には，過剰人口問題への対処を目的とした政府による海外移住奨励政策があった．20世紀初頭の日本の人口は，年率1%を超える増加率が常態化し，特に1920年代半ばから30年代半ばにかけては人口増加率が年率1.5%で推移するなど，日本人口の歴史上，その増加が最も旺盛であった．こうした状況の中，日本からの大規模な海外移住は，当初，ハワイや北米大陸西海岸を主要な目的地として拡大したが，20世紀初頭に米国とカナダが日本からの新規移民受け入れを禁止すると，その行き先は大規模プランテーションにおける農業労働力を必要とした南米諸国へと移った（図1）．中でもブラジルは，戦前期から1960年代初頭までに約25万人の日本人移民を受け入れた結果，日本国外における最大の日系人口をもつに至った．

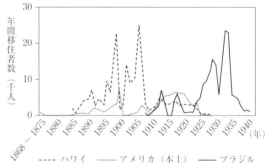

図1　主要目的地別にみた戦前期の海外移住者の推移
［国際協力事業団（1994）『海外移住統計（昭和27年度～平成5年度）業務資料No.891』］

●日本の国際人口移動転換と日系移民　戦前期の日本人移住者の最大の目的地となったブラジルへの新規移住者数は，1930年代初頭をピークに減少に転じる．これは，「満蒙開拓団」と呼ばれた中国東北部および内モンゴル地区への入植に，政府の支援が傾注されたためである．第二次世界大戦期の日本からの海外移住は，こうした日本の対外進出と密接に結びついた国策としての移住に限定された．戦後の日本をめぐる国際人口移動は，これらの人々の日本への帰国ならびに，終戦直後の日本国内にいた朝鮮半島出身者の帰国というかたちで始まった．1952年になると，ブラジル政府が日本からの新規移民の受け入れを再開し，その規模は1960年代初頭まで拡大を続けた．1960年代前半以降は，ブラジルへの移住者数も

急速に減少し，その後1980年代に至るまで，『出入国管理統計』による日本の国際人口移動は，日本人については若干の出国超過が続くものの，外国人の出入国がほぼ拮抗して推移するという安定期を迎えた．1980年代後半になると，外国人の入国超過が急速に拡大し，日本人の出国超過を差し引いても大幅な入国超過を記録する「国際人口移動転換」ともいうべき段階に入った（石川2005）．国際人口移動転換とは，国を単位とした国際人口移動の趨勢が，流出超過から流入超過に転じる変化を指すが，日本においては，1990年代以降の日系人とりわけ日系ブラジル人の流入増加の影響が大きい．

●日本における日系外国人の定住化　1990年以降の南米からの日系人，特に日系ブラジル人の日本への流入拡大を促進したのは，1989年の「出入国管理及び難民認定法」（入管法）の改正である．1990年に施行された新たな入管法のもとでは，就労に制限のない在留資格「定住者」が新設され，その適用対象に日本国籍をもたない日系三世とその配偶者および未成年の子が含まれた．これにより，経済的社会的情勢が不安定な南米諸国から多くの日系人が日本に来ることになった．1990年には約5万人だった日本のブラジル国籍人口は2005年には30万人を超えた（図2）．2008年の世界金融危機に端を発する景気後退や2011年の東日本大震災の影響もあり，日本国内のブラジル国籍人口は2007年の約32万人をピークに減少傾向にあるが，「永住者」の在留資格を取得する日系人の割合は2000年代に入ってから上昇を続けている．こうした在日日系人の定住化に伴い，就労問題を中心とする外国人労働者をめぐる問題に留まらず，地域コミュニティとの関わりや日本で生まれ育った外国人の子どもの教育問題を含む社会経済的統合に向けた課題が顕在化している．　　［中川雅貴］

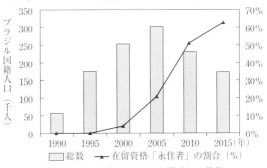

図2　日本におけるブラジル国籍人口の推移

注）2010年以前は外国人登録法に基づく登録者数．2015年は出入国管理および難民認定法に定められた在留外国人（「中長期滞在者」および「特別永住者」）を集計対象としているため，「総数」は接続しない．

［『在留外国人統計』（各年版）より作成］

📖 さらに詳しく知るための文献

梶田孝道ほか，2005，『顔の見えない定住化―日系ブラジル人と国家・市場・移民ネットワーク』名古屋大学出版会．
吉田忠雄，2006，『南米日系移民の軌跡』人間の科学新社．

日本の国際結婚移動
international marriage migration to Japan

☞「現代日本の国際結婚」p.182
「国際人口移動をめぐる日本の政策」p.334 「人口動態統計」p.412

わが国における国際結婚（夫婦の一方が日本人，もう一方が外国人）の件数は，「人口動態統計」から判明する．1965年からデータの公表が始まり，1970年以降は毎年のデータが明らかになっている．全国における結婚総数に占める国際結婚の比率は，1991年と2014年においてそれぞれ3.4%，3.3%である．

●どこで国際結婚が多いか？　都道府県別の件数は，1991年から公表されている．図1は，2014年において各都道府県で発生した結婚総数に占める国際結婚の比率を示したものである．3.5%以上の比率を示すのは群馬，埼玉，千葉，東京，神奈川，岐阜，愛知，大阪，沖縄の9都府県，2.5〜3.5%の比率を示すのは茨城，栃木，富山，福井，山梨，長野，静岡，三重，京都，兵庫の10府県である．国際結婚の割合は，三大都市圏やその周辺県で高いがそれ以外では低く，概して国土の中央部において高い．例外的に沖縄で高いのは，米軍基地が多く米国人男性と日本人女性の結婚が目立つためである．なお，国際結婚件数は東京圏（埼玉，千葉，東京，神奈川）で多く，2014年時点で全国の43.7%を占めている．

●国際人口移動としての国際結婚　国際結婚は，それまで異なる二つの住所に住んでいた2人が結婚を契機に同一の住所で生活を開始することを意味するので，少なくともカップルの一方の居住地の移動を伴う．「人口動態統計」に記載されている国際結婚の発生県は，結婚による当該カップルの目的地選択，言い換えると人口移動の結果とみなすことができる．現代日本で

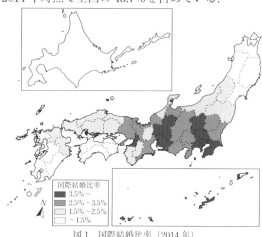

図1　国際結婚比率（2014年）
［「人口動態統計」より作成］

は，夫日本人・妻外国人のカップルが多いため，新婦が新郎のそれまでの居住地あるいはその近くに移動するケース，つまり新婦の側が長距離の移動をするケースが多いと推察される．結婚移動は結婚直前に花婿と花嫁の双方が日本国内に住んでいる場合には国内移動を，カップルの一方が海外に住んでいる場合は国際移動をすることになる．

外国人の日本への国際移動や彼らの日本における国内移動の際の目的地選択において，国際結婚がどれほどの重要性をもっているかについては，2010年の国勢調査の個票データを用いた研究がある（石川ほか2014）．それによると，国際結婚という要因は，国際移動に関してはサービス業や製造業の成長率や所得水準といった労働市場関連の要因や，同一国籍の人口が多いという要因に次ぐ説明力をもっているのに対し，国内移動に関しては国際結婚は有意な要因となっていない．海外では家事労働者や介護労働者としての外国人女性の受け入れの多い国もあるが，わが国では少なく，国際結婚が外国人女性の日本入国の手段として利用されている面もあると考えられる（落合ほか2007）．

●**国際結婚移動のさきがけ**　結婚をきっかけとする国際移動の先駆的事例として，第二次世界大戦直後にみられた戦争花嫁をあげることができる．これは，日本に駐留した連合国の軍人と日本人女性との結婚であり，日本人女性の側からみると，経済的困窮，若い日本人男性の少なさ，異人種への憧れ，職場での出会いといった要因が重要であった．夫の国に渡った日本人女性の多くは，異文化適応，偏見や差別，経済的問題などさまざまな困難を経験することになった．

●**既存研究の流れ**　国際結婚が大きな注目を集め始めたのは1980年代後半であった．このときに，農家の後継ぎ男子の嫁不足の打開策として，山形県の最上地方において，行政や後に民間の結婚ブローカーが仲介した，フィリピンなどからの外国人花嫁の受け入れがみられた．山形県をはじめとする東北地方が国際結婚移動の目的地として選ばれたのは直系家族制が強く，重要な基幹産業としての農業の労働力としての役割が彼女たちに期待されたからである．国際結婚によって流入した農村花嫁は大きな脚光を浴び，研究成果も多い．当初の研究では，結婚移住女性を「犠牲者」とみる見方が長らく支配的であった．また，国際結婚を仲介する業者には悪質なブローカーが多いことや，そうした業者婚には偽装結婚も含まれていたことにも留意する必要があろう．今日では，結婚移住女性を「犠牲者」とみる見方は是正され，彼女たちを主体的な行為者とする見方が強い（竹下2017）．

　なお，現代の日本では，国際結婚の件数や比率は，山形県など東北地方の県で目立つわけではなく，図1が示すように，全国的に拡散しており，とりわけ三大都市圏（特に東京圏）で顕著である．人口減少時代を迎えた日本にとって，国際結婚によって流入する外国人や当該カップルから誕生する子どもは貴重な存在であり，彼らの日本での定着が望まれる．　　　　　　　　　　　　［石川義孝］

□□ さらに詳しく知るための文献
佐竹眞明・ダアノイ，M.A.，2006，『フィリピン-日本国際結婚—移住と多文化共生』めこん．
竹下修子，2000，『国際結婚の社会学』学文社．
武田里子，2011，『ムラの国際結婚再考—結婚移住女性と農村の社会変容』めこん．

東京圏への一極集中

overconcentration of population in the Tokyo metropolitan area

☞「戦後日本のUターン移動」p.312
「郊外化の終焉」p.316「付録1 大都市圏および非大都市圏の人口分布」p.690「付録2 行政区分と人口分布（都道府県）」p.696

　戦後日本では非大都市圏から大都市圏への移動が国内人口移動の中心であり，日本の都市化（都市人口比率の上昇）に結びついてきた．

●三大都市圏の転入超過数の推移　図1は住民基本台帳人口移動報告による1954年以降の三大都市圏の転入超過数の推移を示しており，1960年代の高度経済成長期，1980年代後半のバブル経済期，1990年代後半から現在に至るまでの三つのピークがある．1960年代はいずれの大都市圏も転入超過であり，その数は全体で毎年40万人以上に上っていたが，1980年代後半と1990年代後半以降は東京圏のみが転入超過である．大阪圏・名古屋圏の相対的な経済の地盤沈下も背景としつつ，人口移動による東京圏への集中傾向が強まっており，日本の総人口に占める東京圏人口の割合は15.5%（1950年）から28.4%（2015年）へ上昇した．1990年代後半以降の東京圏の転入超過数は2007年にバブル経済期に匹敵する水準に達し，リーマンショックを機に縮小したものの，2010年代前半には拡大に転じ，再びその水準を目指す動きをみせている．1980年代後半と1990年代後半以降で転入超過数は同水準であるが，前者では埼玉県・千葉県・神奈川県が転入超過で東京23区は転出超過であった一方，後者では23区の転入超過が大きな割合を占めていることや，近年では関西圏からの東京圏への移動傾向が強まっているといった変化がある（小池2017）．また，1990年代後半以降はサービス経済化によって東京圏の求める労働力が高学歴化し，特に高学歴女性の東京圏への選択的移動が顕在化したことで人口移動の性別構造が変化している（中川2005）．

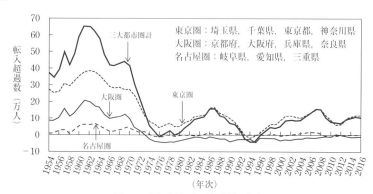

図1　三大都市圏の転入超過数の推移
［住民基本台帳人口移動報告年報］

●コーホート別人口の推移　図2はコーホート別の全国人口に占める東京圏人口の割合（シェア）であり，加齢に伴う東京圏居住者の割合の変化を示している．1930年代コーホートは10～14歳から20～24歳にかけての転入超過でシェアが大きく上昇し，その後は定常状態になる．1940～60年代コーホートは，1930年代コーホートと同様に20～24歳までの転入超過でシェアが大きく上昇するが，25～29歳以降は還流移動でシェアが低下するという動きをみ

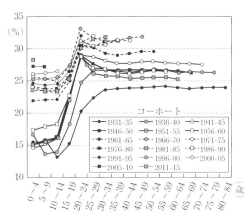

図2　コーホート別東京圏人口の対全国シェア
[国勢調査（大江1995を参考に作成）]

せていた．しかし，1970年代以降のコーホートでは25～29歳以降もシェアが上昇し，東京圏への人口集中が続いている．また，1960年代以降のコーホートは過去に東京圏への集中傾向を強めた1930年代以降のコーホートの子ども世代にあたる大都市二世である．これらのコーホートの0～4歳シェアは25％前後に達しており，東京圏生まれの増加による自然増加も東京圏への人口集中に寄与してきた．ただし，未婚率の高さから東京圏の出生率は全国よりも低い水準に留まっている．

●東京圏への一極集中がもたらす課題　1960年代の高度経済成長期に東京圏への人口集中を牽引した1930～40年代コーホートが現在，60代半ばから80代半ばに達しており，今後は東京圏で高齢化問題が本格化する．この世代の多くは郊外で小規模核家族世帯を形成してきたが，その子世代の大都市二世が離家し，晩婚化や共働き化によって郊外住宅地を選択しない傾向をみせており，郊外の急速な高齢化と持続可能性が課題になってきた（藤井ほか2006）．同時に大都市二世には明確な未婚化・非婚化の傾向があり，将来，社会的に孤立した中高年単身者の増加につながることが確実視されている．また，今後東京圏へと移動してくる地方出身者をはじめ，若年層の一部は社会階層の上昇をかなえられず，新たなアンダークラスを形成する可能性もある．過去と将来の東京圏への一極集中は，年齢，地域，家族属性，社会階層，さらにはエスニシティも含め，多様性を拡大しながら新しい大都市の課題を生み出していくことになるだろう．　　　　[丸山洋平]

　さらに詳しく知るための文献
井上孝・渡辺真知子編著，2014，『首都圏の高齢化』原書房．
宮本みち子・大江守之編著，2017，『人口減少社会の構想』放送大学教育振興会．

過疎化と人口減少社会
depopulation and shrinking society

☞「歴史からみた過密と過疎」p.268 「地方消滅」p.280 「東京圏への一極集中」p.308 「人口減少と財政問題」p.344 「農業と人口」p.398

　過疎化とは，著しい人口減少に伴って地域社会の機能維持が困難になる現象である．わが国では，1950年代後半から続いた高度経済成長期に，農山漁村を中心とする非大都市圏の人口が，急激かつ大量に大都市圏へ移動した．その結果，大都市圏ではインフラ整備が追いつかず，通勤ラッシュや交通渋滞をはじめ生活環境の悪化など過密化が問題となった．過疎化は，こうした過密化の対語として「経済社会発展計画」（1967年3月13日閣議決定）において初めて用いられた造語である．

　過疎化によって引き起こされた過疎問題を解決するため，1970年に過疎地域対策緊急措置法（過疎法）が制定され，市町村単位で過疎地域が指定された．その後，1973年のオイルショックを契機として過疎化は一時的に沈静に向かうが，1980年代中頃より非大都市圏から大都市圏への人口流出が再び顕著となっていく．この間，過疎地域では人口流出が継続するとともに，過疎地域に留まった人々の高齢化が進行していった．

　2000年代に入ると，縁辺集落の小規模・高齢化が一層顕著となり，集落の消滅にも注目が集まるようになった．大野は1990年代初頭に，高齢化率が50％以上で将来的に無居住化する可能性が高い集落を限界集落と称し（大野 2005），作野は無居住化が免れない集落の「むらおさめ」を提唱した（作野 2006）．また，中心市街地の空洞化や，郊外住宅団地の高齢化などにより，過疎化は都市においても用いられるようになった．そして2010年代に入ると，人口減少社会に関する話題が多く出されるようになった．例えば，2014年には増田によって「消滅可能性都市」という概念が提示され（増田 2014），896の市区町村において20歳代・30歳代の女性が半減するとし，大きな話題を呼んだ．これに対して，都市住民が過疎地域をはじめとする農山漁村に関心を寄せるとともに，移住や交流が顕著になっていった．こうした動きは田園回帰と称されるが，非大都市圏から大都市圏への人口流出は今日でも継続している．

●**過疎化に関する多様な論点**　過疎問題が顕著であった1960年代から70年代にかけては，過疎化の実態把握や，発生要因の解明に関する研究が行われた．過疎化の空間的な差異については，出稼ぎや集団就職を契機として人口が減少する東日本型と，挙家離村が卓越する西日本型に大別された．また，集落単位のミクロな研究も多く手がけられ，集落の縮小や廃村の実態が報告された．

　その後，1970年に過疎法が制定され道路などの基盤整備が進んだことや，大都市圏への人口流出が沈静化したことなどにより，過疎化に関する社会の関心は

薄れた．しかし，この間も過疎地域から地方都市などへの人口流出は着実に進んでいった．

1980年代に入ると，労働市場を求めて製造業が大都市圏から非大都市圏に分散立地するとともに，地方都市のサービス経済化が進展していった．その結果，過疎地域に居住する人々の雇用機会も増加し，整備された道路を利用してマイカー通勤する世帯が増えた．1990年代に入ると，グローバル化の進展に伴い，過疎地域に立地していた零細工場が撤退したり，建設業が衰退したりした．一方で，過疎地域の基幹産業である農林水産業は担い手の減少などで縮小傾向に歯止めがかからなかった．

この間，非大都市圏と大都市圏との間の人口移動に対しては強い関心が払われ続けた．過疎化が顕著にみられた1955年から1970年までは，非大都市圏から三大都市圏に人口が流出していった．その後，非大都市圏からの人口流出は継続するものの，転入超過は東京大都市圏のみとなった．一方で，日本において，欧米でみられるような反都市化は明確には確認されていない．

● 人口減少社会の到来と新しい潮流　2000年代に入ると，多くの道府県において人口減少が顕著となり，過疎化や高齢化が国全体で共通する主要な課題となっていった．その結果，社会で問題視される現象に対して，研究が後追いする状況がしばしばみられた．その顕著な例が限界集落問題である．これについては多くの研究が行われた一方で，「限界」という響きから批判が高まり，徐々に研究対象からはずれていった．また，国の政策で「地方創生」がブームになると，研究もそのブームに追随した．その結果，「消滅か，存続か」といった二項対立的な政策上の議論が多くなり，研究もそれに巻き込まれるかたちとなった．

2015年国勢調査の結果，2010年と比べて人口が増加した都道府県は沖縄県，東京都など8都県に留まる．また，政令指定都市でも北九州市や神戸市など5市で人口が減少している．このように，日本全体が人口減少する中で，中小都市はもちろんのこと，大都市でも人口が減少し始めた．そのため，今後は過疎化の概念自体も変化していくものと思われる．

一方で，過疎地域で若年人口が増加するなど，従来とは異なる人口移動のきざしがみられる．こうした状況に対して，地域の活力は人口の多寡によらない価値観を形成すべきであるとの論調も多くみられる．例えば，山崎は人口減少社会における地域の充実を「縮充」と表現するなど（山崎 2016），今後も多くの見解が示されると思われる． [作野広和]

📖 さらに詳しく知るための文献

石川義孝．2001．『人口移動転換の研究』京都大学学術出版会．
斎藤晴造．1976．『過疎の実証分析―東日本と西日本の比較研究』法政大学出版局．
藤山 浩．2015．『シリーズ田園回帰1　田園回帰1％戦略』農山漁村文化協会．

戦後日本のUターン移動
return migration in postwar Japan

☞「東京圏への一極集中」p.308 「郊外化の終焉」p.316 「人口移動統計」p.584 「人口移動の分析指標」p.588

　Uターン移動は帰還移動とも呼ばれ，元の居住地もしくはその近接地に戻る移動を意味する．特に近接地に戻る移動はJターン移動と呼ばれることもあるが，ここではJターン移動を含めた，広い意味でのUターン移動について論じる．日本の全国レベルの公的な移動統計は，『住民基本台帳移動報告』と『国勢調査報告』に基づくものの二つであるが，これらは移動先が元の居住地であるか否かの情報が得られないため，Uターン移動を直接とらえることはできない．しかし，後述のように，これらの統計を用いてUターン移動を間接的にとらえる考え方や指標が提案されている．一方，国立社会保障・人口問題研究所（以下，社人研）が定期的に実施してきた「人口移動調査」は，サンプリング調査ではあるもののUターン移動を直接的に把握できる．

　Uターン移動の典型は出生地もしくは出身地に戻る移動である．一般に，都市から農村に向かう移動は農村出身者によるUターン移動の可能性が高く，日本の場合も，大都市圏から非大都市圏に向かう移動の多くは非大都市圏出身者によるUターン移動である（井上 2002a）．こうしたことから，以下では大都市圏・非大都市圏間移動に特に着目し，戦後日本のUターン移動の傾向を探る．なお，非大都市圏から大都市圏に向かう移動とその逆方向の移動は，通常，前者が後者を量的に上回るので，それぞれ主流，逆流と呼ばれる．

●**住民基本台帳移動報告によるUターン移動の把握**　図1は戦後日本の主流と逆流の移動者数（日本人のみ）の推移を『住民基本台帳移動報告』に基づいて示したものである．これらの数値は，埼玉・千葉・東京・神奈川・岐阜・愛知・三重・京都・大阪・兵庫・奈良の11都府県を大都市圏として算出している．図1をみると，逆流は1973年をピークにその後漸減傾向にあり，Uターン移動も同様の傾向が示唆される．主流と逆流の関係をみると，1970年初頭までの高度経済成長期は主流が逆流を圧倒し大都市圏への人口集中

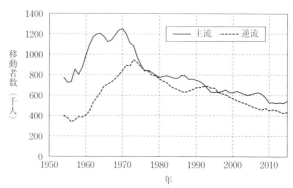

図1　主流と逆流の移動者数の推移（1954～2015年）
〔『住民基本台帳人口移動報告』より作成〕

が進んだことが明らかであるが，その後は概ね主流が上回るものの，逆流が優勢である時期もあることがわかる．1970年代後半は両者が拮抗する時代が比較的長く続き，Uターン現象が卓越した時代といわれるが，図1から明らかなようにその直接的な要因は主流が減少したことである．しかも，そうした主流の減少は，主に主流を担う10歳代後半のコーホート規模の格差，具体的には団塊の世代（1947〜49年生まれ）とその直後の世代の人口規模の格差がもたらしたことがわかっている（石川1994）．また逆流は，主流の減少から5年程度の間隔をおいて減少していることがわかるが，この事実は非大都市圏出身者が一度主流として大都市圏に移動したあと，出身地にUターン移動を行っていたことを傍証するものである．1980年代以降の逆流の減少は，コーホート規模の縮小のほか，きょうだい数の減少，景気低迷など複数の要因が考えられ，Uターン移動もそれらの要因の影響を受けている可能性が高い．

●**国勢調査報告によるUターン移動の把握**　『国勢調査報告』による移動データは，一般には5年前の前住地情報に基づくものを指す．ここでは，同報告の男女5歳階級別人口から算出されるコーホート累積社会増加比を用いて議論を行う．この指標は井上によって開発され，あるコーホートの「10〜14歳時点の人口」に対する「その後における社会増加（純移動）の累積数」の比として定義される（井上2002a）．井上によれば，仮に大都市圏・非大都市圏間のすべての移動者を非大都市圏出身者とすれば，その指標の非大都市圏の値はある年齢における非大都市圏出身者に占める大都市圏滞留者の割合を表す（井上2016）．したがって，その比が加齢に従っていったん上昇して低下する山のようなかたちになれば，それはUターン移動によるものと推測できる．実際にその比を算出してみると，概ねコーホートが若くなるほど山の高さは低くなり，1981〜85年コーホート以降はほとんど観察されない（井上2016）．この分析結果は，若い世代ほどUターン移動が退潮傾向にあることを強く示唆する．

これに対して，前述の社人研の「人口移動調査」の分析結果によれば，少なくとも1970年代前半のコーホートまではUターン移動に縮小の傾向はみられない（社人研2013b）．この分析結果と井上によるものに違いが生じているのは，「人口移動調査」のUターン移動には，大都市圏・非大都市圏間の逆流としてだけでなく，すべての地域間で発生するものが含まれていることが関係している可能性が大きい．すなわち，非大都市圏出身者による比較的長距離のUターン移動は縮小の方向にあるが，主として大都市圏内部で生じる，比較的短距離のUターン移動は一定量が維持されている可能性がある．　　　　　　　　　　　　　[井上　孝]

📖 さらに詳しく知るための文献

江崎雄治．2007．「地方圏出身者のUターン移動」『人口問題研究』63（2）：1-13．
清水昌人．2009．「市町村別のコーホート累積社会増加比―長野県の事例」『人口学研究』44：33-42．

居住経歴と生涯移動
residential experience and lifetime migration

☞「戦後日本のUターン移動」p.312「郊外化の終焉」p.316「人口移動統計」p.584「人口移動の分析指標」p.588

人は進学・就職・結婚・退職などのライフイベント時に居住地選択を行い，その積み重ねが居住経歴となる．出生時からの居住経歴を縦断的にとらえることで，各人の生涯移動について知ることができる．日本においては20世紀後半以降，非大都市圏からの人口流出に常に関心が向けられてきた．近年，地域の持続可能性についての懸念が強まる中で，非大都市圏各県出身者の生涯移動に関する指標，例えば県外への他出率，他出者のうちの帰還移動者の割合（Uターン率），あるいは定着率などに対する関心が高まっている．本項目では，これらに関する既存統計を紹介し，第一次ベビーブーム世代（団塊の世代）を含むコーホートを例に，その実態について述べる．

●居住経歴に関する統計　一般的に生涯移動に関する統計は，期間移動に関する統計と比べて入手可能性が限られている．現在日本では，後者に関しては国勢調査，住民基本台帳人口移動報告があり，多種多様な集計表が得られるが，前者に関しては，継続的に実施されている公的な調査としては，国立社会保障・人口問題研究所（以下，社人研）による全国標本調査である「人口移動調査」が唯一のものである．初回の調査は1976年に行われ，第2回となる1986年以降は5年おきに実施されている．調査対象の世帯数は，近年では2006年実施の第6回調査が約1万7000世帯，2011年実施の第7回調査が約1万5500世帯であったが，2016年に実施された第8回調査では約6万5000世帯と大幅に増加した．執筆時点で2011年実施の第7回調査までの報告書が刊行されているが，第7回調査は東日本大震災の影響で岩手・宮城・福島の3県で調査が行われなかったこともあり，ここでは2006年実施の第6回調査の結果をみると，例えば調査時点において住んでいる都道府県以外での居住経験のない人の割合は，世帯員全員では52.6％，世帯主と配偶者では40.4％であった．また，出生県から他県に転出した経験のある人のう

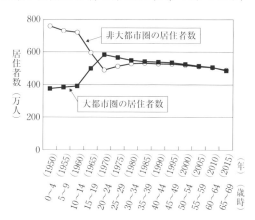

図1　「1950年時点で0〜4歳のコーホート」の居住地域の変遷

[「国勢調査」より作成]

ち，調査時点で出生県に戻って居住している人の割合（県Uターン率）は，男性が34.1％，女性が30.2％となっている．

●**地域別・世代別にみた生涯移動**　社人研の「人口移動調査」は比較的大規模な調査ではあるが，非大都市圏各県のサンプル数は少なくならざるを得ない（なお第8回調査からは非大都市圏各県のサンプル数が大幅に増える）．特に世代別にその動向をみるにはやや困難を伴う．そこで国勢調査データを用いた代替的な手法により，非大都市圏出身者の生涯移動について検討する．ここでは第一次ベビーブーム世代を含む1950年国勢調査時に0～4歳であったコーホートの動向を取り上げる．このコーホートが1950年時点（0～4歳時），1955年時点（5～9歳時），……，2015年時点（65～69歳時）において，非大都市圏側，大都市圏側にそれぞれどのくらい居住しているかをみたものが図1である．幼少時には両者の比はほぼ2：1であったが，主として10歳代後半からの大都市圏側への移動で，ピークとなる20～24歳時には大都市圏の居住者数の方が約100万人多くなった．その後の帰還移動を経て，40歳代以降は両者はほぼ同数となった．なお図1からは，一時期マスコミを中心に喧伝された定年退職後の非大都市圏への移住は，さほど大きな動きとはならなかったこともわかる．同様に図2に，東京大都市圏における，特別区部とそれ以外に分けた居住者数の変化を示す．特別区部は進学・就職の際に一時的に増加したが，その後は多くが郊外へと居を移したことが読み取れる．また，このコーホートについては都心回帰の動きはみられず，概ね郊外に取得した住宅に住み続けているとみられる．

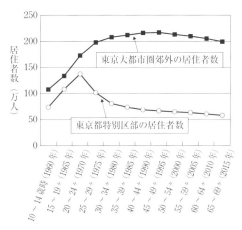

図2　東京大都市圏における「1950年時点で0～4歳のコーホート」の居住地域の変遷
注）東京大都市圏郊外：埼玉県・千葉県・東京都・神奈川県から東京都特別区部を除いた地域
「国勢調査」より作成

[江崎雄治]

📖 さらに詳しく知るための文献

国立社会保障・人口問題研究所，2009．『第6回人口移動調査（2006年社会保障・人口問題基本調査）日本における近年の人口移動』調査研究報告資料第25号．
国立社会保障・人口問題研究所，2013．『第7回人口移動調査　報告書』調査研究報告資料第31号．
荒井良雄ほか編，2002．『日本の人口移動―ライフコースと地域性』古今書院．

郊外化の終焉
end of suburbanization

☞「東京圏への一極集中」p.308
「居住経歴と生涯移動」p.314

　20世紀後半において日本の大都市圏では，まずは都心から郊外への人口移動がみられた．しかしながらこの人口の郊外化もすでに終焉を迎えている．本項目では，日本の大都市圏における人口の郊外化と，それに伴い生起した問題について述べる．

●郊外化から都心回帰へ　20世紀後半の日本国内の人口移動をみると，高度経済成長期においては，第一次ベビーブーム世代（団塊の世代）やそれ以前の多産少死局面に生まれた世代が非大都市圏から大都市圏へと大量に移動した．1970年代に入ると第一次ベビーブーム後の出生率の急落を受けて潜在的他出者（伊藤 1984）が存在しなくなったことなどから，非大都市圏から大都市圏への人口移動は急減した．一方で，各大都市圏では，それ以前に流入していた人々の圏内での移動が続いた．彼らは，出身地を離れて進学・就職する際には，大学や職場に近い大都市圏中心部に居住したが，その後，結婚・子どもの誕生による世帯規模の拡大の中で，郊外に建設されつつあったニュータウンなどの新興住宅地に移り住んだ（川口 2002；谷 2002）．東京大都市圏を例に各地域の転入超過数の推移をみると（図1），東京都特別区部では1960年代半ばから転出超過となった一方で，都下および周辺3県では比較的長い期間転入超過が継続した．しかしながら1990年代後半になると，周辺3県では転入超過が大幅に縮小した．これは，高

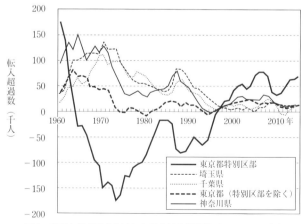

図1　東京大都市圏各地域における転入超過数（1960〜2015年）
[「住民基本台帳人口移動報告」より作成]

度経済成長期に大量に流入した人々の，郊外での住宅取得がほぼ終了したことを示している．それに対し特別区部では1997年に34年ぶりに転入超過となり，その後も継続している．これは，近年の東京大都市圏への流入人口については（前述のように高度経済成長期に比べれば流入人口の規模はそもそも小さい），バブル崩壊後の都心部における手ごろな物件の供給の中で，かつてのように郊外に再移動することなく都心部に住み続けていることが一因である．また，郊外で生まれ育った者の中にも，親世代とは逆方向に移動し，都心部に居を構える者も少なくないとみられる（江崎 2006）．いずれにせよ東京大都市圏においては，1990年代半ばを境に郊外化から都心回帰へと転換したといえる．

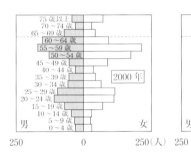 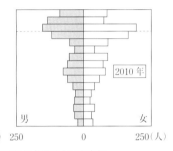

図2　神奈川県A住宅地における年齢別人口の変化
[「国勢調査」より作成]

●**郊外住宅地の衰退**　郊外化が終焉を迎えた中で，かつての新興住宅地の中には，住宅地としての役割を終えるところも出てくると考えられる．図2は，神奈川県内，小田急線沿線のある住宅地の人口年齢構成を示したものである．建設当初，若い夫婦と子どもからなる世帯がほとんどを占めていたこのような住宅地では，図2のように極端に年齢構成が偏っている．したがって住宅地の高齢化も必然的に急激なものとなる．実際A住宅地では，2000年にはまだ約12%であった老年人口割合が，子世代の離家もあって，わずか10年後の2010年には約34%にまで急上昇した．今後A住宅地では，短期間に集中して空き家が発生することになると考えられるが，日本全体での若年人口の減少，大都市圏への流入人口の減少，また都心部での住宅供給の継続の中で，A住宅地に多数の来住者を見込むことは困難であろう．高齢化の後に住宅地そのものの持続可能性が危ぶまれるという，過疎地域の限界集落と似た状況が，一部の郊外住宅地にもみられるようになる可能性は十分考えられる． [江崎雄治]

□□ さらに詳しく知るための文献

荒井良雄ほか編，2002．『日本の人口移動―ライフコースと地域性』古今書院．
江崎雄治，2006．『首都圏人口の将来像―都心と郊外の人口地理学』専修大学出版局．

高齢人口移動
elderly migration

☞「移動選択指数」p.594「移動スケジュール」p.596

　人口移動現象の中で，高齢期に発生するものを指す．高齢期のとらえ方は調査や研究によって異なり，老年人口（65歳以上）の移動を指す場合や，定年退職を想定して60歳や55歳以上の移動を指すこともある．退職後の移動は退職移動（retirement migration）と呼ぶ場合もある．

　高齢人口移動は，居住者が加齢とともに高齢人口に加わること（aging-in-place）や死亡による減少とともに，高齢人口の地域的な分布に直接的に影響を与える現象であり，福祉施設の立地や住宅開発，地域経済など，社会のさまざまな面に影響を及ぼす．高齢者の移動は，医療や介護サービスの需要を変化させ流入地域の財政的な負担増をもたらす可能性がある一方で，財やサービスの購買や納税による地域経済への貢献や，ボランティア活動などの地域コミュニティへの寄与も期待できる．どちらの効果が生じるにしても，高齢人口移動の動向を正確に把握することは，地域人口の高齢化に対応する上で重要な課題である．

●**欧米の研究によるモデル化**　高齢人口移動に関する研究は，日本よりも早く高齢化社会（高齢化率が7％を超えた社会）に突入した欧米を中心に蓄積されてきた．多くの事例研究から，高齢人口移動の類型化やモデル化が行われている．例えば移動の意思決定過程に注目したワイズマンとローズマン（Wiseman & Roseman 1979）は，①退職前後の高齢夫婦が快適な環境を求めて行う移動，②退職前後の高齢夫婦や配偶者を失った高齢者が故郷へ戻る移動，③配偶者を失った単身高齢者が子どもや親族の居住地へ向かう血縁関係に基づく移動の三つの類型に区分した．これらの類型区分が示唆するように，高齢人口移動は退職や配偶者との死別などの高齢期特有の要因と密接に関連する．このような視点からリトワクとロンジーノ（Litwak & Longino 1987）は，退職前後に発生するアメニティ型移動（第一の移動），日常生活における支援を求める移動（第二の移動），心身の衰えが進んだ場合に施設へ向かう施設移動（第三の移動）という3段階の発展モデルを提唱している．

　また，国や地域における高齢人口移動の動向に関する議論として，高齢移動転換がある（Rogers 1989）．これは高齢人口移動が不活発な第1段階からリゾート地などの特定地域に移動が集中する第2段階を経て，移動先が分散する第3段階へ至るという概念である．

●**日本における高齢人口の移動率**　日本における高齢人口の移動率に関する最も早い指摘は，1970年の国勢調査を用いて東京，大阪，名古屋の大都市圏における年齢階級別の人口移動率を検討し，50歳前後で最低値を示した移動率が加齢

に伴って上昇することを明らかにした大友によるものである（Otomo 1981）．この現象は移動率の反騰現象と呼ばれ，欧米では従来から指摘されていたが，大友によって日本の大都市圏でも生じていることが示された．この現象は1980年以降の国勢調査のデータを用いた同様の分析でも確認され，大都市圏のみでなく日本全体の傾向としても確認された．つまり，日本における高齢人口移動は人口の高齢化が急速に進む中で顕在化してきたのである．

図1は2010年国勢調査をデータとして算出した年齢階級別移動率を示したものである．まず全体的な傾向として，自市区町村内移動，県内他市区町村間移動，都道府県間移動という移動の空間的範囲にかかわらず，20歳代前半あるいは30歳代で移動率はピークを迎え，その後年齢とともに低下する．高齢期の移動率をみてみると，自市区町村内移動，県内他市区町村，都道府県間のすべての移動で，70〜74歳以上で年齢とともに移動率が上昇する傾向が確認される．ただし上昇幅が最も大きいのは自市区町村内移動であり，都道府県間移動の上昇幅は小さい．移動の空間的な範囲において違いは認められるが，移動率の反騰現象が確認できる．

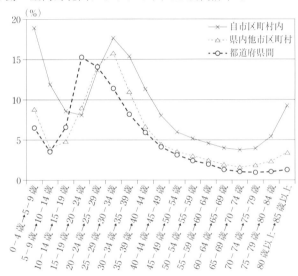

図1　日本の年齢階級別移動率（2005〜2010年）
注）「県内他市区町村」は「自市内他区」と「県内他市区町村」を合計したものである．
〔平井　誠（2014）の図3-1．ただし原データは国勢調査〕

●日本における高齢人口移動の理由　高齢者の移動理由は，進学や結婚，就職などを経験する若年層とは大きく異なる．エイジング総合研究センターが実施した大都市高齢人口移動調査によると，日本の大都市における高齢人口移動の主要な理由は「家族と同居」「住宅事情」「仕事の都合」および「退職」であり，さらに後期高齢者になると「施設への入居」や「病気」という理由が比重を増す傾向がある（大都市高齢者の移動実態と理由に関する研究委員会 1994）．実際に，2010年の国勢調査から移動後の世帯が施設である者の割合をみると，半数を超えるのは80歳以上（すなわち2005年時点で75歳以上）であり，60歳代，70歳代の移

動ではその割合は20%未満である．高齢人口移動において移動量として多数を占める前期高齢者の多くは，施設ではなく一般世帯への移動が中心である．その背景には彼らの子の世帯との関係が強く影響している．1960年から2000年までの5回の国勢調査を資料として，60歳以上高齢者の都道府県間移動の要因を統計的に検討した伊藤は，全期間を通じて子どもとの同居・近居という要因が重要であることを明らかにしている（伊藤 2011）．日本における高齢人口移動には，欧米と同様に，退職や施設への入居などのライフイベントが重要な影響を与えているが，一方で，欧米の研究で指摘されているような温暖な気候や趣味などを楽しむアメニティ型の移動につながる理由は見出されていない．家族（特に子ども）との同居や近居が主要な目的となっている点が，日本の高齢人口移動の大きな特徴である．

●**移動者に与える影響**　居住地の変更は，心身ともに大きな負担となる出来事であり，特に高齢者の場合はその負担感が強いことが想定される．そのため，移動が高齢者に与える影響，すなわちリロケーション・エフェクトの検討も高齢人口移動に関する研究の重要なテーマの一つである．このような研究は老年社会学や公衆衛生学などの分野で研究の蓄積がある．新たな居住地での生活に対する移動者自身の意識や準備が十分であれば，移動が高齢者によい影響を与える可能性も期待できるが，介護などの事情によりやむを得ず居住地を変更する場合は，心身に悪い影響を及ぼす可能性もあり十分な配慮が必要であろう（安藤 2015）．

●**日本の高齢人口移動の地域性**　1980年の国勢調査に基づいて都道府県別に高齢者の移動率を分析した内野は都市化の著しい地域で一般に高く，農村的な県において一般的に低い傾向を指摘している（内野 1987）．この傾向は現在も変わらないのだろうか．図2に，2010年国勢調査を資料として，高齢移動者による都道府県間転入率および転出率を都道府県別に示した．この図では，2010年に65歳以上であった人のうち2005年時点で別の都道府県に居住していた人を高齢移動者としている．図中の対角線は，転入率と転出率が等しい点を結んだ線であり，この線よりも右下は転入超過を左上は転出超過を示す．また図中の点線は，転入率，転出率の全都道府県の平均値を示している．

　図2の右上に位置する都道府県は，転出・転入とも全国の水準を上回っており，高齢人口移動の活発な地域である．この部分に含まれるのは，東京都，大阪府，千葉県，神奈川県，埼玉県，奈良県などの，東京と大阪の二大都市圏に属する県が多数を占める．高齢者の都道府県間移動が大都市圏において活発なことがわかる．また大都市圏の中でも，東京都と大阪府，京都府は転出超過を示すが，その他の県は転入超過である．このように，大都市圏の移動率が相対的に高くその中心部で転出超過，郊外で転入超過を示すことは，日本の高齢人口移動の基本的なパターンである．

●日本の高齢人口移動の方向性　高齢人口の分布変化に大きく影響する都道府県間移動について，2010年国勢調査から移動選択指数を求めその特徴をみてみると，東北地方や中国地方などでは，同一地方あるいは隣接県間を中心とする近隣地域との移動が活発で人口移動圏を形成しているが，他地域への移動は弱い．例えば寒冷な東北地

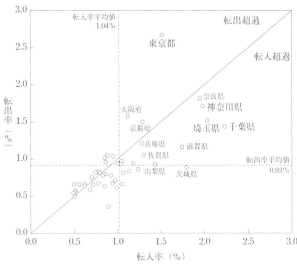

図2　都道府県別の高齢人口移動率（2005〜2010年）
［平井 誠（2014）の図3-2．ただし原データは国勢調査］

方から温暖な九州地方へ向かうような移動は少ない．これに対して，東京圏および大阪圏は，近隣地域外との移動も活発で広い移動圏を形成しているが，中でも非大都市圏との移動が活発であることに特徴がある．この点は前期高齢者と後期高齢者で移動の方向性が異なる．前期高齢者の場合，東京圏から東北地方あるいは九州地方への移動や大阪圏から四国地方や九州地方への移動が活発であるが，これらの地域からの転入は少なく一方的な流出となっている．このような東京圏から東北地方あるいは九州地方への流出は2000年国勢調査のデータからも指摘されていたが，2010年データではその傾向がより強まっている．後期高齢者の場合，大都市圏から非大都市圏への転出傾向は弱く，非大都市圏から大都市圏への流入傾向が強い（平井 2014）．前期高齢者の動向は，かつて高度経済成長期に非大都市圏から大都市圏へと向かった人の流れを反転させたものととらえることもでき，出身地への還流移動の可能性も少なくない．一方で，後期高齢者の動向は，非大都市圏で生活し年齢を重ねた高齢者が彼らの子の世帯の生活する大都市圏へ向かう移動ととらえることもできよう．　　　　　　　　　　　　　［平井　誠］

📖 さらに詳しく知るための文献

石川義孝編著．2007．『人口減少と地域—地理学的アプローチ』京都大学学術出版会．
Rogers, A. ed., 1992, *Elderly migration and population redistribution*, Belhaven Press.

結婚の地域的ミスマッチ
regional mismatch in marriage market

☞「性比と結婚・出生」p.60「性比と人口移動」p.62「家族と世帯の地域性」p.216

　地域における結婚の問題としていち早く関心を集めてきたのは農村家族の結婚難である．こうした結婚難は，高度経済成長の時代から農家の花嫁不足という危機感とともに取り上げられ，農業地理学や農村社会学の分野において考察が行われてきた．しかし，1960年代，1970年代には，適齢期の女子人口が男子人口より多い農村地域が少なからず存在した．農家の親が，息子にお嫁さんを切望する一方，娘には農家でなくサラリーマンの家庭へ嫁いでほしいと願う，その意識のミスマッチが，この問題を深刻化させてきたともいえる．このような状況に対し，地域において各自治体の農業委員会や社会福祉協議会による結婚支援が展開されてきたが，その取り組みは，現代において活発化しつつある，市町村や県による結婚支援の先駆けとして位置づけられるものである．

　人口学の分野において，結婚の地域的ミスマッチに注目が集まり始めたのは1980年代後半からのことである．鈴木は，人口性比（または性比）（男子人口／女子人口）の不均衡が地域別の結婚力に及ぼす影響について検討を加え，西日本に比べて東日本の男子に結婚難が著しいことを明らかにした（鈴木 1989）．2000年代に入ると，石川が未婚率の地域格差を都道府県および市区町村単位で分析した（石川 2003）．その結果，男子の結婚難がみられるとともに，中部地方以東の東日本で性比が高く，近畿地方以西の西日本で性比が低いという特徴を見出した．このように，20～30歳代の性比における地域差が結婚の地域的ミスマッチにつながっていると認識されるようになったのである．

●**人口性比における地域差の背景**　性比における地域差の背景については，人口移動の男女差が影響しているととらえる立場がある．具体的には，東京圏において性比が高い背景について，重化学工業や金融・保険業のように男子を多く雇用する事業所が多く立地していること，また就職や進学のために県外に出るのは女子よりも男子の方が多いため，大学が多く立地している東京圏では男子の転入が女子を上回るのに対し，九州・四国地域では性比が低くなる（中川 2011）．一方，特定の地域に関する研究も積み重ねられつつある．原は，性比が低い札幌市に焦点をあて国勢調査データを用いて分析を行った（原 2009）．その結果，男女の人口移動の相違から性比の変動が生じていること，男子の大学卒業時の就職移動が転出超過となっているのに対して，女子は高校・短大・大卒就職者のUターン移動などから転入超過が強まり20歳代後半の性比が低下していること，性比が低い期間ほど女子のコーホート別の未婚初婚率（当該期間の初婚数／期首時の未婚人口）が低い傾向にあることなどが明らかになった．

また，30歳代の性比が高い岩手県と低い長崎県を比較分析した研究も展開されている（工藤 2012）．その中では，長崎県の性比が高度経済成長期から現代まで持続的に低く，同県の男子未婚率が全国平均よりも低く逆に女子は高い要因として，雇用環境が十分でないため男子の県外就職率が高く，また親の女子に対する期待の高さが高卒時の県内進学割合を高め，それが女子にとって結婚相手を得にくい環境につながっている点が指摘された．一方，岩手県の性比が1990年代以降に高くなり，同県の女子未婚率が全国平均よりも低く逆に男子は高い要因として，跡取りとしての役割を担うのが男子であり，親と同居していくことを期待されて地元に留まりやすいとともに，女子における同居や介護に対する忌避意識が高まっているため，長男である男子にとって結婚相手を得ることが難しくなっている点が指摘された．

●**人口性比における地域差の影響**　このような性比における地域差の影響として考えられる問題に2点言及したい．第一に，日本の未婚化そして少子化への影響である．性比の高い東日本地域では男子における30歳代の未婚率が全国平均よりも高く，性比の低い西日本地域では女子における30歳代の未婚率が全国平均よりも高い．交通機関の発達やインターネットの普及などにより，以前と比べて通婚圏が拡大しているとしても，広い範囲で適齢期人口（結婚適齢期の男女人口）に男女のアンバランスが生じていることは長期的に各地域特有の未婚化を促進させていく可能性が大きい．また，近年の合計出生率が九州で全国平均よりも高いのに対し，東北で全国平均よりも低くなっているのは，東北地域における男子の結婚難による影響が考えられる．

　第二に，地域における結婚支援への影響である．現代の日本社会では多くの自治体が結婚支援を実施している．しかし，男女の人口にアンバランスが生じていることは結婚支援を展開していく上で大きな障壁の一つとなってしまう．長崎県では，出会いのイベントを実施しても女子に対する男子の人数が過小となりやすいことが指摘されていた．また，岩手県では，30歳代における県全体の性比は高いが，県内の状況をみると県庁所在地である盛岡市とその近郊では性比が低いのに対し，それ以外の地域では性比が著しく高くなっている．サービス業などに従事する女子が地方都市周辺での結婚生活を希望するのに対し，男子が地元で親と同居する結婚生活を希望する場合，そのマッチングは困難になってしまう可能性が高い．岩手県と隣接する秋田県のあきた結婚支援センターにおける会員登録者数をみると，県庁所在地である秋田市を含む県央地域の男女人数に大きな差はないが，県北地域と県南地域では男子に対する女子の人数が著しく少ないという状況が結婚支援の課題として認識されている．　　　　　　　　［工藤　豪］

📖 **さらに詳しく知るための文献**

光岡浩二．1987．『農山村の花嫁問題と対策』農林統計協会．

東日本大震災と人口移動
The Great East Japan Earthquake and migration

☞「災害と人口」p.32「人口学の自然災害対策への応用」p.678

　2011年3月に発生した東日本大震災による人的被害は，警察庁の発表によると死者1万5894人，行方不明者2558人に達し（警察庁 2016），戦後の自然災害による人的被害としては最悪なものとなった．死者・行方不明者の多くは東日本の太平洋岸を襲った津波によるものであり，その津波による被害や，津波によって引き起こされた東京電力福島第一原子力発電所の事故と放射性物質の拡散によって，多くの住民が常住地からの移動を余儀なくされた．その移動者の多くは，復興庁が定義する避難者，すなわち「前の住居に戻る意思を有する者」であった．しかし，被災地の復興事業が長期化し，放射性物質によって汚染された地域の避難指示の解除も遅れていることから，「前の住居に戻る意思を有しない」移動者が増加してきているのが実態である．自然災害の被災地からの一時的な「避難移動」と恒久的な「人口移動」を明確に区別することは困難であるため，ここでは，過去の地震・津波災害による人口移動について紹介するとともに，住民基本台帳と2010年，2015年の国勢調査を主な資料として，統計からみた東日本大震災による人口移動パターンの変化について述べる．

●過去の地震津波災害による人口移動の記録　過去の地震や津波が要因となった自然災害に伴う人口移動については，近世まではほとんど記録がなく，三陸地方沿岸部の集落の移動に関する伝説などが残っているのみである（山口弥一郎 2011）．明治時代以降については，三陸地方沿岸部が被災地となった明治三陸大津波（1896年）ならびに昭和三陸大津波（1933年）の後に，近隣への計画的な集落移動が行われたが，これらの災害に伴う，より長距離の移動（都道府県間移動）については記録が乏しい．これに対して，1923年に発生した関東大震災による避難移動については，『全国一斉避難民調査』をもとにした研究があり，その避難移動が全国に及んだことが明らかにされている（北原 2011）．1995年の阪神・淡路大震災による人口移動に関しては，酒井が神戸市の広報誌郵送先の個別データから，市外に居住する元住民の避難先についての研究を行っている（酒井 1997）．

●住民基本台帳からみた東日本大震災後の人口移動　東京電力福島第一原子力発電所の事故によって避難を余儀なくされている住民の多くは，いわゆる「原発避難者特例法」の施行によって避難先自治体での行政事務手続きの特例処理などが実施されていることもあり，避難先の市区町村に住民登録を行っていない．そのため，東日本大震災に伴う人口移動に関しては，住民登録上の移動の記録と実態との間にかなりの乖離がみられる．しかし，阿部（Abe 2014；2015）は，東日本大震災による人口移動パターンの変化を知るために，実態との乖離が大きいと

いうことを留保しつつ,『住民基本台帳人口移動報告』を利用し, 都道府県間移動の推計を行った. それによると, 岩手県では転入数, 転出数には大きな変化はなかったが, 福島県については2011年に転出数の急増と転入数の急減が起こり, その後, 徐々に被災前のパターンに回復する傾向がみられた. 被災後の福島県からの転出は, 20代後半から40代前半までの子育て世代ならびに年少人口で顕著に増加し, 女性はより遠隔地に移動する傾向があることが明らかにされた. 宮城県については, 2011年には転出数が急増したが, その後は転入超過が続いており, 特に福島県からの転入超過が増加していることが特徴である.

●**国勢調査から推計される東日本大震災による人口移動** 2015年の国勢調査の結果では, 福島県浜通り地方の4町（浪江町, 双葉町, 大熊町, 富岡町）は全域が避難指示区域に指定されたため常住人口が0人となり, 住民基本台帳では把握できない人口移動が発生していることが統計上も明らかとなった. 2015年の国勢調査は, 西暦の末尾が5の年に行われる簡易調査（西暦の末尾が0の年に行われる大規模調査に比べて質問項目が少なく, 通常は人口移動に関する項目は設けられない）であった. しかし, 東日本大震災による人口移動の実態を明らかにするため, 簡易調査としては特別に「5年前常住地」の調査が行われた. この結果と2010年の「5年前常住地」の調査結果を比較することによって, 日本の人口移動に与えた東日本大震災の影響を知ることができる. 5歳以上の人口については, 常住人口に対する, 転入超過数の比率（転入超過率）は, 東京都が2010年, 2015年ともに全国で最も高い値を示した. 被災地については, 福島県が2015年には全国で最大の負の転入超過率（転出超過）となった. 一方, 宮城県は2010年には転出超過であったが, 2015年には転入超過となり, 福島県から宮城県への人口移動が多かったことを裏づけている. 岩手県は2010年に比較して転出超過率が低下し, 被災者の県外への移動が多くなかったことを示している. 全国的にみると, 2010年から2015年にかけて, 転出超過から転入超過に転じた都道府県や, 2010年にも転入超過であったが, 2015年にその超過率が増加した都道府県は西日本に多く, 京都府, 大阪府, 岡山県, 広島県, 福岡県, 沖縄県などがそれにあたる. 2015年には, 福島県から九州地方への移動者数が, 2010年の移動者数の約2倍となったことが示されており, 東日本大震災による国内人口移動パターンの変化は全国に及んだといえる. 東北地方の市町村別には, 仙台市への一極集中のパターンが顕著であり, 特に宮城県内の他市町村からの転入が増加したことが明らかとなった. [阿部 隆]

□ **さらに詳しく知るための文献**

山口弥一郎, 2011,『津波と村』三弥井書店.

エジントン D. W., 香川貴志・久保倫子共訳, 2014,『よみがえる神戸 危機と復興契機の地理的不均衡』海青社.

10. 人口政策

　生物としてのヒトが集団生活を営む限り，人口がヒトの社会システムの基盤をなす．その意味では経済政策，社会政策，家族政策，外交・軍事政策などあらゆる政策は人口学的要因を含むものであり，含まないとすれば政策的有効性に疑念が生じる．さらに急激な人口変動が社会システムの持続可能性を脅かすとき，この状況への対応を主眼とする政策の重要性や優先度が高まる．このような場合，その政策は，直接的か間接的か，明示的か非明示的かに関わりなく，人口政策としてとらえることができる．本章では戦前・戦後の人口政策と社会政策・家族政策，日本の移民政策などを紹介するとともに，人口減少と財政問題，人口高齢化と年金制度改革・医療・介護問題，ひとり親世帯の増加と子どもの貧困などを取り上げ，1.57ショック以降の結婚・出産・子育てをめぐる取り組みや近年の政策をレビューし，現在の日本が直面する人口変動への対応を考える．

［安藏伸治・原　俊彦］

第10章

人口問題と人口政策 …………………330
出生促進政策と出生抑制政策 …………332
国際人口移動をめぐる日本の政策 ……334
戦前の人口政策と家族政策 ……………336
戦時下の人口政策 ………………………340
戦後の人口政策 …………………………342
人口減少と財政問題 ……………………344
人口高齢化と年金制度改革 ……………346
人口高齢化と医療・介護 ………………348
少子化と家族形成支援 …………………350
第二次ベビーブーム以降の人口政策 …352
次世代育成支援対策と子育て …………356
結婚・出産・子育てをめぐる近年の政策 …358

人口問題と人口政策
population problem and population policy

☞「現代日本の人口減少」p.14「食料資源と人口」p.38「人口爆発と資源危機は現実か」p.40「シミュレーション人口学」p.378「人口政策学」p.400

　ヒトの社会が人間から成る限り，人口は社会システムの基盤をなすものであり，人の数や成員構成の変化は社会システムに影響を及ぼす．その意味ではあらゆる社会システムにおいて常に人口の問題は存在する．しかし人口増加や減少，人口密度の上昇や低下，年齢・社会・経済・労働構造，あるいはその地理的分布などに急激な変化が発生し，その結果，人口変動の抑制や安定化，より好ましい状態への移行，あるいは新しい人口状況への社会システムの適応が必要とされる場合に，初めて人口問題（population problem）として強く意識されることになる．

　一方，人口が社会システムの基盤をなすという意味では，人の数や成員構成の変化にまったく影響しない経済政策，社会政策，家族政策，外交・軍事政策はあり得ないが，人口問題への対応を主眼とする政策は，それがどのような手段によるか（また直接的か間接的か，明示的か非明示的か）に関わりなく人口政策（population policy）であるといえる．つまり，急激な人口変動が社会システムの持続可能性を脅かすときに人口問題は発生し，人口変動のコントロールが求められるときに人口政策の必要性が生じる．

　地球の環境や資源には限りがあり，人類はその制約の中で自然を大切にして暮らしていかなければならないという考えは，今日ではほとんど自明のこととされ，近年は地球温暖化防止を目指す国連気候変動枠組条約（COP21）の締約国会議も開かれるようになっている．

　このような地球の環境や資源問題が意識されるようになった背景には，人口爆発（population explosion）ともいうべき世界人口の急激な増加があった．第二次世界大戦後の1960年代は，東西冷戦下，米国を中心とする西側世界（第一世界）とソ連を中心とする東側世界（第二世界）で産業化や経済成長が続く一方，アジア・アフリカの大部分を占める第三世界では経済発展が進まず，世界は戦争や飢餓の増大，自然環境の破壊，乱開発による資源の枯渇などを通じ崩壊の危機にあるのではないかと危惧される状況にあった．

●成長の限界（The Limits to Growth）　1972年，ふたりのメドウズ（D.H.& D.L.Meadows）とランダーズ（J.Randers），ベレンズ（W.W. Behrens III）らによる『成長の限界―ローマ・クラブ「人類の危機」レポート』（いわゆるローマ・クラブ報告）は，コンピュータ・シミュレーションモデルを駆使し，初めて説得力をもってこのような問題状況を提示した（メドウズほか 1972）．このモデル（World3）は 1：人口，2：食料，3：工業生産，4：環境汚染，5：自然資源という五つの分野からなり，シナリオと呼ばれるさまざまな仮定条件の組合せに基づ

き計算して，その結果を示す画期的なものであった．1974年には国連世界人口会議（World Population Congress）が開催され，人口増加の抑制目標を定め人口対策を実施する「世界人口行動計画」（world population plan of action）が先進国・発展途上国の対立を越え満場一致で採択された（林 2013）．

20世紀末後半における人口爆発への対応は，成功したかどうかの判断は別にして，人口問題と人口政策の必要性の関係を示す身近な事例であるといえる．これに対し21世紀初頭に入った現在，日本を含む先進国はポスト人口転換期（post-demographic transition）を迎え，少子高齢・人口減少への対応と国際人口移動の制御という新たな人口問題に直面している．

日本を先頭に多くの国々で出生力が置換水準を下回る状況が恒常化し，文字どおり幾何級数的な人口減少に直面しつつある．すでに地方レベルでは，これに人口移動の効果が加わり，急速な人口減少が地域社会の崩壊や消滅につながり始めており，政策介入の必要性が議論される時期を迎えている．また平均寿命の限りない延伸は老年人口割合が40％に達する超高齢社会に向かっているが，これを支える介護・医療・年金に関わる社会的負担は急速に増大し，世代間格差の拡大や制度的な行き詰まりが問題化している．

日本では現在までのところまだ問題化していないが，ヨーロッパや米国などの先進国では合法・非合法を問わず，経済移民・難民，自然災害や地域紛争による難民などが急速に増大しており，国内外の地域的な経済格差とも絡み，その受け入れが政治問題化している．

人類は「子産み・子育て」について個人の自由を保障する方向で進化したきたが，「産まない・育てない選択」とともに「産み・育てる選択」も保障しない限り社会システムの再生産が維持されない状況に直面している．寿命も「生きる権利」として個人の自由を保障する方向に進化してきたが，超長寿化の時代には「生きる権利」と同時に「死ぬ権利」も含めて個人の自由をどこまで保障するのかが問題となる．またグローバル化してゆく世界では個人の「移動・居住の自由」をどのように受け入れ保障していくのかが問われている．

超長期的視点に立てば，個人はもとより，人類社会は自らの自然である人口数を自らコントロールする方向に進化してきたといえる．しかし，人工授精や遺伝子工学が急速に進歩する中，人口政策は優生学的な罠に陥る危険性もはらんでいる．個人の自由と尊厳を守りながら，同時に社会全体として，安定的な人口状況を実現する．この究極の未来こそ人口学の課題である． ［原 俊彦］

📖 さらに詳しく知るための文献

エーリック, P. R., エーリック, A. H., 水谷美穂訳, 1994, 『人口が爆発する！』新曜社．
メドウズ, D. H. ほか, 大来佐武郎訳, 1972, 『成長の限界』ダイヤモンド社．
佐藤龍三郎ほか, 2016, 『ポスト人口転換期の日本』原書房．

出生促進政策と出生抑制政策
pronatalist policy and birth control policy

☞「出生力転換をめぐる理論」p.124「戦後日本の出生率低下」p.128「欧米先進諸国の少子化」p.132「東アジアの少子化」p.136

　人口政策とは，人口の規模，構造，分布を変化させるために，結婚，出生，死亡，移動などの人口過程に対して，政府や公的機関が直接的または間接的に影響を与えようとする計画と手段，およびそれらに基づく行動のことである．近現代の歴史を通じて，人口政策は国家の維持・存続や繁栄をめぐる政治と密接に結びついてきた．中でも出生政策は一国の人口規模と構造をコントロールしようとする政策であるために，とりわけその傾向が強い．出生政策には，出生力の上昇を目指す政策と低下を目指す政策がある．20世紀の出生政策は大づかみに，第二次世界大戦前の先進国における出生促進策，戦後の開発途上国における出生抑制策，そして1970年代以降の先進国における出生促進策に要約できる．

●20世紀前半の出生政策　すでに19世紀に人口転換が始まっていた欧州の先進国では，20世紀に入ると出生力が急激に低下して，第一次世界大戦から第二次世界大戦へと向かう時期に人口置換水準を割り込む事態に至った．これに対して各国は国力の維持・増強と地政学の観点から，こぞって積極的な出生促進策を実施した．例えば，フランスは人口増加を続ける隣国ドイツに劣る自国の低出生力を国家存立の危機ととらえて，出産奨励主義に基づく直接的な出生促進政策を確立していく．その基軸が家族手当制度である．この手当は，当初は雇用主が子どものいる従業員に対して賃金に上乗せして支払う扶養手当であったが，フランス政府はこれを徐々に国の制度として法制化し，最終的には家族法典の制定（1939年）によって全国民に普遍化した（大塩1996；深澤2014；福島2015；大岡2016）．

　スウェーデンでは，1930年代に出生力が置換水準を下回ると，経済学者のミュルダール（G. Myrdal）が夫人のアルヴァとともに『人口問題の危機』（1934）を著して人口危機の啓発キャンペーンを行い，国民的な議論を巻き起こした（藤田2010）．そうした中で置換水準の出生力が目標に定められて，児童手当，結婚ローン，出産手当，住宅手当，単親家庭への扶助など，多彩な家族給付が導入された．またその一方で，優生学的な出生抑制策が断種法（「特定の精神病患者，精神薄弱者，その他の精神的無能力者の不妊化に関する法律」）のもとで実施され，1934年から1975年まで40年間にわたり対象範囲と規模を拡大しながら続けられた（市野川1999；米本ほか2000）．

　スウェーデンで興味深いのは，20世紀半ばの出生力上昇の過程（特に1960年代のベビーブーム）において中産階級以上の高階層が出生力を増大させたことである（Sandström 2014）．低階層の出生抑制と高階層の出生促進が同時に進んだ結果，人口の質（階層構造）が改善された．

10. 人口政策　　しゅっしょうそくしんせいさくとしゅっしょうよくせいせいさく

●20世紀後半の出生政策　第二次世界大戦後の低開発国や途上国で急速な人口増加（人口爆発）が生じて過剰人口が問題になると，多くの政府が家族計画プログラムに基づく出生抑制政策を実施するようになった．日本でも優生保護法（1948年）により人工妊娠中絶が合法化され，家族計画普及運動が推進されると出生率が急降下してわずか数年で人口転換を完了した．

　出生抑制政策の中でも最も厳格な政策は中国で1979年から2015年まで実施された「一人っ子政策」である．法的な強制力のもとで，原則として1組の夫婦につき子どもを1人に制限し，2人目からは罰金を科すこの政策により，中国は短期間のうちに人口増加の抑制に成功して，経済成長に有利な人口ボーナスを獲得したが，今後は急激な高齢化（人口オーナス）に直面することになる．

　欧米先進国では，戦前に人口危機に陥った国も含めて戦後は出生力が人口置換水準を大きく上回り1960年代には多くの国がベビーブームを経験した．しかし1970年代以降は一転して少子化が進展し，対策を講じる必要性が増していったが，開発途上国に対して出生抑制政策を奨励する立場にあった先進各国は，家族政策の枠内で間接的に出生に働きかける施策を充実させる方向に向かった．とはいえ，こうした展開も戦前からの政策を基盤にしたものである．実際フランスは現在も家族手当を根幹に据えて出産奨励主義を堅持しており，スウェーデンは現金給付を基礎に現物給付を充実させて，総合的な家族政策を築き上げた．

●21世紀日本の出生政策　日本でも少子化の進展により，出生数は1970年代前半の年間200万人から半減して，2016年にはついに100万人の大台を割り込んだ．さらに半世紀後には年間50万人程度にまで減少すると予測されている．こうした出生数の急激な減少は，人口規模の縮小だけでなく，年齢構造の逆ピラミッド化（逆三角形型）をもたらして，社会システムの持続可能性を大きく棄損する．特に若年層の急速な縮小は社会のあらゆる分野で若く有為な人材が不足することを意味する．すでに地方では若年人口の流出により逆ピラミッド化が加速して地域社会の崩壊や消滅が始まっているところもある．その一方で東京圏への人口流入が続き「一極集中」と呼ばれる地理的分布の不均衡が拡大している．

　このように人口の規模，構造，分布のいずれにおいても巨大な不均衡を抱える社会は，大規模災害や有事に対しても非常に脆弱である．従来の少子化対策では，危機管理や安全保障の問題は完全に想定の外に置かれてきたが，21世紀の日本は，非常に不利な人口学的条件のもとで，地殻変動の活発化や地球温暖化に伴う大規模災害の増加と，東アジアをめぐる地政学的状況の悪化に対応していかなければならない．その意味で，日本の現状はかつてフランスやスウェーデンが直面した人口危機に匹敵するといってよい．両国による政策成立の歴史過程は日本が実効性のある出生促進政策を立ち上げる上で何を優先すべきか，大きな示唆を与えてくれる．

〔加藤彰彦〕

国際人口移動をめぐる日本の政策

immigration policy in Japan

☞「外国人労働者問題」p.242 「国際人口移動の新潮流」p.292「日本の国際人口移動」p.300「日系移民」p.304

　移民政策とは，国境を越える人の移動に関して，その規模と構成および影響を管理することを目的とした国を単位とする政策である．国際的な人の移動にとって，受け入れ国による政策がより重要な意味をもつのは，主権と領土そして国民という基本的な要素から構成される近代の国民国家システムのもとでは，「誰が国民か」という基準とともに，自国への「外国人」の入国と滞在および自国内における就労などの活動に関する要件が各国によって定められてきたからである．このような政策は，入国管理ともいわれる移動に関する管理と，入国後の活動を規定したり，定住支援や社会経済的統合を促進するための政策に分類される．前者は入国者の身分や資格に関する要件を設けることにより，その構成や規模に影響を与える一方で，後者は就労をはじめ，住居，福祉，教育など多岐にわたる分野の公共政策を含む．

●**国際人口移動をめぐる日本の政策の歴史的推移**　近代日本における国際人口移動に関する政策は，19世紀後半以降の海外移住奨励政策によって始まった．1866年に「海外渡航禁止令」（いわゆる「鎖国令」）が解かれて以降，第二次世界大戦までの期間に，約100万人の日本人が海外に移住したと推計されているが，この大規模な人口の国外流出の背景には政府による積極的な海外移住奨励政策があった．外務省に「移民課」が新設されるのは1891年のことであるが，当時の外務大臣は，過剰人口問題の解決策としての海外移住に関する持論を展開していた榎本武揚である．「国策移民」，「官製移民」ともいわれるこの時期の海外移住は，受け入れ国との二国間の協定，合意に基づいて展開されたが，その皮切りは，1886年に当時のハワイ政府との間で結ばれた日布移民条約であった．こうした二国間関係に基づく海外移住は，外交関係や国際情勢の変化による影響も受けやすく，米国とカナダが日本からの新規移民の受け入れを停止した1908年以降は，ブラジルが日本からの移住者の主要な受け入れ国となった．第二次世界大戦後に再開されたブラジルへの移住は，1960年代に入ると急速に減少した．1951年にはいわゆるポツダム命令の一部として出入国管理令（政令第319号）が施行され，外国人の日本への入国および在留に関する諸規定が定められた．これにより，日本国内での就労を目的とする外国人の入国および在留は，高度な専門職あるいは技術職（熟練労働を含む）への従事を目的とするものに限定され，現在に至るまでの日本の入国管理政策および外国人労働者受け入れ政策の原型が形成されることになった．

●**外国人労働者の受け入れをめぐる政策と実態**　出入国管理令は，部分的な改正

が重ねられ，1982年には日本の国連難民条約への加入に伴い「出入国管理及び難民認定法」（入管法）と改められたが，「非専門職・非熟練労働分野における外国人労働者の受け入れを認めない」という原則が一貫して維持されてきた．戦後の高度経済成長期に大規模な外国人労働力の移入を経験しなかった点は，しばしば他の先進国の経験と対比されるが，1980年代後半以降，このような状況に変化が現れている．特に1989年に改正された入管法（施行は1990年）により，就労に制限のない「定住者」在留資格が新設され，日本国籍をもたない日系三世とその配偶者およびその未成年の子に適用されたことから，ブラジルやペルーをはじめとする南米諸国から就労目的で来日する日系人が急増した．こうした日系人労働者は，主に製造業分野における生産工程作業に従事し，事実上，非専門職・非熟練労働分野での外国人労働力となっている．加えて，開発途上国への技術移転を通じた国際協力を目的として1993年に開始された技能実習制度や，2000年代に入ってから著しく増加している留学生によるアルバイト労働も含めて，さまざまな形態で外国人が雇用されており，その総数は専門的・技術的分野の在留資格に基づいて就労する外国人労働者数を大きく上回っている（表1）．それでも，「単純労働分野における外国人の受け入れを認めない」という原則のもと，外国人の定住支援や社会経済的統合の促進に向けた施策は未整備のままである．今後は，中長期的な人口動向や労働市場および産業構造の変化と整合的かつ持続可能な外国人の受け入れ政策を構築することが課題である．その上で，従来の「入国管理」に留まらない，外国人の定住あるいは永住を視野に入れた，就労，地域コミュニティとの関わり，子どもの教育問題を含む第二世代問題といった多分野におよぶ問題に対処するための包括的な施策の整備が求められている．

表1　在留資格別外国人労働者数（人）（2015年）

専門的・技術的分野の在留資格	167,301
特定活動（ワーキングホリデーなど）	12,705
技能実習	168,296
留学（資格外活動）	167,660
身分に基づく在留資格	367,211
「永住者」*	208,114
「日本人の配偶者等」	72,895
「永住者の配偶者等」	8,968
「定住者」	77,234
その他**	24,723
総数	907,896

*「特別永住者」を除く．
**在留資格不明を含む．
[厚生労働省「外国人雇用状況の届出状況」（2015年10月）]

[中川雅貴]

□□ さらに詳しく知るための文献

Hollifield, J.et al. eds., 2014, *Controlling Immigration : A Global Perspective 3rd ed.* Stanford University Press.
明石純一，2010．『入国管理政策―「1990年体制」の成立と展開』ナカニシヤ出版．
Hugo, G., 2014, "Some Implications of Recent Global International Migration for Japan: An Australian Perspective",「人口問題研究」70(3)：207-223．

戦前の人口政策と家族政策
population and family policy before World War II

☞「出生力転換をめぐる理論」p.124「出生促進政策と出生抑制政策」p.332「結婚と出生の基礎統計」p.484

　人口問題には，〈量〉と〈質〉の両側面がある．〈量〉は「世界の」「日本の」といった何らかの指標で区切った人間集団の大きさ＝人口の規模を，〈質〉はその区切られた人間集団の「男女比」や「年齢別構成」といった内容＝人口の構造や構成を問題にする．歴史的にみれば，性別，年齢別構成といった広義の〈質〉よりも，個体の健康や知能の程度といった資質からみた狭義の〈質〉に引きつけて人口問題が論じられた経緯がある．優生学が興隆した戦前には，個人の命の〈質〉や個人の集合体としての社会や人口の〈質〉に対する関心が世界的に高まった．日本もその例外ではなく，人口の〈量〉と広義・狭義の〈質〉への関心が交錯する中で人口論議と人口－社会行政が形成された（南 1936；吉田 1944；市原 1955；岡田・大淵編 1996；廣嶋 1980, 1981；兼清 2009；杉田 2010, 2013）．

●**富国強兵のための人口政策**　明治政府は，富国強兵を目標に掲げて学制，兵制，税制の改革と殖産興業に取り組んだ．産業の育成と軍備の強化に不可欠という観点から人口増加が歓迎される一方で，凶作の影響を受けた農家をはじめとして生活に苦しむ人が絶えなかった．その対策として採用されたのが，移殖民政策である．当時サトウキビ栽培に力を入れていたハワイ政府の求めに応じて 1885 年に開始された大規模な官約移民を機に，日本人の本格的な海外渡航が始まった．さらに，周辺地域の植民地化も進められた．

　第一次世界大戦が勃発した 1910 年代には，精神・肉体両面で健康な人口の確保への関心が高まった．1916 年には保健衛生調査会（内務省衛生局）が設置され，乳幼児死亡や青年の体位向上，感染症や精神病の問題に注意が促された．この潮流は，結核予防法（1919 年）による感染症予防対策の強化といった衛生政策の形成をもたらした．工場法（1911 年）に基づく労働災害者補償制度や健康保険法（1922 年）に基づく医療保険制度といった社会政策にも，人口政策的な意義が見いだされた．

　1920 年には高野岩三郎が準備を進めてきた初めての国勢調査が実施され，当時の日本の総人口は 5596 万人であることがわかった．人口の急激な増加の実態が統計的に明らかとなったことで，過剰人口問題の解決を求める声が高まりをみせた．食糧や失業，貧困問題の原因と解決策についてさまざまな議論が提起される一方，都市部で出生率の低下がみられる，乳幼児の死亡率が高い，所得階層間で出生率格差がみられるといった現象も注目された．

　生殖のコントロールに関する議論が盛り上がったのもこの時期である．貧しい労働者たちの家庭に子どもが多く，子どもたちを十分に養っていない実態を懸念

した社会運動家が産児制限の必要を唱えるようになり，1922年のサンガー夫人（M. H. Sanger）の来日を機に産児制限運動が高揚した．ただし，サンガーが宣伝のために持ち込んだパンフレットが押収されるなど，国策に反するという扱いを受けた当時の産児調節運動は公然と展開できる状況ではなかった．戦前日本の人口・家族政策は，伝統的な家族観に重きをおく政府の認識に沿って形成されたのである．

●優生と優境　20世紀初めの人口の〈質〉に対する関心の高まりは，遺伝学的に人類を改善することを是とする20世紀初めの時代思潮，優生学（Eugenics）の興隆と対応する．1912年，1921年，1932年の3回にわたって国際優生学会議（International Eugenics Congresses）が開催され，その間に中心拠点は英国から米国へ移った．

　人間社会の進化を志向する優生学は，生物の進化に関する理論を人間社会に適用しようと試みたところに生じた．マルサス（T. R. Malthus）の『人口論』（初版は1798年）の影響を受けたという『種の起源』（1859年）のダーウィン（C. R. Darwin）は，「環境に合うものが生き残る」という生物の進化に関する理論を提示した．それをふまえて，ダーウィンのいとこにあたるゴルトン（F. Galton）が1883年に提唱したのが優生学である．また，「適者生存」（survival of the fittest）という言葉を生んだ社会学者・スペンサー（H. Spencer）の社会進化論も，生物進化論を人間社会に適用するものだった．彼らを出発点として，人間社会の進化に関する〈知〉が西欧先進諸国から世界へと広まったのである．

　遺伝の改善に注意を向けるこうした潮流に対して，異議を唱える動きもあった．その象徴ともいえるのが，環境の改善こそ重要だとする視点から提起された優境学（Euthenics）である．それは，リチャーズ（E. H. S. Richards）の『優境学』（1910年）で体系的に提示された．「生まれよりも育ち」「生まれも育ちも」という立場に立つ優境学は，環境教育，公衆衛生学，家政学，消費者運動の基礎になるとともに，生育環境の改善という課題に光をあてることになった．

　この人間社会の進化を志向する潮流の影響は大きく，19世紀終わりから20世紀初めの人口資質向上対策は遺伝の改善と環境の改善の両面から議論されることになった．日本に関していえば，優生学を本格的に導入した海野幸徳『日本人種改造論』（1910年）の刊行やマルサス研究の興隆がみられた1910年代にこの傾向が表れた．当時優生学の普及を目的に組織された大日本優生会（1917年），優生運動協会（1926年）などはいずれも長く存続することはなかったが，先天的素質と後天的素質の改善を志向する傾向としての優生-優境主義はその後も政策立案の根拠として機能することになった．よりよい〈生〉によって成り立つよりよい〈社会〉を希求する傾向は，強制断種立法化の推進論と反対論，慎重論が交錯する中での断種政策や社会政策の形成をもたらすことになったのである．

●〈女性政策＋児童政策＋優生政策〉としての家族政策　日本における優生－優境主義の形成に寄与したのは，初期の社会学者である．京都帝国大学の米田庄太郎は，社会の進歩のための社会衛生学と優生学の進歩によって劣った個体の根絶と優れた個体の保存，増加の必要を説き，euthenics に優境という訳語を与えた東京帝国大学の建部遯吾は，狭義の優生学は優境学を含まず，広義の優生学は優境学を含むとして，後者の後天的方面も取り扱うことで優生学の実用的目的が達せられると説いた．社会事業家やジャーナリストも，健康問題の社会問題化を説く社会衛生，社会集団の健康を説く社会医学といった概念を用いてよりよい〈社会〉の実現を唱え，生活水準や文化程度の向上を掲げる社会運動や社会実践に思想的な根拠を与えた．

　この一大潮流は生命の〈質〉への社会的な関心を醸成し，産む性としての女性と，次代の担い手としての児童を対象とする社会政策の形成にもつながった．それは精神・肉体両面で優秀な人口の増加を促すための〈女性政策＋児童政策＋優生政策〉の複合体であり，政策スタンスは異なるものの，今日の家族政策の原点となった．

　西欧先進諸国とは違って出生率の低下が社会問題として認識されていなかった戦前日本において，家族政策をめぐる動きは児童政策に際立って表れた．1920年代を通じて各地に児童愛護連盟が誕生し，児童の権利や児童保護に社会的な関心が集まった．生江孝之をはじめとする当時の児童保護論者は，「立派に養育してもらう権利」「立派に教育してもらう権利」（優境の権利）とともに「立派に生んでもらう権利」（優生の権利）を児童の権利として数え，母子扶助法や児童虐待防止法の必要を説いた．その背後には，「子が親を選ぶ権利」を説いたケイ（E. K. S. Key）の思想や国際連盟の「児童の権利に関するジュネーブ宣言」（1924年）がある．1933年には，これらの傾向が結実するかたちで被虐待児童の処遇を定めた児童虐待防止法と，不良少年の処遇を定めた少年教護法が形成された．

　戦時期にかけて日本で成立した〈女性政策＋児童政策＋優生政策〉としては，母子保護法（1937年）＋児童虐待防止法（1933年）・少年教護法（同）＋国民優生法（1940年）・国民体力法（同）をあげることができる．貧困母子家庭の保護を定めた母子保護法（1937年）は，与謝野晶子や平塚らいてうの対立に始まった母性保護論争を起源とする母子扶助法制定運動の結実である．また，優生を主題とする最初の法律である国民優生法（1940年）と国民体力法（同）は，永井潜を会長として組織された日本民族衛生学会（1930年）の関係者を中心とする断種法制定運動が結実したものである．

　各国の間で具体的に形成された政策に違いがあるとはいえ，よりよい〈生〉によって成り立つよりよい〈社会〉を希求する潮流が家族政策の形成を促したのは当時の国際的な潮流であった．

●**人口問題と社会政策** 日本の社会政策学会は，1896年に研究会として発足し，翌年に社会政策学会と改称された．ドイツの強い影響を受けて成立した日本の社会政策学は，社会政策論と人口問題研究が交錯するところに形成，展開をみた．前者はドイツ歴史学派に，後者はマルサスの『人口論』研究に由来する．

社会政策学会では失業，労働災害，低賃金といった労働者への政策的配慮や資本主義経済批判，さらには貧困からの解放などについて活発に議論され，具体的な施策が提案された．同学会はさまざまな学問的背景をもつ社会科学者が集う学問的組織として発展を続けたものの，1920年代初めに社会主義をめぐる思想的対立から休眠状態に陥った．1924年の全国大会がその最終回となったが，1926年に高田保馬と河上肇が始めた人口論争とその延長上に形成された人口-社会行政は戦前の社会政策学会の遺産の一つというべきものである．

高田と河上の衝突に始まる論争がマルサスかマルクス（K. H. Marx）かの学説論争に収斂する一方で，食糧と失業の問題，さらには産児制限，移殖民といった〈量〉と〈質〉をめぐる多様な論点が浮上した．それらを引き受けるかたちで，1927年には人口に関する日本最初の政府機関である人口食糧問題調査会が設置された．同会は人口問題および食糧問題に関する重要事項を調査審議するための機関として内閣に設置（1927～1930年）されたが，その問題意識を引き継いで内務省社会局に事務局をおく人口問題研究会（1933年）が設立され，さらにそれを母体に厚生省人口問題研究所が創設（1939年）されたのである．

人口食糧問題調査会の委員として人口-社会行政の思想的基盤となったのが，大正デモクラシーの牽引者として知られる福田徳三と新渡戸稲造である．また，人口食糧問題調査会人口部から出された六つの答申（「内地移住方策」「労働の需給調節に関する方策」「内地以外諸地方に於ける人口対策」「人口統制に関する諸方策」「生産力増進に関する答申」「分配及び消費に関する方策」）すべての原案作成に関わった永井亨の「社会政策的人口政策論」は，社会の進歩を志向する新たな社会政策学の構築を志すものであった．さらに，人口問題研究会の理事に就任した上田貞次郎は，年齢構成をはじめとする日本人口の将来推計に取り組むなどして人口問題研究の発展に貢献した．こうした学問的動向の中に，人口-社会行政の思想的基盤が形成されたのである．

このように，1920年代から30年代にかけての人口問題に対する社会的関心の高まりと論議の盛り上がりは，人口問題と社会政策をめぐる多様な論点を浮かび上がらせるとともに，直接また間接に人口の〈量〉と〈質〉に働きかける政策論議と人口-社会行政の形成をもたらすことになった． ［杉田菜穂］

📖 さらに詳しく知るための文献

杉田菜穂．2017．『人口論入門—歴史から未来へ』法律文化社．

戦時下の人口政策
population policy during World War II

☞「人口問題と人口政策」p.330「戦前の人口政策と家族政策」p.336「戦後の人口政策」p.342「人口政策学」p.400

　1937年7月に開始された日中戦争は大量の兵力動員と軍需産業の拡大によって，それまでの過剰人口問題を労働力不足問題へと一変させ，1938年半ばからは戦争の影響による出生減少も顕在化した．こうした事情を背景に厚生省は，1939年度から人口増殖を基調とする人口政策立案に着手し，同年8月には人口問題に関する初の国立調査研究機関である人口問題研究所が設置された．1940年7月に成立した第二次近衛文麿内閣は人口政策を「基本国策」の一つとして取り上げ，1941年1月には「人口政策確立要綱」が閣議決定された．同要綱は，労働行政と軍人援護を除く戦時厚生行政の指導理念とされたため，広義の戦時人口政策には多様な社会・保健政策が含まれるが，ここでは戦時人口政策の中核をなした人口増殖論の動向について述べる．

●人口増殖論の担い手　厚生省の人口増殖論をリードしたのは舘稔（厚生省嘱託，人口問題研究所設立後は同研究官）であった．舘は自らの都市・農村の人口動態に関する研究をふまえ，戦争による出生率減少よりも，戦争が工業化・都市化を促進することによる影響をより重視した．舘は，このままでは日本も，当時の欧州諸国が直面していたような人口減少の危機を迎えることが不可避であるとし，その防止のために「民族政策」としての人口増殖政策の樹立を主張した（舘1939）．舘の民族主義的人口政策論は，高田保馬（京都帝国大学経済学部教授）の民族論（高田1939）に理論的基礎をおいていた．1920年代より人口増殖の必要を論じていた高田の人口論・民族論は，戦時人口政策の指針となった．また厚生省内で，こうした「民族政策」の推進を主導したのは，1939年から厚生省勅任技師となった古屋芳雄であった．優生主義者として知られた古屋は，早くから民族の量と質こそが真の国力であると主張していた．厚生省技師となった古屋は，1939年11月，日本学術振興会に第11特別委員会（民族科学）を組織して，厚生省・大学の医学者や人口問題研究所の所員に，陸海軍・企画院の関係者を加えた人口政策グループを形成し，「民族政策」の樹立に邁進した．

●人口政策確立要綱　「人口政策確立要綱」は，企画院を主務官庁として作成されたもので，その担当責任者は人口政策グループの一員である美濃口時次郎（企画院調査官）であった．1941年1月22日に閣議決定された「人口政策確立要綱」の課題とされたのは，①人口の永遠の発展性を確保する，②増殖力と資質において他国を凌駕する，③高度国防国家における兵力・労働力の必要を確保する，④東亜諸民族に対する指導力確保のため人口の適正な配置をなす，の4点であり，これらを達成するため1960年総人口1億が目標として設定された．そのベースと

されたのは，日本の人口は2000年をピークに減少に転じるとした中川友長（人口問題研究所）による将来人口推計（中川1940）であり，1960年の総人口1億という目標は，兵力などの必要量を満たすのみならず，予想される人口の高齢化と人口減少を阻止し，日本民族の永続的なる発展を可能とするものと説明された（美濃口1941）．この目標実現に向けた人口増加の方策は，出生増加を基調とするものとされ，10年間に婚姻年齢を概ね3年早め，一夫婦の出生児数を平均5人にするという目標が示された．死亡減少については，20年間に死亡率を概ね35％低下させるという目標が設定された．またその具体策としては，当時の欧州諸国にならった婚資貸付制度・独身税・家族手当制度等の創設のほか，厚生省が進めていた保健所・保健婦の普及や健康保険制度の拡充など，数多くの対策が列挙された．しかし要綱が政策の基本として強調したのは，個人を基礎とする世界観を排して家と民族とを基礎とする世界観を確立するなどの国民思想対策であった．

●アジア・太平洋戦争期の人口政策　「人口政策確立要綱」では人口増加の方策とは別に，資質増強の方策として，国土計画による「人口の構成及分布の合理化」や人口の4割を「日満支を通じ」て農業に確保する（農業人口の現状維持）という方策が掲げられていた．しかし，人口の工業化・都市化は人口増加率減退の温床とみなされており，これらの項目は人口増殖論者が重視したものでもあった．こうした観点は，アジア・太平洋戦争開戦後の1942年2月，国策再検討のため設置された大東亜建設審議会における議論で前景化した．同審議会第三部会の答申に基づいて1942年5月に決定された「大東亜建設に伴ふ人口及民族政策」は，「大和民族の増強方策」として「人口政策確立要綱」の諸方策を「全面的且強力に実施する」ことに加え，「大和民族人口の四割を我が民族培養の源泉たる農業に確保すると共に健全なる農家の維持育成の方途を講ず」ること，「国土計画の遂行に依り大都市を疎開し農村及都市の構造並に之が地域的分布に付計画を樹立実施する」ことを重点課題とした．またこの方策の作成過程では，南方諸地域が「大和民族の民族的発展の拠点たるべき地域」として適当か否かが大きな問題となり，最終的に南方を除く「満，支，豪洲，「ニュージーランド」等」が「民族力涵養の適地」とされた（企画院1942）．しかしこうした構想は，戦局の悪化とともに現実と遊離した空文と化し，「人口政策確立要綱」で基調とされた出生増加策も，結婚キャンペーンなどの精神運動を除けば，「優良多子家庭」（子ども10人以上）に対する育英費補給（1941年度から）が実現したに留まった．

[髙岡裕之]

□ さらに詳しく知るための文献

髙岡裕之．2011．『総力戦体制と「福祉国家」』岩波書店．
牧野邦昭．2012．「高田保馬の人口論―人口理論，農村政策，国土計画」『マルサス学会年報』21．
舘 稔．1943．『人口問題説話』汎洋社．

戦後の人口政策
population policy after World War Ⅱ

☞「戦後日本の出生率低下」p.128
「欧米先進諸国の少子化」p.132
「戦前の人口政策と家族政策」
p.336「戦時下の人口政策」
p.340

　戦後日本の人口政策および政府の人口問題の認識は，おおまかに区分して4期に分けられる．以下，第3期までを取り上げる（田間 2006；荻野 2008；杉田 2010）．

●戦後第1期1945～59年　人口過剰論，人口増加抑制策の形成・展開期である．1946年1月厚生省人口問題懇談会が開かれて，4月に人口問題研究会に人口政策委員会が設置され，11月「人口そのものの調整」が建議されたが，人口増加抑制に対する慎重な態度が保持されていた．しかし，47年第1回国会に加藤シヅエ，太田典礼らの優生保護法案が提出され，修正後48年7月成立した．「分娩後1年以内」の妊娠または「現に数人の子を有している者が更に妊娠し」た場合で，かつ「分娩によって母体の健康を著しく害する虞れがあるもの」について妊娠中絶が認められることになった．翌49年2月総司令部顧問トムソン博士は日本の人口問題について適切なる産児制限こそ国民の生活向上のカギであると勧告し，6月優生保護法が改正され，妊娠中絶の要件は「妊娠の継続又は分娩が身体的又は経済的理由により母体の健康を著しく害する虞れのあるもの」と拡大された．同年4月に設置された内閣人口問題審議会は11月人口収容力と人口調整に関し，ベビーブーム（1947～49）の出生率上昇を反映して，人口過剰の深刻さを強く述べ，「産児調節は家庭経済と公衆衛生上利益をもたらし，その普及が人口圧力を緩和するに役立つ」と建議した．51年10月には受胎調節の一層の普及をはかることが閣議了解された．52年5月優生保護法は再び改正され，地区優生保護審査会が廃止され，指定医の判断だけで中絶を行うことができるようになり，以後中絶の急激な増加がもたらされ，出生数は確実に減少していった．

　1953年6月人口問題研究会は人口対策委を設置し，翌54年6月「人口対策としての家族計画の普及に関する決議」で「総合的人口対策の一環として，家族計画実践の普及……が必要」と提言した．53年8月厚生省に人口問題審議会が設置され，厚生省は「人口の増加を抑制する施策要綱案」を立案し，草葉厚生大臣は10月全国衛生部長会議で家族計画普及運動を総合的人口対策として強力に普及推進する旨訓示した．56年12月第1回『厚生白書』は「わが国における過剰人口の重圧が，国民生活の急速な回復あるいは向上を妨げている」とし，「受胎調節の普及による家族計画の推進が，わが国人口の過剰を緩和する一助となる」とした．

●戦後第2期1960～71年　人づくり政策と出生率低下の懸念の時代である．復興経済の段階が終わり，1960年12月国民所得倍増計画が閣議決定され，62年12月池田首相の私的諮問機関として人づくり懇談会が発足した．62年6月人口

審に「地域開発に関し，人口問題の見地から特に留意すべき事項」が諮問され，63年8月答申は社会開発の観点から地域における多くの諸問題が「人間能力の向上の十分な発揮を妨げるのみならず，人口の資質を低下させ，その再生産能力を荒廃させるおそれ」を指摘した．『厚生白書』(64年版)は「わが国の純再生産率は昭和31年以来ずっと1を割っており，人口の基調は縮小再生産である」とし，同66年版は「すくなくとも静止人口を保ちうるようなところまで出生率の回復が望ましい」との目標を提示した．人口審は69年8月「わが国人口再生産の動向についての意見」(中間答申)で，「わが国の出生力，したがって，人口再生産力は……人口学的基準からみて下がり過ぎている」とし，「わが国の人口対策の目標は，人口の量的増加よりもむしろ人的能力開発の基盤としての人口資質の向上」にあるとしつつ，「近い将来において，生産年齢人口の増加はさらに急速に収縮」するので，「出生力の回復を図り，できる限り速やかに，純再生産率を1に回復させることを目途とし，出生力の減退に参与しているとみられる経済的および社会的要因に対して，適切な経済開発と均衡のとれた社会開発が強力に実施されることが強く要望される」とした．具体的には，所得水準の上昇，「子女の扶養負担の軽減，住宅や生活環境の改善整備など」が「出生回復の緊急不可欠の条件」とされた．こうして1971年5月ついに児童手当が法制化された．

●戦後第3期1972～76年　1972年の国連人間環境会議に始まり，1974年の世界人口会議を頂点とした新たな人口過剰論，人口増加抑制策の時期である．出生率は「おおむね横ばい状態」(『厚生白書』1970年版)から，74年初めには「全出生数においても第2のベビーブーム期といわれるほど近年における出生増加は著しい」(同73年版)と転換．一方，72年1月のローマ・クラブのレポートのように，資源・環境問題との関わりで人口が問題とされ，新たな人口過剰論が次第に形成された．人口審は世界人口会議に向けて74年4月『日本人口の動向』(人口白書)の中で「今世紀までに増加率こそ逓減しつつも，なお2000万余の人口増加が予想される現在，世界人口の動向……にかえりみて，少なくとも現在の人口再生産力を上回ることのないような方策を考えるべき」「人口増加の抑制」「出生抑制にいっそうの努力を注ぐべき」とし，74年9月にはIUD (子宮内避妊具)が公認された．また人口問題研究会など4団体による日本人口会議は74年7月，静止人口を「さらに一歩をすすめて子供を二人までとする国民的合意を」と呼びかけ，児童手当制度は75年7月財政制度審議会により「見直しと調整を行うことが必要」とされた．しかし，このあと日本の人口政策は1977年から現在に至る戦後第4期「人口高齢化と出生率維持対策の時期」へと変化していく．[廣嶋清志]

📖 さらに詳しく知るための文献

廣嶋清志．1983．「人口問題の質的側面」南 亮三郎・濱 英彦編『人口問題の基本考察』千倉書房．pp.57-86.

人口減少と財政問題
population decline and financial problem

☞「世代間移転と国民移転勘定」p.68「人口高齢化と年金制度改革」p.346「世代会計分析」p.666「人口変動と予算配分政策」p.672

　わが国は2008年をピークに人口減少局面に入った．人口減少・高齢化は，経済，年金などの社会保障制度，財政，インフラ整備などにさまざまな影響やリスクをもたらす．財政的にも現行の社会保障制度の維持を前提に考えれば，1人あたり負担が増大し，制度の持続可能性はきわめて厳しいと考えられる．

●**人口減少の要因**　自然動態現象から見て取れる人口減少の要因の一つは，近年，年齢別の死亡率には大きな変化はみられないが1947年から49年に生まれた「団塊の世代」といわれる人々が高齢になり，それに伴う死亡数の増加にある．それは今後も続くと思われる．二つには，一夫婦あたりの子ども数の減少である．その背景には，①結婚に対する考え方の変化による未婚化・非婚化と晩婚化・晩産化が進行していること，②子どもを産む年代の女性が減少していること，③有配偶女性の出生率が低下していること，④女性の社会進出機会が増加していること，⑤経済的，精神的負担の増大と将来への不安があること，⑥価値意識の変化による子どもに対する効用が変化したことなどによる．これらの背景を考えると，出生者数の減少が短期間に増加に転ずることは困難である．したがって，人口減少・高齢化の流れは，今後，数十年は変わらないと考えられる．

●**経済成長への影響**　中長期的なマクロ経済の成長力は資本投入量の伸び率や労働投入量の伸び率，技術進歩など（全要素生産性，TFP）の上昇率によって左右される．人口減少がもたらす影響を，①供給面からみれば，人口減少および高齢化の進展は，他の条件が一定ならば労働力供給の低下につながり，一般的に経済成長を鈍化させる．懸念される労働力不足に対して，女性労働力の活用，退職年齢引上げによる高齢者の活用，優秀な外国人労働力の採用などは有効な手段である．女性の活用については，子どもを産み育てる環境の整備がそのカギとなる．また，第四次産業革命と称される人工知能（AI）の活用が実用化に向け急速に進展している．膨大な投資が必要であるが，産業における人手不足は人工知能技術を組み込んだロボットが，多くの業務を支援・代替できればある程度補える可能性が高い．②需要面からみれば，人口減少に伴って消費者の減少や需要が成熟した社会にあっては，高度成長期のように需要は常に存在するものではなくなり，消費や住宅投資などの内需は縮小傾向になる．供給を増やしても需要が伴わなければ市場そして経済の規模は縮小していく．国外での需要は，まだまだあるが，品質，価格両面において国際競争力に打ち勝つだけの財・サービスの供給ができるかにかかっている．③貯蓄と投資の面からみれば，人口減少下では働く人，1人あたりの所得が同じでも，働けない人も含めた全人口の1人あたり所得は低下

する可能性がある．現役時代の貯蓄を退職後取り崩していくというライフサイクル仮説に従えば，人口減少・高齢化の進行は貯蓄の減少をもたらし，投資のもととなる資本ストックの蓄積鈍化と減少の要因となり，それは生産性の向上にも影響を及ぼす．また，需要が伸び悩めば投資需要は弱くなる．景気刺激だけでは財政強化はできないが，人口動態の変化にかかわらず新たな需要を促す技術進歩，すなわちイノベーションがあれば経済成長の可能性と税収増が期待できる．

●財政および社会保障への影響　2017年の日本政府の長期債務残高はGDP比233.8％（推計値）と先進国で最悪の水準にある（OECD 2015）．今日，財政を取り巻く環境は変化し，増え続ける社会保障給付費（年金，医療，福祉）を賄えるだけの保険料収入や税収を確保することが困難になっている．社会保障給付費の財源は，拠出金（主に保険料収入），運用収入，公的負担（税金）である．現行の年金制度は，現役世代が払った保険料で，同時期の引退世代への給付が行われる社会保険方式をとっている．しかも公費負担に相当依存し，財政への大きな脅威となっている．これは人口が増加し右肩上がりの経済を前提とした仕組みであり，負担をする現役世代の人口が減少し，給付を受ける高齢者が増加していく時代において持続可能な仕組みではない．2004年，世代間の公平と財政健全化と持続可能性の視点から年金財政の財源範囲内で給付を行うという制度改革が行われた．それは現役人口（被保険者）の減少や平均余命の伸びに応じ給付額を抑制できるマクロ経済スライド方式である．さらに2016年12月26日「マクロ経済スライド」の強化を含んだ年金改革法が成立したが，制度の役割を考えれば，これからも時代の変化に応じた絶え間ない制度改善への努力が必要である．医療については，現役世代が納めた保険料から高齢者の医療費を支えるための拠出金が支払われており，現役世代の負担が重くなると考えられる．本当に助けを必要としている人に必要な支援をする仕組みは維持しつつ，基礎年金にあっては，ある年齢までは所得制限を設けるなどの改革は活力ある社会を維持するための一つの要件であるかもしれない．また1人あたりの生産性向上による税収増をはかる努力と歳出の見直しを行うことは当然のことである．現在，日本人の健康寿命（自立した生活ができる期間）は74.9歳である（WHO 2016）．健康である高齢者の就業余力を活かすため，定年制のあり方や働き方の仕組みを再考するなどの対応も必要である．今，私たちに課せられた課題は，日本経済の安定成長と，社会保障システムを有効かつ適正に機能する仕組みに変え，調和した持続可能な制度に再構築することと国民の自助努力である．　　　　　　　　　　［杉野元亮］

📖 さらに詳しく知るための文献

津谷典子・樋口美雄編，2009．『人口減少と日本経済—労働・年金・医療制度のゆくえ』日本経済新聞出版社．
大淵寛・森岡仁編著，2006．『人口減少時代の日本経済』原書房．

人口高齢化と年金制度改革
population aging and pension system reform

☞「人口高齢化」p.64「世代間移転と国民移転勘定」p.68「世代会計分析」p.666「人口変動と予算配分政策」p.672

　人口高齢化は，増大する高齢者の引退後の生活を支える社会的な仕組みを必要とすることとなった．人口高齢化が早く起こったヨーロッパ諸国では，高齢者の引退後の生活保障が政策課題となった．まず，19世紀末に，引退後の労働者の所得保障は勤労期間の労働者の生産性を高め国民経済に資するという観点（社会政策的観点）から，ドイツ（1891年）（以下括弧内は公的年金制度の成立年）で公的な年金制度が構築された．その後，高齢者の最低生活保障の必要性や，景気変動に伴う失業者の増大の中で失業を余儀なくされる高齢者の生活保障の必要性が認識され，ニュージーランド（1898），スウェーデン（1913），英国（1925），米国（1935）など多くの先進諸国で年金制度が導入された．ソ連のような旧社会主義国では，労働者の権利として引退後の所得保障のための年金制度が制定された（ただし，市場経済への移行に伴い，その年金制度が機能しなくなり改革が余儀なくされている）．日本では，勤労者を対象とする厚生年金が1942年に成立し，自営業者などを対象とする国民年金が1959年に制度化され皆年金が実現した．

●年金制度の概要と構造　年金制度は，勤労期間中に年金給付の財源となる年金保険料または税金を制度運営を担う公的機関（社会保障に関連する省庁または公的年金基金など）が徴収し，この財源を用いて受給資格のある引退後の高齢者や遺族に対して年金給付を支給して，所得保障を行う制度である．1980年代に入ると先進諸国や途上国の寿命の伸長や各国の年金給付が増加する状況のもとで年金制度の根拠が再考され，長寿のリスクや健康状態に関する被保険者と保険者の情報の非対称性に対応する必要性などの新たな理論的根拠が示された（Roschild & Stiglitz 1976：Barr 2001, 2009）．人口高齢化の進行は，世代間の公平の観点から年金給付の伸びが将来的に抑制される傾向をもたらすため，引退後の高齢者の生活水準が引退前に比べて大きく低下することを防ぐためには，公的年金制度を補完する企業年金・個人年金の役割が重要になる．このような人口高齢化の年金制度への影響を考慮して，年金制度を3階建てとすべきであることをいち早く提唱したのが世界銀行の報告（World Bank 1997）である．現在，多くの国々の年金制度は，所得再分配機能を担う定額の給付を支給する1階部分，引退後の生活水準の低下幅を小さくするために現役期間の所得水準に比例した年金給付が支給される2階部分，公的年金の給付を補完する企業年金や個人年金の3階部分から構成されている．年金制度の給付には，現役期間に保険料や納税して受給資格を得た被保険者に対して年金給付が支給される老齢年金，老齢年金受給者や被保険者の遺族に対する遺族年金，被保険者が障害を負って非就業になることに対して支給される障害年金がある．

●年金制度の財源　年金制度は財源の違いから，社会保険方式と税方式に分けられ，世代間の負担と給付の関係の観点から，現役世代が納める年金保険料または税金の財源が高齢者世代の年金給付として支給される賦課方式と年金保険料を勤労期間中に積み立てて引退後に年金給付として受け取る積立方式に分けられる．社会保険方式と税方式のどちらかは人口学的な要因だけで決まるものではなく，社会保障の歴史的経緯にも影響されて各国の年金制度の財源方式が形づくられてきた．これに対して，賦課方式と積立方式のどちらが有利かは，人口成長率と利子率と経済成長率との関係によって決まる．勤労期間に働いて貯蓄し（年金保険料を積み立て），引退後に貯蓄を取りくずして消費する（年金を受け取る）ライフサイクルモデルによれば，貯蓄（年金積立金を含む）に対する利子率を r，人口成長率を n，経済成長率を g とすると，$n+g \geqq r$ であれば，賦課方式の場合の生涯の消費が積立方式と同じかより多くなるため，賦課方式が有利になる（駒村ほか 2015；小塩 2013）．

●人口構造の変化と年金制度改革　欧米諸国や日本では，年金制度が構築された時期の人口成長率が，国民経済の平均的な利子率（長期金利水準）や経済成長率よりも大きかったため，年金制度は賦課方式となった．しかし，21世紀に入ると，日本や南欧諸国では合計特殊出生率が国際的にみて低い水準になり，スウェーデンでは出生率が若干上昇したものの高齢化率が長期間高い水準で推移してきたために，人口成長率と経済成長率の関係からみて賦課方式が有利であるという状況ではなくなり，年金の財源方式の改革が不可避となった．そのため1999年に，現役期間中に記録される保険料拠出額と名目賃金上昇率をみなし運用利回りとして算出される（計算上の）年金原資を65歳時の平均余命で割って算定される年金給付額を引退後に支給する概念上の拠出建て年金制度を始める年金改革が実施された．日本ではスウェーデンの年金改革を参考に，2004年の年金改革で，将来世代の負担増を避けるために将来の年金保険料率に上限を設けるとともに従来の物価スライド制を改めて平均余命の伸びの分だけ物価スライド率を調整するマクロ経済スライドを導入するという年金制度改革が実施された．積立方式の年金制度は，実際には強制加入の個人年金勘定として制度化され，1980年代にチリで導入され，その後南米諸国やシンガポールへ普及したが，南米では国民経済の景気変動が大きくなりインフレ率も高くなって積立金の実質利回りが大きく低下したため，積立方式の年金制度の見直しが進んでいる．一方で人口高齢化が進む中国では，1997年以降，世界銀行の報告書に示されたような年金制度を目指して，まず賦課方式部分と積立方式部分とからなる都市部住民の年金制度が整備され，現在，農村部住民を対象とする年金制度の拡大がはかられている．OECD では，年金制度の所得再分配機能と引退後の生活水準の低下の軽減・所得水準維持機能という二つの機能に着目して，加盟諸国の年金制度の現況と国際比較の結果を報告している（OECD "Pension at A Glance"）．　　　　　　　　　　　　　　　［金子能宏］

人口高齢化と医療・介護
population ageing and health / long-term care

☞「健康寿命（余命）」p.96「寿命の将来」p.98「医療人口学」p.382

　わが国の高齢化は医療や介護ニーズの増加への対応の歴史でもあった．ここでは，わが国の高齢者の医療・介護制度の現状と近年の政策の動きを取り上げる．

●**高齢者の医療制度**　わが国では 1961 年の国民皆保険により，高齢者も医療保険でカバーされるようになった．1973 年の国の制度としての老人医療費無料化，1983 年から実施の「老人保健制度」（廃止当時で，原則 75 歳以上の者の医療費を，公費と各医療保険からの拠出金でまかなう制度．市町村が運営）を経て，現在は「後期高齢者医療制度」が実施されている（2008 年 4 月実施）．この制度の主な内容は次のとおりである．①原則として 75 歳以上の後期高齢者の全員を対象とした，独立した医療制度である．②財源構成は，公費が 5 割，他の現役世代の医療保険からの支援金が 4 割，残りの 1 割は後期高齢者自身が負担する保険料である．③受診時には 1 割（高所得者である「現役並み所得者」は 3 割）の自己負担を支払う（上限がある）．④制度の運営主体は都道府県ごとに設立された「後期高齢者医療広域連合」（保険料徴収などは市町村が行う）である．

　この制度の「老健制度」からの変化は以下のとおりである．①運営主体が市町村単位から都道府県単位へ広域化され，財政運営などでの安定化がはかられた．②後期高齢者を他の医療保険とは別の医療制度の対象とすることで，支援金は「現役世代からの支援」という性格が明確になった．③後期高齢者自身も収入に応じて保険料や自己負担も支払うことで「支える側」にも回るようになった．「後期高齢者医療制度」の被保険者数は約 1555 万人（2014 年度）である．保険財政（2014 年度）をみると，収入は 13 兆 5791 億円であり，うち保険料は 1 兆 631 億円，公費（国，都道府県，市町村の支出金）は 6 兆 8940 億円，後期高齢者支援金は 5 兆 5995 億円である．医療費などの支出は 13 兆 4993 億円である．

●**高齢者の介護制度**　高齢者の介護制度は，従来は老人福祉制度の中で，公費を財源にした措置方式の制度であった．利用者にサービス選択の余地がなく，自己負担も低所得者以外は高いものであった．2000 年から「介護保険」が実施され，その目的は，「高齢者の介護を社会全体で支えるとともに，要介護高齢者の自立を支援すること」である．この制度の主な内容は以下のとおりである．①被保険者は，第 1 号被保険者（65 歳以上の者）と第 2 号被保険者（40～64 歳の者）である．②財源構成は，公費 5 割（国・都道府県・市町村が原則として 2：1：1 の割合で負担），保険料 5 割であり，保険料は第 1 号被保険者も所得に応じて負担する．③保険者は市町村である．④「要介護認定」で「要支援 1, 2」または「要介護 1～5」と認定されると，「ケアプラン」に基づく介護サービスを利用する．

⑤自己負担は原則として1割（高所得の第1号被保険者は2割）である.

「介護保険」の実施により，「要介護（要支援）」と認定されれば，誰でも介護サービスが利用できる．しかもケアプラン作成の段階で，利用者や家族の希望が反映される（要介護度別の支給限度枠がある）．介護サービスは，都道府県や市町村が認定した「指定事業者」から提供される．そのため，訪問介護や通所介護系の事業所を中心に株式会社などの民営事業所が多く参入した．その結果，介護サービスの提供，利用ともに大きく増加した．実際に，「介護保険」の要介護認定者数は，2014年度で約606万人であり，2000年度の約256万人の2倍以上である．なお，介護保険全体の支出は約9.6兆円（2014年度）であり，第1号被保険者の介護保険料（月額・全国平均）は，2015～17年度で5514円である．

●近年の政策の動き　高齢化による医療・介護費用の増加が見込まれている．厚生労働省の推計（厚生労働省2012b）によると，社会保障に係る費用のうち，医療は2012年度の35.1兆円から2025年度の54.0兆円へと増加し，介護も2012年度の8.4兆円から2025年度の19.8兆円へと増加する見通しである．そのため，高齢化が進む中，医療や介護の財源確保が重要な課題である．

一方，これまでは高齢者の医療と介護は，それぞれが制度構築やサービス提供を行ってきた．しかし高齢者の複雑な医療・介護ニーズに効果的に対応するには，医療と介護の連携が不可欠である．2014年に「医療介護総合確保推進法」が改正され，①医療と介護の連携強化のための基金創設，②地域における医療提供体制の確保，③「地域包括ケアシステム」の構築と介護費用の公平化の確保，④介護人材確保対策の検討などを政策方針として掲げている．これらに基づく，法律改正，新しい施策の検討などが行われている．医療分野では，病床機能報告制度，地域医療計画の策定，医療従事者の業務範囲の見直し，看護師免許保持者の届出制度などが進められている．介護分野では，介護保険の改正として，（軽度者が対象の）予防給付の一部の市町村事業への移行や，特別養護老人ホームの中重度の要介護者への重点化，介護療養院の創設を行っている．また，低所得者の介護保険料をさらに軽減する一方，高所得者の自己負担を2割に引き上げている（2018年8月）．介護人材確保では，賃金などの処遇改善の一方で，外国人介護人材の受け入れも始まりつつある．後者には賛否両論がある．認知症対策の推進に加え，家族介護者の離職対策としての「介護離職ゼロ」も政策課題である．もっとも，わが国では総合的な家族介護者支援は決して十分ではない．そして医療・介護分野におけるICT技術の活用も重要な課題であり，介護ロボットなどの開発を促進する方向にある．　　　　　　　　　　　　　　　　［小島克久］

📖 さらに詳しく知るための文献

増田雅暢，2015，『介護保険の検証―軌跡の考察と今後の課題』法律文化社．

少子化と家族形成支援
fertility decline and family formation support

☞「戦後日本の出生率低下」p.128
「欧米先進諸国の少子化」p.132
「東アジアの少子化」p.136「現代日本の結婚行動」p.172

　少子化は多くの先進国における現象であるが，欧州諸国と比較すると日本の少子化は強い家族制度——法的な婚姻関係の重視，同棲や婚外子は少ない——のもとで出生率の低下が生じているところに特徴がある．このため，日本では未婚化の進行が出生率の低下に直結する．近年の出生率低下を要因分解すると，未婚化の寄与率が90％，夫婦の子ども数の減少の寄与率が10％である（岩澤 2015）．

●少子化の原因　未婚率上昇の最大の要因は，若年雇用の劣化である．1990年代以降，雇用者全体に占める非正規雇用者の割合は上昇した．例えば，15〜24歳におけるその割合は，90年に21％であったが，2010年には48％（在学中の者を除くと31％）まで増えた．この間，低収入の正規雇用者も増加した．未婚者の約9割は結婚意欲をもつが，特に男性において非正規雇用者や収入の低い者が結婚することが難しくなっている．独身者に対する調査では，結婚に障害となるものとして「結婚資金」をあげる割合が増加している（国立社会保障・人口問題研究所 2010）．

　夫婦の完結出生児数は2005年まで2人以上であったが，2010年には1.96人に減少した．また，夫婦の子ども数については，理想子ども数が2.42人であるのに対して，予定子ども数は2.17人に留まっており，夫婦が理想とするだけの子どもをもうけられていない．その主な理由は，子育てや教育の経済的負担，高齢での出産を避けること，育児の負担である．近年，出産・育児期に就業する女性は増加しており，自分の仕事に差し支えることが出産をためらわせる理由にもなっている．その一方，第一子出産前後の妻の就業状態をみると，継続就業者は4人に1人であり，出産後妻が専業主婦である世帯は多い（同 2010）．出産・育児期に妻が継続就業する夫婦と妻が専業主婦である夫婦の世帯が併存している．

●家族形成支援の必要性とそのあり方　少子化状態を止めるための家族形成支援は次の理由から必要とされる．まず，少子化が社会全体に与える負の影響——労働力の減少，社会保障制度の不安定化，社会関係資本の劣化など——を緩和するためである．また，少子化は，社会的な制約によって個人・各家庭の結婚や出産の希望がかなえられないことから生じているため，その制約を除去することは社会的な課題となる．

　家族形成支援のあり方は，個人の選択を尊重して，家族形成に関わる社会的な阻害要因を除去していくことによって希望者が結婚・出産することを可能にすることである．結婚・出産を望まない人については，その選択は尊重されるものである．ただし，それと同時に，彼らが社会福祉などにおいてフリーライドする側にならないように制度設計をする配慮も欠かせない．

少子化の背景要因をふまえると，出生率回復に直結する具体的な家族形成支援には次の3点がある．第一に，未婚化を止めるには，何よりも若年層の雇用環境の改善が急務である．具体的には，非正規雇用者の待遇改善，職業訓練の充実，若年層全体の所得増加などである．若者が雇用や収入面の不安のために不本意に結婚時期を先延ばすということが解消されれば，初婚年齢は下がり，また晩婚化に伴う出産への不安も解消されることになる．

　第二に，子育て・教育の経済的負担の軽減である．夫婦が理想子ども数をもうけられない最大の理由はこの経済的負担である．具体的な支援策には，児童手当などの現金給付と幼児教育から高等教育にかかる費用を軽減する現物給付がある．わが国は充実した家族形成支援を行っている欧州諸国に比べて，現金支援の額は少なく，教育の家庭的負担も重い．

　第三に，出産・育児期に妻が継続就業する夫婦と非継続就業の夫婦の双方に対する子育て支援である．就業する女性の増加に対応して，保育サービスや育児休業，育児期の短時間勤務などの整備が必要とされる．一方，欧州諸国に比べて日本には妻が非継続就業の夫婦が非常に多い．これら夫婦に対しては，在宅で育児を行う際の孤立を防ぐような子育て支援や幼児教育の安定的提供，そして子育てが一段落した後の再就職支援などが必要とされる．

　1990年代以降，わが国の少子化対策は，保育サービスの拡充と育児休業などの仕事と子育ての両立支援（ワーク・ライフ・バランス）を両輪として実施されてきた．これらの対策のターゲットは，出産・育児期に妻が正規雇用者として継続就業する共働き夫婦であった．これは一定の効果をあげたものの，この対策が少子化の要因の一部に対するものであったために，全体としての出生率はいまだ低迷している．出生率を本格的に回復させるには，未婚者や妻が非継続就業の夫婦に対する家族形成支援や子育て・教育の経済的負担の軽減策も行う必要がある．

　家族形成支援への支出の総量にあたる家族関係社会支出の対GDP比をみると，日本は1.4%であるのに対して，フランスやスウェーデンなどは3%程度である．わが国は家族形成支援の各施策を充実させるとともに，その総量を拡充することが課題である．

　家族形成支援の拡充は，国の財政的な制約や企業の国際競争力などを念頭においた上で行われるものである．出生率が回復傾向になっても当面は人口減少が続くという人口面の制約も考慮すれば，すでにある制度やサービスを効果的に用いるという発想も大切である．

[松田茂樹]

📖 さらに詳しく知るための文献

松田茂樹，2013，『少子化論―なぜまだ結婚，出産しやすい国にならないのか』勁草書房．
国立社会保障・人口問題研究所，2010，「第14回出生動向基本調査」（独身者調査／夫婦調査）．

第二次ベビーブーム以降の人口政策
population policy after the second baby boom

☞「結婚と出生の基礎統計」p.484「結婚の年齢パターンの分析」p.486「出生率変化の分析」p.488

　日本が出生力転換（伝統的多産から近代的少産体制への転換）を終えたのは1950年代末である．それ以後1970年代初めまで合計出生率（TFR）はほぼ人口置換水準前後を維持し続けてきた．人口置換水準とは，死亡率も考慮に入れた世代の単純再生産ならびに静止人口を可能にする出生率であり，平均寿命が70年前後の社会ではTFR ≒ 2.1に相当する．人口学の世界で標準的理論とされてきた人口転換理論のもとでは，人口転換終了後のTFRは概ね人口置換水準を続けるものと想定されていた．ところが第二次ベビーブーム最中の1974年に人口置換水準を下回ると，TFRは以後40年間そのまま人口置換水準から大幅に乖離するかたちで低下・停滞を続けてきた．この1970年代半ば以降の人口置換水準以下への出生率低下による子ども数の減少は，後に政府によって「少子化」と名づけられた．

　この少子化現象に対する政府の政策対応は，大きく3段階に分けることができる．第1段階は，政府が出生率の動向を注意深く見守りつつも政策的対応をまったくとらなかった1990年までの時期である．第2段階は，1990年の「1.57ショック」以後少子化への政策対応が徐々に強化されていった時期である．第3段階は，2003年の「少子化社会対策基本法」「次世代育成支援対策推進法」成立により，明確に出生促進政策に転換した時期であり，これは現政権の人口・出生率に関する数値目標を明示的に掲げた人口政策につながっている．ここでは，この中の第1，第2段階を取り上げ，第3段階については項目「次世代育成支援対策と子育て」で扱う．

● **1.57ショック以前**　1973年，第四次中東戦争勃発を契機とする第一次石油ショックにより，戦後長期間続いた高度経済成長が終焉を迎えたが，TFRもまた73年の2.14を境に74年以降人口置換水準以下に低下し，少子化の時代を迎えることになった．TFRは1970年代に持続的に低下したため，当時，人口政策を公に議論する場であった人口問題審議会（厚生省大臣官房政策課所管）に「出生力動向に関する特別委員会」が設置され，1981年にその報告書が提出された．その中では，期間出生力指標としてのTFRの低下は晩婚化が主導する晩産化によるもので，この動きが一段落すればやがて人口置換水準に近いレベルに回復するとの展望が示された（阿藤2002）．現実にTFRは，1981年の1.74を底として1984年の1.81までいったん回復している．他の西側先進諸国のTFRも70年代半ばから人口置換水準を割り込んでおり，1984年時点では日本のTFRは先進国中最高水準にあった．おそらくそれらの理由をふまえた上で，政府は1960年代からとり続けている出生率に関するレセフェール（自由放任）政策を継続したものと考えられる．

ところが1980年代後半に起こったバブル経済とほぼ重なり合うかたちでTFRが急落し，1989年に1.57を記録した．翌年6月にその数字が発表されると，それまで人口動態統計史上最低であった1966年（丙午の年）の1.58を下回ったことから，マスメディアにより「1.57ショック」と呼ばれることになった．このバブル経済の時期になぜ出生率が急低下したのか，今でもよくわかっていない．だが，高度経済成長終焉からバブル経済の間，TFRと経済の動き（経済成長率，完全失業率など）はまったく連動しておらず，TFRの動向を経済の短期的な動きで説明できないことは明らかである．この時期の少子化の背景としては，女性の晩婚化を促した高学歴化・雇用労働力率の上昇（女性の社会進出といわれた）が重要であろう．この頃，政府は1980年に女子差別撤廃条約に署名し，1985年にそれを批准するとともに男女雇用機会均等法を制定した．このような動きを後押ししてきた女性団体などは，政府が少子化問題を政策課題として取り上げると女性の社会進出の機運に水を差すのではないかと警戒感を持ったといわれる．これもまた出生率に関するレセフェール政策が続いた理由の一つであろう．

　出生率に関しては中立政策が続けられていたものの，家族政策（子どもを持つ家族のための社会政策）としては，企業社会の家族モデルを補完するかたちで最小限の施策が実施されていた．すなわち，高度経済成長を経て一般化した日本型雇用慣行と呼ばれる終身雇用・年功序列・年功賃金体系は，実質的に男性雇用者のためのもので，女性従業員は学卒後数年勤務した後，結婚退職し，専業主婦として家事・子育てに専念することが期待されていた．企業は，家族をもつ男性従業員を支援するため，子どもの数に応じた扶養手当制度を備えることが一般的であった．政府もまた，このような性別役割分業型の家族モデルを，専業主婦を支援するための税制（配偶者控除，配偶者特別控除），年金制度（サラリーマンの妻の保険料免除，遺族年金）で補完した．他方，母子家庭や子どもを持つ共働き家庭のための，出産休暇を超える長期の休暇を可能にする育児休業制度は一部の職業に限られていた．また保育所の供給は十分でなく，子どもの対象年齢，保育時間などについて制約が多かった（阿藤 2005b）．

● **1.57ショック以降**　1990年6月に「1.57ショック」が起こると，政府の対応は素早かった．8月に内閣内政審議室に「健やかに子供を産み育てる環境づくりに関する関係省庁連絡会議」が設置され，91年1月に「健やかに子供を産み育てる環境づくりについて」と題する政策指針が取りまとめられた．ここでは，出生率問題は個人のプライバシーに深く関わる問題ゆえ，あくまで結婚や子育てへの意欲を持つ若い人々を支えるための環境づくりに主眼をおくべきとの見解が示され，基本施策として，①家庭生活と職業生活の調和，②生活環境の整備，③家庭生活と子育ての支援が掲げられた．①には，労働時間の短縮，職業と家庭の両立支援（育児休業制度，保育サービスの拡充など），男性の家庭参加促進，②には

東京一極集中の緩和, ③には児童手当, 奨学金の充実など, 今日まで改革の必要性が指摘され続けている政策メニューのほとんどが網羅されている. 出生率低下への対応に直接言及はしないものの,「1.57ショック」をもって低出生率を念頭においた子育て支援政策（1999年以後に少子化対策と名づけられた）が始まったとみることができる（阿藤 2002）.

この政策指針に沿うかたちで, 1991年には「育児休業等に関する法律」が制定され, 常用労働者に1歳未満の子どもを養育するための休業の権利を認めた. この法律は当初は休業中の所得保障がないなどのため取得率が低かったが, その後休業期間の延長, 休業中の所得保障額の引き上げ, 休業中の社会保険料の支払い免除など何度かの改定が加えられ, 女性労働者の休業取得率は相当程度向上してきた（ただし, 男性の取得率はきわめて低い水準に留まった）. また同じ年に児童手当法の改正があり, その後所得税の扶養控除との一本化などの改定があったが, 2004年までは子育ての経済支援全体の水準としてはほとんど変化がなかった.

1994年には, いわゆるエンゼルプラン（今後の子育て支援のための施策の基本的方向について）が策定され, 概ね10年間を目途とした子育ての社会的支援の総合プランが発表された. それに基づいて保育サービスの強化を目指して緊急保育対策5か年事業（1995～99年）が策定された. 5年後の1999年からは新エンゼルプラン（重点的に推進すべき少子化対策の具体的実施計画について）の5か年計画に引き継がれ, 2001年には「待機児童ゼロ作戦」が政策用語として登場するなど, 仕事と子育ての両立支援が徐々に強化されてきた.

その間, 1992年には経済企画庁の『国民生活白書』において出生率低下問題が取り上げられ,「少子化」あるいは「少子社会」という言葉が政策用語として登場し, 一般用語として定着していった. 1997年に人口問題審議会は「少子化に関する基本的な考え方について——人口減少社会, 未来への選択と責任」と題する報告書を関係各大臣に提出し（厚生省大臣官房政策課 1998）, 1998年には厚生省が『平成10年版厚生白書』において初めて少子化の特集を行った（厚生省 1998）. 国民生活白書の内容は少子化の経済的背景の分析が主であるが, 人口問題審議会報告書と厚生白書は, 子育ての直接的環境の改善（仕事と子育ての両立支援, 子育ての経済支援など）を超えて, 企業の雇用慣行（仕事優先による長時間労働など）, 家庭内の男女関係のあり方（固定的な男女の役割分業など）, 地域社会や学校教育のあり方など, 結婚・子育てに間接的に影響する社会環境全般の変革を訴えている点が特徴的である.

90年代の政策努力にもかかわらずTFRの低下が続いたこと, 少子化の原因として未婚化・晩婚化に加えて夫婦出生力の低下も関係していることが鮮明となってきたことなどから, 厚生労働省は2002年に「少子化対策プラスワン」を発表

し，仕事と子育ての関係の改善を目指して企業体に独自の計画づくりを求め，子育て環境の改善を求めて地方自治体独自の計画づくりを要請するなどの新方針を打ち出した．それを具体化したのが2003年に成立した「次世代育成支援対策推進法」である．また同じ年，超党派の議員グループの提案による「少子化社会対策基本法」が成立した（内閣府 2004b）．「次世代法」は，政府が全国すべての民間企業・その他の職業団体，政府機関ならびに地方自治体に対して子育て環境の改善計画の提出を義務づけるという異例の政策である点，「基本法」は「少子化に歯止めをかける」ことを明示した点で，日本政府が（低出生率を念頭においた）子育て支援政策から明らかに出生促進政策に転換したことを象徴するものである．

●**少子化対策の評価**　2003年にTFRはついに1.3を下回り，当時の超少子化国グループの仲間入りをした．高齢化は急速に進行を続け人口減少社会も目前に迫っていた．もし第2段階の少子化対策が出生率低下を阻止あるいは反転させることを目標にしたものであれば，その効果はなかったことになる．しかしながら，少子化に対する政府の政策目標はそれほど明確なものではなかった．一方では，少子化がもたらす経済社会への負の影響，すなわち超高齢化・人口減少による経済の停滞，社会保障制度の弱体化，地域社会の衰退などへの危惧の念があったものの，もう一方では，少子化を政策課題にすることへのためらい，すなわち戦前の「産めよ増やせよ」政策への反省，あるいは女性の社会進出による男女共同参画社会構築への足かせになりかねないことへの懸念があった．1990年代は両者のせめぎあいの中で少子化が進行し続け，次第に前者の声が強まっていくことによってレセフェール政策から少子化を念頭においた子育て支援政策に移行し，さらには2000年代に入って出生促進政策へと転換していったとみることができる（阿藤 2005b）.

それでは第2段階において子育て支援政策はどれほど強化されたのであろうか．確かに，仕事と子育ての両立支援については育児休業制度の創設・拡充，保育サービス拡充のための予算拡大が進められた．「家族」に関する社会支出（対GDP比）の動向ならびに社会支出全体に占める「家族」給付費の割合の変化をみると，1990〜2002年に前者は2.1倍に伸び，後者は3.2%から4.0%に広がった（国立社会保障・人口問題研究所 2016c）．しかしながら，この時期，全国の待機児童数はほとんど減らなかったこと，未婚の女性就業者が増える一方で，出産退職の率は6割強のままで大きな変化がなかったことなどから判断すると，両立施策の実効性は乏しかったということになる．また，子育ての経済支援は2004年まで実質的に強化されなかった．さらに国際比較的にみると，家族政策の充実している北欧諸国，フランスなどと比べて日本の「家族」に関する給付費（対GDP比）は4分の1から5分の1にすぎなかった（OECD 2016）．結局，第2段階では，政府の包括的政策パッケージは次々打ち出されたものの，予算の拡充はそれらを達成するにはまったく不十分だったといえよう．　　　　　　　　　　　［阿藤　誠］

次世代育成支援対策と子育て
support measures for raising the next generation and childcare

☞「結婚と出生の経済学的分析」p.498「出生力の近接要因」p.506「出生意欲の分析」p.512「家族形成プロセスの分析」p.514

　1990年代を通じ，仕事と子育ての両立，固定的な男女の役割分業と仕事優先の企業風土が少子化の大きな要因として問題視され，エンゼルプラン，新エンゼルプランにおいても保育サービス拡充や仕事と家庭の両立支援，働き方改革が大きく掲げられた．この流れは2000年代に入ってからも続き，「仕事と子育ての両立支援策の方針について」の決定（2001年），「待機児童ゼロ作戦」の開始（2001年），「少子化対策プラスワン」の発表（2002年）など，政府は矢継ぎ早に対策を打ち出した．2003年に決定された「次世代育成支援に関する当面の取り組み方針」では，2003～04年を少子化対策の基盤整備期間と位置づけ，対策推進のバックボーンとなる少子化関連法の立法化を目指すこととした．これにより2003年に成立したのが，少子化社会対策基本法と次世代育成支援対策推進法である．

●働き方改革，仕事と家庭の両立支援の進展　次世代育成支援対策推進法（以下，次世代法）は2015年3月31日までの10年間の時限法で，国，地方公共団体，常用労働者301人以上の企業に対し「次世代育成支援行動計画」の策定と実施の義務を課した．市町村，都道府県の行動計画には，住民のニーズ調査などを行った上で，教育・保育，母子保健，生活環境の整備，要保護児童対策などを盛り込むこととされた．企業の行動計画には，従業員の仕事と子育ての両立や，多様な働き方ができる雇用環境の整備について定めることとし，一定の基準を満たせば，申請により「子育てサポート企業」として，厚生労働大臣の認定を受けられる制度も創設された．

　行動計画は政府の定めた指針に沿って策定されたことから，自治体による取り組みの格差が一定程度解消され，次世代法は全国的な子育て支援策の充実に貢献した．企業においては仕事と子育ての両立に対する関心や制度認知率が高まり，育児休業取得率の上昇に貢献した．

　次世代法は，その後2009年，2014年に改正された．09年改正では行動計画策定義務の適用範囲拡大（常用労働者101人以上企業へ），行動計画の公表・周知義務化などが定められた．14年改正では法律の有効期間が2025年3月31日まで10年間延長された．また，認定企業のうち，さらに高水準の取り組みを行って一定の基準を満たした企業は，申請により特例認定を受けられる新たな制度も創設された．

　政府はさらに，2006年の「新しい少子化対策」（子どもの成長段階別の子育て支援，働き方改革の推進）に続いて，2007年12月に『「子どもと家族を応援す

る日本」重点戦略』を公表した．重点戦略では，労働力人口確保と結婚・出産・子育ての希望の実現を同時達成するため，ワーク・ライフ・バランスの実現と，仕事と家庭の両立および子育てを支える社会的基盤となる現物給付（保育サービスなど）の実現の二つを車の両輪として政策展開する方向性を示した．

重点戦略策定を受け，保育等の新たな子育て支援制度体系の検討や「新待機児童ゼロ作戦」が開始された．また，同年には仕事と生活の調和推進官民トップ会議において「仕事と生活の調和（ワーク・ライフ・バランス）憲章」および「仕事と生活の調和推進のための行動指針」が政労使の調印の上，決定された．2009年には育児・介護休業法が改正され，男性の育児休業取得促進をねらった「パパママ育休プラス」，短時間勤務制度の措置義務化，子の看護休暇の拡充などが定められた．育児休業給付も，雇用保険法改正により，2009年度までとされていた割増措置（休業前賃金の50％）が当面延長された．

● 2010年前後の少子化対策の展開　ワーク・ライフ・バランスを合言葉とした働き方の改革と，現物給付を中心とした子育て支援の拡充が進められてきたが，2009年秋の政権交代後は子育て家庭への現金給付による経済的支援も重視された．2010年度に「子ども手当」制度が開始され，所得制限なしで中学生以下の子ども1人あたりに月額1万3000円が給付された．財源確保の困難から2012年度までに「児童手当」の名称や所得制限の復活，支給内容の変更が行われ，子ども手当制度自体は短命に終わったが，これを機に子育ての経済的支援は拡充した．

2010年1月，新たな少子化社会対策大綱として「子ども・子育てビジョン」（以下，ビジョン）が閣議決定され，社会全体で子育てを支えるため，「子どもの育ちと若者の自立支援」（子ども手当，高校の無償化，若者の就労支援など），「妊娠，出産，子育ての希望が実現できる社会の構築」（母子保健，小児医療の充実，待機児童の解消など），「地域社会における多様な子育てネットワークの構築や子育てしやすいまちづくり」，「ワーク・ライフ・バランスの実現」を4本柱として掲げた．このビジョン実現に向けて検討された「子ども・子育て新システム」はさまざまな修正を経た上で，後の子育て支援三法成立（2012年）につながった．

ワーク・ライフ・バランスに関しては，2007年に策定された憲章・行動指針を見直し，2010年6月に新たな合意が結ばれた．2011年には次世代法に基づく認定企業に対する税制優遇制度の開始が公表された．2012年には育児・介護休業法が改正され，100人以下企業においても短時間勤務制度，育児のための所定外労働の制限等の措置をとることが義務化された．　　　　　　　　　［守泉理恵］

🗎 さらに詳しく知るための文献

髙橋重郷・大淵寛編著，2015，『人口減少と少子化対策』原書房．
内閣府，『少子化社会対策白書』各年版．

結婚・出産・子育てをめぐる近年の政策
recent policy on marriage, childbearing and childcare

☞「少子化の経済的背景」p.150「非正規雇用問題」p.238「多様化する雇用形態と働き方の見直し」p.260

　わが国の出生率の低下が社会的に注目され，それが問題として認識されたのは，1989年の合計（特殊）出生率が「1.57」にまで低下し，1966年の「丙午」の迷信による異常値である「1.58」を下回ったときからである．この低水準は当時，「1.57ショック」と呼ばれ，政策的な対応が必要であると「少子化」が人口問題として社会的にとらえられ始めたのである（守泉2008b）．「少子化」という状態を，出生率が人口置換水準を割り込み継続的に低下していくことと定義すると，実はわが国の少子化は第二次ベビーブームの最後の人たちが生まれた1974年の合計出生率2.05から始まり，2005年に1.26になるまで続いていた．1989年の「1.57ショック」により出生率の低下傾向が注目され始めたのであるが，わが国の少子化はすでに40年の歴史を刻んできたことになる．1974年以降の少子化の進行にもかかわらず，わが国政府が少子化対策として担当大臣を配置したのは2003年の第一次小泉内閣になってからである．初代は，内閣府特命担当大臣（青少年育成及び少子化対策担当）として小野清子氏が指名され，第2代も務めた．2004年には南野知恵子氏が第3，4代の大臣となり，その後「少子化・男女共同参画担当」として2007年の2年間に2人の大臣が選出された．その後2007年の第一次安倍内閣以降，「少子化対策担当」として，現在までに14人の内閣府特命担当大臣が任命されてきた．また，少子化担当は他の分野との兼務も多く，「少子化対策」と「男女共同参画」は最も「軽い」大臣ポストとして認識されてきた．

●第二次安倍内閣の少子化対策　2012年の12月に第二次安倍内閣が発足するまでのわが国の少子化対策は，子育てや保育環境に関わるいわゆる「次世代育成支援」を中心として行われてきた．結婚し子どもを持った後でも，安心して子どもを預け就業が継続できるための環境整備が中心であり，それに関連した学童保育，病後児保育等々非常に多岐にわたる支援である．また，ワーク・ライフ・バランスの観点から仕事と家庭の関係を見直し，夫も育児に積極的に参加するような社会を創出するために，働き方の改革などにも力を入れてきた．

　第二次安倍内閣は，経済成長のための重要政策として「女性力の発揮」と「人口減少への危機感」の共有とそれに対する効果的な対策を行うことを目的に据えた．女性力の発揮については，社会のあらゆる分野で2020年までに指導的地位に女性が占める割合を30％以上とする目標を確実に達成し，女性力の発揮による社会経済の発展を加速させることを掲げ，女性活用と男女共同参画，そして少子化対策担当に森まさこ参議院議員をあてた．森大臣は2013年3月に内閣府に有識者会議として「少子化危機突破タスクフォース」の設置，少子化を取り巻くさまざ

まな問題の確認とそれら諸問題解決のための対策を行うための検討を開始した．

●少子化危機突破タスクフォース　人口学的な見地から考えるとわが国の1975年から2005年までの出生率の低下の80%近くは，初婚行動の変化に起因すると分析される（岩澤2008）．つまり，子育てや保育環境，ワーク・ライフ・バランスなどは，結婚後のカップルに関連する問題であり，出生率低下の約20%の原因である初婚行動以外の変化に含まれる．育児環境の改善や働き方の変革などは，未婚の若者たちに結婚や家族形成への環境整備にはなるが，それよりも結婚支援やその対策に目を向ける必要がある．「少子化危機突破タスクフォース」設置の趣意書には「これからの若い世代が家族を形成し，子育てに伴う喜びを実感できると同時に子どもたちにとってもより良い社会を実現するため，結婚・妊娠・出産・育児における課題の解消を目指すとともに，家族を中心に置きつつ，地域全体で子育てを支援していく取組の推進等について検討を行うため，少子化危機突破タスクフォースを開催する」とある．これを受け，従来の少子化対策が取り組んできた「子育て支援」と「働き方改革」の強化に加え，地域や職場での結婚・妊娠・出産支援の推進，妊娠・出産などに関する情報提供，啓発普及，妊娠・出産に関する相談・支援体制の強化，「産後ケア」の強化，地域医療体制（産科・小児医療）の整備，そして不妊治療に対する支援や「結婚・妊娠・出産」支援といった未婚化，晩婚化，晩産化に視点を拡大していった．これらの緊急対策を実施していくために，「少子化危機」に関する国民的な認識の醸成と各地方自治体の実状に即した「地域・少子化危機突破プラン」の公募などを実施し，その財源として，消費税引き上げによる財源（0.7兆円）を含め1兆円超程度の財源を求めた．安倍内閣は2013年6月には『経済財政運営と改革の基本方針〜脱デフレ・経済再生〜』（骨太の方針）（平成25年6月14日閣議決定）をまとめ，その中に「少子化危機突破のための緊急対策」として子育て支援の強化，働き方の改革，結婚・妊娠・出産支援の3点を明記した．

続いて，同年8月には，第2期の「タスクフォース」が構成され，上記の緊急対策について，具体的な施策の推進などの検討と行程表の作成などを行う「政策推進チーム」と，緊急提案の中の妊娠・出産などに関する情報提供・啓発普及のあり方といった，具体的な施策を検討する「情報提供チーム」を設置した．「政策推進チーム」では緊急対策をより具体的に遂行するための議論と，それらに関連する予算についての検討などを行った．また第1期のタスクフォースで「情報提供・啓発普及のあり方に関する研究班」として立ち上がった「情報提供チーム」では，結婚，妊娠，出産に関わる科学的で正確な情報提供を行うこととした．このチームでは，リプロダクティブ・ヘルス／ライツの確立とともに，若い世代のライフプランの設計の参考となる情報をいかに提供・啓蒙していくかという議論を進めていった．これらの成果が，新規事業「地域少子化対策強化交付金」（30.1

億円）として予算化され，緊急対策が実施された．この交付金は，都道府県に4000万円，市区町村に800万円を支給，補助率は10分の10，全額の交付である．少子化対策には，各地域が抱える諸問題にばらつきがあり，きめ細やかな対応とその実現が可能となるような措置が講じられたといえよう．

「少子化危機突破タスクフォース」に続いて，森大臣の後に内閣府特命担当大臣に着任した有村治子大臣は2014年11月に，総合的かつ長期的な少子化に対処するための施策の大綱策定に資するため，「新たな少子化社会対策大綱策定のための検討会」を設置した．そこでの議論をもとに，翌2015年6月には，少子化が危機的状況にあるわが国において，個々人が結婚や子どもについての希望を実現できる社会づくりを進め，少子化のトレンドを反転させることを目指し，『少子化社会対策大綱』（平成27年3月閣議決定）において重点課題に位置づけた結婚・子育て支援の取り組みを速やかに具体化するために，「少子化社会対策大綱の具体化に向けた結婚・子育て支援の重点的取組に関する検討会」を設置した．この検討会の提言では，まず，少子化のトレンドを変えるための優先的対策として，結婚の希望を実現するための経済的基盤の安定や結婚に対する取り組み支援，結婚・妊娠・出産に関する情報提供といった環境整備，そして子育て支援とワーク・ライフ・バランスの推進について，国をはじめ地方自治体，そして企業，特に企業経営者の意識改革も含めた対策の必要性が提唱されている．

●数値目標の設定　合計出生率が1.5以下になった国がその後その水準まで回復したことがないという事実は「低出生の罠（low-fertility trap）」（Lutz et al 2007）と呼ばれる．低い出生率の帰結としての母親人口の減少，高齢化の進展，若者の期待所得の減少が低出生率状況を継続させ，結婚・出産に対するコストを高めることからますます低出生から抜け出すことができない．わが国が「低出生の罠」から逃れられるかは，「少子化危機突破タスクフォース」でも議論されたように，若者を取り巻く社会・経済環境，その帰結としての結婚・出生行動についての今後の動向をいかに転換できるかにかかっている．

わが国では1990年の「1.57ショック」により少子化の深刻さが認識され，1994年の「エンゼルプラン」「緊急保育対策5か年事業」からいわゆる少子化対策が開始された．第二次安倍内閣では，市町村・都道府県といった特定事業所や一定以上の従業員規模などをもつ一般企業に対して行動計画の策定を義務化し，事業量（施設数・定員数）などのアウトプット指標や利用数・満足度などのアウトカムについて数値目標の設定を促すなど実績主義の対策を推進している．

このような流れの中で，2014年以降，人口や出生率に関する数値目標を掲げる動きが官民の両方で出てきた．全国的な議論を巻き起こした日本生産性本部「日本創成会議」（増田寛也座長）の「ストップ少子化・地方元気戦略」（以下，「増田レポート」）である．「増田レポート」では，「ストップ少子化戦略」（国民

の希望出生率の実現，子育て環境と企業の協力，男性の育児参加など），「地方元気戦略」（東京一極集中への歯止め，地域の多様な取り組みを支援），「女性・人材活躍戦略」（女性，高齢者，海外人材の活躍推進）の3本柱で人口減少の深刻な状況を国民の基本認識にし，長期的かつ総合的な視点から政策を迅速に実施することを提言した．また，市区町村別に20～39歳女性人口の将来推計を行い，2040年の同女性人口規模が50％以上減少する自治体を「消滅可能性」のある都市として認定している（日本創成会議 2014）．同レポートはその推計方法に対し人口学の観点から異論も存在するが，結果的には全国的な議論を巻き起こすこととなり，「消滅可能性」都市と認定された市区町村はその対応に追われ，「増田ショック」とも呼ばれる衝撃を与えた．同レポートで，基本目標の中で「国民の『希望出生率』の実現」として出生率の数値目標を掲げ，「結婚をし，子どもを産み育てたい人の希望を阻害する要因（希望阻害要因）の除去に取り組む」としている．「希望出生率」は合計出生率換算で1.8と試算されており，2025年に1.8，2035年に2.1となった場合，総人口は2095年に約9500万人規模になり，高齢化率は26.7％となると試算している．ただし，「希望出生率」は，出生動向基本調査から得られた「予定子ども数」や「理想子ども数」と国勢調査から得られた未婚者割合などの集計データを混在させて試算しており，人口学の観点からは批判があることも記しておく．

　少子化対策と地方創生の関係についても，冷静な考察が必要である．わが国の人口は縮小傾向にあり，かつ東京への人口の一極集中の状態にあることは明らかである．地方自治体が，出生率の上昇をもたらす対策を実施していくとなると，妊娠から出生までの妊婦健診，出生後の乳児健診，保育，初等教育，中等教育と，自治体の財政支出に関わるものが18歳まで続いていくことになる．しかし，その後，高等教育機関の存在や雇用機会の創出がなくては，就学や就職のために，若者は他の自治体に移動していくことになり，せっかく育てた人口が税収に結びつかないという問題が発生する．東京への一極集中の構図の背景には，こうした事情が存在し，まるでブラックホールのように，東京が人口を吸収していっているといえよう．人口減退に苦しむ自治体では，税収に結びつく人口の転入が喫緊の課題であり，産業振興や企業誘致が最重要の対策と考えられる．つまり，地方創生と少子化対策は，同じ問題ではなく，次元の異なるところでの課題であるといえよう．

[安藏伸治]

□□ さらに詳しく知るための文献

安藏伸治，鎌田健司．2015．「第2次安倍内閣の少子化対策」高橋重郷・大淵 寛編著『人口減少と少子化対策』原書房．

第Ⅱ部

人口学の方法

11. 学際科学としての人口学

　人口学は人口構造や人口動態についての法則性やメカニズムを研究対象とする学問である．人口構造と人口動態は医学生物学的な要因や社会経済文化的な要因と相互作用する．また，時空間の多様性があるので歴史地理的な見方をする必要がある．そのため，人口学の研究が周辺諸科学と深く関わる学際的なものになるのは必然である．これらの学際的なアプローチは，経済学，地理学，人類学，医学，生物学，考古学，社会学，歴史学，開発学，環境・生態学，政治学，農学，宗教学などとの関連で学問領域として確立しつつある．一方，人口現象の法則性の研究は，数学やコンピュータ科学の新しい理論や技術の適用によって進んできた側面があり，具体的には，数理人口学やシミュレーション人口学として成立しつつある．学際研究としての人口学は，今後さらに盛んになることが予想される．

［中澤　港・新田目夏実］

第11章

人口経済学……………………………………368
人口地理学……………………………………370
人口人類学……………………………………372
数理人口学……………………………………374
感染症の人口学………………………………376
シミュレーション人口学……………………378
生物人口学……………………………………380
医療人口学……………………………………382
考古人口学……………………………………384
社会人口学……………………………………386
歴史人口学……………………………………388
人口と開発……………………………………390
環境人口学・生態人口学……………………392
家族人口学……………………………………394
労働人口学……………………………………396
農業と人口……………………………………398
人口政策学……………………………………400
宗教人口学……………………………………402

人口経済学
population economics

☞「少子化の経済的背景」p.150

　出生・死亡や人口移動など人口水準の変化をもたらす諸事象や，結婚・離婚といった家族形成に関わる行動などは多岐にわたる要因によって引き起こされる．人口経済学は，人口の諸現象を経済学的な視点やツールによって説明を試みる学問である．その最も典型的な例としてあげられるのが出生行動に関する理論であろう．多彩な学問分野を開拓し，ノーベル経済学賞を受賞したベッカー（G. S. Becker）はミクロ経済学の理論を応用して子どもに対する需要や結婚のインセンティブの説明を試みた．効用を最大化する個人は，子どもから得られる効用と子ども以外に支出する財などから得られる効用をもとに，予算制約のもとで最適な子ども数を選択するといったモデルの設定をもとに，子どもに対する需要を理論化した．さらには子どもに対する需要を質と量に分け，その相互依存関係から質を重視すれば子どもの量に対する需要が減少し，これによって出生率の低下が生じるなどの興味深い帰結を示した．まさに，経済学のツールや発想法を用いて人口現象に切り込むという視点が人口経済学の根底にある．

●経済と人口の相互依存関係　人口経済学の学問の背景には，経済学独自のツールや視点を援用するということのみならず，人口と経済との相互依存関係を理解する学問としての意味合いも含まれている．人々の効用最大化行動で出生動向が決定されるにしても，その結果として少子化が進めば，この少子化が人口減少や高齢化をもたらし，これらが経済に影響を与えるという流れである．近年のわが国をみても高齢化という人口事象が社会保障支出の拡大をもたらし，これが財政に影響を及ぼしている．まさに人口という切り口から経済事象をとらえるというものであって，人口経済学がその範囲とする分析の好事例である．

　以上を踏まえると，人口経済学は単に経済学のツールを応用した経済学の一分野ではなく，人口と経済との幅広い相互関係を探求する学問であるとした方が適切であろう．欧米においても Population Economics という名称で幅広く研究が行われている．人口経済学の代表的な英文学術誌である *Journal of Population Economics* の創刊号においてプラーク（B. M. S. van Praag）は人口経済学の概念として，「人口がどのような影響で変化するか，そして反対に人口の変化が需要と供給にどのような変化をもたらすか」と述べている（Praag 1988）．上記で述べた人口と経済との相互依存関係を意味していることは明らかであろう．また，加藤においても「経済の動きが出生や結婚といった人口の動きに影響を及ぼす経路を明らかにするとともに，人口減少や少子高齢化といった人口変動が経済活動に与える影響についても解明しようとする学問が人口経済学である」（加藤 2007：3）と定義している．

人口経済学の典型的な学問領域は，出生・結婚行動，労働供給と労働市場，経済成長と人口，人口移動（国際・域内移動），高齢化と財政・社会保障，教育と人的資本，健康・医療と人口，地域経済と人口問題などである．この点をふまえると，人口経済学には人口学や経済学の知識だけではなく，関連する諸分野（労働経済学，財政・社会保障論等々）の知識も必要になる．その意味では学際的な性格も併せもつ分野ともいえる．ただし，学際性を強調するとその学問自身の独自性を見失う危険性もある．言い換えれば社会保障論を専攻するには人口問題の概要さえ知っていれば済む話であって，わざわざ人口経済学という柱を立てる必要はないという議論に行きつく．しかしながらそれは大きな誤りであり，社会保障としての家族給付が出生行動に与える影響を分析すれば，その自然の流れとして出生行動と社会保障の間の相互依存関係を論じることとなり，まさに人口経済学が目指している学問姿勢そのものとなる．

●**動学的な視点からのアプローチ**　人口経済学のもう一つの特徴として，人口と経済の相互作用を論じる際には動学的な扱いが不可欠であるという点がある．言い換えれば，人口経済学は経済成長などの動学的モデルとの相性がよいということになる．人口学の始祖でもあるマルサス（T. R. Malthus）の人口論以降，人口とは動学的な事象であることは人口を研究している者には自明であったが，経済学では長らく人口は外生的な要因としてその動学的な性質を解明するまでに多くの時間を要した．経済成長論では長らく生産性と人口成長は所与の条件として与えられるだけであった．1980年代中頃以降活発になってきた内生的成長論では生産性や人口という要因をいかに説明するかという視点が重要となり，その後多くの優れた研究が現れた．いずれも経済環境が出生行動などに影響を与え，それは経済成長にどのように影響し，かつこれが再び出生行動などに影響をもたらすかという枠組みである．いわば経済学が得意とする一般均衡の枠組みの中に人口を取り込むという手法である．

　なお，こうした動学的な特性を顕著に示すことのできる理論モデルとして世代重複モデルがある．世代重複モデルは世代ごとの資源配分や再分配をとらえることができ，人口変動を経済学の一般均衡の世界に取り入れるには最も適したモデルである．

　少子化問題が重要な政策課題となり，社会保障の持続可能性が危ぶまれる現在の状況をみれば，人口経済学の有用性はますます高まりつつあるといえる．その意味では政策立案ともフレンドリーな学問分野であり，多くの若い学徒が人口経済学の分野に参入し，活躍してもらうことを願っている． ［加藤久和］

📖 **さらに詳しく知るための文献**

加藤久和，2001，『人口経済学入門』日本評論社．

人口地理学
population geography

☞「外国人の移動と分布」p.278
「戦後日本のUターン移動」p.312
「人口分布の分析指標」p.560
「GISと地域人口分析」p.578
「人口移動の分析指標」p.588

　人口現象の空間的パターンにみられる特徴あるいは法則性を明らかにし，その要因を探求するとともに，それらに関連する人口問題の政策的含意を引き出す，地理学の一分野をいう．人口学と地理学の境界領域に相当し，この意味では地域人口学あるいは空間人口学とほぼ同義とみなせるが，強いていえば地域（空間）人口学の関心が人口現象の空間的パターンと他の人口現象との比較にあるのに対して，人口地理学の関心はそのパターンと他の地理的現象との比較にあるといえよう．人口は，人口規模と人口構造という二つの静態的側面を有しており，それらが変化することを人口変動と呼ぶ．この論理に従えば，人口地理学が扱う主対象は，人口規模，人口構造，人口変動の空間的パターンとなる．ただし，人口規模の空間的パターンは一般に人口分布と呼ばれる．また，人口変動をもたらす要因（出生・死亡・移動）のうち移動はそれ自体が人口の空間的側面を表しているので，人口地理学の中では独立した分野として扱われることが多い．したがって，人口地理学の扱う領域は，結果的に人口分布，人口構造の空間的パターン，人口変動の空間的パターン，人口移動の4分野となるが，その中核的な分野は人口分布と人口移動である．わが国には書名に「人口地理学」が付された文献が二つあるが（岸本 1980；小笠原 2004），その章立てもほぼこの分類に沿って構成されている．以下では，この分類に従って人口地理学がどのような視点から現象をとらえるかについて概説した後，人口地理学の諸課題について付言する．

●**人口地理学の視点**　人口分布の特徴をとらえる視点には，人口の粗密の程度，分布の中心，集中・分散の程度などがあり，それぞれさまざまな指標が開発されてきた．人口の粗密の程度をはかる最も代表的な指標は人口密度であり，通常1km^{2}あたりの人口で表される．人口重心は，人口分布の中心を表す代表的な指標の一つである．そのxy座標は，全居住者のx座標の平均値とy座標の平均値でそれぞれ求められる．人口分布の集中・分散の程度を知るには，人口比重（対象地域全体の人口に対する部分地域の人口の比）を算出することが最も簡便である．一方，人口地理学は都市の人口分布，すなわち，都市の規模別分布と都市内の人口分布に大きな関心をよせてきた．そのうち前者については，順位規模法則（ランクサイズルール）に基づく多数の論考があり，後者については，都市内の人口密度を都心からの距離で説明した数理モデルが数多く開発されてきた．以上のような視点は，人口の属性に注目することによってさらに多様化しており，日本では，近年，例えば外国人の国内人口分布に対する関心が高い（石川 2011; 2018）．

　人口構造の空間的パターンをとらえる視点については，最も基本的な人口構造

である性別構造と年齢構造を例に説明する．性別構造は人口性比を通じて把握されることが多い．その空間的パターンは，主に，男女の死亡率格差と流入人口の性比の偏りによって生じる一方，未婚率などの地域差に反映される．年齢構造について近年最も関心が高いのは，高齢化率（老年人口割合）であろう．従来，高齢化率の水準は農村が都市を上回るのが一般的であったが，日本では，2000年以降，大都市圏の方が非大都市圏よりもその上昇幅が大きい（井上 2014a）．

人口変動の空間的パターンをとらえる視点は，人口変動に限らず人口動態に関する諸現象（出生・死亡・結婚など）もその対象となる．人口動態の中では死亡率の地域差に比較的関心が高く，死因別死亡率などの分布に関する考察が多い．また，出生と死亡の差である自然増加，およびそれと社会増加との関係もその対象に含まれるが，こうした関係については，ウェブ（J. W. Webb）が考案した相関図とそれに基づく地域の類型化によって整理することができる（小笠原 2004）．

人口移動をとらえる視点はきわめて多岐にわたるが，中でも移動量と移動距離に大きな関心が払われてきた．その関連性については重力モデルによる説明がよく知られ，また，移動距離については，長距離か短距離か，国境を越えるか否かなどの視点が重視されてきた．移動の発地（出発地）と着地（到着地）の関係も重要であり，国際人口移動では先進国・発展途上国間，国内人口移動では都市・農村間人口移動を扱う論考が相対的に多い．また，移動者の属性の視点から移動をとらえる研究も盛んであり，その代表的なものは年齢やコーホートと移動との関係に焦点をあてた研究群である．日本では，都道府県間人口移動を年齢とコーホートの視点から分析する試みが多数行われている．近年では，世界各国において人口移動データの整備が進み，移動理由や移動歴に関する議論も少なくない．

●**人口地理学の諸課題** 人口地理学が政策的含意を引き出す分野である旨，冒頭に述べたが，これまでどちらかというと人口地理学者の関心は人口の空間的パターンの解明に向けられていた．しかし，今日，内外に山積する諸課題の解決のために人口地理学は政策科学の一面をより重視すべき時期を迎えている．幸いなことにそれを後押しする変革が現在起きている．それは，GISと小地域人口統計の，オープンアクセスを含む利用環境の飛躍的な向上である．人口地理学は，GISと小地域人口統計を組み合わせて分析する数多くの手法を蓄積してきており，これらを扱う最適な学問分野といえよう．そうした組合せによって政策的な貢献ができる領域は，小地域別の人口分析や将来人口推計に基づく都市・防災・福祉計画など，きわめて広範囲にわたっている． ［井上 孝］

□ さらに詳しく知るための文献
石川義孝ほか編．2011．『地域と人口からみる日本の姿』古今書院．
井上 孝．2016年公開．「全国小地域別将来人口推計システム」http://arcg.is/1LqC6qN
Hornby, W. F. and Jones, M., 1993, *An Introduction to Population Geography, 2nd ed*, Cambridge U.P.

人口人類学
anthropological demography

☞「生物人口学」p.380「歴史人口学」p.388

　人口人類学は人口学の一分野であり，フィールドワークによる参与観察を中心に，研究者自らが収集したデータを使用する方法論的特徴がある．従来の国際比較を基準とする政府統計資料や標準的な人口分析の手法に対する批判的な観点から，人類学の中でも文化（社会）人類学との理論的・方法論的歩みよりによって形成されてきたサブフィールドである．オーストラリア人の人口学者コールドウェル（J. Caldwell）が人類学的アプローチの提唱者の一人である．コールドウェルは，アフリカにおける調査経験をもとに，人口現象が発生するそれぞれの社会の文化的脈絡についてフィールドワークを通して詳しく理解することで，より妥当性のある解釈が可能になると主張した（Caldwell et al. 1987）．理論的観点からは，人口転換理論を検証したヨーロッパ出生力研究プロジェクトや世界出生力調査による知見から，出生率が低下していくプロセスを説明する際に文化的要素の重要性が注目されたことも，人口研究の中で文化の役割が評価される契機となった（Kertzer & Fricke 1997）．また，人類学の側からの貢献としては，ハウエル（N. Howell）によるカラハリ砂漠の狩猟採集民クン族（Kung）の人口についての調査（Howell 1979）があげられる．人類学的小集団を対象に人口学的指標や分析方法を用いてその社会の姿や問題を浮き彫りにした好例である．人口人類学の分野には集団規模が小さい社会や途上国を対象とした調査研究が多いが，主に質的データに焦点をあてて文化的背景と人口メカニズムの関わりを明らかにしようとする試みは，幅広い社会への適用が可能である．

●死生観の影響　人口人類学では，「出生」や「死亡」などの人口要因を独立した出来事として画一的にとらえるのではなく，それらが親族システムをはじめとする社会構造の中で生じることを重要視する．例えば，インド農村における乳幼児死亡率について検証したダスグプタ（M.Gupta）は，拡大家族の中で若い母親は十分な自主性を確保できず，そのことが子ども（特に女児）の死亡率に悪影響を及ぼしていると報告する（Gupta 1995）．この事例は，乳幼児の死亡という人口学的出来事について，単に量の過多を問題にする以上に，なぜそれが起きるのか，それを再生産する文化的仕組みは何なのかを吟味する意義を浮き彫りにしたといえる．また，文化人類学におけるエスノグラフィーの伝統にのっとり，文化をホリスティック（全体的）なものとして位置づけ，乳幼児死亡の意味を文化の全体性の中で解明しようとする研究もある．ブラジルのスラム街でフィールドワークを行ったシェパー=ヒューズ（N. Scheper-Hughes）は，公式な死亡記録が示唆するよりも多くの乳幼児が日々亡くなっていること，そして母親たちに子どもの死を嘆

き悲しむ態度が希薄であることに気がつく．綿密な参与観察による彼女の調査は，貧困とジェンダー格差が構造化するこの町において「生きる意志がない」とみなされた乳幼児は，カトリック教会の理論的後押しを背景に「エンジェルになる」運命であると考えられていることを示す．母親たちは有効な避妊の手立てを得るのが難しい状況の中で，年長の子どもたちと今後生まれてくる子どもたちのためにも，生き延びると見込まれた子どもにのみ徐々に愛着を形成していくのだ（Scheper-Hughes 1992）．このように，人口要因は等質で普遍的な意味をもつのではなく，各社会における死生観の中で文化的に価値づけがなされているのである．

●さらなる融合へ向けて　近年では，こうした人類学的洞察をもとに，人口学において使用されてきた概念について社会・文化的背景に照らして再考することも議論されている．例えば，通常「出生」という概念は，女性とその子どもの生物学的つながりを念頭に個人レベルでの再生産を意味するが，人類学においては，親族構造など社会的関係の再生産の検証も重要性をもつ．再婚，養子，生殖補助医療によるものなど，多様な親子関係の可能性をふまえると，出生が，社会的に構築されている側面も看過できない論点だと指摘できる．特に，従来あまり注意を払われてこなかった男性の出生力に関しては，社会構造の影響が多大である．例えば，タウンセンド（N. W. Townsend）は，ボツワナにおいて父子関係は婚資である牛の支払いによって得られるため，生物学的な父性とは切り離して考えられていると述べる．また，結婚は牛のやり取りを含むプロセスであり，同居の開始など明確に既婚と未婚をカテゴリー化する指標がなく，したがってある男性の父子関係は固定的ではなく，流動性があるものだという（Townsend 2000）．このように人口学の人類学的観点との出会いは，調査対象が生活する社会のあり方に立脚した，より包括的で信頼性の高い調査研究に貢献してきたといえるだろう．しかし，人口人類学の将来的な方向性に関しては，その科学としての立ち位置をめぐって数々の学問的ハードルが存在するのもまた現状である．実証主義に基づき一定の枠組みに沿った比較可能な変数を当てはめることに重きを置くのか，それとも解釈主義の見地からローカルな認識を尊重することを第一とするのか．そして，どのようなデータを信頼に足るデータとみなすのか．人口人類学がフィールドワークを代表とする方法論的なもの以上の学際的コラボレーションを目指すためには，エティック（外から見た客観的な視点）とエミック（現地の人々の観点）の真の融合に向けて，さらに活発な議論と多くの実際的な研究の取り組みが望まれる．　　　　　　［森木美恵］

📖 さらに詳しく知るための文献

Kertzer, D. I. and Fricke, T. eds., 1997, *Anthropological Demography: Toward a New Synthesis*, University of Chicago Press.
Johnson-Hanks, J., 2006, *Uncertain Honor: Modern Motherhood in an African Crisis*, University of Chicago Press.
小谷真吾，2010，『姉というハビトゥス―女児死亡の人口人類学的民族誌』東京大学出版会．

数理人口学
mathematical demography

☞「感染症の人口学」p.376,「安定人口モデル」p.526「離散時間人口モデル」p.528「多状態人口モデル」p.530「非線形人口モデル」p.532「両性人口モデル」p.536「基本再生産数」p.540

数理人口学は人口 (human population) に関わる諸現象を数理モデルによって解明・理解しようとする人口学の一分野である。人口学の起源は17世紀におけるグラント (J. Graunt) やハレー (E. Halley) による生命表の作成にある。生命表は一つの出生集団が死亡によって減少していくプロセスの数理モデルであり,それは同時に人口統計学の始まりでもある。数理人口学と人口統計学は画然と区別されるわけではないが,人口統計学は人口統計データの収集と分析を目指す帰納的定量的科学であり,数理人口学は人口現象を時間に依存した動的な過程(ダイナミクス)としてモデル化し,その数学的性質・定性的性質をまず明らかにしようとする演繹的な現象数理学としての性格が強い。その意味では集団生物学や生態学における数理モデルと非常に近いが,一方で社会現象としての人口の性格を忘れるわけにはいかない。例えば生態学モデルにおける資源依存性,密度依存性のような非線形構造は,人口の場合,容易に検証することはできない。

● **歴史** 先に述べたように,人口学の端緒は17世紀であるが,年齢構造をもつ人口のダイナミクスを数理モデルとして最初に定式化したのは18世紀の数学者オイラー (L. Euler) である。オイラーのモデルには年齢別出生率の概念がなかったが,ロトカ (A. J. Lotka) に150年先んじて,マルサス的成長のもとでの年齢分布と成長率の関係を与えている (Smith & Keyfitz 1977)。しかしその結果は埋もれてしまい,現代的な意味での人口モデルが提起され,その意義が広く認められたのは20世紀初頭にロトカの研究が出てからである。ロトカが研究した安定人口モデルは,人口学のコアといってもよい基本モデルであって,近代人口学がそれによって可能になったといっても過言ではない。戦前におけるロトカの諸研究をまとめたテキストは仏語によって1939年に出版され,長く入手困難であったが,現在では英訳版を読むことができる (Lotka 1998)。シャープ (F. R. Sharpe),ロトカ,ダブリン (L. I. Dublin) らが研究した安定人口モデルは,人口統計指標の解釈の基礎となり,1950年代において,比較安定人口分析は人口高齢化の主因が出生力の低下であることを示した。また戦後急速に人口増加をとげた発展途上諸国の不完全な人口データを補間し,人口指標を推定するために活用されることとなった。1970年頃までの古典数理人口学の成果はキーフィッツ (Keyfitz 1977),ポラード (Pollard 1973) にまとめられている。しかし1970年代になると,先進諸国の出生力低下,結婚や人口移動などの人口動態事象の急速な変化が目立つようになり,単純な安定人口モデルの限界が意識され,多状態人口モデルや両性人口モデルなど多様な数理人口モデルが開発されるようになった。そうした数理人

口モデルへの需要を背景に，1988年には数理人口学の専門誌 *Mathematical Population Studies* が創刊された．一方，人口学の外部では，戦間期にロトカとは独立に，英国の医師マッケンドリック（A. G. Mokendrick）が医学への数理モデルの適用の試みの中で人口の年齢密度関数が満たすべき偏微分方程式（マッケンドリック方程式）を提案していた．偏微分方程式による安定人口モデルの定式化は，1970年代に至って，年齢構造化人口モデルの関数解析的研究において大きな有効性を発揮することになった．1980年代になると，数理生物学の発展が著しく，人口を含む生物個体群ダイナミクスの一般的な数学的理論（構造化個体群ダイナミクス）が現れ，応用数学の一分野として確立された．また1980年代にはHIV/AIDSの世界的な流行が契機となって，感染症流行の数理モデルの研究が推進され，感染症理論疫学が飛躍的に発展することとなった．その過程で，基本再生産数の概念が正確に定義され，計算方法が確立したことは個体群ダイナミクスにとって最も基本的な貢献であった．人口学における純再生産率は，人口の基本再生産数にほかならず，多状態人口や周期的環境への純再生産率概念の拡張が自然に果たされることになったのである．

●**現状と展望** 専門誌が出現したことは，数理人口学が一つの専門領域として確立されるための第一歩であったが，それ以降の発展は必ずしも当初期待されたほどではなかった．現在においても数理人口学の標準テキストはなく，専門誌への投稿論文数も十分ではない．そもそも日本では人口学が大学・大学院において研究教育の対象となっていない現状では当然であるが，世界的にみても研究者数が増えているとはいえない．その一方で，安定人口モデルのような普遍的な人口学的モデルは数理生物学や数理疫学においてはよく活用されるコモンツールになってきたといえる．過去20年間における最大の変化は，データ処理や計算能力の飛躍的な発展である．そのことによって多状態人口モデルや確率的モデルの計算やシミュレーションははるかに容易に行えるようになり，シミュレーション人口学というべき領域が出現してきた．モデルが複雑かつ現実的になるに従って，数学的定性的解析は困難となり理論的な進歩が遅れる一方で，数値的解析は容易に行えるようになってきたといえる．生命科学では同時に実験技術の向上によってデータ入手可能性が飛躍的に高まってきたが，人口問題の場合，時間スケールが非常に大きく，社会的な制約もあって実証データの入手可能性はそれほど改善されてきたわけではない．その点が数理モデルの発展にとって隘路となっているといえるが，感染症理論疫学と同様に，実験できないがゆえに数理モデルが必要とされる側面もある． ［稲葉 寿］

□□ さらに詳しく知るための文献

Inaba, H., 2017, *Age-Structured Population Dynamics in Demography and Epidemiology*, Springer.
Smith, D. and Keyfitz, N. eds., 1977, *Mathematical Demography*, Springer.
Keyfitz, N. and Caswell, H., 2005, *Applied Mathematical Demography*, 3rd ed., Springer.

感染症の人口学
demography of infectious diseases

☞「数理人口学」p.374「基本再生産数」p.540

　感染症は人の死亡原因となるので，人口学と深い関わりをもっている．人間の歴史を振り返ってみると，ヨーロッパでの6世紀や14世紀におけるのペストの流行と人口の大幅な減少，新大陸に持ち込まれた天然痘や麻疹による現地住民人口への壊滅的影響，さらには第一次世界大戦後の「スペイン風邪」の世界的大流行などがあり，人の死亡要因の中で感染症は大きな重みを占めてきた．現代でもエイズの流行がみられるなど，社会に大きな影響を与え続けている．

　医学の中で，感染症の流行に関する研究を行ってきたのは疫学である．感染症の疫学には，感染者数の時間的な変化を数式を使って計算するなどの研究が含まれ，特に理論疫学と呼ばれている．理論疫学の研究から明らかにされてきた感染症の本質的な特性に基づいて，感染症と人間の関わりを読み解いていきたい．

●**感染症の理論**　感染症流行状況（感染者数の経時的変化）を表現する数式で，理論疫学の基本となっているのはSIRモデルである．これは，未感染者数（感受性保持者数，S），感染者数（感染力保持者数，I），回復者数（免疫保持者数，R）の三つの状態変数の時間的変化を記述する数式からなっている．感染症の流行に関わる重要な概念として，SIRモデルから導かれた基本再生産数（basic reproduction number）R_0がある．基本再生産数は，まわりの人々が皆感染する可能性をもっている感受性保持者のときに，一人の感染者から二次感染者が何人発生するのかを表している．それは，まわりにいる感受性保持者の人数をN_0，単位時間あたりの感染が成立する接触数をβ，感染者において感染力の持続する期間をTとすると，$R_0 = N_0 \times \beta \times T$で表すことができる．実はこれは，SIRモデルに従って感染者数が増加し常在化する条件と一致している．感染症の常在化条件は$R_0 > 1$（一人の感染者から一人以上の二次感染）となることである．

　このことは別の側面からもみることができる．基本再生産数>1の式を変形すると，$N_0 > 1/(\beta \times T)$となる．すなわち，感染症が流行拡大し常在となる集団の条件として，βやTから決まるある一定の密度以上でなければならないことが導かれる．これが，閾値密度（threshold density）である．また，予防接種によって，N_0のうち割合pの感受性をなくして流行を阻止できる条件を式で表すと，$N_0(1-p) \times \beta \times T = R_0(1-p) < 1$となるが，これから$p > 1 - 1/R_0$が得られる．予防接種により感染を排除するために必要な接種率が示唆される．これにより集団免疫（herd immunity）が達成される．麻疹のように$R_0 = 14$とすると麻疹の排除に必要な予防接種率は$p > 0.93$となり，予防接種を受けても免疫を獲得できない者が一定の割合存在することも考えると93％以上の高い接種率が必要なことが示唆される．

そのほか，潜伏期間（感染してから感染力を発揮するようになるまでの時間）の分布に関する研究や，潜伏期間の分布を逆に使って，感染者発症報告数の時間的推移から未発症感染者数の推定を行うバックカルキュレーション（back calculation）の手法を使った研究などが行われている．

性や年齢構成などの個体の属性を考慮しない最も単純な SIR モデルでは，人々の接触はまったくランダム（どの人も他の人を同じ確率で感染させる）ということが仮定されている．実際の感染症では，性・年齢により感染率が異なる場合や集団が接触頻度の異なるサブグループに分かれている場合も多いので，より詳細なモデルがつくられている．一部のグループで感染が起こりやすい状況では急速に流行が拡大するもののピークの高さは比較的低く留まることなどが予想される．接触が頻繁なグループの中で急速に広まるが，感染者の範囲が概ねそのグループ内に留まるからである．一般に，だれとだれが感染経路になりやすいかはさまざまな人間関係のあり方によって異なり，感染経路のネットワークの問題として研究されている．性感染症における性行動の活発さの違いや一人の人物から多数の感染者が発生する「スーパースプレッダー（super spreader）」の存在の影響などが注目されている．年齢を考慮したモデルからは，予防接種の開始により感染年齢が上がることなどが理論的にも予測されている．

● **感染症と人間の歴史** 感染症が人類社会の脅威となるのは，農耕牧畜以後，文明の段階に達してからと考えられる．家畜からの病原体の進化により新たに人間の感染症が生まれ，農耕や定住による人口密度の上昇により閾値密度を超え，感染症が広まったためである．その後，東西交易や大航海時代など，人々の新たな接触によりさらに広がっていった．現代もまたグローバル化が進み，新たな感染症の脅威が高まっている．理論疫学の成果は，世界保健機関による対策においても役立てられている．人間と感染症の関わりを考えるときには，進化の側面も重要である．進化には，新たな感染症の出現ばかりでなく，その病原性の変化も含まれる．本来，感染症が重症すぎるとかえって病原体が伝播しにくいので，感染症は弱毒化の方向に進化する傾向があると考えられる．しかし，媒介動物が関与する感染症では，感染者が弱ってじっとしていた方が好都合ということもあり強毒な傾向があるとされる．また，性感染症の場合には直ちに生命に関わるような重症な例が少ないのも，性的接触の対象者数が比較的限られていることによると考えられる．感染症と人間との関わりは少しずつ解き明かされてきたが，感染症の予防対策の確立あるいは「共存」は今日でも未完の課題である． ［梯 正之］

□ **さらに詳しく知るための文献**

山本太郎，2011，『感染症と文明』岩波新書．

梯 正之，2007，「感染症の人口学――感染症に棹さされた人類の歴史と感染症の数理」稲葉 寿編著『現代人口学の射程』ミネルヴァ書房，pp.196-217．

梯 正之，2016，「感染のダイナミクス――伝播と免疫」日本生態学会編『感染症の生態学』共立出版，pp.52-69．

シミュレーション人口学
demographic simulation

☞「数理人口学」p.374「確率論的人口モデル」p.534

　シミュレーションは模擬実験とも呼ばれ，主に自然科学や工学における実験の代用とされてきた．シミュレーションは安価な試作品を使って行うこともあれば，コンピュータの中に仮想の環境を構築して行うこともある．後者を，コンピュータシミュレーションと呼ぶ．高性能で廉価なコンピュータと，高度な計算や分析を可能とするフリーソフトウェアの普及により，シミュレーションは人口学を含む，多くの科学分野における最先端の研究手法の一つとなっている．

　物理現象を理論化する自然科学と同様に，人口学では人口の動きを観察し，その法則性を理論化する．さらに，自然科学では，特定の状況のもとでの反応を人為的につくり出す実験によって理論の精緻化を行う．その一方，例えば，人の移動や結婚を実験によって操作することは，費用や期間の面でほぼ不可能である．また可能であったとしても，倫理的側面の検討が必要となる．そのような問題に対処するために，コンピュータシミュレーションの出番が生まれてくる．

　観察される物理的な現象を，コンピュータが得意な数値計算を用いて擬似的につくり出すことを数値シミュレーションという．数値シミュレーションには連続型と離散型がある（河村2003）．人口学分野においては，前者のタイプとして，扱う対象の物理法則を記述する微分方程式や，それを拡張したシステムダイナミクスモデルがよく使われる（原2000）．そして，後者は数式で表現することが難しいものに対して適用するもので，セル・オートマトン法やそれを拡張したエージェントベースモデル（ABM）が該当し，最近の人口学分野でよく使われている．

●**システムダイナミクスモデル**　システムダイナミクス（SD）モデルは，複雑に絡み合っている社会の構成要素が，全体としてどのような挙動を時系列的に示すかを解明するものである．SDの挙動を決めるのは，モノやサービスの流れ（フロー）を制御するレイト（意思決定関数）と，その蓄積（ストック）の程度を表すレベル（状態変数）である．例えば，ある地域における人口の増減をSDモデルで扱う場合，経年変化する出生率・死亡率（レイト）と，それを通じて増減する人口（レベル）が，その挙動を決めることになる．

　SDモデルにおける構成要素の相互依存関係は，原則，連立の微分方程式で記述できるが，式の明示的な解が導出できなくても，コンピュータによって数値的に解くことができる．また，高度なSD専用ソフトウェアを使えば，標準的なダイヤグラムの記述により，計算のためのコンピュータ用ソースコードが生成できる．

●**エージェントベースモデル**　エージェントベースモデル（ABM）におけるエー

ジェントとは，コンピュータ上につくり出された自律的な主体もしくはモノであり，それを特徴づける属性と行動様式をもつ．そしてABMは，これら複数のエージェントたちの相互作用により生じる（社会）現象をモデル化し，分析する（Wilensky & Rand 2015）．さらに，エージェントに影響を与える外部環境を加え，両者の相互作用を組み込めば，より複雑で現実社会に近いモデルの構築が可能になる．

　ABMという手法は，個人の意思決定や行動が社会構造の変化を生むという方法論的個人主義の考え方に基づいている．例えば，ある男性と女性の結婚という行動が，女性の妊娠・出産行動につながり，最終的にはそのカップルが住む社会の人口増につながる．ABMの手順としては，コンピュータの中に女性と男性を擬したエージェントを多数発生させ，あらかじめ決めた結婚・出産の行動様式に従って，子どもを人工的な社会に誕生させる（エージェントの複製）．先のシステムダイナミクスと対比させるとABMの特徴がよくわかる．SDは，社会の出生率と死亡率という平均的な指標に着目し，もっぱら集計化された人口を扱う．一方，ABMは，各個人の独立した行動が，社会全体の変動（人口増）につながる．さらに，この総体的な社会変動が，個人の行動に再度影響を与えるという，フィードバックの仕組み（ミクロ・マクロループ）をモデルに組み込むことも可能である．

●モデルが適切なものであるために　シミュレーションモデルが，正確で有用なものであることを示すためには，モデルの検証(verification)，妥当性確認(validation)，再現（replication）が重要である（Gilbert 2008；Wilensky & Rand 2015）．検証とは，モデルが意図したとおりに不具合（バグ）なく構築されているかどうかを確かめることである．シミュレーション用のコンピュータプログラムにバグが生じることを防ぐためには，小さなモデルから始め，段階を追って複雑な構造を加えていくことが肝要になる．妥当性確認とは，モデルが現実の観察対象を的確に描写しているかどうかを確かめることである．まずは，モデルの出力結果と，仮説もしくは現実の観察データを重ね合わせ，形状が似ているかどうかを比較する．より厳密に，両者の分布が同様なものであるかを統計的に検定する方法もある．初期条件やパラメータの値を変えて，モデルがどう反応するかを観察することも重要である（感度分析）．最後に，モデルが容易に再現可能であれば，より説得力が増す．よって，モデルの挙動を決める初期パラメータを設定する方法（キャリブレーション）を含め，モデル全体を一般公開することが有効となる．［河合勝彦］

□□ さらに詳しく知るための文献

中澤 港．1998，「シミュレーション人口学―入門以前」『数理生物学懇話会ニューズレター』(26)：50-64．
Wilensky, U. and Rand, W., 2015, *An Introduction to Agent-Based Modeling*, MIT Press.
Sterman, J. D., 2000, *Business Dynamics: Systems Thinking and Modeling for a Complex World*, McGraw-Hill.
　（枝廣淳子・小田理一郎訳，2009,『システム思考―複雑な問題の解決技法』東洋経済新報社.）

生物人口学
biodemography

☞「社会経済階層と死亡・健康」p.104「生活習慣と死亡・健康」p.106「生物学的寿命」p.116「自然出生力と妊孕力」p.144「医療人口学」p.382「妊娠と出産の数理モデル」p.492「出生力の近接要因」p.506

　生物人口学は，人口学と生物学の間に存在するおびただしい数の関連を指す包括的な用語であり，研究分野である．この分野は現在なお急速に発展しつつあり，非常に学際的で多様性が高いため一義的な定義は難しい．生物人口学の理論に関する網羅的な解説は「人口大事典」に詳しい（佐藤 2002）ので，ここでは主に米国を中心とした海外における生物人口学の発展について解説するとともに，日本における出生の生物人口学に関する研究事例を紹介する．

●**生物人口学の発展**　biodemography という言葉は，古くは 1942 年に *Population Index* 誌の形式人口学の欄に記載がある．この語は，1940 年代から 1970 年代にかけては生態学における生活史研究や遺伝学の分野で用いられた．生物人口学が，人口学や生態学，遺伝学などとは独立した一つの研究分野として確立したのは，1989 年にワイス（K. M. Weiss）が発表した論文（Weiss 1989）がきっかけと考えられる．同論文において彼は，生物人口学が取り組むべき研究領域として死亡や出生の年齢パターンのモデリング，加齢の生物学，進化遺伝学などを提示し，これらの領域は実際，1990 年代以降非常に発展した．

　キャリーとボーペル（Carey & Vaupel 2006）によると，生物人口学の研究の対象はヒトを含むあらゆる生物種であり，また分子レベルから個体，集団，ひいては生態系までの階層をすべて含む．非常に広範な研究分野と関連するため，必ずしも研究を実施する主体が生物人口学的な研究と呼ばなくても，彼らの定義によると生物人口学研究に含まれる例がしばしばあるようである．一連の研究をすべて系統立てて整理することは容易ではないが，キャリーとボーペルは生物人口学を，ヒトの健康についての研究を重視する生物医学的人口学と，人口学と生物学の「交差点」と位置づけられる生物学的人口学の二つに大別している．

　生物医学的人口学は，ヒトの健康への関心という疫学との共通点を有している．バイオマーカーを用いて死亡や疾病の生物学的リスク要因を特定し，社会経済状況などとの関連を分析する研究が，日本を含む多くの国で実施されている．大規模な人口調査において，尿・血液・唾液・毛髪などを収集し，これらの生体試料中のバイオマーカーを比較的安価で迅速に測定する技術の発展とともに，急速に広まりつつある研究手法である．なおバイオマーカーには環境曝露を表すもの，健康状態を表すもの，遺伝子多型などの感受性に関するものなどがある．

　生物学的人口学の研究が 1990 年代以降広く知られることになったきっかけとして，動物実験に基づいて死亡の年齢パターンを人口学的に分析し，老化の生物学的機構を解明した一連の研究がある．なお生物学的人口学の中でも特に今後の

発展が期待される分野の一つである進化人口学は，進化や適応と関連づけて生物の寿命や死亡，出産，成長の年齢パターンとこれらの相互関係の理解を目指す生活史理論を重視する．種を超えた比較を通じて，ヒトの寿命や年齢別死亡率パターン，また閉経や年齢別受胎能力パターンなどに関する生物学的機構の解明が期待される．

●**日本における出生の生物人口学研究**　日本でこれまでに実施された出生の生物人口学研究は，出生力の近接要因に関するものが多い．例えば1980年から1983年にかけて厚生労働省人口問題研究所（現：国立社会保障・人口問題研究所）が，出生力のシミュレーションモデルを構築することを目的として，日本人を対象に産後無月経期間や受胎能力，胎児死亡などを含む出生力の近接要因に関する実地調査を実施した．その結果，母乳栄養で子どもを育てる母親は，人工栄養で育てる母親よりも産後無月経期間が長いことなどが報告された．シミュレーションモデルの結果は「出生力の生物人口学的分析」と題する報告書にまとめられている．

その後，出生の生物人口学の研究領域においては，リプロダクティブ・ヘルス／ライツやセクシュアリティの問題と密接に関連しながら，日本人の性行動や避妊，人工妊娠中絶の動向について研究が蓄積されている．日本における近年の傾向として，性交の開始が低年齢化した一方で初婚年齢が上昇しており，結果として婚前の性交渉が増加し，人工妊娠中絶や婚前妊娠による出産が増加したことなどが報告されている．これらの動向には，欧米諸国と比較して日本では経口避妊薬の普及率がいまだに低く，男性コンドームが主な避妊法であることも関連していると考えられている．一方，結婚前の性行動が活発になったのに対して，日本の夫婦においては非常に性交頻度の低いセックスレスの割合が高く，欧米の夫婦で高い性交頻度が観察されることと対照的であることも指摘されている．また2014年には，女性の社会経済的な特性と出生の近接要因との関連を調査することを目的としたオンライン調査である「生物人口学プロジェクト」が実施され，妊娠を希望していないのにもかかわらず避妊をしていない女性の割合が高いことや，学歴の低い女性でその傾向がより強いことなどが報告されている（Konishi & Tamaki 2016）．出生の生物人口学分野における今後の研究課題としては，以上で述べたような生物行動学的要因が少子化に及ぼす影響の定量的な解明などがあげられる．

［小西祥子］

□□ さらに詳しく知るための文献

Rodgers, J. L. and Kohler, H., 2002, *The Biodemography of Human Reproduction and Fertility*, Kluwer Academic Publishers.
稲葉 寿編著，2007，『現代人口学の射程』ミネルヴァ書房．
Konishi, S., et al., 2018, *Biodemography of Fertility in Japan*, Springer.

医療人口学
medical demography

☞「世界の人口2000年史」p.8「リプロダクティブ・ヘルス／ライツと人口増加」p.36「性行動と避妊」p.142「生殖テクノロジーの発展」p.146「生物人口学」p.380

　医療人口学とは，スピーゲルマン（M.Spiegelman）によれば，慢性疾患，障がい，成人や加齢による死亡などの研究であり，現実的な生物学的死亡モデルや，偶発的な健康イベントに関する社会保障施策などに関連する学問である．

　医療は，インフルエンザの流行に対応するような公衆衛生学的視点と，一人ひとりの健康や寿命に関するような個人の健康の質に関係する臨床医学の視点を合わせ持つ．出生に関わる医療は人口増加に関与し，疾病や死亡に関わる医療は人口減少の度合いに影響を及ぼす．医療そのものは人口増減を左右することを目的としないが，個人の健康の向上は，その総体である公衆衛生指標を改善し，結果的に人口増や健康寿命の伸延に寄与する．個人レベルのミクロ人口学で扱うのは，個々の妊孕性や寿命という不確定要素を持つ個票である．人口の量や質に関することは，マクロ人口学の主に数に関する総体と，ミクロ人口学として個人レベルの人生の質の両面から考える必要があり，その議論には個人の人権を損なわない配慮が求められる．生殖に関わることは，生物としてヒトの個体差や年齢，生活環境などの条件により流動するため，一人の妊娠機会を必ずしも1として換算することはできない．生物としての人間の不確かさは，生物特性に関与する生殖医療などの医療介入による出生，疾患の治療による余命の変化，死亡確率など，医療によって変わる．このような人口の数や質に対する寄与を医療人口学として取り扱う．

●高度成長期に優性保護法が果たした役割　人口学における医療の関与には，出生に関わるものがあり，日本では1948（昭和23）年に優性保護法が公布され，いち早く中絶を合法化して女性のニーズに応えた一方で，優性思想に基づき障がいを持つ人の人工妊娠中絶や断種が行われた．1996（平成8）年には，母体保護法として女性の健康を守る法律に趣旨が変更された．戦後の高度経済成長と家族計画の普及や人工妊娠中絶の増加は無関係ではない．個人のニーズでもあり，社会のニーズでもあったといえよう．

●多様な性に対応する生殖補助医療の進歩　1978年のエドワース（R.G. Edwards）とステプトー（P. Steptoe）らによる体外受精の成功は，自然観察的な生物人口学を一転させた．日本国内でも1983年には体外受精に成功し1992年には顕微授精の成功例があった．2015年時点で，全国で約600か所の不妊治療施設が日本産科婦人科学会に登録されており，年間約5万人（5%）がこの技術によって産まれ，人口学的インパクトとしても無視しにくくなった．加齢による妊孕性の低下や，流産率，人工妊娠中絶に至る背景などは，将来人口推計などではマクロ人口学の変数の一つとなる．このような生殖医療技術は，時代の流れとして高齢出

産を後押しする効果と，高齢での追加出産へ誘導するものになっている．妊娠待ち時間 TTP（time to pregnancy）は，いわゆる妊孕性の指標の一つである．昔から女性の厄年とされている 33 歳前後を境に TTP は徐々に長くなり，いわゆる妊孕性は年々低下するが，20 代前半を境に急激に妊孕性が下がるというようなことはない．また，卵子・精子提供，代理母，子宮移植，養子縁組など，多様な性を容認する社会では，同性愛や性別違和を持つ人の挙児希望にも対応する流れがある．人口学的インパクトとして性的マイノリティを除外して，生殖を異性愛のみで考えるわけにはいかなくなった．

●性の健康とその権利　1994 年にエジプトのカイロで開催された国際人口開発会議で批准された「リプロダクティブ・ヘルス／ライツ」（性と生殖に関わる健康とその権利）は，それまでの子どもを産む性としての女性という母子保健の考え方から，個人の性の権利に主眼を移した．人種，宗教，思想，信条，年齢，性別にかかわらず，その権利は守られるべきとされており，近年，ますます性の多様性が認識されている．その中には子どもを持たない選択や，生物としての性の多様性の認識から，男性と女性の二元論を忌避する方向性もある．同性婚や性別違和，パスポートなどの性別記載に男性・女性のほかに X ジェンダーを設けている国もある．性の健康世界学会（World Association for Sexuality and Health：WAS）などが提唱している「性の権利宣言」では，結婚や出産行動，性行動に他者が圧力をかけないよう提言している．

●公衆衛生指標と個人の健康　医療の進歩は健康寿命にも影響し，死因となる疾患の克服は寿命を延ばす．がん，脳血管疾患，心血管系疾患の三大疾病を克服することで，寿命も健康寿命も延伸すると算出できる．近年のがん治療の進歩はめざましく，がんと診断されてからも寿命が長くなり，がんと就労の問題，がんと性の問題など，がん患者の人生の質の研究も多くなってきた．

　公衆衛生の視点では，個人だけでなく集団の健康が重要な課題である．ウイルス感染予防やまん延防止なども，発端者から周囲に及ぼす影響を考慮して対策をとらなければならず，感染症予防法などに基づく HIV や梅毒の全数届出制度や，罹患時の（感染拡大を防ぐための）インフルエンザなどの就業・就学制限措置がある．HIV 対策や HPV 対策など，中長期的に寿命に関係する事案も，その時点で最も適切な施策を講ずることが重要である．生活習慣病対策，未病啓発なども，短期的には効果は目にみえないが，適切な医療が人口構造に及ぼす効果が期待される．

●高齢者の健康寿命と福祉　65〜74 歳の前期高齢者と 75 歳以上の後期高齢者に対する医療費の差は，現在の高齢化社会で考えうる制度となっているが，医療の進歩はその一般常識を覆す可能性がある．高齢者医療費の問題や医療従事者の地域偏在，遠隔医療などのシステムの再構築も大きな課題である．　　[早乙女智子]

考古人口学
archaeological demography

☞「人類史としての人口史」p.6
「類人猿とヒトの増加」p.28

先史時代の人口は考古資料や人骨資料から推定する.

●**考古資料による人口の推定** 小山修三は『縄文時代』(1974) の中で,日本列島を9地域に分け,各地域の住居遺跡の数とその面積をもとに,縄文時代から土師器の時代までの人口を推定した.その結果,縄文時代中期に東海地方以東で人口が著しく増加し,その後人口は減少するが,弥生時代に今度は東海地方以西で人口が劇的に増加したということが示された.

千葉県市川市の姥山貝塚では,縄文時代の一つの住居址から成人男女各2人と子ども1人の計5人の人骨が出土したことから,当時の一家族の人数が4〜5人だったという説も出されている.

●**人骨資料による人口の推定** 人骨資料からは,各個体の性別と年齢の推定値をもとに生命表をつくることができる.

性別の判定は,第二次性徴発現後の個体で可能である.骨盤の形態,頭骨の形態,筋の付着部の形態,骨のサイズなどが性別判定の手がかりとなる.中でも骨盤の形態による性別判定の信憑性が高い(Schwartz 2007).成長期(18歳頃まで)の個体の年齢は,歯の萌出状況,骨の成長状況から推定できる(Schwartz 2007:日本小児歯科学会 1988).

成人の個体では,腸骨耳状面,恥骨結合面,頭蓋縫合,歯の摩耗,骨増殖が年齢推定の手がかりとなる(図1,Schwartz 2007).

古人骨の年齢を推定する際には,まず,実年齢のわかる個体集団(例えば近現代の人骨資料)において,参考とする形質の加齢変化(形態と実年齢の対応関係)を観察する.このとき用いた集団をリファレンスサンプルという.次いで,リファレンスサンプルで観察された「形態と実年齢の対応関係」を古人骨に適用して,古人骨の年齢を推定する.しかし,リフ

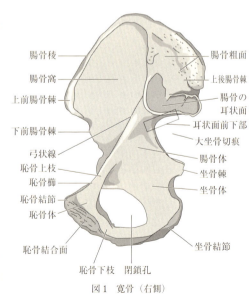

図1 寛骨(右側)

ァレンスサンプルで導き出された「形態と年齢の対応関係」はリファレンスサンプルの年齢構成に左右されるので，この対応関係を用いた年齢推定は正しくないという主張がなされた．

その後，リファレンスサンプルの影響を少なくする年齢推定方法が模索された．一つの方法は，成人から最高年齢（90歳代）に近い個体までまんべんなくそろっているリファレンスサンプルを用いて「形態と実年齢の対応関係」を構築することである．もう一つは，ベイズ法を用いて「ある形態をもつ個体が取りうる年齢」を確率で表す方法である（Hoppa & Vaupel 2002）．

実際に年齢を推定する際には，年齢推定に役立つ形質をすべて観察し，各形質での推定年齢を比較検討し，個体の年齢を推定する．古人骨の場合には，破損によって観察可能な形質の種類が限られる場合があるが，その場合には，観察可能な形質を手がかりに年齢を推定する．ただし成人の場合，推定年齢は誤差が大きいため，45歳（または50歳）未満の低年齢層，45歳（または50歳）以上の高年齢層とするのが妥当である．したがって，古人骨資料の生命表は，現代人の生命表のように1歳刻み5歳刻みのものではなく，低年齢層と高年齢層の比率という形になる．未成人人骨は，骨質が華奢なので土中に残りにくく，また埋葬場所が成人と異なる可能性もあるため，未成人の出土数がその集団の未成人の割合を反映していない可能性が大きい．そのため，未成人は生命表に含めないほうが安全である．

●集団の人口構造　生命表と出生率を考え合わせることで，集団の人口構造を推定することができる．女性骨盤の腸骨耳状面前下部（図1）には「妊娠出産痕」がみられることがある（五十嵐 2018）．妊娠出産痕の発達程度（無・軽度・強度）によってその女性の妊娠出産の経験（なし・少ない・多い）が判定できる．集団内での妊娠出産痕の出現状況は集団の出生率の指標となる．一方，集団内での若年層と高年齢層の比率は，その集団の寿命の指標となる．これらの指標からは，寿命や出世率の絶対値は求められないが，寿命と出生率を組み合わせて集団間で比較することにより，「長寿で多産」「長寿で少産」「短命で多産」「短命で少産」といった人口構造の地域差や時代差を推定することができる．

寿命や出生率は，栄養状態や食性，定住性や共同保育の有無などの社会構造と関連している．したがって先史時代の人口構造を復元することによって，当時の栄養状況や食性や社会構造の推定もある程度可能になる．　　　　［五十嵐由里子］

📖 さらに詳しく知るための文献

Chamberlain, A., 2006, Demography in Archaeology, Cambridge University Press.

社会人口学
social demography

☞「途上国の過剰都市化」p.296
「家族人口学」p.394 「宗教人口学」p.402

　人口学の主要なテーマである出生，死亡，人口移動が，なぜ，どのように変化したかを理解するためには，社会科学諸分野の知見を援用する必要がある．いろいろなアプローチが可能であるが，人口現象を社会学的理論を用いて研究する領域を人口社会学，社会現象を人口学的理論を用いて研究する領域を社会人口学と定義することができよう．人口と社会の関係は，人口が社会現象に影響を及ぼし，それが逆に人口現象にフィードバックするような，双方向かつ累積的関係にある．そのため分析的には分離できても，実際には分けがたいことがしばしばある．特に政策的関心からすれば学問的厳密性よりも，むしろその相互作用に関心がある場合が多い．ここでは，そのような観点から，社会学の諸理論・諸分野と人口学との関連を中心に概括的に紹介する．

●**社会学の発想**　もともと社会学の特徴は総合的なところであり，テーマ的にいえば，社会はいうまでもなく，経済，政治，文化なども社会システムの一部と考え，社会学の対象とする．また，分析の単位は，個人，家族，地域社会，国家に加え階級や社会階層など，多様な社会的集団やカテゴリーが研究対象となる．しかし，その特徴を一言でいえば，個々人の行為が社会を構成するさまざまな社会的領域の中で規定され，意味を帯びた社会的行為になると理解するところにある．例えば，「出生の経済学」を例にとると，妊娠・出産の便益が費用を上回るとき，追加的妊娠・出産は合理的選択となる．しかし，社会学では経済合理性に加え，社会制度や宗教的規範など，それ以外の要因についても同時に考慮する．次に，出生，死亡，人口移動の順に，社会学的研究との関連を紹介する．

●**出生と社会学**　前近代社会では多産多死であったが，産業化・近代化の進展に伴い，まず死亡率が低下し，次いで出生率の低下が始まり，最終的には少産少死状態に移行した．欧米におけるこの経験をモデル化したのが人口転換理論である．現在，人口置換水準を下回る水準まで出生率がさらに低下していく状況にある．社会学的知見は，このようなプロセスについて理解を深めることに貢献している．

　ボンガーツ（J. Bongaarts）によると，出生率の直接的決定要因として最も重要なものが（1）結婚，（2）避妊，（3）人口妊娠中絶，（4）母乳保育による産後不妊であり，国別出生率の違いの大半はこの4変数で説明可能である（Bongaarts 1982）．この中で社会学的研究が最も多いのは（1）の結婚に関する研究であり，特に家族社会学には，社会制度的問題や結婚および家族構造の地域性について多くの研究がある．

　具体的には，出生規範の発生と消滅（家制度と父系長子相続など），個人主義化

の進展(結婚の価値の低下と多様なライフコースの許容),家庭の役割分担(育児・家事・介護役割の女性への偏重),女性の社会進出と企業の雇用慣行(ワーク・ライフ・バランスの困難性)など,今日の日本で問題となっている少子化問題の原因と解決方法について,多くのヒントを得ることができる.なお,多くのアジア社会における男子選好の理由については,儒教やヒンドゥー教などの宗教の理解が不可欠である.また,出生率の低下と関係する初婚年齢の上昇は,産業化・近代化過程で進んだ女性の社会参加など,社会の仕組みの中に生じた社会変動の問題と関係している.(2)(3)(4)に関する社会学的研究は(1)と比べると少ないが,例えば,なぜピルの普及率が日本では低いのかについてはジェンダー的観点から説明が可能である.

●死亡,人口移動と社会学　死亡率に関する社会学的研究は少ないが,近代医療・公衆衛生の普及と並んで,性別,人種・エスニシティ,教育,所得,職業などの社会階層的要因の重要性が指摘されている.例えば,途上国の乳児死亡率の高さは,医療・公衆衛生だけではなく,両親の教育・所得と関係している.また,女性の平均余命は男性より長いのが普通であるが,先進国と比べ,途上国の平均余命の男女差は小さい.これは途上国の女性の地位の低さと関係している.また,先進国でも,教育達成度と成年の平均余命格差は強く関係している(Hummer et al. 2013).

　最後に人口移動は,特に都市社会学や国際社会学の中で取り上げられてきたテーマである.まず,産業化・近代化の進展とともに社会構造の変動・流動化が生じ,人口移動が活発化する.産業化は人口移動による都市化を促すが,そこでは都市的生活様式が進展する.移動者本人にとっては空間的移動であると同時に,伝統的生活様式から自由になり,出身地では不可能な社会経済的地位に移動する社会移動(階層移動)の可能性を意味する行為でもある.先進国の都市化に対し,途上国では産業化を上回るペースで都市化が進み,失業やスラム地域の発生などの都市問題が深刻化したため過剰都市化と呼ばれることが多い.人口移動は国内だけではなく,ヨーロッパから新大陸への移民にみるように,歴史上,国境を越えた大規模な国際人口移動がしばしば発生している.そのような移民の都市適応や受け入れ国への統合は,都市社会学の重要な研究課題であった.経済のグローバル化に伴い国際人口移動は増加傾向にあるが,自発的移動に加え,政治的迫害を逃れて移動する難民のような非自発的移動も深刻な状況になっており,このような国際人口移動が国際社会学の重要なテーマとなっている.　　　[新田目夏実]

📖 さらに詳しく知るための文献

岩間暁子ほか,2015,『問いから始める家族社会学—多様化する家族の包摂に向けて』有斐閣.
河野稠果,2000,『世界の人口　第2版』東京大学出版会.
宮島喬ほか編,2015,『国際社会学』有斐閣.

歴史人口学
historical demography

☞「前近代日本の結婚・離婚・再婚」p.168「家族とライフコースの歴史的変化」p.222「ヨーロッパの伝統的家族と世帯」p.224「東アジアの伝統的家族と世帯」p.226

　人口史料に基づき出生，死亡，結婚，移動を中心とした人口行動を明らかにし，その社会の人口構造，家族制度，社会経済環境との関連を分析するのが歴史人口学である．

●**史料と方法**　家族復元（family reconstitution）は，キリスト教圏における教区簿冊（教会における洗礼・埋葬・結婚の記録）を利用し，個人の名前をつなぎ合わせることによってその個人の出生から死亡までの個人の行動を追う．これによって国勢調査以前の社会において，詳細で信頼度の高い人口学上の指標が得られるようになった．日本では，速水融が1960年代にこの方法を宗門改帳に適用し，個人とその家族の記録を時刻表のごとくに表したBDS（Basic Data Sheet）という基礎整理シートを開発し，体系的に「名もない人々が生きた証」を復元する作業から江戸時代の実像をボトムアップで描き出す研究が始まった．キリスト教取締りのために宗門改帳の作成が全国的に命じられたのは1671（寛文11）年とされる．史料作成の方法と残存状況には地域差があり，現住人口か否か，乳幼児死亡を含めた記録の漏れがどのくらいあるのかなど，さまざまな史料の制約への注意は必要である．しかし，現在の国勢調査（静態情報）と出生・死亡・移動などの動態統計を合わせたような記録で，地域によっては毎年作成され，かつ克明な経済指標（持高・牛馬）も含むことから，その内容の豊富さは西欧の史料をしのぐ．このほかにも宗門を除いて同様の情報が得られる人別改帳や明治初期に試行的に作成された戸籍，さらに死亡を記録した過去帳，受胎時の記録をした懐妊書上帳，武士などの系譜などが人口史料として利用される．史料を収集し，解読・整理し，入力し，分析するまでの過程には多くの労力が必要である．1990年代後半には，ユーラシアプロジェクト（文部省科学研究費創成的基礎研究，代表：速水融「ユーラシア社会の人口・家族構造比較史研究」）において全国規模の史料収集とデータベース化がはかられた．情報システムの発達によって，BDSからの情報入力と分析作業ファイルの作成や，史料を直接入力し，人口指標算出までを自動化して公開した川口洋によるプログラム（DANJURO）の開発も進められた．

　方法においても，家族復元法による結婚出生率の算出や記述的分析だけでなく，形式人口学的なアプローチ，近接要因の分析やコール＝トラッセル出生力指標の応用（項目「結婚と出生の歴史人口学的分析」参照），同居児法を単年史料に適用した出生率の後方推計，生命表を利用した結婚分析，ハンメル・ラスレットモデルを直系家族システムに応用した世帯類型など多彩になった．近年ではイベントヒストリー分析を歴史人口学データに適用する試みにより，さらにリサーチ課題

や比較研究の可能性が広がった．

●国際比較研究　五つのまったく異なる前近代社会にイベントヒストリー分析を適用し画期的な成果を生み出したのがユーラシアプロジェクトの国際班としてスタートした Eurasia Project である．18〜20 世紀初頭の欧州とアジアの 5 か国（スウェーデン，ベルギー，イタリア，日本，中国）の出生力転換以前の 7 地域（教区・村）人口に個人・世帯・コミュニティ（村落・教区）の変数を組み込んだ共通モデルを導入し，死亡，出生，結婚を主題とした比較分析の成果を MIT からシリーズで出版した（Bengtsson, et al. 2004；Tsuya et al. 2010；Lundh et al. 2014）．従来利用されていなかった「世帯」を示す税徴収の記録（スウェーデン），「魂の記録」（イタリア）など長期に連続する人口・経済史料をデータベース化し，リスク人口（母集団）が判明しないという教区簿冊の史料の制約を新しい史料と方法論とで打ち破った．Eurasia Project によって世帯の社会的地位や同居親族の状況，また短期経済的ストレスの影響の中に個人の人口学的行動をとらえることで東西の農村社会の差異性と共通性を明らかにした．マルサス以来続く西洋 vs. 東洋，また近代以前 vs. 近代以降という二項対立的な理論形成を再考する意味でも，人口変動と家族構造の関連をミクロレベルで検証する意味においても，さらには歴史人口の解明に大型データとイベントヒストリー分析を適用した点でも社会科学における新たな比較研究の可能性を提示したといえよう．

●課題と展望　今後，構築されてきたデータの共有と活用はもちろんのこと，Eurasia Project が示した共通モデルの他地域史料への応用，さらにより学際的なアプローチとしての移動情報の空間的・時系列的分析，前近代から近現代への長期的変動の分析など新しい研究課題も尽きない．近年，Eurasia Project に継ぐ，東アジアの歴史人口学が活性化している．日本，中国，台湾が中心であったが，近年，韓国の歴史人口学も発展している．これらの国々に共通するのは，「世帯」を単位としたいわゆる戸籍型の資料である（Dong et al. 2015）．史料の特徴と東アジアの家族の特徴を生かした同居親族の人口行動への影響，世帯の継続性，養子・間引きと再生産の関係など，研究課題の多角化が進む．東アジアから発進する人口−家族システムの地域的多様性のパラダイム構築を目指すことができるだろう．その中でも特に質のいい長期に続く日本のミクロデータは「究極のパネルデータ」（津谷 2007a）である．遺伝学，気象・環境研究，歴史 GIS とネットワーク分析などとのコラボレーションから歴史人口学研究のフロンティアはさらに広がることが期待されている．

［黒須里美］

📖 さらに詳しく知るための文献

速水 融．2007．『歴史人口学の世界』岩波書店．
浜野 潔．2011．『歴史人口学で読む江戸日本』吉川弘文館．
落合恵美子編．2015．『徳川日本の家族と地域性─歴史人口学との対話』ミネルヴァ書房．

人口と開発
population and development

☞「リプロダクティブ・ヘルス／ライツと人口増加」p.36「発展途上地域の出生率低下」p.138「人口問題と人口政策」p.330

1994年カイロで，国際人口開発会議(International Conference on Population and Development：ICPD)が開催され，持続的な経済成長のために，ジェンダー平等と女性のエンパワメント（活躍支援），リプロダクティブ・ヘルス/ライツ（生殖の健康と権利）の重要性が強調された．それまで「人口問題」としてとらえられていたのは，爆発的な人口増加であり，数として人をみる，いわばマクロの視点からとらえられていたが，このカイロ会議で「開発」の2文字が加えられ，女性，個人の「人間開発」というミクロの視点が加わった．「人口と開発」は，カイロ会議を境に，国連，ODA（政府開発援助）を通じた国際協力の一つの分野として位置づけられるようになった．

●カイロ行動計画　カイロ会議で採択された行動計画は，「人口と開発」の枠組みを示している．その内容は，人口，すなわち人々の人生に関係する内容を網羅的に扱っており，前述のジェンダー平等と女性のエンパワメント，リプロダクティブ・ヘルス/ライツに付け加え，家族の役割，人口増加と人口構造，健康・疾病・死亡，人口分布・都市化・国内移動，国際人口移動，人口と教育に関し，現状と目標，行動内容を示し，データ収集と研究開発を進め，各国で実施計画を策定し，国際社会がその実施を支援することが謳われている．日本政府もカイロ会議の直前に「人口・エイズに関する地球規模問題イニシアティブ（GII）」を発表，2001年までの7年間の間に30億ドルを投入し，途上国における家族計画，エイズ対策をはじめ，保健医療，初等教育，女性の職業訓練・女子教育を支援した（外務省2002）．行動計画の内容は，カイロ会議以降の国連人口開発委員会，国連人口基金（UNFPA）が公表する世界人口白書に盛り込まれ，1994年から20年後，すなわち2014年にその総括が行われたが，いまだ目標が達成されていない点も多々あるとされ，その後も継続してフォローアップすることとなっている．

●ミレニアム開発目標（MDGs）と持続可能な開発目標（SDGs）　2000年に国連で採択されたミレニアム開発目標（MDGs）にはカイロ行動計画に含まれる内容も多く盛り込まれた．例えば，ジェンダー平等推進と女性の地位向上，乳幼児死亡率や妊産婦死亡率の削減，HIV/AIDSの蔓延防止，安全な飲料水と衛生施設の普及などである．その達成期限である2015年に統計に基づいた評価が行われ，途上国における初等・中等・高等教育の就学率に男女差はなくなり，世界の5歳未満児死亡率は1990年から2015年までに53％削減，妊産婦死亡率は45％削減するなど，目に見える結果が示された．2015年にはさらに分野が広がった，持続可能な開発目標（SDGs）が国連で採択された（図1）．2030年までに達成するよ

う設定された17の目標と169のターゲットのうちカイロ行動計画につながるものをあげれば、目標3の健康と福祉、目標4のすべての人々への教育、目標5のジェンダー平等、目標6の水と衛生、目標11の持続可能な都市および人間居住などをあげることができるが、「人口と開発」を人々の生活の向上に関係することとみなせば、目標1の貧困削減、目標2の飢餓の終結と栄養改善、目標8の人間らしい雇用の促進、目標10の不平等の是正などとも関係する。また、目標16の平和で包摂的な社会の促進の中には、すべての人々の出生登録を行うというターゲットが盛り込まれ、出生届、死亡届といった人口登録に基づいた動態統計整備の重要性も喚起された。2030年には目標の達成度が評価されることになるが、そのためにはまず指標を正しく算定することが必要で、統計整備の重要性が高まっている。

● 「人口と開発」の今後　「人口と開発」は、カイロ会議をきっかけに、ジェンダー平等や女性の活躍、リプロダクティブ・ヘルス／ライツを強く訴えるためのプラットフォームを提供し、さらに保健、衛生、教育といったさまざまな分野をよくいえば包括的に、悪くいえば総花的に取り上げ、「〇〇学」といった学問体系ではなく、行動を起こすための指針の枠組みを提供してきた。カイロ行動計

図1　持続可能な開発目標（SDGs）
[外務省より]

画に示された目標は、MDGsそしてSDGsに統合され今日に至っている。一方で、SDGsでは高齢化や人口構造の変化、国際人口移動や移民問題は、目標値を設定することが適当ではないといった事情から、一つの独立した目標・ターゲットにはならなかった。今後「人口と開発」は、カイロ行動計画を原点に、SDGsおよび人口構造の変化、移民といった、変化する世界に対応した要素を取り込み、さらに人口統計の整備と人口分析の能力向上も含め、社会開発の一つの枠組みであり続けるだろう。

[林　玲子]

📖 さらに詳しく知るための文献

外務省監訳. 1996. 『国際人口・開発会議「行動計画」』.
国際連合広報センター. 2015. 『ミレニアム開発目標（MDGs）報告2015」の概要』.
外務省. 2015. 『我々の世界を変革する―持続可能な開発のための2030アジェンダ』.

環境人口学・生態人口学
environmental demography/ecological demography

☞「食料資源と人口」p.38「人口爆発と資源危機は現実か」p.40

　ヒト（人間）の生態あるいはヒトと環境との関係には，人口が重要な位置を占めることが多いものの，環境人口学あるいは生態人口学という用語が広く用いられているとはいえない．むしろ，環境・生態・人口を関連づけて研究する分野として知られているのは，人類生態学（人間生態学）や人間生物学であろう（大塚ほか 2012）．ここでは，生態学と環境学（環境研究）あるいは人類生態学などの分野で，人口がどのように扱われているかを中心に解説する．

●生態学と環境学における人口　生物学の一分野としての生態学は，生物が個体・個体群・群集という各組織水準において，非生物的（無機的）な環境因子と交互作用する機構の解明を基本的な目的としており，個体群の個体数変動や空間分布の変動などを主な研究課題とする個体群生態学が，研究の目的や方法論から人口学と共通性が高い（Vandermeer & Goldberg 2003）．ただし，生物の個体群生態学は，研究者が自らフィールドで収集するデータを分析することが多く，ヒトの場合に人類学的集団などの小集団を対象に行われるフィールド調査に類似している（Ohtsuka & Suzuki 1990）．

　環境に関する研究は，地質学・地球物理学・気候学・生態学・分析化学・衛生工学など自然科学の多様な分野で，それぞれ独立して行われることが一般的であった．ところが 1970 年代頃から地球環境問題をはじめとする環境問題が深刻化するに従い，米国を中心に環境の統合的理解と問題解決への貢献が求められるようになった．その結果，自然科学のみならず社会科学・人文科学と協働する学際的なアプローチが重視されるようになり，そのようなアプローチは，環境科学ではなく環境研究あるいは環境学と呼ばれることが多く，人口が重要なテーマとしてとらえられることが増えている（石編 2002）．さらに，社会学などの分野では，近年の人口増加による環境影響が増大していることを受け，社会学の一部として環境人口学あるいは生態人口学を位置づける動きもみられる．

●環境−人口関係と適度人口をめぐって　生態人口学あるいは環境人口学という用語を用いるか否かにかかわらず，生態学あるいは環境学と人口との関係に注目する立場は，人間活動が環境に与える影響を重視し，その重要な要因として人口をとらえる傾向が強い．例えば，地球環境学者のエーリック（P. R. Ehrlich）らは，環境問題の引き金ともいえる環境影響は，次の式のように，人口を含む三つの要因（変数）の積として表されるとしている．

　　I（環境影響）$= P$（人口）$\times A$（消費量を反映する豊かさ）$\times T$（技術）

　エーリックらによれば，世界全体では P と A が一貫して増加しており，技術

革新による T の低下があるとしても，I の増加が続く状況なのである．ただし，この $I=PAT$ モデルは考え方がわかりやすいため広く知られるものの，実際に各変数に数値を当てはめ分析することはきわめて困難である．

　持続可能な環境の提唱者であるワケナゲル（M. Wackernagel）らは，地球の環境容量を表す指標としてエコロジカル・フットプリント（EF）を開発した．EF は生物資源の再生産および廃棄物の浄化に必要な陸地・水域の面積として表され，人間活動により環境の機能が低下するほど大きな値をとる．ワケナゲルらは，それぞれの国や地域で現行の経済活動・消費活動が永続的に行われると仮定し，必要になる陸地・水域の面積を推測し公表している．当然のことながら，それぞれの国・地域の EF は 1 人あたり EF と人口の積であり，1 人あたり EF は途上国より先進国ではるかに大きく，近年の途上国の EF の増大には，1 人あたり EF の増加による寄与も増しているものの人口増加の寄与のほうが大きい．

　適度人口にも関連が深いキャリング・キャパシティは，生態学の基本用語で環境収容力と訳され，各生物種が食物・水・生息地などの環境要因のもとで長期的に生存できる最大の個体数を意味している．ヒトの場合には，キャリング・キャパシティは人口支持力あるいは人口扶養力などと訳されることが多く，自らが食料生産を行うことから，そのレベルが技術革新により上昇することが特徴である．米国の数理生物学者のコーエン（J. E. Cohen）が，1995 年までに地球全体のキャリング・キャパシティを報告した 65 にのぼる論文をレビューした結果，キャリング・キャパシティが半数以上の研究で 40 億～160 億人，約 3 割の研究で 160 億人以上，約 1 割の研究で 40 億人以下と大きくばらついていた．このことからも，ヒトのキャリング・キャパシティは，最大可能な食料（あるいは食物エネルギー）生産量の推定方法などにより大きく変動することが明らかである．

　適度人口に関する議論は，生態学や環境学の視点より経済学などの視点からなされることが多く，人口と経済が相互に影響し合い時間とともに変動する内生的成長論の考え方などが重視されてきた．しかし，最近では地球環境を劣化させることなく開発を進めることの重要性から，「持続可能な開発（発展）」という考え方が学術的にも社会的にも広く認められるようになってきた．今後，持続可能な開発を保証する適度人口に関する議論が進むと考えられるが，上述した EF を活用するなど，生態学や環境学の視点からの貢献にも期待したい．　　［大塚柳太郎］

🗌🗌 さらに詳しく知るための文献

Cohen, J. E., 1995, *How Many People Can the Earth Support?*, W. W. Norton.（重定南奈子ほか訳．1998．『新「人口論」—生態学的アプローチ』農山漁村文化協会．）

Ehrlich, P. R. and Ehrlich, A. H., 1990, *The Population Explosion*, Hutchinson.（水谷美穂訳．1994．『人口が爆発する』新曜社．）

Ewing, B. et al., 2010, *Calculation Methodology for the National Footprint Accounts, 2010 Edition*, Global Footprint Network.

家族人口学
family demography

☞「世帯と家族」p.204「世帯形成」p.212「家族と世帯の地域性」p.216「家族形成プロセスの分析」p.514

　従来，家族人口学の研究分野は大きく二つに分かれてきた．一つは，結婚・離婚，出生・育児，老い・死亡など，家族形成と世代交代の分析であり，家族の動態的側面を扱う．もう一つは，家族の居住関係や世帯，互酬的関係など家族の構造的側面（変化と連続性を含む）を扱う．家族形成の分析は，1970年代の欧米でライフコース・アプローチが登場すると，縦断データの積極的な収集がなされるようになり，同時にイベントヒストリー分析など新しい手法の開発も進んで，盛んに行われるようになった．日本でも少子化が社会問題化した1990年代以降にこうした研究が増加していく（津谷2007b）．一方，家族の構造的側面の研究においては，長らく家族というよりも世帯の規模や構成を対象とした世帯統計学的分析が主流であった．その背景には，センサス（国勢調査）をはじめ公的統計のほとんどは世帯を観察単位としているために，世帯の範囲を超える家族関係をとらえることができないという事情がある．しかし近年，国内外において大規模な家族調査が実施されるようになったことで，世帯の範囲を超える拡大家族への注目が集まるとともに，家族形成と家族構造の二つの側面を関連づけて統合的に理解しようとするアプローチが生まれつつある．

●強い家族と弱い家族　例えば，ヨーロッパの人口学では，家族と人口事象の地域性をとらえる新しい理論枠組み——「強い家族の社会」（strong family society）と「弱い家族の社会」（weak family society）——が提案されて（Reher 1998），世帯の範囲を超える家族構造や世代間連帯の研究を活性化している．ここにいう「強さ」「弱さ」とは親子間・世代間関係（紐帯）のそれを指し，統計的指標としては，多世代の居住形態（同居や近居），接触頻度，援助関係などが用いられる．中でも居住形態は，接触や援助の規定要因として，また家族システム（家族制度）の指標として重要である．実際「ヨーロッパにおける健康，加齢および退職に関する調査」（通称SHARE調査）の結果により，50歳以上の中高年の親と成人子との同居率をみると，表1に示したように，南欧で高く北西欧で低い南高北低の勾配を確認できる．その後に調査に加わったチェコはオーストリアと同水準，ポーランドはイタリアと同水準なので（Börsch-Supan et al. 2008），弱い家族（核家族）は，北海を取り巻く北西欧に分布し，強い家族（拡大家族）は南欧から東欧・中欧に分布しているといってよい．興味深いことに，これらの国々の合計特殊出生率は，弱い家族の社会で高く，強い家族の社会で低くなっている．家族関係や世代間関係が強い社会ほど，次世代が生まれないという事態は，パラドクスとみなされて，さまざまな議論を引き起こした（Dalla Zuanna & Micheli 2004）．

強い家族と弱い家族という理論枠組みは，日本の家族人口学的研究を国際的な文脈のもとで進めるのにも役立つ．日本の多世代同居率・近居率は，中欧・南欧と同じかそれ以上に高く，国レベルの出生率も中欧・南欧と同程度の低水準だからである．しかし，多世代の居住関係を指標に用いて出生力との関連をみると，強い家族ほど出生力が高い傾向が指摘されている．例えば，出生動向基本調査により，夫婦の完結出児数を，親世代と同居する夫婦，同じ市町村内で近居する夫婦，それ以外の遠居の夫婦で比べると，集計のある1997年以降現在まで一貫して同居の夫婦は近居，遠居よりも出生力が高いこと，近居の夫婦もほぼ一貫して遠居よりも高いことが知られている（国立社会保障・人口問題研究所 2017a）．

表1　ヨーロッパの家族と出生力

国名	中高年の親と成人子との同居率(2004年)	合計特殊出生率(2010年)
デンマーク	15.8	1.87
スウェーデン	16.6	1.98
オランダ	22.9	1.79
フランス	25.0	1.99
スイス	33.7	1.53
ドイツ	33.8	1.39
オーストリア	37.3	1.43
スペイン	57.2	1.39
ギリシア	58.4	1.42
イタリア	61.3	1.38

注）同居には，同一世帯内の居住だけでなく，同一建物内の別世帯居住を含む．
[Börsch-Supan et al., 2005（Table 4A.11），国連人口統計年鑑による］

また，全国家族調査データ（日本家族社会学会）を用いたイベントヒストリー分析によれば，結婚時から夫方親と同居する夫婦は，遠居する夫婦に比べて，第一子で20%，第二子で26%，第三子で39%，出生確率が高くなる（加藤 2010）．日本は世界的にみて現在なお，最も「強い家族の社会」の一つではあるが，家族や共同体の紐帯は半世紀前と比べればずいぶん弱くなった．国レベルの出生力の低下には，こうした強い家族の脆弱化が関わっているのかもしれない．いずれにせよ，日本の家族人口学的研究は「強い家族の社会」の理解に貢献できるであろう．

●再生産システムとしての家族　長い歴史の中で，家族は社会の再生産の基本単位として機能してきた．ここにいう社会には人口だけでなく，文化（しつけ・社会化を通じて）や経済（経済的・文化的資源の相続・継承を通じて）も含まれる．言い換えれば，人口再生産は家族の再生産機能の一部であり，家族は社会全体の再生産システムの要をなしている．それゆえ，家族人口学はこのような再生産システムとしての家族を研究する人口学の一領域として，より広義に定義することもできる．研究は人口学の方法を駆使して行われるが，分析結果を解釈し説明するには，社会学，人類学，民俗学，法学，経済学，歴史学など，家族を対象とする関連諸科学が蓄積してきた膨大な経験的知識が不可欠である．守備範囲は広く困難も多いが，その分，行く手には広大な研究のフロンティアが広がっている．

[加藤彰彦]

労働人口学
labor demography

☞「失業問題」p.248

人口と労働は非常に密接な関係がある．また，それらの動向により経済に大きな影響を与える．例えば，人口構造が少子高齢化になれば，それに伴い労働人口が減少してしまう．そのことにより，今までと同程度の好景気でも，労働力不足となることも起こり得る．また，人口の高齢化は労働生産性の低下を引き起こす（小﨑 2018）．本項では，労働人口学で使用される労働力人口，労働力率，産業別就業者人口について解説する．

●労働力人口　労働力人口とは，15歳以上で働く意思をもつ人々のことを指す．総務省統計局『労働力調査』では，15歳以上の人口のうち，「就業者」と「完全失業者」を合わせたものと定義している．「就業者」は「従業者」と「休業者」を合わせたもの．「完全失業者」は労働力人口の中で働く意思があるが，職に就けない人々を指す．ちなみに，日本の2015年の就業者は6367万人で，完全失業者は222万人で，労働力人口は6589万人である．

●労働力率　労働力率は，15歳以上人口に占める労働力人口の割合である．労働参加率と呼ぶ場合もある．また，労働力率の定義で15歳以上ではなく，総人口に占める労働力人口の割合で使用することもある．先進国諸国における2013年の総人口（15〜64歳）に対する労働力人口の割合は，日本74.9％，米国72.8％，英国77.4％，フランス71.2％，ドイツ77.5％となっている（OECD 2014a）．こうした労働力率の決定要因は，高等教育への進学率，年金制度の充実度，産業・就業構造，育児休業制度や託児施設の充実度などが影響していると考えられる．

図1は，日本の年齢別労働力率を示したものである．それによれば，男性の25歳から59歳までの労働力率は90％以上である．最も高い年齢層は，35〜44歳で92.6％を示している．60〜64歳で78.9％，65〜69歳で54.1％，70歳以上で20.3％となっている．今後のわが国の労働力人口の減少を考えると，65〜69歳の労働力率の増加が課題となる．一方，女性は25〜29歳で80.3％となっているが，30歳代では71％台に低下し，45歳以降，再び労働力率は増加するものの，増加幅は小

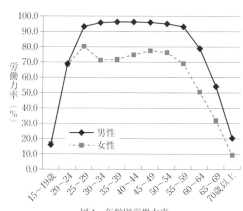

図1　年齢別労働力率
［総務省統計局（2015）「労働力調査」より作成］

さい，55歳以降再び低下する．なお，結婚・子育てに伴い女性の30歳代で労働力率の低下がみられるが，育児休業制度の普及および保育園等の待機児童の解消により，年ごとに男性と同じ逆U字型に近づいている．近年，女性の労働力率は上昇傾向にあるものの，全体としては男性と比較して低い．年齢計の男性労働力率は70.3％に対して，女性は49.6％で20％ポイントの差がある．今後の労働力不足を考えると，女性の労働力率の上昇政策が重要な課題となる．

●産業・就業構造　日本の2005年から2015年の産業別就業者数とその割合を総務省統計局「労働力調査」でみると，農林業の就業者比率が4.07％から3.26％に低下している．非農林業部門で就業者比率が低下している産業は，建設業，製造業，卸売・小売業で，その一方，情報通信，不動産・物品賃貸，教育・学習支援業，医療・福祉で就業者比率が増加している．特に医療・福祉では8.70％から12.30％となり，10年ほどで230万人程度増加し，非農林部門では卸・小売業，製造業に次いで，第3位の就業者シェアを占めている．これに対し，卸・小売業，製造業は就業者シェアを低下させており，高齢化時代を反映した就業構造となっている．

また，就業者の従業上の地位も時代とともに変化している．1960年代に20％以上あった自営業者や家族従業者のシェアは2015年でそれぞれ8.5％，2.5％に低下する一方で，雇用者のシェアは50％台から9割近くになっている．さらに，この雇用者の中身も大きく変化してきている．2000年の初め頃には，7割程度占めていた正社員比率が2015年では6割程度に低下し，一方，身分の不安定な非正社員が増加して4割近くになっている．

●完全失業者　完全失業者は，15歳以上の人口で働く意思があり，実際に就職活動を行ったが仕事がみつからない人と定義される．日本の完全失業者は2015年222万人で，完全失業率は労働力人口の3.4％に達している．

●世界の潮流　内閣府「世界経済の潮流」によれば，世界の生産年齢人口（15～64歳）は，2010年45.2億人から2100年には60.5億人となると見込まれている（内閣府2011）．地域別でみると，アジアのシェアは62％（2010年）から44.1％（2100年）に縮小する．また，ヨーロッパは急激にシェアが低下する．一方，アフリカはシェアの8.3％（2010年）から37.6％（2100年）に達すると見込まれている．

最近の世界の労働力人口は，先進国で伸びなやみ，新興国では早い速度で増加している．その結果，世界全体の労働力人口に占める新興国の割合が高まり，労働力の比重が新興国に移っている．今後は，新興国も少子・高齢化が進展することとなり，生産年齢人口の伸びが低下すると見込まれている． ［小﨑敏男］

📖 さらに詳しく知るための文献

小野 旭．1994．『労働経済学 第2版』東洋経済新報社．
小﨑敏男ほか編著．2011．『キャリアと労働の経済学』日本評論社．

農業と人口
agriculture and population

☞「過疎化と人口減少社会」p.310
「郊外化の終焉」p.316

農業経済学や開発経済学など農業や農村の諸課題を分析する社会科学の分野では,「農業と人口」に関連して, 1) 世界の人口と食料の問題, 2) 経済発展に伴う農業部門から非農業部門への労働力移動, 農村から都市への人口移動などの研究が主に行われている. ここでは, 2) の中から, わが国における農業人口の推移と, 農村における過疎化と高齢化について取り上げる.

●日本の農業人口の推移　戦後まもなく食糧難にあえいだわが国も, 食糧増産政策により土地生産性を向上させる中, 1955年頃には戦前の食料供給を回復した. また同時期に GDP も戦前の水準に回復し, 国が経済成長優先（工業化）の政策に舵をきる中, 農政も大きく転換し, 1961年に農業基本法が制定された. 当時農業過剰労働力問題が生じ, また経済発展に伴って農業部門が相対的に縮小する中, 農業・非農業間の所得格差が広がっていた. そこで農業基本法では, 農業経営規模の拡大によって生産性（特に労働生産性）を向上させ, 農業・非農業間の所得の均衡を実現しようとした（その際, 農業過剰労働力は非農業部門に吸収されると考えられた）. その結果, 農業従事者数は急激に減少し,「農林業センサス」によると1960年の1766万人から2000年には686万人にまで縮小した（ただし1990年以降は販売農家のみを対象とした値である）. 一方で1960年に606万戸であった農家戸数は2000年には312万戸となり, 農業従事者数に比べて緩やかな減少に留まった. そのため農家1戸あたり平均経営面積の増加も遅く, 基本法で描いたような規模の拡大には及ばなかった. そこに農業の機械化, 化学肥料や農薬の投入による省力化, 経済成長による兼業機会の増大が加わり, 兼業農家が増加した. 特に第1種兼業（農業所得が農外所得を上回る）農家よりも, 第2種兼業（農外所得が農業所得を上回る）農家の割合が増加した. 1970年代には農業基本法が目的とした所得格差の解消は実現したが, これは本来意図した生産性の向上ではなく, 兼業化によるところが大きかった（佐開津・鈴木 2015）.

その後1999年には新たに食料・農業・農村基本法が制定されたが, 農業従事者の減少はさらに進み, 2015年には340万人となっている. 販売農家（経営耕地面積が30a以上または農産物販売金額が50万円以上の農家）のうち22.1%が専業農家, 19.3%が第1種兼業農家, 58.6%が第2種兼業農家である. また高齢化が急速に進んでおり, 農業就業人口（自営農業に主として従事した世帯員）の平均年齢は66.4歳に達している. 加えて, 後継者不足による耕作放棄地の増加, それに伴う鳥獣被害の発生なども深刻な問題となっている. これらの問題に対し, 近年農地法など法律面でも改正がなされ, 法人の参入を促すなど, 担い手不足解

消への対策も始まっている.

●**農村の過疎化と高齢化**　過疎の定義としては，安達によるものが有名である．すなわち，過疎とは「農村人口と農家戸数の流出が大量かつ急激に発生した結果，その地域に残った人々の生産と社会生活の諸機能が麻痺し，地域の生産の縮小とムラ社会自体の崩壊がおこること」（安達 1970）である．また，この過程の中で，住民は資本からのみならず普通の農村からも疎外感を覚え，それが上記の地域社会の機能の麻痺と絡み合うことで，悪循環的に崩壊が進行していくとしている．

日本の過疎化は，1960 年代以降に高度経済成長の過程で発生した．農林漁村を中心とした地方の人口が三大都市圏（東京圏・名古屋圏・大阪圏）に顕著に流出し，大都市圏では過密問題が，地方では過疎問題が引き起こされた．

過疎地域の人口減の要因としては，社会増減と自然増減が考えられるが，高度経済成長期から 1988 年度までの過疎地域の人口減は，社会減（転出者数＞転入者数）が自然増（出生数＞死亡数）を上回ったためであった．1989 年度以降は社会減と自然減（死亡＞出生）の両方が要因として働き始めた．2008 年度以降は社会減が縮小を開始し，2009 年度からは自然減が社会減を上回って（すなわち自然減が主な要因となって）いる（総務省地域力創造グループ過疎対策室 2016）．

このような中で，過疎地域は人口減少が著しいのみならず，全国平均よりも高齢化が進行し，財政状況も脆弱化している．「過疎化」「高齢化」に伴う集落機能の低下は，伝統的に用水路・農道といった重要な農業生産基盤の保全や管理を集落単位で行ってきた日本の農業にとって深刻な問題である（荏開津・鈴木 2015）．過疎問題への対策として，1970 年の過疎法で道路や下水道などの社会インフラ整備に重点がおかれ，都市との生活基盤格差を埋めるという目的は一定の効果を上げた（池上 2013）．一方で，整備された道路により地方の人々が大都市に吸い寄せられる（ストロー効果）という面も指摘されている（田代 2012）．2010 年の改正過疎法では，従来の「ハード事業」に加え，人による過疎地域活性化への支援などを含む「ソフト事業」も積極的に用いられるようになった．

なお，1980 年代後半以降，社会減と自然減の同時進行で人口減少が顕著な過疎地域にあって，過疎・高齢化の極限に達した「限界集落」の問題も注視されている．これは，人口の 50％以上が 65 歳以上の高齢者となり，冠婚葬祭など社会的共同生活の維持が困難になっている集落（大野 2008）を示す概念であり，特に中山間地域（中間農業地域および山間農業地域を合わせた地域）で顕著にみられる問題である．

［近貞美津子］

📖 **さらに詳しく知るための文献**

田代洋一．2012．『農業・食料問題入門』大月書店．
速水祐次郎・神門善久．2002．『農業経済論　新版』岩波書店．

人口政策学
demography as Policy Sciences

☞「自然出生力と妊孕力」p.144
「人口問題と人口政策」p.330
「結婚・出産・子育てをめぐる近年の政策」p.358 「シミュレーション人口学」p.378

　マルサス（T. R. Malthus）の「初版 人口の原理」（1798）の原題は「人口の原理に関する一論——ゴドウイン氏コンドルセ氏その他諸家の研究に触れて，社会将来の改善に対する影響を論ずる」となっている．英国の保守主義的伝統に立ちイデオロギー論争ではなく客観的・科学的観点から政策の可能性を論じている．

●**人口と政策**　人類が集団で社会生活を営む限り，社会が直面する政策課題と人の数が無関係であることはあり得ない．マルサスを待つまでもなく，すでにプラトンやアリストテレスも政治と人口の関係を論じている（Charbit 2010）．近代的な政治学の祖とされるマキャベリはもとより，17世紀後半に興った政治算術の動きは人口を核として社会を統計学的にとらえ分析し，その将来を予測するものであり，後の社会科学諸分野の分析手法の基礎となった．そして現在の社会では，今まで以上に人口変動の影響が大きくなり，世界の平和や繁栄，資源エネルギー，地球温暖化などのグローバルな問題から一国の安全保障，経済・労働，社会福祉，教育，国土計画，さらには市区町村などコミュニティの安心・安全，仕事や生活まで，さまざまなレベルの多様な政策課題において，人口を無視した政策はあり得ず，またあってはならない状況が生じている．

●**政策科学としての人口学**　現在までのところ人口政策学という名の研究分野はまだ確立していないが，ドロア（Y. Dror）が提唱した政策科学的な意味での体系化は可能である．政策科学は実際の政策デザイン（政策目標，戦略，施策など）を扱うメガ・ポリシーと，その基盤となる知識（政治学，経済学，社会学，環境学，情報科学などの関連領域）やツール（オペレーションズ・リサーチ，統計情報分析，シミュレーション，ストラテジック・プランニングなど）を扱うメタ・ポリシーの二つの領域に分けられる．例えば政策デザインを扱うメガ・ポリシーの例として，日本政府は2060年に1億人程度の人口を確保するという目標を設定している．この目標はもともと少子化対策の議論から置換水準の出生力回復が問題となり，希望子ども数を実現し出生力を速やかに1.8程度まで高めれば，人口減少は1億人程度に収束するという推計に基づく．このため，例えば1億人で減少が止まれば財政破綻が回避できるといった根拠は明示されていない．はたして1億人という人口規模が日本社会の安定や存続に適切な水準であるのかを判断しうる理論や知識が求められている．戦略設定においても人口以外の経済・社会・自然環境・エネルギーなど他のさまざまな要因との関連が問題となる．現在の人口学にも経済変数などを組み込んだシミュレーションモデルはあるが，外挿される経済変数の予測が難しく複雑となり，大局的な戦略立案には役立たない．こ

のことは政策設定を支援するメタ・ポリシーとしての人口学が，従来，もっぱらシステム内部に向かう入力変数（人口変動への影響要因）の解明に専念してきたことにも関係する．人口システムから外部に向かう出力変数（人口変動の社会経済的影響など）についての研究を進める必要がある．施策についても現状は海外の事例紹介や効果検証に留まっている．しばしば話題となるフランスやスウェーデンの少子化対策の効果についても現在までのところ確かな裏づけはとれていない．国際比較（統一的な分析手順や効果指標の確立，データベースの構築）や，文化も経済も政治状況も異なる国々の，歴史的にも一回限りの事象を，いかに分析し理論化するかが問われている．ほかにも問題設定，合意形成，倫理的判断，価値評価などの研究課題もある．人口状況をどう価値判断するか．「人口が減って」あるいは「人口が大都市のみに集中して」，さらには「日本や世界の人口が最終的に消滅して」何が悪い？　といった素朴な疑問に対し，科学としての人口学はどう答えるのか．政策目標や施策の受益者は誰でどの範囲までカバーされるか．高い政策効果が見込まれても実施に伴う倫理的問題や他の目標との優先度設定をどうするかなど多くの課題に応える必要がある．

●技術的な周辺環境の変化　メタ・ポリシーについては人口学を取り巻く技術的な周辺環境が近年急速に変化し，かつては存在しなかった新しい可能性が開けている．過去のスーパーコンピュータをはるかにしのぐ高性能なネットワークPCが数万円で買え，計算モデルもマクロからミクロあるいはエージェント・ベース・モデルへと広がり，統計分析も対象や目的に合わせ多様な手法が容易に使える．またクラウド・コンピューティングの発達がビッグデータの利用を促し，政策立案のためのデータ収集はもとより政策効果の測定・解析も，AIを利用しリアルタイムで処理できる時代が始まろうとしている．個人情報保護の問題はあるが，むしろ，それゆえに情報の一元管理化は進む．マイナンバー（社会保障・税番号）制の導入とともに，国勢調査結果をはじめ他のさまざまな情報がリンクされ，従来，考えられなかった高精度のデータが分析可能となる日も近い．これまではデータ入手の壁に阻まれてきた政策科学としての人口学の可能性は大きく広がる．特に保健・医療情報の利用可能性は自然妊孕力や出生のタイミングシフトがもたらす妊娠・出産確率の低下問題を解明するだろう．就職や労働条件，ライフスタイル，価値観などの社会経済文化要因と結婚，出生，子育てなどの関係も明らかになり，疾病率や死亡率に対する配偶関係や職業の影響も解明され，性・年齢別死亡率のさらに確度の高い推計が可能となり，限界寿命や平均寿命の未来についても確かな知識や情報が提供されるようになるだろう．　　　　　　［原　俊彦］

□ さらに詳しく知るための文献

マルサス，T.R.,高野岩三郎・大内兵衛訳，1997,『初版　人口の原理』岩波文庫．
原　俊彦，2016,「政策科学としての人口学の可能性（会長講演）」『人口学研究』52：1-5.

宗教人口学
religious demography

☞「宗教と人口成長」p.42

　定義としては，「宗教人口学は宗教人口の人口学的属性の科学的・統計的研究であるが，特にその規模，男女年齢別構成，密度，成長，分布，展開，移動，人口動態に関するものであり，人類の人口の中での宗教的アイデンティティの変化，ならびにこれらの属性と他の社会的・経済的指標との関連の仕方に関するものを含む」(Johnson & Grim 2013：143) が妥当なものであろう．

●**発展**　宗教人口学的研究は遅くとも1960年代には少なからず存在していたし，一般的な意味での "religious demography" という言葉も以前から使われてきたが，人口学の下位分野として確立したのは2013年に *The World's Religions in Figures: An Introduction to International Religious Demography*（Johnson & Grim 2013）という教科書的な研究書が出て，2014年から *Yearbook of International Religious Demography*（Grim et al. 2014〜2018）と題された年刊の学術誌が刊行され始めてからのことであろう．しかし，グリムら（Grim et al. 2014：ix）によれば，これらの母体の国際宗教人口学の研究グループの形成は1982年のバレット（D.B. Barrette）による *World Christian Encyclopedia* の刊行を端緒とし，1989年からジョンソン（T. Johnson）が協力して，第2版を2001年に刊行した頃から本格化した．

　その後，ジョンソンがボストン郊外の神学校に移り，2004年には *World Christian Database*，2008年には *World Religion Database* を立ち上げた．他方，その頃ワシントンのピュー研究センター（Pew Research Center）でもグリム（B. J. Grim）を中心とするチームが国際宗教人口学的研究を始めていたが，2008年にジョンソンとグリムがボストン大学で International Religious Demography Project を発足させ，当時，ウィーン郊外の国際応用システム分析研究所（IIASA）にいたスカーベック（V. Skirbekk）も加わった（Grim et al. 2014：ix）．このプロジェクトが前記の *Yearbook* の編集母体となっている．

　他方，日本で「宗教人口学」という言葉が使われたのも2013年に刊行された『世界の宗教と人口』（早瀬・小島編 2013）が早い方であろう．同書は人口学研究会で2006〜2007年に企画され，2009〜2010年に報告がなされたので，それらの時期に宗教人口学という言葉がすでに使われていたものと思われる．また，2001年の「9.11米国同時多発テロ」の直前に店田廣文・小島宏が「イスラム人口研究懇談会」を設立し，その前後にそれぞれが世界と日本のムスリム人口の推計を行ったことから，日本の宗教人口学の源流の一つとなった．

●**位置づけ**　近年における出生力変動要因の実体人口学的研究において宗教を含む価値観・文化が重視されていることからも明らかであるが，宗教人口学は広義

の社会人口学の下位分野であるといえる．しかし，歴史人口学が主に依拠するデータ源が欧米では教区簿冊，日本では宗門改帳と宗教関連のものであることから，歴史人口学との関連も無視できない．また，近年の宗教人口学の勃興についてはソ連崩壊後の世界的宗教復興，「9.11 米国同時多発テロ」とそれ以降の「イスラム過激派」などによるテロ続発，最近の「イスラム国」（IS）の活動などの影響もあり，カウフマン（E. Kaufmann）の著作のように地政学的な観点からの研究もあるため，政治人口学との関連もある．さらに第二次世界大戦後，特に第一次石油危機以降に西欧諸国で増加したムスリム移民・難民とその子孫の国際移動，定住，社会統合も喫緊の課題となり，宗教別の人口・人口移動などに関するデータも整備されつつあることから宗教人口学と空間（地域）人口学との関連も増大しつつある．

●宗教とその影響　上記のように「宗教人口学」が定義でき，人口学の中での位置づけができるにしても，そもそも「宗教」をどのように定義するかが難しい問題である．一神教世界の概念で宗教ないし宗教性を定義すると，東アジアにおける宗教や宗教性が落ちこぼれてしまう可能性もある．また，「宗教」への帰依や帰属についても一貫した普遍的な定義は容易でなく，統一的な定義で宗教別信者数ないし宗教人口を推計するのも容易ではない．グリムら（Grim et al. 2014: 136）はオーストラリア政府統計局（ABS）によるセンサス向けの「宗教」の定義（通常は神聖ないし高位の存在・力の認知を含む信仰・実践の集合体で，人々がそれに依拠して人生の行為を実践的・道義的に秩序立てるものである）をあげた上で自らの操作的定義をあげているが，ABS の定義の方が包括的であるように思われる．

　宗教がマクロレベルの人口変動やミクロレベルの人口学的行動に対してどのような影響を及ぼしているかについて理論的・実証的な検討がなされてきたが，必ずしも一貫した結果が出ているわけではない．また，宗教自体の教義，宗教団体（集団），宗教に伴う価値観（家族・ジェンダーなどに関するもの），宗教をもつ集団の地位（マイノリティか否かなど）のいずれが各種の人口学的意識・行動に影響を及ぼすかについても議論があるところである．さらに，日本の場合，一神教世界の理論がそのまま使えない上，国際比較調査以外の社会調査・人口学的調査で宗教帰属でさえ尋ねられることが少なく，実証分析も容易でないため，宗教の人口学的影響については解明されていないことが多い．　　　　　［小島　宏］

📖 さらに詳しく知るための文献

Grim, B. J. et al., eds., 2014-2018, *Yearbook of International Religious Demography 2014-2018*, Brill.
早瀬保子・小島 宏編著，2013，『世界の宗教と人口』原書房．
Johnson, T. M. and Grim, B. J., 2013, *The World's Religions in Figures: An Introduction to International Religious Demography*, Wiley-Blackwell.

12. 人口統計

　本章では，人口統計の基本概念について解説する．人口の定義とその概念，統計的把握方法の概要について説明する．人口統計には，時間に依拠した人口の量に関するストック統計として「人口静態統計」があり，また人口の量を一定の期間内で変化させる出生・死亡・移動（国内移動と国際人口移動）・婚姻・離婚事象のフロー統計として「人口動態統計」がある．それらの人口静態・人口動態統計の諸側面について解説する．

　人口の把握には，政府が実施する人口センサス（国勢調査）や行政登録資料から得られる住民基本台帳に基づく人口数や世帯数がある．さらに国勢調査結果や人口動態統計から，各月1日現在人口が人口学的方程式に基づいて推計されている．また，この章では人口事象の統計指標である発生率について「コーホートの概念」と「ピリオッド（期間）の概念」などを解説する．

[安藏伸治・髙橋重郷]

第12章

人口の概念……………………………………408
人口静態統計…………………………………410
人口動態統計…………………………………412
人口学的方程式………………………………414
住民基本台帳人口……………………………416
期間率の概念と生存のべ年数………………418
人口成長率……………………………………422
人年人口………………………………………424
レキシス・ダイアグラム……………………426
コーホート率の概念…………………………428
現在推計人口…………………………………430
国際人口移動統計……………………………432
世帯統計………………………………………434
人口センサス…………………………………436
人口調査………………………………………440

人口の概念
concept of population

☞「人口静態統計」p.410「現在推計人口」p.430「人口センサス」p.436

　人口（population）は，生物学の一分野である生態学の広義の概念では生物の個体数を指し，統計学の概念では母集団をいう．また英語やフランス語では，人の数に限らず個体数を表す概念である．人口学，社会学ならびに経済学などの社会科学では，人口は「人間人口」（human population）のことである．人口は時間の経過とともに，出生・死亡・移動の人口動態事象の発生によって，その大きさと年齢構造が変化する．そのため人口は第一義的に時間的に依拠して観察される．さらに，人口は一定の地理的あるいは空間的範囲によって観察される．そのため人口は，時間的な定義と地理的な定義によって統計的に把握される．地理的な定義は，時代的な領土・領域の歴史変化に関連する．戦前の人口調査の範囲は沖縄，千島を含む47道府県の内地人人口を対象としていた．現在は，奄美群島，小笠原諸島，そして沖縄の返還等を通じ日本の行政権の及ぶ範囲である．ただし，日本の領土のうち歯舞群島，色丹島，国後島および択捉島，ならびに竹島の人口は調査されていない．

　なお，時間軸上の一時点に依拠する際の時点は，国勢調査の実施主体である国が決めている．日本の国勢調査は，人口移動が比較的少ない期日である調査年の10月1日午前0時現在の事実について調査されている．人口数の調査時点は人年人口（period person years lived）に近い年央時点がよいとされるが，日本の場合には7月1日が地方の農業就業人口が出稼ぎによる他出者が多い季節であったこと，また，3月1日が就学・就労による居住地移動が多かったことなどの理由から1920（大正9）年の第1回国勢調査以来，10月1日午前0時現在の事実について調査されている．

　時間的定義ならび地理的定義に加えて，人口の分析目的から，人口を属性的概念から分類定義し把握することが多い．その場合，人口は特定の基本属性別（男女の性別，国籍，年齢，配偶関係，都市・農村居住など）に示される．

●人口の統計的把握　人口数は地理的範囲についてその全数を調査することによって得られる．日本では，悉皆調査である国勢調査（センサス）によって人口が数え上げられる．この際，依拠する時間的定義としては，国勢調査実施年の10月1日午前0時現在の事実について調査される．ただし，国勢調査の実施期日は，国や地域の実情に応じて決められている．

　人口を実際に人口統計として把握するためには，人口の時間的把握のために，「現在人口」と「常住人口」の考え方がある．「現在人口」は特定の時間・時刻に地理的・地域的に定義によって定義された人間を，すべてその地域の人口として

数え上げたものを「現在人口」(*de facto* population) という. この場合, 一時的な旅行や仕事などで統計観察時点（調査時刻）にその地域にいれば，その地域の人口として数え上げられる. 逆にいえば, ふだんそこに住んでいる人であってもその観察時刻に一時的に不在であれば, その地域の人口に数えず, 出先の地域の人口として数えられることになる.

一方, 特定の観察時刻に特定の地域に常住する人間（ふだん住んでいる人）をその地域の人口として把握する観点がある. この人口を「常住人口」(*de jure* population) という.

●近代以降の人口統計　国勢調査以前の人口は, 1871（明治4）年に戸籍法が公布され, 戸籍（壬申戸籍）に基づいて明治5年1月29日（太陽暦では1872年3月8日）付けで『日本全国戸籍表』が編纂された. その翌年の1873（明治6）年から1886（明治19）年までは毎年1月1日現在, それ以降は1897（明治30）年まで12月31日現在の戸籍上の人口が公表されている. また, 内閣統計局が1930（昭和5）年に国勢調査人口に接続する人口を1872（明治5）年に遡って推計している. 戸籍編成時に人員検査によって得られた1872（明治5）年の本籍人口と, 1921（大正10）年および1939（昭和14）年の国勢調査人口を基準とし, 各年の出生・死亡, 就籍・除籍などの異動数値を前年人口に加減することにより各年の人口を遡って算出し, 各年1月1日の現在推計人口を公表している. なお, 現在の国勢調査間の人口は国勢調査に基づき, 人口変動要因である出生数, 死亡数, 国内外の人口移動数, 国籍の異動数によって国勢調査の基準人口から加除され, 毎年の各月1日の人口が推計されている.

また, 1920（大正9）年～1950（昭和25）年の各年の10月1日現在の全国人口, 都道府県別人口, 全国年齢別人口は, 総理府統計局が改めて推計し直し, 人口統計資料として広く利用されている（総務省統計局「人口推計資料 No.36　日本の推計人口」）.

こうした国勢調査人口, 国勢調査に基づく国勢調査間の推計人口, 国勢調査以前の本籍人口に基づく人口の他に, 住民基本台帳に基づき市区町村長が作成する人口および世帯数の統計がある. この人口統計は1967（昭和42）年から住民基本台帳法に基づいて作成される統計で, 2014（平成26）年調査から, 1月1日付けの日本人住民に加え外国人住民人口も公表されている.　　　　　　　［髙橋重郷］

□□ さらに詳しく知るための文献

岡崎陽一, 1999,『人口統計学　増補改訂版』古今書院.
Preston, S. H.et al., 2001, *Demography: Measuring and Modeling Population Processes*, Blackwell Publishers.
Shryock, H. and. Siegel, J. 1973, *The Method and Materials of Demography*. US Government Printing office.

人口静態統計
static statistics

☞「人口動態統計」p.412「住民基本台帳人口」p.416「現在推計人口」p.430「世帯統計」p.434「人口センサス」p.436

　ある一時点における人口規模や人口構造を扱う統計であり，人口の変動要因（出生や死亡など）を扱う人口動態統計と合わせ，人口の二大統計を構成する．
　多くの国では調査あるいは登録により人口の規模・構造などを把握している．調査は全数調査（悉皆調査）もしくは標本調査のいずれかで行われており，全数調査を日本では国勢調査と呼んでいる．前者は人口のストック統計であり，後者は一定期間におけるフロー統計である．

●人口静態を調べている統計　戦後の日本において，人口は大きく三つの統計により把握されている．
　最も広く用いられているのは，5年に1度行われている総務省国勢調査によって把握される国勢調査人口である．日本の国勢調査は1920（大正9）年からほぼ5年ごとに実施されており，わが国の人口・世帯を把握する上で非常に重要な統計となっている．この調査からは，人口の年齢・配偶関係・労働力・地域などや，世帯の種類・家族類型といった構造が得られる．また，特に国勢調査人口は，衆議院の小選挙区の区割りや地方交付税の交付額の決定など，国・自治体における施策に広く用いられている．国勢調査が実施されない年次については，直近の国勢調査人口をもとにその後の出生数・死亡数・移動数，日本人人口についてはさらに国籍異動数を加減することにより「推計人口」を得ている．
　他方，調査を用いず登録された情報を集計することにより把握されている人口もある．総務省「住民基本台帳に基づく人口，人口動態及び世帯数」による住民基本台帳人口と法務省戸籍統計による本籍人口（戸籍人口）がそれである．住民基本台帳人口は，自治体が日々行っている住民サービスや選挙人名簿などに利用されている．なお，外国人住民にかかる「出入国管理及び難民認定法」（入管法）などが改正されるのに合わせて住民基本台帳法も改正され（2012［平成24］年7月9日施行），それまで日本人のみが所有していた住民票が外国人にも広げられた．これに伴い，住民基本台帳人口もそれまでの日本人のみから，日本人・外国人別に表章されるようになった．
　本籍人口は明治以降の日本における人口静態統計の中で最も古い．この本籍人口は戸籍簿上の人口であり1871（明治4）年に公布された戸籍法に基づき，翌1872（明治5）年から公表されており，国勢調査が開始されるまでは継続的に公表される唯一の人口静態統計であった．本籍人口は戸籍に登録されている人の集計であり，表章されている地域も本籍地で集計されている．そのため海外に居住する日本国籍保有者を含む一方で，国内にいる外国人は含まれない．また戦前は

特に人口移動の把握が不十分であったために重複が多かったことから，本籍人口は過剰になりやすいという問題があった（内閣統計局 1930）．こうした認識のためか，国勢調査が実施される以前にはいくつかの人口統計が作成されているほか，人口推計も行われている．これら人口の性格や問題点については速水・小嶋が詳しく述べている（速水・小嶋 2004）．

以上は人口の全員を対象とした統計であるが，目的に応じてさまざまな標本調査も実施されている．その一つの代表が厚生労働省「国民生活基礎調査」（旧「厚生行政基礎調査」など）であり，保健，医療，福祉，年金，所得等について全国の世帯および世帯員を対象に調査されている．3年ごとの大規模調査では調査対象者数が増えるとともに，健康状態など調査内容も増える．ただし，この調査では社会福祉施設の入所者，長期入院者（住民登録を病院に移している者）等は調査対象から除外される．

●それぞれの統計の長所・短所　調査人口の長所は，登録状況にかかわらず「実態」を把握できる．また，他の統計からは得られないような詳細な情報（過去や社会経済的属性との関係など）を得ることができる．他方で，調査できない人（調査票を配布・回収できない被調査者，すでに死亡している者）の存在や，回答内容のチェックの難しさ，数年に一度の調査頻度，調査の実施から集計・公表までの所要時間の長さなどといった短所がある．

登録に基づく人口の長所は，すでに登録されたデータを集計するため，集計システムさえ整備できれば別途調査を行うことなく任意の時点・項目について集計が可能となる．短所としては，死亡者に関する登録情報の削除など，「登録漏れ」「削除漏れ」といった登録情報の更新精度の影響を受ける点がある．また登録内容は必ずしも実態と一致していないため，居住地や年齢などの登録情報が実態と乖離している可能性もある．例えば住民基本台帳に基づく人口には人口移動に伴う住民登録の遅れや未登録による漏れが発生する問題が存在する．そのため国勢調査人口との整合性に違いが生じる．また，日本では登録データに社会経済的属性が含まれないため，こうした属性を用いた分析を行うには登録人口以外のデータが必要となる．

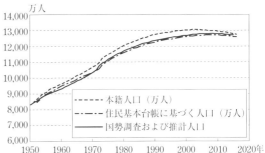

図1　国勢調査人口，住民基本台帳人口，本籍人口の推移
注）本籍人口および住民基本台帳人口は各年3月31日現在（ただし住民基本台帳人口の2014年以降は1月1日現在）．国勢調査人口は各年10月1日現在

［法務省『法務年鑑』『民事・訟務・人権統計年報』総務省国勢調査より作成］

［別府志海］

人口動態統計
vital statistics

☞「住民基本台帳人口」p.416「死亡の測定」p.448「死亡率の標準化」p.450「死亡データベース」p.456「死因分類」p.478「結婚と出生の基礎統計」p.484

　国連は人口動態統計を，人口動態事象またはそれに関連する特徴に関する統計としている（UN 2014）．このような人口動態事象として，広義には人口移動を含める場合もあるが，日本の人口動態統計は，出生，死亡，死産，婚姻，離婚の五つの事象を対象としており，これらの事象のすべてを対象とした悉皆調査となっている．この統計は人口分析のみならず，公衆衛生，医学，疫学などの研究においても必要不可欠な情報源である．以下では，わが国の人口動態統計について述べる．

●人口動態調査　人口動態調査は1871（明治4）年に戸籍簿が完成されたことを受け，1872（明治5）年に始まったとされるが，1898（明治31）年に「戸籍法」が制定され，登録制度が法体系的にも整備されたのを機会に，1899（明治32年）から1件につき1枚の個別票を作成し，中央集計をする近代的な方法をとることとなった．その後，1947（昭和22）年6月に「統計法」に基づき「指定統計第5号」として指定され，その事務の所管は同年9月1日に総理庁統計局から厚生省に移管された．さらに，2009（平成21）年4月からは新しい「統計法」（平成19年法律第53号）に基づく基幹統計調査となり現在に至っている．

　調査にあたっては，出生，死亡，婚姻および離婚の各調査票は戸籍法（1947［昭和22］年法律第224号）による届書から，死産の調査票は死産の届出に関する規定（1946［昭和21］年厚生省令第42号）による届書その他の関係書類に基づき，届出を受けた市区町村長が作成することとされている．作成された調査票は，保健所長，都道府県知事（保健所を設置する市にあっては市長を経由して都道府県知事）を経由して厚生労働省に提出される．出生の届出は14日以内，死亡・死産の届出は7日以内にされることが義務づけられており，保健所長は，毎月，市町村長から送付された調査票のうち，前月中の出生，死亡および死産であってその月の14日までに届出があったものと，前月中に届出があった婚姻と離婚にかかる分をその月の25日までに都道府県知事に送付，また都道府県知事はその翌月5日までに厚生労働省に送付することとなっている．

　厚生労働省では調査の約2か月後に，日本における日本人および外国人，ならびに外国における日本人（いずれも前年以前発生のものを含む）について調査票の作成数を集計した速報を，約5か月後に日本における日本人（前年以前発生のものを除く）についてとりまとめた概数を毎月公表しており，また概数については年間合計を調査年の翌年6月頃にとりまとめている．この概数に修正を加えるとともに，日本における日本人（日本における外国人，外国における日本人およ

び前年以前発生のものは別掲）について，確定版としての詳細な統計表を調査年の翌年9月頃に公表しているのが確定数である．

●調査項目と報告内容　それぞれの調査票では，以下のような事項が調査されている．①出生票：出生の年月日，場所，体重，父母の氏名および年齢等出生届に基づく事項，②死亡票：死亡者の生年月日，住所，死亡の年月日等死亡届に基づく事項，③死産票：死産の年月日，場所，父母の年齢等死産届に基づく事項，④婚姻票：夫妻の生年月，夫の住所，初婚・再婚の別等婚姻届に基づく事項，⑤離婚票：夫妻の生年月，住所，離婚の種類等離婚届に基づく事項である．ただし，詳細にみると年次によって調査項目には違いが存在する．例えば，国勢調査年には死亡者の職業・産業，出生者の父母の職業などが調査され，人口動態職業・産業別統計としてとりまとめられている．また，死亡票の死因については，異なる国や地域から，異なる時点で集計された死亡や疾病のデータの体系的な記録，分析，解釈および比較を行うため，世界保健機関（WHO）が作成した「疾病および関連保健問題の国際統計分類」（ICD）に準拠した「疾病，傷害および死因の統計分類」によっているが，ICDの改定に伴ってこの統計分類も改定されることから，時系列で死因統計を利用する場合にはこの点にも注意が必要となる．

一方，報告内容については毎年「人口動態統計」（厚生労働省）として刊行されているもののほかに，「人口動態統計特殊報告」として，人口動態統計のデータをもとに時系列分析などを行い，さまざまな角度から多面的な分析を行っている加工統計が存在する．これは1984（昭和59）年度以降，ほぼ毎年作成されているが，その報告内容としては「出生に関する統計」や「悪性新生物死亡統計」などすでに公表されている結果について特定のテーマのもとに再編集を行ったもののほか，「都道府県別年齢調整死亡率」「人口動態保健所・市区町村別統計」など，新たな人口動態統計の指標を与えるものなどもある．

●その他の人口動態統計　総務省「住民基本台帳に基づく人口，人口動態及び世帯数」では，出生・死亡の届出または通知により新たに住民票に記載・住民票を削除された者の数により，出生数・死亡数の統計を作成している．これは届出時点に基づいて集計されるため，発生時点に基づいて集計される人口動態調査とは結果が異なることに注意が必要である．また，国連統計部では，各国の統計担当部局から人口静態・人口動態等に関する統計を収集したDemographic Yearbookを毎年作成している．これにより，世界の出生・死亡・婚姻・離婚等に関する統計を一覧として見ることが可能である．

［石井　太］

📖 さらに詳しく知るための文献

厚生労働省「人口動態統計」．
United Nations, 2014, *Principals and Recommendations for a Vital Statistics System Revision 3*, United Nations.

人口学的方程式
demographic equation, demographic balancing

☞「人口の概念」p.408「人口静態統計」p.410「人口動態統計」p.412「現在推計人口」p.430「人口センサス」p.436

　人口を数として表現する場合，質的表現と量的表現とに分けられる．人口の質とは年齢のような属性別の構造を指すが，人口の量とは人口の数の総量であり，人口規模とも呼ばれる．同じ属性の人口の量は時間の経過に伴って変動するが，その時間的な変動は人口成長あるいは人口増加と呼ばれる．

●**人口動態統計と静態統計**　人口には静態数と動態数がある．人口静態数とは1時点の状態を表す人口の数であり，例えば，ある時点の総人口は静態数である．他方，人口動態数とはある期間における人口変動要因の数的表現であり，例えば，1年間の出生数，死亡数，移動数などは動態数である．

　すなわち，人口統計学における静態と動態という区分は，経済統計などにおけるストックとフローの区分に相当する．例えば，フローとしての投資が蓄積されて資本ストックが増加し，フローの固定資本減耗によって資本ストックが減少するという過程は，図1に示されるように，出生や流入という人口動態によって静態数としての総人口が増加し，他方，死亡や流出によってそれが減少するという過程と同様である．

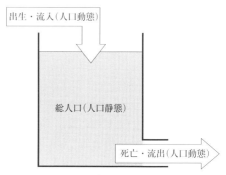

図1　人口動態と人口静態の関係
［和田光平（2006）『Excel で学ぶ人口統計学』］

●**静態数と動態数との関係式として**　ある地域の人口成長を決める要因（あるいは要素）のうち，人口を増加させる要因は，その地域内で発生した出生とその地域への人口の流入のみである．反対に，減少させる要因は，その地域内で発生した死亡とその地域から他地域への人口の流出のみである．人口成長の直接的要因はこの四つに限られる．なお，これらの性質上，出生と死亡は人口の再生産要因と呼ばれる．また，その動向が比較的安定している再生産要因に対して，しばしば不規則な動きを示す流入と流出は撹乱要因とも呼ばれる．

　ここで，時点 t の人口を P_t，また時点 t から n 年後にあたる時点 $t+n$ の人口を P_{t+n} とし，他方，変動要因として時点 t から時点 $t+n$ まで間の出生数，死亡数，流入数，流出数を，それぞれ $B[t,t+n]$，$D[t,t+n]$，$I[t,t+n]$，$O[t,t+n]$ とすれば，この間の人口の変化分は，次式のように四つの要因たる各動態事象の発生数に分解される．

$$P_{t+n} - P_t = B[t, t+n] - D[t, t+n] + I[t, t+n] - O[t, t+n]$$

ここで左辺は n 年間の人口増減を示し，これが正であれば人口は増加，負であれば人口は減少，0 であれば人口は不変であったことになる．他方，右辺はその変動の要因たる動態数の総和である．すなわち，この式は，静態数の差を動態数の純増で示すという，静態数と動態数との関係式としての意味をもつ．

この関係式は人口学的方程式あるいは人口方程式と呼ばれ，経済学者のボールディング (K. E. Boulding) は，これを「すべての科学の最も根本的な公理である」と述べた (Boulding 1950)．この式は理論上，恒等式であるが，これを実際に成り立たせるためには，静態数と動態数についてそれぞれに完全に正しい統計が得られなければならない．

●**静態数の推計式として** 人口学的方程式は人口変動の要因を分けるという意味だけではなく，次式のように示せば，時点 t の人口に n 年間の動態数を加減することによって時点 $t+n$ の人口が推計されるという推計式としての意味もある．

$$P_{t+n} = P_t + B[t, t+n] - D[t, t+n] + I[t, t+n] - O[t, t+n]$$

表1 総人口の計算表 (人)

2015 年 10 月 1 日現在人口		127,094,745		127,094,745
2015 年 10 月 〜 2016 年 9 月	自然増減	−295,865	出生児数	1,004,068
			死亡者数	1,299,933
	入国超過	133,892	入国者数	3,361,488
			出国者数	3,227,596
2016 年 10 月 1 日現在人口		126,932,772		126,932,772

[総務省統計局『人口推計』より]

これを表1に示されるように総務省統計局『人口推計』における計算表から，実際の数値例で確認してみよう．2015 年 10 月 1 日現在の日本の総人口が 1 億 2709 万 4745 人であるが，ここに 2015 年 10 月から 2016 年 9 月までの四つの変動要因を加減する．まず，その 1 年間の出生児数が 100 万 4068 人，死亡者数が 129 万 9933 人であるから，自然増減が −29 万 5865 (= 1,004,068 − 1,299,933) である．またその 1 年間の日本への流入に相当する入国者数が 336 万 1488 人であり，日本からの流出に相当する出国者数が 322 万 7596 人であったので，1 年間の社会増減に相当する入国超過が 13 万 3892 (= 3,361,488 − 3,227,596) となり，2016 年 10 月 1 日現在の日本の総人口は，1 億 2693 万 2772 (= 127,094,745 − 295,865 + 133,892) 人と推計される．この方法による推計の精度は，当然，正確な動態数の把握に直接依存するものであり，実際には誤差が含まれる． [和田光平]

□□ さらに詳しく知るための文献

和田光平．2006．『Excel で学ぶ人口統計学』オーム社．
和田光平．2015．『人口統計学の理論と推計への応用』オーム社．

住民基本台帳人口
population based on the Basic Resident Registration

☞「人口の概念」p.408「人口静態統計」p.410「人口動態統計」p.412「人口センサス」p.436

　一般に，住民をその居住地において登録し，各住民の異動に伴ってこれを更新していくような制度が存在する場合，ある時点において各地域で登録されている住民のリストと住民の異動状況をもとに，人口統計を作成することが可能となる．

●**住民基本台帳人口の概要**　日本においては住民基本台帳法による住民基本台帳制度がこれに相当しており，住民基本台帳に記載された者を市区町村別などに集計し，住民基本台帳人口として提供されている．住民基本台帳は個人を単位とする住民票を世帯ごとに編成して作成されているため，世帯数も提供されている．また，住民票記載数および消除数に基づき，人口動態についての結果も得られる．国内の都道府県・市区町村別の結果は毎年1月1日現在でとりまとめられ，「住民基本台帳に基づく人口，人口動態及び世帯数」（総務省自治行政局，以下，「住民基本台帳人口」と略記する）として公表している．各地方自治体においても，管内の地域別に定期的に公表している場合が多いが，以下ではこれらについては触れない．

　「住民基本台帳人口」については，上記のように毎年1月1日現在での結果が公表されているが，2013年までは3月31日現在でとりまとめられていた．「住民基本台帳人口」は1967年に制定された住民基本台帳法に基づくものであるため1968年以降の結果が利用可能である．1952年から1967年までは，1951年制定の住民登録法に基づく人口・世帯数が集計されている．なお，1972年以前の結果には，沖縄県の結果は含まれない．

　「住民基本台帳人口」の対象は，2012年までは日本人住民のみであったが，2012年7月9日より外国人住民も住民基本台帳法の適用対象となったため，2013年からは外国人住民も「住民基本台帳人口」の対象となっている．これに伴い，総計の内訳として，日本人住民，外国人住民それぞれの結果も提供されるようになった．なお，外国人住民とは，基本的には観光などの短期滞在者などを除いた，適法に3か月を超えて在留する外国人であって住所を有する者とされている．

　「住民基本台帳人口」で全国，各都道府県・市区町村について提供されているのは，人口静態としては男女，年齢5歳階級別人口と世帯数である．また1暦年間（2013年結果までは，前年4月から当年3月までの1年間）の人口動態として，同じ地域区分により，住民票記載数としては出生届による出生者数，転入届による転入者数（国内，国外別）および実態調査・帰化など（日本人住民）・国籍喪失（外国人住民）などにより住民基本台帳に記載された者の数が提供されて

12. 人口統計

いる．また住民票消除数としては，死亡届による死亡者数，転出届による転出者数（国内，国外別）および実態調査・国籍喪失（日本人住民）・帰化など（外国人住民）により住民票を消除された者の数が公表されている．人口動態に基づき，年間の増減数も自然増減，社会増減に分けて算出されているが，社会増減については，出生者数を除く住民票記載数と死亡者数を除く住民票消除数の差として定義されている．なお，人口動態についての結果が公表されるようになったのは1979 年 4 月からの 1 年間の結果からである．

●住民基本台帳人口の性格　「住民基本台帳人口」による人口は，登録ベースのものであり，国勢調査（総務省統計局）で実地調査の結果により常住人口として得られる人口とは同じではない．特に学生などでみられる届出をせずに，事実上別の市区町村に移動している者もいるなどの要因により，両者の人口には乖離が生じている場合が少なからずある．例えば，学生の多い京都市の場合，国勢調査による 2015 年 10 月 1 日の人口と，住民基本台帳による 2016 年 1 月 1 日現在の人口との比を算出すると 1.039 であり，国勢調査による人口が「住民基本台帳人口」を 4% 近く上回っている．全国について同じ比を算出すると，0.992 と 1 に近く，時点に 3 か月の差があることを考慮しても，この結果は京都市以外の地から京都市内の学校に進学した学生のうち，少なからぬ割合の者が住民票を京都市に移していない可能性があることなどを示唆している．

　住民基本台帳をもとに人口移動の状況を把握している統計として「住民基本台帳人口移動報告」（総務省統計局）があるが，これについては別項にあるので，ここでは触れない．ただし，「住民基本台帳人口」では転入届により転入者数を，転出届により転出者数を把握しているのに対し，住民基本台帳人口移動報告では転入届のみを用いて人口移動を把握することを基本としており，両者の移動数には差がある．

　なお，日本に在留する外国人については，「在留外国人統計」（法務省）がある．この統計は中長期在留者および特別永住者で構成される在留外国人を主な対象としており，毎年 6 月末と 12 月末の結果が公表されている．この統計は 2012 年末の結果から利用可能であり，それ以前については外国人登録法に基づく「登録外国人統計」（法務省）がある．在留外国人統計と登録外国人統計は厳密にいえば接続しないが，前者は後者を引き継ぐものとなっている．すでに述べたように，2013 年からは「住民基本台帳人口」でも外国人住民に関する統計が得られるようになっているが，在留外国人統計では国籍，在留資格別などの結果についても提供されている．

〔大林千一〕

□□ さらに詳しく知るための文献
各統計（総務省，法務省）のウェブサイトまたは報告書．

期間率の概念と生存のべ年数
period rate and person-years lived

☞「人口静態統計」p.410「人口動態統計」p.412「人口学的方程式」p.414「人年人口」p.424「レキシス・ダイアグラム」p.426

　人口動態事象（イベント）が発生する，率の概念について説明する．人口統計学における「率（rate）」，特に発生率，事象率あるいはイベント率とは，事象が発生するリスクにさらされているのべ年数，すなわちリスク人口においてその事象が起こる頻度を示す．発生率の分子には，ある期間における動態事象の発生数をおき，分母には，実際にそこに生存してリスクにさらされる人の数と期間という二つの要素をもつ生存のべ年数をおいて計算される．これは期間をもとに計算される人口学的な期間率である．

　また，この発生率は，発生比例数ともいわれ，分母の集団と分子の集団とが発生関係になっている．つまり，分母人口と分子集団との地域的，時間的一致，また範囲の一致が求められる．

●リスクの曝露と発生事象の対応関係　人口学的方程式における四つの人口変動要因の中でも，死亡と流出は，当該人口の中の一つの個人から発生する動態事象であり，出生は二つの個人から発生する動態事象であるのに対して，流入は分析対象の当該人口とは異なる，地域外の人口から発生する動態事象である．このように，事象が発生する可能性のある人口を，そのリスクにさらされているということから，リスク人口という．リスクとはいえ，その人がその発生を望むか否かにはかかわらず，その可能性があるか否かが，そのリスク人口に含まれる可否の基準になる．例えば，生まれたばかりの幼児が自分の子どもを出産するということは生理的に不可能であるので，本来であれば出生のリスク人口には含めるべきではない．あるいは，労働市場に参入していない非労働力人口はそもそも就業していないので，失業のリスクはない．逆に，人はいつか必ず死ぬので，生きている人全員に死亡のリスクはある．

　リスク人口を量的に表現するには，単純に数だけではなく，そのリスクにさらされている時間の長さ（期間）も考慮する必要がある．すなわち，そのリスクにさらされている人の数が一定不変であれば，全員同じ時間だけリスクにさらされるので，その人数と時間の積がリスク人口になるが，通常は，リスクにさらされている人の数は時間で変動するので，各人がリスクにさらされた時間を全員分合計したものがリスク人口となる．これを，事象の発生リスクにさらされているのべ年数といい，例えば，離婚のリスクは，結婚している者の数とその結婚の持続期間ののべ年数が，また失業のリスクであれば，就業者数とその就業期間ののべ年数がリスク人口になる．特に死亡のリスクについては，生存のべ年数（あるいは生存のべ人数，生存のべ人口）というかたちでリスク人口が示される．

●粗率と特殊率　粗率（普通率あるいは普通発生比例数）とは，ある人口の全部集団に対する，人口動態事象の全部集団の発生比例数である．通常は，全人口である総人口を分母にして，その全人口から発生した出生や死亡などの動態事象の総数を分子にして計算する．動態数は一定の期間をもつ数であるのに対し，分母の人口は一時点の静態数であるため時間幅をもたない．そこで，発生比例数の時間的一致をはかるために，平均人口や中央人口，あるいは調査や推計の時点の人口のように，分子の動態数が対象期間を代表する静態数を，分母の人口とする．

　特殊率（あるいは特殊発生比例数）とは，①ある人口の全部集団に対する，人口動態事象の部分集団の発生比例数，②ある人口の部分集団に対する，人口動態事象の全部集団の発生比例数，③ある人口の部分集団に対する，人口動態事象の全部集団の発生比例数である．現在では②の定義で，ある年齢 x 歳の女子人口を分母とし，x 歳の女子から生まれた出生数を分子にした x 歳の年齢別の特殊出生率の合計を合計特殊出生率と呼ぶことで，この特殊という表現が使われている．

●粗死亡率　粗死亡率（普通死亡率，CDR：crude death rate）は，総人口という全体集合に対する，その人口から発生する死亡の発生比例数である．動態事象である死亡数は人口動態調査から把握されるが，この調査期間は暦年の1月1日から12月31日までである．分母のリスク人口も，本来であれば当該年の1月1日から12月31日までの生存のべ年数（人年人口）とすべきであるが，日本の場合，1年間を代表する人口として，国勢調査の調査時点や人口推計の推計時点である10月1日現在の人口を分母の人口とする．また，人口動態調査は，死亡届に基づく日本人の死亡数であるので，それに対応させるために，分母の人口は日本人人口とする．したがって，日本における，ある1年間の粗死亡率は次式のとおりとなる．

$$粗死亡率(‰) = \frac{年間死亡数}{10月1日現在日本人人口} \times 1000$$

　分母の10月1日現在日本人人口は，国勢調査年であれば国勢調査，それ以外の年については「人口推計」による統計数値が計算に利用される．また，分子と分母の数の桁が大きく違うため，1000倍して「人口千対」で表され，単位として‰（千分率）が付される．

　粗死亡率は通常，1年を期間として計算されるが，仮に期間が1年以外とされる場合には，分母のリスク人口もそれに応じた期間の人口が利用されなければならない．例えば2000〜2004年の5年間の粗死亡率を計算するためには，分子には2000年の1月1日から2004年12月31日までの5年間の死亡数を用い，分母の人口には，2000年の人口，2001年の人口，…，2004年の人口の合計を用いることになる．

●粗率における年齢構造問題　粗死亡率の時系列の推移が図1に示されている．

これをみると戦後も下がり続け，1979年に最も低くなるものの，その後また高くなるが，これはわが国の死亡水準そのものがあがったわけではない．死亡数の年齢構造をみるとそれまで多くを占めていた年少人口や生産年齢人口の死亡数が減少することと入れ替わるように老年人口，特に後期高齢者の死亡数が急増していることがわかる．このように，各年齢の死亡率（特殊率）が時系列的に変化しない，あるいは低下したとしても，それ以上に死亡リスクが高い高年齢層の人口の割合が高くなれば粗死亡率は高くなる．つまり，その人口の死亡の水準が高くなったというよりは，高齢化という年齢構造変化が粗死亡率を計算の上で上昇させている．この仕組みは，粗率が特殊率である年齢別死亡率に対して，各年齢人口の割合をウエイトづけた加重平均によって表現されることから理解される．

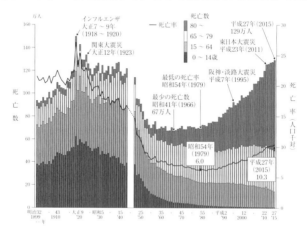

図1　死亡数および死亡率の年次推移（明治32年～平成27年）
［厚生労働省『人口動態調査』「平成29年 我が国の人口動態（平成27年までの動向）」より］

粗死亡率の定義から，年齢 x 歳の人口を P_x，またその全年齢の合計すなわち総人口を P，また年齢 x 歳の死亡数を D_x，全年齢合計の死亡総数を D とすれば粗死亡率 CDR は次式のように展開される．

$$\text{CDR} = \frac{D}{P} = \frac{\sum_{x=0}^{\omega} D_x}{P} = \frac{\sum_{x=0}^{\omega} \frac{D_x}{P_x} P_x}{P} = \sum_{x=0}^{\omega} \frac{D_x}{P_x} \cdot \frac{P_x}{P} = \sum_{x=0}^{\omega} M_x \cdot C_x$$

ただし，ω は最高年齢階級であり，C_x は総人口に占める年齢 x 歳の人口の割合，すなわち x 歳の年齢構造係数であり，これを年齢順に並べたものが人口の年齢分布や相対人口ピラミッドに相当し，その合計は定義上1となる．上式により，CDRは年齢別死亡率 M_x に年齢構造係数 C_x で加重された平均死亡率であることがわかる．通常，年齢 x が高いほど M_x は高いので，高齢化で C_x が年齢 x の高

い方へウエイトが高まると，年齢別死亡率 M_x が時系列的には不変であっても，その積和である CDR は上昇する．

このように粗率の場合，その変化や水準の違いが，動態事象の発生率自体によるものなのか，年齢構造によるものなのかが区別されないため，同じ人口を時系列でみたり，異なる人口を同じ時点で比較したりする場合，粗死亡率よりも標準化された死亡率によって分析するべきである．

●**粗出生率** 粗出生率（普通出生率，CBR）は，総人口という全体集合に対する，その人口全体からある期間中に発生する出生の数を示すものである．ある1年間の粗出生率は次式のとおりである．分母は粗死亡率と同様，1年間の日本人人口として，リスク人口の時間と範囲を一致させている．

$$粗出生率（‰）= \frac{年間出生数}{10月1日現在日本人人口} \times 1000$$

粗出生率は最も単純な出生力指標であり，計算に必要なデータも比較的入手しやすいという利点があるが，粗率であるので，前述と同様の年齢構造問題もある．例えば，仮に両者が同じ出生数かつ同じ人口総数であって，その結果，同じ粗出生率であっても，分母人口の年齢構造として，出産可能な年齢（通常15～49歳）の人口が相対的に少ない場合と多い場合とでは，本来の出生力の水準としては，前者の人口が後者の人口よりも相対的に高いとみるべきであるが，粗出生率では等しい結果となってしまい，本来の出生力の水準を判定できない．粗出生率におけるこのような年齢構造問題を回避するためには，粗率を特殊化すればよいので，例えば，ある期間の各年齢階級別出生率（特殊出生率）を合計する指標，すなわち合計特殊出生率（TFR）が，人口の出生力水準を時空間的に比較する際，よく利用される．なお，これは女性の各年齢別出生率に関して期間を同じくして合計しているので，期間率の指標である．期間率である点を強調して，コーホート合計特殊出生率との違いを明確にするために，期間合計特殊出生率（PTFR）という場合もある．

また，その定義上，粗出生率は年齢構造係数で加重されているのに対して，合計特殊出生率は年齢構造係数で加重されておらず，いわば均等加重になっている．再生産年齢区間においても，年齢構造係数は通常，若年層から高年齢層になるにつれて低下するため，理論上，合計特殊出生率は粗出生率よりも結婚や第一子出生のように比較的若い年齢層が多く関与する動態事象の影響を受けにくく，逆に晩産化のように高年齢層が多く関与する変化の影響を受けやすいといえる．

［和田光平］

□ さらに詳しく知るための文献

和田光平，2006，『Excel で学ぶ人口統計学』オーム社．
和田光平，2015，『人口統計学の理論と推計への応用』オーム社．

人口成長率
population growth rate

☞「人口学的方程式」p.414「安定人口モデル」p.526

　人口成長率とは，単位時間あたりにどのくらいの速さで人口が増減するのかを表す指標である．時刻 0 から時刻 T の間の粗人口成長率 $CGR[0, T]$ は，時刻 0 と時刻 T の人口をそれぞれ $N(0)$, $N(T)$, またこの間の人年人口を $PY[0, T]$ として，

$$CGR[0, T] = \frac{N(T) - N(0)}{PY[0, T]} \tag{1}$$

で表される．ここで，$[0, T]$ で発生する出生，死亡，移入，移出の数を，$B[0, T]$, $D[0, T]$, $IM[0, T]$, $OM[0, T]$ として，これらの関係を表す人口学的方程式

$$N(T) - N(0) = B[0, T] - D[0, T] + IM[0, T] - OM[0, T] \tag{2}$$

を $PY[0, T]$ で除すと，

$$CGR[0, T] = CBR[0, T] - CDR[0, T] + CIMR[0, T] - COMR[0, T] \tag{3}$$

となる．この右辺は粗出生率（$CBR[0, T]$），粗死亡率（$CDR[0, T]$），粗移入率（$CIMR[0, T]$），粗移出率（$COMR[0, T]$）であり，粗人口成長率はこれらの和・差で表される．

　さらに，粗出生率から粗死亡率を引いたものを自然増加率，粗移入率から粗移出率を引いたものを社会増加率と呼ぶことから，粗人口成長率は自然増加率と社会増加率の和で表される．

　次に人口が連続的に表されているとして，ある時刻における瞬間的な人口成長率を考えよう．時刻 t から t' の間の粗人口成長率について，この間の人年人口 $PY[t, t']$ を中央人口と期間の積で近似し，さらに t' を t に近づけると，

$$CGR[t, t'] = \frac{N(t') - N(t)}{PY[t, t']} \approx \frac{N(t') - N(t)}{N\left(\frac{t+t'}{2}\right)(t'-t)}$$

$$\rightarrow \frac{1}{N(t)} \frac{dN(t)}{dt} = \frac{d\log N(t)}{dt} \tag{4}$$

$$= r(t)$$

となる．この各時点における瞬間的な人口成長率 $r(t)$ のことを，瞬間成長率と呼ぶ．すると，任意の時刻 T における人口 $N(T)$ は $N(0)$ と $r(t)$ により，

$$N(T) = N(0) e^{\int_0^T r(t) dt} \tag{5}$$

と表されることになる．特に，$[0, T]$において人口成長率がrで一定であると仮定した場合，$N(T)=N(0)e^{rT}$となることから，人口は指数関数的に増加することとなる．このことから，$[0, T]$において人口成長率rが一定である場合，
$$r=(\log N(t)-\log N(0))/T \tag{6}$$
によって人口成長率が求められることとなる．

この人口成長率の応用として人口倍増年数がある．これは人口成長率が一定であるとしたときに，人口が2倍となるのに必要な年数である．$[0, T]$において人口成長率がrであり，この間に人口が2倍となるとすると，これに必要な年数は$T=\log 2/r \approx 0.693/r$と表される．人口成長率をパーセント表示した場合，これは70を人口成長率で除したもので近似ができる．すなわち，人口成長率が1％の場合，人口倍増年数は70年，2％の場合には35年などとなる．

一方，人口が離散的に表されている場合，一定の人口成長率rを仮定すると$N(T)$は$N(T)=N(0)(1+r)^T$という等比数列で表されることとなる．また，これより，時刻0からTにおいて人口成長率rが一定であるとすると，$r=\sqrt[T]{(N(T)/N(0))}-1$により人口成長率を求めることができる．

総務省国勢調査に基づくわが国の総人口の人口成長率は，第二次世界大戦前には1％強で推移しており，大戦直後に第一次ベビーブームなどによる一時的に高い人口成長率を経験したが昭和30〜50年代には再び1％程度の人口成長率で推移してきた．1985（昭和60）年以降は人口成長率は低下を続け，平成27年国勢調査では国勢調査間としては調査開始以来初めて人口成長率が−0.15％とマイナスとなった．

●いろいろな人口成長率　安定人口状態における人口は一定の人口成長率で増加あるいは減少する．この人口成長率のことを，真性自然増加率あるいは安定人口増加率と呼ぶ．ある時点における出生率・死亡率から計算される安定人口増加率は，実人口の人口成長率とは異なり，その人口動態率がもつ潜在的な人口の増減の傾向を表すものと考えることができる．

一方，年齢別人口に対しても人口成長率を考えることができ，これを年齢別人口成長率と呼んでいる．これは，時刻t，年齢aの人口を$N(a,t)$と表したとき，$r(a,t)=(\partial \log N(a,t))/\partial t$により定義される．プレストンとコール（Preston & Coale 1982）は，この年齢別人口成長率を用いた人口分析手法を提案したが，これはvariable-r法と呼ばれている．

年齢別人口成長率は2時点のセンサスのみから測定することが可能であり，比較的容易に得ることができる指標であるため，これをさまざまな人口学的間接推定に用いる応用が行われてきている．　　　　　　　　　　　　　　　　　　　［石井　太］

📖 さらに詳しく知るための文献
Preston, S. H. et al., 2001, *Demography*, Blackwell Publishers.

人年人口
period person-years lived

☞「期間率の概念と生存のべ年数」
p.418「レキシス・ダイアグラム」
p.426「平均寿命と生命表」
p.452「生命表と死因分析」
p.470

　人年人口は，出生率や死亡率などといった人口動態率について，動態事象の発生する観察期間にさらされる人口事象の母集団人口である．観察期間における総生存時間（生存のべ時間）として定義される（Preston, et al. 2001）．人口統計学における基礎概念の一つである．

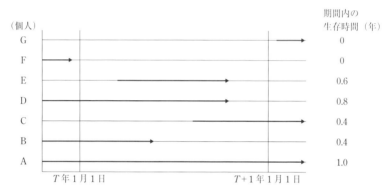

図1　人年人口の概念図

●**人年人口の基礎概念**　ある期間における生存期間はすべての人が同一ではない．図1のように，人によって当該期間を通じて生存している人（A）もいれば，途中で死亡もしくは転出してしまう人（B，D），途中で転入してくる人（C），期間内に転入と転出もしくは死亡の両方を経験する人（E）もいる．観察期間内に存在しない人（F，G）は除外される．この図においてT年の人年人口は，T年1月1日とT+1年1月1日の間にある矢印の長さの合計となる．数式で示すと以下のようになる．

$$\mathrm{PY}(T, T+1) = \int_{T}^{T+1} N(t) \cdot dt$$

ここで，PYは人年人口，$N(t)$は期間内の時点tにおける人数である．

　人口動態の母集団人口を考えると，各人口動態は観察期間内に生存する人口からのみ発生するため，理論上は人口動態の発生母集団は期間内に生存している個々人のリスク期間の合計である総生存時間，すなわち人年人口となる．また，単にその期間に生存していたというだけでなく，結婚であれば未婚か初婚／再婚かといった結婚歴，出生であればこれまでに生んだ子どもの数（出生歴）別などといった属性別の人年人口も考えられる．なお，観察期間には通常1年間が用い

られるが，より長い期間・短い期間であってもかまわない．

ところで，上述の人年人口と，統計で把握される一時点での人口とはどのように異なるだろうか．図1をみると，T年1月1日の人口はA，B，Dの3人，$T+1$年1月1日の人口はA，Cの2人である．また最小はA，Cの2人，最多はA，B，D，Eの4人である．このように，一時点での人口は観測の時点によって異なることがわかる．他方，人年人口はそれぞれの生存時間の合計であるから，この図では 1.0＋0.4＋0.4＋0.8＋0.6＋0＋0＝3.2 人年となる．

●**人年人口の近似値** 上記のとおり，人年人口は理論的な，人口動態の発生母集団である．ところで，正確な人年人口を得るためには個々人の生存時間，もしくは期間内の各時点における人口の生存量が必要となるが，現実の統計からこれらの情報を得ることは難しい．そのため一般に人口動態率を算出する際には，人年人口の近似値として以下で述べる平均人口や年央人口が用いられる．ただし日本の公式値では10月1日時点の人口が使われている．

人年人口の近似値の一つである平均人口は，人年人口が期間内の時点 t を連続関数としてとらえているのに対し，平均人口は離散関数としてとらえている点が異なる．データの制約は小さくなるが，複数の時点における人口が必要となることから利用しにくい．

ここで出生・死亡や移動（流入および流出）といった人口動態事象が期間内で均一に発生していると仮定すると，平均人口は観察期間の中間点における人口に等しくなる．通常，観察期間は暦年（1月1日～12月31日）であることから，人年人口の近似値として人口動態率の分母人口には年央人口（7月1日現在人口）が用いられることが多い．年央人口は，ある年次とその翌年における1月1日時点の人口の平均値として求められることもある．

ところで，日本では国勢調査に合わせて10月1日現在人口が公式人口として用いられており，人口動態率を算出する際も公式値にはこの10月1日現在人口が分母に用いられている．なお，厚生労働省『簡易生命表』は，月別の出生数と死亡数を用いて10月1日現在人口から逆進して年央人口を推定し，これを人年人口とみなして作成されている．

人年人口は，生命表やイベントヒストリー分析（または生存時間分析）などにおいても重要な概念となっている．生命表上の人年人口は定常人口として示され平均寿命・平均余命の算出に用いられるほか，例えばサリバン法による健康寿命の算出にも用いられる．　　　　　　　　　　　　　　　　　　　　　［別府志海］

さらに詳しく知るための文献

Siegel, J. S., and Swanson, D. A., 2004, *The Methods and Materials of Demography, 2nd ed.*, Academic Press.
河野稠果，2007，『人口学への招待』中公新書．
山口喜一ほか編著，1995，『生命表研究』古今書院．

レキシス・ダイアグラム
Lexis diagram

☞「期間率の概念と生存のべ年数」
p.418「ユーホート率の概念」
p.428「死亡の測定」p.448

　時間と年齢の関係を表現した図法として，レキシス（W. H. R. A. Lexis）によるレキシス・ダイアグラム（レキシス図）がある．これは，縦軸に年齢（歳），横軸に観察時刻（年）を配置する平面図である．なお，レキシスのオリジナルの図法では，縦軸に年齢，横軸に出生時刻を配置しているため，観察時刻の軸は，左下から右上に伸びる45度となり，同一観察時刻線は右下から左上に伸びる45度線として示されているが（Lexis 1875），ここでは現在一般に利用される図法で説明する．

●レキシス・ダイアグラム上の生命線とコーホート　図1において，1人の人間の誕生から死亡までを1本の線分で示す生命線をレキシス・ダイアグラム上に実線として示すと，年齢が0，すなわち出生時刻を示す横軸との交点から始まって経過時間だけ年齢も増加するので，生命線は必ず45度線になる．仮に同じ時点に生まれれば1本の線上に複数の人間が重なるので，1本の45度線は，完全に同じ時点に生まれた集団となり，これがコーホートに相当する．ただ，コーホートは通常1年間のような，ある時間幅をもって実測されるので，図1では2本の点線に挟まれた領域内の生命線のすべてが1年間のコーホートに相当する．

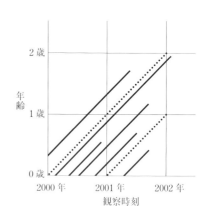

図1　レキシス・ダイアグラムにおける生命線とコーホート

●コーホート観察・期間観察・年齢観察　図2にあるように，垂直線に挟まれた領域Pは期間に関して，水平線に挟まれた領域Aは年齢に関して，そして45度線に挟まれた領域Cはコーホートに関して同じ属性をもつ人の集団や動態事象を表している．図1において，各生命線はそれぞれ1人とすると，例えばPの共通領域として2000年に発生した出生は4で，死亡は1であり，2001年に発生した出生は1で，死亡は4というように，期間ごとに人口や動態数を把握することを期間観察（ピリオド観察，同時観察）という．すなわち，ある特定の観察時刻で，その一時点あるいはその期間内において年齢が異なり，したがってコーホートも異なる集団を比較観察することである．このように，ある特定の期間から生成される人口統計指標は期間指標とも呼ばれる．

また，図1においてCの共通領域をみれば，例えば2000年の間に生命線の始点をもつ者，すなわち2000年の出生コーホートは5人いたが，それが2001年1月1日時点では3人，2002年1月1日時点では1人となり，観察時刻によってその数は変動する．また，1歳に達した者は2人というように，年齢と組み合わせてみることもできる．このように，特定のコーホートの観察時刻の経過（加齢）に伴うコーホートの属性や動態事象の変化を把握することをコーホート観察という．例えば団塊の世代が及ぼす社会経済的影響を分析することもコーホート観察といえる．また，出生率の推計で女子のコーホートごとに出生行動を分析することもコーホート観察である．そして，このようにある特定のコーホートから生成される人口統計指標はコーホート指標とも呼ばれる．

● 年齢・期間・コーホートの関係

さらに，これらAPCの二つの共通領域であれば，各2種類の要素で共通する集団や動態事象を示す．すなわち図2のP-Aの領域は期間と年齢が，A-Cの領域は年齢とコーホートが，C-Pの領域はコーホートと期間が共通している．C-Pの数値例を図1からあげれば，2000年コーホート（C）について，2000年（P）の死亡数は1であるが，2001年（P）の死亡数は2となる．またA-Cの例をあ

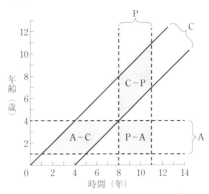

図2　年齢・期間・コーホートの関係
［和田光平，2015，『人口統計学の理論と推計への応用』］

げれば，2000年コーホート（C）について，0歳（A）の死亡数は2であるが，1歳（A）の死亡数は1となる．

最後に，年齢観察とは，例えば明治生まれの20歳と平成生まれの20歳の行動パターンを比較分析するなど，出生時刻や観察時刻は異なるけれども，同一年齢における状態を比較観察するものである．このように，レキシス・ダイアグラムから，人口統計学的にはコーホート観察，期間観察，年齢観察という三つの観察方法が可能となる．いずれにしても，APCの各3種類の要素で共通するような，観察時刻の垂直線，年齢の水平線，コーホートの45度線で3辺を囲まれた単独もしくは複数の三角形の構成領域における人口の集団や動態事象を分析することがレキシス・ダイアグラムの特長であるといえる．　　　　　　　　　　［和田光平］

📖 さらに詳しく知るための文献
和田光平，2006，『Excelで学ぶ人口統計学』オーム社．
和田光平，2015，『人口統計学の理論と推計への応用』オーム社．

コーホート率の概念
cohort rate

☞「人口の概念」p.408「期間率の概念と生存のべ年数」p.418「レキシス・ダイアグラム」p.426「人口再生産指標」p.538「ライフコースの分析」p.544

　人口統計の分野では，死亡や出生などの人生上に生ずる人口動態事象について，それらのライフコース的特徴を計量するためのライフコース指標が重要な役割を演じている．個人の生存期間の期待値である平均寿命や，女性の再生産期間における平均出生数を表す合計特殊出生率（合計出生率）などが代表的な例である．これらの指標は，普通死亡率，普通出生率などの同じ事象に対するマクロ指標に比べて，数値の意味が理解しやすいという利点がある．

　これらの観察の対象となるライフコースの集合体は，コーホートを単位としている．コーホートとは，人口現象の時間的経過を観察する対象として，出生や結婚のような観察の始点となる事象を同時期に経験した集団のことである．それは日常語の「世代」に相当するが，統計分析のために，より明確に定義されたものである．同時期に出生した集団なら出生コーホート，結婚を経験した夫婦の集団なら結婚コーホートなどと呼ぶ．そして，コーホートのライフコース上に発生する事象の経時的観察をコーホート観察，事象の発生率をコーホート率と呼んでいる．コーホート観察は，レキシスダイアグラム上では，右45°上方へ向かう帯に沿った観察にあたる（図1の斜めの網掛け部分）．

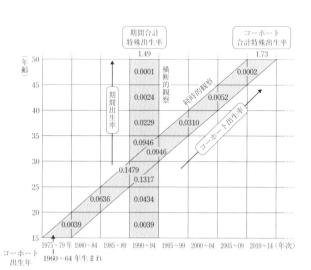

図1　ライフコース事象の横断的観察と経時的観察
2種の年齢別出生率と合計特殊出生率
注）図中の数値は5年ごと5歳階級による年齢別出生率と2種の合計特殊出生率．

しかし，年次統計として政府統計機関などから公表されるライフコース指標は，コーホートのライフコース観察に基づいて算出されているものではなく，対象年次における当該事象の年齢別観察結果をライフコース観察における年齢別過程に見立てて，この仮想のライフコース集合について算出されるものである．このコーホートに見立てられた仮想のライフコース集合を，仮説コーホート，その仮想のライフコースに関する観察を横断的観察（期間観察）と呼んでいる．レキシスダイアグラム上では，垂直方向の帯に沿った観察にあたる（図1の縦の網掛け部分）．

したがって，ライフコース指標には，同じ事象に対して，コーホート観察と期間観察による2種類が存在しており，それぞれ利点や解釈上の注意点などが異なる．図1では，出生に関する2種の年齢別出生率と合計特殊出生率の実例が示されている．この例では，1960〜64年生まれの女性出生コーホートに対するコーホート観察に基づいて得られるコーホート合計特殊出生率の値（1.73）は，対象のコーホートが実際に経験した出生過程の年齢別出生率の帰結（総和）であり，コーホートに属する女性が，生涯に生んだ平均の子ども数という実体をとらえていると解釈することができる（ただし，死亡や移動によってコーホートから離脱した個人は観察から除外されるため，厳密には当該数値は「死亡，移動」が存在しなかった場合の平均子ども数と解釈される）．

一方，同図で，1990〜94年の期間観察に基づく期間合計特殊出生率の値（1.49）は，当該期間に観察された年齢別出生率の総和であるから，これら一連の出生率を，仮想のコーホートが経験した出生過程とみなせば，コーホート観察の場合と同様に，女性が生涯に生んだ平均子ども数と解釈することができる．しかし，仮説コーホートの年齢別出生率は，多数のコーホートがライフコースの一部分として経験した率の合成に過ぎず，異なる年齢の出生率間には，実コーホートのような整合性は保証されない．例えば，出生の年齢スケジュールに遅れが生じたとき，実コーホートでは若年での出生率低下と，後の年齢での上昇がセットとして生ずるため，合計特殊出生率は変化しない．しかし，仮説コーホートでは，若年での出生率低下のみが生ずるため，期間合計特殊出生率は低下する．実際，図1の例では，30歳前後の主要な出生過程を共有する実コーホートと仮説コーホートの合計特殊出生率は，大きく異なる数値となっている（1.73と1.49）．このように事象発生の年齢スケジュール変化が，期間指標の水準を実コーホートが示す実体的水準から剥離させる効果をテンポ効果と呼び，これが働くときには期間指標のライフコース的解釈（生涯の平均出生子ども数など）は成り立たない．したがって，期間指標は単に当該期間における事象発生の頻度を表す数値としてとらえるべきである．実際，期間指標の値を平均子ども数などの実体的な量と解釈することで，実情を誤って理解する例は多く，注意を要する． ［金子隆一］

現在推計人口
current population estimates

☞「人口の概念」p.408「人口静態統計」p.410「人口動態統計」p.412「人口学的方程式」p.414

　人口静態統計と人口動態統計には原理的に人口学的方程式で表される関係があり，ある地域におけるある期間の期首人口が既知であり，その地域に係わるその期間内の出生数，死亡数，転入数，転出数がわかれば，その地域の期末人口を推計できる．この方法により，人口センサスなどで把握された基準時点の人口（基準人口）をもとに，最新時点の人口を推計して得られるのが，現在推計人口である．

　このような推計は，総人口についてのみでなく，例えば日本人人口や年齢別人口のように，推計のための統計の利用の可否に応じて，人口の部分集団についても行われる．この場合，期間内の国籍異動，年齢階級間の移行など，人口の部分集団の種類に応じて，考慮に入れるべき人口変動要因も変わってくる．また，人口センサスの結果を基準人口として用いる場合，新しいセンサスが行われた際には基準人口が変わるとともに，前のセンサスに基づく新しいセンサス実施時点での推計人口と，新しいセンサスによる人口との間に乖離が生じるのが一般的である．このため，前のセンサス時点と新しいセンサス時点の間の推計人口を補間補正したりすることもある．

●**日本の現在推計人口から得られる情報**　日本における現在推計人口としては，国勢調査（総務省統計局）結果を基準人口とする「人口推計」（総務省統計局）がある．この推計は，毎月1日現在で行われるが，10月1日現在の結果については，それ以外の月の結果より詳細な推計結果が提供される．毎月の結果については，年齢5歳階級，男女別に外国人を含む総人口が概算値として当月内に公表され，その5か月後に年齢5歳階級，男女別に総人口と日本人人口の確定値が公表される．各年10月1日の結果については，全国結果に加えて，都道府県別の推計結果も提供される．この際，全国人口については年齢各歳，男女別に総人口と日本人人口の推計結果が，都道府県別には年齢5歳階級，男女別に総人口と日本人人口の推計結果が公表される．10月1日の結果については，年齢構造係数，都道府県の自然増減率・社会増減率など，いくつかの指標も併せて提供される．なお，日本人人口の推計結果は，人口動態統計における出生率や死亡率，生命表の作成などが基本的には日本人を対象として算出・作成されるため，それらの分母人口（生存のべ人口の近似値など）を提供する役割も担っている．

　人口推計は1920年の国勢調査以降について結果が提供されているが，推計内容については基本的には拡充される方向での変遷がある．現在の人口推計で最も新しく拡充されたのは，都道府県の年齢5歳階級，男女別日本人人口であり，

2016年10月1日現在の推計から追加された．それまでも都道府県の男女別日本人人口は利用できたが，後述のように推計に利用可能な統計が拡充されたことにより，年齢別の結果が提供されるようになったのである．なお，1920年以前については，1920年国勢調査などをもとにした遡及推計結果もある．

以上は国が行っている推計であるが，都道府県などでも同様の方法で人口を推計している例は多い．

●**推計の方法，補間補正** 推計の方法は基本的には上述の考え方に沿うものであり，基準人口としては国勢調査による男女，年齢，国籍（日本人か外国人かの区分のみ）別人口が用いられている．ただし，国勢調査結果には年齢や国籍が不詳の人口が含まれるため，国勢調査結果について，年齢・国籍不詳を補正したものを基準としている．また，それぞれの期間の人口変動要因を得るための情報源としては，出生と死亡に関しては「人口動態統計」（厚生労働省），国際人口移動に関しては「出入国管理統計」（法務省），国内人口移動に関しては「住民基本台帳人口移動報告」（総務省統計局），国籍異動に関しては官報に基づく帰化人口などが主要なものである．推計方法については，そのときどきで利用可能な情報により変遷があるが，直近では外国人の都道府県間移動などの情報が利用可能になったことにより，2016年10月の結果から推計方法が変更された．推計方法の詳細については，人口推計の報告書や総務省統計局のウェブサイトで知ることができる．なお，人口推計では，推計における計算表なども参考表として併せて掲載している．

日本では5年おきに国勢調査が行われているため，「人口推計」でも新しい国勢調査の確定結果が利用可能になるたびに，基準人口が置き換えられる．その際，上述のように，旧基準による新基準時点での推計結果と，新基準人口の間に種々の要因で差が生じるため，新基準の時点から過去5年間分遡及して補間補正が行われ，「人口推計　国勢調査結果による補間補正人口」（総務省統計局）として提供されている．ただし，補間補正人口については，全国結果は各月1日の，都道府県別結果は各年10月1日の，男女別の総人口と日本人人口に限られ，年齢別の結果は補間補正されない．補間補正の方法は，基本的には，生じた差を各月あるいは各年に均等配分する方式である．例えば2010年国勢調査人口と，2005年国勢調査に基づいて推計した2010年10月1日の人口との差は65万2623人であった．このため，例えば2005年国勢調査時点からちょうど3年後の2008年10月1日現在の総人口についてみると，当初1億2769万2000人と推計されていたものが，$127692+652.623 \div 5 \times 3 \fallingdotseq 128084$ と，1億2808万4000人に補間補正されている．

［大林千一］

📖 さらに詳しく知るための文献

人口推計（総務省統計局）のウェブサイト（www.stat.go.jp）または報告書．

国際人口移動統計
international migration statistics

☞「国際人口移動の新潮流」p.292
「日本の国際人口移動」p.300
「人口移動統計」p.584

　グローバリゼーションは必然的に人の国際移動を促進する．また，悪化する地域紛争が難民問題を深刻な状態にしている．このような状況を背景にして，国際人口移動に関するより詳しいデータの収集・推計・分析が進んでいる．国際人口移動に関わる国地域別統計は，国際連合人口部による推計に加え，労働移動や難民など，テーマによっては世界銀行，ILO，OECD，UNHCRなどの国際機関が収集・推計したデータや，各国統計局が独自に収集したデータを参照する必要がある．ここでは比較的入手の容易な国際機関のデータ（2018年3月現在）を中心に解説するが，特定国に関心がある場合は各国統計局や移民に関わる関連部局にさらにコンタクトをする必要がある．

●データの種類・分類・集計　移動統計は，概念的にはフロー（期間移動）とストック（生涯移動）に分けられる．流出流入者数の差が純移動数である．移動者の出身国（origin）や移動先国（destination）が明らかな場合は，移動マトリックスを作成することが可能となる．国際人口移動統計は，通常，国・地域別傾向の把握が第一の目的であるが，地域・国によっては移動者の国籍・出生地情報や，経済的属性，送金額，難民数などについてより詳しいデータが利用可能である．なお，移動統計の作成に際し，移動者の定義や国際移動とみなされる期間について，国によってかなり異なっていることに注意する必要がある．

●国際連合による人口推計　国連人口部では，将来人口予測の一環として移動に関する推計を行ってきたが，2000年代に入り，より詳しい統計の収集と整備を開始した．国連人口部によるデータとして次の三つをあげる（2018年3月現在）．① World Population Prospect（2017年推計），② International migration stock（2017年推計），③ International migration flows to and from selected countries（2017年推計）．

　①は1950～2100年までの国別人口をコーホート要因法を用いて推計したもので，その一環として5年間の純移動数を推計している．2010～15年についてみると，流出数第1位がシリア（420万人），第2位がインド（260万人），第3位がバングラデシュ（250万人）である．シリアからの人口流出にみるように，国際人口移動は地域紛争などの地域情勢の変化に大きな影響を受けることがある．②は1990～2017年までの人口移動数（合計，男女別）および難民数について具体的に推計したものである．③はより詳細なデータが得られる国について，1990～2017年までの移動者数を，出身国と移民先別に収集・集計したものである．以上すべて国連人口部ホームページからアクセス可能である．

●OECD/ILO/世界銀行　OECDは加盟35か国について，流出入者のフロー・ストック数や移動理由，経済的地位などに関しさまざまなデータベースを構築し，OECD International Migration Statisticsとして公開している．その中の一つであるInternational Migration Databaseから，1975年以降の流入・流出数，庇護希望者数，帰化数，永住外国人・外国生まれ人口数などについて国籍別に知ることができる．またDatabase on Immigrants in OECD Countriesからは，2000年以降の流入者の出生地別（外国生まれ，自国生まれ）に，人口属性（年齢，性別，学歴，滞在年数）や経済活動（就業状況，職業）に関するデータを入手することが可能である．さらに，その他のデータベースから，2000年以降の労働参加率や就業・失業率も出生地別に入手可能である．現在，労働移動に関して，OECD諸国以外を含む包括的なデータベースは存在しないが，いくつかの途上国については，ILOのホームページの中のStatistics and databases/ILO Stat/Labour migrationから，性別・年齢別に経済活動に関する情報が利用可能である．移民による出身国向け送金額については，主に1970年以降について，世界銀行がIMF balance of paymentsに基づき計算したデータが，世銀ホームページの中のData/Financial Sector/ Personal remittancesからアクセス可能である．2015年には，送金額第1位はインド（627億米ドル），第2位中国（352億米ドル），第3位フィリピン（311億米ドル）であった．

●UNHCR　難民に関するデータは主にUNHCRホームページからアクセス可能である．Statistical Yearbooksの中で，国外に居住する難民数および庇護希望者数を，現在の居住国と出身地別に報告している．なお，パレスチナ難民についてはUNRWAがデータを収集している．「難民の地位に関する条約」（1951年）によれば，難民とは，人種，宗教，国籍，政治的意見や特定の社会集団に属するなどの理由で迫害を受ける恐れがあるため国外に逃れた人々であるが，現在，武力紛争や人権侵害，人道的理由や自然災害などの理由により，他国に避難もしくは庇護を求めた人々も含むようになりつつある．また，国外ではなく国内他所で避難生活を送る者も多い．このような「国内避難民」は，適切な支援が受けられない場合は，国境を越えて難民化する可能性が高い．難民数は，難民状態にあるもの（庇護申請者を含む）が約2460万人，国内避難民が約4310万人に上っている（2016年末）．

　以上は世界全体を対象とする統計であるが，テーマによっては，各国の統計局や関係省庁のデータを参照する必要がある．　　　　　　　　　　　　［新田目夏実］

📖 さらに詳しく知るための文献

樽本英樹．2016．『よくわかる国際社会学　第2版』ミネルヴァ書房．
Castles, S. et al., 2013, *The Age of Migration: International Population Movements in the Modern World*, Palgrave Macmillan.

世帯統計
household statistics

☞「人口静態統計」p.410「住民基本台帳人口」p.416「人口センサス」p.436「人口調査」p.440

　日本の国勢調査では，世帯はまず「一般世帯」(private household) と「施設等の世帯」(institutional household) に大別される．施設等の世帯には学生寮，病院（長期入院者），老人ホーム，児童保護施設，自衛隊の営舎・艦船，刑務所などが含まれる．一般世帯はそれ以外の私的な世帯であり，単独世帯（一戸を構える単身者，間借り・下宿し別に生計を維持している単身者，会社などの寄宿舎・独身寮に居住する単身者）と2人以上の世帯（住居と生計を共にしている人の集まり）に大別される．

●**世帯区分の変遷**　「一般世帯」「施設等の世帯」の区分が確立するのは1985年国勢調査以降で，1920年以来用いられてきたのは普通世帯（ordinary household）と準世帯（quasi-household）の概念だった．違いは間借り・下宿・独身寮の単身者で，古い定義ではこれらは普通世帯でなく準世帯に含まれたが，新しい定義では施設世帯でなく一般世帯に含まれるようになった．

　2005年までの国勢調査では，世帯主と親族関係がない非親族成員が存在しても，世帯の家族類家には影響を与えないものとされた．例えば「夫婦と子」「ひとり親と子」「夫婦と両親」などの世帯は，稀ではあるが非親族を含む場合もあった．そして世帯主の親族が一人もいない世帯を「非親族世帯」(non-relatives household) として，親族世帯（relatives household）と区別していた．しかし2010年国勢調査からは，非親族を一人でも含む世帯は「非親族を含む世帯」(household including non-relatives) として，「親族のみの世帯」(relatives household) と区別されるようになった．

●**各種統計による世帯数**　表1は2010年国勢調査における類型別世帯数で，核家族世帯は4種類，核家族以外の親族のみの世帯は10種類に分類されている．単独（1人），夫婦のみ（2人），夫婦と両親（4人），夫婦とひとり親（3人）については，世帯規模は自明である．2010年国勢調査ではこれらの世帯から非親族が除外されたため，正確な平均子供数を推定できる．

　総務省自治行政局は住民基本台帳による人口と世帯数を発表しており，その比から平均世帯人員も計算できる．2010年3月末の人口は1億2705万7860人で，同年10月の国勢調査の一般世帯人員より1.2%多く，世帯数は5336万2801世帯で国勢調査より2.9%多い．したがって平均世帯人員は2.38人で，国勢調査（2.42人）より若干少ない．海外での長期滞在などで住民登録がありながら国勢調査に含まれなかった人は，単身者など小規模世帯の人員に偏っているとみられる．

　標本調査に基づく世帯統計は，当然標本誤差を含む．厚生労働省の国民生活基

表1 2010年国勢調査における類型別世帯数

世帯の類型				世帯数	世帯人員	平均規模
一般世帯計				51,842,307	125,545,603	2.42
一般世帯		単独世帯		16,784,507	16,784,507	1.00
	二人以上の世帯	親族のみの世帯	核家族世帯 夫婦のみの世帯	10,244,230	20,488,460	2.00
			夫婦と子供から成る世帯	14,439,724	52,482,128	3.63
			男親と子供から成る世帯	664,416	1,534,821	2.31
			女親と子供から成る世帯	3,858,529	9,219,406	2.39
			核家族以外の世帯 夫婦と両親から成る世帯	231,622	926,488	4.00
			夫婦とひとり親から成る世帯	730,930	2,192,790	3.00
			夫婦，子供と両親から成る世帯	919,748	5,435,353	5.91
			夫婦，子供とひとり親から成る世帯	1,515,891	7,097,944	4.68
			夫婦と他の親族（親，子供を含まない）から成る世帯	121,917	395,134	3.24
			夫婦，子供と他の親族（親を含まない）から成る世帯	430,771	2,017,311	4.68
			夫婦，親と他の親族（子供を含まない）から成る世帯	105,824	569,312	5.38
			夫婦，子供，親と他の親族から成る世帯	350,036	2,372,075	6.78
			兄弟姉妹のみから成る世帯	315,695	660,275	2.09
			他に分類されない世帯	586,214	1,978,949	3.38
		非親族を含む世帯		456,455	1,158,282	2.54
	家族類型不詳の世帯			85,798	232,368	2.71
施設等の世帯				108,197	2,511,749	23.21

礎調査から推計された2010年6月の世帯数は4864万世帯で，同年10月の国勢調査よりかなり少なくなっている．平均世帯人員は2.59人で，国勢調査より大きい．この調査では65歳以上世帯員の居住状態や18歳未満世帯員がいる世帯の構成に関する集計が公表されており，国勢調査では得られない時系列データが得られる．

総務省統計局の労働力調査による2010年10～12月の全国の世帯数は5120万世帯で，国勢調査よりやや少ない．平均世帯人員は2.46人で，国勢調査よりわずかに大きい．労働力調査は1年を隔てて同じ世帯を調査するため，世帯の規模や構成の変化といった「世帯動態」を集計できる（山口幸三 2011）．ただし集計可能なのは1年間移動がなかった世帯・世帯員に限られる．

国立社会保障・人口問題研究所の世帯動態調査は，「世帯動態」のデータを収集することに特化している．この調査は5年前の世帯状態を調査時と比較することによって，各種の状態間推移確率を計算できる．こうしたデータは配偶関係間・世帯内地位間推移確率行列の作成に用いられ，それによって世帯数の将来推計が行われる． ［鈴木 透］

人口センサス
population census

☞「人口の概念」p.408「人口静態調査」p.410「世帯統計」p.434「人口調査」p.440

　「人口センサスは，国内のすべての人々に関し，特定の時点において，最小の地域レベルで，人口学的，経済・社会的データを企画，収集，集計，評価，提供および分析する全過程である」旨を，国際連合は述べている（UN 2015d）．このように，人口センサスはさまざまな地域レベルで詳細な統計を提供できる性格を有するため，その結果は人口学などの研究はもとより，政策立案・評価，資源配分などの目的で広く利用されている．また，人口センサス結果は，他の標本世帯調査などの標本抽出の際にも利用される．人口センサスは住宅センサスと一緒に行われることも多く，その場合は人口・住宅センサスと呼ばれる．

　歴史的には，古代においても兵役や課税目的で人口のカウントは行われていたが，これらは例えば成人男性のみを対象とするなど，現代において行われている人口センサスとは性格を異にするものであった．上記のような近代的意味での人口センサスがいつから行われるようになったかを確定するのは必ずしも簡単ではないが，スウェーデンでは1749年，米国では1790年には人口センサスが行われており，18世紀以降，多くの国でセンサスが実施されるようになっていった．特に第二次世界大戦後は，国際連合が人口・住宅センサスについての原則と勧告を出すことなどを通じてセンサスの実施を推進しており，多くの国でセンサスが実施されるようになっている．国際連合では，西暦年末尾が5の年からの10年を区切りとして，10年間に少なくとも1回のセンサスを実施するよう勧めているが，2005年から2014年の10年間には，235か国・地域中，214か国・地域が，人口センサスあるいは人口・住宅センサスを実施している．

●**人口センサスの方法**　人口センサスでは，各人をどこの地域の人口に帰属させるかに関し，一般に二つの方法がある．一つは現在地方式であり，この方式では定められた時点において居た場所に各人は帰属される．もう一つは常住地方式であり，この方式では定められた時点において普段居住している場所に，各人は帰属される．前者の方式の方が一般に調査の実施は簡単であるが，行政目的などからすれば後者による方法が望ましい場合が多い．ただし，常住地方式による場合，複数の住居をもって生活しているときはどうするかなど，さまざまな居住実態に応じた規則をあらかじめ設けておく必要がある．また人口センサスにおいては，世帯・施設などを把握の単位とすることが一般的であり，その属性データも併せて集めることが多い．世帯の定義としては，食事その他の生活に必需なものを自分自身で用意している個人，あるいはそれらを共同で用意している複数の人の集まりとする方式が一般的であるが，一つの住宅単位に住んでいる人すべてを同一

の世帯に属するものとみなす方式を採用している国もある．

人口センサスでデータ収集される事項についても国際連合の勧告がある．各国は勧告も参照しつつ実情に応じてデータ収集する事項を決めているが，性別，年齢，配偶関係，人口移動関連事項，教育の状況，労働力状態・産業・職業などの経済的事項などは，中核的なデータであるため多くの国で調べられている．

人口センサスの結果はあらかじめ計画された集計を行い，集計表のかたちで提供されるのが従来からの方法であるが，近年はこれに加えてオンデマンド集計，匿名化した標本データ（マイクロデータ）の提供なども広く行われるようになってきている．また，人口センサスは全数把握で行われることから，地域を識別するコードあるいは位置情報が付加されていれば，どのような地域単位によっても集計可能であり，さまざまな地域単位により結果が提供されている．関連して，最小の地域単位を定め，それをビルディングブロックとしてさまざまな地域を構成可能とする方式を採用している国も多い．また，統計地図作成など，地理情報システムの利用も一般的になっている．なお，小さな地域での集計やマイクロデータの提供・利用においては，個々の人・世帯が識別可能とならないようにすることが必須であり，そのための研究や工夫も多くなされている．

人口センサスの実施方法としては，調査員が担当地域を巡回し，対象となる人・世帯に質問して調査票に記入するか，調査票を配付して記入を依頼し後日取り集める方式が一般的であった．しかし，対象者に会うことの困難さの増大，調査員に回答を知られることへの忌避感，国によっては十分に整備された行政記録の活用の可能性の拡大，できる限り新しい時点における統計の必要性の増大，調査実施経費削減の要請などさまざまな背景のもと，近年においては，郵送方式，ウェブを利用した回答方式，行政記録を利用する方式，一部事項を標本調査として実施する方式，一定の期間をかけて全体をカバーするように標本調査を継続的に行う方式（ローリングセンサス），従来方式を含むこれらの方法の組合せ方式など，人口センサスの実施方法も多様化している．

●国勢調査　日本における人口センサスは国勢調査である．国勢調査が最初に実施されたのは1920年であるが，人口センサスの必要性は早い時期から認識されており，1902年には「国勢調査ニ関スル法律」が制定され，第1回国勢調査を1905年に実施することが定められていた．しかし，1904年に起きた日露戦争による財政難で第1回調査の実施は延期されたという経緯がある．1920年以降，国勢調査は5年おきに実施されてきている．ただし，終戦の年の1945年には調査は行われず，1947年に臨時国勢調査が実施されている．このほか，国勢調査という名称ではないが，1944年，1945年，1946年，1948年の各年にも全国規模の全数調査による人口調査が実施されている．また，1972年の復帰前の沖縄でも，1950年から1970年まで，5年ごとに5回の国勢調査が実施されている．

国勢調査は，統計法とこれに基づく国勢調査令，その他の関係法令により総務省統計局が実施しており（実施機関は内閣統計局，総理府統計局など歴史的には変遷がある），これらの法令により調査の周期と時期，調査の対象と場所，調査の単位，調査の事項，調査の組織と方法，結果の集計と公表などが規定されている．
　調査の周期は5年であるが，西暦年の末尾が0の年に行われる調査と5の年に行われる調査では差があり，後者の調査は統計法では，簡易な方法で行われる旨規定されている．両者の実質的な違いは調査事項の数にあり，西暦年末尾が0の年に行われる調査の方が調査事項数が多くなっている．このため前者を大規模調査，後者を簡易調査と呼ぶこともある．調査の時期については，各回の国勢調査とも10月1日午前0時現在である．
　現行の調査の地理的範囲は，北方領土と竹島を除く本邦である．人的範囲はこの地理的範囲内に常住している者であって，調査の場所はその常住している場所であり，常住地方式がとられている．ある場所に常住している者とは，その場所に調査時点において3か月以上住んでいるか，3か月以上住むことを予定している者である．この定義に当てはまる限り外国人も調査の対象であるが，日本に在留する外国の外交団，領事団ならびに外国軍隊の軍人・軍属およびその家族は調査対象から除外されている．また，調査の場所についても，病院の入院者の場合など，いくつかの例外的な取り扱いがある．これらの定義については，最初から現在の方式によっているわけではなく，変遷がある．地理的範囲については，例えば1947年調査から1965年調査までは，現在の東京都小笠原村では国勢調査に対応する調査は行われていない．また，1920年調査から1947年調査までは，現在地方式によっている．さらに，1950年調査では常住している場所で調査する方式が採用されたが，常住の定義が現行のものとは異なり，6か月以上の居住が常住の要件となっている．現行の3か月という常住の基準は1955年調査からである．
　国勢調査では世帯を単位とした調査が行われているが，住居と生計を共にしている人の集まり，または1戸を構えて住んでいる単身者を一般世帯としている．また，各種施設などで暮らす人々は，施設等の世帯というかたちで把握されている．なお，世帯の定義にも変遷があり，現行の定義となったのは1980年調査からである．

●国勢調査の調査事項など　国勢調査の調査事項については大規模調査と簡易調査では差があり，また調査実施当時の行政需要などを反映して，各回同一ではない．当事典発行時点で最新の国勢調査の実施年は2015年であり，同年の調査は簡易調査として実施されているが，その際の調査事項は以下のとおりである．これら調査事項は国勢調査令に規定されており，下線を付してある事項は大規模調査で調査される事項として定められているものである．下記の調査事項中，下線を付していない事項については，「現在の住居における居住期間」「5年前の住居

の所在地」「住宅の建て方」など一部を除き，戦後の国勢調査では概ね継続して調査されてきている．

［世帯員に関する事項—15 項目］(1) 氏名 (2) 男女の別 (3) 出生の年月 (4) 世帯主との続柄 (5) 配偶の関係 (6) 国籍 (7) 現在の住居における居住期間 (8) 五年前の住居の所在地 (9) 在学，卒業等教育の状況 (10) 就業状態 (11) 所属の事業所の名称及び事業の種類（産業）(12) 仕事の種類（職業）(13) 従業上の地位 (14) 従業地又は通学地 (15) 従業地又は通学地までの利用交通手段

［世帯に関する事項—5 項目］(1) 世帯の種類 (2) 世帯員の数 (3) 住居の種類 (4) 住宅の床面積 (5) 住宅の建て方

結果の集計・提供に用いられている地域区分としては，全国，都道府県，市区町村に加え，市区町村の地域を小さな区域に分割した基本単位区がある．基本単位区は各種の地域を構成する役割を有しており，これをもとに，「町丁・字等」，実質的な都市的地域を表す人口集中地区（DID），国土を等間隔の緯度・経度で分割した地域メッシュなど，さまざまな地域区分に対応する結果が集計・提供されている．このほかにも，大都市圏・都市圏などの地域の結果が提供されている．

実地の調査の方法は，調査員が調査票を担当の調査区内の各世帯に配付し，世帯が記入したものを調査員が取り集める方式によってきたが，調査実施をめぐる諸環境の変化に伴い，調査員が世帯の回答をみることができない密封提出方式，郵送提出も可能とする方式，一部地域でのウェブを通じた回答方式などが逐次導入されてきた．2015 年国勢調査では，従来型の方式（密封提出，そのままの提出，いずれも可）と郵送提出方式に加え，ウェブを通じた回答方式が全国的に採用されている．なお，調査区は，基本単位区をもとに，各市区町村の地域を漏れ重複なく，それぞれが 50 世帯程度を含むように分割して設定されている．また，各種標本調査で調査地域を抽出する際のフレームとしての役割を果たせるよう，各調査区にはその調査区の特性を示す情報も付加されている．

国勢調査の実施については，調査をめぐる環境変化に対応して上記のような方策がとられてきているが，それでも回答不詳の増加が目立つようになってきている．例えば，2000 年から 2015 年の間に，年齢が不詳である者の割合は 0.18% から 1.14% へと，また 15 歳以上人口のうち労働力状態が不詳である者の割合は 1.61% から 6.57% にまで上昇している．このような事情のため，国勢調査結果の利用に際しては不詳をどう扱うかについて注意を要する場合も多くなってきている．

［大林千一］

📖 さらに詳しく知るための文献

国勢調査（総務省統計局）のウェブサイトまたは報告書（特に，「最終報告書」「調査結果の利用案内—ユーザーズガイド」）．

佐藤正広，2015．『国勢調査 日本社会の百年』岩波書店．

人口調査
population survey

☞「人口の概念」p.408「人口静態統計」p.410「人口動態統計」p.412「人口センサス」p.436

　人口調査の代表的なものは人口センサスであり，多くは全数調査（悉皆調査）として行われる．一方，登録制度を介した全数調査として出生・死亡・結婚など動態事象を扱う人口動態調査がある．そして，これらに加え標本調査として行われる人口調査がある．本項ではこの種の人口調査について取り上げ，標本調査法の概説とともに解説する．

　標本調査として行われる人口調査は，人口の規模とその特徴，人口を変動させる要因（出生，死亡，結婚，移動など）について，その水準やそれらの変動に関連する社会経済要因や意識・行動要因などを調べ，研究関心に沿った説明的な分析を可能にする．人口調査には家族調査，保健調査も含まれるが，学校統計や労働力・雇用統計，家計消費統計をつくるための調査も間接的に人口学的な情報を得られるため，広義の人口調査とされる．

●**標本調査の種類**　標本調査で最も基本となる調査デザインは，一時点で一つの母集団を対象に行う「横断調査」である．横断調査を一時点で複数の母集団に対して行うと「比較調査」となる．これは地域間比較や国際比較などの研究において用いられる．一方，横断調査を異時点で定期的に行う場合，縦断調査と呼ばれ，「繰り返し調査」「コーホート調査」「パネル調査」の3種類がある．繰り返し調査は，同じ対象集団から調査回ごとに標本を抽出し，定期的に調査を行うものである．多くの官庁統計調査や民間の継続的調査はこの方法で行われ，調査対象集団の特徴について経年変化が観察されている．「コーホート調査」は，同時期に生まれた集団を追跡して繰り返し調べるものである．各調査回の対象者は，同じコーホートだが同一の個人でなくてもよい．一方，同一の個人や世帯を繰り返し調べる場合は「パネル調査」と呼ばれる．「パネル調査」は，同一の個人や世帯の人口学的イベントの経歴，すなわちライフヒストリーをとらえる調査である．

●**なぜ標本調査が行われるのか**　人口センサスのような全数調査では，その集計データに標本誤差がないため，総数でも属性別でもそのまま統計として利用できる．しかし，全数調査は莫大な費用がかかることが多く，膨大な数の調査員の訓練や管理も難しい．さらに集計に時間がかかり，調査項目数や設問内容を少数かつ単純なものに制限する必要もある．それに比べて標本調査は，人口の一部のみ調べるため安価に行えること，調査員が少数ですむので訓練や管理が容易なこと，調査主体の目的や研究関心に沿って自由に概念の定義を行ったり，特定のテーマやデリケートな内容の質問を含めたりできること，たずねる項目数も全数調査に比べて相当程度増やせることなどのメリットがある．一方で，標本調査のデメリ

ットは，地域別の分析がかなり粗くなることと，得られたデータがすべて標本誤差の影響を受けることである（Tabutin 2006）．特に後者については重要な制約であり，標本調査においてはサンプリング（標本抽出）の方法が重要となる．

　サンプリングの方法には確率抽出法（無作為抽出法）と非確率抽出法（有意抽出法）がある．母集団（調査対象となる人々）の名簿，つまり標本の「抽出枠」があれば確率抽出を行うことができる．この方法で抽出された標本を対象とした調査であれば，標本の代表性が確保され，標本誤差を標準誤差として統計学的に扱い，標本統計から母比率や母平均などを推定することができる．つまり，標本調査をもって全数調査の代替となりうるのである．一方，抽出枠を確保できなければ非確率抽出による標本調査を行う．この場合，標本の代表性は確保されず，標本統計から母数の推定を行うことはできない．

●標本調査におけるさまざまなサンプリング方法　確率抽出の根本原理は「どの標本も同じ確率で抜き取られうる」という条件を満たすことである．名簿上のすべての対象者に番号をつけ，そこから乱数などを使用してランダムに必要な標本数を抜き取る「単純無作為抽出」が最もシンプルな方法であるが，母集団に含まれる全員が記載されている名簿が必要となる．実際には，例えば住民基本台帳も選挙人名簿も各自治体や選挙委員会ごとに管理されており，日本全国や複数の地域をカバーした統一的な名簿はない場合が多い．そこでよく使われるのは，個人や世帯を直接抽出するのではなく，その前に自治体や地区などの区分で調査対象地点を抽出する方法である．

　集落抽出法は自治体や地区などの区分で地点を抽出し，その地点に含まれる個人または世帯すべてを調べる方法である．多段抽出法は地点を抽出した後，その地点の名簿から一定数の標本を無作為抽出する方法である（地点抽出と個人または世帯抽出の2段階なら，二段抽出法と呼ぶ）．多段抽出では，最終的に各地点にいる個人が同じ確率で選ばれるような抽出方法を用いる．具体的には，各地点の人口規模に比例して調査地点を選び，各地点では同数の標本を選ぶ「確率比例抽出」と，調査地点は等確率で選び，各地点での標本の抽出数をその地点の人口規模に応じて変える「等確率抽出」がある．両者とも，第1段階と第2段階の確率を掛け算すると個人または世帯の抽出確率は同じになる．また，各地点での標本抽出には系統抽出法（等間隔抽出法）がよく用いられる．これは，名簿上の個人や世帯に連番を与え，何らかの手順（乱数によりスタート番号を選ぶなど）で決めた番号から等間隔で標本を抽出するという方法である．

　多段抽出は調査の効率や費用の都合上，現実的な手段だが，単純無作為抽出をした場合と比べると抽出段階が増えるほど標準誤差は大きくなる．そこで，標準誤差を小さく抑えるために，第1段階で全国の地点を何らかの基準，例えば人口規模や産業構造などで層化して，その大きさに応じて地点を抽出し（比例割当），

その上で多段抽出法と同じ手順を踏む層別抽出法もある（例えば，二段抽出法と組み合わせる場合，層化二段抽出法と呼ぶ）．地点ごとに特性がある場合，単純な多段抽出では，ある特性をもつ地点がまったく選ばれず標準誤差が大きくなるリスクがあるが，第1段階でこの「特性」を統制し，各地点から必ず一つ以上が選ばれるようにすれば，標本の代表性を高め，標準誤差を抑えることができる．

　実際の社会調査では，（全国調査では層化した上で）確率比例抽出法で地点を選び，各地点では統計抽出で個人や世帯を選ぶという方法がよくとられている．

●人口学的情報を得られる標本調査の例　総務省統計局で毎年行っている労働力調査は，日本の就業・不就業の状態を明らかにするために実施されている．サンプリングは，約100万ある国勢調査区を産業・従業上の地位別就業者構成，住居の形態により層化した上で，約2900調査区を無作為抽出し，抽出された各調査区からほぼ15の住戸（総数で約4万世帯）を系統抽出する層化二段抽出法を用いている．調査データから，男女・年齢別15歳以上人口，就業者数，非労働力人口などの全国推計値が得られる．とりわけ，配偶関係別人口の全国推計値が毎年得られるのは貴重である．

　同じく総務省統計局では，5年周期で就業構造基本調査を行っており，国民の就業・不就業状態と就業構造について調べている．配偶関係，学歴，収入，従業上の地位や雇用形態，育児・介護状況，転居・居住期間，15歳未満の年齢別世帯人員などの豊富な調査事項を含んでおり，その全国推計値からは人口学的データを多く取得できる．サンプリングは層化二段抽出法である．2017年調査では，国勢調査区を産業別就業者構成，住居の形態などにより6層に分類し，各層ごとに確率比例系統抽出により約3万3000調査区を無作為抽出した後，抽出された各調査区からほぼ15の住戸を等確率系統抽出法により抽出している（約49万世帯）．

　厚生労働省で毎年行っている「国民生活基礎調査」は，保健，医療，福祉，年金，所得などの観点から国民生活の実態を調べることを目的として，集落抽出法によりサンプリングを行って調査を実施している．国勢調査区から，3年周期の大規模調査年には5530地区を，簡易調査年には1106地区を層化無作為抽出し，各地区に居住する全世帯を配票自計方式により調査している（大規模年は約29万世帯，簡易年は約6万世帯）．この調査からは，日本の世帯構造（単独・核家族・三世代など）や世帯人員，世帯類型（高齢者，母子など），高齢者や児童の数別の世帯数，世帯業態（雇用者世帯など）別世帯数，世帯収入などの世帯に関するデータや，世帯人員の調査事項からわかる15歳以上の就業者数とその就業形態，学歴別人口，傷病状況別人口などの全国推計値が得られる．

　国民生活基礎調査の後続調査として5年周期で行われている出生動向基本調査（国立社会保障・人口問題研究所）（以下，社人研）は，国民生活基礎調査の調査区から層化無作為抽出法により900地区（第15回調査）を抽出し，そこに居住

するすべての18～49歳の独身男女および50歳未満の有配偶女性を対象に配票自計・密封回収方式で調査を行っている（層化無作為二相集落抽出法）。この調査からは、夫婦の出生力の実態や独身者の結婚観、それらに関連する社会経済属性、意識、行動などの現況および回顧的データが得られ、日本の結婚・出生動向について説明的分析ができる調査設計となっている。社人研では、ほかにも人口移動調査、全国家庭動向調査、世帯動態調査、生活と支え合いに関する調査（旧 社会保障実態調査）といった5年周期の標本調査を行っている。

出生や結婚に関しては、厚生労働省で大規模なパネル調査も行われている。2001年1月・7月の10～17日に生まれたすべての子どもを追跡している21世紀出生児縦断調査、2001年10月現在に20～34歳であった男女とその配偶者（平成13年国民生活基礎調査の調査地区から無作為抽出した1700地区に居住する該当者）を追跡した21世紀成年者縦断調査がある（このほか中高年者縦断調査として、50歳代以降の就業引退期とその後の生活実態に関するパネル調査も行われている）。

パネル調査は、費用や時間、データ管理の手間がかかり、時間とともに調査協力者が脱落して標本に偏りが生じるといったデメリットもあるが、対象者の意識や属性の経時的変化が正確に把握でき、因果関係の分析に適している。日本では、1987年に全国の60歳以上の高齢者を対象として開始された全国高齢者調査（現 長寿社会における中高年者の暮らし方の調査）（東京都健康長寿医療センター研究所）や1993年に開始された「消費生活に関するパネル調査」（旧 家計経済研究所、2018年から慶應義塾大学パネルデータ設計・解析センターに移管）などが先駆的なものとしてある。2000年代以降は、上記厚労省パネルのほか、民間でも次々にパネル調査が行われてきている。東京大学社会科学研究所のパネル調査プロジェクト（働き方とライフスタイルの変化に関する全国調査、高校卒業後の生活と意識に関する調査、学校生活と将来に関する親子継続調査）、日本家計パネル調査、日本子どもパネル調査（慶應義塾大学パネルデータ設計・解析センター）、全国就業実態パネル調査（リクルートワークス研究所）などがある。

また、民間で行われている代表的な横断調査としては、社会階層と社会移動全国調査（SSM調査）（社会階層と社会移動調査研究会）、全国家族調査（日本家族社会学会）、日本版総合的社会調査（JGSS調査）（大阪商業大学JGSS研究センター）などがある。いずれも人口研究に応用可能なデータを含む優れた学術的調査である。　　　　　　　　　　　　　　　　　　　　　　　　　　　　　　［守泉理恵］

□□ さらに詳しく知るための文献

轟 亮・杉野勇編, 2010,『入門・社会調査法—2ステップで基礎から学ぶ 第2版』法律文化社.
筒井淳也ほか, 2016,『パネルデータの調査と分析・入門』ナカニシヤ出版.
Tabutin, D., 2006, "Information Systems in Demography", Caselli, G., et al. ed., *Demography: Analysis and Synthesis*, 4：493-522.

13. 死亡と寿命の分析

　死亡の概念や基本的指標，またWHOの勧告に基づく死因分類は，死亡・寿命研究における基本的枠組みを成しているといえる．また，異なる人口集団間や異時点間の死亡・寿命水準比較に用いられる死亡率の標準化法や生命表作成方法は，人口学的分析における重要な手法となっている．特に平均寿命については，その年次変化や男女差を，年齢や死因別に要因分解するのも重要な分析手法といえよう．一方，生命表分析自身も，単なる死亡分析の枠を超え，誕生から初婚・離婚・再婚・死別を経て本人の死亡へという，ライフコースの生成から消滅までをとらえる，結婚の減少表，増減表，多相生命表などへと発展を遂げてきた．

　また，近年における死亡研究の大きな成果の一つとして，世界と日本の死亡データベースの整備があげられ，これらは現在，寿命の先端的研究や将来推計に大いに活用されている．さらに人口学における死亡モデリングの研究も，数学的関数モデル，経験モデルからリレーショナル・モデルへと発展してきている．

[高橋重郷・石井　太]

死亡の測定·················448
死亡率の標準化·············450
平均寿命と生命表···········452
死亡データベース···········456
死亡率の数理モデル·········458
死亡率の経験モデル·········460
リレーショナルモデル·······462
リー・カーター・モデル·····464
寿命の差の要因分解·········466
死亡の小地域推定···········468
生命表と死因分析···········470
健康の生命表分析···········472
将来生命表·················474
多相生命表·················476
死因分類···················478

死亡の測定
measurement of death

☞「人口動態統計」p.412「死亡率の標準化」p.450「平均寿命と生命表」p.452「死亡データベース」p.456

　WHOによれば，死亡とは「出生後において，生命の徴候が不可逆的に消失すること」と定義されている．この生命の徴候の不可逆的消失について，現在の日本では一般に呼吸停止・心拍停止・瞳孔拡大・対光反射の消失（死の三徴候）によって規定されている．

●死亡の届出と死亡統計　多くの国では出生同様，死亡についても届出の義務がある．日本では戸籍法（Family Register Act）において，家族など届出義務者が死亡の事実を知った日から7日以内（国外で死亡があったときは，その事実を知った日から3か月以内）に市区町村または在外公館へ届を出すことが定められている．死亡届が受理されると戸籍から抹消されるとともに，住民票は除票となる．なお，火葬および埋葬には火葬（埋葬）許可証が必要であるが，この許可証の申請は死亡届の提出により可能となる．

　死亡届（Notification of Death）の届出事項は，死亡者の氏名，生年月日，死亡時刻，住所および本籍，配偶関係などである．死亡届の右側は死亡診断書もしくは死体検案書となっており，この部分の記入は医師が行う．死亡診断書（死体検案書）には死亡年月日および時刻，死亡の原因などが記載される．

　この死亡についてまとめた統計が死亡統計である．狭義にはある期間に発生した死亡件数をまとめた統計を指し，広義には死亡に関する諸指標も含まれる．近代以前の人口や途上国など統計が整っていない人口の場合，モデルなどから死亡率や死亡数を推計する場合もある．

　死亡統計は通常，1年間を単位として作成される．日本においては市区町村に届け出された死亡届および死亡診断書をもとに作成される厚生労働省「人口動態統計（*Vital Statistics of Japan*）」が狭義の死亡統計に，死亡の水準を示す平均寿命・平均余命が計算された同省「生命表（*Life Tables*）」が広義の死亡統計にあたる．日本では死亡届を出さないと埋葬許可がおりないため，概して死亡の発生から届出までの期間は短い．なお，「人口動態統計」は国内の日本人が対象であるため，死亡率など諸指標を求める際の分母人口には通常，日本人人口が用いられている．

●死亡率　人口における死亡の水準を示す指標にはいくつかある．それらのうちで最も単純なものは粗死亡率であり，ある期間における総死亡数を人口総数で除して得る．また，死亡の発生は年齢によって大きく異なることから，年齢別死亡率が用いられることも多い．通常，粗死亡率や年齢別死亡率は1000倍し，千分率（‰：パーミル）で表記される．また，死亡水準を示す代表的な指標である平均寿

命（平均余命）は，この年齢別死亡率をもとに作成される生命表から算出される．

ここで粗死亡率と平均寿命について戦後の推移をみると，平均寿命は男女ともほぼ一貫して大幅に上昇している．それに対して粗死亡率は1979年に6‰をわずかに下回って以降は上昇傾向が続いており，2015年には10.3‰に達している（図1）．

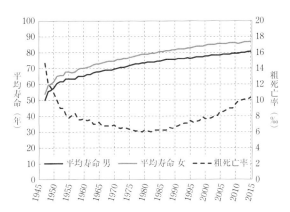

図1　粗死亡率および平均寿命の推移
[厚生労働省「人口動態統計」「生命表」より作成]

平均寿命は延びているのに粗死亡率が上昇しているのは，死亡者の年齢構造が高齢化していることに起因する．平均寿命を算出する際は，「何歳で死亡したか」，言い換えれば「何歳まで生存したか」を用いる．これに対し，粗死亡率では単に死亡数だけが扱われ，生存時間は考慮されない．両指標の動向の相違は，この違いによるものである．

●死亡の年齢パターン　死亡は全年齢で発生するが，その発生パターンは年齢に強く依存する．一般に死亡率は0歳～数歳まで高く，そこから低下して10歳前後で最低となり，そこから高年齢にかけて上昇していくというパターンを示す．なお，若年齢と高年齢は統計が不安定になりやすいほか，年齢に関する客観的な資料がない時代や地域では死亡が一部の年齢に偏るヒーピングや，（死亡）年齢の誇大報告が生じる場合がある．こうしたデータを用いた死亡率は実際よりも過小もしくは過大になるため，モデルの当てはめなどによる補正が必要な場合がある．

また，死亡原因を示す死因からは重要な情報を得られるが，複数の死因が絡み合っている場合など必ずしも常に一定の線引きができるわけではない．また死因の分類はWHOが国際標準となる「疾病及び関連保健問題の国際統計分類」（International Statistical Classification of Diseases and Related Health Problems：ICD）を定めている．この分類は概ね10年に一度改訂されているが，新旧の分類間で互換性はなく，したがって分類が変更になった前後では時系列で死因の分類はつながらない．

[別府志海]

死亡率の標準化
standardization of death rates

☞「人口動態統計」p.412「死亡の測定」p.448「平均寿命と生命表」p.452「寿命の差の要因分解」p.466

　死亡率の水準を異なる集団で比較したり，同一集団における死亡率の時系列的な変化を追跡する場合，死亡率の「標準化」という考え方が重要になってくる．

　最も簡単に得られる死亡指標は粗死亡率（普通死亡率とも呼ばれる）であるが，これは全人口を分母，全人口から生起した死亡数を分子にして算出される．しかし，粗死亡率を複数の集団で比較したり，時系列データとして並べるだけでは，死亡率の差異や変化について誤った結論に至る可能性がある．なぜならば，年齢や配偶関係といった人口の下位集団の属性によって死亡率は異なり，さらにこれらの人口属性には集団差が存在し，同一集団の中でも時代とともに変化していくためである．

　したがって，死亡率の集団間比較や時系列比較を行うためには，人口属性の影響を除去した後の死亡率の水準を取り出す必要がある．それを可能にするのが死亡率の標準化である．標準化の方法は直接法と間接法の二つに大別される．以下では，年齢による標準化を例にこれら二つの標準化法について解説する．

●**直接法**　直接法とは，標準となる人口（標準人口あるいは基準人口と呼ばれる）の年齢構成に基づいて仮想的な粗死亡率（期待粗死亡率ともいう）を算出する方法である．まず，粗死亡率は以下のように分解できる．

$$CDR = \frac{D}{N} = \frac{\sum_{i=1}^{\infty} D_i}{N} = \frac{\sum_{i=1}^{\infty} \frac{D_i}{N_i} N_i}{N} = \sum_{i=1}^{\infty} \frac{D_i}{N_i} \cdot \frac{N_i}{N} = \sum_{i=1}^{\infty} M_i \cdot C_i$$

N は総人口，D は総死亡数，添字の i は年齢階級である．C_i は年齢階級 i の人口が全人口に占める割合である．このようにみると，粗死亡率は年齢別死亡率 M_i の加重平均であり，そのウエイトとして用いられているのが人口の年齢分布 C_i であることがわかる．粗死亡率のこの特性を利用して，ウエイトとして用いられる人口の年齢分布を一つに固定し，仮想的な粗死亡率を算出するのが直接法による年齢標準化である．すなわち，標準人口の年齢構成を C_i^s とすると，年齢標準化死亡率（Age-Standardized Crude Death Rate）は以下のように表せる．

$$ASCDR = \sum_{i=1}^{\infty} M_i \cdot C_i^s$$

●**標準人口の設定**　直接法による標準化において問題となるのは標準人口の決め方である．標準人口をどのように設定するかによって，年齢標準化後の死亡率の差の大きさだけでなく，その差の符号まで影響されうる．それゆえ，標準人口の選択は慎重に行う必要がある．プレストンら（Preston et al. 2001）によるガイドラ

インを示しておくと，(1) 比較対象となる集団が二つのみの場合は，二つの集団の年齢構成の平均を標準年齢構成として用い，(2) 三つ以上の集団が比較対象の場合は，比較群の中で年齢構成が最も平均に近いものを基準に用いるのが望ましい．

なお，日本の人口動態統計では1985（昭和60）年の国勢調査人口をもとに，ベビーブームなどの極端な増減を補正し，四捨五入によって1000人単位としたモデル人口が標準人口として用いられている．

●**間接法** 直接法による死亡率の年齢標準化を行うためには，下位集団ごとの年齢構成と年齢別死亡数が必要である．しかし，時として下位集団ごとの年齢別死亡率のデータが存在しないことがある．そのような場合，間接法による標準化が役に立つ．直接法は年齢構成 C_i を固定して反実仮想的な粗死亡率を得る方法であったが，間接法が固定するのは年齢別死亡率 M_i であり，さらに仮想的な出力として死亡数を算出する．

例えば，死亡率の年齢スケジュール（年齢別死亡率）が未知の集団Aと既知の集団Bが存在する場合，間接法による標準化では「仮に集団Aの年齢別死亡率が集団Bと同じであったとすると，集団Aでどれくらいの死亡数が観察されるか」を問う．粗死亡率の定義より，総死亡数は，

$$D = CDR \cdot N$$

と表され，さらに先に直接法のところで示した粗死亡率の分解式より，

$$D = CDR \cdot N = \sum_{i=1}^{x} M_i \cdot C_i \cdot N = \sum_{i=1}^{x} M_i \cdot N_i$$

となる．ここで，集団Bの死亡スケジュールに基づいた期待死亡数は，

$$D^* = \sum_{i=1}^{x} M_i^B \cdot N_i^A$$

と表せる．ここで，右上の添字は各集団を示す．この期待死亡数に対する集団Aの実際の死亡数の比，

$$SMR = \frac{D}{D^*} = \frac{\sum_i M_i^A \cdot N_i^A}{\sum_i M_i^B \cdot N_i^A} = \frac{D^A}{\sum_i M_i^B \cdot N_i^A}$$

は，標準化死亡比（Standardized Mortality Ratio：SMR）と呼ばれ，この比が1よりも大きいとき，集団Aの（未知の）年齢別死亡率は，概して集団Bのそれよりも高いことを意味する． ［余田翔平］

📖 さらに詳しく知るための文献

Preston, S. H. et al., 2000, *Demography: Measuring and Modeling Population Processes*, Wiley-Blackwell.

平均寿命と生命表

life expectancy and life table

☞「寿命の地域差」p.100「人口動態統計」p.412「死亡の測定」p.448「死亡データベース」p.456「生命表と死因分析」p.470「多相生命表」p.476

平均寿命とは，人口が年齢別の死亡（確）率に従って加齢とともに減少していくとした際，0歳になった瞬間（出生時）における期待生存期間の平均値であり，「生命表」から算出される．人口の移動は考慮せず，死亡のみで減少する．平均期待生存期間（＝平均余命）は各年齢について算出されるが，その中でも特に「0歳時」の平均余命を平均寿命と呼ぶ．平均寿命は全年齢の死亡状況を反映するため，人口全体の死亡水準を示すことができる．また，年齢構造の影響を受けない指標であることから，時系列・国際比較に優れる．

●**生命表とは** これら平均余命，平均寿命を算出するのに作成されるのが生命表である．生命表とは，人口移動のない閉鎖的な状況において，ある一定数の出生（通常10万）が，与えられた年齢別死亡確率に従って減少していく様子を，生命表関数を用いて示したものである．生命表の歴史は古く，グラント（J.Graunt）が1662年に作成した死亡表に始まるといわれている（河野 1996）．人口を生命表形式で表すと人口の年齢構成を標準化できるため，違った年次や異なった人口構造をもつ諸国の人口指標を比較する際に有効な分析法である．

日本の公式な生命表は厚生労働省が公表しており，全国については「簡易生命表」が毎年について，さらに国勢調査年次については「完全生命表」も作成されている．また地域別には同省が5年ごとに「都道府県別生命表」「市区町村別生命表」を公表している．

生命表はその計算にいくつかの関数を用いる（厚生労働省 2017；南條・重松 1995；山口・小林 1995）．なお，厚生労働省が作成している完全生命表はかなり厳密な方法で作成されており，以下で紹介する簡便なものとは作成方法が異なる．

さて，生命表では，観察開始からの時間経過を x で表す．一般に観察開始は出生が用いられる．観察時間の単位には，ヒトを対象とした生命表では多くの場合「年」が用いられるが，出生直後などは「日」または「月」も用いられる．その場合はそれぞれ「年齢」「月齢」「日齢」を表すことになるが，x 自体は連続変数である．また年齢階級は n と標記される．各年齢各歳で扱う場合は $n=1$ となり，5歳階級では $n=5$ となる．

●**生命表関数** 死亡確率 $_nq_x$ は，ちょうど x 歳に達した人が $x+n$ 歳に達するまでに死亡する確率である．生命表作成の上で重要な関数であるが，この関数の算出には若干の問題がある．最も大きな問題は，この指標は実際の人口から直接に算出できないことである．実際の人口からは，ある年齢 x 歳から $x+n$ 歳の間の（中央）死亡率 $_nm_x$ が得られる．n 年間の死亡が均一に発生すると仮定すれば，次の

式を用いることにより $_nm_x$ から $_nq_x$ を求めることができる.

$$_nq_x = \frac{n \times m_x}{1 + \frac{n \times m_x}{2}} \quad (1)$$

ただし,特に出生直後など死亡が集中する期間を含む場合,死亡パターンが均一ではないため,この方法で計算すると実際よりも過小になってしまう.また,高年齢では観察される $_nm_x$ が不安定になる傾向があるため,別に計算する必要がある(Chiang 1984；南條・重松 1995).

生存確率 $_np_x$ は,ちょうど x 歳に達した人が $x+n$ 歳に達するまで生存する確率である. $_nq_x$ とは表と裏の関係にあり,死亡のない状態である1から死亡確率 $_nq_x$ を差し引くことにより得られる.

生存数 l_x は,ある年齢 x 歳になった瞬間に生存している,生命表上の人数である. $x+n$ 歳の生存数 l_{x+n} は次式のようになり, $_nq_x$ が得られれば l_{x+n} を簡単に得ることができる.なお, l_x を l_0 (=通常10万)で割ると, x 歳まで生存する確率を求めることができる.

$$l_{x+n} = l_x \times (1 - {_nq_x}) = l_x \times {_np_x} \quad (2)$$

死亡数 $_nd_x$ は x 歳から $x+n$ 歳未満の間の死亡数であり,これは実際の死亡数ではなく,生命表上のものである. $_nd_x$ は次式から得られる.

$$_nd_x = l_{x+n} - l_x = l_x \times {_nq_x} \quad (3)$$

また,生命表上の死亡数の総数は出生数 l_0 に等しい.つまり生命表内の人口は出生数と死亡数が等しく,人口は増加も減少もしない静止人口状態にある.生命表が静止人口表ともいわれるゆえんである.

死力 μ_x は理論上,生命表関数の中で最も基本的な指標である.死力は x 歳になった瞬間の死亡確率で死亡していくと考えた場合の死亡割合である.死力は x 歳における曲線 l_x の傾きの絶対値に相当する.死力は死亡確率と異なり,区間 n の幅に影響されない.生命表関数の中で区間の概念をもたないものは生存数 l_x,死力 μ_x と,後で述べる平均余命 $\overset{\circ}{e}_x$ である.死力を式で表せば,

$$\mu_x = -\frac{d \ln l_x}{dx} \quad (4)$$

となる.理論上は,この死力から生存数および死亡確率が得られる.しかしながらこの指標を実際の人口から計算することは非常に難しい.実際の生命表作成では,他の方法から $_nq_x$ を推計することが可能であり,死力の算出は特に必要ない.

$_nL_x$ と T_x の二つの指標は定常人口と呼ばれる.この定常人口は生存延べ人年

(person-years) である．生命表を利用する上で最も利用価値の高い関数である．この定常人口があることにより，余命などの指標の算出が可能となる．また，人口推計の生残率（survival rates）の計算や，純再生産率の計算におけるウエイトとしての人口のほか，労働力生命表の計算におけるウエイト人口として用いられる．

一般に年齢は時間の幅をもった概念であるから，$_nL_x$ は x 歳から $x+n$ 歳未満の人口と考えられる．生命表内の人口は，出生数と死亡数がともに l_0 に等しいため，総人口 T_x は増加率 0 の静止状態にある．なお，T_x は $_nL_x$ を最高齢から累積したものである．

定常人口 $_nL_x$ と生存数 l_x の関係は図 1 のようになる．記号に添え字 n がないことからわかるように，l_x は時間の幅の概念をもたない関数であり，直線 AB で示される．一方 $_nL_x$ は，l_x と l_{x+n} に囲まれた ABDC の面積に相当する．そして，直線 AB から右の斜線で示された部分の面積が x 歳以降における生存のべ年数であり，T_x に相当する．

厳密には $_nL_x$ は l_x の積分で表される．しかしこの計算に必要となるデータを実際の人口から得ることは難しい．そこで積分を用いない方法がいくつか考案されている．とりわけ死亡確率が急激に変化しなくなる概ね 5 歳以上では簡便法が存在する．作成した生命表の n（年齢などの階級幅）があまり長い期間でないとき，ABDC を近似的に台形と考えることが可能である．

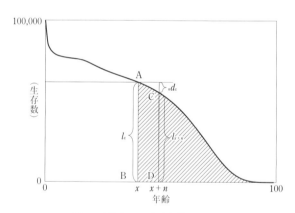

図 1　定常人口 $_nL_x$ と生存数 l_x の関係

仮に台形だとみなすことが可能であれば，その面積は，

$$_nL_x = \frac{l_x + l_{x+n}}{2} \tag{5}$$

から求めることができる．しかし特に 5 歳未満の場合では面積が必ずしも台形に近似しないため，他の方法により計算される．生命表作成の上で，この $_nL_x$ と $_nq_x$ の算出が最も難しく，計算方法もいくつか考案されている（Chiang 1984；南條・

重松 1995).また,最終の年齢階級がω歳以上のかたちで与えられているとき$_\infty L_\omega$は次の式により算出される.

$$_\infty L_\omega = \frac{l_\omega}{_\infty m_\omega} \tag{6}$$

最後に平均余命$\dot{e}_x$は,ある年齢x歳になった瞬間からの平均生存年数である.

$$\dot{e}_x = \frac{T_x}{l_x} \tag{7}$$

中でも出生時($x=0$)の平均余命を平均寿命と呼び,その人口がもつ死亡率水準を表す指標として広く利用されている.

人口を生命表形式で表すと人口構成を標準化できるため,違った年次や異なった人口構造をもつ諸国の人口指標を比較する際に有効な分析法である.

生命表は国を単位としたもの以外に,国の中をいくつかに分けた地域別に作成された地域別生命表も存在する.ただし市区町村のように小地域を対象とする場合は,死亡率が人口移動や偶然変動の影響を受けやすく,その際,適当な推定による補正がなされることも多い.

●**分析手法としての生命表** 生命表を分析手法の一つとしてみた場合,死亡以外の減少要因にも応用が可能である.また,生命表を拡張した多重減少生命表あるいは複因(減少)生命表を用いれば,複数の要因により減少する生命表も作成可能である.この例としては,未婚者が初婚と死亡によって減少していく様子を示した初婚表があげられる.さらに多相生命表を用いれば,結婚状態や人口移動のように減少と増加を伴う事象についても分析が可能である.

これらの生命表では,作成にあたって生存から死亡への死亡確率など,各状態から他の状態への異動確率が必要となる.一方で,こうした異動確率が得られない場合の簡便的な作成方法として,現実の人口に関する状態別割合と生命表の定常人口を用いた分析方法がある.代表的なものは,アメリカ労働局ウォルフバイン(S. L. Wolfbein)とウール(H. Wool)による労働力生命表,サリバン(D.F. Sullivan)による健康生命表である(U.S. Department of Labor 1950 ; Sullivan 1971).労働力生命表からは平均労働力余命が,健康生命表からは平均健康余命が算出される.このうち平均健康余命は健康寿命として取り上げられることもある.

［別府志海］

📖 さらに詳しく知るための文献

Chiang, Ching-Long, 1984, *The Life Table and its Applications*, Krieger Publishing.(日本アクチュアリー会訳,1984,『生命表とその応用』日本アクチュアリー会.)
河野稠果,1996,「形式人口学」岡田 實・大淵 寛編『人口学の現状とフロンティア』大明堂,pp.153-178.
山口喜一ほか編,『生命表研究』古今書院,pp.54-88.

死亡データベース
mortality database

☞「人口動態統計」p.412「死亡の測定」p.448「平均寿命と生命表」p.452「死因分類」p.478

　死亡分析を行うにあたって，死亡データの利用は不可欠な要素であるが，一般的に人口動態統計から得られる死亡の生データはそのままでは分析に利用できない．また各国でデータ形式などが異なると国際比較が困難なものとなる．このような中で，死亡分析に適した生命表形式の死亡データベースを整備する国際的プロジェクトが立ち上げられてきた．現在，その中心となっており，さまざまな活用が行われているのが，カリフォルニア大学バークレー校（UCB）とマックスプランク人口研究所（MPIDR）の研究チームが共同で2000年に立ち上げたHuman Mortality Database（HMD）プロジェクトである．

●HMDとは　HMDは，研究者，学生，ジャーナリスト，政策分析者をはじめとした，人類の寿命の歴史に関心のあるすべての人に対して，詳細な死亡データを提供することを目的とし，国または地域レベルの人口集団について，プロジェクトが独自に計算した死亡率および生命表を，これらの計算に用いた入力データとともに提供している死亡データベースである．HMDの前身となるプロジェクトとして，ウィルモス（J. Wilmoth）によるBerkeley Mortality Database（BMD）が1997年に創設され，そこではHMDと同様の形態での生命表データが提供されていたが，対象となっていた国はフランス，日本，スウェーデン，米国の4か国に留まっていた．しかしながら，HMDではデータの収載国（または地域）を精力的に拡大してきており，2017年2月現在では，オーストラリア，オーストリア，ベラルーシ，ベルギー，ブルガリア，カナダ，チリ，チェコ，デンマーク，エストニア，フィンランド，フランス，ドイツ，ギリシア，ハンガリー，アイスランド，アイルランド，イスラエル，イタリア，日本，ラトビア，リトアニア，ルクセンブルグ，オランダ，ニュージーランド，ノルウェー，ポーランド，ポルトガル，ロシア，スロバキア，スロベニア，スペイン，スウェーデン，スイス，台湾，英国，米国，ウクライナの38の国または地域となっている．なお，HMDは1993年にカニスト（V. Kannisto）とサッチャー（R. Thatcher）によって創設されたKannisto-Thatcher Database on Old Age Mortality（KTD）にも大きな影響を受けている．KTDは30以上の国に関するデータを収集し，80歳以上の高齢死亡率を対象として，その年齢層における死亡率推定の先進的な方法論を研究したものである．HMDはこれらの先行プロジェクトの成果を継承し，全年齢の詳細な生命表が提供されているBMDの形式を保ちつつも，KTDの成果である高齢死亡率推定に関する新たな方法論を活用し，KTDと同様30～40の国および地域のデータを収載することを目指して開始されたプロジェクトである．

このHMDと整合性をはかりつつ，わが国の生命表を死亡研究に最適化して総合的に再編成した死亡データベースが，国立社会保障・人口問題研究所（以下，社人研）の「日本版死亡データベース」（Japanese Mortality Database：JMD）である．JMDでは，HMDの生命表の作成方法に基本的に従いつつも比較可能性を阻害しない範囲で，日本の死亡状況により適合させるための改善を行って作成されており，社人研のウェブページから入手可能である．HMDが国内の地域別生命表の提供は行っていないのに対し，JMDでは都道府県別の生命表についても提供を行っているのが特徴である．ただし，現時点では全国の生命表が1947年以降について提供されているのに対して，都道府県別生命表は1975年以降のみとなっている．また，全国の生命表については最も詳細なもので1歳×1年単位が提供されているが，都道府県別生命表は人口規模の小さい県においては統計的安定性を欠くことから，5歳×5年あるいは5歳×10年単位のもののみが提供されている．JMDはわが国の都道府県別生命表を含む各種生命表を同一形式で比較可能であること，また，国内の地域別生命表をHMDの生命表と比較できるなど，死亡分析に適したデータベースとなっており，わが国の死亡分析に欠くことのできない死亡データベースとなりつつあるということができる．

●その他の死亡データベース　HMD以外にも死亡に関するデータベースは存在する．死因に関しては，WHO mortality databaseとHuman Cause-of Death Database（HCD）があげられる．WHO mortality databaseは1950年以降の国別・性別・年齢階級別のICD（国際疾病分類）に基づく死因データを収載したものである．また，データを取り出しやすくする観点から，CoDQL（Cause of Death Query online）というオンライン上でデータ抽出を行うことができるシステムを公開しているのも特徴である．しかしながら，死因データはICDの改定に伴ってその連続性が失われることがあり，これが長期の時系列分析をする際に困難を生じさせる原因となっている．HCDプロジェクトは，このような問題に対応するため，同一の分類で時系列観察ができるような死因別死亡に関するデータベースをICD-10分類で再構築し，提供することを目的としている．このプロジェクトのもととなったのは，フランスの死因データを用いてヴァランとメレが開発した手法（Vallin & Meslé 1988）に基づいており，現在でもフランス人口研究所（INED）が中心となりつつ，ドイツマックスプランク研究所（MPIDR）のほか，ヨーロッパの研究者らにより国際的なプロジェクトが進められている．また，110歳以上の超高齢者の死亡に関するデータベースプロジェクトとして，MPIDRのウェブサイトで提供されているInternational Database on Longevity（IDL）がある．

［石井　太］

📖 さらに詳しく知るための文献

石井 太，2015，「日本版死亡データベースの構築に関する研究」『人口問題研究』71（1）：3-27．

死亡率の数理モデル
mathematical model of mortality

☞「平均寿命と生命表」p.452「死亡率の経験モデル」p.460「リレーショナルモデル」p.462「リー・カーター・モデル」p.464

　死亡は出生と人口移動とともに，人口や個体群の規模を左右する大きな要因の一つである．生命表においては年齢 x までの生存数 l_x として，0歳平均余命（平均寿命）に影響を与える．生物個体の一生を通じて死亡のリスクは一般的に各年齢で異なる．それらは死亡理由が各年齢で異なるほか，生物学ではヒトに限らず人口密度によるものも大きいと考えられている（嶋田ほか 2009）．

　ここでは，死亡に関する数理モデルを紹介し，個体群動態との連関について議論してみたい．数理モデルとして死亡を扱う場合，各個体の死亡は連続的な時間の中で発生する場合を考える．つまり，生存数 l_x を年齢 x の連続な関数とみて死亡率（死力）$\mu(x)$ を以下で定義する．

$$\mu(x) := \lim_{\varepsilon \to 0} \frac{-1}{l_x} \frac{(l_{x+\varepsilon} - l_x)}{\varepsilon} = \frac{-1}{l_x} \frac{dl_x}{dx} \tag{1}$$

このとき := は定義を意味する．つまり，ここでの死亡率は x 歳に達した生存数の微小時間 ε に対する「傾き」を x 歳の生存数で割ったものである．死亡の理論では上記の死亡率の値が年齢ごとに連続的に変化することで生存数が変化すると考えられている．より具体的に死亡率 $\mu(x)$ を用いて生存数の関係を書くと式 (1) を解くことにより，

$$l_x = \exp\left\{-\int_0^x \mu(a)\,da\right\}, \quad l_0 = 1 \tag{2}$$

が得られる．ここで，初期生存数を1とおくことにより，生存数は x 歳までの生存率または生残率となる．

●**死亡率の具体的な数理モデル**　死亡率の具体的な数理モデルの原点は多くの人口学の教科書が述べるように19世紀に登場した以下のゴンパーツによるものが有名である（Gompertz 1825）．

$$\mu(x) = C \exp\{bx\} \tag{3}$$

C および b はともに正の定数であり，死亡率は年齢とともに指数関数的に急上昇するモデルである．式 (2) に当てはめれば生存率は，

$$l_x = \exp\left\{-\frac{C}{b}\exp\{bx\} + \frac{C}{b}\right\} \tag{4}$$

となる．ゴンパーツのモデルにはほかにもゴンパーツ–メイカムモデル (Gompertz-Makeham Model) という修正を加えたモデルがある．しかし，実際のヒトの死亡率は乳幼児死亡率の方が10代〜40代のそれよりも高いなど，ゴンパーツのモデルのような死亡率が単調に増加するモデルでは，若い世代の死亡に

対する抵抗力などを表すことはできない．そのため，このモデルが比較的機能する高齢世代の死亡率を表すモデルとして解釈されている．

●**死亡の数理モデル研究の方向性**　死亡の理論研究は人口統計学においても数理人口学においても基礎である．しかし，人口動態を帰納的にとらえる前者と演繹的にとらえる後者ではその基礎研究の方向性が異なる．人口統計学においては，将来の人口推計などを行う過程で死亡データのトレンドが重視されるため，それらを反映できるリレーショナルモデルが重宝される．これは死亡の要因や理論的背景などなくても，時系列で得られたデータから，より実用的・具体的な将来の生命表を描くためのモデルである．つまり，リレーショナルモデルは将来の死亡トレンドの最も蓋然性の高い死亡率を見出すためのモデルであり，現実のデータに最も近い死亡動態を描けるモデルをみつけることにある（代表的なものとしてはリー・カーターモデルがある）．

一方，数理人口学における死亡の研究は現実的な死亡率の具体的な関数を見出すというより，超長期的に死亡が人口動態に与える影響が注目される．この分野では，出生率と死亡率のバランスによって人類が長期間個体数を制御できたと考えるため，死亡率が「何」に依存して人口を制御したかが問題になる．ゴンパーツモデルのような年齢のみに依存する死亡率や出生率では人口は絶滅するか増え続けるのみか，一定の値を維持するしかないことが知られている（稲葉 2002）．

しかし，現実では人口動態はそのような挙動を示していない．ガーティンとマッカミイは出生と死亡が人口密度に依存する場合，さまざまな初期人口から安定な人口密度に収束するための条件を見出した（Gurtin & MacKamy 1974）．数理人口学では，死亡率を変化させるどのような要因が人口動態の安定化・不安定化を生むのかということが，死亡の数学モデルの研究対象となる．これは地質学的スケールの時間でみた場合に，人類全体の人口が無限大にならない理由として，人口密度によって制御されているという思想に基づく．昨今の先進国における少子高齢化は，人口規模の拡大とともに起こる死亡率の改善と出生率の低下は医療技術の発展と複雑な社会構造の変化によるものとされる．これらは空間的・時間的な人口密度の効果と考えることができるが，これを適切に表す数理モデルの開発には至っていない．

このように，帰納的手法と演繹的手法には研究の方向性に顕著な違いがあるものの，死亡という現象を現実世界で理解しようという精神は同じである．これらが同一の結論を導くとき，科学的理解が生まれるのである．　　　　［大泉　嶺］

📖 さらに詳しく知るための文献

和田光平．2015．『人口統計学の理論と推計への応用』オーム社．
古川俊之．1996．『寿命の数理』朝倉書店．

死亡率の経験モデル
empirical model of mortality

☞「死亡の測定」p.448「平均寿命と生命表」p.452「死亡率の数理モデル」p.458「リレーショナルモデル」p.462「安定人口モデル」p.526

　死亡率は性別・年齢によって大きく異なることが知られている．人類の歴史を考えると，死亡の状況に関する詳細な統計が得られない，または得られても統計が正確でないといった時代・社会は少なくない．また人口規模が比較的小さい場合には統計が不安定になりやすい．

　こうしたさまざまな人口の死亡率を推定・補正するために，実際に観察された死亡率の年齢パターンをもとに，多くの人口・社会に適用可能なモデル化が行われている．死亡率の水準だけでなく平均余命・平均寿命も得られるようにする目的から，生命表の形式をとることが多い．

●**最良生命表**　実際に観察された死亡率・生命表に基づき，社会がこれまでに経験した死亡状況から，それぞれの年齢別に死亡率が最低のものを選び出して作成したものが最良生命表である．この生命表は「これまでに経験された最低死亡率が達成された場合」の死亡状況を示す．将来の死亡率を推計する際に用いられることがある．

　最良生命表から得られる平均余命・平均寿命は，将来達成しうる目標値としてわかりやすいが，この水準をいつの時点で達成するかは示されない．このため将来推計に用いる場合には，達成時点に関して別途検討が必要となる．また，例えば現在の日本のように死亡率が十分に低い人口では，最良生命表と実績値による平均寿命の差が小さくなり，目標となりえない．

　なお，最低とする死亡率水準の地域区分は都道府県別や国別などいくつかある．

●**モデル生命表**　既存のデータから経験的に死亡率の年齢パターンについて数学的な補整を行い，いろいろな人口に応用できるように作成されたものがモデル生命表である（河野 2000）．

　死亡について統計が部分的にしか得られない，信頼性が低いなどの場合に死亡状況，ひいては人口動態が不明となってしまうことがある．これに対し，既存の信頼できる死亡統計からあらかじめいくつかの年齢パターンに基づき生命表を作成しておくことで，人口がもつ死亡率の年齢パターンに合った生命表を任意に選べるようにしたものがモデル生命表である．

　このモデル生命表を用いることにより，信頼性の高い死亡統計が部分的にしか得られないデータから全体の死亡状況を推定することが可能となるほか，安定人口を応用して人口動態率などの指標を得ることが可能となる．また，途上国などにおいて，自身の年齢を知らない人口が多い場合などに年齢の末尾が0，5など特定の年齢に偏るエイジヒーピング（age heaping）がみられるが，これを除去

した死亡分析にも用いられた.

モデル生命表は今日のようにコンピュータが普及していない時代には,利用者が複雑な計算を行わなくても使用できるように,多くの場合,あらかじめ計算された数表のかたちでまとめられ公表されている.

初期の世界的なモデル生命表は国連が1955年に作成したものである.この生命表は主に欧米で作成されてきた生命表をもとに,死亡水準の異なった生命表が男女とも40ずつ作成され,年齢5歳階級で掲載されている.

死亡率水準が地域によって異なることを考慮したモデル生命表が,コールとドメインが作成したモデル生命表(Coale & Demeny 1966, 第二版 1983)である.このモデル生命表では,死亡率の年齢パターンの相違を考慮するために東西南北の四つの地域タイプに分け,それぞれに25段階の死亡水準(平均寿命)による生命表が作成されている.したがって,死亡水準が同じ平均寿命であっても,異なる年齢パターンの生命表が四つあることになる.

さらに彼らは,当時考えられる多くの出生率・死亡率の組合せを用いてモデル安定人口表を作成している.このモデル安定人口表には,安定人口における年齢構造のほか,安定人口増加率・出生率・死亡率,純再生産率などといった安定人口動態指標が掲載されている.

また国連も,ラテンアメリカや南アジアなど途上地域を中心に五つの地域グループについて死亡率の年齢パターンの差異を考慮したモデル生命表を作成している(UN 1982).

●**モデル生命表の選択方法** このように多数あるモデル生命表から最適な年齢パターンと死亡水準のものを選択する方法はいくつかある(河野 2000).センサスが2回以上行われていれば,年齢別にセンサス間生残率を算出し,これと最も当てはまりのよい年齢パターンと死亡水準のものを選択する.センサスは1回でも人口増加率がかなり正確にわかる場合,出生率・死亡率がほぼ一定で推移していると考えられれば安定人口理論を利用し,上述のモデル安定人口表から実際人口の年齢構造および人口動態率に最も近いモデル生命表の地域と死亡レベルを選択できる.また乳幼児死亡率(5歳未満死亡率)と平均寿命の関係は密接であることから,乳幼児死亡率を正確に測定・推定することによりモデル生命表を選ぶ(河野 2000).

[別府志海]

📖 さらに詳しく知るための文献
日本人口学会編,2002,『人口大事典』培風館.
Siegel, J. S. and Swanson, D. A., 2004, *The Methods and Materials of Demography, 2nd ed.*, Academic Press.
Preston, S. H. et al., 2001, *Demography: Measuring and Modeling Population Processes*, Wiley-Blackwell.

リレーショナルモデル
relational model

☞「死亡率の数理モデル」p.458
「死亡率の経験モデル」p.460
「リー・カーター・モデル」
p.464「将来生命表」p.474
「人口動態事象モデル」p.542

人口統計の分野において，リレーショナルモデルとは，人口動態事象モデルの記述様式の一つであり，動態率の任意の年齢パターンを既知の標準パターンと数理変換を介して関係づけ，少数のパラメータによって記述しようとするモデル形式のことである．代表的な例として，死亡に関するブラスのロジットモデル生命表システム（Brass logit life table system：以下，ブラスモデルという）や，同じく死亡の将来推計に用いられるリー・カーター・モデル（Lee-Carter model）などがあげられる．

人口動態事象モデルは，人々のライフコース上で発生する死亡，出生といった人口動態事象の生涯にわたる年齢別発生パターンをモデル化するものであるが，その表現様式には数学モデル（または数式モデル，パラメトリックモデル）と経験モデル（数値表モデル，ノンパラメトリックモデル）があり，リレーショナルモデルはそれらの特徴を融合したセミパラメトリックモデルに相当する．

すなわち，リレーショナルモデルは，動態率における一般の年齢パターンに内在する共通成分をノンパラメトリックモデルで表し，これに対してパラメトリックな数学的変換を施すことで，任意の年齢パターンを表現しようとするものである．

●ブラスのロジットモデル生命表システム　人口統計学分野に最初に導入され，広く応用されたリレーショナルモデルは，死亡年齢パターンに関するブラスモデルである（Brass 1968）．年齢パターンとして生命表における生存関数 $l(x)$（ただし，$l(0)=1$）を考え，これにロジット変換を施した関数を $Y(x)$ とする．すなわち，$Y(x) = \ln\{l(x)/(1-l(x))\}$ である．するとブラスモデルは，任意の二つの集団 i, j の死亡年齢パターン $Y_i(x), Y_j(x)$ の間に，

$$Y_j(x) = \alpha + \beta Y_i(x) \tag{1}$$

なる関係があるとするものである．ここで，α, β は，両者の関係を表す二つのパラメータである．

このようにブラスモデルによれば，生存関数 $l(x)$ によって表現される任意の二つの生命表は，ロジット変換と二つのパラメータを介して，線形に関係づけられる．したがって，この例における $l_i(x)$（または $Y_i(x)$）として特定の標準スケジュールを定めれば，任意の生命表はこの標準との関係を表す二つのパラメータ値のみで表現できることになる．これらは，発展途上国などの人口動態統計が完備していない地域で，一部の年齢層の生存・死亡状況から生命表を推計したり，過去

の生命表データから将来生命表を投影する場合など，広い範囲への応用が可能となる．

このときパラメータαは，標準の生命表を基準とした相対的死亡水準を表す．すなわち，αが負の値なら標準より高い死亡水準を，正の値なら低い死亡水準を表す（図1 (a)）．一方，パラメータβは，若年期と高齢期の死亡水準の相対関係を表す．すなわち，$\beta < 1$なら若年期の死亡水準が高齢期に比べて相対的に高いパターンを描き，$\beta > 1$なら低いパターンを描く（図1 (b)）．

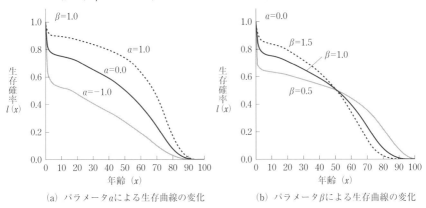

(a) パラメータαによる生存曲線の変化　　(b) パラメータβによる生存曲線の変化

図1　ロジットモデル生命表におけるパラメータの働き

●リー・カーター・モデル　近年，広く用いられるリレーショナルモデルとしては，主に死亡の将来推計に用いられるリー・カーター・モデルがある（Lee and Carter 1992）．これは年齢x，年次tの対数死亡率を$Z(x, t)$として，以下のように表せる．

$$Z(x, t) = a(x) + k(t) b(x) \tag{2}$$

ここでは$a(x)$は死亡の標準年齢パターン，$b(x)$は死亡率変化の標準年齢パターン，そして$k(t)$は年次tにおける死亡水準を表すパラメータである．ここで，$a(x)$，$b(x)$は時間不変量であり，$k(t)$は死亡水準のトレンドを表す変化量である．多くの場合，このトレンドは直線的であり，これに時系列分析法を適用した投影方法などが提案されている．

●その他のリレーショナルモデル　このほかのリレーショナルモデルとしては，年齢別有配偶出生率に対するコール・トラッセル・モデル（Coale & Trussell 1974）などがある．このモデルでは，出生調節を用いない場合の出生力の年齢パターンに，自然出生力集団ハテライトから得たパターンを採用し，総合的な出生力水準と出生調節の効果を表すパラメータを導入している．　　　　　［金子隆一］

リー・カーター・モデル
Lee-Carter model

☞「寿命の将来」p.98「リレーショナルモデル」p.462「将来生命表」p.474「全国将来人口推計の死亡仮定」p.620

リー・カーター・モデルは，リーとカーターが提案した年齢別死亡率に関するリレーショナルモデルの一種である（Lee & Carter 1992）．リー・カーター・モデルは以下のような式で表される．

$$\log(m_{x,t}) = a_x + b_x k_t + \varepsilon_{x,t}$$

ここで，$\log(m_{x,t})$は時刻t，年齢xの対数死亡率，a_xは平均的な年齢別死亡パターン，k_tは死亡の一般的水準（死亡指数），b_xは死亡指数が変化するときの年齢別死亡率の変化率，$\varepsilon_{x,t}$は平均0の誤差項を表している．リー・カーター・モデルは簡明であることから，現在，国際機関や各国が行う将来人口推計において，将来生命表作成のためのモデルとして広く用いられている．

リー・カーター・モデルのパラメータの推定については，オリジナルのモデルではa_xとして基礎となる期間の対数死亡率の平均値をとり，$\log(m_{x,t}) - a_x$を表す行列に特異値分解を施して，その第1特異値に対応する項からb_xとk_tを推定する．さらに死亡率の将来推計にも用いるために，オリジナルのモデルでは死亡指数にドリフト項をもつランダムウォークをあてはめ，これを用いて死亡指数を将来投影し，さらに将来生命表を作成している．具体的には，dをドリフト項のパラメータ，e_tを誤差項として，$k_t = k_{t-1} + d + e_t$としている．また，この方法によれば死亡指数の将来の確率分布を導くことができることから，平均寿命などの生命表関数についての確率分布を示すことが可能となる．

リー・カーター・モデルの方法論は，先行研究であるモデル生命表などで用いられてきた死亡年齢パターンのモデル化に関する方法論に基づいている部分も大きい．例えば，国連の1982年のモデル生命表では，死亡の年齢パターンをいくつかのクラスターに分類した後，それぞれのクラスター内での平均パターンからの乖離を主成分分析することにより生命表モデルを構築している．また，コール・ディメインのモデル生命表では，死亡確率とその対数値を10歳時平均余命で回帰し，${}_nq_x = A_x + B_x e_{10}$, $\log_{10}({}_nq_x) = A'_x + B'_x e_{10}$という表現を得ているが，この第2式はリー・カーター・モデルとよく似たかたちとなっており，そのパラメータA'_x, B'_xの意味もリー・カーター・モデルのa_x, b_xに近いものとなっている．また，ウィルモスによる研究（Wilmoth 1990）も，特異値分解を利用して死亡率の構造分析を行っており，リー・カーター・モデルの先行研究に位置づけられる．この研究では，対数死亡率行列の行効果・列効果を取り除いた残差に特異値分解を施し，第2特異値までを用いるとともに，さらにその残差のコーホート効果を考慮した分析を行っている．このウィルモスの分析は，実績値の死亡率を精密に

表現することを目的としていたが，リー・カーター・モデルでは同じ特異値分解を利用しつつも，時系列変化を表す大きな要因である第1特異値に着目し，さらに時系列水準を一つのパラメータに集約させることにより将来推計に応用しやすくした点が特徴的である．

●リー・カーター・モデルの応用　リー・カーター・モデルの応用は，現在盛んに行われている．中でもタルジャプルカーらがG7諸国に対してこのモデルを適用した研究（Tuljapurkar et al. 2000）は，先進諸国の死亡状況の表現やその将来推計に関してこのモデルが有効であることを示したものとして知られている．

リー・カーター・モデルをわが国の死亡率に適用する研究も多く行われている．ウィルモス（Wilmoth 1996）はその先駆的な研究であり，リー・カーター・モデルを日本の全死因の死亡率に適用し（Method I），これをスウェーデンの死亡率推計の将来トレンドに一致させた推計（Method II）と比較するとともに，死因別死亡率推計（Method III および IV）とも比較を行ったものである．また，国立社会保障・人口問題研究所の「日本の将来推計人口」の将来生命表作成においても，平成14年推計において初めてリー・カーター・モデルを日本の状況に合わせて修正を行った上で適用している．

このように応用範囲の広いリー・カーター・モデルであるが，いくつかの問題点も指摘されている．この中で特に重要な点としてあげられるのが，パラメータ b_x が固定されている点である．b_x は死亡指数が変化するときの年齢別死亡率の変化率を表すパラメータであるが，近年，わが国を含むいくつかの先進諸国においては，この変化率の分布が高齢側へと移動する「死亡率の高齢化」とも呼ぶべき現象が起きている．このような状況下においては，b_x が固定されていると死亡率の表現に制約が発生する．そこでこのような問題点を克服する観点から，このモデルを拡張する研究も行われている．国連推計（UN 2017）では，死亡パターンの推計にあたり，リーほかが開発した，bx の変化を織り込んだ拡張モデルを用いている（Li et al. 2013）．また，「日本の将来推計人口」の平成29年推計では，わが国において特にこのような現象が顕著にみられることから，若年層ではリー・カーター・モデルを用いつつ，高齢層では，死亡率改善を死亡率曲線の高齢側へのシフトとして表現するモデル（線形差分モデル）を組み合わせるというモデルの拡張を行った修正リー・カーター・モデルを構築し，将来生命表の作成を行っている．

［石井　太］

□□ さらに詳しく知るための文献

Lee, R. D. and Carter, L. R., 1992, "Modeling and Forecasting U.S. Mortality," *Journal of the American Statistical Association*, 87(419)：659-675.

寿命の差の要因分解
decomposition of difference in life expectancy

☞「平均寿命と生命表」p.452「生命表と死因分析」p.470「死因分類」p.478

　生命表は一般的に男女別にそれぞれ作成される．また生命表は国や地域を観察範囲として作成され，男女間の平均寿命の差違や地域間の寿命格差の分析に用いられる．さらに寿命の変化を観察する目的から異なる観察時点の生命表を作成することによって寿命の時代的な推移の観察に利用される．こうした生命表が男女別にまた地域別，期間（年次）別に観察される理由は，男女や地域がそれぞれ独特な年齢別死亡分布や死因構造をもっており，こうしたさまざまな生命表を比較しようとする場合，例えば，男女間の平均寿命の違い，すなわち寿命の男女格差が年齢別にみてどの年齢階層部分から生じているのか，あるいは死因別の構造の観点からみてどのような死亡原因の違いによって生じているのかを定量的に明らかにすることは寿命研究上の重要な関心事である．このことは国や地域の平均寿命の違いや寿命の年次変化を分析する上でもまったく同様である．

　異なる時点や性質の違う集団の平均寿命の差を，年齢別死亡率の違いによって生じた部分や死因別死亡率の違いによって生じた部分に要因分解する手法が平均寿命の要因分解法である．この分析手法を用いることにより，異なる生命表の平均寿命差をもたらし年齢別死亡率の寄与率や死因別死亡率の寄与率を求めることができる．

●**平均寿命差の年齢別寄与年数の計測**　最初にポーラード（Pollard 1982）が連続型関数による数理人口学的な視点から異なる生命表の平均寿命の違いを年齢別死亡率に分解する方法を示した．その後，アリアガ（Arriaga 1984）は，離散型関数の生命表から年齢別死亡率の違いによる要因分解法を確立した．ここでは以下，アリアガの方法によって要因分解法を記述する．

　出生時の平均寿命の差のうち，年齢 x 歳から $x+n$ 歳の年齢別死亡率の寄与を $_n\Delta_x$ とすれば，これは二つの生命表の関数から次のように表現できる．

$$_n\Delta_x = \frac{l_x^1}{l_0^1} \cdot \left(\frac{_nL_x^2}{l_x^2} - \frac{_nL_x^1}{l_x^1} \right) + \frac{T_{x+n}^2}{l_0^1} \cdot \left(\frac{l_x^1}{l_x^2} - \frac{l_{x+n}^1}{l_{x+n}^2} \right)$$

ここで，l_x は通常の生命表における年齢 x 歳の生命表生存数，$_nL_x$ は年齢 x 歳から $x+n$ 歳の生命表定常人口，T_x は生命表の年齢 x 歳以上の定常人口を表し，添え字の1と2は異なる時点，あるいは異なる人口，例えば男女の生命表を区別する添え字である．

　上記式の右辺の第1項，$\dfrac{l_x^1}{l_0^1} \cdot \left(\dfrac{_nL_x^2}{l_x^2} - \dfrac{_nL_x^1}{l_x^1} \right)$ は，年齢 x 歳から $x+n$ 歳の年齢別死

亡率の違いによって生じた平均寿命の部分である．また右辺の第2項，$\dfrac{T_{x+n}^2}{l_0^1} \cdot \left(\dfrac{l_x^1}{l_x^2} - \dfrac{l_{x+n}^1}{l_{x+n}^2}\right)$は，間接的ならびに相互的効果の合計に相当する．なぜなら，年齢$x+n$歳以上の定常人口に追加的な生存数が加わるためである．そして，年齢の上限部分以降の平均寿命の違いもたらした部分は${}_\infty\Delta_x = \dfrac{l_x^1}{l_x^2} \cdot \left(\dfrac{T_x^2}{l_x^2} - \dfrac{T_x^1}{l_x^1}\right)$で示される．

したがって，人口1と人口2の平均寿命の違い $e_0^\circ(2) - e_0^\circ(1) = \sum_0^\infty {}_n\Delta_x$ により，年齢x歳から$x+n$歳の年齢別死亡率の差の寄与の合計に等しい．

●**平均寿命差の死因別寄与年数の計測**　一方，平均寿命の異なる時点の差や男女の寿命の違いを死因別死亡率の違いによって説明する要因分解法がある．アリアガは，年齢別死亡率が異なる寿命の要因分解法を，死因別要因分解法に拡張した(Arriaga 1989)．この方法はプレストンら（Preston et al. 2001）共著の人口学の教科書にも詳しく紹介されている．先に平均寿命の差を年齢別死亡率によって要因分解する手法を示したが，ここではプレストンらのテキストに基づいて，その方法を拡張することによる死因別死亡率から説明することができる．その前提として年齢別死亡率と死因別死亡率の間に一定の比例的関係を仮定する．すなわち，年齢x歳から$x+n$歳の間の年齢別死亡率と特定の死因，ここでは死因をiという添え字で標記すれば，任意の人口の年齢別死亡率${}_nm_x$とその人口の死因iの死亡率${}_nm_x^i$の間に，年齢x歳から$x+n$歳間で一定の比例関係を仮定する．この仮定に従えば，${}_nR_x^i = \dfrac{{}_nm_x^i}{{}_nm_x} = \dfrac{{}_nD_x^i}{{}_nD_x}$の関係が成り立つ．年齢$x$歳から$x+n$歳間の死因$i$による違いによる平均寿命の差の部分${}_n\Delta_x^i$は次の式によって導かれる．

$$ {}_n\Delta_x^i = {}_n\Delta_x \cdot \dfrac{{}_nm_x^i(2) - {}_nm_x^i(1)}{{}_nm_x(2) - {}_nm_x(1)} = {}_n\Delta_x \cdot \dfrac{{}_nR_x^i(2) \cdot {}_nm_x(2) - {}_nR_x^i(1) \cdot {}_nm_x(1)}{{}_nm_x(2) - {}_nm_x(1)} $$

ここで，${}_nR_x^i(j)$は人口jあるいは時点jの年齢x歳から$x+n$歳間の死因iの死亡割合，${}_n\Delta_x$は二つの平均寿命の違いに対する年齢x歳から$x+n$歳間の死亡率差からもたらされた部分である．

したがって，この式により二つの生命表間における平均寿命の差に対する死因別死亡率の違いがもたらした死因別寄与率が計算できる． ［髙橋重郷］

📖 さらに詳しく知るための文献

Chin Long Chiang, 1984, *The Life Table and its Applications*, Kriener Publishing.
Preston, S. H.et al., 2001, *Demography: Measuring and Modeling Population processes*, Wiley-Blackwell.

死亡の小地域推定
small area estimation of mortality

☞「寿命の歴史的伸長と疫学的転換」p.86「寿命の地域差」p.100「平均寿命と生命表」p.452「寿命の差の要因分解」p.466

死亡確率 p の独立な試行を n 回行ったとき，死亡が起こる回数 λ は二項分布に従う．このとき，死亡確率は λ/n で推定され，期待値は p，分散は $p(1-p)/n$ である．分散は n が小さいか p が0.5に近づくと大きくなる．このため，年齢別にみて人口集団が小規模のとき，死亡確率の推定は不安定になる．

●**人口規模が平均寿命の精度に及ぼす影響のシミュレーション**　人口規模が死亡率推定の精度に及ぼす影響を検討するため，総人口が n 人で死亡確率が2010年の水準の仮想的な自治体の男女年齢別死亡数に対応する擬似乱数を二項分布から採取し，生命表を作成して平均寿命の分布を比較する（菅 2018）．具体的には，まず2010年国勢調査による日本人の男女年齢（各歳）分布を用いて n 人の仮想的な人口集団を男女年齢に振り分けた．そして，男女年齢（各歳）別に死亡確率が第21回完全生命表（2010年）のものである場合の死亡数を，年齢ごとに独立に二項分布から発生させ，生命表を作成した．$n=10{,}000$ から $n=30{,}000{,}000$ の総人口規模についてそれぞれ1000回のシミュレーションを行い，完全生命表の平均寿命（乱数を用いない真の値）からの差の絶対値が0.1年以上，0.5年以上，1.0年以上である回数を男女別に図1に示した．

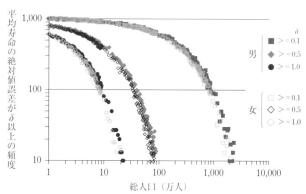

図1　総人口規模が平均寿命の絶対値誤差に及ぼす影響のシミュレーション

2010年の日本人の男女年齢分布と死亡確率の水準を前提とすると，人口規模が約2000万人の自治体で平均寿命が真の値から0.1年未満の範囲になる割合は99%を超える．完全生命表の作成方法で平均寿命に0.1年の精度を求めるなら，対象自治体の総人口が2000万人ほど必要であることがわかる．95%は平均寿命が1.0年ずれることはないという精度だと，必要な人口規模は約10万人になる．

対象自治体の規模が1~2万人のとき，平均寿命が真の値から1.0年未満の範囲になる割合は約5割である．人口規模1~2万人の自治体で完全生命表の方法で平均寿命を計算すると，半分は平均寿命が真の値から1年以上ずれる程度に小地域の死亡率は不安定になる．ただし，これは小規模の自治体の死亡率が実態を反映していないことを意味するのではない．日本の市区町村別の死亡状況をみると，局所的に死亡水準が低いもしくは高い地域がおそらくあり，その地域特性を適切に反映させる手法が必要になる．

●**地域別生命表における死亡率の推定**　人口規模が小さいと死亡率の推定が不安定になるため，信頼性を向上させるには似通った集団に観察される死亡状況を援用する必要がある．厚生労働省が作成する公式の地域別生命表では年齢5歳階級の中央死亡率を用いて，各歳の死亡確率が補完されている．また，対象とする年次の前後3年分の死亡数が用いられている．この場合，隣り合った年齢や年次を似通った人口集団としてそこでの情報を援用することで，各年各歳の死亡率を用いる場合と比べ一定の精度を得るのに必要な人口規模は約15分の1になり，ほとんどの都道府県で平均寿命に0.1年近い精度が期待される．

さらに公式の「市区町村別生命表」では，年齢5歳階級の中央死亡率について3年間を平均するだけではなく，ベイズ推定された死亡率が用いられている．ベイズ推定はパラメータについての事前の信念を観察データの尤度に折り込んでパラメータの事後的な分布を推定する手法である．具体的には，2000年と2005年については当該市区町村を含むより広域な2次医療圏（地理的に近いものを男女別にそれぞれ15万人以上になるように組み合わせたもの），2010年については都道府県の男女年齢別死亡率がベータ分布（事前分布）に従うと仮定し，死亡率の平均と分散からベータ分布のパラメータを設定する．観察される死亡数は二項分布に従い，ベータ分布は二項分布の共役事前分布（ベイズ定理において同じ分布族の事後分布を生成する事前分布）なので，死亡率の事後分布の平均値はベータ（事前）分布のパラメータと当該市区町村の男女年齢別死亡数および人口の比で容易に計算することができる．この場合，周辺地域の死亡状況が似通っていると仮定し，隣接する自治体の状況を援用して死亡率を推定している．なお，当該自治体の人口規模が非常に小さければ推定される死亡率は周辺地域の平均的な水準となり，人口規模が十分に大きければ事前分布のパラメータ設定は事後分布には影響を及ぼさなくなる．また，ベイズ推定した標準化死亡比と通常の方法で計算した標準化死亡比を比較した研究によれば（平子ほか 1999），人口規模が2~3万人以上の自治体では両者の間にほとんど差が生じない．　　　　　　　［菅 桂太］

📖 さらに詳しく知るための文献

Lawson, A. B., 2006, *Statistical Methods in Spatial Epidemiology*, 2nd ed., Wiley.

生命表と死因分析
life table and cause-of-death analysis

☞「平均寿命と生命表」p.452「寿命の差の要因分解」p.466「多相生命表」p.476「死因分類」p.478

　生命表とは，ある人口集団が予定どおり生存，死亡した場合の定常人口での人員分布を示したものであり，年齢別の死亡率や人口数などにより表される．わが国の完全生命表や簡易生命表などの一般の生命表は，生存数の減少を死亡という一つの要因によることを前提とした「単要因減少表」(single decrement table)の形式で策定されているが，各死因が寿命や人口動態に対しどのような影響を及ぼしているかなどを調べるため，死因別死亡確率を前提とした「多要因減少表」(multiple decrement table) が策定されることがある．このような生命表は，死因別生命表と呼ばれる．

●**死因別死亡確率**　生命表上で，ある年齢の者がそれ以降に死亡する場合に特定の死因で死亡する確率を示したものが死因別死亡確率である．2015（平成27）年簡易生命表の概況（厚生労働省 2016c）では，主要死因として悪性新生物，心疾患（高血圧性を除く），脳血管疾患，肺炎を取り上げ，年齢 0, 65, 75, 90 歳における死因別死亡確率の推移などが示されている（表1）．

表1　死因別死亡確率（主要死因）の推移　　　（単位：％）

主要死因	年齢(歳)	男 平成23年	24年	25年	26年	27年	女 平成23年	24年	25年	26年	27年
悪性新生物	0	29.10	29.32	29.38	29.42	29.34	20.05	20.22	20.20	20.27	20.21
	65	28.71	28.78	28.85	28.97	28.89	18.30	18.38	18.36	18.42	18.41
	75	25.44	25.46	25.55	25.63	25.58	16.16	16.20	16.16	16.18	16.18
	90	15.08	15.17	15.20	15.27	15.39	9.69	9.65	9.51	9.56	9.64
心疾患(高血圧性を除く)	0	14.41	14.62	14.31	14.42	14.20	18.36	18.44	18.00	17.78	17.28
	65	14.67	14.81	14.46	14.54	14.32	19.21	19.15	18.69	18.46	17.91
	75	15.10	15.17	14.79	14.90	14.69	19.83	16.69	19.23	18.98	18.39
	90	17.09	16.92	16.57	16.69	16.14	20.90	20.65	20.06	19.78	19.19
脳血管疾患	0	9.32	9.10	8.73	8.37	8.06	11.04	10.67	10.26	9.75	9.43
	65	9.66	9.35	8.95	8.54	8.17	11.40	10.96	10.51	9.98	9.63
	75	9.98	9.64	9.22	8.76	8.35	11.67	11.18	10.73	10.18	9.81
	90	9.84	9.33	8.85	8.19	7.96	11.70	11.15	10.60	10.05	9.66

[「平成27年簡易生命表の概況」より]

●**死因別生命表**　k 種の死因による死亡が観察されている場合，死因の種類を i とすると，一般の生命表上の年齢階級 $(x, x+n)$ における年齢階級別死亡数 ${}_nd_x$ は，年齢階級別死因別死亡数 ${}_nd_x^i$ により，以下のとおり表すことができる．

$$_nd_x = \sum_{i=1}^{k} {}_nd_x^i$$

表2 特定死因を除去した場合の平均余命の延び (単位:年)

主要死因	年齢	男 平成23年	24年	25年	26年	27年	女 平成23年	24年	25年	26年	27年
悪性新生物	0歳	3.75	3.77	3.79	3.80	3.78	2.88	2.89	2.91	2.94	2.92
心疾患(高血圧性を除く)	0歳	1.46	1.48	1.45	1.46	1.44	1.47	1.47	1.43	1.42	1.37
脳血管疾患	0歳	0.89	0.87	0.84	0.82	0.79	0.91	0.87	0.84	0.80	0.77
悪性新生物,心疾患及び脳血管疾患	0歳	7.38	7.37	7.29	7.28	7.16	6.22	6.17	6.06	6.02	5.88

[「平成27年簡易生命表の概況」より]

また,年齢階級 $(x, x+n)$ における死因 i による死亡数の全死因による死亡数に占める割合 $_nr_x^i$ は,

$$_nr_x^i = \frac{_nd_x^i}{_nd_x}$$

年齢階級 $(x, x+n)$ における死因別死亡確率 $_nq_x^i$ は,全死因の死亡確率 $_nq_x$ と $_nr_x^i$ を用いて,

$$_nq_x^i = {_nq_x} \cdot {_nr_x^i}$$

上記の手順で死因別死亡確率を算出し,一般の生命表と同様の作成手順により死因別生命表を作成することができる(Preston et al. 2001;山口ほか1995).ここで前述の x 歳以降における死因別死亡確率を R_x^i,年齢 x の生存数を l_x とすると,以下のとおりとなる.

$$R_x^i = \frac{\sum_{y=x}^{\infty} d_y^i}{l_x}$$

●**特定死因を除去した場合の生命表と平均余命の延び** 上述の死因別生命表をもとに,特定死因を除去した生命表を作成することができる.ある死因で死亡することがなくなったとした場合,死因別生命表において,その死因による死亡確率はゼロとなり,その死因による死亡年齢以後に他の死因で死亡することになる.その結果,平均余命が延びることになるが,その延びは,その死因のために失われた平均余命とみることができる.このように死因別生命表を通じて,各死因の平均余命への影響を把握することができる.表2は,平成27年簡易生命表の概況で示されている特定死因を除去した場合の平均余命の延びを示している.悪性新生物,心疾患および脳血管疾患を除去した場合の0歳の平均余命(平均寿命)の延びは,低下傾向にあるものの男7.16年,女5.88年となっており,これらの死因の平均余命への影響が大きいことがわかる. [井川孝之]

健康の生命表分析
life table analysis on health

☞「健康寿命（余命）」p.96「寿命の地域差」p.100「社会経済階層と死亡・健康」p.104「生活習慣と死亡・健康」p.106「死亡率の将来的な上昇リスク」p.114

　平均余命は健康状態の尺度を用いて，健康な期間（健康余命）や健康でない期間（不健康余命）に分けることができる．健康余命および不健康余命の総称である健康状態別余命（health expectancy）を計算する手法は大きく二つに分けることができる．一つは Prevalence-based Method で，もう一つは Incidence-based Method である．Prevalence-based Method は初めて計算例を発表したサリバン（D. F. Sullivan）の名前にちなみサリバン法と呼ばれることが多い（Sullivan 1971）．Incidence-based Method には多相生命表法やマイクロシミュレーション法などがある．以下において健康余命の計算に最もよく用いられているサリバン法と多相生命表法について解説する．

●**サリバン法**　主に既存の生命表と国勢調査や横断調査のデータを用いて健康余命の計算を行う方法である．健康余命の計算が既存の生命表に依存しているため，サリバン法を用いた健康余命の分析は性別，地域別，人種別などに限られることが多い．しかし，サリバン法は計算が容易であり，横断調査のデータを用いることからこれまで非常に多くの研究が存在する．サリバン法を用いて計算された健康余命は国・地域別の比較研究や経年変化の研究にも用いられている．1980年代後半から1990年代にかけてサリバン法の問題点など盛んに議論されたが，近年ではサリバン法を用いて計算された健康余命の有用性が広く認識され，政策などにも活用されている．実際の計算は，既存の生命表の定常人口（$_nL_x$）に年齢別（多くの場合5歳階級）の健康状態別割合（例えば，健康上の理由で日常生活に制限のある人と制限のない人の割合）を乗じ健康状態別の定常人口（T_x）を計算し，生存者数（l_x）で割ることで健康余命が計算できる．健康状態は二つとは限らず二つ以上の相互排他的なカテゴリーをもつ健康状態の尺度を用いれば，平均余命を二つ以上の健康状態に分けることができる（例えば，非常に健康な状態，健康な状態，やや不健康な状態，非常に不健康な状態など）．サリバン法の詳しい計算方法や計算された健康余命および健康余命の平均余命に対する割合の統計学的検定量を求める計算式はジャガーら（Jagger et al. 2014）に詳しい．サリバン法を用いる際の注意点としては，生命表と横断調査などのデータができるだけ同じ年のものを用いることがあげられる．また，既存の生命表の母集団と横断調査などの母集団が異なる場合があるため，特に施設入所者の扱いなどには留意する必要がある．

●**多相生命表法**　多相生命表法による健康余命の計算には縦断調査などのデータから推計される健康状態間年齢別移動率が必要である．推計された年齢別移動率

をもとに生命表が計算され、健康余命が求められる。図1に示されるような健康状態が死亡も含めて三つの場合は六つの健康状態間年齢別移動率を推計する必要がある。図1からも明らかなように、多相生命表法を用いて健康余命を計算する場合、健康状態別死亡率が明確に計算に含まれている。この点はサリバン法と比較した際の利点といえる。多相生命表には計算開始年齢における健康状態ごとに生命表を計算し、健康余命を求める Status-based Method と健康状態のいかんにかかわらず、その年齢における健康余命を計算する Population-based Method の二つの手法がある。図1を例にとれば、Status-based Method では二つの健康余命、つまりある年齢で健康な状態の人の健康余命とその年齢で不健康な状態の人の健康余命が計算される。Population-based Method からはサリバン法と同じように一つの健康余命が求められる。二つの手法ともに、同じ健康状態間年齢別移動率を用いるが生命表を計算する際の基数となる生命表人口の健康状態が異なる。計算方法など詳しくはショーン（Schoen 1988）などを参照のこと。

多相生命表法は縦断調査のデータが必要であり経費と時間がかかること、健康状態間年齢別移動率の推計方法により結果が異なることがある。安定した健康状

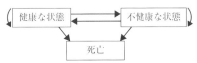

図1　多相生命表の概念

態間年齢別移動率の推計のために大きなサンプル数が必要であることなど、問題も残されている。しかし、既存の生命表に依存しないことからさまざまな健康余命を計算することが可能である。使用する縦断調査のデータに教育程度や収入が含まれていれば、教育程度別や収入別の健康余命を計算することが可能である。また、多相生命表法は健康余命の差や変化の要因分析などに適している。健康状態間移動率を推計する際に多変量解析手法を用いれば、要因ごとの健康余命を計算することも可能である。例えば、65歳時の男性で高学歴、高収入、ホワイトカラー職を経験したグループと65歳時の男性で低学歴、低収入、ブルーカラー職を経験したグループの健康余命などを求めることが可能である。国の政策において、健康余命の伸長が掲げられているが、健康余命に影響を及ぼす既知の要因をコントロールすることでその要因の影響の大きさを分析することも可能である。

サリバン法を用いて計算される健康余命も多相生命表法を用いて計算される健康余命も人口健康指標である。しかし、サリバン法で計算された健康余命はデータが観測された時点での人口の健康状態構成を示す指標であり、多相生命表法を用いて計算された健康余命は生命表人口が観測された健康状態間年齢別移動率を経験すると仮定して計算される値である。したがって、健康余命を用いる研究を行う場合はその違いを理解し、得られた結果を正確に把握する必要がある。

［齋藤安彦］

将来生命表
projected life table

☞「死亡率の数理モデル」p.458
「死亡率の経験モデル」p.460
「リレーショナルモデル」p.462
「リー・カーター・モデル」p.460「全国将来人口推計の死亡仮定」p.620

　将来生命表とは，将来のある時点における生命表を推計したものである．コーホート要因法を用いた将来人口推計では，推計にあたって将来の性別・年齢別生残率が必要となるが，将来生命表を作成する主要な目的の一つがこれにあたる．人口学における将来人口推計は人口学的投影手法によることが標準的であり，将来人口推計に用いる将来生命表はこの考え方に基づき推計される．人口学的投影とは基準時点までの人口学的データの趨勢を将来に延長補外することにより推計を行う手法であり，具体的にはいくつかの手法が存在する．

　例えば，年齢別死亡率の時系列の傾向に数学的関数の当てはめなどによって安定的な構造を見出すことができれば，これを補外することにより将来生命表の作成を行うことが可能となるが，これが年齢別死亡率補外方式である．しかしながら，年齢別死亡率の趨勢のみからは必ずしも安定的な投影が行えない場合もある．そこで，さらに死因別の動向にも着目し，年齢別・死因別死亡率に分けて投影するものが年齢別・死因別死亡率補外方式である．標準化死因別死亡率補外方式はこれをやや簡単にしたもので，各死因別に年齢標準化死亡率の将来パラメータを求め，それを各年齢別死因別死亡率に一律に適用することにより将来の年齢別死亡率を推計するものである．ただし，死因別の将来推計は死亡率改善を過小評価する傾向があることにも注意が必要である（Wilmoth 1995）．

　一方，投影に何らかの補助情報を用いる方法も存在する．その一つが最良生命表方式である．最良生命表方式とは，諸外国の生命表や都道府県の生命表など，既存の複数の生命表の年齢別死亡率から最も低い値をつなぎ合わせて作成した生命表である「最良生命表」を，将来のある時点の目標として将来推計を行う方法である．これは，対象集団よりも平均寿命がより高い集団が存在している場合に有効であり，公式推計でも戦後間もない頃，わが国の平均寿命が他の先進諸国に比べて低い地位にあった時代に用いられていた手法である．また，直接年齢別死亡率を投影するのではなく，まず集約化された指標である平均寿命の推計を行い，これに基づきモデル生命表を用いて将来の年齢別死亡率を得る推計方式も存在する．国連推計の一部では，このようなモデル生命表を用いる方式がとられている．

●リレーショナルモデルによる将来生命表　また，将来生命表推計に死亡モデルを利用する方法も存在する．死亡モデルには大きく分けて，a) 数学的関数によるもの，b) モデル生命表によるもの，c) リレーショナルモデルによるものがあり，先に述べたモデル生命表を用いるものはこの方法の一種ともとらえられるが，近年，よく用いられるようになってきているのが c) のリレーショナルモデルの

応用である．リレーショナルモデルは，標準的な死亡率の年齢パターンとそこからの変動を表すパラメータを用いて任意の死亡パターンを表現するものである．現在，リレーショナルモデルによる将来生命表の作成において，国際機関や各国が行う将来人口推計で広く用いられているのがリー・カーター・モデル（Lee & Carter 1992）である．このモデルは，以下のように表される．

$$\log(m_{x,t}) = a_x + b_x k_t + \varepsilon_{x,t}$$

ここで，$\log(m_{x,t})$は時刻t，年齢xの対数死亡率，a_xは標準的な年齢別死亡パターン，k_tは死亡の一般的水準（死亡指数），b_xは死亡指数が変化するときの年齢別死亡率の変化率，$\varepsilon_{x,t}$は平均0の誤差項を表している．リー・カーター・モデルによる将来生命表の投影は，パラメータa_x, b_xを固定し，パラメータk_tを延長補外することにより行うことができる．

●**死亡率の時間変化と将来生命表**　リレーショナルモデルによる将来生命表作成では，年齢別死亡率の年次データの標準的な年齢パターンとそこからの変動を表すパラメータを推定することになるが，後者は年齢別の死亡率時間変化のモデリングを行っていることに相当している．この時間変化を表すベクトルは，図1のレキシス対数死亡率曲面S上において，年齢を固定した方向への接ベクトルρととらえることが可能であるが，レキシス対数死亡率

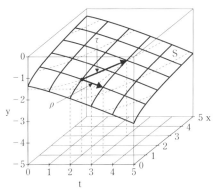

図1　対数死亡率曲面と接ベクトルの例
［石井（2013）］

曲面の接ベクトルについては，対数死亡率を固定した方向τなど，これ以外の方向への死亡率時間変化も考えることが可能である．このような接ベクトルを考えることによって，例えば若年層ではリー・カーター・モデルに基づく死亡率変化をしつつ，高齢部分については死亡率曲線が水平方向にシフトするような死亡率変化をもつモデルなど，より自由な死亡率時間変化を表現することができるモデル構築が可能となる．国立社会保障・人口問題研究所の将来推計人口（平成29年推計）では，このような原理を応用した死亡率推計モデルを用いて将来生命表の作成が行われている（石井 2013）．　　　　　　　　　　　［石井　太］

📖 さらに詳しく知るための文献

国立社会保障・人口問題研究所．2017．「日本の将来推計人口（平成29年推計）」国立社会保障・人口問題研究所．
Lee, R. D. and Carter, L. R. 1992, "Modeling and Forecasting U.S. Mortality", *Journal of the American Statistical Association*, 87 (419) : 659-675.

多相生命表
multistate life table

☞「家族人口学」p.394「人口動態統計」p.412「平均寿命と生命表」p.452「健康の生命表分析」p.472「結婚の生命表」p.494「ライフコースの分析」p.544

　多相生命表とは，出生時にある一定数（通常10万人）の人口が，いくつかの生存状態間を与えられた年齢別異動率に従って異動・増減しながら，同時にその状態別の死亡確率に従って減少していく様子を一つの生命表上にまとめて示したものである．

　死亡などの動態事象を生命表形式で表すと人口の年齢構成を標準化できるため，違った年次や異なった人口構造をもつ国間で比較する際に有効な分析法である．作成された生命表からは年齢別の平均生存期間である平均余命が算出される．多相生命表 multistate life table の場合，年齢別の各状態間異動数から平均異動年齢や生涯の異動発生確率なども算出が可能である．

　このように，多相生命表は死亡のように不可逆的なものに加えて，可逆的かつ逓増的な要因についても作成・分析が可能であることから，増減生命表 increment-decrement life table とも呼ばれる（Schoen 1975；1988）．

　ショーン（R. Schoen）によれば，多相生命表の萌芽はデュ・パキエ（Du Pasquier）が1912年に著した論文にあるとされている．デュ・パキエは健康と不健康という二つの状態を行き来する人口の分析に多相生命表を用いた．しかしいくつかの重要な研究があったものの，1970年代に入るまで多相生命表は大きな進歩をみせなかった（Schoen 1988）．これは，多相生命表がその作成に複雑な計算を必要とするため，コンピュータのような計算機の利用が必要だったことがある．

　1970年代に入り，ショーンによって配偶関係の分析を行うことを目的として増減表（increment-decrement table）が開発された（Schoen & Nelson 1974；Schoen 1975；1988）．ほぼ時を同じくして，ロジャース（A. Rogers）を中心とするグループが地域ごとの出生率や死亡率格差および地域間人口移動の分析を目的として多地域生命表（multi-regional life table）を開発した（Rogers 1975；1995）．こうした多次元生命表による人口分析の分野を，多次元人口学（multidimensional/multistate demography）と総称する（稲葉 1995）．これらの生命表は増減を扱えるという特徴から，分析の対象を従来の死亡だけでなく，労働力，結婚，出生力などさまざまな方面へと広げた（Land & Rogers 1982；Bongaarts 1987；Schoen 1988；Willekens 1980）．

●結婚の多相生命表　こうした特徴をもつ多相生命表を結婚の分析に応用したものが，結婚の多相生命表 marital state life table である．結婚の多相生命表とは，出生時にある一定数（通常10万人）の人口が，配偶関係間を初婚・離婚・死別

および再婚によって異動しながらその配偶関係別の死亡確率に従って減少していく様子を一つの生命表上にまとめて示したものである．状態間異動を考慮した配偶関係別生命表ともいえる．その分，作成に必要となるデータは細かく，計算も煩雑になるが，分析結果として得られる諸データは，マクロデータを用いる限り他の分析からは得られないだろう．

　総じて生命表形式の分析によれば，時間の経過あるいはテンポの概念・次元を分析に導入することが可能である．しかし減少のみを分析対象とした従来の生命表分析では再婚を考慮できないため，必ずしも正確な結婚の分析が行えなかった．結婚の多相生命表では離別・死別状態からの再婚も考慮されることから，従来の生命表形式による分析と比べ，より実態に近い分析結果が得られる．

●**多相生命表の作成方法**　多相生命表の作成方法には前述のロジャースらのものなどいくつかあるが，ここではショーンの方法を用い，配偶関係に関する四つの状態からなる多相生命表の例で示そう（Schoen & Nelson 1974；Schoen 1975；1988）．多相生命表の生命表関数の計算方法は，一般の生命表の計算方法とは異なっている．特に異なっているのが配偶関係状態 i から j への異動確率の算出方法である．x 歳の n 年間における異動率 ${}_n m_x^{ij}$ から異動確率 ${}_n \pi_x^{ij}$ への転換式を表すと，

$$ {}_n \pi_x^{ij} = \frac{n \times {}_n m_x^{ij}}{1 + \frac{n}{2} \times \sum_{i \neq j}^{k} {}_n m_x^{ij}} $$

となる（Schoen 1988；高橋 1995）．ここで k は配偶関係状態別生命表内の異動先の数である．例えば有配偶者の場合，離別・死別・死亡の三つがある．なお，この計算式では異動の発生を n 年間に1回と仮定している．したがって n を長くとると，分析結果が現実の人口事象と乖離することになる．

　結婚の多相生命表を用いることにより，出生時の初婚・離別・死別・再婚の各確率や平均初婚年齢・平均離婚年齢などのほか，平均未婚期間・平均結婚期間・平均死別期間・平均離別期間を求めることができる．これらの指標から，近年いわれている未婚化の進展や，離別・再婚の増加といったライフサイクルの変化などを分析できる．また，ある期間に起きた変化について，多相生命表を用いて要因分解を行うこともできる（高橋 1994）．

　なお，ここで紹介した生命表はすべて，ある期間について観察されたデータに基づく期間生命表と，コーホートで観察したコーホート生命表（世代生命表）がある．一般には，データの制約から期間のデータを用いて作成されることが多い．

　また，状態間の異動を考慮しない生命表として，多重減少生命表あるいは複因（減少）生命表 multiple decrement life table がある．この生命表は，例えば死因による死亡水準の相違を表した死因別生命表などで用いられる．　　　［別府志海］

死因分類
cause-of-death classification

☞「寿命の国際比較」p.94「人口動態統計」p.412「生命表と死因分析」p.470「将来生命表」p.474

　死因別死亡統計における死因とは,「死亡を引き起こしたまたは,その一因となったすべての疾病もしくは損傷およびこれらの損傷を引き起こした事故または暴力の状況」と世界保健機関 (WHO) によって定義されている.つまり,これは死亡に至った経緯,因果関係の起点となった要因を指し,原死因と呼ばれるものである.

　また,原死因の選択においては国際疾病分類 (ICD) 策定の際に,厳密な選択ルールが定められており,死亡診断書に書かれた複数の死因から一定のルールに従って適切な原死因が選択されるような仕組みが確立されている.そのため,後述するように ICD の改訂に伴って原死因選択ルールが変更されると,同じ死亡診断書に基づいても選択される死因が変化することがある.

●国際疾病分類 (ICD)　現在,国際的に用いられる死因分類である国際疾病分類とは正確には「疾病及び関連保健問題の国際統計分類:International Statistical Classification of Diseases and Related Health Problems」(以下「ICD」と略) と呼ばれ,異なる国や地域から,異なる時点で集計された死亡や疾病のデータの体系的な記録,分析,解釈および比較を行うため,世界保健機関憲章に基づき,WHO が作成した分類である.

　ICD の歴史自体は古く,第1回修正会議が開催されたのが 1900 年であり,日本もこの回から参加している.その後,累次の改訂 (revision) が行われ,最新の分類は 1990 年の第 43 回世界保健総会において採択された ICD-10 である.日本では,1995 年に ICD-10 (1990 年版) を導入した後,2006 年にその改正版である同 (2003 年版) を導入し,2016 年からは同 (2013 年版) の運用が始まっている.

　なお,異なる ICD 間では死因間に連続性がない場合も多くみられ,長期にわたる死因別死亡数を比較する際の障害となっているほか,連続性のある統計を再構築するための研究が行われている.

● ICD の構成　ICD-10 の分類項目には,アルファベット (A～Z) 1 文字とそれに続く 2 桁の数字 (00～99) で構成される 3 桁分類,さらに細分類項目と呼ばれる 4 桁分類が付加されており,全体は 22 の章からなっている (表 1).

　このように膨大な章から構成される ICD であるが,このすべてが原死因統計に使用されるわけではなく,第 21 章は死因統計と別に保健サービスに関する統計の作成に限って使用される.また,第 19 章は死因別死亡統計に表章されるものの,原死因としてではなく,関連する別の死因として二重に表章されており,

表1 ICD-10（2013年版）の構成

全身症
1．感染症および寄生虫症（A00-B99），2．新生物（腫瘍）（C00-D48），3．血液および造血器の疾患並びに免疫機構の障害（D50-D89）
4．内分泌，栄養および代謝疾患（E00-E90）
解剖学的系統別の疾患
5．精神および行動の紹介（F00-F99），6．神経系の疾患（G00-G99），7．眼および付属器の疾患（H00-H59）
8．耳および乳様突起の疾患（H60-H95），9．循環器系の疾患（I00-I99），10．呼吸器系の疾患（J00-J99）
11．消化器系の疾患（K00-K93），12．皮膚および皮下組織の疾患（L00-L99），13．筋骨格系および結合組織の疾患（M00-M99），14．腎尿路生殖器系の疾患（N00-N99）
分娩・奇形・新生児疾患
15．妊娠，分娩および産褥（褥）（O00-O99），16．周産期に発生した病態（P00-P96），17．先天奇形，変形および染色体異常（Q00-Q99）
症状・兆候
18．症状，兆候および異常臨床所見異常検査所見で他に分類されないもの（R00-R99）
傷害・外因
19．損傷，中毒およびその他の外因の影響（S00-T99）
傷病の外因
20．傷病および死亡の外因（V01-Y98）
保健サービス
21．健康状態に影響を及ぼす要因および保険サービスの利用（Z00-Z99）
その他
22．特殊目的用コード（U00-U99）

[厚生労働省，2013，『疾病，傷害及び死因の統計分類提要（ICD-10 2013年版準拠）』第1〜3巻］

表章されているすべての死因を合計しても総死亡数と一致しない原因となるなど，利用にあたっては特別な注意を要する．

●日本における死因分類および死因別死亡統計　日本では，ICD-10の4桁分類にさらに日本独自の細目分類（5桁目）を加えた「疾病，傷害および死因の統計分類基本分類表」（以下，「基本分類」と略）と，それらを簡略化・要約した「死因分類表（死因簡単分類表）」（約130分類），「選択死因分類表」（34分類），「乳児死因分類表（乳児死因簡単分類表）」（56分類），「死因年次推移分類」（16分類）などが用いられており，用途に応じた分類を使用することが可能である．

［足川 夕］

さらに詳しく知るための文献

厚生労働省，2015，第10回修正死因統計分類（ICD-10）と第9回修正死因統計分類（ICD-9）の比較．http://www.mhlw.go.jp/toukei/sippei/icd.html
日本病院会，2012，『診療情報管理士テキスト　診療情報管理Ⅳ—専門・国際疾病分類法編　第6版』日本病院共済会．
Meslé, F. and Vallin, J., 1996, "Reconstructing long-term series of causes of death", *Historical Methods*, 29 (2): 72-87.

14. 結婚と出生の分析

　出生は死亡と並ぶ人口再生産の直接的要因であり，出生率の人口置換水準以下の低水準への継続する落ち込みである少子化は，近年のわが国の超高齢化と人口減少の主要な要因となっている．そして，この少子化の最大の直接的要因が20歳代〜30歳代前半の若い男女の結婚の減少，つまり未婚化である．わが国では結婚しないと子どもを持たない傾向が強く，出産のピーク年齢である25〜34歳の女性の結婚の減少により，超低水準への出生率の落ち込みが起こっている．本章では，結婚と出生の実証分析のための代表的な手法について，形式人口学，数学，社会学，経済学，歴史人口学，生物学，人類生態学などのさまざまな視点から解説し，そのために必要な統計情報・データについて説明している．急激な少子化と未婚化は他の東アジア諸国および東南アジア諸国の多くでも起こっており，本章がそのメカニズムを理解するための一助となることを期待する．

［津谷典子・稲葉　寿］

第14章

結婚と出生の基礎統計……………………………484
結婚の年齢パターンの分析 ………………………486
出生率変化の分析…………………………………488
妊娠と出産の数理モデル …………………………492
結婚の生命表………………………………………494
結婚と出生の経済学的分析 ………………………498
結婚と出生の歴史人口学的分析 …………………502
出生力の近接要因…………………………………506
自然出生力と抑制された出生力 …………………508
結婚と出生の人類生態学的分析 …………………510
出生意欲の分析……………………………………512
家族形成プロセスの分析…………………………514

結婚と出生の基礎統計
basic statistics on marriage and birth

☞「人口動態統計」p.412「人口センサス」p.436

　結婚に関する統計は,「婚姻」「離婚」といった動態事象を把握する場合には人口動態統計が用いられ, 結婚の発生と解消により変動する配偶関係別人口の状態を調べるには人口静態統計（人口センサスなど）が利用される.

　出生に関する統計として,「出生」と「死産」は人口動態事象であり, 人口動態統計においてその発生数が収集・集計される.

　人口動態統計は登録制度に基づくものであり, 日本の場合は戸籍法（出生, 死亡, 婚姻, 離婚）, および死産の届出に関する規程（厚生省令）に基づく届出を収集・集計している. 調査時期は各年1月1日～12月31日である.

●日本における結婚に関する統計　人口動態統計で把握される結婚に関する統計は,「婚姻」（法律婚）および「離婚」（届出で成立する協議離婚と, 調停, 審判, 和解, 認諾, 判決の5種類の裁判離婚）である. 夫妻または夫妻の一方が日本国籍で, 婚姻については夫の住所が日本, 離婚については別居する前の住所が日本であるものが集計対象となる. 人口動態統計では, 性・年齢・都道府県・国籍などの別で集計した婚姻数・離婚数や, 夫・妻の婚姻または別居時の年齢, 婚姻率・離婚率などの結婚指標を公表している. 例えば平均初婚年齢の上昇は, 晩婚化を示すデータとしてよく用いられる.

　人口動態統計における婚姻は法律婚の届出により把握されるため, 同棲・内縁といったパートナーシップが社会に普及している場合は, 実態と乖離することがある. また, 婚姻と離婚は「届出遅れ」（事実発生年より遅い年次に届出がなされること）が起きやすく, 1940～50年代には届出総数のうち4～5割程度は届出遅れのものであった. 近年ではかなり減ったものの, いまだ各年の届出総数のうち, 婚姻で1割, 離婚で2割強ほどが届出遅れとなっている（別府2007）.

　結婚に関する人口静態統計としては, 配偶関係別人口がある. これは未婚, 有配偶, 離別, 死別の4区分で観察され, 国勢調査で把握できる. 集計は基本的に15歳以上人口について男女・年齢別に行われる. 国勢調査における配偶関係は自己申告に基づき, 届出の有無を問わない.「未婚」は一度も結婚したことがない人,「有配偶」は調査時点で配偶者（夫または妻）がいる人,「死別」と「離別」は配偶者と死別または離別して調査時点で独身の人を指す. 15歳以上人口または年齢別人口に占める未婚者割合の上昇は未婚化を示すデータとしてよく用いられる.

●日本における出生に関する統計　人口動態統計では, 出産の結果としての「出生」と「死産」の発生数が収集・集計されている. 死産は「妊娠満12週（妊娠

第4月)以後の死児の出産をいい,死児とは,「出産後において心臓搏動,随意筋の運動および呼吸のいずれも認めないものをいう」と定義され,これに当てはまらない場合が出生となる.さらに死産は人工死産と自然死産に分けられる.確実に母体内で生存する胎児に対して人工的処置(陣痛促進剤の使用など)を加えて死産に至った場合が人工死産で,それ以外は自然死産に分類される.

出生と死産の統計で集計対象となるのは,出生または分娩の場所が日本で,両親または両親の一方が日本国籍のケースである.よって,人口動態統計における出生数・死産数には,夫が日本人である外国人女性のものも含まれている.この点は,厚生労働省が人口動態統計をもとに毎年算出している「合計特殊出生率」をみる際に特に留意しなくてはならない.その算出において分母の女子人口には日本人人口を用いているが,分子の出生には分母に含まれない外国人女性によるものが含まれているからである.

出生の統計では,母の年齢,出生順位,嫡出かどうか,出生時体重,父母の国籍などの別で集計した出生数や,平均出生年齢などの年齢統計,粗出生率,合計特殊出生率などの出生指標も公表されている.死産統計では,妊娠期間や母の年齢,出産順位などの別で集計された数や,死産率などの指標が公表されている.

その他の出生に関する統計としては,1950,60,70年の国勢調査で既婚女性の出生児数を調べたデータがあり,それ以降は,全国調査規模では「出生動向基本調査」(国立社会保障・人口問題研究所)のデータ(夫婦の子ども数など)がある.人工妊娠中絶・不妊手術件数は,厚生労働省「衛生行政報告例」で毎年公表されている.人工妊娠中絶とは,母体保護法に基づいて妊娠満22週未満に人為的に流産・死産を起こして妊娠を終了させることを指すが,妊娠満12〜22週未満のものは,人工死産として人口動態調査の死産統計にも含まれている.

●**結婚と出生に関する世界の統計** 人口動態調査は,国の基幹統計としてその整備が多くの国で進められてきた.しかし人口動態統計の作成には登録制度の整備が必要であり,発展途上国ではそれら制度の不備で統計がなかったり,あっても完全性・正確性が低かったりする国がまだ多く残っている.

結婚と出生に関する世界各国の人口動態統計データを掲載している資料としては,第一に国連が毎年発行している *Demographic Yearbook*(『人口統計年鑑』)があげられる.配偶関係別人口については,国連が不定期に公表している *World Marriage Data* がある.また,EU加盟国を中心とした国々については,Eurostatが各国の結婚・出生に関するデータを収集・公開している. [守泉理恵]

□□ さらに詳しく知るための文献

岡崎陽一.1999.『人口統計学 増補改訂版』.古今書院.
渡邊吉利.2002.「10-Ⅴ 人口動態統計とその歴史」日本人口学会編『人口大事典』培風館.pp.377-381.

結婚の年齢パターンの分析
analysis on age patterns of marriage

☞「現代日本の結婚行動」p.172「前近代ヨーロッパの結婚パターン」p.184「アジアの結婚行動」p.190「結婚と出生の基礎統計」p.484「結婚の生命表」p.494

　結婚の年齢パターンは，男女や初婚・再婚の別，さらには社会経済的要因などによって大きく異なることが知られている．そのため，結婚の分析を行う際には年齢を考慮することが必要である．また，日本では出生のほとんどが結婚している夫婦から発生していることから，結婚動向の分析は出生を分析する上でも重要である．

　結婚の年齢パターンの分析には，年齢別の結婚数もしくは結婚率に基づく方法，結婚状態別の人口規模・割合を年齢別に観察する方法，また数理モデルに基づく方法がある．なお，再婚に比べて数が多く年齢パターンも安定していることから，初婚が分析対象となる場合が多い．

●分析に用いるデータ・統計　結婚について扱っている代表的な統計に，総務省「国勢調査」と厚生労働省「人口動態統計」がある．国勢調査では，ある一時点における男女，年齢や職業などとともに結婚状態（配偶関係状態）が調査されている．一方の人口動態統計では婚姻届や離婚届をもとに，年齢に加えて男女，初婚・再婚の別などが調査されている．

　なお，国勢調査による結婚状態は調査票に「届出の有無にかかわらず」との注意書きがあるように事実婚を含んだものであるのに対し，人口動態統計は法律婚のみであり，両者は定義が異なる．しかし日本では事実婚は少数であるため，こうした定義の相違による影響は限定的であるとみなし，これらの統計を組み合わせた分析も多く行われている．

　近年，結婚の変化を表す言葉として「未婚化・晩婚化」が進行しているといわれる．このうち未婚化は（年齢別）人口に占める未婚者割合の増加であり，国勢調査から得られるのに対し，晩婚化は結婚年齢の上昇であるから人口動態統計から得られる指標である．ただ，これらの変化が進行している過程においては，この両者を識別することは不可能である．

●結婚状態についての分析方法　まず，国勢調査などの人口静態統計における結婚状態を用い，年齢別に結婚している人（有配偶者）の割合（有配偶率），結婚したことのない人（未婚者）の割合（未婚率）といった，結婚状態別の人口割合（配偶関係別割合）を分析する方法がある．この結婚状態別人口割合は結婚行動の（その時点までの）帰結であるが，例えば晩婚化が進んでいる際には結婚年齢以下の未婚率も上昇するように，これらの割合は結婚年齢の変化によっても影響を受ける点に注意を要する．

　なお，結婚状態に関する一時点の人口静態統計から平均初婚年齢を推定する方

法として，歴史人口学者のヘイナル（J. Hajnal）が考案した「静態平均初婚年齢」(Singulate Mean Age at Marriage：SMAM）がある（Hajnal 1953）．この指標は50歳までに結婚する人が過ごす未婚状態での平均年数を示す．

●結婚状態の変化についての分析方法　単純に，人口動態統計に掲載されている初婚数などといった数を分析する方法がある．しかし初婚数などの数は，その人口がもつ結婚力だけでなく人口がもつ年齢構造の影響も受ける．こうした年齢構造による影響を受けないように，年齢別初婚率やこれの合計値である合計初婚率などを用いて分析される．

さらに，分母となる年齢別人口を結婚状態別に分けた率もある．この方法では，「未婚者の初婚率」「離別者の再婚率」などのように，結婚の発生母体を限定することによって結婚構造の相違による影響も排除できる．このため，結婚行動に関するより詳細な分析が可能となる．

こうして得られた結婚状態別結婚率・離婚率などに加え，それぞれの結婚状態からの死亡率を含めた結婚状態間の変化を総合的に扱う手法の一つとして，増加要因も扱える生命表である多相生命表を結婚分析に応用した「結婚の多相生命表」がある．この生命表からは一般の生命表の平均余命にあたる平均未婚期間，平均結婚期間や生涯の結婚確率といった指標が得られる（Schoen 1988）．

●数理モデルを用いた分析方法　結婚に関する年齢別の詳細な，あるいは信頼できるデータが得られない場合に，数理モデルを用いて推定を行う方法がある．これは，前述のように人口がもつ年齢パターン（年齢スケジュール）の規則性がきわめて強いことを利用したものである（日本人口学会 2002）．

一般に，数理モデルは次のような際に用いられる．それは，データの不完全な地域・時代における理論値の提供，データの補完・信頼性のチェック，また，過去や将来といったデータが直接に得られない人口について推定値を得る場合である（日本人口学会 2002）．

結婚の数理モデルの一つとして，コール＝マクニール・モデルがある（Coale-McNeil 1972）．これは，人口学者のコール（A. J. Coale）が発見した「初婚年齢の分布の形状は，位置と尺度を調整すると国・時代に関係なく一定」であることを利用し，初婚の年齢スケジュールをモデル化したものである．このモデルについては，日本では金子がその分布構造について，特に一般化対数ガンマ分布との比較を行うとともに，日本の初婚行動についての分析などを行っている（金子 1991）．

［別府志海］

📖 さらに詳しく知るための文献

Preston, S. H.et al., 2001, *Demography: Measuring and Modeling Population Processes*, Wiley-Blackwell.
Siegel, J. S. and Swanson, D.A., 2004, *The Methods and Materials of Demography, 2nd ed.*, Academic Press.
日本人口学会編，2002,『人口大事典』培風館．

出生率変化の分析
analysis of fertility change

☞「死亡率の標準化」p.450「生命表と死因分析」p.470「結婚と出生の基礎統計」p.484「家族形成プロセスの分析」p.514「人口再生産指標」p.538

　人口学ではある期間（年次）における出生の発生頻度を出生率で表現するが，説明すべき内容が指標に適切に反映されていることが重要である．一方で，データが限られていることも多く，モデル化や仮定をおくなどして解釈を補助する手法が考案されてきた．総じて，目的となる本質的な状況に到達するために，いかに構造的影響（人口の異質性や過去の状況に起因する効果）を統制するかに関心が払われる．以下では（1）出生頻度（出生率）を人口の規模や構造が異なる時代や社会で比較したい場合，（2）女性や夫婦が生涯にもつ子ども数という尺度で解釈したい場合，（3）出生率の変化に対する結婚発生の寄与および夫婦の出生行動の寄与を知りたい場合，に有効な分析手法とその結果を評価する際に注意すべき点について説明する．

●**子どもが生まれる頻度を比較する**　最も単純な頻度指標は，ある期間の平均的総人口（生存のべ年数）に対する出生数を示す粗出生率である．これは人口増加を評価する基本指標であるが，分母となる総人口は必ずしも同質ではなく，子どもの生まれやすさが異なる下位集団──性別，年齢，配偶関係，既往子ども数，前出生からの経過時間，避妊の実行状況などが異なる集団──を含む．出生頻度は同質な集団について測定されるべきものであるため，分析目的に合わせ同質な集団に分割して出生率を算出することが望ましい．例えば粗出生率の分母を出産可能な再生産年齢女性に限定した総出生率は，異質集団の混在による構造的要因を取り除く一つの方法である．さらに全体を要約する総合化された指標について構造的要因を除去する方法として標準化がある．標準化には得られるデータによって，直接法と間接法があるが，一般に年齢や配偶関係の構造効果を除去するのに用いられる．

　年齢標準化を例に示すと，出生数が年齢別出生率と年齢別人口を掛け合わせて，全年齢で合計することで再現できることに着目する．比較したい社会の年齢構造が異なる場合，基準となるべき年齢別人口（標準人口）を実際の年齢別人口と入れ替えて期待出生数を算出し，粗出生率を計算すると，両社会の値の差は年齢構造の違い以外の要因によってもたらされたと解釈できる．これが直接法による年齢標準化である．

　年齢別出生率が利用できないときは，基準とすべき年齢別出生率（標準率）を用意し，実際の年齢別人口に乗じて期待出生数を算出する．期待出生数と実際の出生数との比をとれば，年齢構造の違いによらない出生力の大小を評価することができる．これは間接法と呼ばれる．

実は年齢別出生率を女性の再生産年齢の範囲で足し合わせた合計出生率は人口規模，男女比，年齢構造を標準化した特殊形態（15～49歳の各歳1人ずつ35人の女性による1年間の出生頻度）であるとみなすことができ，異なる社会や時代の出生頻度を比較するのに適している．また，合計出生率は究極的に人口規模が一定となるために必要な人口置換水準（先進国では概ね2.1程度）との比較で評価されることも多い．

●女性や夫婦の生涯にわたる出生頻度　年齢標準化された出生率によって，異なる社会における出生頻度の多寡は評価できる．しかしこれらの指標はある年次の女性1人あたりの出生数，あるいは意味をもたない尺度で表現されており，その大きさの意味が理解しづらい．そこで出生頻度を人々のライフコース上の尺度，すなわち個人や夫婦が生涯にもつ子ども数（生涯指標）として表せれば理解がしやすい．例えば，前項で示した総出生率を再生産年齢の下限と上限の年数幅で乗じた総出生指標はある種の生涯指標とみなせる．より厳密な指標を得るためには期間の年齢別指標を擬似的にライフコースとみなした仮設コーホートを活用する．前項であげた合計出生率の標準化に次ぐ2番目の見方がこれにあたり，ある年に観察された年齢別出生率という状態が女性が50歳になるまで続いた場合（死亡はないものとする）に，その女性が生涯にもつであろう子ども数（1人の女性による15～49歳の35年間にわたる出生頻度）と解釈できる．

　同様に，期間の夫婦の出生頻度も夫婦が生涯にもつであろう子ども数として算出できる．ある年次に観察された結婚0年目，1年目，そして夫婦がほぼ子を生み終える年数（例えば15年）の結婚持続期間別出生率を全結婚期間（例えば0年から15年）で合計したものが合計結婚出生率である．結婚持続期間別出生率を得るためには，結婚持続期間別有配偶女子人口とそこから発生した出生数が必要であるが，国勢調査や人口動態統計では得られないため，算出には結婚歴と出生歴が含まれる大規模標本調査が必要であり国立社会保障・人口問題研究所の「出生動向基本調査」で算出されている．

　こうした期間データによる生涯指標は，女性や夫婦が生涯にもつ子ども数を実際に測定したものでも予測値でもないことに注意する必要がある．実際に生涯にもった子ども数の水準（コーホートの生涯指標）を測定するには，現実のコーホートを再生産期間が終わるまで観察して年齢別出生率または結婚持続期間別出生率を合計することになる．年齢別出生パターンが数十年にわたって変化しない場合に限り期間生涯指標はコーホート生涯指標と一致する．

●期間効果とコーホート効果　毎年観察される出生率が何によって変動するのかについては二つの見方ができる．毎年変化する個人や社会の状況に応じて出生が逐次決定される側面に着目した期間効果と，コーホートが生涯にわたって保持する特性が影響するコーホート効果である．どちらかの影響の優位性を強調する見

方もあるが,現実には若年時に期間効果の影響を受けた出生率が,高年齢においてコーホート効果とみられる調整(キャッチアップなど)がなされるものの,当初の期間効果の影響が最終的に残るというように両効果は混在し分離は難しい.ただし,期間の生涯指標は,こうした期間効果やコーホート効果とは独立して,世代ごとに出生のタイミング(年齢)が変化している場合に特有の効果を反映して変動する.これは人口学者ライダー(N. B. Ryder)により指摘されたテンポ効果またはテンポの歪みと呼ばれるもので,最終的に生む子ども数に変化がなくても,出生タイミングの変化だけで期間の生涯指標がコーホートの生涯指標との乖離を示す.ただしテンポ効果を歪みととらえるのは期間指標をコーホート指標の代用とみなす場合のみであり,テンポ効果そのものは期間指標の本質的要素である(Ní Bhrolcháin 2011).

●テンポ効果とカンタム効果　テンポ効果を理解するために,典型的な変化として二つのパターンを示そう.一つ目はある世代から最終的にもつ子ども数のみが低下した場合である.コーホートの合計出生率はあるコーホートから低下するが,低下コーホートが一部含まれる期間合計出生率も低下する.このようにコーホートの最終的な子ども数の変化に起因する期間指標の変化はカンタム効果(量を意味する)と呼ばれる.次に,コーホートの合計出生率は変化しないが,あるコーホートから出生年齢が高齢にシフトする変化が起きるとする.産み遅れによって年齢別出生率が抑制されたコーホートを含む期間合計出生率は低下するが,後に高齢で産み戻したコーホートを含む期間合計出生率はコーホートの最終レベルにまで値を戻す.このように出生タイミング変化に起因する期間指標の変化がテンポ効果である.現実のコーホート出生率の変動は複雑でテンポ効果とカンタム効果に自明に分解できるわけではないが,世代ごとに晩産化あるいは早産化といったタイミング変化が生じる際には,コーホート出生率の最終水準を上回るあるいは下回る変化が観察され,その変化の大きさは世代ごとのタイミング変化のペースに依存する(変化が早いほど大きい).世代によるタイミング変化が収束すると期間指標はコーホート指標のレベルに収斂する.期間指標におけるテンポ効果は合計出生率だけでなく合計結婚出生率にも当てはまる.

　期間生涯指標におけるテンポ効果を除去できればカンタム効果,すなわち生涯水準の変化だけを反映し,コーホート指標を近似できるのではないか.こうした試みの一環でボンガーツ(J. Bongaarts)らは,平均出生年齢の変化を用いた調整を提案したライダーの考えをもとに調整法を示した(Bongaarts & Feeney 1998).テンポ調整合計出生率は,$TFR^* = TFR / (1-r)$ で求められ,出生順位別に算出する.r は平均出生年齢の期間変化を示す.簡便であるがモデルが有効であるためには年齢分布変化に強力な前提を要したり,パリティ構造の影響を受けるといった弱点もある.

●**分母人口の異質性の統制** 期間データによって構成される生涯指標について，出生のタイミング変化によるテンポ効果ではなく，通常の年齢別出生率の分母が，過去の出生経験に依存する異質性を統制していないことに着目し，それらを統制し当該年の状況のみを反映した期間生涯指標が考案されている．ボンガーツらの整理に従えば，分母を限定した第一種の出生率（ハザード）には，分母をパリティ（子ども数）別人口に限定した年齢別パリティ出生確率（出生順位間で相互依存）と，分母を当該出生を生んでいない人口に限定した年齢別未経験者生起率（出生順位間で独立）があり，分母を限定していない第二種の率（通常の年齢別出生率）と区別される（岩澤・金子 2013）．

こうした指標では，分母を限定することで，当該年以前の行動に依存しない当該年の出生生起にのみ基づく期間生涯指標が得られる．年齢別パリティ出生確率を用いた出生力表（出生の生命表）による生涯指標（Rallu & Toulemon 1994）や，年齢別未経験者生起率に基づく出生力表による生涯指標が計算できるが，それらをさらにテンポ調整した指標なども考案されている（Kohler & Ortega 2002；Bongaarts & Sobotka 2012）．その他，女性が誕生から初婚，初婚から第一子，第一子から第二子と状態が移ることに着目し，出生生起が年齢ではなく前事象からの経過時間に依存するモデルが考えられる（Feeney 1986）．レザフォード（R. D. Retherford）らはこうしたパリティ拡大率に基づく期間生涯指標を，さらに多変量生存時間モデルと組み合わせて要因分析を可能にした分析手法を提案している（Retherford et al. 2013）．

●**結婚行動の変化と夫婦の出生行動の変化** 出生率の変動には配偶関係の形成，すなわち結婚行動の変化も影響する．有配偶率と有配偶出生率の積で表した年齢別出生率の変化は，古典的要因分解の方法によって有配偶率変化分と有配偶出生率変化分に分解することができるが，結婚の年齢パターンに変化が生じている場合には正しく評価できない欠点がある．こうした場合に初婚パターン変化の寄与を測定するためには，出生率が初婚年齢パターンと初婚年齢別結婚持続期間別出生率で決定するモデルを考え，実際の初婚パターンと期首時点でのパターンを固定した初婚年齢別結婚持続期間別出生率（標準率）を用いて仮想的な出生率を算出する方法が考えられる（岩澤 2002；2015）．1970年代以降の日本では，初婚パターンのみ実績値を用いた反実仮想出生率の下降が著しく，合計出生率の低下に関して結婚行動の変化の影響が大きいことが示されている． ［岩澤美帆］

📖 さらに詳しく知るための文献

Rallu, J. L. and Toulemon, L., 1994, "Period Fertility Measures: The Construction of Different Indices and Their Application to France, 1946-89", *Population: An English Selection*, 6: 59-93.
Ni Bhrolcháin, M., 2011, "Tempo and the TFR", *Demography*, 48（3）: 841-861.
Bongaarts, J. and Sobotka, T., 2012, "A Demographic Explanation for the Recent Rise in European Fertility", *Population and Development Review*, 38（1）: 83-120.

妊娠と出産の数理モデル
mathematical model of pregnancy and childbearing

☞「自然出生力と妊孕力」p.144
　「出生力の近接要因」p.506

　妊娠とは，受精卵が着床したときから，胚芽または胎児および付属物の排出をもって終了するまでの状態を指す．一般に，受精卵の着床をもって受胎とみなすので，妊娠は受胎によって開始し，出産によって終了する．なお胎児が生きて産まれた場合が出生，死亡して生まれる場合が死産である．

●**受胎確率の定義**　ここでは主にウッド（J. W. Wood）の著作（1994）を参考に，受胎確率（受胎能力）の数理モデルについて述べる．受胎確率という単語が初めて使われたのは，イタリアの人口学者ジニ（C. Gini）が1924年に，「有配偶女性が1か月間に受胎する確率」として定義したときに遡る．現在では受胎確率の定義について，女性が受胎する可能性を有する状態にあることを条件として加えることが多い．例えばウッドは受胎確率を，「妊孕可能なカップルが避妊をしないで性交をした場合に1か月（あるいは1月経周期）あたりに受胎する確率」と定義している（Wood 1994：72）．カップルが妊孕可能であるためには，女性が妊娠や授乳性無月経の状態になく，排卵があり，さらに男女のどちらも妊孕可能性の恒久的に欠如した状態でないことが必要である．しかし特別の場合を除いてカップルの妊孕可能性が恒久的に欠如しているか否かを判別することは難しいことから，受胎確率を計算する際には必然的にこれらのカップルも含まれてしまうと考えるべきである．

　一般に，受胎確率が高ければ妊娠待ち時間が短く，逆に低ければ妊娠待ち時間が長い．仮にカップル間で受胎確率が均質で時間とともに変化しないとすると，妊娠待ち時間の平均は受胎確率の逆数と等しいので，例えば受胎確率が0.25の場合は受胎待ち時間の平均は4か月となる．しかし実際には受胎確率は異質であり，集団内には受胎確率のより高いカップルとより低いカップル，さらには受胎確率が0であるカップルも混在している．なお異質性を裏づけるさまざまな集団で観察されている現象として，女性が受胎する可能性が生じた（例：結婚や避妊使用中止などの）直後には受胎する確率が高く，時間の経過とともに低下する傾向がある．この現象は，受胎確率の高いカップルほどより早い時期に妊娠に至って対象集団から除外されていくという，いわゆる選択効果によって生じると考えられている．

　受胎の検出方法あるいは定義によって，受胎確率には次のような区別があることに留意を要する．仮に（技術的な制約は考慮に入れず）すべての受胎を検知できたとすると，総受胎確率を計算できる．しかし妊娠検査薬などで検知するまでには受胎後少なくとも2～4週間程度を要し，その間に受胎の2割程度は認識さ

れないまま流産に終わると考えられている．よって検知された受胎の数から計算されるものは見かけ上の受胎確率であり，総受胎確率よりも数割程度低い．さらに，出生に至る受胎の数のみを計算に入れる有効受胎確率は，妊娠が検知された後にも流産が生じうることから，見かけ上の受胎確率よりも低くなる．

●**受胎確率の数理モデル** 以下，カップル間の受胎確率の異質性を考慮した数理モデルについて述べる．ワインバーグとグレイデン（Weinberg & Gladen 1986）は，各カップルの受胎確率は一定で継時的に変化せず，かつカップルの受胎確率はベータ分布に従ってばらつくと仮定した．彼らは観察された妊娠待ち時間の分布と最もよく合致するベータ分布のパラメータを最尤法によって求めることで，曝露（この場合は喫煙）の有無による見かけ上の受胎確率の違いを比較できることを示した．このように集団における受胎確率の分布を仮定すると，妊娠待ち時間の平均や分散を推定することができることから，特に出産間隔に及ぼす影響を考慮する上で有用である．しかしながら集団によって，モデルの当てはまりが良い場合と悪い場合がある．

受胎確率の分布を事前に仮定する上記のモデルに対して，受胎確率をその構成要素に分解してモデルに反映させた一連の数理モデルが存在する．基本的な考え方としては，月経周期に排卵が起こる確率（p_o），妊孕可能期間に少なくとも1回の受精が起こる確率（p_h），妊孕可能期間中に少なくとも1回の受精があった場合に受胎が成立する条件付き確率（p_f），受胎が成立した場合に妊娠が検知されるまで継続する条件付き確率（p_l）を用いて，総受胎確率（p）を p_o，p_h，p_f の積で，また見かけ上の受胎確率（p_a）を p_o，p_h，p_f，p_l の積で表す．ウッドはこのモデルを応用して，性交頻度が女性の年齢によって変化しないと仮定した場合でも，見かけ上の受胎確率は25歳頃から低下するのに対して，総受胎確率はおよそ40歳まで変化しないという結果を得たことから，25歳から40歳頃にかけてみられる見かけ上の受胎確率の低下は胎児死亡の増加に起因すると予測した（Wood 1994）．さらに月経周期中の排卵日を推定することで，妊孕可能期間における性交の（排卵日に対する）タイミングとそれに付随する日ごとの受胎確率（Wilcox et al. 1995）を考慮する数理モデルがある．ダンソン（David B. Dunson）はベイズ統計学の手法を用いて，日ごとの受胎確率は男女の年齢で異なり，さらに年齢以外の要素に起因する異質性も大きいことを報告している（Dunson et al. 2002）．

［小西祥子］

📖 さらに詳しく知るための文献

Ecochard, R., 2006, "Heterogeneity in Fecundability Studies: Issues and Modelling", *Statistical Methods in Medical Research*, 15: 141-160.
Wood, J. W., 1994, *Dynamics of Human Reproduction: Biology, Biometry, Demography*, Aldine de Gruyter.
Zhou, H., 2006, "Statistical Models for Human Fecundability", *Statistical Methods in Medical Research*, 15: 181-194.

結婚の生命表
nuptiality table

☞「寿命の性差」p.90「平均寿命と生命表」p.452「多相生命表」p.476

　結婚の生命表は，結婚の形成から解消の確率過程を生命表形式で表現しようとするものである．通常の生命表は，一定の期間についてその期間に発生した死亡によって，仮定した10万人（生命表の基数）の出生数が年齢別死亡確率によって減少する過程を表したものである．その生命表では死亡という減少要因にのみによって減少するため，単要因減少表（single decrement life table）と呼ばれる．

●**結婚の生命表**　その代表的なものとして，初婚表（first marriage table）や結婚解消表（marriage dissolution table）がある（図1）．前者の初婚表は，未婚者が死亡によって減少するだけではなく，結婚によって次第に有配偶となる過程を初婚と死亡の2要因によって減少する過程を生命表形式によって表現したもので，二重減少表（double decrement life table）と呼ばれる．この初婚表によって，平均初婚年齢，結婚の年齢分布，ならびに生涯未婚率などの結婚の年齢過程を人口学的に観察することができる．

図1　結婚の生命表

　結婚の生命表の別の形として，結婚後の夫妻が結婚持続期間の経過に伴って，夫あるいは妻の死亡あるいは離婚の発生によって夫婦の数が減少あるいは残存していく過程を表したもので，結婚解消表と呼ぶ．これは生命表の中でも多重減少表（multiple decrement life table）と呼ばれるものの一つである．多重減少表の代表的なものとして，出生からさまざまな死亡原因により生存数が減少する年齢過程を表す死亡原因別生命表がある．結婚解消表は，結婚を開始した夫婦数を基数として結婚持続期間の経過年数に従って夫と妻のそれぞれの死亡率と離婚率によって結婚後の夫婦の残存数や夫婦の消滅過程を表現することができる．

●**結婚解消表**　1985（昭和60）年の初婚同士の夫婦（夫28歳，妻25歳）について作成した伊藤の結婚解消表（表1）によれば，結婚0年目夫婦の結婚寿命（結婚時の平均結婚余命）は37.09年と計測されている．また，一般の生命表の生存数に相当する結婚残存数は，結婚の節目における夫婦の残存数を表す．この表に基づけば，結婚10年目錫婚式を迎える夫婦の残存数はおよそ87％，結婚25年目の銀婚式のそれは75％，そして結婚50年目の金婚式を迎える夫婦が32％と

表1 平均初婚年齢同士の夫婦（夫28歳，妻25歳）の結婚の生命表：1985（昭和60）年

結婚 年数 d	結婚解消の確立（‰）離婚	結婚解消の確立（‰）夫の死亡	結婚解消の確立（‰）妻の死亡	結婚残存数 l_d	要因別結婚解消数 総数	要因別結婚解消数 離婚	要因別結婚解消数 夫の死亡	要因別結婚解消数 妻の死亡	結婚の平均余命（年）
0 – 4	74.17	3.94	1.93	100,000	8,004	7,417	394	193	37.99
5 – 9	46.46	5.61	2.57	91,996	5,026	4,274	516	237	36.10
10 – 14	34.91	9.05	3.85	86,970	4,158	3,036	787	335	33.05
15 – 19	25.99	14.64	5.96	82,812	3,859	2,152	1,213	494	29.59
20 – 24	16.28	24.80	8.99	78,953	3,953	1,285	1,958	710	25.91
25 – 29	7.39	38.73	13.87	75,001	4,499	554	2,905	1,040	22.14
30 – 34	2.93	55.12	20.08	70,501	5,508	206	3,886	1,415	18.39
35 – 39	1.00	83.34	31.38	64,993	7,521	65	5,416	2,039	14.73
40 – 44	0.28	133.98	51.18	57,473	10,658	16	7,700	2,942	11.31
45 – 49	0.06	222.17	84.52	46,815	14,360	3	10,401	3,957	8.29
50 – 54	0.01	339.97	146.07	32,454	15,774	0	11,033	4,740	5.81
55 – 59	0.00	454.62	230.01	16,680	11,420	0	7,583	3,837	3.97
60 – 64	0.00	534.44	319.09	5,260	4,490	0	2,811	1,679	2.68
65 – 69	0.00	568.39	384.68	770	734	0	438	296	1.81
70 –	0.00	578.40	421.60	36	36	0	21	15	1.24

［伊藤達也，1994．『生活の中の人口学』古今書院，p.9］

計算されている．

●**結婚の寿命** さらにこの結婚の解消過程を年次別に比較すると1935年当時の結婚の寿命は29.79年であったが，1985年のそれは37.99年に延びた（表2）．この結婚の寿命の延びを規定する要因は，結婚期間を縮小させる要因として初婚年齢の上昇と離婚率の上昇がある．一方，結婚の寿命を長くする要因として男女の死亡率の低下がある．伊藤の分析では，結婚の寿命は8.20年ほど延びたが，1935年当時の離婚による結婚の解消確率は8.03%，夫の死亡による解消が56.29%，妻の死亡による解消が35.68%であった．そして50年後の1985年では，結婚の寿命は8.20年ほど延びたが，1935年当時の離婚による結婚の解消確率は19.01%，夫の死亡による解消が57.06%，妻の死亡による解消が23.93%へと変化した．この結果は，戦後の離婚率上昇が反映していると同時に夫婦の平均寿命差の拡大によって，妻の死亡による結婚解消が相対的に減少したことを明らかにしている．

近年，結婚解消表が計算されなくなってきているが，その理由として，国勢調査にみられる配偶関係別人口の不詳の増加や人口動態統計における離婚の増加とその届出の遅れ，計算に用いる婚姻統計と結婚の実態（同棲や事実婚）との統計情報の精度に問題が存在する．また，方法論上の技術的問題として，結婚解消表

では，未婚から初婚への過程ならびに離死別からの再婚が考慮されず計算表は初婚同士の夫婦に限ったものである．また，現代のように結婚の発生年齢に分散化が起きているため，結婚継続年数を軸にした生命表では多様な年齢の人々が含まれ，離婚の発生や死亡の発生が異なる人々が混在することになる．また，死別後の寡婦（夫）期間の計測ができないなどの限界がある．

表2　平均初婚年齢同士の夫婦（夫28歳，妻25歳）の結婚の生命表：1985（昭和60）年

結婚年数		昭和10年(1935)	昭和30年(1955)	昭和60年(1985)	50年間の変化
結婚の平均余命（年）	0年	29.79	36.71	37.99	8.20
	10	25.12	30.83	33.05	7.93
	20	18.92	23.02	25.91	6.99
	30	12.93	15.73	18.39	5.46
	40	8.09	9.72	11.31	3.22
	50	4.58	5.41	5.81	1.23
	60	2.33	2.75	2.68	0.35
要因別結婚の解消確率(%)	離婚	8.03	9.86	19.01	10.98
	夫の死亡	56.29	58.57	57.06	0.77
	妻の死亡	35.68	31.57	23.93	−11.75
参考：平均初婚年齢	夫	26.4歳	26.6歳	28.2歳	1.8歳
	妻	22.5歳	23.8歳	25.5歳	3.0歳

［伊藤達也，1994，『生活の中の人口学』古今書院，p.13］

●**結婚の多相生命表**　結婚過程には，時間の経過とともに離婚の発生や再婚，配偶者との死別など，配偶関係別の人口が年齢の経過とともに状態間を相互に遷移する．このような配偶状態間の人々の遷移の年齢過程を生命表形式で表現するものとして結婚の多相生命表（multistate life table）がある．この多相生命表を体系的に表したウイルケンス（Willekens 1982）やショーン（Scheon 1988）の研究によって，一定の期間に観察された人口集団が，その間に発生する配偶関係上の身分の変化，すなわち未婚で生まれた人々が死亡，初婚，再婚，離婚ならびに死別の発生によって配偶関係状態別の生存数が遷移する年齢過程を生命表形式で記述する方法を確立した．

結婚の多相生命表の原理を概念図（図2）によって説明すると，配偶関係状態間の遷移は，未婚で生まれた人々は未婚状態の人口（多相生命表の基数10万）にセットされ，そこから未婚者死亡によって未婚表から離脱し減少する．さらに未婚状態の人口は初婚の発生によって，未婚状態から有配偶状態へと遷移する．さらに年齢の

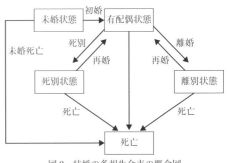

図2　結婚の多相生命表の概念図

上昇とともに有配偶生存数が増加するが、しかし同時に有配偶状態から本人死亡が発生するとともに、配偶者の死亡の発生により死別状態へと遷移する。さらに死別状態からは再婚が発生し、再び有配偶状態へと遷移することになる。他方、有配偶状態からは離別が発生する。離別状態にある生存者からはそのまま死亡へと遷移し、離別生存数の減少をもたらすが、再婚によって再び有配偶状態へと遷移する。

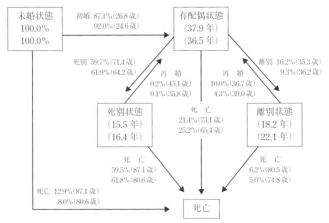

図3 結婚の多相生命表によるライフコース変数：1965年と1990年
注) 上段が1990年、下段が1965年を示す。
括弧内の数値は平均発生年齢（歳）と平均滞在期間（年）を示す。
[髙橋重郷, 2001.「日本人のライフサイクルをどう計るか」エイジング総合
研究センター『日本人のライフサイクル変化に関する研究』pp.15-16]

日本について、結婚の多相生命表を作成した研究としては那須や髙橋がある（那須1971；髙橋2001）。図3は、那須と髙橋の多相生命表から得られた1965年と1990年の女性のライフサイクル変数を比較したものである。

多相生命表はさまざまな事象について作成される。例えば、労働力の多相生命表では、生まれた人々が未就業状態から入職と離職によって就業状態間の遷移が発生する年齢過程を表現する。さらに健康の多相生命表では、健康状態間の相互へ遷移関係を生命表として表すことができる。このように多相生命表は、複雑な人口の年齢過程を表現する優れたツールである。　　　　　　　　　　　[髙橋重郷]

□□ さらに詳しく知るための文献

Schoen, R., 1988, Modeling Multigroup Populations, Plenum press.
Willekens, F. J. et al., 1982, Multi-state analysis of marital status life tables: Theory and application, Population Studies, 36, pp.129-144.

結婚と出生の経済学的分析
economic analysis of marriage and fertility

☞「人口ボーナスと人口オーナス」p.70「戦後日本の出生率低下」p.128「少子化の経済的背景」p.150「人口経済学」p.368

　経済学はどのように結婚行動や出生行動を分析してきたのであろうか．ライベンスタイン（H. Leibenstein）は子どもに関する効用・不効用仮説を提示したが，出生力の経済学の決定打はベッカー（G. S. Becker）らシカゴ学派による一連の研究である．ベッカーは「出生力の経済分析」において画期的な質・量モデルを展開し，少子化分析の原点を確立した．さらにベッカーは「結婚の経済学」を著し，結婚行動についても深い洞察を行った．

●出生力の経済学的分析：萌芽期　出生力の経済学分析については，まずライベンスタイン，イースタリン（R. A. Easterlin）による理論がある．

　ライベンスタインは，発展途上国ほど出生力が高いという現象について，子どもの効用・不効用仮説を用いて説明した（Leibenstein 1957）．親が追加的な子どもを持つかどうかの決断を行う場合，その追加的な子どもから得られる効用と不効用（コスト）を比較し，前者が後者を上回れば子どもを持つことになる．子どもには三つの効用が考えられる．両親の個人的喜びの源泉として子どもから得られる消費効用，労働力として世帯所得に寄与することによる効用（労働効用），および老齢後の潜在的な保障としての効用（保障効用）である．1人あたり所得の上昇とともに労働効用は低下し，また社会保障制度の整備などによって保障効用の役割も低下した．こうした点から経済成長とともに，子どもから得られる効用水準は低下する．一方，不効用は直接費と間接費に分けられる．所得水準の上昇とともに子どもにかかる直接的な費用は増加するが，同時に子どもを生み育てるために失われた経済活動の機会コスト（間接費）も増加することになる．以上から，ライベンスタインは経済成長とともに出生力は低下すると論じた．

　一方，イースタリンは，出生行動を経済環境のみならず社会学的・生物学的側面なども取り込んで分析を行った．イースタリンは，夫婦が経験してきた生活水準あるいは経済状態が，夫婦が子どもを持つかどうかの選択に大きな影響を及ぼすと考えた．すなわち，親が経験してきた生活水準に比べ，今後の人生においてより高い生活水準が望めるなら，夫婦は子どもを持つことを選択するであろうが，しかし低い生活水準しか望めない場合には子どもを持つことを躊躇するであろう．これをイースタリンの相対所得仮説という．

　イースタリンの相対所得仮説は，景気循環と出生力の循環が正の関連をもつことを示唆する．夫婦が将来の生活水準を見通す際の，最も有用な代理変数は現在の所得水準であり，したがって現在の所得水準が良好であれば，子どもを生む夫婦が増えることになる．

●ベッカーとシカゴ学派　新古典派経済学を応用して出生行動を分析したシカゴ学派の分析は，現在でも受け継がれている重要なものである．

シカゴ学派による出生行動の分析の最も基本的な視点は，子どもを耐久財とみなして，消費者の効用最大化行動から子どもに対する需要を導くというものである．その発端は，ベッカーが1960年に発表した「出生力の経済分析」であった（Becker 1960）．

ベッカー以外にも，シカゴ学派にはさまざまな研究者が出生力に関する研究に参集している．その研究成果の一端を示すものとして，1973年にシカゴ大学発行の Journal of Political Economy 誌上で行われた特集 "New Economic Approaches to Fertility" がある．この特集に寄稿した研究者を中心にシカゴ学派の研究が進行したといってよいだろう．彼らの研究は，それぞれオリジナルなものであるが，シュルツ（T. W. Schultz）はその共通した特徴として，①人的資本理論，②時間配分の理論，③家計内生産関数，④消費選択と家計内生産を同時に決定する主体としての合理的な家族観の四つがあると述べている（Schultz 1973）．

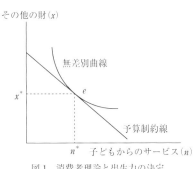

図1　消費者理論と出生力の決定

子どもに対する需要を，消費者理論に単純に当てはめると，家計は，財・サービスに対する需要量と子どもの数を，所与の予算制約のもとで，自らの効用が最大化するように選択するという問題に帰することができる（図1）．しかし，戦後，傾向的な1人あたり所得の上昇と出生力低下の関係を説明するためには，子どもは所得の増加とともに需要量が減少する「下級財」と考える必要があった．

ベッカーの着想の豊かなところは，子どもに対する需要は，子どもの数だけではなく子どもの質にも関係するという点をモデルに導入したところにある．耐久財に対する需要では，その財の数量だけではなく，属性（質）も不可欠な要素になるが，子どもを耐久財とみなすことで，その質に対する需要を取り込んで出生力分析に加えたのである．これを質・量モデルという．

質・量モデルを前提とすると，質と量を同時に含んだ子どもに対する需要自体が変化しなくても，子どもの質に対する需要の増加は，子どもの数に対する需要を減少させることになる．このことは戦後の所得上昇が，子どもの数ではなく質に対する需要の増加をもたらし，そのために出生力低下が生じたとする解釈を可能にする．また，生活水準の向上に伴う教育水準の上昇や女子賃金の上昇などは，子どもの量と質を合わせた子どもに対する需要自体を低下させることになる．

シカゴ学派による出生力分析の最も完成に近い理論と考えられるのがウィリス（R. A. Willis）の静学的一般均衡モデルであろう．家計の成員（特に妻）は自らの時間と市場から購入した財を用いて，家計内部で効用の源泉たる家計内財を生産する．この家計内財の一つが子どもからのサービスであり，この子どもからのサービスは子どもの数と質によって構成される．家計の成員は，その利用可能な時間を家計内部で家計内財を生産する時間と市場で就業する時間に配分するとともに，就業することで得られる賃金を用いて子どもからのサービスを「生産」する．この生産に用いられるのが家計内生産関数であり，以上の手続きから生産可能集合が導かれる．一方，家計は子どもからのサービスとその他の財から効用を得る．したがって，生産可能集合と効用関数から導かれる無差別曲線が接する点が家計の効用最大化の点となる．

●経済成長と出生力の分析　1980年代に入ると，出生力の経済学的分析は，静学的な枠組みから経済成長や経済発展との有機的な関連を重視する動学的枠組みへと進化した．その出発点はベッカーとバロー（R. J. Barro）による研究であった．

ベッカーとバローは，親が子どもに持つ利他的な関心と，親自らの生活水準との二つの側面を考慮して，子どもに対する需要を決定するというモデルを提案した（Becker & Barro 1988）．彼らは，親は自らの消費水準と，子どもが得るだろう満足の大きさの二つから満足を得ると考えた．したがって，子どもはさらにその子ども（親にとってみると孫にあたる）に関心を持つことになるから，親は子孫の満足をすべて考慮することになる．ただし，遠い子孫ほど利他的な関心は薄くなると仮定する．このような，親がその子孫すべてに利他的な関心を払うモデルを王朝モデルという．

王朝モデルをもとに親がその効用を最大化すると，より多くの消費を享受する社会ほど出生力は低下するという結論になる．自らの消費水準を高めることは，子どもに与える資源を少なくすることを意味する．消費水準が継続的に上昇しているような場合，子どもにも高い生活水準を与えるには，子どもの数を低下させなければならない．戦後に1人あたり所得の上昇と生活水準の高まりは，このようにして出生力低下と結びつくことになる．

これ以降，バローとベッカーによる出生モデルと新古典派成長論との融合やベッカー，マーフィー（K. Murphy）およびタムラ（R. Tamura）による出生力の低下を人的資本投資との関係から分析した研究などが続くことになる．さらに，最近では，世代と世代の間の経済的関係を描写する世代重複モデルを利用して，出生力の経済学的分析も活発に行われている．

●結婚の経済学的分析　経済学では出生行動だけではなく，結婚や離婚，家族形成に関する行動も分析の対象としている．

経済学の基本的な命題に「比較優位の理論」がある．これはリカード（D.

Ricardo）によって国際貿易が行われる理由を説明する場合に用いられたものであり，結婚にも同様な考え方が適用できる．今，AさんとBさんが結婚するかどうかについて考えているとしよう．2人の生活能力をみると，

表1 比較優位と結婚

	パンを焼く	収入を得る
Aさん	2個	800円
Bさん	5個	500円

注）AさんとBさんが1時間でできること．

Aさんは1時間でパンを2個焼くことができるのに対し，Bさんは1時間でパンを5個焼くことができるとする．また，Aさんは1時間800円の仕事をしているが，Bさんの仕事の時給は500円である．2人とも仕事をして所得を稼ぐだけでなく家事労働も行わなければならないと仮定する．また，単純化のために，2人に与えられた時間は2時間とし，パン焼きと仕事に用いる時間は1時間単位であるとする．その状況を示したものが表1である．

2人が独身で別々に生活しているとすれば，パン焼きと仕事にそれぞれ1時間を割り当てなければならないから，2人の焼いたパンの合計は7個，収入は1300円になる．しかし，表1からパン焼きに関して，BさんはAさんよりも効率的であり，一方AさんはBさんよりも高い賃金を得ている．結婚して一緒に暮らし，それぞれが得意な分野に専念すると，Aさんが2時間働いて合計1600円を稼ぎ，Bさんが2時間でパンを10個焼くというように，結婚して互いに得意な分野に特化できれば，別々に暮らすよりも生活環境は良くなると考えられる．こうした考え方を比較優位の利益といい，結婚の一つの理由として考えられる．

高度経済成長時代，いわゆる伝統的家族観のもとではこのような状況が一般的であったと考えられるが，男女の役割分担に関する考え方の変化に加え，女性の高学歴化などによって男女間の賃金格差の縮小などがみられるようになり，上記のような結婚の魅力は一貫して低下してきたと考えられ，これが現在の晩婚化・未婚化の背景にあるとも考えられる．

結婚の経済学的分析はこうした比較優位の利益だけでなく，家計内公共財の存在や取引コストの減少，さらには結婚という制度が持つ保険機能なども重要である．家計内に消費の非競合性・非排除性を持つような公共財があれば，一人ひとりの便益を減らすことなく，その負担を半分に低下させることができるようになる．最も典型的な例が住宅支出だろう．

結婚の保険機能は，結婚という制度が持つ生活共同体的な側面によるものである．夫婦の一方が失業したりあるいは病気になったりすることなどで稼得能力が失われたとしても，他方がこれを補うことができる．近年ではこうしたさまざまな結婚機能についてゲーム理論を用いた分析も行われている． ［加藤久和］

☐ さらに詳しく知るための文献
加藤久和，2001，『人口経済学入門』日本評論社．
加藤久和，2007，『人口経済学』日経文庫．

結婚と出生の歴史人口学的分析
marriage and fertility analysis in historial demography

☞「前近代ヨーロッパの結婚パターン」p.184

　歴史人口学を含めた歴史的社会科学研究の難しさは，研究の中心論理と時代や地域の背景をいかに説得的に組み合わせ，議論を進めるかにある．結婚と出生は，イベント発生の起点が明確で，個の集合として集計可能であることから，統計分析を先行できる利点を有してきた．そこで発見された事実や関係をその時代・地域の文化，政策や制度の中で再考し，人口に関わる豊かな歴史像を提供する必要がある（宗門帳人口学）．日本の歴史人口学は，それまで他の研究では不可能であった近世中期（18世紀）以降の日本の人口状況の解明に，独自の貢献を行ってきた．以下に，人口史料として利用される宗門人別帳の特徴とそれに基づいた結婚・出生研究の成果を振り返り，現時点での見取り図を提示したい．

●宗門人別改帳とその歴史人口学　近世中期以降の日本の人口状況を世帯ごとに的確に知らしめる唯一の史料が宗門人別改帳（近世当初別の史料であった宗門帳と人別帳が記載内容上合体したもので，名前，性別，続柄，年齢などが記載される）である（速水2009b）．江戸時代の領主による統治の単位は村であった（村請制）が，すでに農家が生活単位として定着していたために，宗門人別帳の記載単位を世帯とすることで村内での課税や労役実施を円滑にしていた（友部2007）．ヨーロッパの歴史人口学の史料である教区簿冊との違いもここにあり，洗礼・結婚・埋葬の各簿冊の記載単位は個人であり，世帯状況を知るためには家族復元（family reconstitution）という膨大な作業が必要であった．一方の宗門人別帳は，その作業は不必要であるが，登録・書上が年に1回であることから，場合によっては乳児死亡をほぼ知ることができないという人口資料としての不利を背負うことになった．実際の研究では，便宜上乳児死亡率を仮定して種々の計算を進めるが，近世の乳児死亡をさぐる歴史研究が不可欠なことはいうまでもない．また，宗門人別帳の記載単位が世帯ということで，ともすると個別の結婚や出生を現代と同じ文脈で理解してしまいがちであるが，村請制のもとでの各世帯の責任分担という現代とは異なる重い制約があったことも忘れてはならない．農家には村に課せられた役を負担することが何よりも求められていた．しかし，こうした制約の中でも，近世の農家は家族労働力の完全利用を目指し，さまざまな副（余）業への従事や小作化による耕作規模の変動を通じて，農家収入の増大を図った（友部2007）．つまり，宗門帳人口学に求められることは，自家消費のための生産比率が高いということを前提に，どのような制約が世帯の人口学的行動と交差し，それがいかに克服されてきたかを統計的観察と個別事例で具体的に示すことにある．こうした観点から結婚と出生の研究成果をまとめる．

●宗門帳人口学における結婚市場　結婚は世帯形成の明確な端緒である．特に，農家が親方百姓から独立した後の時代では，多くの農家の歴史は結婚から始まった．なぜ人々は世帯形成を進めたのか，これが歴史人口学の結婚分析の起点である．近年，ヨーロッパ型結婚パターン（女性の高い生涯未婚率と晩婚化を特徴とする European Marriage Pattern：EMP）がもたらした社会への具体的な効果をめぐり議論が始まった（Dennison & Ogilvie 2014 など）．仮に低い生涯未婚率（皆婚社会）と早婚傾向が近世日本の結婚市場の特徴だとすると，そのことは近世日本の中期以降の経済成長を説明できるのか．まず，皆婚社会かどうかだが，西濃（岐阜県）農村の研究では生涯未婚率は男女ともに約10％と報告されている（浜野・黒須 2009）．農家経営が不可能な者（おそらく結婚不可能な者）の比率を考える（それを3～5％程度と見積もる）と，この数値は「結婚可能な者は皆結婚した」社会であったことを示している．また，比較可能な女性の結婚指標である I_m（ハッテライト結婚指標：その時点で結婚していた比率）により同時代のイングランドと比較すると，18世紀の間その値はイングランドの1.6～1.8倍，19世紀になると1.4倍程度に低下したものの，少なくとも同時代の西欧と比べると，近世農村ははるかに人々が結婚した社会といってよいだろう（Tomobe 2001）．近世日本の農家の大部分は小農であり，嫁の存在は家事労働の要である家刀自としてだけでなく，負担する年貢支払いと自家消費の生産を支えた追加的家族労働力としても重要であった．また，農家に家内工業が導入された以降も副業に従事する労働として大きな貢献をした（友部 2007）．ところで，近世日本の都市については，実質的に結婚不可能な人口が相当多かったので，たとえ高い生涯未婚率が出されてもその判断は難しい．また，大坂表店の手代や番頭のように，昇進制度に対応した晩婚化が確認できる一方で，そうした制度的制約もなく，日雇い就業ができた江戸の雑業層の結婚年齢は相対的に低かった（斎藤 2002；斎藤・友部 1988）．近世日本の結婚市場については，まだ EMP ほど体系的な整理はできないが，制度的要因の性格と市場経済の活用の仕方により，合理的な対応をみせていたといえるだろう．

●宗門帳人口学と出生研究　宗門帳から算出される比較可能な出生率はすべて乳児死亡率を上乗せした推計となる．また，議論される出生力の大部分は婚姻関係が明確な夫婦の婚姻出生力（数え年21～50歳の合計特殊婚姻出生率 Total Marital Fertility Rates：TMFR）である．婚姻出生力のレベルと出生行動の特徴をみると（表1），まずそのレベルは同時代の西欧諸国と比較して相当低く，最小の TMFR を示した東北・北関東の農村では，stopping（出生順位による人為的な出生制限）の明確な痕跡が残されていた．結婚年齢が低いことを考えると，若いうちに妊孕力（fecundity）が極端に低下したか，あるいは生活水準の悪化による意図的な嬰児殺し（間引き）が想定できる．この特徴ある痕跡は比較的高い

TMFRを示した他地域の村では確認できず，その意味で出生順による出生制限ではなく，自然出生力を背景としながらも，頻発する流産・死産の影響によるspacing（第1出生間隔を含めたその長期化による出生制限）という出生行動が当てはまる．確かに出生力の近似的要因をみると，西欧との違いは，高い自然流産率，多産年齢での高い妊娠不能比率，そして長い出産後妊娠不能期間に表れている（友部 2002：208-216）．いずれもTMFRを低下させる要

表1 TMFRと出生行動の特徴
（18～19世紀の近世日本と西欧）

	近世日本	西 欧
平 均	5.38 (C2)	8.27 (N)
最小値	2.55 (C1)	7.64 (N)
最大値	7.33 (N)	9.06 (N)

単位：人
注）N：自然出生力 C1：Stopping
　　C2：Spacing
〔友部 2002：201-202〕

因であり，結果的に第1出生間隔が30か月以上，それ以降もやや長期ながらも平均40か月以上の出生間隔（西欧は第1出生間隔が15か月，それ以降は徐々に長期化し，平均で30か月前後）を示した（友部 2002：204）．

次に，近世農村の出生力水準の趨勢（18世紀～1875年）を村ベース（比較的高水準の中部2か村と低水準の東北1村）にハッテライト出生指標 Hutterite Index；*Ig*（当該嫡出出生力と人為的出生制限を行わないフッター派キリスト教（ハッテライト）集団の嫡出出生力との比率）を用いて計測すると，その期間に *Ig* は着実に上昇していたことがわかる（表2）．特に，19世紀になって農村家内工業が積極的に導入された農村（東北含む）での *Ig* の上昇は際立っていた．家内工業の導入という農家による市場経済の活用がさまざまな経路を通じて，農民の生活水準を押し上げていたのである．1875年以降の数値は若干の修正を必要とするが，近世の値からするとやや落ち気味で，20世紀になってようやく近世の水準に到達したというのが日本の出生率水準の長期的趨勢である．

これらの出生力分析の結果は何を意味しているのか．まず，年貢や自家消費のための田地（特に湿田）での女子労働の状況を考える必要がある．北陸農村にみ

表2 ハッテライト指標 *Ig*（嫡出出生力）の変遷（日本農村とイングランド）

年代	西 条（岐阜）	神戸新田（岐阜）	仁井田（福島）	日 本	イングランド
1701～25	—	—	0.422	0.422	0.634
1726～50	—	—	0.429	0.429	0.633
1751～75	0.539	—	0.370	0.455	0.665
1776～	0.744	0.646	0.350	0.580	0.666
1801～25	0.711	0.774	0.364	0.616	0.668
1826～50	0.739	0.829	0.444	0.670	0.669
1851～75	0.737	0.757	0.539	0.677	0.667

注）乳児死亡率（1q0）＝200‰で近世日本の出生力を補正した．
〔Tomobe（2001：144）〕

られる極端な湿田（滉田：胸までつかり農作業を行う田圃）は近世でも稀であるにしても、それに近い状況の湿田が近世日本の標準的な田圃であり、そこで働く婦女子の健康被害は甚大であったと予想できる（越山・南部 1957）。また、農村家内工業による労働時間の長期化も婦女子の労働苦痛を増加させたであろう。これらは出生力というよりも、むしろ高い出生不能 infertility（高い流死産や高い妊孕不能比率）に直結する。そうなると、気になるのは、近世中後期の都市化（頻繁かつ広域の人口移動）による感染症の蔓延であった。とりわけ出生不能に強く関連する慢性の感染症が梅毒をはじめとする性感染症であった。古人骨学の所見から 19 世紀の江戸市中の成人男子の半数以上が感染していたと推計される梅毒の出生不能への強い関与は低い TMFR を考える上で不可欠の要因にならざるを得ない（友部 2008；2017）。

●宗門帳人口学からみた結婚と出生

以上の議論を制度と市場の視点からまとめる（表3）。マトリックスの対角線（U1-R2）に雑業者化（江戸）や奉公・農村工業（中部農村）などの市場経済を活用した場合の人口再生産の帰結を、また対角線（U2-R1）に制度文化（大坂）や低い生活水準（東北農村）

表3　近世日本の結婚と出生の相関概念（都市と農村）

	都　市	農　村
早　婚	U1：多産（江戸）	R1：少産（東北） 高い infertility
晩　婚	U2：少産（大坂）	R2：多産（中部）

により市場経済機会をうまく利用できなかった場合を示している。しかし、後者の事例でも市場経済と無縁に生活していたわけではない。大坂でも、婚期の遅い番頭や手代がなるべく若い配偶者をめとり、出生力の低下を防いでいた（斎藤 2002）。また、東北農村では、低い出生率と高い死亡率という過酷な環境の中で、養子市場を活用しながら家と村の存続をはかってきた（Tomobe 2001）。逆に、人口学的繁栄を示した地域でも、市場経済を活用した結果として、近世の大都市江戸では性感染症、近代に顕著になるが中部農村では結核などの繊維産業での呼吸器疾患など、高い頻度で感染症にさらされることになった（Hanashima & Tomobe 2012）。また、高い婚外子率という特殊な要因をもつ長崎漁村での結婚・出生行動も比較史の中で今後もさらに綿密に検討すべきである（中島 2016）。近世日本の人々は、世帯内の動向、村請制での責任、共同体での役割、継承する文化などを勘案しながら、さまざまな制約の中で市場経済（過剰と不足のマッチング）への参入機会を模索してきたといえるだろう。　　　　　　　　　［友部謙一］

□□ さらに詳しく知るための文献
友部謙一，2016，「近世の人口戦略」秋田 茂ほか編『人口・疾病・医療と世界史』ミネルヴァ書房.

しゅっしょうりょくの
きんせつよういん

出生力の近接要因
proximate determinants of fertility

☞「生物人口学」p.380「妊娠と出産の数理モデル」p.492「自然出生力と抑制された出生力」p.508「人口再生産指標」p.538

　出生力の近接要因とは，出生力に直接影響を与える行動的および生物学的要因のことであり，米国の人口学者ボンガーツ（J. Bongaarts）により名づけられた．出生力の直接的決定要因を系統的に把握しようとする試みは，デイビス（K. Davis）とブレイク（J. Blake）により始められた．彼らは経済発展や都市化や社会の近代化といったマクロレベルの社会構造変化は，行動的および生物学的要因を通じて間接的に出生力に影響を与えるとして，社会的に認知される11個の要因を提唱し，それらを「出生力の中間変数」と呼んだ（Davis & Blake 1956）．デイビスとブレイクの示した出生力の中間変数は，包括的ではあったが主に質的なものであり，定量的な分析に用いることは難しかった．ボンガーツはこれら11個の中間変数を七つの計量可能な変数にまとめ，定量的分析の枠組みを考案した．七つの近接要因は，①女性の結婚の年齢パターン，②結婚している女性の避妊実行率，③結婚している女性の人工妊娠中絶回数，④出産後の母乳哺育期間，⑤夫婦の性交頻度，⑥自然流産および死産の確率，⑦閉経による自然不妊率である．

　例えば，社会経済発展により女性の高学歴化が進むことで出生率が低下することは多くの研究により示されているが，女性の教育水準が向上すれば自動的に出生率低下が起こるわけではなく，就学年数が長くなることにより結婚が遅れたり，また結婚している女性の避妊実行率が上昇したりすることによって出生率は低下する．つまり，社会経済変動は近接要因を通じて出生力に影響を与える．ボンガーツによると，社会経済発展により大きく影響を受ける（つまり社会経済変動により大きく変化する）近接要因は，上記①〜⑦のうちの最初の四つであり，したがって，出生力の変動や国間格差の大部分はこれら四つの近接要因により説明される（Bongaarts 1978; 1982）．

●**出生力の近接要因の推計モデル**　ボンガーツが考案した推計方法の中で最も広く用いられているのは，出生力水準の近接要因を推計するモデルである．これによると，出生力水準の代表的指標である合計特殊出生率（TFR）は，生物学的に可能な潜在的出生力の最高水準の指標である合計妊孕力率（TF）と四つの近接要因，つまり①（15〜49歳の人口再生産年齢の）女性の年齢別有配偶率（index of marriage, C_m），②有配偶女性の避妊実行率と効率（index of contraception, C_c），③有配偶女性の人工妊娠中絶の回数（index of induced abortion, C_a），④母乳哺育の期間と頻度により決定される産後の不妊期間（index of postpartum infecundability, C_i）の指標との積として表される．これを数式で示すと，TFR = $C_m \times C_c \times C_a \times C_i \times$ TF となる．

この数式からわかるように，四つの近接要因の指標の値がすべて 1.0 であれば，TFR は TF と等しくなる．C_m，C_c，C_a，C_i はすべて 0.0～1.0 の間の値をとり，その値は当該近接要因の出生力への負の影響（つまり出生力を低下させる影響力）が強いほど小さくなるよう設定されている．すなわち，分析対象となる人口において観察される TFR は，①女性の年齢別有配偶率の皆婚パターンからの乖離が大きいほど，②有配偶女性の避妊実行率と避妊効率が高いほど，③有配偶女性の人工妊娠中絶回数が多いほど，そして④産後の母乳哺育期間が長く頻度が多いほど，生物学的に可能な出生力の最高水準である TF から乖離するものと理解される．言い換えれば，もし 15～49 歳の女性全員が有配偶であり，有配偶女性がまったく避妊と人工妊娠中絶を行わず，そして出産後にまったく母乳哺育を行わなければ，TFR は TF と等しくなる．したがって，TF は理論的な指標であり，ボンガーツによると女性 1 人あたり平均およそ 13～17 である．TF は社会経済変動によってあまり変化せず，また社会経済発展の度合いの異なる国や集団間での大きな差異もみられない．この出生力水準の近接要因の推計モデルは，TFR の変化の近接要因の要因分解や年齢別出生率の近接要因の推計など，さまざまな応用が可能である．

ボンガーツはまた，人口再生産プロセスの近接要因を推計するためのシミュレーションモデルを提唱している．このモデルは，①妊娠のための生物学的能力をもち避妊を実行していない女性の妊娠確率，②避妊の実行確率と避妊効率，③自然流産と人工妊娠中絶の確率，④母乳哺育による産後の不妊期間，⑤女性の年齢別自然不妊確率，⑥女性の初婚年齢の分布，⑦女性の年齢別死別・離婚・再婚確率という七つの近接要因をインプットとするマクロの連続時間決定モデルである．このモデルでは，同一出生集団の女性は，まず初婚年齢の分布に従って未婚状態から有配偶状態に移行し，次に有配偶状況に移行した後は，（1）年齢別妊娠確率により決定される妊娠可能状態にある期間（避妊の実行率と効率および自然流産や人工妊娠中絶によりこの期間は変化する），（2）妊娠状態にある期間，そして出産した後の（3）母乳哺育により決定される不妊状態期間という出産をはさんで起こる三つの人口再生産段階を順に移行する．この移行は死別や離婚によって中断され，閉経による自然不妊により終了する．このシミュレーションモデルには，現実に観察される避妊や人工妊娠中絶による出生力の意図的抑制や，女性の生物学的妊娠能力の多様性などを組み入れることが可能であり，より複雑で洗練された人口再生産プロセスの近接要因の推計が可能である． ［津谷典子］

📖 さらに詳しく知るための文献

Bongaarts, J. and Potter, R. G., 1983, *Fertility, Biology, and Behavior: An Analysis of the Proximate Determinants*, Academic Press.

自然出生力と抑制された出生力
natural fertility and controled fertility

☞「自然出生力と妊孕力」p.144「出生力の近接要因」p.506

　女性が生涯に産む子ども数（完結出生児数）には，集団の平均でみても1～11程度ときわめて大きなばらつきがあり，しかもチンパンジーの完結出生児数が2～4であるのに比べると，かなり高い．特に，まったく出産を抑制する要因がないときの完結出生児数は10～15になるといわれており，他の霊長目に比べると例外的な高さである．この数字の根拠は，アンリ（L. Henry）らが1960年代にまとめた自然出生力の研究である．彼らは歴史人口も含め，意図的な出生力抑制をしない集団について世界中からデータを集めて分析するという方法で，この数字を得た．アンリらは用いなかったが，世界には意図的な出生力抑制をしなくても完結出生児数が3～6と他の霊長類と同レベルな集団も，アフリカのサン（Howell 1979），パプアニューギニアのガインジュ（Wood et al. 1985），ブラジルアマゾンのヤノマミ（Neel & Chagnon 1968）など多数存在する．これらの集団においては長期間の授乳により産後不妊期間が数年にわたることや，それが低栄養への適応である可能性があるという指摘から，栄養状態がよくなり，長期間にわたる頻回な授乳を止めることによって産後無月経期間が短縮すれば，ハテライトを含む「自然出生集団」の出生力を達成できると考えられてきた．ただし，アンリらが用いたデータはキリスト教またはイスラム教の敬虔な信者である集団が大半で，特に最高の完結出生児数を示した北米ハテライトは，キリスト教の宗派の中でも近代化を拒否し，子どもを持つことが神への貢献になると信ずる宗教集団だったという点に注意したい．完結出生児数が3～6の集団において，宗教を信仰していないまま栄養状態が改善されると本当に完結出生児数が10を超えるレベルに至るのかは確認されていない．栄養状態の改善は先進国とのコンタクト後にしか起こっておらず，コンタクトが起これば何らかの宗教が入ってしまい，同時に多くの場合は家族計画や出生力抑制も導入されてしまうためであり，栄養状態だけが自然出生力を低下させているのかどうかは検証不可能である．仮に信仰が高出生力の真の原因であるならば，意図的な出生力抑制がない集団間での出生力の差は社会的な要因ということになってしまうが，その点の解明は今後の研究を待たねばならない．

●**抑制された出生力**　実際に観察される出生力が自然出生力よりも低い場合，何らかの意味で出生力が抑制されていると考えることができるが，その要因は低栄養や長期間の授乳だけではない．より広くみられる生物学的な要因として，クラミジアや淋病など性感染症への感染による不妊，女性が子宮頸管粘液内に抗精子抗体を持つなど遺伝的な不妊，加齢などによる性交頻度の低下，ストレスや環境

要因などによる精子数減少や運動性の低下，ストレスなどによる胎児死亡の増加などがあり，社会経済的あるいは文化的な要因としてパートナーシップ形成の遅れやパートナーが見つからないこと，価値観の多様化などにより子どもを持とうとする意欲が低下すること，育児にかかる時間やコストの増加などにより，それまでに産んだ子ども数（既往出生児数）に応じて受胎確率（fecundability）が低下することなどがあげられる．既往出生児数に応じた受胎確率の低下は，避妊や中絶などによって意図的になされる場合と，無意識に性交頻度が低下したり受胎しにくくなったり胎児死亡が増えたりする場合の両方がある．こうした出生力抑制に直接関わる要因を整理したフレームワークとしては，ボンガーツ（J. Bongaarts）の近接要因モデルがよく知られている（Bongaarts 1978）．

●**抑制された出生力のモデル** 実在するほとんどすべての集団において，実際の出生は自然出生力より低くなる．完結出生児数の分布をみると，自然出生力集団では出産イベントが独立事象なのでポアソン分布に従っているが，既往出生児数に応じた出生力抑制がある場合は負の二項分布に従っている．年齢別出生率のパターンについては，アンリらのデータを使った年齢別自然出生率と，そこからの加齢に伴う乖離のパターンの線形結合によって示す試みが，コール（A. J. Coale）とトラッセル（J. Trussell）によってなされている（Coale & Trussell 1978）．彼らは結婚成分を別にモデル化したため（現代のヨーロッパでは非嫡出出生の方が多い国が少なくないが，より低出生な東アジアでは依然として嫡出出生が多いことを考慮すれば，結婚と出産に関する社会文化的要因が出生力抑制に大きく影響することは間違いなく，この戦略は妥当であった）．このモデルは年齢別有配偶出生率に当てはまる．年齢別自然出生率自体も加齢に伴って低下するが，その主な原因は卵子が第一減数分裂を終えて原始卵胞となった後，卵巣内での休眠時間が長くなるほど受精能力を失いやすくなることと，性交頻度の低下（ハテライトのように宗教的情熱があれば比較的低下しにくいが）である．このモデルでは年齢別自然出生率に対してピークの高さが何倍かという「スケール」パラメータが M，加齢に伴う乖離がどれほど大きいかを示す「コントロール度」パラメータが m で示される．当然，ハテライトのデータではほぼ $M=1$，$m=0$ となる．現代日本の年齢別有配偶出生率に当てはめると，20代前半までの出産の多くが妊娠先行型結婚によるため，ピークが異常に高く，このモデルを当てはめると M がほぼ1で，m も2に近かった．近年は35歳以上の出生率上昇に伴い m も低下しているが，これは生殖補助医療の寄与と考えられる（表1）． ［中澤 港］

表1 現代日本の有配偶出生率のモデルパラメータ（M と m）

年	M	m
1950	0.7357	0.5623
1970	0.5756	1.0000
1990	0.8058	1.5915
2000	0.9142	1.7935
2005	0.9774	1.8687
2010	1.0177	1.6299
2015	0.9141	1.3578

［人口動態統計のデータより計算］

結婚と出生の人類生態学的分析
human ecological analysis of marriage and birth

☞「自然出生力と妊孕力」p.144「生物人口学」p.380「出生力の近接要因」p.506

　人類生態学は，ヒトが環境と関わり合いながら生存する機構を研究する学問分野で，20世紀半ばから自然科学および人文社会科学のさまざまな学問潮流を背景に提唱されてきた．日本における研究は，生物学的な視座に社会文化的な視座を加え，ヒトの生存と健康を人間‒環境系として解明することに主眼をおいてきた．特に，地域集団（個体群）としての世代を超える生存機構への関心が強く，出生と死亡，さらには結婚や移動（移住）などの人口イベントを重要な研究対象としてきた．ここでは，人類生態学の主要な研究方法であるフィールド調査による出生に関連する研究事例と，出生に影響する環境要因についてバイオマーカーを分析した研究事例の紹介を中心に解説する．

●**フィールド調査に基づく研究**　地域集団（個体群）を対象とする人類生態学のフィールド調査は，対象集団が自然環境および社会文化的な環境の中で生存する機構を，時間・空間変動と関連づけて解明することを基本としている．

　パプアニューギニアのギデラ人の家系人口分析に基づく研究は，同国には人口が数千人以下の小言語族が通婚圏を形成し，生物学的な個体群として出生・死亡の基本単位になっていることに着目して行われた（Ohtsuka & Suzuki eds. 1990）．ギデラ個体群の近代化の影響が及ばなかった時代からの人口再生産率を推定するために，約2000人の全住民を対象に数世代遡る家系図を復元し，母親世代の人数と彼女たちから生まれ結婚まで生存した女児数との比から純再生産率を計算した．その結果，近代化の影響以前は年人口増加率が約0.2％で，ギデラ個体群内でもマラリアの多発地域で増加率が低かったこと，さらには予防接種をはじめとする近代化の影響を受け，年平均人口増加率が2％以上に急上昇したことが明らかにされた．

　インドネシア・ジャワ島のスンダ人の農村における出生率の研究は，ジャワ島が高人口密度で人口増加率も高かったことに着目して行われた（大塚ほか 2012）．調査対象地域の1982年における人口密度は1 km^{2}あたり980人で，インドネシアの1980〜85年の年平均人口増加率は2.25％であった．詳細な聞き込み調査の結果，合計出生率（TFR）は1979〜83年に6.8で，1983〜84年に4.8に低下したことが明らかになった．出生率低下は家族計画の普及によってもたらされたが，1970年代に政府派遣の指導員によるIUD（子宮内避妊具）の使用奨励は村人に拒否されたのに対し，1980年代に導入された経口避妊薬（ピル）とノルプラント（皮下埋没法）の受容が進んだことが明らかにされた．

　南太平洋のトンガ王国では，1村落（コロヴァイ）の全世帯を対象とした聞き

取り調査を行い，海外移住が出生率に及ぼす影響が研究された（小西 2009）．1982 年から 2002 年までに連続して 1 年以上コロヴァイに滞在したことのある 1184 人をコロヴァイ人口と定義し，人口動態を復元した結果，1982 年に 774 人であった同村の人口は 2002 年には 570 人まで減少した．同期間の自然増加は 167 であったのに対し，海外移住および国内移住による社会増加はそれぞれマイナス 324 とマイナス 47 に達し，海外移住が人口動態に大きな影響を及ぼしていた．コロヴァイから海外移住した女性の合計出生率はおよそ 3.6 であり，主な移住先であるニュージーランドやオーストラリアよりも高いことから，移住後も妊娠や出産に関するトンガ人の習慣や価値観が維持されていることが示された．

●**出生に影響する環境要因の研究**　出生に関する人類生態学の要因分析では，結婚をはじめとする社会的なイベントよりも，妊娠の成立に直接寄与する，性交，月経，受胎確率などの近接要因に重点をおく傾向がある（Wood 1997）．日本人は海産物の摂取量が特に多いことから，海産物摂取を介した化学物質の曝露による影響を検証する必要性が指摘されてきた．受胎への影響が疑われる有機塩素系化合物について，食物摂取を介した有機塩素系化合物への曝露の代替指標としての頭髪中水銀濃度を，約 300 人の女性を対象に測定した研究がなされた．その結果，水銀濃度と妊娠待ち時間とに有意な関連はみられなかったものの，より精度の高いバイオマーカーを用いた調査が必要であることが認められた（Arakawa et al. 2006）．一方，化粧品など多くの製品に防腐剤として添加されているパラベン類については，その尿中濃度が高い女性の月経周期が，尿中濃度が低い女性と比較して長い傾向が見出された（Nishihama et al. 2016）．通常観察される程度の曝露量が，職業的な曝露を受けない一般女性の月経周期に影響することが示されたことになり，環境化学物質のヒトの生殖ひいては出生力への影響を解明する必要性が高まっている．さらに，日本人の環境要因・行動学的要因と妊娠待ち時間との関連などについて，さまざまな調査研究が進められている．

　今後の重要な研究課題として，日本を含む先進国で進行している少子化の原因究明や，生殖補助医療などの技術革新がもたらす影響への対処があげられよう．短期的な視点からは，出生の近接要因のそれぞれについて，多種多様な環境要因との関連を分析することが必要である．より長期的な視点からは，生殖補助医療の発展が結婚や性交を介さなくても子どもを持つことを可能にするため，その帰結を多角的に明らかにすることが重要といえよう．　　　　［大塚柳太郎・小西祥子］

📖 さらに詳しく知るための文献

大塚柳太郎ほか，2012，『人類生態学　第 2 版』東京大学出版会．
渡辺知保ほか，2011，『人間の生態学』朝倉書店．
Ohtsuka, R. and Suzuki, T. eds., 1990, *Population Ecology of Human Survival: Bioecological Studies of the Gidra in Papua New Guinea*, University of Tokyo Press.

出生意欲の分析
analysis of fertility preference

☞「出生性比と男児選好」p.54「戦後日本の出生率低下」p.128「欧米先進諸国の少子化」p.132「性行動と避妊」p.142「教育と出生力」p.158

　避妊などの出生調節手段が広く普及している現代社会では，自然に任せて子をもつことは稀で，人々は子どもの数や生む時期について何らかの選択や選好を有している．ここではそれを広義に出生意欲と呼ぶが，出生意欲をどのように定義・測定し指標化するかは関心や目的によって異なってくる．人口学では出生意欲指標をコーホート出生力の予測に援用する試みや，個人レベルでの出生意図の実現性の評価および実現を阻害する要因特定を通じて政策課題を示してきた．

●生涯にもつ子ども数に関する意欲　人口学では女性や夫婦が生涯にもつ子ども数やそれに相当するコーホート合計出生率を参照するが，それに対応する意欲が測定される．社会規範としての水準をとらえる場合，ある時代や社会において一般的に最適（典型的）な子ども数を尋ねる（規範としての理想／典型的子ども数）．社会規範に基づく理想子ども数と重なる部分があるものの，自身の理想子ども数（あるいは希望子ども数）に限定して尋ねることもある．「出生動向基本調査」（国立社会保障・人口問題研究所）では，夫婦の妻を回答者とし「あなた方ご夫婦にとって理想的な子どもの数は何人ですか」と尋ねている（守泉 2004）．なお，自身の理想子ども数は個別事情に基づくコストや制約をまったく考慮しない子どもに対する需要と解釈できる．したがって現実的に想定される制約を考慮した上での生涯にもつつもりの子ども数は「予定子ども数」として把握される．意図よりも意に反した妨げ（避妊の失敗や不妊）の可能性を考慮した予想的側面に着目すれば「期待子ども数」を測定する．予定／期待子ども数は，通常，今後もつつもりの／予想される子ども数（追加予定子ども数）に調査時点で生存している子ども数（現存子ども数）を加算し，生涯の子ども数に関する意図として把握される．回答者は必ずしもこうした概念を厳密には区別していないが，平均値には一定の意味がある．したがって平均値の時系列比較に際しては設問文や用語が統一されていることが重要である．これは尋ね方が異なる調査間での比較や絶対的水準に関する評価が難しいことを意味する．

●出生意図の形成　出生行動に直接的につながる出生意図の形成には，上記にも示した規範的側面が作用する．無子や一人っ子，あるいは多子に対する負の評価は予定子ども数を「2人」に収束させる一つの要因である．また配偶者の意図にも影響を受けるため個人がもつ極端な出生意図は均質化される傾向にある．さらに出生意図はある時期に決定され固定化するのではなく，逐次決定されるという見方が有効である．予定外の出生や子どもの死亡，特定の性別の子どもを望む（性別選好）といった事情で出生意図は増加方向に見直されることもあれば，加

齢，失業などで減少方向に見直されることもある（Bongaarts 2001；Quesnel-Vallee & Morgan 2003）．このように個人や社会の状況に応じて逐次決定される出生意図に注目し，2年あるいは3年以内といった短期の意図を尋ねる場合もある．また，出生意図の強度（絶対にほしい～絶対にほしくない）を尋ねることもある．短期の意図は不明瞭であることも知られている．短期の意図の形成過程については，アジェン（I. Ajzen）らの計画的行動理論に代表される社会心理学的モデルによる一連の研究があり，態度や規範意識，行動に対する統制可能感などの影響が出生順位や男女によって異なることが示されている（Billari et al. 2009）．出生意欲はこのような将来見通しだけでなく回顧的にも調べられる．出生が望んだものか，望んでいたが早すぎたか，望んでいなかったかを調査し，望まない出生の発生を把握することができる．

●**出生意図と出生行動** マクロレベルの意欲の生涯指標が実態と一致することがままある一方で，個人レベルでは実現値が意図よりも過大あるいは過小になることが知られている（Morgan & Rackin 2010）．したがって単純にマクロレベルでの出生意欲指標と合計出生率との差をもって政策ニーズの有無を評価することはできない（Philipov 2009）．今日の先進国では，意図された子ども数は2人前後に収束しているにもかかわらず，出生意図が未達成に終わることが多く，意図しない出生がある程度埋め合わせてもなお著しく低い出生率をもたらしている．現代社会の出生意図は「もたない」意図ほど実現しやすい．しかしながら先進国における現実の生涯無子の多くは，もたない意図の結果ではなく，出生意図がありながら先送りが続いた結果だとみられている．出生意図は年齢や結婚持続期間，パリティと並んでその後の出生行動を規定する主要な要素ではあるが，その一方で，意図の実現には偶発性や制約が作用する．最終的な出生数は出生意欲が何らかの制約要素で修正された結果であると考えられ，その制約には加齢による妊孕力の低下，避妊の失敗など望まない妊娠の発生，パートナーの不在や関係の解消，就学や就業といった他の競合する要因の存在がある（Morgan & Rackin 2010）．短期の出生意図に関しては，人生に対する満足感が達成に寄与するなど態度要因も重要である．学歴は意図の実現確率を上げるとの指摘もある．こうした出生意図の実現に関する研究は，子育ての障害を取り除くことで個人の再生産の権利を保障する政策のベースとなることが期待され，直接的ではなく間接的に出生率の上昇に寄与すると考えられる． ［岩澤美帆］

📖 さらに詳しく知るための文献

Bongaarts, J., 2001, "Fertility and Reproductive Preferences in Post-transitional Societies", *Population and Development Review*, 27: 260-281.
Morgan, S. P. and Rackin, H., 2010, "The Correspondence between Fertility Intentions and Behavior in the United States", *Population and Development Review*, 36（1）: 91-118.

家族形成プロセスの分析
analysis of family formation process

☞「コーホート率の概念」p.428「多相生命表」p.476「結婚の生命表」p.494「多状態人口モデル」p.530「人口動態事象モデル」p.542「ライフコースの分析」p.544

　家族形成プロセスとは，女性あるいは夫婦が再生産年齢の中でどのようなタイミングと間隔で子どもを生むのかという過程を指す．このため，その分析には動的な視点が必要であり，ミクロデータの分析には時間が経過する中で発生するイベントを分析するための統計的手法であるイベントヒストリー分析，マクロデータの分析には増減表の手法を援用する必要がある．例えば，現在30歳の女性が生涯を通じ（15〜49歳の再生産年齢で）子どもを生まない確率を知りたい場合，30歳時点でまだ子どもがいない女性のうち30〜49歳で子どもを生む割合が必要になる．同様に，第一子を平均して何歳のときに生むのかという単純な問であっても，分析対象に49歳以下の女性が含まれているとすでに第一子を生んだ人の出生年齢の平均はまだ第一子を生んでない人が出生した場合の年齢を含めた全員の平均と比べて過小になり，通常の統計的手法にはバイアスが生じる．イベントヒストリー分析の観点からみると，出生は代表的な再帰的（recurrent）イベントである（Hougaard 2000：1.7節，3.3.1項，5.3.1項）．なお，家族形成プロセスを成人期移行過程で発生する卒業，就職，結婚，出生といったイベントの連続（sequence）ととらえ，タイミングや間隔ではなくイベントの発生順序に着目してどのようなパターンが支配的かといった問いに答える順序分析（sequence analysis）のアプローチ（Billari & Piccarreta 2005；Rindfuss et al. 2010）については，ここでは扱わない．

●家族形成プロセスの状態　パリティ（parity）とは，ある女性に生まれた子どもの数を指す（Estee 2004：398）．ゼロ-パリティ（zero-parity）の女性とは子どもを1人も生んだことのない女性，1-パリティ（1-parity）の女性とはそれまでに子どもを1人だけ生んだことがある女性を指す．女性のパリティ別にみた出生は，無子，子ども1人，子ども2人等々のパリティを状態（states）として，無子の状態から子ども1人へ，子ども1人から2人へといった状態が変化する過程とみることができる．また，人口学では伝統的に結婚は出生の最も重要な近接要因であり，出生の継続的なリスクは結婚が起点であるとして，状態を未婚，既婚で無子，既婚で子ども1人等々ととらえることも多い（国立社会保障・人口問題研究所 2008：3（5）節）．状態間の遷移を記述するモデルは，イベントヒストリー分析で用いられる手法の中でも，多状態モデル（multistate model）と呼ばれる．パリティを状態とした場合，複産を無視すれば，第二子を生むことができるのは子どもが1人いる女性だけであり，これまでに生んだことがある子ども数の変化は再生不能（non-renewable）で減少することはない．したがって，すべて

の状態への遷移が各々1種類しかないため，状態遷移は進行的（progressive）であると呼ばれ，遷移確率の計算は簡略化される（Hougaard 2000：5.4～5.5節）．
●多状態モデルの分析　再帰的イベントを多状態モデルの枠組みで分析する際，分析モデルの特定には大きく分けて二つの論点があり，それぞれに選択肢がある（Aalen et al. 2008：18；Putter et al. 2007：2417）．第一の論点は分析時間の測り方（analysis time scale）であり，第二の論点は個人間の観察されない異質性（unobserved heterogeneity もしくは frailty：以下，個人間の異質性）の取り扱いを軸としたモデル定式化の問題である．

　第一の分析時間の測り方について，女性のパリティ別にみた出生に関する分析の場合でいうと，イベント発生タイミングを年齢（大域的な時間 global time または前進時間 "clock forward" アプローチ）で測ることもできるし，第二子出生以後のイベントについては末子出生からの経過時間である出生間隔で測ることもできる（再帰時間 recurrent time または時間初期化 "clock reset" アプローチ）．前者は例えば子どもが1人いる女性が第二子を生む確率を年齢別に推定し，後者は第一子を生んでからの経過年数別に第二子出生確率を推定する．あるいは前者は既婚女性の第一子出生確率を年齢別に推定し，後者は結婚持続期間別に推定する．いずれの分析時間を用いるのが望ましいのかについて理論的な優越はなく，例えば共変量の効果がより比例的な時間軸を選択するといったデータへの適合性や解釈のしやすさの観点から実践的に選択されるのが通例である（Iacobelli & Carstensen 2012）．ただし，この分析時間の測り方の問題は出生のリスクがいつから始まるのかという問題であり，いつから観察対象になるのかとは別の問題である．分析時間の測り方は対象となるイベント発生のリスクがいつから始まるのかを決めることであり，分析結果の解釈をまるで異なったものにすることには留意しなければならない．また，分析時間を再帰時間で測る場合にはモデル推定の際に第二子出生や第三子出生の基底ハザードを比例的にすることで推定を効率化できる可能性が生じる．

　第二の個人間の異質性とは，ミクロデータを用いた分析に特有な問題といえる．特に再帰的なイベントについては，ある人は複数回イベントを繰り返すのにもかかわらず別の人はイベントを経験しないという差異を観察された属性（データセットに含まれる共変量）だけでは十分に説明できないという事態が顕著に起こる．一方，同一個人に単一のイベント発生のみが観察できる場合（nuisance parameter）に比べ，複数回のイベント発生を観察できると，例えば共有脆弱性（shared frailty）モデルを利用することで識別問題（identification）が解決できる余地が大きくなる（Aalen et al. 2008：265, 275）．観察された属性グループ内に個人間の異質性があり，同一グループ内で相対的にリスクの高い人からイベントが発生すると，相対的にリスクの高い人から順にリスク人口から除かれていく．こ

れによって，イベントを経験していない人の平均的なイベント発生確率（ハザード）は時間の経過に従って低下するという選択性が生じる．この選択性によって，母集団における個人レベルのハザードが時間の経過に従って高くなる形状であっても，観察されるグループの平均的なハザードは最初増加して次第に低下するというこぶ型になる（Aalen et al. 2008：6.2節）．最初増加して後に減少する形状のハザードは頻繁にみられるが，このような選択性の影響が少なからずあると推察される．また，この選択性によって，相対リスクが母集団の個人レベルで比例的であったとしても，母集団ハザードを観察可能なグループに集計したグループ間の相対リスクは時間の経過に従って低下する．Coxの相対リスクモデル（Cox 1972）の推定において，個人間の異質性や除外された共変量があると比例性は保持されないという問題が起こる（Aalen et al. 2008：6.5節）．

●再帰的イベント分析における個人間の異質性による選択性に対する三つのアプローチ　このような選択性の問題が疑われるとき，主に三つのアプローチがあり，相互に関連している．第一のアプローチは個人間の異質性を確率変数として明示的にモデルに取り込む方法である（脆弱性［frailty］モデル，Aalen et al. 2008：6～7章）．第二は，イベント生成に関連する過去のすべての情報で条件づけられた期待イベント発生確率についてのモデル（intensity models）を用いて，時間の経過に従って変化する内生的な状態（internal state）変数をモデルに投入する動的アプローチ（dynamic approach，Aalen et al. 2008：8章）である．このような動的な共変量の例として，第一子出生年齢や既往出生数などがある（Aalen et al. 2008：8.1.1項；Kalbfleisch & Prentice 2002：198-200）．この場合でも，計数過程理論（counting process theory）によれば相対リスクモデルや加法モデルを用いた分析が可能である（Aalen et al. 2008：8.3節）．第三は，イベント生成に関連する過去の情報のうち外生（external）変数のみで条件づけられた期待イベント発生確率についてのモデル（marginal models）を用いる限界アプローチ（marginal approach，Aalen et al. 2008：8章）である．限界アプローチは外生変数がプロセスに及ぼす総効果を識別する一方で，動的アプローチは外生変数の直接効果と間接効果（外生変数がイベント発生タイミングを早くする場合，ある時点までのイベント発生数が多くなり，イベント発生数がイベント発生確率を高くするといった影響）を分解しプロセスの生成過程についてより明示的なメカニズムを明らかにする可能性がある（Aalen et al. 2008：8.1.2項，8.4節）．一方で，個人間の異質性がある場合，グループ内でもリスクの高い人ほど早くイベントを経験しイベント発生数が多くなるので，動的な変数の間接効果が生じる可能性がある．他方で，脆弱性モデルは動的な変数の影響がどのように変化するか明らかにしないが，動的なモデルは時間の経過に従った影響の変化について示唆を与える（Aalen et al. 2008：8.5節）．ただし，パラメータの解釈は異なり，脆弱性モデ

ルのものは個人レベルのハザードへの影響を測るが，限界アプローチのものは母集団での平均的な影響を測る（Aalen et al. 2008：314, 330）．

●**マクロデータを用いた分析**　パリティを状態とする多状態モデル分析は増減表の手法を援用することで，マクロデータを用いた分析も行われている．出生の増減表・出生表（fertility table）は，パリティ別出生ハザードが特定の年齢パターンに従った場合の年齢別パリティ分布を記述する．特定の出生コーホート集団の年齢パターンを用いて作成するものはコーホート出生表と呼ばれ，ある年次の年齢パターンを用いて仮想コーホート（synthetic cohort）について作成するものは期間出生表と呼ばれる．15〜49歳の再生産年齢全体のコーホート出生表を作成するには35年分のパリティ別年齢別出生ハザードが必要になるが，期間出生表は単一年次のハザードから計算することができる．ただし，期間出生表を作成するためには当該年次の年齢別パリティ分布が必要である．日本の国勢調査では1970年を最後に既往出生数が調査されていない（Kaneko & Kostova 2016）ため，1970年より後はパリティ分布を推定する必要があり，出生表はそれほど多く作成されていない．最近の日本における出生表の作成例として岩澤・金子（2013）や，統一的な手法と定義で国際比較が可能な信頼性の高い出生データを収集する試みである Human Fertility Database（2015）がある．後者は1953年出生以後のコーホート出生表と1998年以後の期間出生表をインターネットで公開している．

　出生ハザードに基づく出生表の分析が通常の出生率の分析と異なる点として，コーホート出生表から計算される完結出生力はコーホート合計出生率に合致するが，期間出生表から計算される仮想コーホートの合計出生率は（出生順位別）期間合計出生率には合致しないことがある．これはパリティ分布・構成効果（parity distribution/composition effect）と呼ばれる（Rallu & Toulemon 1994；Bongaarts & Sobotka 2012）．すなわち，（若年層で）出生力の低下が起こるとき，当該年の出生パターンから出生表で計算されるパリティ分布は，当該年に観察されるパリティ分布（出生率が高かった過去の年齢出生順位別出生パターンの結果で，高次パリティに進みやすかったときのもの）より低次パリティが多く高次パリティが少なくなる．出生順位が上がるほど出生率の水準は低いので，高次パリティが多い当該年のパリティ分布のもとで発生した出生率の合計である合計出生率は出生表の合計出生率より低くなる．なお，分析時間を末子出生からの経過年数で測って出生表を作成することも可能である．女性の年齢別集団と末子出生からの期間別集団を比べてより同質（homogenous）になる時間軸の選択が望ましいとされている（Rallu & Toulemon 1994）．　　　　　　　　　　　　　　　　［菅　桂太］

📖 **さらに詳しく知るための文献**

Aalen, O. O. et al., 2008, *Survival and Event History Analysis: A Process Point of View*, Springer.

15. 人口再生産の分析

　本章では，人口の定量的なダイナミクスを記述する数学的なモデルとそこから派生する基本的指標について解説する．これらの基礎概念とモデルは数学的なものであるが，人口学が人口に関わる他の社会科学的・生物学的研究と一線を画するゆえんであり，狭義の人口学のコアともいえる．特に安定人口モデルは，年齢構造をもつ個体群の集団的成長と個体のライフサイクルパラメータを結びつける基本的モデルとして人口統計指標の正確な解釈に欠かせない基本理論である．しかし一方で，安定人口モデルの仮定の及ばない個体の異質性，事象の確率性，相互作用の非線形性などの人口現象の多様な側面を考慮に入れていくために，1970年代から多状態モデル，確率モデル，非線形モデルなどの拡張がなされてきた．
　また安定人口モデルが導入した基本再生産数（純再生産率）の概念は構造化個体群ダイナミクスの基本概念となり，特に感染症疫学に導入されて大きく発展し，現在でも理論的な拡張が行われている．人口学の基本概念は数理モデルによって定式化されているのである． ［稲葉　寿・金子隆一］

第15章

人口再生産……………………………………522
人口成長と相互作用…………………………524
安定人口モデル………………………………526
離散時間人口モデル…………………………528
多状態人口モデル……………………………530
非線形人口モデル……………………………532
確率論的人口モデル…………………………534
両性人口モデル………………………………536
人口再生産指標………………………………538
基本再生産数…………………………………540
人口動態事象モデル…………………………542
ライフコースの分析…………………………544
人口高齢化とテンポ効果……………………546
人口モメンタム………………………………548
人口転換の数理モデル………………………550

人口再生産
population reproduction

☞「安定人口モデル」p.526「人口再生産指標」p.538

　人口一般において，これを構成する世代が，出生（生殖）と死亡によって置き換わることを人口再生産という．人口統計学ではその量的側面，すなわち世代間で置き換わる人口割合や個体数などに関心が寄せられ，これを表す指標は人口再生産指標と総称される．合計特殊出生率，総再生産率，純再生産率が，その主なものである．

　再生産の語は生物学の分野で用いられる場合は，もっぱら生物が生殖によって次世代の個体を産み出す活動や過程を指す．これに対し人口学分野では，出生による次世代の生成に加えて，死亡による個体の消滅をも考慮し，それらの差し引きとしての人口の増減に注目する．ただし，それは単に物理的な時間経過に沿った人口増加とは異なり，人口の生物集団としての特徴である自己再生産と，世代単位で繰り返されるライフサイクルに沿った，世代間の人口規模変化に着目した概念となっている．この世代間の量的関係を計測する指標が，人口再生産指標である．

●**人口再生産率の解釈**　個人または世代（出生コーホート）の生涯において，出生の可能性がある年齢を再生産年齢（reproductive ages），その期間を再生産期間（reproductive period）と呼ぶ．人口再生産の分析は単性人口が対象となるが，女性を対象とすることがほとんどであり，その再生産期間は15〜50歳（満49歳まで）とすることが一般的である．この期間内において，死亡を考慮せずに（死亡がなかったと仮定して），親世代の女性が平均して経験する出生数は，合計特殊出生率（合計出生率，total fertility rate：TFR）によって表される．

　また，このうち女児に限定した出生数は，総再生産率（gross reproduction rate：GRR）によって表される．さらに，女性世代がその誕生から死亡リスクを経験しながら再生産期間を過ごした場合に期待される平均の出生数は，純再生産率（net reproduction rate：NRR）によって表され，これが親（母）世代とその子（娘）世代の人口比を与えることになる．すなわち，この指標値が1より大きければ，世代は拡大再生産をしており，1より小さければ縮小再生産をしている．また，ちょうど1のときに，世代は過不足なく置き換わる．このように人口再生産率は，人口の増加傾向を，世代を単位として計量する指標となっている．なお，これら人口再生産指標は，年齢別出生率ならびに年齢別生存率などの人口動態率のみを用いて算出されるものであるから，現実の人口の年齢構造の影響を受けることはない．

●**人口置換水準**　上記のように，純再生産率NRRの値は世代の拡大率（縮小率）

を与え，1を境として世代規模が拡大しているか，縮小しているかが判別される．また，n世代後の人口規模は，NRRのn乗で与えられる．例えば，NRRが0.7であれば，2世代後（孫世代）の人口規模は0.49倍であり，3世代後は0.343倍となる．合計特殊出生率TFRを用いた場合は，世代規模が拡大しているか縮小しているかの境となる数値は，同一対象から得られたNRRを用いて，TFR/NRRで与えられる．これは，（合計特殊出生率の）人口置換水準（population replacement level）と呼ばれ，観察されたTFRがこの水準を上回れば拡大傾向，下回れば縮小傾向であることがわかる．その数値は，親（女性）が観測された年齢別死亡状況を経験しながら，平均してちょうど1人の子（娘）をもつために必要な出生数に相当する．したがって，それは再生産期間完了までの死亡状況と出生性比に依存する．近年のわが国の場合をみると，死亡状況，出生性比ともに安定しているため，合計特殊出生率の人口置換水準は，2001年以降ほぼ2.07で推移している．

●**期間観察としての人口再生産** 以上のように人口再生産の概念は，世代（出生コーホート）の交代と，その量的関係を観察対象としたものであるが，実際上は，対象とする特定年次にみられる出生，死亡の年齢別発生状況を，仮想のライフコース（仮説コーホート）上の経験とみなして，ライフサイクル変数を得ようとする，いわゆる期間観察として用いられることが多い．これは生命表など，人口統計分野の他の手法と同様の用い方である．その場合の人口再生産指標は，期間指標としての性質をもち，その値は観察期間の年齢別状況が不変のまま長期に継続したときに実現するコーホートの平均出生数や置換率と解釈される．また，そのような想定は，安定人口理論に基づけば安定人口が帰結されるから，人口再生産指標は当該の年齢別出生率，年齢別生存率が帰結する安定人口での世代の置換を表現しているとみることもできる．

●**再生産と人口モメンタム，その他** 上述のとおり人口再生産指標は，現実人口の年齢構造の影響を受けない．このことは，ある年次における人口再生産状況と人口の年齢構造は，人口増加率に対して互いに独立の寄与をしていることを意味する．このため仮に出生，死亡状況が人口置換水準を形成しても，これらから帰結する安定人口（この場合は静止人口）と現実人口の年齢構造に違いがあれば，人口増加率は直ちにゼロとはならず，後者が安定人口に漸近するまでの間，人口は増加または減少を継続することになる．人口のもつ，この増加・減少傾向に関する慣性を人口モメンタムと呼ぶ．この慣性の強さは，現在の人口規模と人口置換水準を仮定して収束する静止人口の人口規模の比によって表される．

なお，人口再生産の概念は，人口学以外の分野でも類似した過程に応用されており，疫学における感染症の伝播モデル（パンデミックモデル）はその代表例である．その際，純再生産率は基本再生産数（basic reproductive number）と呼ばれ（R_0と表記），感染拡大の中心的パラメータとなる． ［金子隆一］

人口成長と相互作用

population growth and interactions

☞「安定人口モデル」p.526「離散時間人口モデル」p.528「非線形人口モデル」p.532「両性人口モデル」p.536

人口成長がどのような法則性をもつかという問題に対する最も基礎的な解答は幾何学的ないし指数関数的に増加する人口モデルとして表現される．いま資源の制約のない不変な居住環境において孤立して生きている一つの均質な人口集団を考える．集団のサイズは十分に大きくて，連続量として表現して差し支えないと仮定しよう．時刻 t における人口数を $P(t)$ として，出生率と死亡率をそれぞれ β, μ とすれば，人口成長は以下の方程式で支配される．

$$\frac{dP(t)}{dt} = \lambda P(t) \tag{1}$$

ここで $\lambda = \beta - \mu$ は連続時間における人口成長率にはかならない．これより $P(t) = P(0)\exp(\lambda t)$ を得るが，このような指数関数的増加法則に従う人口をマルサス型人口，また成長率 λ をマルサス係数と呼んでいる．(1) は連続時間モデルであるが，時間を離散的にとれば $P(t+1) = (1+r)P(t)$ という差分方程式モデルを得る．ここで r が単位期間における人口成長率（幾何学的成長率）になり，t 時刻での人口は $P(t) = (1+r)^t P(0)$ となる．これらのモデルの名称は人口の幾何学的成長という概念がマルサス（T. R. Malthus）の有名な「人口論」(1798) によって広く受容されるようになったことに因んでいる．

●ロジスティックモデル　単純なマルサスモデルは，限られた時間に関する人口増加を記述する場合以外は非現実的である．現実には外的な環境の変動や資源の制約，人口それ自体が人口の生存条件を変化させる要因になることなどを考慮すれば，成長率が不変に保たれることはない．マルサスの人口論以前より人口の無制限な成長は不可能であって増加率はやがて鈍化するという考え方は存在していた．19世紀に入るとケトレー（A. Quetelet）が人口は終局的には定常的になるべきことを論じていたが，19世紀半ばに至って，上限のある人口成長を初めて数理モデルとして定式化したのはフェアフルスト（P. F. Verhulst）である（Verhulst 1838）．フェアフルストのモデルはロジスティックモデルと呼ばれ，以下のような非線形微分方程式で表される．

$$\frac{dP(t)}{dt} = \lambda\left(1 - \frac{P(t)}{K}\right)P(t) \tag{2}$$

このモデルにおいては λ が正であれば，人口サイズは $t \to \infty$ において一定値 K に単調に漸近する．この量 K を当該の環境の環境収容力ないし環境容量と呼ぶ．こ

のモデルは人口密度が高くなると人口規模は人口成長に負の効果を与える（ロジスティック効果）という想定に依拠している．フェアフルストの業績は長らく埋もれていたが，1920年代になってパール (R. Pearl) とリード (L. J. Reed) によって再発見され，広く利用されるようになった (Pearl & Reed 1920)．一方，ごく低い人口密度においては人口増加は生殖のチャンスと外敵への抵抗力を増加させるから，人口規模は人口成長に対して正の効果を与えるとも考えられるが，これはアリー効果 (Allee effect) と呼ばれる．密度効果と年齢構造を考慮した人口モデルは1974年に至ってガーティンとマッカミィによって初めて検討され，その後の個体群ダイナミクスの研究に大きなインパクトを与えた (Gurtin & MacCamy 1974)．

●ロトカ・ヴォルテラモデル　上記のモデルは単一の人口の増加モデルであったが，1920年代にロトカ (A. J. Lotka) とヴォルテラ (V. Volterra) はそれぞれ独立に，2種の生物個体群の相互作用を初めて数学的なモデルとして定式化した．いま $P_1(t), P_2(t)$ を時刻 t での2種の生物の個体数とする．このときロトカ・ヴォルテラの競争方程式は以下のような連立常微分方程式で表される．

$$\begin{cases} P_1'(t) = (\epsilon_1 - \lambda_1 P_1(t) - \mu_{12} P_2(t)) P_1(t) \\ P_2'(t) = (\epsilon_2 - \lambda_2 P_2(t) - \mu_{21} P_1(t)) P_2(t) \end{cases} \quad (3)$$

ここで ϵ_i は自然増加率，λ_i は種内競争係数，μ_{ij} は競争相手 j の存在による種 i の増殖率の低下を表す種間競争係数である．特に $\lambda_1 = \lambda_2 = 0$, $\epsilon_1 > 0$, $\epsilon_2 < 0$, $\mu_{12} > 0$, $\mu_{21} < 0$ の場合は P_1 が被食者，P_2 が捕食者となる被食者–捕食者モデルとなる．

$$\begin{cases} P_1'(t) = (a - b P_2(t)) P_1(t) \\ P_2'(t) = (-c + d P_1(t)) P_2(t) \end{cases} \quad (4)$$

ここで a, b, c, d はすべて正のパラメータである．このとき各人口は平衡状態 $(P_1, P_2) = (c/d, a/b)$ にあるかまたはその周囲で周期的に振動する．正数 e を追加的な死亡率としてモデル (4) の各方程式の右辺に $-eP_1(t)$ と $-eP_2(t)$ という項をそれぞれ付け加えると，平衡点は $((c+e)/d, (a-e)/b)$ に移動する．ロトカ・ヴォルテラモデルでは，平衡点の各座標値は，周期的に変化している各個体数の一周期あたりの平均値に等しい．それゆえ，追加的な死亡率によって，被食個体群は平均的に増加し，捕食個体群は減少する．被食個体群が食用魚類，捕食個体群が非食用魚類である場合，一様な漁獲は食用資源を増加させることになる．このような一見パラドキシカルな非線形効果を「ヴォルテラの原理」と呼ぶ．ロトカ・ヴォルテラのモデルは人口集団間の相互作用の基本的モデルとして集団生物学ばかりでなく，経済学や社会学に至るまで広く利用されている．　　　［稲葉　寿］

📖 さらに詳しく知るための文献

寺本 英．1997．『数理生態学』朝倉書店．
マレー，J. D.，三村昌泰総監修．2014．『マレー数理生物学入門』丸善出版．
山口昌哉．2005．『非線型現象の数学』朝倉書店．

安定人口モデル
stable population model

☞「離散時間人口モデル」p.528「多状態人口モデル」p.530「非線形人口モデル」p.532「両性人口モデル」p.536「人口再生産指標」p.538「基本再生産数」p.540

　人口をある時点で観測すれば，それは生まれた時刻の異なる多数の世代の集積である．その場合，たとえ年齢別出生率，年齢別死亡率が時間的に不変であっても人口増加の法則はマルサス（T. R. Malthus）が述べたような幾何級数的増加となるかどうかは自明ではない．そこで外部との移動のない封鎖人口の年齢別人口分布の時間的変動を年齢別の出生率，死亡率を用いて記述して，その一般的性質を解明しようとする数学モデルが安定人口モデルである．その原型は18世紀における数学者オイラー（L. Euler）の研究にさかのぼるが，1911年に現代的な数理モデルとして初めて明確な定式化を行ったのはシャープ（R. Sharpe）とロトカ（A. J. Lotka）である（Sharpe & Lotka 1911; Lotka 1998）．その主要な結果は，現在では「人口学の基本定理」（強エルゴード定理）と呼ばれる以下のような数学的定理である：「封鎖された人口が時間に依存しない一定の年齢別死亡率，年齢別出生率によって再生産を続けると，十分時間が経てば，年齢構造は初期条件に無関係な一定の構造（安定年齢分布）に収束し，人口の成長率も一定の値（内的成長率）になる」．この内的成長率（集団生物学ではマルサスパラメータとも呼ばれる）は，以下のようなオイラー・ロトカの特性方程式の唯一の実根 λ として与えられる．

$$\int_0^\infty e^{-\lambda a}\beta(a)\ell(a)\mathrm{d}a = 1$$

ここで，$\beta(a)$ は年齢別の出生率であり，$\ell(a)$ は生残率である．内的成長率は，基本再生産数（純再生産率）が1より大きければ正であり，1より小さければ負となる．基本再生産数は R_0 と表され，

$$R_0 = \int_0^\infty \beta(a)\ell(a)\mathrm{d}a$$

で与えられる．ここで$\psi(a) = \beta(a)\ell(a)$ は純再生産関数と呼ばれる．安定人口モデルは単性モデルであるので，そこに現れるパラメータは，女性または男性いずれかの出生率，死亡率である．内的成長率や安定年齢分布は，与えられた人口動態率にのみ依存する量であって，初期人口分布から独立である（エルゴード性）．λを内的成長率とすると，安定年齢分布は $e^{-\lambda a}\ell(a)$ に比例する．このとき生残率 $\ell(a)$ は単調減少関数であるから，内的成長率が正であれば，安定年齢分布も年齢の単調減少関数である．これが成長している人口の年齢構造がピラミッド状をしている理由である．一方，内的成長率が負であれば，安定年齢分布は高齢層で極大値をもち，人口構造は非常に高齢化する．内的成長率を低下させる最大の要因は出

生率の低下である（少子高齢化の原理）．

●**モデルの意義**　安定人口モデルは集団レベルの人口成長率が，個体のライフサイクル変数からどのように決まるか，という人口学の基本的な問いに答えるものであり，これによって近代人口学が始まったといっても過言ではない．人口統計における基本的な指標である合計特殊出生率や人口置換水準が人口増加の指標になりうるのは，人口ダイナミクスが安定人口モデルによって記述されることを前提としている．また，安定人口モデルは時間的に不変な出生率，死亡率を用いた将来人口推計（人口投影）のモデルであるとも考えられる．1950年代に米国の人口学者コール（A. J. Coale）や日本の高木尚文は，異なった出生・死亡スケジュールをもつ安定人口モデルの比較分析によって，人口高齢化の主要な要因が死亡率の低下ではなく出生率の低下であることを示し，少子化による人口高齢化のメカニズムを明らかにした．またコールが示したように，死亡率の変化に対する安定人口構造の変化は緩慢であって，出生率がほぼ定常的であれば，長期的な人口構造はマルサス的な成長を示す安定人口モデルでよく近似される（準安定人口）．それゆえ，人口統計が不備な発展途上地域における人口構造の推定に安定人口モデルが利用されてきた．

●**モデルの限界と拡張**　安定人口モデルは時間的に不変なパラメータをもつため，特に出生率の変動期には現実の人口ダイナミクスの記述モデルとしては不適当である．そのため当初から非現実的ではないかという批判を浴びたが，実際には成長する人口は概ね安定人口構造をもつこと（準安定性），また安定人口モデルは人口統計指標が長期的・潜在的にもつ意味を明らかにする規範的性格をもつことから，現在ではそうした批判は過去のものとなった．一方，本質的に単性モデルで，年齢以外に個体状態変数をもたないことから，結婚による再生産や，地域人口移動などの人口のさまざまな側面を記述・理解するには不十分である．これらの弱点は1970年代以降，多状態人口学や両性モデル，非線形人口モデルなどの発展を促した．また時間的変動環境においては安定年齢分布が存在しないが，年齢分布の初期条件からの漸近独立性を示す弱エルゴード定理が成り立つ．特に時間的に周期的な環境においては時間周期的な安定年齢分布が存在して強エルゴード定理が成り立つことが示されている（Inaba 1989）．安定人口モデルを一般的，かつ数学的に厳密に定式化しようという試みは，1980年代以降における関数解析的な人口研究を引き起こすことになった（Inaba 1988；2017）．　　　〔稲葉　寿〕

📖 さらに詳しく知るための文献

稲葉　寿, 2002,『数理人口学』東京大学出版会.
Inaba, H., 2017, *Age-Structured Population Dynamics in Demography and Epidemiology*, Springer.
Smith, D. P. and Keyfitz, N., 2013, *Mathematical Demography: Selected Papers*, Springer.

離散時間人口モデル
discrete-time population model

☞「人口成長と相互作用」p.524
「安定人口モデル」p.526「確率論的人口モデル」p.534

　安定人口モデルなどの数理モデルと実証データを対応させるには，本来は連続的な時間で起こる出生や死亡に関して，調査期間の範囲（1か月や1年など）に得られた数値を平均化し1単位として変化するモデルに書き換えなければならない．こうした時間や年齢など連続的な状態変化を離散的な状態に書き換えることを"粗視化する"という．粗視化されたコーホート集団 p は単位時間に離散化した状態 i から j に推移する生活史パラメータを用いて下記の方程式で時間発展する．

$$p_j(t+1) = \sum_{i=1}^{n} h_{ij} p_i(t) \tag{1}$$

ここで，h_{ij} は次の状態への推移率を表す正の値である．一般的には単位時刻 t にも依存するが，ここでは簡単のために定数とする．このモデルはベクトルと行列を用いて表現できることから推移行列モデルと呼ばれている．行列 $(h_{ij})_{1 \leq i,j \leq n}$ が対角化可能であれば，状態 i にあるコーホート集団は以下のように表される．

$$p_i(t) = \sum_{k=1}^{n} \frac{\langle V_k^*, P_0 \rangle}{\langle V_k^*, V_k \rangle} \lambda_k^t v_{ki} \quad |\lambda_k| \geq |\lambda_{k+1}|, \quad P_0 := (p_i(0))_{1 \leq i \leq n} \tag{2}$$

$\langle , \rangle$ は内積

ここで，行ベクトル V_k^*，列ベクトル V_k はそれぞれ k 番目の固有値 λ_k に関する左・右固有ベクトルであり，v_{ki} は同右固有ベクトルの i 番目の成分である．また，基本的に多くの推移行列モデルは既約であるので，ペロン-フロベニウスの定理が適用でき，その主張によれば，絶対値が最大の固有値（支配的な固有値）λ_1 は正の実数で単根となることが示される．つまり，支配的な固有値が1より大きいか小さいかで人口が増加するか減少するかが判定できる．

●**感度分析と実例**　実証データを用いることで支配的な固有値が得られたとして，各生活史パラメータの変化がその固有値にどの程度寄与するのであろうか．キャズウェルは各生活史パラメータの変化に対する支配的な固有値の感度に関して次の関係式を導いた（Caswell 1978）．

$$S := \left(\frac{\partial \lambda_1}{\partial h_{ij}} \right)_{1 \leq i,j \leq n} = \frac{V_1^* \otimes V_1}{\langle V_1^*, V_1 \rangle} \tag{3}$$

この行列 S を感度行列と呼ぶ．$\otimes$ はクロネッカー積を表す．例えば，$h_{1j}=m_j$（状態 j の出生率），$h_{i+1,i}=q_i$（状態 i の生存率），そしてその他を $h_{ij}=0$ となる推移行列モデルを考えよう．これは，レスリー行列と呼ばれる単性人口モデルで，状態 i

は年齢階級を表す（ただし，$i=1$ は 0 歳である）．また，安定人口モデルの典型例であるマッケンドリック方程式の粗視化の例とみることができるモデルでもある．レスリー行列における支配的な固有値の左固有ベクトルは繁殖価と呼ばれる．繁殖価はある年齢の女性が生む娘が将来の集団サイズに与える寄与度とされている．一方，右固有ベクトルは十分時間が経過したときの年齢分布を表す．これらを用いると，レスリー行列における感度行列は下記のとおりである．

$$S = \left(\underbrace{\frac{\sum_{v=i}^{n} \lambda_1^{-(v-i)} m_v \frac{l_v}{l_i}}{\sum_{v=1}^{n} v \lambda_1^{-v} m_v l_v}}_{\text{繁殖価}} \times \underbrace{\lambda_1^{-j} l_j}_{\text{定常人口分布}} \right)_{1 \leq i,j \leq n}, \quad l_i := \prod_{v=1}^{i} q_v \tag{4}$$

$$\underbrace{\frac{\partial \lambda_1}{\partial m_j}}_{\text{出生率の感度}} = \frac{\lambda_1^{-j} l_j}{\sum_{v=1}^{n} v \lambda_1^{-v} m_v l_v}, \quad \underbrace{\frac{\partial \lambda_1}{\partial q_i}}_{\text{生存率の感度}} = \frac{q_i \sum_{v=i}^{n} \lambda_1^{-v} m_v l_v}{\sum_{v=1}^{n} v \lambda_1^{-v} m_v l_v}$$

感度の導出は，レスリー行列の固有方程式であるオイラー・ロトカ特性方程式

$$\sum_{v=1}^{n} \lambda_1^{-v} m_v l_v = 1 \tag{5}$$

の性質を用いた．式（4）から定常状態で人口密度の高い年齢層の出生率，およびより若い年齢層の死亡率の変化が人口増減に寄与が大きいことがわかる．

●**離散時間人口モデルの広がり**　感度行列はさまざまな推移行列モデルで計算できるため，実証研究に関しても応用範囲も広い．例えば，野生動物の保護活動として，感度の高い状態にある個体に対して集中的に対策をとれば，効率的な野生動物の保護活動につながると考えられる．実際に，ジョージア州の離島で成功を収めたウミガメの保護活動の例がある（Crouse et al. 1987）．また，感度は環境変動に対する動植物の個体数に関する応答とも密接に関わっている（項目「確率論的人口モデル」参照）．連続と離散のモデルの数学的関連を示す文献として，高田と原や，大泉によるものなどがある（Takada & Hara 1994；Oizumi 2014）．しかし，粗視化したモデルが必ずしも元の連続モデルの近似になるわけではない．ロジスティック方程式を離散時間に直すとカオスとなる解が出現することが知られている．これは，連続時間モデルには起こり得ない現象である．このように連続モデルと離散モデルは，基本的に別のモデルであることに注意を払わなければならない．人口動態の本質が連続時間であるか，離散時間であるかは意見が分かれるところである． ［大泉　嶺］

📖 さらに詳しく知るための文献

Caswell, H., 2000, *Matrix Population Models: Construction, Analysis, and Interpretation*, 2nd ed., Sinauer Associates Inc.

巖佐庸，1998，『数理生物学入門』共立出版．

多状態人口モデル
multistate demographic model

☞「安定人口モデル」p.526「離散時間人口モデル」p.528「両性人口モデル」p.536「基本再生産数」p.540

　1960年代まで人口学における基本モデルは，単性の年齢別人口ダイナミクスを記述する安定人口モデルないしはその離散時間版であるレスリー行列モデルしかなかった．しかし1970年代になると，より詳細な人口学的分析を可能にするために，年齢・性別という基本属性だけではなく，居住地，労働状態，家族構成，出産経験などの多様な人口学的属性をもつ人口（ベクトル型人口）のダイナミクスを記述するモデルへの需要が高まった．例えば，居住地域によって出生力や死亡率に大きな差があるのは明らかであって，政策的ターゲットとなる個体群の状態変化が全体人口の動向にどのように作用するかを考えるためには，多状態の人口を扱う理論が必要である．このような年齢以外の多様な属性をもつ属性別人口の状態間遷移と再生産の過程を記述する数理モデルを一般に多状態人口モデルと呼ぶ（Land & Rogers 1982）．

●多状態生命表　多状態人口に対して最初に開発されたのは，多状態生命表である．通常の生命表（単一状態生命表）は，状態空間が「生存」と「死亡」の二つしかないマルコフ過程の数表的表現と考えられ，生存状態からの離脱のプロセスだけが問題となる．死亡の過程を要因別に分解したのが多重減少生命表である．一方，生存状態の内部をさらにいくつかの「状態」へと分解すると，分解された各生存状態においては離脱と加入のプロセスが存在することになる．1970年代に入って，ショーン（R. Schoen）が配偶関係別人口に対する転入転出生命表，すなわち結婚状態や離別状態への加入と離脱の双方の可能性がある生命表を考案した．一方，人口地理学の分野では，ロジャース（A. Rogers）が居住地域別人口に関して，出生から地域間移動を経て死亡に至る過程を多地域生命表として定式化して，これを基礎として古典的な単一状態の人口学的モデルを拡張して多地域人口学を創始した．特に1976年から7年間にわたってロジャースに指導されたIIASA国際プロジェクトにおいて，多地域人口プロジェクション，多地域人口分析のための計算プログラムやパラメータ推定手法が多数開発されてその実用化が進展するとともに，労働力状態，結婚状態，パリティ構造（出産歴）などの導入による各種の多次元人口モデルが考案され，これらによる人口分析が一般化するようになった（Land & Rogers 1982；Rogers 1995）．

●多状態安定人口モデルとその拡張　多状態生命表に出生過程を組み合わせれば，古典的な安定人口モデルは多状態安定人口モデルに拡張される．このときも人口学の基本定理は成り立つ．すなわち，正規化された年齢別状態別人口分布は，時間とともに初期分布とは独立な安定年齢分布に収束して，全人口サイズは指数関

数的に増加ないし減少する．多状態の場合，i, jを個体の状態を示す自然数として，状態jに生まれた人が生涯のうちに産む状態iの（同性）子ども数をK_{ij}とすれば，それをij要素とする正値正方行列のスペクトル半径が多状態の場合の基本再生産数となり，人口増加の閾値を与える．さらに多状態の場合は，介入ターゲットとなる特定集団に対して定義され，かつ全体人口の増減に対する閾値として機能するようなタイプ別再生産数が定義できる場合がある．そのような場合は，特定の集団の動態率を操作することで全体の人口増減を制御できる（Inaba 2010）．また人口学では個体の状態変数は有限離散的であるが，集団生物学や感染症数理モデルにおいては，無限個の離散変数あるいは連続変数であるような非常に一般的なモデル（構造化個体群モデル）が1980年代から活発に研究され，応用数理の一分野として確立されてきている（Metz & Diekmann 1986）．

●**課題と展望**　人口ダイナミクスにおいては，個体の特性を可能な限り考慮に入れることがモデルの精密化に不可欠であることはいうまでもない．一方で，考慮すべき要素が増えれば，それに対応するデータを得ることは困難になる．例えば，地域人口推計は伝統的に純移動率法を用いて行われてきたが，その利点は地域間推移行列が不要なことである．一方，各地域ごとに独立した推計を行うために，転出人口数の総和と転入人口数の総和が一致する保証はなく，全国推計との整合性も自動的には得られない．多地域人口プロジェクションではそのような理論的不整合は起きないが，モデルに適合的な年齢階級別人口移動データは多数にのぼり，たとえ5年間隔であっても入手しがたい．したがって，観測された年の限定されたデータをもとに，未知の状態間推移行列を推定したり，補外したりする技術が必要になる．例えば，転出状態と転入状態の間の相関関係を近似的に無視してしまえば，推定すべきパラメータ数は劇的に減少する（分離混合仮説）．しかし世帯構造モデルなどでは，状態数も限られているため実態調査などによって推移行列の推定が行われて，多状態人口プロジェクションが実施されてきている．また多次元人口モデルの多くは状態間推移のマルコフ性を前提としたモデルであるが，そのことは状態間推移が個体の過去の状態遷移の歴史に依存しないことを意味している．しかしながら，例えば人口移動は，出生地への帰還傾向や滞在時間の影響などによって明らかに非マルコフ的である．すなわちマルコフ性は近似的にしか成り立っていない．例えば滞在時間に依存した人口移動モデルのような非マルコフ的モデルが80年代から提案されてきているが，実証モデルのために必要なデータはさらに増えるために実用化は進んでいない．　　　　　　　　［稲葉　寿］

📖 さらに詳しく知るための文献

稲葉　寿, 2002,『数理人口学』東京大学出版会.
Inaba. H., 2017, *Age-Structured Population Dynamics in Demography and Epidemiology*, Springer.
Schoen, R., 1988, *Modeling Multigroup Populations*, Plenum Press.

非線形人口モデル
nonlinear population model

☞「安定人口モデル」p.526「多状態人口モデル」p.530「両性人口モデル」p.536

　人口学において基本となる安定人口モデルは線形で単性のモデルである．モデルが線形であるということは，複数の初期データの和と定数倍から計算された年齢別人口分布は，それぞれの初期データから計算された年齢別人口分布の和と定数倍になることを意味している．このように複数の解の和と定数倍が再び解となる「重ね合わせの原理」が成り立っているモデルを線形モデルという．そうではなく状態ベクトルの非線形関数を含むモデルを非線形モデルという．例えば安定人口モデルは線形モデルであるが，両性の出会いとペア形成（結婚）を考慮した両性モデルへ拡張するとモデルは必然的に非線形になる．また単性の人口を考える場合でも，人口が資源制約を受ける場合や環境に与える影響からのフィードバックを考慮すれば，パラメータは人口サイズに依存することになり，モデルは非線形となる．微分方程式で表現される線形モデルの基本解は指数関数であり，人口モデルとしては制約のない成長か減衰を示すが，これは長期的な人口変動の記述としては現実的とはいえない．

●**非線形効果**　生存資源の供給に限界があれば，集団サイズが大きくなるに従って個体あたりの資源量は減少する．また集団サイズが大きくなれば環境汚染を促進して死亡率は上昇するとも考えられる．このような人口規模の増大が成長率を低下させる効果をロジスティック効果と呼ぶ．ロジスティックモデルにおいては，人口が無限に増加することはなく，時間とともに一定の定常人口に収束する．離散時間のロジスティックモデルではパラメータの変化によって周期解が分岐し，やがてカオス的な解が現れる．逆に資源制約が問題とならない規模の集団においては，集団サイズが大きければペア形成チャンスの増大や集団防御効果で成長率は上昇すると考えられる（アリー効果）．アリー効果とロジスティック効果の双方をもつような集団では，複数の定常状態が可能になる．また生物集団の相互作用や感染症における感染者と感受性者のように人口（個体群）が多種から構成されていて，感染や捕食などの相互作用を行っている場合もモデルは非線形となる．生物集団における捕食者・被食者モデル（ロトカ・ヴォルテラモデル）は常微分方程式系で表される典型的な非線形相互作用個体群モデルであり，周期的な振動解をもつことが知られている．一方，両性のペア形成（結婚）による再生産を記述する非線形両性人口モデルのように，非線形であるが一次同次性をもつモデルでは指数関数的な増加が可能である．

●**年齢構造化モデル**　人口学的に興味深いのは年齢依存性を考慮した個体群モデルである．年齢構造をもつ人口モデルは18世紀のオイラー（L. Euler）の研究が

端緒であるが，20世紀前半におけるマッケンドリック（A. G. McKendrick），ロトカ（A. J. Lotka）の研究以降，1960年代に至るまで大きな進歩はなかった．1970年代にようやく非線形の年齢構造化人口モデルが数学者の注目を引くようになり（Gurtin & MacCamy 1974），特に80年代半ばに現れたウェブ（Webb 1985），メッツとディークマン（Metz & Diekmann 1986）のテキストが与えた影響は大きく，性・年齢以外にもさまざまな個体特性を表す変数によって構造化され，環境や他の集団と非線形相互作用を行いながら発展する個体群のダイナミクスを数学的に解析する構造化個体群ダイナミクスが数理生物学の重要な分野として確立することになった．

●イースタリンモデル　人口は異なる世代の集合体であるから，出生や死亡などの人口動態率が人口規模に依存する場合，多数のコーホートによってパラメータが制御されることになる．一方，各コーホートの動態率がそのコーホートサイズだけに依存して制御され，コーホート間の相互作用がない非線形モデルを考えることができる．経済人口学におけるイースタリン仮説を取り入れたイースタリンモデルはそのようなコーホート制御非線形人口モデルである．イースタリン仮説は出生力の主要な決定要因が世代間の相対的経済状態であり，経済状態が親の世代よりも改善された世代が相対的に多くの子どもを持とうとするが，そうでない場合はより低い出生力を示すと考える．コーホートサイズが大きいと同世代内の資源獲得競争が激しく，相対的に経済状態は親世代よりも悪化すると考えられるから，コーホートサイズと出生力は逆相関すると予想される．このような観点から安定人口モデルを拡張すると，単位時間あたりの出生数は以下のような非線形の再生積分方程式で表されることがわかる．

$$B(t) = \int_0^\infty \phi(a)\psi(B(t-a))B(t-a)\,da$$

ここで $B(t)$ は出生数，$\psi(x)$ はコーホートサイズが x である場合の純再生産率であり，ϕ は規格化された純再生関数である．イースタリンモデルは ψ の形状に依存して複数の平衡解をもち得る．またパラメータの変化に伴って平衡状態から周期解が分岐することがある．このような周期解の存在は，イースタリンサイクルと呼ばれる人口の周期的変動の有力な説明と考えられている．イースタリンサイクルの実証的研究も行われているが，現実の人口は非定常的でパラメータの時間的変動も大きいため，非線形性や周期性を同定することは容易ではない（Cyrus Chu 1998）．

［稲葉　寿］

□□ さらに詳しく知るための文献
稲葉　寿，2002，『数理人口学』東京大学出版会．
Inaba, H., 2017, *Age-Structured Population Dynamics in Demography and Epidemiology*, Springer.
イアネリ，M. ほか，2014，『人口と感染症の数理』東京大学出版会．

確率論的人口モデル
stochastic demographic model

☞「人口成長と相互作用」p.524
「離散時間人口モデル」p.528

人口の増減を記述するモデルは，マルサス方程式やロジスティック方程式などある時点で人口が決定すれば，その後の未来もその方程式に沿って一つに決まる決定論的なものばかりではない．実際の人口動態には，人口動態そのものがもつゆらぎや環境による外的な要因によってゆらぐ不確実性が存在すると考えられる．これら不確実性の人口動態への影響を評価するモデルとして，確率微分方程式モデル，出生・死亡過程モデル，そしてランダム行列モデルなどがある．

●**確率微分方程式の基礎モデル**　まず，確率微分方程式モデルの最もシンプルなものは以下のゆらぎ付きのマルサスモデルであろう．

$$\underbrace{dX_t}_{微小差分} = \underbrace{rX_t dt}_{平均増分} + \underbrace{\sigma X_t dB_t}_{ゆらぎ}, \quad X_0 = x \tag{1}$$

上式左辺は $X(t)$ の時刻 t における人口密度の微小差分，右辺第1項の r はマルサス係数である．さらに，右辺第2項が人口増加率のゆらぎを表し，$B(t)$ はブラウン運動と呼ばれる平均0，分散 t の正規分布に従う確率過程である．式 (1) の解は，

$$X_t = x \exp\left\{\left(r - \frac{\sigma^2}{2}\right)t + \sigma B_t\right\} \tag{2}$$

で与えられる．この解は幾何ブラウン運動と呼ばれ，人口密度の平均値はマルサス方程式と同じマルサス係数 r に従う指数関数であるが，ゆらぎが大きい場合 $\left(r < \frac{\sigma^2}{2}\right)$，時刻の極限 $t \to \infty$ で確率1で絶滅を引き起こす（図1）．

●**ランダム行列モデル**

ランダム行列モデルは，平均の生活史パラメータ（主に次の成長ステージなどに推移する率）で構成される推移行列 H と，その各成分に対して平均0となるノイズの行列 W との和で推移する人口ベクトル P を考える．

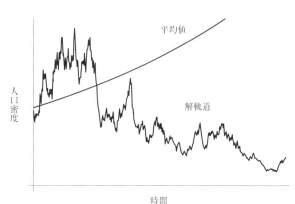

図1　幾何ブラウン運動の軌道（ジグザグ）と平均値の軌道（なめらか）

$$P_{t+1} = (H + \gamma W_t) P_t, \quad \gamma > 0 \tag{3}$$

このモデルにおける長期間対数増加率は以下のように定義される.

$$r := \lim_{t \to \infty} \frac{1}{t} \ln \|P_t\| = \lim_{t \to \infty} \frac{1}{t} \underbrace{\mathbb{E}\left[\ln\left\{\left\|\prod_{\tau=0}^{t}(H + \gamma W_\tau)P_0\right\|\right\}\right]}_{\text{期待値 }(\mathbb{E}[\cdot])}$$

$$\|P_t\| := \underbrace{\sum_i p_i(t)}_{\text{全状態の和 = 総人口}} \quad (:= \text{は定義を意味する}) \tag{4}$$

この指標は,その集団の自然増加率の長時間幾何平均である.つまり,対象となる人口の人口増加率の長時間的,漸近的な振る舞いを与える.ツルジャパーカー (S. Tuljapurkar) はこの指標に摂動理論を応用し,平均行列のもつ固有値などの特性で表される長期間対数増加率の近似公式を導いた (Tuljapurkar 1982).平均行列の支配的な固有値を λ_1 とし,平均行列の要素を h_{ij} としたとき,ノイズ行列が独立な同一の分布である場合の長期間対数増加率は,

$$r \approx \ln \lambda_1 - \frac{\gamma^2}{2\lambda_1^2} \sum_{i,j} \left(\frac{\partial \lambda_1}{\partial h_{ij}}\right)^2 \underbrace{\mathrm{Var}[w_{ij}(0)]}_{\text{ノイズの分散}} \tag{5}$$

と近似される.右辺第2項に現れる固有値の偏導関数は,各要素 h_{ij} における感度と呼ばれている.式 (5) は,平均行列 H の支配的な固有値 λ_1 の感度が最も高い生活史パラメータが環境変動に対して大きく変動するとき,長期間対数増加率の減少が大きくなることを意味している.

●**人口の確率モデルの外観**　式 (2) と式 (5) を比べると,人口増加率に対してよく似た点がある.それは環境の変動が人口増加率に対して長期的にはマイナスに作用する点である.これら二つにはマルコフ性や線形性といった数学的仮定が影響しているのだが,多くの研究者に一貫して信じられてきていることである (Salguero-Gomez & Kroon 2010).しかし,環境変動が人口増加率を減少させるという結論は,確率モデルがもつ普遍的な性質ではない.さらに,人口動態に影響を与える不確実性は環境による外的な不確実性ばかりでなく,個々人のもつ異質性のような内的な不確実性も重要であることが指摘されている (Oizumi & Takada 2013).いずれにせよ,不確実性は DNA の突然変異から攪乱と,さまざまなスケールにわたって知られているが,その役割は十分理解されたとは言いがたい.　　　　　　　　　　　　　　　　　　　　　　　　　　　　　　　　[大泉　嶺]

📖 さらに詳しく知るための文献

Caswell, H., 2000, *Matrix Population Models: Construction, Analysis, and Interpretation, 2nd ed.*, Sinauer Associates Inc.
ゴエル,N. S. ほか訳,1978,『生物学における確率過程の理論』産業図書.
エクセンダール,B., 谷口説男訳,シュプリンガー・ジャパン編,2012,『確率微分方程式―入門から応用まで』丸善出版.

両性人口モデル
two-sex population model

☞「安定人口モデル」p.526「非線形人口モデル」p.532

　現代の人口学においては女性人口の再生産をもとにした安定人口モデル，すなわち女性が女児を産む再生産過程のモデル（女性支配モデル）を用いて人口再生産指標が計算されている．男児出生数は女児出生数に出生性比を乗じて得られ，それに男性生残率を乗じることで各年齢の男性人口が得られる．これは出産という生物学的過程に対応していることから自然な前提ではある．しかしながら形式的にみると出生男児を男親に対応させることで，「男子が男子を産む」というモデルに基づく再生産指標を導くことは可能であり，しかも両者の結果は一般に定性的にすら一致しない．クチンスキー（R. R. Kuczynski）は，1920年から1923年におけるフランス人男子の男児に対する純再生産率が1.194であり，一方同時期のフランス人女子の女児に対する純再生産率が0.977となり，安定人口モデルによれば女子人口は減退すると予測されるのに，男子人口の増加が予測されることを指摘していた（Pollard 1973）．これは明らかに長期的には性比が無限に大きくなるという意味で，両立しない結論である．このように一方の性のみを考慮した人口理論が互いに両立しがたい結論を導くことを，人口学では両性問題と称している．本質的に単性の安定人口モデルの立場では，男性支配モデルと女性支配モデルのいずれをより「良い」モデルとしてとるべきかは，形式理論的には決められない．両性問題は男性と女性の再生産関数を異性の存在を考慮せずに独立に仮定するということが矛盾をはらんでいることを意味している．

●線形両性モデル　男女人口を同時に扱って，共通の再生産関数と内的成長率を与えるように安定人口モデルの修正を1948年に提起したのはポラード（A. H. Pollard）である．ポラードのモデルにおいては，男児は女性が産み，女児は男性が産むという交差出生力が仮定されている．そのために男女の連立再生方程式が導かれ，共通の純再生産関数と内的成長率が導かれる．このようなモデルは人口モデルとしては人工的であるが，性的感染症のモデルとしては自然である．バートレット（M. S. Bartlett）はこのモデルを拡張して，男児，女児はそれぞれ男性人口と女性人口の線形結合によって再生産されるモデルを提起した．出産過程に男女が関与することを表現している点では自然であるが，一方の性が存在しなければ再生産はできないという本質的な非線形効果は取り入れることができない．稲葉は，女性人口を対象とした線形モデルであるが，結婚状態を明示的に取り入れて安定人口モデルを拡張した．結婚状態における人口密度関数は，年齢と結婚持続時間によって記述され，結婚出生力や離婚率も結婚持続時間と年齢の関数となる．この初婚再生産モデルは，出生力を結婚力と結婚出生力の合成として理解

することを可能とするため，日本のようなほとんどの出産が婚姻内出産である場合に，その出生力変動が結婚力の変化によるものか，結婚出生力に起因するものかを定量的に理解するために非常に有効である（Inaba 1995）.

●ペア形成モデル　両性問題を本質的に克服するためには，男女の単身人口年齢分布という入力に対して男女ペアの年齢密度分布関数を出力する結婚関数を導入する必要がある．結婚関数はいずれかの単身人口がゼロであればゼロであり，単身人口密度サイズの単調非減少関数となるような非線形正値関数である．さらに投入される男女の単身人口サイズが k 倍されれば，産出されるペア数も k 倍になるという一次同次性が仮定される場合が多い．一次同次性は，ペア形成チャンスが，異性の絶対数ではなく相対的頻度（男女比）に依存して決まるというスケール独立性を含意している．結婚関数を取り入れた年齢構造化両性人口モデルは1971年にフレデリクソン（A. G. Fredrickson）によって初めて定式化された．その後，スタロブロフ（O. V. Sraroverov），ハデラー（K. P. Hadeler），稲葉らはさらにペアの持続時間を考慮したモデルを提案した（Inaba 2000）．こうした両性人口モデルは連立非線形偏微分方程式システムとして表され，その解析は困難であり，数学的性質は現在でもよくわかっていない．一次同次性を仮定した場合は，指数関数的な成長解が存在することが示されているが，その唯一性や安定性はいまだに不明である．一方，現実のデータに対してどのような結婚関数が適合的であるかについての研究も行われてきている．キーフィッツ（N. Keyfitz）は1960年代の米国の結婚データに関してはやや女性にウエイトのある幾何平均の適合度が比較的よいと報告している（Keyfitz 1972）．マルチェバ（M. Martcheva）とミルナー（F. A. Milner）は，1970年の合衆国センサスから推定される結婚関数はもっぱら男性人口にウエイトのある線形関数に近いものであったとしているが，その結婚関数に基づいた有配偶人口の推計の適合度は，年齢別に見る限り低いようである（Martcheva & Milner 2001）．現実の人口は男女性比がほぼバランスしているから，非線形性を検証することは困難であり，理論的に妥当と思われる非線形関数の適合性が高いとは必ずしもいえない．結婚は男女の複雑な相互作用の結果であり，結婚関数の定式化にはその市場的構造それ自体を十分検討する必要がある．性比の広いレンジにわたって適切な結婚関数があるとすればどのようなものであるかは，今後の研究課題であろう．両性の相互作用モデルは感染症疫学や人口遺伝学においても中心的な意義を有している．　　　　　［稲葉　寿］

□□ さらに詳しく知るための文献

稲葉　寿．2002,『数理人口学』東京大学出版会.
Pollard, J. H., 1973, *Mathematical Models for the Growth of Human Populations*, Cambridge University Press.
Iannelli, M.et al., 2005, *Gender-Structured Population Modeling, Mathematical Methods, Numerics, and Simulation*, Society for Industrial and Applied Mathematics.

人口再生産指標

population reproduction indicator

☞「人口再生産」p.522

人口再生産の過程において，それが世代を超えて人口を増加（あるいは減少）させる傾向のことを人口再生産力と呼ぶ．この人口再生産力を測る指標が，人口再生産指標である．すなわち，人口再生産指標とは，世代間の人口規模の関係を計量する指標の総称である．実用上は人口再生産率，すなわち合計特殊出生率（粗再生産率），総再生産率，純再生産率が主なものとなる．

人口再生産率は，単性人口を対象とする指標であり，通常は女性人口を対象とする．それらは再生産期間における年齢ごとの出生と生存の状況を元にして算出される．ただし人口統計分野では，仮説コーホートを対象とした期間観察であることが普通である．計算例を表1に示した．同表は，2015年日本人女性の合計特殊出生率，総再生産率，純再生産率の算出過程を示している．なお，本例では，再生産期間は一般的な15～50歳（満49歳まで）としている．

●**合計特殊出生率（TFR）** 世代間の人口規模の増減を調べるには，まず親世代の女性が再生産期間に，何人の子どもを生んでいるのかを知らなくてはならない．これを測る指標が，合計特殊出生率（以後 TFR と略記）である．

その計算は，表1において，まず年齢階級ごとに（2）男女合計出生数を（1）女性人口によって除して，（4）年齢別出生率を得る．例えば，15～19歳女性の出生率は，0.0041として求まるが，これは当該年齢階級の女性1人当たりが出生した年間の平均子ども数と解釈できる．仮にこの出生ペースで15～19歳の5年

表1　人口再生産指標の計算：2015年

年齢階級	女性人口	男女合計出生数	女児出生数	年齢別出生率	年齢別女児出生率	女性生存のべ年数（生命表残率）	期待女児出生数
	(1)	(2)	(3)	(4)=(2)/(1)	(5)=(3)/(1)	(6)	(7)=(5)×(6)
15-19歳	2,904,186	11,929	5,866	0.0041	0.0020	498,239	0.0101
20-24歳	2,868,752	84,461	40,979	0.0294	0.0143	497,826	0.0711
25-29歳	3,082,677	262,257	127,770	0.0851	0.0414	497,245	0.2061
30-34歳	3,531,534	364,871	177,760	0.1033	0.0503	496,479	0.2499
35-39歳	4,046,870	228,293	111,360	0.0564	0.0275	495,476	0.1363
40-44歳	4,763,673	52,558	25,841	0.0110	0.0054	493,987	0.0268
45-49歳	4,254,117	1,308	648	0.0003	0.0002	491,693	0.0007
合計	25,451,809	1,005,677	490,225	0.2897	0.1412	3,470,945	0.7011

	合計特殊出生率(TFR)	総再生産率(GRR)	純再生産率(NRR)
再生産率	1.45	0.71	0.70
人口置換水準	2.07	1.01	1.00

［女性人口－総務省統計局『平成27年国勢調査 年齢・国籍不詳をあん分した人口（参考表）』，出生数－厚生労働省大臣官房統計情報部『人口動態統計』（2015年），生残率－同『平成27年簡易生命表』より算出］

間を過ごせば，この間に 0.0205 人（= 0.0041 人 × 5 年）の出生数があると期待される．他の年齢階級でも同様であるので，再生産期間全体，15～49 歳を通して期待される出生数は，カラム（4）の合計 0.2897 に 5 を乗じたもので，これが合計特殊出生率 1.45 である．

一般に，実数 a，β をそれぞれ再生産期間の開始年齢と完結年齢とし，満 a 歳の年齢別出生率を，f_a とすれば，合計特殊出生率 TFR は，

$$\text{TFR} = \sum_{a=\alpha}^{\beta-1} f_a$$

と表せる．上記の例では，a，β はそれぞれ 15 歳，50 歳であり，年齢別出生率は年齢 5 歳階級ごとに与えられているので，f_a は各階級内の 5 年間は一定値と考え，TFR はその合計として上記の計算値を得る．

年齢別出生率を実数年齢 x の連続関数 $f(x)$ と考えるなら，合計特殊出生率 TFR は，

$$\text{TFR} = \int_\alpha^\beta f(x)\,dx$$

によって定義される．これは年齢別出生率関数 $f(x)$ のグラフが年齢軸と囲む面積に他ならない．表 1 の数値例は，離散モデルによるその近似値とみることができる．

● **総再生産率（GRR）** TFR の計算では，出生児の男女を区別しない．しかし，親世代を女性に限定しているから，世代間の比較を行う目的からは，女児のみに限定する必要がある．そのような指標が総再生産率（GRR）である．

表 1 において，(2) 男女合計の出生数の代わりに，(3) 女児出生数を用いて，(5) 年齢別女児出生率 f_a^F が算出される．したがって，GRR は，

$$\text{GRR} = \sum_{a=\alpha}^{\beta-1} f_a^F$$

で定義される．表 1 の例では，0.71 と求まる．

● **純再生産率（NRR）** 世代間の人口の置き換わりを正確に比較するためには，親世代の女性が再生産期間終了までに経験する死亡リスクを考慮する必要がある．表 1 では，当該年の生命表から得られる各年齢階級における (6) 女性の生存のべ年数に，(5) 年齢別女児出生率 f_a^F を乗ずることで，各階級における (7) 期待女児出生数が求まる．これらを全年齢にわたって合計したものが，親世代の一人の女性が死亡リスクを経験しつつも生涯に出生した女児の期待数，すなわち純再生産率（NRR）に相当する．表 1 の例では，0.70 と求まる．

NRR は世代間で置き換わる人口比を与えるから，値が 1 より小さければ世代規模は縮小し，大きければ拡大する．また，ちょうど 1 のときに過不足なく人口置換が起こる． ［金子隆一］

基本再生産数
basic reproduction number

☞「安定人口モデル」p.526「離散時間人口モデル」p.528「多状態人口モデル」p.530「人口再生産指標」p.538

　人口統計学においては，一人の女性が生まれてから各年齢まで生き延びる確率（生残率）とその年齢における年齢別女児出生率の積を全年齢について総和したものを純再生産率と呼んでいる．これは一人の女性が生涯にもつ女児数の期待値であり，R_0という記号で表されている．純再生産率は安定人口モデルによれば，初期時刻の人口から生まれた子を第1世代，その子を第2世代等々として定義した継続する各世代のサイズ（ある世代として生まれた子の総数）の比，すなわち母親世代とその娘世代の総数比であり，無次元数である．年齢別出生率と年齢別死亡率が一定である封鎖人口（安定人口モデル）ではこの比は一定であって，R_0が1より大きければ内的成長率は正であり，人口は漸近的に指数関数的に増加するが，R_0が1より小であれば内的成長率は負になり，人口は長期的には減少する．すなわち，人口が長期的に増加するか減少するかの閾値条件は$R_0 > 1$または$R_0 < 1$と表される．$R_0 = 1$であれば人口は定常状態に漸近する．純再生産率は，19世紀末から20世紀にかけてベック（R. Böckh），クチンスキー（R. R. Kuczynski），ロトカ（A. J. Lotka）らによって成立した概念であるが，その意義が明確になったのは，ダブリン（L. I. Dublin）とロトカによる安定人口モデル研究によってである（Dublin & Lotka 1925）．合計特殊出生率を純再生産率（基本再生産数）で除したものが人口置換水準であり，条件$R_0 = 1$は合計特殊出生率が人口置換水準に等しいという条件にほかならない．

●**感染症の基本再生産数**　純再生産率は人口学で生まれた概念であるが，感染症理論疫学においても感染者の自己再生産を定量化するために有効である．19世紀においてすでに流行初期における感染人口の拡大は世代的にみれば幾何級数的であるという認識が現れていた．現代的な感染症数理モデルの嚆矢は1910年代から20年代におけるロス（R. Ross）やロトカによるマラリアモデル，および1920年代末に現れたケルマック・マッケンドリックモデルであり，そこにおいて流行の閾値となる指標が提起され，現在の基本再生産数の概念へと発展した．ちょうど子どもの再生産と同じように，感染症においては，少数の感染者が感受性人口集団に発生したときに，その感染者が全感染性期間において再生産する二次感染者の平均数を基本再生産数と呼ぶ．感染初期の流行を記述する数理モデルは，感染者の感染からの経過時間（感染年齢）を人口学における年齢（出生からの経過時間）の代わりに用いれば，安定人口モデルで記述できる．そこで，この場合も基本再生産数はR_0で表され，$R_0 > 1$であれば感染者が増えていくが，$R_0 < 1$であれば流行は自然消滅することがわかる．そこで感染流行を防ぐためには，$R_0 <$

1となるようにワクチン接種（感受性人口の縮小）や隔離（感染力の低減）を行う必要がある．R_0が感受性人口規模に比例している場合は，流行を抑止するための臨界的なワクチン接種割合は$1-1/R_0$で与えられる．例えば麻疹のようにR_0が10を超える場合には，90％以上の人口を免疫化しないと流行を防ぐことができない．また感受性人口が外部から補充される場合には，$R_0 > 1$という条件のもとで，感染人口と感受性人口が共存する定常状態（エンデミック定常状態）が出現することがわかる．それゆえ感染症の基本再生産数を知ることは，感染症流行対策の基本である．

●**基本再生産数理論の発展**　人口学においては，1970年代にさまざまな人口の属性を取り入れた多状態人口モデルが開発されたが，多状態人口に対する純再生産率をどのように定義すべきかに関しては明確な理論がなかった．一方，感染症数理モデルにおいては，1990年にディークマン（O. Diekmann），ヘースターベーク（J. A. P. Heesterbeek），メッツ（J. A. J. Metz）が非常に一般的な構造化個体群モデルに対して，その基本再生産数を定義する方法を示した（Diekmann et al. 1990）．彼らの方法では，新規感染者（人口学では新生児）の密度はある種の積分方程式（再生積分方程式）に従い，その積分核の積分で与えられる次世代作用素のスペクトル半径が基本再生産数を与える．次世代作用素は，ある世代の新規感染者（新生児）分布を時間的に集計したベクトルを次世代のベクトルへ写す正線形作用素である．その生物学的意味は稲葉（Inaba 2012）において明らかにされている．この定義と計算方法の開発によって，感染症数理モデルの定性的・定量的解析は飛躍的に進化した．またこの結果から，人口学においても多状態人口の純再生産率の定義が自然に確立することになったが，この概念はいまだに人口学においては有効に利用されていない．例えば多地域人口の基本再生産数に対する感度分析や，特定の部分人口集団の再生産を制御して全体人口の成長率を操作するためのタイプ別再生産数などの派生概念は，人口政策的応用において重要なものとなろう（Inaba 2010）．基本再生産数は，定常的な環境にある人口集団に対して定義されるものであるが，2006年にフランスの数学者バカエル（N. Bacaër）は周期的な環境条件においても基本再生産数が適切に定義され，人口成長の閾値条件を与えることを示した．またさらに一般的な時間的変動環境や確率的変動環境においても基本再生産数が定義できることが知られている（Inaba 2012；2017）．　　　　　　　　　　　　　　　　　　　　　　　　　　［稲葉　寿］

📖 さらに詳しく知るための文献

稲葉　寿，2002，『数理人口学』東京大学出版会．
稲葉　寿編著，2008，『感染症の数理モデル』培風館．
Inaba. H., 2017, *Age-Structured Population Dynamics in Demography and Epidemiology*, Springer.

人口動態事象モデル
model of vital events

☞「リレーショナルモデル」p.462
「リー・カーター・モデル」p.464

　人口動態事象には，人口静態（人口規模と構造）に変化をもたらす出生，死亡，人口移動の他，これらを介して人口に影響を及ぼす結婚，離婚などが含まれる．それら事象の発生パターンを与えるモデルを人口動態事象モデルと呼んでいる．なかでも事象発生の年齢スケジュールを記述するモデルは，人口分析に必須のツールであり，人口統計指標の間接推定や将来人口推計に不可欠な役割を果たす．一方で，人口動態事象の年齢別発生パターンには，地域や時代を超えた人類集団共通の規則性が認められ，この性質を利用することによって適合性や応用性の高いモデルが得られている．ここでは，死亡と出生の年齢スケジュールに関する基礎的モデルを紹介する．

●**死亡の年齢スケジュールモデル**　死亡は個人についてたかだか1回，しかし確実に生起する事象であり，確率事象としてのモデル化に適している．また，その発生過程は，生物医学的要素が強く，他の事象に比べて年齢別発生パターンには強い規則性が認められる．こうした事情から，死亡の年齢スケジュールは，他の事象に先駆けて研究されてきた．また，それらは分野を超えた汎用的統計手法である事象歴分析法，あるいは生存解析法の基礎ともなっている．

　死亡発生の年齢スケジュールを記述するモデルは，その表現形式の違いから，1) 数学（数式）モデル，2) 経験（数表）モデル，3) リレーショナルモデルの三種に分類することができる．

　1) 数学（数式）モデルは，年齢スケジュールを数学的関数で表現しようとするものである．代表的なモデルとして，ゴンパーツモデルやこれを拡張したゴンパーツ・メーカムモデルをあげることができる．

　ゴンパーツモデルでは，年齢 x 歳の死力（またはハザード関数）を $\mu(x)$ として，$\mu(x) = Re^{a(x-x_0)}$ とする．ただし，R，a，はそれぞれ，死亡レベル，老化ペースを表すパラメータであり，x_0 はモデルを適用する開始年齢である．ゴンパーツ・メーカムモデルは，これに事故や感染症などの年齢によらない偶発的死亡を表す定数項 c（メーカム項）を加えた $\mu(x) = Re^{a(x-x_0)} + c$ によって表される．これらのモデルは，いずれも中年以降の死亡にしか適合しないが，数学モデルはこれらを基礎として発展し，全年齢層の死亡モデルとしては，ヘリグマン・ポラードモデルなどが知られている．

　2) 経験（数表）モデルは，多くの集団における実際の死亡経験（生命表）から死亡スケジュールの規則性を統計的平均化により抽出し，それを元に死亡水準ごとのモデル的生命表を構成して数値表によって提示するものである．代表的な

ものとして，コール・ドメインのモデル生命表や国連による途上国向けのモデル生命表などがある（Coale & Demeny 1983；United Nations 1982）．

3）リレーショナルモデルは，数学的に表しにくい年齢パターン部分に経験的データを用い，これに数学的変換を施すことによって一般の人口における年齢スケジュールを表そうとするものである．数学モデルと経験モデルの利点を巧みに組み合わせたモデルであり，応用範囲は広い．ブラスのロジット生命表システムやリー・カーター・モデルなどが代表的なものである．

●出生の年齢スケジュールモデル　出生の年齢スケジュールモデルについては，年齢別出生率そのものをモデル化するアプローチと，結婚と結婚後の有配偶出生率を別々にモデル化するアプローチに分けられる．前者の場合でも，十分な精度を得るには，出生順位別モデルが必要となるが，それは初婚と発生機序が共通しており，初婚モデルを適用することができる．したがって，いずれの出生モデルでも，結婚（初婚）のモデルが重要な役割を果たす．

●初婚の年齢スケジュールモデル　広く用いられているものとして，コール・マクニールモデルが挙げられる．コール・マクニールモデルは，初婚年齢分布を $g(x)$ として，

$$g(x) = \frac{\beta}{\Gamma(a/\beta)} \exp[-a(x-\mu) - \exp\{-\beta(x-\mu)\}],$$

とする．ただし，$\Gamma(\cdot)$ はガンマ関数，$a(>0)$，$\beta(>0)$，$\mu(-\infty \sim \infty)$ は分布の三つのパラメータである．これは一般化対数ガンマ分布の一形式である．$a=1.145$，$\beta=1.896$，$\mu=-0.805$ とすると，スウェーデンの経験を元にした汎用の形状をもち，平均0，標準偏差1の標準分布を得ることができる．年齢別初婚率は，$g(x)$ に生涯既婚率を表すパラメータを乗ずることで得られる．

●有配偶出生の年齢スケジュールモデル　アンリは意図的な出生調節の存在しない集団における出生力を自然出生力と名づけ，その年齢パターンが類似していることを見いだした．これを受け，コールとトラッセルは，一般の集団における年齢 x 歳における有配偶出生率 $r(x)$ のモデルとして，

$$r(x) = Mn(x)e^{mv(x)}$$

を提案した（コール・トラッセルモデル）．ここで，M は出生力レベル，$n(x)$ は自然出生力における有配偶出生率の標準年齢スケジュール，m は出生調節強度，$v(x)$ は出生調節効果の標準年齢パターンである（Coale & Trussell 1974）．これは，$Y(x) = ln|r(x)/n(x)|$ という変換を考えると，任意の二つの変換有配偶出生率 $Y_i(x)$，$Y_j(x)$ の間に，a，β を関係性のパラメータとして，$Y_j(x) = a + \beta Y_i(x)$ なる線形関係があることを意味し，リレーショナルモデルとして用いることができる．彼らは年齢別出生率を得るために，前述のコール・マクニールモデル等の初婚モデルと組み合わせて用いることを提案している．　　　　　　　　　［金子隆一］

ライフコースの分析
life course analysis

☞「家族周期の変化」p.218「レキシス・ダイアグラム」p.426「コーホート率の概念」p.428「人口再生産指標」p.538

　一般にライフコースとは，人がたどる生涯の道筋のことであるが，それは多様な側面をもち，それらは社会科学の多くの分野によって研究対象とされている．
　例えば，社会学的研究の第一人者であるエルダーによれば，それは，「年齢変化によって構成される生涯の経路であり，事象が生ずる時期，持続期間，間隔ならびに順序の社会的類型」とされている（Elder 1978）．これに計量的アプローチを採用する点を加えれば，人口学におけるライフコースのとらえ方にも共通する定義である．人口学が対象とするライフコースをより具体的に記述するなら，それは出生を起点とし，加齢とともに年少期，青年期，壮年期，老年期といったライフステージを通過しつつ，就学，卒業，就職，結婚，妊娠，出産，退職などのライフイベントを経験して行く過程といえる．そして，それら事象のタイミングや頻度，事象間の間隔，特定の状態の持続期間などを計量することによって，対象人口のライフコースの特徴を表し，社会による違いや時代による変化を記述し比較することが，人口学によるライフコース分析に他ならない．
　人間以外の生物では，種によって遺伝的に定まった範囲を超えて一生の成り立ちは変化することがないため，その生涯の過程はライフコースではなく，同一パターンの繰り返しを意味するライフサイクルという概念でとらえられている．人間社会においても，ライフコースの変化が小さかった前近代以前については，人々の一生の成り立ちはライフサイクルと呼ばれることが多い．すなわち，ライフコース分析は，ライフコースの違いや変化が明瞭となり，その多様化が学術的にも注目されるようになった近代以降において重要性をもつものである．
　人口学におけるマクロ統計を用いたライフコース分析には，実際のライフコースの集合体としてのコーホートを対象として，上述のようなライフイベントや生活状態の統計的特徴を計測するコーホート観察と，特定の期間（年次）に観察される年齢別のライフイベントの発生状況を仮説コーホートのライフコース経験とみなして計測する期間観察の二種類の方式がある．コーホート観察は，実際のライフコースを観察対象としており，そこから得られるコーホート指標は，すべて現象の実体的特徴を表すものであるから，例えば，平均寿命や合計特殊出生率（女性一人当たり生涯の平均出生数）など，その解釈は明確であり，比較分析には問題がない．しかしながら，そうした指標の算出に必要な過程の観察には，文字どおりコーホートの生涯にわたる数十年〜100年以上に及ぶ記録を要するから，それだけのデータを得られない現在において現実的に行われることは，ライフコースの部分的比較に留まる．しかも，それらは関心事象の発生過程を終えた年長

の世代の経験であるから，関心がもたれる現役世代の経験とは離れていることが多い．

これに対して期間観察は，わずか単年の観察によってでも，仮説コーホートのライフコース過程に該当する全データが得られるため，直ちにライフコース指標を算出することができ，しかもそれは直近年次の経験であり得るため，現状の把握に役立つものである．上述のとおり，人間以外の生物種や前近代の人間社会のようにライフコースに変化がない状況下では，期間観察による仮説コーホートの仮想的ライフコースは，実コーホートのライフコースと一致する．したがって，その場合，期間観察はライフコースの成り立ちをとらえるきわめて効果的な観察方法であるといえよう．

しかし，すでに述べたとおりライフコース分析はライフコースの変化や多様化が注目される状況下においてはじめて意味をもつものであり，その場合にはこれら二種のライフコースは一致しない．なぜなら期間観察の対象は，多数の異なるコーホートの経験の断片を集めて合成された仮想のライフコースであり，実コーホートが変化している場合には，この仮想ライフコースは現実には存在しない「歪んだ」姿を呈するからである．とりわけ，そこから算出されたライフコース指標値に，実コーホートの指標に対する実体的解釈を当てはめることは妥当ではなく，それは諦めなくてはならない．そのかわり，期間観察から得られたライフコース指標は，当該期間（年次）における事象の発生頻度などを正確に反映した指標であることは間違いないから，そのようなマクロ指標であることを正しく理解し，年次変化の把握に用いるべきである．さらに期間観察であっても，事象の変化を年齢別に比較分析することによって，少なくともライフコースの部分的な変化をとらえることができる．

以上のように，年次統計などのマクロ的観察に基づくライフコース分析には，コーホート観察，期間観察のいずれにも特有の制約が存在する．それは個人を対象とした調査データに基づくミクロ的観察によるライフコース分析でも，本質的には変わらない．すなわち，ライフコースの進展に沿って同一個人に対して繰り返し行われる縦断調査（パネル調査）では，コーホートの特徴を描く情報が集積するまでに長期間を有し，一定の時期に単発または標本を変えて繰り返し行われる横断調査では，ライフコースを断片的にしかとらえられない．したがって，これまでのライフコース分析は，すべて用いるデータに強い制約を負っており，その成果は限定されていた．しかし，近年縦断調査データの集積が進むとともに，マイナンバーなどの国民のID化による国勢調査，人口動態統計などの統計の統合化の可能性が展望されるようになった．いつか，これらが実現したときには，制約のないライフコース分析が可能となり，人々のライフコース変化，多様化に関する研究は，飛躍的に発展することが見込まれる． ［金子隆一］

人口高齢化とテンポ効果
population ageing and tempo effect

☞「安定人口モデル」p.526「人口再生産指標」p.538

人口移動が年齢構造に与える影響は，移動者の年齢分布による．一般に高齢者より若・中年層の方が移動性向が高いため，入国超過の国や転入超過の地域の年齢構造は若くなり，出国超過や転出超過であれば高齢化するだろう．

封鎖人口を仮定した場合，年齢構造に影響を与えるのは自然増加率と生命表の生存率に限られる．前者は増加率効果（rate of growth effect）と呼ばれ，自然増加率の低下は人口高齢化をもたらす．後者はライフサイクル効果（life-cycle effect）と呼ばれ，平均寿命が延びると個々人の生涯に占める老年の割合が上昇し，人口全体でも高齢者の割合が上がる（Lee 1994）．

出生率低下は自然増加率を引き下げ，増加率効果によって常に人口を高齢化させる．ところが死亡率の低下は，平均寿命を延ばしライフサイクル効果によって高齢化を促進する一方，自然増加率を引き上げ高齢化を抑制する側面もある．いずれの効果が大きいかによって，死亡率低下は人口高齢化を促進する場合も抑制する場合もある．安定人口において全年齢で一様な死力の低下 $\mu(a) \rightarrow \mu(a)+\delta$ が起きた場合，二つの効果がちょうど打ち消し合い，新しい安定人口の年齢構造は古いものとまったく変わらないことが示される（Keyfitz & Caswell 2005）．

安定人口の平均年齢は，生命表人口（静止人口）の平均年齢 μ と分散 σ^2 および内的自然増加率 r を用いて $\mu - r\sigma^2$ で近似できる．減少中の安定人口（$r < 0$）の平均年齢は生命表人口より高く，その差は増加が急速であるほど，年齢分散が大きいほど大きい．安定人口における65歳以上割合に対する内的自然増加率の影響は，安定人口全体の平均年齢と65歳以上の平均年齢の差に依存する．減少中の人口であれば全体の平均年齢は50歳を超えることも考えられ，内的自然増加率の変化は増加中の人口ほど65歳以上割合に影響を与えないだろう（Keyfitz & Caswell 2005）．

摂動分析（perturbation analysis）では，年齢別出生率や死亡率（生存率）の変化が安定人口のパラメータに与える影響を扱う．年齢別出生率の摂動 $m(a) \rightarrow m(a) + \Delta m(a)$ による年齢構造係数の変化は式(1)，年齢別生存率の摂動 $l(a) \rightarrow l(a) + \Delta l(a)$ による変化は式(2)で表される（稲葉 2002）．

$$\frac{\Delta c(a)}{c(a)} = \Delta r(A_n - a) \tag{1}$$

$$\frac{\Delta c(a)}{c(a)} = \Delta r(A_n - a) - b \int_0^\infty e^{-ra} \Delta l(a) \, da + \frac{\Delta l(a)}{l(a)} \tag{2}$$

出生率低下が安定人口の年齢構造に及ぼす影響は単純明快である．出生率が低下すれば自然増加率も低下し（$\Delta r < 0$），平均年齢A_nより低い年齢は減少し，高い年齢は増加して高齢化する．死亡率が低下し生存率が上昇した場合，自然増加率は上昇する（$\Delta r > 0$）．死亡率低下が乳幼児や若年層に集中した場合，式(2)の第1項の効果が大きく，年齢構造は若年化する．これは乳幼児死亡率が高く改善の余地が大きい一部の途上国で起きている状況である．一方，死亡率低下が再生産年齢より上の高齢層でのみ起きた場合，純再生産率が変わらないため自然増加率も変化しない（$\Delta r = 0$）．この場合，第3項の効果が大きく人口は高齢化する．これは現在の先進国と多くの途上国で起きている状況である．

●テンポ効果　年齢別出生率$m(x)$が一様に一定の速度でシフトしているとする．このときピリオドの平均出生年齢μ_pも一定の速度で変化するので，$m(x) \to m(x+\mu_p')$と書くことにする．定常状態では，コーホートの平均出生年齢μ_cも，その変化率μ_c'も，さらにはコーホートの完結出生率（CFR）も，ピリオドの変化率，平均出生年齢，合計出生率（TFR）と一定の比をもつ．

$$\frac{\mu_p'}{\mu_c'} = \frac{\mu_p}{\mu_c} = \frac{TFR}{CFR} = 1 - \mu_p' \qquad (3)$$

ピリオドの変化率μ_p'を基準にするのであれば$CFR = TFR/(1-\mu_p')$のような関係式が得られ，コーホートの変化率μ_c'を基準にすれば$TFR = CFR/(1+\mu_c')$のような関係式が得られる（鈴木 2002）．

晩産化が進行中であれば$TFR < CFR$となり，ピリオド指標であるTFRは出生力を過小評価しているといえる．しかし実際には晩産化の速度は一定でなく，少産化も同時に起きているため，TFRから現在出産中のコーホートのCFRを予測することはできない．それでも年齢別出生率が一定不変で晩産化もない場合の仮想的な調整合計出生率（Adjusted Total Fertility Rate）を想定することはできる．ボンガーツ（J. Bongaarts）らはこのような考え方のもとに，晩産化の影響を除去した$ATFR = TFR/(1-\mu_p')$を提唱した（Bongaarts & Feeney 1998）．ただし出生順位別に晩産化の速度が異なることを考慮し，調整は出生順位別に行うものとした．

コーラー（H. P. Kohler）らはボンガーツらの方法を拡張し，出生年齢の分散の変化も考慮できるようにした（Kohler & Philipov 2001）．出生順位別出生数をリスク人口で割った出生ハザードに基づく指標（再生産終了時のパリティ分布から得た平均既往出生児数）は，通常の合計出生率より晩産化に対し頑強とされる．それでもコーラーらは，そうした指標の調整方法を提唱した（Kohler & Ortega 2002）．

［鈴木　透］

人口モメンタム
population momentum

☞ 「安定人口モデル」p.526 「人口再生産指標」p.538

　封鎖人口において出生率がある時点から人口置換水準となり，その後の死亡率を一定とした場合，その人口は究極的に一定の人口規模に静止していくこととなる．このとき，出生率を人口置換水準とした時点の人口規模に対する究極的な静止人口の規模の比率のことを人口モメンタムあるいはモメンタムと呼ぶ．

　発展途上国などでは，出生率が高く人口増加が継続してきた人口がしばしばみられる．このような人口において，あるとき，出生率が直ちに人口置換水準まで低下したとしても，すでに生まれている人口の年齢構造をみると若い世代ほど人口が多くなっており，しばらくは再生産年齢人口の増加が起きることから，その時点の総人口規模で人口が一定となるのではなく，より大きい人口水準まで人口の増加が続いてしまう．人口モメンタムとはこのような人口の慣性・惰性（モメンタム）という現象をとらえるためにキーフィッツ（N. Keyfitz）により分析された概念である．

　キーフィッツは初期人口が安定人口である女子単性人口モデルにおいて，年齢別出生率を NRR：純再生産率で除することによって人口置換水準に変換する場合，人口モメンタム M が，

$$M = \frac{be_0}{r\mu}\left(\frac{NRR-1}{NRR}\right) \tag{1}$$

で表されることを示した（Keyfitz & Caswell 2005）．ただし，b：初期人口の粗出生率，e_0：平均寿命，r：内的自然増加率，μ：定常人口での平均再生産年齢である．なお，年齢階級の幅が n の場合には，以下のように表される（Wachter 2014）．

$$M = \frac{be_0}{r\mu(1-e^{-rn})/n}\left(\frac{NRR-1}{NRR}\right) \tag{2}$$

　また，初期人口についての仮定を緩めた，より一般的な人口モメンタムに関する公式として，

$$M = \int_0^\beta \frac{c(a)}{c_s(a)} w(a)\,\mathrm{d}a \tag{3}$$

がある（Preston et al. 2001）．ここで，$c(a)$ は初期人口の年齢構成，$c_s(a)$ は定常人口の年齢構成，$[\alpha, \beta]$ は再生産年齢区間とし，$w(a) = (\int_a^\beta p(y)m^*(y)\mathrm{d}y)/A^*$，$p(a)$：$a$ 歳までの生残率，$m(a)$：a 歳の出生率，$m^*(a) = m(a)/NRR$，A^*：定常人口上の平均出生年齢である．

●日本の人口モメンタム　日本の人口モメンタムは，1990年代前半までは1を超える水準で推移してきた．図1は，1985〜2015年までの5年おきに，その時

点で出生率が人口置換水準になったとした場合のその後の総人口の推移を示したものであるが，一番外側のグラフである1985年以降人口置換水準の場合，静止水準は1985年時点よりも大きく，人口モメンタムは1.22となっており，わが国でも先の発展途上国の例のように人口構造に人口を増加させる慣性が備わっていた．ところが，1995年では静止水準は初期人口とほぼ同じであり，人口モメンタムは1.00となって人口を増加させる慣性は消滅し，さらにそれ以降では逆に人口モメンタムは1を下回って減少を続けている．例えば2015年に出生率が人口置換水準となったとしても，その後人口は減少し，初期人口の78%の水準でしか静止しないわけであり，近年の少子化の継続により，人口構造内に人口を減少させる慣性が備わってしまったとみることができる．

「少子化」とは人口置換水準を下回る出生率の継続であるから，わが国が現在陥っている「減少モメンタム」とは，仮に少子化が今すぐ解消したとしても，長期的な人口減少はすでに不可避だということを示している．現在のきわめて低い出生水準を考えれば，出生率がすぐに

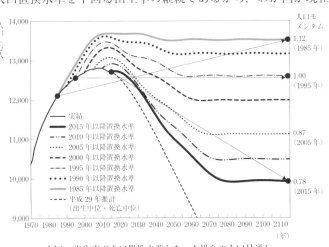

図1　出生率が人口置換水準となった場合の人口見通し
[国立社会保障・人口問題研究所（2018）]

人口置換水準に回復するということは考えにくいといわざるを得ず，したがって，日本の人口減少はかなり決定的な状況と考えることが必要である．減少モメンタムの時代においては，一定の人口減少は所与のもとした社会システムの構築を行いつつ，並行して少子化対策などの環境整備を進めていくことが求められる．

[石井　太]

さらに詳しく知るための文献

Keyfitz, N. and Caswell, H., 2005, *Applied Mathematical Demography Third Edition*, Springer.
Preston, S. H. et al., 2001, *Demography*, Blackwell Publishers.
Wachter, K. W., 2014, *Essential Demographic Methods*, Harvard University Press.

人口転換の数理モデル
mathematical model for demographic transition

☞「出生力転換をめぐる理論」p.124
「非線形人口モデル」p.532

　人口転換を数理的に定式化したモデルは二つに大別される．一つは，ミクロ理論として夫婦の出生行動の動機に焦点をあてる家政経済学のモデルである．ベッカー（Becker 1981）は，夫婦の出産行動を子どもの量と質を考慮した予算制約内の合理的な選択としてモデル化する．彼自身が「最大の貢献」と形容するアイデアは，夫婦の子どもの価値が量から質へと変化したことが，近代化における子ども数の減少を説明するというものであった．このベッカーのアイデアは拡張されてさまざまなモデルが提案されている．例えばBMT（Becker, Murphy and Tamura）モデルは，夫婦の効用 V_t を以下のように子どもの効用 V_{t+1} との和として定義し，子どもの教育に1人あたり h_t の時間を人的資本の生産性係数 A として投入するという予算制約と時間制約のもとでその最大化を夫婦が行うとする．

$$V_t = u(c_t) + \delta(m_t) m_t V_{t+1}$$

$u(c_t)$ は夫婦の消費 c_t による効用である．$\delta(m_t) m_t V_{t+1}$ は子ども m_t 数での子どもへの割引率 $\delta(m_t)$ での利他的な効用である．一つの解の経路は $h_t=0$ へと向かう解で，子どもの養育にコストがかからないと多く子どもを産めば V_t は大きくなるから，いわゆる「低開発の罠」に陥るとされる．もう一つの経路は h_t と m_t の内部解で，人的資本の生産性係数 A が大きいと出生率と経済成長率は正の相関を示すとされ，子どものコストが大きいと出生率と経済成長率は負の相関を示すとされる．教育が非効率で子どものコストが大きいと出生率は低い傾向があるとされる（Becker et al. 1990）．

　シグノ（Cigno 1991）は年金制度に注目して，家族における3世代間の所得移転を数理モデル化した．子どもは高齢期に働けなくなったときの保障として費用をかけて，親により養育されるものという視点も加わった．子ども数の低下の一要因は，長期的な投資が保障される金融市場の発展や公的年金制度の整備によるものであるという論理的帰結が指摘されている．

　家政学派の諸モデルが人口転換という現象に適合的かといえば問題は多い．西ヨーロッパ諸国で人口転換が進展した19世紀後半は，公教育が普及し教育の効率化と低コスト化が進んだ時代でもあった．また，年金制度ができたときには西ヨーロッパ諸国の出生率はすでにかなり低下していたのである．家政経済学的なモデルは先進国のさらなる出生力の低下には適合的かもしれない．

●**一般的難問と拡散仮説**　近代化と並行する人口転換についてリグリー（Wrigley 1969）は次のように指摘する．「なぜ子ども数の制限は経済発展の水準が非常に

異なっており，社会的環境が多様化していたにもかかわらずヨーロッパの多くの国を通じてほとんど同時に，全国ないしは地域の出生率に影響を与えるほど大規模に実施され始めたのだろうか，という一般的難問があるのである」(Wrigley 1969)．この難問に向かうのが，もう一つの数理モデル—拡散モデルである．人口転換の特に出生力の低下という現象は，元来，拡散現象と形容されてきた．1960年代に実施された包括的なヨーロッパ出生力研究プロジェクトの結果，コール (A. J. Coale) らは消去法により出生力の低下は地理的な拡散であるという結論に到達していた．しかし，数理モデルとしての展開はずっと遅れて1990年代になってからであった．研究は，ロジスティックモデルをベースに行われた．例えば以下の微分方程式

$$\frac{dY_t}{dt} = a(L - Y_t) + hY_t(L - Y_t)$$

はロゼロ=ビクスビイとカスターリン (L. Rosero-Bixby & J. B. Casterline) によるものである．Y_t が子ども数制限を採用している夫婦の割合，L はその飽和量である．右辺第2項は普通のロジスティックモデルであるが，第1項はコールマン (J. S. Coleman) のイノベーションの普及項で，避妊器具などの普及を含意した項である．その他にもロジスティック項に学習項とか効用項などを付け加えたものが提案された．多くのモデルは出生力の低下過程をかなりよく描写する．しかし，空間的な拡がりを直接的にモデル化したものではなかった．

●反応-拡散モデル　2009年に池は，以下の反応-拡散方程式を直接出生力低下過程に適用する研究を発表した（池 2009）．x, y 平面上の夫婦の時刻 t の完結出生児数 $c(x, y, t)$ は，近傍の夫婦の完結子ども数に確率論的に従うとしてこの偏微分方程式は立てられている．μ は拡散係数，α は反応係数である．

$$\frac{\partial c(x, y, t)}{\partial t} = \mu \frac{\partial^2 c(x, y, t)}{\partial x^2} + \mu \frac{\partial^2 c(x, y, t)}{\partial y^2} + \alpha(\beta - c(x, y, t))(\gamma - c(x, y, t))$$

β, γ は平均最大最小子ども数である．このモデルにより，出生力低下のダイナミズムが本格的にモデル化され，空間への出生力低下の拡がりが理論化された．そして，このモデルは，拡がりの速度を約10km/年と演繹的に予測し，ヨーロッパの出生力低下の始まりの地点 Lot-et-Garonne と開始時間1770～80年を予測して実証データにも矛盾しない． ［池 周一郎］

□ さらに詳しく知るための文献
Casterline, J. B. ed., 2001, *Diffusion Process and Fertility Transition : Selected Perspectives*, National Research Council.
Cyrus Chu, C. Y., 1998, *Population Dynamics: A New Economic Approach*, Oxford University Press.
池 周一郎，2009, 『夫婦出生力の低下と拡散仮説—有配偶完結出生力低下の反応拡散モデル』古今書院．

16. 人口分布の分析

　人口分布は，人口の空間的配置の状態と定義され，人口移動とともに地域人口を分析する際に基本的かつ不可欠な概念である．人口分布はさまざまなスケールでとらえられるが，分析対象とする地域数が多くなるほど，また地域単位が細かくなるほどデータ量が膨大となる上，全体像を把握することが困難となる．このため人口分布の情報を集約化・計量化するかたちで数々のモデルや指標が提示されてきた．さらに近年では，GIS（地理情報システム）の普及などによって，人口分布を空間的な観点から分析する手法も豊富に用意されている．このような各種の人口分布の分析手法は，地域人口分析の深化にはもちろんのこと，他の分析と組み合わせることによって，人口学全般の発展にも資するものとなる．今日，地域人口や人口移動に高い注目が集まっており，本章において紹介する人口分布の分析から得られる知見は，今後もあらゆる研究や施策に活用されていくだろう．

[小池司朗・原 俊彦]

第16章

人口分布に関する統計 ……………………… 556
人口分布の分析指標 ………………………… 560
人口の集中度の測定 ………………………… 562
都市化の測定 ………………………………… 564
都市の規模別分布の分析 …………………… 566
都市内人口密度分布の分析 ………………… 568
産業別・職業別人口の分析 ………………… 570
人口性比の分布の分析 ……………………… 572
人口ポテンシャル …………………………… 574
人口の空間的拡散モデル …………………… 576
GISと地域人口分析 ………………………… 578

人口分布に関する統計
statistics of population distribution

☞「人口静態統計」p.410「住民基本台帳人口」p.416「GISと地域人口分析」p.578

　現在日本における人口分布に関する統計は，国勢調査と「住民基本台帳に基づく人口，人口動態及び世帯数」の2種である．都道府県，市区町村単位の人口については両統計から得られる．さらに国勢調査については，各市区町村の人口集中地区（densely inhabited district：DID）の人口も表章されているほか，町丁・字別の統計，地域メッシュ単位の統計も利用可能である．以下，これらの点について順を追って述べる．

●都道府県・市区町村単位の統計　国勢調査は1920年に第1回の調査が実施され，以降西暦末尾が0および5の年次について10月1日現在の市区町村人口が得られる（1945年は戦争の影響で国勢調査は実施されず，「人口調査」が別途実施されている．また1947年に臨時国勢調査が実施されている）．一方，「住民基本台帳に基づく人口，人口動態及び世帯数」（以下，住民基本台帳に基づく人口と略す）については，住民基本台帳法が施行された1968年以降毎年のデータを得ることができる．なお，2013年までは3月31日時点の集計であったが，2014年以降は1月1日現在となっている．またかつては日本人人口のみの表章であったが，2012年に外国人住民が住民基本台帳法の適用対象となったことから，2013年からは外国人も加えた総人口を知ることもできる．

　ところで，国勢調査はいわゆるセンサス人口，住民基本台帳に基づく人口は登録人口である．住所の移動届を出さずに転居するケースがあるため，両者の間には一定の離隔が存在する．各県の日本人人口について，差率を「（住民基本台帳に基づく人口－国勢調査）／国勢調査」によって求め，上位および下位5県についてまとめたものが表1である．大学進学にあたって，届け出のないまま転居する学生などの存在により，上位には地方圏の，下位には大都市圏の各県が並ぶ．上位県と下位県の差は概ね縮小しつつあるといえるが，一方で国勢調査において国籍不詳人口が増加していることなどから，近年は全国的に差率が上昇傾向にある．

●人口集中地区　1953年の町村合併促進法などにより生じたいわゆる「昭和の大合併」で，農村的地域を包含する市が多く誕生したことから，都市的地域の性格を有する範囲を示すため，1960年の国勢調査の際に人口集中地区が設定され，以降の国勢調査においても表章の単位として用いられている．その設定方法の概略は，①人口密度が4000人／km^{2}以上の基本単位区（基本単位区内に複数の調査区がある場合は調査区を単位とする）が市区町村の境域内で互いに隣接して，②それらの隣接した地域の人口が国勢調査時に5000人以上を有する場合，この

表1 日本人人口に関する国勢調査と「住民基本台帳に基づく人口」の比較

[1970年]			[1990年]			[2010年]		
順位	都道府県	差率(%)	順位	都道府県	差率(%)	順位	都道府県	差率(%)
1	青森県	4.9	1	青森県	2.9	1	和歌山県	4.1
2	高知県	4.6	2	沖縄県	2.2	2	香川県	3.2
3	長崎県	4.0	3	高知県	2.1	3	愛媛県	3.0
4	大分県	3.9	4	和歌山県	1.9	4	青森県	2.8
5	宮崎県	3.6	5	徳島県	1.4	5	秋田県	2.7
	(中略)			(中略)			(中略)	
42	大阪府	-1.2	43	千葉県	-0.4	43	北海道	0.7
43	東京都	-2.0	44	宮城県	-0.5	44	神奈川県	0.4
44	千葉県	-2.2	45	愛知県	-0.5	45	宮城県	0.2
45	神奈川県	-2.6	46	神奈川県	-0.6	46	東京都	-0.1
46	埼玉県	-3.1	47	埼玉県	-1.0	47	京都府	-0.2

注) 差率＝(住民基本台帳に基づく人口−国勢調査)/国勢調査
1970年の沖縄県については，住民基本台帳に基づく人口が得られないため，算出していない．
国勢調査は各年の10月1日現在の，住民基本台帳に基づく人口は各年の3月31日現在の人口．
[国勢調査，「住民基本台帳に基づく人口，人口動態及び世帯数」より算出]

地域を人口集中地区とする．定基準の一つとして利用されている．なお，上記②の基準を3000人以上5000人未満とする準人口集中地区も設定されている．

図1は日本の総人口の推移を，人口集中地区とそれ以外に分けて示したものである．また，人口集中地区が占める面積の割合も示している．人口集中地区の面積割合は増加しつつあるものの，2015年時点でも3.4％を占めるに過ぎないが，人口が占める割合は1960

行政実務においては，例えば地方交付税の交付額算

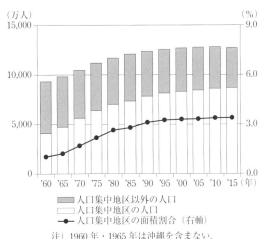

注) 1960年・1965年は沖縄を含まない．
図1 日本の人口変化と人口集中地区が占める割合
[国勢調査より作成]

年時点においても約4割と比較的高く，その後も上昇を続け，2015年には7割近くを占めるに至っている．

●町丁・字等，基本単位区別集計　国勢調査では，市区町村よりも小さい単位での集計，すなわち小地域集計として町丁・字等別および基本単位区別の集計を行っている．国勢調査における集計の最小単位としては，1965年から1985年までは，調査区が用いられていた．しかし調査区は調査ごと（5年ごと）に設定替えが行われていたため，時系列比較ができないという問題があった．そこで，1990年国勢調査より，特別な事情がない限り境域の変更がない基本単位区が設定されることとなった．具体的には，街区方式による住居表示を実施している地域では，原則として一つの街区（○丁目△番□号の△番にあたるもの）を基本単位区の区画としている．それ以外の地域では，道路，河川，鉄道，水路など地理的に明瞭で恒久的な施設などによって区分している．なお原則として一つあるいは複数の基本単位区から調査区が編成されるが，高層集合住宅などでは，一つの基本単位区内に複数の調査区が設定されることもある．

　町丁・字等別集計は1995年から実施されている．町丁・字等は，やはり基本単位区の組合せからなっており，概ね，市区町村内の「町」「字」あるいは「○丁目」と対応している．2010年国勢調査については，「人口等基本集計」「産業等基本集計」「職業等基本集計」「従業地・通学地による人口・産業等集計」「移動人口の男女・年齢等集計」に関する計19種類の集計表が利用可能となっている．現在，この町丁・字等別集計が国勢調査の小地域統計の中心となる一方，調査区別集計（1990年からは基本単位区別集計）は徐々に表章項目数が減少し，2005年以降は，男女別人口および世帯数のみ利用可能となっている．

●地域メッシュ統計　地域メッシュ統計は，日本の国土を緯線と経線で網の目状に区切ることで設定された地域メッシュを単位として表章されるものである．地域メッシュは，具体的には「統計に用いる標準地域メッシュおよび標準地域メッシュ・コード」（1973［昭和48］年行政管理庁告示第143号）に基づいて表2のように設定されている．国勢調査に関する地域メッシュ統計は1965年より編成が始まったが，2001年に世界測地系が導入されたことにより，日本測地系に基づくデータは2005年までのものが，世界測地系に基づくデータは，遡及編成も含めて，1995年のものから利用可能となっている．同一コードのメッシュであっても，両測地系の重複は，例えば第三次地域区画で半分程度の面積であり，測地系を超えた時系列比較は意味をなさない．

　第三次地域区画は基準地域メッシュとも呼ばれ，概ね1km四方となっている．これを単位としたデータは，首都圏・近畿圏は1965年から，全国については1970年から利用可能である．ただし1965年，70年は20%抽出データに基づく編成であり，1975年は基本集計分については全数集計結果が，詳細集計分につ

表2 標準地域メッシュの区分方法

地域区画	内容	範囲
第1次地域区画	全国の地域を偶数緯度およびその間隔（120分）を3等分した緯度における緯線並びに1度ごとの経線によって分割してできる区域	20万分の1地勢図（国土地理院発行）の1図葉の区画に相当（約80km四方）
第2次地域区画	第1次地域区画を緯線方向および経線方向に8等分してできる区域	25,000分の1地形図（国土地理院発行）の1図葉の区画に相当（約10km四方）
第3次地域区画（基準地域メッシュ）	第2次地域区画を緯線方向および経線方向に10等分してできる区域	約1km四方（緯度の間隔30秒，経度の間隔45秒）
2分の1地域メッシュ	基準地域メッシュを緯線方向および経線方向に2等分してできる区域	約500m四方
4分の1地域メッシュ	2分の1地域メッシュを緯線方向，経線方向に2等分してできる区域	約250m四方

［総務省統計局（2016：62）］

いては20％抽出データが用いられている．1980年以降は，すべての項目が全数集計結果に基づく編成である．2分の1地域メッシュは1970年以降利用可能であるが，1990年までは人口集中地区についてのみ編成されていた．1995年は，日本測地系に基づく編成は人口集中地区のみが，世界測地系に基づく編成は全国分が利用可能である．また2000年以降は全国について編成されている．さらに4分の1地域メッシュについては2005年に，東京都特別区部および政令指定都市を含む第二次地域区画について編成され，2010年にはこれに加えて県庁所在地を含む第二次地域区画についても編成されるようになった．

国勢調査に関する地域メッシュ統計は，1985年までは調査区，1990年以降は基本単位区（基本単位区内に複数の調査区がある場合は調査区）単位のデータを用いて編成されている．基本単位区（調査区）を各メッシュに対応づける同定の手法も改良が重ねられており，かつては複数のメッシュにまたがる調査区であっても，その調査区全体をいずれか一つのメッシュに同定していたが，近年では面積割合，建物分布などに応じて基本単位区のデータを細分化して割り振る手法がとられている．　　　　　　　　　　　　　　　　　　　　　　　［江崎雄治］

□□ さらに詳しく知るための文献

梶田 真，2008，「国勢調査における小地域統計の整備過程とその利用可能性」『東京大学人文地理学研究』19：31-43.
小池司郎，2011，「地域メッシュ統計の区画変遷に伴う時系列分析の可能性に関する一考察—測地系間・メッシュ階層間の比較から」『人口問題研究』67(2)：65-83.
総務省統計局，2016，『平成27年国勢調査 調査結果の利用案内—ユーザーズガイド』総務省統計局．

人口分布の分析指標
analysis indicator of population distribution

☞「東京圏への一極集中」p.308
「人口分布に関する統計」p.556
「人口の集中度の測定」p.562
「都市の規模別分布の分析」p.566
「都市内人口密度分布の分析」p.568

　人口分布の分析指標は，あらゆる分布に対して有効な指標と，特定の分布のみを対象とした指標に二分される．このうち後者は，主として都市人口の分布を対象としたものであるので，その解説は「都市の規模別分布の分析」の項に譲り，ここでは前者すなわち一般的な指標を扱う．人口分布の一般的な分析指標はこれまで種々開発されてきたが，それらは分布をとらえる視点によって，人口の粗密の程度をはかるもの，人口分布の中心を画定するもの，集中・分散の程度をはかるものの三つに大きく分類される．以下では，それらの中で代表的なものをいくつか選び説明する．

●**人口の粗密の程度**　人口の粗密の程度をはかる最も代表的な指標は人口密度である．この指標は人口／面積で算出され，通常 1 km^2 あたりの人口で表現される（濱・山口 1997）．人口密度以外では接近度が比較的知られるが，この指標は，対象となる地域に人口を完全に均等に配したとき隣り合う人間との距離を意味する（大友 1997a）．接近度は$\sqrt{(面積／人口)}$の約 1.075 倍で計算される．人口密度を求めるときの分母には通常，国土面積や自治体の面積などが用いられるが，それに代わって農地面積，可住地面積などを用いる場合があり，それらを特殊人口密度と呼ぶ．これに対して通常の人口密度は普通人口密度と呼ばれる（大友 1997a）．農地面積を分母として算出される農用地人口密度は，対象となる地域において農地以外に食料確保手段がなく，かつ食料輸入が完全に止まった場合の，農地 1 km^2 あたりで扶養しなければならない人口を意味する．すなわち，農用地人口密度は食料安全保障の観点からいえば，可能な限り低い方が望ましい．しかし，井上が指摘しているように，日本の農用地人口密度は主要国の中では韓国と並んで突出して高い（井上 2011）．国連食糧農業機関（FAO）の統計に基づく筆者の計算によれば（2013 年，1km^2 あたり），日本と韓国の値はそれぞれ 2799 人，2818 人となり，食糧輸出国として知られるオーストラリアの 6 人，米国の 78 人，フランスの 222 人などに比べて大幅に高い．

●**人口分布の中心**　ある国や地域の人口分布の中心を表す最も代表的な指標が人口重心である．人口重心とは，ある地域を平板とみなしその地域の居住者の体重がすべて等しいと仮定したとき，その地域を支えることのできる支点の位置をいう（井上 2011）．数学的には，人口重心の座標を (x_G, y_G) とおくと，x_G は全居住者の x 座標の平均値，y_G は全居住者の y 座標の平均値とみなせる．人口重心は各居住者からの距離の二乗和が最小となる地点でもあるので，都道府県や市町村の人口重心はそれらの自治体の公共施設の立地場所として適している可能性があ

る．日本の人口重心は1872年時点で滋賀県の琵琶湖西岸に位置していたが，その後琵琶湖を横断しながら北東方向に移動し，1920年には岐阜県の西端に達した．この移動は明らかに明治期の北海道開拓の影響によるものである．さらに，1965年以降は現在至るまで東南東にほぼ一直線に移動してきているが，この動きには東京大都市圏への人口の一極集中が強く反映されている．1790年以降10年ごとの人口重心の位置を公表している米国の人口重心は，当初，北東部のボルチモア付近にあったが，それ以降1950年頃までほぼ北緯39度線に沿って西方向に進んだ．こうした動きは，当然ながら米国建国以来の西部開拓とそれに伴う領土拡大ならびに西漸運動（西方向への人口移動）の結果生じたものである．しかし，イリノイ州に達した1950年以降はやや西南西に移動方向を変えた．この変化は，一言でいえば同国の産業の中心が北東部の重化学工業からカリフォルニア州・シリコンバレーの電子部品産業に代表される南西部の新産業に移行し，それに伴って国内人口移動の流れの向きが南西方向に転じたこと，ならびにヒスパニック人口が特に南西部において急増したことによる．

●集中・分散の程度　人口分布の集中・分散の程度を最も簡便に知る方法は，人口比重（対象地域全体の人口に対する部分地域の人口の比）を算出することである．例えば，大都市圏への人口集中の程度については，大都市圏人口の全国人口に対する比の推移を観察すればよい．ここでは，国勢調査人口を用い，東京圏（埼玉・千葉・東京・神奈川），名古屋圏（岐阜・愛知・三重），大阪圏（京都・大阪・兵庫・奈良）の11都府県を大都市圏として，その人口比重を1950年以降について算出する（ただし，全国人口には常に沖縄の人口を含む）．その結果，大都市圏の人口比重は，1950年の34.7％から2015年の51.8％へと一貫して上昇し続け，戦後明らかに大都市圏への人口集中が進んだことがわかる．しかし，その上昇幅17.1％に対して，同期間の東京圏の上昇幅は12.9％とほぼ4分の3を占めており，三大都市圏の中でも東京圏への一極集中が進んだことは明白である．DID（人口集中地区）の人口の全国人口に対する比も人口比重の一種である．この値は，DIDが定義された1960年当時は43.7％であったが，その後着実に上昇し続け2015年には68.3％に達した．このことは，大都市圏，非大都市圏を問わず全国的に人口都市化が進んだことを意味する．ただし，DIDの平均人口密度は，1960年の1万564人／km^{2}から1995年の6630人／km^{2}へ低下した後（井上2011），2015年の6793人／km^{2}へ再上昇しており，人口郊外化の終焉とその後の都心回帰の影響が示唆される．人口の集中・分散の程度をはかるその他の指標については項目「人口の集中度の測定」を参照されたい．　　　　　　　　　　［井上　孝］

📖 さらに詳しく知るための文献

石川義孝ほか編．2011．『地域と人口からみる日本の姿』古今書院．
井上　孝・渡辺真知子編著．2014．『首都圏の高齢化』原書房．

人口の集中度の測定
measurement of population concentration

☞「歴史からみた過密と過疎」p.268「経済の地域差」p.272「財政力の地域差」p.274「人口分布の分析指標」p.560

　ある地域を複数の部分地域に分けたとき，部分地域別の人口分布を集中の程度という観点から評価しようとするのが人口集中度に関連する指標群である．その代表的ものに，人口比重（集中度），人口集中指数，ローレンツ曲線，ジニ係数がある（大友1997a；井上2002b）．

　人口比重（集中度）は，ある地域の人口Zに占める部分地域iの人口z_iの割合$z_i/Z \times 100$である．この指標は，部分地域iの人口が0のときに0，部分地域iに対象地域全体の人口すべてが分布するとき（$z_i=Z$）に100となる．東京大都市圏（埼玉県，千葉県，東京都，神奈川県の4都県とする）の人口比重は，1980年から2015年にかけて24.5から28.4へ上昇しており（国勢調査のデータから算出），この間に東京大都市圏への人口集中が強まったことがわかる．

　一方，人口集中指数，ローレンツ曲線，ジニ係数は，部分地域の面積を考慮して人口分布の集中の程度を表す指標である．いずれも，人口分布と面積分布が等しいならば人口は均等に分布していて集中していないと評価する．

●**人口集中指数**　人口集中指数（Cとする）は，ある地域の人口に占める部分地域iの人口割合をp_i，ある地域の面積に占める部分地域の面積割合をa_iとすると（いずれも100倍してパーセントで表した値を用いる），下記の式で表される．

$$C = \frac{1}{2} \sum_i |p_i - a_i|$$

　この式からわかるように，p_iとa_iが等しい，すなわち人口分布と面積分布が等しい場合，換言すれば部分地域の人口密度がすべて等しい場合には人口集中指数は0となる．それに対し，特定の地域に極端に偏った人口分布の場合には人口集中指数は100に近い値をとる．都道府県を部分地域とした場合の日本の人口集中指数は，1980年から2015年にかけて40.0から44.0へ上昇しており（国勢調査のデータから算出），この間に人口分布の集中の程度が強まったことがわかる．

●**ローレンツ曲線**　ローレンツ曲線は，人口分布の集中の程度を視覚的に把握するための曲線である（図1）．これは，所得分

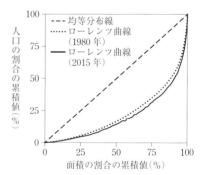

図1　ローレンツ曲線と均等分布線
［国勢調査の都道府県別データより作成］

布の集中の程度を測定するために考案されたものを人口分析に応用したものである．

ローレンツ曲線の作成は，まず全部で n 個から成る部分地域を人口密度の低い方から高い方へ順に並べ，部分地域に 1 から順に番号を付与する（この番号を j とする）．次に，ある地域の人口に占める部分地域 j の人口割合 p_j，ある地域の面積に占める部分地域の面積の割合 a_j を求める（いずれも 100 倍してパーセントで表した値を用いる）．その上で，番号 1 から j までの p_j と a_j を累積し，それを x_j と y_j とおく（x_n と y_n はいずれも 100 となる）．最後に，得られた値 (x_j, y_j) を座標にもつ n 個の点を xy 座標にプロットし，原点から (x_1, y_1)，(x_2, y_2)，…，(x_n, y_n) まで順に点を結んで曲線とする．これがローレンツ曲線である．

ローレンツ曲線は，p_j と a_j が等しい，すなわち人口分布と面積分布が等しい場合，換言すれば部分地域の人口密度がすべて等しい場合には，すべての j について $x_j = y_j$ となるため，原点と点 (100, 100) を結ぶ直線となる（この直線は均等分布線と呼ばれる）．その一方で，人口分布の集中の程度が強まると，ローレンツ曲線は均等分布線から右下の方に離れた弧を描く．

部分地域を都道府県とした 1980 年と 2015 年のローレンツ曲線を均等分布線と併せて示したのが図 1 である．1980 年よりも 2015 年のローレンツ曲線は均等分布線からの乖離が大きく，この間に人口分布の集中の程度が増したことがわかる．

●ジニ係数　ジニ係数（ジニの集中係数）は，視覚的な表現であるローレンツ曲線のもつ意味を一つの数値として表現したものである．具体的なその数値は，ローレンツ曲線と均等分布線との間にできる面積を 2 倍したものである．ジニ係数（G とする）の算出法は以下のとおりである（ただし，x_j と y_j は 100 倍してパーセントで表すことはしない）．

$$G = \sum_{j=1}^{n-1} (x_j y_{j+1} - x_{j+1} y_j)$$

ジニ係数は人口分布と面積分布が等しい場合，すなわち部分地域の人口密度がすべて等しい場合には 0 となり，特定の地域に極端に偏った人口分布の場合には 1 となる．都道府県を部分地域とした場合の日本のジニ係数は，1980 年から 2015 年にかけて 0.542 から 0.587 へ上昇しており（国勢調査のデータから算出），35 年の間に人口分布の集中の程度が強まったことがわかる．

なお，人口集中指数，ローレンツ曲線，ジニ係数は部分地域の区分の仕方によって異なった値となるため，利用に際して注意が必要である．　　　　［山内昌和］

　　さらに詳しく知るための文献
大友 篤．1997．『地域分析入門　改訂版』東洋経済新報社．
井上 孝．2002．「16-Ⅵ 人口の地域分布の分析方法」日本人口学会編『人口大事典』培風館, pp.614-618.
濱 英彦・山口喜一．1997．『地域人口分析の基礎』古今書院．

都市化の測定
measurement of urbanization

☞「世界の都市化とメガシティ」p.286「人口分布に関する統計」p.556「人口分布の分析指標」p.560「地域将来人口推計の国際比較」p.638

　都市化とは，対象とする地域全体（全域）をurban area（以下，都市地域）とrural area（農村，村落あるいは非都市地域などと訳される）に区分した場合，後者の前者への変容の過程またはその結果をいう．都市化の程度を測定するためには，都市地域別統計を利用することになるが，国際比較や時系列比較に際しては，統計上の都市地域の概念や定義が国家間や年次間で必ずしも同じではなく，また，都市地域の種類も単一ではなく複数設定されていることがあることに留意する必要がある．

●**多様な都市地域の定義と種類**　国連の都市化予測（UN 2015e）に用いられている都市地域は，2014年には世界の233か国（属領・自治領を含む）のうち125か国では行政上の基準により設定され，うち65か国では基準はなく政府の指定のみによっている．他方，121か国では人口の規模または密度の基準を単独に用いて，あるいは経済的または施設上の要件と組み合わせている．また，都市地域の下限人口の規模は2000人から5000人の国が多いもののアイスランドやスウェーデンなどの200人から日本の5万人まで国間の差が過大で，特に日本が突出し（阿部隆 2014），国連の各国都市地域人口による都市化の程度の国際比較は厳密には難しい．

　日本の場合には，第二次世界大戦以前は市街化された町または村が「市」に指定され，市部と呼ばれ都市地域とみなされ，町村は郡部と呼ばれ，農村地域とみなされた．1947年制定の地方自治法第8条では，①人口規模が3万以上の町村で，②その中心市街地の戸数が全戸数の6割以上，③非農林業従事者が全人口の6割以上，かつ④都市的施設をもつなどの要件をすべて備えていることが市の設立要件とされている．しかし，1953年の市町村合併促進法の施行後，①が5万以上に改正，他の要件の適用は大幅に緩和され，隣接町村との合併により多数の市が新設されたため，市部は都市地域の実態を統計上表章できなくなった．そこで，総務省統計局は1960年以降の各回国勢調査において人口集中地区（略称DID）と呼ぶ人口5000以上の広義の市街地を画定，それに基づく統計を表章している（大友 2012）．2015年に全国で市部を構成する行政市の総数は，東京都特別区部を1市と数えると791市である．一方，全国でDIDの総数は，画定された803市町村内に1291を数える．DIDを有する市は658市で，DIDを有しないのは133市もある．

　世界の国々における統計上の都市地域には行政上通常使われる都市地域のほか，日本のDIDや米国のurbanized area（都市化地域），国連のurban agglomeration（都市人口集積地［大友 2006］，都市密集域［大友 2016］などがあり訳語が未定着である．以下UAと略す），さらにmetropolitan area（以下，都市圏），メガシティ（巨大都市）など，国によって種々概念の異なる地域が用いられている．

UAは複数の都市地域が隣接し一体化している地域や都市地域として認定された行政域内の市街地が他の行政域内にも連続し,一体化した全域をいう.世界最大のUAは東京都特別区部のDIDを中核とし隣接県にまたがる多数のDIDの連坦地域で人口3049万,面積3111km^2(2010年)を数え,デリー,上海がこれに続く(大友2016).都市圏は,国により設定基準は異なるが,中心都市地域とそれに機能的に結合する周辺の地域からなる全域をいう.総務省統計局設定の大都市圏や都市圏はこれにあたる.メガシテイとしては,国連が世界の500万人以上のUAをあげている(大友2006).

●都市化率とその他の関連指標　都市化の程度を測定するための一般的な指標としては,都市の数や都市の人口規模のほかに,都市化率がある(表1).これは,通常,全域人口に占める都市地域人口の割合として計算されるが,全域面積に占める都市面積の割合も一種の都市化率であるので,それと区別する際には人口都市化率とも呼ばれる.また特定の期間に都市化がどの程度進展したかを測定するための指標として都市化の速度が用いられる.これは,t年の都市化率をU_t,$t+n$年の都市化率をU_{t+n},都市化の速度をTとし,都市化が連続的に続くと仮定すれば,$T=(\ln U_{t+n}-\ln U_t)/n$で表される.表1は,市部とDIDの人口と面積による都市化率と都市化の速度の推移を示したものである.

都市化率の推移を長期的に観察すると,都市化率は初期にはきわめて緩やかに,その後,急激な上昇を示した後,再び緩やかな上昇に転じ,次第に極限値に近づくロジスティック曲線と呼ぶ曲線を描くことが経験的に知られている.都市化率をP_u,Lを極限値(都市化率では100),時間(年次)をtとすると,$P_u=L/(1+ae^{-bt})$で表す(大友1997a).

［大友　篤］

表1　市部とDIDの都市化率および都市化の速度の推移(1960〜2015年)

年	都市化率(%)				都市化の速度			
	人口		面積		人口		面積	
	市部	DID	市部	DID	市部	DID	市部	DID
1960	63.3	43.3	22.0	1.03				
1965	67.9	47.6	23.5	1.23	0.014	0.019	0.013	0.035
1970	72.1	53.5	25.3	1.71	0.012	0.023	0.015	0.066
1975	75.9	57.0	27.1	2.19	0.010	0.013	0.014	0.049
1980	76.2	59.7	27.2	2.65	0.001	0.009	0.001	0.038
1985	76.7	60.6	27.3	2.80	0.001	0.003	0.001	0.011
1990	77.4	63.2	27.5	3.11	0.002	0.009	0.001	0.021
1995	78.1	64.7	27.8	3.24	0.002	0.005	0.002	0.008
2000	78.7	65.2	28.1	3.30	0.002	0.002	0.002	0.004
2005	86.3	66.0	48.1	3.32	0.018	0.002	0.108	0.001
2010	90.7	67.3	57.2	3.37	0.010	0.004	0.035	0.003
2015	91.4	68.3	57.4	3.38	0.002	0.003	0.001	0.001

［総務省統計局「平成22年国勢調査最終報告書」,「平成27年国勢調査基本集計結果」に基づき作成］

📖 さらに詳しく知るための文献

United Nations. 2015. *World Urbanization Prospects The 2014 Revision.*
大友　篤.1997.『地域分析入門　改訂版』東洋経済新報社.

都市の規模別分布の分析
analysis of city size distribution

☞「世界の都市化とメガシティ」
p.286「都市化の測定」p.564

　都市の規模別分布に関する論考の多くは何らかのかたちで順位規模法則(ランクサイズルール)に言及しているので,ここではまずこの法則について説明する.順位規模法則は,その発見者の名をとってジップの法則とも呼ばれるが,都市人口に関する現象だけではなく,さまざまな自然現象・社会現象において成立することが確認されておりきわめて普遍的な法則として知られる.この法則によれば,ある一連の事象をその発生頻度順あるいは規模順に並べたとき,その順位(ランク)rと規模(サイズ)sとの間には$s=br^{-a}$という関係が成立する.ただし,aとbはいずれも正の定数である.この式に基づいて順位rと規模sの関係をグラフ化してみると,図1に示すように縦軸と横軸にへばりついたような減少曲線が描かれる.このような分布はパレート分布と呼ばれる.特に$a=1$の場合は$s=b/r$となり,順位と規模が反比例の関係になることがわかる.順位規模法則が成り立つ例としては,ある書籍に現れる各単語の発生頻度とその順位との関係がよく知られる.この場合,図1をみればわかるように,上位の単語については順位が一つ下がると頻度が大きく減少するが,下位の単語については順位が一つ下がっても頻度はあまり減少しない.この関係性は我々の直観にも沿ったものといえよう.

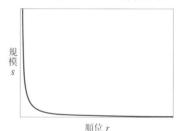

図1　順位規模法則の概念図

●都市の順位規模法則とは　順位規模法則のうち特に都市の規模別分布を対象としたものを指し,次のように定式化される.すなわち,ある国や地域に立地する都市を人口規模に応じて順位づけしたときに,その順位rと規模pの間には$p=br^{-a}$という関係が成立する.この式は上述した一般的な順位規模法則の式とまったく同型である.ただし,定数bは対象とする国・地域の首位都市(primate city, 人口規模第1位の都市)の人口を表す.この法則の意味するところを平易にいえば,規模の大きな都市は少数であり,規模が小さくなるほど規模の似通った都市が増えるということになる.この法則については,これまで多数の研究者によってさまざまな国・地域において成り立つことが検証されてきた.鈴木は,この法則がある国において成立する場合,その国をいくつかの部分地域に分割してその範囲内の都市に限定してもこの法則が成立することを示し,このことを順位規模法則の可分性と呼んだ(鈴木 1985).これは,例えば日本の都市についてこの法則が成立するならば,東日本や西日本あるいは都道府県に限定しても成立

しうることを意味する．

●都市の順位規模法則による国・地域の類型化　前述の式の両辺に常用対数をとって整理すると $\log p = -a \log r + \log b$ が導かれるので，順位の対数値 $\log r$ と規模の対数値 $\log p$ は傾きを $-a$ とする右下がりの直線関係になることがわかる．逆に，順位の対数値と規模の対数値が直線関係になれば，対象とする国・地域において順位規模法則が成り立つことになるので，一般に，順位規模法則の検証は順位と規模に対数をとって行われる．こうして順位と規模の対数値をグラフ上にプロットしていくと，首位都市の規模のプロットのみ直線から大きく上側に乖離することがたびたび生じる．これは，首位都市の人口規模が第2の都市を極端に上回る場合に起こり，メキシコとタイがその典型例としてよく知られる．ベリーとホートン（Berry & Horton eds. 1970）は，こうした点に着目し対象となる国・地域を次のように類型化した．すなわち，首位都市の規模が直線から大きく乖離する場合をプライマシー型，直線上にほぼ収まる場合をランクサイズ型，どちらとも判断できない場合を中間型と呼んだ．ベリーらは，一般に，経済発展水準が高く国土面積が広いほどランクサイズ型になりやすい点も指摘した．このことは，途上国の首位都市の人口規模が他の都市に比べて突出的に高いことを意味し，実際に多くの途上国でその傾向が認められる．そのため，首位都市あるいはプライメイトシティという用語は，狭義には途上国における，突出して規模の大きな都市という意味で用いられる．なお，上記の分類は国・地域によって固定されているわけではなく，一つの国がその経済発展に伴ってプライマシー型から中間型を経てランクサイズ型に至ることもあり，ベリーらはその過程をモデル化している．

●都市の規模に関する対数正規分布モデル　上述の直線から乖離するのは首位都市だけではなく，下位グループに属する都市群の規模が直線の下側に乖離することも知られている．鈴木（1985）は，このような乖離が認められる場合は，いわゆるジブラの法則の方が順位規模法則よりも適していることを指摘した．ジブラの法則とは，ある事象について横軸に規模の対数値，縦軸に頻度をとったときその分布型が対数正規分布（ジブラ分布）に従うことをいい，それを表すモデルが対数正規分布モデルとなる．井上は，都市の規模別分布について上述のような二つの法則が存在する要因として，都市人口の確定の仕方が影響している可能性を指摘した（Inoue 2012：井上 2014b）．井上は，行政上の区分によって都市人口を確定する場合は対数正規分布モデル，一つの市街地あるいは集落を一つの都市としてみなして都市人口を確定する場合は順位規模法則が成立しうることを主張した．

[井上　孝]

□　さらに詳しく知るための文献

井上　孝．1998．「都市人口に関する順位規模法則と対数正規分布モデルの整合性について」『理論地理学ノート』11:1-8．

都市内人口密度分布の分析
analysis of intra-urban population density

☞「人口分布の分析指標」p.560
「人口ポテンシャル」p.574

都市内の人口分布には空間的な規則性がみられることが知られてきた．この空間的規則性を説明するために，都市内各地区の人口密度を対象として，都心からの距離との関係を示す人口密度関数や緯経度座標面上でその変動パターンをとらえようとする傾向面分析が適用されてきた．その中で人口密度関数は，都市経済学の研究蓄積による理論的な基盤を有するのに対し，傾向面分析は分布傾向を示すのみで理論的な検討には適していなかった．こうして，都市内の人口密度分布に関する研究は，人口密度関数に基づくものが主流を占めることになった．

●人口密度関数の基本モデル　人口密度関数は，都市内の人口密度分布状況について，都心からの距離を説明変数とする数理モデルでとらえようとするものである．都市内の人口密度は都心から離れるにつれて指数関数的に低下していくという経験的事実をもとにして，式（1）の負の指数関数で示されるクラークモデル（Clark 1951）が提示されて以降，さまざまな研究が行われてきた．

$$D_x = D_0 \exp(-ax) \tag{1}$$

ここで，D_x は都心から距離 x の地点の人口密度を，D_0 は理論上の都心の人口密度を，a は人口密度の距離的変化率（密度勾配）をそれぞれ示し，都心は一つだけとされている．クラークモデルを適用した研究では，都市規模が大きいほど理論上の都心の人口密度が高く，密度勾配が緩やかであることが明らかにされてきた．また，都市人口の増加に伴い都市空間が拡大していく中で，密度勾配が次第に緩やかになっていくことも確認されている．これは，都市の中心部から外縁部へと居住の場が移る人口の郊外化として理解されるものである．

このクラークモデルでは，都市内で最高の人口密度を示す地点が都心であるのに対し，人口の郊外化が進展して以降，都心部は行政・商業・ビジネス機能が卓越して居住人口が少なくなった．そこで，この都心部における人口密度の落ち込みを表現すべく，式（1）の指数部分を負の2次式で示したものがニューリングモデルである（Newling 1969）．

$$D_x = D_0 \exp(bx - cx^2) \tag{2}$$

ここで，b と c は求めるべきパラメータであり，$b > 0$ のときに都心部における人口密度の落ち込みが表現されることになる．ニューリングモデルについても世界の多くの都市で検証作業が進み，都心部における人口密度の落ち込みの空間的範囲が次第に拡大したこと，すなわち人口のドーナツ化現象が確認されている．

これらのモデルの推計では，式（1）や式（2）を対数変換した後，都市内の各地区について，都心からの距離を説明変数，人口密度を被説明変数とする回帰分

析を行うことが多い．分析の際の対象地域は行政上の市域や大都市圏とするものが多く，都市内各地区の単位として，地域メッシュや市区町村，距離帯別などがある．なお，この地区単位が異なると得られる推計結果が異なる可変単位地区問題があることに注意が必要である（貞広 2003）．

●**人口密度関数の研究の展開**　都市の発展に伴い，都市内の人口密度分布は不規則性が増してきた．こうした動向をとらえるべく，人口密度関数を複雑化させてモデルの説明力を高めようとする動きが現れた（中村・李 2001）．例えば，副都心が新たに形成される事例が多いことをふまえた多核心モデルが提案された．また，人口の郊外化の過程ではさまざまな規模の宅地開発が行われ，人口密度が周辺より高い地区が現れることがある．こうした状況をとらえるべく，距離帯別に密度勾配を細かく推定していくスプライン関数が適用された．さらに，土地利用規制や宅地開発の経緯などで人口密度分布に不連続な状況が現れることをとらえようとする Switching Regression モデルの適用もある．

　以上はいずれも都心からの距離だけで人口密度分布の把握を目指すもので，都市の同心円的な発展を前提とする．しかし，都市発展には都心からの方角による差があることも知られており，こうした都市の空間的歪みをとらえようとした研究も多い（山神 2001）．例えば，都市の楕円状の広がりを考慮したモデルや，都市発展に与える鉄道路線網の影響を考慮したモデル，旧来から都心が二つ存在する地域での双子都市モデルなどが提案されてきた．また，密度勾配の方角上の差異に着目し，都市空間を方角別に区分した後に人口密度関数を適用する事例や，人口密度関数に都心からの方角の要素を加えたモデルを適用した事例もある．

　このように，都市内の人口密度分布の研究はさまざまな展開を遂げたが，上述の二つのモデルは基本モデルとして重要性が高く，また単純なモデルであるため，適用範囲が広い．例えば，人口密度は通常，常住人口である夜間人口から求めるが，昼間人口についても求めることができる．そして，夜間人口と昼間人口の双方にクラークモデルを適用することで，昼夜間人口比率が逆転する地点を求めることが可能で，その地点より都心側を理論的な業務地区，郊外側を住宅地区とみなすことができる（大友 1979）．また，人口密度関数は，事業所や従業者，社会集団別などにも適用することができる（大友 2002）．都市内におけるさまざまな事象の空間的な規則性をとらえる一手法として，人口密度関数がもつ意義は現代でも大きいといえよう．　　　　　　　　　　　　　　　　　　　　[山神達也]

□ さらに詳しく知るための文献
大友 篤．1979．『日本都市人口分布論』大明堂．
中村良平・李 健．2001．「都市空間における人口密度分布の実証研究—展望」『岡山大学経済学会雑誌』33（1）：15-34．
山神達也．2001．「わが国の3大都市圏における人口密度分布の変化—展開クラークモデルによる分析」『人文地理』53（6）：509-531．

産業別・職業別人口の分析
analysis of population by industry/occupation

☞「労働人口学」p.396「属性別人口の推計：教育と労働力状態」p.660

　地域の産業別人口の分析は，各地域の経済的構造，地域の特性・機能や産業の地理的分布を知る上で重要である．一方，地域の職業別人口は，地域の経済的側面に加え，地域の社会的特性に関する情報を与えてくれる．

●産業・職業とその分類，統計的把握　日本標準産業分類（2013年10月第13回改定版）では，産業を「財又はサービスの生産と供給において類似した経済活動を統合したものであり，実際上は，同種の経済活動を営む事業所の総合体」と定義しており，これを分類したものが産業分類である．第13回改定日本標準産業分類では，大分類20，中分類99，小分類530の区分を設けており，各統計ではこれに準じて分類区分を設定している．各産業に従事する就業者などを把握している全数調査として，世帯調査としては国勢調査（総務省）があり，事業所調査としては経済センサス（総務省・経済産業省）がある．両者の結果は市区町村別にも利用できるが，国勢調査では全数集計は大分類のみである．経済センサスでは小分類の結果も全数で利用できるが，農林漁業の個人経営事業所が調査対象とされておらず，全産業横断的な分析には若干の制約がある．標本調査で地域別の結果も得られるものの例としては，就業構造基本調査（総務省）がある．

　一方，日本標準職業分類（2009年12月設定版）では，職業を「個人が行う仕事で，報酬を伴うか又は報酬を目的とするもの」と定義している．産業が事業所を分類対象としているのに対し，職業は個人の分類である．例えば，製造業事業所の中には生産工程従事者だけでなく事務従事者などもいるように，産業と職業は関連するが異なる概念である．2009年12月版の日本標準職業分類では，大分類12，中分類74，小分類329の区分を設けている．なお，職業は，国勢調査など，世帯を対象とした統計調査で把握されることが多い．

　国勢調査による都道府県・市区町村別の産業別・職業別就業者については，就業者を，その常住地において集計した結果と，その従業地において集計した結果がある．地域の経済活動に着目しての分析であれば後者が，地域の居住者の産業・職業別分布などの分析であれば前者を用いるのが，一般には適切であろう．

●特化係数，専門化係数など　表1に示すのは，産業別就業者の地域分析に用いられる指標のいくつかであるが，類似の指標は職業別就業者の場合にも算出可能である．表1のうち，就業者の産業別構成比は基本的である．また，これを利用してそれぞれの地域が，例えば全国と比べてどのような産業に特化しているかをみる指標として特化係数（立地係数）がある．これは全国との比較であれば，地域における就業者中のある産業の就業者割合と，全国における就業者中のその産

16. 人口分布の分析　さんぎょうべつ・しょくぎょうべつじんこうのぶんせき

表1　全国と愛知県豊田市の産業別就業者数に基づく同市の産業別構成比および特化係数ならびに専門化係数および推計基盤活動就業者数の算出（2010年，一部の産業を省略）

	全国		豊田市（従業地ベース）				
	就業者数（人）	産業別構成比(%)	就業者数（人）	産業別構成比(%)	特化係数	構成比の対全国差の絶対値(%)	基盤活動就業者数の推計（人，残余法）
総数	59,611,311	100.000	253,832	100.000	専門化係数＝58.3		
A 農業，林業	2,340,384	3.926	4,677	1.843	0.47	2.084	－5,289
B 漁業，C 鉱業，採石業，砂利採取業は省略							
D 建設業	4,750,714	7.969	12,809	5.046	0.63	2.923	－7,420
E 製造業	10,219,396	17.143	116,223	45.787	2.67	28.644	72,708
F 電気・ガス・熱供給・水道業	302,004	0.507	665	0.262	0.52	0.245	－621
G 情報通信業，H 運輸業，郵便業，I 卸売業，小売業，J 金融業，保険業は省略							
K 不動産業，物品賃貸業	1,182,404	1.984	2,520	0.993	0.50	0.991	－2,515
L 学術研究,専門・技術サービス業	2,019,439	3.388	9,896	3.899	1.15	0.511	1,297
M 宿泊業，飲食サービス業	3,634,163	6.096	12,065	4.753	0.78	1.343	－3,410
N 生活関連サービス業，娯楽業，O 教育・学習支援業，P 医療・福祉，Q 複合サービス事業，R サービス業（他に分類されないもの）は省略							
S 公務(他に分類されるものを除く)	2,140,372	3.591	4,040	1.592	0.44	1.999	－5,074

注）「T 分類不能の産業」（全国 3,460,298 人，豊田市 14,963 人）は，比例配分．百分率構成比は，便宜上，小数第3位まで表示．

[国勢調査（総務省）に基づき算出]

業の就業者割合の比である．特化係数が1を超えているかが，その地域の当該産業への特化の目安となる．表1の豊田市の例では製造業への特化が著しく，また「学術研究，専門・技術サービス業」にも特化がみられる．さらに，その地域の就業者の各産業の割合と全国の就業者の対応する産業の割合の差の絶対値を，すべての産業について合計したものが専門化係数である．この値が大きいほど全国の構成割合との乖離が大きく，いくつかの産業への専門化傾向が強いことを示す．このほか，地域経済を基盤活動と非基盤活動に分けて分析（BN分析）する場合，基盤活動に従事する就業者数の推計方法にはいくつかあるが，残余法と呼ばれる方法では，ある地域のある産業の実際の就業者数から，その地域の就業者総数に全国におけるその産業の就業者数割合を乗じたものを引いた結果によっている．この結果が正になった場合に，その産業の基盤活動就業者数とみるわけである．豊田市の例では，製造業が基盤活動就業者数の大半を占めている．　　　［大林千一］

📖 さらに詳しく知るための文献

大友篤．1997．『地域分析入門　改訂版』東洋経済新報社．

人口性比の分布の分析
analysis of sex ratio distribution

☞「性比の不均衡」p.50「性比と人口移動」p.62「寿命の性差」p.90「現代日本の国際結婚」p.182「移動理由」p.586

　総人口の性比は地域によって異なるが，その地域差の要因は二つある．一つは年齢構造の地域差で，これは過去の人口移動の結果として生じる．年齢別性比は高齢になるほど寿命の男女差を反映して小さくなるため，若年人口の流出が続いて高齢化率が高くなっている地域では総人口性比は小さくなりやすい．また大学・産業などの立地や労働力の性別構造によって年齢別の性比の地域差も生じる．これが二つ目の要因であり，男女別人口のみで算出できる人口性比の分布を分析することで，男女別人口移動の傾向を推測できることに加え，その背景となる地域特性をとらえる視点が得られる．ただし，これらの要因が性比の地域差に与える影響は常に一定とは限らない．日本の場合，高度経済成長期やバブル経済期では，相対的に若年男性の人口移動が多く，日本全体で若年人口も多かったため，人口移動が流入・流出地域双方の性比に大きな影響を与えていた．しかし，近年では女性の移動が活発化して人口移動の性差が縮小し（中川 2005），全国的に進行する高齢化のために，人口移動が性比に与える影響は以前よりも小さくなりつつある．むしろ高齢化率の地域差が性比の地域差に及ぼす影響が大きくなってきているといえよう．こうした性比の地域差をもたらす構造やその歴史的変化を理解した上で，具体的な性比の分布を分析する必要がある．

●**性比の地域差と人口移動**　図1は2015年国勢調査の市町村別総人口の性比を示している．全体的には，近畿地方以西の西日本よりも中部地方以東の東日本で性比が高いという特徴がある．この要因として，男性は西日本からも東京圏へ多く移動するが，女性は近隣地域ブロックに転出するという移動距離の性差が指摘されている（林 2015b）．主要大都市圏では東京圏と名古屋圏の性比が高い．大学の多さに加え，前者は同圏に集中する高次機能，後者は自動車産業などの製造業が男性労働力に支えられていることが背景にある．一方で京阪神

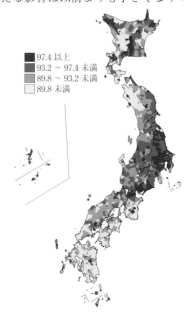

図1　2015年市町村別性比（凡例は4分位数）
　　　［国勢調査より作成］

16. 人口分布の分析

圏，札幌圏，広島圏の性比は高くなく，これらの都市圏では進学・就職などで男子人口が流出する一方で，女子人口の一定の流入があると推察される（石川 2007）．

年齢別性比では人口移動の影響がより鮮明になる（図2）．15～19歳以上では鹿児島県よりも愛知県の性比が高い．愛知県では製造業の男性労働者や大学が多いことに起因して男性の転入が女性を上回るために性比が高くなる．それに対し，鹿児島県では男性の進学や就職目的の県外流出が多いため，性比が低くなる．また，地域の範囲が狭いほど，年齢別性比は人口移動の影響を受ける．豊田市は愛知県以上に男性労働者転入の影響

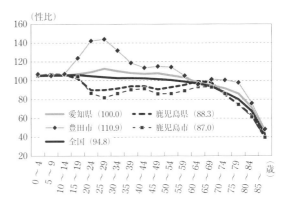

図2　年齢別性比の比較（2015年）（括弧内の数値は総人口の性比）
[国勢調査より作成]

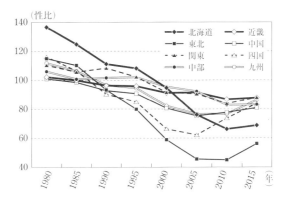

図3　地域ブロック別外国人の性比の推移
[国勢調査より作成]

が，鹿児島市は鹿児島県以上に男性転出の影響が表れている．

●**結婚と性比**　結婚には男女のペアを形成し，性比を均衡させる効果がある．異なる地域に居住する男女の結婚によって通婚圏が形成されるが，空間的な限界があり，その中で十分な配偶者を確保できない場合には国際結婚が生じる．特に未婚人口の性比が高い地域では男性の結婚難が問題となり，国際結婚が発生しやすい．地域ブロック別外国人の性比の推移をみると（図3），東北地方の低下が著しい．東北地方は外国人女性の有配偶率も高く，農家の嫁不足問題解消のために国際結婚が進展した結果と推察される．　　　　　　　　　　　　　　　　[丸山洋平]

📖 さらに詳しく知るための文献

中川聡史．2011．「性比と結婚」石川義孝ほか編『地域と人口からみる日本の姿』古今書院，pp.57-64.

人口ポテンシャル
population potential

☞「都市内人口密度分布の分析」p.568「GISと地域人口分析」p.578

ある地域の人口は、その周辺地域の人口からさまざまな潜在的影響を受けており、その影響力は自地域と周辺地域の人口規模が大きいほど、また周辺地域との距離が近接しているほど増大することが考えられる。プリンストン大学の天体物理学者であったスチュワート (J. Q. Stewart) はこの点に注目し、自身の論文において人口ポテンシャルの概念を初めて明確に示した (Stewart 1947)。

●**人口ポテンシャルの算出**　スチュワートは、地域jの人口が地域iの人口に及ぼす社会経済的影響力を人口エネルギーと呼び、下式によって表されるとした。

$$E_{ij} = k \cdot \frac{P_i \cdot P_j}{D_{ij}} \tag{1}$$

ここで、E_{ij}：地域iが地域jから受ける人口エネルギー、P_i：地域iの人口、P_j：地域jの人口、D_{ij}：地域iと地域jの間の距離、kは定数である。地域iの人口が地域jの人口に及ぼす人口エネルギーも式 (1) と同じ式によって示される。人口エネルギーは、万有引力の法則における物体の質量を人口に置き換えた式を、距離で積分することによって求められる。すなわち人口エネルギーは、位置エネルギーの算出と同じ要領によって導かれ、物理学を人口の影響力に応用したものといえる。いま地域iに着目すると、地域iの人口1人が地域jの人口から受ける人口エネルギーV_{ij}は、式 (1) 中の$P_i=1$として、

$$V_{ij} = k \cdot \frac{P_j}{D_{ij}} \tag{2}$$

として表される。スチュワート (Stewart 1947) は、この値を地域jが地域iに及ぼす人口ポテンシャルであるとした。つまり地域jが地域iに及ぼす人口ポテンシャルは、地域jの人口規模に比例し、地域iと地域jの距離に反比例するかたちで表される。地域iの人口ポテンシャル (V_i) は、式 (2) をすべての地域jについて足し上げた値として求められる。すなわち、

$$V_i = \sum_j k \cdot \frac{P_j}{D_{ij}} \tag{3}$$

である。ただし、地域間距離の増加に伴う影響力の減衰のあり方は、必ずしも反比例の関係だけでは表せないこともあるため、式 (3) のD_{ij}をD_{ij}^β (βは定数) とすれば、人口ポテンシャル算出式はより一般化される (大友 1997a)。人口密度が自地域の人口のみから算出される指標であるのに対して、人口ポテンシャルは分析対象となるすべての地域の人口分布が考慮された指標となる。自地域の人口が少なくても、距離の近接した周辺地域の人口が多ければ人口ポテンシャルは

大きな値となり，人口密度の高低と逆の関係になることもあり得る．例えば都市の人口密度は，ニューリングモデルに現れるように，都心から少し離れた地域において高い反面，都心ではオフィス需要の卓越などによりやや低くなることが多いが，こうした場合に人口ポテンシャルでみれば都心で最も高くなる．

●**自地域の人口エネルギー**　人口ポテンシャルにおける論点の一つに，自地域の人口エネルギーをいかに評価するかということがある．人口分布のあり方は地域によってさまざまであることに加え，地域別人口分布に関する詳細なデータは得られないことが多い．そのため地域が受ける人口エネルギーを算出する際には，便宜的に地域人口が重心などの代表点に集中しているとみなすことが一般的である．しかし自地域の場合にこの仮定を適用すると，式（2）のD_{ij}にゼロを代入することになり（$D_{ii}=0$），人口エネルギーは無限大となってしまう．都道府県別人口から都道府県別の人口ポテンシャルを算出した濱はこの点を考慮し，各都道府県を同じ面積の円に置き換え，その中に人口が均等に分布していると仮定して自地域の人口エネルギーを算出している（濱 1958）．途中の計算過程は割愛するが，この仮定に基づいた場合の自地域の人口エネルギーV_{ii}は下式のとおりである．

$$V_{ii} = \frac{2P_i}{r} \qquad (4)$$

ここで，rは自地域と同じ面積の円の半径である．式（4）は特別な仮定に基づく値であるが，実際には地域の形状はさまざまである上，地域内の人口分布も均等ではない．井上は，式（4）によって算出された値を推定値，小地域統計を用いて実際に算出された値を真値として両者を比較検討した結果，より正確な自地域の人口エネルギー算出には小地域統計の利用が不可欠であると論じている（井上 2007）．このような指摘もふまえ，小池は県庁所在都市における人口の都心回帰の状況について，地域メッシュ統計を用いて算出した人口ポテンシャルの改変指標により評価した（小池 2015a）．

●**人口ポテンシャルの応用**　人口ポテンシャルモデルはその名のとおり，もともと人口に関して考案されたモデルであったが，その後同様の式の適用により，1人あたりの所得水準で重みづけした人口（経済人口）のポテンシャルや，人口の代わりに県民所得を対象とした所得ポテンシャルなどの算出も行われている．近年では，コーホート変化率法による小地域別の将来人口推計に人口ポテンシャルの概念を適用する試みもみられる（Inoue 2014）．ポテンシャルの発想は，人口以外のさまざまな自然社会事象にも適用可能であり，人口ポテンシャルと他の事象のポテンシャルとの比較分析から派生する知見も多くあると考えられる．　　　　［小池司朗］

📖 さらに詳しく知るための文献

大友 篤．1997．『地域分析入門　改訂版』東洋経済新報社．

人口の空間的拡散モデル
spatial diffusion model of population

☞「国際人口移動をめぐる日本の政策」p.334「人口成長と相互作用」p.524「非線形人口モデル」p.532「人口ポテンシャル」p.574「人口移動の重力モデル」p.598

　人口地理学においては，重力モデル，ポテンシャルモデル，エントロピーモデル，2次元平面の拡散モデルなど物理学のアナロジーから構築された数理モデルが多いが，力学や統計力学に比べて熱拡散の物理学的アナロジーは少ない．空間的過程の概念が導入された最初の空間的拡散モデルは，時間地理学の創始者であるヘーゲルストランド（T. Hägerstrand）による文化的イノベーションの拡散モデルであるといわれている（Hägerstrand 1967；石水 1972）．

　ここでは，熱力学モデルから空間的拡散モデルへの古典的な応用例として，ホテリング（H. Hotelling）が1921年に修士論文として発表し，後にトブラー（W. R. Tobler）の序文付きで1978年に再発表された，開拓期の人口移動モデル（Hotelling 1978）を紹介したい．なお，人口移動を熱伝導のアナロジーから説明した試みとして，ホテリングとは別に，わが国においても吉村による先駆的な研究が存在する（吉村 1930）．

●**ホテリングの空間的拡散モデルの構造**　ホテリングの空間的拡散モデルでは，例えば緯度と経度のように x, y という二つの座標軸で定まる地点の，ある時点 t における人口密度 $N(x, y, t)$ の時間変化が，

$$\frac{\partial N}{\partial t} = \alpha N(\sigma - N) + \kappa \nabla^2 N$$

という微分方程式で表される．第1項は，人口学的方程式の変動要因のうち自然増減を示し，人口密度の上限値である環境収容力 σ にS字形で漸近する曲線，個体群成長モデルのロジスティック関数であり，また，第2項は社会増減を示し，熱伝導（または熱拡散）のアナロジーが用いられており，$\nabla^2 N$ は人口密度のラプラシアンであり，x, y の関数である N のラプラシアンは，

$$\nabla^2 N = \frac{\partial^2 N}{\partial x^2} + \frac{\partial^2 N}{\partial y^2}$$

となる．α と κ はそれぞれ自然増減（出生と死亡）と社会増減（人口移動）のパラメータである．ラプラシアンはユークリッド空間上の関数の勾配の発散を示すもので，重力ポテンシャル，熱や流体の拡散，波の伝搬といった多くの物理現象を記述する微分方程式にしばしば用いられる．これにより地域という2次元平面に，人口密度という第3の軸をもつ空間的拡散モデルの構造となる．具体的には x, y の座標平面上に，ある時点 t の人口密度の分布があるとき，微小時間 δt に対して人口密度の差から人口移動が生じるとすれば，地点 (x, y) と，そして地

点 (x, y) を取り巻くように隣接する地点 $(x, y+\delta y)$, $(x+\delta x, y)$, $(x, y-\delta y)$, $(x-\delta x, y)$ との間で人口移動の量が計測され，それぞれの流出入の差の総和としてすべての隣接地点との純移動が求まる．さらに自然増減分も加えて，地点 (x, y) における人口密度の時間変化 $(\partial N/\partial t)$ となる．

●ホテリングの空間的拡散モデルにおける人口移動の原理と帰結　ホテリングは，生産量を増やすと投入要素単位あたりの収穫量が徐々に減るという収穫逓減の法則に従えば，人口密度の高い地域よりも低い地域において生産性が高いので，土地の肥沃度が均質でどの地域にも移動や居住が可能という条件下では，隣接して比較可能な地域間の人口密度の差に応じて，人口密度の高い地域から低い地域へと人口は移動すると考えた．さらに人口密度の増大に伴う地代の上昇も他地域への移動の動機となる (Hotelling 1978)．これは人口密度を温度に，また人口の移動を熱の伝導に置き換えると，フーリエ (J. Fourier) の熱伝導論のアナロジーである．

このモデルによれば κ が α より比較的大きい場合，自然増減よりも社会増減が大きくなる可能性が高く，開拓のフロンティアが各方面に前進して外延的拡大となり，逆の場合，その土地への定着過程が成熟して内包的発展の傾向をもつ（水野勲 1992）が，いずれにしても定性的には拡散の起点から距離減衰的に人口が分布し，経時的に分布の範囲は拡大する．そして最終的には，当初の人口移動の原因であった人口密度の差異は解消されて人口移動の動きは弱まり，新大陸の発見や戦争のような均衡を撹乱する要因が生じない限り，人口分布は人口密度の空間的差異がない均衡状態に収束する．

ホテリングのモデルでは，人口密度がその地域差に応じてランダムに拡散するとされたが，人口移動はもちろん物理的な拡散現象と全く同じものではない．実際に開拓期における人口分布は，大量の移民が人口密度を平準化するように広く分散したわけではなく，先着した第一次移民からの個人的な情報に基づく連鎖移住などにより，結果的に人口は偏って分布した (Ogden 1984；Hudson 1988)．このようにホテリングは，人口密度が拡散するモデルの有用な基本型を提示したが，現実的には目的地に関する地政学的な条件や個人の選好の違いなどを考慮した拡散モデルの構築と応用が必要となる． ［和田光平］

📖 さらに詳しく知るための文献

Hotelling, H., 1978, "A mathematical theory of migration", *Environment and Planning A*, 10, pp.1225-1239.
水野 勲, 1992,「開拓期の人口移動に関する Hotelling モデルの再構築—非線形非平衡システムの観点から」『地理学評論』65A-4：297-319.
Abler, R. et al., 1971, *Spatial Organization: The Geographer's View of the World*, pp. 389-451.

GIS と地域人口分析
GIS and regional population analysis

☞「人口分布に関する統計」p.556
「人口分布の分析指標」p.560
「人口ポテンシャル」p.574「公営施設の立地と公共サービス」p.670「人口学のアクセシビリティ分析への応用」p.682

GIS とは Geographic Information System, すなわち「地理情報システム」の略称であり,緯度経度情報に基づく位置情報や空間情報をコンピュータ上で可視化・データの加工・分析ができるシステムの総称である.GIS で扱うことができるデータには,衛星画像,航空写真などの画像(ペイント系)のラスタデータと施設(点)や行政界(面),道路(線)といった緯度経度情報により構成される枠(ドロー系)の中に,表形式で座標と属性情報が入るベクトルデータがある.GIS は複数のレイヤー(層)を表示・分析を行うことでさまざまな属性情報を統合した高度な分析が可能である.例えば首都圏について,約 1km 四方の地域メッシュ統計の総人口のコロプレスマップ(階級区分図)と鉄道路線図を表示し,都心から 60km 圏内の空間データを抽出したものが図 1 である.人口分布が鉄道路線分布と密接に関係していることを視覚的にとらえることができる.

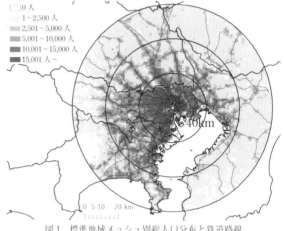

図 1 標準地域メッシュ別総人口分布と鉄道路線
(都心から 60km 圏内の空間データを抽出)

公開されている GIS データの代表的なものには,国土交通省国土政策局が提供している「国土数値情報」がある.ここでは国土基盤(地形,土地利用など),政策区域(行政区域,医療圏など),公共施設(市区町村役場など),交通(高速道路,鉄道など)に関する GIS データが提供されている.また,総務省統計局は「国勢調査」の小地域統計データ(町丁・字等別など)や地域メッシュ統計の提供を行っている.

● GIS で可能な分析手法　GIS を用いることで可能となる代表的な分析には,以下のようなものがある.

(1) 属性情報の地図による表示:属性情報の空間的な分布をコロプレスマップや棒グラフ,円グラフなどで示すことによって,空間的な集積度や散らばりを視覚的に把握する.

(2) 空間データの結合：面データの結合を行う．例えば市区町村合併などで行政界が変更された場合に，行政界を示す面データ同士の結合を行うことが可能なほか，人口などの属性情報の合算を行う．
(3) 属性検索と空間検索：一般的なデータベースと同様の論理・算術演算子による条件付きの属性検索に加え，空間的条件による空間検索があり，例えば，都心から 60km 以内の市区町村の検索し，地図に表すことができる．
(4) バッファ（Buffer）の作成と集計：ある地点から等距離にある面データをバッファといい，その領域に含まれる人口の集計などを行うことができる．図 1 では都心から 20km，40km，60km のバッファを作成して表示している．
(5) 空間データの抽出：複数のレイヤー層からある領域について空間データを抽出することである．図 1 は 60km 圏の地域メッシュ統計と鉄道路線を抽出している．

以上が GIS で地域分析を行う際によく使われる方法であるが，そのほかにも点データを空間的な確率密度関数として示すカーネル密度推定や，隣接行列の作成（空間計量経済モデルの推定などに利用），緯度経度情報の取得（点データの作成や地理空間加重回帰モデル（例えば鎌田・岩澤 2009）などに利用）など，GIS を用いることで可能になる分析領域は多岐にわたる．

●GIS と小地域統計　従来の地域人口分析は，都道府県別や市区町村別のデータを用い，自治体単位の人口変動などを分析することが一般的であった．しかし，近年は国勢調査の基本単位区や町丁・字等別の，小地域や地域メッシュ単位の人口統計データの提供などの充実化がはかられるようになり，GIS を用いて，それらの特性を生かした分析が行われるようになってきた．井上は，国勢調査の町丁・字等別データから正確な人口ポテンシャルの算出を試み，小地域統計を用いた GIS 分析の有用性を指摘している（井上 2007）．小池は，首都圏における自然増減・社会増減の地理的分布について，地域メッシュ統計を用い，都心から変化が生じ，それが郊外へ拡がることなど地理的分布の時系列変化を明らかにした（小池 2010）．

このように，GIS では，自然地形・傾斜・道路・鉄道などの地理学的な属性情報と人口分布・人口動態などの人口学的な属性情報との関係を，距離や空間的分布に着目し分析することが可能となる．このため，地域の人口分布と地形の関係を，医療・介護施設や交通距離に着目した人口分布の把握（医療アクセスマップ），その他，自治体特有の地域課題に合わせ，まったく新たな視点から人口分析を導入することが可能となる．

[鎌田健司]

📖 さらに詳しく知るための文献
濱 英彦・山口喜一編著，1997，『地域人口分析の基礎』古今書院．
橋本雄一編，2015，『QGIS の基本と防災活用』古今書院．
高橋重雄ほか編，2005，『事例で学ぶ GIS と地域分析―ArcGIS を用いて』古今書院．

17. 人口移動の分析

　人口学が扱う人口移動は，通常，常住地の変更を伴う地域間の移動を表す．日本の人口移動に関する全国規模の公的統計としては，国勢調査の前住地データに基づくものと住民基本台帳データに基づくものの二つがある．また，国立社会保障・人口問題研究所が定期的に実施している「人口移動調査」は，サンプリング調査ではあるが全国を対象としており，移動理由や移動歴など，上述の二つの統計にはない情報が得られる．人口移動はその現象が発生する地域の範囲とその人口規模に強く依存するので，分析する際は当該地域で発生した移動量をその地域の人口で割った値，すなわち人口移動率を用いる場合が多い．この指標によって分母人口の移動性の高さを知ることができる．本章では，こうした人口移動率をはじめとする種々の指標や指数，人口移動に関する経験則から導かれた代表的なモデル，移動量や人口移動率の行列表現などを用いた分析とその手法を紹介する．

[井上　孝・和田光平]

第17章

人口移動統計 …………………………………584
移動理由 ………………………………………586
人口移動の分析指標 …………………………588
センサス間生残率法 …………………………590
移動効果指数 …………………………………592
移動選択指数 …………………………………594
移動スケジュール ……………………………596
人口移動の重力モデル ………………………598
ハリス＝トダロ・モデル ……………………602
地域間移動行列 ………………………………604
多地域人口成長モデル ………………………606

人口移動統計
migration statistics

☞「人口静態統計」p.410「住民基本台帳人口」p.416

　日本の人口移動統計としては，国内人口移動を対象とするものでは，行政記録を用いたものとして「住民基本台帳人口移動報告」（総務省統計局）が，統計調査によるものとして国勢調査（総務省統計局）が代表的なものである．また，国際人口移動を対象としたものとしては，行政記録を用いた「出入国管理統計」（法務省）がある．なお国勢調査でも外国からの転入は把握されているが，転出はとらえられておらず，同調査は基本的には国内人口移動を対象としたものである．なお，これらの統計はいずれも全数把握によるものである．標本調査の中にも人口移動の状況を把握しているものもあるが，中でも5年ごとに行われている「人口移動調査」（国立社会保障・人口問題研究所）は，調査の目的を人口移動に特化し，移動歴，移動理由など詳細な情報を収集・提供している．これらのほか，「学校基本調査」（文部科学省）でも，例えば出身高校の所在地県別の大学入学者数など，人口移動に関連する統計情報が得られる．

　以上は国によるものであるが，地方自治体でも移動に関する統計情報を把握している場合がある．例えば島根県では，移動理由や島根県居住歴有無に関する統計を提供している．

●**行政記録による人口移動の把握**　住民基本台帳人口移動報告は，月別，年別に結果が公表されているが，詳細な情報が提供されるのは年別の結果である．この統計における移動者数は，市区町村の境界を越えて住所を移した者の数であり，住民基本台帳法に基づき市町村に転入届のあった者および職権記載された者の数として把握されている．このように，この統計の対象は市区町村間移動であり，同一市区町村内で住所を変更した者は対象としていない．また，従前の住所が不詳の者と転出から転入までの期間が1年以上の者も移動者に含まれず，従前の住所地が外国の者も移動者数には含まれない．なお，この報告は転入を基礎としており，転出者も従前の住所地の市区町村によりカウントしていることから，日本全体としての転入者数と転出者数は一致することになる．また，転入届の受理または職権記載のあった年・月において当該転入者がカウントされているので，各年・各月の移動者数は，必ずしもその期間に実際に住所を移した者の数を意味しない．また，同一人が同一期間内に複数回住所を移すことがあるから，この報告でいう移動者数は，その期間内で起こった移動の発生件数に相当する．このほか，時系列比較をする場合，平成の市町村合併により，市区町村間移動者総数や都道府県内移動者数については，旧市区町村境界によっていたとした場合より過少になる可能性が大きいことに留意する必要がある．

2009年までの住民基本台帳人口移動報告では，転入者の従前の住所地は，都道府県・政令指定都市の別しか調査しておらず，転入者の人口学的属性としては男女の別しか調べていなかった．そのため，各市区町村の転入超過数や年齢別の移動者数なども知ることはできなかった．しかし，2010年以降は従前の住所地の市区町村と移動者の年齢も調べられるようになり，年間の各市区町村の転入超過数や年齢別移動者数も提供されるようになっている．さらに，この統計は2013年6月分までは日本国籍を有する者の移動を対象としていたが，住民基本台帳法の改正に伴い，2013年7月以降は外国人の市区町村間移動も対象とするようになり，日本人移動者に加えて外国人を含む移動者についての統計も提供されるようになっている．

　出入国管理統計は出入国管理及び難民認定法に基づいて把握される入国・出国の状況を外国人・日本人別にまとめたもので，年別あるいは月別に集計されている．これらの対象について，男女の別，年齢別，国籍別，在留資格別，滞在期間別，入国・出国の港（空港を含む）別などの結果が利用できるようになっている．

●**人口センサスによる人口移動の把握**　人口センサスで人口移動を調査する場合，①出生地，②居住期間，③前住地，④過去の特定の時点における居住地のうちの，一つまたは複数を調査事項として調査するのが一般的である．②と③については組み合わせて調査することが多い．また，④の過去の特定の時点については，センサス実施日の1年前または5年前とする例が多い．いずれの方法による場合でも，調査実施時点で国内に居住する者が対象となることから，調査実施前に死亡した者や国外に移動した者の，過去の国内移動は把握されないし，調査方法にもよるが，通常，複数回移動した者についてもそれらの移動をすべてとらえることはできない．特に，①による場合は出生時の居住地と調査時における居住地の比較に留まり，④による場合においては，1年または5年という参照期間内に2回以上移動した場合，調査時に参照時点での居住地に戻っていれば移動者として把握できないこともある．

　日本の国勢調査では，1920年，1930年，1940年および1950年には①，1960年には④（1年前），1970年および1980年には②と③の組合せ，1990年には④（5年前），2000年，2010年および2015年には②と④（5年前）の組合せとなっている．なお，国勢調査における人口移動の調査は10年おきに行われていたが，東日本大震災後の人口移動の状況についての情報を得るため，2010年の5年後の2015年調査でも人口移動に関する調査事項が採用されている．　　　［大林千一］

□　さらに詳しく知るための文献

西岡八郎．2001．「特集に際して—人口移動統計と社人研・人口移動調査について」『人口問題研究』57(1) 1-7．

Bell, M. et al., 2014, "Internal Migration Data around the World: Assessing Contemporary Practice," *Population, Space and Place*, Wiley Online Library, DOI 10.1002/psp1848.

移動理由
reason for migration

☞「性比と人口移動」p.62「居住経歴と生涯移動」p.314「移動スケジュール」p.596

　移動には，通勤・通学など日単位の移動，週末の田舎暮らしや単身赴任者の「金帰月来」といった週単位の移動，さらに避暑・避寒，出稼ぎ，海外ロングステイといった年単位の多地域居住的な移動，旅行・出張のような不定期な移動，そして引越しのように居住地を変更する比較的長期にわたる移動など，さまざまな種類がある．人口移動と呼ぶ場合には，最後に述べた居住地を変更するような移動を指すことが多いが，それ以外の移動と厳密に区別できない場合もある．移動の理由をみることで，このような移動の種類を推し量ることも可能となるが，移動の理由を知ることのできる統計はあまり多くない．日本国内の移動理由は，全国標本調査としては国立社会保障・人口問題研究所がほぼ5年おきに実施している「人口移動調査」において質問項目にあげられ，それ以外では，自治体が住民の転入・転出時に行うアンケートによって尋ねられることもある．

●**移動理由別割合**　2011年に実施された第7回「人口移動調査」の結果をみると過去5年間に移動した人の移動理由は，家族・個人事情，住宅事情がそれぞれ約35％を占め，次いで職業事情が14％，入学・進学が5％という割合になる．移動理由となるライフイベントは少なからず年齢に応じて起こるものであり，年代別に移動理由の割合をみると，入学・進学は10〜20歳代で，結婚は20〜30歳代で多くなっている．結婚による移動は，男性よりも女性の方が多い．職業事情の移動は20歳代で男女共に多いが，30歳代，40歳代，50歳代と年代が高くなるにつれ男性では多いが女性では少なくなる．家族の移動に伴う移動は，0〜19歳で多く，また20歳以上では男性よりも女性の方が多くなっている（図1）．近年では，女性の大学進学率や就業率の増加，結婚年齢の上昇といった社会変化が生じているが，比較可能な1991年から2011年までの期間では，全体的にみれば移動理由はあまり大きく変化していない．しかし2006年から2011年にかけて，20〜30歳代の女性の入学・進学や職業事情による移動の割合は大きく伸びており，性別，時代・年代別にみれば変化が認められる．65歳以上の高齢者に着目すると，移動理由で最も多いのは住宅事情であるが，次いで親や子との同居・近居が18％，健康上の理由が9％となっており，介護を受けるために移動する高齢者が一定の割合で存在することがわかる．

●**移動距離別移動理由**　住宅事情による移動は移動理由の35％を占めているが，その63％は市町村内，91％は県内の移動となっており，近距離の移動が多い．一方，県を越える移動（県間移動）に限れば，一番多い移動理由は職業事情で全移動の38％を占め，次いで家族の移動に伴って（17％）となっている．これは，

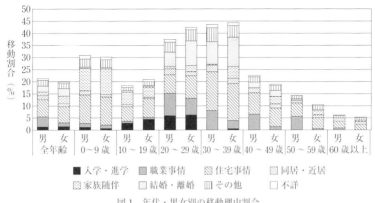

図1 年代・男女別の移動理由割合
[国立社会保障・人口問題研究所（2011）第7回「人口移動調査」]

世帯主の転職に家族が随伴する，という移動形態であると考えられる．次いで多いのは入学・進学（13%）である．以上は距離にかかわらずすべての引越しについて尋ねている『人口移動調査』の結果であるが，住民基本台帳の転入・転出届に基づく人口移動報告では，市町村内の移動（転居）は計上されておらず，また国外に目を向けると自治体の境界を越える移動のみを集計している国も多い．このような場合，住宅事情による移動は少なく，職業事情や就学関係による移動の割合は多くなる傾向にある．

●移動理由の国際比較　米国の1999～2000年の人口現況調査（CPS）結果では，家族関係の移動が26%，職業事情が16%，住宅事情が52%，その他が6%となっており，日本よりも住宅事情による移動理由が多く，家族関係の移動が少ない（Schachter 2001）．世界各国のセンサス・データを収集・公開しているIPUMSにおける移動理由の分類をみると，仕事，家族随伴，学業，結婚・離婚，戦争・災害，その他に大別されている．データがある13か国についてみると，国によって移動の定義や移動理由の選択肢が異なることもあり，共通の傾向というものは見出しにくいが，インド（1999年）のように結婚による移動が64%を占める国もあれば，中国（1990年）のように仕事による移動（43%）に比べて家族随伴の移動が少ない（11%）という国別の特徴を見出せる．また，戦争や災害，気候変動による移動の回答項目を設けている国は13か国中6か国であるが，最大でもコロンビアの7%であり，移動の主要な理由にはなっていない．　　［林　玲子］

□□　さらに詳しく知るための文献

国立社会保障・人口問題研究所，2013，『第7回人口移動調査』（2011年社会保障・人口問題基本調査）報告書．
Minnesota Population Center, 2018, Integrated Public Use Microdata Series(IPUMS)international.

人口移動の分析指標
analysis indicator of migration

☞「移動効果指数」p.592「移動選択指数」p.594

　人口移動は社会的な階層移動も含む広い概念であるが，ここではある場所から別の場所への常住地の空間的な移動を念頭におく．具体的には，都道府県や市区町村など一定の地域を想定し，それらの地域の境界を越える移動を扱った分析指標について述べる．このような観点に立った場合，どの地域を単位として人口移動をとらえるかが問題となる．例えば，ある都道府県内における市区町村間の移動は，移動が発生した市区町村からみれば分析対象となるが，都道府県からみれば分析対象とはならない．モビリティ（流動性の強さ）の観点などからは，地域内の移動も重要な意味をもつが，地域内も含めたすべての移動を対象とした分析指標はほとんど存在しないことから，ここでは記述しない．

●流入率・流出率・純移動率・総移動率　ある地域における人口移動を分析対象とする場合，当該地域外から当該地域への移動が流入，当該地域から当該地域外への移動が流出である．流入は転入，流出は転出と表されることも多く，一定の期間中（例えば1年間）に観察される流入の量と流出の量は，それぞれ流入数・流出数と呼ばれる．一般に，地域の人口規模が大きくなるほど流入数も流出数も増加する傾向があることから，これらを地域の総人口で割った流入率および流出率によって，地域における流入と流出の強さが測定される．分母となる総人口には，期間中の平均人口を用いることが望ましいが，入手可能な統計の都合上，期間中の人口や期首人口または期末人口によって代用されることも少なくない．ここで注意すべきは，流出は当該地域から発生するため，流出率は当該地域において流出が発生する確率としてとらえられるが，流入は当該地域を除く全国（正確には全世界）から発生しうるため，当該地域の総人口で割った流入率は流入が発生する確率を表さないという点である．また，流入数と流出数の差および和も人口移動の分析においてよく用いられる．前者は純移動数（または流入超過数），後者は総移動数と呼ばれ，これらを地域の総人口で割った値がそれぞれ純移動率（または流入超過率），総移動率である．純移動率が流入と流出のバランスを示す指標であるのに対して，総移動率はモビリティ

表1　東京都中央区と新島村の流入率・流出率・純移動率・総移動率（2015年）

	中央区	新島村
流入数（2015年）①	17,961	129
流出数（2015年）②	13,784	153
総人口（2015年1月1日）③	138,088	2,888
流入率（①／③）	0.130	0.045
流出率（②／③）	0.100	0.053
純移動率（（①－②）／③）	0.030	－0.008
総移動率（（①＋②）／③）	0.230	0.098

［総務省自治行政局「住民基本台帳に基づく人口，人口動態及び世帯数調査」より算出］

ィを表す指標と解釈できる．東京都中央区と新島村における 2015 年の住民基本台帳に基づく実データによって算出した流入率・流出率・純移動率・総移動率を表 1 に示す．なお，これらの指標は男女年齢別に算出されることもあり，特に男女年齢別純移動率は，地域別将来人口推計の人口移動仮定において頻繁に活用される指標となっている．

●**地域間移動を対象とした分析指標**　上述の流入率・流出率などは，人口の流出先や流入元を限定せずに算出されるが，特定の地域間，つまりある出発地とある到着地との間の人口移動を対象として算出される分析指標も存在する．その代表的なものに移動選択指数，交流率，移動効果指数がある．移動選択指数は，地域間の人口移動が出発地と到着地の人口規模の影響を受けることを考慮し，両地域の人口規模から期待される移動数と実際に観察された移動数との比によって，移動の選択性を表した指標である．交流率は移動選択指数と類似しているが，出発地と到着地の間の移動数を両地域の総人口の積で割った値に比例する指標であり，人口規模でコントロールした場合の移動流の強さを表す．移動効果指数は，出発地と到着地の間の総移動数を分母，純移動数の絶対値を分子として算出される指標であり，両地域間の移動の効果を表した指標である（詳しくは項目「移動効果指数」および項目「移動選択指数」参照）．

●**新たな分析指標の構築**　ここまで述べてきた指標は，従来の人口移動研究でも多用されているが，人口移動への社会的な関心が高まるとともに，近年では新たな指標を活用した分析も試みられるようになってきた．例えば井上（2002a）は，あるコーホートについて年齢別純移動数の累積を 10〜14 歳時点の人口で除した「コーホート累積社会増加比」により，大都市圏・非大都市圏間の長期的な人口移動傾向の変化の分析を行っている．廣嶋（2014）は，人口構造の影響を除去した総合的な人口移動の分析指標として，基準人口を 1 とした場合に年齢別純移動数を足し上げて算出される「合計純移動率」を提示し，第二次世界大戦後から今日までの都道府県別人口移動の分析を行っている．さらに林（2014）は，モビリティの国際比較が可能な指標として，人口移動に関するさまざまな指標について基準国と分析対象国で得られた値の比の平均値で表される「移動性向指標」を提示し，日本を基準国とした場合に算出された 92 か国の「移動性向指標」をもとに分析を行っている．廣嶋（2014）でも指摘されているとおり，一つの地域で発生する出生や死亡と比較して複数の地域が絡む人口移動は現象をとらえることが困難であり，それゆえに分析指標も限定的であったが，人口移動統計の拡充とともに今後も有用な分析指標が生まれてくると考えられる．　　　　　　　　［小池司朗］

📖 さらに詳しく知るための文献

大友篤．1997．『地域分析入門　改訂版』東洋経済新報社．

センサス間生残率法

census survival ratio method, census survival rate method

☞「人口移動の分析指標」p.588「地域将来人口推計」p.628

　人口移動の統計は人口統計の中でも整備が難しいものの一つである．日本では近年，住民基本台帳のデータや国勢調査により，移動統計の整備が進んできた．しかし，例えば届出の正確性や経年的な連続性など，課題は少なくない．また世界的にみても，人口移動の把握には一般に困難なことが少なくない．

　こうした状況のもと，人口移動を推定する方法がこれまでにいくつか考案されてきた．センサス間生残率法はその代表的な方法の一つである．この方法では人口センサス（日本では国勢調査）の全国人口から生残率（生き残る率）を推定し，それをもとに地域の純移動（流入超過）を推定する．類似の方法に，生命表から生残率を計算する生命表生残率法がある．これらの方法では流入・流出別の移動量や発着地別の情報などは得られない．しかし，センサス間生残率法には年齢別の純移動を人口センサスのデータのみで簡便に計算できるという利点がある．

●センサス間生残率法の原理と計算方法　人口学によれば，統計が正確ならば，すでに生まれている人口の統計上の変化は死亡と移動により生じる．センサス間生残率法ではこの原理を使い，人口の変化量と生残率の推定値から純移動を推定する．ここでは国勢調査の年齢別人口を使った計算例を示す．

　いま仮に x 年の0〜4歳男子人口が全国で250万人，5年後（$x+5$ 年）の5〜9歳人口が249万7500人だったとする．ここで，この5年間に国外との移動（国際人口移動）がなかったと仮定すると，このコーホート（同時出生集団）の5年間の人口変化はすべて死亡によることになる．それゆえ，このコーホートが x 年から $x+5$ 年の間に0〜4歳から5〜9歳まで生き残る率，すなわちセンサス間生残率は249.75万÷250万＝0.999と推定されることになる．

　次に，ある町の x 年の0〜4歳男子人口が1000人，$x+5$ 年の5〜9歳が800人だったとする．ここで全国のセンサス間生残率とこの町の生残率が同じと仮定すると，生残率だけで変化した場合の $x+5$ 年の5〜9歳人口は1000人×0.999＝999人になると「期待」される．そしてこの期待された人口と実際の人口の差800人−999人＝−199人が純移動数ということになる．純移動率は分母を期首人口とするなら−199人÷1000人＝−0.199となるだろう．5〜9歳から10〜14歳やその後の年齢については，やはり同じように推定する．ただし，最終年齢区分では例えば80歳以上から85歳以上，というように年齢をまとめて計算する．

　期待人口の計算には $x+5$ 年の人口と生残率を使う方法もある．すなわち生残率のみに従って $x+5$ 年に人口が800人になったとすれば，x 年の期待人口×0.999＝800人なので，800人÷0.999が x 年の期待人口．その値と実際の人口の

差が純移動数となる．センサス間生残率法では最初の方法を前進法，次の方法を逆進法，両方の推定値を平均する方法を平均法と呼ぶ．伊藤によれば前進法では移動が発生する時点を $x+5$ 年の調査の直前，逆進法では x 年の調査の直後と仮定するため，現実に近いのは平均法の値と考えられるが，地域の将来人口を推計する場合をふまえると前進法が便利とされている（伊藤 1989：188-189）．

●**人口学的な意義と利用上の注意点** センサス間生残率法は簡便な方法だが，人口学上は一定の方法論的意義を有する．例えばモリソンほか（Morrison et al. 2004：506-507）によれば，センサス間生残率にはセンサス間の統計的正確性の差も含まれるため，仮に正確性に地域差がなければ，本手法には統計的正確性の誤差を純移動の値から分離する効果があるという．この点は，本手法がセンサスの正確性の問題への対処法となっているという意味で重要である．また上記論文は，本手法では通常扱わない出生から 0～4 歳までの純移動などを推定する方法の一例や，生残率法一般に適用される手法として，生残率の平方根を使って前進法と逆進法の差異を解消する方法などにも触れている．手法としての発展性も小さくないといえる．

　他方，本手法の利用にあたってはさまざまな注意点がある．まずこの手法は多くの仮定に基づいているため，現実において仮定が概ね成立しうると判断できるかが問題となる．最近の日本では，国勢調査の年齢別人口の正確性，統計の正確性の地域差や国際人口移動の水準の評価などが重要になるだろう．例えばセンサス間生残率法の実際の計算では，国際人口移動などの影響で生残率が 1 以上になることがある．純移動数の推定値が移動統計による純移動数とかなり違う場合もある．純移動の推定値に求める精度や移動統計の正確性，統計の対象の違いをふまえると，こうした状況は必ずしも問題とは限らない．しかし，仮定が現実的でないことが原因の場合もあるので，仮定の妥当性には常に注意が必要である．また，死亡率が高く，その地域差が重要になる高齢層では推定値の信頼性は低いとされるようだが，一般に年齢別人口が少ない場合には，全国の生残率を単純に適用すると推定値の信頼性は低くなる．これは，小規模の人口集団では，生残率が個々人の事情などに左右されやすいためである．こうした場合は死亡統計や移動統計などにより，推定値の信頼度を検討した方がよい．

　ほかにも，生残率は男女で異なるため計算は男女別に行った方がよい，地域の境域が二時点で一致しないときや災害等の発生時には本手法の適用は難しくなる，などの点も指摘できる．センサス間生残率法は，実際の統計の状況や社会の情勢もよくふまえて利用する必要がある． ［清水昌人］

📖 さらに詳しく知るための文献
山口喜一編著, 1989,『人口分析入門』古今書院．

移動効果指数

index of migration effectiveness

☞「東京圏への一極集中」p.308
「戦後日本のUターン移動」p.312「居住経歴と生涯移動」p.314「人口移動統計」p.584
「人口移動の分析指標」p.588

　移動効果指数とは，ある地域の純移動数（＝流入数－流出数）の絶対値を同地域の総移動数（＝流入数＋流出数）で除した値を意味する．この指数は，その地域に流出入する移動者の総数のうち，対象となる地域の人口分布に変化をもたらす移動者の比率に相当する．例えば，ある地域から他地域に4人流出し，他地域からその地域に6人流入したとき，移動者の総数10人のうち2人がその地域の人口増に寄与したことになるので，指数は0.2となる．当然ながらこの指数は，流入数か流出数のいずれかがゼロの場合に最大値1となり，流入数と流出数が等しい場合に最小値0となる．

●**移動効果指数の数式表現**　この指数は，複数の地域間において人口移動が生じている場合にも適用でき，以下のように一般化できる（％で表記する場合は右辺を100倍する）．

$$移動効果指数 = \frac{\sum_i |I_i - O_i|}{\sum_i (I_i + O_i)}$$

ただし，I_iは地域iへの流入数，O_iは地域iからの流出数である．この式からわかるように，移動効果指数は複数の地域間において生じる移動を一つの系としてとらえ，その系に対して一つの値を与える．上述の事例では，ある地域を地域1，他地域を地域2とすれば，$I_1=6$，$O_1=4$，$I_2=4$，$O_2=6$となるので，上式からやはり指数0.2が得られる．こうして，県間移動のようにより多くの地域間移動についても同様の手順で指数を算出できる．

　なお，この指数は移動率の高さ，すなわちモビリティとは必ずしも連動しない．どのような場合に移動率と連動し，逆にどのような場合に連動しないのか，以下では，『住民基本台帳人口移動報告年報』のデータをもとにそれらの関係に焦点をあてつつ，戦後日本の国内人口移動の特徴を移動効果指数の視点から考察する．

●**戦後日本における移動効果指数の長期的推移**　図1は，1954～2012年における指数（％）の長期的推移を県間移動と大都市圏・非大都市圏間移動について示したものである．ここでいう大都市圏とは，埼玉・千葉・東京・神奈川・岐阜・愛知・三重・京都・大阪・兵庫・奈良の11都府県を指す．また，後者の移動は，県間移動のうち大都市圏と非大都市圏の境界を越えるものである．この図によれば，後者に関する指数の方が振幅の幅が大きいものの，両者の指数は基本的にはよく似た変化をしていることがわかる．すなわち，1950年代後期～60年代，1980年代後期，2005～08年頃の3か所に明瞭な凸部が認められる．これらの期

間は，それぞれ高度経済成長期(1955年前後～73年)，バブル経済期(1986年～91年)，いざなみ景気の期間（2002年～08年前後）にほぼ一致しており，好景気時の人口移動が人口分布の変化に大きく影響したことがわかる．これは，好景気時において，そのときの成長産業が立地する地域への移動が活発化されるためと考えられる．

● 移動効果指数と移動率の関係

図2は，図1と同じ期間における国内人口移動率（総人口に対する国内人口移動数の比率，%）の推移を示したものである．図2において，県内移動率は同一都道府県内の市区町村間移動に関する値であり，この値と県間移動率の合計が総数の値となる．図2を図1と比較して，移動効果指数と移動率がどの程度連動しているか確かめてみる．まず，高度経済成長期については，その半ばから後半(1960年代～70年代初頭)にかけ

図1　戦後日本における移動効果指数の長期的推移
［井上（2016）］

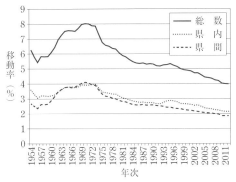

図2　戦後日本における国内人口移動率の長期的推移
［井上（2016）］

て指数が急減しているが，その期間の移動率は逆に上昇している．この対照的な動きは，同期間に逆流（大都市圏から非大都市圏へ向かう移動）が急増し主流（非大都市圏から大都市圏へ向かう移動）との差が縮まったからであると考えられる．また，バブル期に向かう期間といざなみ景気の期間において指数は上昇しているが，移動率は微減傾向にある．これは，景気の回復が大都市圏への流入者を大都市圏に押し留める効果を有したからであると考えられる．この効果は移動率を低下させる一方で，逆流の減少により主流との差が広がり指数を押し上げたのである．　　　　　　　　　　　　　　　　　　　　［井上　孝］

□□ さらに詳しく知るための文献

佐藤龍三郎・金子隆一編著，2016，『ポスト人口転換期の日本』原書房．

Rogers, A. and Sweeney S., 1998, "Measuring the Spatial Focus of Migration Patterns", *The Professional Geographer*, 50（2）: 232-242.

移動選択指数
migration preference index

☞「高齢人口移動」p.318「人口移動の分析指標」p.588

　移動選択指数は出発地から到着地へ向かう移動に関して，現実の移動数を期待移動数と比較することでその移動流の強さをはかろうとする指標であり，バチ (R. Bachi) により考案された (Bachi 1958)．ある地域から別の地域への移動の選択性の強さを示す指標であり移動選考指数と呼ぶ場合もある（岡崎 1993）．出発地あるいは到着地における移動の状況を示す移動率などの指標とは異なり，移動流そのものに着目した指標である．

●**移動選択指数の算出**　出発地 i から到着地 j へ向かう移動に関する移動選択指数 PI は，次式により求められる．

$$PI_{ij} = \frac{M_{ij}}{M_T \times \frac{P_i}{P_T} \times \frac{P_j}{P_T - P_i}} \times k$$

ここで，PI_{ij} は出発地 i から到着地 j へ向かう移動に関する移動選択指数，M_{ij} は出発地 i から到着地 j への実際の移動数，M_T は地域間移動の総数，P_T は地域全体の人口，P_i は出発地 i の人口，P_j は到着地 j の人口である．k は定数で多くの場合 100 が用いられる．

　上式から明らかなように，移動選択指数は現実の移動数（上式中の分子）と期待移動数（上式中の分母）の比である．期待移動数は，地域間移動の総数に，出発地 i の人口が総人口に占める割合と，到着地 j の人口が目的地となり得る地域（地域全体から出発地 i を除いた）の人口に占める割合を乗じたものである (Shryock 1964)．このように，移動選択指数の算出式に含まれるのは移動数，および出発地と到着地の人口のみであり，距離などの他の変数は含まれない．なお，総人口 P_T が十分に大きい場合は，上式中の $(P_T - P_i)$ を P_T のみとしても結果にあまり差が生じない（大友 2002）．

　この指数は，100 より大きい場合に，現実の移動数が期待移動数よりも多く移動が活発であることを示しており，すなわち，ij 間の結合が強いことを意味する．一方，100 より小さい場合は ij 間の移動は低調であり，地域間の結合も弱いことを示す．

　例えば，北海道から東京都への移動選択指数（2015 年）は以下のように求められる．全国人口 6158 万 4613，北海道人口 255 万 8545，東京都人口 636 万 6590，都道府県間の移動総数 233 万 4738，北海道から東京への移動数 1 万 4524（人口は住民基本台帳人口［2015 年 1 月 1 日現在］，移動者数は『住民基本台帳人口移動報告』の数値［2015 年］，外国人を除く）であるので，期待移動数は 1

表1 東京都と他道府県間移動の移動選択指数（2015年）

	転入	転出		転入	転出		転入	転出
北海道	139	91	石川県	121	81	岡山県	88	57
青森県	172	98	福井県	90	49	広島県	115	71
岩手県	147	89	山梨県	309	188	山口県	93	55
宮城県	204	129	長野県	184	144	徳島県	82	47
秋田県	155	91	岐阜県	77	42	香川県	110	73
山形県	149	83	静岡県	164	109	愛媛県	93	57
福島県	161	105	愛知県	113	79	高知県	97	58
茨城県	209	147	三重県	78	49	福岡県	144	96
栃木県	185	119	滋賀県	81	43	佐賀県	85	48
群馬県	169	115	京都府	126	81	長崎県	100	58
埼玉県	395	378	大阪府	134	85	熊本県	101	61
千葉県	388	332	兵庫県	121	70	大分県	90	58
東京都	-	-	奈良県	91	46	宮崎県	114	72
神奈川県	433	387	和歌山県	68	37	鹿児島県	118	76
新潟県	161	91	鳥取県	90	60	沖縄県	163	139
富山県	110	69	島根県	78	58			

注）転入は当該県から東京都への転入移動，転出は東京都から当該県への転出移動を示す．グレーの網かけ部分は100を超える指数を示す．
［住民基本台帳人口および『住民基本台帳人口移動報告』の数値より算出］

万462となり現実の移動数を上回る．よって，移動選択指数は約139となる．

●**移動選択指数の利用** 移動選択指数を用いることで，ある地域と他の地域の結合の強さをはかることができる．例えば，東京都と他の道府県間での移動について移動選択指数（表1）を求めると，東京都への転入については東日本（東北地方・関東地方）や甲信越などの比較的近距離の県のみでなく九州地方にも指数が高い県が認められ，広く日本全域から人口が流入している一方で，東京都からの転出については指数が100を超えるのは関東地方を中心とする近県に留まっていることがわかる．このように，ある地域に関して $PI > 100$ となる範囲を当該地域の人口移動圏と呼ぶことがある．特に，そのうち流入に関するものを人口流入圏，流出に関するものを人口流出圏と呼ぶが，後者については，大友（1996）が東京都区部および大阪市に関して1985～90年の市区町村間移動を用いて範囲を画定し，その範囲が郊外に広く拡大したことが示された． ［平井 誠］

📖 さらに詳しく知るための文献

大友 篤．1982．『地域分析入門』東洋経済新報社．
大友 篤．1996．『日本の人口移動』大蔵省印刷局．
Shryock, H. S., 1964, *Population Mobility within the United States*. University of Chicago.

移動スケジュール
migration schedule

☞「高齢人口移動」p.318「人口移動の分析指標」p.588「地域間移動行列」p.604

　横軸に年齢，縦軸に年齢別移動率をとったときに描かれる曲線を（人口）移動スケジュールと呼ぶ．年齢別移動率は，ある一定期間において観測された年齢別の移動数（流入数，流出数，地域内移動数など）を，対応する年齢別人口で除した値で与えられる．この移動率は，対象となる期間の期首または期末時の年齢と人口によって定義することも可能であるが，それを移動スケジュールとしてとらえる際には，次のようなより厳密な定義を用いるのが望ましい．すなわち，ある地域において，期首時に $(a-5)$ ～ $(a-1)$ 歳の人口 p_0 の集団が5年後の期末時に a ～ $(a+4)$ 歳の人口 p_5 に変化し，その間，この人口集団の移動数が m 人であったとき，$2m/(p_0+p_5)$ によってその地域の a 歳移動率が与えられる．なぜなら，m 人の移動者の移動時における年齢の平均は a 歳，そのときの対象地域の人口の平均は $(p_0+p_5)/2$ と推測されるからである．以下では，移動スケジュール研究の第一人者であるロジャース（A. Rogers）の数理モデルを中心に論じるが，それにあたり人口移動率については上述の厳密な定義を用いる．

●ロジャースの人口移動モデル　ロジャースによる人口移動モデルは，移動スケジュールに関するものと移動行列に関するものがよく知られるが，ここでは前者に限定して解説する．ロジャースは，複数の国の移動スケジュールのパターンに共通性があることを見出し，それを図1に示すような典型的なスケジュールとして提示した（Rogers et al. 1978；Rogers 1984）．このスケジュールは，数理モデルとしては三つの指数関数と一つの定数の和として表され（河邊・井上 1991），以下のような特徴を示す．すなわち，年齢別移動率は，まず0歳から10歳代半ばの x_l にかけて下降した後，20歳前後の x_h においてピークを迎え，20歳代後半から50歳代にかけて低下していくが，再び60歳付近の x_r で小さなピークを示す．ロジャースは，このような複雑なパターンを四つの成分に分解した．図1のⅠ～Ⅳの破線がそれらの4成分を意味し，そのうち

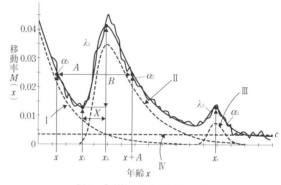

図1　典型的な移動スケジュール
[Rogers 1984]

Ⅰ，Ⅱ，Ⅲの曲線がそれぞれ前労働力成分，労働力成分，後労働力成分，Ⅳの直線が定数成分に対応する．これらの成分は，数理モデルとしては，図中のパラメータ $\alpha_1, \alpha_2, \alpha_3, \lambda_2, \lambda_3$ によって決定される二重指数関数などで表される．これらの4成分のうち，前労働力成分は主に年少人口によってもたらされる随伴移動（親や配偶者に伴う移動），労働力成分は主に生産年齢人口によってもたらされる就学，就職，転勤，転職，結婚，住み替え，随伴移動など，後労働力成分は60歳前後の人口によってもたらされる引退移動，定数成分は年齢に関係なく一定の割合で発生する移動を表す．図中の A, B, X は，それぞれ親のシフト，ジャンプシフト，労働力シフトと呼ばれる．このうち A は親と子の年齢差を意味するが，一般に子は親に随伴して移動するので子の x 歳移動率はその親の $(x+A)$ 歳移動率とほぼ等しくなる．また，$x_{l_1} \sim x_{h_1}$ 間の移動率の差が B，年齢の差が X となる．なお，合計出生率からのアナロジーに従えば，典型的な移動スケジュールと x 軸に囲まれた図形の面積は1人あたりの生涯平均移動回数に相当する．

●ロジャースの人口移動モデルの応用　このモデルが発表されて以降，ロジャース自身はもとより，多数の研究者が各国の移動データを用いて応用研究を行ってきた．その結果，先進国，途上国を問わず，基本的にはこのモデルの有効性が示されている．しかし，後労働力成分については，現役引退時に温暖な地域に移動する習慣のある欧米では顕著にみられるが，それ以外の国では日本を含めて明瞭には確認できないことが明らかになっている．

以下では，井上による日本の国内人口移動への適用例を紹介する（井上 1991）．井上は1980年の国勢調査の前住地データに基づく，1975～80年における都道府県別男女5歳階級別の流入率と流出率にロジャースモデルを適用し，得られたパラメータから都道府県を類型化した．その結果，1）東京などの大都市圏中心部型の都府県では流入率のピーク年齢 x_{h_1} が流出率の x_{h_1} より若い，2）非大都市圏型の県では流出率のピーク年齢 x_{h_1} が流入率の x_{h_1} より若い，3）千葉・奈良などの大都市圏郊外型の県では全年齢にわたって流入率のスケジュールが流出率のそれを上回る，4）広域中心都市を有する北海道・宮城・広島・福岡では流入率と流出率のスケジュールがほぼ重なる，などの傾向が見出された．これらの傾向は，21世紀初頭の日本では一部異なる部分もあるが，多くは共通しており構造的なものと解釈できる．

［井上　孝］

　　さらに詳しく知るための文献

石川義孝．2016．「日本の国内引退移動再考」『京都大學文學部研究紀要』55：135-166．
井上　孝．2002．「途上国における女性の年齢別移動率の推移とその特徴」早瀬保子編『途上国の人口移動とジェンダー』明石書店．
厳　善平．2004．「モデル人口移動スケジュールおよび移動の選択性―中国2000年人口センサスのデータを用いて」『アジア経済』45（9）：2-22．

人口移動の重力モデル
gravity model of migration

☞「人口学のアクセシビリティ分析への応用」p.682

　重力モデルとは，2地域間の流動量を発着地それぞれの規模と発着地間の距離によって予測する乗法型関数モデルを指す．万有引力の法則によれば，二つの点的物体 i と j の間に作用する互いに引き合う力 F_{ij} は，それぞれの物体の質量 M_i と M_j の積に比例し，物体間の距離 D_{ij} の2乗に反比例する．

$$F_{ij} = G \frac{M_i M_j}{D_{ij}^2} \tag{1}$$

ただし，G は万有引力定数である．この形式を踏襲して，二つの地域（発地 i と着地 j）間の（人口）流動量 T_{ij} が，発着地の規模が大きいほど，かつ発着地間の距離が短いほど増大する関係を示したものが，流動現象に関する重力モデルである．

$$T_{ij} = \gamma \frac{m_i^{\alpha_1} m_j^{\alpha_2}}{d_{ij}^{\beta}} \tag{2}$$

ここで，m_i は地域 i の（人口）規模，d_{ij} は地域 ij 間の距離である．また，モデル中の係数 γ は適当な定数であり，α_1, α_2 はそれぞれ発地と着地の規模の効果（弾力性），β は流動の距離逓減性を示すパラメータである．重力モデルに相当する流動現象の規則性に関する指摘は，英国などの人口移動をめぐってなされたラヴェンシュタイン（Ravenstein 1885）の論考に遡るが，式（2）に相当する関数型の提案は，ジップ（Zipf 1946）やスチュワート（Stewart 1948）らによって物理学を範とするアナロジーに基づいてなされた．当初，係数については $\alpha_1 = \alpha_2 = 1$，$\beta = 1$ ないし2のような普遍的な定数が想定された．ただし，経験的に推定すると，これらは多様な値をとることが知られている．また，発着地間の距離の効果についても，式（2）分母にある距離のべき関数ではなく，指数関数など他の距離減衰関数の方が，観測データによく当てはまる場合もある．

　地域間流動の予測を目的とした統計学的モデルは一般に空間的相互作用モデル（石川 1988）と呼ばれ，その多くはこの重力モデルの派生型である．それらは人口移動をはじめ，貿易による物資の輸送量，購買者の流動，通信量など多様な流動現象に対して汎用的に適用されてきた．

●**重力モデル係数の推定**　重力モデルの適用にあたっては，対象とする集計期間を考慮した変数を用意する．例えば，重力モデルの規模の変数を人口規模によって与えることが多いが，厳密には，対象期間中の人口移動によって人口規模は絶えず変化する．通常は，そうした変化を無視し，初期条件として対象期間の期首

における人口規模や，対象期間中の平均的な人口規模を利用することが多い．地域間の距離は，典型的には地域の人口重心や役場所在地のような地域の代表点を定めて地域間距離を算出する．この地域間距離が代表地点間の直線距離であれば，物理的距離は変化しないため，対象期間中の距離の変化を無視できる．一方，交通機関を利用した場合の移動時間（時間距離）や移動費用（費用距離）の方が，移動の意思決定においてより実質的なものと考えられるものの，対象期間中に交通条件の大きな変化が生じる場合には注意が必要である．なお，同一地区内の移動は，距離の定義の難しさといった操作的な困難とともに，人口移動の場合には人口分布を変化させないこともあり，分析の対象外とされることも多い．

係数の推定にあたっては，式（2）の両辺を対数化し，正規分布に従う誤差項ε_{ij}を追加することで，重力モデルを式（3）のような線形回帰モデルとみなすことができる．

$$\ln T_{ij} = \ln \gamma + \alpha_1 \ln m_i + \alpha_2 \ln m_j - \beta \ln d_{ij} + \varepsilon_{ij} \tag{3}$$

ただし，このような対数線形化したモデルの場合，対数化した流動量を最小二乗法で推定しているため，大規模な流動での誤差は大きくなりがちである．また，0を対数化して処理できないことから，流動量が0である場合に，適当な小さな数値によって0を便宜的に置き換える必要もある．

これらの問題に対処するために，より複雑な統計学モデルを利用することも多い．例えば，回帰モデルの誤差の仕組みに，ポアソン分布（単位時間あたりの発生率がきわめて低い事象の，一定期間内に発生する回数の分布）を想定するポアソン回帰モデルがある．これを利用した重力モデルでは，流動量の総数および平均値は，予測値と観測値で一致し，大規模な流動の誤差も比較的小さくなる．さらに，ポアソン回帰分析はゼロを含む発生した事象の回数を予測する統計モデルであるため，流動量0の観測データもそのまま処理できる．また，移動という事象の発生は，個々の移動者の意思決定が互いに影響しない，すなわち確率論においては，互いに独立な確率試行の結果とみなせば，流動量の分布が近似的にポアソン分布に従うモデルを理論的に導出できるため，意思決定モデルとの親和性も高い．これ以外にもさまざまな観点から，重力モデルの推定に関する統計学的な処理の高度化が進められている．

●修正重力モデルによる人口移動の分析　重力モデルでは，規模と距離の効果しか考慮されていないが，現実にはより多様な要因が人口移動を決定していると考えられる．そのため，発着地の（人口）規模および発着地間の距離に加えて，発地，着地，発着地間関係に関する複数の指標を追加したモデルがしばしば利用される．これを修正重力モデルと呼ぶ（Greenwood 2005）．

$$T_{ij} = \gamma \frac{m_i^{\alpha_{1,0}} \prod_k x_{i,k}^{\alpha_{1,k}} \cdot m_j^{\alpha_{2,0}} \prod_l y_{j,l}^{\alpha_{2,l}}}{d_{ij}^{\beta_0} \prod_n z_{ij,n}^{\beta_n}} \tag{4}$$

ここで，k, l, n はそれぞれ発地，着地，発着地間関係に関する追加変数 x, y, z の種類を示す添え字である．両辺を対数化すれば，式 (3) と同様に線形回帰モデルの形式に帰着する．

発着地固有の追加すべき要因として，先行する諸研究から，所得水準が国内・国際人口移動のいずれにおいても重要であることが確かめられてきた．所得水準は，1 人あたり年間所得額のような指標として計測されるが，所得水準の高い集団は流動性が高く（発地のプッシュ要因），かつ所得水準の高い地域は就労に関して魅力的な着地として選択されやすいため（着地のプル要因），発着地いずれの所得水準に関する係数も正の値をとり，流動量を増大させる効果を示すものと期待できる．また，発地よりも着地の所得水準の効果（係数値）が大きく推定されることが多く，日本の都道府県間人口移動でも同様の傾向が認められている．ただし，高度成長期以降，着地の所得水準の効果（係数値の大きさ）は減少傾向にあり，時期に応じて所得水準の地域差が果たす人口移動への影響は変動する（王 1994）．所得以外にも，災害や気候変動による影響，居住アメニティと関連した気候値も発着地固有の追加すべき要因として指標に取り上げられることがある．温暖な地域への移動は，裕福な退職者の人口移動や，米国でのスノーベルトからサンベルトへの労働者移動との関連でしばしば指摘されるが，日本の人口移動における重力モデルでの検討では，温暖さに関する指標の効果は限定的であった（伊藤 2006）．

国際人口移動に関する修正重力モデル（Bein et al. 2016）では，移民や外国人労働者に関する規制などの制度的・政治的要因の考慮も重要である．例えば，労働移動の自由を定めた条約締結国内では，人口移動は促進されやすい．これらの効果は，国・地域を識別するダミー変数を用いて議論される．また，地域間の言語や文化的慣習の類似性を指標化し，これを発着地間関係の指標として利用することもある．先に移住した者が後続の移住を促進する連鎖人口移動との関連では，移動者間のネットワークの指標として，過去の人口移動による特定地域からの移住者のストックを発着地間の関係性の指標として用いることで，歴史性を考慮した地域間関係のモデル化も可能である．

●**空間選択と空間構造** 地域間の人口移動は，個々の意思決定者（個人や世帯）の居住地移動に関する選択の結果と理解できる．その選択とは，移動先という選択肢の中から移動の意思決定者が自身の効用（満足度）を最大化させるものを選ぶ過程である．ランダム効用理論に基づき，移動先候補の効用が観測可能な成分と観測できない（観察者にとってランダムな）成分からなり，前者が規模と距離

の2変数からなるある関数型でモデル化できること，後者についてはある確率分布に従うことを仮定すると，次のような発生制約型の重力モデルが導かれる．

$$T_{ij} = O_i \frac{m_j^{\alpha} d_{ij}^{-\beta}}{\sum_j m_j^{\alpha} d_{ij}^{-\beta}} \tag{5}$$

ここで O_i は移動先の選択を行う意思決定者の数であり，発地 i で発生する人口移動総数である．また，右辺の O_i を除く部分は，発地 i から移動する人にとって，さまざまな着地の中から着地 j を選ぶ確率（割合）に相当する．そのため，式 (5) のモデルではいかなる発地 i についてみても，予測される発生量の合計は観測値と一致する $\sum_j T_{ij} = O_i$ の関係が成立するため，発地制約型モデルと呼ばれる．

単純に人口移動者数 O_i が人口規模 m_i のべき関数に従うとすれば，式 (2) の重力モデルと式 (5) のモデルとの違いは，分母の $\sum_j m_j^{\alpha} d_{ij}^{-\beta}$ の存在にのみ求められる．この分母の項は，周辺に規模の大きな地域が多いほど値が大きくなる近接性の指標と理解できる．ここで，ある着地からみて，同じ規模と距離の発地が二つある場合，近接性の高い発地からの人口移動の方が，近接性の低い発地からのそれよりも少なくなる．これは，ある発着地の2地域間にみられる移動量が，他の地域群との位置関係によって左右されうることを示す一例である．

より一般的に，地域の空間分布のパターン（空間構造）は，2地域間の関係を越えて，移動者の意思決定ひいては地域間の流動分布に無視し得ない影響を与えているとの指摘はさまざまな観点から繰り返しなされてきた．空間構造が着地の意思決定に影響する仕組みとしては，着地の近接性指標の追加を提案する競合着地モデル（Fotheringham 1983）や，発地からみて着地より近い他地域の魅力度（人口などで代替される機会の量）の総計を，地域間関係の指標として利用する介在機会モデルなどがよく知られている（Stouffer 1940）．

競合着地モデルは，着地の選択過程において，複数の着地をまとめたグループを選択した後，グループ内の個別の着地を選択するとの階層的意思決定を想定している．介在機会モデルは，発地から近い順番に着地としての地域を評価して選択を行い，一度着地として選択されれば，それよりも遠い地域は選択されない段階的な空間的意思決定の過程と親和性が高い．それぞれのモデルが想定する空間的移動の意思決定過程は，人口移動の文脈においても有効なものと考えられている．

ただし，重力モデルはあくまでも集計モデルであり，得られる係数を個人の意思決定過程に照らして解釈する上では，集計データによる間接的な推論である点に留意が必要である． ［中谷友樹］

ハリス=トダロ・モデル
Harris–Todaro model

☞「途上国の過剰都市化」p.296 「人口と開発」p.390「人口成長と相互作用」p.524「都市化の測定」p.564

　発展途上国の都市人口は，農村からの移住者を大量に受け入れながら，1950年以降に爆発的に増加した．そうした都市移住者の多くは露天商や使用人などの不安定で低賃金のインフォーマルセクターに従事し，都市には巨大な貧困層が形成されていった．ハリス=トダロ・モデルはこのような低賃金労働や失業を伴う都市への労働移動を農村の実質賃金と都市の期待賃金の差で説明した．

●**都市化と工業化**　農村都市間人口移動の代表的な理論にルイス（W. A. Lewis）やラニス=フェイ（G. Ranis, J. C. Fei）の二重経済モデルがある．きわめて貧しく，農産物を平等に分け合う伝統的な慣習経済の原理が働く大きな農業部門と，都市に現れた近代的で市場経済の小さな工業部門とが併存する状態を二重経済と呼ぶ．二重経済モデルはこの経済下の労働市場，つまり農業部門が安くて豊富な労働力を工業部門に供給し続けることができる環境こそが工業化の成功の条件であることを示した．工業化の過程を農村から都市への人口移動=農工間労働移動によって描くこのモデルは，同時に都市化を説明するものと考えられた．

　しかし，発展途上国で大量の都市移住者を吸収していたのは，工業部門ではなく，雑多な職種が混在する小規模で低賃金のインフォーマルセクターであった．この現象はアジアやアフリカ，中南米の国々で観察され，報告されている．トダロ（M. P. Todaro）は，ケニアの観察から熟練労働者や経営能力の不足，労働組合の賃上げ圧力などが都市の工業部門の賃金を高騰させ，雇用の拡大を阻害していることを指摘した．そして都市への過剰な労働移動は農村からインフォーマルセクター，その一部が工業部門に移動する2段階であると考えたのである．

●**都市移住と失業**　ハリス（J. R. Harris）とトダロは，都市に失業者がいるにもかかわらず，人々が都市に流入し続けるのは，農村の実質賃金と都市の期待賃金を比較して移住を決めているからだと考えた．ハリス=トダロ・モデルは図1の農村部門と都市の工業部門の2部門からなる経済の労働市場を用いて説明することができる．

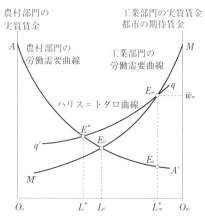

図1　ハリス=トダロ・モデル
[『トダロとスミスの開発経済学』2010:429 より作成]

図中記号の a は農村部門，m は工業部門を示し，各部門の原点をそれぞれ O_a，O_m に置くと，この経済の総労働力は O_aO_m だけである．二重経済モデルと異なり，両部門は利潤が最大になるように雇用量を決めており，実質賃金と雇用量の関係を表す労働需要曲線は農村部門が曲線 AA'，工業部門は曲線 MM' のように描かれる．何も規制がなければ，都市への移住は両部門の実質賃金が一致する点 E_0 まで続き，都市労働者 O_mL は全員工業部門に雇用され，失業は発生しない．しかし，工業部門の賃金が法定最低賃金によって高い水準の $\overline{w}_m$ で決まっているとき，工業部門の雇用量は $O_mL_m^*$ に制限される．残りの労働者 $O_aL_m^*$ が農村部門に留まるとその賃金は点 E_a の高さになり，両部門の賃金に大きな差が生まれる．このとき，雇用機会が少なくてもより高い賃金を求めて都市に移住しようとする人が現れることは十分ありうる．都市にいたほうが仕事を得る機会があると期待するからである．そして，都市に工業部門の雇用量を上回る労働者が集まってくるのである．この時，移住者が工業部門に雇用される確率は（工業部門の雇用量／都市労働者数）であり，残りの確率で失業するので，都市の期待賃金は（工業部門の実質賃金×工業部門に雇用される確率）となる．したがって，移住者が増えるほど雇用される確率が下がり，期待賃金は低下していく．この関係を表す曲線 qq' はハリス＝トダロ曲線と呼ばれる．農村の労働者はこの期待賃金が農村部門の賃金より高いうちは都市への移住を選択するので，移住は両賃金が一致する点 E^* まで続く．その結果，O_mL^* 都市労働者のうち $L_m^*L^*$ の人が失業してしまうのである．

●**都市移住と開発** 安易な都市の雇用対策や貧困対策は農村からの移住者を一層呼び込み，失業や貧困問題をさらに悪化させるトダロ・パラドックスという現象を引き起こす．トダロは都市偏向の開発に警鐘を鳴らし，農村と都市の同時開発の必要性を説いた．トダロらは，移住者が個人所得を高めるために都市工業部門を目指すと考えていたが，多くの移住者はすぐに働けるインフォーマルセクターに職を求め，農村に住む家族に送金していることがインドなどの国々で観察されている．このような家族全体の収入の安定を目的とする移住の背景には農村の深刻な貧困がある．さらに，都市もまた深刻な諸問題を抱えており，農村と都市の均整のとれた開発と発展の重要性が増しているといえるだろう．人々が都市を目指す理由や行動様式は一様ではないが，この示唆に富んだハリス＝トダロ・モデルは発展途上国の人口移動や開発問題を考える有用なツールの一つである．

［西村教子］

📖 さらに詳しく知るための文献

ジェトロ・アジア経済研究所ほか編，2015，『テキストブック開発経済学』有斐閣．
鳥居泰彦，1979，『経済発展理論』経済学入門叢書 10，東洋経済新報社．
トダロ，M.P.・スミス，S.C.，森杉壽芳監訳，2010，『トダロとスミスの開発経済学』ピアソン桐原．

地域間移動行列
matrix expression of migration

☞「居住経歴と生涯移動」p.314「人口移動統計」p.584「人口移動の分析指標」p.588「多地域人口成長モデル」p.606「地域将来人口推計の人口移動仮定」p.634

　人口移動を示す表は移動行列表（移動行列あるいは移動マトリックス表）と呼ばれ，表頭が各出発地（起点）を，表側が各到着地（終点）を表す構造を有する（大友 1997b：濱・山口 1997）．もちろん人間の移動だけではなく，物流や交通，情報などの流量の実測にも応用され，出発地（起点）から，到着地（終点）への流れを示す表として，一般には OD（Origin-Destination）表（OD 行列，起終点表）と呼ばれる．なお，人口移動以外の OD 表の場合，あるいは人口の移動行列表の場合でも，行列の関係が逆向きの流れ，すなわち表側が各出発地を，表頭が各到着地を示すこともある．また移動が実測される期間の長さや時期，あるいは地域のゾーン設定の区分にも移動性向は影響を受けることに留意すべきである．

●**移動行列表の一例**　国内人口移動に関しては総務省「国勢調査報告」と同『住民基本台帳人口移動報告』，また就学移動に関しては文部科学省「学校基本調査」の公的統計によって移動行列表が作成できる．表1に，2005～10年における日本の8地方間の移動行列表を示した．また，移動行列表の対角線上にある数値は，その期間内において同一地域内に留まった人口，あるいは当該地域からいったん他地域へ移動し当該地域へ戻った人口である．さらに行和（同じ行の合計値）や列和（同じ列の合計値）から，対角線上にある数値を除けば，それぞれ他地域からその地域への流入人口，その地域から他地域への流出人口が示される．なお，移動行列表において対角線上の数値を空欄として，行和や列和自体が，他地域からその地域への流入人口，またその地域から他地域への流出人口を示す場合もあ

表1　移動行列（2005年～2010年）

出発地＼到着地	北海道	東北	関東	中部	近畿	中国	四国	九州・沖縄	計
北海道	5,098,986	22,060	67,594	18,847	14,478	3,446	1,785	7,369	5,234,565
東北	20,125	8,836,047	151,106	32,612	14,724	4,392	2,010	8,456	9,069,472
関東	94,291	229,079	36,680,236	369,245	275,955	79,369	36,675	178,209	37,943,059
中部	24,437	45,657	320,769	20,172,443	164,555	28,313	13,944	67,817	20,837,935
近畿	16,093	19,959	201,809	153,087	20,378,946	93,025	54,327	92,433	21,009,679
中国	3,889	5,243	62,727	24,341	82,875	7,010,684	32,850	58,347	7,280,956
四国	1,770	2,093	27,664	10,443	44,881	27,317	3,671,169	13,870	3,799,207
九州・沖縄	8,795	9,648	147,341	50,042	87,872	55,475	14,749	13,539,872	13,913,794
計	5,268,386	9,169,786	37,659,246	20,831,060	21,064,285	7,302,021	3,827,509	13,966,373	119,088,667

［「総務省統計局国勢調査（2010年）」より算出］

る．さらに，ゾーン設定を都道府県・市区町村にしたり，年齢や性別のような人口属性を細分化したりして，より詳細な人口移動の状況も把握できるが，国際人口移動や属性の不詳分の取り扱いには留意すべきである．

●**移動確率行列への変換** 表1の各成分を対応する列和（出発地の人口に相当）で除した値は，当該地域内に残留あるいは他地域へ移動する確率（移動確率）となる．こうして変換されたものが移動確率行列である（表2）．一般に，ある状態から同じ状態または別の状態へ推移する確率を成分とする行列を推移確率行列

表2 移動確率行列

出発地 到着地	北海道	東北	関東	中部	近畿	中国	四国	九州・沖縄
北海道	0.9678	0.0024	0.0018	0.0009	0.0007	0.0005	0.0005	0.0005
東北	0.0038	0.9636	0.0040	0.0016	0.0007	0.0006	0.0005	0.0006
関東	0.0179	0.0250	0.9740	0.0177	0.0131	0.0109	0.0096	0.0128
中部	0.0046	0.0050	0.0085	0.9684	0.0078	0.0039	0.0036	0.0049
近畿	0.0031	0.0022	0.0054	0.0073	0.9675	0.0127	0.0142	0.0066
中国	0.0007	0.0006	0.0017	0.0012	0.0039	0.9601	0.0086	0.0042
四国	0.0003	0.0002	0.0007	0.0005	0.0021	0.0037	0.9952	0.0010
九州・沖縄	0.0017	0.0011	0.0039	0.0024	0.0042	0.0076	0.0039	0.9695

［「総務省統計局国勢調査（2010年）」より算出］

（遷移確率行列，遷移行列）というが，移動確率行列はその一種とみなせる．ここで表2に示した移動確率行列を M とし，移動期間の期首時点（2005年）の各地域の人口を列ベクトル p_{2005} とすると，$p_{2010} = M \cdot p_{2005}$ が成立し，各地域における期末時点（2010年）の人口が得られる．この移動確率行列 M の成分が経時的にも不変と仮定されれば，以降にもこの関係式が適用され，$p_{2015} = M \cdot p_{2010} = M^2 \cdot p_{2005}$ となる．したがって，t 期の人口を p_t とすれば，一般的には $p_{t+n} = M^n \cdot p_t$ のように t 期から n 期後の人口 p_{t+n} が推計される．

このように，移動行列表や移動確率行列のような人口移動の表や行列による表現は，移動性向の直感的な理解だけでなく，地域別人口推計への応用も可能である．さらに多地域人口成長モデルなどにより，地域の人口成長率に占める自然増減や社会増減の影響の度合い，あるいはUターン移動や年齢別人口の移動の状況などの分析にも発展させることが可能である． ［飯塚健太］

□ さらに詳しく知るための文献
ウーズ, R.,河邊 宏ほか訳．1983，『地域人口分析法─地理学と人口学の接点』古今書院．
吉岡 茂・千歳壽一．2006，『地域分析調査の基礎』古今書院．

多地域人口成長モデル
multi-regional population growth model

☞「多相生命表」p.476「安定人口モデル」p.526「多状態人口モデル」p.530「地域間移動行列」p.604「地域将来人口推計」p.628

　広義には複数地域における男女年齢別人口を同時に将来推計するモデルの総称であるが，狭義には年齢別死亡率，年齢別出生率，年齢別移動率を不変として複数地域の将来推計をしたモデルを多地域人口（成長）モデルという．その主唱者であるロジャース（A. Rogers）の名からロジャース・モデルとも呼ばれる（Rogers 1968）．なお，ライフコースに沿って年齢別人口移動率パターンを表すロジャースの人口移動モデルとの混同には注意すべきである．

●モデルの構造　地域がn個あり，ある時点tにおける地域iの年齢a歳の人口$p_i(t, a)$のうち，1年後の$t+1$時点においても生残し，かつ地域jにいる確率を$s_{ij}(a)$とする（$1 \leq i, j \leq n$）．ここで$p_i(t, a)$を第i成分とする列ベクトルを，$\boldsymbol{p}(t, a)$，$s_{ij}(a)$を第ij成分とする$n \times n$の正方行列を$\boldsymbol{S}(a)$とすると，それらの積$\boldsymbol{p}(t+1, a+1) = \boldsymbol{S}(a) \cdot \boldsymbol{p}(t, a)$によって時点$t+1$の年齢$a+1$歳の人口が求められる．ただし，最高年齢区間が$\omega$歳以上の年齢すべてを含む場合には，$\boldsymbol{p}(t+1, \omega) = \boldsymbol{S}(\omega-1) \cdot \boldsymbol{p}(t, \omega-1) + \boldsymbol{S}(\omega) \cdot \boldsymbol{p}(t, \omega)$となる．さらに，時点$t$には存在していなかったが，時点$t+1$までに生まれた人口を推計するために，その間に地域$i$の$a$歳の女性（母親）から生まれ，かつ時点$t+1$に地域$j$にいる0歳人口の，$p_i(t, a)$に対する比率$b_{ij}(a)$を第$ij$成分とする$n \times n$の正方行列を$\boldsymbol{B}(a)$とすると，$\boldsymbol{p}(t+1, 0) = \boldsymbol{B}(1) \cdot \boldsymbol{p}(t, 1) + \cdots \boldsymbol{B}(\omega) \cdot \boldsymbol{p}(t, \omega)$となる．ただし，実際には生物学的理由から女性の出産可能年齢は限られるので，aがその年齢の範囲外にある$\boldsymbol{B}(a)$についてはその成分がすべて0となり$\boldsymbol{p}(t+1, 0)$の計算には関係しない．そのため，便宜的に年齢aが15歳から49歳までの範囲以外では$\boldsymbol{B}(a)$を零行列にすることもある．また男女別人口を求めるためには出生性比によって出生児数を男女に分割する過程が含まれる．

　この列ベクトル$\boldsymbol{p}(t, a)$を0歳からω歳以上までの（$\omega+1$）個のすべての年齢a歳に関して縦方向に並べると，n個の地域があるので，$n(\omega+1) \times 1$個というさらに多くの成分数をもつ列ベクトル$\boldsymbol{p}(t)$となる．一方，各成分が$\boldsymbol{B}(a)$と$\boldsymbol{S}(a)$と零行列$\boldsymbol{O}$という行列で構成される$n(\omega+1) \times n(\omega+1)$の大行列$\boldsymbol{M}$

$$M = \begin{bmatrix} \boldsymbol{B}(0) & \boldsymbol{B}(1) & \cdot & \cdot & \boldsymbol{B}(\omega-1) & \boldsymbol{B}(\omega) \\ \boldsymbol{S}(0) & \boldsymbol{O} & \cdot & \cdot & \boldsymbol{O} & \boldsymbol{O} \\ \boldsymbol{O} & \boldsymbol{S}(1) & \boldsymbol{O} & \cdot & \cdot & \cdot \\ \cdot & & & & & \\ \cdot & & & \cdot & \boldsymbol{O} & \boldsymbol{O} \\ \boldsymbol{O} & \boldsymbol{O} & \cdot & \boldsymbol{O} & \boldsymbol{S}(\omega-1) & \boldsymbol{S}(\omega) \end{bmatrix}$$

と $p(t)$ との積 $p(t+1) = M \cdot p(t)$ により $p(t+1)$ が求められる．このように次の時点における各地域，各年齢の人口が同時に求められる差分方程式のシステムが，多地域人口成長モデルである．状態間遷移を扱わないレスリー行列（Leslie 1945）に対して，地域間移動も含む行列 M のように，状態間遷移を扱うレスリー行列は一般化レスリー行列といわれ，その分析システムは一般化レスリーモデルともいわれる．

●モデルの性質　時間とともに変化する確率変数を確率過程といい，将来の確率変数で示される状態が，過去の状態を示す確率変数からは無関係で，現在の状態の確率変数にのみ依存する性質，すなわちマルコフ性をもつ確率過程はマルコフ過程と呼ばれる．これを現実に適用するときには，多くの場合，時間に対して確率変数が離散的となるため，離散的な確率変数のマルコフ過程を特にマルコフ連鎖という．非負正方行列である一般化レスリー行列は，マルコフ性を仮定して行列成分を経時的に不変とし，同じ行列 M を用いて計算を繰り返すと，相当遠い将来の，ある時点 $t+r$ において $p(t+r+1) = p(t+r)$ が成立する．すなわち，この行列には，究極的には地域別年齢別人口の変化が止まり安定的に収束するという性質がある．その性質を強調して，離散的な多地域人口成長モデルはマルコフ連鎖モデルとも呼ばれる．さらに，時期や年齢の変数が連続的に扱われれば安定人口理論における安定人口状態と同種の結論が導出される．

●多相生命表との関係と将来推計手法としての意味　多地域人口成長モデルは，状態間の推移確率（遷移確率，異動確率）から作成される多相生命表に対して，状態間の推移確率として地域間の移動確率や死亡率が適用されており，分析の基本構造も同じであるため，生命表の構造を強調して多地域生命表と称しても実質的には同義である．すなわち地域間の移動確率と地域別死亡率に基づく多地域生命表は，将来の地域別の人口移動の状況やその結果としての地域別人口分布，さらには年齢別平均余命に相当する地域別平均滞在期間も確率的に推計される．また，多地域を同時に扱うこのモデルは将来推計の手法として，単一地域だけの純移動率を利用するコーホート要因法よりも理論的に優れている反面，推計処理に必要な情報量が非常に多いという難点もある．また多相生命表の作表ではなく，将来推計を主目的とするならば，モデル内の死亡率は生命表によらずとも，他の代替的な方法や統計から推定された死亡率が直接的に利用可能である．

［和田光平］

□　さらに詳しく知るための文献

Keyfitz, N. and Caswell,H., 2005, *Applied Mathematical Demography*, Springer.
Rogers, A., 1995, *Multiregional Demography: Principles, Methods and Extensions*, John Wiley & Sons.
稲葉　寿, 2002,『数理人口学』東京大学出版会.

18. 人口と世帯の将来推計

　将来人口・世帯推計は，公共政策の基礎資料として不可欠である．年金・医療・介護といった社会保障制度の設計と改善はもちろんのこと，環境政策の策定に必要なエネルギー需要や温暖化ガス排出量の予測は将来推計人口なしにはできない．地域別の人口予測がなければ電気・ガス・上下水道・ゴミ回収・健康診断・予防接種といった公共サービスの計画は成り立たない．地域の少子高齢化の予測が立たなければ，保育・教育サービスや医療・介護サービスに必要な施設と従事者への需要は予測できない．不動産業・建築業はもちろん，郵便局から宅配業者，コンビニから大型スーパーに至るまで，地域人口の将来予測がなければ方針が立たないだろう．

　日本では国立社会保障・人口問題研究所が公的な将来人口・世帯推計を公表している．本章では同研究所の「全国将来人口推計」「地域将来人口推計」「全国の世帯数の将来推計」「都道府県別世帯数の将来推計」を中心に解説する．

[鈴木　透・石井　太]

第18章

将来人口推計 ････････････････････････････ 612
将来人口推計の方法 ･･････････････････････ 614
全国将来人口推計 ････････････････････････ 616
全国将来人口推計の出生仮定 ････････････････ 618
全国将来人口推計の死亡仮定 ････････････････ 620
全国将来人口推計の国際人口移動仮定 ･･････････ 622
全国将来人口推計の応用 ･･･････････････････ 624
全国将来人口推計の国際比較 ････････････････ 626
地域将来人口推計 ････････････････････････ 628
地域将来人口推計の出生仮定 ････････････････ 630
地域将来人口推計の死亡仮定 ････････････････ 632
地域将来人口推計の人口移動仮定 ････････････ 634
地域将来人口推計の応用 ･･･････････････････ 636
地域将来人口推計の国際比較 ････････････････ 638
世帯数の将来推計 ････････････････････････ 640
世帯数の将来推計の方法：全国 ･･････････････ 642
世帯数の将来推計の方法：都道府県 ･･･････････ 644
世帯数の将来推計の応用 ･･･････････････････ 646

将来人口推計
population projection

☞「将来人口推計の方法」p.614

　将来人口推計は，経済計画，開発計画などの各種政策の立案に際し，それらの前提となる人口の規模および構造に関する基礎資料として広範な分野において利用されており，その実施にあたっては人口研究に関する最も広範な知見を必要とする．以下では将来人口推計の基本的性格について解説する．

●**将来人口推計の役割と性格**　将来人口推計においては客観性や中立性が強く求められる一方で，将来は常に不確実，不確定であり，未来を科学的かつ定量的に描く方法は存在しない．そのため，将来人口推計においては，現状で求めうる最良のデータおよび手法を組み合わせて，客観的な推計を行うことが重要となる．

　未来は統計的推定の対象かという問いに対しては，現在において未来は「わからない」のではなく「存在しない」ものである以上，未来は統計的な推定の対象とはなり得ない（母数が存在しない）と考えるのが適正である．よって，科学的予測とは既存の母数の「推定」ではなく，あくまでシミュレーションであるということになる．

　また，社会科学における予測とは，天候のように予測対象が操作不可能なものではなく，予測結果を受け，予測対象に対する働きかけが可能なものである．そのため，社会科学の「予測」の主な目的とは，将来実現する状況を言いあてることではなく，現在の状況と趨勢が続いた場合に帰結する状況を示して，我々が現在行うべき行動についての指針を提供することにあるともいえる．

●**将来人口推計の方法**　以上のような将来人口推計の役割と性格を鑑みると，将来人口推計においては，人口投影（population projection）という考え方が重要となってくる．人口投影とは，出生，死亡，移動などについて一定の仮定を設定し，将来の人口がどのようになるかを計算したものである．その際，国などの公的機関が行う将来人口推計では，客観性，中立性を担保するため出生，死亡，移動などの仮定値の設定は，過去から現在に至る傾向，趨勢を将来に投影することで行われることが多い．

　将来人口推計を行うにあたっては，いくつかの代表的な手法があげられている．まず，最も簡便なものとして，過去の人口趨勢に数学的関数を当てはめて将来人口を投影する関数当てはめ法がある．次に，総人口ではなく，同一コーホートの2時点間の変化率に基づいて将来を投影するコーホート変化率法があげられる．最後に，詳細なデータを必要とするが，現在，最も多く使われている手法として，出生，死亡，移動などの人口の変動要因に基づいてコーホートごとに将来人口を推計するコーホート要因法があげられる．なお，コーホートとは人口観察の単位

集団で，出生年が同じ人口集団を指す．

●**社会経済的要因との関係**　社会経済環境や政策効果の過去の趨勢は，観測された人口学的データに反映される．将来人口推計は，そうした人口学的データや指標を投影することによって行われるため，社会経済環境や政策効果の過去から基準時点に至る趨勢を織り込んだものとなっている．

　一方，基準時点以後に起きうる社会経済の構造的変化や新たな政策の効果などは織り込まれないことになるが，これらを科学的・定量的に正確に描く方法は今のところ存在しない．なぜなら，出生，死亡，移動などの人口変動要因と関連する社会経済要因は多岐にわたり，個々の定量的関係を特定することが難しいだけでなく，それらの相互作用をすべて勘案することは，現状において科学的に不可能に近いためである．

　また将来人口推計は，数十年に及ぶ長期の推計であるが，将来の社会経済状況をそのような長期間にわたって見通すこと自体が困難であり，投影に基づく人口推計よりも不確実性が大きい．政策効果についても同様に，人口統計指標との定量的関係を高い精度で特定し推計に応用することは困難である．

　そのため，諸外国における将来人口推計においても，社会経済状況の見通しや政策効果を取り入れている例はなく，人口統計データに基づき，「人口投影」の考え方に従って行うことが標準的である．

●**主要先進諸国と国連の将来人口推計枠組み**　世界の主要国において，中央政府による将来人口推計が行われており，そのほぼすべてが日本と同様，コーホート要因法に基づいた推計を行っている．また，推計期間は50～100年程度の場合が多く，また出生率や死亡率などの組合せにより複数のシナリオが用いられる場合が一般的である．

　また，国連欧州経済委員会（UNECE）において，「将来人口推計の公表に関する勧告」（Recommendations on communicating population projections）のドラフト（UNECE 2017）準備され，2017年6月に開催された第65回欧州統計家会合において修正の上採択された．これは，将来人口推計の作成者・利用者・研究者がよりよく意思疎通できるためのさまざまなグッドプラクティスなどを含んだ報告書となっており，「適切かつ利用しやすい結果を提供する」「透明性を高める」「不確実性を明らかに示す」「ユーザーとの関係を築く」の4章から構成されている（日本人口学会 2017）．このような欧州における動きは，わが国の将来推計を考える際にも参考となるものと思われる．

［是川　夕］

📖 さらに詳しく知るための文献

Preston, S. H. *et al.*, 2001, *Demography: Measuring and Modeling Population Processes*, Blackwell Publishers.

将来人口推計の方法
method of population projection

☞「全国将来人口推計」p.616「地域将来人口推計」p.628

　将来人口推計の方法はいくつか存在するが，一般的により精緻な推計法ほどより詳細な出力値が得られる．同時に，より精緻な推計法ほど多くのデータ（入力値）を必要とする．したがって，将来人口推計の方法を選択する際には，1）どの水準（詳細さ）の出力を得る必要があるか，2）その推計に必要なデータが利用可能かの2点を見定めておく必要がある．以下では人口推計の代表的な方法として，関数当てはめ法，コーホート変化率法，コーホート要因法の三つについて解説する．

●**関数当てはめ法**　関数当てはめ法とは，過去の人口趨勢に数学的関数を当てはめて将来人口を投影する方法である．例えば，指数関数による人口推計は以下の式で表現される．

$$N(T) = N(0)e^{r \cdot T}$$

ここで，$N(0)$ および $N(T)$ はそれぞれ時点0・時点 T の総人口規模，r は年人口増加率である．この人口推計の方法では，人口増加率 r が推計期間を通じて一定であると仮定している．初期の人口推計では，指数関数のみならず，多項式モデルやロジスティック関数による当てはめがなされてきた．これらの関数当てはめ法に必要なデータは総人口のみである．

●**コーホート変化率法**　コーホート変化率法とは，同一コーホートの2時点間における年齢階級別人口の変化率に基づいて将来人口を投影する方法である．例えば年齢5歳階級で5年ごとの推計を行う場合，具体的には，以下の二つの手順をふむ．第一に，2時点間の年齢階級別人口を比較することで，当該期間におけるコーホート変化率を求め，その変化率の仮定値を設定する．第二に，コーホート変化率が得られない2時点目の0〜4歳人口については，女性の再生産年齢人口（15〜49歳人口）と0〜4歳人口の比（女性子ども比）を用いて推計する．

　少なくとも2時点の国勢調査から性・年齢別人口が把握できれば，コーホート変化率法を適用することができる．これは，総人口に対して関数を当てはめる方法とは異なり，年齢別人口が出力として得られる．人口動態統計が安定的でない小地域の人口推計では，後述するコーホート要因法ではなくコーホート変化率法が用いられることも少なくない．

●**コーホート要因法**　人口変動は出生・死亡・移動の3要因によって規定される．そのため，これらの人口変動要因に関する詳細な人口統計が得られる場合は，各要因を考慮したコーホート要因法が最も信頼性の高い方法となる．現在は，国や

国際機関などが実施する将来人口推計のほぼすべてがコーホート要因法によるものとなっている。

コーホート要因法を図式化したのが図1である。手順は3段階に大別され、これらを逐次的に繰り返していくことで、将来人口が投影される。

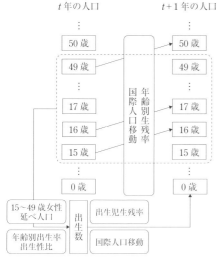

図1　コーホート要因法の手順

〈Step1〉t期の期首人口のうち、$t+1$期の期首時点まで生存した人口を推計する。具体的には、生命表を用いて、t期の期首人口に対して性・年齢別に生残率を掛け合わせる。例えば、t期の15歳女性人口に生残率L_{16}/L_{15}を乗じることで、$t+1$期の16歳女性人口が推計される。

〈Step2〉$t〜t+1$期における出生数を推計し、その中で$t+1$期の期首時点まで生存する出生児数を推計する。15〜49歳の年齢別出生率と女性の年齢別延べ人口との積和をとることで、$t〜t+1$期における出生数が推計される。これに出生性比を適用することで、男児出生数と女児出生数がそれぞれ算出される。$t+1$期の期首時点の0歳人口を推計するためには、$t〜t+1$期に生まれた新生児が$t+1$期まで生存する確率が必要になる。通常は、$t〜t+1$期において出生が均等に生起すると仮定して、静止人口の特性を利用する。静止人口では直前の1年間の出生数に対する0歳人口の比は生命表のL_0/l_0で得られるため、出生数にこれを乗じれば0歳人口が推計できる。

〈Step3〉$t〜t+1$期における転入数から転出数を差し引き、さらに同期間における移動者の出生数を推計する。その上で、これら移動者および出生児のうち、$t+1$期の期首時点の生存者数を推計する。

コーホート要因法に必要なデータは以下の4種類に大別される。第一は人口推計のスタートラインとなる、性・年齢別の基準人口である。第二は将来の出生動向に関する仮定値で、年齢別出生率と出生性比（女児出生数に対する男児出生数の比）である。第三は死亡に関する仮定値で、性・年齢別生残率である。第四に、国際人口移動の仮定値として性・年齢別移動率（数）が必要となる。

［余田翔平］

📖 さらに詳しく知るための文献

国立社会保障・人口問題研究所，2017，『日本の将来推計人口　平成29年推計報告書』人口問題研究資料第336号．

全国将来人口推計
national population projection

☞「人口学的方程式」p.414「将来人口推計」p.612「将来人口推計の方法」p.614「全国将来人口推計の応用」p.624

　全国将来人口推計とは日本全国を対象に，将来の人口規模や年齢構造について推計を行うものである．日本においては5年ごとに行われる総務省国勢調査による人口の公表を受け，国内唯一の公的人口研究機関である国立社会保障・人口問題研究所（以下，社人研）がほぼ5年に1度公表している．

　この全国将来人口推計では，将来の不確実性を考慮し，出生については「昭和44年8月推計」から，死亡については「平成18年12月推計」から，それぞれ高位・中位・低位の三つの仮定を設定している．国際人口移動は世界情勢や経済状況など外部環境の変化による変動が大きいが，こうした外部環境の将来を見通すことは困難であることから，一つの仮定設定となっている．したがって，「平成18年12月推計」以降では9とおりの推計結果が存在する．

　この全国将来人口推計に基づき「地域別将来推計人口」（都道府県別・市区町村別）や「世帯数の将来推計」（全国・都道府県別）が社人研から公表されている．

●**推計方法とその歴史**　将来人口の推計方法には，総人口の趨勢に関数を当てはめそれを補外する数学的方法や，センサス間における年齢別人口をコーホートで追跡しその変化を補外するコーホート変化率法，さらにこのコーホート間の変化について出生・死亡など変動要因別に仮定値を設定し，人口変動を各コーホートで追跡して人口を推計するコーホート要因法などがある（日本人口学会2002）．出生・死亡・移動についての詳細なデータが得られる場合，これら方法の中でもコーホート要因法を用いるのが一般的である．社人研が行っている全国将来人口推計では，戦前の推計から今日まで，基本的には現在の世界標準となっている「コーホート要因法」により推計されている．

　この方法は，それぞれの生年別人口（＝出生コーホート）が加齢に伴って死亡・人口移動するとともに出生していく過程を外生的に設定し，人口を推計していくものである．推計にあたっては人口学的方程式に基づき，人口変動の3要素である「出生」「死亡」「（国際）人口移動」についてそれぞれ仮定値が設定され，将来の人口が算出される．この方法は，すでに現存する人口をコーホート別に追跡していくため，推計結果に高い精度が期待できる．

　社人研の全国推計における仮定値の設定について，出生では出生順位別のコーホート出生率に対して一般化対数ガンマ分布が用いられているほか，死亡では現在国際的に標準的な方法とされるリー・カーター・モデルに線形差分モデルを組み合わせた修正リー・カーター・モデルが用いられている（社人研2017）．仮定

値は年齢各歳別に出生・死亡・人口移動について設定されており，したがって各年・各歳別の人口が推計されている．

●**他機関推計との比較** わが国において，全国の将来人口推計を行っている機関は社人研以外にもいくつかあるが（例えば日本大学人口研究所 2002 など），継続して推計を出している機関は国内には存在しない．なお，市区町村別人口など特定地域についての推計は自治体やシンクタンクを中心に数多く行われている．

一方，国際機関でも国レベルでの将来人口推計が行われている．代表的な機関としては国連や EU がある．このうち国連では概ね 2 年に一度，加盟国を中心とした 200 か国超について推計を行っており，それらの結果は世界人口推計（World Population Prospects）として公表されている．この中には日本の全国将来人口推計も含まれている．推計方法は社人研の全国推計と同じくコーホート要因法である．

ところで，国連推計では将来の人口のみならず過去の人口ならびに出生・死亡・移動についても毎回の推計で遡及的に推定し直されている．特に統計が整っていない国については，新しい統計などにより過去や現在の人口状況がわかるようになると，これをもとに実績値についても大きく改訂されることがある．

国連の将来推計では，出生についてのみ高位・中位・低位を設定しているが，このほかに 2015〜20 年出生率一定や封鎖人口（国際人口移動なし）などによる推計結果も公表している．仮定値は 5 年間の平均値として 5 歳階級で設定され，人口が少ない一部の国を除いて推計結果も 5 歳階級別に公表されるほか，年齢・期間を補間することにより各年・各歳別の人口も算出されている．最新の 2017 年推計では，1950〜2015 年までが実績値の推定であり，2016〜2100 年までが仮定値に基づく将来推計となっている．

なお，国連推計では，死亡率についてはどの国も概ね低下が継続するとしているが，出生率については，現在までの TFR が 2.1 を超える国についてはこの水準に向け低下すると仮定し，また 2.1 を下回る国は 2.1 またはその近傍へ向けて上昇していくと仮定している．この点は，社人研を含めた各国政府が行っている将来推計と考え方が大きく異なる点である．

欧州各国については欧州統計局（Eurostat）が将来人口推計（Population Projections）を行っている．この推計では各歳別の仮定値が設定されており，欧州域内の各国について，国連推計よりも詳細な推計を行っている．最新版では 2015〜2080 年まで推計されている． ［別府志海］

📖 さらに詳しく知るための文献

国立社会保障・人口問題研究所, 2017,『日本の将来推計人口 平成 29 年推計』人口問題研究資料第 336 号.
別府志海・佐々井 司, 2015,「国連世界人口推計 2012 年版の概要」『人口問題研究』71 (3).
United Nations, 2017, *World Population Prospects: 2017 Revision*, United Nations.

全国将来人口推計の出生仮定
fertility assumption for national population projection

☞「結婚の年齢パターンの分析」p.486「出生率変化の分析」p.488「妊娠と出産の数理モデル」p.492

　出生率の仮定設定法には，期間出生率法とコーホート出生率法がある．期間出生率法とは，年次別に年齢別出生率を観察し，その動向を分析して将来の出生率を年次ごとに設定していく方法である．他方，コーホート出生率法とは，コーホート別に年齢別出生率を観察していき，出生過程が完了していないコーホートについては，実績値が得られていない年齢から出生過程が完結する年齢までの年齢別出生率を推計する方法である．コーホート要因法による将来人口推計で必要になるのは年次ごとの年齢別出生率であるため，コーホート出生率法ではコーホートに対して得られた出生率を年次ごとの出生率に組み替える．

　このうち，国立社会保障・人口問題研究所（以下，社人研）が実施している全国将来人口推計（以下，全国推計）では，1986（昭和61）年の推計以降，コーホート出生率が採用されている．その理由は，晩産化に代表されるように，出生率の年齢スケジュールがコーホート間で変化しているとき，期間出生率はその合計値である期間合計出生率が影響を受けてしまうのに対して，コーホート出生率では影響がないためである．以下では，社人研の2017（平成29）年全国推計における出生率の仮定値設定について解説する．

●**数理モデルの当てはめ**　コーホート出生率法では，実績値がまだ観察されていないコーホート年齢別出生率をどのように推計するかが問題になってくる．社人研の全国推計では，以下の数理モデルを当てはめることでコーホート年齢別出生率を推計している．

$$f_n(x) = C_n \cdot g(x; u_n, b_n, \lambda_n)$$

$$g(x; u_n, b_n, \lambda_n) = \frac{|\lambda_n|}{b_n \Gamma(\lambda_n^{-2})} (\lambda_n^{-2})^{\lambda_n^{-2}} \exp\left[\lambda_n^{-1}\left(\frac{x-u_n}{b_n}\right) - \lambda_n^{-2} \exp\left\{\lambda_n\left(\frac{x-u_n}{b_n}\right)\right\}\right]$$

$f_n(x)$ は出生順位 n，年齢 x の出生率である．また，Γ，$\exp$ はそれぞれガンマ関数，指数関数を指し，C_n，u_n，b_n，λ_n は出生順位 n の年齢別出生率関数のパラメータである．このモデルは一般化対数ガンマ分布モデルと呼ばれ，年齢別初婚率のモデルとして知られるコール・マクニールモデルの一般化であるが，出生率に対しても当てはまりのよいことがわかっている（Kaneko 2003）．

●**参照コーホートの出生率仮定設定**　出生過程をある程度終えたコーホートについては，一般化対数ガンマ分布モデルを用いて，最尤推定法によってパラメータを推定することで年齢別出生率の推計が可能である．一方で，出生過程のまだ初期段階にあるコーホートに対しては，最尤法による推定は不安定になり，多くの

場合パラメータを一意に特定することが難しい．そこで，このようなパラメータ推定の不安定さを補うために，追加的な仮定を外生的に与えることが必要となる．

社人研の全国推計では推計時点で満 15 歳のコーホートを参照コーホートと呼び，このコーホートの合計出生率水準を投影して仮定することにより，このような対応を行っている．そして，これよりも古いが出生過程の浅いコーホートの仮定値は参照コーホートとの関連で設定している．

参照コーホートのコーホート合計出生率は以下の算定式で与えられる．

$$CTFR = (1-\gamma) \cdot CEB \cdot \sigma$$
$$= (1-\gamma) \cdot (CEB^*(afm) \cdot \kappa) \cdot \sigma$$

ここで女性の 50 歳時未婚率 γ は，コーホート年齢別初婚率を 50 歳（連続年齢）まで累積し，その補数として得られる．まずこれに乗じられているのが，夫婦完結出生児数 CEB であり，これは有配偶女性（初婚同士夫婦の妻）の 50 歳時平均出生児数である．すなわち，$(1-\gamma) \cdot CEB$ は，仮にすべての既婚女性が 50 歳まで初婚を継続した場合のコーホート合計出生率を示している．これにさらに乗じられているのが離死別再婚効果係数 σ である．σ は離婚，死別，再婚の出生力に対する効果を表している．したがって，$(1-\gamma) \cdot CEB \cdot \sigma$ は，初婚を継続した女性のみならず，離婚，死別，再婚を経験した女性まで含めた既婚女性全体の完結レベルの出生力を表している．

なお，夫婦完結出生児数 CEB は妻の初婚年齢と強く相関しており，妻の初婚年齢が低い夫婦ほど完結出生児数が多い．すなわち，夫婦完結出生児数 CEB は妻の初婚年齢の関数としてモデル化できる．しかしながら，妻が 1960 年代以降生まれの夫婦では，妻の初婚年齢から予測される完結出生児数よりも夫婦の実際の子ども数が少ないことがわかっており，これは結婚後の夫婦の子どもの産み方に変化が生じていることを示唆している．

そこで，夫婦完結出生児数 CEB は，期待夫婦完結出生児数 $CEB^*(afm)$ と結婚出生力変動係数 κ に分解されている．期待夫婦完結出生児数 $CEB^*(afm)$ とは，平均初婚年齢 afm に規定される初婚年齢分布とすべてのコーホートに共通の初婚年齢別夫婦完結出生児数によって算出される夫婦の理論的出生力であり，一方の結婚出生力変動係数 κ は，夫婦の出生行動の変化を表す指標である．

●「日本の将来推計人口」（平成 29 年推計）の出生仮定値　2017（平成 29）年全国推計の出生中位推計では，合計出生率（人口動態統計と同定義）は，実績値が 1.45 であった 2015 年から，2024 年の 1.42 に至るまで緩やかに低下し，以後やや上昇して 2035 年の 1.43 を経て，2065 年には 1.44 へと推移する．［余田翔平］

📖 さらに詳しく知るための文献

国立社会保障・人口問題研究所，2017，『日本の将来推計人口　平成 29 年推計報告書』人口問題研究資料
　　第 336 号．

全国将来人口推計の死亡仮定
mortality assumption for national population projection

☞「リレーショナルモデル」p.462「リー・カーター・モデル」p.464「将来生命表」p.474

　国立社会保障・人口問題研究所「日本の将来推計人口」では，コーホート要因法により将来の人口推計を行うために将来の生残率が必要となることから，将来生命表を作成して死亡仮定として設定している．1976年以降に実施された死亡率推計の方法（旧人口問題研究所によるものを含む）は表1のとおりとなっている．これらはいずれも推計時点までに得られた死亡率に基づく人口学的投影手法によっているが，その方法は概ね3期に分けることができる．

　第1期は1981（昭和56）年推計までの推計である．戦後間もない頃，わが国の平均寿命は他の先進諸国に比べて低い地位にあったことから，1976（昭和51）年推計以前は他の先進諸国の最善の死亡率を参考とする「最良生命表方式」を採用していた．昭和56年推計時にはすでにわが国の寿命が他の先進諸国に追いついてきており，「年齢別死亡率補外方式」を採用した．しかしながら，年齢別死亡率を実際に補外したのは4年間のみで，それ以降は平均寿命に指数関数を当てはめて緩やかに40年間補外するものであり，参照する先進諸国がなくなったための過渡期の推計といえる．続く第2期（1986［昭和61］年，1992［平成4］年，1997［平成9］年推計）の将来推計で採用されたのが死因別推計である．この背景として，わが国における死因構造の変化がある．日本では，第二次世界大戦直後までは感染症死亡率の改善を中心とする若年死亡率の低下が顕著であったが，1970年頃より，脳血管疾患の死亡率の低下などによって高齢死亡率の改善が進み，死

表1　1976年以降に実施された死亡率推計

		仮定値投影にあたっての基本的考え方	平均寿命の仮定値（中位仮定）	
			基準時点	将来
第1期	1976（昭和51）年推計	昭和60年目標の生命表を将来にわたり固定（最良生命表方式）	男 71.26（1974年） 女 76.43（1974年）	男 73.52（1985年） 女 78.78（1985年）
	1981（昭和56）年推計	過去の年齢別死亡率の傾向を投影（年齢別死亡率補外方式）	男 73.14（1979年） 女 78.50（1979年）	男 75.07（2025年） 女 80.41（2025年）
第2期	1986（昭和61）年推計	過去の死因別年齢標準化死亡率の傾向を投影（標準化死因別死亡率補外方式）	男 74.92（1985年） 女 80.63（1985年）	男 77.87（2025年） 女 83.85（2025年）
	1992（平成4）年推計	過去の死因別年齢標準化死亡率の傾向を投影（標準化死因別死亡率補外方式）	男 76.11（1991年） 女 82.11（1991年）	男 78.27（2025年） 女 85.06（2025年）
	1997（平成9）年推計	過去の死因別年齢標準化死亡率の傾向を投影（標準化死因別死亡率補外方式）	男 76.38（1995年） 女 82.84（1995年）	男 79.43（2050年） 女 86.47（2050年）
第3期	2002（平成14）年推計	リー・カーター・モデルにより死亡率を投影（リレーショナル・モデル方式）	男 77.64（2000年） 女 84.62（2000年）	男 80.95（2050年） 女 89.22（2050年）
	2006（平成18）年推計	リー・カーター・モデルの修正モデルにより死亡率を投影（リレーショナル・モデル方式）	男 78.53（2005年） 女 85.49（2005年）	男 83.67（2055年） 女 90.34（2055年）
	2012（平成24）年推計	リー・カーター・モデルの修正モデルにより死亡率を投影（リレーショナル・モデル方式）	男 79.55（2010年） 女 86.30（2010年）	男 84.19（2060年） 女 90.93（2060年）
	2017（平成29）年推計	リー・カーター・モデルの修正モデルにより死亡率を投影（リレーショナル・モデル方式）	男 80.75（2015年） 女 86.98（2015年）	男 84.95（2065年） 女 91.35（2065年）

［「第17回社会保障審議会人口部会資料」を改訂］

因構造に大きな変化がもたらされた．このような死因構造変動を背景として，第2期の将来推計では死因を考慮した「標準化死因別死亡率補外方式」が採用されたのである．これは，年齢階級別の死因別（13～15区分）年齢調整死亡率の実績値に数学的曲線を当てはめて補外することにより将来推計を行う方法である．しかしながら，1990年代に入り，死因別将来推計は死亡率改善を過小評価するという研究報告がなされこと（Wilmoth 1995），リー・カーター・モデル（Lee & Carter 1992）などのリレーショナルモデルが発展してきたことをふまえ，2002（平成14）年推計以降の第3期においては，全死因の死亡率に基づき，リレーショナルモデルによる将来推計が採用された．最初に導入された平成14年推計では比較的オリジナルのリー・カーター・モデルに近いモデルが採用されたが，2006（平成18）年推計以降では，わが国の死亡動向により適合させるかたちで修正を行ったモデルを採用している．

● **2017（平成29）年推計の死亡仮定**　2017（平成29）年推計では第3期の推計として，修正リー・カーター・モデルを用いたリレーショナルモデルによる将来生命表作成が行われている．具体的には，若年層ではリー・カーター・モデルを用いつつ，高齢層では死亡率改善を死亡率曲線の高齢側へのシフトとして表現するモデル（線形差分モデル）を組み合わせることにより，死亡率改善のめざましいわが国の死亡状況に適合させている．なお，線形差分モデルとは，高齢死亡率曲線の横方向へのシフトの差分を年齢の線形関数によって記述するモデルであり，これをリー・カーター・モデルと組み合わせる観点から，対数死亡率曲面上の接ベクトル場の概念を利用し，「各時点・各年齢での死亡率改善方向の特定」をモデリングの基礎として，死亡率曲線の自由な方向（縦横を含む）への変化を統一的に扱う数理モデルを用いている．なお，近年の死亡水準の改善が従来の理論の想定を超えた動向を示しつつあることから，今後の死亡率推移ならびに到達水準については不確実性が高いものと判断し，中位・高位・低位の3通りの仮定を与えることによって一定の幅による推計を行うものとした．

　標準的な将来生命表に基づくと，2015（平成27）年に男性80.75年，女性86.98年であった平均寿命は，2040（平成52）年に男性83.27年，女性89.63年となり，2065（平成77）年には男性84.95年，女性91.35年となる．中位仮定に比べて死亡率が高めに推移する高位仮定では，平均寿命は2040（平成52）年に男性82.38年，女性88.71年となり，2065（平成77）年には男性83.83年，女性90.21年に，中位仮定に比べて死亡率が低めに推移する低位仮定では平均寿命は2040（平成52）年に男性84.15年，女性90.54年となり，2065（平成77）年には男性86.05年，女性92.48年となる．　　　　　　　　　　　　　　　　　　　　　　　　　　［石井　太］

📖 さらに詳しく知るための文献

国立社会保障・人口問題研究所，2017，「日本の将来推計人口（平成29年推計）」．

全国将来人口推計の国際人口移動仮定

international migration assumption for national population projection

☞「日本の国際人口移動」p.300

　国立社会保障・人口問題研究所（以下，社人研）の全国将来人口推計の国際人口移動仮定は三つの要素，すなわち日本人の出入国，外国人の出入国，そして国籍異動から成る．

　日本を取り巻く国際人口移動は1980年代以降急速に拡大し，総人口の変化に対する人口移動の影響が無視できない水準に達している．人口移動が増加するに伴い，また，統計上も日本人，外国人それぞれの傾向の違いが鮮明になってきたことから，近年の推計では国際人口移動の仮定設定においても日本人と外国人で異なるモデルを適用している．ちなみに社人研推計では，国際人口移動の仮定設定の根拠として，総務省統計局「人口推計」の公表値を用いてきた．国際人口移動の定義は，日本人，外国人ともに，3か月を超える滞在を伴う出入国とされている．

●日本人の国際人口移動　日本人の国際人口移動については，入国超過数の年齢パターンを男女別に考察し，男女・年齢別入国超過率（対日本人人口）をモデル化している．入国超過率の年齢パターンは年次によって大きな変化がなく比較的安定していることから，直近数年間の平均値がそのまま仮定値として用いられている．なお，日本人の移動は基本的に出国が入国（帰国）を大きく上回り出国超過となっている（図1）．出国先には地域的な特徴がみられることから，外務省「海外在留邦人数調査統計」などを参考とするのも一考であろう．近年では日本企業のアジア諸国における海外展開，留学やワーキングホリデーでの長期出国者の動向が日本人の国際人口移動に強い影響を及ぼしている．現在，日本国外における長期滞在者と永住者は合わせて100万人を超えており，海外情勢により突発的に帰国者が集中する年次が散見される．入国超過を前提としたこれまでの仮定設定は，出国超過になった際に適用が難しくなる懸念がある．

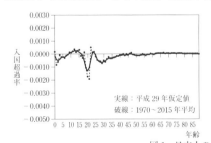 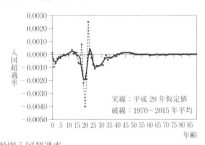

図1　日本人の年齢別入国超過率
［国立社会保障・人口問題研究所（2017）『日本の将来推計人口（平成29年推計）』］

●**外国人の国際人口移動** 国際人口移動の近年の動向を外国人について観測すると,概ね入国超過で推移していることがわかる(図2).また同時に,日本国内外における社会情勢の変化に対して極めて敏感に反応し移動する傾向が外国人にはより顕著であることから,移動統計上観測される短期的変動も頻繁にみられる.

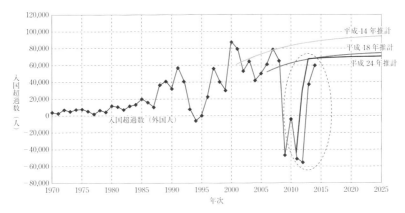

図2 入国超過率(外国人)の推移
[国立社会保障・人口問題研究所(2017)『日本の将来推計人口(平成29年推計)』]

将来の仮定設定においては,外国人の出入国のトレンドをどのように把握するかがきわめて重要な作業となっている.外国人の出入国全体のトレンドを中長期的に安定した部分と短期的な変動要因とに判別できないかを検討する.その際,法務省「出入国管理統計」などにより国籍,在留資格別の出入国の状況を概観することも一助となる.外国人の入国超過数にみられる男女比や年齢構成の特徴も仮定値として適用される.

なお,外国人の移動仮定における課題も指摘されている(石川・佐々井 2012).仮定値を移動率ではなく移動数として設定する場合には,総人口の長期的推移との整合性を考慮し一定の調整が必要になることもある.

●**国籍異動** 将来人口推計において,総人口だけでなく日本人・外国人別に人口を推計する場合には,その後の人口動態への影響等を考慮し,国籍異動を仮定する必要がある.社人研推計では,総務省統計局「人口推計」の公表値から男女年齢別の国籍異動による日本人の純増減数を分子とし日本人人口を分母とした異動率を仮定値としている. [佐々井 司]

📖 **より詳しく知るための文献**

石川 晃・佐々井 司.2012.「外国人の国際人口移動分析手法に関する考察」石川 晃『外国人人口受入れによる将来人口の変化と社会保障への影響に関する研究』厚生労働科学研究費補助金政策科学推進研究事業 平成24年度総括研究報告書(主任研究者:石井太).pp.33-40.
国立社会保障・人口問題研究所.2018.『日本の将来推計人口―平成29年推計の解説および条件付推計』

全国将来人口推計の応用
application of national population projection

☞「将来人口推計」p.612

　将来の人口の規模や構造は，さまざまな政策立案の基礎となる重要な要素である．したがって，このような目的のために利用される将来人口の推計は客観的・中立的に行われたものであることが必要となる．国立社会保障・人口問題研究所（以下，社人研）の全国将来人口推計は，過去から現在に至るまでに観測された人口学的データの傾向・趨勢を将来に向けて投影することにより行われた客観性・中立性を満たす公的将来推計であり，施策計画，開発計画，経済活動計画などの立案に際し，それらの前提となる人口の規模および構造に関する基礎資料として，広範な分野において利用されている．こうした例としては，厚生労働省の公的年金財政検証，内閣府の経済財政モデルといったものがあげられる．

●経済財政モデル　内閣府の「経済財政モデル」は，日本の経済・財政に係る中期（5～10年程度）展望を行うことを目的に開発された時系列推計パラメータ型のマクロ計量経済モデルであり，そこでは人口構造・労働供給ブロックにおいて社人研が5年ごとに実施している将来人口推計のデータが用いられている．

●「国民年金及び厚生年金に係る財政の現況及び見通し」　これは厚生労働省が5年ごとに実施する調査である（厚生労働省 2014）．国民年金法において，政府は少なくとも5年ごとに，国民年金・厚生年金の財政に係る収支についてその現況および財政均衡期間における見通し（「財政の現況及び見通し」）を作成しなければならないと定められていることに基づいたものである．そこでは，社会・経済状況に関する主な前提の一つとして，「労働力需給推計」（労働政策研究・研修機構），および「中長期の経済財政に関する試算」（内閣府）などと並んで全国将来推計人口が用いられている．

●その他の応用　以上はいずれも国の施策などへの応用例であるが，これ以外にも学齢期人口の推移や特定の消費者層の将来的な推移など，全国将来人口推計を応用する例は多数存在する．また，全国将来人口推計の仮定値を利用したものとして，全国のメッシュ別将来人口推計がある．国土交通省では，2010年の国勢調査に基づき2050年までの $1km^2$ ごとの地点（メッシュ）別の将来人口の試算を行っている．その際，コーホート要因法を用いて推計を行っており，そこで用いる出生や死亡といった各種動態率について，社人研の行っている全国将来人口推計の仮定値などを用いている．ただし，これらの応用例はいずれも全国将来人口推計が客観的，中立的に行われた人口投影であることに基づいたものである．人口投影とは過去から現在に至る趨勢がこのまま続くとして得られるものであり，これまで社会が歩んできた方向から自然に導かれる行き先を指し示したものといえる．

表1 全国将来人口推計（2017年）における条件付き推計の結果

	2065年		2115年	
	総人口(千人)	老年人口割合(%)	総人口(千人)	老年人口割合(%)
基本推計	88,077	38.4	50,555	38.4
出生率（2065年）				
1.00	74,953	45.1	26,486	50.3
1.20	80,617	41.9	36,005	44.5
1.40	86,703	39.0	47,702	39.4
1.60	93,333	36.2	62,026	35.0
1.80	100,453	33.7	79,362	31.2
2.00	108,033	31.3	100,119	27.9
2.20	116,077	29.1	124,756	25.0
外国人入国超過数				
0（万人）	83,426	40.0	43,748	39.8
5	86,771	38.8	48,595	38.8
10	90,177	37.7	53,787	37.8
25	100,753	34.7	71,540	35.2
50	119,533	30.6	109,042	31.4
75	139,678	27.3	157,532	28.2
100	161,109	24.6	218,162	25.6

［国立社会保障・人口問題研究所，2018，『日本の将来推計人口―平成29年推計の解説および条件付推計』］

しかしながら，人口投影による将来像に，仮に望ましくない点があったとすれば，それをみて，現在の趨勢を変える行動を起こすことや，これまでとは異なる選択をすることも可能である．

例えば，社人研が行っている全国将来人口推計では，いくつかの基準となる条件下における推計（条件付き推計）を新たに行い，既存の9推計を合めてそれぞれの結果を比較することによって，各仮定や条件が将来人口に対してもつ影響力をより明確に把握できるようにしている．具体的には，同推計（平成29年推計）では，出生，死亡のいずれかの将来推移を2015年実績値一定とした推計（仮定値一定推計），国際人口移動をゼロとした推計（封鎖人口推計），ならびに2065年以降について出生率が100年後2165年に人口置換水準に到達する推計（人口置換水準到達推計）を行うとともに，前回推計時と同様，出生・外国人移動仮定の変動に対する将来推計人口の感応度分析のため，出生率と外国人純移入数に複数の仮定を設けた推計を行い，下記の結果を得ている（表1）．

このように，人口投影とは，未来を予言・予測することを第一目的としないという一見逆説的な性質をもつゆえに，未来の行動を改善するための材料として，政策的応用が可能となる点に注目する必要があるといえよう．　　　　［是川 夕］

全国将来人口推計の国際比較 ☞「将来人口推計の方法」p.614

international comparison of national population projections

　日本や諸外国において，将来人口推計は政府統計局ないしは国立の研究機関において行われ，定期的に結果が公表されている．また，国連や欧州連合（EU）などの国際機関でも対象国について将来人口推計を行っている．これにより，世界全体あるいは地域別の将来の人口動向について，統一的な方法で推計された結果を得ることができる．

●将来人口推計の実施概要　表1は，各国および国際機関の推計枠組みをまとめたものである．将来人口推計を行う周期は，1～5年が一般的である．人口センサスと同じ周期で行っている国は，日本をはじめ5年前後である場合が多い．5年未満の周期の国では，基準人口をセンサス間の推計人口や登録人口データとしている．例えば，ノルウェーでは登録人口（National Registry）を基準人口として2年ごとに推計を行っている．センサスに合わせて10年ごとに本推計を公表する米国は，センサス間にも2～4年の不定期で中間推計を行っている．

　推計期間をみると，50～60年間とする場合が一般的である．約100年間の超長期推計結果を公表している国にはオーストラリアがあり，50～60年目以降について参考推計のかたちで超長期推計結果も示している国には日本，英国，ノルウェーなどがある．

　主要先進諸国や国際機関において，推計方法にはコーホート要因法が用いられており，これに必要な出生，死亡，国際人口移動の仮定値設定については将来の不確実性を表現するため，複数設定されるのが一般的だが，近年は確率推計も用いられ始めている（ニュージーランド，国連など）．

　複数の仮定値がおかれる場合，それらの組合せにより複数の推計結果が算出される．各国のバリエーション数をみると10～15通りが多い．日本は9通りで，ほぼ標準的な数である．20通り以上の推計結果を示す国にはフランス（30通り），オーストラリア（24通り），英国（21通り）がある．推計結果が複数ある場合，中心的に扱われるのは中位仮定値を組み合わせた中位推計である．一方，仮定値を複数おかず，推計結果が1通りの国（北欧諸国など）もあるが，この場合は毎年情報を更新して推計を行うというかたちで不確実性に対処している．

●将来人口推計結果の国際比較　仮定値の設定においては過去の実績値のトレンドが反映されるため，現状で出生率が低い日本，ドイツ，韓国などの国々では将来の出生率の見通しも低く，50年後の総人口規模は現状より縮小し，高齢化も急速に進む推計結果が出されている．一方で，現状で出生率が1.7～2.0程度である国々では，将来の出生率も同程度を維持すると仮定しており，50年後の人口

表1　主要先進諸国および国際機関の将来人口推計枠組み

国名(推計機関)	推計期間	推計周期	仮定値数 出生	仮定値数 死亡	仮定値数 国際人口移動	バリエーション数	基準人口
日本(国立社会保障・人口問題研究所)	2016-2065 (参考推計-2115)	5年	3(中位・高位・低位)	3(中位・高位・低位)	1	9	2015年10月1日
アメリカ(政府センサス局)	2012-2060	10年(中間年に不定期で更新)	1	1	4(中位・高位・低位,ゼロ)	4	2011年7月1日
フランス(国立統計経済研究所 INSEE)	2014-2070	2~5年	4(中位・高位・低位,ヨーロッパ平均)	4(中・高・低,現状一定)	4(中位・高位・低位,ゼロ)	30	2013年1月1日
イギリス(政府統計局)	2015-2039 (参考推計-2114)	2年	3(中位・高位・低位)	3(中位・高位・低位)	3(中位・高位・低位)	10	2014年6月30日
ドイツ(政府統計局)	2014-2060	4~5年	3(現状一定,漸増,置換水準)	2(緩やかな上昇,強い上昇)	4(高・低,ゼロ,超高位)	11	2013年12月31日
スペイン(政府統計局)	2017-2066 (中位推計以外は-2031)	2年	3(中位・高位・低位)	1	3(中位・高位・低位)	7	2016年1月1日
スウェーデン(政府統計局)	2016-2060	1年	1	1	1	1	2015年12月31日
ノルウェー(政府統計局)	2017-2100	2年	3(中位・高位・低位)	4(中・高・低,現状一定)	4(中位・高位・低位,ゼロ)	15	2016年1月1日
オーストラリア(政府統計局)	2013-2101	2~3年	3(中位・高位・低位)	2(中位・低位)	4(中位・高位・低位,ゼロ)	24	2012年6月30日
ニュージーランド(政府統計局)	2014-2068	2~3年	2(確率推計中位数,超高位)	2(確率推計中位数,超高位)	4(確率推計中位数,超高位,ゼロ,サイクル)	5(確率推計結果以外)	2013年6月30日
韓国(政府統計庁)	2016-2065	5年	3(中位・高位・低位)	3(中位・高位・低位)	3(中位・高位・低位)	3	2015年7月1日
国連(国連人口部)	2016-2100	2年	5(確率推計中位数,高位,低位,一定,置換水準)	2(確率推計中位数,一定)	2(中位,ゼロ)	8(確率推計結果以外)	2015年7月1日
欧州連合(EU統計局 EUROSTAT)	2014-2080	3年	2(メイン,低位)	2(メイン,低位)	3(メイン,低位,ゼロ)	5	2013年1月1日

[各国・各機関の統計局または研究所ホームページ]

規模は現状より大きくなると推計している.

　しかし,出生率が人口置換水準まで回復すると仮定する先進国はなく,自然増加率は多くの国で低下していく.50年という推計期間では人口減少に至らない国も多いが,出生率が人口置換水準を切っている以上,将来的にはいずれの国も総人口が減少することになる.　　　　　　　　　　　　　　　　[守泉理恵]

📖 さらに詳しく知るための文献

守泉理恵・鎌田健司.2013.「主要先進諸国の将来人口推計に関する国際比較」『人口問題研究』69(3):27-47.
Cruijsen, H. and Keilman, N., 1992, "A Comparative Analysis of the Forecasting Process", Keilman, N, and Cruijsen, H. eds., *National Population Forecasting in Industrialized Countries*, (NIDI CBGS Publication No.24), Swets & Zeitlinger, 3-25.

地域将来人口推計
regional population projection

☞「地域将来人口推計の出生仮定」p.630「地域将来人口推計の死亡仮定」p.632「地域将来人口推計の人口移動仮定」p.634「地域将来人口推計の応用」p.636「地域将来人口推計の国際比較」p.638

　近年，政府主導の地方創生施策に関連して，地域別の将来人口推計に対する注目が高まっている．全国的に今後いっそうの人口減少・少子高齢化が見込まれる中，地域別の将来人口推計の結果からは，地域によって多様な人口変化のパターンがみられ，地域別の人口変化が今後の地域経済や地域社会に与える影響もまた多様であることが改めて認識されてきた．今日，地域将来推計人口の結果は，地方自治体による各種の地域計画や民間企業によるマーケティングのための基礎資料など，あらゆる場面で活用されているが，その前提となる推計の考え方や推計手法について的確に把握しておく必要がある．

●推計の観点と主な推計手法　地域別の将来人口推計を行う目的はさまざまであり，実施主体によっても大きく異なるが，全国的に利用頻度が高いと考えられる国立社会保障・人口問題研究所（社人研）による地域将来人口推計は，全国の将来人口推計と同様，投影（projection）の観点に基づいている．換言すれば，地域別の人口を変化させる出生・死亡・人口移動の趨勢を見極め，それらが将来にわたって継続すると仮定した場合の推計であり，将来新たに起こりうる宅地開発や企業誘致等に伴う人口変化は推計値に含まれていない．これは，「現状の人口動態で推移した場合」の推計結果を示すことによって，人口に関する施策も含め，各地域における将来政策の指針を提供することを主たる目的としているためである．推計手法としては，かつては時間とともに変化する総人口の動きに直線や曲線を当てはめて推計を行うトレンド延長法も行われていたが，近年ではコーホート観察に基づく推計法（総称してコーホート法とする）が主流となっている．コーホート法は，コーホート変化率法とコーホート要因法に大別され，このうちコーホート変化率法は人口動態に関する仮定を必要とせず，2時点の男女年齢別人口のみから推計が可能な簡便を期した推計手法である．一方，コーホート要因法は，出生・死亡・人口移動について何らかの将来仮定を設定することにより将来人口を推計する手法であり，今日世界的に最も普及している推計手法である．コーホート要因法における将来仮定は，純粋な人口学的観点に基づいて設定されるのが一般的であるものの，地価や労働力率など社会経済的指標を説明変数として将来仮定を設定することもしばしば試みられている．地域別の人口移動傾向が景気動向によって変化しやすいことなどを考慮すれば，このような観点からの推計は合理的といえるが，現段階では説明変数と各仮定値との関係式の構築などにおいて検討の余地が大きく，さらなる普及にはハードルも高い．

●推計モデルの選択　コーホート要因法においては，出生・死亡・人口移動の仮

定設定に先立って，推計モデルの選択が行われる．地域将来人口推計では，入手可能な人口統計が限定されることなどから，比較的簡便なモデルが選択される傾向がある．例えば出生については，年齢別出生率の代替指標として子ども女性比（子ども人口の母親世代人口に対する比）の仮定値が用いられることが多い．最もモデル選択の幅が広いのは人口移動であり，少ない仮定値で推計が可能な純移動率モデルから膨大な量の仮定値を必要とするロジャース・モデルまで種々のモデルが存在するが（小池 2008a），特に地域別年齢別の人口移動統計が充実しているとはいえないため，日本の各機関における推計では，これまで純移動率モデルが多く採用されてきた．具体的な将来の仮定設定においては，出生・死亡・人口移動とも推計対象地域で観察されてきた人口動態が重要な参考資料となる．出生と死亡は，今日まで全国的な動向と地域別の動向が総じて連動する傾向がみられるため，推計の基準となる時点や期間における全国の指標と地域別の指標の較差（相対的較差）を算出し，その較差を将来も一定とするのが有力な仮定設定方法の一つである．ただ，この方法を採用するには，全国の仮定値あるいは将来人口推計結果が所与であることが前提条件となる．一方人口移動は，全国で算出される国際人口移動に関する指標と地域別の指標では傾向が大きく異なることに加え，将来の人口移動傾向を見通すことが困難であるため，基準期間で観察された指標を将来も一定とするなどの単純な仮定が比較的多く採用される．

●誤差の傾向　最後に，地域将来人口推計の誤差の傾向と要因について指摘しておく．上述のような投影の観点からの推計値と実績値との差は，正確には誤差とはいえないが，これを誤差とみなして推計精度を評価することは可能である．投影の観点からの推計では，人口動態に突発的な変化が生じた場合に実績値が推計値から乖離する可能性が高く，地域別にみると，一般に大都市圏に属する地域や人口規模の小さい地域などで誤差は拡大する傾向がある（山内・小池 2015）．誤差の要因は地域によってさまざまであるものの，大半は人口移動傾向の変化によって発生しており，特に大都市圏に属する地域や人口規模の小さい地域では人口移動傾向が頻繁に変化しやすいという特徴が誤差の拡大に影響している．この点は地域将来人口推計の投影としての推計の限界ともいえるが，将来の人口移動傾向の変化を何らかの形で推計に盛り込むことも考えられ，コーホート要因法によれば，各種シナリオに基づく推計も比較的容易に行える．こうした処理によって投影は予測（forecast）へと変わると同時に，投影による推計とは異なる目的で推計結果を利用することも可能となる．例えば地方自治体では社人研の地域将来人口推計をベースとして，各地域で見込まれる将来変化を加味しながら別途推計を行うことなどが考えられる．　　　　　　　　　　　　　　　　　　　　　［小池司朗］

📖 さらに詳しく知るための文献

Smith, S. et al., 2013, *A Practitioner's Guide to State and Local Population Projections*, Springer.

地域将来人口推計の出生仮定 ☞「地域将来人口推計」p.628

fertility assumption for regional population projection

　将来人口推計の出生仮定の作成は，コーホート要因法を用いる場合，①出生指標の選択，②将来の仮定値の作成という2段階で進められる．地域将来人口推計の場合も同様であるが，全国将来人口推計とは異なり，以下のような条件を考慮しなければならないことが多い．(a) 対象となる地域の人口が小規模であるとともに人口移動の影響を受けやすい，(b) 出生仮定の作成のために利用できるデータが限られる，(c) 対象となる地域を包含する上位地域の将来人口推計がすでに行われている．以下では，こうした地域将来人口推計の特徴に留意しながら，出生仮定の作成過程について概説する．

●**出生指標の選択**　将来人口推計の出生仮定に用いる指標として，理論上最も望ましいのは年齢別出生率である．しかし，地域将来人口推計では，人口規模が少ない，あるいは出生数に関する統計が不十分であるといった理由で年齢別出生率の適用が困難な場合がある．その場合には，粗出生率や総出生率（出生数と15～49歳女性人口の比），子ども女性比といった代替的な指標が利用される．

　これら指標のうち本書の他の項目に含まれない子ども女性比についてここで若干の説明をしておくと，この指標は子どもの人口と再生産年齢の女性人口の比で定義される．子どもの年齢として0～4歳が用いられるのが一般的であるが，女性の再生産年齢としてスミスら (Smith et al. 2013) では15～44歳，国立社会保障・人口問題研究所（以下，社人研）では15～49歳が用いられており，必ずしも定まっているわけではない（社人研 2013c）．

　子ども女性比は，人口静態統計のみで算出できることに加え，単に出生の水準を示すだけでなく死亡や人口移動の影響を含んだ地域の再生産指標としての意義をもつ．この指標を地域別将来人口推計に利用すると，将来の出生数は得られない反面，推計モデルは簡素なものになる（出生から子どもの年齢に至る間の死亡や人口移動の仮定が不要になるため）．

　さて，年齢別出生率以外の指標を地域将来人口推計に用いる場合，実践的な観点から懸念すべきことがあるとすれば，理論的に最善とはいえない指標を使うことで推計結果に無視し得ない歪みが生じるかどうかであろう．

　この点に関連してスミスとテイマン (Smith & Tayman 2003) は，米国の州やカウンティに関する地域将来人口推計を例に，年齢別出生率を用いたコーホート要因法と子ども女性比を利用したコーホート変化率法の推計結果を比較し，0～4歳人口の推計結果はいずれの場合であっても大差がないことを示した．また山内 (2014) は，日本の都道府県を例に，出生指標の選択の違いが地域将来人口推計

の結果に及ぼす影響を論じた．その結果，少なくとも年齢別出生率と総出生率，子ども女性比のいずれの指標を用いても将来人口推計の結果には一定の推計誤差が生じること，年齢別出生率を用いた場合に推計誤差が小さくなるという明確な傾向はみられないことが明らかになった．

　以上をふまえれば，地域将来人口推計の出生仮定で用いる出生指標は，理論上は年齢別出生率が望ましいものの，実践の場においては他の指標を選択することも十分に検討に値することになる．つまり，最終的にどの出生指標を選択するのかは，地域将来人口推計に求められる条件次第ということになる．

●仮定値の設定　出生指標を選択した後は，その指標を用いて将来の指標値，すなわち仮定値を設定することが課題となる．将来人口推計は原則として過去の趨勢を将来に投影するものであるから，仮定値の設定方法としては，①現状の指標値を将来にわたって一定とする，②これまでの指標値の趨勢を将来に延長する，③何らかの理論値に向けて現状の指標値を変化させていく，④他の将来人口推計の仮定値に連動させる，⑤将来の指標値を算出する何らかのモデルを構築してその結果を用いる，⑥専門家と呼ばれる人々の意見を採用する，という六つが代表的なものとなる（Smith et al. 2013）．このうち，地域将来人口推計に特有の方法は④である．

　④の方法は，推計の対象となった地域を含む上位地域を対象とした将来人口推計がすでに行われている場合にそれを利用する方法である．例えば，社人研における都道府県別の年齢別出生率の仮定値は，基準期間における全国と都道府県の年齢別出生率の相対的格差と全国将来人口推計における将来の年齢別出生率の仮定値を用いて作成された（社人研 2007）．また，社人研における市区町村別の子ども女性比の仮定値は，基準年における全国と市区町村の子ども女性比の較差と全国将来人口推計の結果から算出される全国の将来の子ども女性比を用いて作成された（社人研 2013c）．

　①～⑥の方法の優劣を一般論として論じることは困難である．仮定値設定の方法の選択は，地域将来人口推計に求められる条件を勘案して作成主体が判断する以外にない．なお，国などの公的機関の地域別将来人口推計では，概観した限りでは④を採用する例が多いようである．その背景には，推計の対象地域とその上位地域の出生変動に何らかの関連があるものと推察される．　　　　　　［山内昌和］

□　さらに詳しく知るための文献
Smith, S. K. et al. 2013, *A Practitioner's Guide to State and Local Population Projections*, Springer.
山内昌和．2014．「地域人口の将来推計における出生指標選択の影響：都道府県別の分析」『人口問題研究』70（2）：120-136．
山口喜一編著．1990．『人口推計入門』古今書院．

ちいきしょうらいじんこう
すいけいのしぼうかてい

18. 人口と世帯の将来推計

地域将来人口推計の死亡仮定
mortality assumption for regional population projection

☞「寿命の地域差」p.100「将来生命表」p.474「センサス間生残率法」p.590「全国将来人口推計の死亡仮定」p.620

　地域人口の将来推計において将来の死亡率仮定を設定する手法には主に，①死亡率一定，②ターゲティング（目標設定），③過去の趨勢の外挿，④特定の死因の死亡率の低下，⑤他の地域での死亡率の変化パターンに紐づけする合成推計（synthetic projection），⑥専門家の主観的予測の利用という六つのアプローチがある（Smith et al. 2016：4.3 節）．②は当該地域の男女年齢別死亡パターンが目標とする他の人口集団の死亡パターンに収束することを想定する手法であり，③〜⑥の手法は②の収束する死亡パターンの目標を設定する手法と解釈することができる．③は過去の死亡率の趨勢から将来の死亡率の水準（目標）を設定する．④ではしばしば特定死因の死亡率が若い年齢の水準（目標）に収束することを仮定する．⑤は死亡パターンが似通った他の人口集団の将来の死亡水準の変化パターン（目標）に連動させる．⑥は専門家の主観的予測（目標）を将来の死亡率を予測する確率モデルに折り込むものである．

　日本では公式推計として国立社会保障・人口問題研究所（以下，社人研）が地域人口推計を実施しており，都道府県別には 1985 年国勢調査以来，市区町村別には 2000 年国勢調査以来 5 年ごとに 2010 年までにそれぞれ 6 回と 3 回の将来の男女年齢別人口を公表している（社人研 2013c）．この間，将来の死亡率についての仮定設定の基本的な考え方は変わっておらず，男女年齢別に将来の全国の死亡水準の変化パターンに連動させ，都道府県別には全国の死亡水準に収束させている．そのため，上の分類では⑤に近い．

●社人研・地域人口推計における死亡仮定の基本的な考え方　仮定設定の目的は，将来の生残率（年齢 x 歳の人口が 5 年後に $x+5$ 歳になるまで死亡しない確率）を地域別男女年齢別に設定することである．地域別に設定した生残率や移動率から推計された将来の男女年齢別人口の全国合計が全国推計の結果に合致するよう補正するため，地域別コーホート変化率（純移動率と生残率の合計）の全国平均は全国推計の結果から計算されるものに合致する．このため，地域推計の仮定設定では絶対的な水準ではなく相対的な地域差に本質的な意味がある．しかし，生残率仮定値は自治体などが独自に実施する推計で利用されることが多いため，その水準は当該地域の死亡水準を適確に反映するものであることが望ましい．そのため，基準となる期間（直近 5 年間）における当該地域の男女年齢別生命表生残率の全国値に対する相対的な較差（比）の大きさを生残率設定の基本とし，将来の較差がどのように変化するかを仮定する．

● 2010 年国勢調査を基準にした社人研・地域人口推計の死亡仮定　55〜59 歳

→60〜64歳以下の生残率については，市区町村間の生残率の差はきわめて小さいため，都道府県別に将来の生残率を仮定した．まず，2010年の都道府県別生命表を作成し，2005年の『都道府県別生命表』（厚生労働省）との間で男女年齢別に平均して，2005〜10年の都道府県別，男女・年齢別生残率とした．これと『都道府県別生命表』の全国の生残率との相対的較差を計算し，2035〜40年の相対的較差が，2005〜10年の2分の1となるよう直線的に減少させた．その上で，この相対的較差と『日本の将来推計人口（2012［平成24］年1月推計）』（出生中位・死亡中位仮定）から得られる将来の全国の男女・年齢別生残率を利用して生残率を設定した．

60〜64歳→65〜69歳以上の生残率については，同じ都道府県に属する市区町村間の生残率の差が大きく，将来人口推計に対して生残率が及ぼす影響も大きくなるため，市区町村別に設定した．まず，2000年と2005年の『市区町村別生命表』（厚生労働省）から2000〜05年の市区町村別，男女・年齢別生残率を計算し，これと『都道府県別生命表』から計算される当該市区町村が所属する都道府県の男女・年齢別生残率との較差を計算した．この上で都道府県別に将来の生残率を55〜59歳→60〜64歳以下と同じ方法で設定し，先に計算した将来の都道府県と市区町村の生残率の較差を2035〜40年まで一定として将来の市区町村別の生残率を設定した．

ただし，『市区町村別生命表』は，2000年については2001年12月31日現在の境域（3361市区町村），2005年については2006年12月31日現在の境域（1962市区町村）で作成されているが，推計の対象とした2013年3月1日現在の境域による自治体は市町村合併によって1799市区町村（福島県を除く）に減少している．合併のあった自治体については男女年齢別に期首人口の旧自治体割合をウェイトとする平均的な水準に生残率を組み替えた．例えば，男女年齢別の期首人口が100人と200人の自治体に合併があった場合，それぞれ生残率に1/3と2/3をかけて合計する．また，東京都三宅村については2000年と2005年の『市区町村別生命表』が作成されていないが，東京都島嶼部の自治体のものを用いて，2000〜05年の男女・年齢別生残率の平均的な水準を計算し，『都道府県別生命表』から計算される東京都の生残率との相対的な較差を設定した．

なお，2011年3月に発生した東日本大震災の影響が大きな一部の地域については男女年齢別生残率を補正した．具体的には，岩手県と宮城県の市区町村および福島県について，2011年の「人口動態統計」（厚生労働省）において報告されている東日本大震災による死亡数をもとに該当する地域の男女別年齢別生残率を補正した．　　　　　　　　　　　　　　　　　　　　　　　　　　［菅　桂太］

□□ さらに詳しく知るための文献

Smith, S. K. et al., 2013, *A Practitioner's Guide to State and Local Population Projections*, Springer.

地域将来人口推計の人口移動仮定
migration assumption for regional population projection

☞「全国将来人口推計の国際人口移動仮定」p.622「地域将来人口推計」p.628

　任意の地域の人口は出生・死亡および人口移動によって変化するが，一般に小地域になるほど相対的に影響が大きくなるのが人口移動である．一つの国全体では国際人口移動によって人口が変化するが，国を複数の地域に分ければ各地域の人口は国内人口移動によっても変化する．出生・死亡が一つの地域で完結する事象であるのに対し，人口移動は出発地と到着地の2地域の人口を変化させるとともに，移動者からの出生や死亡を通じて次世代以降の人口分布にも影響を及ぼす．加えて，出生や死亡と比較して，人口移動は社会経済的要因によっても影響を受けやすく，往々にして短期間で傾向が大きく変化しやすいという特徴もある．その一方で，人口移動統計は近年徐々に充実してきているものの，地域別の詳細な人口移動状況が把握可能な統計は限定される．こうしたことから，地域別の将来人口推計を行う際には，一般に人口移動仮定をいかに設定するかが最も大きな課題となるが，同時に人口移動モデルの構築にあたっても人口移動統計の制約などを受けることに注意を払う必要がある．

●単一地域モデルと多地域モデル　人口学的手法の中で代表的なコーホート要因法を用いて地域将来人口推計を行う場合，人口移動統計の整備状況に応じてさまざまな人口移動モデルの適用が考えられる．人口移動モデルは，単一地域モデルと多地域モデルに大別されるが，このうち単一地域モデルは，推計対象地域のみの人口移動状況を考慮して将来の人口移動仮定を設定するモデルであり，入手可能な人口移動統計が限定的な場合でも容易に適用できる．単一地域モデルで最もよく利用されているのは，男女年齢別純移動率の仮定値を設定する純移動率モデルである．しかし，純移動率は移動確率を表す指標ではないため，推計期間中において純移動率を一定としても人口移動傾向が正確に投影されないという問題点がある．純移動数の符号によって純移動率算出の分母人口を変化させる場合分け（対外）純移動率モデル（小池2008）は，このような問題点を軽減する目的で提案されたモデルである．

　一方，多地域モデルは推計対象地域外の人口移動状況も考慮して将来の人口移動仮定を設定するモデルであり，人口移動傾向の正確な投影は多地域モデルによって初めて可能となる．多地域モデルの中では，すべての地域間の男女年齢別転出率を仮定するロジャース・モデル（Rogers 1995）が代表的であり，EU各国の地域将来人口推計においてはロジャース・モデルが多く採用されている．ロジャース・モデルでは人口移動傾向の完全な投影が可能であるが，地域数が多くなると推計に必要な仮定値数が飛躍的に増大することから，仮定値数を縮減したモデ

ルとして，プールモデルや二地域モデルなどが考案されている．プールモデルおよび二地域モデルでは，ロジャース・モデルよりも大幅に仮定値数が縮減されているにもかかわらず，ほぼ正確な人口移動傾向の投影が可能であることが明らかになっている（Wilson & Bell 2004）．いずれの多地域モデルにおいても各地域の転出数と転入数が別々に推計されるとともに，国内人口移動に関して各地域の転出数合計と転入数合計は一致し，理論的に矛盾がないのも多地域モデルの利点である．もっとも，多地域モデルを構築するには，地域間の人口移動統計が一定程度整備されていることが不可欠である．また通常，国際人口移動はモデルの対象外となるため，多地域モデルを採用した場合には国際人口移動の仮定も別途必要となることも念頭におかなければならない．

●仮定値設定の手法と留意点　人口移動モデルが決定した後，具体的な仮定値設定が行われる．投影の観点から推計を行う場合，出生や死亡に関しては，基準時点や基準期間における全国と各地域の指標の較差を算出し，全国の将来人口推計で設定されている仮定値や推計結果と連動して変化させる手法が有力であるが，人口移動については地域別の変化パターンがさまざまであるために将来の統一的な傾向を見通すことが困難であり，直近期間で得られた指標を推計期間中一定とするなどの単純な仮定がしばしば用いられる．さらに留意すべきなのは，指標を推計期間中一定とした場合に人口移動傾向の完全な投影が可能なのはロジャース・モデルのみであり，特に単一地域モデルでは正確な投影から乖離した推計値が得られる可能性が高いことである．この点は単一地域モデルの限界であるが，上述の場合分け純移動率モデルを採用し，基準期間の純移動率を半減のち一定とする仮定を基本仮定とした社人研「日本の地域別将来推計人口（平成25（2013）年3月推計）」では，プールモデルにおいて転出率などを一定とした仮定による推計値と近い推計結果が得られており，推計期間中に純移動率を縮小させる仮定をおくことによって，総じて正確な投影に基づく推計結果に近づけられる可能性がある（小池 2015b）．

　また，人口移動の仮定値設定にあたっては，直近期間で算出された人口移動指標が必ずしもその時々の人口移動趨勢を表さないという点にも留意が必要である．地域別の人口移動傾向は，諸施設の立地移動などによって大きく変化しうるため，直近期間の推計対象地域においていかなる変化が発生したかを精査することも求められ，場合によっては過去の期間に観察された指標や，突発的な変化がみられた地域を除外して作成された指標を基準とすることなどもあり得る．その上で人口移動統計の整備状況等によっては，より詳細な分析に基づいた仮定値設定も可能となる． ［小池司朗］

📖 さらに詳しく知るための文献

Smith, S. K. et al., 2013, *A Practitioner's Guide to State and Local Population Projections*, Springer.

地域将来人口推計の応用
application of regional population projection

☞「全国将来人口推計の応用」p.624「地域将来人口推計」p.628「世帯数の将来推計の応用」p.646「人口学の公共政策への応用」p.676

　地域将来人口推計(以下，地域推計)は，日本では都道府県別あるいは市区町村別の推計がそれにあたり，国立社会保障・人口問題研究所(以下，社人研)による推計のほか，各自治体による独自の推計も行われている．人口減少局面に入った日本では，非大都市圏においては人口減少が加速しており，大都市圏においても高齢化が急速に進行し，今後の人口減少が視野に入る中で，各自治体では危機意識の高まりとともに地域推計の利用機会が増えつつある．

　ここでは，社人研が実施している地域推計の地方自治体における利用状況を紹介し，さらに近年における政策展開の中で，地域推計が果たしている役割について述べる．

●社人研地域推計の利用状況　社人研では，1985年の国勢調査を基準とした都道府県別推計が最初の公式の地域推計である．市区町村別推計については，2000年国勢調査を基準として初めて行われ(2003年12月公表)，以後継続して実施されている．最新のものでは，2015年国勢調査を基準とした推計が，2018年3月に公表された．

　そのような中で社人研では2006年に，全国の都道府県，市区町村に対し，社人研地域推計の利用状況をアンケートと聞き取りにより調査した(西岡ほか 2007a，：2007b)．まず都道府県別推計の利用状況については，アンケートに回答のあった46県のうち，44県が何らかの用途に利用していると答えており，具体的な分野については，「保健・医療・福祉」をあげた県が37と最も多く，次いで「少子化・男女共同参画」を30県が，「総合計画」を20県があげた．

　次に市区町村別推計の利用状況については，調査対象の1825市区町村(政令指定都市を除く)のうち，有効

表1　社人研「日本の市区町村別将来推計人口」(2003年12月推計)の市区町村による利用状況

項　目	利用率(％)
総合計画	78.0
特定地域の振興計画	21.7
道路等の社会基盤の整備計画	20.0
水道等公営事業の計画	27.2
介護事業計画	44.8
他の保健・医療・福祉に関する計画	40.2
少子化や男女共同参画に関する計画	36.9
合併や広域行政，道州制に関する計画	40.8
産業振興や労働に関する計画	19.6
防災・安全・環境に関する計画	22.6
都市計画や住宅等の計画	31.5
教育に関する計画	24.5
独自の将来推計の参考資料	39.5
財政見通しに関する参考資料	33.7

注)　利用率は，社人研推計(2003年12月推計)を利用したと答えた674市区町村のうち，各項目について利用したと答えた自治体の割合
　　［西岡ほか 2007b：63より一部抜粋］

回答があったのは1625市区町村であり，社人研推計（2003年12月推計）を「利用した」と答えたのは674自治体（41.5％）であった．具体的な利用状況を表1に示す．最も多かったのが総合計画における利用であり，78％の市区町村があげた．ほかには「介護事業計画」「他の保健・医療・福祉に関する計画」「合併や広域行政，道州制に関する計画」における利用が4割を超えていた．このうち最後の項目については，このアンケート調査がいわゆる平成の大合併の時期に実施されたことも影響していよう．また，独自の将来推計の参考資料とするとの回答も約4割あった．2006年時点においてすでに，社人研推計，自治体独自の推計いずれであるにせよ，地域推計が地方行政において重要な存在となっていることがうかがえる．

●**地方創生に関する政策と地域推計**　全国に先駆けて人口減少局面に入った非大都市圏の各自治体では，地域の持続性に関する懸念が徐々に高まりつつあった．むろんどの程度深刻に受け止めるかは自治体間で差があったが，そのような中，民間の政策提言機関である日本創成会議が2014年に社人研推計をベースとした独自の地域推計を行い，それをもとに全市区町村の約半数を「消滅可能性都市」と呼んだ．これは大きな反響を呼び，その後の安倍内閣による「まち・ひと・しごと創生本部」の設置など，地方創生関連政策の強化につながった．

2016年11月に施行された「まち・ひと・しごと創生法」では，都道府県・市町村は「まち・ひと・しごと創生総合戦略」（地方版総合戦略）を定めることが努力義務となっており，地方版総合戦略は各都道府県・市町村の人口ビジョン（地方人口ビジョン）とともに策定されることになった．この地方人口ビジョンは，人口の現状分析と将来展望からなっており，各種施策によって出生率や社会増加率が上昇した場合に，社人研推計と比べてどれだけ人口減が抑制されるかなどについて示している．地方版総合戦略と地方人口ビジョンは，2015年度中に策定されることが求められたが，2016年3月31日現在，全都道府県およびほぼすべての市区町村が策定を終えている（内閣官房まち・ひと・しごと創生本部事務局 2016）．

前述のように，社人研の市区町村別推計が初めて実施されたのが2003年である．その後，地域の持続可能性に関する懸念が強まる中で，地方創生関連の政策が強化され，上記の地方人口ビジョンにおいて，ほぼ全自治体で独自の推計が実施されることとなった．わが国においては，地域推計がかなり短い期間で一般化したということができるだろう．　　　　　　　　　　　　　　　　　［江崎雄治］

📖 さらに詳しく知るための文献

西岡八郎ほか，2007a，「地方自治体における人口および世帯数の将来推計の実施状況と社人研推計の利用状況―都道府県の場合」『人口問題研究』63（2）：57-66．

西岡八郎ほか，2007b，「地方自治体における人口および世帯数の将来推計の実施状況と社人研推計の利用状況および人口関連施策への対応―市区町村の場合」『人口問題研究』63（4）：56-73．

地域将来人口推計の国際比較
international comparison of regional population projections

☞「将来人口推計の国際比較」p.626「地域将来人口推計」p.628

　地域推計は世界中でさまざまな組織や個人が作成している．以下では，国が作成した地域推計の概略と推計精度について紹介する．

●**国が作成した地域推計**　国が地域推計を作成するのは意思決定に必要な将来人口の見通しを得るためである．しかし，その枠組みや方法は多様である．日本と米国，欧州の主要国や欧州連合（EU）が実施する地域推計を整理した菅は，各国の地域推計の特徴を次のようにまとめた（菅 2009）．

(1) 推計期間は15～50年の幅があり，25～30年とする国が多い．
(2) 推計の対象とする地域の規模は，日米欧に大きな差がある（表1）．
(3) センサス人口ではなく登録人口を基準人口に用いることがある．
(4) 全国推計と地域推計の整合性をとるための推計結果の補正をほとんどの国が行っている．
(5) 推計手法としてはコーホート要因法が用いられ，国内移動については多地域モデルが利用されることが多い．
(6) 将来の移動率仮定については基準期間の移動率を用いるものが多い中でARIMAモデルなどにより「予測」した値を用いる国もある．

　このような違いは国によって推計に期待される要件や利用可能なデータが異なるために生じるが，人口学的な知見を基礎とした推計法を採用する点は共通する．

●**国が作成した地域推計の誤差**　国が作成した将来人口推計は，通常，過去に起きた人口変化の趨勢を将来に投影したものである．したがって推計人口と事後的

表1　各国の地域推計で対象となった地域の規模

推計地域規模[a]	該当国	平均面積[b]	平均人口[c]
NUTS2[d]	日本，アメリカ，欧州連合，スペイン，イタリア，オーストリア，ポルトガル	8,039～188,804	918～2,938
NUTS3	ベルギー，ドイツ，スペイン，オランダ	689～9,731	187～841
NUTS5[e]	日本，オランダ，フィンランド	68～680	12～71
その他	オランダ[f]，イギリス[g]，スウェーデン[h]	34～3,581	16～165

[a]EUが定める地域区分であるNUTSに対応するものに分類．[b]単位：km²．[c]2005年，単位：1000人．[d]日本は都道府県，アメリカは州．[e]日本は市区町村．[f]NUTS5に該当する市町村(500地域)より細かな地域区分(1000地域)でも推計を実施．[g]保健所単位．[h]不詳．

[2008年度日本人口学会第2回東日本地域部会（2009年3月21日）の菅桂太氏の報告（「推計の役割と手法の国際比較―欧州諸国との比較を中心として」）の配布資料］

表2 各国の地域推計の誤差（推計期間5年の場合）

国／地域	地域	人口規模 (中央値)[a]	MedAPE (%)[b]	RMSE (%)[c]	誤差率(絶対値)別の地域割合[d]		
					5%未満	5〜10%	10%以上
イングランド	Region	5,326.7		1.5			
アメリカ	State	4,012.0	2.3	3.2	90.2	9.8	0.0
オーストラリア	State and Territory	1,813.7	1.8				
日本	都道府県	1,706.2	0.7	1.2	100.0	0.0	0.0
欧州連合	NUTS2（1980年基準）	1,519.4	0.5	1.1	100.0	0.0	0.0
イングランド	County	681.7		2.0			
ニュージーランド	Regional Council Area	148.1			95.0	3.8	1.3
イングランド	Local Authority	114.7		4.8			
ニュージーランド	Territorial Authority Area	32.4			85.0	12.0	3.0
日本	市区町村（2005年基準）	25.1	1.3	3.0	93.2	5.4	1.3
日本	市区町村（2000年基準）	10.7	1.7	3.5	91.0	7.2	1.7
ニュージーランド	Unit Area	2.2			60.3	24.5	15.2

[a] 人口規模は推計対象となった地域の人口規模の中央値であり，単位は千人である．
[b] MedAPEは推計対象となった地域別に誤差率（実績人口と推計人口の差を実績人口で割った値）の絶対値を算出し，対象地域全体の中央値をとったものである．
[c] RMSEは推計対象となった地域別の誤差率の平方和の平均値の平方根である．
[d] 誤差率（絶対値）別の地域割合とは，推計対象となった地域別に誤差率の絶対値を算出し，その値の構成をみたものである．

［山内・小池（2015）］

に判明した実績人口との差は，論理的に考えれば人口変化の趨勢が推計期間中に過去の趨勢から変化したために生じたのであるから誤差ではない．しかし，将来推計人口が予測として利用されている実情をふまえれば，その差を誤差とみなすことも可能である．

このような立場から，国立社会保障・人口問題研究所，英語圏諸国，欧州連合（EU）が実施した地域推計の誤差を比較したのが山内・小池である．それによれば，同じ国の地域推計であっても対象とする地域の人口規模が小さい方が，また推計期間が長い方が誤差は大きいものの，誤差の水準自体は各国とも類似している（山内・小池 2015）．ただし，特定の地域で誤差率の絶対値が大きくなる場合もある．例えば日本の市区町村（2005年基準）の場合，誤差の絶対率の中央値（MedAPE）は1.3%と小さいが，誤差率の絶対値が10%以上の地域が1.3%存在する（表2）．

［山内昌和］

◻ さらに詳しく知るための文献

Kupiszewski, M. and Kupiszewska, D., 2003, "Internal migration component in subnational population projections in member states of the European Union," *CEFMR Working Papaer 2/2003*.
山内昌和・小池司朗，2015，「英語圏諸国との比較からみた社人研の地域別将来推計人口の誤差」『人口問題研究』71（3）：216-240.

世帯数の将来推計
household projection

☞「世帯数の将来推計の方法：全国」p.642「世帯数の将来推計の方法：都道府県」p.644

　福祉政策，地域計画，環境問題からマーケティングに至るまで，世帯数の将来推計が必要とされる分野は多い．実際，高齢者の独居やひとり親世帯の子どもなど，居住状態は支援ニーズを強く規定する．住宅や自動車などの耐久消費財に限らず，消費全般が世帯単位で行われると考えることもできる．電気・ガス・水道といったライフラインへの需要やエネルギー消費の予測なども，人口に加えて世帯数の将来推計値があった方がよい．このため多くの国では，将来人口推計に加えて世帯数の将来推計を作成し公表している．

●**静的なマクロシミュレーション**　人口を集団として扱うシミュレーションモデルはマクロシミュレーションと呼ばれ，将来人口推計もその一種である．世帯のマクロシミュレーションは，状態間の推移確率が明示的に示される動的モデルと，そうでない静的モデルに分けられる．

　最も多く用いられる世帯主率法は，静的なマクロシミュレーションモデルの一種である．基本的には人口は「世帯主」「非世帯主」の二つの状態に分けられるが，必要に応じて世帯主は世帯規模別または家族類型別にさらに細分化される．男女別・年齢別・その他の属性別の人口（または一般世帯人員）に占める世帯主の割合を世帯主率と呼ぶ．世帯主率法では，何らかの方法で設定した将来の世帯主率をあらかじめ作成された将来推計人口に乗じて将来の世帯主数，すなわち世帯数を得る．国立社会保障・人口問題研究所の都道府県別世帯数の将来推計は，世帯主率法に依拠している．

　プロペンシティ法はもともと世帯規模別世帯数の将来推計のための方法で，世帯主の概念なしに適用できる．個人の属性（性，年齢，配偶関係などの組合せ）を i とし，i に属す人口のうち n 人世帯に住む者の割合 $p(i,n)$ を n 人で暮らすプロペンシティ（性向）と呼ぶ．何らかの方法で設定した将来のプロペンシティを別に用意された将来推計人口に乗じて，n 人世帯に住む人口を得る．後は世帯規模 n で割り戻せば，世帯規模別の世帯数が得られる．世帯規模別以外の世帯類型にプロペンシティ法を適用するには，類型別の平均世帯規模を別に用意する必要がある．プロペンシティ法はオーストラリアやニュージーランドの公式推計で用いられている（Australian Bureau of Statistics 2010, Statistics New Zealand 2004）．

●**動的なマクロシミュレーション**　世帯主率法やプロペンシティ法では，将来の世帯主率やプロペンシティがどのようなメカニズムで変化するかはブラックボックスに入れたまま仮定値を設定している．本来は一定期間内に非世帯主から世帯

主に移行する者と世帯主から非世帯主に移行する者があり，その結果として世帯主率が変化すると考えるべきで，プロペンシティも同様である．

こうした状態間の推移確率を明示的に導入した方法は世帯推移率法と呼ばれ，動的なマクロシミュレーションモデルに分類される（Keilman et al. 1988；Bell et al. 1995）．国立社会保障・人口問題研究所による全国の世帯数の将来推計は，1995年国勢調査に基づく推計以降は世帯推移率法に依拠している．海外では，LIPROモデル（van Imhoff et al. 1995）やProFamyモデル（Zeng et al. 2006）が有名である．

世帯主率法のような静的モデルより世帯推移率法のような動的モデルの方が望ましいのは，後者の方が将来推計の方法として妥当なためである．コーホート要因法による将来人口推計では，男女別・年齢別の出生率，死亡率，移動率こそが人口変動を起こすエンジンであると考えられ，これらのイベント生起率に対して仮定値が設定される．

人口の規模や性・年齢構造などは将来推計の結果であり，これらに仮定値を設定することはない．世帯推計の場合，仮定値を設定すべきなのは世帯主状態への参入，世帯主状態からの離脱をはじめとするイベントの生起率であり，世帯推移率法はコーホート要因法と同じ構造になっている．一方で世帯主率やプロペンシティは，特定の性・年齢別人口における状態の分布で，人口構造の一種である．そうした人口構造に仮定値を設定するのは，本来は妥当でない．

世帯推移率法では，内的一貫性を確保する必要がある．例えば特定期間内に結婚した男女の数，離婚した男女の数は一致せねばならず，特定期間に親と別居した子の数は子と別居した親の数と一致せねばならない．最も簡単な方法は，一方の性・世代について生起率を設定し，それに合わせて他方の生起数を調整するものである．

●マイクロシミュレーション　政府機関や自治体が行う公式の人口・世帯推計はすべてマクロシミュレーションで，決定論的なモデルで人口の規模や状態分布をシミュレートする．これに対し，研究分野では確率論的なモデルで個々人の状態をコンピュータ内で発生・遷移させるマイクロシミュレーションも用いられる．SOCSIM（Wachter et al. 1978）やINAHSIM（稲垣 2007）といったコンピュータプログラムでは，男女・年齢別に結婚，離婚，出産，死亡といったライフ・イベントの生起確率があらかじめ与えられ，1ステップごとに発生させた乱数によってイベントの生起・非生起を判断する．

マイクロシミュレーションは多数回のランを重ねて収束値を確認する必要があるため時間と費用がかかり，偶然性を含むために公式推計には採用しがたい．一方でマイクロシミュレーションは本来的に動的なモデルで，内的一貫性も確保されているという利点がある．　　　　　　　　　　　　　　　　　　[鈴木　透]

世帯数の将来推計の方法：全国
method of national household projection

☞「多相生命表」p.476「結婚の生命表」p.494「多状態人口モデル」p.530「世帯数の将来推計」p.640

　世帯数の将来推計の方法には，主に世帯主率法と世帯推移率法の二つがある．国立社会保障・人口問題研究所（以下，社人研）が実施した1995年以後の国勢調査を基準とする全国世帯推計は世帯推移率法を用いている．

　世帯推移率法は男女年齢5歳階級別人口をさらに複数の状態に分割し，状態間の推移確率行列を設定し，それに期首の状態別人口を乗じて期末（5年後）の状態別人口を求めていく方法である．全国世帯推計で用いられる状態は，配偶関係と世帯内地位の組合せによって定義される．世帯主率法は静態人口の配偶関係と世帯内地位の組合せについての状態分布を観察してそのパターンを投影して将来の状態分布を仮定するため静的なモデルである．一方，世帯推移率法は死亡，離家，結婚，出生，離死別，再同居といった世帯形成行動に起因する状態間の推移確率のパターンを投影して将来の状態分布を推計する動的なモデルである．世帯推移率法がライフイベントの生起確率についての仮定を用いて推計を行うのに対し，世帯主率法は前者の結果についての仮定を用いるので，方法論としては世帯推移率法が優れている．

●社人研の全国世帯推計における状態　全国世帯推計は将来の世帯主の男女年齢5歳階級別，世帯の家族類型5区分（単独，夫婦のみ，夫婦と子，ひとり親と子，その他）別の一般世帯の世帯数を求めることを目的とする．また，将来の男女年齢5歳階級別配偶関係別人口も公表しており，利用者も多い．生存者の配偶関係3区分（未婚，有配偶，離死別）と世帯内地位6区分（世帯の家族類型5区分の世帯主と非世帯主）の組合せは18通りあるが，国勢調査における配偶関係と世帯内地位には強い相関関係がある．例えば，親と同居する未婚子や夫と同居する妻が世帯主になることは稀であり，これらの推移については「世帯動態調査」から安定的な推移確率を男女年齢別に推定することが困難である．そのため，全国世帯推計では，配偶関係と世帯内地位の組合せを男性は12通り，女性は11通りに集約して推移確率を設定している．国勢調査と世帯動態調査の結果に対し集約された配偶関係と世帯内地位分布の類型による推移確率で世帯主数を計算するための準拠世帯員を「マーカ：marker（目印）」と呼ぶ．「マーカ」は「世帯主」とほぼ同義だが，特定の条件で世帯内地位と男女・配偶関係の組合せを集約したものである．例えば，妻が世帯主になっている場合には夫をマーカ，妻を非マーカとし，また未婚子が世帯主になっている場合には父親をマーカ，子を非マーカに変換する．

●配偶関係と世帯内地位の組合せについての状態間推移確率の仮定　世帯動態調

査は一般世帯を調査対象とするため，一般世帯と施設世帯との推移に関するデータは得られない．このため推移確率行列の作成は3段階で行われる．
　まず，世帯内地位を考慮しない配偶関係間の推移確率行列を，全国将来人口推計（社人研2012）で用いられた女性の初婚・再婚・離婚および将来生命表の死亡確率と2010年の配偶関係間較差をベースとして設定する．死別確率と男性の配偶関係間推移確率については，これらに合わせて設定する．次に，一般世帯の配偶関係間推移ごとに配偶関係間推移を分割するための世帯内地位（マーカ・非マーカ）間推移確率を，世帯動態調査の集計結果をベースとし，発生頻度が低く変動が不安定な組合せは補正して条件付き確率を設定する．最後に，この条件付き確率を2005～10年の配偶関係間推移確率に乗じることでフルサイズの推移確率行列（死亡を含め男性13 × 13，女性12 × 12）を作成する．将来の推移確率行列の仮定値は，さらに2005年国勢調査の配偶関係と世帯内地位の組合せ間状態分布に適用して2010年の分布を再現するよう推移確率を調整して，設定している．

●**社人研の全国世帯推計の手法**　世帯推移率法の世帯推計を実施するためには，基準人口，将来人口，将来の配偶関係間推移確率，将来の施設世帯人員割合および将来の一般世帯人員の配偶関係と世帯内地位の組合せ状態間の遷移確率行列についての仮定が必要である．基準人口は2010年国勢調査の男女年齢5歳階級別配偶関係別の世帯の家族類型別一般世帯人員をマーカ・非マーカに変換したものである．なお，家族類型不詳の一般世帯も調整して推計に含めている．将来の施設世帯人員割合については，2005～10年の国勢調査における男女年齢5歳階級別の配偶関係別施設世帯人員割合の変化率を平滑して投影することで設定している．
　推計ではまず全国人口の将来推計結果と将来の配偶関係間推移確率の仮定を用いて，将来の男女年齢5歳階級別の配偶関係別人口を推計し，確定させる．これに男女年齢5歳階級別に将来の配偶関係別の施設世帯人員割合を乗じて，男女年齢5歳階級別配偶関係別一般世帯人員を求める．さらに，2010年の基準人口（マーカ・非マーカ分布）と将来の配偶関係と世帯内地位の組合せ間の推移確率行列から求めた将来の一般世帯人員の配偶関係と世帯内地位の組合せ分布を適用して，男女年齢5歳階級別配偶関係別一般世帯人員を世帯内地位（マーカ・非マーカ）に分解する．このように計算された将来の5年ごとの結果を各年ごとに線形補間し，マーカ・非マーカから世帯主・非世帯主に逆変換した男女5歳階級別，配偶関係別，家族類型別世帯主数が将来の世帯数である．　　　　　　　［菅　桂太］

📖 さらに詳しく知るための文献
国立社会保障・人口問題研究所，2013，『日本の世帯数の将来推計（全国推計）―2013年1月推計』人口問題研究資料第329号．

世帯数の将来推計の方法：都道府県
☞「世帯数の将来推計」p.640

method of regional household projection

　国立社会保障・人口問題研究所（以下，社人研）では，都道府県におけるさまざまな行政需要を見通すための基礎資料として，都道府県別の世帯数の将来推計を行っている．社人研の都道府県別世帯数の将来推計は，1966（昭和41）年に初めて公表され，以降，1971（昭和46）年，1995（平成7）年，2000（平成12）年，2005（平成17）年，2009（平成21）年，2014（平成26）年の7回公表されている．当初は一般世帯総数のみを対象としていたが，1995年以降は家族類型別の将来世帯数を推計している．ここでは，直近の2014年推計について概要を述べる．

●社人研推計の枠組み　社人研では，人口と世帯数について，全国推計，地域別推計をそれぞれ行っており，都道府県別世帯数の将来推計は，直接的には地域別将来推計人口と全国世帯数の将来推計（以下，全国推計）の結果を受けて行われる．推計期間は2010～2035年の25年間で，5年ごとの世帯数を推計する．世帯数は，一般世帯を対象とし，世帯主の男女・年齢5歳階級・家族類型別に求める．家族類型は，全国推計と同じ5類型（単独世帯，夫婦のみの世帯，夫婦と子から成る世帯，ひとり親と子から成る世帯，その他の一般世帯）である．

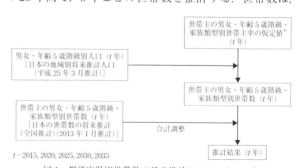

図1　都道府県別世帯数の将来推計のフローチャート

推計の方法については，全国推計では世帯推移率法が用いられるが，都道府県別推計では世帯主率法を用いている．世帯主率法では，将来の世帯数＝将来の人口×将来の世帯主率となるが，右辺の将来の人口と世帯主率のうち，人口はすでに公表されている地域別将来推計人口を利用し，将来の世帯主率について仮定値を設定する．より詳細な推計の枠組みは図1のフローチャートのとおりである．なお，全国推計との整合性をとるため，世帯主率法によって得られた世帯主の男女・年齢5歳階級・家族類型別世帯数の都道府県ごとの合計が，全国推計の結果に一致するよう補正を行ったものを最終的な推計結果としている．また，この一連の手続きの終了後に都道府県別の平均世帯人員（＝一般世帯総数／一般世帯人員）を求めるが，このために必要な将来の都道府県別一般世帯人員は，直近の国勢調査を用いて一般世帯人員の総人口に占める割合を都道府県別に求め，これと

全国推計から得られる一般世帯人員の将来の総人口に対する割合をもとに算出している．

●**仮定値の設定**　将来の世帯主率の仮定値設定においては，世帯主の男女・年齢5歳階級・家族類型別の各区分において，全国推計の結果から得られる世帯主率（全国値）と各都道府県の世帯主率との相対的な関係に着目し，全国推計から得られる将来の世帯主率の全国値をもとに，都道府県ごとの将来の世帯主率を設定する．世帯主率の相対的な関係として，各都道府県の世帯主率の全国値に対する相対的格差を考える．全国の年次 t，性別 s，年齢 j，家族類型 k の世帯主率を $r^s(t,j,k)$ とする．都道府県 i の世帯主率を $r_i^s(t,j,k)$ として，全国の世帯主率に対する相対的格差 $D_i^s(t,j,k)$ を次のように定義する．

$$D_i^s(t,j,k) = \{r_i^s(t,j,k) - r^s(t,j,k)\}/r^s(t,j,k)$$
$$= r_i^s(t,j,k)/r^s(t,j,k) - 1$$

これより，都道府県 i の世帯主率は全国の世帯主率と相対的格差を用いて次のように表すことができる．

$$r_i^s(t,j,k) = r^s(t,j,k)\{D_i^s(t,j,k) + 1\}$$

実際の推計においては，世帯主の男女・年齢5歳階級・家族類型別に，1995～2010年の相対的格差の標準偏差に回帰直線を当てはめ，この関係を将来に延長して2035年の標準偏差を推定した．その上で，2010年の値に対する2035年の推定値の比を参考に将来の相対的格差の水準を設定した．さらに，過去4回（1995, 2000, 2005, 2010年）の国勢調査から得られる世帯主の男女・年齢5歳階級・家族類型別に世帯主率の相対的格差の過去の動向を(1)過去3期間に一貫して縮小している，(2)過去3期間に一貫して拡大している，(3)(1),(2)以外の3とおりに分類し，それぞれ将来の動向を，①先に定めた水準に向かって直線的に縮小する，②2010年の水準に固定する，③①における幅の2分の1の幅で直線的に縮小するとしている．

●**推計結果**　以上のような方法により，2014年4月推計では，①2035年までに沖縄県を除く46都道府県で世帯数の減少が始まり，そのうち41道府県では2035年の世帯数が2010年を下回る，②すべての都道府県で平均世帯人員の減少が進み，特に東京都では近く2.0人を下回る，③2025年以降，すべての都道府県で単独世帯が最多になる，④65歳以上人口に対する単独世帯主の割合がすべての都道府県で上昇し，最も高い東京都では2035年に27.7％に達する，等の結果が得られている．

［小山泰代］

📖 さらに詳しく知るための文献

国立社会保障・人口問題研究所, 2014,『日本の世帯数の将来推計（都道府県別推計）　2014年4月推計』人口問題研究資料第332号．

世帯数の将来推計の応用
application of household projection

☞「世帯と家族」p.204「世帯規模」p.206「世帯構造」p.208「高齢者の居住状態」p.214「人口高齢化と医療・介護」p.348「次世代育成支援対策と子育て」p.356「世帯数の将来推計」p.640

　世帯は人々が生活をおくる上で基礎的な社会経済上の単位であり，その将来推計は将来人口推計とは異なる利用をされている．以下では主に国立社会保障・人口問題研究所が公表する将来世帯推計（以下，社人研推計）の応用例と世帯の将来推計の応用に関する今後の展開可能性について述べる．

●住宅政策への応用　2世帯住宅やシェアハウスなどの一部の住宅を除けば，世帯数と居住世帯のいる住宅数は一致する．住宅需要数の将来推計は，世帯数の将来変動による住宅ストックの増減の推計と，減失による住宅ストックの減少の推計から構成されており，前者に世帯数の将来推計が利用され，新規住宅着工数や空き家数の将来推計値が導き出されている．こうした推計には住宅所有関係別，建て方別，規模別（床下面積）などの将来世帯数が必要であり，住宅・土地統計調査のデータを用い，家族類型別に推計されている社人研推計を加工する方法や，住み替えモデルを使ったシミュレーションなどによって推計されている．政策レベルでは，住宅建設5か年計画や住宅金融支援機構（旧住宅金融公庫）による住宅着工予測に社人研推計が利用されてきた．かつては人口・世帯の増加に対応した住宅供給に力点がおかれていたが，住宅供給が充足し，本格的な少子高齢化および人口・世帯減少が見込まれるようになったことから，住宅建設5か年計画は第8期（2006年）で終了して住生活基本計画へと変わり，中古住宅の流通市場やリフォーム市場などの環境整備，空き家の利活用など住宅ストックの有効活用へと議論がシフトしている．ただし，世帯数は2023年をピークに減少する見通しであるものの，地域差を伴って進む世帯の小規模化や単独世帯，高齢世帯の増加が住宅市場に影響を与えることは不可避であり，世帯変動に伴うニーズの変化に応じた地域別の住宅需要推計が必要である．その取り組みの一つが高齢者の居住支援であり，高齢者居住安定確保計画では都道府県別，市町村別に将来の高齢単独世帯，高齢夫婦のみ世帯の推計値をもとにしてサービス付き高齢者向け住宅や有料老人ホームなどの高齢者の住まいの整備目標量を設定している．

●社会保障関連政策への応用　社人研推計からは，従来の社会保障制度の前提となってきた標準世帯が減少する一方で世帯形態が多様化していくという社会変動が見通されている．社会保障関連政策の一環として，こうした変化に対応するための計画策定や制度設計がなされている．2000年から始まった介護保険制度は当初，家族同居世帯を標準としたサービスが中心であった．しかし，重度の要介護者や医療ニーズの高い高齢者の増加に加え，介護力が弱く孤立化の恐れがある高齢単独世帯，高齢夫婦のみ世帯が将来にわたって増加し，日常生活に不安を抱

く高齢者が非常に多くなると見込まれるようになった．そこで2012年介護保険法改正にて，高齢者が地域で自立した生活を営むことができるように医療，介護，予防，住まい，生活支援サービスを切れ目なく提供する「地域包括ケアシステム」の構築に向けた取り組みが強化された．

　高齢単独世帯や高齢夫婦のみ世帯の場合，子どもが近所に住んでいれば介護や見守りのニーズにも同居子に近い水準で対応しうる可能性があり，そうでない場合と比較して，介護保険の利用度合いが変わってくると考えられる．こうしたことに応用できるものとして，社人研推計の結果を利用して子どもの同近居を考慮した高齢者の居住状態を推計する研究もある（鈴木ほか2012）．また，3世代世帯の減少，ひとり親と子からなる世帯，共働き核家族世帯の増加は，子育て資源へのニーズをもつ世帯の増加を意味することから，子どもの年齢という属性も加えた推計をもとに子育て支援の需要を推計することも考えられる．

●各種消費量（需要量）推計への応用　家庭部門のエネルギー需要量は，気候区分や世帯規模，住宅の建て方などによって異なる．そのため，民政家庭部門での地球温暖化緩和策を検討するにあたり，家族類型別，平均世帯人員別，住宅構成別等の将来世帯数を媒介にして家庭のエネルギー消費量を推計する研究が進んでいる（渡邉・岩船2013）．ほかにも単身世帯と2人以上の世帯で食料消費傾向が異なることに着目した食料消費量の将来推計（農林水産研究所2014）や，新規住宅建設に伴う木材需要量の推計などがある．民間企業もマーケティングへの利用を進めており，利用者ニーズに沿った世帯推計を行っていく必要がある．

●今後の世帯の将来推計の応用への展望　人口減少社会は家族が大きく変化していく社会であり，家族類型別世帯数の将来推計はその変化を表している．世帯は生活の単位でもあることから，社会現象の中には人口構造だけでなく世帯構造の変化も考慮して将来の見通しを立てることに合理性があるものもある．しかし，例えば世帯類型によって生活保護受給率や医療・介護ニーズが異なっているにもかかわらず，生活保護費や社会保障に係る費用の将来推計では人口と経済の将来見通しのみが前提条件とされているなど，世帯の将来推計を利用していないものも少なくない．世帯の将来推計は人口の将来推計と比較すると政策形成に利用している地方自治体の数が少なく，利用した政策項目数も少ないという調査結果もある（西岡ほか2007b）．今後の少子高齢化，人口減少社会において効果的な政策を実施するためにも，利用者のニーズに沿った世帯の将来推計や推計結果を応用する手法の研究および普及がより重要性を増してくるだろう．　　　［丸山洋平］

□□さらに詳しく知るための文献
国土交通省，2006, 2009, 2011, 2016,「住生活基本計画（全国計画）」．
厚生労働省，2013,「地域包括ケアシステムの構築に向けて」．

19. 人口学の応用

　本章では人口学がこれまで発展・蓄積してきた人口統計の収集方法や分析手法，そしてそこから公表されてきた膨大な量の統計を人口学以外の分野に応用，活用していく方法を考察していく．人口学が扱うテーマは基本的には出生，死亡，移動，結婚，構造，分布などであり，これらに関わる大量かつ精密な統計の作成，分析のためのノウ・ハウを発展させてきた．また悉皆調査である国勢調査や届出による人口動態統計，また住民票による住民基本台帳などから得られる情報は集計データという形で広く政府機関から提供されている．さらに標本抽出による各種調査のデータも，近年ではデータ・アーカイブなどを通してさまざまなものが入手できるようになってきた．

　これらの正確かつ膨大な量の人口統計を用い，人口学が対象とする研究以外の目的に，人口学の手法やデータを活用していこうとする動きが，自治体や民間企業等々で生まれてきている．それらは，集計データと個人データを結びつけたり，地理情報システムを用い地理的に結合したりして，行政や民間経営，マーケティング，都市・地域政策など，広い分野で活用されてきている．本章で紹介するものは，それに関わる基本的な考え方や具体的な事例であるが，今後情報環境のますますの発達によりさらなる発展が見込まれる分野である．

[安藏伸治・和田光平]

第19章

応用人口学……………………………………………652
マクロデータとミクロデータの連結………………654
GISとビッグデータの応用…………………………656
人口学的属性と人間行動……………………………658
属性別人口の推計：教育と労働力状態……………660
属性別人口の推計：人種と言語・宗教……………662
属性別人口の推計：健康状態………………………664
世代会計分析…………………………………………666
エージェント・ベース・モデル……………………668
公営施設の立地と公共サービス……………………670
人口変動と予算配分政策……………………………672
人口学の政策的・法的応用…………………………674
人口学の公共政策への応用…………………………676
人口学の自然災害対策への応用……………………678
人口学のマーケティング分析への応用……………680
人口学のアクセシビリティ分析への応用…………682
人口学の商圏分析への応用…………………………684
人口減少と市場規模…………………………………686

応用人口学
applied demography

☞「マクロデータとミクロデータの連結」p.654

　人口学は他の科学あるいは学問と同様に，データの収集や分析に関しての厳密な体系を構築しようとしている．人口学が取り扱う研究分野は，人口の規模，分布，構造，変動などであり，これら人口変動の要因となる出生，死亡，移動，婚姻などの人口要素あるいは人口変数といわれるものに限定してその指標や指数を作成し，それらの推計を行う．この分野は形式人口学あるいは人口分析とも呼ばれる．さらに，こうした指標や指数が，どのような要因により変動するのかといった側面に焦点をあて，人種や国籍，宗教，言語などの民族的特質，配偶関係や出生地，居住地，教育水準などの社会的特質，そして就業，雇用，所得水準といった経済的特質などを用い考察していく人口研究がある（Siegel & Swanson 2007）．

　人口学は，このように人口の諸変化についての分析的側面と，これらの要因分析の二つの側面をもつが，人口学が構築してきた人口指標や指数は膨大であり，かつデータとしての信頼性と妥当性は社会科学の中でも最も優れているといえよう．このような人口学が有する膨大なデータや分析手法を他の分野に活用していこうとするのが応用人口学である．応用人口学は，人口統計の作成や普及ならびに分析を意図し，さらに事業計画のプランニングや評価，報告といった目的に人口統計と社会経済統計やその他の情報と結びつけていこうとするものである（Rives & Serow 1984）．

●応用人口学の出現の背景　応用人口学が学術の分野に登場したのは，1982年の米国人口学会第51回大会にあたるサンディエゴ大会である．Applications of Demography to Businessと題された分科会では四つの研究報告が行われた．その後，大会を重ねるごとに報告数も増加．1989年には常設の研究会が組織されるに至り，現在では，毎回非常に多くの報告がなされている．

　こうした動きの背景には，米国における人口構造ならびに人口移動の大きな変化が存在していた．1940年から1957年まで，米国では長期にわたる戦後のベビーブームが起こり，その後1957年から1976年までの出生力の落ち込み，いわゆるベビーバストが発生した．その結果，10年ごとに人口構造が激変する時代に突入したのである．このような人口変動が1960年代以降の人口の年齢構造，地理的分布，世帯構造の変化をもたらし，同時にベトナム戦争や女性解放運動の影響により，女性の高学歴化や就業率の上昇が発生した．さらに離婚率の上昇も起こり，その急激な上昇は1980年代まで続いたのである．1960年代以降の米国社会に発生した人口構造，世帯構造，結婚・離婚行動，再生産行動などの変化は，それまでの社会が抱いていた伝統的な男女の性別役割分業意識を変化させ，個々

人の価値観やライフコースの多様化をもたらすことになったのである.

1960年代以前の,父親が主たる働き手で母親が専業主婦といった伝統的な家族構成の時代から,個々人の属性である年齢,配偶関係,教育達成,収入,嗜好,習慣,社会経済的地位などにより,就学後や就職後に生まれ故郷から他の地域へ移動し,居住形態も多様化していったのである.それに伴い,地域人口の分布,年齢構造,消費行動の多様性などが起こり,多次元化し,短期間で変化する市場構造の把握が米国の自治体や水道やエネルギーの供給会社,また産業界において急務とされたのである.こうした状況のもと,着目されたのがデータとして信頼性の高い,センサスや10年ごとのセンサスの間を埋めるカレント・ポピュレーション・サーヴェイなどの人口統計だったのである(Russell 1984).

●デジタルデータの供給と他のデータとのリンク　人口構造の大きな変動から生じる社会,地域,産業構造の影響を的確に読み取り,自治体のインフラ整備や公共サービスの対応,消費や購買行動などの変化へのビジネス界の対応のため,1970年センサスからデジタルでの情報提供が行われるようになった.それ以前は膨大な印刷物としての提供のみであったが,デジタル情報での提供は,これまでとは異なるレベルでの人口情報の活用に結びついていった.センサスは,個々の世帯の情報を収集し,それを地域レベルで集計し,年齢,性別,世帯規模,学歴などの特質について公表する.個票のミクロデータで収集してはいるが,公表は個人が特定できない規模でのマクロデータとなる.その最小単位は,センサストラックという調査単位である.わが国では国勢調査の基本単位区あるいは地域メッシュの2分の1地域メッシュ(500m四方)となる.この小地域に割り当てられた番号がのりしろとなり,その他の人口統計や住宅センサス,工業・商業センサスなどの統計と連結させ,膨大な地域データベースを構築する.米国では,1970年のデジタルデータの更改後,多種多様な調査関連企業が誕生してきた.現在では人口統計などの地域データに,各種調査や企業や店舗の会員カードやポイントカードから,個人の膨大な購買履歴や行動に関わる個人情報を住所や電話番号から緯度経度情報に変換し,小地域データを連結することも可能であり,またさらに位置情報システム(GPS)からの移動情報も活用することも考えられている.これらのデータをビッグデータ化し,より的確な行政やビジネスに活用しようとする応用人口学の動向はますます大きなものとなっていくことであろう.

[安藏伸治]

📖 さらに詳しく知るための文献

Siegel, J. S., 2002, *Applied Demography, Applications to Business, Government, Law, and Pubic Policy*, Academic Press.

Curry, D. J., 1993, *The New Marketing Research Systems. How to Use Strategic Database information for Better Marketing Decisions*, John Willey & Sons.

マクロデータとミクロデータの連結
linkage between macro and micro data

☞「人口分布に関する統計」p.556「人口分布の分析指標」p.560「GISと地域人口分析」p.578「応用人口学」p.652

　人口学が扱うデータには大きく分けて「マクロデータ」(地域や時間単位でまとめられる集計データ)と，そのもととなる「ミクロデータ」(個々人の情報にもとづく個票データ)がある．このマクロデータとミクロデータを関連づけることにより，人口学の応用範囲は飛躍的に拡大する．人口学が蓄積した信頼性の高い人口統計と分析手法を人口事象の変動の考察だけでなく，自治体の行政やサービス，企業の経営企画，業績評価，マーケティングなどに活用，応用しようとするのが応用人口学である．情報環境の革新とデータ入手可能性の拡大により，マクロデータとさまざまなソースから得られるミクロデータの結合が可能になり，いわゆるビッグデータとして分析範囲ならびに応用範囲が拡大した．

●**人口学が扱うデータ**　人口学では世帯や個人を単位として実施した調査の質問票，つまりミクロデータをもとに集計したものを，地域別，男女別，年齢別，年次別などの単位でまとめマクロデータ(集計データ)として公開される．これらの情報は，人口統計のさまざまな指標や指数を作成するための基礎資料となる．つまり，人口学がその研究対象とする出生，死亡，移動，結婚などの人口事象についての統計は，こうした集計データとして示される．それらの中でも最も重要な統計は，全世帯を対象に5年ごとに実施される悉皆調査(全数調査)としての「国勢調査」である．

　国勢調査はまず議員定数の決定，市や指定都市などの設定要件，地方交付税交付金の配分，都市計画の策定，過疎地域の要件，衆議院議員選挙区の画定などのための法定人口の策定のために用いられる．さらに，社会福祉・街づくり・経済政策・防災対策などの行政施策への利用のために用いられ，そして毎月の推計人口・将来人口の推計や人口分析など学術研究での利用，人口学・地理学・社会学・経済学などの学術研究，中等教育などの教育や民間企業での利用と日本の学術，教育，ビジネスなどの基礎資料として最重要なデータである．悉皆調査であることから，わが国で実施される多種多様な標本調査の「型紙」の役割も演じている．つまり，標本調査で収集された標本が，男女別・年齢別などの人口学的特質で国勢調査とほぼ一致する構成比を有するか否かで，その調査の標本抽出の妥当性をみることができる．そういう点で，国勢調査はわが国のすべての標本調査の基軸となる調査である．

　国勢調査は5年ごとの横断的調査，つまり静態的調査であるのに対し，年次や月ごとの時間の流れの中で収集されるのが「人口動態統計」である．人口動態統計は，届出義務期間のある出生，死亡，死産と，届出義務期間のない婚姻と離婚

届から得られる情報を集計した形で公開される．数，率，年齢，死因，父母の年齢，夫婦の年齢，同居期間などから，人口統計を作成するための重要な情報が提供される．生命表の作成や人口推計にとって不可欠な情報である．もう一つ重要な集計データとしては，「住民基本台帳人口移動報告」がある．住民基本台帳法第22条の規定による届出のあった転入者に係る住所（市区町村コード），性別，変更情報（異動事由，異動年月），住民基本台帳法第8条の規定により職権で住民票に記載された転入者に係る住所（市区町村コード），性別，変更情報（異動事由，異動年月）についての情報が得られる．そのほかに，国際移動に関しての統計として，「出入国管理統計調査」がある．

●ミクロデータとの結合　公開されている人口統計は個々の世帯や個人から収集されたミクロデータを，回答者個人を特定できないようなサイズに集約したマクロデータとして公開されている．それらは地域単位あるいは年次や月単位のものとなる．地域単位の場合は，都道府県，市区町村，町丁目，1kmメッシュ，500mメッシュと細分化されていく．

　一方，ミクロデータである個人を対象とした調査からは，回答者の性別，年齢などの人口学的特質と居住地（住所）などを必須要件として，その調査の目的に関する多様な情報を取得していくことになる．価値観や考え方，嗜好や選好，購買行動など，政治的・社会的・経済的なさまざまな特質を問うことができる．現代では企業や店舗が発行する会員カードやポイントカードなど多く存在しており，個人の人口学的特質と社会経済活動を結びつけることが可能となっている．

　人口統計というマクロデータとこれらのミクロデータを結合させるためには，マクロデータから得られる地域コードとミクロデータから得られる居住地情報を結びつける必要がある．この二つのデータを結合することができれば，マクロデータから地域ごとの特定の人口学的特質を選定し，ミクロデータからその地域に居住する個人の考え方や行動の傾向を結びつけていくことができる．地理情報システムを用いれば住所を緯度経度に変換し，人口統計を落とし込んだ地図上にポイントして落としていくことが可能である．その結果，例えば「70歳以上の老人と同居している共働き世帯が多い地域」では，「デイサービスセンターの需要とともに，同時に学童保育の需要が同時に高まる」傾向があるといった行政サービスへの要望も明確にすることができる．そのほか，ビジネスの世界では，電話番号と居住地，さらに個人属性を結びつけることによりまさにマーケティングに直結する活用が可能なのである．　　　　　　　　　　　　　　　［安藏伸治］

📖 さらに詳しく知るための文献

安藏伸治・小島 宏編著，2012，『ミクロデータの計量人口学』原書房．
Weiss, M. J., 2000, *The Clustered World : How We Live, What We Buy, and What It All Means About Who We Are*, Little, Brown and Company.

GIS とビッグデータの応用
application of GIS and big data

☞「GIS と地域人口分析」p.578「人口学のアクセシビリティ分析への応用」p.682「人口学の商圏分析への応用」p.684

　ビッグデータという用語は，データ・マイニング分野において使用されていた構造化されていない大量のデータを指す言葉であった．2011年の米国のマッキンゼー・アンド・カンパニー社の報告書（McKinsey Global Institute 2011）や2012年にオバマ政権が「ビッグ・データ・リサーチ・ディベロップメント・イニシアティブ」を発表したことで認知度が高まった．ビジネス分野のみならず，行政の安全保障（防災），社会保障（健康管理），教育分野の革新に活用する試みとして，IoT（モノのインターネット，Internet of Things）や AI（人工知能，Artificial Intelligence）とともに 2010 年代に急速に注目を集めた（総務省 2016）．

　ビッグデータに明確な定義はなく，世界中に意図的，非意図的に蓄積されている人，モノに関するさまざまなデータを計測（センシング，sensing），デジタル化，加工された大量のデータ群を示し，従来の処理技術では対応できないような大量のデータのことを指す．これらビッグデータの収集，管理，取捨選択，解析，可視化などの技術を通じて，新たな価値の創出や社会課題への対応へと結びつけるための試みが企業，政府，研究分野によって行われている．データの種類は気象情報，ゲノム情報，インターネット検索ログ，ソーシャルネットワーキングサービスの利用ログ，人・モノの位置情報（Global Positioning System：GPS），公共交通機関の利用 OD（Origin-Destination）情報など多岐にわたる．

● GIS とビッグデータ　ビッグデータと GIS および人口分析への応用では，携帯電話や GPS 取得機能をもつデバイス（例えば，カーナビゲーション）を利用した人・モノの位置情報の利用が考えられる．総務省統計局国勢調査には，市区町村別の性別，年齢別人口のほかに通勤・通学先の情報を集計した「昼間人口」を公表しているが，人の位置情報を把握することで時間帯別の任意の地域区分における時間帯別人口を推計することが可能となる．このような情報は，地震などの災害時における地方自治体の防災計画の策定などに役立たせることができる．

● ビジネス分野における応用例　人の位置情報を利用したビジネス展開では，NTT ドコモの取り組みが参考になる．NTT ドコモは経済産業省が次世代検索・解析技術の開発・普及による送出環境の確立を目指して 2007～09 年度に立ち上げた「情報大航海プロジェクト」内における「マイ・ライフ・アシストサービス」と銘打った検証実験を行っている（NTT ドコモ 2010）．検証実験では，携帯電話の GPS 情報から得られる位置情報や携帯使用履歴の使用状況から利用者の生活スタイルに適した情報の提供を行うほか，個人情報管理の観点から利用者自身の行動情報の匿名化の管理システムを構築し，駅乗降データや購買データとの連

携,カーナビゲーションとの連動による高速道路での行動予測,位置情報を活用するゲームアプリによる行動誘起サービスなどの検証を行った.2010年には総務省委託研究「ユビキタス・プラットフォーム技術の研究開発」として千葉県柏市を対象に,リアルタイムでの人の動きのセンサリング,2013年にはドコモ・インサイトマーケティングより,携帯電話7000万台のデータをもとに日本全国の1時間ごとの人口分布を性別・年齢層別・居住地域別で作成した「モバイル空間統計」の販売を開始している.

●防災分野における応用例　ビッグデータを防災分野で応用した例には,日本放送協会(NHK)が2011年に発生した東日本大震災後に放映した「NHKスペシャル震災 BIG DATA」(2013年3月・9月,2014年2月)がある.当番組では,カーナビゲーション14万台分(本田技研工業),地震後1週間の国内で発信された1億7900万ツイート(ツイッター社),携帯電話の位置情報(ゼンリンデータコム),自衛隊の救助活動記録などのデータの提供を受けて震災当時の人やモノの動きなどを地理空間上で視覚化を行っている(阿部博史 2014).具体的には,震災発生時の首都圏の推計人口データ(図1),地震発生時の浸水域人口,地震から30分後の車速(超渋滞現象の把握),被害甚大地域にある企業の所在地と移転場所などの時系列変化がGIS上で描かれている.

図1　震災発生時の首都圏の推計人口データ
[阿部(2014：274)]

●人の流れに関するデータ　東京大学空間情報科学研究センターは「人の流れプロジェクト」において,パーソントリップ調査から人の動きを推定し,時間帯別,ID別の人の移動履歴の作成・公開を行っている.また国土交通省都市局と当センターが提供している「復興支援調査アーカイブ」では,東日本大震災後に聞き取り調査を行い,そこから得られた避難経路情報から避難状況を被災地別,時間帯別にGISを用いて視覚化を行っている.

　個人の位置情報をもとにした詳細な移動情報のGISによる視覚化や分析,さらに防災計画やビジネス分野での利用は,個人情報保護の観点から限られた利用に留まっているものの,法整備や情報技術によるセキュリティ強化が進むことで,人の移動以外のビッグデータを含め,今後新たな情報技術による社会課題の解決手段の登場が期待される.　　　　　　　　　　　　　　　　　　[鎌田健司]

人口学的属性と人間行動
demographic characteristics and human behavior

☞「人口分布に関する統計」p.556
「人口分布の分析指標」p.560
「GISと地域人口分析」p.578
「マクロデータとミクロデータの連結」p.654

　国勢調査や人口動態統計，住民基本台帳人口移動報告などの人口統計では，さまざまな人口学的属性が収集されている．人口学的属性とは，一般的に国籍，人種，性別，年齢，配偶関係，宗教，居住地等々であり，その属性の相違によりさまざまな行動様式に差異が生じてくる．欧米では，人種や宗教，所得水準により居住地域が異なり，その地域ごとで消費され，購買されるものも大きく異なる．それゆえ人口学的属性の相違を的確に認識し，それに対応した市場の特性を把握することが，商業活動のみならず，適切な行政サービスの実施に重要な意味をもつことになる．

●**人口統計から得られる属性**　悉皆調査である国勢調査の調査項目は，世帯に関する事項として，世帯の種類，世帯員数，家計収入の種類，住居の種類，住居の床面積，住居の建て方について，また世帯員に関する事項としては，氏名，性別，出生年月，世帯主との続柄，配偶関係，国籍，居住期間*，5年前の住居所在地*，在学・卒業等教育の状況*，就業状態，就業時間，事業所・種類，仕事の種類，従業上の地位，従業地または通学地，従業地または通学地までの交通手段*（*は0年に調査）がある．人口動態統計では，性別，年齢，死因，父母の年齢，夫婦の年齢，同居期間などが，住民基本台帳人口移動報告では，氏名，住所，転入をした年月日，従前の住所，世帯主，世帯主でない者については続柄，転入前の住民票コード，国外からの転入先などがある．これらの情報は個人を特定できないように，都道府県別，市区町村別から小地域の情報としてまとめたマクロデータとして提供されている．

　人口学的属性についての情報は，ビジネスに応用しようとする場合には「デモグラフィックス」と呼ばれる．特にマーケットの所在やその構成をとらえる場合には，特定地域のデモグラフィックスに注視する．現在では，地域というマクロデータのみならず，ミクロデータである個人の人口学的属性についてもデモグラフィックスという場合がある．人口情報というと量的なとらえ方と思われるが，デモグラフィックスはその質的な側面についても注目する意味合いが含まれる．

●**質問票による個別調査を用いた分析**　今日ではさまざまな行政機関，研究機関そして民間企業において，多様な調査が行われている．質問票を用いたアンケート調査の形態から，市場調査や会員カード，ポイントカードなどの形で個人情報が収集されている．それらを正しく分析することにより，いかなる人口学的属性を有する人がどのような選択行動をするのかということを予測することが可能となる．このような調査から得られたデータをもとに，人口学的属性による選択行

動や消費行動などの変化をとらえ，予測することができれば，その応用範囲は拡大する．例えば，どのような年齢，性別，教育水準，従業上の地位にあるかによって行動に違いが生じ，同居者の年齢の相違で世帯の消費行動が異なるのかなど，特質の多様な組合せで発生する人間行動を結びつけて考えることができる．ビジネスの世界では「消費者行動分析」と呼ばれる分野である．

●**地理情報システムの活用** 上記のマクロデータとしての地域別のデモグラフィックスと，各種調査などによって蓄積されたデータから得られた人口学的属性の差異による消費者行動分析が明らかになれば，次のプロセスとしてその両者を結びつけていくことになる．その際に必要となるのが地理情報システム（GIS）である．GIS では地図上の行政区分ごとに国勢調査などで得られるすべてのデータを落とし込むことが可能である．その中から対象となる個人，つまり就学年齢前の子どもや小学校の子ども，義務教育年齢以下の子どもなど，多様なデモグラフィックスを抽出し，全世帯のうちの当該世帯割合も得られる．

人口統計を落とし込んだ GIS 上の地理的分布に，会員カードやポイントカード，その他の方法で入手した対象者（顧客）をその個人的な人口学的属性によって分類し，その住所をジオコード化し地図上に散布していくと，それぞれの地理的区画上の総世帯数に対する顧客割合や，市場潜在力を推計することが可能となる．

●**三要素の連結** 各種人口統計から得られる人口学的属性を抽出，選別して得られるデモグラフィックス，各種調査や会員情報から得られる消費者行動分析，そしてそれらを結びつけるための GIS を連結させていくと，より人口情報を活用した発見が行える．まず，デモグラフィックスと消費者行動を組み合わせると，「どのような人口学的属性をもった人がどのような消費行動をするのか」や，「ある特定の消費行動をする人はどのような人口学的属性を有するのか」といったことが明らかとなる．次にデモグラフィックスと GIS を組み合わせると，「ある人口学的属性を有する人はどこにより多く存在するのか」や，「ある地域にはいかなる人口学的特質を有する人が多く存在するのか」が判明する．そして，GIS と消費者行動のリンクでは，「どの地域では何が売れるのか」，また「特定の物品はどこで多く消費されるのか」が示される．しかし，デモグラフィックスと GIS と消費者行動の三要素を連結させると，「どこで」，「誰が」，「何を」というより明確なマーケットの特定が可能となる．さらに最近では携帯電話の番号と居住地を結びつけたり，全地球測位システム（GPS）と組み合わせ，いかなる属性をもった人がどのように行動するかといった移動情報も分析に加えることも可能である． ［安藏伸治］

□□ さらに詳しく知るための文献

Curry, D. J., 1993, *The New Marketing Research Systems: How to Use Strategic Database Information for Better Marketing Decisions*, John Wiley & Sons.

属性別人口の推計：教育と労働力状態 ☞「人口学的属性と人間行動」p.658

estimates and projection of population by characteristics：education and labor force status

人口は単なる数ではなく，属性別にとらえることによりさまざまな影響を社会経済に対して及ぼす．その中でも，教育と労働は最も基礎的な属性のうちの二つである．ここでは，前者に基づく属性別人口を大学入学者，後者に基づく属性別人口を労働力人口と定義して話を進める．

●現状把握　教育や労働の質いかんによって経済の発展経路は決定されるといってよい．ベッカー（G. S. Becker）の考え方を援用すれば，教育投資（すなわち人的資本への投資）は経済発展の重要な要素である（Becker 1993）．これは教育を十分に受けることによって初めてライフサイクルを通じて生産性の高い労働力になりえ，これが経済発展に大きく貢献するという考え方である．これはマクロの視点に立った考え方だが，ミクロの視点に立ってもこのことは重要であり，十分な教育投資を受けられない場合，十分な所得を得ることは難しくなり，貧困状態に陥るリスクを高めてしまう．

このように教育と労働は経済活動の根本に関わる属性であることから，これらの人口の動向を把握しておくことは重要である．ここで実際にデータを用いて，これらの属性別人口の動きをとらえてみることにする．まず，教育の属性別人口の動きとして，高等教育である大学の過去4年間の入学者数および19～22歳人口に占めるこの割合の推移を示してみる（1983～2014年）．19～22歳を取り上げたのは，この年齢層は比較的直近において大学の入学を経験しているからであり，この割合の分子はこの年齢層に対応させるように過去4年間の入学者数とした．図1をみると明らかなように，1983年からの長い期間でみると増加・上昇

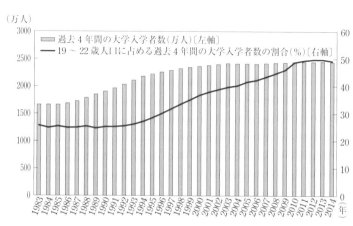

図1　大学入学者数・割合の推移
［文部科学省「学校基本調査」；総務省「人口推計」を元に作成］

傾向にあるといえるが，足元で実数は増加傾向が弱まり，割合は低下している．

次に，労働の属性別人口の動きとして，労働力人口と労働力率の動きをみてみよう（1980〜2014年）．労働力率とは，労働力人口を15歳以上人口で除した比率である．図2をみると明らかなように，労働力人口は1990年代中頃まで増加傾向にあったが，最近は緩やかな減少傾向．労働力率については，1990年代中頃までは上下していたが，それ以降低下傾向となっている．

図2　労働力人口・労働力率の推移
[総務省「労働力調査」を元に作成]

●将来動向　2005年から日本は人口減少時代に入り，今後もこの動きは進展していくことが予想されている．大学の入学者も労働力人口も，これに応じて持続的に減少していくことが予想される．これにより教育産業はますます打撃を被る可能性があるし，労働力人口の減少は経済の供給力を縮小させることで，マクロ経済に対して大きな打撃を与えることが予想される．こうした人口減少時代において，入学者や労働力人口の減少を抑制することが政策的にみて重要な課題となる．

考えられうる一つの方法としては，人口減少を所与とした場合に，19〜22歳人口に占める入学者の割合や労働力率を上昇させることである．この点については，これらの割合を任意に設定することにより推計を行うことが可能であり，これは国の機関をはじめとしてよく用いられる簡便な方法である．前者については，政策的に教育に一層力を入れることを意味し，後者については，例えば働きたくても働くことのできていない女性や高齢者の労働力率を上昇させることを意味する．特に女性の労働力率の上昇に関しては，出産・育児と仕事との両立支援を充実させることなどにより可能となるので，少子化対策の一環としても重要である．

[増田幹人]

属性別人口の推計：人種と言語・宗教 ☞「人口学的属性と人間行動」p.658

estimates and projection of population by characteristics: race, language and religion

　人種は本来，生物学的属性に関する概念であるが，文化的属性に関する民族とほぼ同義語として用いられることがしばしばある．また，人種に関する統計データ収集の際に，遺伝子検査に基づいて区分するのはほぼ不可能であるので，通常は主観的に自認する「人種」に基づいて区分することになるが，その場合は文化的属性としての民族に近くなる．また，言語・宗教も民族とは異なる概念であるが，両者は民族を区分する客観的規準として用いられ場合が多いし，統計データを収集する際に対象者によって主観的規準としても用いられることから，以下では「民族」を総称として用いて民族別人口の推計・将来推計について述べることにする．ただし，そのカテゴリー区分は政治的，政策的意味合いをもつことも多いため，国によってかなり異なる．

●**移民国家における民族別人口推計**　民族別人口の推計・将来推計は比較的多数の先住民族を抱える移民国家（例えば，オーストラリア，カナダ，ニュージーランド）や建国当初からの多民族国家（例えば，イスラエル，シンガポール）の政府や研究者によってセンサスなどの集計データに基づいて以前から行われてきたし，近年は例示した国々を含む，比較的多数の移民を受け入れている国家によっても行われている．例えば，ニュージーランド政府統計局のホームページによれば，全国レベルのマオリ族人口の将来推計は1953年から行われてきた．しかし，それ以外の民族（移民を含む）については1993年以降に順次行われた．

　また，人種区分と民族区分が混在する米国でも以前から人種・民族別人口の推計・将来推計が行われてきたが，2000年センサスから複数選択肢の選択が可能となったため，複雑化してきた．また，同様に二つの区分が混在する英国でも1991年センサスで複数選択肢の選択が可能な「民族」に関する情報が収集され始めてから複雑化したが，最近では小地域レベルの民族別人口の推計・将来推計まで行われるようになった．

●**民族別人口推計の方法**　全国レベルの民族別人口の将来推計については，民族別の出生，死亡，国際人口移動と，民族間移動に関して必要な情報がほぼ利用可能であるため，コーホート要因法が用いられる場合が多いようである．しかし，地域レベル・小地域レベルの民族別人口の将来推計については必要な情報が必ずしも利用可能でないため，外挿（補外）などによる推計値を用いた多地域コーホート要因法が用いられることがある．また，詳細な民族別属性別将来人口推計には，多相将来推計やマイクロシミュレーションといった手法が用いられることがある．前者では民族別，年齢階級別の出生確率，移動確率，民族間移動確率を用

いるもので，民族間交婚の確率や子どもへの継承確率も考慮に入れるという点で優れている．

カナダ政府統計局が 2010 年に行った将来人口推計は 2031 年におけるカナダ人口の多様性を推定することが目的であったため，同時に民族（visible minority）・宗教・言語をはじめとする八つの個人的属性について将来推計を行う必要があり，属性間で将来推計結果の整合性を保つためにはマイクロシミュレーションを実施するほかなかったとのことである．センサス・データ（死亡の場合は標本調査データ）にロジット・モデルを適用し，それぞれの属性の死亡，配偶関係，出生，移動に対する効果を示す係数を推計した上で，係数から得られた属性別の確率をマイクロシミュレーションの際に適用するものである．宗教間・民族間・言語間移動の確率についてはセンサスのコーホート分析と標本調査から一つのシナリオだけがマイクロシミュレーションに組み込まれた（小島 2013）．

また，カナダ政府統計局報告書（Statistics Canada 2017）によれば，上記の将来人口推計用マイクロシミュレーション・モデルは Demosim と呼ばれ，2004 年に作成されてから 2001 年，2006 年，2011 年の各回センサスや 2011 年全国世帯調査から得られる基礎人口を利用して，州別・地域別の世代別民族別将来人口推計や宗教別・言語別将来人口推計を行ってきた．2010 年版の将来人口推計は原型に近いものを用いて行われたようであるが，Demosim の 2017 年版では州別・地域別の世代別民族別将来人口推計や宗教別・言語別将来人口推計のみならず，市民権有無別移民や精度の高い言語別人口の将来推計も可能となったとのことである．

他方，フランスのように民族統計を収集すること自体が差別を生むとして法的制限が 2007 年まで続き，EU 指令に従って緩和された後も論争が続く国（例えば，Tribalat 2016）では必ずしも十分な情報がそろっておらず，2010 年頃に初めて移民とその子孫に関する出身国・地域別推計結果が公表された．しかし，民族別人口の将来推計で政府関係機関によるものは公開されていないようである．また，言語や宗教を同時に尋ねた比較的大規模な全国レベルの標本調査は 2008 年に実施された TeO（Trajectoire et Origine）調査だけであろうが，研究者が個票データを利用する際に，民族・宗教に関する情報の利用を制限しているため，一般研究者が詳細な民族別人口の将来推計を行うのは困難であろう． ［小島 宏］

📖 さらに詳しく知るための文献

小島 宏，2013，「世界の宗教別人口のデータと将来推計」早瀬保子・小島 宏編著『世界の宗教と人口』原書房．
Statistics Canada, 2017, *Demosim: An Overview of Methods and Data Sources*, Ministry of Industry.
Tribalat, M., 2016, *Statistiques ethniques, une quarelle bien Française*, L'artilleur.

属性別人口の推計:健康状態
estimates and projection of population by characteristics : health status

☞「健康寿命(余命)」p.96
「期間率の概念と生存のベ
年数」p.418「健康の生命
表分析」p.472

　我が国のように,全体的に総人口は減少しても,急速な高齢化の進展が不健康状態の人口や患者数,要介護者数を増加させる傾向にあるため,今後,健康状態の属性別の人口規模の動向が注視される.以下に,その発生率や推計に関する注意点や手法について考える.

●**有病率と罹患率**　人の健康状態を直接的に変化させる病気のかかりやすさを表す概念として,疾病の頻度を示す疾病率には有病率,罹患率があり,両者は明確に区別される.有病率とは,いつ病気に罹患したかにかかわらず,ある1時点において,その人口のうち現にその病気にかかっている人の割合を指す.すなわち,ある時点の有病率=その時点の当該患者数／総人口であるため,実質的には有病割合を示し,人口統計学的には静態的な発生比例数と言える.したがって,仮に出生や流出入が無いとして,新たな罹患数よりも治癒数が多ければ有病率は低下するし,その病気が致死性の場合でも,死亡によって患者数が減れば,有病率は低下する.また出生や流出入による総人口の変化は,負の関係で有病率を変動させる.

　それに対して,罹患率(発症率,発生率)は,ある時間幅をもつ観察期間において,観察対象のリスク人口に対して新たに罹患した患者数の比率を指す.すなわち,ある期間の罹患率=その期間に罹患した患者数／リスク人口であり,人口統計学的には動態的な事象(イベント)の発生率と言える.リスク人口(危険曝露人口)とは,その期間中にその事象を発生させる可能性のあるすべての人口であり,当該事象発生の危険性に曝されている期間と人数の組み合わせである.例えば子宮がんのリスク人口に男性は含められず女性のみに限定されるし,麻疹のように一度罹患して免疫ができると再罹患しない感染症の場合,罹患経験者はリスク人口から除外される.また,観察対象者の中には,観察期間中に死亡や転出,調査拒否などで欠落する者もいる.欠落しなければ観察期間全体がそのまま適用されるが,例えば観察期間の中間時点で欠落した者は,欠落しなかった者の0.5人分にしか相当しない.リスク人口はこのような実質的な人数と期間(年数)の総のべ数であるため,人時(とくに,人年)ともよばれる.なお,この罹患率は,病気の発生だけが計測され,その後の治癒や致死による患者数の減少とは関係ない.

　罹患や感染によって患者数が増加する状況を計測するには罹患率を用いるべきであるが,例えば政府による医療保険の適用や薬価の設定などの医療政策や,製薬企業による医薬品や治療法の開発投資の検討には,その病気に関わる健康状態

別の人口規模を把握できる有病率が参考になる.

なお,高齢の人口ほど一般的には有病率や罹患率が高くなるため,年齢別の有病率や罹患率が不変であっても,高齢化のような人口の年齢構造の変化だけで,計算上,その人口全体の有病率・罹患率は上昇してしまう.そのため,時点や地域が異なる人口の有病率や罹患率の水準を純粋に比較するためには,それらの人口の年齢構造を標準化する必要がある.

●**健康状態別人口の推計方法**　健康状態別人口は,人口学的基本属性(通常は性・年齢)別にみた健康状態の属性に関わる発生率と,人口学的基本属性別人口(性・年齢別人口)との積和によって構成されている.また健康状態別人口はある時点の静態数であるため,この場合の発生率としては有病率が用いられる.そこで通常は,性・年齢別人口のみ,あるいは有病率と性・年齢別人口の両方を将来推計値として改めて求められた積和が,将来の健康状態別人口とされる.例えば図1は日本における認知症の老年人口の将来推計として,期首時点以降一定不変とした場合と,生活習慣病(糖尿病)の影響により期首時点以降の認知症の年齢別有病率が上昇するとした場合とでそれぞれ推計され比較されている.将来も比較的安定して推移する性・年齢別人口のみ将来値として,有病率は将来も不変として推計され,これが基準値とされる場合も多い.確かに有病率は将来,自然に変動するし,制度変更や医療政策にも敏感に反応するので不確実性が大きくなるとはいえ,この例の

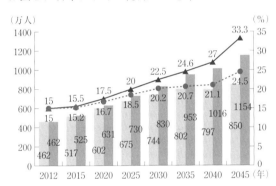

図1　65歳以上の認知症患者の推定人口と推定有病率
［内閣府（2017）］

ように実態に合わせた有効なシナリオから将来の有病率を設定して,それらの影響を考慮した健康状態別人口が推計されることもある.

［和田光平］

📖 さらに詳しく知るための文献

クライン,J.P.,メシュベルガー,M.L.打波 守訳,2012.『生存時間解析』丸善出版.
コレット,D.,宮岡悦良監訳,2013.『医薬統計のための生存時間データ解析 原著第2版』共立出版.

世代会計分析
generational accounting analysis

☞「世代間移転と国民移転勘定」p.68「人口減少と財政問題」p.344「人口高齢化と年金制度改革」p.346「人口高齢化と医療・介護」p.348

　会計形式で社会経済的な秩序を動態的に研究する会計学には，企業会計論だけではなく国民所得勘定に基づく社会会計論もある．特に人口学にも関連する世代を比較する社会会計論の応用として，世代会計による分析方法がある．

●**世代会計の概念**　短期的な単年度予算ではなく中長期的な見地から安定的な財政方針を策定する必要性から，1990年代初めにアゥアバック（A. Auerbach）やコトリコフ（L. Kotlikoff）らが世代会計という概念を提案した（A. Auerbach et al. 1991）．これは，税金や社会保険料，年金保険料，雇用保険料など，各世代に属する個人が一生の間に政府に支払う負担額から，年金や医療などの社会保障や福祉，公共サービスなど政府から得られる受益額を差し引いた純負担額（実質的な現在の貨幣価値，すなわち割引現在価値換算）を世代ごとに比較して世代間不均衡を分析する方法である．彼らが発表した1995年基準の世代会計によれば，現在世代の負担に対する将来世代の負担が，日本では4.38倍にも達し，他の先進主要国と比べてもきわめて高いことが明らかにされた（アゥアバックほか 1998）．その主因である高齢化はさらに進行しているため，世代間格差は拡大傾向にある．わが国では，内閣府の経済白書や経済財政白書において世代会計が継続的に試算され，その後，同経済社会総合研究所により，将来の人口動向やマクロ経済状況，社会保障の現行制度や制度改革の動向を反映させながら計算され，世代間不均衡を是正する長期的な施策の根拠として利用されている．

●**現在世代と将来世代のゼロサム状態**　家計（国民）と政府との経済的な関係では，家計による負担の現在価値，すなわち税や社会保険料などからの政府収入は，政府支出の割引現在価値と政府純債務合計に等しいという，政府の異時点間の予算制約式が世代会計分析の端緒である．政府収入については各世代がそれぞれ分担するものの，年金，医療保険，介護保険，雇用保険など政府が支出する国民への受益は，特定の世代に向けられる移転給付（政府からみれば移転支出）と，世代を特定できない政府支出とに分けられる．さらに税収（国民による支払い）を分担する家計の世代を，現在すでに存在している「現在世代」と，これから生まれてくる「将来世代」という二つに単純に区分し，現在と将来の世代がそれぞれ，生涯を通じて政府に支払う負担額から，生涯を通じて政府から受け取る受益額を差し引いた額が各世代の生涯純負担額となるので，政府の異時点間の予算制約式は，

現在世代の生涯純負担の割引現在価値＋将来世代の生涯純負担の割引現在価値＝（移転支出以外の）政府支出の割引現在価値＋（初期時点の）政府純債務

となる.この生涯純負担額は世代勘定とも呼ばれ,これを1人あたりにすれば,当該世代に属する個人が死亡するまでに政府から受け取る金額と支払う金額との差の平均値となる.この予算制約式の右辺,すなわち政府支出や純債務が不変であれば,バランスをとるために,現在世代の負担が軽く(逆に重く)なるほど将来世代の負担が重く(逆に軽く)なるという,いわばゼロサム的な状況となる.

●**潜在的な債務** ここで,現在世代の純負担額の内訳として,租税等負担と移転給付(政府からみれば移転支出)に分ければ,この予算制約式は,

将来世代の生涯純負担の割引現在価値＝政府支出の割引現在価値＋(初期時点の)政府純債務額－(現在世代の租税等負担額の割引現在価値－現在世代の移転給付額の割引現在価値)

となる.ところが,年金,医療,介護などの移転支出も,今現在は受給していなくとも加齢や罹患,要介護状態などで受給要件が満たされれば,現在の国民にもそれらの給付が政府によって保証されているため,これらは現在世代の移転給付の割引現在価値には含まれていると考えられる.すなわち,政府側からみれば,現時点で発生していなくても将来発生することが制度的に規定された潜在的債務であるといえる.つまり上式から,将来世代の生涯純負担は,現在世代の(潜在的な)租税等負担額と現在世代の移転給付(潜在的債務)との差,すなわち潜在的純債務額の割引現在価値に対して,相対的に負の関係となっている.その意味では,将来世代にとって,政府が国民に約束した債務は,発生時点が現在でも将来でも負担しなければならないことに変わりはなく,財政再建や社会保障といった政府の債務に関わる問題やその対策を論じるには,現時点における明示的な債務だけではなく,このように現行制度に規定されている潜在的純債務も考慮すべきである.この点でも世代会計は,現在の政策が将来にも継続的に効力を有する前提でその政策に必要な負担額が計算され,長期的な政策の策定に有効な情報を提供することになる.

●**世代会計の注意点** 世代会計における異時点間の政府の予算制約式が満たされるためには,政府財政の将来にわたって長期的に持続することが前提となるが,それは保証されているものではない.また,将来の物価上昇率や利子率,所得など世代会計の計算に必要とされるさまざまな仮定設定や前提条件には,当然不確実性が含まれているし,それらの仮定や前提条件によっては計算結果が大きく異なるため,その結果の解釈や取り扱いには注意が必要である. ［和田光平］

📖 さらに詳しく知るための文献

島澤 諭.2013.『世代会計入門:世代間格差の問題から見る日本経済論』日本評論社
アゥアバック,A.ほか.1998.「世代会計の国際比較」『金融研究』17(6),日本銀行金融研究所.

エージェント・ベース・モデル
agent-based model

☞「シミュレーション人口学」p.378
「確率論的人口モデル」p.534

　エージェント・ベース・モデル（以下，ABM）とは，自律的な主体（エージェント）の行動，ならびに相互作用の連鎖や集積がシステム全体に与える影響を評価するためのシミュレーションモデルである．これによって複雑な現象が再現，予測されるが，個人をエージェントとし，それらによって構成される社会をシステムとすれば，ABM は，社会の秩序あるいは構造の生成を表現するため，ゲーム理論，複雑系経済学，数理社会学など社会科学的分野のほか，人間集団を表現する人口分析にも応用される．また，このようなシステムには，それぞれが異なる意思決定ルールをもつエージェントが多数存在するシステムとなるため，マルチ・エージェント・システム（MAS）とも呼ばれる．さらに，そこでは人工的に社会が生成されるため，そのシステムは人工社会ともいわれる．

● ABM の特徴と要素　ABM の特徴として，主に次の5点があげられる．
　①エージェントの自律性：各エージェントがそれぞれ自身の意思決定のルールに従って行動すること，ならびに②エージェントの社会性・相互依存性：各エージェントの行為の選択や結果は，自分以外のエージェントからの影響を受けること．①と②の特徴から，ABM では中央で統制する主体もなく，エージェント自身が相互作用を通じて社会状態を徐々に変化させるという自己組織的な社会変動をたどりながら自律的な秩序が形成される．
　③エージェントの適応性・学習可能性：各エージェントは自身の行為選択の結果（およびその結果から得られる効用）や他のエージェントからの影響により，自身の意思決定ルールを変更すること，ならびに④社会状態の再帰性：全エージェントの行為の集積を社会状態というが，次期の各エージェントの行為選択は，現在の社会状態からも影響を受けるということ．具体的には，現在の社会状態が，次期の各エージェントの周囲の環境を変化させ，それに応じて各エージェントの行為選択が影響を受けて次期の社会状態が生成されたり，エージェントの意思決定のルール自体が現在の社会状態から影響を受けてエージェントの行為選択が変化した結果，その行為の集積として次期の社会状態が生成されたりする．そしてこれらのプロセスが繰り返されることで，各エージェントと社会状態の再帰的過程の長期的帰結が表現される．③と④の特徴から，ABM ではそれぞれのエージェントは周囲の限られた情報の中で，自己の意思決定ルールに基づきながらも学習したり適応したりしながら，経済的利益や社会的地位などエージェント自身の利害となるものを発見的に探索すると想定される．
　⑤モデルの分析にはシミュレーション手法が用いられるということ：演繹的な

数理モデルにも仮定や条件は必要であるが，ABM では，以上の特性ゆえに数理モデルとして定式化するには複雑すぎて現実的な均衡解や安定状態などを求めにくい．そこでシミュレーションによってモデルの特性を量的に明示したり，さまざまなパラメータを試して適当な閾値や境界条件を導出したりして，モデルの構造を帰納的に分析することになる．

さらに，各 ABM の決定的な要素としては，①各エージェントがどのエージェントを参照するのか，またどのエージェントと実際に関わるのかというエージェント間の相互作用，②各エージェントが，行為を選択するために基準とする意思決定ルール，③各エージェントが，自身の行為の帰結や周囲のエージェントの影響を受けて，その意思決定ルールを変更する方法，の3要素である．最後の意思決定ルールの変更方法には大別して三つあり，第一に自己の経験に基づく適応，第二には観察に基づく適応，第三には複数のエージェントによって構成される集団のうち，エージェントの一部がルールを変えるものである（金澤ほか 2011）．

●**人口学の応用例** 社会科学における ABM の古典的な応用例としては，シェリング Schelling（1971）の分居モデル（あるいは分住モデル）がある．これは人種別人口の居住分布の変化と安定的な帰結を ABM モデルによって表したもので，その結果，強い差別意識をもっていなくても，人種によって居住地の棲み分けの生じることが示された．このモデルは現在でも，例えば民族や宗教，価値観など属性別人口の居住分布の空間分析にも応用されている．

人口学への本格的な応用の嚆矢としては，ビラーリ，プルスカウェッツ（Billari, Prskawetz 2003）がある．ここでは，ABM を利用して，各エージェントによるミクロレベルでの人口行動からどのような新しい人口理論が構築できるかが検討された上で，実例としては，人口転換の拡散過程，東西ドイツにおける人口移動，結婚探索や結婚年齢規範などの家族人口学，また歴史人口学における死亡研究などへ応用されて注目された．その後，この類書として書名も装丁も似ていて混同されやすいが，ビラーリ（Billari et al. 2006）が出版されて，さらに人口学への応用も進んだ．最近では，グロー＆ヴァン・バーベル（Grow & Van Bavel 2016）において，進化する人口理論の開発や人口学における社会的相互作用への役割などの理論面での応用のほか，結婚のマッチングや出生行動などの家族形成への応用，また健康や死亡面への応用研究の進展も示された．

[和田光平]

📖 **さらに詳しく知るための文献**

山影 進・服部正太編，2002．『コンピュータのなかの人工社会—マルチエージェントシミュレーションモデルと複雑系』構造計画研究所．

Epstein, J. M.and Axtell, R., 1996, *Growing Artificial Societies: Social Science from the Bottom Up*, Brookings Institution.（服部正太，木村香代子訳，1999．『人工社会—複雑系とマルチエージェント・シミュレーション』共立出版．）

公営施設の立地と公共サービス
location of public facilities and public service

☞「人口分布に関する統計」p.556 「人口分布の分析指標」p.560 「GIS と地域人口分析」p.578 「人口学のアクセシビリティ分析への応用」p.682

　長期にわたる少子・高齢化によって，わが国の人口は人口減少時代に突入した．とりわけ地方圏において高齢化および人口減少が急速に進行しており，地方自治体の公営施設の立地・運営ならびに公共サービスのあり方が問われている．公共サービスは住民に対して公平かつ公正に分配されることが期待され，公営施設の立地についても同様の視点から考察される必要がある．公営施設の立地には財政的問題のほか，住民の居住分布と施設との（物理的・時間的）距離について，公共交通機関などの交通ネットワークや市街化区域／市街化調整区域などの都市計画上の視点の導入が求められる．

●施設配置問題　「地域に施設をどのように配置したら最もよいか」という問題を「施設配置問題」といい（岡部・鈴木 1992），人間が社会生活を営み始めた時代から存在するといわれる普遍的な問題である．村の集会所や倉庫をどこに配置すべきかといった問題から学校，図書館，公園，医療・介護施設などの公共サービスに係るもの，人口の居住分布と店舗間の配送ネットワークを考慮したコンビニエンスストアの立地計画などビジネス分野においても活用されてきている．施設配置問題を数理的に解こうとする試みは 17 世紀に始まったとされ，20 世紀以降は経済学的視点による「競争立地問題」「立地理論」やネットワーク上での最適配置に着目した「立地適正化」の研究がなされている（岡部・鈴木 1992）．

●アクセシビリティ指標　施設の利用のしやすさを評価する指標に「アクセシビリティ指標」がある．この指標は，施設の供給量（面積，定員など）と需要量（周辺のリスク人口など），さらに利用者（需要者）の居住地点から施設までの距離を用いて定量化する．アクセシビリティ指標は施設の特性によって用いる定式が異なり，得られる指標の単位も，到達時間や需給の比など評価軸はさまざまである．例えば，コンビニエンスストアのように定員や距離制限がなく誰でも利用可能な施設と行政区域と定員が定められている公設保育所では用いるデータも定式化も異なる．保健医療分野では医療施設のアクセシビリティ指標による評価が盛んに行われており，医療施設までの到達の容易さを評価する物理的アクセシビリティ指標と住民の健康度との関係を明らかにする研究などが行われている（谷村 2004）．そのほかに公設保育所の立地問題（例えば，河端 2010；鎌田・長谷川 2013；図 1）への適用などさまざまな分野で社会課題の抽出・評価を行うためのアクセシビリティ指標の活用がなされている．

●アクセシビリティ指標の注意点　アクセシビリティ指標は主に GIS（地理情報システム）によって結果が示され，直観的な結果を提示できることから行政の意

思決定支援として有用であるが，注意点もある．第一に各指標の閾値をどのように設定すべきかという点である．閾値には等間隔・自然分類（分布の形状）・標準偏差（分布のばらつき）・法律上決められた水準・社会的に許容可能な水準（例えば，相対的貧困率）などがあり，閾値の設定には行政的（法令的）に妥当な数値と説明が必要である．第二に施設の質を評価することが困難であるという点である．例えば医療機関の利用には利用者の選好が働いていることが考えられ，受療動向に関する決定要因（距離，医療サービスの質，患者の属性，医療

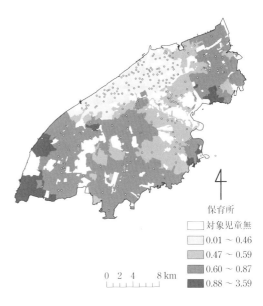

図1　新潟県における認可保育所アクセシビリティ
［鎌田・長谷川（2013）］

機関の知名度など）を考慮した現実的なモデルの構築が必要となるが，データの利用上制限があることが多い．

●立地適正化計画　国土交通省は，2014年に改正された都市再生特別措置法のもとで「コンパクトシティ・プラス・ネットワーク」と題する「立地適正化計画」を進めている．この計画では，人口減少時代における持続可能な都市経営を可能にすることを目的とし，医療・福祉施設，商業施設，住民が公共交通ネットワークでのつながりを保持する範囲でまとまって集住するような都市全体の見直しならびに計画の策定を地方自治体に求めている．立地適正化計画に先立ち，国土交通省国土技術政策総合研究所より「アクセシビリティ指標活用の手引き」が公表され，公共交通を中心にしたコンパクトシティ実現のための分析方法の公開を行っている．今後，多くの自治体は高齢化の進展や人口減少が見込まれる中で，公営施設や公共サービスを効率的かつ財政的に持続可能に展開するためのエビデンスに基づいた知恵と創意工夫がより一層求められるだろう．　　　　［鎌田健司］

□□ さらに詳しく知るための文献

岡部篤行・鈴木敦夫．1992．『最適配置の数理』朝倉書店．
中谷友樹ほか編著．2004．『保健医療のためのGIS』古今書院．

人口変動と予算配分政策
population change and budget allocation policy

☞「世代間移転と国民移転勘定」p.68 「地域再生と雇用創出」p.254 「財政力の地域差」p.274 「社会基盤と地域人口」p.276 「地方消滅」p.280

　政策の実施には予算制約があり，その緊急度や重要度，公平性，費用対効果などの観点から最適な予算の配分がはかられ，それは人口の観点からも，その社会における世代間あるいは地域間などの所得の再配分機能として重要である．

●**世代間の予算配分**　プレストン（S. H. Preston）（1984）は，米国人口学会の会長講演の中で，高齢化が進む米国において，本来なら絶対数が減少していて，教育や福祉などの社会的恩恵を一人あたりでは多く享受できるはずの年少人口よりも，老年人口の方が社会保障などの恩恵を多く享受していることを指摘し，この現象はプレストン効果と呼ばれた．経済的には，少ない若年人口を主対象とする教育などの産業よりも，増加する老年人口の需要に応えるために，医療や健康の分野へ人材や資金が流れやすくなる．また，政治的にも中高年層では高く，青壮年層は低いという投票率の差から，老年人口に有利な政策が支持され，実際の予算もそれに合わせて配分される傾向がある．近い将来，高齢になる壮年層も老後の社会保障の改善には反対しにくい．逆に，選挙権がない年少人口の利益になるような予算は配分されにくい（河野1990）．

　実際，現在の日本でも，厚生労働省の2015年『所得再分配調査』によると，世帯主の年齢で若年ではすべてマイナスで，60歳以上からプラスに再分配され，特に75歳以上では当初所得の8割以上も追加的に再分配されている．さらに，日本では子どもがいる世帯の貧困がOECD平均よりも高く（OECD 2014b），年少人口への福祉が相対的に不足している．低所得世帯の子どもは，大学などの進学率も低く（内閣府2015b），教育を受ける機会の減少は社会全体の損失にもなる．このような予算配分の世代間格差を是正する試みとしては，2016年に施行された選挙年齢の引き下げのほか，例えば人口学者のドメイン（P. Demeny）が提唱したドメイン投票方式がある．これは若くて選挙権のない子どもの数だけ親に投票権を追加的に付与し，その投票を代行させることで若年者の利益も政策に反映させようとするものである（Demeny 1986）．

●**地域人口分布に応じた予算配分**　国の予算では，高齢化により医療や年金が膨らみ，例えば2018年度の歳出である約74兆4000億円のうち，3分の1超の約33兆円が社会保障費に充てられている．そのほか「人づくり革命」として待機児童11万人分の保育環境の整備などに1152億円を配分したり，「生産性革命」として人工知能の開発費などを増額したりして，人口減少に対応するための労働供給の質と量の強化がはかられている．他方，歳入では，新規国債の発行への依存構造は変わらず，将来世代への負担は残されている．また，歳出に地方交付税

交付金として15兆5000億円が計上されているが，これは国が国税として徴収した税金を，各地方自治体の人口や財源不足（基準財政需要額－基準財政収入額）などをもとに，自治体間の税収入の格差を調整しながら算定し，再配分するものである．

地方税収は，企業数や人口が多く生産年齢人口割合の高い都心部では多くなる一方で，人口が少ない地方自治体ほど，この地方交付税への依存度が高くなる傾向があるため，実質的には地域人口分布に応じて予算が再配分されているともいえる．ただ，大都市圏の自治体では，予算額に対して基準財政需要額の算定値が見合っていないことや，昼間人口の流入や人口集中地区の人口が，実態よりも低く見積もられていることなど算定上の問題点をあげている（東京都財務局2017）．

なお，2015年度からは「人口減少等特別対策事業費」として，通常の地方交付税とは別に，年間6000億円程度の優先配分枠が設けられ，人口動態のほか若年者や女性の就業率をもとに，人口減少対策の取り組みの必要度と成果の両面から追加的に配分されている．国の限られた予算が効率よく地域別に配分されるとはいえ，このような制度は消費や労働，出産などに関わる若い生産年齢人口の地域間での取り合いを誘発しやすい．その結果は日本国内全体で，単に人口が移動するだけのゼロサムゲーム状態となり，近隣地域間での非生産的な消耗戦に陥る恐れにも注意すべきであり，国全体での統一的な政策が一層重要となる．

●**人口の視点による効率的な予算配分**　特に高度成長期以降，東京の多摩や大阪の泉北のような郊外のニュータウンでは，いちどきに移住した人口のために，大量の住宅のほか，道路や橋梁などの交通インフラや学校，公民館などの公共施設が整備，建設されたが，現在ではそれらが一斉に老朽化したり，公立学校の空き教室のように不要になったりしても，人口の自然減や都心回帰による人口流出のため税収が伸びない上に高齢者福祉などへの予算配分が重荷となって，社会インフラの廃棄や更新，維持が難しいというインフラの高齢化が起きている．これに対して，将来人口推計をもとにコーホートの動きを正確に把握しながら，公立学校や公共施設の厳しい建築基準を一時的に緩和して建設や解体の費用を抑えたり，また過疎化の進む地方自治体において，道路や上下水道，ごみ収集のほか，消防や救急などの公的なサービスでさえ，それらが保障される地域を限定して，そこへ住民の居住を集約させたりするように，自治体の予算を効率よく配分するための人口学的視点が今後は必要となるであろう．　　　　　　　　　　［和田光平］

□□ さらに詳しく知るための文献

青木玲子．2012．「ドメイン投票方式と所得再分配」青木玲子・浅子和美編著『効率と公正の経済分析——企業・開発・環境』ミネルヴァ書房，pp.173-190.

森地 茂．『二層の広域圏』形成研究会編著．2005．『人口減少時代の国土ビジョン——新しい国のかたち『二層の広域圏』』日本経済新聞社．

人口学の政策的・法的応用
policy and legal application of demography

☞「財政力の地域差」p.274「地方消滅」p.280「GIS と地域人口分析」p.578

　人が集団で社会生活を営む限り，社会が直面する政策的・法的課題と人口が無関係であることはあり得ない．そうであるとすれば，政策や法案の立案にあたっても常に人口学的要因に配慮すべきであり，人口学の政策的・法的応用を可能な限り促進しなければならない．例えば現行の地方自治制度は都道府県，政令指定都市，市区町村などの自治体を基本単位としているが，それぞれの区分や規模が適切かどうかは人口学的要因を無視しては論じられない．

●**自治体再編・道州制構想**　東京一極集中の是正や首都圏機能の分散とも絡み，現在の都道府県制度を廃止し，北海道以外の地域を複数の州にして再編し，現在の都道府県よりはるかに強い自治権を与える道州制構想がある．現在の制度の始まりは明治時代の廃藩置県にある．江戸時代の幕藩体制は封建的ではあったが，その区分は自然・社会・経済・歴史・文化的に一体性の高いものであったという．ある意味で道州制はその復活を目指しており「平成の廃藩置県」「廃県置州」ともいわれている．道州制の必要性や現行の都道府県制度をどのように再編すれば，日本の地方自治制度がよりよく機能するかについては，現在から将来に向けての人口動向や人口分布をふまえた議論が必要であり，国立社会保障・人口問題研究所の地域人口将来推計結果はもとより，社会経済文化など多様な要因も含めたダイナミック・モデルによるシミュレーションが有用な政策オプションを提供すると思われる．

●**政令指定都市・市町村合併**　同様の検討は，政令指定都市の再編や指定解除，市区町村などの自治単位についても求められている．政令指定都市は，かつては人口100万人を超える，文字通り日本を代表する少数の大都市であったが，市町村合併推進を通じ，人口規模の基準も50万人以上となり，その数は今や20都市に達している．しかし，日本全体の少子高齢・人口減少が進む中で，その多くは税収悪化や道路・公共施設などのインフラ老朽化など多くの課題を抱えている．市町村については，平成の大合併（1999～2010年）により，それ以前の3229市町村から1727市町村まで，ほぼ半減した（総務省 2010）が，合併による政策効果は芳しくなく（総務省 2013），少子高齢・人口減少は続いており，存亡の危機に直面している自治体も少なくない．人口学的要因（人口規模，人口密度，年齢構造，自然動態，社会動態など）のみで，自治体区分や行政区域などの適正規模や配置を判断することはできないし，すべきではないが，現行の地方自治法には政令指定都市や市などへの昇格基準はあるものの，降格基準はなく状況変化への対応が遅れる傾向にあることは否定できない．また現行の市町村合併は住民自治

の原則に立ち，個々の自治体主導で行われているが，このため各自治体の要請を超えるダイナミックな再編に至ることは稀である．したがって，都道府県の再編と同時に政令指定都市，市町村単位の再編を促す法制度を整備する必要性が高まっているといえよう．

都道府県や政令指定都市，市町村をどのような基準でどのように再編すべきかについては，国際比較や地域比較を通じ，人口学的変数はもとより情報通信ネットワーク，道路・公共交通，資源エネルギー，自然環境，文化，歴史的特性などのさまざまな要因の相互関係を解明するとともに，実現すべき生活サービスの量的・質的基準とその評価方法なども含めて総合的に検討すべきであり，GISなどで地理的分布も扱える総合モデルの開発が求められている．

●選挙区，学校区域の再配分　自治体再編は人口学の政策的・法的応用の一例に過ぎない．自治体の規模や分布から，さらに踏み込めば一票の格差が問題となる国政選挙の選挙区改定問題や，年少人口減少の当然の帰結としての学校区域の再編問題など，多くの政策的・法的課題に人口学的応用の必要性があることが理解されよう．確かに現行の選挙区改定においても，一票の格差というかたちで有権者人口をふまえた議論は行われているが，単純な平等性の確保という原則論の域を出るものではなく，本来，どのような選挙制度のもとで，どのような区割りを行えば，民意がもっとよく反映されるのか，あるいは投票率をより高め，死票を少なくすることができるかといった，より多くの変数をふまえた総合的な検討が求められており，むろん，自治体再編とも連動することは明らかである．また学校区域の再編は地域住民の教育に関わる重要な課題であり，子どもが家から通える範囲で義務教育を受けられない状況が生じれば，地域に住み家族を形成しようとする住民はいなくなり，自治体の人口動向に致命的な影響を与えると思われる．同様のことは教育に限らず，高齢者のケア，買い物，病院，電気・水道などさまざまな分野にもいえる．例えば，市町村などの自治体再編において，シビルミニマム的に確保されるべき最低限の基準条件を法的に定めることにより，再編を促進し，人口減少に歯止めをかけることが期待される．

このように，少子高齢・人口減少が急速に進行する日本社会にあって，人口学の政策的・法的応用の必要性は高まる一方であり，理論研究はもとより積極的に実践研究を行い分析手法やシミュレーションモデルの開発を進め，マクロ・マイクロデータを使い，法的規制の政策効果を事前に検証し比較することが求められている．
　　　　　　　　　　　　　　　　　　　　　　　　　　　　　　［原　俊彦］

□□さらに詳しく知るための文献

片木淳．2012．『日独比較研究市町村合併―平成の大合併はなぜ進展したか？』早稲田大学学術叢書，早稲田大学出版部．
佐々木信夫．2010．『道州制』ちくま新書．
北村亘．2013．『政令指定都市―百万都市から都構想へ』中公新書．

人口学の公共政策への応用
application of demography to public policy

☞「少子化の経済的背景」p.150
「現代日本の結婚行動」p.172

　人口学の研究範囲は非常に幅広く，そのため公共政策への応用は広範にわたり，ここですべてを網羅することはできない．そこで，少子高齢社会において最も注目されているといえる出生に関する人口学的応用について取り上げたい．こうした出生に関連する研究は盛んに行われているものの，公共政策への応用について十分な水準にあるとはいえない．人口学が出生に対してどのようにアプローチしているか限定的ではあるが解説するとともに，今後望まれる人口学と公共政策のリンクについて述べたい．

●**結婚に関する人口学的研究と家族政策**　婚外子が稀である日本において，結婚する人口が減少すれば，それは直接的に出生率を低下させる．実際に生涯未婚率は上昇しており，有配偶人口は減少し続けている．もちろん結婚しないというのは個人の意思決定であり，そこに政策的に介入するというのは難しい側面もある．しかし，結婚をする意思のある人は依然として多い．国立社会保障・人口問題研究所の「第15回出生動向基本調査（2015）・独身者調査」によれば，いずれ結婚するつもりと答えた男性は 85.7%，女性は 89.3% である．この数値は近年減少傾向であるが，依然として高い数値であるといえる．この事実を考えると，何らかの支援をするというのは必ずしも不適切ではなく，その結果として出生率が上昇することも考えられる．このように結婚の意思のある人が多いものの実際には結婚する人口が減少している原因は何であろうか．同調査で結婚の障害として最も回答が多いのは，結婚資金（男性 43.3%，女性 41.9%）で経済的に厳しいという回答が半分近くを占めている．経済的に直接支援するというのは難しいが，例えば水落などで明らかになっているように，学卒後に正社員になれた経済的に安定した男性は結婚しやすい（水落 2006）．そう考えれば，若者の安定雇用を促進する政策は間接的に結婚支援につながる．また，独身でいる理由として適当な相手にめぐり会わない，というのも同調査から多いことがわかっている．岩澤，三田によれば，見合い結婚の減少，職縁結婚の減少が結婚を減少させる主要な要因であることが指摘されている（岩澤・三田 2005）．近年では，行政が婚活パーティや街コンを支援することで，かつての出会いの場の消失を補完しようとする政策が行われている．ただし，こうした行政支援の効果は限定的なものであろう．より重要なのは，岩澤，三田も指摘するように，ワーク・ライフ・バランスの改善により，ライフの充実を進める中で出会いの場を創出する必要がある（岩澤・三田 2005）．そのためには現在行われているように企業に従業員のワーク・ライフ・バランスを改善させる政策をさらに推し進めていく必要があると考えられる．

●**女性の就業に関する人口学的研究と労働政策**　日本において結婚および出産によって女性が就業継続することが難しいことは広く知られている．厚生労働省の「第10回21世紀成年者縦断調査」によれば，結婚前に就業していた女性のうち，結婚後の就業継続率は71.4％であり，第一子出産後では32.8％となっている．正規就業に限定してみると，結婚前に就業していた女性全体の64.2％であったが，結婚後には43.6％，第一子出産後には19.8％まで低下している．こうした就業継続の難しさは，女性にとっての家庭と仕事の両立の難しさによって引き起こされている部分が大きく，具体的には，保育所が利用しにくい，仕事復帰した後の職場での時間の調整がしにくい，家庭内労働について夫の協力が得にくいといった原因が人口学関連の研究で明らかにされている（水落 2012）．こうした知見に基づき，それぞれ子ども・子育て支援新制度による地域型保育給付，次世代育成支援対策推進法による家庭と仕事の両立支援，イクメンプロジェクトによる男性の育児参加などが政策として実施されている．これらの政策によって，女性にとっての家庭と仕事の両立が容易になり，その効果として出生率の回復も期待される（水落 2010）．特に，女性活躍という言葉が象徴しているように，女性のより一層の就業増加が期待されている．女性にとっての家庭と仕事の両立が十分にサポートされないままに，女性活躍が推進された場合には，さらなる少子化を引き起こす可能性があり，政策の効果に対する慎重な検証が今後とも必要である．

●**公共政策とのリンク**　上記のように人口学関連分野からの研究成果は，少なくとも出生に関する公共政策に応用，参考にされていると考えられる．ただし一方で，研究成果は十分には取り上げられていないとも感じる．原も述べるように，人口学が政策に提供しているのは海外の事例紹介や効果検証程度であり，人口政策全体に数値としての根拠を与えるような研究は十分にはなされていない（原 2016b）．こうした点での研究蓄積が望まれる．さらには，研究成果の信頼性をより高める努力が人口学の研究においてもさらに必要であるとも考えられる．例えば，人口事象のシンプルな関係性の分析から一歩進んで，因果関係に十分配慮した研究が多く行われることが望まれる．例えばパネルデータを利用し，時間の前後関係から正確な因果関係を明らかにする．あるいは，法改正や自然現象などによる実験的な状況から生じたデータを利用し，真の意味での因果効果をはかる研究を行うことが求められている．それによって正確な政策効果を予測し，政策担当者への訴求力を高め，実際の政策で生かされることを目指していく必要がある．

［水落正明］

📖 さらに詳しく知るための文献

大淵 寛・阿藤 誠編著，2005．『少子化の政策学』原書房．
津谷典子・樋口美雄編，2009．『人口減少と日本経済』日本経済新聞出版社．
山重慎二ほか編著，2013．『人口動態と政策——経済学的アプローチへの招待』日本評論社．

人口学の自然災害対策への応用
application of demography to natural disaster measures

☞「災害と人口」p.32
「東日本大震災と人口移動」p.324

　人口学は本質的に学際的な科学であるため，本項では関連領域（地理学，歴史学，社会学，経済学，土木・建築学，防災学など）において，人口学の方法を応用する災害研究も人口学の応用として考える．関連領域の中でも人口と災害との関係について多くの研究を行ってきたのは地理学である．『防災学原論』の著者である，ワイズナー（B. Wisner）らは，地理学を共通の基盤としており，災害のリスクは加害力（ハザード）と脆弱性（バルネラビリティ）の集合であるという，災害の社会科学的研究の枠組みを構築した（Wisner et al. 2004）．また，国際地理学連合（IGU）の人口地理学研究委員会のクラーク（J. I. Clarke）らは，*Population and Disaster* というタイトルの共著を刊行し（Clarke et al. 1989），世界の多様な災害と人口との関係を論じている．世界の人口学界の中で，災害に関する人口学の応用的研究が最も盛んに行われてきたのは米国である．米国人口学会（PAA：Population Association of America）は，近年の年次大会では毎年のように，災害と人口の変動に関するセッションを開催しており，スマトラ島沖地震，ハリケーン・カトリーナ，ハイチ地震などによる人口変動を対象とした研究報告が行われている．そこでここでは，主に日本と米国における，人口学の自然災害対策への応用の研究を紹介したい．自然災害対策を，災害の発生前の対策である防災と，災害の発生後の対策である復興のための対策があると考え，それぞれの対策における人口学を応用した研究と今後の課題について述べる．

●**人口学の防災と復興への応用**　大規模な自然災害は死亡数を増大させるとともに，出生率の低下や人口流出をもたらし，被災地の復興にあたっては人口の回復と維持が大きな課題となる．過去の自然災害や今日の開発途上国の災害については，自然災害の人口に対する影響を明らかにするために，死亡数を推定することが重要である．1923年に発生した関東大震災については，その死亡者について，長らく14万人以上とされてきたが，建築学の立場から諸井・武村は被害要因別に死者数を推定して，その合計を10万5000人余りと修正しており（諸井・武村 2004），今日ではこれが定説となっている．ワイズナーらが示した脆弱性の概念は，人口学の応用としての防災対策としては，自然災害に対して脆弱な人々の人口学的特性とその分布を明らかにすることが中心となる．鈴木，和泉は阪神・淡路大震災による死者の年齢構成について，40歳以上では年齢が高くなるにつれて急激に死亡率が高まることを明らかにしている一方，10歳代後半から20歳代前半にかけても死亡率が高まっていることから，大学生や就職間もない社会人が安価な民間木造住宅に居住し，地震の犠牲になりやすいという点を指摘している（鈴木・

和泉 1995).また,谷は東日本大震災の被災地の小地域別の死亡率について,年齢三区分別に算出し,死亡者の半数以上が65歳以上の高齢者で占められることを明らかにしている(谷 2012).スマトラ島沖地震による津波の犠牲者の年齢構造などに関する分析は,ドゥーシーら(Doocy et al. 2006)やフランケンバーグら(Frankenberg et al. 2011)によって行われているが,被災地の全域的な被害調査が不十分であり,常住人口に関する統計も不備であるため,死亡率を推定するに留まっている.災害と出生率との関係については,ケイン(M. Cain)は出生率の上昇を災害への適応と考え(Cain 1983),ロビンソン(W. C. Robinson)はリスク保険と呼んでいる(Robinson 1986).日本では,速水・小島が関東大震災の被災地における被災年の出生率の低下と翌年の回復を明らかにし,この出生率の回復を補償的人口回復と呼んでいる(速水・小島 2004).近年の災害による出生率の変動に関しては,ノウブルズら(Nobles et al. 2015)が分析しているほか,世界的には多くの研究が行われているが,日本での研究は多いとはいえない.

●日本における人口学の災害研究への応用の課題　日本の人口学界においては,災害による人口変動については,主に歴史人口学の研究者が研究を蓄積してきたといえる.例えば,速水が地理学研究者の町田と共同で編集した『人口・疫病・災害』は,「人口」と「災害」を論じた数少ない著書の一つである(速水・町田 1995).しかし,日本では近年の大きな災害の発生後も人口学界の動きに大きな変化はなかった.1995年の阪神・淡路大震災の後や2011年の東日本大震災の後においても,日本人口学会における災害研究は,2012年に「災害常襲地の歴史人口と人口変化」という企画セッションが行われたことが「学会」としての唯一の対応であり,そのほかは東日本大震災によってもたらされた人口移動パターンの変化に関する報告が「自由論題」のセッションにおいて数件みられただけであった.国立社会保障・人口問題研究所の定期刊行物である『人口問題研究』においても,阪神・淡路大震災や東日本大震災の後に災害に関する論文や企画が行われたということはみられない.一方,2009年5月に国際人口学会(IUSSP)の歴史人口学パネルの「国際研究セミナー」が日本で開催され,「経済および環境の激変に対する人口学的対応」について論じられ,2010年にその報告集が出版されたことは,人口学の災害対策への応用としても大きな成果であった.日本の人口学では,自然災害の中でも冷害や旱魃のような遅効性加害力による災害に関する研究が中心であり,地震・津波,洪水のような速効性加害力による災害についての人口学的研究は今後の課題といえる.　　　　　　　　　　　　［阿部 隆］

□ さらに詳しく知るための文献

ワイズナー, B. ほか,岡田憲夫監訳,2010,『防災学原論』築地書館.
速水 融・町田 洋編,1995,『人口・疫病・災害』朝倉書店.

人口学のマーケティング分析への応用
application of demography to marketing analysis

☞「コーホート倍率の概念」p.428「人口学の商圏分析への応用」p.684「人口減少と市場規模」p.686

　応用人口学は，企業や営利組織のような民間部門，また政府や民間非営利組織のような公共部門へ人口分析を応用して，意思決定に有用な人口情報を提供する（和田 2009）が，ここでは，特に民間部門のマーケティングや経営戦略などビジネスにおける意思決定への応用について説明する．

●エリアマーケティングへの応用　応用人口学は，地域を特定した人口研究としての地域人口学と，企業経営への人口学的応用であるビジネス・デモグラフィーが統合されたため，ある地域を分析対象とする地理的要素が強い．そのため，エリアマーケティングに代表されるような地域へのマーケティングの際，企業経営における問題解決や政策指向の研究分野として発展してきた．

　人口分析の基本の一つは，人口を属性別にして構造的に分析することであるが，エリアマーケティングにおいても，その地域における顧客のニーズや特性，行動様式などのセグメントで分割する方法は有効であり，これはセグメンテーションと呼ばれる．セグメンテーションの基準，すなわちセグメンテーション変数として，まず国や市町村などの地域そのものが①地理的変数となるが，次に，年齢，性別，配偶状態，家族構成，居住形態，所得水準，職業，学歴，宗教，人種，国籍などの②人口動態変数（デモグラフィック），また，ライフスタイル，パーソナリティー，価値観などの③心理的変数（サイコグラフィック），さらに，購買履歴や購買頻度，求めるベネフィット（プレステージやコスト・パフォーマンスなど），購入の意思決定プロセス，返品行動などの④行動変数（ビヘイビアル）などが主にあげられる．

　このようなセグメントからその地域の商圏の特性を分析し，効率よく自社の商品やサービスのターゲット人口にアプローチできる．さらに人口学への応用としては，例えばセグメンテーションの基準のうち人口動態変数に推計値を用いることによって，将来の地域の商圏特性を分析できる．すなわち，ある地域における現行店舗や出店予定店舗で扱う商品やサービスに関して，現在や将来の需要，また潜在的な需要といった市場規模の計測ならびに将来予測も可能となる．そしてそれらをもとに，効率的な販売管理・在庫管理に利用する販売戦略，店舗の出店可否を判断する立地戦略，広告活動の地域的な範囲や広告量を最適化する販促戦略など，さまざまなマーケティング活動が展開できる．

●コーホート分析　マーケティングに応用される主要な人口分析のひとつにコーホート分析（APC分析）がある．市場における顧客特性として，社会や人の時間的な変動の把握は重要であるが，ある商品やサービス，ブランドなどの特徴と

して，ある特定の世代に好まれ，その世代が加齢しても愛好され続けられるものもあれば，どの時代でも全年齢にわたって，あるいは特定の年齢層にだけ支持されるものもある．このように，自社の商品やサービスに関してターゲティング人口の設定や市場規模の測定にあたり，年齢総数のままの人口分析に生じる年齢構造変化のバイアスの影響を単純に取り除く方法としては，年齢標準化の方法もあるが，さらに，その商品やサービスの市場を形成する世代（コーホート）や年齢層のニーズの時間的な変化を分析する方法のひとつが，コーホート分析（APC分析）である．この分析手法は，同じ質問に対する継続的な意識調査などにも用いられるが，同様にして，同じ商品・サービスに対する消費者行動などに関しても，年齢属性をもつ時系列的な統計データが得られれば応用可能である．つまり，その指標の時間変化の規定要因を，加齢やライフステージの違いによる変化分としての「年齢効果」，時代や時勢の違いによる変化分としての「期間効果（時代効果）」，生まれた年代，すなわち世代ごとの集団的な行動の違いによる変化分としての「コーホート効果（世代効果）」として分解することになる．

同じ時期に生まれた集団であるコーホートあるいは世代は，その人生の成長過程において，同じ時期に同じような経験をしているため，年齢を重ねて時代が経過しても，価値観などの意識や実際の行動にしばしば共通性がみられる．このことから，自社商品やサービスを消費する主要な年齢別あるいは世代別の人口，すなわちターゲット人口の構造を明らかにすることによって将来需要の予測にも応用できる．

なお，年齢，期間，コーホートという三つの要因に分解するとはいえ，定義上，二者が定まればおのずと残り一つも定まるという関係性にある．すなわちこれら3要因は独立ではなく，変数間が完全に従属関係であるために，例えば最小二乗法のような通常の回帰分析において，これらの三つの要因を説明変数として解くことはできない．これはコーホート分析の識別問題とも呼ばれるが，実際にコーホート分析によって各要因を識別するためには，通常の回帰分析とは異なる別の推定技術が必要となる（和田 2015）．例えば，年齢変数に年齢プロファイル関数を設定するなど元データ以外の情報を追加したり，複数のコーホートを統合したりして，これらの従属性を回避する方法もとられる．また，コーホート表において隣接する被説明変数間の差は小さいという想定で事前分布を設定してベイズ推定を用いたり，さらにそこへ AIC（赤池情報量基準）を組み合わせてモデルの最適化をはかったりする方法なども試みられている． ［和田光平］

📖 さらに詳しく知るための文献

Glenn, N. D., 1977, *Cohort Analysis*, Sage Publications.（藤田英典訳，1984,『コーホート分析法』人間科学の統計学，朝倉書店．
和田光平，2009,「応用人口学研究における近年の動向」『人口学研究』日本人口学会，45：53-59.

人口学のアクセシビリティ分析への応用
application of demography to accessibility analysis　　☞「人口ポテンシャル」p.574「人口移動の重力モデル」p.598

　アクセシビリティとは，ある地点において他の地点にどれくらい近づきやすいか，到達が容易かを表す地理学の重要概念の一つである．「近接性」と訳されるが，アクセシビリティのまま用いられることも多い．この概念は多岐にわたりその水準を算出する測度も数多く提案されてきたが，それらに共通するのは何らかの距離概念が含まれることである．ここでいう距離には，物理的な距離だけではなく時間や費用の面からみた距離，あるいは心理的な距離も含まれる．以下では，田中の整理による種々のアクセシビリティ測度のうち，人口学との関わりが強く，しかも最も有用性が高いとされる重力モデル測度を取り上げ，その基本形について説明した後，特に地域人口学的視点が取り入れられた応用形とその適用例を紹介する（田中 2004）．

●**重力モデル測度の基本形**　重力モデル測度は，重力ポテンシャルからのアナロジーに基づいて考案されたものであり，A_i を地点 i のアクセシビリティとすると式(1)のように定式化される．

$$A_i = \sum_j \frac{S_j}{d_{ij}^c} \qquad (1)$$

ここで，S_j は何らかの地表上の地物 j の地理的変数を意味し，例えば，都市 j 内に立地する店舗の売り場面積の総計，1日あたりに交差点 j を通過する自動車の台数，施設 j の収容定員などを意味する．d_{ij} は地点 i と地物 j の距離を表す．c はある変量に対する距離減衰効果の強さを表す定数であるが，通常は $c=1$ が与えられる．こうして式(1)より，地点 i のアクセシビリティは，対象となる地物がなるべく近くにありその地理的変数が大きいほど高くなり，対象となる地物への距離だけでなくその属性が大きく関わることがわかる．これを上述の売り場面積の例に当てはめれば，商業機能の充実した都市が近くにある，買い物の利便性に優れた場所ほどアクセシビリティが高いことになる．これに対して，単に到達の容易さだけを考慮したい場合は S_j を定数とすればよい．一方，S_j を地域 j の人口とすれば，式(1)は第16章で取り上げる人口ポテンシャルの式と同型になる．すなわち，人口ポテンシャルはアクセシビリティ測度の一種とみなすことができ（土谷1986），この点が重力モデル測度の人口学との接点の一つになっている．

●**重力モデル測度の応用形とその適用例**　店舗の売り場面積を地理的変数とする事例では，通常，そこに到達した人間がいつでもその売り場を利用できる．これに対して，施設の収容定員を地理的変数とする事例のうち，特に保育所などのように利用者が限定される場合は，そこに到達した人間が常にその施設を利用でき

るわけではない．すなわち，近くに保育所があったとしてもその周囲に入所希望者が多数居住していれば施設利用の競合性が高まるので，その影響を考慮したアクセシビリティ測度が必要となる．この場合は，対象となる施設の需要人口がその施設の周囲にどれくらい分布しているかが重要となるので，地域人口学の応用的な課題となる．こうしたアクセシビリティ測度としては，ワン・ルオによって定式化されたものが知られる（Wang & Luo 2005）．以下では，その適用例として河端の研究を紹介する．河端は，式(2)を用いて東京都文京区の保育所に関するアクセシビリティを算出した（河端 2010）（図1）．

$$A_i = \sum_j R_j \delta_{ij}, \quad R_j = \frac{S_j}{\sum_k P_k \delta_{kj}} \quad (2)$$

ここで，S_j は保育所 j の収容定員であり，δ_{ij} は地域 i と保育所 j 間の距離 d_{ij} が特定の閾値以下となる場合に 1，上回る場合に 0 となる二値変数である．P_k は地域 k の需要人口を表すので，R_j は，保育所 j から一定の範囲内に位置する地域の総需要量に対する，保育所 j の供給量の比に相当する．したがって，アクセシビリティ A_i は，地域 i から一定の範囲内に位置する保育所の需給バランスを評価したものといえる．これらの範囲を決めるのが上述の閾値であるが，保育所の需要は近隣地域にほぼ限定されるので，一般にその閾値は小さくなる．図1は，0歳児保育に関して，その閾値が (a) 500m と (b) 1000m の場合のアクセシビリティの分布を示したものであり，閾値の違いによってその分布傾向が大きく変わることがわかる．なお，井上はこの測度の改良型を提案している（Inoue 2013）．

［井上 孝］

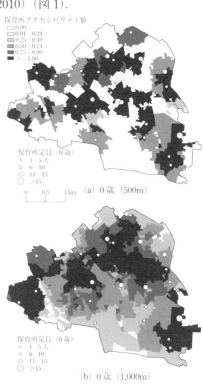

図1　アクセシビリティの分布の例
［河端（2010）から一部抜粋］

さらに詳しく知るための文献

中谷友樹ほか編著，2004．『保健医療のための GIS』古今書院．
Harris, B., 2001, "Accessibility: Concepts and Applications", *Journal of Transportation and Statistics*, 4(2・3): 15-30.

人口学の商圏分析への応用
application of demography to trade area analysis

☞「GISと地域人口分析」p.578「人口移動の重力モデル」p.598「GISとビッグデータの応用」p.656「人口学のマーケティング分析への応用」p.680

　商圏とは，ある単独あるいは集積の商業施設（以下，店舗）が集客可能な地理的範囲である．特に新規の立店計画や販売計画のための需要予測には，商圏設定が不可欠である．商圏の中心からの距離を商圏距離，商圏内の人口を商圏人口というが，これらはその店舗が扱う商品やサービスの特性，また店舗の規模や業態，対象とする人口の属性，来店手段などにより異なる．生活雑貨など購買頻度が高く，短時間に近くで購入する最寄り品の商圏よりも，耐久消費財など価格や品質などを複数店舗で比較検討して購入する買回り品の商圏は比較的広い．

●各種の商圏　店舗を中心とした単純な円形の範囲は円形商圏（リング商圏，同心円商圏）と呼ばれ，比較的広範囲の予備的な分析に用いられる．より現実的に河川や道路の形状なども反映した，店舗から一定の道路距離の範囲は道路距離商圏である．さらに道路に属するさまざまな情報として，例えば規制速度，道路の幅，車線数，信号や渋滞なども反映した旅行速度，平均交通量などの情報を包括した道路ネットワークデータから，徒歩や交通手段で実際の来店に要する一定の時間の範囲が時間商圏（トラベルタイム商圏）である．さらに電車の情報も加味された時間商圏は特に電車商圏と呼ばれ，主に都市型店舗での分析に使われる．また，人口分布をもとに，円形もしくは行政区域などの境界で一定の人口規模を含むように設定される最小範囲がカバー商圏（限界値商圏）である．この基準は単純な人口規模だけではなく性年齢などの属性別人口でも可能である．時間商圏や限界値商圏は，新規の立店計画に際して，顧客情報がなくても地図上の任意の地点で仮の商圏を試算できる．また，当該店舗の地理的な顧客分布自体や購買額などの属性別の顧客分布から設定される商圏を顧客分布商圏といい，これを限界値の基準とすれば顧客カバー商圏（シンボルカバー商圏）が設定でき，通常，顧客の70～90%を含む商圏が実勢商圏とされる．

　さらに，商圏内の（将来値も含む）人口や世帯，また顧客に関する各種属性情報の分布を商圏特性と呼ぶが，この属性分類として人口動態（デモグラフィック）セグメントなどを適用した商圏分析は，競合店や市場規模，地域特性などをふまえた出店戦略や販促戦略，販売戦略などのエリアマーケティングに有効である．

●小売引力の法則　商圏分析モデルの代表として，ライリー（W. J. Reilly）は，

$$\frac{\text{Aの人口によるBでの購買額}}{\text{Aの人口によるCでの購買額}} = \left(\frac{\text{Bの人口}}{\text{Cの人口}}\right) \Big/ \left(\frac{\text{AからBまでの距離}}{\text{AからCまでの距離}}\right)^2$$

として，「ある地域Aの人口による2地域B，Cの購買額の比は，BとCの人口

規模の比に比例し,地域A〜BとA〜Cの距離の比の2乗に反比例する」という小売引力の法則(ライリーの法則)に基づく競合的小売業の引力モデル(重力モデル)を提唱した(Reilly 1931). これは主に地域を越えて購買する買回り品に当てはまる. また,距離の代わりに移動コストや時間距離なども用いられる.

さらにコンバース(P. D. Converce)は,ある地域DとEの商圏の境界を

$$DからEへの商圏分岐点距離 = DE間の距離 \Big/ \left(1 + \sqrt{Eの人口 / Dの人口}\right)$$

という関係式から導いた(Converse 1949). 逆にEからD方向への商圏分岐点距離は,DE間の距離からこれを減じた値である. さらにコンバースは,小都市Fの人口による同F市内での購買額と,近くの大都市Gでの購買額の比として,

$$\frac{小都市Fの人口による大都市Gでの購買額}{小都市Fの人口による小都市F内での購買額} = \left(\frac{大都市Gの人口}{小都市Fの人口}\right) \Big/ \left(\frac{FG間の距離}{習慣性因子}\right)^2$$

という新小売引力の法則(コンバースの法則)を提唱した. なお,習慣性因子は通常4とされるが,2都市の規模の差が大きい場合には1.5が経験に適合する.

●ハフモデル　ハフ(David L. Huff)による,各地点に住む消費者と各競合店との確率的な関係から,一定水準以上の店舗選択の確率がある地域を当該店舗の商圏として設定するモデル. 各店舗の集客の吸引率を商圏分析に取り入れたモデルであり,ハフモデルと呼ばれる(Huff 1964). このモデルでは,消費者は店舗の大きさという魅力度に比例し,店舗までの距離に反比例するという関係が前提とされる. 距離に対する魅力度をその店舗の吸引力とし,すべての競合店舗の吸引力のうち,自店のシェアあるいは相対的な強さが,自店に吸引される(消費者に選ばれる)確率として表現された. ただし店舗の魅力度は,業態の多様化に伴って,売場面積以外にも店舗や場所のブランド,価格帯,駐車場,営業時間などさまざまな要素が加味されることもある. また店舗までの距離も,モータリゼーションを前提とした実質的な時間距離が用いられることもある.

●ボロノイ分割による勢力圏　隣り合う母点間を結ぶ直線に垂直二等分線を引き,各母点の最近隣領域を分割する(Voronoi 1908)と定義されるボロノイ分割(ボロノイ図)は,その領域内の人口が,均質の店舗の中でも最も近い店舗を選ぶという前提で設定される各店舗の商業上の勢力圏,すなわち商圏の分布を示す. 換言すれば,ボロノイ図の各頂点は最も不便な場所ではあるが,現存する店舗からは最も勢力の弱い地点でもあるので,新規の立店の機会が高いともいえる.

[和田光平]

📖　さらに詳しく知るための文献

長塚四史郎,2012.『GISロジット商圏モデルと立地論・業態論・商圏論』開文社出版.
中西正雄,1983.『小売吸引力の理論と測定』千倉書房.

人口減少と市場規模
population decline and market size

☞「世帯規模」p.206「人口学のマーケティング分析への応用」p.680「人口学の商圏分析への応用」p.684

　市場規模とは，同じ商品やサービスを供給する企業の集合体である産業の大きさであり，実際にはその商品やサービスの売上額や供給量などの指標で表されるが，出荷台数のような供給（あるいは販売）単位で示したり，あるいは例えばゴルフ人口やゲーム人口のように，その商品やサービスの実際の利用者数，さらにはこれから利用を検討している潜在的な人数も含めた顧客数の総数を指したりすることもある．さらに，消費などの需要は，景気動向による所得水準の変化に応じて一時的に増減するものの，日本においては長期的な人口減少が，多くの市場規模の縮小を招くことは不可避である．ここでは特に人口の観点から市場規模について考えてみたい．

●**市場規模の将来予測の方法**　将来の市場規模を予測する場合，不確実性が大きい将来の所得水準の変化のような経済の将来動向による影響に比べて，総人口や世帯数の減少，また高齢化率の上昇のように，将来，人口動向が市場規模に及ぼす影響は蓋然性の高い要因であるため，経済動向よりも人口動向を積極的に予測に盛り込むことは合理的である．その方法としては，例えば総務省の『全国消費実態調査』や『家計調査』のような消費統計において，単独世帯（あるいは単身世帯）や2人以上世帯のような世帯類型別に，1世帯あたりの消費支出額に対する予測対象の費目の支出割合が将来も一定であると仮定すれば，各世帯類型の世帯数の将来推計値と，それらと対応する支出割合との積和が，将来の人口動向の影響だけを考慮したその費目の将来の市場規模とみることができる（和田 2005；2006）．さらに経済成長予測に応じて支出額や支出割合も将来推計値とした上で同様の計算をすれば，景気動向も考慮した将来の市場規模となるが，人口指標と比べて将来の経済指標には不確実性が大きいため予測の取り扱いには注意を要する．とはいえ，少子化や高齢化，また人口減少のような人口動向が消費市場規模へ及ぼす影響の予測にも以下に述べるような限界や問題点がある．

●**消費統計単位の問題**　消費や購入自体は個人の行動であるが，前述の公的な消費統計では，世帯単位の合算値で消費支出が把握されており，世帯全体の消費を世帯構成員個人の消費内容に分離しては示されない．これは統計調査上当然のことで，例えば家計を同一とする家族が，ある食材を購入すれば，統計的には世帯として家計全体のその食費の支出としては計上されるが，世帯構成員たる家族のうち誰がどの程度その食材を飲食したかまでは実際には調査できない．個人単位で消費を把握できないと，高齢化のような人口の構造変化が及ぼす消費への影響を把握することが難しくなるということである．確かに消費統計によって世帯主

個人の年齢属性は把握できるし，消費統計における世帯主は，住民票におけるそれとは異なり，家計の主な収入を得ている者が該当するために，その世帯における消費行動の主要な役割を果たしているはずである．しかし一般的な高齢化は世帯主の高齢化とは必ずしも合致しないし，若年者の世帯主は事実上皆無であるため，少子化や高齢化の消費市場への影響を統計上反映することもできない．そのため，真の市場規模の予測や，少子化，高齢化の影響を把握するには，世帯単位で計測された消費支出を，可能な限り個人単位に分解するような推定作業が必要とされる．

●消費人口の対象選択と多様性の問題　マーケティングの主要手法として，販売対象の顧客層を定めるために市場を細分化するセグメンテーションがあるが，地理的変数と人口動態変数を基準にしたセグメンテーションは，人間集団を属性別に量と質の変動を取り扱う人口分析と本質的には同じである．しかし，先の消費統計単位の問題が解決されて仮に個人単位で消費が把握できたとしても，消費者の総数を市場規模すなわち消費人口とするためには，具体的には誰を対象にして消費者として数えるべきかという問題がある．つまり消費に関わる者とはいえ，①購入の検討・意思決定者，②商品・サービスの実際の利用者，③料金の支払者・家計の代表者は，必ずしも一致するとは限らない．また，かつては概ね明瞭な傾向が認められた年齢や性別と消費の志向性の関係についても，アクティブシニアと呼ばれる心身共に健康で若者と似たような消費行動をとる高齢者や，衣服や化粧が中性的あるいは女性的な消費行動をとる女子力男子のように近年では多様性がみられている．

●人口減少に伴う市場規模縮小の回避策　市場規模は主に，①顧客数，②顧客単価，③購入頻度によって決まるが，人口減少に伴う顧客数の絶対的な減少による市場規模の縮小を避けるためには，それを補うだけの顧客単価の上昇や購入頻度の増加が有効である．少子化で出生数や若年人口が特に減少していても，例えば産婦人科医院内での高級レストランやエステサービス，また学習塾の手厚い個別指導などのように，付加価値を高めて顧客単価を上げたり，他方例えばセカンドオピニオンを得るために複数の小児科を受診したり，1人の若者が文具，時計，メガネ，スポーツ用品などを趣味嗜好の目的で複数購入して購入頻度を上げたりするなどのマーケティング的な対応がとられることになる．　　　　　［和田光平］

□ さらに詳しく知るための文献

和田光平．2005．「消費・投資に及ぼす少子化の影響」大淵 寛・兼清弘之編著『少子化の社会経済学』原書房．

和田光平．2006．「人口減少・高齢化と消費市場」大淵 寛・森岡 仁編著『人口減少時代の日本経済』原書房．

付　録

【付録1】 大都市圏および非大都市圏の人口分布……690
【付録2】 行政区分と人口分布（都道府県）…………696
【付録3】 行政区分と人口分布（市区町村）…………701
【付録4】 人口統計の入手方法………………………708

【付録 1】 大都市圏および非大都市圏の人口分布
population distribution in metropolitan areas and non-metropolitan areas

現代の多くの国々では，一般的に首都機能や中枢管理機能をもつ人口の多い都市が形成されると同時に，地方の中心地，さらに規模の小さい近隣地域の中心的な都市が形成され，それらが相互関連するいわば重層的な都市の形成がみられる．その過程で次第に行政区域を越えて実質的な都市の拡大がみられるとともに，中心都市の周辺部にそれと関連した住宅，製造業，それらに付随したサービス業をもつ都市群が形成される．この中心都市と周辺部の関連した都市群を総称したものが都市圏であり，一般的にはその中心都市の人口が 100 万人以上になる場合大都市圏と呼ぶことができよう．ここでは日本の大都市圏と非大都市圏について，それらの人口分布や人口変化の特徴をみる．

●**大都市圏の人口分布** まず，大都市圏は統計上どのように定義できるのであろうか．日本の場合，大都市圏の定義はいくつかあるが，総務省統計局の定義では，東京都区部および札幌市や福岡市などの政令指定都市（人口 50 万人以上あり政令で指定される）を「中心市」として，それと常住人口に対する中心市への通勤者・通学者の割合が 1.5% 以上である「周辺市町村」で構成される地域が大都市圏と定義される．ここではこの定義に従いながら，中心市がおおよそ 100 万人以上の場合を大都市圏とした．したがって東京，名古屋および京阪神の三大都市圏と札幌，仙台，広島および北九州・福岡のいわば地方四大都市圏がここでの大都市圏である．また，時系列比較のために，市区町村の境域を 2000（平成 12）年 10 月 1 日現在とした．

表 1 によると，大都市圏の人口は 2015（平成 27）年現在約 7700 万人で，全国総人口（1 億 2700 万人）の 6 割を占める．そのうち東京，名古屋，京都・大阪・神戸を中心とした三大都市圏の人口は 6500 万人で，日本の全人口の半分に達する．三大都市圏以外の札幌，仙台，広島，福岡などの大都市を中心としたいわば地方四大都市圏の人口は約 1200 万人，全国人口の 10% で，やはり三大都市圏の人口が日本の大都市圏に占める割合が高い．三大都市圏のうち，東京大都市圏の人口割合は 56%，これは全国人口と比較しても 3 割弱となり，東京大都市圏が日本の中でいかに大きな位置を占めるかがわかる．

大都市圏の人口はどのように変化しているのであろうか．大都市圏人口がわかる 1960（昭和 35）年以降の変化をみてみよう（表 1）．第二次世界大戦によって減少した大都市圏の人口は，1950（昭和 25）年代以降の経済発展とともに増加し，高度経済成長が始まって以降の 1960 年には全国人口の 40% を占めていた．

その後引き続く高度経済成長とともに大都市圏人口の増加が著しくなった．高度経済成長期が終わる 1970 年代前半まで，三大都市圏の人口は年率 2% 以上の増加を示し，1960 年約 3200 万人から 1975（昭和 55）年約 5000 万人になり，15 年間で 60% 近くの著しい人口増加であった．この期間の札幌，福岡などの地方四大都市圏の人口増加は三大都市圏よりもさらに増加が著しく，1960 年 560 万人から 1975 年 950 万人弱まで 70% 近くの，年率にしてほぼ

表1 大都市圏人口の推移 (1960～2015年)

	人口 (千人)											
	1960年	1965	1970	1975	1980	1985	1990	1995	2000	2005	2010	2015
大都市圏	38179	47569	54051	60416	64346	67312	70745	73052	74170	75667	76914	77491
三大都市圏	32521	40324	45796	50940	54096	56390	59113	60914	61998	63308	64639	65156
東京大都市圏	17079	21021	24137	27215	29180	30808	32609	33656	34563	35663	36759	37289
東京圏中心都市	10577	11877	12535	12943	12913	13225	13387	13334	13698	14321	15022	15445
東京都区部	8310	8893	8841	8647	8352	8355	8164	7968	8135	8490	8946	9273
東京圏周辺部	6501	9144	11602	14272	16267	17583	19222	20321	20865	21343	21737	21845
名古屋大都市圏	4407	6078	6634	7347	7800	8043	8436	8766	8746	8890	9064	9126
京阪神大都市圏	11035	13225	15025	16378	17115	17539	18069	18493	18688	18755	18816	18741
地方四大都市圏	5657	7244	8255	9476	10250	10922	11632	12137	12172	12359	12275	12335
非大都市圏	56123	51640	50614	51524	52715	53737	52866	52518	52756	52101	51143	49603
全国	94302	99209	104665	111940	117060	121049	123611	125570	126926	127768	128057	127095

	人口分布 (全国人口:100)											
	1960年	1965	1970	1975	1980	1985	1990	1995	2000	2005	2010	2015
大都市圏	40	48	52	54	55	56	58	58	58	59	60	61
三大都市圏	34	41	44	46	46	47	48	49	49	50	51	52
東京大都市圏	18	21	23	24	25	25	26	27	27	28	29	29
東京圏中心都市	11	12	12	12	11	11	11	11	11	11	12	12
東京都区部	9	9	8	8	7	7	7	6	6	7	7	7
東京圏周辺部	7	9	11	13	14	15	16	16	16	17	17	17
名古屋大都市圏	5	6	6	7	7	7	7	7	7	7	7	7
京阪神大都市圏	11	13	15	15	15	14	15	15	15	15	15	15
地方四大都市圏	6	7	8	8	9	9	9	10	10	10	10	10
非大都市圏	60	52	48	46	45	44	42	42	42	41	40	39
全国	100	100	100	100	100	100	100	100	100	100	100	100

	人口年増加率 (%)										
	1960-65年	1965-70	1970-75	1975-80	1980-85	1985-90	1990-95	1995-2000	2000-05	2005-10	2010-15
大都市圏	4.4	2.6	2.2	1.3	0.9	1.0	0.6	0.3	0.4	0.3	0.1
三大都市圏	4.3	2.5	2.1	1.2	0.8	0.9	0.6	0.4	0.4	0.4	0.2
東京大都市圏	4.2	2.8	2.4	1.4	1.1	1.1	0.6	0.5	0.6	0.6	0.3
東京圏中心都市	2.3	1.1	0.6	0.0	0.5	0.2	-0.1	0.5	0.9	1.0	0.6
東京都区部	1.4	-0.1	-0.4	-0.7	0.0	-0.5	-0.5	0.4	0.9	1.0	0.7
東京圏周辺部	6.8	4.8	4.1	2.6	1.6	1.8	1.1	0.5	0.5	0.4	0.1
名古屋大都市圏	6.4	1.7	2.0	1.2	0.6	1.0	0.8	0.0	0.3	0.4	0.1
京阪神大都市圏	3.6	2.6	1.7	0.9	0.5	0.6	0.5	0.2	0.1	0.1	-0.1
地方四大都市圏	4.9	2.6	2.8	1.6	1.3	1.3	0.9	0.1	0.3	-0.1	0.1
非大都市圏	-1.7	-0.4	0.4	0.5	0.4	-0.3	-0.1	0.1	-0.2	-0.4	-0.6
全国	1.0	1.1	1.3	0.9	0.7	0.4	0.3	0.2	0.1	0.0	-0.2

注) 三大都市圏:東京大都市圏(中心市-東京都区部,千葉市,横浜市,川崎市),名古屋大都市圏(中心市-名古屋市),京阪神大都市圏(中心市-大阪市,京都市,神戸市).地方四大都市圏:札幌大都市圏(中心市 札幌市),仙台大都市圏(中心市-仙台市),広島大都市圏(中心市-広島市),北九州大都市圏(中心市-福岡市,北九州市).市区町村は2000(平成12)年境域で統一した.2015年の都市圏は2010年の範囲とする.

[総務省統計局「国勢調査報告」1960 (昭和35) ～2015 (平成27) 年版]

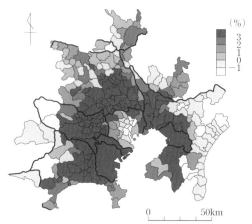
図1 東京大都市圏市区町村別年人口増加率:1960〜70年

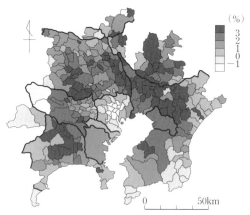
図2 東京大都市圏市区町村別年人口増加率:1970〜95年

3%台の人口増加であった.

この期間の大都市圏人口変化の特徴は,大都市圏中心から近郊の増加が著しく,さらに人口増加が外延的に拡大していることである.その典型として,東京大都市圏の地域別人口変化でみると(図1),中心部の東京都区部では人口減少が始まっているものの,その周辺部,多摩地域,横浜市,川崎市,それに浦和市・大宮市などの現在のさいたま市,千葉市を中心としてそれを取り巻く近郊市町村の人口増加が著しい.この時期は東京都区部を中心にほぼ40キロ圏内の市町村への人口流入増加と通勤・通学圏の拡大がみられたといえる.

1970年代以降1990年代中頃まで,農村部を含む非大都市圏からの移動が一段落して大都市圏の著しい人口増加は終わり,全体として人口増加は鈍化した.相対的には地方四大都市

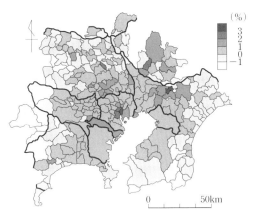

図3　東京大都市圏市区町村別年人口増加率：1995～2015年

圏と東京大都市圏の増加が大きかった．この時期大都市圏内の変化の特徴は，東京大都市圏についてみると（図2），都区部中心部では中枢管理機能の拡大と人口の郊外への移動によってむしろ人口の年1％を超える著しい減少がみられた．一方，郊外では人口流入の外延的拡大によって著しい人口増加がみられ，都区部中心部からおおよそ60キロ圏まで人口増加市町村が拡大した．

　1990年代中頃以降，大都市圏全体としてはさらに人口増加率が低くなった．これは，移動率および出生力の低下とともに高齢人口比率が大都市圏でも増大した結果である．一方，大都市圏の中で東京大都市圏だけは引き続き人口増加がみられる．この大きな要因は地方からの若年層の人口流入が2000年以降再び増大しているためである．いわば東京一極集中化が顕著になってきた．また，この時期の大都市圏内，特に東京大都市圏の人口変化の特徴をみると（図3），「都心回帰」といわれるように中心部の地価の低落などによって人口が再び増加に転じ，都心部から50キロ以遠の郊外人口はむしろ停滞するか人口減少がみられ，いわば大都市圏域の縮小傾向がみられるようになった．

●非大都市圏の人口分布　非大都市圏は，上述の大都市圏以外の地域であるが，その中には人口50万人以上の中核的都市から非都市地域である農村地域まで多様な都市・非都市地域を含む．ここでは2000（平成12）年の境域を利用することからこの年の人口集中地区（DID）（街区のような基本単位区の人口密度が4000人/km^{2}以上あり，隣接する単位区が合わせて5000人を超える地域を人口集中地区といい，一つの都市指標である）の規模による都市・非都市区分を行う．また，DID人口について2000年と1960（昭和35）年の相関（$r=0.928$）が高いので2000年DID人口を利用して区分することに問題はないと考えられる．具体的には表2にあるように，DID人口規模によって，新潟，静岡，熊本などの政令指定都市とともに多くの県庁所在都市を含むDID人口規模20万人以上のいわば中核的都市からDIDをもたない非都市・農村地域まで，5つの地域区分を行った．これらの区分を基に，非大都市圏の人口分布と都市規模別人口変化の特徴をみる．

表2 非大都市圏人口の推移（1960-2015年）

人口（千人）

	1960年	1965	1970	1975	1980	1985	1990	1995	2000	2005	2010	2015
非大都市圏	56123	51640	50614	51524	52715	53737	52887	52518	52756	52101	51143	49603
中核的都市(DID人口20万以上)	7618	8060	9081	9978	10604	11015	11229	11446	11551	11623	11626	11589
中都市(同5-20万未満)	8307	7989	8387	8735	9004	9251	9165	9282	9488	9456	9354	9255
小都市(同2-5万未満)	6079	5440	5527	5989	6277	6379	6383	6455	6542	6522	6491	6361
小都市(同0.5-2万未満)	10591	9599	9141	9097	9314	9596	9370	9203	9208	9120	8994	8683
非都市地域	23527	20553	18478	17725	17517	17496	16741	16133	15966	15380	14677	13716
大都市圏	38179	47569	54051	60416	64346	67312	70745	73052	74170	75667	76914	77491
全国	94302	99209	104665	111940	117060	121049	123611	125570	126926	127768	128057	127095

人口分布（全国：100）

	1960年	1965	1970	1975	1980	1985	1990	1995	2000	2005	2010	2015
非大都市圏	60	52	48	46	45	44	43	42	42	41	40	39
中核的都市(DID人口20万以上)	8	8	9	9	9	9	9	9	9	9	9	9
中都市(同5-20万未満)	9	8	8	8	8	8	7	7	7	7	7	7
小都市(同2-5万未満)	6	5	5	5	5	5	5	5	5	5	5	5
小都市(同0.5-2万未満)	11	10	9	8	8	8	8	7	7	7	7	7
非都市地域	25	21	18	16	15	14	14	13	13	12	11	11
大都市圏	40	48	52	54	55	56	57	58	58	59	60	61
全国	100	100	100	100	100	100	100	100	100	100	100	100

人口年増加率（%）

	1960-65年	1965-70	1970-75	1975-80	1980-85	1985-90	1990-95	1995-2000	2000-05	2005-10	2010-15
非大都市圏	-1.7(-0.6)	-0.4(-0.2)	0.4	0.5	0.4	-0.3	-0.1	0.1	-0.2	-0.4	-0.6
中核的都市(DID人口20万以上)	1.1(1.7)	2.4(1.8)	1.9	1.2	0.8	0.4	0.4	0.2	0.1	0.0	-0.1
中都市(同5-20万未満)	-0.8(0.8)	1.0(1.0)	0.8	0.6	0.5	-0.2	0.3	0.4	-0.1	-0.2	-0.2
小都市(同2-5万未満)	-2.2(-0.2)	0.3(0.5)	1.6	0.9	0.3	0.0	0.2	0.3	-0.1	-0.1	-0.4
小都市(同0.5-2万未満)	-1.9(-0.9)	-1.0(-0.5)	-0.1	0.5	0.6	-0.5	-0.4	0.0	-0.2	-0.3	-0.7
非都市地域	-2.7(-1.8)	-2.1(-1.7)	-0.8	-0.2	0.0	-0.9	-0.7	-0.2	-0.7	-0.9	-1.4
大都市圏	4.4	2.6	2.2	1.3	0.9	1.0	0.6	0.3	0.4	0.3	0.1
全国	1.0	1.1	1.3	0.9	0.7	0.4	0.3	0.2	0.1	0.0	-0.2

人口増加比（1960年：100）

	1960年	1965	1970	1975	1980	1985	1990	1995	2000	2005	2010	2015
非大都市圏	100	92	90	92	94	96	94	94	94	93	91	88
中核的都市(DID人口20万以上)	100	106	119	131	139	145	147	150	152	153	153	152
中都市(同5-20万未満)	100	96	101	105	108	111	110	112	114	114	113	111
小都市(同2-5万未満)	100	89	91	99	103	105	105	106	108	107	107	105
小都市(同0.5-2万未満)	100	91	86	86	88	91	88	87	87	86	85	82
非都市地域	100	87	79	75	74	74	71	69	68	65	62	58
大都市圏	100	125	142	158	169	176	185	191	194	198	201	203
全国	100	105	111	119	124	128	131	133	135	135	136	135

［注］1960～65年および1965～70年については，非大都市圏から大都市圏に移行する市町村が多いために，( ) 内は両期間非大都市圏であった市町村の人口増加率．［総務省統計局「国勢調査報告」1960（昭和35）～2015（平成27）年版］

表2によると，非大都市圏全体の人口は1960年には全国の6割を占め，大都市圏より人口が多かった．その後大都市圏とは逆に低下を続け，2015年には4割を切るまでになった．全般的には DID 規模が大きいほど人口増加率が高く，DID 人口規模の小さい都市ほど，それに非都市地域で人口が減少する割合が高かった．

DID 規模別に具体的にみてみよう．DID 人口20万人を超える県庁所在都市を多く含む中核的都市では，大都市圏ほどではないにしても1960～70年において年2％近い著しい人口増加，1970年以降1990年代までの大都市圏並みの相対的に高い人口増加を示した．しかし2000年以降，大都市圏に比べて相対的に人口増加率が低くなり，最近では人口減少に向かう都市も増加している．それでも非大都市圏内では相対的に人口割合を高め，また1960年に比べて2015年には1.5倍の人口の増加を示している．このような DID 規模の大きい地域は，経済発展とともに地方大都市圏に次ぐ中枢管理機能の発展によって人口を増加させてきた．近年の人口増加率の低減は，少子化と高齢化による自然増加率の低下と人口流入超過の低下が大きな要因である．

DID 人口5～20万人未満のいわゆる中都市地域は，高度成長期の1960代では中核的都市地域ほどではないがやはり人口増加を示し，1970年代以降もその傾向が持続した．この地域も徳島，福島，甲府などの県庁所在都市を含み，また東海，北関東，瀬戸内などの主に大都市圏外延部の地方工業地域の発展を担う都市地域として成長した．しかし2000年代以降，少子高齢化によって自然増加率と人口移動率が減少し，多くの都市で人口が減少に向かいつつある．

DID2～5万人の小都市地域では，1960年代ほとんど人口の増加がみられなかった．1970年代以降1990年代まで中都市地域と同様な人口増加がみられた．これは，1970年代以降の地方への工場移転や創設が大きな役割を果たしていた．ところが1990年代以降地方工場の外国移転，それに少子高齢化の進展によって人口減少が進み，自然増加率と人口移動率のマイナスが大きくなり，最近では1960年代の人口を維持できるかどうかの瀬戸際に立っている．

DID 人口2万未満および DID を持たない小都市・農村的性格の強い市町村は，かつて1960年には非大都市圏人口の6割を占め，非大都市圏を代表する地域であった．1960年代には大都市圏や中核的都市への移動超過によって人口減少が大きかった．1960年代には大都市圏や中核的都市への移動超過によって人口減少が大きかった．1970年代中頃以降 DID をもつ地域では，人口減少がほとんどみられなくなったが，1990年代に入って人口減少が再び著しくなった．その結果，この小都市・農村的性格の強い市町村が，非大都市圏に占める人口割合は2015年に46％まで低下した．このような DID 規模が2万を下回る都市および非都市地域では，より DID 規模の大きい地域よりも人口の高齢化と流出超過が著しいために人口減少が続いている．

地方の人口減少と疲弊化を食い止めるためには，このような小規模都市および非都市地域の人口流出を抑制することが必要である． ［高橋眞一］

【付録2】 行政区分と人口分布（都道府県）
administrative divison and population distribution (prefecture)

●都道府県の人口規模からみた日本の人口分布（総人口）　人口規模別都道府県数の推移（図1, 2）をみると，戦前は「200万人以上500万人未満」が大きく増加している．戦後の高度成長期以降はおおよそ20県以上が「100万人以上200万人未満」であり，将来推計では人口減少によって「100万人未満」が増加する見通しとなっている．総人口の推移（図3, 4）をみると，高度成長期以降，500万人以上の都道府県に属する人口が大きく増加しており，2015年には6847万人で全国人口の53.9%を占めている．将来推計では500万人以上の都道

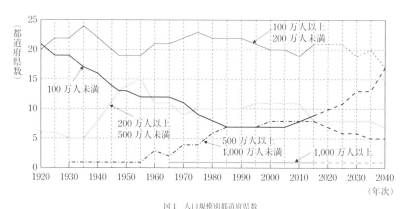

図1　人口規模別都道府県数

＊1947年臨時国勢調査は沖縄県を含まない．
[国勢調査, 国立社会保障・人口問題研究所 (2013)『日本の地域別将来推計人口』]

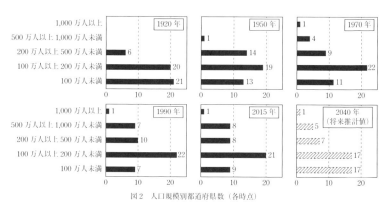

図2　人口規模別都道府県数（各時点）

[国勢調査, 国立社会保障・人口問題研究所 (2013)『日本の地域別将来推計人口』]

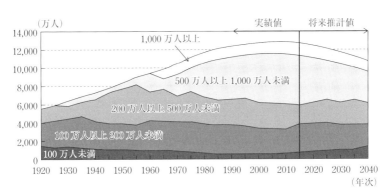

図3 都道府県の人口規模別人口

*1947年臨時国勢調査は沖縄県を含まない.
[国勢調査,国立社会保障・人口問題研究所 (2013)「日本の地域別将来推計人口」]

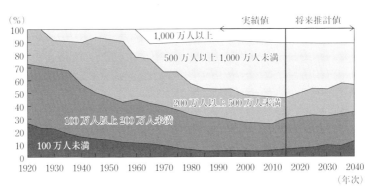

図4 都道府県の人口規模別人口の割合

*1947年臨時国勢調査は沖縄県を含まない.
[国勢調査,国立社会保障・人口問題研究所 (2013)「日本の地域別将来推計人口」]

府県人口割合は低下する見通しである.

●都道府県の人口規模からみた日本の人口分布（年齢別人口） 都道府県の人口規模別に年齢3区分別人口の推移をみると（図5），いずれも高度成長期以降，「500万人以上1000万人未満」の都道府県への集中傾向が強まっている．0～14歳人口の減少は「500万人未満」，15～64歳人口と65歳以上人口の増加は「500万人以上1000万人未満」の都道府県が牽引してきている．人口規模別に都道府県の性・年齢構造を比較すると（図6），1950年と1970年では人口規模の大きい都道府県で若年層の割合が高く，とりわけ1970年の「1000万人以上（東京都）」で20～30歳代の男性の割合が高い．2015年では人口規模が大きいほど20～50歳代前半の割合が高く，人口規模が小さいほど高齢者の割合が高いという差異がみられるが，

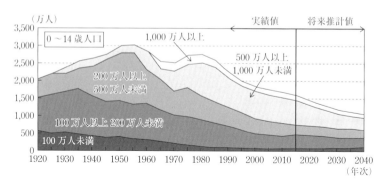

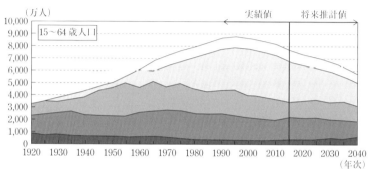

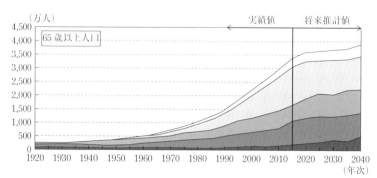

図5 都道府県の人口規模別年齢3区分別人口

*1947年臨時国勢調査は沖縄県を含まない.
[国勢調査, 国立社会保障・人口問題研究所 (2013)「日本の地域別将来推計人口」]

2040年推計ではその差異が縮小する見通しである.
　都道府県別総人口分布の偏りの変化をジニ係数の推移からみると (図7), 第二次世界大戦直後にジニ係数が低下し, 一時的に人口が分散するものの, それを除けば一貫してジニ係数は上昇し, 人口分布の不均等化すなわち都市的地域への人口集中が続いてきた. 1960年代以

付　録

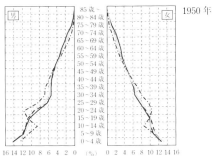
1950年

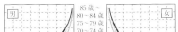
1970年

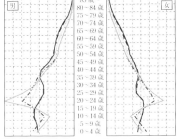
2015年

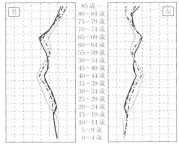
2040年（将来推計値）

―――　100万人未満
－－－　100万人以上200万人未満
―――　200万人以上500万人未満
－・－　500万人以上1,000万人未満
―――　1,000万人以上

図6　都道府県の人口規模別相対人口ピラミッド

[国勢調査，国立社会保障・人口問題研究所（2013）『日本の地域別将来推計人口』]

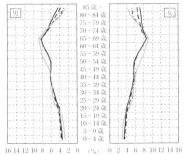

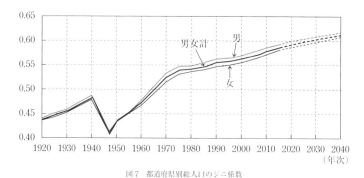

図7　都道府県別総人口のジニ係数

＊1947年臨時国勢調査は沖縄県を含まない．
［国勢調査，国立社会保障・人口問題研究所（2013）「日本の地域別将来推計人口」］

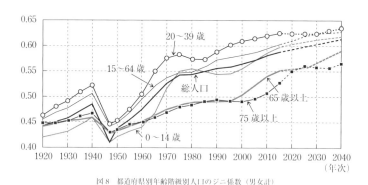

図8　都道府県別年齢階級別人口のジニ係数（男女計）

＊1947年臨時国勢調査は沖縄県を含まない．
［国勢調査，国立社会保障・人口問題研究所（2013）「日本の地域別将来推計人口」］

降は男女差が広がり，男性の方が女性よりもジニ係数が大きい状態が続いている．同様に年齢階級別人口のジニ係数をみると（図8），総人口よりも15～64歳人口のジニ係数はやや大きく，65歳以上人口と75歳以上人口は小さい．20～39歳人口のジニ係数は総人口のそれよりも大きく，結婚・出産に関連の強い年齢の人口が，より都市的地域に集中していることがうかがわれる．とりわけ戦後から1970年代半ばにかけて大きく上昇しており，高度経済成長期に若年人口が大都市圏へ移動した影響が表れている．家族形成の中心となる20～39歳人口の分布が出生数の分布に影響することから，0～14歳のジニ係数は10年弱のタイムラグを伴って20～39歳のジニ係数とパラレルに変化している．　　　　　　　　　　　　　　　［丸山洋平］

【付録3】 行政区分と人口分布（市区町村）
administrative division and population distribution（municipality）

●市区町村の人口規模からみた日本の人口分布（総人口）　国勢調査が実施された1920年以降，二つの大きな市町村合併があり，1950年代の昭和の大合併では9868から3472へ，2000年代前半の平成の大合併では3232から1727へ市区町村数が減少した（総務省a）．合併のたびに「1万人未満」の市区町村は大きく数を減らし（図1），昭和の大合併では「1万人以上5万人未満」，平成の大合併では「5万人以上20万人未満」の市区町村の割合が大きく上昇した（図2）．人口規模を細分化すると（図3），昭和の大合併前から「5000人未満」の市区町村数は減少しており，合併でより大きく減少している．平成の大合併では3万人未満の市区町村数の減少，5万人以上の市区町村数の増加がみられる．将来推計では人口減少の影響を反映し，「5000人未満」の市区町村数の増加が見通されている．

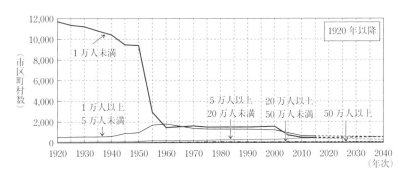

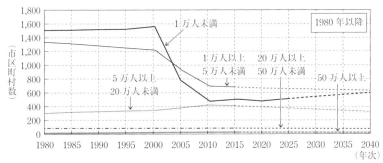

図1　人口規模別市区町村数

＊市町村と東京23区が対象だが，1945年のみ23区を1市とカウントしている．
＊＊1945年は沖縄県内市町村，将来推計値は福島県内市町村を含まない．
［国勢調査，国立社会保障・人口問題研究所（2013）「日本の地域別将来推計人口」］

702　　　　　　　　　　　　　　　付　録

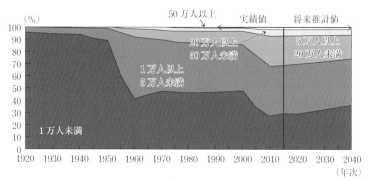

図2　人口規模別市区町村数の割合

*市町村と東京23区が対象だが，1945年のみ23区を1市とカウントしている．
**1945年は沖縄県内市町村，将来推計値は福島県内市町村を含まない．
[国勢調査，国立社会保障・人口問題研究所（2013）「日本の地域別将来推計人口」]

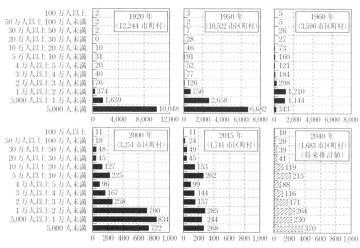

図3　人口規模別市区町村数

*市町村と東京23区が対象．
**将来推計値は福島県内市町村を含まない．
[国勢調査，国立社会保障・人口問題研究所（2013）「日本の地域別将来推計人口」]

　市区町村の人口規模別人口の推移をみると（図4，5），戦前の人口増加（1920～40年）はもっぱら「50万人以上」の市区町村が牽引してきた．「1万人未満」の市町村人口が最も多いがほとんど変化はなく，日本の総人口に占める割合は20年間で低下している．昭和の大合併では「1万人未満」の市町村人口が大きく減少し，代わって「1万人以上5万人未満」の人口が増加した．その後，高度成長を背景に20万人以上の市区町村人口が増加し，平成の大

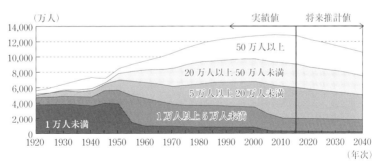

図4 市区町村の人口規模別人口

*市町村と東京23区が対象だが，1945年のみ23区を1市とカウントしている．
**1945年は沖縄県内市町村，将来推計値は福島県内市町村を含まない．
[国勢調査，国立社会保障・人口問題研究所（2013）「日本の地域別将来推計人口」]

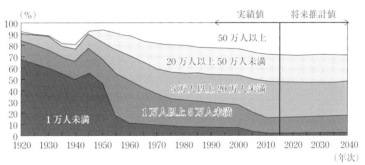

図5 市区町村の人口規模別人口の割合

*市町村と東京23区が対象だが，1945年のみ23区を1市とカウントしている．
**1945年は沖縄県内市町村，将来推計値は福島県内市町村を含まない．
[国勢調査，国立社会保障・人口問題研究所（2013）「日本の地域別将来推計人口」]

合併では「5万人以上20万人未満」の市区町村人口の増加，割合の上昇となった．「50万人以上」の割合も合併の影響で上昇がみられる．将来推計では，割合に大きな変化はなく推移する見通しである．

●**市区町村の人口規模からみた日本の人口分布（年齢別人口）** 1980年以降の市区町村人口について，人口規模別に年齢3区分別人口の推移をみると（図6），いずれの年齢階級でも平成の大合併によって「5万人以上20万人未満」の人口が増加し，5万人未満の市区町村人口が減少している．2015年までの65歳以上人口の増加は「50万人以上」で大きく，高齢者が人口規模の大きい市区町村で集中して増加している（1980年比4.9倍．5万人以上20万人未満は4.6倍）．人口規模別に市区町村の性・年齢構造を比較すると（図7），人口規模が大きいほど若・中年人口の割合が高く，小さいほど高齢人口の割合が高いという差異が継続している．将来推計ではそうした差異は縮小するが，高齢期にその傾向が残っており，特に後期高

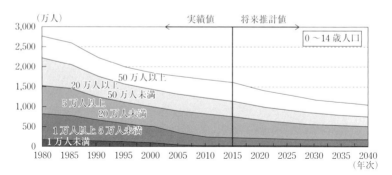

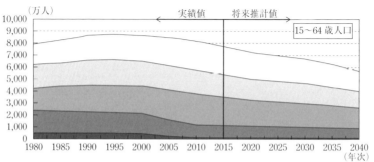

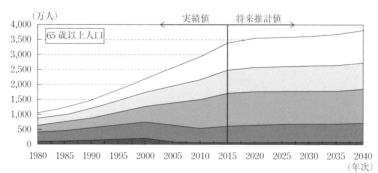

図6　市区町村の人口規模別年齢階級別人口（1980年以降）

*市町村と東京23区が対象で、将来推計値は福島県内市町村を含まない。
[国勢調査，国立社会保障・人口問題研究所（2013）「日本の地域別将来推計人口」]

齢者割合に人口規模による大きな違いがみられる．

　1980年以降の市区町村別総人口分布の偏りの変化をジニ係数の推移からみると（図8），平成の大合併によってジニ係数が低下し，人口分布の不均等がやや改善されるが，2010年以降は上昇に転じており，2030年代には合併前の水準を上回る見通しである．女性より男性のジニ係数が大きく，都道府県ジニ係数よりも値が大きい．　　　　　　［⇒本文の続き p.707］

付　録

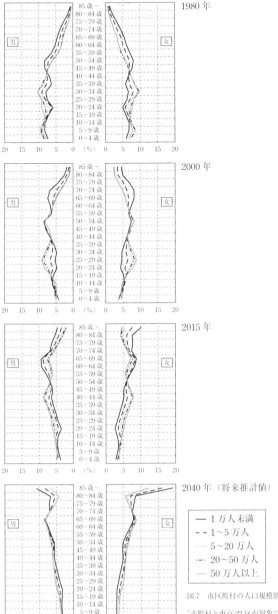

図7　市区町村の人口規模別相対人口ピラミッド
*市町村と東京23区が対象で，将来推計値は福島県内市町村を含まない．
[国勢調査，国立社会保障・人口問題研究所（2013）「日本の地域別将来推計人口」]

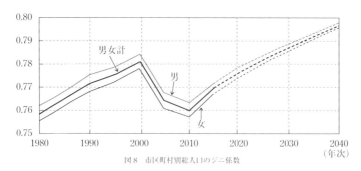

図8　市区町村別総人口のジニ係数

*将来推計値は福島県内市町村を含まない．
[国勢調査，国立社会保障・人口問題研究所（2013）「日本の地域別将来推計人口」]

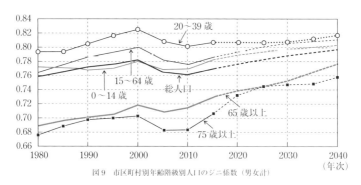

図9　市区町村別年齢階級別人口のジニ係数（男女計）

*将来推計値は福島県内市町村を含まない．
[国勢調査，国立社会保障・人口問題研究所（2013）「日本の地域別将来推計人口」]

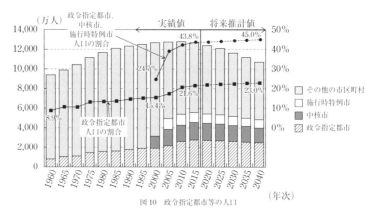

図10　政令指定都市等の人口

*将来推計値は中核市である郡山市といわき市を含まない．
**特例市は制度廃止により，2015年4月から施行時特例市に名称変更．
[国勢調査，国立社会保障・人口問題研究所（2013）「日本の地域別将来推計人口」]

年齢階級別ジニ係数をみると（図9），その大小関係は都道府県とほぼ同様であるが，2005年から2010年にかけて20～39歳と15～64歳は低下，0～14歳と75歳以上は横ばい，65歳以上は上昇といった年齢階級による変化の差異がみられる．

●**市区町村の人口規模からみた日本の人口分布（政令指定都市等）** 2017年1月1日時点で政令指定都市は20市，中核市は48市，施行時特例市は36市あり，それぞれ1956年，1995年，2000年から制度施行されている．特例市制度は2015年4月1日に廃止されたが，その際に特例市であった市が施行時特例市となっている．政令指定都市の人口要件は50万人以上であり，最大は横浜市（372万人），最小は岡山市（72万人）である（人口はともに2015年国勢調査より）．中核市の人口要件は20万人以上であり，最大は船橋市（62万人），最小は呉市（23万人）である（同上）．特例市の人口要件は中核市と同様に20万人以上であり，最大は吹田市（37万人），最小は甲府市（19万人）である（同上）．政令指定都市，中核市，施行時特例市には県庁所在地をはじめとした人口規模の大きい市が属しており，その人口は日本の都市人口といえる．政令指定都市の人口をみると（図10），1960年の838万人から2015年の2750万人にまで増加し，日本全体の人口に占める割合は8.9％から21.6％にまで上昇している．中核市と施行時特例市の人口を合わせると2015年には5572万人（43.8％）に達しており，日本の人口の4割以上が都市的地域に居住している（中核市の人口は1819万人［14.3％］，施行時特例市の人口は1004万人［7.9％］）これらの市，特に政令指定都市の多くは周辺自治体からの人口流入があるため，人口減少のペースが遅い．そのため将来人口推計ではその割合が緩やかに上昇し，2040年には45.0％に達することが見通されている．

●**市町村合併の影響など** 昭和の大合併が行政圏と生活圏の一致を目標とし，郡内中心町との合併が多かったのに対し，平成の大合併は日常生活圏を重視し，通勤圏を伴わない隣接小規模町村同士の合併は稀であった（森川 2011）．平成の大合併では，合併後に役所が置かれなかった旧市町村で人口減少傾向が強まったが，これは役場廃止に伴う職場喪失などによる人口流出というよりも，相対的な高齢化による自然減少の影響が大きく表れているという見解がある（小池・山内 2015）．

［丸山洋平］

📖 さらに詳しく知るための文献

大友篤．1997．『地域分析入門 改訂版』東洋経済新報社．
片木淳．2012．『日独比較研究市町村合併―平成の大合併はなぜ進展したか？』早稲田大学学術叢書，早稲田大学出版部．
古川章好．2012．『市町村人口規模と財政』中京大学経済学研究叢書，勁草書房．

【付録4】 人口統計の入手方法
how to obtain population statistics

　ここでは，国内外で取得可能な人口統計についてとりまとめを行う．日本国内の統計データは政府統計の総合窓口である「e-Stat」から入手が可能である．

●日本

(1) 国勢調査　Population Census
- 総務省統計局が実施する全数（悉皆）調査である．1920（大正9）年以降，5年ごとに実施されている．調査日は10月1日現在の「常住人口」である（1947年以前は「現在人口」）．西暦年が5で終わる年には簡易調査，0で終わる年には大規模調査が行われ，調査項目数に違いがある．
- 調査項目は，（世帯員に関する事項）氏名，男女の別，出生の年月，世帯主の続柄，配偶関係，国籍，現在の住居における居住期間，5年前の住居の所在地，教育の状況，就業状況，所属の事業所の名称・内容，仕事の種類，従業地または通学地，利用交通手段，（世帯に関する事項）世帯の種類，世帯員の数，住居の種類，住宅の床面積，住宅の建て方．下線部は簡易調査では実施しない項目．
- オンラインで入手可能なデータは以下のとおり．
    - 1920年から1980年まではPDFにて報告書掲載結果が入手可能（都道府県別詳細集計は未掲載）．
    - 1985年から1995年まではオンライン上で任意の集計が可能（都道府県別，市区町村別）．
    - 1995年は家族類型，外国人などによる「新分類区分による遡及集計」のほか，「小地域集計」（基本単位区，町丁・字等）が入手可能．
    - 2000年からは報告書非掲載表についても入手が可能になったほか，新分類による遡及集計や小地域集計も入手可能．
    - 2000年から2015年については，都道府県・市区町村別統計表（一覧表）も入手可能．
    - 時系列データは，全国データについては1920年から2010年，都道府県および市町村については1980年から2015年までの，男女・年齢・配偶関係，人口の労働力状態，就業者の産業・職業，世帯，従業地・通学地について入手可能．

(2) 人口推計　Population Estimates
- 総務省統計局が行っている人口の推定値である．国勢調査の実施間の時点における各月，各年の人口の状況を把握するために作成する．各年10月1日現在の人口の推計は1921（大正10）年から，各月1日現在の人口の推計は1951（昭和26）年から行っている．
- 最新の月の人口は「概算値」，5か月後に「確定値」とする．
- 各月1日現在人口：「全国推計人口」（1952年3月～1967年12月），「全国男女別の推計人口」（1968年1月～1977年8月），「全国年齢（5歳階級別），男女別人口」（1977年9月から

現在).
- 各年10月1日現在人口:「全国年齢(各歳別),男女別人口」(1921年から現在),「都道府県年齢(5歳階級別),男女別人口」(1980年から現在).
- 国勢調査結果による補完補正人口:「全国各年10月1日現在男女別人口」(1920年から1940年,1947年から現在),「全国各月1日現在推計人口」(1950年10月から1965年9月),「全国各月1日現在男女別人口」(1965年10月から現在),「都道府県別各年10月1日現在男女別人口」(1920年から現在).
- 生年の「えと」別人口(1979年から現在),新成人の人口(1976年から現在),子ども数(1979年から現在),高齢者の数(1975年から現在).
- オンラインでは2000年からの数値がそれぞれ取得可能.ただし,国勢調査結果による補間補正人口は1995(平成7)年が取得可能であり,長期時系列データでは全国推計人口は1920年から2000年まで整備されている.

(3) 住民基本台帳人口移動報告　Report on Internal Migration derived from the Basic Resident Registers
- 総務省統計局が,市区町村の作成する住民基本台帳による人口の移動状況を取りまとめて公表している.1954年から「住民登録人口移動報告」として開始され,1967年に住民登録法が住民基本台帳法に改正されたことに伴い現行の名称となっている.
- 2012年7月に住民基本台帳法の一部が改正され外国人も対象となり,2013年7月以降,日本の国籍を有しない者のうち住民基本台帳法で定めている者についても公表している.
- 調査項目は,届出のあった転入者に係る住所,性別,年齢,変更情報(異動事由,異動年月),職権で住民票に記載された転入者に係る住所,性別,年齢,変更情報(異動事由,異動年月).全国,3大都市圏,都道府県,大都市,市区町村による集計結果が得られる.
- オンラインでは,月報:月次が2005年4月から現在,四半期が2000年1〜3月期から2005年1〜3月期.年報(基本集計):2010年から現在.年報(詳細集計):1999年から現在.参考表(年齢(10歳階級別),男女別,転入・転出市区町村別結果):2012年から現在.長期時系列:1954年から現在(全国,3大都市圏,都道府県,大都市).
- 総務省自治行政局住民制度課が公表している「住民基本台帳に基づく人口,人口動態及び世帯数」では,住民票の記載および消除の数を取りまとめており,上記報告と社会増減の数が異なることがある.なお,当該統計は1972年よりオンラインで取得が可能であり,1972年から1993年までは「都道府県別人口,人口動態及び世帯数」,1994年は「都道府県別人口,人口動態及び世帯数」「都道府県別年齢別人口(男女別,5歳階級別)」,1995年から2012年までは「都道府県別人口,人口動態及び世帯数」「都道府県別年齢別人口(男女別,5歳階級別)」「市区町村別人口,人口動態及び世帯数」「市区町村別年齢別人口(男女別,5歳階級別)」,2013年から現在は,上記に加え「日本人住民」別,「外国人住民」別にそれぞれ都道府県,市区町村の人口動態・世帯数,年齢別人口が公表されている.

(4) 統計でみる都道府県・市区町村(社会・人口統計体系)　Statistical Observation of

Prefectures, Shi, Ku, Machi, Mura
- 総務省統計局が都道府県別（1975年から現在），市区町村（1980年から現在）について各府省，地方自治体のデータを編成して公表している．
- 調査項目はA人口・世帯，B自然環境，C経済基盤，D行政基盤，E教育，F労働，G文化・スポーツ，H居住，I健康・医療，J福祉・社会保障，K安全，L家計，M生活時間と13分野．都道府県は約2900項目，市区は約740項目，町村は約720項目の基礎データを編成．都道府県については，基礎データから約600項目の社会生活統計指標を作成している．
- A人口・世帯の基礎データは，総務省統計局「国勢調査」「人口推計」から男女，年齢（5歳階級別，3区分人口など），配偶関係別（男女別，15歳以上5歳階級別），国籍別，世帯別，総務省自治行政局「住民基本台帳人口要覧」から日本人人口，総務省自治行政局「住民基本台帳要覧」から外国人人口，法務省入国管理局「在留外国人統計」から国籍別在留外国人数，厚生労働省「人口動態統計」からは出生，死亡，婚姻・離婚など，総務省統計局「住民基本台帳人口移動報告年報」から転出・転入に関する統計が整備されている．
- 「e-Stat」の「地図や図表で見る」統計では，「地域統計概観」，「地域統計データベース」などにて地図・グラフ表示やデータの取得が可能．

(5) 地域メッシュ統計　Regional Mesh Statistics
- 地域メッシュ統計は，緯度経度情報に基づき地域を網の目で区分し，統計データを編成したものである．メッシュ区画によっていくつか種類があり，一辺が約1kmのメッシュを「標準地域メッシュ」（第三次地域区画）といい，「第一次地域区画」（約80km），「第二次地域区画（統合地域メッシュ）」（約10km），「2分の1地域メッシュ（分割地域メッシュ）」（約500m），「4分の1地域メッシュ（分割地域メッシュ）」（約250m）がある．
- 総務省統計局は「国勢調査」（1965年から現在），「経済センサス」「事業所統計調査」「事業所・企業統計調査」，「住宅統計調査」など，環境省は「自然環境保全基礎調査」，農林水産省は「世界農林業センサス」，経済産業省は「工業統計調査」「商業統計調査」，国土交通省は「宅地利用動向調査」（首都圏，近畿圏，中部圏）について地域メッシュ統計を作成している．
- 「e-Stat」の「地図で見る統計（統計GIS）」では，「国勢調査」（1995～現在）ほか，地域メッシュ統計結果を地図上で参照・データの取得が可能である．
- 国土交通省国土政策局は，新たな「国土のグランドデザイン」検討のために2010年国勢調査等に基づいた2050年までの将来推計人口について，1kmメッシュおよび500メッシュ統計の作成を行い，国土数値情報などで公表している．

(6) 将来推計人口・世帯数　Population (Household) Projections
- 国立社会保障・人口問題研究所が実施する将来推計である．「日本の将来推計人口（全国）」，「日本の地域別将来推計人口（都道府県・市区町村）」，「日本の世帯数将来推計（全国）」，「日本の世帯数将来推計（都道府県）」からなる．推計結果および仮定値はオンラインで取得可能である．
  ・「日本の将来推計人口（全国）」は1955年の第1回推計から国勢調査の公表結果を受け

てほぼ5年ごとに推計結果を公表している．推計後に仮定値や結果の開設および参考推計（条件付推計）の公表も行っている．
- 「日本の地域別将来推計人口（都道府県・市区町村）」は，都道府県は1987年から，市区町村は2002年から推計結果を公表している．全国値との整合性を得るために，全国推計が公表されてから推計を行っている．2013（平成25）年3月推計では，都道府県と市区町村推計を同時に公表した．
- 「日本の世帯数将来推計（全国）」は1961年に第1回推計から国勢調査の公表結果を受けてほぼ5年ごとに推計結果を公表している．
- 「日本の世帯数将来推計（都道府県）」は1966年に第1回推計，1971年に第2回推計結果が公表され都道府県別の総世帯数が公表された．1995年の推計結果からは家族類型別，世帯主の男女5歳階級別推計が行われ現在に至る．

(7) 人口統計資料集「人口の動向 日本と世界」 Population Statistics
- 国立社会保障・人口問題研究所が各種統計機関から発表された人口に関する基本的な統計を整備し，一部人口学的な分析結果を掲載している．毎年データの更新およびオンラインでの公開を行っている．
- 整備項目は毎年若干の変更があるが，1) 人口および人口増加率，2) 年齢別人口，3) 人口動態率，4) 出生・家族計画，5) 死亡・寿命，6) 結婚・離婚・配偶関係別人口，7) 世帯，8) 労働力，9) 地域移動・地域分布，10) 国籍別人口および国際移動，11) 教育，12) 都道府県別統計について各10～60項目の統計表を整備・作成している．

(8) 日本版死亡データベース Japanese Mortality Database
- 国立社会保障・人口問題研究所が作成する死亡統計であり，国際的な死亡データベースであるHuman Mortality Databaseとの整合性を保持するデータベースである．各種データはオンラインで取得可能．
- 全国値は，1947年から現在まで，各歳各年から各5歳各10年について，人口，出生数，死亡数，生命表，平均寿命などを作成している．都道府県については，1975年から現在までについて作成している．

(9) 社会保障・人口問題基礎調査 Annual Population and Social Security Surveys
- 国立社会保障・人口問題研究所が行う実地調査（標本調査）である．「出生動向基本調査（結婚と出産に関する全国調査）」「人口移動調査」「世帯動態調査」「全国家庭動向調査」「生活と支え合いに関する調査（旧：社会保障実態調査）」からなる．各調査を5年周期で行っている．その他にも「人口問題に関する意識調査」「世帯内単身者に関する実態調査」などがある．調査概要，一部の報告書，調査結果はオンラインで取得可能．
- 「出生動向基本調査（結婚と出産に関する全国調査）」は，1940年に第1回調査，1952年に第2回調査が行われて以降は5年ごとに「出産力調査」として実施され，1992年の第10回調査からは現行の名称で行い，1982年の第8回調査からは従来の夫婦調査に加えて独身者調

査を実施している．2005 年の第 13 回調査からは国勢調査実施年に調査を行っている．
・調査事項は，夫婦票：夫婦の属性，結婚過程，妊娠・出産・妻の就業と出産・子育て，保育環境・保育資源，妻の結婚・子供・家族に関する意識など．独身者票：独身者の属性，結婚意欲，異性関係・パートナーシップ，ライフコース，結婚・子供・家族に関する意識など．

▪「人口移動調査」は，1976 年に第 1 回調査，1986 年の第 2 回調査以降，5 年ごとに調査を実施．2011 年の第 7 回調査では東日本大震災の影響により被災三県（岩手県，宮城県，福島県），2016 年の第 8 回調査においても熊本地震の影響により熊本県および大分県の一部で調査を実施していない．
・調査事項は，世帯主および世帯員の属性，居住歴，移動理由，Ｕターン，Ｉターン，離家，将来の居住見通しなど．

▪「世帯動態調査」は，1999 年の第 4 回調査以降，同様の形式で 5 年ごとに調査を実施している．
・調査事項は，世帯の属性に関する事項，ライフコースと世帯内地位の変化，親の基本属性と居住関係，子の基本属性と居住関係など．

▪「全国家庭動向調査」は，1993 年の第 1 回調査以降，5 年ごとに実施．有配偶の妻が調査対象となる．
・調査事項は，夫婦の属性，両親・子どもに関する事項，出産・育児や扶養・介護に関する事項，日常生活でのサポート資源に関する事項，夫の家事・育児に関する事項，夫婦関係に関する事項，子どもや家族についての意識に関する事項，資産の継承に関する事項など．

▪「生活と支え合いに関する調査（旧：社会保障実態調査）」は，2007 年の第 1 回調査，2012 年の第 2 回調査以降，5 年ごとに実施．
・調査事項は，家族関係と社会経済状態の実態など，社会保障給付や社会ネットワークに関する事項など．

(10) 人口動態調査　Vital Statistics
▪厚生労働省が実施する人口動態（出生，死亡，婚姻，離婚，死産）についての全数調査である．
▪1898 年「戸籍法」制定以後，1899 年より人口動態統計制度が確立，1947 年 6 月「統計法」に基づき「指定統計」とされ，総理庁から厚生省に移管され，2009 年 4 月からは新「統計法」に基づく基幹統計調査となった．
▪調査事項は，出生票（出生年月日，場所，体重，父母の氏名・年齢など），死亡票（死亡者の出生年月日，住所，死亡年月日など），死産票（死産の年月日，場所，父母の年齢など），婚姻票（夫妻の生年月，夫の住所，初婚・再婚の別など），離婚票（夫妻の出生年月，住所，離婚の種類など）の 5 種について，当該年の 1 月 1 日から同年 12 月 31 日までの結果を示す．
▪オンラインでは，速報の月次は 2010 年 1 月から現在（PDF データ），月報（概数）の月次は 2009 年 1 月から現在（全国，都道府県，大都市），確定数は 1980 年から現在（1980 年か

ら 1994 年までは PDF データ，1995 年以降は csv データ，全国，都道府県，保健所，市区町村別），確定数の保管統計表（報告書非掲載表）は 1995 年から現在（全国，都道府県，保健所，市区町村別）が取得可能．
- 人口動態職業・産業別統計は 1899 年から 1967 年まで毎年実施．1968 年以降は国勢調査年に 5 年ごとに統計表を作成している．オンラインでは，1995 年から現在まで 5 年ごとの数値が得られる．
- 人口動態統計特殊報告は，時系列分析など多面的な分析を行う加工統計であり 1984 年以降ほぼ毎年公表している．オンラインでは出生（2001 年，2005 年，2010 年）・婚姻（2006 年，2016 年）・離婚に関する統計（1999 年，2009 年），外国人を含む人口動態統計（2002 年，2007 年，2014 年），都道府県別年齢調整死亡率（1995 年，2000 年，2005 年，2010 年，2015 年），人口動態保健所・市区町村別統計（1993〜1998 年［地図のみ］，1999 年〜2004 年，2005 年から 2008 年，2009〜2012 年）などが取得可能．

(11) 生命表　Life Tables
- 厚生労働省が作成する加工統計である．国勢調査年が対象である「完全生命表」（1891〜1898 年，近年は 5 年ごと），毎年作成する「簡易生命表」（1948 年から現在），国勢調査年に作成される「都道府県別生命表」（1965 年から現在），「市区町村別生命表」（2000 年から現在）がある．
- オンラインでは，厚生労働省のホームページから「完全生命表」は第 18 回（1995 年）から現在，「簡易生命表」は 1996 年から現在，「都道府県別生命表」は 1995 年から現在，「市区町村別生命表」は 2000 年から現在のデータを取得可能．

(12) 厚生労働省が実施する縦断調査（パネル調査）　Longitudinal Surveys
- 厚生労働省は 2001 年度より縦断調査（パネル調査）を開始した．2001 年度は「21 世紀出生児縦断調査（平成 13 年出生児）」，2002 年度は「21 世紀成年者縦断調査（平成 14 年成年者）」，2005 年度は「中高年者縦断調査」がそれぞれ開始された．2010 年度には「21 世紀出生児縦断調査（平成 22 年出生児）」，2012 年度には「21 世紀成年者縦断調査（平成 24 年成年者）」がそれぞれ追加調査として開始された．
- 調査事項は，出生児調査は成長段階にあわせて質問項目が変化し，身長・体重から習い事，学校生活，健康，父母の情報などの調査が行われている．成年者調査は男性票と女性票に分かれており，それぞれ仕事の状況，配偶者の有無，家事・育児時間，親との同居，結婚や子供に関する意識，所得，子育て支援制度の状況などを調査している．中高年者調査は家族，健康，就業，住居・家計の情報などを調査している．それぞれの調査結果は，オンライン上で概要および統計表が取得可能．
- また，特別報告として多変量解析法を用いた分析結果の公表を行っている．当概要もオンライン上で参照が可能．

●国際機関
(1) 国連統計部　United Nations Statistics Division

- 経済社会局（Department of Economic and Social Affairs：DESA）が経済，人口・社会，環境・エネルギー，ジェンダーシステムなどに関する加盟国のデータを整備・公表している．書籍や統計書の出版のほか，オンラインでデータの提供を行っている．
- 人口分野では，国連人口部（Population Division）が人口規模・密度，出生，死亡，人口登録，国際人口移動，家族形成に関する結婚，離婚，世帯と家族等整備のほか，2年に1度，世界人口推計を公表している．上記データはオンライン上で取得可能．

(2) 経済協力開発機構（OECD） Organization for Economic Co-operation and Development (OECD)
- 経済，開発，農業，教育，環境，金融，政策，科学，移動，健康など社会的課題に関する加盟国のデータを整備・公表している．書籍や統計書の出版のほか，オンラインでデータの提供を行っている．
- 人口分野では，人口構造や労働力人口，高齢化率，出生率の国別の時系列データや移動や都市規模別人口などの地域別人口などがある．

(3) 欧州連合統計局　EUROSTAT
- 経済・金融，人口・社会，産業，農林漁業，国際取引，輸送，環境・エネルギー，科学・技術・情報など，EU加盟国を中心とした欧州各国のデータを整備・公表している．書籍や統計書の出版のほか，オンラインでデータの提供を行っている．
- 人口分野では，人口構造，出生，死亡，移動，結婚，離婚などのデータ整備のほか，3年に1度，全国推計および地域推計（地域統計分類単位NUTS2およびNUTS3）の公表を行っている．

●外国政府の統計機関
　外国政府の統計機関について，総務省統計局がリスト化している統計機関から一部抜粋した内容を以下に掲載する．
(1) アジア地域
・［インド］インド統計局 Census of India
・［インドネシア共和国］インドネシア中央統計庁 Statistics Indonesia（BPS）
・［シンガポール共和国］シンガポール統計局 Department of Statistics Singapore
・［タイ王国］タイ王国統計局 National Statistical Office Thailand（TNSO）
・［大韓民国］大韓民国統計庁 Statistics Korea
・［中華人民共和国］中国国家統計局 National Bureau of Statistics of China
・［フィリピン共和国］フィリピン統計機構 Philippine Statistics Authority
・［ベトナム社会主義共和国］ベトナム統計局 General Statistics Office of Vietnam
・［マレーシア］マレーシア統計庁 Department of Statistics Malaysia
・［ミャンマー連邦共和国］ミャンマー中央統計局 Central Statistical Organization〔Manmar〕

(2) 大洋州地域
・［オーストラリア連邦］オーストラリア統計局 Australian Bureau of Statistics
・［ニュージーランド］ニュージーランド統計局 Statistics New Zealand

(3) 南北アメリカ地域
・［アメリカ合衆国］アメリカ政府統計関係機関 FEDSTATS
　　アメリカ経済分析局 U.S. Bureau of Economic Analysis（BEA）
　　アメリカセンサス局 U.S. Census Bureau
　　アメリカ全国保健統計センター U.S. National Center for Health Statistics（NCHS）
　　アメリカ労働統計局 U.S. Bureau of Labor Statistics（BLS）
・［アルゼンチン共和国］アルゼンチン国家統計センサス局 National Institute of Statistics and Censuses（INDEC）〔Argentine〕
・［ウルグアイ東方共和国］ウルグアイ国家統計局 Instituto Nacional de Estadística（INE）〔Uruguay〕
・［カナダ］カナダ統計局 Statistics Canada
・［キューバ共和国］キューバ国家統計局 National Office of Statistics〔Cuba〕
・［コロンビア共和国］コロンビア国家統計庁 National Administrative Department of Statistics（DANE）〔Colombia〕
・［ジャマイカ］ジャマイカ統計局 Statistical Institute of Jamaica
・［チリ共和国］チリ国家統計局 Instituto Nacional de Estadisticas Chile
・［ブラジル連邦共和国］ブラジル国家統計局 Institution of Brasilian Geographical Statistics（IBGE）
・［ペルー共和国］ペルー国家統計情報局 Instituto Nacional de Estadistica e Informatica（INEI）〔Peru〕
・［メキシコ合衆国］メキシコ国家統計地理情報局 Instituto Nacional de Estadistica y Geografia（INEGI）〔Mexico〕

(4) ヨーロッパ地域
・［アイスランド共和国］アイスランド統計局 Statistics Iceland
・［アイルランド］アイルランド中央統計局 Central Statistics Office（CSO）〔Ireland〕
・［イタリア共和国］イタリア国家統計局 Italian National Institute of Statistics（ISTAT）
・［ウクライナ］ウクライナ国家統計局 State Statistics Service of Ukraine
・［イギリス］イギリス国家統計局 Office for National Statistics〔U.K.〕
・［エストニア共和国］エストニア統計局 Statistics Estonia（SE）
・［オーストリア共和国］オーストリア統計局 Statistics Austria
・［オランダ王国］オランダ統計局 Statistics Netherlands（CBS）
・［ギリシア共和国］ギリシア国家統計局 Hellenic Statistical Authority
・［クロアチア共和国］クロアチア統計局 Croatian Bureau of Statistics

- ［スイス連邦］スイス連邦統計局 Swiss Federal Statistical Office
- ［スウェーデン王国］スウェーデン統計局 Statistics Sweden (SCB)
- ［スペイン］スペイン統計局 National Statistics Institute (INE) 〔Spain〕
- ［スロバキア共和国］スロバキア統計局 Statistical Office of the Slovak Republic
- ［チェコ共和国］チェコ統計局 Czech Statistical Office (CZSO)
- ［デンマーク王国］デンマーク統計局 Statistics Denmark
- ［ドイツ連邦共和国］ドイツ連邦統計局 Federal Statistical Office 〔Germany〕
- ［ノルウェー王国］ノルウェー統計局 Statistics Norway (SSB)
- ［ハンガリー］ハンガリー中央統計局 Hungarian Central Statistical Office (HCSO)
- ［フィンランド共和国］フィンランド統計局 Statistics Finland
- ［フランス共和国］フランス国立統計経済研究所 National Institute of Statistics and Economic Studies (INSEE) 〔France〕
- ［ブルガリア共和国］ブルガリア国家統計局 National Statistical Institute (NSI) 〔Bulgaria〕
- ［ベルギー王国］ベルギー統計局 Statisitics Belgium
- ［ポーランド共和国］ポーランド中央統計局 Central Statistical Office 〔Poland〕
- ［ポルトガル共和国］ポルトガル統計局 Statistics Portugal
- ［ルーマニア］ルーマニア国家統計局 National Institute of Statistics 〔Romania〕
- ［ロシア連邦］ロシア連邦統計局 Federal State Statistics Service 〔Russia〕

(5) 中東地域
- ［アラブ首長国連邦］アラブ首長国連邦国家統計局 National Bureau of Statistics 〔United Arab Emirates〕
- ［イスラエル国］イスラエル中央統計局 Central Bureau of Statistics 〔Israel〕
- ［イラン・イスラム共和国］イラン統計センター Statistical Centre of Iran (SCI)
- ［サウジアラビア王国］サウジアラビア中央統計局 Central Department of Statistics and Information 〔Saudi Arabia〕
- ［トルコ共和国］トルコ統計局 Turkish Statistical Institute (TurkStat)

(6) アフリカ地域
- ［エジプト・アラブ共和国］エジプト中央公共流通・統計局 Central Agency for Public Mobilization and Statistics (CAPMAS) 〔Egypt〕
- ［エチオピア連邦民主共和国］エチオピア中央統計局 Central Statistical Agency 〔Ethiopia〕
- ［ケニア共和国］ケニア国家統計局 Kenya National Bureau of Statistics (KNBS)
- ［チュニジア共和国］チュニジア国家統計局 National Institute of Statistics 〔Tunisia〕
- ［ナイジェリア連邦共和国］ナイジェリア国家統計局 National Bureau of Statistics (NBS) 〔Nigeria〕
- ［南アフリカ共和国］南アフリカ統計局 Statistics South Africa
- ［モロッコ王国］モロッコ統計局 Direction de la Statistique 〔Morocco〕

●その他
(1) マックス・プランク人口研究　Max Planck Institure for Demographic Research：MPIDR
・他機関と連携し，国際比較可能なデータベースである Human Mortality Database（HMD）や Human Fertility Database（HFD）を管理・更新している．その他 Human Life-Table Database, International Datebase on Longevity（IDL），Comparative Family Policy Database, The Human Cause-of-Death Datebase などを公開している．
・Human Mortality Database（HMD）はカリフォルニア大学バークレー校と MPIDR が共同で管理している寿命に関するデータベース．生命表作成手法や各国の期間・コーホート別死亡データや生命表を提供している．
・Human Fertility Database（HFD）は MPIDR とウィーン人口研究所（Vienna Institute of Demography）が共同で管理している出生に関するデータベース．各国の年齢別出生率，合計出生率等を提供している．

(2) IPUMS Integrated Public Use Microdate Series
・ミネソタ大学の人口センターによって運営されている各国の国勢調査の個票データや調査データの管理・整備を行うプロジェクト．調査票のコードや地域コードの統合を行うことによって，時空間的な変化や地域間比較が可能なデータの構築・統合を行っている．

［鎌田健司］

和文参考・引用文献

＊各文献の最後に明記してある数字は引用している項目の最初のページを表す

■あ

饗庭 伸．2015．『都市をたたむ―人口減少時代をデザインする都市計画』共栄書房．……284

アゥアバック，A. J. ほか．1998．「世代会計の国際比較」日本銀行金融研究所『金融研究』17（6）．……666

青井和夫ほか．1986．「世帯情報解析モデル（INAHSIM）による世帯の将来予測―世帯推計への総合的アプローチ」『ライフ・スパン』寿命学研究会．6．……214

浅野博勝ほか．2011．「非正規労働者はなぜ増えたか」『非正規雇用改革―日本の働き方をいかに変えるか』鶴光太郎・樋口美雄他編著．日本評論社．……238

朝日新聞．2013．『さとり世代を知っていますか 意外な素顔がわかる8つのレッスン』（朝日新聞デジタル SELECT）Kindle 版．……78

安達生恒．1970．「過疎の実態―過疎とは何か，そこで何がおきているか（過疎―過密のうらにあるもう一つの現実（特集））」『ジュリスト』455：21-25．……398

阿藤 誠．1997．「人口変動と家族変動」阿藤 誠・兼清弘之編『人口変動と家族』大明堂．……168

阿藤 誠．2002．「少子化と家族政策」日本人口学会編『人口大事典』培風館，pp.924-928．……352

阿藤 誠．2005a．「少子化をめぐる研究の課題と展望」『人口学研究』古今書院．pp. 1-10．……132

阿藤 誠．2005b．「少子化と家族政策」大淵 寛・阿藤 誠編著『少子化の政策学』原書房，pp.33-58．……352

阿藤 誠．2010．「第二の人口転換」人口学研究会編『現代人口辞典』原書房．pp. 205-206．……126

阿藤 誠．2011．「超少子化の背景と政策対応」阿藤 誠他編『少子化時代の家族変容―パートナーシップと出生行動』東京大学出版会．pp. 1-16．……132

阿藤 誠．2016．「世界の人口爆発再来か？―国連の新人口推計が示唆するもの」『統計』2016年6月号：2-7．……138

阿藤 誠編．1996．『先進諸国の人口問題―少子化と家族政策』東京大学出版会．……128

阿部 隆．2014．「都市化の度合を惑わす「都市」の定義の多様性」『統計』65（11）：50-53．……564

阿部 隆．2015．「東日本大震災による東北地方の人口変動（続報）」『日本女子大学人間社会研究科紀要』21：1-18．……324

阿部博史．2014．「「震災ビッグデータ」から見えてきた東日本大震災の姿」『放送メディア研究』11：271-289．……656

アベグレン，J．1958．山岡洋一訳．『日本の経営』日本経済新聞社．……252

有賀喜左衛門．1965．『日本の家族』至文堂（再録：1971『有賀喜左衛門著作集』6．未来社）．……222

安藏伸治．1988．「結婚に関する将来推計―性比尺度と一致性モデル」『政経論叢』56（3・4）：147-150．……60

安藤孝敏，2015，「高齢者の移住を考える―高齢者の移動とその影響」『都市問題』106（10）：16-21. ……318
太田聰一，2015，「労働市場から見た震災直後・復興過程における経済状況」齋藤 誠編『震災と経済』大震災に学ぶ社会科学（4），東洋経済新報社，pp.101-136. ……262

■い

李 光奎，1978，服部民夫訳，『韓国家族の構造分析』国書刊行会. ……226
飯島 渉，2000，『ペストと近代中国』研文出版. ……22
五十嵐由里子，2018，「妊娠出産痕」『季刊考古学』143：22-25. ……384
井口乗海，1929，『痘瘡及種痘論』文光堂書店. ……24
池 周一郎，2009，『夫婦出生力の低下と拡散仮説―有配偶完結出生力低下の反応拡散モデル』古今書院. ……550
池上甲一，2013，「限界集落問題とは」『農業および園芸』88（9）：884-894. ……398
池田奈由ほか，2011，「日本：国民皆保険達成から50年 1―なぜ日本国民は健康なのか」『ランセット』日本特集号：29-43. ……110
石 弘之編，2002，『環境学の技法』東京大学出版会. ……392
石井 太，2010，「人口モメンタム」人口学研究会編『現代人口辞典』原書房. ……14
石井 太，2013，「死亡率曲線の自由な方向への変化を表現する数理モデルとわが国の将来生命表への応用」『人口問題研究』69（3）：3-26. ……474
石川 晃・佐々井 司，2012，「外国人の国際人口移動分析手法に関する考察」石川 晃『外国人人口受入れによる将来人口の変化と社会保障への影響に関する研究』厚生労働科学研究費補助金政策科学推進研究事業 平成24年度総括研究報告書（主任研究者：石井太），pp. 33-40. ……622
石川義孝，1988，『空間的相互作用モデル―その系譜と体系』地人書房. ……598
石川義孝，1994，『人口移動の計量地理学』古今書院. ……312
石川義孝，2003，「わが国農村部における男子人口の結婚難」石原 潤編『農村空間の研究（下）』大明堂，pp.289-305. ……178, 322
石川義孝，2005，「日本の国際人口移動の転換点」石川義孝編著『アジア太平洋地域の人口移動』明石書店，pp.327-351. ……300, 304
石川義孝，2007，「現代日本における性比不均等と国際結婚」紀平英作編『グローバル化時代の人文学 対話と寛容の知を求めて（下）共生への問い』京都大学学術出版会，pp.127-145. ……572
石川義孝，2011，「在留外国人」石川義孝ほか編『地域と人口からみる日本の姿』古今書院，pp. 43-49. ……370
石川義孝，2018，『流入外国人と日本―人口減少への処方箋』海青社. ……370
石川義孝編，2007，『人口減少と地域 地理学的アプローチ』京都大学学術出版会. ……278
石川義孝編，2011，『地図で見る日本の外国人』ナカニシヤ出版. ……278
石川義孝ほか，2014，「2005～2010年における新規流入移動と国内移動からみた外国人の目的地選択」『京都大學文學部研究紀要』53：293-318. ……306
石川義孝ほか編，2011，『地域と人口からみる日本の姿』古今書院. ……300
石崎晴己編，エマニュエル・トッド，2001，『世界像革命―家族人類学の挑戦』藤原書店. ……204, 224
石水照雄，1972，「計量地理学―地理的空間の理論構成」『人文地理』24：59-82. ……576
市野川容孝，1999，「福祉国家の優生学―スウェーデンの強制不妊手術と日本」『世界』661：167-176. ……332
市原亮平，1955，『人口論概説』三和書房. ……338

一守 靖．2016．『日本的雇用慣行は変化しているのか―本社人事部の役割』慶應義塾大学出版会．……244

伊藤 薫．2006．「戦後日本の長距離人口移動に対する所得増大の作用―住民基本台帳人口移動報告を利用した分析」『人口学研究』38：89-98．……598

伊藤 薫．2011．「高齢者の長距離人口移動の決定因の変化―1960年国勢調査から2000年国勢調査による分析」『地域学研究』41（1）：179-194．……318

伊藤達也．1984．「年齢構造の変化と家族制度からみた戦後の人口移動の推移」『人口問題研究』厚生省人口問題研究所．172：24-38．……316

伊藤達也．1989．「人口の地域的分析」山口喜一編著『人口分析入門』古今書院．pp.175-193．……590

伊藤達也．1994．『生活の中の人口学』古今書院．……494

伊藤 実．2013．「大学新卒者の就業実態と雇用促進策」樋口美雄編『若年者の雇用問題を考える』日本経済評論社．pp.207-260．……232

稲垣誠一．2007．『日本の将来社会・人口構造分析―マイクロ・シミュレーションモデル（INAHSIM）による推計』日本統計協会．……214, 640

稲葉 寿．1995．「多地域生命表」山口喜一ほか編著『生命表研究』古今書院．pp.125-151．……476

稲葉 寿．2002．『数理人口学』東京大学出版会．……458, 546

井上 孝．1991．「日本国内における年齢別人口移動率の地域的差異」『人文地理学研究』15：223-250．……596

井上 孝．2002a．「人口学的視点からみたわが国の人口移動転換」荒井良雄ほか編『日本の人口移動―ライフコースと地域性』古今書院．pp.53-70．……312, 588

井上 孝．2002b．「人口の地域分布の分析方法」日本人口学会編『人口大事典』培風館．pp.614-618．……562

井上 孝．2007．「人口ポテンシャル概念と小地域人口統計」『統計』58（12）：12-16．……574, 578

井上 孝．2011．「全国的な人口分布」石川義孝ほか編『地域と人口からみる日本の姿』古今書院．pp.1-10．……560

井上 孝．2014a．「首都圏における高齢化の進展」井上 孝・渡辺真知子編著『首都圏の高齢化』原書房．pp.1-27．……370

井上 孝．2014b．「都市の規模別分布に関する統計モデル―順位規模法則と対数正規分布モデルの適合度の比較」『統計』65（8）：9-15．……566

井上 孝．2016．「ポスト人口転換期の人口移動」佐藤龍三郎・金子隆一編著『ポスト人口転換期の日本』原書房．pp.111-133．……312, 592

苛原 稔．2015．「文部科学省高校生用啓発教材「健康な生活を送るために」の中の「20. 健やかな妊娠・出産のために」に関する意見」日本生殖医学会webサイト2015年9月7日．http://www.jsrm.or.jp/announce/089.pdf．……158

岩崎信彦ほか編．2003．『海外における日本人，日本のなかの外国人―グローバルな移民流動とエスノスケープ』昭和堂．……300

岩澤美帆．2002．「近年の期間TFR変動における結婚行動および夫婦の出生行動の変化の寄与について」『人口問題研究』58（3）：15-44．……488

岩澤美帆．2008．「初婚・離婚の動向と出生率への影響」『人口問題研究』64（4）：19-34．……358

岩澤美帆．2013．「失われた結婚，増大する結婚：初婚タイプ別初婚表を用いた1970年代以降の未婚化と初婚構造の分析」『人口問題研究』69（2）：1-34．……166

岩澤美帆．2015．「少子化をもたらした未婚化および夫婦の変化」高橋重郷・大淵 寛編著『人口減少と少子化対策』原書房．pp.49-72．……14, 350, 488

岩澤美帆，2017，「2000年代の日本における婚外子―父親との同別居，社会経済的状況とその多様性」『人口学研究』53：47-61．……148
岩澤美帆・金子隆一，2013，「分母人口を限定した出生力指標から見る2005年以降の期間合計出生率反転の構造」『人口問題研究』69（4）：103-123．……488, 514
岩澤美帆・鎌田健司，2013，「婚前妊娠結婚経験は出産後の女性の働き方に影響するか？」『日本労働研究雑誌』638：17-32．……148
岩澤美帆・三田房美，2005，「職縁結婚の盛衰と未婚化の進展」『日本労働研究雑誌』535：16-28．……676

■う

ウィルモス，J. R.，2010，石井太訳，「人類の寿命伸長―過去・現在・未来」『人口問題研究』66（3）：32-39．……94, 98, 114
内野澄子，1984，「女子人口移動の動向と特徴」『人口問題研究』厚生省人口問題研究所，169：1-16．……62
内野澄子，1987，「高齢人口移動の新動向」『人口問題研究』厚生省人口問題研究所，184：19-38．……318
梅棹忠夫編，1891，『文明学の構築のために』中央公論社．……12

■え

荏開津典生・鈴木宣弘，2015，『農業経済学』第4版，岩波書店．……398
江崎雄治，2006，『首都圏人口の将来像』専修大学出版会．……690
NTTドコモ，2010，「平成21年度情報大航海プロジェクト（モデルサービスの開発と実証）事業報告書」．……656
エーリック，P. R.・エーリック，A. H.，1974，水谷美穂訳，『人口が爆発する！―環境・資源・経済の視点から』新曜社．……330

■お

王徳，1994，「日本の高度経済成長期における国内人口移動の分析」『季刊地理学』46：233-254．……598
大泉啓一郎，2007，『老いてゆくアジア―繁栄の構図が変わるとき』中公新書．……32
大江守之，1995，「国内人口分布変動のコーホート分析―東京圏への人口集中プロセスと将来展望」『人口問題研究』51（3）：1-19．……308
大岡頼光，2016，「フランスは少子化対策の財源をどう確保したか」『中京大学現代社会学部紀要』10（2）：123-160．……332
大塩まゆみ，1996，『家族手当の研究―児童手当から家族政策を展望する』法律文化社．……332
太田聰一，2015，「労働市場から見た震災直後・復興過程における経済状況」『大震災に学ぶ社会科学 第4巻 震災と経済』第4章，東洋経済新報社，pp.101-136．……262
大竹秀男，1982，『封建社会の農民家族（改訂版）』創文社．……222
大塚柳太郎ほか，2012，『人類生態学 第2版』東京大学出版会．……392, 510
大藤修，1996，『近世農民と家・村・国家』吉川弘文館．……222
大友篤，1979，『日本都市人口分布論』大明堂．……568
大友篤，1996，『日本の人口移動』大蔵省印刷局．……594

大友 篤．1997a．『地域分析入門（改訂版）』東洋経済新報社．……560, 562, 564, 574
大友 篤．1997b．『地域人口分析入門』東洋経済新報社．……604
大友 篤．2002．『地域人口分析（ジオデモグラフィックス）の方法—国勢調査データの利用の仕方』日本統計協会．……568, 594
大友 篤．2006．『続 人口でみる世界—人口変動とその要因』古今書院．……564
大友 篤．2012．「DID 人口の変動にみる日本の都市化 50 年— DID の設定方法を再考する」『統計』63（11）：19-29．……564
大友 篤．2016．「世界と日本の巨大都市密集域」『ESTRELA』（270）：38-43．……564
大野 晃．2005．『山村環境社会学序説—現代山村の限界集落化と流域共同管理』農山漁村文化協会．……310
大野 晃．2008．『限界集落と地域再生』高知新聞社．……398
大橋慶太．2016．「アフリカの高出生率と家族計画に焦点を当てて」『統計』2016 年 6 月号：15-22．……138
大淵 寛．2002．「少子高齢化社会の構造転換」『国民経済雑誌』186（1）：19-35．……14
岡崎陽一．1993．『人口分析ハンドブック』古今書院．……594
小笠原節夫．2004．『人口地理学入門』原書房．……370
岡田あおい．1995．「歴史の中に埋もれていた家族」川北 稔・竹岡敬温編著『社会史への途』有斐閣．……224
岡田あおい．2006．『近世村落社会の家と世帯継承—家族類型の変動と回帰』知泉書館．……218
岡田 実・大淵 寛編．1996．『人口学の現状とフロンティア—南亮三郎博士の生誕百年を記念して』大明堂．……338
岡部篤行・鈴木敦夫．1992．『最適配置の数理』朝倉書店．……670
岡本洋一．2011．「戦後日本における世代形成—消費社会と世代」『同志社大社会学研』15：43-56．……78
荻野美穂．2008．『「家族計画」への道—近代日本の生殖をめぐる政治』岩波書店．……342
奥平寛子．2008．「整理解雇判決が労働市場に与える影響」『日本労働研究雑誌』572：75-92．……252
落合恵美子．2004．「歴史的に見た日本の結婚」『家族社会学研究』15（2）：39-51．……148, 168, 196
落合恵美子編．2013．『親密圏と公共圏の再編成—アジア近代からの問い』京都大学学術出版会．……196
落合恵美子編著．2015．『徳川日本の家族と地域性　歴史人口学との対話』ミネルヴァ書房．……220
落合恵美子ほか．2004．「中国明代黄冊の歴史人口学的分析—万暦徽州黄冊底籍に見る世帯・婚姻・承継」佐藤康行ほか編『変貌する東アジアの家族』早稲田大学出版部，pp.110-141．……226
落合恵美子ほか．2007．「日本への外国人流入からみた国際移動の女性化—国際結婚を中心に」石川義孝編『人口減少と地域—地理学的アプローチ』京都大学学術出版会，pp.291-319．……306
小野 旭．1994．『労働経済学』東洋経済新報社．……248

■か

海道清信．2007．『コンパクトシティの計画とデザイン』学芸出版社．……284
外務省．2002．『人口・エイズに関する地球規模問題イニシアティブ（GII）評価調査』．……390

笠谷和比古，1999，「『家』の概念とその比較史的考察」笠谷和比古編『公家と武家Ⅱ』思文閣出版．……222
春日忠善，1977，「日本のペスト流行史」『科学』47（11）：687-700．……22
加藤彰彦，2009，「直系家族の現在」『社会学雑誌』26：3-18．……216
加藤彰彦，2010，「少子化・人口減少の歴史的意味」『比較家族史研究』24：49-69．……216, 394
加藤彰彦ほか編著，2016，『家と共同性』日本経済評論社．……222
加藤久和，2007，『人口経済学』日経文庫．……368
加藤久和，2011，『世代間格差―人口減少社会を問い直す』ちくま新書．……78
金澤悠介ほか，2011，「エージェント・ベースト・モデルの方法と社会学におけるその展開」『理論と方法』26（1）：141-159．……668
兼清弘之，2009，「人口の科学」『政経フォーラム』26：102-107．……338
金子隆一，1991，「初婚過程の人口学的分析」『人口問題研究』47（3）：3-27．……486
鎌田健司・岩澤美帆，2009，「出生力の地域格差の要因分析―非定常性を考慮した地理的加重回帰法による検証」『人口学研究』45：1-20．……578
鎌田健司・長谷川普一，2013，「新潟市における子育て関連施設の適正配置に関する研究」東京大学空間情報科学研究センター（CSIS）平成24年度共同研究報告書．……670
釜野さおり，2012，「性的指向は収入に関連しているのか―米国の研究動向のレビューと日本における研究の提案」『論叢クィア』5：63-81．……192
川上憲人ほか，2006，『社会格差と健康』東京大学出版会．……104
川上憲人ほか，2015，『社会と健康』東京大学出版会．……104
川口太郎，2002，「大都市圏における世帯の住居移動」荒井良雄ほか編『日本の人口移動―ライフコースと地域性』古今書院，pp.91-111．……316
川口洋，2015，「統計資料から読み解く環境史―人口増加開始期の衛生・医療環境」『SEEDer』12：40-47．……24
河端瑞貴，2010，「待機児童と保育所アクセシビリティ―東京都文京区の事例研究」『応用地域学研究』15：1-12．……670, 682
河邉宏，1981，「戦前における中等教育の普及と出生力との関係」『人口問題研究』158：1-10．……158
河邉宏・井上孝，1991，「人口移動モデル」河邉宏編『発展途上国の人口移動』アジア経済研究所，pp.139-170．……596
河村哲也，2003，『シミュレーションの話』山海堂．……378

■き

企画院，1942，『大東亜建設基本方策（大東亜建設審議会答申）』（明石陽至・石井均解題，1995，『大東亜建設審議会関係史料』第1巻，龍渓書舎．）……340
岸本實，1980，『新訂 人口地理学』大明堂．……370
北原糸子，2011，『関東大震災の社会史』朝日新聞出版．……324
鬼頭宏，1996，「明治以前日本の地域人口」『上智経済論集』41（2・3）：65-79．……12
鬼頭宏，2007，『図説 人口で見る日本史』PHP研究所．……12
木下太志，2002，『近代化以前の日本の人口と家族―失われた世界からの手紙』ミネルヴァ書房．……218

■く

工藤豪，2011，「結婚動向の地域性―未婚化・晩婚化からの接近」『人口問題研究』67（4）：

3-21. ……62, 178, 322
工藤 豪. 2015.「文化人類学的視点からみた結婚の地域性と多様性」高橋重郷・大淵 寛編著『人口減少と少子化対策』(人口学研究ライブラリー16). 原書房, pp.153-178. ……62, 178
黒須里美編著. 2012.『歴史人口学からみた結婚・離婚・再婚』麗澤大学出版会. ……168, 222
黒須里美ほか. 2012.「徳川期後半における初婚パターンの地域差」黒須里美編著『歴史人口学からみた結婚・離婚・再婚』麗澤大学出版会. pp.24-56. ……220

■け

経済財政諮問会議. 2018.「経済財政運営と改革の基本方針　2018」……242
経済産業省製造産業局産業機械課ロボット革命実現会議. 2015.「ロボット新戦略　ビジョン・戦略・アクションプラン」(2015年1月). http://www.meti.go.jp/press/2014/01/20150123004/20150123004b.pdf……240
警察庁. 2016.「緊急災害警備本部広報資料　平成28年6月10日」. https://www.npa.go.jp/news/other/earthquake2011/pdf/higaijokyo.pdf……324
玄田有史. 2004.『ジョブ・クリエイション』日本経済新聞社. ……252

■こ

小池司朗. 2008a.「地域別将来人口推計における人口移動モデルの比較研究」『人口問題研究』64(3):87-111. ……628
小池司朗. 2008b.「地域別将来人口推計における純移動率モデルの改良について」『人口問題研究』64(1):21-38. ……634
小池司朗. 2010.「首都圏における時空間的人口変化—地域メッシュ統計を活用した人口動態分析」『人口問題研究』66(2):26-47. ……578
小池司朗. 2015a.「県庁所在地都市圏における都心回帰の比較分析—「人口シェアポテンシャル」を用いて」『計画行政』38(2):45-52. ……574
小池司朗. 2015b.「多地域モデルによる都道府県別将来人口推計の結果と考察」『人口問題研究』71(4):351-371. ……634
小池司朗. 2017.「東京都区部における「都心回帰」の人口学的分析」『人口学研究』53:23-45. ……308
小池司朗・山内昌和. 2015.「「平成の大合併」前後における旧市町村の人口変化の人口学的分析」『人口問題研究』71(3):201-215. ……696, 701
厚生省. 1998.『平成10年版厚生白書』ぎょうせい. ……352
厚生省大臣官房政策課. 1998.『人口減少社会—未来への選択と責任』ぎょうせい. ……352
厚生労働省.「人口動態統計」. ……412
厚生労働省. http://www.mhlw.go.jp/……78
厚生労働省. 2010.『平成22年度「出生に関する統計」の概況』厚生労働省. ……54
厚生労働省. 2012a.『望ましい働き方ビジョン—非正規雇用問題に総合的に対応し, 労働者が希望する社会全体にとって望ましい働き方を実現する』. ……238
厚生労働省. 2012b.『社会保障に係る費用の将来推計の改定について』. ……348
厚生労働省. 2014.「国民年金及び厚生年金に係る財政の現状及び見通し—平成26年財政検証結果」第21回社会保障審議会年金部会資料. ……624

厚生労働省，2015a，『平成 27 年版 厚生労働白書―人口減少社会を考える』厚生労働省．……152
厚生労働省，2015b，「新規学卒者の離職状況（平成 24 年 3 月卒業者の状況）」平成 27 年 10 月 30 日報道発表資料．……232
厚生労働省，2015c，『就業形態の多様化に関する調査』．……260
厚生労働省，2016a，『平成 28 年 我が国の人口動態（平成 26 年までの動向）』．……128
厚生労働省，2016b，「厚生労働省医療従事者の需給に関する検討会医師需給分科会　中間取りまとめ」（2016 年 6 月），http://www.mhlw.go.jp/file/05-Shingikai-10801000-Iseikyoku-Soumuka/0000120207_6.pdf……240
厚生労働省，2016c，『平成 27 年簡易生命表の概況』．……470
厚生労働省，2017，『第 22 回生命表』厚生労働統計協会．……452
厚生労働省，2018，「「外国人雇用状況」の届出状況まとめ（平成 29 年 10 月末現在)」……242
厚生労働省社会・援護局福祉基盤課福祉人材確保対策室，2015，「2025 年に向けた介護人材にかかる需給推計（確定値）」（2015 年 6 月），http://www.mhlw.go.jp/stf/houdou/0000088998.html……240
厚生労働省社会・援護局福祉基盤課福祉人材確保対策室，2016，「外国人介護人材受入れの在り方に関する検討会報告書」（2016 年 3 月），http://www.mhlw.go.jp/stf/shingi2/0000115138.html……240
厚生労働省社会保障改革推進本部社会保障改革に関する集中検討会議，2011，「第 10 回参考資料　医療・介護に係る長期推計（主にサービス提供体制改革に係る改革について）」（2011 年 6 月），http://www.cas.go.jp/jp/seisaku/syakaihosyou/syutyukento/dai10/siryou1-2.pdf……240
厚生労働省職業安定局，2012，『望ましい働き方ビジョン―非正規雇用問題に総合的に対応し，労働者が希望する社会全体にとって望ましい働き方を実現する』．……250
厚生労働省政策統括官，2017，『平成 29 年　我が国の人口動態―平成 27 年までの動向』厚生労働省政策統括官．……20
河野稠果，1990，「人口高齢化時代の子供と老人」『人口学研究』日本人口学会，13：5-13．……672
河野稠果，1996，「形式人口学」岡田　實・大淵　寛編『人口学の現状とフロンティア』大明堂，pp.153-178．……452
河野稠果，2000，『世界の人口 第 2 版』東京大学出版会．……6, 114, 156, 460
河野稠果，2005，「アメリカのベビーブーム―何故長く続いたか」『Reitaku International Journal of Economic Studies』13（2）：109-122．……74
河野稠果，2007，『人口学への招待』中公新書．……14

国際協力事業団，1994，『海外移住統計（昭和 27 年度～平成 5 年度）』業務資料 No.891．……304
国土交通省，2014，「1km² 毎の地点（メッシュ）別の将来人口の試算方法について」，http://www.mlit.go.jp/kokudoseisaku/kokudoseisaku_tk3_000044.html……624
国土交通省，2015，「平成 27 年度補正予算案　三世代同居に対応した良質な木造住宅の整備の促進（地域型住宅グリーン化事業の拡充）に係る情報提供について」．……78
国土交通省 国土交通政策研究所，2009，「三世代共生ユニバーサルデザイン社会の構築に向けた調査研究」『国土交通政策研究』第 87 号，http://www.mlit.go.jp/pri/houkoku/gaiyou/kkk87.html……78
国土庁計画・調整局，1998，『地域の視点から少子化を考える』大蔵省印刷局．……178
国立がん研究センターがん情報サービス，2016，「日本人のためのがん予防法―現状において推

奨できる科学的根拠に基づくがん予防法」．https://ganjoho.jp/public/pre_scr/prevention/ evidence_based.html……106

国立社会保障・人口問題研究所「日本版死亡データベース」．http://www.ipss.go.jp/p-toukei/ JMD/index.html……456

国立社会保障・人口問題研究所，2007，『日本の都道府県別将来推計人口―平成17（2005）～47（2035）年　平成19年5月推計』人口問題研究資料第316号．……630

国立社会保障・人口問題研究所，2008，『日本の将来推計人口―平成18年12月推計の解説および参考推計（条件付推計）』人口問題研究資料第319号．……514

国立社会保障・人口問題研究所，2010，「第14回出生動向基本調査」（独身者調査／夫婦調査）．……350

国立社会保障・人口問題研究所，2012，『日本の将来推計人口―平成23（2011）～72（2060）年―附：参考推計　平成73（2061）～122（2110）年　平成24年1月推計』人口問題研究資料第326号．……128, 176, 632, 642

国立社会保障・人口問題研究所，2013a，『日本の世帯数の将来推計（全国推計）―2010（平成22）年～2035（平成47）年―　2013（平成25）年1月推計』人口問題研究資料第329号．……208

国立社会保障・人口問題研究所，2013b，『第7回人口移動調査報告書』．……312, 586

国立社会保障・人口問題研究所，2013c，『日本の地域別将来推計人口―平成22（2010）～52（2040）年平成25年3月推計』人口問題研究資料第330号．……630, 632

国立社会保障・人口問題研究所，2014，『現代日本の世帯変動』．……210

国立社会保障・人口問題研究所，2016a，「第15回出生動向基本調査　結果の概要」．……56, 128, 440, 676

国立社会保障・人口問題研究所，2016b，『人口統計資料集　2016』．……128

国立社会保障・人口問題研究所，2016c，『社会費用統計平成28年版』．……352

国立社会保障・人口問題研究所，2016d，「表4-12 有配偶女性の年齢（5歳階級）別出生率：1930～2010年」『人口統計資料集2016年版』．http://www.ipss.go.jp/syoushika/tohkei/ Popular/ P_Detail2016.asp?fname=T04-12.htm……144

国立社会保障・人口問題研究所，2017a，『現代日本の結婚と出産―第15回出生動向基本調査（独身者調査ならびに夫婦調査）報告書』．……180, 394

国立社会保障・人口問題研究所，2017b，『日本の将来推計人口（平成29年推計）』．……176, 616

国立社会保障・人口問題研究所，2018，『日本の将来推計人口―平成29年推計の解説および条件付推計』人口問題研究資料第337号．……548

国連人口基金，1995-2018，『世界人口白書』（テーマによりリプロダクティブ・ヘルス／ライツを特集している年度も多く参考になる）．……36

国連人口基金，1996，『世界人口白書1996―変貌する都市：人口と開発のゆくえ』ジョイセフ．……602

国連人口基金，2007，『世界人口白書2007―拡大する都市の可能性を引き出す』ジョイセフ．……602

小﨑敏男，2018，『労働力不足の経済学』日本評論社．……396

小﨑敏男・永瀬伸子編著，2014，『人口の高齢化と労働政策』原書房．……234

小島宏，1984，「性比不均衡と結婚力（Nuptiality）変動―その結婚動向」『人口学研究』7：53-58．……60

小島宏，2013，「世界の宗教別人口のデータと将来推計」早瀬保子・小島宏編『世界の宗教と人口』原書房，pp.1-29．……662

越山健二・南部利汎，1957，「富山県中新川郡白萩地区における涼田部落の健康調査（第1報）」

『日本農村医学会雑誌』6（2）：7-11．……502
小西祥子，2009，「海外移住の人口学」吉岡政徳監修『オセアニア学』京都大学学術出版会，pp.277-289．……510
小山修三，1983，『縄文時代』中公新書．……12
小山隆，1959，「家族形態の周期的変化」喜多野清一・岡田謙編『家—その構造分析』創文社，pp.69-83．……218
是川夕，2008，「外国人の居住地選択におけるエスニック・ネットワークの役割—国勢調査データを用いた人口移動理論からの分析」『社会学評論』59（3）：495-513．……278
是川夕，2009，「非類似性指数からみた在日外国人の住み分けの現状と要因—国勢地域小地域集計を用いた分析」『人口学研究』44：1-17．……278
是川夕，2015，「外国人労働者の流入による日本の労働市場の変容—外国人労働者の経済的達成の特徴，及びその決定要因の観点から」『人口問題研究』71（2）：122-140．……300
近藤克則，2010-11，「健康の社会的決定要因（1）-（15）」『日本公衛誌』57（4）-58（7）．……104
今野浩一郎・佐藤博樹，2002，『人事管理入門』日本経済新聞出版社．……244

■さ

斎藤修，2002，『江戸と大阪—近代日本の都市起源』NTT出版．……502
斎藤修，2018，『1600年の全国人口—17世紀人口経済史再構築の試み』（手稿本）．……12
斎藤修・友部謙一，1988，「江戸町人の結婚・出生行動分析—1860年代末の日本橋・神田の戸籍資料による」『人口学研究』11：59-62．……502
斎藤英和，2015，「平成26年度倫理委員会　登録・調査省委員会報告（2013年分の体外受精・胚移植等の臨床実施成績および2015年7月における登録施設数）」『妊産婦誌』67（9）：2077-2121．……146
酒井高正，1997，「阪神・淡路大震災後の人口の動き」『奈良大学紀要』25：79-85．……326
坂井建雄・松村讓兒監訳，2014，『プロメテウス解剖学アトラス　解剖学総論／運動器系 第2版』医学書院．……384
坂井博通，1995，「昭和41年「丙午」に関連する社会人口学的行動の研究」『人口学研究』18：29-38．……76
坂井博通，1998，『少子化への道』学文社．……76
嵯峨座晴夫，2002，「人口センサスとその歴史」日本人口学会編『人口大事典』培風館，pp.362-366．……408
阪本節郎・原田曜平，2015，『たった1冊で誰とでもうまく付き合える世代論の教科書』東洋経済新報社．……78
作野広和，2006，「中山間地域における地域問題と集落の対応」『経済地理学年報』52：264-282．……310
桜健一・岩崎雄斗，2012，「海外生産シフトを巡る論点と事実」『BOJ Reports & Research Papers』2012年1月，日本銀行．……246
貞広幸雄，2003，「可変単位地区問題」杉浦芳夫編『地理空間分析』朝倉書店，pp.48-60．……568
佐藤博樹編著，2010，『働くことと学ぶこと　能力開発と人材活用』ミネルヴァ書房．……244
佐藤康行，2004，「はじめに」佐藤康行ほか編『変貌する東アジアの家族』早稲田大学出版部，pp.vii-xx．……226
佐藤龍三郎，2002，「生物人口学」日本人口学会編『人口大事典』培風館，pp.341-345．……380
佐藤龍三郎，2005，「少子化とリプロダクティブ・ヘルス／ライツ」大淵寛・阿藤誠編著『少子化の政策学』原書房，pp.189-214．……138

佐藤龍三郎．2008．「日本の「超少子化」─その原因と政策対応をめぐって」『人口問題研究』64（2）：10-24．……126

■し

柴田 博．2000．『肉食のすすめ』経済界リュウブックス．……116
嶋 陸奥彦．2010．『韓国社会の歴史人類学』風響社．……226
嶋田正和ほか．2009．『動物生態学　新版』海游舎．……458
社会工学研究所編．1971．『日本列島における人口分布の長期時系列的分析』（報告書）．……12
白澤卓二．2002．『老化時計─寿命遺伝子の発見』中公新書ラクレ．……116
新・日本的経営システム等研究プロジェクト編．1995．『新時代の「日本的経営」』日本経営者団体連盟．……246
白波瀬佐和子．1999．「女性の高学歴化と少子化に関する一考察」『季刊社会保障研究』34（4）：392-401．……158

■す

菅 桂太．2009．「推計の役割と手法の国際比較─欧州諸国との比較を中心として」『人口学研究』44：80．……638
菅 桂太．2018．「市区町村別生命表作成の課題─小地域における死亡数の撹乱的変動とベイズ推定における事前分布のパラメータを設定する「地域」区分が平均寿命へ及ぼす影響」『人口問題研究』74（1）：3-28．……100, 468
杉田菜穂．2010．『人口・家族・生命と社会政策─日本の経験』法律文化社．……338, 342
杉田菜穂．2013．『〈優生〉・〈優境〉と社会政策─人口問題の日本的展開』法律文化社．……338
鈴木榮太郎．1940．『日本農村社会学原理』時潮社（再録：1968『鈴木榮太郎著作集』1・2．未来社）．……222
鈴木 要・和泉 潤．1995．「阪神・淡路大震災による死者の特性分析」『地域安全学会論文報告集』5：471-478．……678
鈴木啓佑．1985．『人口分布の構造解析』大明堂．……566
鈴木 透．1989．「結婚難の地域構造」『人口問題研究』45（3）：14-28．……60, 322
鈴木 透．2002．「出生力のコーホート・モデルとピリオド・モデル」『人口学研究』31：1-17．……546
鈴木 透．2012．「日本・東アジア・ヨーロッパの少子化─その動向・要因・政策対応をめぐって」『人口問題研究』68（3）：14-31．……128, 196
鈴木 透ほか．2012．「高齢者の居住状態の将来推計」『人口問題研究』68（2）：37-70．……214, 646
鈴木俊光ほか．2015．「被災地企業の雇用管理」東北大学大学院経済学研究科地域産業復興調査研究プロジェクト編『東日本大震災復興研究Ⅳ　新しいフェーズを迎える東北復興への提言』第4章．南北社．pp. 61-76．……262
須田昭義．1952．「我国文化中心の変遷と文化中心地帯の移動」日本人類学会編『日本民族』岩波書店．pp.7－15．……12, 268
須田圭三．1992．『飛騨の疱瘡史』教育出版文化協会．……24

■せ

清家 篤・山田篤裕，2004，『高齢者就業の経済学』日本経済新聞社．……234
瀬名秀明・太田成男，2000，『ミトコンドリアと生きる』角川書店．……116

■そ

総務省，2010，「『平成の合併』について」の公表」平成22年3月5日，http://www.soumu.go.jp/gapei/pdf/100311_1.pdf……674
総務省，2013，「基礎自治体について（「平成の合併」後の課題）」，http://www.soumu.go.jp/main_content/000206051.pdf……674
総務省，2016，「平成28年版情報通信白書　IoT・ビッグデータ・AI―ネットワークとデータが創造する新たな価値」．……656
総務省，「市町村合併資料集」，http://www.soumu.go.jp/gapei/gapei.html……696, 701
総務省，「地方公共団体の区分」，http://www.soumu.go.jp/main_sosiki/jichi_gyousei/bunken/chihou-koukyoudantai_kubun.html……696
総務省，「地方交付税」，http://www.soumu.go.jp/main_sosiki/c-zaisei/kouhu.html……672
総務省地域力創造グループ過疎対策室，2016，『過疎対策の現況』（平成27年度版）．……398
総務省統計局，2016，『労働力調査（詳細集計）長期時系列データ』，http://www.stat.go.jp/data/roudou/longtime/03roudou.htm……172, 234
総務省統計局，2017，『国勢調査報告第1巻　人口世帯総数』総務省統計局．……206
総務庁統計局編，1999，『大都市圏の人口』日本統計協会．……690

■た

大都市高齢者の移動実態と理由に関する研究委員会編，1994，『大都市高齢者の移動実態と理由に関する研究』報告書』エイジング総合研究センター．……318
高木晴夫監修，慶應義塾大学ビジネススクール編，2004，『人的資源マネジメント戦略』有斐閣．……245
高田保馬，1939，『東亜民族論』岩波書店．……340
高木 侃，1987，『三くだり半―江戸の離婚と女性たち』平凡社．……168
高橋重郷，1994，「死亡率と配偶関係―結婚の多相生命表分析」小林和正・大淵 寛編『生存と死亡の人口学』大明堂，pp. 120-141．……476
高橋重郷，1995，「結婚の多相生命表」山口喜一ほか編著『生命表研究』古今書院，pp. 202-223．……476
高橋重郷，2001，「日本人のライフサイクルをどう計るか」『日本人のライフサイクル変化に関する研究』エイジング総合研究センター，pp.15-26．……494
高橋美由紀，2005，『在郷町の歴史人口学―近世における地域と地方都市の発展』ミネルヴァ書房．……78
竹下修子，2000，『国際結婚の社会学』学文社．……182
竹下修子，2017，「行政による結婚支援事業の変遷―山形県最上地方の事例から」『愛知学院大学文学部紀要』46：29-35．……306
田代洋一，2012，『農業・食料問題入門』大月書店．……398
舘 稔，1939，「戦時経済下の人口問題」『商工経済』8（6）：13-34．……340
橘木俊詔・浦川邦夫，2012，『日本の地域間格差』日本評論社．……272
田中耕市，2004，「GISを援用した近接性研究の動向と課題」『地理学評論』77（14）：977-996．……682

谷 謙二．2002．「大都市圏郊外の形成と住民のライフコース」荒井良雄ほか編『日本の人口移動―ライフコースと地域性』古今書院，pp.71-89. ……316
谷 謙二．2012．「小地域別にみた東日本大震災被災地における死亡者数および死亡率の分布」『埼玉大学教育学部地理学研究報告』32：1-26. ……678
谷村 晋．2004．「保健医療計画と GIS」中谷友樹ほか編著『保健医療のための GIS』古今書院，pp.166-185. ……670
田間泰子．2006．『「近代家族」とボディ・ポリティクス』世界思想社. ……342
玉川英則編著．2008．『コンパクトシティ再考―理論的検証から都市像の探求へ』学芸出版社. ……282

■ち

中央社会保険医療協議会．2012．費用対効果評価専門部会（第 3 回）資料．http://www.mhlw.go.jp/stf/shingi/2r9852000002f163.html ……110

■つ

土谷敏治．1986．「わが国の市町村間人口移動とアクセシビリティ」『地理学評論』59A（6）：350-361. ……682
津波高志．2004．「済州島一海村における家―世帯構成と夫婦関係を中心に」佐藤康行ほか編『変貌する東アジアの家族』早稲田大学出版部，pp.19-48. ……226
坪内良博・坪内玲子．1970．『離婚―比較社会学的研究』創文社. ……168, 220
津谷典子．2006．「わが国における家族形成のパターンと要因」『人口問題研究』62（1・2）：1-19. ……172
津谷典子．2007a．「イベントヒストリー分析の歴史人口学への応用―近世日本の農村人口のライフコース分析の事例」稲葉 寿編『現代人口学の射程』ミネルヴァ書房. ……388
津谷典子．2007b．「出生・家族人口学」『人口学研究』41：98-106. ……394
津谷典子．2015．「国勢調査からみた女性の社会的地位の変化」『統計』66（7）：1-6. ……172

■て

田 雪原．2007．『21 世紀中国人口发展战略研究』社会科学文献出版社.（中国語）……136

■と

東京都財務局．2017．「平成 29 年度東京都普通交付税の算定結果について」『算定結果に対する東京都の考え方』 ……672
戸田貞三．1937．『家族構成』弘文堂（復刻版：1970，新泉社）. ……222
戸田貞三・鈴木榮太郎編．1942．『家族と村落』日光書院. ……218
友部謙一．2002．「徳川農村における出生力とその近接要因」速水 融編著『近代移行期の人口と歴史』ミネルヴァ書房，pp.199-228. ……502
友部謙一．2007．『前工業化期日本の農家経済―主体均衡と市場経済』有斐閣. ……218, 502
友部謙一．2008．「人口からみた生命リスク―近世・近代日本における花柳病罹患とその帰結」川越 修・友部謙一編著『生命というリスク』法政大学出版局，pp.21-60. ……502
友部謙一．2017．「近世・近代日本の花柳病（梅毒）・死流産・出生力の因果関係をめぐって―慶應義塾，その可能性の中心に」『近代日本研究』34：1-38. ……502

■な

内閣官房まち・ひと・しごと創生本部事務局．2016．『地方人口ビジョン及び地方版総合戦略の策定状況』．……636
内閣統計局．1930．『明治五年以降我国の人口』調査資料第3号．……410
内閣府．2004a．『平成16年度年次経済財政報告』．……272
内閣府．2004b．『平成16年版少子化社会白書』．……352
内閣府．2005．『平成17年版国民生活白書』．……150
内閣府．2010．「経済財政モデル（2010年版）資料集」．http://www5.cao.go.jp/keizai3/econome.html ……624
内閣府．2011．『世界経済の潮流』．……396
内閣府．2014．『平成26年版少子化社会対策白書』．……150
内閣府．2015a．『平成27年版少子化社会対策白書』．……152
内閣府．2015b．『子供の貧困対策に関する大綱』．……672
内閣府．2016．『平成28年度版　防災白書』．……32
内閣府．2017．『平成29年版高齢社会白書』．……664
内閣府政策統括官（経済財政分析担当）．2013．『日本経済2012―2013厳しい調整の中で活路を求める日本企業』．……246
中川聡史．2001．「結婚に関わる人口移動と地域人口分布の男女差」『人口問題研究』57（1）：25-40．……62
中川聡史．2005．「東京圏をめぐる近年の人口移動―高学歴者と女性の選択的集中」『国民経済雑誌』191（5）：65-78．……308, 572
中川聡史．2011．「性比と結婚」石川義孝ほか編『地域と人口からみる日本の姿』古今書院．pp.57-64．……322
中川友長．1940．「将来人口の計算に就て」『人口問題研究』1（2）：1-13．……340
中川雅貴ほか．2016．「外国人の市区町村間移動に関する人口学的分析」『地学雑誌』125（4）：475-492．……278
長島正治．2010．『労働移動の開発経済分析―ハリス＝トダロー・モデルの理論的系譜』勁草書房．……602
中島満大．2016．『近世西海村の家族と地域性―歴史人口学から近代のはじまりを問う』ミネルヴァ書房．……220, 222, 226, 502
長浜功．1970．「わが国における戦後世代論の展開と課題」『北海道大學教育學部紀要』17：1-15．……78
中村良平・李健．2001．「都市空間における人口密度分布の実証研究―展望」『岡山大学経済学会雑誌』33（1）：15-34．……568
長山靖生．2014．『『世代』の正体』河出ブックス．……78
中山裕美．2014．『難民問題のグローバル・ガバナンス』東信堂．……292
那須理之助．1971．「試算　複式生命表―配偶関係に分類したる」『厚生の指標』18（1）：17-27．……494
南條善治・重松峻夫．1995．「生命表の簡略作成法」山口喜一ほか編『生命表研究』古今書院．pp.54-88．……452

■に

西秋良宏編．2008．『遺丘と女神―メソポタミア原始農村の黎明』東京大学出版会．……6
西岡八郎ほか．2007a．「地方自治体における人口および世帯数の将来推計の実施状況と社人研推計の利用状況―都道府県の場合」『人口問題研究』63（2）：57-66．……636, 646

西岡八郎ほか．2007b．「地方自治体における人口および世帯数の将来推計の実施状況と社人研推計の利用状況および人口関連施策への対応—市区町村の場合」『人口問題研究』63（4）：56-73．……636
錦田愛子編．2016．『移民／難民のシティズンシップ』有信堂高文社．……292
西田茂樹．1986a．「わが国近代の死亡率低下に対して医療技術が果たした役割について　(1) 死亡率低下の死因構造について」『日本公衆衛生雑誌』33（9）：529-533．……26
西田茂樹．1986b．「わが国近代の死亡率低下に対して医療技術が果たした役割について　(2) 死亡率低下に医療技術が果たした役割について」『日本公衆衛生雑誌』33（10）：605-616．……26, 110
西山千恵子・柘植あづみ編著．2017．『文科省／高校「妊活」教材の嘘』論創社．……160
二宮宏之．1986．『全体を見る眼と歴史家たち』木鐸社．……224
日本学生支援機構．2016．「平成27年度私費外国人留学生生活実態調査概要」．……242
日本小児歯科学会．1988．「日本人小児における乳歯・永久歯の萌出時期に関する調査研究」『小児歯科学雑誌』26（1）：1-18．……384
日本人口学会．2017．『『将来人口推計の科学性について』報告書』．……612
日本人口学会編．2002．『人口大事典』培風館．……486, 616
日本創成会議・人口減少問題検討分科会．2014．『成長を続ける21世紀のために「ストップ少子化・地方元気戦略」』http://www.policycouncil.jp/pdf/prop03/prop03.pdf……280, 358
日本大学人口研究所．2002．『人口・経済・社会保障モデルによる長期展望―人的資本に基づくアプローチ』日本医師会．……616
入管協会．2009．『平成20年版　在留外国人統計』．……242

■の

農林水産政策研究所．2014．「人口減少局面における食料消費の将来推計」．……646
野々山久也・清水浩昭編著．2001．『家族社会学の分析視角』ミネルヴァ書房．……218

■は

墓田桂．2016．『難民問題—イスラム圏の動揺，EUの苦悩，日本の課題』中公新書．……292
長谷川善計ほか．1991．『日本社会の基層構造—家・同族・村落の研究』法律文化社．……222
濱英彦．1958．「Demographic Influenceの理論とその日本における適用について」『人口問題研究』72：18-30．……574
濱英彦・山口喜一編著．1997．『地域人口分析の基礎』古今書院．……560, 604
浜野潔・黒須里美．2009．「徳川農村は皆婚社会か？—生涯未婚率推計の試み」『統計』60（6）：2-9．……502
林玲子．2013．「「人口問題」の変遷とポスト2015年開発目標」『保健医療科学』62（5）：449-458．……330
林玲子．2014．「人口移動の国際比較—日本の移動指標を用いたモデル人口移動性向構築の試み」『人口問題研究』70（1）：1-20．……588
林玲子．2015a．「日本の女性と移動—国内人口移動と国際人口移動」『季刊・社会保障研究』51（2）：181-184．……50
林玲子．2015b．「若い女性はなぜ西日本で多く，東日本で少ないのか—人口移動調査からの分析（日本人口学会2014年度第2回東日本地域部会報告要旨）」『人口学研究』51：80．……572
林谷啓美・本庄美香．2012．「高齢者と子どもの日常交流に関する現状とあり方」『園田学園女子大学論文集』46：69-87．……78

早瀬保子，1994，「女性の教育水準と出生力の国際比較分析」河野稠果『発展途上国の出生力——人口保険調査の国際比較』アジア経済研究所（IDE-JETRO）．……158
早瀬保子，2013，「宗教と出生力」早瀬保子・小島 宏編『世界の宗教と人口』原書房，pp.31-62．……156
早瀬保子・小島 宏編，2013，『世界の宗教と人口』原書房．……402
速水 融，1968，『日本経済史への視角』東洋経済新報社．……12
速水 融，1986，「明治前期統計にみる有配偶率と平均結婚年齢——もうひとつのフォッサ・マグナ」『三田学会雑誌』79（3）：265-277．……220
速水 融，2006，『日本を襲ったスペイン・インフルエンザ——人類とウイルスの第一次世界大戦』藤原書店．……20
速水 融，2009a，「スペイン・インフルエンザは何を遺したか——歴史を視る立場」岡田晴恵編『増補新版　強毒性新型インフルエンザの脅威』藤原書店，pp.72-81．……20
速水 融，2009b，『歴史人口学研究——新しい近世日本像』藤原書店．……168，220，226，502
速水 融・小嶋美代子，2004，『大正デモグラフィ——歴史人口学で見た狭間の時代』文藝春秋．……410，678
速水 融・町田 洋編，1995，『人口・疫病・災害』朝倉書店．……678
原 俊彦，2000，『狩猟採集から農耕社会へ——先史時代ワールドモデルの構築』勉誠出版．……378
原 俊彦，2009，「札幌市の少子化——人口移動と性比の変化」『人口学研究』45：21-33．……50，60，62，322
原 俊彦，2016a，「日本の人口転換と地域社会の持続可能」『家族社会学研究』28（2）：11-25．……270
原 俊彦，2016b，「政策科学としての人口学の可能性」『人口学研究』52：1-5．……676
原 ひろみ，2014，『職業能力開発の経済分析』勁草書房．……244
原田曜平，2013，『さとり世代　盗んだバイクで走り出さない若者たち』角川書店．……78

■ひ

平井晶子，2008，『日本の家族とライフコース——「家」生成の歴史社会学』ミネルヴァ書房．……222，226
平井晶子，2015a，「東北農村における結婚パターンの変容——一八・一九世紀の歴史人口学的分析」笠谷和比古編『徳川社会と日本の近代化』思文閣出版．……222
平井晶子，2015b，「宗門人改改帳の記載形式——記載された家族を読む」落合恵美子編著『徳川日本の家族と地域性——歴史人口学との対話』ミネルヴァ書房．……222
平井 誠，2014，「高齢人口移動」井上 孝・渡辺真知子編著『人口学ライブラリー14　首都圏の高齢化』原書房，pp.53-71．……318
平子哲夫ほか，1999，「人口動態市区町村別統計へのベイズ統計の応用について（1）標準化死亡比への応用」『厚生の指標』46（10）：3-11．……468
廣嶋清志，1980，「現代日本人口政策史小論——人口資質概念をめぐって（1916～1930年）」『人口問題研究』154：46-61．……338
廣嶋清志，1981，「現代日本人口政策史小論2——国民優生法における人口の質政策と量政策」『人口問題研究』160：61-77．……338
廣嶋清志，1983，「戦後日本における親と子の同居率の形式人口学的分析モデル」『人口問題研究』167：18-31．……212
廣嶋清志，1984，「戦後日本における親と子の同居率の人口学的実証分析」『人口問題研究』169：31-42．……212
廣嶋清志，1988，「結婚後の競合を考慮した親子同居可能率のモデル」『人口問題研究』186：

14-34. ……212
廣嶋清志, 2014, 「合計純移動率による戦後都道府県別人口移動の分析」『経済科学論集』40：25-44. ……588
廣嶋清志, 2017, 「人口学と家族研究―家族制―親子同居をめぐって」藤崎宏子・池岡義孝編著『現代日本の家族社会学を問う―多様性のなかの対話』ミネルヴァ書房, pp.129-149. ……214
広野彩子, 2014, 「キーパーソンに聞く―いつか妊娠したい人が知っておきたいタイムリミット―米サンディエゴ州立大学のジーン・トウェンギ教授に聞く米国「妊活」事情」『日経ビジネスオンライン』2014年7月4日, http://business.nikkeibp.co.jp/article/interview/20140626/267590/ ……160

■ふ

深澤敦, 2014, 「フランスにおける人口問題と家族政策の歴史的展開―第一次世界大戦前を中心として（上）」『立命館産業社会論集』50（2）：83-101. ……332
福島都茂子, 2015, 『フランスにおける家族政策の起源と発展―第三共和制から戦後までの「連続性」』法律文化社. ……332
福本拓, 2010, 「東京および大阪における在日外国人の空間的セグリゲーションの変化―「オールドカマー」と「ニューカマー」間の差異に注目して」『地理学評論』88（3）：288-313. ……278
藤井多希子・大江守之, 2006, 「東京大都市圏郊外地域における世代交代に関する研究―GBIを用いたコーホート間比較分析（1980年～2020年）」『日本建築学会計画系論文集』71（605）：101-108. ……308
藤田菜々子, 2010, 『ミュルダールの経済学―福祉国家から世界へ』NTT出版. ……332
藤田峯三, 1995, 『新国勢調査論―戦後の国勢調査』大蔵省印刷局. ……408
藤本耕平, 2015, 『つくし世代「新しい若者」の価値観を読む』光文社新書. ……78

■へ

別府志海, 2007, 「婚姻・離婚の分析における発生年齢について―同居時・別居時年齢と届出時年齢」『人口問題研究』63（3）：42-57. ……484

■ほ

法務省入国管理局, 2001, 「本邦における不法残留者数について（平成13年1月1日現在）」. ……242
堀内四郎, 2001, 「死亡パターンの歴史的変遷」『人口問題研究』57（4）：3-30. ……114
堀内四郎, 2010, 「日本人の寿命伸長―要因と展望」『人口問題研究』66（3）：40-49. ……104, 110

■ま

前田卓, 1992, 『女が家を継ぐとき―東北・北関東に見る女性の相続』関西大学出版部. ……226
増田寛也, 2014, 『地方消滅 ―東京一極集中が招く人口減少』中央公論新社. ……310
増田幹人, 2011, 「地域人口構造と地方財政」吉田良生・廣嶋清志編著『人口減少時代の地域政策』原書房, pp.129-148. ……274
松浦司・野知彦, 2013, 「同族企業における人事・労務管理制度の形成と離職率への影響―

中小企業に注目して」『経済分析』186：137-162. ……232
松田茂樹，2013,『少子化論』勁草書房．……14
松村迪雄，2000,「国勢調査からみた我が国人口の姿（9）出生率」『統計』51（2）：36-38. ……158

■み

水落正明，2006,「学卒直後の雇用状態が結婚タイミングに与える影響」『生活経済学研究』第22・23巻合併号：167-176……232, 676
水落正明，2010,「夫の育児と追加出生に関する国際比較分析」『人口学研究』46：1-13. ……676
水落正明，2012,「次世代育成支援対策推進法が出産および女性の就業継続に与える影響」『社会科学研究』64（1）：6-24. ……676
水島治夫，1963,『生命表の研究』生命保険文化研究所．……90
水野朝夫，1992,『日本の失業行動』中央大学出版部．……248, 252
水野 勲，1992,「開拓期の人口移動に関するHotellingモデルの再構築—非線形非平衡システムの観点から」『地理学評論』65A（4）：297-319. ……576
光吉利之ほか，1986,『日本の社会学 3 伝統家族』東京大学出版会．……218
南 亮三郎，1936,『人口論発展史—日本に於ける最近十年間の総業績』三省堂．……338
美濃口時次郎，1941,『人口問題』羽田書店．……340
宮崎揚弘，2015,『ペストの歴史』山川出版社．……22

■む

村松 伸ほか編，2016,『メガシティ2 メガシティの変化と多様性』東京大学出版会．……286
村松久良光，1995,「日本の雇用調整—これまでの研究から」猪木武徳・樋口美雄編『日本の雇用システムと労働市場』日本経済新聞社．……252

■め

メドウズ，D. H. ほか，1972, 大来佐武郎訳,『成長の限界—ローマ・クラブ「人類の危機」レポート』ダイヤモンド社．……330

■も

本川達雄，1992,『ゾウの時間 ネズミの時間—サイズの生物学』中公新書．……116
守泉理恵，2004,「「予定子ども数」は出生力予測に有用か？ 子ども数に関する意識の安定性とその構造について」『人口問題研究』60（2）：32-52. ……512
守泉理恵，2005,「少子化時代の教育と家族形成」大淵 寛・兼清弘之編『少子化の社会経済学』原書房．pp.107-132．……158
守泉理恵，2008a,「日本における子どもの性別選好—その推移と出生意欲との関連」『人口問題研究』64（1）：1-20. ……56
守泉理恵，2008b,「次世代育成支援対策」兼清弘之・安藏伸治編著『人口減少時代の社会保障』原書房．pp.119-152．……358
森岡清美，1962,「家族周期論研究序説」『社会科学ジャーナル』4：1-26. ……218
森岡清美，1964,「家族周期論研究序説（二）」『社会科学ジャーナル』5：1-26. ……218
森岡清美，1975,「家族周期的アプローチの強みと弱み」『季刊社会保障研究』10（4）：64-68. ……218
森岡清美，1990,「ライフコース研究におけるコウホートと世代」『成城文藝』成城大学文芸学部,

131：1-15. ……78, 218
森岡清美・望月 嵩. 1983.『新しい家族社会学』培風館. ……218
森川 洋. 2011.「通勤圏との関係からみた「平成の大合併」」『地理学評論』84（5）：421-441. ……696, 701
森川正之. 2010.『地域間経済格差について―実質賃金・幸福度』RIETI Discussion Paper Series 10-J-043. ……272
守島基博. 2006.「ホワイトカラー人材マネジメントの進化」伊丹敬之ほか編著『組織能力・知識・人材』有斐閣. 第10章. ……244
諸井孝文・武村雅之. 2004.「関東地震（1923年9月1日）による被害要因別死者数の推定」『日本地震工学会論文集』4（4）：21-45. ……678
文部科学省. 2016.『文部科学統計要覧（平成28年版）』. ……172

■や

矢ケ﨑典隆. 2010.「書籍の出版動向からみた現代日本の国際結婚」『東京学芸大学紀要人文社会科学系Ⅱ』61：79-101. ……182
山内昌和・小池司朗. 2015.「英語圏諸国との比較からみた社人研の地域別将来推計人口の誤差」『人口問題研究』71（3）：216-240. ……628, 638
山神達也. 2001.「わが国の3大都市圏における人口密度分布の変化―展開クラークモデルによる分析」『人文地理』53（6）：509-531. ……568
山口一男. 2009.『ワークライフバランス―実証と政策提言』日本経済新聞社. ……132
山口喜一. 2002.「人口史料と人口統計」日本人口学会編『人口大事典』培風館. pp.357-362. ……408
山口喜一・小林和正. 1995.「総論」山口喜一ほか編著『生命表研究』古今書院. pp.1-52. ……452
山口喜一ほか編著. 1995.『生命表研究』古今書院. ……90, 470
山口幸三. 2011.『現代日本の世帯構造と就業構造の変動解析―公的統計のミクロ統計活用序説』日本統計学会. ……434
山口三十四. 2001.『人口成長と経済発展―少子高齢化と人口爆発の共存』有斐閣. ……276
山口弥一郎. 2011.『津波と村』三弥井書店. ……324
山崎 亮. 2016.『縮充する日本―「参加」が創り出す人口減少社会の希望』PHP研究所. ……310
山田浩之・徳岡一幸. 2007.『地域経済学入門 新版』有斐閣コンパクト. ……276
山田昌弘. 1999.『パラサイト・シングルの時代』ちくま新書. ……172, 210
山田昌弘. 2007.『少子社会日本』岩波新書. ……14
山本 勲. 2010.「賃金調整・雇用調整とフィリップスカーブの変化―90年代の変化とその背景」樋口美雄編『バブル/デフレ期の日本経済と経済政策6 労働市場と所得分配』. 慶應義塾大学出版会. pp.47-80. ……252

■ゆ

由井義通. 2007.「世帯の多様化の地域的差異」石川義孝編著『人口減少と地域―地理学的アプローチ』京都大学出版会. pp.17-41. ……178

■よ

吉田東伍. 1919.『維新史八講』冨山房. ……12

吉田秀夫，1944，『日本人口論の史的研究』河出書房．……338
吉田良生，2011，「会社組織」小﨑敏男ほか編『キャリアと労働の経済学』日本評論社，pp.97-118．……256
吉田良生，2012，「若者の雇用多様化と雇用システム」小﨑敏男・牧野文夫編『少子化と若者の就業行動』原書房，pp.47-74．……256
吉村信吉，1930，「地名による人口移動の一考察（第一報）」『地理学評論』6（2）：163-178．……576
余田翔平，2014，「再婚からみるライフコースの変容」『家族社会学研究』26（2）：139-150．……176
米本昌平ほか，2000，『優生学と人間社会――生命科学の世紀はどこへ向かうのか』講談社現代新書．……332

■ら

ラスレット，P.，1988，酒田利夫訳，「日本からみたヨーロッパの世帯とその歴史」斎藤 修編著，1988，『家族と人口の歴史社会学――ケンブリッジ・グループの成果』リブロポート．……224

■り

リヴィ−バッチ，M.，2014，速水 融・斎藤 修訳，『人口の世界史』東洋経済新報社．……34，94

■ろ

労働政策研究・研修機構，2012，「高年齢者の継続雇用等，就業実態に関する調査」JILPT調査シリーズ No.94……234
労働政策研究・研修機構，2014，『若年者の就業状況・キャリア意・職業能力開発の現状(2)――平成24年版「就業構造基本調査」より』JILPT資料シリーズ No.144．……250
ロンボルグ，B.，2003，山形浩生訳，『環境危機をあおってはいけない――地球環境のホントの実態』文藝春秋．……40

■わ

和田光平，2005，「消費・投資に及ぼす少子化の影響」大淵 寛・兼清弘之編著『少子化の社会経済学』原書房，pp.61-85．……686
和田光平，2006，「人口減少・高齢化と消費市場」大淵 寛・森岡仁編著『人口減少時代の日本経済』原書房，pp.61-86．……686
和田光平，2009，「応用人口学研究における近年の動向」『人口学研究』45：53-59．……680
和田光平，2015，『人口統計学の理論と推計への応用』オーム社．……680
渡辺直登，2004，「人的資源開発」高木晴夫監修，慶應義塾大学ビジネススクール編，『人的資源マネジメント戦略』第8章，有斐閣，pp.113-128．……244
渡邊裕美子・岩船由美子，2013，「人口構成の変化を考慮した地域における長期的なエネルギー需要の推計」『エネルギー・資源学会論文誌』34（6）：18-28．……646

渡邊吉利,1993,「都道府県別未婚率と初婚年齢の推移」厚生省人口問題研究所編『都道府県別未婚率と初婚年齢の推移』研究資料第 277 号,pp.1-30. ……178

欧文参考・引用文献

＊各文献の最後に明記してある数字はその文献を引用している項目の最初のページを表す

■A

Aalen, O. O. et al., 2008, *Survival and Event History Analysis: A Process Point of View*, Springer.……514

Abe, T., 2014, "Population Movement in the Tohoku Region after the Great East Japan Earthquake Disaster", *Science Reports of Tohoku University,7th Series（Geography）*, 60(2): 83-95.……324

Adler, N. E. and Newman K., 2002, "Socioeconomic Disparities in Health: Pathways and Policies", *Health Affairs*, 21(2): 60-76.……104

Association of Faculties of Medicine of Canada, 2017, AFMC Primer on Population Health, 2nd ed., https://afmc.ca/AFMCPrimer.pdf……106

Alfy, A., 2016,"Rethinking the Youth Bulge and Violence", *IDS Bulletin*, 47(3): 99-116.……72

Amato, P. R., 2012, "Institutional, Companionate, and Individualistic Marriages", Garrison, M. and Scott, E. S. eds., *Marriage at the Crossroads: Law, Policy, and the Brave New World of Twenty-First-Century Families*, Cambridge University Press, pp.107-125.……196

Arakawa, C. et al., 2006, "Fish Consumption and Time to Pregnancy in Japanese Women", *International Journal of Hygiene and Environmental Health*, 209(4): 337-344.……510

Ariès, P., 1960, *L'enfant et la vie familiale sous l'ancien régime*, Librairie Plon. English translation. 1962, *Centuries of Childhood*, Vintage Books.（杉山光信・杉山恵美子訳，1973，『〈子供〉の誕生―アンシァン・レジーム期の子供と家族生活』みすず書房．）……224

Ariès, P., 1978, "L'histoire des mentalités", Le Goff, J.（dir.）, *La nouvelle histoire*, Retz.（中内敏夫訳，1983,「心性史とは何か」『〈教育〉の誕生』新評論．）……224

Arriaga, E., 1984, "Measuring and Explaining the Change in Life Expectancies", *Demography*, 21(1): 83-96.……466

Arriaga, E., 1989, "Changing Tends in Mortality Decline During the Last Decades", Ruzicka, L. et al. eds., *Differential in Mortality: Methodological Issues and Biosocial Factors*, International Studies in Demography, Clarend Press, pp.105-129.……466

Asian Disaster Reduction Center（ADRC）, 2015, *Natural Disaster Data Book 2015 An Analytical Overview*.……32

Atoh, M., 2008, "The Relevance of Ideational Changes to Family Transformation in Postwar Japan", Jayakody, R. et al. eds., *International Family Change: Ideational Perspectives*, Lawrence Eribaum Associates, pp. 223-250.……196

Auerbach, A. J. et al. 1991, "Generational Accounts: A Meaningful Alternative to Deficit Accounting", D. Bradford, ed., *Tax Policy and the Economy*, Vol. 5, The MIT Press, pp.55-110.……666

Australian Bureau of Statistics, 2010, *Household and Family Projections, Australia, 2006 to 2031 Quality Declaration*.……640

B

Bachi, R., 1958, "Statistical Analysis of Geographic Series", *Bulletin de l'Institut international de statistique*, 36(2): 229-240.······594

Bachtrog, D., 2013, "Y Chromosome Evolution: Emerging Insights into Processes of Y Chromosome Degeneration", *Nature Reviews Genetics*, 14: 113-124.······58

Bates, F. L. et al., 1963, *The Social and Psychological Consequences of a Natural Disaster: A Longitudinal Study of Hurricane Audrey*, National Academy of Sciences-National Research Council.······32

Beardson, T., 2013, *Stumbling Giant: The Threat to China's Future*, Yale University Press.······190

Becker, G. S., 1960, "An Economic Analysis of Fertility", Coale, A. ed., *Demographic and Economic Change in Developed Countries*, Princeton University Press. ······498

Becker, G. S., 1981, *A Treatise on the Family*, Harvard University Press.······550

Becker, G. S., 1991, *A Treatise on the Family*, Enlarged Edition, Harvard University Press.······158, 204

Becker, G. S., 1993, *Human Capital: A Theoretical and Empirical Analysis, with Special Reference to Education*, 3rd ed., University of Chicago Press.······244, 660

Becker, G. S. and Barro, R. J., 1988, "A Reformulation of Economic Theory of Fertility", *Quarterly Journal of Economics*, 103(1): 1-25.······498

Becker, G. S. et al., 1990, "Human Capital, Fertility and Economic Growth", *Journal of Political Economy*, 98: S12-S37.······550

Beine, M. et al., 2016, "A Practitioners' Guide to Gravity Models of International Migration", *The World Economy*, 39(4): 496-512.······598

Belasen, A. R. and Polacheck, S. W., 2009, "How Disasters Affect Local Labor Market: The Impact of Hurricanes in Florida", *Journal of Human Resources*, 44(1): 251-276.······262

Bell, M. et al., 1995, *Household and Family Forecasting Models: A Review*, Commonwealth Department of Housing and Regional Development, Commonwealth of Australia.······640

Belloc, N. B. and Breslow, L., 1972, "Relationship of Physical Health Status and Health Practices", *Preventive Medicine*, 1: 409-421.······106

Bellwood, P., 2005, *First Farmers: The Origins of Agricultural Societies*, Blackwell.(長田俊樹・佐藤洋一郎監訳, 2008, 『農耕起源の人類史』京都大学学術出版会.)······6

Beltrán-Sánchez, H. et al., 2015, "Twenties Century Surge of Excess Adult Male Mortality", *PNAS (Proceedings of the National Academy of Science of the United States of America)*, 112(29): 8993-8998.······90

Bengtsson, T. et al., 2004, *Life under Pressure: Mortality and Living Standard in Europe and Asia, 1700-1900*, The MIT Press.······388

Berkman, L. F. and Kawachi, I. eds., 2000, *Social Epidemiology*, Oxford University Press.······108

Berkner, L. K., 1972, "The Stem Family and the Developmental Cycle of the Peasant Household: An Eighteenth Century Austrian Example", *American Historical Review*, 77(2): 398-418.······224

Berry, B. J. L. and Horton, F. E. eds., 1970, *Geographic Perspectives on Urban Systems: With Integrated Readings*, Prentice-Hall.······566

Bhat, P. N. M., 1989, "Mortality and Fertility in India, 1881-1961: A Reassessment", Dyson, T. ed., *India's Historical Demography: Studies in Famine, Disease and Society*, Curzon Press, pp.73-118.······86

Billari, F. C. and Piccarreta, R., 2005, "Analyzing Demographic Life Courses through Sequence Analysis", *Mathematical Population Studies*, 12: 81-106.······514

Billari, F. C. and Prskawetz, A. eds., 2003, *Agent-Based Computational Demography: Using Simulation to Improve Our Understanding of Demographic Behaviour* (Contributions to Economics), Physica-Verlag.……668
Billari, F. C. et al., 2009, "Attitudes, Norms and Perceived Behavioural Control: Explaining Fertility Intentions in Bulgaria", *European Journal of Population*, 25(4): 439-465.……512
Billari, F. C. et al. eds., 2006, *Agent-Based Computational Modelling: Applications in Demography, Social, Economic and Environmental Sciences* (Contributions to Economics), Physica-Verlag. ……668
Biraben, J.-N., 1979, "Essai sur l'évolution du nombre des hommes", *Population*, No.1: 13-25.……34
Biraben, J.-N., 1980, "An Essay Concerning Mankind's Demographic Evolution", *Journal of Human Evolution*, 9: 655-663.……8
Bishai, D. M. et al., 2016, "Factors Contributing to Maternal and Child Mortality Reductions in 146 Low- and Middle-Income Countries between 1990 and 2010", *PLoS One*, 11(1), e0144908……26
Bongaarts, J., 1976, "Intermediate Fertility Variables and Marital Fertility Rates", *Population Studies*, 30: 227-241.……144
Bongaarts, J., 1978, "A Framework for Analyzing the Proximate Determinants of Fertility", *Population and Development Review*, 4(1): 105-132.……506, 508
Bongaarts, J., 1982, "The Fertility-Inhibiting Effects of the Intermediate Fertility Variables", *Studies in Family Planning*, 13(6/7): 179-189.……386, 506
Bongaarts, J., 1987,"The Projection of Family Composition over the Life Course with Family Status Life Tables", Bongaarts, J., et. al. eds., *Family Demography*, Clarendon Press, pp.189-212.……476
Bongaarts, J., 2001, "Fertility and Reproductive Preferences in Post-transitional Societies", *Population and Development Review*, 27: 260-281.……512
Bongaarts, J., 2006a, "How Long Will We Live?", *Population and Development Review*, 32(4): 605-628.……114
Bongaarts, J., 2006b, "The Causes of Stalling Fertility Transitions", *Studies in Family Planning*, 37(1): 1-16.……138
Bongaarts, J., 2008, "Fertility Transitions in Developing Countries: Progress or Stagnation?", *Studies in Family Planning*, 39(2): 105-110.……138
Bongaarts, J. and Casterline, J., 2013, "Fertility Transition: Is Sub-Saharan Africa Different?", *Population and Development Review*, 38 (Suppl. 1): 153-168.……18
Bongaarts, J. and Feeney, G., 1998, "On the Quantum and Tempo of Fertility", *Population and Development Review*, 24(2): 271-291.……428, 488, 546
Bongaarts, J. and Potter, R., 1983, *Fertility, Biology, and Behavior*, Academic Press.……126
Bongaarts, J. and Sobotka, T., 2012, "A Demographic Explanation for the Recent Rise in European Fertility", *Population and Development Review*, 38(1): 83-120.……488, 514
Börsch-Supan, A. et al., 2008, *First results from the Survey of Health, Ageing and Retirement in Europe (2004-2007)—Starting the Longitudinal Dimension*, Mannheim Research Institute for the Economics of Aging (MEA).……394
Börsch-Supan, A. et al. eds., 2005, *Health, Ageing and Retirement in Europe: First Results from the Survey of Health, Ageing and Retirement in Europe*, Mannheim Research Institute for the Economics of Aging (MEA). ……394
Boserup, E., 1965, *The Condition of Agricultural Growth: The Economics of Agrarian Change under*

Population Pressure, Earthscan. ……38
Boserup, E., 1981, *Population and Technological Change: A Study of Long-Term Trends*, University of Chicago Press.(尾崎忠二郎・鈴木敏央訳, 1991, 『人口と技術移転』大明堂.) ……40
Boulding, K. E., 1950, *A Reconstruction of Economics*, John Wiley & Sons. ……414
Bourgeois-Pichat, J., 1978, "Future Outlook for Mortality Decline in the World", *Population Bulletin of the United Nations*, 11: 12-41. ……114
Brass, W. et al., 1968, *The Demography of Tropical Africa*, Princeton University Press. ……462
Bureau of Labor Statistics, U.S. Department of Labor, 1950, "Tables of Working Life: Length of Working Life for Men", *Bulletin*, No. 1001. ……452
Bygbjerg, I. C., 2012, "Double Burden of Noncommunicable and Infectious Diseases in Developing Countries", *Science*, 337: 1499-1501. ……106

■C

Cain, M., 1983, "Fertility as an Adjustment to Risk", *Population and Development Review*, 9: 688-702. ……678
Cairns, A. J. G. et al., 2006, "Two-Factor Model for Stochastic Mortality with Parameter Uncertainty: Theory and Calibration", *Journal of Risk and Insurance*, 73: 687-718. ……112
Cairns, A. J. G. et al., 2009, "A Quantitative Comparison of Stochastic Mortality Models Using Data from England and Wales and the United States", *North American Actuarial Journal*, 13(1): 1-35. ……112
Caldwell, J. C., 1980, "Mass Education as a Determinant of the Timing of Fertility Decline," *Population and Development Review*, 6(2): 225-255. ……156
Caldwell, J. C., 1998, "Mass Education and Fertility Decline," Demeny, P. and McNicoll, G. eds., *The Eastern Reader in Population and Development*, Eastern Publications. ……156
Caldwell, J. C. and Schindlmayr, T., 2003, "Explanation of the Fertility Crisis in Modern Societies: A Search for Commonalities", *Population Studies*, 57(3): 241-263. ……126
Caldwell, J. et al., 1987, "Anthropology and Demography: The Mutual Reinforcement of Speculation and Research", *Current Anthropology*, 28(1): 25-43. ……372
Campbell, A., 1974, "Beyond the Demographic Transition", *Demography*, 11(4): 549-561. ……74
Carey, J. R. and Vaupel, J. W., 2006, "Biodemography", Poston, D. L. and Micklin, M. ed., *Handbook of Population*, Springer, pp.625-658. ……380
Carlson, M. and England, P., 2011, *Social Class and Changing Families in An Unequal America*, Stanford University Press. ……186
Carnes, B. A. and Olshansky, S. J., 2007, "A Realist View of Aging, Mortality, and Future Longevity", *Population and Development Review*, 33(2): 367-381. ……86
Castles, S. et al., 2012, "Irregular Migration: Causes, Patterns, and Strategies", Omelaniuk, I. ed., *Global Perspectives on Migration and Development*, IOM, pp.117-151. ……292
Caswell, H., 1978, "A General Formula for the Sensitivity of Population Growth Rate to Changes in Life History Parameters", *Theoretical Population Biology*, 14(2): 215-230. ……528
CDC, 2015, *2013 Assisted Reproductive Technology National Summary Report*, http://www.cdc.gov/art/pdf/2013-report/art_2013_national_summary_report.pdf ……146
Centers for Disease Control and Prevention (CDC): Handwashing: Clean Hands Save Lives, https://www.cdc.gov/handwashing/when-how-handwashing.html ……106
Centre for Research on Epidemology of Disasters, 2015, "What is the Human Cost of Natural Disasters? (1994-2013)", *Cred Crunch Newsletter*, Issue No.38(March). ……32
Chandler, T., 1987, *Four Thousand Years of Urban Growth: An Historical Census*, Edwin Mellen

Press.……286
Charbit, Y., 2010, *The Classical Foundations of Population Thought: From Plato to Quesnay*, Springer.……400
Chen, L. C. et al., 1981, "Sex Bias in the Family Allocation of Food and Health Care in Rural Bangladesh", *Population and Development Review*, 7: 55-70.……54
Chen, N. et al., 1998, "What Do We Know about Recent Trends in Urbanization?", Bilsborrow, R. E. ed., *Migration, Urbanization, and Development: New Directions and Issues*, United Nations Population Fund, Kluwer Academic Publishers.……286
Cherlin, A., 2009, *The Marriage-Go-Round: The State of Marriage and the American Family Today*, Alfred A. Knoof.……196
Chiang, C.-L., 1984, *The Life Table and its Applications*, R. E. Krieger.（日本アクチュアリー会訳．1984．『生命表とその応用』日本アクチュアリー会．)……452
Cho, N. H. et al., 1996, "Effects of Induced Abortion and Son Preference on the Imbalance of Sex Ratio in Korea", *Japanese Journal of Health and Human Ecology*, 62: 298-314.……54
Cigno, A., 1991, *Economics of Family*, Oxford University Press.（田中敬文・駒村康平訳，1997．『家族の経済学』多賀出版．)……550
Clark, C., 1951, "Urban Population Densities", *Journal of Royal Statistical Society A*, 114: 490-496.……568
Clark, G., 2007, *A Farewell to Alms: A Brief Economic History of the World*, Princeton University Press.（久保恵美子訳，2009，『10万年の世界経済史』日経BP社．)……8
Clarke, J. I. et al. ed., 1989, *Population and Disaster*, Basil Blackwell.……678
Cline, E. H., 2014, *1177B.C. The Year Civilization Collapsed*, Princeton University Press.……34
Coale, A. J. and Demeny, P., 1966, *Regional Model Life Tables and Stable Populations*, Princeton University Press.……460
Coale, A. J. and McNeil, D. R., 1972, "The Distribution by Age of the Frequency of First Marriage in Female Cohort", *Journal of American Statistical Association*, 67: 743-749.……486, 542
Coale, A. J. and Trussell, T. J., 1974, "Model Fertility Schedules: Variations in the Age Structure of Childbearing in Human Populations", *Population Index*, 40(2): 185-258.……462, 542
Coale, A. J. and Trussell, T. J., 1978, "Technical Note: Finding the Two Parameters that Specify a Model Schedule of Marital Fertility", *Population Index*, 44: 203-213.……508
Coale, A. J. et al., 1983, *Regional Model Life Tables and Stable Populations*, 2nd ed., Academic Press.……460, 542
Collomp, A., 1972, "Famille nucléaire et famille élargie en Haute-Provence au XVIIIe siècle", *Annales. Économies, Sociétés, Civilisations*, 4(5): 969-975.（福井憲彦訳．1983．「18世紀オート＝プロヴァンスにおける核家族と拡大家族」『家の歴史社会学』新評論．)……224
Colman, R. J. et al., 2009, "Caloric Restriction Delays Disease Onset and Mortality in Rhesus Monkeys", *Science*, 325(5937): 201-204.……116
Conron, K. J. et al., 2012, "Transgender Health in Massachusetts: Results from a Household Probability Sample of Adults", *American Journal of Public Health*, 102(1): 118-122.……192
Converse. P. D., 1949 "New Laws of Retail Gravitation", *Journal of Marketing*, 14: 379-384.……684
Costa, D. L., 2005, "Causes of Improving Health and Longevity at Older Ages: A Review of the Explanations", *Genus* 61(1): 21-38.……86
Cox, D. R., 1972, "Regression Models and Life-Tables", *Journal of the Royal Statistical Society*, Series B (Methodological) 34(2): 187-220.……514
Creland, J. et al., 1983, "Preferences for the Sex of Children and their Influence on Reproductive Behavior", *World Fertility Survey Comparative Studies*, No.27, International Statistical Institute.

······54
Crimmins, E. M. et al. eds., 2011, *Explaining Divergent Levels of Longevity in High-Income Countries*, National Academy Press.······86
Crosby, A. W., 2003, *America's Forgotten Pandemic: The Influenza of 1918*, Cambridge University Press.(西村秀一訳. 2009. 『史上最悪のインフルエンザ──忘れられたパンデミック 新装版』みすず書房.)······20
Crouse, D. T. et al., 1987, "A Stage-Based Population Model for Loggerhead Sea Turtles and Implications for Conservation", *Ecology*, 68(5): 1412-1423.······528
Cutler, D. et al., 2006, "The Determinants of Mortality", *Journal of Economic Perspectives*, 20(3): 97-120.······86
Cutter, S. L. et al., 2003, "Social Vulnerability to Environmental Hazards", *Social Science Quarterly*, 84(2): 242-261.······32
Cyrus Chu, C. Y., 1998, *Population Dynamics: A New Economic Approach*, Oxford University Press. ······532

D

Dalla Zuanna, G. and Micheli, G. eds., 2004, *Strong Family and Low Fertility: A Paradox?*, Kluwer. ······394
Dantzig, G. B. and Saaty, T. L., 1973, *Compact City: A Plan for a Liveable Urban Environment*, W. H. Freeman.(森口繁一監訳. 奥平耕造・野口悠紀雄訳. 1974. 『コンパクトシティ──豊かな生活空間四次元都市の青写真』日科技連出版社.)······284
Danziger, S. and Rouse, C. E., 2007, *The Price of Independence: The Economics of Early Adulthood*, Russell Sage Foundation.······210
David, L. H., 1964 "Defining and Estimating a Trade Area", *Journal of Marketing*, 28: 34-38.······684
Davis, K. and Blake, J., 1956, "Social Structure and Fertility: An Analytic Framework", *Economic Development and Cultural Change*, 4(3): 211-235. ······126, 506
Davis, K. and Golden, H. H., 1954, "Urbanization and the Development of Pre-Industrial Areas", *Economic Development and Cultural Change*, 3(1): 6-26.······296
Demeny, P., 1986 "Pronatalist Policies in Low-Fertility Countries: Patterns, Performance and Prospects", *Population and Development Review*, 12 (supplement): 335-358.······672
Dennison, T. and Ogilvie, S., 2014, "Does the European Marriage Pattern Explain Economic Growth?", *Journal of Economic History*, 74(3): 651-693.······502
Derosas, R. and van Poppel, F. eds., 2006, *Religion and the Deline of Fertility in the Western World*, Springer.······156
Desjardins, B., 2004, "Why is Life Expectancy Longer for Women than It is for Men?", *Scientific American*, Aug 29 (http://www.scientificamerican.com/article/why-is-life-expectancy-lo/). ······50
Diekmann, O. et al., 1990, "On the Definition and the Computation of the Basic Reproduction Ratio *R*₀ in Models for Infectious Diseases in Heterogeneous Populations", *Journal of Mathematical Biology*, 28: 365-382.······540
Dobyns, H. F., 1966, "Estimating aboriginal American population - An Appraisal of Techniques with a New Hemispheric Estimate", *Current Anthropology*, 7(4): 395-416.······34
Dong, H. et al., 2015, "New Sources for Comparative Social Science: Historical Population Panel Data from East Asia", *Demography*, 52(3): 1061-1088.······226, 388
Doocy, S. et al., 2007, "Tsunami Mortality Estimates and Vulnerability Mapping in Aceh, Indonesia," *American Journal of Public Health*, 97: s146-s151.······678

Dublin, L. I. and Lotka, A. J., 1925, "On the True Rate of Natural Increase", *Journal of the American Statistical Association*, New Series 20(150): 305-339.……540

Duncan, G. J. et al., 2002, "Optimal Indicators of Socioeconomic Status for Health Research", *American Journal of Public Health*, 92(7): 1151-1157.……104

Dunson, D. B. et al., 2002, "Changes with Age in the Level and Duration of Fertility in the Menstrual Cycle", *Human Reproduction*, 17: 1399-1403.……492

■E

Easterlin, R. A., 1987, *Birth and Fortune: The Impact of Numbers on Personal Welfare*, University of Chicago Press.……74

Ehrlich, P. R. and Ehrlich, A. H., 1990, *The Population Explosion*, Simon & Schuster.……40

Elder, G. H., Jr., 1978, "Family History and the Life Course", Expanded Version, Hareven, T. K. ed., *Transitions*, Academic Press, pp.17-64.……544

e-Stat, 政府統計の総合窓口．2016, https://www.e-stat.go.jp/SG1/estat/eStatTopPortal.do……78

Estee, S., 2004, "Natality-Measure Based on Vital Statistics", Siegel, J. S. and Swanson, D. A. eds., *The Methods and Materials of Demography*, 2nd ed., Elsevier Academic Press.……514

■F

Farris, W. W., 2006, *Japan's Medieval Population: Famine, Fertility, and Warfare in a Transformative Age*, University of Hawai'i Press.……12

Feeney, G., 1986, "Period Parity Progression Measures of Fertility in Japan", *NUPRI Research Papers Series*, No.35, Nihon University Population Research Institute.……488

Fisher, R. A., 1930, *The Genetical Theory of Natural Selection*, Oxford at the Clarendon Press.……50, 54

Flandrin, J.-L., 1976, *Familles parenté, maison, sexualité dans l' ancienne société*, Hachette.（森田伸子・小林亜子訳．1993，『フランスの家族——アンシャン・レジーム下の親族・家・性』勁草書房．）……224

Flores, A. R. et al., 2016, *How Many Adults Identity as Transgender in the United States?*, The Williams Institute.……192

Fotheringham, A. S., 1983, "A New Set of Spatial-Interaction Models: The Theory of Competing Destinations", *Environment and Planning A*, 15: 15-36.……598

Fouweather, T. et al., 2015, "Comparison of Socio-Economic Indicators Explaining Inequalities in Healthy Life Years at Age 50 in Europe: 2005 and 2010", *European Journal of Public Health*, 25(6): 978-983.……96

Frankenberg, E. et al., 2011, "Mortality, the Family, and the Indian Ocean Tsunami", *The Economic Journal*, 121: F162-F182.……678

Fries, J. F., 1980, "Aging, Natural Death, and the Compression of Morbidity", *New England Journal of Medicine*, 303：130-135.……98

Fuess, H., 2004, *Divorce in Japan: Family, Gender, and the State, 1600-2000*, Stanford University Press.……168

Fuse, K., 2012, "Variations in Attitudinal Gender Preferences for Children Across 50 Less-developed Countries", *Demographic Research*, 23: 1031-1048.……56

Fuse, K., 2013, "Daughter Preference in Japan: A Reflection of Gender Role Attitudes?", *Demographic Research*, 28: 1021-1052.……56

G

Gates, G. J., 2015, "Marriage and Family: LGBT Individuals and Same-Sex Couples", *The Future of Children*, 25(2): 67-87, https://www.princeton.edu/futureofchildren/publications/docs/MarriageandFamily.pdf.······192

Gavrilov, L. A. and Gavrilova, N. S., 1991, *The Biology of Life Span: A Quantitative Approach*, Harwood Academic Publishers.······114, 116

Gavrilov, L. A. and Gavrilova, N. S., 2010, "Demographic Consequences of Defeating Aging", *Rejuvenat. Research*, 13(2-3): 329-334.······116

Genda, Y. et al., 2010, "Long-Term Effects of a Recession at Labor Market Entry in Japan and the United States", *Journal of Human Resource*, 45(1): 157-196.······232, 252

George, S. M., 2006, "Millions of Missing Girls: From Fetal Sexing to High Technology Sex Selection in India", *Prenatal Diagnosis*, 26(7): 604-609.······54

Gilbert, N., 2008, *Agent-Based Models*, Sage Publications.······378

Glei, D. A. and Horiuchi, S., 2007, "The Narrowing Sex Differential in Life Expectancy in High-Income Populations: Effects of Differences in the Age Pattern of Mortality", *Population Studies*, 61(2): 141-159.······90

Goldberg, A. E. and Allen, K. R., 2013, *LGBT-Parent Families: Innovations in Research and Implications for Practice*, Springer.······192

Goldberg, A. et al., 2016, "Post-invasion Demography of Prehistoric Humans in South America", *Nature*, 532: 232-235.······38

Goldscheider, F. K. and Goldscheider, C., 1999, *The Changing Transition to Adulthood: Leaving and Returning Home*, Sage Publications.······210

Gompertz, B., 1825, "On the Nature of the Function Expressive of the Law of Human Mortality, and on a New Mode of Determining the Value of Life Contingencies", *Philosophical Transactions of the Royal Society of London*, 115: 1-65.······458

Goode, W. J., 1963, *World Revolution and Family Patterns*, Free Press.······204

Gosling, S. N. R. and Arnell, N. W., 2016, "A Global Assessment of the Impact of Climate Change on Water Scarcity", *Climate Change*, 134: 371-385.······40

Greenwood, M. J., 2005, "Modeling Migration", *Encyclopaedia of Social Measurement*, Vol. 2, Elsevier, pp.725-734.······598

Grim, B. J. et al. eds., 2014, *Yearbook of International Religious Demography 2014-2018*, Brill.······402

Grossman, M., 1972, "On the Concept of Health Capital and the Demand for Health", *The Journal of Political Economy*, 80(2): 223-255.······104

Grow, A. and Van Bavel, J. eds., 2016, *Agent-Based Modelling in Population Studies: Concepts, Methods, and Applications* (The Springer Series on Demographic Methods and Population Analysis), Springer.······668

Guilmoto, C. Z., 2009, "The Sex Ratio Transition in Asia", *Population and Development Review*, 35(3): 519-549.······50

Guo, Z. and Gu, B., 2014, "China's Low Fertility: Evidence from the 2010 Census", Attane, I. and Gu, B. eds., *Analysing China's Population — Social Change in a New Demographic Era*, Springer, pp.15-35.······136

Gupta, M. D, 1995, "Life Course Perspectives on Women's Autonomy and Health Outcomes", *American Anthropologist*, 97(3): 481-491.······372

Gurtin, M. E. and MacCamy, R. C., 1974, "Non-Linear Age-Dependent Population Dynamics", *Archive for Rational Mechanics and Analysis*, 54(3): 281-300.······458, 524, 532

Guttmacher Institute, 2016, *Fact Sheet: Induced Abortion Worldwide*, (pdf, online).……138

■H

Hägerstrand, T., 1967, *Innovation Diffusion as a Spatial Process*, Postscript &Translation by A. Pred, University of Chicago Press.……576
Hajnal, J., 1953, "Age at Marriage and Proportions Marrying", *Population Studies*, 7(2): 111-136. ……486
Hajnal, J., 1965, "European Marriage Patterns in Perspective", Glass, D. V. and Eversley, D. E. C. eds., *Population in History*, Edward Arnold, pp.101-143.（木下太志訳，2003,「ヨーロッパ型結婚形態の起源」速水 融編『歴史人口学と家族史』藤原書店.）……168, 184, 190, 224
Hajnal, J., 1982, "Two Kinds of Pre-Industrial Household Formation System", *Population and Development Review*, 8(3): 449-494.……224
Hajnal, J., 1983, "Two Kinds of Pre-Industrial Household Formation System", Wall, R. et al. eds., *Family Forms in Historic Europe*, Cambridge University Press. （浜野 潔訳, 2003,「前工業化期における二つの世帯形成システム」速水 融編『歴史人口学と家族史』藤原書店.）……184
Halley, E., 1693, "An Estimate of the Degrees of the Mortality of Mankind, Drawn from Curious Tables of the Births and Funerals at the City of Breslaw; With an Attempt to Ascertain the Price of Annuities Upon Lives", *Philosophical Transactions of the Royal Society of London*, 17, pp.596-610, 654-656.……90
Hammel, E. A. and Laslett, P., 1974, "Comparing Household Structure over Time and between Cultures", *Comparative Studies in Society and History*, 16: 73-109. ……224
Hanaoka, M. et al., 2015, "Have Destination Choices of Foreign Residents Contributed to Reducing Regional Population Disparity in Japan? Analysis Based on the 2010 Population Census Microdata", *Population, Space and Place*, DOI: 10.1002/psp.1975.……278
Hanashima, M. and Tomobe, K., 2012, "Urbanization, Industrialization and Mortality in Modern Japan: A Spacio-Temporal Perspective", *Annals of GIS*, 18(1): 57-70.……502
Hartl, D. L. and Clark, A. G., 2006, *Principles of Population Genetics*, 4th ed., Sinauer.……30
Hashimoto, Y. and Kondo, A., 2012, "Long-Term Effects of Labor Market Conditions on Family Formation for Japanese Youth", *Journal of Japanese and International Economies*, 26(1)： 1-22. ……232
Hassan, F. A., 1981, *Demographic Archaeology*, Academic Press.……6
Hawkes, K. et al., 1998, "Grandmothering, Menopause, and the Evolution of Human Life Histories", Proceedings of *National Academy of Sciences*, 95(3): 1336-1339.……116
Hayashi, R., 2015, *Internationality of Asian Megacities-Viewed Through Mobility Comparison*, Working Paper Series (E), 23, National Institute of Population and Social Security Research. ……286
Henry, L., 1961, "Some Data on Natural Fertility", *Eugenics Quarterly*, 8(2): 81-91.……144
Hertog, E. and Iwasawa, M., 2011, "Marriage, Abortion, or Unwed motherhood? How Women Evaluate Alternative Solutions to Premarital Pregnancies in Japan and the United States", *Journal of Family Issues*, 32(12): 1674-1699.……148
Heuveline, P. et al., 2003, "Shifting Childrearing to Single Mothers: Results from 17 Western Countries", *Population and Development Review*, 29(1): 47-71.……176
Hidaka Y. and Operario, D., 2006, "Attempted Suicide, Psychological Health and Exposure to Harassment among Japanese Homosexual, Bisexual or Other Men Questioning their Sexual Orientation Recruited via the Internet", *Journal of Epidemiology and Community Health*, 60: 962-967.……192

Hirose, T., 1982, "Community Reconstruction and Functional Change Folllowing a Disaster in Japan", *Disaster Research Center*, University of Delaware, Preliminary Paper 74.……32

Honjo, K., 2004, "Social Epidemiology: Definition, History, and Research Examples", *Environmental Health and Preventive Medicine*, 9(5): 193-199.……108

Hoppa, R. D. and Vaupel, J. W. eds., 2002, *Paleodemography Age Distributions from Skeletal Samples*, Cambridge University Press.……384

Horiuchi, S. and Wilmoth, J. R., 1998, "Deceleration in the Age Pattern of Mortality at Older Ages", *Demography*, 35(4): 391-412.……114

Hoselitz, B., 1954, "Generative and Parasitic Cities", *Economic Development and Cultural Change*, 3(3): 278-294.……296

Hotelling, H., 1978, "A Mathematical Theory of Migration", *Environment and Planning A*. 10：1225-1239. Original paper was his Master's Thesis (unpublished) in 1921, Washington University.……576

Hougaard, P., 2000, *Analysis of Multivariate Survival Data*, Springer.……514

Howell, N., 1979, *Demography of the Dobe!kung*, Academic Press.……372, 508

Hudson, J. C., 1988, "North American Origins of Middlewestern Frontier Populations", *Annals of the Association of American Geographers*, 78: 395-413.……576

Hughes, J. F. et al., 2005, "Conservation of Y-Linked Genes During Human Evolution Revealed by Comparative Sequencing in Chimpanzee", *Nature*, 437: 100-103.……58

Hughes, J. F. et al., 2012, "Strict Evolutionary Conservation Followed Rapid Gene Loss on Human and Rhesus Y Chromosomes", *Nature*, 483: 82-86.……58

Human Fertility Database, 2015, Max Planck Institute for Demographic Research (Germany) and Vienna Institute of Demography (Austria), Available at www.humanfertility.org.……514

Human Mortality Database, 2016, University of California, Berkeley, and Max Planck Institute for Demographic Research. Available at www.mortality.org.……86, 456

Hummer, R. A. and Hernandez, E. M., 2013, "The Effect of Educational Attainment on Adult Mortality in the United States", *Population Bulletin*, 68(1): 1-16.……386

Iacobelli, S. and Carstensen, B., 2012, "Multiple Time Scales in Multi-State Models", *Statistics in Medicine*, 32(30): 5315-5327.……514

International Diabetes Federation, 2015, IDF Diabetes Atlas 7th Edition (2015) - International Diabetes Federation, Brussels.……106

Ike, S., 2016, *Fertility Decline and Background Independence*, Springer.……550

van Imhoff, E. et al. eds., 1995, *Household Demography and Household Modeling*, Plenum Press. ……640

Inaba, H., 1988, "A Semigroup Approach to the Strong Ergodic Theorem of the Multistate Stable Population Process", *Mathematical Population Studies*, 1(1): 49-77.……526

Inaba, H., 1989, "Weak Ergodicity of Population Evolution Processes", *Mathematical Biosciences*, 96(2): 195-219.……526

Inaba, H., 1995, "Human Population Reproduction Via First Marriage", *Mathematical Population Studies*, 5(2): 123-144.……536

Inaba, H., 2000, "Persistent Age Distributions for an Age-Structured Two-Sex Population Model", *Mathematical Population Studies*, 7(4): 365-398.……536

Inaba, H., 2010, "The Net Reproduction Rate and the Type-Reproduction Number in Multiregional Demography", *Vienna Yearbook of Population Research*, 7, pp.197-215.……530, 540

Inaba, H., 2012, "On a New Perspective of the Basic Reproduction Number in Heterogeneous Environments", *Journal of Mathematical Biology*, 65(2): 309-348.……540
Inaba, H., 2017, *Age-Structured Population Dynamics in Demography and Epidemiology*, Springer. ……374, 526, 540
INED(フランス国立人口統計学研究所, Institut national d'études démographiques), 2016, Developed Countries Demography, https://www.ined.fr/en/……132
Inoue, T., 2012, "Which Does City Size Distribution Depend on, the Rank-Size Rule or the Lognormal Distribution Model?", *The Aoyama Journal of Economics*（青山経済論集）, 64(3): 1-20.……566
Inoue, T., 2013, "A New Measure of Accessibility Reflecting Population Distribution", *Working Paper Series, Institute of Economic Research Aoyama Gakuin University*, 2013-2: 1-13.……682
Inoue, T., 2014. "A New Method of Estimating Small Area Demographics Using Population Potential", *Working Paper Series, Institute of Economic Research, Aoyama Gakuin University*, 2014-3: 1-16.……574
Ishikawa, Y., 2010, "Role of Matchmaking Agencies for International Marriage in Contemporary Japan", *Geographical Review of Japan Series B*, 83 (1): 1-14.……182

■J

Jagger, C. et al., 2008, "Inequalities in Healthy Life Years in the 25 Countries of the European Union in 2005: A Cross-National Meta-Regression Analysis", *Lancet*, 372(9656): 2124-2131.……96
Jagger, C. et al., 2014, *Health Expectancy Calculation by the Sullivan Method: A Practical Guide*, 4th edition, http://www.eurohex.eu/pdf/Sullivan_guide_pre%20final_oct%202014.pdf……472
Jannetta, A. B. et al., 1991, "Two Centuries of Mortality Change in Central Japan: The Evidence from a Temple Death Register", *Population Studies*, 45(3): 417-436.……26
Jeroen, C. J. M. V. D. B. and Rietveld, P., 2004, "Reconsidering the Limits to World Population: Meta-Analysis and Meta-Prediction", *BioScience*, 54(3): 195-204.……40
Jimenez, E. Y. and Murthi, M., 2006,"Investing in the Youth Bulge", *Finance & Development*, 43(3): 40.……72
Johnson, N., 2006, *Britain and the 1918-19 Influenza Pandemic: A Dark Epilogue, Routledge Studies in the Social History of Medicine*, Routledge. ……20
Johnson, T. M. and Grim, B. J., 2013, *The World's Religions in Figures: An Introduction to International Religious Demography*, Wiley-Blackwell.……402
Joint Forum, 2013, *Longevity Risk Transfer Markets: Market Structure, Growth Drivers and Impediments, and Potential Risks*.……112

■K

Kalbfleisch, J. D. and Prentice, R. L., 2002, *The Statistical Analysis of Failure Time Data*, 2nd ed., Wiley.……514
Kalmijn, M., 2011, "The Influence of Men's Income and Employment on Marriage and Cohabitation: Testing Oppenheimer's Theory in Europe", *European Journal of Population*, 27: 269-293.……186
Kambayashi, R and Kato, T., 2017, "Long-Term Employment and Job Security over the Last Twenty-Five Years: A Comparative Study of Japan and the U.S", *Industrial and Labor Relations Review*, 70(3)：359-394……252
Kaneko, R., 2003, "Elaboration of the Coale-McNeil Nuptiality Model as The Generalized Log

Gamma Distribution: A New Identity and Empirical Enhancements", *Demographic Research*, 9 (10): 223-262.······618

Kaneko, R. and Kostova, D., 2016, "Human Fertility Database Documentation: Japan", http://www.humanfertility.org/cgi-bin/country.php?country=JPN.······514

Kawaguchi, H., 2014, "Faith Healing and Vaccination Against Smallpox in Nineteenth-Centuy Japan", Liu, T. ed, *Environmental History in East Asia: Interdisciplinary Perspectives*, Routledge, pp.273-295.······24

Keilman, N. et al. eds., 1988, *Modelling Household Formation and Dissolution*, Clarendon Press. ······640

Keja, K. et al., 1988, "Expanded Programme on Immunization", *World Health Statistics Quarterly*, 41(2): 59-63.······26

Kertzer, D. I. and Fricke, T., 1997, "Toward an Anthropological Demography", Kertzer, D. I. and Fricke, T. eds., *Anthropological Demography: Toward a New Synthesis*, University of Chicago Press, pp.1-35.······372

Keyfitz, N., 1972, "The Mathematics of Sex and Marriage", *Proceedings of the Sixth Berkeley Symposium on Mathematical Statistics and Probability, Vol. 4, Biology and Health*, University of California Press, pp.89-108.······536

Keyfitz, N., 1977, *Introduction to the Mathematics of Population with Revisions*, Addison-Wesley.······374

Keyfitz, N. and Caswell, H., 2005, *Applied Mathematical Demography*, 3rd Ed., Springer.······374, 546, 548

King, R. et al., 2010, *People on the Move: An Atlas of Migration*, Myriad Editions.······292

Kohler, H.-P. and Ortega, J. A., 2002, "Tempo-Adjusted Period Parity Progression Measures, Fertility Postponement and Completed Cohort Fertility", *Demographic Research*, 6: 91-144. ······488, 546

Kohler, H.-P. and Philipov, D., 2001, "Variance Effects in the Bongaarts-Feeney Formula", *Demography*, 38(1): 1-16. ······546

Kondo, A, 2007, "Does the First Job Really Matter? State Dependency in Employment Status in Japan", *Journal of the Japanese and International Economies*, 21(3): 379-402.······232

Konishi, S. and Tamaki, E., 2016, "Pregnancy Intention and Contraceptive Use among Married and Unmarried Women in Japan", *Japanese Journal of Health and Human Ecology*, 82: 110-124.······380

Kukharenko, V. I., 1970, "The Primary Sex Ratio in Man (Analysis of 1014 Embryos)", *Genetika*, 6: 142-149.······54

Kupiszewski, M. and Kupiszewska, D., 2003, "Internal Migration Component in Subnational Population Projections in Member States of the European Union", CEFMR Working Paper 2/2003.······638

Kurosu, S., 2011, "Divorce in Early Modern Rural Japan: Household and Individual Life Course in Northeastern Villages, 1716-1870", *Journal of Family History*, 2011 (36): 118-141.······168

Kurosu, S. et al., 1999, "Regional Differentials in the Patterns of First Marriage in the Latter Half of Tokugawa Japan", *Keio Economic Studies*, 36(1): 13-38.······172

Kuznets, S. S., 1960, "Population Change and Aggregate Output", NBER.······274

■L

Land, K. C. and Rogers, A. eds., 1982, *Multidimensional Mathematical Demography*, Academic Press.······476, 530

Laslett, P., 1983, "Family and Household as Work Group and Kin Group: Areas of Traditional Europe Compared", Wall, R. et al. eds., *Family Forms in Historic Europe*, Cambridge University Press, pp.513-564.……184, 224

Laslett, P. and Wall, R., 1972, *Household and Family in Past Time*, Cambridge University Press.……204, 224

Le Play, P. G. F., 1877-1879, *Les ouvriers européens*, Alfred Mame et fils.……204

Le Play, P. G. F., 1884. *L'organisation de la famille*, 3e éd., Alfred Mame et fils.……224

Lee, J. Z. and Wang, F., 1999, *One Quarter of Humanity: Malthusian Mythology and Chinese Realities, 1700-2000*, Harvard University Press.……226

Lee, R. 2011, "The Outlook for Population Growth", *Science*, 333: 569-573.……40

Lee, R. D., 1994, "The Formal Demography of Population Aging, Transfers, and the Economic Life Cycle", Martin, L. G. and Preston, S. H. eds., *Demography of Aging*, pp.8-49.……546

Lee, R. D. and Carter, L. R., 1992, "Modeling and Forecasting U.S. Mortality", *Journal of the American Statistical Association*, 87(419): 659-671.……112, 462, 464, 474, 620

Leibenstein, H., 1957, *Economic Backwardness and Economic Growth: Studies in the Theory of Economic Development*, Wiley.（三沢嶽郎監修．矢野 勇訳．1960．『経済的後進性と経済成長』紀伊國屋書店．）……498

Leslie, P. H., 1945, "On the Use of Matrices in Certain Population Mathematics", *Biometrika*, 33: 183-212.……606

Lesthaeghe, R., 1995, "The Second Demographic Transition in Western Countries: An Interpretation", Mason, K. O. and Jensen, A. M. eds., *Gender and Family Change in Industrialized Countries*, Clarendon Press.……14

Lesthaeghe, R., 2010, "The Unfolding Story of the Second Demographic Transition", *Population and Development Review*, 36(2): 211-251.……126

Lesthaeghe, R. and Willems, P., 1999, "Is Low Fertility a Temporary Phenomenon in the European Union?", *Population and Development Review*, 25(2): 211-228.……196

Lexis, W. H. R. A., 1875, *Einleitung In Die Theorie Der Bevolkerungsstatistik*, University of Michigan Library.……426

Lick, D. J. et al., 2013, "Minority Stress and Physical Health Among Sexual Minorities", *Perspectives on Psychological Science*, 8(5): 521-548.……192

Lim, S. S. et al., 2008, "Tracking Progress Towards Universal Childhood Immunisation and the Impact of Global Initiatives", *Lancet*, 372(9655): 2031-2046.……26

Litwak, E., 1960, "Geographic Mobility and Extended Family Cohesion", *American Sociological Review*, 25(3): 385-394.……204

Litwak, E. and Longino, C. F. 1987. "Migration Patterns Among the Elderly: A Developmental Perspective", *The Gerontologist*. 27: 266-272.……318

Lobel, S. M., 1993, "The Sex Ratio of Normal and Manipulated Human Sperm Quantitated by the Polymerase Chain Reaction", *Fertility and Sterility*, 59(2): 387-392.……54

Lopez, A., 1999, "Alcohol and Smoking as Risk Factors", *Health and Mortality: Issues of Global Concern*, United Nations, pp.374-411.……114

Lotka, A. J., 1998, *Analytical Theory of Biological Populations*, Plenum Press.……374, 526

Lundh, C. et al., 2014, *Similarity in Difference: Marriage in Europe and Asia, 1700-1900*, The MIT Press.……132, 168, 184, 388

Lutz, W. and Qiang, R., 2002, "Determinants of Human Population Growth", *Philosophical Transactions of the Royal Society*, 23 August. ……14

Lutz, W. et al., 2006, "The Low-Fertility Trap Hypothesis: Forces that May Lead to Further

Postponement and Fewer Births in Europe", *Vienna Yearbook of Population Research 2006*, pp.167-192.……14, 126
Luts,W. et al., 2007, "The Low-Fertility Trap Hypothesis: Forces that May Lead to Further Postponement and Fewer Births in Europe", *Vienna Yearbook of Population Research 2006*, pp.167-192.……358

■M

Maddison, A., 2007, *Contours of the World Economy, 1-2030 AD*, Oxford University Press.（政治経済研究所訳, 2015,『世界経済史概観─紀元 1 年─2030 年』岩波書店.）……8
Mann, C. C., 2006, *1491: New Revelations of the Americas Before Columbus*, Vintage Books.……34
Manton, K. G. et al., 1991, "Limits to Human Life Expectancy: Evidence, Prospects, and Implications", *Population and Development Review*, 17(4): 603-637.……114
Martcheva, M. and Milner, M., 2001, "The Mathematics of Sex and Marriage, Revisited", *Mathematical Population Studies*, 9(2): 123-141.……536
Mattison, J. A. et al., 2012, "Impact of Caloric Restriction on Health and Survival in Rhesus Monkeys from the NIA Study", *Nature*, 489: 318-321.……116
Mattison, J. A. et al., 2017, "Caloric Restriction Improves Health and Survival of Rhesus Monkeys", *Nature Communications*, 8: 14063.……116
McDonald, P., 2000, "Gender Equality in Theories of Fertility Transition", *Population and Development Review*, 26(3): 427-440.……132
McGinnis, J. M. et al., 2002, "The Case for more Active Policy Attention to Realth Promotion", *Health Affairs*, 21(2): 78-93.……110
McKeown, T., 1976, *The Role of Medicine: Dream, Mirage, or Nemesis?*, Nuffield Provincial Hospitals Trust. ……26
McKeown, T., 1980, *The Role of Medicine*, Princeton University Press.……86
McKeown, T. and Brown, R. G., 1955, "Medical Evidence Related to English Population Changes in the Eighteenth Century", *Population Studies*, 9(2): 119-141.……110
McKinlay, J. B. et al., 1977, "The Questionable Contribution of Medical Measures to the Decline of Mortality in the United States in the Twentieth Century", *Milbank Memorial Fund Quarterly Health and Society*, 55(3): 405-428.……26
McKinsey Global Institute, 2011, *Big Data: The Next Frontier for Innovation, Competition, and Productivity*, McKinsey.……656
McLanahan, S. et al., 2013, "The Causal Effects of Father Absence", *Annual Review of Sociology*, 39(1): 399-427.……176
McNeill, W. H., 1976, *Plagues and Peoples*, Anchor Press.（佐々木昭夫訳, 1985,『疫病と世界史（上・下）』新潮社. 2007, 中公文庫.）……22
McQuillan, K., 2004, "When Does Religion Influence Fertility?", *Population and Development Review*, 30(1): 25-56.……156
Meier, S. C. and Labuski, C. M., 2013, "The Demography of the Transgender Population", Baumle, A. K., *International Handbook on the Demography of Sexuality*, Springer, pp.289-327.……192
Metz, J. A. J. and Diekmann, O. eds., 1986, *The Dynamics of Physiologically Structured Populations*, Lecture Notes in Biomathematics 68, Springer.……530, 532
Millanovac, B., 2002, "Can We Discern the Effect of Globalization on Income Distribution?", World Bank Policy Research Working Paper No.2876.……246
Miller, B. D., 1981, *The Endangered Sex: Neglect of Female Children in Rural North India*, Ithaca. ……54

Mitterauer, M. und Sieder, R., 1977, *Vom Patriarchat zur Partnerschaft: Zum Strukturwandel der Familie*, Beck. (若尾祐司ほか訳, 1993, 『ヨーロッパ家族社会史—家父長制からパートナー関係へ』名古屋大学出版会.) ……224

Modelski, G., 2003, *World Cities: -3000 to 2000*, Faros2000. ……34

Moretti, E., 2013, *The New Geography of Jobs*, Mariner Books. ……270

Morgan, S. P. *and* Rackin, H., 2010, "The Correspondence between Fertility Intentions and Behavior in the United States", *Population and Development Review*, 36(1): 91-118. ……512

Mori, Y. and Nakazawa, M., 2003, "A New Simple Etiological Model of Human Death", *The Journal of Population Studies* (人口学研究), 33: 27-39. ……116

Muller, H. J., 1932, "Some Genetic Aspects of Sex", *American Naturalist*, 66: 118-138. ……58

Munich, R. E., 2015, *NatCatSERVICE, Loss events worldwide 1980-2014*. ……32

Murdock, G. P., 1949, *Social Structure*, Collier-Macmillan Limited.(内藤莞爾監訳, 1978, 『社会構造—核家族の社会人類学』新泉社.) ……204, 208

■N

Neel, J. V. and Chagnon, N. A., 1968, "The Demography of Two Tribes of Primitive, Relatively Unacculturated American Indians", *PNAS*, 59: 680-689. ……508

Newling, B. E., 1969, "The Spatial Variation of Urban Population Densities", *Geographical Review*, 59: 242-252. ……568

Ní Bhrolcháin, M., 2011, "Tempo and the TFR", *Demography*, 48(3): 841-861. ……488

Nishihama, Y. et al., 2016, "Association between Paraben Exposure and Menstrual Cycle in Female University Students in Japan", *Reproductive Toxicology*, 63: 107-113. ……510

Nobles, J. et al., 2015, "The Effects of Mortality on Fertility: Population Dynamics After a Natural Disaster", *Demography*, 52(1): 15-38. ……678

■O

O'Conner, K. A. et al., 1998, "Declining Fecundity and Ovarian Ageing in Natural Fertility Populations," *Maturitas*, 30: 127-136. ……160

OECD, 2000, *From Initial Education to Working Life: Making Transitions Work*. ……250

OECD, 2014a, *OECD Enployment Outlook*. ……396

OECD, 2014b, "OECD Family Database", http://www.oecd.org/els/family/database.htm ……672

OECD, 2015, "Economic Outlook 98". ……344

OECD, 2016, OECD Family Database, http://www.oecd.org/social/family/database.htm#structure. ……132, 352

Oeppen, J. and Vaupel, J. W., 2002, "Broken Limits to Life Expectancy", *Science*, 296(5570): 1029-1031. ……114

Ogden, P., 1984, *Migration and Geographical Change*, Cambridge University Press. ……576

Ohtsuka, R. and Suzuki, T. eds., 1990, *Population Ecology of Human Survival: Bioecological Studies of the Gidra in Papua New Guinea*, University of Tokyo Press. ……392, 510

Oizumi, R., 2014, "Unification Theory of Optimal Life Histories and Linear Demographic Models in Internal Stochasticity", *PLOS ONE*, 9(6): e98746. ……528

Oizumi, R. and Takada, T., 2013, "Optimal Life Schedule with Stochastic Growth in Age-Size Structured Models: Theory and an Application", *Journal of Theoretical Biology*, 323: 76-89. ……534

Olshansky, S. J. and Ault, A. B., 1986, "The Fourth Stage of the Epidemiology of Population

Change", *The Milbank Memorial Fund Quarterly*, 64(3): 355-391.……114
Olshansky, S. J. et al., 1998, "Emerging Infectious Diseases: The Fifth Stage of the Epidemiologic Transition?", *World Health Statistics Quarterly*, 51(2/3/4): 207-217.……114
Omran, A. R., 1971, "The Epidemiologic Transition: A Theory of the Epidemiology of Population Change", *Milbank Memorial Fund Quarterly*, 49(4): 509-538.……86, 96, 106
Ono, H., 2010, "Lifetime Employment in Japan: Concepts and Measurements", *Journal of the Japanese and International Economies*, 24(1): 1-27.……252
Orcutt, G., 1957, "A New Type of Socio-Economic System", *Review of Economics and Statistics*, 39(2): 116-123.……214
Otomo, A., 1981, "Mobility of Elderly Population in Japanese Metropolitan Areas", *The Journal of Population Studies*, 4: 23-28.……318

■P

Parazzini, F., 1998, "Trends in Male: Female Ratio among Newborn Infants in 29 Countries from Five Continents", *Human Reproduction*, 13(5): 1394-1396.……54
Parsons, T. and Bales, R. F., 1955, *Family: Socialization and Interaction Process*, Free Press.(橋爪貞夫ほか訳．1981, 『家族』 黎明書房．)……204
Pearl, R. and Reed, L. J., 1920, "The Rate of Growth of the Population of the United States Since 1790 and Its Mathematical Representation", *Proceedings of the National Academy of Sciences*, 6: 275-288.……524
Perelli-Harris, B. and Lyons-Amos, M., 2016, "Partnership Patterns in the United States and across Europe: The Role of Education and Country Context", *Social Forces*, 95(1): 251-281.……186
Perelli-Harris, B. et al., 2010, "The Educational Gradient of Nonmarital Childbearing in Europe", *Population and Development Review*, 36: 775-801.……186
Philipov, D., 2009, "Fertility Intentions and Outcomes: The Role of Policies to Close the Gap", *European Journal of Population*, 25(4): 355-361.……512
Pollard, J. H., 1973, *Mathematical Models for the Growth of Human Populations*, Cambridge University Press.……374, 536, 538
Pollard, J. H., 1982, "The Expectation of Life and its Relationship to Mortality", *Journal of the Institute of America*, 109: 225-240.……466
Praag, B. M. S. van, 1988, "The Notion of Population Economic", *Journal of Population Economics*, 1: 5-16.……368
Preston, S. H., 1975, "The Changing Relation between Mortality and Level of Economic Development", *Population Studies*, 29(2): 231-248.……26, 108
Preston, S. H., 1976, *Mortality Patterns in National Populations: with Special Reference to Recorded Causes of Death*, Academic Press.……90
Preston, S. H., 1984, "Children and the Elderly: Divergent Paths for America's Dependents", *Demography*, 21(4): 435-457.……672
Preston, S. H. and Coale, A. J., 1982, "Age Structure, Growth, Attrition and Accession", *Population Index*, 48(2): 217-259.……422
Preston, S. H. et al., 2001, *Demography: Measuring and Modeling Population Processes*, Blackwell Publishers.……424, 450, 466, 470, 538, 548, 612
Putnam, R., 1993, *Making Democracy Work: Civic Traditions in Modern Italy*, Princeton University Press.……108
Putter, H. et al., 2007, "Tutorial in Biostatistics: Competing Risks and Multi-State Models", *Statistics in Medicine*, 26: 2389-2430.……514

Q

Quesnel-Vallée, A. and Morgan, S. P., 2003, "Missing the Target? Correspondence of Fertility Intentions and Behavior in the U.S.", *Population Research and Policy Review*, 22(5-6): 497-525. ……512

Quinlan, R. J., 2006, "Gender and Risk in a Matrifocal Caribbean Community: A View from Behavioral Ecology", *American Anthropologist*, 108: 464-479.……56

R

Rallu, J.-L. and Toulemon, L., 1994, "Period Fertility Measures: The Construction of Different Indices and Their Application to France, 1946-89", *Population: An English Selection*, 6: 59-93. ……488, 514

Ravenstein, E. G., 1885, "The Laws of Migration", *Journal of the Statistical Society*, 48(2): 167-235. ……598

Raymo, J. M., 2003, "Premarital Living Arrangements and the Transition to First Marriage in Japan", *Journal of Marriage and Family*, 65 (2): 302-315.……172

Raymo, J. M., and Iwasawa, M., 2008, "Bridal Pregnancy and Spouse Pairing Patterns in Japan", *Journal of Marriage and Family*, 70(4): 847-860.……148

Reher, D. S., 1998, "Family Ties in Western Europe: Persistent Contrasts", *Population and Development Review*, 24(2): 203-234.……394

Reilly, W. J., 1931, *The Law of Retail Gravitation*, Knickerbocker Press.……684

Ren, X. S., 1996, "Sex Differences in Infant and Child Mortality in Three Provinces in China", *Social Science and Medicine*, 40: 1259-1269.……54

Retherford, R. D. et al., 2013, "Multidimensional Life Table Estimation of the Total Fertility Rate and Its Components", *Demography*, 50(4): 1387-1395.……488

Riley, J. C., 2001, *Rising Life Expectancy: A Global History*, Cambridge University Press.……86

Rindfuss, R. R. et al., 2010, "Order amidst Change: Work and Family Trajectories in Japan", *Advances in Life Course Research*, 15: 76-88.……514

Rives, N. W., Jr. and Serow, W. J., 1984, *Introduction to Applied Demography, Data sources and Estimation Techniques*, Series: Quantitative applications in the Social Sciences, Sage Publications. ……652

Robinson, W. C., 1986, "High Fertility as a Risk-insurance", *Population Studies*, 40: 289-298.……678

Rock Rockefeller Foundation, 2016, *Report City Resilience Index*, https://www.rockefellerfoundation.org/report/city-resilience-index/……32

Rogers, A., 1968, *Matrix Analysis of Interregional Population Growth and Distribution*, The Regents of the University of California.……606

Rogers, A., 1975, *Introduction to Multiregional Mathematical Demography*, John Wiley & Sons.……476

Rogers, A., 1984, *Migration, Urbanization, and Spatial Population Dynamics*, Westview Press.……596

Rogers, A., 1989. "The Elderly Mobility Transition: Growth, Concentration and Tempo", *Research on Aging*. 11: 3-32.……318

Rogers, A., 1995, *Multiregional Demography: Principles, Methods and Extensions*, Jhon Wiley & Sons.……476, 530, 634

Rogers, A. et al., 1978, "Model Migration Schedules and Their Applications", *Environment and Planning A*, 10: 475-502.……596

Rothman, K. J. et al., 2013, "Volitional Determinants and Age-related Decline in Fecundability: A General Population Prospective Cohort Study in Denmark", *Fertility and Sterility*, 99: 1958-1964.……160

Rowntree, B. S., 1901, *Poverty: A Study of Town Life*, Macmillan.……218

Russell, C., 1984, "The Business of Demographics", *Population Bulletin*, 39(3): 1-40.……652

Ryder, N. B., 1964, "The Process of Demographic Translation", *Demography*, 1(1): 74-82.……428

Ryder, N. B., 1980, "Components of Temporal Variations in American Fertility", Hiorns, R. W. ed., *Demographic Patterns in Developed Societies*, Taylor & Francis, pp.15-54.……74

■S

Saito, O., 1996, "Historical Demography: Achievements and Prospects", *Population Studies*, 50(3): 537-553.(中里秀樹訳, 2003,「歴史人口学の展開」速水融編『歴史人口学と家族史』藤原書店.)……184

Saito, O., 1998, "Two Kinds of Stem Family System? Traditional Japan and Europe Compared", *Continuity and Change*, 13: 167-186.……184

Saito, O., 2005, "The Third Pattern of Marriage and Remarriage: Japan in Eurasian Comparative Perspectives", Engelen, T. and Wolf, A. P. eds., *Marriage and the Family in Eurasia: Perspectives on the Hajnal Hypothesis*, Aksant.……184

Salguero-Gomez, R., and De Kroon, H. , 2010, "Matrix Projection Models Meet Variation in the Real World", *Journal of Ecology*, 98(2): 250-254.……534

Salomon, J. A. et al., 2012, "Healthy Life Expectancy for 187 Countries, 1990-2010: A Systematic Analysis for the Global Burden Disease Study 2010", *Lancet*, 380(9859): 2144-2162.……96

Sandström, G., 2014, "The Mid-Twentieth Century Baby Boom in Sweden: Changes in the Educational Gradient of Fertility for Women Born 1915-1950", *The History of the Family*, 19(1): 120-140.……332

Sargent, C. and Harris, M., 1992, "Gender Ideology, Childrearing, and Child Health in Jamaica", *American Ethnologist*, 19: 523-537.……56

Schachter, J., 2001, *Why People Move: Exploring the March 2000 Current Population Survey*, Special Studies, US Census Bureau.……586

Schelling, T. C., 1971, "Dynamic Models of Segregation", *Journal of Mathematical Sociology*, 1: 143-186.……668

Scheper-Hughes, N., 1992, *Death Without Weeping: The Violence of Everyday Life in Brazil*, University of California Press. ……372

Schoen, R., 1975. "Constructing Increment: Decrement Life Tables", *Demography*, 12 (2) : 313-324.……476

Schoen, R., 1988, *Modeling Multigroup Populations*, Plenum Press.……472, 476, 486, 494

Schoen, R., and Nelson, V. E., 1974 "Marriage, Divorce, and Mortality: A Life Table Analysis", *Demography*, 11 (2) : 267-290.……476

Schultz, W., 1973, "The Value of Children: An Economic Perspective", *Journal of Political Economy*, 81(2): Part2, S.2-S13.……498

Schwartz, J. H., 2007, *Skeleton Keys*, Oxford University Press. ……384

Segalen, M., 1980, *Mari et femme dans la société paysanne*, Flammarion. (片岡幸彦監訳, 1983,『妻と夫の社会史』新評論.)……224

Sharpe, F. R. and Lotka, A. J., 1911, "A Problem in Age-Distribution", *Philosophical Magazine*, 6(21): 435-438.……526

Shorter, E., 1975, *The Making of the Modern Family*, Basic Books.(田中俊宏ほか訳, 1987,『近代

家族の形成』昭和堂.) ……204, 224
Shryock, H. S., 1964, *Population Mobility within the United States*, University of Chicago. ……594
Sieff, D. F., 1990, "Explaining Biased Sex Ratio in Human Populations", *Current Anthropology*, 31(1): 25-48. ……54
Siegel, J. S. and Swanson, D. A., 2007, *Methods Materials Demography*, 2nd ed., Emerald. ……652
Smith, D. and Keyfitz, N. eds., 1977, *Mathematical Demography*, Springer. ……374
Smith, P. C., 1980, "Asian Marriage Patterns in Transition", *Journal of Family History*, 5(1): 58-96. ……190
Smith, S. K. and Tayman, J., 2003, "An Evaluation of Population Projections by Age", *Demography*, 40(4): 741-757. ……630
Smith, S. K., et al., 2013, *A Practitioner's Guide to State and Local Population Projections*, Springer. ……632
Smith, T. C., 1977, *Nakahara: Family Farming and Population in a Japanese Village, 1717-1830*, Stanford University Press. ……168
Sobotka, T. L. and Toulemon, L., 2008, "Overview Chapter4: Changing Family and Partnership Behavior: Common Trends and Persistent Diversity across Europe", *Demographic Research*, 19(6): 85-138. ……186
Sorensen, A. and Okata, J. eds., 2011, *Megacities: Urban form, Governance, and Sustainability*, Springer. ……287
Sorokin, P. A., 1931, *A Systematic Source Book in Rural Sociology*, Vol. 2, University of Minnesota Press. ……218
Statistics Canada, 2017, *Demosim: An Overview of Methods and Data Sources*, Ministry of Industry. ……662
Statistics New Zealand, 2004, *New Zealand Family and Household Projections 2001(base)-2021*. ……640
Stewart, J. Q., 1947, "Empirical Mathematical Rules Concerning the Distribution and Equilibrium of Population", *Geographical Review*, 37(3): 461-485. ……574
Stewart, J. Q., 1948, "Demographic Gravitation: Evidence and Applications", *Sociometry*, 11: 31-58. ……598
Stone, L., 1979, *The Family Sex and Marriage in England 1500-1800*, Penguin. (北本正章訳. 1991. 『家族・性・結婚の社会史——1500年–1800年のイギリス』勁草書房.) ……224
Stouffer, S. A., 1940, "Intervening Opportunities: A Theory Relating Mobility and Distance", *American Sociological Review*, 5: 845-867. ……598
Sullivan, D. F., 1971, "A Single Index of Mortality and Morbidity", *HSMHA Health Reports*, 86(4): 347-354. ……452, 472
Suzuki, T., 2005, "Why is Fertility in Korea Lower than in Japan?", 『人口問題研究』61(2): 23-39. ……148
Suzuki, T., 2013, *Low Fertility and Population Aging in Japan and Eastern Asia*, (Springer Briefs in Population Studies), Springer. ……126
Szreter S., 1988, "The Importance of Social Intervention in Britain's Mortality Decline c.1850-1914: A Re-Interpretation of the Role of Public Health", *Social History of Medicine*, 1(1): 1-38. ……110

■T

Tabutin, D., 2006, "Information Systems in Demography", Caselli, G. et al. eds., *Demography: Analysis and Synthesis*, 4: 493-522. ……440
Takada, T. and Hara, T., 1994, "The Relationship between the Transition Matrix Model and the

Diffusion Model", *Journal of Mathematical Biology*, 32(8): 789-807.……528
Takeshita, S., 2016, "Intermarriage and Japanese Identity", Healy, E. et al. eds., *Creating Social Cohesion in an Interdependent World: The Experience of Australia and Japan*, Palgrave Macmillan, pp.175-187.……182
The International Network of Agencies for Health Technology Assessment (INAHTA), http://www.inahta.org/……110
Thornton, A., 2005, *Reading History Sideways: The Fallacy and Enduring Impact of the Developental Paradigm on Family Life*, University of Chicago Press.……196
Thornton, A. et al., 2008, *Marriage and Cohabitation*, University of Chicago Press.……166
Todaro, M., 1976, *Internal Migration in Developing Countries: A Review of Theory, Evidence, Methodology and Research Priorities*, International Labour Office.……296
Todd, E., 1990, *L'invention de l'europe*, Éditions du Seuil.（石崎晴己訳．1992．『新ヨーロッパ大全Ⅰ』：石崎晴己ほか訳．1993．『新ヨーロッパ大全Ⅱ』藤原書店．）……224
Todd, E., 1999, *La diversité du monde*, Seuil.（荻野文隆訳．2008．『世界の多様性』藤原書店．）……166
Todd, E., 2011, *L'origine Des Systèmes Familiaux*, Tome I: L'eurasie, Gallimard.（石崎晴己監訳, 2016,『家族システムの起源Ⅰユーラシア（上・下）』藤原書店．）……226
Tomobe, K., 2001, "The Level of Fertility in Tokugwa Japan", Liu, T. ed., *Asian Population History*, Oxford University Press, pp.138-151.……502
Townsend, N. W., 2000, "Male Fertility as a Lifetime of Relationships: Contextualizing Men's Biological Reproduction in Botswana", Bledsoe, C. et al. eds., 2000, *Fertility and the Male Life-Cycle in the Era of Fertility Decline*, Oxford University Press, pp.343-364.……372
Tribalat, M., 2016, *Statistiques ethniques, une quarelle bien Française*, L'artilleur.……662
Trussell, J., 2007, "Choosing a Contraceptive: Efficacy, Safety, and Personal Considerations", Hatcher, R. A. et al. eds., *Contraceptive Technology: Nineteenth Revised Edition*, Ardent Media, pp.19-47.……142
Tschajanow, A., 1923, *Die Lehre von der bäuerlichen Wirtschaft*, Campus Verlag.……218
Tsuya, N. O. et al., 2004, "Views of Marriage among Never-Married Young Adults", Tsuya, N. O. and Bumpass, L. L. eds., *Marriage, Work, and Family Life in Comparative Perspective*, University of Hawai'i Press, pp.39-53.……172
Tsuya, N. O. et al., 2010, *Prudence and Pressure: Reproduction and Human Agency in Europe and Asia, 1700-1900*, The MIT Press.……388
Tuljapurkar, S., 1982, "Population Dynamics in Variable Environments. Ⅲ. Evolutionary Dynamics of r-Selection", *Theoretical Population Biology*, 21 (1): 141-165.……534
Tuljapurkar, S. et al., 2000, "A Universal Pattern of Mortality decline in the G7 Countries", *Nature*, 405:789-792.……464

■U

UN Inter-Agency Group for Child Mortality Estimation (IGME), 2015, Child Mortality Estimation, UNICEF (online), http://www.childmortality.org/index.php?r=site/index……138
UNAIDS, 2017, "Fact Sheet - Latest Statistics on the Status of the AIDS Epidemic", http://www.unaids.org/en/resources/fact-sheet……34
UNECE, 2017, "Recommendations on Communicating Population Projections, Prepared by the Task Force on Population Projections".……612
UNFPA, 2007, *State of World Population: Unleashing the Potential of Urban Growth*.（国連人口基金, 2007,『世界人口白書　拡大する都市の可能性を引き出す』．)……32
United Nations, 1982, *Model Life Tables for Developing Countries*, United Nations Publication, Sales

No. E.81.XIII.7.……460, 542
United Nations, 2000, *Replacement Migration: Is It a Solution to Declining and Ageing Populations?* ……14
United Nations, Department of Economic and Social Affairs, Statistics Division, 2008, *Principles and Recommendations for Population and Housing Censuses, Revision 2*, Statistical Papers Series M No. 67/Rev.2.……204
United Nations, 2011a, *World Fertility Reports 2009*, (pdf, online).……138
United Nations, 2011b, *World Contraceptive Use 2010*.……156
United Nations, 2011c, *World Abortion Policies 2011*.……156
United Nations, 2014a, *World Urbanization Prospects: The 2014 Revision*, CD-ROM Edition. ……50, 286
United Nations, 2014b, *Principals and Recommendations for a Vital Statistics System Revision 3*.……414
United Nations, 2015a, *World Population Prospects: The 2015 Revision*, United Nations Population Division.……6, 8, 18, 50, 56, 136, 138
United Nations, Department of Economic and Social Affairs, 2015b, *Trends in International Migrant Stock: Migrants by Destination and Origin*, United Nations database, POP/DB/MIG/Stock/Rev.2015.……50
United Nations, 2015c, *Trends in Contraceptive Use World Wide 2015*, (pdf, online).……138
United Nations, 2015d, *Principles and Recommendations for Population and Housing Censuses, Revision 3*.……436
United Nations, 2015e, *World Urbanization Prospects: The 2014 Revision*.……564
United Nations, 2016, *World Contraceptive Use 2016*, United Nations. (http://www.un.org/en/development/desa/population/publications/dataset/contraception/wcu2016.shtm 1)……142
United Nations, 2017, World Population Prospects: The 2015 Revision, United Nations Population Division.……94, 98,114
United Nations University Institute for Environment and Human Security (UNU-EHS) and Bündnis Entwicklung Hilft (BEH), 2017, *World Risk Report*.……32
Urdal, H., 2006, "A Clash of Generation? Youth Bulges and Political Violence", *International Studies Quarterly*, 50(3): 607-629. ……72
Urdal, H., 2012, *A Clash of Generation? Youth Bulges and Political Violence*, Population Division, Department of Economic and Social Affairs, United Nations.……72

■V

Vallin, J. et Meslé, F., 1988, *Les causes de décès en France de 1925 à 1978*, Travaux et Documents, No.115, INED/PUF.……456
van de Kaa, D. J., 1987, "Europe's Second Demographic Transition", *Population Bulletin*, 42(1): 1-59.……132, 204
van de Kaa, D. J., 2003, "Second Demographic Transition", Demeny, P. and McNicoll, G. eds., *Encyclopedia of Population*, Macmillan Reference, pp.872-875.……126
van Poppel, F. et al., 2004, *The Road to Independence: Leaving Home in Western and Eastern Societies, 16th-20th Centuries*, Peter Lang AG, European Academic Publishers.……210
Vandermeer, J. H. and Goldberg, D. E., 2003, *Population Ecology: First Principles*, Princeton University Press. (佐藤一憲ほか訳, 2007.『個体群生態学入門―生物の人口学』共立出版.) ……392
Verhulst, P. F., 1838, "Notice sur la loi que la population suit dans son accroissement.

Correspondance Mathematique et Physique Publiee par A", *Quetelet*, 10: 113-121.……524

Voronoi, G., 1908 "Nouvelles applications des paramètres continus à la théorie des formes quadratiques", *Journal für die reine und angewandte Mathematik*, 133: 97-178.……684

■W

Wachter, K. W., 2014, *Essential Demographic Methods*, Harvard University Press.……548

Wachter, K. W. et al., 1978, *Statistical Studies of Historical Social Structure*, Academic Press.…… 204, 640

Waite, L. and Gallagher, M., 2000, *The Case for Marriage: Why Married People are Healthier, Happier, and Better-off Financially*, Broadway Books.……166

Waldron, I., 1998, "Sex Differences in Infant and Early Childhood Mortality: Major Causes of Death ad Possible Biological Causes", United Nations ed., *Too Young to Die: Genes or Gender*, United Nations, pp.64-83.……56

Wall, R., 2010, "Ideology and Reality of the Stem Family in the Writings of Frederic Le Play", Fauve-Chamoux, A. and Ochiai, E. eds., *The Stem Family in Eurasian Perspective*, Peter Lang, pp.53-80.……204

Wang, F. and Luo, W., 2005, "Assessing Spatial and Nonspatial Factors for Healthcare Access: Towards an Integrated Approach to Defining Health Professional Shortage Areas", *Health & Place*, 11, pp.131-146.……682

Watanabe, S., 1994, "The Lewisian Turning Point and International Migration: The Case of Japan", Asian and Pacific Migration Journal, 3(1): 119-147.……304

Watson, P., 1995, "Explaining Rising Mortality among Men in Eastern Europe", *Social Science and Medicine*, 41(7): 923-934.……86

Webb, G. F., 1985, *Theory of Nonlinear Age-Dependent Population Dynamics*, Marcel Dekker.……532

Weinberg, C. R. and Gladen, B. C., 1986, "The Beta-Geometric Distribution Applied to Comparative Fecundability Studies", *Biometrics*, 42: 547-560.……492

Weiss, K. M., 1989, "A Survey of Human Biodemography", *Journal of Quantitative Anthropology*, 1: 79-151.……380

Westendorp, R. G. J. and Kirkwood, T. B. L., 1998, "Human Longevity at the Cost of Reproductive Success", *Nature*, 396: 743-746.……116

World Health Organization, 1986, "Ottawa Charter for Health Promotion", http://www.who.int/healthpromotion/conferences/previous/ottawa/en/……106

WHO, 2007, *Protection from Exposure to Second-hand Tobacco Smoke: Policy Recommendations*.……114

WHO, 2015, *Trends in Maternal Mortality: 1990-2015 (Estimated by WHO, UNICEF, UNFPA, World Bank Group and the United Nations Population Division)*, (pdf, online).……138

WHO, 2016, "World Health Statistics".……344

Wikipedia, 2017, "World War II casualties", https://en.wikipedia.org/wiki/World_War_II_casualties……34

Wilcox, A. J. et al., 1995, "Timing of Sexual Intercourse in Relation to Ovulation: Effects on the Probability of Conception, Survival of the Pregnancy, and Sex of the Baby", *The New England Journal of Medicine*, 333: 1517-1521.……492

Wilensky, U. and Rand, W., 2015, *An Introduction to Agent-Based Modeling*, The MIT Press.……378

Wilkinson, R. G., 1992, "Income Distribution and Life Expectancy", *British Medical Journal*, 304:

165-168.······108

Wilkinson, R. G., 1997, "Socioeconomic Determinant of Health: Health IneQualities: Relative or Absolute Material Standards?", *British Medical Journal*, 314: 591-595.······104

Willekens, F., 1980,"Multistate Analysis: Tables of Working Life", *Environment and Planning A: Economy and Space*, 12（5）：563-588.······476

Willekens, F. J. et al., 1982, "Multi-State Analysis of Marital Status Life Tables: Theory and Application", *Population Studies*, 36: 129-144.······494

Williamson, N. E., 1976, *Sons or Daughters: A Cross-Cultural Survey of Parental Preferences*, Sage Publications.······56

Wilmoth, J. R., 1995, "Are Mortality Projections Always More Pessimistic When Disaggregated by Cause of Death?", *Mathematical Population Studies*, 5(4): 293-319.······474, 620

Wilmoth, J. R, 1996, "Mortality Projections for Japan", Caselli, G. and Lopez, A. D. eds., *Health and Mortality among Elderly Populations*, Oxford Univ. Press, pp.266-287.······464

Wilmoth, J. R., 1997, "In Search of Limits", Wachter, K. W. and Finch, C. E. eds., *Between Zeus and the Salmon, The Biodemography of Longevity*, National Academy Press, pp.38-64······98, 114

Wilmoth, J. R. et al., 2000, "Increase of Maximum Life Span in Sweden, 1861-1999", *Science*, 289: 2366-2368.······98

Wilson, T. and Bell, M., 2004, "Comparative Empirical Evaluations of Internal Migration Models in Subnational Population Projections", *Journal of Population Research*, 21: 127-160.······634

Wiseman, R. F. and Roseman, C. C., 1979. "A Typology of Elderly Migration Based on the Decision Making Process". *Economic Geography*. 55: 324-337.······318

Wisner, B. et al., 2004, *At Risk: Natural Hazards: People's Vulnerability and Disasters*, Routledge.（岡田憲夫監修．渡辺正幸ほか訳, 2010,『防災学原論』築地書館.）······32, 678

Wood, J. W., 1994, *Dynamics of Human Reproduction: Biology, Biometry, Demography*, Aldine de Gruyter.······144, 160, 492, 510

Wood, J. M. et al., 1985, "Demographic and Endocrinological Aspects of Low Natural Fertility in Highland New Guinea", *Journal of Biosocial Science*, 17: 57-79.······508

Wrigley, E. A., 1969, *Population and History*, George Weidenfeld and Nicolson.（速水 融訳．1971.『人口と歴史』平凡社.）······550

Wrigley, E. A. and Schofield, R. S., 1981,*The Population History of England, 1541-18871: A Reconstraction*, Edward Arnold.······184

Y

Yang, W.-S. and Lu, M. C.-W. eds., 2010, *Asian Cross-border Marriage Migration: Demographic Patterns and Social Issues*, Amsterdam University Press.······190

Z

Zeng, Y. et al., 2006, "U.S. Family Household Momentum and Dynamics: An Extension and Application of the ProFamy Method", *Population Policy and Research Review*, 25: 1-41.······640

Zipf, G. K., 1946, "The P1P2/D Hypothesis: On the Intercity Movement of Persons", *American Sociological Review*, 11: 677-686.······598

事項索引

*見出し語（見出し語中の用語部分のみも含む）の掲載ページは太字で示してある．なお，事項の英語表記等については項目執筆者による訳語を採用し，統一は必要な場合にとどめた．欧文表記については，仏語は（仏），日本語は斜体とした．⇒は参照先の語を示す．相互参照することが望ましい項目は→に続けて用語を表示した．

■数字，アルファベット

1.57 ショック　1.57 shock　352
2025 年問題　2025 problem　240
21GD　283
7・5・3 離職　7-5-3 turnover　233

APC 分析　Age Period Cohort analysis　680

BN 分析　basic-nonbasic employment analysis　571

CFU　Conjugal Family Unit　218

Demographic and Health Survey　57
DID　⇒人口集中地区

EAP　⇒ユーラシア（人口・家族史）プロジェクト

FTM　female-to-male　192

GID 特例法　Gender Identity Disorder Act　192
GIS（地理情報システム）geographic information system　32, 371, 437, **578**, 655, 656, 659, 670, 675
GPS　Global Positioning System　659

HIV/エイズ　Human Immunodeficiency Virus/Acquired Immunodeficiency Syndrome　19
HMD　Human Mortality Database　456

ICD　International Statistical Classification of Diseases and Related Health Problems　413
ICPD　⇒国際人口開発会議

IDP　⇒国内避難民
IOM　International Organization for Migration　292
IUD（子宮内避妊具）intrauterine device　343
IUS　intrauterine systems　142

J ターン移動　J-turn migration　312

LARC　long acting reversible contraception　142
LAT　living apart together　188
LGBT　Lesbian, Gay, Bisexual, Transgender　192
LRT　Light Rail Transit　284

MTF　male-to-female　192
M 字型カーブ　M-shaped curve　236

NIPT　non-invasive prenatal testing　147
NTA　⇒国民移転勘定

OD 表　origin-destination matrix　604
Off-JT　off-the-job training　244
OJT　on-the-job training　244

SIR モデル　SIR model　376
SMAM　⇒静態平均初婚年齢
SMR　standardlized mortality ratio　451
SOGI（→ソジ）（→性の多様性）sexual orientation, gender identity　192, 383

TFR　⇒合計（特殊）出生率

UIJ ターン　UIJ-turn　255
UNHCR　Office of the United Nations High Commissioner for Refugees　294
U ターン（移動）　U-turn migration　312,

314, 322, 605
Y染色体　Y chromosome　58
WHO　World Health Organization　450
World Marriage Data　485

■あ

アクセシビリティ（→近接性）　accessibility　670, 682
アクティブシニア　active seniors　687
アセクシュアル　asexual　192
新しい感染症　new infectious diseases　115
新しい少子化対策　new measures for declining birth rate　356
アナール学派　L'école des Annales（仏）　224
アメニティ型移動　amenity moves　318
アリー効果　Allee effect　525, 532
アロメトリー　allometry　116
安定人口　stable population　460, 523, 546, 548
安定人口状態　stable population state　607
安定人口モデル　stable population model　374, 526, 528
安定人口理論　stable population theory　461, 523, 607
安定年齢分布　stable age distribution　526
閾値密度　threshold density　376
育児・介護休業法　Child Care and Family Care Leave Act　357
育児休業　childcare leave　154, 236
育児休業制度　childcare leave scheme　135, 150, 353
育児短時間勤務の義務化　mandating short work hour option for child care　261
いざなみ景気　Izanami economic boom　593
意思決定　decision making　601, 668
異質　heterogeneous　492
異質形　heterogenesity　535
イースタリン仮説　Easterlin hypothesis　533
イスラム教（イスラーム）　Islam　42
異性愛　⇒ヘテロセクシュアリティ
位置エネルギー　potential energy　574
一億総活躍社会　society promoting dynamic engagement of all citizens　270
一次同次性　homogeneity　537
一般化対数ガンマ分布モデル　generalized log gamma distribution model　618
一般化レスリー行列（→レスリー行列）　generalized Leslie matrix　607
一般化レスリーモデル（→レスリーモデル）　generalized Leslie model　607
一般訓練　general training　244
一般世帯　private household　206, 214, 434, 438, 644
一夫多妻　polygyny　42
遺伝学　genetic　58
遺伝子　gene　30
遺伝的多様性　genetic diversity　29
遺伝的浮動　genetic drift　29
移動確率　migration probability　605
移動確率行列　migration probability matrix　605
移動行列表（→地域間移動行列）　migration matrix　596, 604
移動効果指数　index of migration effectiveness　589, 592
移動スケジュール　migration schedule　596
移動性向　migration propensity　278, 604
移動性向指標　mobility index　589
移動選択指数　migration preference index　321, 589, 594
移動率　migration rate　606
移動率の反騰現象　upswing in migration rates　319
移動理由　reason for migration　319, 586
意図しない妊娠・出生　unintended pregnancy/birth　141
意図的な出生力抑制　deliberate fertility control　130
イノベーション　innovation　576
イベントヒストリー分析（→事象歴分析法）　event history analysis　388, 394, 425, 514, 542
イベント率（→事象率，発症率，発生率，罹患率）　incidence rate　418
違法滞在者　clandestine, illegal immigrant　292
医療介護総合確保推進法　Law to the Related Acts for Securing Comprehensive Medical

事項索引　767

and Long-Term Care in the Community　349
医療技術の進歩　medical advancement　110, 114
医療人口学　medical demography　382
医療政策　medical policy　664
医療保険　medical insurance　664, 666
引退移動（→退職移動）retirement migration　301, 318, 597
インターバル規制　regulation on uniterrupted rest time after the end of the daily work　261
インド文化圏　Indian cultural sphere　156
インナーシティ　inner city　303
インフォーマル・セクター　informal sector　296, 602
インフラの高齢化　aging of infrastructure　673
引力モデル（→重力モデル）gravity model　685

ウィルキンソン仮説　Wilkinson hypothesis　108
ヴォルテラの原理　Volterra principle　525
失われた20年　lost two decades　150

嬰児殺し（→子殺し）infanticide　148
エイジヒーピング　age heaping　460
永住者　permanent resident　305
栄養状態　nutritional condition　385
疫学（的）転換　epidemiologic transition　24, 87, 92, 94, 96, 98, 106
疫病　pestilence　22
疾病及び関連保健問題の国際統計分類　⇒ ICD
エコー効果　echo effect　74
エコロジカル・フットプリント　ecological footprint　40, 393
エージェンシー・モデル　agency model　234
エージェント・ベース・モデル　agent-based model　378, 401, 668
エスニック・ネットワーク　ethnic network　278
エスノグラフィー　ethnography　372
エックスジェンダー　xgender　192

越境結婚　cross-border marriage　191
エティック　etic view　373
干支　the twelve signs of the oriental zodiac　76
エミック　emic view　373
エリアマーケティング　area marketing　680, 684
円形商圏　circular trade area　684
エンゼルプラン　Angel Plan　354, 356
エンデミック定常状態　endemic steady state　541
エントロピーモデル　entropy model　576
縁辺集落　marginal settlement　310
オイラー・ロトカ（の）特性方程式　Euler-Lotka characteristic equation　526, 529
欧州連合　European Union　626
欧州連合統計局　Eurostat　485, 617
横断調査　cross-sectional survey　440
横断的観察（期間観察）cross-sectional observation (period observation)　429
王朝モデル　dynasty model　500
応用人口学　applied demography　652, 680
大阪圏　Osaka metropolitan area　322
大阪商業大学 JGSS 研究センター　JGSS Research Center　443
置換効果　worker replacement effect　255
置換水準　replacement level　74
置換水準の出生率　replacement-level fertility　128
オタワ憲章　Ottawa Charter　106
夫方居住制　virilocality（→婚取婚）　212
オペレーションズ・リサーチ　operations research　400
親子同居（親との同居）coresidence with parents　174, 212
親子同居率　proportion of coresiding with parent/child　213
オンデマンド集計　on-demand tabulation　437

■か

外延的拡大　extensional expansion　577
海外移住　overseas migration　511
介護　long-term care　348
介護休業制度　family-care leave system　237
外国人材　foreign human resource　243

外国人労働者問題　issue of foreign workers　242
外国人労働力　foreign labor force　301
介護サービス　long-term care service　349
介護保険　long-term care insurance　348, 666
介護保険制度　care insurance system　646
皆婚　universal marriage　168, 172, 184, 220
外婚　exogamy　182
介在機会モデル　intervening opportunities model　601
改宗　religious conversion　42
外挿（補外）　extrapolation　662
開発　development　390
開発主義　developmental idealism　196
外部要因　external factor　303
買回り品　shopping goods　684
カオス　chaos　529
加害力　hazard　678
核家族　nuclear family　180, 184, 204, 208, 211, 226, 394
核家族化　family nuclearization　216
核家族世帯　family nucleus, nuclear family household　204, 212, 218
拡散仮説　diffusion hypothesis　551
拡散モデル　diffusion model　551, 576
拡大家族　extended family　218, 211, 216, 372, 394
拡大家族世帯　extended family household　225
拡大予防接種計画　Expanded Programme on Immunization（EPI）　27
攪乱　disturbance　535
確率過程　stochastic process　494, 607
確率推計　probabilistic population projection　628
確率抽出　probability sampling　441
確率微分方程式　stochastic differential equation　534
確率比例抽出　probability proportional to size sampling　441
確率論的人口モデル　stochastic demographic model　534
家計経済研究所　Institute for Research on Household Economics　443
家系人口分析　genealogical demographic analysis　510
家計内生産　household production　259
家計内生産関数　household production function　500
家計内生産モデル　household production model　210
重ね合わせの原理　principle of superposition　532
過酸化脂質　lipid peroxide　117
過剰就業　over-employment　249
過剰人口　surplus population　304
過剰都市化　over-urbanization　296, 387
家政経済学　household economics　550
仮説(仮想)コーホート　hypothetical（or synthetic）cohort　429, 517, 523, 538, 544
過疎　rural depopulation　268, 399
仮想コーホート　⇒仮説コーホート
過疎化　depopulation　310
家族　family　180, 193, 196, 204, 220, 224, 226
家族関係社会支出　family relationship social spending　351
家族計画　family planning　125, 140, 333
家族計画の未充足ニーズ　unmet need for family planning　139
家族形成　family formation　394, 514
家族形成支援　family formation support　350
家族形態　co-resident family type　214
家族構造　family structure　394
家族システム　family system　394
家族社会学　sociology of family　386
家族周期　family life cycle　218, 225
家族周期の変化　change of family life cycle　218
家族人口学　family demography　394
家族政策　family policy　333, 336
家族制度　family institution　210
家族手当　family allowance　135, 332
家族復元　family reconstitution　388
家族類型　family type of household　214, 644
学校基本調査　School Basic Survey　584, 604
学校生活と将来に関する親子継続調査　Japanese Life Course Panel Survey for the Junior High School Students and their

Parents　443
学校区域の再編　reorganization of school area　675
活性酸素　active oxygen　116
カバー商圏　catchment trade area　684
株家族（→直系家族）　la famille souche（仏）　224
寡婦・寡夫期間　period of widowhood/widowerhood　103
家父長制的家族　paternalistic family　200
可変単位地区問題　modifiable areal unit problem　569
加法モデル　additive models　516
過密　population concentration　268
空の巣　empty nest　219
過労死　karoshi　death by overwork　258
カロリー制限　calorie restriction　118
簡易生命表　abridged life table　91, 452
簡易調査　simplified census　438
環境影響　environmental impact　392
環境収容力（→キャリング・キャパシティ）　carrying capacity　524, 576
環境人口学　environmental demography　392
環境問題　environmental problem　39
環境容量　carrying capacity　524
完結出生児数　completed fertility　349
完結出生率　completed fertility rate　547
完結出生力　completed fertility　517
緩少子化国　moderately-low fertility countries　133
間接差別　indirect discrimination　236
完全失業者　unemployed person　248
感染症　infectious disease　20, 34, 92
感染症の人口学　demography of infectious diseases　376
完全生命表　completed life table　90, 452
感染年齢　infection age　540
カンタム効果　quantum effect　492
感度　sensitivity　528, 535
関東大震災　Kanto Great Earthquake　324
感度行列　sensitivity matrix　528
感度分析　sensitivity analysis　379
官約移民　government-endorsed emigration　336
還流移動（帰還移動）　return migration　312, 315, 321
機会的浮動　random genetic drift　30
機会費用　opportunity cost　151, 152, 498
幾何級数　geometric series　40
企画院　The Planning Board　340
幾何ブラウン運動　geometric brownian motion　534
帰還移動　⇒還流移動
期間移動　period migration　314
期間観察　period observation　426, 523, 538, 544
期間効果　period effect　489
期間合計特殊出生率　period total fertility rate　421, 429
期間指標　period indicator　426
期間生命表　period life table　92
帰還民　returned refugee　294
期間率　period rate　418
企業特殊訓練　specific training　244
企業特殊的人的資本　firm specific human capital　253
企業内雇用システム　employment system in a company　256
企業別（労働）組合　enterprise union　252, 256
飢饉　famine　34
危険曝露人口（→リスク人口）　population at risk　664
気候変動に関する政府間パネル　Intergovernmental Panel on Climate Chang（IPCC）　33
既婚無配偶　ever-married single　176
既婚率　propotion ever-married　184
基準財政収入額　standard financial revenues　274
基準財政需要額　standard financial needs　274
基準人口　base population　430, 626
偽装結婚　sham marriage　183, 307
期待子ども数　expected number of children　512
起点　origin　577
技能実習制度　technical internship training program　242, 335
基盤活動就業者数　number of persons

employed in basic activity　572
希望子ども数　desired number of children　512
希望出生率　desired fertility rate　153
規模の経済　economies of scale　276
基本再生産数　basic reproduction number　375, 376, 523, 526, 531, 540
基本単位区　basic unit block　439
既約　irreducible　528
逆進法　backward method　591
逆流　counter stream　312, 593
キャリブレーション　calibration　379
キャリング・キャパシティ（→環境収容力）　carrying capacity　393
休業者　employed person not at work　396
牛痘種痘法　vaccination against smallpox　24
教育　education　158, 244, 270, 660
教育訓練制度　systems of education and training　244
教育投資　educational investment　660
教育の機会均等　equal educational opportunity　270
教育の状況　education　708
強エルゴード定理　strong ergodicity theorem　526
狭義の日本的雇用システム　Japanese employment system in the narrow sense　256
教区簿冊　parish register　403
競合着地モデル　competing destination model　601
業者婚　agency-arranged marriage　183, 307
競争方程式　competition equation　525
きょうだい数　number of siblings　313
共通祖先　common ancestor　30
共同体　community　29
共役事前分布　conjugate priors　469
挙家離村　family migration from rural areas　310
居住形態（居住状態）　living arrangement　214, 217, 394
居住経歴　residential experience　314
居住分化　residential differentiation　303
距離減衰効果　distance reduction effect　682
キリスト教　Christianity　42

近居　proximate residence　217, 320, 394
均衡状態　equilibrium state　577
均衡待遇　balanced treatment　261
均質　homogenous　492
近接性（→アクセシビリティ）　accessibility　682
近接要因　proximate determinant　124, 139, 145, 381, 511
均等待遇　egal treatment　261
空間（地域）人口学　spatial（regional）demography　403
空間構造　spatial structure　601
空間的拡散モデル　spatial diffusion model　576
空間的過程　spatial process　576
空間的相互作用モデル　spatial interaction model　598
矩形化　rectangularization　98
クラウド・コンピューティング　cloud computing　401
クラークモデル　Clark model　568
繰り返し調査　repeated survey　440
クロネッカー積　Kronecker product　528
グローバル化　globalization　246
ケアプラン　long-term care service plan　349
ゲイ　gay　192
慶應義塾大学パネルデータ設計・解析センター　Panel Data Research Center at Keio University　443
計画生育政策（→出生抑制政策）　family planning policy　298, 332
経口避妊薬（ピル）　oral contraceptive (pill)　133
傾向面分析　trend surface analysis　568
経済格差　economic disparity　272
経済危機　economic crisis　300
経済財政モデル　economic and fiscal projections for medium to long term analysis　624
経済成長　economic growth　44, 369
経済成長率　economic growth rate　9
経済発展　economic development　660
経済扶養比　economic support ratio　71
経済力　earning power　174

形式人口学　formal demography　652
継承　succession　226
系統抽出法（等間隔抽出法）　systematic sampling　441
欠員率　vacancy rate　248
結核予防法　Tuberculosis Control Act　336
月経周期　menstrual cycle　511
結合家族　（→合同家族）　joint family　184
結婚　marriage　64, 166, 168, 178, 184, 196, 226, 322, 358, 484, 494, 498, 502, 510, 573, 676
結婚移住女性　female marriage migrant　183, 307
結婚解消表　marriage dissolution table　494
結婚関数　marriage function　537
結婚期間　marriage duration　103
結婚行動　marriage behavior　172, 190
結婚残存数　number of survivors in marriage state　494
結婚市場　marriage market　168
結婚持続期間　marriage duration　494
結婚している女性（夫婦）の出生率　marital fertility　131
結婚状態（配偶関係状態）　marital status　486
（結婚）適齢期（人口）　marriageable age (marriageable population)　323
結婚難　marriage squeeze　166, 182, 191, 323
結婚の多相生命表　multistate life tables by marital status　476, 487, 496
結婚の年齢パターン　age pattern of marriage　486, 506
結婚の便益をめぐる意識　perceived benefits of marriage　175
結婚力　nuptiality　487
ゲーム理論　game theory　668
ケルマック・マッケンドリックモデル　Kermack-McKendrick model　540
限界集落　marginal village　310, 399
限界寿命　limit of life span　114
限界値商圏　threshold trade area　684
県間移動　inter-prefectural migration　586
健康格差　health inequality　108
健康寿命　healthy life expectancy　96, 345
健康投資モデル　health investment model

104
健康日本21　Health Japan 21　109
健康の前提条件　prerequisite for health　106
健康保険法　Health Insurance Act　336
現在人口　de facto population　408
現在推計人口（→人口推計）　population estimates　409, 430
現在地方式　de facto population concept　436
原死因　underlying cause of death　478
研修制度（外国人労働者問題）　trainee program　242
建設関連費高騰　soaring construction cost　263
現存子ども数　current number of children　512
限定正社員　limited regular employee　239
原発避難者特例法　law for special cases relating to nuclear power plant evacuees　324
ケンブリッジ・グループ　Cambridge Group for the History of Population and Social Structure　185, 224

広域地方計画　Regional Plans　282
広域中心都市　regional central city　597
郊外　suburb　309, 316
郊外化　suburbanization　316, 568
高学歴化　increasing educational attainment　173
後期高齢者　elderly aged 75 and over　65, 319
後期高齢者医療制度　medical care system for the elderly aged 75 and over　348
広義の日本的雇用システム　Japanese employment system in the broad sense　256
公共サービス　public service　670
公共政策　public policy　676
合計結婚出生率　total marital fertility rate　489
後継者不足　shortage of successors　398
合計純移動率　total net migration rate　589
合計初婚率　total first marriage rate　487
合計（特殊）出生率（TFR）　total fertility rate　10, 74, 124, 128, 136, 138, 152, 323, 352, 421, 428, 485, 488, 506, 510, 522, 527, 538,

547, 597
合計妊孕力率　total fecundity rate　506
高校卒業後の生活と意識に関する調査　Japanese Life Course Panel Survey for the High School Graduates　443
考古資料　archaeological remains　384
考古人口学　archaeological demography　384
耕作放棄地　abandoned cultivable land　398
公衆衛生　public health　108
工場法　Factory Act　336
厚生省　Ministry of Health and Welfare　340
厚生白書　Annual Health and Welfare Report　342
厚生労働省　Ministry of Health, Labour and Welfare　442
合祖　coalescence　31
構造化個体群ダイナミクス　structured population dynamics　375, 533
構造化個体群モデル　structured population model　531, 541
郷鎮企業　township enterprise　299
公的移転　public transfer　69
公的年金　public pension　153
公的年金財政検証　financial projection of the public pension　624
向都移動　rural-to-urban migration　296
合同家族（→結合家族）　joint family　205, 226
高等教育　higher education　173
合同世帯システム　joint household system　225
行動変数　behavioral variable　680
高度経済成長期　period of high economic growth　308, 310, 312, 316, 322, 593
高度人材　highly skilled　243
高年齢者雇用確保措置　measures to ensure employment of elderly persons　245
合法移民　legal immigrant（immigration）　292
小売引力の法則　law of retail gravitation　685
交流率　velocity of migration streams　589
高齢移動転換　elderly mobility transition theory　318
高齢化（→人口高齢化）　ageing, aging　11, 64, 129, 309, 310, 319, 346, 348, 368, 399, 546, 626, 666, 686
高齢化社会　aging society　318
高齢化率（→老年人口割合）　aging rate　371, 572, 686
高齢者　elderly　65
高齢者医療費　medical expenses for the elderly　153
高齢者雇用　elderly employment　235
高齢（者）人口　elderly population　68, 153
高齢者の貧困問題　poverty of the elderly　234
高齢人口移動　elderly migration　318
五黄の寅　year of the special tiger　77
顧客分布　customer distribution　684
黒孩子　unregistered children　299
国際移住機関　International Organization for Migration（IOM）　292
国際応用システム分析研究所　International Institute for Applied System Analysis　402
国際結婚　international marriage　182, 191, 573
国際結婚移動　international marriage migration　306
国際疾病分類　international statistical classification of diseases and related health problems　478
国際社会学　global sociology　387
国際人口移動　international migration　292, 300, 304, 334, 371, 432, 584, 605, 622
国際人口移動転換　international migration transition　302, 305
国際人口開発会議　International Conference on Population and Development（ICPD）　140, 156, 390
国際労働移動　international labor migration　301
黒死病　black death　7, 8, 23
国勢調査　population census　91, 194, 214, 318, 325, 408, 410, 417, 430, 437, 485, 486, 556, 584, 636
国勢調査ニ関スル法律　Act Concerning the Population Census　437
国勢調査令　Cabinet Order for the Population Census　438

事項索引

戸口　household registration system; *hukou* system　298
国土計画　national land planning　282
国土形成計画　national spatial strategy　282
国土政策　national spatial planning and regional development policies　282
国土の均衡ある発展　harmonized development of cities and regions　283
国土のグランドデザイン 2050　The Grand Design of National Spatial Development towards 2050　283
国土のメッシュ別将来人口推計　national population projection by grid sguare　625
国内人口移動　internal migration　298, 371, 584, 597, 638
国内避難民　internally displaced person　294, 433
国民移転勘定　National Transfer Accounts（NTA）　68, 81
国民皆保険　universal health insurance coverage　348
国民国家　nation-state　334
国民所得勘定　national income accounts　666
国民生活基礎調査　Comprehensive Survey of Living Conditions　214, 442
国立社会保障・人口問題研究所　National Institute of Population and Social Security Research　314, 442, 616, 627, 636
国連（国際連合）　United Nations　485, 617, 626
国連高等弁務官事務所　Office of the United Nations High Commissioner for Refugees（UNHCR）　294
国連国際防災戦略　United Nations International Strategy for Disaster Reduction（UNISDR）　32
国連人口部　United Nations Population Division　10
国連人間環境会議　United Nations Conference on the Human Environment　343
子殺し（→嬰児殺し）　infanticide　148
個人主義的結婚　individualistic marriage　197
コース別人事管理制度　employment management based on courses　245

戸籍制度　household registration system　298
戸籍法　Family Register Act　450
子育て　childcare　356, 358
子育て支援　childcare support　647
子育て支援三法　3 Acts Related to New Child and Childcare Systems Including Child and Childcare Support　357
個体群生態学　population ecology　392
個体群成長モデル　population growth model　576
国庫支出金　national treasury disbursement　274, 276
古典的人口転換理論　classic demographic transition theory　197
子ども・子育てビジョン　Vision for Child and Childcare　357
子ども女性比（女性子ども比）　child-woman ratio　614, 630
子ども手当（→児童手当）　child allowance　154, 357
「子どもと家族を応援する日本」重点戦略　"Japan to Support Children and Families" Important Strategy　356
子どもの価値　value of children　550
5年前常駐地　place of residence five years ago　325
個票データ　individual data　654
コーホート　cohort　78, 215, 371, 426, 428, 673
コーホート完結出生力　complete cohort fertility　133
コーホート観察　cohort observation　427, 428, 544
コーホート規模　cohort size　313
コーホート効果（→世代効果）　cohort effect　489
コーホート合計(特殊)出生率　cohort total fertility rate　177, 429
コーホート指標　cohort indicator　427
コーホート生命表　cohort life table　92
コーホート調査　cohort survey　440
コーホート分析　cohort analysis　680
コーホート変化率　cohort change ratio　632
コーホート変化率法　cohort change ratio method　612, 614, 628

コーホート要因法　cohort component method　607, 612, 614, 616, 618, 626, 628, 630, 634, 638, 662
コーホート累積社会増加比　cohort cumulative social increase ratio　313, 589
雇用　employment　234, 244, 246, 254, 260, 262
雇用失業率　unemployment rate of employees　248
雇用調整速度　employment adjustment speed　252
雇用のポートフォリオ　employment portfolio　247
雇用保険　employment insurance　666
雇用労働力化　increasing paid employment　175
コール・トラッセルモデル　Coale-Trussell model　543
コール・マクニールモデル　Coale- McNeil model　543
婚姻出生力　marital fertility　503
婚姻パターン　marriage pattern　225
婚外子　nonmarital child, child outside marriage　148
婚外出生　nonmarital childbearing　133, 148, 167, 188
婚前性交渉　premarital sex　148, 167
婚前同棲　premarital cohabitation　167
婚前妊娠　premarital pregnancy　148, 167
婚前妊娠結婚　marriage preceded by pregnancy, shotgun wedding　148
コンパクトシティ　compact city　284
コンバースの法則　Converse's law　685
ゴンパーツ・メーカムモデル　Gompertz-Makeham model　542
ゴンパーツモデル　Gompertz model　542
コンピュータシミュレーション　computer simulation　378
コンピュータプログラム　computer program　379
根本的予防　primordial prevention　106

■さ

災害　disaster　32, 34
災害の増圧と減圧モデル　Pressure and Release (PAR) Model　32

災害への適応　adjustment to risk　679
在学，卒業等教育の状況　school attendance or type of school completed　439
再帰　recurrent　514
再婚　remarriage　168, 176, 187
財政効率　financial efficiency　276
再生産期間　reproductive period　428, 522, 538
再生産年齢　reproductive age　522
再生産要因　factor of population reproduction　414
再生積分方程式　renewal integral equation　533
財政力指数　financial capability index　274
最長寿命　maximum life span　98
サイトカインストーム　Cytokine storm　21
在留外国人統計　Statistics on Foreign National Residents　417
最良生命表　life table of selected lowest mortaliy　460
三六（サブロク）協定　36 Agreement / agreement on overtime work　258
サリバン法　Sullivan method　472
サル　monkey　28
産業革命　industrial revolution　8, 38
産業空洞化　hollowing out of industry　246
残業時間　overtime work　259
産業別就業者数　labor force by industry　397
産業別人口　population by industry　570
産後の不妊期間　postpartum infecundability, postpartum amenorrhea　506
産児制限，産児調整　birth control　125, 337, 342
算術級数　arithmetic series　40
三種の神器　three sacred treasures　256
サンプリング（標本抽出）　sampling　441
参与観察　participant observation　372
死因分析　cause-of-death analysis　470
死因分類　cause-of-death classification　480
死因別死亡（確）率　cause-specific death rate　371, 466, 470
死因別生命表　cause-specific life table　470
ジェンダー　gender　387
ジェンダー革命　gender revolution　188,

197
ジェンダー平等　gender equality　390
シカゴ学派　Chicago school of economics　499
時間商圏　time trade area　684
時間地理学　time geography　576
識別　identification　515
識別問題　identification problem　681
子宮内避妊システム　intrauterine system（IUS）　142
市区町村（市町村）　municipality　636
市区町村間移動　inter-municipality migration　595
市区町村別生命表　municipal life table　452
時系列相関　time-series correlation　101
資源　resources　40
自己決定　self determination　36
仕事と生活の調和推進のための行動指針　Action Guidelines for Work-Life Balance Promotion　357
仕事と生活の調和（ワーク・ライフ・バランス）憲章　Work-Life Balance Charter　357
自殺　suicide　115
事実婚　common-low marriage　166
思春期出生率　adolescent birth rate　139
市場規模　market size　686
事象率（→イベント率，発症率，発生率，罹患率）　incidence rate　418
事象歴分析法　event history analysis（→イベントヒストリー分析）　388, 394, 425, 514, 542
シスジェンダー　cisgender　192
システムダイナミクス　system dynamics　378
私生児　⇒婚外子
次世代育成支援対策推進法　Act on Advancement of Measures to Support Raising Next-Generation Children　355, 356
次世代型路面電車システム　Light Rail Transit（LRT）　284
次世代作用素　next generation operator　541
施設移動　move to institutional living　318
施設等の世帯　institutional household　434, 438

施設配置問題　facility location problem　670
自然災害対策　natural disaster measures　678
自然出生力　natural fertility　144, 508
自然増加数　number of natural increase　21
自然増加率　rate of natural increase　422, 627
自然増減　natural increase and decrease　415, 576, 605
持続可能性　sustainability　284
持続可能な開発　sustainable development　393
持続可能な開発目標　Sustainable Development Goals（SDGs）　37, 390
時代効果　period effect　681
市町村合併　municipal merger　277, 701
失業問題　unemployment problem　248
実勢商圏　actual trade area　684
ジップの法則　Zipf's law　566
疾病率　morbidity　664
質・量モデル　quality-quantity Model　498
私的移転　private transfer　69
児童虐待防止法　Child Abuse Prevention Act　338
児童婚　child marriage　139
児童手当（→子ども手当）　child allowance　151, 343
ジニ係数　Gini coefficient　275, 562, 698
ジブラの法則　Gibrat's law　567
ジブラ分布　Gibrat distribution　567
死別　widowhood　176, 318
死亡　death　104, 106, 110, 414, 450, 468, 578
死亡確率　probabilty of dying　452, 468, 494
死亡仮定　mortality assumption　620, 632
死亡危機　mortality crisis　9
死亡性比　sex ratio at death　62
死亡データベース　mortality database　456
死亡届　notification of death　450
死亡率　mortality rate　18, 100, 110, 114, 450, 458, 460, 606, 632
死亡率改善　improvement of mortality rates　114
死亡率の年齢パターン　age pattern of mortality　460
死亡力転換　mortality transition　124

シミュレーション　simulation　378, 400
シミュレーション人口学　demographic simulation　378
シミュレーションモデル　simulation model　507
社会移動　social mobility　387
社会階層と社会移動全国調査（SSM調査）　National Survey of Social Stratification and Social Mobility　443
社会環境病　socio-environmental disease　106
社会規範　social norm　189
社会基盤　social infrastructure　276
社会経済階層　socio-economicdisparity　104
社会経済的地位　socio-economicstatus　105
社会経済的統合（移民問題）　socio-economic integration（of immigrants）　305, 335
社会構造　social structure　372, 385
社会進化論（社会ダーウィニズム）　social Darwinism　337
社会人口学　social demography　386, 403
社会増　social increase　285
社会増減　social increase and decrease　415, 576, 605
社会調査　social survey　193
社会的統合　social integration　183
社会的ネットワーク　social network　301
社会福祉施設等調査　survey of social welfare institutions　214
社会保険制度　social insurance system　102
社会保障　social security　152, 666
弱エルゴード定理　weak ergodicity theorem　527
若年人口　younger population　687
社人研　⇒国立社会保障・人口問題研究所
首位都市　primate city　296, 566
収穫逓減の法則　law of diminishing returns　577
習慣性因子　inertia factor　685
宗教　religion　42, 156, 662
就業構造基本調査　Employment Status Survey　442
就業者　employed person　396
従業者　employed person at work　396
宗教人口学　religious demography　402
従業地　place of work　570

従業地又は通学地までの利用交通手段　transportation to the place of work or the location of school　439
就業パターン　employment pattern　173
集計データ　aggregate data　654
就職率　employment rate of graduates　173
終身雇用（長期雇用）　lifetime employment（long-term employment）　252, 256
修正拡大家族　modified extended family　205
修正重力モデル　modified gravity model　599
集積の経済　agglomeration economies　276
従属人口　dependent population　73
従属人口指数　dependency ratio　67
住宅政策　housing policy　646
住宅・土地統計調査　housing and land survey　214
住宅の床面積　area of floor space of dwelling　439, 708
縦断調査　longitudinal survey　440
縦断データ　longitudinal data　394
集団免疫　herd immunity　376
住民基本台帳　Basic Resident Registration　441, 556
住民基本台帳人口　population based on the Basic Resident Registration　410, 416
住民基本台帳人口移動報告　Report on Internal Migration based on Basic Resident Registration　325, 417, 431, 584, 592, 594
住民基本台帳法　Basic Resident Registration Act　416, 584
住民台帳　listings　226
宗門（人別）改帳　*Shumon*（*Ninbetsu*）*Aratame Cho*（religious faith investigation register, population register）　168, 220, 388, 403, 502
集落移動　settlement relocation　324
集落抽出法　cluster sampling　441
重力ポテンシャル　gravitational potential　682
重力モデル（→引力モデル）　gravity model　371, 576, 682, 685
儒教文化圏　Confucian societies　199
受胎確率　fecundability　144, 160, 492

事項索引　　777

出産　childbearing　358, 492
出産間隔　birth interval　28
出生　birth　54, 64, 124, 414, 484, 498, 502, 510, 576, 676
出生・死亡過程　birth-death process　534
出生意図　fertility intention　512
出生意欲　fertility preference　512
出生仮定　fertility assumption　618, 630
出生間隔　birth interval　515
出生子ども数　number of children ever born　131
出生政策　fertility policy　332
出生性比（→人口性比，性比）　sex ratio at birth　50, 54, 56, 62, 76, 191, 606, 615
出生促進政策　pronatalist policy　135, 332
出生動向基本調査　National Fertility Survey　57, 442, 485, 489
出生登録　birth registration　391
出生の先送り　postponement of childbirth　133
出生表　fertility table　517
出生不能　infertility　505
出生前検査　prenatal testing　146
出生抑制政策（→計画生育政策）　birth control policy　298, 332
出生リスク　risk of child birth　74
出生率　birth rate, fertility rate　18, 124, 385, 488, 606
出生率低下　fertility decline　128, 138
出生力　fertility　124, 156, 158, 508
出生力転換　fertility transition　18, 124, 132, 138, 158, 352
出生力の近接要因　determinant of fertility　166, 506
出生力の中間変数　intermediate variable of fertility　506
出入国管理及び難民認定法　Immigration Control and Refugee Recognition Act　305, 335, 585
出入国管理統計　Statistics on Legal Migrants　431, 584
出発地，起点　origin　604
種痘　vaccination against smallpox　24, 26
寿命　life expectancy, longevity　88, 90, 94, 98, 100, 385, 466
寿命中位数年齢　median age of life

expectancy at birth　93
主流　main stream　312, 593
準安定人口　quasi-stable population　527
順位規模法則（ランクサイズルール）　rank size rule　370, 566
純移動（数）（→総移動，→転入超過率，→流入超過（数），→流入超過率）　net migration　432, 576, 590, 592
純移動率（→転入超過率，→流入超過率）　net migration rate　325, 588, 590
純移動率モデル　net migration model　629, 634
瞬間成長率　instantaneous growth rate　422
純再生産関数　net reproduction function　526
純再生産率　net reproduction rate（NRR）　128, 522, 526, 539, 540
準世帯　quasi-household　434
生涯移動　lifetime migration　314
生涯純負担率　net lifetime burden rate　81
生涯平均移動回数　average frequency of lifetime migration　597
生涯未婚率　proportion never-married at age 50, celibacy rate　168, 172, 184, 494
消化能力　digestive ability　28
小教区帳簿　registre paroissial　224
商圏特性　trade area characteristics　684
商圏分析　trade area analysis　684
少子化　low fertility　128, 132, 136, 150, 152, 172, 212, 350, 352, 381, 686
少子化社会対策基本法　Basic Law on Measures for Society with Decreasing Birthrate　355, 356
少子化の罠（→低出生の罠）　low-fertility trap　17
常住人口　de jure population　408, 569
常住地方式　de jure population concept　436
少数民族　ethnic minority　156
小地域（人口）統計　small area population statistics　371, 579
少年教護法　Juvenile Reform Act　338
消費　consumption　686
消費者行動分析　consumer behavior analysis　659
消費生活に関するパネル調査　Japanese Panel Survey of Consumers　443

条約難民　convention refugee　294
将来(人口)推計(→人口投影)　population projection　281, 607, 612, 614, 626, 630, 646
将来生命表　projected life table　112, 464, 474, 620
昭和三陸大津波　Showa Sanriku big tsunami　324
昭和の大合併　Great Merger of the Showa Era　701
除外された共変量　omitted variable　516
職業　occupation　570
職業能力開発　occupational skills development　244
職業別人口　population by occupation　570
職業ミスマッチ　job skills mismatch　262
食性　dietary habit　385
食料資源　food resources　38
初婚　first marriage　168, 176
初婚確率　probability of first marriage　174
初婚年齢　age at first marriage　168, 178
初婚表　first marriage table　494
女児選好　daughter preference　56
女性子ども比(子ども女性比)　child-woman ratio　614, 630
女性支配モデル　female dominant model　536
女性性器切除　female genital mutilation/cutting (FGM/C)　139
女性の高学歴化　women's higher education　159
女性同性愛者　⇒レズビアン
女性のエンパワーメント　women's empowerment　37, 141
女性労働力率　women's labor force participation rate　236
所得ポテンシャル　income potential　575
死力　force of mortality　453, 458
新エンゼルプラン　New Angel Plan　354, 356
進学率　advancement to higher education　173
新型出生前検査　non-invasive prenatal testing (NIPT)　147
新居制　neolocal　169, 204, 212
心血管疾患　cardiovascular disease　93

人口悪夢　demographic nightmare　70
人口移動　migration　62, 100, 308, 318, 324, 370, 572, 576, 588, 598, 606, 634
人口移動傾向　migration tendency　628
人口移動圏　migration field　321, 595
人口移動調査　National Survey on Migration　314, 443, 584, 586
人口移動統計　migration statistics　584
人口移動モデル　migration model　576, 606, 634
人口エネルギー　population energy　574
人口置換水準　replacement-level fertility　14, 18, 124, 132, 138, 153, 352, 489, 523, 527, 540, 548, 627
人口オーナス　population onus　11, 70
人口学的(基本)属性　demographic (basic) characteristics attributes　658, 665
人口学的方程式　demographic equation, balancing equation　414, 418, 576
人口学の基本定理　fundamental theorem of demography　526
人口過剰　over-population　342
人口危機　population crisis　34, 333
人口ギフト　demographic gift　70
人口規模　population size　370, 410, 414, 468
人口経済学　population economics　150, 368
人口研究　population studies　652
人口減少　population decline　13, 14, 20, 22, 66, 129, 344, 686
人口減少社会　shrinking society　310
人口郊外化　suburbanization of population　561
人口考古学　demographic archaeology　6
人口構造　population structure　370, 410
人口高齢化　population ageing, aging (→高齢化)　11, 64, 129, 309, 310, 319, 346, 348, 546, 626, 666, 686
人口再生産　population reproduction　395, 522, 538
人口再生産指標　population reproduction indicator　522, 538
人口再生産プロセス　reproductive process　507
人口再生産率　population reproduction rate　510
人口史　human population history　6, 12

事項索引　　　779

人工社会　artificial society　668
人口若年化　population rejuvenating　64
人口重心　center of population　370, 560
人口・住宅センサス　population and housing census　436
人口集中指数　population concentration index　269, 562
人口集中地区　Densely Inhabited District（DID）　439, 556, 561, 564, 673, 693
人口収容力　population capacity　13, 268
人口人類学　anthropological demography　372
人口推計（→現在推計人口）　Population Estimates　430
人口推計　国勢調査結果による補間補正人口　Intercensal Adjustment of Current Population Estimates　431
人口政策　population policy　298, 330, 332, 336, 340, 342
人口政策学　demography as Policy Sciences　400
人口政策確立要綱　General Plan to Establish the National Population Policy　340
人口静態統計　static statistics　410, 414, 630
人口成長　population growth　42, 414, 524
人口成長率　population growth rate　422
人口性比　（→出生性比．性比）　sex ratio of population　51, 103, 179, 322, 371, 572
人口センサス（→センサス）　population census　436, 440, 590
人口増加　popluation increase, population growth　13, 18, 36, 44, 414
人口増加抑制策　population growth reduction policy　342
人口増加率　population growth rate　9
人工知能　artificial intelligence　344
人口調査　population survey　440
人口地理学　population geography　372, 576
人口転換　demographic transition　7, 18, 24, 72, 92, 124, 126, 332, 550
人口転換（理）論　demographic transition theory　74, 352, 372, 386
人口投影（→将来（人口）推計）　population projection　527, 612, 625
人口統計学　demography, demographics　474
人口統計年鑑　demographic yearbook　485

人口動態　dynamics of population　371
人口動態事象　vital event　428
人口動態事象モデル　model of vital events　462, 542
人口動態セグメント　demographic segment　684
人口動態調査　vital statistics survey　440
人口動態統計　vital statistics　91, 412, 414, 431, 450, 486
人口動態変数（→人口変数）　demographic variable　370, 652, 672, 680, 687
人口動態率　vital rates　424
人口都市化　urbanization of population　561
人口都市化率　percent of urban population　565
人工妊娠中絶（中絶）　induced abortion　42, 130, 134, 139, 146, 148, 157, 485, 506
人口の概念　concept of population　408
人口の集中度の測定　measurement of population concentration　561, 562
人口倍増年数　population doubling time　423
人口配当　demographic dividend　70, 71
人口爆発　population explosion　11, 40, 296, 333
人口比重　share of population　370, 561, 562
人口ピラミッド　population pyramid　67, 72
人口負担　demographic onus　70
人口分布　population distribution　269, 272, 282, 370, 556, 560, 607, 652, 687, 698
人口変数（→人口動態変数）　demographic variable　652
人口変動（→人口動態変数）　population change　370, 652, 672, 680, 687
人口ポテンシャル　population potential　574
人口ボーナス　population bonus　11, 70, 73, 333
人口密度　population density　269, 370, 560, 568, 575, 576
人口密度関数　population density function　568
人口モメンタム　population momentum　16, 523, 548
人口問題　population problem　330, 342, 390
人口問題研究会　Research Committee on

Population Problems 339, 340, 342
人口問題審議会 Council for Population Problems 342, 352
新小売引力の法則 new laws of retail gravitation 685
人口流出圏 out-migration field 595
人口流入圏 in-migration field 595
人口食糧問題調査会 Research Commission for the Population and Food Problem 339
人骨資料 human skeletal remains 384
人材育成 human resources development 244
震災復興 reconstruction from the Great East Japan Earthquake 262
人時（→人年） person-time 664
壬申戸籍 family register compiled in 1872 409
心性 mentalité（仏） 224
親族システム kinship system 372
親族世帯 relatives household 434
新卒一括採用 simultaneous recruiting of new graduates 233
身体的リスク physical risk 292
人的資源管理 human resources management 245
人的資本 human capital 244
人的資本投資 human capital investment 500
人年（→人時，→のべ年数，→生存のべ年数） person-year 418, 664
人年人口（生存のべ年数） person-years lived 424, 453
シンプソンのパラドックス Simpson's paradox 77
シンボルカバー商圏 symbol catchment trade area 684
新マルサス主義 neo-Malthusianism 125
心理的変数 psychographic variables 680
人類生態学 human ecology 392

推移確率，遷移確率 transition probability 607, 642
推移（確率）行列，遷移確率行列 transition probability matrix 534, 605
推移行列モデル transition probability matrix model 528
随伴（の）移動 accompanying migration 587, 597
数値シミュレーション numerical simulation 378
数理社会学 mathematical sociology 668
数理人口学 mathematical demography 374
数理モデル mathematical model 458, 492, 550, 576
ストラテジック・プランニング strategic planning 400
スペイン風邪 Spanish influenza 20
スマート産業 smart industry 270
スマトラ島沖地震 Sumatra-Andaman earthquake 678
住み分け residential segregation 279
西欧的価値観 western values 158
性革命 sex revolution 197
生活習慣病 lifestyle disease 106, 115, 665
生活史理論 life history theory 381
生活と支え合いに関する調査 National Survey on Social Security and People's Life 443
正規雇用 regular employment 238
21世紀の国土のグランドデザイン The Grand Design of National Spatial Development towards the 21st Century (The 5th Cpmprehensive National Development Plan)（21GD） 283
性交 sexual intercourse 142
性行動 sexual behavior 142
政策科学 Policy Sciences 400
政策効果 policy effect 677
政策デザイン policy design 400
生産（せいざん） live birth 160
生産性格差 productivity difference 272
生産年齢人口 working age population 68, 72, 597
生残率（→生存率） survivorship ratio, survival ratio 453, 590, 615, 632
政治算術 political arithmetic 400
静止人口（→定常人口） stationary population 352, 453, 546
政治人口学 political demography 403
静止人口表 stationary population table 453

性自認（性同一性）　gender identity　192
脆弱性　vulnerability　516, 678
生殖家族　family of procreation　204
生殖テクノロジー　reproductive technology　146
生殖に関する自己決定権（→リプロダクティブ・ライツ）　reproductive rights　197
生殖補助医療　assisted reproductive medical care　382, 511
生殖補助技術　assisted reproductive technology　146
成人期への移行過程　transition to adulthood　210
西漸運動　westward movement　561
生存確率　probabiliiy of surviving　453
生存期間　survival period　90
生存時間分析（生存時間解析）　survival analysis　425
生存数　number of survivors　453
生存のべ年　⇒ 人年人口
生存のべ年数（→人年）　person-years lived　418, 664
生存率（→生残率）　survivorship ratio, survival ratio　458
生態（学）的寿命　ecological life span　90
生体試料　biological specimen　380
生態人口学　ecological demography　392
静態平均初婚年齢　singulate mean age at marriage（SMAM）　139, 190, 486
成長の限界　limits of growth　284
性的指向　sexual orientation　194
性的少数者　⇒ セクシュアル・マイノリティ
性同一性障害　gender identity disorder（GID）　192
制度的結婚　institutional marriage　196
性年齢構造　sex-age structure　76
性の権利宣言　Declaration of Sexual Rights　383
性の多様性（→ SOGI、→ソジ）　sexual orientation and gender identity　192, 383
性比（→出生性比、人口性比）　sex ratio　50, 62, 64, 572
生物医学的人口学　biomedical demography　380
生物学的寿命　biological longevity　116
生物学的人口学　biological demography　380

生物行動学的要因　biobehavioral factor　381
生物人口学　biodemography　380
生物統計学　biostatistics　90
性別越境者　⇒ トランスジェンダー
性別選好　sex preference for children　56, 512
性別の判定　judgement of sex　384
性別役割意識　gender role attitude　57
性別役割分業　gender division of labor　74, 180, 188, 353
性別役割分業意識　attitude toward gender division of labor　236
生命線　life line　426
生命表　life table　90, 100, 384, 425, 450, 452, 458, 468, 470, 472, 494, 607
生命表生残率　life table survivorship ratio　632
生命表生残率法　life table survivorship ratio method　590
生命表生存数　number of survivors in life table　466
生命表定常人口　number of person-years lived in life table　466
整理解雇　dismissal for the purpose of reorganization　253
生理学的寿命　physiological life span　90
政令指定都市　ordinance-designated city　674, 690
世界価値観調査　World Values Survey　157
世界金融危機　global financial crisis　305
世界出生力調査　World Fertility Survey　372
世界人口会議　World Population Conference　343
世界人口推計　World Popolation Prospects　617
セクシュアル・マイノリティ　sexual minority　195
セグメンテーション　segmentation　680, 687
世帯　household　204, 208, 216, 224, 226, 436, 646, 686
世代　generation　78, 394
世帯員　household member　206
世代会計　generational accounting　68, 666
世代間移転　intergenerational transfer　68

世代間格差　generation gap　78
世代間関係（世代間交流）　intergenerational relationship　78, 394
世代勘定　employment insurance　666
世代間連帯　intergenerational solidarity　394
世帯規模　household size　206
世帯形成　household formation　212
世帯形成システム　household formation system　225
世代効果（→コーホート効果）　cohort effect　232, 681
世帯構成　household composition　226
世帯構造　household structure　208, 214
世帯推移率法　household transition method　641, 642
世帯数の将来推計　household projection　640, 642, 644, 646
世代生命表　generation life table　92
世代重複モデル　overlapping generations model　369
世帯統計　household statistics　217, 394, 434
世帯動態調査　National Survey on Household Changes　443
世帯内地位　household position　642
世帯主　headship　687
世帯主率　headship rate　206, 640
世帯主率法　headship rate method　640, 642, 644
接近度　proximity　560
摂動分析　perturbation analysis　546
セミパラメトリックモデル　semiparametric model　462
前期高齢者　young old, elderly under 75　320
選挙人名簿　electoral register　441
線形性　linearity　535
線形モデル　linear model　532
全国一斉避難調査　survey on nationwide displaced people　324
全国家族調査　National Family Research of Japan　443
全国家庭動向調査　National Survey on Family　443
全国高齢者調査（長寿社会における中高年者の暮らし方の調査）　National Survey of the Japanese Elderly　443
全国就業実態パネル調査　Japanese Panel Survey of Employment Dynamics　443
全国将来人口推計　national population projection　616, 618, 620, 622, 624
全国総合開発計画　comprehensive national development plan　282
潜在失業　disguised unemployment　248
潜在成長率　potential growth rate　155
潜在的他出者　potential out-migrant　316
センサス（→人口センサス）　census　194
センサス間生残率法　census survival ratio method, census survival rate method　590
センサス人口　census population　556
先住民　indigenous people　34
前進法　forward method　591
全数調査（悉皆調査）　complete survey　440
戦争花嫁　war bride　182
選択性　selectivity　516
全地球測位システム　Global Positioning System（GPS）　659
腺ペスト　bubonic plague　22
専門化係数　coefficient of specialization　571
全要素生産性　total factor in productivity（TFP）　344

総移動（数）（→純移動）　gross migration　592
総移動率　gross migration rate　588
相関係数　correlation coefficient　275
増減生命表（転入転出生命表）　increment-decrement life table　476, 530
増減表　increment and decrement table　514
総合計画　comprehensive plan　636
早婚　early marriage　220
総再生産率　gross reproduction rate（GRR）　522, 539
総受胎確率　total fecundability　160, 492
総出生指標　general fertility index　489
総出生率　general fertility rate　488, 630
相対所得仮説　relative income hypothesis　74, 150, 498
相対リスク　relative risk　516
層別（層化）抽出　stratified sampling　442

総務省統計局　Statistics Bureau, Ministry of Internal Affairs and Communications　442
属性別人口　population by characteristics　660, 662, 664
粗再婚率　crude remarriage rate　176
ソジ（SOGI）（→性の多様性）　sexual orientation, gender identity　192, 382
粗視化　coarse graining　528
粗死亡率　crude death rate　21, 421, 422, 450
ソーシャル・キャピタル　social capital　109
粗出生率　crude birth rate　421, 422, 488, 630
粗人口成長率　crude growth rate　422
速効性加害力　rapid onset hazard　679
祖母仮説　grandmother hypothesis　119
粗離婚率　crude divorce rate　176

■た

第一次出生力転換（第一の出生率転換）　first fertility transition　129, 136
第一次人口配当　⇒人口配当
第一次ベビーブーム期（→団塊の世代）　first baby boom　79
体外受精・胚移植　in vitro fertilization and embryo transfer　147
大学進学率　university advancement rate　270
待機児童　children on waiting lists for nursery schools　255
待機児童ゼロ作戦　zero wait listed children strategy　354
大規模調査　large-scale census　438
太閤検地　nationwide land survey by *Toyotomi Hideyoshi*　13
退行性疾患　chronic disease　92
体細胞廃棄説　somatic cell disposition theory　116
大正デモクラシー　Taisho democracy　339
退職移動　retirement migration　301, 318, 597
対数正規分布モデル　log-normal distribution model　567
大東亜建設審議会　The Council for Co-prosperity Sphere of Greater East Asia　341

大都市インナーエリア　inner city　278
大都市圏（→都市圏）　metropolitan area　310, 312, 315, 316, 320, 371, 439, 592, 597, 690
大都市二世　second generation of migrants to metropolitan areas　309
ダイナミック・モデル　dynamic model　674
第二次ベビーブーム　second baby boom　352
第二次ベビーブーム以降の人口政策　population policy after the second baby boom　352
第二次ベビーブーム期（→団塊ジュニア世代）　second baby boom period　80
第二の出生率転換　second fertility transition　129
第二（の）人口転換　second demographic transition　14, 74, 126, 134, 205, 302
第二の人口転換理論　second demographic transition theory　188
ダイバーシティーマネジメント　diversity management　247
タイプ別再生産数　type-reproduction number　531, 541
タイミングと間隔　timing and spacing　514
対流促進型国土形成　creation of a country generating diverse synergies among regions　283
多核家族世帯　multiple family household　225
多極分散型国土形成　national spatial development towards multi-polar territorial structure　283
多産少死　high birth and low death rate　316
多産能力　high fertility　29
多軸型の国土構造　multi-axial national land strucure　283
多次元人口モデル（→多状態人口モデル）　multidimensional demographic model　530, 541
多重減少（生命）表（多重脱退生命表）（→多要因減少表）　multiple decrement life table　176, 470, 496, 532
多重レベル分析　multi-level analysis　104
多状態安定人口モデル　multistate stable population model　530

多状態人口プロジェクション　multistate population projection　530
多状態人口モデル（→多次元人口モデル）　multistate demoguraphic model　530, 541
多状態生命表（→多相生命表）　multistate life table　530
多状態モデル　multistate model　514
多相将来推計　multi state projection　662
多相生命表（→多状態生命表）　multistate life table　476, 487, 607
多相生命表法　multistate life table method　472
多段抽出　multistage sampling　441
多地域コーホート要因法　multi-regional cohort component method　662
多地域人口学　multi-regional demography　530
多地域人口成長モデル　multi-regional population growth model　605, 606
多地域生命表　multi-regional life table　476, 530, 607
多地域モデル　multi-regional model　634, 638
多変量解析　multivariate analysis　173
多要因減少表（→多重減少（生命）表）　multiple decrement table　176, 470, 494, 530
多様化する雇用形態と働き方の見直し　diversifying employment and work-style reform　260
多様性　diversity　687
単一地域モデル　uni-regional model　634
団塊の世代（→第一次ベビーブーム期）　first baby boom generation　16, 79, 313, 427
団塊ジュニア世代（→第二次ベビーブーム期）　second baby boom generation　80
男児選好　son preference　54, 56
単純家族世帯　simple family household　227
単純世帯システム　simple household system　225
単純無作為抽出　simple random sampling　441
単純労働者　unskilled labor　242
男女産み分け　delivery based on sex preference　37

男女共同参画　gender equality　237
男女雇用機会均等法　Equal Employment Opportunity Law　236, 353
男性同性愛者　gay, gay man　192
単世帯型　single household type　216
単独世帯，単身世帯　single household　686
タンパク質　protein　38
単要因減少表　single decrement life table　470, 494

地域開発　regional development　278
地域間移動行列（→移動行列表）　interregional migration matrix　596, 604
地域差　regional difference　100, 168
地域再生　regional revitalization　254
地域将来人口推計（地域推計）　regional population projection　628, 630, 632, 634, 636, 638
地域人口　regional population　276, 284
地域人口学　regional demography　370, 680, 683
地域人口分析　regional population analysis　578
地域包括ケアシステム　integrated community care system　349
地域メッシュ　grid square　439
地域メッシュ統計　grid square statistics　558, 579
置換効果　⇒おきかえ
置換水準の出生率　⇒おきかえ
地球環境問題　global environmental issue　392
遅効性加害力　slow onset hazard　679
父方同居（⇒父居制）　virilocal　169, 204, 227
地方交付税　local grant tax, local allocation tax　274, 276, 672
地方消滅　"disappearing" of regional population　280
地方税収額　local tax revenue　274, 276
地方創生　regional revitalization　270
嫡出でない子　⇒非嫡出子
仲介業者　matchmaking agency　183
昼間人口　daytime population　571, 673
中高年者縦断調査　longitudinal survey of middle-aged and elderly persons　443
中国文化圏　Chinese cultural sphere　156

中山間地域　foothill and mountain areas　399
中枢管理機能　central management function　690
中絶　⇒人工妊娠中絶
昼夜間人口比率　ratio of daytime population to nighttime population　569
懲戒解雇　disciplinary dismissal　253
超過死亡　excess death　20
長期間作用型可逆的避妊法　long acting reversible contraception（LARC）　142
長期間対数増加率　long term logarithmic growth rate　535
長期雇用　long-term employment　261
調査区　enumeration district　439
長時間労働　long-hours work　258
長寿化　longevity extension　102
長寿リスク　longevity risk　112
超少子化国　very-low fertility countries　133
調整合計出生率　adjusted total fertility rate　547
町丁・字等　cho-cho and aza　439, 558, 578, 708
超低出生率　very low fertility　199
直立二足歩行　bipedal walk　29
直系家族（→株家族）　stem family　169, 186, 205, 208, 216, 225, 226
直系家族制　stem family system　307
直系家族世帯　stem family household　212, 218
地理情報システム　⇒ GIS
地理的変数　geographic variable　680, 682, 687
賃金格差　wage differential　272
追加予定子ども数　intended number of additional children　512
通婚圏　geographical range of marriage, marriage area　323, 573
妻方居住制（→婿取婚）　uxorilocality　212
定位家族　family of orientation　204
定住化　sedentarization　303
定住者（在留資格）　long-term resident　305, 335
定住生活　sedentary life　6
低出生（力）の罠（→少子化の罠）　low-fertility trap　127, 360
定常状態　stationary state　532
定常人口（→静止人口）　stationary population　425, 453
定年制　retirement system　234
定年退職　compulsory retirement　318
低用量経口避妊薬　low-dose contraceptive pill　143
できちゃった結婚　⇒婚前妊娠結婚
適度人口　optimum population　394
適齢期人口　⇒（結婚）適齢期（人口）
デモグラフィックス　demographics　658
デモグラフィックセグメント　demographic segment　684
田園回帰　return to rural areas　310
電車商圏　train trade area　684
転入超過率（→純移動率，→流入超過率）　net migration rate　325, 588, 590
転入転出生命表　⇒増減生命表
天然痘　smallpox　24
天然痘予防規則　the Smallpox Prevention Law　25
テンポ効果　tempo effect　429, 490, 546
テンポ調整合計出生率　tempo-adjusted TFR　490
テンポの歪み　tempo distortion　490
同一労働同一賃金　equal pay for equal work　239
投影　projection　628
同化　assimilation　303
等確率抽出　equal probability sampling　441
同居　coresidence　217, 226, 320, 394
東京一極集中（東京圏への一極集中）　excess concentration in the Tokyo metropolitan area, Tokyo centralization　254, 674
東京圏　Tokyo metropolitan area　254, 321, 308, 561
東京大学社会科学研究所　Institute of Social Science, the University of Tokyo　443
東京電力福島第一原子力発電所事故　accident of Fukushima Daiichi Nuclear Power Plant　263
東京都健康長寿医療センター研究所　Tokyo Metropolitan Geriatric Hospital and Institute of Gerontology　443

同居可能率　availability of coresidence　212
同居実現率　rate of realization of coresidence　212
統計的差別　statistical discrimination　236
統計的独立　statistical independence　100
統計法　Statistics Act　438
同時観察　⇒期間観察
道州制構想　Dōshūsei proposal (to organize Japan into new states)　674
同心円商圏　concentric trade area　684
同棲　cohabitation　133, 166, 188, 484
同性愛　⇒ホモセクシュアル
同性カップル　same-sex couple　192
同性婚　same-sex marriage　167, 193
同祖　identity by descent　30
到着地，終点　destination　604
動的な共変量　dynamic covariate　516
糖尿病　diabetes　665
同胞人口　co-ethnic population　278
道路距離商圏　road distance trade area　684
登録外国人統計　statistics on registered foreign residents　417
登録人口　registered population　556, 626
道路ネットワークデータ　road network database　684
特殊人口密度　specific population density　560
独立な同一の分布　independent and identically distributed (IID)　535
都市化　urbanization　286, 308, 564
都市化率　percent urban, urbanizationrate　565
都市圏(→大都市圏)　metropolitan area　254, 439, 564
都市戸口(都市戸籍)　urban household registration (Type2 household registry)　299
都市社会学　urban sociology　387
都市人口集積地　⇒都市密集域
都市人口比率　propotion of urban population　296, 308
都市地域　urban area　564
都市的生活様式　urban way of life　387
都市内人口密度分布　intra-urban population density　568
都市・農村間人口移動(→農村都市間人口移動)　rural-urban migration　371
都市の規模別分布の分析　analysis of city size distribution　560, 566
都市のスプロール化　urban sprawl　284
都市密集域　urban agglomeration　564
都心回帰　reurbanization　317, 561, 673, 693
トダロ・パラドックス　Todaro paradox　603
特化係数　location coefficient　571
突然変異　mutation　535
都道府県　prefecture　636
都道府県間移動　interprefectural migration　321
都道府県別生命表　prefectural life table　452
届出遅れ　delay in notification　484
ドーナツ化現象　doughnut phenomenon　568
ドメイン投票　Demeny voting　672
富山市　Toyama city　285
トラベルタイム商圏　traveling time trade area, drive time trade area　684
トランスジェンダー　transgender　192
トランス女性　trans woman (MTF)　192
トランス男性　trans man (FTM)　192
トルコ式人痘種痘法　Turkish variolation　24
奴隷　slave　7
トレンド延長法　trend extrapolation method　628

■な

内婚　endogamy　182
内生的成長論　endogenous economic growth theory　369
内的自然増加率，内的成長率　intrinsic rate of natural increase　526, 540, 546
内部要因　internal factor　303
内部労働市場　internal labor market　244
内包的発展　intensive development　577
内務省衛生局　the Department of the Ministry of Home Affairs　25
雪崩モデル　avalanche model　117
難民　refugee　292, 301, 432
難民議定書(難民の地位に関する議定書)　Refugee Protocol (Protocol Relating to the Status of Refugees)　294

難民条約（難民の地位に関する条約）
　Refugee Convention（Convention Relating to the Status of Refugees）　294, 433

肉食獣　carnivore　29
二項分布　binomial distribution　468
二子規範　two-child norm　180
21世紀出生児縦断調査　Longitudinal Survey of Newborns in the 21st Century　443
21世紀成年者縦断調査　Longitudinal Survey of Adults in the 21st Century　443
二重経済モデル　dual-sector model　602
二重減少表　double decrement life table　494
二重負荷　double burden　107
西ヨーロッパ型結婚パターン　West European marriage pattern　168
二世帯住宅　two-household housing　217
二段抽出　two-stage sampling　441
二地域モデル　bi-regional model　634
日布移民条約　Japanese-Hawaiian Labor Convention of 1886　334
日系移民　Japanese immigrant　304
日系人　people of Japanese descent　335
日系南米人　South American of Japanese descent　242
日系ブラジル人　Japanese Brazilian, Brazilian of Japanese descent　305
日本家計パネル調査　Japan Household Panel Survey　443
日本家族社会学会　Japan Society of Family Sociology　443
日本型雇用慣行　Japanese employment practises　250, 353
日本型雇用システム　Japanese employment system　150, 256
日本子どもパネル調査　Japan Child Panel Survey　443
日本人口会議　Population Conference of Japan　343
日本創成会議　Japan Policy Council　280
日本版総合的社会調査（JGSS調査）　Japanese General Social Surveys　443
日本標準産業分類　Japan Standard Industrial Classification　570
日本標準職業分類　Japan Standard Occupational Classification　570
日本列島改造論　Building a New Japan: A Plan for Remodeling the Japanese Archipelago　282
入国管理　immigration control　334
乳児死亡性比　sex ratio of infant mortality　56
乳児死亡率　infant mortality　18
乳幼児死亡率（5歳未満死亡率）　under-five mortality　102, 461
ニュータウン　new town　316, 673
ニューリングモデル　Newling model　568, 575
人間行動　human behavior　658
妊娠　pregnancy　160, 492
妊娠出産痕　pregnancy partarition scar　385
妊娠待ち時間　time to pregnancy　492, 511
認知症　dementia　665
認定難民　certified refugee　294
人別改帳　⇒宗門改帳
妊孕可能　fecund　492
妊孕力　fecundity　6, 144, 160, 504
熱帯雨林　tropical rain forest　28
年央人口　mid-year population　92, 425
年金　pension　666
年金制度改革　pension system reform　346
年功序列型賃金　seniority wage　252
年功賃金制度　seniority wage system　256
年少人口　youth population　68, 597
年齢x歳以上の定常人口　stationary population above age x　466
年齢階級別移動率　age-group-specific migration rate　318
年齢階級別死亡率　age-group-specific death rate　20
年齢観察　age observation　427
年齢効果　age effect　681
年齢差別　age discrimination　235
年齢推定　age estimation　384
年齢スケジュール　age schedule　542
年齢標準化死亡率　age-standardized crude death rate　450
年齢別移動率　age-specific migration rate　596

年齢別死亡率　age-specific death rate　466
年齢別出生率　age-specific birth rate　129, 630

農業　agriculture　398
農耕　agriculture　6, 38
農工間労働移動　agriculture-manufacturing labor migration　602
農村戸口（農村戸籍）　rural household registry（Type1 household registry）299
農村都市間人口移動（→都市・農村間人口移動）　rural-urban migration　602
農用地人口密度　population per unit area of cultivated land　560
望まない妊娠・出生　unwanted pregnancy and childbirth　134
のべ年数（→人年）　person year(s)　418
ノンパラメトリックモデル　nonparametric model　462

■は

バイオマーカー　biomarker　380, 510
配偶　mating　166
配偶関係　marital status　484, 642
配偶者控除制度　spouse tax deduction system　237
配偶者選択　mate selection　148, 167
バイセクシュアル　bisexual　192
廃藩置県　Haihan-Chiken（establishment of prefectures in place of feudal domains）674
肺ペスト　pneumonic plague　22
働き方とライフスタイルの変化に関する全国調査　Japanese Life Course Panel Surveys　443
発症率（→イベント率，事象率，発生率，罹患率）　incidence rate　664
発生率（→イベント率，発生率，発症率，罹患率）　incidence rate　418, 664
発地制約型モデル　origin-constrained model　601
発展途上地域　less developed region　138
ハテライト，ハテライト，ハッチライト　Hutterite　144, 160
ハッテライト（ハテライト）結婚指標　Hutterite Index of propotions married　503
ハッテライト（ハテライト）出生指標　Hutterites Index　504
波動的変化　cyclical change　12
パートナーシップ　partnership　166, 188
パネル調査　panel survey　440
母方同居（母居制）　matrilocal　169, 204, 227
バブル（経済）　bubble economy　317, 353
バブル経済期　bubble economy period　308, 593
パラサイト・シングル　parasite single　174, 211
パラメトリックモデル　parametric model　462
ハリケーン・カトリーナ　hurricane Katrina　678
ハリス＝トダロ曲線　Harris-Todaro curve　603
ハリス＝トダロ・モデル　Harris-Todaro model　602
パリティ　parity　514
パレート分布　Pareto distribution　566
晩婚　late marriage　220
晩婚化　delayed marriage　63, 145, 486
晩産化　delayed childbearing　130, 145
繁殖　reproduction　28
阪神・淡路大震災　Great Hanshin-Awaji Earthquake　324, 678
パンセクシュアル　pan sexual　192
パンデミック　pandemic　20, 35
パンデミックモデル　pandemic model　523
反都市化　counter-urbanization　311
反応-拡散方程式　reaction-diffusion equation　551
反応-拡散モデル　reaction-diffusion model　551
万有引力の法則　law of universal gravitation　574

比較調査　comparative survey　440
比較優位の理論　comparative advantage theory　500
非確率抽出　non-probability sampling　441
東日本大震災　Great East Japan Earthquake

事項索引　789

314, 324, 679
庇護申請者　asylum seeker　294
日ごとの受胎確率　daily fecundability　493
ビジネス・デモグラフィー　business demography　680
被食者‐捕食者モデル　prey-predator model　525
非親族世帯　non-relatives household　434
非親族を含む世帯　household including non-relatives　434
ヒスパニック　Hispanic　561
ヒスパニック人口　Hispanic population　293
非正規移民　irregular migrant　292
非正規雇用，非正規就業　non-regular employment　17, 173, 238, 251, 261
非正規雇用問題　issue of non-regular employment　238
非正規滞在者　undocumented foreign resident　243
非線形人口モデル　nonlinear population model　532
非線形モデル　nonlinear model　532
非大都市圏　non-metropolitan area　310, 312, 314, 316, 320, 371, 592, 597, 690
非嫡出子　illegitimate child　148
ビッグデータ　big data　656
人づくり政策　human power policy　342
人手不足　labor shortage　248
一人っ子政策　one-child policy　11, 137, 156, 333
避難移動　evacuation　324
避妊　contraception　42, 130, 139, 142, 156
避妊効率　contraceptive efficacy　134
避妊実行率　contraceptive use rate　142, 506
避妊(方)法　contraceptive method　134, 142
丙午　Hinoeuma (year of the fire horse)　76
百歳老人　centenarian　66
ピュー研究センター　Pew Research Center　402
表出的個人主義　expressive individualism　197
標準化　standardization　421, 450, 452, 488, 665
標準化死亡比　standardlized mortality ratio (SMR)　451
標準誤差　standard error　441

標準人口　standard population　488
標準率　standard rate　488
標本誤差　sampling error　440
標本の抽出枠　sampling frame　441
標本調査　sample survey　440
標本の代表性　representativeness of sample　441
ピリオド観察　⇒期間観察
比例性, 比例的　proportional　516
比例割当　size proportionate allocation　441
フィリップスカーブ　Phillips curve　252
フィールド調査　field survey　510
封鎖人口　closed population　546
夫婦家族単位（夫婦および夫婦と未婚の子どもからなる）　conjugal family unit（CFU）　218
賦課方式　pay-as-you-go method　102
不完全就業　under-employment　249
父居制（→父方同居）　patrilocal　169, 204, 227
複雑系経済学　complexity economics　668
福祉　welfare　636
福島第一原子力発電所　Fukushima Daiichi nuclear power plant　324
複世帯型　multi-household type　216
複線型雇用管理制度　multiple-track personnel management　245
父系(制)　patrilineal　191, 226
富国強兵　rich country, strong army　336
普通解雇　ordinary dismissal　253
普通死亡率　⇒粗死亡率
普通出生率　⇒粗出生率
普通人口密度　normal population density　560
普通世帯　ordinary household　434
復興　resurgence　678
プッシュ要因　push factor　301, 600
不妊　infertility　144
不妊手術　sterilization　146, 485
不妊治療　infertility treatment　142, 146
フーバー・インデックス　Hoover index　269
「不法」就労者　"illegal" foreign worker　242
不本意型非正規雇用者　unwilling non-regular employment worker　239

プライマシー型　primacy type　567
ブラウン運動　Brownian motion　534
フリーソフトウェア　free software　378
プールモデル　migrant pool model　634
プル要因　pull factor　301, 600
プレストン・カーブ　Preston curve　26, 108
プレストン効果　Preston's effect　672
ブローカー　broker　307
プロ・チョイス　pro-choice　156
プロペンシティ　propensity　640
プロライフ　pro-life　157
文化大革命　Cultural Revolution　137
文化デバイド　cultural divide　199
分居モデル　segregation model　669
分散　variance　30
分析時間　analysis time　517
分析時間の測り方　analysis time scale　515
文脈効果　contextual effect　109
文明　civilization　6
文明システム　civilization system　13

平均寿命　life expectancy at birth　88, 96, 112, 114, 428, **452**, 458, 460, 468
平均初婚年齢　mean age at first marriage　168
平均人口　average population　425
平均世帯規模（平均世帯人員）　average household size　206, 644
平均第一子出生年齢　mean age at first childbirth　133
平均費用　average cost　276
平均法　average method　591
平均余命　life expectancy　458, 607
米国国立高齢化研究所　US National Institute on Aging　68
ベイズ推定　Bayesian estimation　469
平成の大合併　Great merger of the Heisei Era　674, 701
ペスト　pest　22
ヘテロセクシュアリティ　heterosexuality　192
ヘテロセクシュアル　heterosexual　192
ベビーバスト　baby bust　74
ベビーブーム　baby boom　74, 188, 332, 342
ベビーブーム世代　baby boom generation, baby boomer　314, 316

ペロン―フロベニウスの定理　Perron-Frobenius theorem　528
変動係数　coefficient of variation　100
保育サービス　childcare service　135, 237
防災　disaster prevention　678
訪日外国人旅行者　foreign tourist to Japan　254
法律婚／婚姻　marriage, civil marriage　166
母居制　⇒ 母方同居
保健衛生調査会　Research Commission for the Health and Hygiene　336
保険数理学　actuary mathematics　90
ポジティブアクション　positive action　236
補充移民　replacement migration　17
補償的人口回復　indemnifying population recovery　679
ポスト人口転換期　post-demographic transition era　14
ポテンシャルモデル　potential model　576
母乳哺育　breastfeeding　506
ホモセクシュアル　homosexual　192
ホリスティック　holistic　372
ホロコースト　holocaust　35
本籍人口　permanent domicile population　409, 410

■ま

マイクロシミュレーションモデル　microsimulation model　215
マイクロシミュレーション　microsimulation　662
マイクロデータ　microdata　437
マイノリティ　minority　7
マキューン・テーゼ　McKeown Thesis　26
マクロ経済スライド　macroeconomic slide　103
マクロデータ　macro data　654
マーケティング　marketing　687
マーケティング分析　marketing analysis　680
増田レポート　Masuda Report　280
まちづくり三法　three acts on city planning　285
マッケンドリック方程式　McKendrick equation　375, 529

事項索引

マラーのラチェット　Muller's ratchet　58
マルコフ過程　Markov process　607
マルコフ性　Markov property　535, 607
マルコフ連鎖　Markov chain　607
マルコフ連鎖モデル　Markov chain model　607
マルサス型人口　Malthusian population　524
マルサス係数（マルサスパラメータ）　Malthus parameter, Malthusian parameter　524, 526, 534
マルサス人口論　Malthusian theory of population　125
マルサスの罠　Malthusian trap　9
マルサスパラメータ　⇒ マルサス係数
マルサス方程式（マルサスモデル）　Malthusian growth model　534
マルチ・エージェント・システム　multi-agent system　668
マルチレベル分析　multilevel analysis　109
慢性疾患　chronic disease　92, 96

見かけ（上）の受胎確率　apparent fecundability　160, 493
ミクロ・マクロループ　micro-macro loop　379
ミクロデータ　micro data　654
未婚　never-married　176
未婚化　rise in proportion never married　63, 130, 172, 486
未婚者割合　proportion never married　172
未婚初婚率　rate of first marriages to unmarried people　271, 322
未婚性比　sex ratio among the never married　64
未婚率　proportion never married　178, 323, 371
ミスマッチ失業　mismach unemployment　248
密度勾配　density gradient　568
ミレニアム開発目標　Millennium Development Goals（MDGs）　37, 390
民工潮（→盲流）　rural-urban population flow in China　299

婿取婚（→妻方居住制）　uxorilocal marriage　170

むらおさめ　settlement closure　310
明治三陸大津波　Meiji Sanriku big tsunami　324
明治民法　the Meiji Civil Code　198
メガポリシー　mega policy　400
メガシティ　mega city　286, 296, 564
メタポリシー　meta policy　400
メディアン（中位数）年齢　median age　11
メンタルヘルス　mental health　258

もうひとつのフォッサ・マグナ　another Fossa Magna　220
盲流（→民工潮）　rural-urban population flow in China　299
目的地選択　destination choice　306
モータリゼーション　motorization　284
モデル安定人口表　tabulation of model stable population　461
モデル生命表　model life table　460, 464, 474, 543
モビリティ　mobility　588, 592
最寄り品　convenience goods　684

■や

友愛的結婚　companionate marriage　196
有害変異　deleterious mutation　58
有給休暇　paid holidays　260
優境学　euthenics　337
有効求人倍率　ratio of offers to job seekers　248
有効個体数　effective population size　29
有効受胎確率　effective fecundability　160, 493
優生学　eugenics　332, 337
優生保護法　Eugenic Protection Law　333, 342
有配偶　currently married　176
有病率　prevalence rate　664
有病割合　prevalence proportion　664
ユースエール認定企業　youth yell certified company　233
ユースバルジ　youth bulge　11, 72
ユニオン　union　166
ユーラシア（人口・家族史）プロジェクト　The Eurasia Population and Family History Project（EAP）　187, 227, 388

要介護認定　certification of long-term care need　348
予算配分政策　budget allocation policy　672
予測　forecast　629
欲求段階説　Maslow's hierarchy of needs　197
予定子ども数　intended number of children, number of planned children　512
予防接種　vaccination　376
予防的制限　preventive check　184
嫁取婚（→父方同居）　virilocal marriage　170
ヨーロッパ型結婚パターン，ヨーロッパの結婚パターン　European marriage pattern　184, 190, 503
ヨーロッパ出生力研究プロジェクト（Princeton）European Fertility Project　372, 551

■ら

ライフイベント　life event　320, 544, 586
ライフコース　life course　188, 210, 219, 222, 236, 394, 428, 544, 606
ライフコース論　life course theory　222
ライフサイクル　life cycle　544
ライフサイクル仮説　life cycle hypothesis　345
ライフステージ　life stage　544
ライフヒストリー　life history　440
ライリーの法則　Reilly's law　685
ラストベルト　Rust Belt　270
ラプラシアン　Laplacian　576
ランクサイズ型　rank size type　567
卵子凍結保存　egg cryopreservation, egg freezing　146
ランダム行列　random matrix model　534

離縁（→離婚）　divorce　170
離家　home-leaving　169, 210
リー・カーター・モデル　Lee-Carter model　459, 464, 475, 543, 616
罹患率（→イベント率，事象率，発症率，発生率）　incidence rate　664
離婚（→離縁）　divorce　168, 176
離婚率　divorce rate　169
離散型関数　discrete function　466
離散時間人口モデル　discrete-time population model　528
リスク人口（→危険曝露人口）　population at risk　389, 418, 664
リスク保険　risk insurance　679
理想子ども数（理想／典型的子ども数）　ideal/typical number of children　131, 512
立地係数　⇒特化係数
律令制　Ritsuryo-sei（the political system based on the ritsuryo codes）　13
リプロダクティブ・ヘルス　reproductive health　36, 140
リプロダクティブ・ヘルス／ライツ　reproductive health and rights　36, 138, 142, 156, 381, 390
リプロダクティブ・ライツ　reproductive rights　36, 140
離別（→離婚，離縁）　divorced　176
リーマンショック　Bankruptcy of Lehman Brothers　242, 293
流出率（→転出率）　out-migration rate　588
流入超過（数）（→純移動（数））　net migration　590
流入超過率（→純移動率，→転入超過率）　net migration rate　325, 588, 590
流入率（転入率）　in-migration rate　504, 588
利用交通手段　transportation to the place of worker the location of school　708
両性愛，両性愛者　⇒バイセクシュアル
両性人口モデル　two-sex population model　536
両性問題　two-sex problem　536
リレーショナルモデル　relational model　459, 462, 464, 474, 542
リロケーション・エフェクト　effect of relocation　320
理論疫学　theoretical epidemiology　376
リング商圏　ring trade area　684
臨時国勢調査　Extraordinary Population Census　437

類人猿　ape　28
ルーバン・カトリック大学疫学研究所　Centre for Research on Epidemiology of Disasters（CRED）　33

歴史人口学　historical demography　168, 220, 222, 226, 388, 403
レキシス・ダイアグラム　Lexis diagram　426, 428
レズビアン　lesbian　192
レスリー行列（→一般化レスリー行列）　Leslie matrix　528, 607
レスリー行列モデル（→一般化レスリーモデル）　Leslie matrix model　530
連鎖移住（連鎖人口移動）　chain migration　577, 600
連続型関数　continuous function　466

老人福祉制度　welfare for the elderly　348
老人保健制度　health and medical service system for the elderly　348
労働移動　labor migration　273, 432
労働市場　labor market　252, 256
労働者派遣法　The Worker Dispatching Act　238
労働人口学　labor demography　396
労働生産性　labor productivity　258
労働力　labor force　254
労働力人口　labor force population　73, 155, 234, 661
労働力調査　Labour Force Survey　442
労働力率　labor force participation rate　396, 661
老年人口　elderly population, old age population　318
老年人口割合（→高齢化率）　proportion of elderly population　371
6次産業化　sextiary industrialization, senary industrialization, agricultural diversification　254
ロジスティック関数　logistic function　576
ロジスティック曲線　logistic curve　565
ロジスティック効果　logistic effect　525, 532
ロジスティック方程式　logistic equation　529, 534
ロジスティックモデル　logistic model　524, 551
ロジット生命表システム　logit life table system　542
ロジット変換　logit transformation　462

ロジットモデル　logit model　663
ロジットモデル生命表システム　Brass logit life table system　462
ロジャース・モデル　Rogers model　606, 629, 634
ロトカ・ボルテラモデル　Lotka-Volterra model　532
ローマクラブ　Club of Rome　284
ローレンツ曲線　Lorenz curve　562

■わ

若者雇用促進法　Youth Employment Promotion Act　233
若者と雇用　youth employment　232
ワクチン接種と乳幼児死亡率低下　vaccination and decrease in under-five mortality　26
ワクチンと予防接種のための世界同盟　Global Alliance for Vaccines and Immunization（GAVI）　27
ワーク・ライフ・バランス　work-life balance　258, 676

人名索引

■あ

アリエス，P. Ariès, Philippe 224
アリストテレス Aristotle 400
エーリック，P. Ehrlich, Paul 40
有賀喜左衛門 Aruga Kizaemon 222
アンリ，L. Henry, Louis 64, 224, 508

イェルサン，A. Yersin, Alexandre 22
イースタリン，R. A. Easterlin, Richard Ainley 74, 150, 498

ヴァン・デ・カー，D. J. van de Kaa, Dirk J. 14, 126, 205
ウィルキンソン，R. G. Wilkinson, Richard Gerald 105, 108
ウィルモス，J. Wilmoth, John 456
ウェブ，G. F. Webb, Glenn F. 533
ウェブ，J. W. Webb, John Winter 371
ウォルフバイン，S. L. Wolfbein, Seymour L. 455
ウッド，J. W. Wood, James William 161, 508
ウール，H. Wool, Harold 455

エイカーズ，D. S. Akers, Donald S. 64
榎本武揚 Enomoto Takeaki 334
エルダー，G. Elder, Glen 222

オイラー，L. Euler, Leonhard 374
オコナー，K. A. O'Conner, Kathleen A. 161
オムラン，A. R. Omran, Addel R. 106

■か

カースルズ，S. Castles, Stephen 292
カニスト，V. Kannisto, Väino 456
ガブリロフ，L. A. Gavrilov, Leonid A. 117

キーフィッツ，N. Keyfitz, Nathan 548

グード，W. J. Goode, William J. 205
グラント，J. Graunt, John 374

グレーブス，J. M. Graves, Jennifer Marshall 59
グロスマン，M. Grossman, Michael 104
コーエン Cohen, Joel Ephraim 393
古屋芳雄 Koya Yoshio 340
コーラー，H.-P. Kohler, Hans-Peter 547
コール，A. J. Coale, Ansley Johnson 126, 509, 551
ゴールデン，H. H. Golden, Hilda Hertz 296
コロン，A. Collomp, Alain 225

■さ

斎藤 修 Saito Osamu 171
サッチャー，R. Thatcher, Roger 456
サリバン，D. F. Sullivan, Daniel F. 472

ジェンナー，E. Jenner, Edward 24, 26
シグノ，A. Cigno, Alessandro 550
ジニ，C. Gini, Corrado 160
ジュースミルヒ，J. P. Süssmilch, Johann Peter 64
ショーター，E. Shorter, Edward 205, 224
ショーン，R. Schoen, Robert 64, 476, 530
鈴木榮太郎 Suzuki Eitaro 218, 222
スチュワート，J. Q. Stewart, John Quincy 574
ストーン，L. Stone, Lawrence 225
スミス，P. C. Smith, Peter C. 190

セガレン，M. Segalen, Martine 225

ソローキン，P. A. Sorokin, Pitirim Alexandrovich 218

■た

高田保馬 Takata Yasuma 340
舘 稔 Tachi Minoru 340

チャヤノフ，A. W. Tschajanow, Alexander

Wassiliewitsch 218

ディーヴィー，E. S., Jr.　Deevey, Edward Smith, Jr.　40
ディークマン，O.　Diekmann, Odo　533
デーヴィス，K.　Davis, Kingsley　124, 296
戸田貞三　Toda Teizou　222
トダロ，M.　Todaro, Michael　296
トッド，E.　Todd, Emmanuel　205, 225, 227
ドメイン，P.　Demeny, Paul　672
トラッセル，J.　Trussell, James　509
ドロア，Y.　Dror, Yehezkel　400

■な

中川友長　Nakagawa Tomonaga　341
長与専斎　Nagayo Sensai　25

ノートスタイン，F. W.　Notestein, Frank Wallace　125

■は

馬寅初　Ma Yinchu　137
ハインゾーン，G.　Heinsohn, Gunnar　72
バークナー，L. K.　Berkner, Lutz K.　225
パーソンズ，T.　Parsons, Talcott　205
ハッサン，F. A.　Hassan, Fekri A.　6
速水融　Hayami Akira　168, 220, 224, 388
ハレー，E.　Halley, Edmond　90, 374
バロー，R. J.　Barro, Robert Joseph　499
プラーク，B.　Praag, Bernard Marinus Siegfried van　368
プラトン　Plato　400
フランドラン，J.-L.　Flandrin, Jean-Louis　225
ブルーム，D. E.　Bloom, David E.　70
プレストン，S. H.　Preston, Samuel Hulse　26, 108, 672
ブレスロー，L.　Breslow, Lester　107
ヘイナル，J.　Hajnal, John　184, 190, 225
ベッカー，G. S.　Becker, Gary Stanley　205, 368, 498, 550
ベレンズ，W. W.　Behrens, William Wohlsen III　330

ホークス，K.　Hawks, Kristine　119
ボールディング，K. E.　Boulding, Kenneth Ewart　413
ボゼラップ，E.　Boserup, Ester　41
ホゼリッツ，B. F.　Hoselitz, Berthold Frank　296
ボンガーツ，J.　Bongaarts, John P. M.　41, 124, 386, 509, 547

■ま

マキャベリ，N.　Machiavelli, Niccolò　400
マキューン，T.　McKeown, Thomas　26
マッケンドリック，A. G.　McKendrick, Anderson Gray　375
マディソン，A.　Maddison, Angus　9
マードック，G. P.　Murdock, George Peter　204
マルサス，T. R.　Malthus, Thomas Robert　9, 40, 125, 184, 400

ミッテラウアー，M.　Mitterauer, Michael　225
美濃口時次郎　Minoguchi Tokijiro　340
ミュルダール，G. K.　Myrdal, Gunnar Karl　332

メイソン，A.　Mason, Andrew　71
メッツ，H.　Metz, Hans　533
メドウズ，D. H.　Meadows, Donella H.　330
メドウズ，D. L.　Meadows, Dennis L.　330

■や

吉田良生　Yoshida Yoshio　256

■ら

ライベンスタイン，H.　Leibenstein, Harvey　498
ラウントリー，B. S.　Rowntree, Benjamin Seebohm　218
ラジアー，E.　Lazear, Edward　235
ラスレット，P.　Laslett, Peter　186, 205, 224
ランダース，J.　Randers, Jørgen　330

リー，R. D.　Lee, Ronald Demos　68, 71
リカード，D.　Ricardo, David　500
リグリー，E. A.　Wrigley, Edward Anthony　550
リトウォク，E.　Litwak, Eugene　205
ル・プレ，P. G. F.　Le Play, Pierre Guillaume Frédéric　205, 224

レスタギ，R.　Lesthaeghe, Ron　14, 126

ロジャース，A.　Rogers, Andrei　476, 530, 596, 606, 629, 634
ロトカ，A. J.　Lotka, Alfred James　374, 526, 540
ロンボルグ，B.　Lomborg, Bjorn　41

■わ

ワクター，K. W.　Wachter, Kenneth W.　205

執筆者名索引

※ページ数は各執筆者の執筆項目の最初のページ数を示す

■あ

阿藤　誠　10, 132, 352
阿部　隆　324, 678
新田目夏実　296, 365, 386, 432
安藏伸治　180, 327, 358, 405, 649, 652, 654, 658

飯島　渉　22
飯塚健太　604
五十嵐由里子　384
井川孝之　112, 470
池　周一郎　550
池上清子　36
石井　太　83, 94, 98, 412, 422, 445, 455, 464, 474, 548, 609, 620
石川義孝　182, 300, 306
泉田信行　110
稲垣誠一　214
稲葉　寿　374, 481, 519, 524, 526, 530, 532, 536, 540
井上　孝　20, 284, 289, 312, 370, 560, 566, 581, 592, 596, 682
岩澤美帆　148, 163, 166, 196, 488, 512

梅崎昌裕　38

江崎雄治　314, 316, 556, 636

大泉　嶺　458, 528, 534
大塚柳太郎　6, 392, 510
大友　篤　564
大橋慶太　18, 72
大橋　順　30, 58
大林千一　416, 430, 436, 570, 584
逢見憲一　26
岡田あおい　224
小川直宏　70
小谷真吾　54

■か

梯　正之　376

加藤彰彦　216, 332, 394
加藤久和　150, 280, 368, 498
金子隆一　428, 462, 519, 522, 538, 542, 544
金子能宏　346
鎌田健司　578, 656, 670, 708
釜野さおり　192
河合勝彦　378
川口　洋　24

鬼頭　宏　12, 268

工藤　豪　178, 322
黒須里美　168, 201, 388

小池司朗　553, 574, 588, 628, 634
河野稠果　14
小﨑敏男　234, 248, 256, 272, 396
小島克久　348
小島　宏　402, 662
小杉礼子　250
小西祥子　380, 492, 510
小山泰代　206, 644
是川　夕　278, 478, 612, 624
近藤共子　282

■さ

齋藤安彦　472
斎藤　修　8, 184
早乙女智子　142, 382
坂井博通　76
嵯峨座晴夫　64
作野広和　310
佐々井　司　298, 622
佐藤龍三郎　124, 138

清水浩昭　62
清水昌人　590
新谷由里子　158

菅　桂太　100, 208, 468, 514, 632, 642

菅原友香　96
杉田菜穂　336
杉野元亮　344
鈴木江理子　242
鈴木　透　136, 190, 201, 204, 265, 434, 546, 609, 640
鈴木俊光　246, 262

仙波由加里　146

■た

高岡裕之　340
高橋重郷　83, 90, 102, 405, 408, 445, 466, 494
高橋眞一　690
高橋美由紀　78, 218
玉置えみ　144

近貞美津子　398

津谷典子　121, 128, 163, 172, 481, 506

寺村絵里子　244

友部謙一　502

■な

中川雅貴　108, 304, 334
中里英樹　226
中澤　港　3, 40, 106, 116, 121, 160, 365, 508
中島満大　220
中須　正　32
永瀬伸子　260
中谷友樹　598

西村教子　602

■は

林　玲子　3, 42, 47, 50, 286, 390, 586
早瀬保子　156
原　俊彦　47, 60, 265, 270, 327, 330, 400, 553, 674

東川　薫　240
樋口美雄　152
平井晶子　222

平井　誠　318, 594
廣嶋清志　212, 342

福田節也　188, 210
布施香奈　56

別府志海　114, 410, 424, 448, 452, 460, 476, 486, 616

堀内四郎　86

■ま

増田幹人　274, 276, 660
松浦　司　232, 252
松倉力也　68
松田茂樹　350
松谷明彦　44

丸山洋平　308, 572, 646, 696, 701

三澤健宏　292
水落正明　229, 258, 676

守泉理恵　74, 236, 356, 440, 484, 626
森木美恵　372
森田陽子　238

■や

山内昌和　562, 630, 638
山神達也　568
山極壽一　28

余田翔平　176, 450, 614, 618

■ら

李　青雅　104

■わ

和田光平　229, 254, 289, 414, 418, 426, 576, 581, 606, 649, 664, 666, 668, 672, 680, 684, 686

人口学事典

平成 30 年 11 月 30 日　発　行

編　者　日 本 人 口 学 会

発行者　池　田　和　博

発行所　丸善出版株式会社
〒101-0051　東京都千代田区神田神保町二丁目17番
編集・電話(03)3512-3264／FAX(03)3512-3272
営業・電話(03)3512-3256／FAX(03)3512-3270
https://www.maruzen-publishing.co.jp

© The Population Association of Japan, 2018

組版・株式会社明昌堂／印刷・株式会社日本制作センター／製本・株式会社松岳社

ISBN 978-4-621-30307-8　C3530　　　　　　Printed in Japan

JCOPY　〈(社)出版者著作権管理機構 委託出版物〉

本書の無断複写は著作権法上での例外を除き禁じられています．複写される場合は，そのつど事前に，(社)出版者著作権管理機構(電話 03-3513-6969, FAX 03-3513-6979, e-mail : info@jcopy.or.jp)の許諾を得てください．